营销管理

第**16**版

SIXTEENTH
EDITION

Marketing
Management

[美] 菲利普·科特勒
[美] 凯文·莱恩·凯勒
[美] 亚历山大·切尔内夫
—— 著 ——

陆雄文　蒋青云
赵伟韬　徐倩　许梦然
—— 译 ——

中信出版集团 | 北京

图书在版编目（CIP）数据

营销管理：第 16 版 /（美）菲利普·科特勒,（美）
凯文·莱恩·凯勒,（美）亚历山大·切尔内夫著；陆雄
文等译 . -- 北京：中信出版社, 2022.9（2025.11 重印）
　书名原文：Marketing Management
　ISBN 978-7-5217-4221-3

　Ⅰ . ①营… Ⅱ . ①菲… ②凯… ③亚… ④陆… Ⅲ .
①营销管理 Ⅳ . ① F713.56

　中国版本图书馆 CIP 数据核字 (2022) 第 064213 号

营销管理（第 16 版）

著者：　　〔美〕菲利普·科特勒　〔美〕凯文·莱恩·凯勒　〔美〕亚历山大·切尔内夫
译者：　　陆雄文　蒋青云　赵伟韬　徐倩　许梦然
出版发行：中信出版集团股份有限公司
　　　　　（北京市朝阳区东三环北路 27 号嘉铭中心　邮编　100020）
承印者：嘉业印刷（天津）有限公司

开本：787mm×1092mm　1/16　　　印张：46.25　　　　字数：1100 千字
版次：2022 年 9 月第 1 版　　　　印次：2025 年 11 月第 19 次印刷
京权图字：01-2022-4550　　　　　书号：ISBN 978-7-5217-4221-3
定价：158.00 元

目 录

Contents

前言 XI

第 16 版有什么新内容 XII

更新的章节内容 XII

更新的章节板块 XIV

解决学习和教学方面的挑战 XV

着眼于真实世界、有意义的营销实例的
教学法 XVI

教师教学资源 XVI

致谢 XVII

作者简介 XX

译者简介 XXVI

第一部分 营销管理的基本原理

1 为新现实定义营销 002

● **市场营销的范畴 004**

什么是市场营销 004

营销什么 005

营销交换 006

● **新的营销现实 008**

四大主要市场力量 009

三大关键市场结果 011

全方位营销的概念 015

● **市场营销在组织中的作用 020**

● **组织与管理市场营销部门 021**

组织市场营销部门 022

管理市场营销部门 025

● **建立以客户为导向的组织 026**

● 营销洞察　营销十宗罪 029

● **本章小结 031**

● 营销焦点　耐克 032

● 营销焦点　迪士尼 034

2 营销计划与管理 037

● **公司和业务单元的计划和管理 039**

定义公司使命 039

建立公司文化 040

建立战略业务单元 041

跨业务单元分配资源 042

● **开发市场供应品 043**

制定营销战略 044

设计营销战术 047

7T 和 4P 049

创建市场价值地图 050

● **计划和管理市场供应品 051**

G-STIC 行动计划方法 051

设定目标 053

制定战略 054

设计战术 054

识别控制 055

- **制订营销计划** 056
- **修订营销计划** 058
  更新营销计划 058
  进行营销审计 059
- **营销洞察 编写营销计划的模板** 060
- **本章小结** 061
- **营销焦点 谷歌** 063
- **营销焦点 美捷步** 065

第二部分 认识市场

3 分析消费者市场 068
- **消费者行为模型** 070
- **消费者特征** 070
  文化因素 070
  社会因素 071
  个人因素 073
- **消费者心理** 076
  消费者动机 076
  知觉 079
  情感 081
  记忆 082
- **购买决策过程** 083
  问题识别 084
  信息搜索 085
  方案评估 087
  购买决策 089
  购后行为 092
- **营销洞察 行为决策理论** 094
- **本章小结** 096
- **营销焦点 梅奥诊所** 097
- **营销焦点 财捷** 099

4 分析企业市场 101
- **组织采购过程** 103
  了解企业市场 103
  采购决策的类型 105
- **采购中心** 106
  采购中心的组成 106
  采购中心在组织中的作用 107
  采购中心动力学 107
  向采购中心推销 108
- **了解采购流程** 109
  问题识别 109
  需求描述 109
  产品规格 110
  供应商搜寻 110
  提案征集 111
  供应商选择 111
  合同谈判 112
  绩效评估 113
- **制订有效的企业营销方案** 113
  从提供产品到提供解决方案的转变 113
  加强服务 114
  建立 B2B 品牌 114
  克服价格压力 115
  管理沟通 117
- **管理 B2B 关系** 118
  了解客户 – 供应商关系 119
  管理企业信任、信誉和声誉 119
  企业关系中的风险和机会主义 120
  管理机构市场 121
- **本章小结** 122
- **营销焦点 阿里巴巴** 123
- **营销焦点 赛富时公司** 125

目标吸引力 162

5 开展营销调研 127

● **营销调研范围 129**

营销洞察的重要性 129

谁在开展营销调研? 131

● **营销调研过程 132**

界定问题 133

编制调研计划 134

收集信息 140

分析信息并制定决策 142

● **衡量市场需求 143**

需求衡量的关键概念 144

预测市场需求 144

● **衡量营销生产力 147**

营销绩效指标 147

营销组合模型 148

营销仪表板 148

● **营销洞察　从客户那里汲取新创意的**
　　六种方法 149

● **本章小结 150**

● **营销焦点　IDEO 151**

● **营销焦点　乐高 153**

● **战术目标市场选择 163**

界定顾客概貌 163

调整客户价值与顾客概貌 164

让消费者画像为目标群体注入活力 165

● **单一细分市场和多目标细分市场的**
　　定位 166

单一细分市场的目标市场选择 166

多目标细分市场的目标市场选择 167

● **对消费者市场进行细分 169**

人口统计细分 169

地理细分 173

行为细分 174

心理细分 175

● **企业市场细分 176**

● **营销洞察　追逐长尾 177**

● **本章小结 179**

● **营销焦点　欧莱雅 180**

● **营销焦点　大通蓝宝石卡 182**

第三部分 营销战略规划

6 识别细分市场和目标客户 156

● **识别目标客户 158**

目标市场选择的逻辑 158

战略目标市场选择和战术目标市场
　　选择 159

● **战略目标市场选择 160**

目标兼容性 161

7 打造顾客价值主张和定位 185

● **制定价值主张和定位 187**

制定价值主张 187

制定定位策略 188

● **选择一个参照系 190**

● **识别潜在的差异点和共同点 191**

识别差异点 191

识别共同点 193

调整参照系、共同点和差异点 195

● **创造可持续的竞争优势 197**

作为一个营销概念的可持续竞争
　　优势 197

创造可持续竞争优势的策略 199

● **沟通供应品的定位 200**

拟定定位声明 200

沟通品类成员属性 201

沟通有冲突的利益点 203

定位就是讲故事 203

- **营销洞察　初创企业的定位 204**

- **本章小结 206**

- **营销焦点　联合利华：凌仕和多芬 207**

- **营销焦点　瓦尔比派克 209**

第四部分　设计价值

8　产品设计与管理 214

- **产品差异化 216**

- **产品设计 218**

设计的力量 218

设计的方法 219

- **产品组合和产品线 221**

产品组合设计 222

产品线分析 223

产品线长度 225

- **包装和标签管理 229**

包装 229

标签 232

- **担保和保修管理 233**

- **营销洞察　当"少即是多"时 234**

- **本章小结 236**

- **营销焦点　苹果公司 237**

- **营销焦点　卡斯珀 239**

- **营销焦点　丰田汽车 241**

9　服务的设计和管理 243

- **服务的性质 245**

供应品的服务要素 245

服务的独特特征 247

- **服务业的新现实 252**

技术的作用日益增强 252

顾客授权 253

顾客共同生产 254

让员工和顾客都满意 254

- **让服务走向卓越 255**

顶级服务公司的最佳实践 255

服务差异化 259

服务创新 262

- **服务质量管理 264**

顾客预期管理 265

服务质量管理 267

自助服务管理 268

产品－服务捆绑组合管理 269

- **营销洞察　改进公司的呼叫中心 270**

- **本章小结 271**

- **营销焦点　丽思卡尔顿酒店 272**

- **营销焦点　诺德斯特龙 273**

10　建设强势品牌 276

- **品牌化如何开展 278**

品牌化的本质 278

品牌的作用 279

品牌资产和品牌力 281

- **设计品牌 284**

确定品牌箴言 285

选择品牌元素 286

选择次级联想 289

- **品牌层级 290**

管理品牌组合 290

联合品牌 293

- **品牌动态 296**

品牌重新定位 296

品牌延伸 297

管理品牌危机 301

- **奢侈品品牌化 303**

奢侈品品牌的特点 303

管理奢侈品品牌 304

- **营销洞察 绘制品牌定位靶盘 307**

- **本章小结 308**

- **营销焦点 路易威登 309**

- **营销焦点 无印良品 311**

11 管理价格和促销活动 313

- **理解定价 315**

- **消费者心理和定价 316**

参考价格 318

形象定价 318

定价线索 319

- **制定价格 320**

确定定价目标 320

确定需求 321

估计成本 322

分析竞争者的价格 324

选择定价方法 324

确定最终价格 329

产品组合定价法 330

- **发起和应对价格变化 332**

发动降价 332

发动提价 332

应对竞争者的价格变化 333

- **管理激励机制 334**

激励措施作为一种营销手段 334

主要激励决策 335

- **营销洞察 处方药定价中的伦理
问题 338**

- **本章小结 339**

- **营销焦点 Priceline 340**

- **营销焦点 优步 341**

第五部分 沟通价值

12 管理营销沟通 346

- **营销沟通的作用 348**

沟通过程 348

制订有效的沟通计划 350

- **设定沟通目标 350**

明确沟通重点 350

设定沟通基准 352

确定沟通预算 352

- **识别目标受众，设计沟通信息 354**

识别目标受众 354

设计沟通信息 355

- **确定沟通媒介 355**

定义沟通媒介组合 356

制订媒介计划 358

- **创新沟通方法 361**

确定信息诉求 361

选择信息源 363

开发创意执行 363

- **衡量沟通效果 364**

- **营销洞察 名人代言 366**

- **本章小结 367**

- **营销焦点 红牛 368**

- **营销焦点 世界上最好的工作 370**

13 在数字时代设计整合营销 372

- **管理整合营销沟通 374**

- **广告 375**
  电视广告 376
  平面广告 377
  广播广告 378
  在线广告 378
  场地广告 379
- **在线沟通 381**
  公司网站 381
  吸引在线流量 382
- **社交媒体 382**
  社交媒体的发展 383
  社交媒体平台 383
- **移动沟通 385**
- **活动与体验 386**
  管理活动 387
  创造体验 388
- **口碑 388**
- **宣传与公共关系 390**
  宣传 390
  公共关系 391
- **包装 392**
- 营销洞察　衡量社交媒体的投资
  回报率 394
- 本章小结 395
- 营销焦点　汉堡王 397
- 营销焦点　雅高酒店 399

14　人员销售与直接营销 401
- **人员销售 403**
  人员销售是一个过程 403
  管理销售 406
- **设计销售队伍 406**
  销售队伍目标 407

  销售队伍战略 408
  销售队伍结构 410
  销售队伍规模 410
  销售队伍薪酬 411
- **管理销售队伍 411**
  招募销售队伍 412
  培训和监督销售队伍 412
  管理销售队伍的生产力 413
  激励销售队伍 414
  评估销售队伍 414
- **直接营销 415**
  直接营销渠道 416
  直接营销的未来 418
- **营销洞察　大客户管理 419**
- **本章小结 420**
- **营销焦点　雅芳 421**
- **营销焦点　前进保险 423**

第六部分　渠道价值

15　设计和管理分销渠道 428
- **分销渠道的作用 430**
  分销渠道的功能 430
  渠道层次 432
  多渠道分销 433
- **渠道管理决策 436**
  设立渠道目标 436
  选择渠道成员 437
  激励渠道成员 440
  评价渠道成员 442
- **渠道合作与冲突 443**

渠道冲突的性质 444

管理渠道冲突 445

● **管理市场物流 446**

市场物流目标 447

市场物流决策 448

● **营销洞察 理解展厅现象 450**

● **本章小结 451**

● **营销焦点 飒拉 453**

● **营销焦点 博派斯 454**

16 管理零售 456

● **现代零售环境 458**

● **关键的零售决策 460**

目标市场 460

产品组合及采购 461

服务 462

商店氛围 463

定价 464

激励 466

沟通 468

● **管理全渠道零售 469**

实体零售商 470

在线零售商 472

全渠道零售商 473

● **管理自有品牌 474**

● **批发 477**

批发业务 477

批发商的主要职能 478

● **营销洞察 管理零售商的价格形象 479**

● **本章小结 481**

● **营销焦点 优衣库 482**

● **营销焦点 百思买 484**

第七部分 管理增长

17 驱动公司在竞争性市场的增长 488

● **评估增长机会 490**

产品-市场增长战略 490

通过兼并和收购实现增长 492

通过创新和模仿实现增长 493

● **获得市场地位 494**

提高对现有客户的销售额 495

创造新市场 496

扩大现有市场 500

● **捍卫市场地位 501**

● **产品生命周期营销策略 503**

产品生命周期的概念 503

导入阶段 505

成长阶段 506

成熟阶段 506

衰退阶段 508

● **营销洞察 市场挑战者的增长战略 512**

● **本章小结 513**

● **营销焦点 爱彼迎 514**

● **营销焦点 美国运通 516**

18 开发新的市场供应品 519

● **新供应品的开发过程 521**

创新势在必行 521

管理创新 522

开发新供应品的门径管理方法 523

用门径管理方法开发新供应品：一个例证 525

● **创意产生 528**

产生有商业生命力的创意 528

创意验证 529

创意产生与验证的市场研究工具 530

- **概念开发 531**

原型制作 531

概念验证 532

- **商业模式设计 533**

设计商业模式 533

商业模式验证 534

- **供应品实施 535**

开发核心资源 535

开发市场供应品 536

- **商业部署 537**

选择性市场部署 537

市场扩张 538

- **营销洞察　理解创新的采用 538**
- **本章小结 541**
- **营销焦点　诚实茶 542**
- **营销焦点　微信 543**

19　建立顾客忠诚 546

- **管理顾客获取和顾客保留 548**

获客漏斗 548

平衡顾客获取和顾客保留 549

- **管理顾客满意度和忠诚度 550**

理解顾客满意度 551

产品和服务质量是顾客满意度的驱动
　因素 551

评估顾客满意度 553

建立顾客忠诚 554

- **管理顾客关系 557**

定制化 557

顾客赋权 559

管理顾客口碑 560

处理顾客投诉 561

- **管理顾客终身价值 563**

顾客终身价值的概念 564

顾客终身价值和品牌资产 564

建立顾客终身价值 565

通过建立信任来创造顾客忠诚 566

测量顾客终身价值 568

- **营销洞察　净推荐值和顾客满意度 568**
- **本章小结 570**
- **营销焦点　Stitch Fix 571**
- **营销焦点　凯撒娱乐 573**

20　进军全球市场 575

- **决定是否走出国门 577**
- **决定进入哪些市场 579**

进入多少个市场 579

评估潜在市场 579

- **决定怎样进入市场 582**

间接和直接出口 582

授权经营 583

合资企业 584

直接投资 585

- **决定全球市场营销方案 586**

全球产品策略 587

全球品牌战略 590

全球定价策略 593

全球沟通战略 593

全球分销战略 594

- **营销洞察　全球文化异同点 595**
- **本章小结 597**
- **营销焦点　宜家 598**
- **营销焦点　文华东方 600**

21　社会责任营销 602

- **社会责任在营销管理中的作用 604**
- **基于社区的企业社会责任 605**

　　工作场所的企业社会责任 605

　　企业慈善事业 607

　　服务低收入社区 608

　　善因营销 610

　　社会营销 612

- **以可持续发展为中心的企业社会**
　　责任 614

- **平衡社会责任和公司盈利 618**

　　发展合乎道德的营销沟通 618

　　管理顾客隐私 619

- **营销洞察　水行业中的环境问题 621**
- **本章小结 622**
- **营销焦点　星巴克 623**
- **营销焦点　本杰瑞公司 625**
- **营销焦点　蒂芙尼公司 627**

术语表 629

注　释 643

前 言

《营销管理》第 1 版凭借经典案例、核心概念和逻辑结构，成为一部里程碑式的教材，第 16 版仍基于此来打造。当然，自第 15 版出版以来，世界发生了许多变化：持续的全球化进程，企业社会责任越发重要，技术、电子商务和数字通信的进步，社交媒体与日俱增的影响力，以及数据分析、营销自动化和人工智能的广泛应用颠覆了许多行业，并为新的商业模式打开了大门。为了回应这些变化，第 16 版从头开始重新设计，为管理者提供了在新的市场环境中取胜的必备法宝。

《营销管理》一书的成功归功于它在三个维度上对营销内容进行了最大程度的探讨，即深度、广度和相关性。深度包括坚实的学术基础，对重要理论概念、模型和框架的探究，以及为解决实际问题而提供概念性指导的能力。广度反映了本书所涉及的话题之广，以及对营销管理中关键性话题的重视。相关性体现在本书能够阐明管理者普遍面临的问题，材料的选编和阐释又足以引导他们制定解决这些问题的成功战略。

第 16 版汲取过去版本的精华，使这一版的《营销管理》有别于所有其他的营销管理教材。

1. **管理导向。** 本书重点关注营销管理者和高层管理者在努力使组织的目标、能力、资源同市场需要和机遇相匹配时所面临的主要决策。

2. **分析方法。** 本书提出了分析营销管理中常见问题的概念性工具和框架，并结合案例和实例阐明了有效的营销原则、战略和实践。

3. **多学科的视角。** 本书通过汲取诸多不同学科的丰富成果，如经济学、行为科学和管理学理论，从而获得直接适用于应对营销挑战的基本概念和工具。

4. **普遍适用。** 本书将战略思维应用于市场营销的全部领域：产品、服务、人员、渠道、信息、想法和原因；消费者和企业市场；营利性和非营利性组织；国内和国外公司；小企业和大企业；制造业和中间商企业；低端和高端技术产业。

5. **全面而均衡的内容覆盖。** 本书内容涵盖了管理者想要设计和实施成功的营销战役所必须了解的主题。

第 16 版有什么新内容

打造一本尽可能全面、与时俱进和引人入胜的营销教材是修订第 16 版《营销管理》的首要目标。作者精简了内容架构，增加了新内容，削减和更新了旧内容，并且删除了不再相关和不必要的内容。对使用过《营销管理》以前版本的教师来说，第 16 版使用起来仍让他们得心应手，同时对那些第一次接触《营销管理》的学生来说，它是一本在广度、深度和相关性方面都无可比拟的教材。

为了改进内容的呈现方式，本书各个章节内部的特色栏目由 8 个调整为 7 个（如下所述）。多年来推出的各章节中广受好评的大部分特色栏目都被保留了，比如话题性的开篇案例，焦点公司或焦点问题的案例，以及能提供有深度、概念性、特定公司信息的"营销洞察"和"营销焦点"板块。大多数章节的开篇案例、文中案例和章末小结都进行了更新，以反映市场的发展现状。

更新的章节内容

《营销管理》第 16 版的内容已重新组织以适应新增加的内容，并精简了从前一版中保留的内容。此版本中经过调整的章节和内容更好地反映了目前大多数商学院教授营销管理的方式。第 16 版的内容架构及各个部分与第 15 版的对应关系概述如下。

- 第一部分　"营销管理的基本原理"对应的是重新命名后的第 15 版的第一部分。

  第 1 章 "为新现实定义营销"已经被实质性改写。它作为一个介绍性章节，定义了营销管理作为一门商业学科的范围。

  第 2 章 "营销计划与管理"也被大篇幅改写，以提供一个可操作的营销管理和营销计划框架。它包含了第 15 版的第 2 章和第 23 章的内容，但大部分内容——文本和图表——都是新的。例如，本章第三节 "计划和管理市场供应品"（新增章节）涵盖了 G-STIC 行动计划方法。新增的图 2-6 展示了 G-STIC 框架，图 2-7 展示了行动计划流程图。

- 第二部分　"认识市场"包含了第 15 版中第二部分和第三部分的大部分内容。

  第 3 章 "分析消费者市场"和第 4 章 "分析企业市场"是第 15 版中同名的第 6 章和第 7 章的更新版本。这两章都做了重大修订，以呈现市场分析的系统性观点。

  第 5 章 "开展营销调研"结合了第 15 版的第 3 章和第 4 章中概述的内容，提出了一种收集市场见解的简化方法。本章包含了一个关于 "数据挖掘"的新章节，涵盖了关于营销者如何收集与消费者、企业和市场相关的有用信息的内容。

- 第三部分 "营销战略规划"是第 15 版中第四部分的修订版。

  第 6 章"识别细分市场和目标客户"是对第 15 版的第 9 章进行大幅修订后的版本。本章提供了市场细分和确定目标顾客的战略与战术方面的新内容。

  第 7 章"打造顾客价值主张和定位"是对第 15 版的第 10 章进行大幅修订和更新后的版本。本章以第 6 章的内容为基础，概述了为所选目标市场制定价值主张的一套系统性方法。新内容探讨了如何通过在功能、心理和货币这三个领域创造收益来打造有意义的价值主张，并阐述了可以产生可持续竞争优势的战略。

- 第四部分 "设计价值"是第 15 版中第五部分的修订版。

  第 8 章"产品设计与管理"、第 9 章"服务的设计和管理"和第 10 章"建设强势品牌"分别与第 15 版的第 13 章、第 14 章和第 11 章对应。为了反映营销新现实，这三章都做了重大修订。

  第 11 章"管理价格和促销活动"包含了第 15 版的第 16 章和第 20 章的内容。对促销的讨论现在是定价章节的一部分，而不是管理大众沟通章节中的内容。

- 第五部分 "沟通价值"对应第 15 版的第七部分。值得注意的是，第 15 版的第六部分和第七部分的顺序已被调换，因此，沟通的主题在分销的主题之前被引入。这一调整是为了更好地把教材内容与作为设计、沟通和传递价值的营销过程相统一。

  第 12 章"管理营销沟通"对应第 15 版的第 19 章，介绍了一种用来开发可以跨越不同媒体沟通战役的高效模式。

  第 13 章"在数字时代设计整合营销"包含了第 15 版的第 20 章和第 21 章的内容。本章概述了在不同沟通渠道中管理媒体所涉及的关键决策。

  第 14 章"人员销售与直接营销"包含了对第 15 版的第 22 章内容的实质性修改。关于人员销售的内容现在分为三个部分：管理销售过程、设计销售队伍和管理销售队伍。

- 第六部分　"渠道价值"对应第 15 版的第六部分。

  第 15 章"设计和管理分销渠道"对应第 15 版的第 17 章，并包含了新的章节结构和内容。

  第 16 章"管理零售"对应第 15 版的第 18 章，还包括了关于特许经营的新内容。

- 第七部分　"管理增长"是一个新的闪亮部分，它将上一版中不同章节所讨论的与增长相关的主题进行了归并。

  第 17 章"驱动公司在竞争性市场的增长"对第 15 版的第 12 章讨论的内容进行了更新和简化。

  第 18 章"开发新的市场供应品"对应第 15 版的第 15 章，其现有结构反映了新产品开发过程的关键步骤。具体来说，这一章包括创意的产生、商业模式的设计、供应品的实施和市场部署等新内容。

  第 19 章"建立顾客忠诚"涵盖了第 15 版的第 5 章讨论的内容，并聚焦于顾客关系管理。

  第 20 章"进军全球市场"涵盖了第 15 版的第 8 章讨论的内容。

  第 21 章"社会责任营销"是一个新的章节，反映了企业社会责任在营销管理中日益增长的重要性。

随着越来越多的公司把自己追求的目标确立为超越利润，以对社会负责任的方式开展业务成为创造市场价值的一个关键方面。

更新的章节板块

除了增加了新的核心内容，所有章节都包括一些特色板块——开篇案例、文中案例、营销洞察和营销焦点——旨在阐明关键概念和加强理论讨论的相关性。第 16 版中的许多板块都是新的，并且为了更好地反映当下的营销环境，所有在上一版中出现的板块都已更新。下面列出了当前版本新板块中突出强调的一些公司和话题。

- 新的开篇案例：Bird（第 1 章）、Slack（第 2 章）、帕坦伽利（Pantanjali，第 3 章）、Qualtrics（第 5 章）、T-Mobile（第 7 章）、特斯拉（Tesla，第 8 章）、大众超级市场（Publix，第 9 章）、网飞（Netflix，第 11 章）、多芬（Dove，第 12 章）、颇特（Net-a-Porter，第 16 章）、戴森（Dyson，第 18 章）、SoulCycle（第 19 章）和联合劝募协会（United Way，第 21 章）。

- 新整合进各章的案例：政府雇员保险（Geico，第 7 章）、哈根达斯（Haagen-Dazs，第 8 章）、推利欧（Twilio，第 11 章）、特百惠（Tupperware，第 14 章）、Ambit 能源（Ambit Energy，

第 14 章）、韦格曼斯（Wegmans，第 19 章 ）、星巴克（Starbucks，第 20 章 ）、Digicel
（第 20 章 ）和 FAGUO（第 21 章 ）。

- 新的营销洞察：行为决策理论（第 3 章）、追逐长尾（第 6 章）、处方药定价中的伦理问题
  （第 11 章）、管理零售商的价格形象（第 16 章）、理解创新的采用（第 18 章）。

- 新的营销焦点：阿里巴巴（Alibaba，第 4 章）、乐高（LEGO，第 5 章）、大通蓝宝石卡
  （Chase Sapphire，第 6 章 ）、瓦尔比派克（Warby Parker，第 7 章 ）、Priceline（第 11 章 ）、
  优步（Uber，第 11 章 ）、雅芳（Avon，第 14 章 ）、爱彼迎（Airbnb，第 17 章 ）、诚实茶
  （Honest Tea，第 18 章 ）、微信（WeChat，第 18 章 ）、Stitch Fix（第 19 章 ）、凯撒娱乐
  （Caesars Entertainment，第 19 章 ）、文华东方（Mandarin Oriental，第 20 章 ）、本杰瑞（Ben
  & Jerry's，第 21 章 ）和蒂芙尼（Tiffany & Co.，第 21 章 ）。

解决学习和教学方面的挑战

许多学习营销管理课程的学生都很有创造力，并且有很强的沟通能力。然而，学生们在制订营
销计划时往往难以将经典的营销方法与现代营销工具结合起来，做到在保留现有顾客的同时招徕新
顾客。《营销管理》第 16 版通过反映市场营销理论和实践的变化，提供各行各业的相关案例来解决
这些挑战。

这个版本注重帮助学生在当今的环境中做好工作准备，因为公司越来越注重以下 7 个方面：
（1）从管理产品和服务组合转向管理顾客组合；（2）从独立的大批量产品转向整体性、定制化的服
务解决方案；（3）使用数据分析和人工智能更好地创造和获取顾客价值；（4）依靠社交媒体而不
是传统广告来推广产品和服务；（5）改进顾客盈利能力和终身价值的测量方法；（6）重点衡量营
销投资回报及其对股东价值的影响；（7）关注营销决策的道德和社会影响。

为了应对所有这些转变，第 16 版专门描述和阐释了构成 21 世纪现代营销管理的以下 7 种职能：

1. 制订战略营销计划；

2. 理解市场并捕捉市场洞见；

3. 制定成功的营销战略；

4. 设计市场价值；

5. 沟通市场价值；

6. 传递市场价值；

7. 以对社会负责的方式管理增长。

随着公司的变化，营销组织也在变化。市场营销不再是一个负责有限任务的公司部门，而是一

项全公司的工作。它推动公司的愿景、使命和战略规划。市场营销包括决定公司想要什么顾客，满足哪些顾客的需要，提供什么产品和服务，制定什么价格，沟通和接收什么信息，使用什么分销渠道，以及发展什么合作伙伴关系。

着眼于真实世界、有意义的营销实例的教学法

有效的学习总是基于完善的理论和与之相辅相成的实操案例。为此，第16版囊括了一系列专题特写——开篇案例、文中案例、营销洞察和营销焦点——旨在通过突出每章中所涉及概念的实际应用来吸引学生。

- 每章开篇都有一个相关的现实世界的营销案例，以此案例吸引学生的注意力，并为该章设定展开的背景。
- 每个章节内都包括几个额外的、引人入胜的营销实例，以阐明各节中的关键概念。
- 大部分章节包括一个"营销洞察"专题，更详细地讨论一个特定的营销主题，以提供有深度的分析，有助于更好地理解该主题。
- 每章至少包括两个"营销焦点"（之前版本的"卓越营销"）专题，用与现实相关联的公司案例来说明本章介绍的营销概念。所附问题让学生有机会应用批判性思维，加深对知识的理解。教师可以把这些问题作为家庭作业或用作课堂讨论。

上述专题抓住了市场上的许多重大变化和趋势，并通过解释关键的营销概念，大大增强了教材的可理解性。此外，这些真实的案例有助于激发学生对教材的兴趣和学习投入。

教师教学资源

详细信息和资源请访问 www.pearson.com。

致　谢

《营销管理》第 16 版带有许多人的印记。

菲利普·科特勒和凯文·莱恩·凯勒： 我们很高兴地介绍亚历山大·切尔内夫教授成为《营销管理》第 16 版的合著者。亚历山大在市场营销领域做出了诸多贡献——他是一位成就卓著的研究者、一位广受赞誉的教师、一位多产的作家，并为许多公司和组织提供可靠的专家见解。他是少有的将严谨和实用巧妙地融合在他所做的一切中的营销学者。亚历山大以开发和传播相关营销知识的独特能力闻名于世，我们非常高兴能有机会与他合作编写这个新版本。作为本领域的顶尖学者，他带来了新想法、新思维和新能量，极大地改变和改进了这本书。我们感谢亚历山大的贡献，并期待与他在今后更多的版本中合作。

菲利普·科特勒： 我在美国西北大学凯洛格商学院的同事和朋友不断地对我的思想产生重要影响，他们是：Eric Anderson、Jim Anderson、Robert Blattberg、Ulf Böckenholt、Bobby Calder、Gregory Carpenter、Moran Cerf、Alexander Chernev、Anne Coughlan、David Gal、Kelly Goldsmith、Kent Grayson、Karsten Hansen、Lakshman Krishnamurthi、Angela Lee、Sidney Levy、Vincent Nijs、Neil Roese、Mohan Sawhney、John Sherry Jr.、Louis Stern、Brian Sternthal、Alice Tybout、Florian Zettelmeyer 和 Andris Zoltners。我还要感谢 S. C. Johnson Family 对我担任凯洛格商学院讲座教授的慷慨支持。西北大学团队的成员还有我的前任院长 Donald P. Jacobs、Dipak Jain 和 Sally Blunt，他们也为我的研究和写作提供了大力支持。市场营销系的几位前任教师对我的思想也有很大影响，他们是：Steuart Henderson Britt、Richard M. Clewett、Ralph Westfall、Harper W. Boyd、Sidney J. Levy、John Sherry 和 John Hauser。我还想感谢 Gary Armstrong 在《市场营销原理》一书中所做的工作。

我非常感谢《营销管理》和《市场营销原理》国际版的几位合著者，他们在使营销管理思想适应不同国情方面给了我很大启发，他们是：Swee-Hoon Ang 和 Siew-Meng Leong（新加坡国立大学）、Chin-Tiong Tan（新加坡管理大学）、Marc Oliver Opresnik（德国吕贝克大学）、Linden Brown 和 Stewart Adam（澳大利亚迪肯大学）、Suzan Burton（澳大利亚麦考瑞大学管理学院）、Sara Denize（澳大利亚西悉尼大学）、Delphine Manceau（法国 ESCP-EAP 欧洲管理学院）、John Saunders（英国拉夫堡大学）、Veronica Wong（英国华威大学）、Jacob Hornick（以色列特拉维夫大学）、Walter Giorgio Scott（意大利天主教圣心大学）、Peggy Cunningham（加拿大女王大学）和卢泰宏（中国中山大学）。

我还想感谢下面这些合作者，在更专业的市场营销课题上的合作中，我向他们学到了很多东西，他们是：Alan Andreasen、Christer Asplund、Paul N. Bloom、John Bowen、Roberta C. Clarke、Karen Fox、David Gertner、Evert Gummesson、Michael Hamlin、Thomas Hayes、Donald Haider、David Houle、Hooi Den Hua、Dipak Jain、Somkid Jatusripitak、Hermawan Kartajaya、Milton Kotler、Neil Kotler、Nancy Lee、Sandra Liu、Suvit Maesincee、James Maken、Waldemar Pfoertsch、Gustave Rath、Irving Rein、Eduardo Roberto、Christian Sarkar、Joanne Scheff、Joel Shalowitz、Ben Shields、Francois Simon、Robert Stevens、Fernando Trias de Bes、Walter Vieira、Bruce Wrenn 和 David Young。

我最感激的还是我可爱的妻子 Nancy，她为我提供了编写这版书稿所需的时间、支持和灵感。准确来说，这是我们的书。

凯文·莱恩·凯勒：我不断地从塔克商学院市场营销系同事的智慧中受益。我也感谢多年来我的同事和合作者在研究与教学方面做出的宝贵贡献。我非常感谢杜克大学的 Jim Bettman 和 Rick Staelin，他们帮助我开启了我的学术生涯，并一直为我树立积极的榜样。我也很感激从与许多行业高管的合作中所学到的一切，他们慷慨地分享了自己的见解和经验。最后，我要特别感谢我的妻子 Punam 和我的女儿 Carolyn、Allison，是她们让这一切发生，让这一切都值得。

亚历山大·切尔内夫：这本书受益于我在西北大学凯洛格商学院许多现任和前任同事的智慧。我对菲利普·科特勒感激不尽，是他激发了我对营销管理的兴趣。我也要感谢杜克大学福库商学院的 Jim Bettman、Julie Edell Britton、Joel Huber、John Lynch、John Payne 和 Rick Staelin，感谢他们在我学术生涯刚开始时给予我的建议和支持。我还要感谢我现在和以前的 MBA 学生和博士生，他们帮助我形成了教材中的许多概念性见解和实例。我特别感谢 Alexander Moore（芝加哥大学）的宝贵意见和富有见地的评论，并感谢 Joanne Freeman 对教材内容的创造性编辑。

我们都要感谢以下来自其他大学的同事，他们审阅了这本新版的《营销管理》：

Susan Baxter，LIM 学院
Courtney Cothren，密苏里大学
Jacqueline Eastman，佐治亚南方大学
Cristina Farmus，普渡大学
Kelli Lynn Fellows 博士，费佛尔大学
David Fleming，印第安纳州立大学
William Foxx，特洛伊大学
Paul Galvani，休斯敦大学

John Gironda，诺瓦东南大学
Anne Hamby，霍夫斯特拉大学
Hal Kingsley，伊利社区学院
Jennifer Landis，威尔明顿大学
Dian O'Leary，威尔明顿大学
Danielle C. Pienkowski，布莱恩斯特拉顿学院
Elizabeth Purinton-Johnson，玛丽斯特学院
Raj Sachdev，哥伦比亚大学

Christina Simmers，密苏里州立大学
Sunil Jumar Singh，内布拉斯加大学林肯分校
Raphael Thomadsen，华盛顿大学圣路易斯分校
George Young，利伯缇大学
Lewis Hershey，费耶特维尔州立大学

我们也要感谢以下同事，帮助审阅之前版本的《营销管理》：

Homero Aguirre，TAMIU
Alan Au，香港大学
Hiram Barksdale，佐治亚大学
Jennifer Barr，理查德·斯托克顿学院
Boris Becker，俄勒冈州立大学
Sandy Becker，罗格斯大学
Parimal Bhagat，宾夕法尼亚印第安纳大学
Sunil Bhatla，凯斯西储大学
Michael Bruce，安德森大学
Frederic Brunel，波士顿大学

John Burnett，丹佛大学
Lisa Cain，加州大学伯克利分校和密尔斯学院
Surjit Chhabra，德保罗大学
Yun Chu，弗罗斯特堡州立大学
Dennis Clayson，北艾奥瓦大学
Bob Cline，艾奥瓦大学
Brent Cunningham，杰克逊维尔州立大学
Hugh Daubek，普渡大学
John Deighton，芝加哥大学
Kathleen Dominick，莱德大学

Tad Duffy，金门大学
Lawrence Kenneth Duke，德雷塞尔大学
Mohan Dutta，普渡大学
Barbara Dyer，北卡罗来纳大学格林斯伯勒分校
Jackie Eastman，佐治亚南方大学
Steve Edison，阿肯色大学小石城分校
Alton Erdem，休斯敦大学清湖分校
Elizabeth Evans，康考迪亚大学
Barbara S. Faries，米慎学院
William E. Fillner，海勒姆学院

Barb Finer，萨福克大学
Chic Fojtik，佩珀代因大学
Renee Foster，三角洲州立大学
Frank J. Franzak，弗吉尼亚联邦大学
Ralph Gaedeke，加州州立大学萨克拉门托分校
Robert Galka，德保罗大学
Betsy Gelb，休斯敦大学清湖分校
Dennis Gensch，威斯康星大学密尔沃基分校
David Georgoff，佛罗里达大西洋大学
Rashi Glazer，加州大学伯克利分校
Bill Gray，凯勒管理研究生院
Albert N. Greco，福德姆大学
Barbara Gross，加州州立大学北岭分校
Richard Rexeisen，圣托马斯大学
William Rice，加州州立大学弗雷斯诺分校
Scott D. Roberts，北亚利桑那大学
Bill Robinson，普渡大学
Robert Roe，怀俄明大学
Jan Napoleon Saykiewicz，杜肯大学
Larry Schramm，奥克兰大学
James E. Shapiro，纽黑文大学
Alex Sharland，霍夫斯特拉大学
George David Shows，路易斯安那理工大学
Dean Siewers，罗彻斯特理工学院
Anusorn Singhapakdi，欧道明大学
Jim Skertich，上艾奥瓦大学
Allen Smith，佛罗里达大西洋大学
Thomas Hewett，卡普兰大学

Mary Higby，底特律 - 梅西大学
John A. Hobbs，俄克拉何马州立大学
Arun Jain，纽约州立大学布法罗分校
Michelle Kunz，摩海德州立大学
Eric Langer，约翰斯·霍普金斯大学
Even Lanseng，挪威管理学院
Brian Larson，威得恩大学
Ron Lennon，巴里大学
Michael Lodato，加利福尼亚路德大学
Henry Loehr，弗佛尔大学夏洛特分校
Bart Macchiette，普利茅斯大学
Susan Mann，蓝田州立学院
Charles Martin，威奇托州立大学
H. Lee Matthews，俄亥俄州立大学
Paul McDevitt，伊利诺伊大学斯普林菲尔德分校
Mary Ann McGrath，芝加哥洛约拉大学
John McKeever，休斯敦大学
Kenneth P. Mead，中康涅狄格州立大学
Henry Metzner，密苏里科技大学
Robert Mika，蒙茅斯大学
Mark Mitchell，卡罗来纳海岸大学
Francis Mulhern，西北大学
Pat Murphy，圣母大学
Jim Murrow，德鲁里学院
Zhou Nan，香港城市大学
Nicholas Nugent，波士顿学院
Nnamdi Osakwe，布莱恩斯特拉顿学院

Donald Outland，得克萨斯大学奥斯汀分校
Albert Page，伊利诺伊大学芝加哥分校
Young-Hoon Park，康奈尔大学
Koen Pauwels，达特茅斯学院
Lisa Klein Pearo，康奈尔大学
Keith Penney，韦伯斯特大学
Patricia Perry，亚拉巴马大学
Mike Powell，北佐治亚学院和州立大学
Hank Pruden，金门大学
Christopher Puto，亚利桑那州立大学
Abe Qstin，莱克兰大学
Anthony Racka，奥克兰社区学院
Lopo Rego，艾奥瓦大学
Jamie Ressler，棕榈海滩大西洋大学
Joe Spencer，安德森大学
Mark Spriggs，圣托马斯大学
Nancy Stephens，亚利桑那州立大学
Michael Swenso，杨百翰大学万豪商学院
Thomas Tellefsen，纽约市立大学史丹顿岛学院
Daniel Turner，华盛顿大学
Sean Valentine，怀俄明州立大学
Ann Veeck，西密歇根大学
R. Venkatesh，匹兹堡大学
Edward Volchok，斯蒂文斯管理学院
D. J. Wasmer，伍德圣玛丽学院
Zac Williams，密西西比州立大学
Greg Wood，凯尼休斯学院
Kevin Zheng Zhou，香港大学

在第 16 版教材的编写过程中，极富才华的培生集团员工发挥的作用值得称赞。我们要感谢我们的编辑 Lynn Huddon 以及产品经理 Krista Mastroianni，感谢她们对这次修订的贡献。我们还要感谢我们的内容制作人 Claudia Fernandes 和项目经理 Kelly Murphy，他们以一种优雅的方式保障了所有事情——无论是教材，还是补充材料部分——都井然有序地进行。我们从 Lena Buonanno 出色的编辑工作中获益匪浅，她的见解大大改进了这一版本。我们也感谢我们的营销团队——Nayke Heine 和 Mellissa Yokell。

菲利普·科特勒

西北大学凯洛格商学院市场营销学荣休教授

伊利诺伊州埃文斯顿

凯文·莱恩·凯勒

达特茅斯学院塔克商学院 E. B. Osborn 市场营销学教授

新罕布什尔州汉诺威

亚历山大·切尔内夫

西北大学凯洛格商学院市场营销学教授

伊利诺伊州埃文斯顿

菲利普·科特勒

菲利普·科特勒（Philip Kotler）是世界领先的市场营销学权威之一。他是美国西北大学凯洛格商学院国际市场营销学 S. C. Johnson & Son 杰出教授（荣誉退休）。他在芝加哥大学获得了经济学硕士学位，在麻省理工学院获得了经济学博士学位。他曾在哈佛大学做数学方向的博士后研究，在芝加哥大学做行为科学方向的博士后研究。

科特勒博士是以下图书的作者或合著者：《市场营销原理》《市场营销学》《非营利组织战略营销》《营销模式》《新竞争》《专业服务营销》《教育机构战略营销》《保健组织的营销》《高能见度》《社会营销》《地方营销》《国家营销》《酒店与旅游市场营销》《全场爆满：表演艺术的营销战略》《博物馆战略与市场营销》《科特勒行销新论》《科特勒谈营销》《水平营销》《赢在创新》《营销十宗罪》《混沌时代的营销》《营销的未来》《企业社会责任》《直面资本主义》《衰落中的民主》《推进共同利益》《社交媒体营销》《品牌行动主义》《营销革命 3.0》《营销革命 4.0》以及《我的营销人生》。

此外，他还在重要期刊上发表了 150 多篇论文，这些期刊包括《哈佛商业评论》《斯隆管理评论》《商业视野》《加州管理评论》《市场营销杂志》《营销研究杂志》《管理科学》《商业策略杂志》以及《未来主义者》。他是唯一一个三次荣获《市场营销杂志》最佳年度论文"阿尔法卡帕普西奖"（Alpha Kappa Psi）的学者。

科特勒教授是美国市场营销协会（AMA）杰出营销教育家奖的首位

获奖者（1985 年）。他被美国市场营销协会学术成员推选为营销思想的领袖（1975 年），并获得保罗·康弗斯奖（1978 年）。科特勒获得的其他荣誉包括欧洲市场营销顾问和销售培训师协会颁发的卓越营销奖；营销国际协会（SMEI）年度营销者称号（1995 年）；营销科学研究院颁发的杰出教育家奖（2002 年）；威廉·威尔基（William L. Wilkie）"营销让世界更美好"奖（2013）；谢斯（Sheth）基金会营销学术与实践杰出贡献奖（2013年）；入选营销名人堂（2014 年）。

他获得了 22 个荣誉博士学位，颁授机构包括斯德哥尔摩大学、苏黎世大学、雅典经济与商业大学、德保罗大学、克拉科夫商业与经济学院、巴黎 H.E.C. 集团、布达佩斯经济与公共管理大学、维也纳经济管理大学和俄罗斯普列汉诺夫经济大学等。

科特勒教授曾是许多美国和外国大公司的顾问，包括 IBM、通用电气（General Electric）、AT&T（美国电话电报公司）、霍尼韦尔（Honeywell）、美国银行（Bank of America）、默克（Merck）、SAS 航空公司和米其林（Michelin）。此外，他还担任过管理科学研究所营销学院主席、美国市场营销协会董事、营销科学研究所理事、MAC 集团董事、扬克洛维奇（Yankelovich）顾问委员会成员，以及哥白尼顾问委员会成员。他曾是芝加哥艺术学院董事会成员和德鲁克基金会顾问委员会成员。他的足迹遍布欧洲、亚洲和南美洲，为许多公司提供全球营销机会方面的建议。

凯文·莱恩·凯勒

凯文·莱恩·凯勒（Kevin Lane Keller）是美国达特茅斯学院塔克商学院 E. B. Osborn 市场营销学教授，以及负责市场营销和传播的高级副院长。凯勒教授在康奈尔大学获得数学和经济学学士学位，在卡内基梅隆大学获得工商管理硕士学位，在杜克大学获得市场营销学博士学位。在达特茅斯学院，他教授有关战略品牌管理的 MBA 课程，并在高级管理人员培训项目中讲授相关主题的课程。

凯勒教授曾在斯坦福大学任教，并担任该校市场营销专业负责人。他还曾在加州大学伯克利分校和北卡罗来纳大学教堂山分校任教，是杜克大学和澳大利亚管理研究生院的访问教授，并有两年美国银行营销顾问的行业经验。

凯勒教授的主要专业领域是理解与消费者心理相关的理论和概念可以怎样改进品牌和营销战略。他的研究成果多次发表在四大主流营销期刊《市场营销杂志》《营销研究杂志》《消费者研究杂志》和《营销科学》上。目前，他发表了 120 多篇论文，是所有营销学者中论文被引用次数最高的学者之一，他的研究成果获奖数不胜数。

凯勒教授积极参与行业实践，参加了许多不同类型的营销项目。他曾担任世界上一些最成功品牌的咨询和顾问，包括埃森哲（Accenture）、美国运通（American Express）、迪士尼（Disney）、福特（Ford）、英特尔（Intel）、李维斯（Levi Strauss）、里昂比恩（L.L. Bean）、耐克（Nike）、宝洁（Procter & Gamble）和三星（Samsung）。他是一位备受欢迎和追捧的演说家，曾在各种各样的论坛上发表主题演讲，并为高级管理人员举办研讨会。他在世界各地做过演讲，从首尔到约翰内斯堡，从悉尼到斯德哥尔摩，从圣保罗到孟买。

凯勒教授目前正在开展许多致力于品牌资产战略的创建、评估和管理的研究。他在基于这些主题的教材《战略品牌管理》第5版中增加了合著者沃妮特·斯瓦米纳坦（Vanitha Swaminathan）。这本教材已被全球顶尖的商学院和公司采用，并被誉为"品牌圣经"。他还曾担任营销科学研究所的学术理事、执行董事和执行委员会成员。

在凯勒教授所谓的业余时间里，他是一个狂热的体育、音乐和电影爱好者，他曾帮助管理和推广澳大利亚最伟大的摇滚乐队之一的 The Church，以及美国强力流行乐传奇人物 Tommy Keene 和 Dwight Twilley，并担任监制。他目前是黎巴嫩歌剧院和 Doug Flutie, Jr. 自闭症基金会的董事会成员。他与妻子 Punam（也是塔克商学院的营销学教授）、两个女儿 Carolyn 和 Allison 住在新罕布什尔州的埃特纳。

亚历山大·切尔内夫

亚历山大·切尔内夫（Alexander Chernev）是美国西北大学凯洛格商学院市场营销学教授。他拥有索菲亚大学心理学硕士和博士学位，以及杜克大学工商管理博士学位。他是营销战略、品牌管理、消费者决策和行为经济学领域的学术思想领袖、演讲家和顾问。

切尔内夫教授写过许多关于商业战略、品牌管理、消费者行为和营销计划的文章。他的研究成果发表在主流的营销期刊上，并经常被商业报刊和主流媒体引用，包括《华尔街日报》《金融时报》《纽约时报》《华盛顿邮报》《哈佛商业评论》《科学美国人》、美联社、《福布斯》和《彭博商业周刊》。他被《市场营销杂志》评为在主流营销期刊上最多产的十位学者之一，并在《营销教育杂志》发布的一项关于全球营销学教师的调查中被评为消费者行为领域名列前五的教师。

除了学术和管理方面的文章，切尔内夫教授还出版了多部影响深远的著作：《战略营销管理：理论与实践》《战略营销管理：框架》《战略品牌管理》《营销计划手册》和《商业模式：如何开发新产品，创造市场价值，让竞争变得无关紧要》。这些书已被翻译成多种语言，并为世界各地的顶尖商学院所使用。

切尔内夫教授曾担任《市场营销杂志》和《消费者心理学杂志》的领域编辑，并在主流研究杂志的编辑委员会任职，其中包括《营销研究杂志》《消费者研究杂志》《国际营销研究杂志》《营销科学学会期刊》和

《营销行为杂志》。

在凯洛格商学院，切尔内夫教授在 MBA、博士和高级管理人员教育项目中讲授营销战略、品牌管理和行为决策理论课程。他还曾在法国和新加坡的欧洲工商管理学院、瑞士管理发展学院和香港科技大学讲授高级管理人员项目课程。他获得过许多教学奖项，包括核心课程教学奖、凯洛格教员影响力奖，并 13 次获得凯洛格商学院高级管理人员工商管理硕士项目的顶尖教授奖。

除了研究和教学，切尔内夫教授还担任营销科学研究所的学术理事，目前是该研究所的研究员。他曾在许多涉及知识产权、消费者行为和营销战略的法律案件中担任专家。作为一个完美的教育家和演说家，切尔内夫教授在世界各地的会议和企业活动中发表过重要演讲。他为世界各地的公司，包括从《财富》世界 500 强企业到初创企业，提供营销战略、品牌管理、战略规划和新产品开发，以及构建商业模式、建立强势品牌、发现市场机会、开发新产品和服务、获得竞争优势等方面的咨询。

译者简介

陆雄文

现任复旦大学管理学院院长、复旦大学中国市场营销研究中心主任。教学和研究主要集中于中国不成熟市场营销、因特网营销、服务营销和企业组织变革等，在国内外权威刊物上发表五十余篇论文，并主编《管理学大词典》，出版了七部著作及教材。担任第四、第五及第六届全国工商管理专业学位研究生教育指导委员会副主任委员和国际商学院联合会（AACSB）全球理事会成员。

蒋青云

现任复旦大学管理学院市场营销学系教授，兼任中国高校市场学研究会副会长、《营销科学学报》理事会副理事长兼编辑部副主任、上海市市场学会副会长，曾任复旦大学市场营销学系主任。专长于营销战略、营销渠道管理和数字化营销等领域的研究，在营销渠道关系、渠道战略和中国企业品牌战略研究等方面发表专业论文60多篇。担任"科特勒增长实验室"导师、金投赏研究委员会主席和秒针营销科学院营销科学家成员。

赵伟韬

现任复旦大学管理学院市场营销学系助理教授，曾任麻省理工学院访问学者。教学和研究方向包括管理沟通、跨文化管理、领导力等，其中"管理沟通"课程获评上海市教委重点课程，并被列为上海市高校全英文示范课程建设项目。曾参与《英汉大词典》（第 2 版）、《牛津英美文化词典》《服务营销》《管理学：聚焦领导力》《统一报告》等辞书和教材的翻译和编译。

徐倩

现任复旦大学管理学院营销学系副教授，擅长利用行为科学实验探索消费者的思维和行为规律，研究兴趣包括消费者目标与动机、社会支持与控制感等，主持完成了国家自然科学基金、上海市浦江人才计划和企业委托的多项科研项目。在《人格与社会心理学学报》《营销研究学报》《组织行为和人类决策过程》《消费心理学报》等国际期刊上发表多篇关于消费者洞察的论文。

许梦然

现任复旦大学管理学院市场营销学系青年副研究员，研究方向为消费者行为与态度转换，学术研究集中在通过态度的形成动机和属性制定有效的激励态度转变策略，为企业市场营销方案的制定提供理论指引。其研究成果发表于《人格与社会心理学学报》《欧洲社会心理学评论》《实验社会心理学学报》《人格和社会心理学简报》等行为科学和社会心理学领域的国际期刊。

第一部分
营销管理的基本原理
Fundamentals of Marketing Management

1

为新现实定义营销

学习目标

1. 界定市场营销的范畴。

2. 描述新的市场营销现实。

3. 解释市场营销在组织中的作用。

4. 说明如何组织和管理现代营销部门。

5. 解释如何建立以客户为中心的组织。

全球市场上的用户可以通过智能手机租用定价合理、无污染的 Bird
共享电动滑板车（它也可以被递送到家里或办公地点），在城镇中穿
行，并将其停放在公共场所。

Source: Alexander Chernev

个人和组织都在正式和非正式地从事着大量我们称为市场营销的活动。如今，面对商业环境中的数字革命和其他重大变化，有效的市场营销日益重要，并呈现全新的面貌。让我们来考察一下初创公司 Bird 在市场上的快速成功。

Bird 是一家共享电动滑板车公司，致力于提供经济实惠、环境友好的通勤工具。它旨在为那些需要在城镇内穿行，或需要从地铁站、公交站短途去往目的地的乘客提供一种便捷的通勤方式。这种方式既不会造成空气污染，也不会增加交通压力。Bird 成立于 2017 年 9 月，其总部位于加利福尼亚州威尼斯。它为顾客提供可通过智能手机租用的共享电动滑板车。人们可以在整座城市的人行道上取放 Bird 滑板车，不需要专门的停放区。事实证明，该公司的商业模式非常受欢迎。运营第一年，Bird 滑板车进入了北美、欧洲和亚洲的 100 多个城市，为人们提供了 1000 万次滑行。为了应对来自如 Lime 和 Spin 等其他无桩共享滑板车初创公司日益激烈的竞争，Bird 的商业模式也在不断发展。它推出了 Bird 递送服务（Bird Delivery），通过这项服务，消费者可以在清晨要求 Bird 公司将滑板车送到他们的家里或办公地点，确保他们全天都可用滑板车作为通勤工具。为了加速推广，Bird 公司还推出了 Bird 平台（Bird Platform）这一产品和服务套件，创业者可以成为 Bird 共享电动滑板车的独立运营商，管理社区中的共享电动滑板车车队。独立运营商可以选择在 Bird 滑板车上添加自己公司的标志，并获得物流支持，以便每日对电动滑板车进行充电、维护和分发。[1]

好的市场营销并非偶然。它既是一门艺术，也是一门科学，是使用最先进的工具和技术所精心策划和执行的结果。训练有素的营销人员不断更新经典做法，并开发新的做法，以寻找创新、实用的方法来适应新的营销现实。在本章中，我们通过回顾重要的营销概念、工具、框架和事件，为开展全面的营销实践打下坚实基础。

市场营销的范畴

要想成为一名成功的营销人员，就必须对营销的本质、可以营销什么，以及营销是如何运作的有一个清晰的认识。接下来我们将讨论营销的这三个方面。

什么是市场营销

市场营销（marketing）是指以与组织目标相一致的方式识别并满足人类与社会的需求。当谷歌（Google）认识到人们需要更快、更有效地访问互联网信息时，它创建了一个可以对查询结果进行分类和排序的强大搜索引擎。当宜家家居注意到人们想要以足够低的价格购买优质家具时，它推出了可拆卸家具。这两家公司很好地展现了高超的市场营销能力，将个人的或社会的需求转变成可盈利的商业机会。[2]

美国市场营销协会提供了以下正式的定义：市场营销是创造、沟通、传递和交换对顾客、客户、合作伙伴和整个社会有价值的产品的一种活动、制度和过程。[3]应对这些交换过程需要大量的工作和技能。当潜在交换各方中至少有一方考虑如何从其他方获取所期望的反应时，营销管理就出现了。因此，**营销管理**（marketing management）是选择目标市场并通过创造、传递和沟通卓越的顾客价值，来获取、维持和发展顾客的艺术和科学。

我们还可以区分市场营销的社会定义和管理定义。市场营销的社会定义表明了市场营销在社会中所扮演的角色。例如，一个营销人员曾说过，市场营销的作用是"缔造更高质量的生活"。我们对市场营销的社会定义如下：市场营销是一个社会过程，在这个过程中，个人和群体通过创造、提供并与他人自由交换有价值的产品与服务来获取他们的所需所想。消费者之间和消费者与企业之间共同创造价值，以及价值创造和分享的重要性，已经成为现代营销思想发展过程中的重要主题。[4]

管理人员有时将市场营销视为"销售产品的艺术"，然而很多人在听到"销售并不是市场营销中最重要的部分"时会感到惊讶。销售只是市场营销的冰山一角。著名管理大师彼得·德鲁克（Peter Drucker）这样说道：

> 我们可以假定，对销售的需要总是存在的，但市场营销的目标就是让销售变得多余。市场营销的目的是很好地认识和了解顾客，让产品或服务适合顾客并实现自行销售。在理想情况下，市场营销的成果是使顾客产生购买意愿。之后所需要的就只是提供足够的产品或服务。[5]

当任天堂（Nintendo）发布 Wii 游戏机，苹果（Apple）推出 iPad 平板电脑，丰田（Toyota）推出普锐斯（Prius）混合动力汽车时，订单蜂拥而至。它们的成功不能仅仅归功于零售商出色的销售技巧，更确切地说，它们的巨大成功源于它们对消费者、竞争者，以及所有影响成本和需求的外部因素做了细致的工作，并在此基础上设计了正确的产品。

营销什么

营销渗透在社会的各个方面，无处不在。具体来说，营销通常涵盖 10 个不同的领域：产品、服务、事件、体验、人物、地点、财产、组织、信息和观念。让我们快速浏览一下这些类别。

- 产品。实物产品在大多数国家的生产和销售中占主体地位。每年，美国公司出售数以亿计的生鲜、罐装、袋装和冷冻食品，以及数以百万计的汽车、冰箱、电视、机器和其他现代经济的必需品。

- 服务。随着经济的发展，越来越多的经济活动集中在服务的生产上。如今美国经济所生产的服务与产品组合中，服务约占三分之二，产品仅占三分之一。服务的内容包括航空公司、酒店、汽车租赁公司、理发师与美容师、维修人员、会计师、银行从业人员、律师、工程师、医生、软件程序员和管理顾问等提供的工作。许多市场供应品是产品与服务的组合，例如快餐。

- 事件。营销人员推广具有时效性的事件，包括重大的贸易展览、艺术表演和公司周年庆。全球体育赛事，如奥运会和世界杯，被大力地推广给企业和粉丝。地方性活动包括工艺博览会、书店读书会和农贸市场。

- 体验。通过精心准备和策划一系列服务和商品，一家公司可以创造、展示并销售体验。迪士尼世界的"魔法王国"可以让游客置身于一个童话王国、一艘海盗船或是一座鬼屋。定制化的体验包括与退役的棒球名将参加一周的棒球训练营，四天的摇滚奇妙之旅，以及攀登珠穆朗玛峰等。

- 人物。艺术家、音乐家、企业家、医生、知名律师和金融家，以及其他专业人士经常得到营销人员的帮助。[6] 许多运动员和艺人在个人营销方面做得很出色，例如职业橄榄球大联盟（NFL）前四分卫佩顿·曼宁（Peyton Manning）、脱口秀老手奥普拉·温弗瑞（Oprah Winfrey）和摇滚传奇滚石乐队（The Rolling Stones）。管理咨询师汤姆·彼得斯（Tom Peters）是一位个人品牌管理大师，他建议每个人都要成为一个"品牌"。

- 地点。各个城市、州、地区和国家都在竞相吸引游客、居民、工厂和公司总部的青睐。[7] 经济发展专家、房地产代理商、商业银行、当地商业协会，以及广告和公共关系机构等都属于地点营销人员和机构。拉斯韦加斯会展和旅游管理局在地点营销上取得了巨大成功，其煽动性的广告活动"在这里发生，在这里结束"，成功地将拉斯韦加斯塑造成"成人游乐场"。

- 财产。财产包含对不动产（房地产）或金融资产（股票和债券）的无形所有权。它们被购买和出售，并且这些交换都需要市场营销。房地产代理商为业主或卖家工作，或者他们自己购买和出售住宅和商业地产。投资公司和银行则将证券出售给机构和个人投资者。

- 组织。博物馆、艺术表演组织、公司和非营利性组织都使用营销来提升自己的公众形象以争夺观众和资金。一些大学设立了首席营销官（CMO）的职位来更好地管理其学校身份和形象，包括入学手册、推特（Twitter）交流版以及品牌战略等各种方式。

- 信息。信息是可传播的知识。它是由电视和广播新闻、报纸、互联网、智囊团、政府和商业实体，以及各中小学和高校进行生产、营销和传播的。企业则采用如尼尔森（Nielsen）、当纳利公司（R. R. Donnelley & Sons）、ComScore、高德纳咨询公司（Gartner）、君迪（J.D. Power and Associates）、捷孚凯（GfK）和益普索（Ipsos）等组织提供的信息做出商业决策。

- 观念。社会营销人员宣传"是朋友就别让他酒驾"和"不动脑子是件可怕的事"等观念。政党推销如枪支管制、税收改革和平价医疗保健等社会议题。作为企业社会责任活动的一部分，许多组织推广的议题集中在贫困、气候变化、公民权利、社会正义、种族歧视、性别不平等、医疗保健可获性和儿童肥胖症等问题上。

营销交换

营销人员指的是从他人处寻求回应的人，包括寻求他人的注意力、购买行为、选票或捐赠等。营销人员擅长激发他人对产品的需求，然而，这只是营销人员工作的一部分。营销人员还试图影响需求的水平、时机以及构成，以实现其所在组织的目标。

传统意义上，"市场"是一个买方和卖方聚集买卖商品的场所。经济学家将市场定义为买方和卖方就某一特定产品或产品品类（如住房市场或粮食市场）进行交易谈判的集合。

有五类基本市场：资源市场、制造商市场、消费者市场、中间商市场和政府市场。图1-1展示了五类基本市场及其产品、服务和货币的联结流。制造商前往资源市场（原材料市场、劳动力市场、

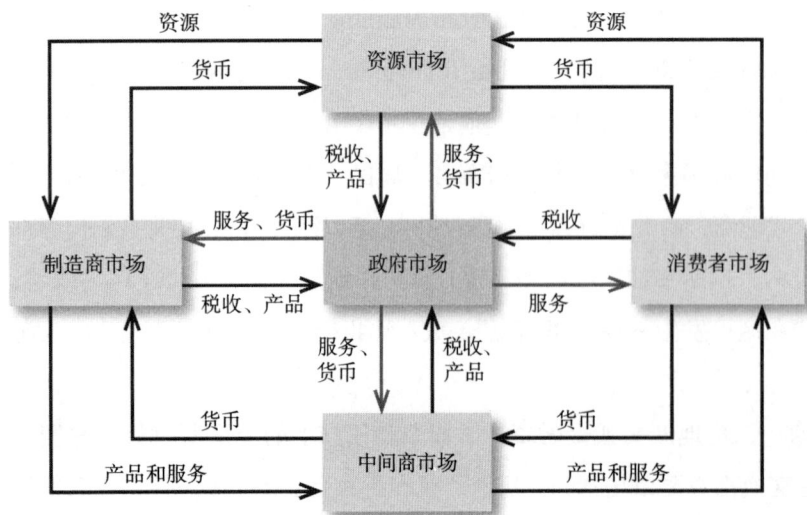

图 1-1
现代交换经济中的
产品流、服务流和货币流结构

资金市场）购买资源，并将其转化为产品和服务，然后将成品卖给中间商，中间商再将其卖给消费者。消费者则出售他们的劳动力来获取用于购买产品和服务的货币。政府依靠税收收入从资源市场、制造商市场和中间商市场购买物资，并将这些商品和服务用于提供公共服务。每个国家的经济以及全球经济本身，都是由通过交换过程连接的互相作用的市场组成的。

营销人员将行业（industry）视为卖方集合，并将顾客群体称为市场（market）。市场包括需要市场（如瘦身市场）、产品市场（如鞋类市场）、人口市场（如"千禧一代"市场）和地理市场（如中国市场），以及选民市场、劳动力市场和捐赠者市场。

图 1-2 展示了卖方和买方是如何通过四种流连接起来的。卖方将商品、服务，以及广告和直邮等传播物发送到市场；作为回报，他们获得货币和信息，例如顾客态度和销售数据。内圈循环显示了用以买卖商品和服务的货币交换；外圈循环显示了信息交换。

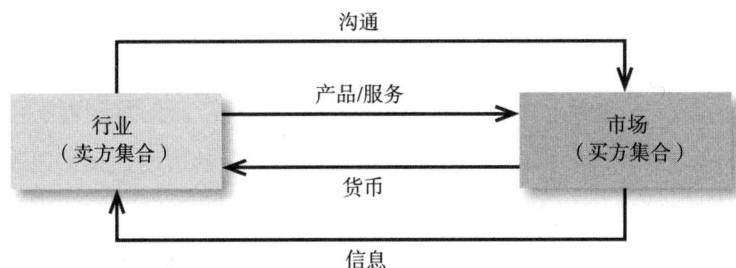

图 1-2
简单的营销系统

如果对产品和服务的需求不足以支撑企业盈利，那么财务、运营、会计和其他业务职能也就不再重要。换句话说，只有获得足够的营业收入，企业才有盈利的可能。因此，企业财务上的成功通常取决于它的市场营销能力。市场营销的价值能够延伸至整个社会。它有助于新产品的推出或老产品的升级，以使人们的生活更轻松或更丰富。成功的市场营销建立了人们对产品和服务的需求，进而为人们创造了就业机会。通过促进企业盈利，成功的市场营销也使得企业更能够全身心地参与社会责任活动。[8]

在互联网和移动技术驱动的市场环境中，消费者、竞争、技术和经济力量变化迅速，其影响结果快速倍增，营销人员必须确定产品功能、价格及其投放市场，并决定在广告、销售，以及互联网和移动营销上的花费。

市场营销几乎没有犯错的余地。就在不久前，聚友网（MySpace）、雅虎（Yahoo!）、百视达（Blockbuster）和巴诺书店（Barnes & Noble）还是各自行业中受人敬仰的佼佼者。短短几年，看看发生了多大的变化！这些品牌都已被脸书（Facebook）、谷歌、网飞和亚马逊（Amazon）这些后起之秀赶超，此刻它们正在挣扎求存，甚至时有失败。企业必须不断前进。若企业对客户和竞争对手疏于监控，因而未能持续改进其产品价值和营销策略，也没能在这个过程中令其员工、股东、供应商和渠道合作伙伴感到满意，那么企业将面临巨大的风险。

营销中的创新是至关重要的。富有想象力的战略构想存在于企业内部的很多地方。高级管理层应当识别并鼓励三个经常被忽视的群体的新想法：具有年轻化或多样化视角的员工，离公司总部较远的员工，以及刚入行的员工。这些群体往往能够挑战公司的正统观念，并激发新的创意。

总部位于英国的 RB 公司（前身为利洁时公司）一直是传统家居清洁产品行业中的创新者，其35% 的销售额来自三年内新推出的产品。该公司鼓励其不同国家的员工深入挖掘消费者习惯，并基于他们的出色表现给予丰厚的奖励。

新的营销现实

随着新的营销行为、机遇和挑战的涌现，今天的市场已与十年前大不相同。[9] 新的营销现实可以被分为三大类：塑造不同市场实体间关系的市场力量，这些力量相互作用产生的市场结果，以及作为在快速演进的市场中制胜的关键手段的全方位营销的出现。

图 1-3 总结了四大主要市场力量、三大关键市场结果，以及全方位营销的四大基本支柱，以帮助我们把握新的营销现实。有了这些概念，我们就可以确定构成成功营销管理和营销领导力的一系列具体任务。

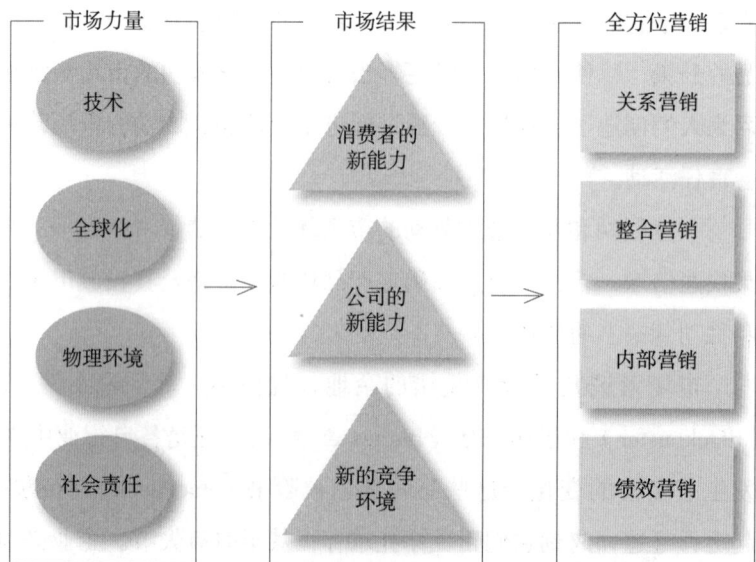

图 1-3
新的营销现实

四大主要市场力量

技术

技术变化之快，成就之广，令人叹为观止。电子商务、在线交流和移动通信，以及人工智能的迅速崛起，提升了营销人员的能力。如今，消费者和营销人员都能获得有关万事万物的海量信息和数据。

技术发展催生了善于利用这些技术提供的全新能力的新型商业模式。那些积极拥抱新技术的公司，例如网飞、亚马逊、爱彼迎和优步已经成为颠覆市场、占据行业竞争主导地位的佼佼者。

数据分析、机器学习和人工智能的进步，不仅使公司能够更好地了解它们的客户，而且能够根据消费者的需求定制产品。计算能力的急剧提升，加上复杂的数据分析算法（包括自然语言处理、物体识别和情感计算），为营销人员带来了前所未有的了解客户的机会，并可以与客户进行一对一互动。同时，数据分析和人工智能平台的发展令这些技术变得大众化，那些过去没有资源独立应用这些技术的小公司也因此受益。

甚至传统的营销活动也受到技术的深刻影响。为了提高销售人员的效率，罗氏制药（Roche）为整个销售团队配备了iPad。该公司过去曾使用过一个设计精密的顾客关系管理软件系统，这一系统的运作依赖于销售代表们能够准确并及时地输入数据。然而，他们并不总是能够做到这一点。而自从有了iPad，销售团队可以实时录入销售数据，这不但提高了数据质量，也为完成其他任务腾出了时间。

全球化

世界已经成为一个公平的竞技场，为来自全球的竞争者提供了平等的成功机会。随着先进的电信技术和工作流程平台使所有类型的计算机协同工作，持续为通信、协作和数据挖掘创造无限机会，地理和政治的障碍被逐渐消除了。世界变小了，全球的企业和客户联系在了一起，正如托马斯·弗里德曼著作的书名所描述的那样——"世界是平的"。[10]

为阐述全球化带来的影响，弗里德曼举了一个例子：为美国密苏里州的一家麦当劳接单的工作人员很可能实际上在1400千米外的科罗拉多州斯普林斯的呼叫中心工作。他会把你的订单传回麦当劳，这样，当几分钟后你开车到达取餐窗口时，你订的餐食就已经准备好了。弗里德曼警示道，忽视那些将会改变公司经营方式的快速全球化进程将导致严重的后果，比如美国人的工作岗位将流失到其他国家那些工资要求更低的熟练员工手中。为了在这个"扁平化"的世界中取得成功，美国的劳动力必须不断地更新其专业技能，并创造出卓越的产品。

全球化使各国的文化日益多元化。鉴于美国少数族裔的购买力增长速度超过了美国民众的平均水平，他们的经济影响力不断扩大。那些年龄中位数低于25岁的发展中市场更具人口优势。就中产阶级的增长而言，下一个10亿级规模的中产阶级中的绝大多数人可能是亚洲人。[11]

由于公司可以将一个国家的创意和经验应用于另一个国家，全球化还改变了创新和产品开发的模式。多年来，通用电气的高级超声扫描仪在中国市场鲜有成功。然而，它针对中国独特的市场需求成功地开发了一个便携式、超低价的版本。后来，该产品在发达国家中的销售也获得了成功，用于救护车和手术室等因现有型号的超声扫描仪尺寸太大而无法进入的场景。[12]

物理环境

在过去 10 年中，公司运营的物理环境发生了巨大变化。其中有两个影响深远的变化特别值得关注：气候变化和全球健康状况变化。

气候变化指的是全球气候的持续变化和区域气候的改变。这些改变都会对公司的业务活动产生深远影响。气候变化不仅限于全球变暖，还可能涉及气温降低（全球变冷）。此外，气候变化带来的影响不仅局限于温度上的持续变化，还会引发日益频繁和极端的气候事件、湿度和降雨量波动，以及由海水热膨胀和前所未有的冰川和极地冰盖融化导致的全球海平面上升。

无论公司规模大小或是身处什么行业，几乎所有公司的商业模式都会受到气候变化的影响。举例来说，年平均气温升高会导致那些喜欢较冷气候的水果和蔬菜产量下降，同时那些喜欢温和气候的植物会更繁茂。随着暖季的延长，适宜在温暖天气进行的活动往往会增加，而冬季运动则会受到负面影响。海平面上升不但对全球商业运作造成重大阻碍，也严重影响了人们的日常生活。因受到气候变化带来的海平面上升和极端天气情况的影响，印度尼西亚政府宣布计划将其首都从濒危的雅加达迁至加里曼丹岛。海平面上升的影响不仅导致频繁的洪水，也意味着土地被侵蚀、风暴破坏力更强，以及饮用水被海水污染的风险上升。

健康状况囊括了从特定地理区域内的短期疾病到扩散全球的流行性疾病。健康状况的变化不仅可以直接影响制药、生物技术和健康管理公司的运营，也会影响那些与医疗保健没有直接关联的公司。之前禽流感和甲型 H1N1 等流行病的暴发已对包括食品、旅游、酒店和交通等领域的所有方面产生深远影响。像新冠病毒这类真正的全球性流行病毒更是致使绝大多数（如果不是全部）商业交易陷入瘫痪，从而导致全球商业几乎陷入停滞状态。全球化进程的推进以及随之而来的全球旅行增多，放大了区域范围内疾病演变成全球流行病的可能性。因此，管理人员必须随时准备好调整业务模式，来应对不断变化的健康状况对顾客、员工以及公司的基本运行所造成的威胁。

社会责任

贫困、污染、水资源短缺、气候变化、社会不公和财富集中需要我们的关注。私营部门（个人、家庭和私人所拥有的企事业单位）正在为改善人们的生活条件承担部分责任，世界各地的企业也都认识到企业社会责任的重要性。

由于市场营销的影响会延伸到整个社会，营销人员必须考虑其活动的道德、环境、法律和社会背景。[13] 因此，组织的任务是确定目标市场的需求、愿望和利益，并比竞争对手更有效、更高效地满足该目标市场，同时维持或提升消费者和社会的长期福祉。[14]

随着产品变得越来越同质化和消费者社会意识的增强，一些企业，包括美体小铺（The Body Shop）、添柏岚（Timberland）和巴塔哥尼亚（Patagonia）在内，已经将社会责任作为一种手段，以将自己区别于竞争对手，建立消费者偏好，并实现可观的销售额和利润。

　　企业在做出这些营销和商业实践的转变时，也面临道德困境和复杂的权衡取舍。消费者可能看重便利性，但他们很难在这个努力减少浪费的世界里，合理化其对一次性产品或精美包装的消费行为。日益增长的物欲可能违背了可持续性原则。高明的企业正将能源效率、碳排放量、毒性和可处置性纳入考量，以进行创新设计。

≫ 普锐斯结合了强大的电动引擎与可快速切换成汽油动力的能力，使其不论在城市道路还是高速公路上，每加仑油耗都可以行驶超过 80 千米。同时，普锐斯还能让车主彰显他们对环境问题的关心。

Source: ZUMA Press, Inc./Alamy Stock Photo

丰田普锐斯　2001 年，丰田预测其油电混合动力汽车普锐斯在上市后五年内，销量将达到 30 万辆，一些汽车专家对此嗤之以鼻。但到 2004 年，想购买普锐斯的消费者得提前 6 个月预订。丰田的制胜法宝包括强大的电动引擎和可快速切换动力源的能力，这使得普锐斯每消耗一加仑汽油就可以在城市道路或高速公路上行驶 88 千米。此外，起价略高于 20000 美元的普锐斯还提供了家庭轿车的空间和动力，以及环保的设计和外观。一些消费者还欣赏普锐斯的独特设计，因为这可以让他们彰显自身对环保问题的关心。我们可以从中学到什么呢？在消费者眼中，功能强劲又环境友好的产品是很有吸引力的。[15]

　　如今，营销人员比以往任何时候都更应该全面思考，并制订创造性的双赢解决方案，以平衡相互冲突的需求。他们必须制订全面整合的营销计划，并与一系列相关成员建立有意义的联系。[16] 除了在公司内部坚持做正确的事情，他们还需要考虑更广泛的市场结果，这是我们接下来要讨论的话题。

三大关键市场结果

　　作为塑造当今市场的四大力量——技术、全球化、物理环境和社会责任正在从根本上改变消费者和公司之间的交互方式。这些力量为消费者和公司提供了新的能力，也催生了一个竞争激烈的市场环境。接下来我们将更具体地讨论这三个市场结果。

消费者的新能力

今天的消费者比以往拥有更多触手可及的力量。随着信息技术、通信技术和移动技术的发展，消费者能够做出更好的选择，并与世界各地的其他人分享他们的喜好和意见。消费者的新能力涉及以下几个关键方面。

- **消费者可以使用在线资源作为强大的信息和购物辅助。** 无论是在家里、办公室，还是手机上，消费者都可以比较产品的价格和功能，参考用户评论，还可以随时随地在线订购商品，不囿于有限的本地产品，同时大幅度节省成本。他们还可以进行展厅购物：在实体店里比较产品，但在线购买产品。由于消费者和其他成员可以追踪到几乎任何企业信息，企业开始意识到，其言论和行为的透明度是至关重要的。

- **消费者可以随时随地利用移动连接进行搜索、交流和购物。** 如今，消费者在日常生活中越发频繁地使用智能手机和平板电脑。比如，人们使用手机和平板电脑来了解和购买产品，购买范围从杂货延伸到礼品。不仅如此，人们还使用智能设备为社会公益事业和赈灾做出贡献，探寻不同的保险选择，以及通过网银收放资金。同时，智能设备也使医生和病人之间、偏远地区的医疗团队之间能够开展虚拟医疗咨询。在地球上，每两个人就拥有一部手机，而且全球每天生产的手机数量是婴儿出生数量的 10 倍。电信行业与旅游、军事、食品和汽车行业一样，是世界上价值上万亿美元的产业之一。

- **消费者可以利用社交媒体分享观点和表达忠诚。** 社交媒体火爆全球，改变了人们的日常生活方式。消费者可以在脸书、推特、Snapchat 和领英（LinkedIn）等社交平台上与家人、朋友和同事保持联系，推销产品和服务，甚至参与政治。在脸书、Instagram、维基百科（Wikipedia）和 YouTube 等社交媒体上，社交互动和用户生成内容蓬勃发展。除此之外，一些网站将拥有共同兴趣的消费者联系起来，比如服务于爱狗人士的 Dogster，服务于旅行者的猫途鹰（TripAdvisor），以及服务于骑行者的 Moterus。在 Bimmerfest、Bimmerpost 和 BMW Links 等平台上，汽车爱好者们也讨论着汽车轮毂、最新宝马车型，还相互推荐当地优秀的汽车维修工。

- **消费者可以积极地与企业进行互动。** 消费者把他们最喜欢的公司视为工作坊，并从这里购买心仪的产品。如果消费者选择加入企业的客户名单，他们就可以收到公司推送的营销、折扣、优惠券和其他特定的优惠信息。除此之外，消费者还可以扫描商品上的条形码和二维码，进入品牌网站，获取其他信息。目前，许多公司已经开发了应用程序，使得它们与客户能够更有效地互动。

- **消费者可以拒绝接收那些不合时宜甚至讨厌的营销信息。** 如今，一些顾客认为产品之间的差异越来越小，因此品牌忠诚度越来越低。另一些消费者则可能对价格和质量更加敏感。一项调查显示，近三分之二的消费者表示他们不喜欢广告。基于以上及其他原因，消费者越来越不愿忍受那些他们不喜欢的营销活动。因此，他们会选择屏蔽在线信息，跳过广告，回避邮件或电话营销。

- **消费者可以从他们已有的产品中获得更多的价值。** 消费者们共享自行车、汽车、衣服、沙发、公寓、工具和技能。正如共享行业的一位企业家所说："我们正在从一个以所有权为中心的世界，转向一个以资产使用权为中心的世界。"在一个共享经济体中，人们可以同时是消费者和生产者，并从这两种角色中获益。[17]

公司的新能力

全球化、社会责任和技术除了赋能消费者，还赋予了公司新的能力来帮助公司为客户、合作者和利益相关者创造价值。其中的关键能力如下所示。

- **公司可以利用互联网作为一个强大的信息和销售渠道，包括个性化定制商品。** 网站可以列出公司的产品和服务、公司历史、经营理念、招聘事项和其他全球消费者感兴趣的信息。例如，美国的一次性餐具制造公司 Solo Cup 的营销人员发现，把店铺链接到公司官网和脸书页面后，使得消费者能够更轻易地在购买 Solo 纸杯和纸盘的同时与品牌进行线上互动。[18] 除此之外，由于工厂定制化、计算机技术和数据库营销软件的发展，顾客可以购买到印有自己名字的 M&M 糖果，正面印有他们照片的 Wheaties 盒子或 Jones 汽水罐，以及印有定制信息的亨氏（Heinz）番茄酱瓶子。

- **公司可以收集更全面、更丰富的市场、消费者、潜在消费者和竞争对手的信息。** 营销人员可以在互联网上通过焦点小组访谈、发送问卷等方式收集原始数据，以此开展新的营销调研。他们可以收集每个消费者的购买情况、偏好、人口统计和盈利能力等信息。许多零售商，例如 CVS、塔吉特（Target）和艾伯森（Albertsons），使用会员卡数据来更好地了解消费者购买的商品种类、光顾商店的频率和其他购买偏好。此外，推荐系统帮助营销人员根据用户过去的线上行为数据，为其提供个性化的购买建议。目前，网飞、亚马逊、阿里巴巴和谷歌等公司已经根据用户购买和浏览数据、搜索关键词、产品反馈和地理位置创建了有效的算法，为个性化推荐系统助力。要知道，亚马逊的很大一部分销售额都来自产品推荐系统。

- **企业可以通过社交媒体和移动营销发送有针对性的广告、优惠券和信息，快速有效地触达消费者。** 一方面，GPS（全球定位系统）技术可以精确定位消费者的位置，让消费者在身处购物中心时恰好收到营销人员发送的信息，包括愿望清单提醒、优惠券或仅限当天使用的优惠信息。基于地理位置的广告之所以具有吸引力，是因为它能让消费者更接近销售点。另一方面，社交媒体和舆论也有很大的力量。例如，一家口碑营销机构会招募消费者自愿参加促销计划，为他们认为值得推荐的产品或服务进行推广。

- **公司可以改善采购、招聘、培训以及内外部的沟通。** 公司可以在线招聘新员工，并且许多公司还为员工、经销商和代理商提供互联网培训。随着企业开始拥抱社交媒体，博客逐渐式微。比如，美国银行在注销博客、注册脸书和推特后表示："顾客在哪里，我们就要在哪里。"[19] 农夫保险公司（Farmers Insurance）使用专门的软件来帮助其遍布全国的代理商维护他们自己的脸书页面。除此之外，通过公司内网和数据库，员工也可以相互询问、寻求建议和交换信息。赛富时（Salesforce）、IBM和许多初创企业推出的为企业员工特别设计的，同时具有推特和脸书功能的混合型产品已经在市场上流行起来。休斯敦动物园（Houston Zoo）在内网上启用"我想要"（I want to）按钮帮助员工快速完成基础任务，比如订购名片和制服，或与IT部门沟通，从而使他们有更多时间照顾动物。Maxxam Analytics公司在内网上发起了名为"团队站点"（Team Sites）的员工讨论区，使得不同地区的团队成员在此讨论区能够交换意见，从而提高效率和客户服务质量，这有助于推进团队和公司的目标。

- **企业可以提高成本效率。** 企业的买家可以在拍卖会上利用互联网比较卖方出价、购买材料，或者在反向拍卖中公布自己的条件，从而节省大量资金。公司还可以通过改善物流和运营来提高准确性和服务质量，从而节省大量成本。除此之外，小型企业尤其能释放互联网的潜力。比如，在小规模医疗机构工作的医生可以使用提供类似于脸书服务的Doximity平台（总部位于美国的一个为医生提供远程医疗和调度工具的医师社交平台）联系系统推荐的医生和专家。

新的竞争环境

新的市场力量不仅改变了消费者和公司能力，也极大地改变了竞争模式和竞争格局的性质。竞争环境有如下一些关键变化。

- **放松管制。** 许多国家都放松了对行业的管制，以创造更大的竞争和更多的增长机会。在美国，本着驱动竞争的精神，那些限制金融服务、电信和电力设施的法律都变得更加宽松。
- **私有化。** 为了提升效率，许多国家已经将上市公司转为私人所有和私人管理。在澳大利亚、法国、德国、意大利、土耳其和日本等国，电信业已经被大幅私有化。
- **零售业转型。** 以实体店为基础的零售商面临着以下竞争者：商品目录式零售商、直邮公司、报纸、杂志、直接面向客户的电视广告、家庭购物电视网络和电子商务。作为回应，亚马逊、百思买（Best Buy）和塔吉特等以客户为中心的公司，正在将咖啡吧、现场演示和表演等娱乐活动融入它们的商店——营销"体验"，而不是营销产品种类。
- **取消中间商。** 像亚马逊和E*TRADE这一类早期网络公司，通过切入传统的货物流链条，成功地创造了传递产品和服务的"去中间商"模式。作为回应，传统公司开展了中间商重构，通过增加在线服务的方式转型成为实体店与电子商务相结合的零售商。因此，一些拥有丰富资源和成熟品牌的公司对于纯电商公司而言是更强劲的竞争对手。
- **自有品牌。** 品牌制造商进一步受到强大的销售自有商店品牌的零售商的冲击，与其他类型的品牌越来越难以区分。
- **超级品牌。** 许多强大的品牌已经成为超级品牌，并延伸到相关的产品品类，包括在两个或更多行业的交叉领域出现的新品类。随着苹果和三星发布了一系列最先进的手机、平板电脑和可穿戴设备，计算机、电信和消费电子产品逐渐融合。

全方位营销的概念

全方位营销认识到并调和了营销活动的范围与复杂性，也提供了一种管理战略和战术的整合方法。图 1-4 提供了全方位营销的四个广泛组成部分的示意图：关系营销、整合营销、内部营销和绩效营销。我们将在接下来的内容中介绍这些主题。

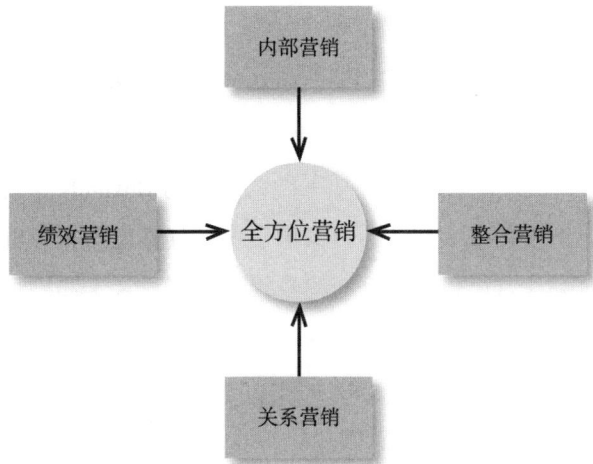

图 1-4
全方位营销的概念

要想成功，营销必须更加全面，而不能部门化。营销人员必须在公司中取得更广泛的影响力，不断创造新的想法，努力收集和应用对客户的洞察力。他们必须更多地通过绩效建立自己的品牌，而不是通过促销的方式来展示自己。他们必须走向电子化，建立卓越的信息和沟通系统。

市场价值这一概念要求对营销采取一种全面的方法，即聚焦在以下四个方面：注重建立关系而非产生交易的关系营销；注重自动化和创造性而非人工管理零散的营销行动的整合营销；注重体现强大企业文化而非脱离员工的内部营销；注重以科学而非直觉为导向的绩效营销。

关系营销

一个日渐关键的营销目标是与直接或间接影响公司营销活动能否成功的人和组织建立深刻、持久的关系。**关系营销**（relationship marketing）的目的是与关键成员建立相互满意的长期关系，以获得和维持企业业务。

关系营销的四个关键构成部分是客户、员工、营销伙伴（渠道、供应商、分销商、经销商、代理商）和金融圈成员（股东、投资者、分析师）。营销人员必须为这些成员创造财富，并平衡所有关键利益相关者的回报。要想与这些成员建立牢固的关系，需要了解他们的能力、资源、需要、目标和愿望。

关系营销的最终结果是形成一种独特的公司资产，称为**营销网络**（marketing network）。营销网络由公司及支持公司的利益相关者——客户、员工、供应商、分销商、零售商和其他人员组成，由此，公司建立了互惠互利的商业关系。关系营销的运作规则很简单：与关键利益相关者建立有效的关系网络，利润就会随之而来。因此，越来越多的公司选择拥有品牌而非实体资产，在保留公司的核心业务的同时，将其他非核心业务分包给那些能够比自己做得更好且更廉价的公司。耐克就是一个典型的例子，这家体育用品巨头"Just Do It"（只管去做）的营销活动从美国俄勒冈州总部发起，但所有的生产都外包给了海外工厂。中国是耐克鞋类和服装的最大制造商，耐克在泰国、印度、韩国和越南也设有工厂。

公司也在根据客户过去的交易信息、人口统计特征、心理统计特征，以及媒体和分销偏好，为个体顾客提供个性化的产品、服务和信息。公司希望通过专注于收益更丰厚的客户、产品和渠道，实现利润增长，并通过建立强大的顾客忠诚度，在每个客户的支出中占据更大的份额。它们估计个体客户的终身价值，并据此为其设计提供给他们的产品和价格，以便在他们的消费周期内获利。

万豪连锁酒店（Marriott）就是一个培养顾客忠诚度的优秀例子。万豪酒店及其度假村的常客可以加入等级奖励阶梯计划。随着消费者从基本的万豪礼赏会员开始升至终身银卡、终身金卡和终身白金卡三个级别，消费者能够积累越来越多的福利和奖励积分。在获得终身资格后，它永远不会被取消或过期，以确保忠诚客户在每次入住时都能获得银卡、金卡或白金卡相应的好处。

>> IBM 通过调整其战略重点以应对不断变化的环境需要，并通过仔细倾听客户的声音及与客户紧密合作，成功地应对了技术领域的挑战。

Source: dpa picture alliance/Alamy Stock Photo

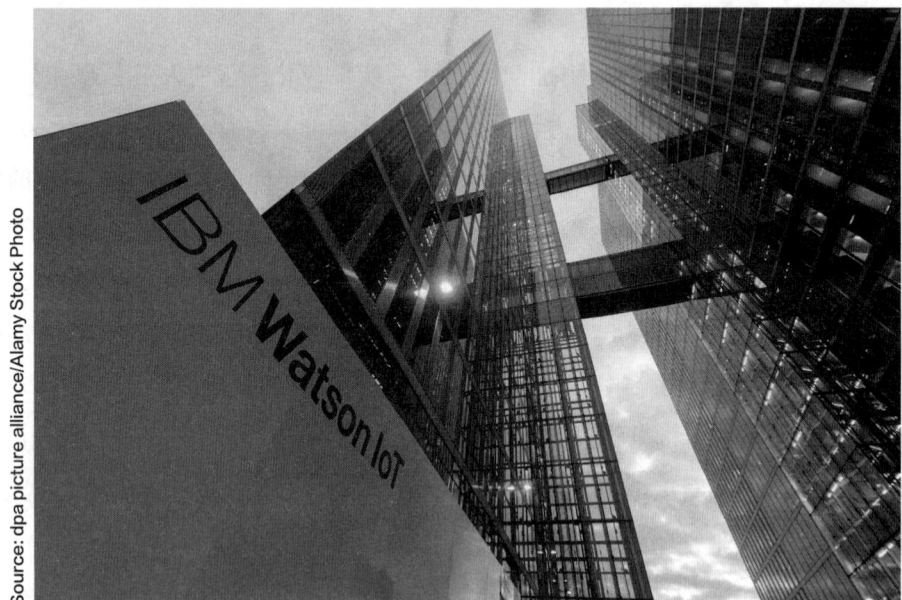

IBM　IBM 于 1911 年成立，距离现在已超过一个世纪。IBM 在充满挑战的技术行业中保持了几十年的市场领先地位，这是一个奇迹。该公司在其历史上多次成功地发展和持续更新其产品和服务的重心——从大型主机到个人计算机，到目前强调云计算、"大数据"和 IT 服务。部分原因是，IBM 的销售队伍和服务组织通过近距离接触客户以了解他们的需求，从而为客户提供真正的价值。IBM 甚至经常与客户共同创造产品，例如，IBM 与纽约州合作开发了一种监测逃税的方法，据说这一方法在七年时间里为纳税人节省了超过 15 亿美元。正如著名的哈佛商学院罗萨贝斯·莫斯·坎特（Rosabeth Moss Kanter）教授所指出的，"IBM 不是一家科技公司，而是一家利用科技解决问题的公司"。[20]

市场营销不仅要巧妙地管理客户关系，还要管理与合作伙伴的关系。公司正在深化与主要供应商和分销商的合作安排，将他们视为向终端客户提供价值的合作伙伴，从而使每一方都受益。比如，IBM 已经了解强大的客户关系的价值。

整合营销

整合营销（integrated marketing）即整合所有的营销活动和营销计划，为消费者创造、沟通和传递一致的价值和信息，从而实现"整体大于部分之和"的效果。这就要求营销人员在设计和实施每项营销活动时都要考虑到所有其他活动。例如，当一家医院从通用电气的医疗系统部门购买一台核磁共振仪时，它希望在购买时能得到相应的良好的安装、维护和培训服务。

一个整合的渠道战略应该评估每个渠道对产品销售和品牌资产的直接影响，以及与其他渠道交互时对产品销售和品牌资产的间接影响。所有的公司传播活动也必须整合在一起，以相互加强和补充。营销人员可以有选择地使用电视、广播和印刷广告、公共关系活动，以及公关和网站传播，以便使每种方式都能独立发挥作用，并提升其他方式的有效性。每种传播在与消费者的每次接触时都必须传递一致的品牌信息。来看一下这个获奖的冰岛宣传活动。

≪ "灵感源自冰岛"活动汇集市民、游客和名人在社交媒体上的力量，减少了火山爆发相关负面报道给航空旅行和冰岛形象带来的不良影响。

Source: travellinglight/Alamy Stock Photo

冰岛　在 2008 年的全球金融危机中，冰岛已蒙受了巨大的损失。2010 年 4 月，休眠火山埃亚菲亚德拉尤尔（Eyjafjallajökull）意外喷发，让冰岛雪上加霜。巨大的火山灰烟柱导致了二战以来最大的航空旅行中断，导致整个欧洲及其他地方涌现了一系列负面新闻和不良情绪。由于旅游业支撑着冰岛约 20% 的外汇收入，加上旅游订单量暴跌，政府和旅游机构决定推出"灵感源自冰岛"（Inspired by Iceland）活动。这项活动基于这样一个洞见：80% 来过冰岛的游客会向朋友和家人推荐冰岛。冰岛城市居民被招募来讲述他们的故事，并鼓励其他人也通过网站或推特、脸书和 Vimeo（高清视频播客网站）加入。小野洋子（Yoko Ono）和埃里克·克莱普顿（Eric Clapton）等名人分享了他们的经历，现场演唱会也促成了积极的公关效果。覆盖全国的实时网络摄像机显示，冰岛没有被火山灰笼罩，仍是一个绿色的国度。这项活动取得了巨大成功——世界各地的人编写、分享了超过 2200 万个故事——带来了远超预期的订单。[21]

越来越多的人认为，营销不仅仅是营销部门的职能，每个员工都会对顾客产生影响。现在，营销人员必须妥善管理所有可能的触点：商店布局、包装设计、产品功能、员工培训和运输物流。创建一个强大的营销组织意味着营销人员必须像其他部门的主管一样思考，而其他部门的主管也必须更像营销人员一样思考。对于生产创新、新业务开发、客户获取和保留，以及订单履行等关键流程的管理，包括营销人员在内的跨部门团队合作是必要的。

内部营销

内部营销（internal marketing）是全方位营销的一个要素，是指雇用、培训和激励那些想要为客户提供优质服务的有能力的员工。聪明的营销人员意识到公司内部的营销活动和公司外部的营销活动同样重要，前者甚至更为重要。除非公司员工做好提供优质服务的准备，否则空有承诺是没有意义的。

只有在所有部门为实现客户目标共同努力时，营销才会成功：设计部门设计出合适的产品，财务部门提供适量的资金，采购部门购买适宜的原料，生产部门在恰当的时间范围内制造出好的产品，会计部门以正确的方式衡量盈利能力。然而，只有高级管理人员清晰地传达出公司的营销导向和理念如何服务于客户的愿景，部门间的协作才能实现。下面这个假想的例子列出了整合营销中一些潜在的挑战。

欧洲一家大型航空公司的营销副总裁希望提升航空公司的客流量份额。他的策略是提供更好的食物、更干净的客舱、更训练有素的乘务员和更低的票价，来提升顾客满意度，但是他在上述方面都没有权限。这是因为餐饮部门选用低成本的食品，维保部门使用廉价的清洁服务，人力资源部门在招聘员工时不考虑他们是否天性友善且乐于服务，财务部门制定票价。由于这些部门通常从成本或生产的角度考虑问题，营销副总裁在努力构建整合营销方案的过程中遇到了重重阻碍。

内部营销要求高层管理人员之间在纵向上保持一致，各部门之间在横向上保持一致，这样每个人都能理解、认同并支持营销努力。例如，那位沮丧的航空公司营销副总裁可能会首先寻求其他高层管理人员和部门主管的帮助，向他们说明动员公司付出协调一致的努力可以提升公司的形象，进而影响公司的基本运行。这可以通过提供竞争对手的数据，以及收集汇总乘客关于航空公司的评论来实现。

管理层的参与是这一整合营销努力的核心，他们需要动员并激励所有的员工——从票务预订员、维保人员到餐饮部员工和乘务组——让他们参与团队努力，重振航空公司提供优质服务的使命。除了持续进行强调客户服务的员工培训，定期内部沟通使得每个人了解公司行动，并遴选出那些提供卓越想法或服务的员工。这些都是让整个公司参与整合营销努力的方法。

绩效营销

绩效营销（performance marketing）需要了解营销活动和项目给企业和社会带来的财务和非财务回报。如前文所述，出色的营销人员不再将单一的销售收入当作检视营销效果的指标，他们还会解读市场份额、客户流失率、顾客满意度、产品质量及其他指标的情况。他们也在考虑营销活动和项目在法律、伦理、社会和环境方面的影响。

　　本·科恩（Ben Cohen）和杰瑞·格林菲尔德（Jerry Greenfield）在创立本杰瑞（Ben & Jerry's）时吸收了绩效营销的概念，他们将传统的财务底线划分为"双重底线"（double bottom line），以同时衡量其产品和流程对环境的影响。后来这个概念又扩展为"三重底线"（triple bottom line）来诠释公司商业活动整体或正面或负面的社会影响。

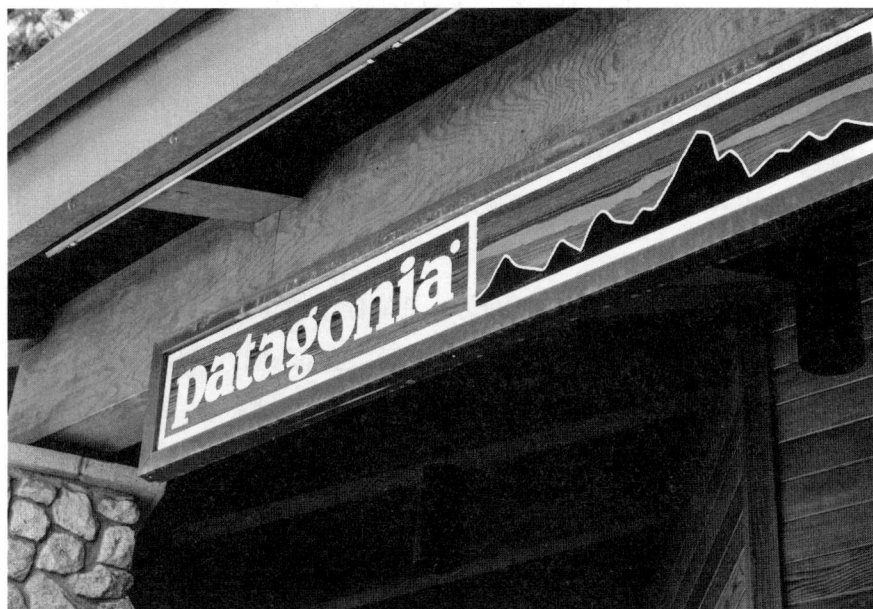

≪　自成立以来，巴塔哥尼亚就致力于在履行环境保护的社会承诺和确保公司股东持续利益的目标之间成功保持平衡。

Source: Sundry Photography/Alamy Stock Photo

巴塔哥尼亚　作为美国为数不多的共益企业（公司必须每年解释其使命是如何使得利益相关者和社会同时受益的），巴塔哥尼亚的目标是将环境意识与最大化股东回报相结合。秉持其使命和企业文化，巴塔哥尼亚不仅帮助开发了一种用于生产潜水服的天然橡胶材料（以取代从石油中提取的氯丁橡胶），还鼓励其他公司将这种生物橡胶产品用于潜水服以及瑜伽垫、运动鞋等其他产品。[22] 巴塔哥尼亚似乎找到了一个成功的组合方式。根据登山者、冲浪者、自学成才的铁匠及巴塔哥尼亚的创始人伊万·乔纳德（Yvon Chouinard）的说法，他所做的每一个有利于环境的决定，从长远来看，都会让公司盈利。

　　许多公司未能履行它们在法律和道德方面的责任，而消费者要求它们做出更负责任的行为。[23] 一项研究报告称，全世界至少三分之一的消费者认为，银行、保险机构和包装食品公司应该受到更严格的监管。[24] 基于最新的营销现实，各种组织对它们的营销人员提出考验，要求他们寻求新旧之间的最佳平衡点，并提供可供验证的成功证据。

　　营销人员逐渐被要求不仅是从财务和盈利角度，也要从品牌建立和客户群增长角度，来证明他们在营销投资上的正确性。[25] 不同组织都认识到，它们大部分的市场价值来自无形资产，特别是品牌、客户群、员工、分销商和供应商关系以及知识资本。因此，它们运用了更多指标——品牌资产、客户终身价值、营销投资回报——来理解和衡量营销和业务表现，并采用更多元的财务指标来评估营销努力所创造的直接和间接价值。[26]

市场营销在组织中的作用

定义市场营销在组织中所扮演的角色是所有公司的一项关键工作。一家公司必须明确指导营销工作的总体哲学，确定如何组织和管理营销部门，并最终找到建立以客户为中心的组织的最佳方法，从而为公司利益相关者传递价值。[27]

市场营销工作应该遵循什么哲学？首先，我们来回顾一下营销哲学的演进史。

- **生产观念**（production concept）是最古老的商业观念之一。该观念认为消费者更喜欢易得且廉价的产品。生产型企业的管理者专注于实现高生产效率、低成本和大规模分销。这种导向在类似中国一样的发展中国家是合理的，中国规模最大的笔记本电脑制造商联想和国内家电巨头海尔都是利用中国庞大且低廉的劳动力资源来占据市场主导地位的。营销者在扩张规模时也会采用生产观念。

- **产品观念**（product concept）认为消费者青睐质量好、性能佳或创新型产品。然而，管理者出于对自家产品的偏爱，可能会屈服于"更好的捕鼠器"之类的谬误，认为优质的产品能自然而然地吸引消费者前来购买。事实上，许多初创企业经过艰难求生，才领悟到除非定价合理且推广得当，否则一个新的或者改进过的产品不一定能打入市场。

- **推销观念**（selling concept）认为，如果缺少推力，消费者和企业就不会购买足够多的组织产品。最典型的代表是非渴求品，即产品购买者通常不会想要购买的产品，比如保险和墓地，或者产能过剩的公司出售它们生产的而非市场需求的产品。基于硬性推销的市场营销是存在风险的。它假设被哄骗购买产品的顾客不仅不会退货、说产品的坏话或者向消费者组织投诉，还有可能再次购买。

- **营销观念**（marketing concept）最初是在 20 世纪 50 年代中期出现的，它强调以顾客为中心，崇尚先感知后响应的理念。营销工作不是为产品找顾客，而是为顾客开发合适的产品。戴尔不是为目标市场生产计算机或笔记本电脑，而是提供了产品平台，这样每个顾客都能在平台上根据自身的偏好来定制计算机。营销观念认为，实现组织目标的关键是在为目标群体创造、交付和传递一流顾客价值方面比竞争对手更有效。哈佛大学的西奥多·莱维特（Theodore Levitt）这样总结推销和营销的感知对比 [28]："推销关注卖方需要，营销则更看重买方需要；推销聚焦于将产品转换为现金的交易环节，而营销则是通过产品及与创造、交付并最终消费产品相关的所有事项来满足顾客的需要。"

- **市场−价值观念**（market-value concept）认为营销计划、流程和活动的开发、设计和实施存在深层次的相互关联。基于价值的营销观念同时认为从一个广泛、综合的视角来看，营销活动涉及的所有环节都很重要。传统观念认为，营销人员往往扮演中间人的角色，负责了解顾客的需求并将其反馈给公司其他职能部门。[29] 相比之下，市场−价值观念意味着每个职能部门都应该积极协作，专注于为顾客、公司及合作者创造价值。

市场-价值观念认为公司应该将它们的业务定义为让顾客满意的过程,而不是根据产品或者所处行业来定义其业务。产品的寿命是有限的,但基本需要和客户群体是永远存在的。出行是一种需要,而马车、汽车、铁路、航空、轮船和卡车是为了满足出行需要的产品。从顾客需要角度审视商业活动可以获得更多的增长机会。表1-1列出了部分已经从以产品定义业务转化为以市场价值观定义业务的公司。

表1-1 公司业务的产品导向定义和市场价值观导向定义

公司	产品定义	市场价值观定义
联合太平洋铁路 (Union Pacific Railroad)	我们经营铁路	我们运输顾客和货物
施乐(Xerox)	我们生产复印设备	我们帮助提高办公效率
阿美拉达赫斯 (Amerada Hess Corporation)	我们出售汽油	我们提供能源
派拉蒙影业公司 (Paramount Pictures)	我们拍摄电影	我们满足大众娱乐
美国不列颠百科全书公司 (Encyclopedia Britannica)	我们出售在线百科全书	我们传播信息
开利(Carrier)	我们生产空调和电炉	我们提供家用室温控制系统

公司可以用市场价值观重新定义竞品市场。例如,如果百事采用产品观念,那么它的目标用户是所有喝碳酸饮料的人,因此竞争对手就是其他碳酸饮料公司。但是,如果百事采用市场价值观,它会选择更宽泛的术语来定义目标市场,即所有可能喝点东西解渴的人,那么它的竞争对手还包括销售非碳酸软饮料、瓶装水、果汁、茶和咖啡的公司。

组织与管理市场营销部门

市场营销部门的结构对公司创造市场价值的能力起着重要作用。销售的成功不仅取决于单个营销人员的技能,而且很大程度上取决于营销团队的组建能否发挥高效能。在这种情况下,组织和管理营销部门对于创建现代营销组织至关重要。

组织市场营销部门

现代市场营销部门可以采用多种不同的、有时是重叠的方式被组建：按职能、按地域、按产品或品牌、按市场或按矩阵的方式来组织部门结构。

职能型组织

在这种最常见的营销组织形式中，职能专家向协调其活动的首席营销官报告。图1-5列示了7种职能专家。其他职能专家可能包括营销计划经理、市场物流经理、直接营销经理、社交媒体经理和数字营销经理。

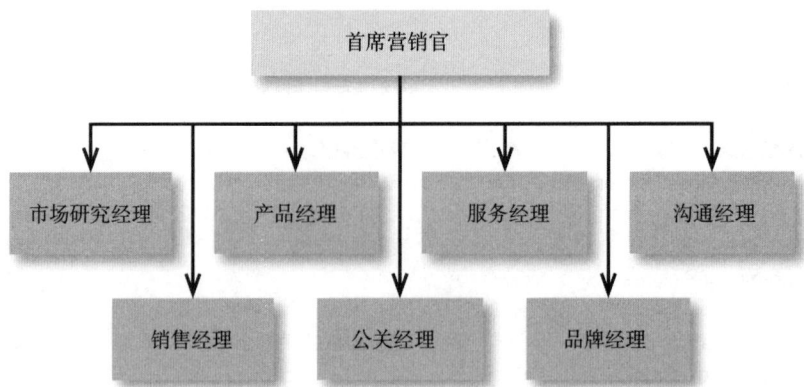

图1-5
职能型组织

职能型营销组织的主要优势在于其行政管理的简单性。然而，对于各部门来说，要建立良好的工作关系是一个巨大的挑战。随着产品和市场数量的增加以及各职能部门对预算和地位的争夺，这可能会导致计划不当。此时，营销副总裁需要不断权衡相互竞争的要求，并面临协调难题。

地域型组织

一家销售范围覆盖全国的公司，通常会按照地域来组建其销售队伍（有时是营销队伍）。全国销售经理可监管4个大区销售经理，每个大区销售经理监管6个分区经理，每个分区经理监管8个地方销售经理，每个地方销售经理监管10个销售人员。

一些公司增设了地区市场专家（区域或当地营销经理）的职位，来支持高容量市场中的销售工作。为了说明这一点，可参考佛罗里达州迈阿密-戴德（Miami-Dade）县的市场运作模式，那里拉丁裔的家庭几乎占三分之二。迈阿密的专家将了解当地的客户和交易结构，帮助公司总部的营销经理为迈阿密调整营销组合，并为在当地销售公司所有的产品做好年度和长期计划。一些公司必须在全国不同地区制订不同的营销方案，因为地理环境的差异会极大影响它们的品牌发展活动。

产品或品牌型组织

生产多种产品或拥有多个品牌的公司常常会建立一种产品或品牌型组织。一般来讲，这种组织结构并没有取代职能型组织，只是作为组织中的另一个管理层级。集团产品经理监管产品类别经理，而后者则监管细分的产品或品牌经理。

如果公司经营的产品不尽相同，或者管理产品品种数量超过了职能型组织所能控制的范围，那么就适于建立产品管理型组织。这种组织形式有时被形象地称为中心辐射系统（hub-and-spoke system）。品牌或产品经理位于中心，辐射到其他各个部门（见图1-6）。

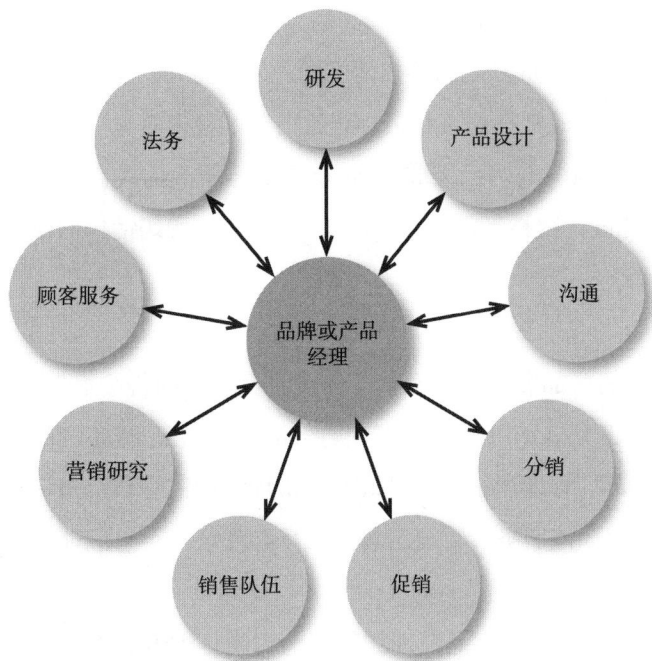

图1-6
产品经理的互动

经理的职能包括为产品制定长期的竞争战略；编制年度营销计划和销售预测；与广告商、数字媒体、展销推广代理商合作，制定广告文案、促销项目和推广活动；增强对销售队伍和分销商产品的支持；不断收集关于产品性能、客户和经销商态度，以及新问题和新机遇的相关信息；着手改良产品，以迎合日益变化的市场需要。

产品管理型组织可以让产品经理集中精力制订一个符合成本效益的营销方案，并对新产品投放市场做出快速反应，同时对公司的小品牌提供一些指导建议。但它也有弊端，产品经理和品牌经理可能缺乏履行其职责的必要权力。他们往往可以成为所在产品领域的专家，但很难获得其他职权方面的专业积累。另一个挑战则是，品牌经理通常只在短时间内管理一个品牌。这样短期的投入导致了短期的规划，而无法建立长期优势。市场分割也使得企业很难制定全国性的战略。品牌经理必须依赖区域和当地的销售团队，这会将权力从营销部门转移到销售部门。最后需要考虑的重要问题是产品经理和品牌经理致力于提高市场份额，而不是建立客户关系。

产品管理型组织可以围绕公司的产品来构建，或者公司可以根据产品品类来进行品牌管理。品牌管理的先驱宝洁公司和其他顶级的包装产品公司已经向品类管理进行了转变，超市渠道以外的公司也是如此。帝亚吉欧（Diageo）向品类管理的转变被认为是更好地管理高端品牌发展的手段。它还帮助该公司解决了低绩效品牌处置的问题。

宝洁公司的例子证明了品类管理的优势。传统的品牌管理模式虽然创造了更强的激励机制，但也导致了内部资源的竞争和失调。新的管理模式设计旨在确保为所有品类提供足够的资源。另一个实施品类管理的理由是，零售经销商的权势不断增长，而他们是从产品品类的角度来考虑盈利能力的。宝洁公司认为只有当产品相似的时候采用品类管理才有意义。像沃尔玛和韦格曼斯这样的零售商和连锁超市，都开始把品类管理作为一种手段，用以明确特定产品品类的战略角色，并解决仓储物流、自有品牌产品管理，以及产品多样性和低效重复之间的权衡问题。[30]事实上，在一些包装产品公司中，品类管理已经演变成货架管理，包含通常在超市和杂货店的同一区域内常见的多个相关产品品类。美国的通用磨坊公司的优诺（Yoplait）酸奶已经成为24家主要零售商的乳制品货架的"品类顾问"，它们将酸奶在货架上的摆放宽度一次性增加1.2~2.4米，使全美的酸奶销售额提高9%，乳制品类别的销售额提高13%。[31]

市场管理型组织

公司通常面向不同的目标市场开发多样化的产品和服务。例如，佳能将打印机出售给消费者、企业和政府。新日铁（Nippon Steel）向铁路、建筑和公共事业行业销售产品。当顾客形成不同的用户群体，具有不同的购买偏好和做法时，一个市场管理型组织是可取的。市场经理监管数个市场开发经理、市场专员或行业专员，并根据需要动用职能服务。重要市场的市场经理甚至会有职能专员向他们汇报。

市场经理是行政人员（而不是业务人员），其职责与产品经理相似。他们制订市场长期和年度计划，他们的绩效由市场增长率和盈利能力来衡量。因为这种组织形式能够根据不同的客户群体的需求来组织市场活动，所以它与产品管理型组织有很多相似的优缺点。许多公司根据市场线进行重组，成为市场中心型组织（market-centered organization）。施乐公司就从地域销售转变为行业销售，IBM和惠普公司也是如此。

当和顾客的紧密关系是有利的，例如，当顾客有多样、复杂的要求，并想购买一揽子整体产品和服务解决方案时，一个针对个别顾客而不是专注于大众市场或者细分市场的顾客管理型组织（customer-management organization）则占优势。[32]一项研究表明，围绕顾客群体进行组织构建的公司，对顾客整体关系质量维系的责任感要高得多，而且员工有更大的自由去采取行动满足个别顾客。[33]

矩阵型组织

多市场、多产品的企业往往采用矩阵管理型组织架构，同时雇用产品经理和市场经理，但成本很高，且容易产生冲突。对每一个经理的支持导致成本大量增加，又要解决营销活动组织的权力和责任是归属于总部还是部门这样的问题。[34] 有些公司的营销小组协助高层管理人员进行整体机遇评估，根据要求为各部门提供咨询帮助，帮助那些很少或没有营销活动的部门，并在整个公司推广营销理念。

许多公司已经重新设计了它们的工作流程，并建立了跨部门团队来负责每个流程。[35] AT&T、律商联讯（LexisNexis）和普拉特·惠特尼公司（Pratt & Whitney）已经将它们的员工重组为跨部门团队。跨部门团队也在非营利性组织和政府组织中运作。[36]

矩阵型组织的主要缺点之一可能是缺乏明确的重点和问责。

管理市场营销部门

正如惠普公司的戴维·帕卡德（David Packard）所说："营销太重要了，不能只交给市场营销部门……在一个真正伟大的营销组织中，你无法分辨谁属于市场营销部门。组织中的每个人都必须根据对客户的影响做出决策。"虽然营销活动不应该被归为一个部门，但拥有一个负责全公司营销活动并管理日常运营的组织单元对于很多企业而言还是有益的。

CEO 和 CMO 的角色

在历史上，以营销能力脱颖而出的公司屈指可数。这些公司都以客户为中心，能够有组织、有效地响应不断变化的需要。它们都有人手充足的营销部门，而公司的其他部门也都承认客户为王。它们的 CEO（首席执行官）和 CMO 也往往拥有强大的营销领导力。

CEO 认识到，营销可以建立强大的品牌和忠诚的客户群，这些无形资产对于公司价值有很大贡献。许多公司，包括服务型和非营利性公司，现在都设有 CMO，以使得营销职能被放在与 CFO（首席财务官）和 CIO（首席信息官）等其他 C 级高层管理人员更加平等的地位。[37]

CEO 可以遵循哪些步骤来创建以市场和客户为中心的公司？要创建一个真正的营销组织，CEO 必须让高级管理层相信以客户为中心的重要性。聘请强大的营销人才也至关重要。大多数公司都需要一位技术娴熟的 CMO，他不仅要管理市场营销部门，还要尊重并能够影响最高管理层的其他成员。

鉴于当今市场形势瞬息万变，CEO 必须推动建立强大的内部营销培训项目，以提高公司的营销技能。许多公司，如麦当劳、联合利华（Unilever）和埃森哲，都集中设置了这样的培训项目。CEO 还应确保公司的奖励制度与其通过建立满意、忠诚的客户群来创造市场价值的战略目标保持一致。CEO 应亲自示范强有力的客户承诺，并奖励组织中同样这样做的人。[38]

CEO 的主要职责是任命一名 CMO，总负责组织中的营销活动。CMO 是最高管理层的成员，通常向 CEO 汇报工作。负责营销策略各个部分的高级营销经理通常向 CMO 报告。CMO 统领组织中的所有营销职能，包括产品开发、品牌管理、沟通、市场研究和数据分析、销售、促销、分销管理、定价和客户服务。

在 21 世纪，数字营销、线上营销和移动营销的进步已经改变 CMO 的角色。为了有效地管理组织的营销职能，CMO 还必须掌握数字技术。CMO 面临的挑战是：成功因素多种多样。CMO 必须具备强大的定量和定性技能；必须具有独立的企业家态度，但又与其他部门密切合作；必须捕捉消费者的"声音"，同时对营销如何创造价值有敏锐的基本认知。三分之二的顶级 CMO 认为，在未来十年，营销投资回报率将是衡量其工作成效的主要指标。

营销专家乔治·戴伊（George Day）和罗伯特·马尔科姆（Robert Malcolm）认为，未来几年，三个驱动因素将改变 CMO 的角色：（1）可预测的市场趋势；（2）最高管理层角色的变化；（3）经济和组织设计的不确定性。他们识别出了成功 CMO 需要具备的五个优先条件：成为公司未来的远见者，具备适应性的营销能力，赢得营销人才之战，加强与销售部门的协调，以及对营销支出的回报负责。[39]

对任何 CMO 而言，最重要的职责可能是将客户视角融入影响任何客户接触点（客户直接或间接与公司互动）的业务决策。这些客户洞察力必须越来越具有全球视野。正如一家顶级猎头公司的负责人所说："未来的 CMO 必须具备全球和国际经验。这不需要你在国外生活才能做到……但你必须接触这些市场。它让你打开眼界，了解新的商业模式，提高文化敏感度和灵活性。"[40]

与其他部门的关系

公司的成功不仅取决于每个部门的工作表现如何，还取决于公司如何协调各部门的活动以开展核心业务流程。在市场营销观念下，各部门要"为客户着想"，齐心协力满足客户的需要和期望。然而，各部门往往从自己的角度定义公司的问题和目标，因此利益冲突和沟通问题是不可避免的。营销副总裁或 CMO 通常必须通过说服而不是通过强硬的权威来协调公司内部的营销活动，并与财务、运营和其他公司职能部门协作营销，共同为客户服务。[41]

相较于部门设置，许多公司现在更专注于对关键流程的管理，因为部门化的组织可能成为顺利实现绩效的障碍。他们任命流程负责人来管理包括营销和销售人员在内的跨部门团队。因此，营销人员可能对其团队负有直接责任，而对市场营销部门负有间接责任。[42]

鉴于为客户提供从头到尾的积极体验的目标，组织的所有部门都需要有效地协同工作。特别是，由于对个体客户需求的了解越来越重要，市场营销人员必须与客户洞察和数据分析团队密切合作。此外，为了能够以高效率和高成本收益比的方式接触消费者，营销人员必须与不同的传播机构密切合作——从传统的广告公司到社交媒体、宣传和活动管理公司。最后，为了能够在正确的时间将公司的产品交付到正确的地点，营销人员必须与公司的渠道合作伙伴密切合作，无论是实体销售，还是电子商务。

建立以客户为导向的组织

创造卓越的客户体验几乎成为各行各业公司的首要任务。[43] 产品、服务和品牌的激增，消费者对市场可选产品的知识的增加，以及消费者有能力影响公众对公司及其产品的看法，所有这些都在强调建立以客户为导向的组织的重要性。大多数公司现在意识到，创造利益相关者价值的路径始于重构一个专注于创造长期客户价值的组织。[44] 在致股东的信中，杰夫·贝佐斯（Jeff Bezos）对亚马逊以客户为中心的定义如下：

> 以客户为中心的一个优势——也许有点微妙——在于它对某种主动性有助推作用。当我们处于最佳状态时，我们不会等待外部压力降临。我们会主动在内部推动改进我们的服务，增加效益和功能，而不会等到不得不那样做。我们会主动降低价格并为客户增加价值，而不会等到不得不那样做。我们会主动发明创新，而不会等到不得不那样做。这些投资的动机是以客户为中心，而不是出于对竞争的反应。我们认为这种方法可以赢得客户更多的信任，并推动客户体验的快速改善。重要的是，即使在我们已经处于领先地位的领域，也是如此。

那些认为客户是公司唯一真正的"利润中心"的经理所认同的传统组织结构图如图 1-7（a）所示：一个金字塔，顶部是高级管理层，中间是服务经理，底部是一线员工和客户。这样的结构图已经过时了。[45]

营销卓越的公司将传统的科层组织结构图转变为图 1-7（b）所示的形式。公司的首要任务是客户；其次是遇见、服务和满足这些客户的一线员工；然后是服务经理，他们的工作是支持一线员工，以便他们能够很好地为客户服务；最后是高级管理层，他们的工作是雇用和支持优秀的服务经理。发展以客户为导向的公司的关键是各级管理者必须亲自参与了解、接触和服务客户。表 1-2 列出了以客户为中心的组织的主要特征。

一些公司建立在以客户为中心的商业模式之上，客户拥护一直是它们的战略和竞争优势。随着数字技术的兴起，知情能力越来越高的消费者期望公司做的不仅仅是与他们联系，满足甚至取悦他们，他们希望公司倾听并回应他们。

（a）传统组织架构   （b）以客户为中心的现代组织架构

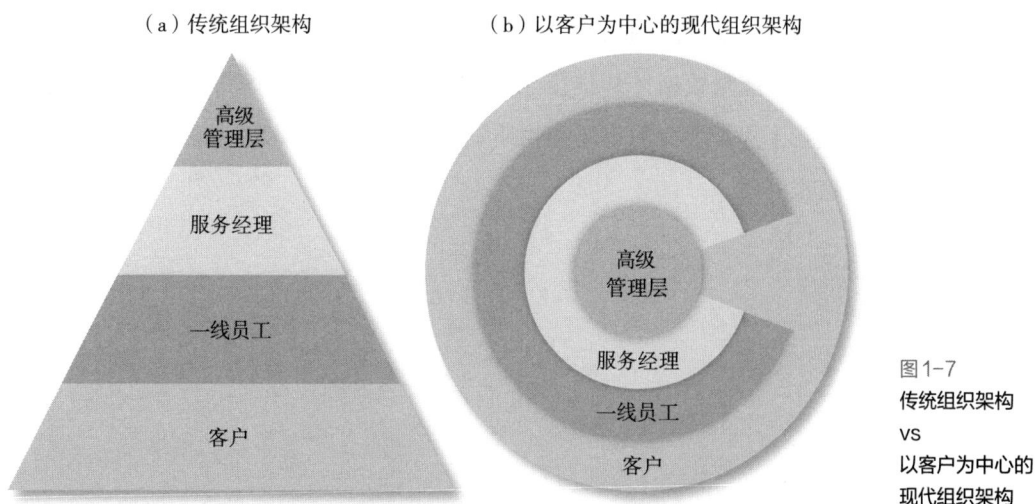

图 1-7
传统组织架构
vs
以客户为中心的
现代组织架构

表 1-2　以顾客为中心的组织特征

低顾客中心性	高顾客中心性
产品驱动	市场驱动
关注大众市场	关注个别顾客
过程导向	结果导向
对竞争对手做出反应	让竞争对手变得无关紧要
价格驱动	价值驱动
科层组织	团队协作

　　传统上，营销人员扮演中间人的角色，负责了解客户的需要并将他们的声音传递到公司的各个职能部门。[46]但在网络化的企业中，每个职能部门都可以直接与客户互动。营销部门不再独享与客户互动的权限。它现在必须整合所有涉及客户的流程，以便客户在与公司互动时只看到一张脸，只听到一个声音。[47]

　　许多公司意识到它们还没有真正以市场和客户为导向。相反，它们是以产品和销售为驱动的。除了其他必要的行动，转变为真正的市场驱动型公司还需要培养全公司对客户的热情，围绕客户细分市场而不是产品进行组织，并通过定性和定量研究了解客户。[48]

　　尽管以客户为导向是必要的，但这还不够。组织还必须具有创造性。[49]如今的公司以越来越快的速度复制彼此的优势和战略，使得差异化越来越难以实现。公司变得越来越相似，利润率也随之降低。解决这一困境的最佳方法是培养战略创新能力和想象力。这种能力需要采用各种工具、流程、技能和方法，以让公司比竞争对手产生更多更好的新想法。[50]为培养这种能力，公司应该努力打造鼓舞人心的工作空间，帮助激发新想法和培养想象力。

　　公司必须对趋势保持警觉，并随时准备好利用它们。雀巢（Nestlé）很迟才察觉咖啡店的流行趋势，这为类似星巴克这样的连锁经营企业的发展铺就了道路。可口可乐（Coca-Cola）迟迟没有把握住果味饮料（如斯纳普）、能量饮料（如佳得乐）和饮用水设计师品牌等饮品的发展趋势。当市场领导者们厌恶风险，执着于保护现有的市场和物质资源，并且对效率和利润比对创新更感兴趣时，它们就会错过大势所趋的机会。[51]

营销
洞察 | 营销十宗罪

许多营销人员专注于他们的日常活动而忽略了大局：通过设计、沟通和提供产品为他们的顾客、合作者和利益相关者创造卓越的市场价值。营销人员犯的一些"致命错误"预示着营销工作陷入了困境。以下罗列了 10 种致命的错误、相应的预兆及其解决方案。

致命错误 1   公司没有充分做到以市场为中心和以客户为驱动。

预   兆：   有证据表明对市场细分的识别和优先安排做得很糟糕。没有细分市场经理，也没有员工认为服务顾客是营销和销售的工作，没有建立顾客文化的培训计划，也没有激励措施来特别善待顾客。

解决方案：   使用更先进的细分技术，确定细分市场的优先级，组建专门的销售队伍服务每个细分市场，制定明确的公司价值声明，在员工和公司代理人中培养更多的"顾客意识"，让顾客与公司的接触变得更容易，以及对所有的客户沟通做出快速反应。

致命错误 2   公司没有充分了解其目标顾客。

预   兆：   对顾客最近一次的调研已经是三年前的事了，顾客不像从前那样购买你的产品，竞争对手的产品卖得更好了，顾客的退货和投诉比例也很高。

解决方案：   进行更精细化的消费者研究，使用更多的数据分析技术，对顾客和经销商建立分组，使用顾客关系管理软件，进行顾客数据挖掘。

致命错误 3   公司需要更好地定义和监测其竞争对手。

预   兆：   公司专注于近距离的竞争对手，忽略了远距离的竞争对手和颠覆性技术，缺少收集和发布竞争情报的系统。

解决方案：   建立一个收集竞争情报的办公室，雇用竞争对手的员工，密切关注可能影响公司的技术，开发和竞争对手产品相似的产品。

致命错误 4   公司没有恰当地管理与利益相关者的关系。

预   兆：   员工、经销商和投资者都不开心，好的供应商也不愿意与公司合作。

解决方案：   从零和思维转向正和思维，更好地管理员工、供应商、分销商、经销商和投资者关系。

致命错误 5 **公司不善于寻找新机遇。**

预　　兆： 公司多年来没有发现任何令人兴奋的新机遇，公司推出的新项目基本上都失败了。

解决方案： 建立一个刺激新想法不断涌现的系统。

致命错误 6 **公司的营销策划过程存在缺陷。**

预　　兆： 营销计划没有正确的范式和内容结构，没有办法估计不同营销策略的财务影响，也没有应急计划。

解决方案： 建立一个标准的营销计划格式，包括形势分析、SWOT 分析、主要问题、目标、策略、战术、预算和控制；询问营销人员，如果给他们增加或减少 20% 的预算，他们会做出哪些改变；开展年度营销奖励计划，为最好的营销计划和绩效颁奖。

致命错误 7 **产品和服务政策需要收紧。**

预　　兆： 公司的产品太多，而且很多产品都在赔钱；公司提供的服务太多；公司不擅长交叉销售产品和服务。

解决方案： 建立一个系统来追踪弱势产品，要么修复，要么放弃，提供不同价格层次的服务，改进交叉销售和追加销售的流程。

致命错误 8 **公司的品牌建设和沟通能力弱。**

预　　兆： 目标市场对公司了解不多，品牌不被视为与众不同，公司每年以基本相同的比例将预算分配给相同的营销工具，公司很少评估营销沟通和营销活动的投资回报率的影响。

解决方案： 对品牌建设策略和成效衡量机制加以改进，将资金转向有效的营销工具，并要求营销人员在申请使用资金之前对营销活动的投资回报率的影响进行评估。

致命错误 9 **公司没有组织富有成效且富有效率的营销。**

预　　兆： 员工缺乏 21 世纪的营销技巧，营销（或销售）部门与其他部门之间存在隔阂。

解决方案： 任命一位强有力的领导者帮助营销部门提升技能，并改善该部门和其他部门之间的关系。

致命错误 10 **公司没有最大限度地利用技术。**

预　　兆： 有证据表明，公司对互联网疏于利用，销售自动化系统乏善可陈，没有营销自动化工具，没有决策支持模型，也没有营销仪表板。

解决方案： 更多地使用互联网，改进销售自动化系统，将营销自动化工具应用于日常决策，开发规范的营销决策模型和营销仪表板。[52]

本章小结

1. 营销是为顾客创造、沟通和传递价值，并以有利于公司、顾客和合作者的方式管理客户关系的一种组织功能和一套流程。营销管理是选择目标市场并通过创造、传递和沟通卓越的顾客价值来获得、保持和发展顾客的艺术和科学。

2. 公司旨在通过营销产品、服务、事件、体验、人物、地点、财产、组织、信息和观念来创造价值。它们也在五个基本市场中运作：资源市场、制造商市场、消费者市场、中间商市场和政府市场。

3. 主要市场力量的变化使得如今的营销环境发生了实质性改变，尤其是技术、全球化和社会责任创造了新的机遇和挑战，并使营销管理发生了显著变化。公司在行之有效的成功经验和突破性的新方法之间寻求适当平衡，以实现卓越营销。

4. 四大市场力量——技术、全球化、物理环境和社会责任——为消费者和公司铸就了新的能力，并极大地改变了竞争格局。这些变化要求公司重新评估它们目前的商业模式，并调整它们创造市场价值的方式，以适应新的环境。

5. 全方位营销观念是建立在范围广泛且相互依赖的营销计划、流程和活动的开发、设计和执行之上的。全方位营销观念认为营销过程中的一切事务都很重要，而且往往需要从一个开阔的、整合的视角出发。全方位营销的四个组成部分是关系营销、整合营销、内部营销和绩效营销。

6. 公司有选择地在以下五个相互竞争的观念下开展业务：生产观念、产品观念、推销观念、营销观念和市场–价值观念。公司对市场的理解越精准，就越可能把市场价值观念当作其首要的经营哲学。

7. 公司使用不同的方式来构建营销部门：职能、地域、产品（或品牌）、市场（或矩阵）。对具体方式的选择取决于公司所处的市场环境、组织架构和战略目标。

8. 营销活动不是由营销部门单独执行的。为了创建一个强大的营销团队，营销人员和其他部门的管理者必须学会换位思考。

9. 一家以顾客为中心的公司必须以市场而不是产品为导向；必须以满足顾客个体的需求而不是大众市场的需求为目标；必须努力使竞争变得无关紧要，而不只是对竞争对手的行动做出反应。为了取得成功，公司应该专注于通过使自身和合作者受益的方式为目标顾客传递卓越价值。

营销
焦点 │耐克

菲尔·奈特（Phil Knight）曾是一名大学生田径运动员。当他与前任教练比尔·鲍尔曼（Bill Bowerman）于 1962 年创立一家鞋业公司时，他们无法预想，他们最终会创造世界上最有价值的品牌之一。这家鞋业公司最初名为"蓝丝带体育"（Blue Ribbon Sports），是日本制鞋品牌"亚瑟士"（Asics）的经销商。直到 1971 年，"蓝丝带体育"才以希腊胜利女神的名字更名为"耐克"（Nike），并开始自主设计鞋款。

耐克专注于提供物美价优的跑鞋，由运动员为运动员设计。为了在成本上保持竞争力，耐克将制造外包给了成本较低的亚洲制造商。凭借着创新的设计、对专业运动员的承诺和有竞争力的价格，耐克收获了美国消费者的狂热追捧。

尽管耐克有优质的产品，但公司明白，灵活的管理对品牌成长也至关重要。耐克相信"影响力金字塔"（pyramid of influence），即一小部分顶尖运动员的偏好能够影响消费者的产品和品牌选择。在以"胜利"之名继续拓展之际，耐克于 1972 年与奥运田径明星史蒂夫·普利方坦（Steve Prefontaine）签约，使其成为该品牌第一位代言人——由此拉开了众多知名运动员为该公司产品摇旗呐喊的序幕。

1985 年，耐克签下了篮球新星迈克尔·乔丹（Michael Jordan）作为代言人，这是耐克运用影响力金字塔实现的最成功的营销之一。那时的乔丹虽然只是后起之秀，但他却已然成为完美表现的化身。之后的几年中，乔丹以极快的速度崛起。耐克的赌注得到了回报，消费者争相抢购带有独特弯钩标志的乔丹系列篮球鞋。正如一位记者所言，很少有营销人员可以发掘并签下那些超越体育并产生巨大影响力的运动员。

除了与顶尖运动员联手合作，在一些标志性广告活动中，耐克也展现了其过人之处。1988 年，耐克在颇具影响力的"只管去做"系列宣传中发布了它的第一支广告，鼓励一代运动爱好者追求自己的目标。耐克崇尚通过运动进行自我赋能，"只管去做"这句标语正是这种态度的自然流露。

在海外拓展业务时，耐克调整了营销方式以应对新的挑战。耐克很快了解到，它美式风格的广告对于欧洲、亚洲和南美的消费者来说太咄咄逼人，并对广告的风格进行了调整。此外，耐克需要针对不同国家调整营销方式，以使消费者对这一品牌有真实的感知。为此，耐克着重推广足球运动，积极支持世界各地的青年足球联盟、俱乐部和国家队。同时，耐克还寻求赞助足球队和联赛的机会，以复制公司早先在美国通过赞助获得的成功。

20 世纪 90 年代后期，耐克大举进军足球领域，获得了包括巴西和意大利等足球强国的足球协会的营销权。公司也开始投入资金，开展以世界杯为主的营销活动。耐克对足球进行了巨额投资，这帮助品牌获得了国际范围内的成长。耐克的品牌形象已经从一家运动鞋公司转变为一个体现情感、忠诚和认同感的品牌。2003 年，耐克的海外营收首次超过美国本土营收。2007 年，耐克收购了英国的足球鞋、服装及装备供应商茵宝（Umbro）。这次收购使耐克成为全球 100 多支职业足球队的唯一供应商，也提高了耐克在足球领域的影响力和可信度。

随着耐克的全球品牌不断发展，管理层意识到，即使在不同国家，同一种运动的运动员和球迷也有许多共同点。因此，耐克开始更多地根据运动项目，而非地理位置开展营销。在这一原则指导下，耐克成功地将品牌拓展至更多体育运动项目，扩大了其全球影响力。

随着品牌在更多运动项目中的拓展，耐克持续与有影响力的知名运动员、教练、球队和联盟进行合作，以在消费者心中建立信誉。为了推广网球系列服饰及装备，耐克赞助了玛丽亚·莎拉波娃（Maria Sharapova）、罗杰·费德勒（Roger Federer）和拉斐尔·纳达尔（Rafael Nadal）等网球明星。在高尔夫球场上，泰格·伍兹（Tiger Woods）穿着耐克的产品赢得了一场又一场的比赛，耐克也因此获得了更多关注。自耐克首次与伍兹合作以来，其高尔夫系列已发展为一项数百万美元的生意，并改变了高尔夫球手的着装

方式。当然，耐克也没有忘本。为了推广篮球鞋及服饰，耐克与科比·布莱恩特（Kobe Bryant）和勒布朗·詹姆斯（LeBron James）等几代篮球巨星进行过合作。时至今日，耐克是世界上最大的运动员赞助商，每年在运动代言上花费数亿美元。

尽管耐克的运动代言吸引并激励了消费者，它最近的技术创新也带来了更多与耐克有情感联结的忠诚消费者。耐克深入研究了可穿戴技术，开发了名为 NIKE+ 的跑步应用程序和社区，让跑步者能够沉浸在极致的跑步体验中。跑步者将 NIKE+ 装备连接到智能手机应用程序，可以查看他们的实时配速、距离、路线和指导建议，他们还可以在线上分享这些信息。耐克已将 NIKE+ 扩展到篮球和其他锻炼的信息记录。它还与苹果公司联合打造了 NIKE+ 版本的苹果手表。购买了这一版本的用户可以使用其他用户无法使用的特殊表盘和表带。

除了涉足技术领域，耐克与许多公司一样，正努力使公司和产品更加环保。但与很多公司不同的是，耐克并没有宣传在环保方面所做的努力。正如一位品牌顾问所解释："耐克品牌始终与胜利相关联，可持续性如何与其品牌相关？"耐克的高管一致认为，对耐克环保的宣传会削弱其深入人心的高科技形象。因此，耐克在环保方面所做的努力，如回收旧鞋等，从未被提起。

耐克在产品类别和地域市场上不断成功扩张，成为世界顶级的运动服装和鞋类制造商。从手表到滑板再到泳帽，耐克的标志无处不在。但面向未来，耐克也看到了新的挑战。耐克在实体零售渠道蓬勃发展，但越来越多的消费者选择线

上购物。耐克正在寻求制胜策略，以在亚马逊等网站主导的数字时代推广品牌。尽管耐克专注于新形式的推广和分销，但公司的长期战略保持不变：生产高质量的创新产品，帮助运动者取得胜利。[53]

问题：

1. 耐克的营销战略有哪些重要的组成部分？

2. 耐克的优势和劣势是什么？

3. 如果你为阿迪达斯（Adidas）工作，你会如何与耐克进行竞争？

营销
焦点 ｜迪士尼

Source: D. hurst/Alamy Stock Photo

能够像迪士尼那样与观众建立密切联系的公司并不多。自 1923 年成立以来，迪士尼品牌一直是全家人优质娱乐的代名词。该公司最初由华特·迪士尼（Walt Disney）和罗伊·迪士尼（Roy Disney）兄弟创立，并在 20 世纪拓展了其业务范围，开始将优质且令人难忘的家庭娱乐服务带到世界各地。华特·迪士尼曾经说过，"我的兴趣不在于'表达'自己，不在于给人留下不知其然的创新性的印象。我感兴趣的是娱乐大众，给人们带来快乐，尤其是笑声"。该公司从简单的黑白动画片开始，发展成为当今世界范围内的现象级商业帝国，包括主题公园、电影制作、电视网络、戏剧制作、消费品和不断增长的在线业务。

在创立之初的 20 年里，华特迪士尼制片厂（Walt Disney Productions）是一家生计维艰的卡通制片厂，它向全世界推出了其最著名的卡通形象——米老鼠。那时，很少有人看好迪士尼的前景。但是该公司在 1937 年首次制作的有声长片动画电影——《白雪公主和七个小矮人》取得了轰动性成功，并在接下来的 30 年里陆续推出了其他经典动画片，如《木偶奇遇记》《小鹿斑比》《灰姑娘》和《小飞侠彼得·潘》，还有《欢乐满人间》《万能金龟车》等影片，以及《大卫·克罗传》等电视连续剧。

1966 年华特·迪士尼去世的时候，他已经举世闻名。那时，公司已经将迪士尼的品牌延伸到了电影、电视和消费品行业，还有该公司的首家主题公园——南加州的迪士尼乐园，在这里全家人都可以在现实生活中领略迪士尼的魔力。在华特去世以后，罗伊·迪士尼成为 CEO，并实现了华特的梦想——在佛罗里达州建立了 24000 英宙的迪士尼世界主题公园。1971 年罗伊也去世了，但两兄弟留下了一个代表信任、乐趣、娱乐并能引起儿童、家庭、成人共鸣的品牌，以及有史以来一些最感人至深且具有标志性的角色、故事和记忆。

失去两位元老之后，该公司惨淡经营了几年。直到 20 世纪 80 年代，华特·迪士尼公司重新站了起来，并以迪士尼品牌重新获得消费者的信任与兴趣。这一切都始于动画电影《小美人鱼》，它的上映使一个古老的童话故事变成一个神奇的百老汇风格电影。这部电影获得了两个奥斯卡奖。20 世纪 80 年代末至 21 世纪初，迪士尼发布开创性的动画电影如《美女与野兽》（1991）、《阿拉丁》（1992）、《狮子王》（1994）、《玩具总动员》（与皮克斯公司合作，1995）和《花木兰》（1998），进入了一个所谓的"迪士尼复兴时代"（Disney Renaissance）。此外，公司想到一个创新方式来将核心家庭作为目标市场，并将新的领域扩展到年龄更大的受众。公司推出了迪士尼电视频道（Disney Channel）、试金石影片公司（Touchstone Pictures）和试金石电视公司（Touchstone Television）。另外，迪士尼还为 ABC（美国广播公司）的《周日迪士尼影片之夜》（The Disney Sunday Night Movie）栏目制作经典电影，并以极低的价格销售迪士尼经典电影的录像带，进军新一代儿童市场。迪士尼品牌持续扩张，涉足了出版业、国际主题公园和戏剧制作等领域，打开了全世界各种受众的市场。

现在，迪士尼公司共有 4 大业务部门：（1）媒体网络部门（Media Networks），负责经营海量的广播、有线电视、音频、出版和数字业务，包括迪士尼/ABC 电视频道集团以及 ESPN 公司；

（2）公园、体验和消费品部门（Parks, Experience and Consumer Products），负责将迪士尼的故事、人物和特许经营权通过公园、度假村、玩具、应用程序、服装、书籍和商店等方式带到人们的现实生活中；（3）电影娱乐部门（Studio Entertainment），通过公司核心业务部门迪士尼电影公司，联手漫威工作室、皮克斯动画工作室和卢卡斯影业，负责为全世界的消费者带来电影、音乐和舞台剧；（4）直联消费者和国际部门（The Direct-To-Consumer & International division），包括数字订阅流媒体服务和国际控股业务。

目前迪士尼面临的最大挑战是，如何保持这个拥有 90 年历史的品牌和其核心观众，并同时坚守其传统和品牌的核心价值。迪士尼 CEO 鲍勃·伊格尔（Bob Iger）解释道："作为一个备受追捧信任的品牌，应该尝试新的平台与市场，进而向新的消费者敞开大门。经营一家具有悠久历史的公司，往往要面对公司传统与创新和现实意义的冲突，为此你免不了要做出各种抉择。我绝对尊重公司的传统，但同时我也坚信公司需要创新，而且需要协调传统与现实意义之间的关系。"

在内部，迪士尼专注于价值创造的动态活力，这使其与竞争对手区分开来。基于对质量和客户认可的高标准要求，"迪士尼差异化"源于华特·迪士尼最知名的语录之一："无论你做什么，都要把它做得很好。如果你做得够好，人们就想重新光顾，看你再做一次。他们会把其他人也叫来看你把事情做得有多棒。"

迪士尼努力在多个层面上、通过每一个细节与顾客保持联系。例如，迪士尼世界（Disney World）培训"演员"要"亲切热情"，要挥舞米老鼠的大手迎接游客，分发地图给成人，分发贴纸给孩子，勤奋地清理公园使游客很难找到一块有垃圾的地方。对迪士尼来说，每一个细节都很重要。迪士尼的动画师甚至教会了保洁人员用扫帚和水桶在地上"画"高飞和米老鼠的形象。对于游客来说，它们在烈日下蒸发之前的那一分钟是一个魔法时刻。

拥有如此多的品牌、角色和企业，迪士尼利用科技来确保客户的体验在任何一个平台上都是一致的。迪士尼通过电子邮件、博客及其网站等创新方式与消费者建立联系，向他们提供对电影预告片、电视剪辑、百老汇表演和虚拟主题公园体验的介绍和分析。迪士尼是第一批开始定期播放其电视播客、发布有关其产品和相关员工采访的公司之一。"我的迪士尼体验"（My Disney Experience）应用程序使得用户能够远程从快餐店订购食物并且付款，让其在参观迪士尼乐园和度假村时避免排队。

迪士尼商业模式和文化的一个关键方面是坚持高标准的企业社会责任。迪士尼致力于始终以合乎道德的方式行事，负责任地创造内容和产品，维护互相尊重的工作环境，在社区中有所投资和贡献，并成为环境的好管家。公司对做好事的承诺与坚持使其成为世界上最受尊敬的公司之一。[54]

问题：

1. **迪士尼如何为客户创造价值？**

2. **迪士尼品牌的核心优势是什么？**

3. **通过新产品和服务来扩张迪士尼品牌的风险与好处分别是什么？**

2

营销计划与管理

学习目标

1. 识别公司和业务单位计划所需的关键任务。

2. 描述开发市场供应品的过程。

3. 解释营销计划的制订过程。

4. 描述可行营销计划的关键组成部分。

5. 说明如何以及何时修订营销计划。

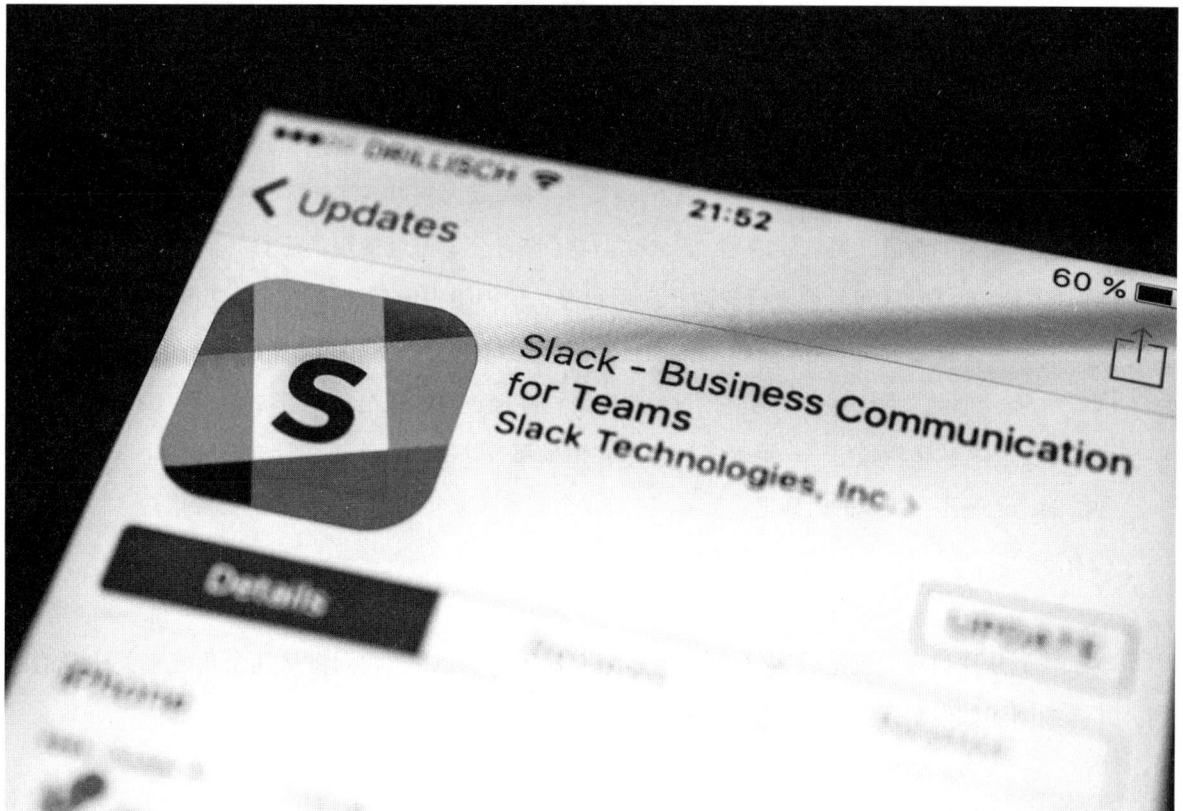

Slack 平台强调速度、功能和易于使用的界面，让员工可以单独或以群聊形式互相发送消息。

随着时间的推移，制定正确的营销战略需要结合原则性和灵活性。企业必须坚持一个战略，但也要不断改进它。在当今瞬息万变的营销世界中，确定最佳的长期战略至关重要。任何成功营销战略的核心都是开发持久的价值主张，以满足真正的顾客需要。Slack 就是一家开发设计了一种独特的产品来实现未被满足的顾客需要的公司。

Slack 于 2013 年推出。它是一个通信平台，让团队成员可以以一对一或群聊的形式相互发送消息。Slack 具有灵活的架构，它可以提供非结构化的环境（类似于开放式办公空间），员工可以在其中共享、协作并查看其他人正在做什么。它使对话进程易于搜索，并且定制提示框让用户可以专注于手头的任务，而又不会错过相关事情。Slack 与类似应用程序的不同之处在于其速度、功能和用户友好的界面。Slack 有一个免费版本，存储空间和功能有限，但也提供了多个层级的扩展版本，按每个活跃用户进行定价。雇主们喜欢 Slack，因为它减轻了电子邮件的负担并有助于简化与工作相关的沟通。更重要的是，Slack 集成了许多公司已经使用的工具，例如谷歌在线云存储服务 Google Drive 和其他流行的商业应用程序，使得集中通信和工作流程变得容易。Slack 的另一个重要优势是它能够将与工作相关的社交媒体带入工作场所，使工作生活更加数字化。基于这一情形，《板岩》（*Slate*）杂志将 Slack 的应用程序描述为"很酷的办公文化，可供即时下载"。尽管缺乏正式的销售队伍——绝大多数新顾客都是那些从朋友、同事和社交媒体那里听说后开始尝试的，但在不到四年的时间里，Slack 在 150 个国家积累了超过 1000 万的日活用户，估值达到70 亿美元。[1]

本章我们从探讨有关创造顾客价值的一些战略营销含义开始。我们将从几个角度来关注营销计划，并详细阐述如何制订正式的营销计划。

公司和业务单元的计划和管理

为了确保执行正确的活动，营销人员必须优先考虑三个关键领域的战略计划：将公司业务作为投资组合进行管理，评估市场增长率和公司在该市场中的地位，以及开发可行的商业模式。公司必须制订一个行动计划，以实现每个业务单元的长期目标。

一般来说，营销计划和管理可以发生在三个不同的层面：公司、业务单元和特定市场供应品（一般指产品或服务）。公司总部负责设计公司战略计划，以指导整个公司发展。它决定分配给每个业务单元的资源数量，以及启动或放弃哪些业务。每个业务单元都要制订计划，以使该业务单元有可盈利的未来。最后，每个市场的供应品也都要制订实现自身目标的营销计划（见图 2-1）。

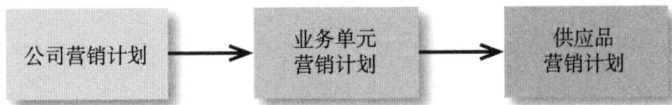

图 2-1
战略规划过程

本节将讨论分析、计划和管理公司或特定业务单元所涉及的关键问题。本章的其余部分将探讨分析、计划和管理公司供应品的过程。

公司一般进行四项计划活动：定义公司使命，建立公司文化，建立战略业务单元，以及为每个战略业务单元分配资源。我们将简要介绍每个过程。

定义公司使命

组织的存在总是为了完成某些任务：制造汽车、提供贷款、提供住宿……随着时间的推移，使命可能会发生变化，以应对新的机会或市场环境。亚马逊将使命从"成为世界上最大的在线书店"转变为"成为世界上最大的在线商店"，亿贝（eBay）从"为收藏家举办在线拍卖"转变为举办"提供各种商品的在线拍卖"；唐恩都乐（Dunkin' Donuts）将公司使命的重点从甜甜圈转向了咖啡。

使命（mission）是关于组织因何存在的一个清晰、简明和持久的声明。公司使命通常被作为公司的核心目标，是为公司员工和管理层提供共同目标、方向和机会的长期目标。[2]

为了界定使命，公司必须回答彼得·德鲁克的经典问题：[3] 我们的业务是什么？我们的顾客是谁？什么对顾客有价值？我们的业务将是什么？我们的业务应该是什么？这些看似简单的问题是公司面临的最大难题。成功的公司会不断地提出并回答这些问题。

　　一份清晰、深思熟虑的使命陈述，是由管理者、员工，乃至顾客共同制定的，它提供了共同的目标感、方向感和机会感。在最理想的情况下，公司使命反映了一种愿景，一个几乎"不可能实现的梦想"，从而为未来 10~20 年指明方向。索尼前总裁盛田昭夫（Akio Morita）希望每个人都能拥有"个人便携式音响"，因此他的公司创造了随身听和便携式 CD 播放器。弗雷德·史密斯（Fred Smith）想让邮件在次日上午 10：30 之前送达美国任何地方，为此他创建了联邦快递（FedEx）。

　　考虑以下使命陈述：

谷歌的使命是整合全球信息，使人人皆可访问并能从中受益。[4]

在宜家，我们的愿景是为大众创造更美好的日常生活。我们的经营理念是用足够低廉的价格提供种类繁多、美观实用的家居用品来支持这一愿景，以使尽可能多的人能够负担得起。[5]

脸书的使命是赋予人创建社区的权力，让世界融合在一起。[6]

特斯拉的使命是加速世界向可持续能源的转变。[7]

星巴克的使命是激发并孕育人文精神，每人，每杯，每个社区。[8]

微软的使命是予力全球每一人、每一组织，成就不凡。[9]

优秀的使命陈述有五个主要特征：

- **它们专注于有限数量的具体目标。**包含一系列不相关活动的使命陈述往往不如明确阐明最终目标的聚焦型使命陈述有效。
- **它们强调公司的主要策略和价值观。**缩小管理者个人决策灵活性的范围，可以让员工在重要问题上始终如一地采取行动。
- **它们界定了公司旨在服务的主要市场。**因为目标市场的选择决定了公司的战略和战术，所以它应该由公司的使命声明来定义和遵循。
- **它们着眼于长远。**公司使命定义了公司的最终战略目标，只有当它不再与最终目标相关时，才可更改。
- **它们应当尽可能简短、令人难忘并富有意义。**3~4 个词的公司使命箴言通常比冗长的使命陈述更有效。

建立公司文化

　　战略计划是在组织场景下制订的。公司组织由结构、政策和公司文化组成，所有这些都可能在快速变化的商业环境中变得功能失调。管理者可以改变结构和政策（尽管很困难），但公司的文化很难改变。然而，正如西南航空公司（Southwest Airlines）的经验所表明的那样，创造一种渴望成功的公司文化往往是市场成功的关键。

≫ 西南航空公司从其他航空公司中脱颖而出的决心是基于提供具有支持性、包容性和趣味性的公司文化。

西南航空公司 西南航空公司成立于 1967 年,凭借出色的顾客服务,不断与其他航空公司形成了差异化。这项服务的核心是公司的文化,它激励着 58000 多名员工为航空公司的乘客提供服务。通过创造一种包容和有趣的文化,让每个团队成员都感到对公司的成功负有责任,西南航空激励员工为自己的工作感到自豪,这通常会转化为卓越的顾客体验。事实上,西南航空将员工的重要性排在首位,其次是顾客和公司股东。该航空公司解释了它的公司文化:"我们相信,如果我们善待员工,他们就会善待我们的顾客,进而增加业务和利润,让每个人都开心。"这种支持性环境帮助西南航空建立了忠实的顾客基础,并成为美国国内最大的航空公司——自 2003 年以来一直保持这一排名。[10]

究竟什么是**企业文化**(corporate culture)? 一些人将其定义为"刻画组织特色的共享的经验、故事、信仰和规范"。走进任何一家公司,首先让你印象深刻的就是企业文化,包括员工穿着、交谈和迎接顾客的方式。

以顾客为中心的文化影响着组织的各个方面。企业租车公司(Enterprise Rent-A-Car)在最新的"企业租车之路"(The Enterprise Way)广告战役中展示了自己的员工。通过"正确行事"(Making It Right)培训计划,企业租车授权所有员工做出自己的决定。战役中的一则广告以"解决所有问题"为主题,强调了任何地方企业租车门店都有权采取行动最大限度地提高顾客满意度。[11]

建立战略业务单元

许多大公司管理着一系列不同的业务,这些业务通常被称为**战略业务单元**(strategic business unit,SBU),每个业务单元都需要自己的战略。战略业务单元具有三个特征:它是可以与公司其他业务分离的一项单一业务或一组相关业务的集合;它有自己的竞争者;它有负责战略计划和利润绩效的管理者,它们控制着大部分影响利润的因素。

战略业务单元构成了公司的业务组合。根据业务组合中各个战略业务单元的多样性,这些单元可以被定义为专业化组合或多元化组合。

专业化组合（specialized portfolio）是指由一条或几条产品线组成的种类较为集中的战略业务单元。例如，法拉利（高性能跑车）、Glacéau（瓶装水）、GoPro（运动摄像机）和 Roku（数字媒体流）战略性地将其产品组合限制在相当狭窄的产品线中。

相比之下，**多元化组合**（diversified portfolio）是指拥有多条产品线且种类较为广泛的战略业务单元。例如，亚马逊、通用电气、强生（Johnson & Johnson）和联合利华等公司都提供种类繁多的产品线。多元化业务组合的主要理由是利用公司尚未涉足的领域的增长机会。

每个业务单元都需要在宽泛的公司使命下确定其特定的使命。因此，一家制造和销售电视演播室照明设备的公司可能会将其使命定义为"瞄准主要的电视演播室，并成为它们的首选供应商，为其提供最先进和最可靠的演播室照明设施"。请注意，这一使命陈述并未提及用最低价从小型电视演播室那里争取业务，或涉足非照明产品业务。

确认公司战略业务单元的目的是为其制定单独的战略并分配适当的资金。资深的管理层知道其业务组合通常包括类似"昨日辉煌"和"明天赢家"这样的业务。服务品牌 Liz Claiborne 更加重视一些针对年轻人的业务，例如 Juicy Couture、Lucky Brand Jeans、Mexx 和 Kate Spade，同时也销售不够时髦的产品，例如 Ellen Tracy、Sigrid Olsen 和 Laundry。

跨业务单元分配资源

一旦确定了战略业务单元，管理层就必须决定如何将公司资源分配给每个单元。[12] 这通常通过评估每个战略业务单元的竞争优势及其所经营市场的吸引力来完成。在评估各个业务单元时，公司可能还会考虑它们之间存在的协同效应。这种协同可能与公司流程（例如，研发、制造和分销）或人员（例如，经验丰富的管理人员、合格的工程师和知识渊博的销售人员）有关。根据对业务单元组合的评估，公司可以决定是发展、"收割"（从中提取现金）还是保持特定业务。

业务组合管理侧重于两类因素：（1）特定行业或市场呈现出来的机会；（2）公司的资源，它决定了利用已发现机会的能力。在这里，一方面，市场机会通常根据整体市场／行业吸引力因素来定义，例如规模、增长和盈利能力。另一方面，公司资源也反映了其在市场上的竞争地位，通常根据战略资产、核心能力和市场份额等因素来衡量。

由于跨不同业务单元进行资源分配决策的原则在不同行业中非常相似，因此许多公司已经制定了此类决策的通用战略。这些通用战略通常被整合到正式的业务组合模型中，为如何在多个战略业务单元之间分配资源提供指引。

开发业务组合模型的一个关键方面涉及识别衡量特定业务单元所依据的绩效指标。根据模型的假设，这些指标可以包括投资回报率、市场份额和行业增长率等因素。波士顿咨询集团开发的 BCG 矩阵是一种被广泛使用的业务组合分析方法，尽管它过于简单和主观。新的组合管理方法使用更全面的方式，基于全球扩张、重新定位或重新选择目标市场，以及战略外包的增长机会来评估业务潜力。

≫ 卡夫决定根据不同的目标、战略和战术以及不同的增长率拆分为两家公司：亿滋国际和卡夫亨氏。

卡夫　考虑到不同业务单元的不同增长率以及战略目标、战略和战术的差异，卡夫（Kraft）拆分为两大业务：一个是快速增长的全球零食和糖果业务，包括奥利奥饼干和吉百利糖果；另一个是增长缓慢的北美杂货业务，包括长期支柱型产品麦斯威尔咖啡（Maxwell House）、Planters 花生、卡夫奶酪和 Jell-O 果冻。零食和糖果业务以亿滋国际为品牌，定位为在中国和印度等新兴市场拥有许多机会的高增长公司。杂货业务保留了卡夫食品的名称（现为卡夫亨氏），因为它由许多品类主导型肉类和奶酪品牌组成，所以对那些青睐持续红利的投资者而言，它更像是现金牛业务。亿滋国际已加快扩张步伐，而同时卡夫食品则专注于削减成本和选择性投资，以支持其实力品牌。[13]

开发市场供应品

　　为了给目标顾客、合作者和公司利益相关者创造价值，公司有必要清晰地识别它将要竞争的目标市场，并设计一种向目标顾客传递一系列有意义的利益的供应品。[14] 这些活动包括公司商业模式的两个关键组成部分：战略和战术。

　　战略（strategy）包括选择一个明确的市场，公司将在其中竞争，并决定其试图在这个市场创造的价值。**战术**（tactics），也称为营销组合，使公司的战略变得具象：它们定义了为在特定市场创造价值而开发的供应品的关键方面。这些战术在逻辑上源于公司的战略，反映了公司将这一战略变为市场现实的方式。从供应品的收益和成本到目标顾客了解和购买供应品的方式，战术塑造了一切。

　　战略和战术从根本上是相互缠绕在一起的。公司的战略详细说明了目标市场和公司计划在所选定市场所要创造的价值，而战术则详细说明了将在所选市场中创造价值的供应品的实际属性。如果不理解目标市场的需要和为满足这些需要而存在的竞争选项，就不可能确定供应品的具体战术，如特征、品牌形象和定价，以及促销、沟通和分销供应品的手段。

　　以下部分将更详细地讨论供应品战略和战术的关键方面。

制定营销战略

营销战略包含两个关键组成部分：公司将在其中竞争的目标市场和针对相关市场主体（公司、目标顾客和合作者）的价值主张。精心挑选的目标市场和精心设计的价值主张奠定了公司商业模式的基础，并成为定义公司产品的战术决策的指导原则。

识别目标市场

公司旨在其中创造和获取价值的**目标市场**（target market）包括五个因素：公司试图满足其需要的顾客（customer），旨在满足相同目标顾客同样需要的竞争者（competitor），帮助公司实现目标顾客需要的合作者（collaborator），开发和管理产品或服务的公司（company），以及将影响公司如何开发和管理产品或服务的环境（context）。

这五个市场因素（5C）在 5C 框架中被直观地表示为一组同心圆：目标顾客在中心，合作者、竞争者和公司在中间，环境在最外圈（见图 2-2）。目标顾客在 5C 框架中的中心位置反映了他们在市场中的决定性作用；其他三个市场主体——公司、合作者和竞争者，致力于为目标顾客创造价值；5C 框架的外层是市场背景，它决定了顾客、公司、合作者和竞争者运营的环境。

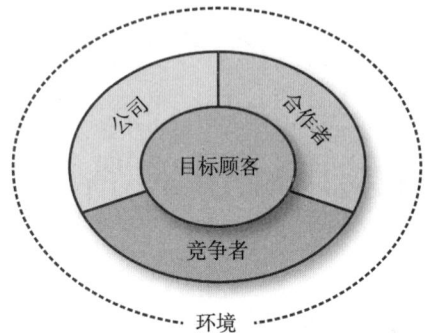

图 2-2
识别目标市场：5C 框架
Source: Alexander Chernev, *Strategic Marketing Management: Theory and Practice* (Chicago, IL: Cerebellum Press, 2019).

5C 及其之间的关系将在以下各小节中更详细地讨论。

- 目标顾客是公司计划满足其需求的个人或组织。企业对消费者（B2C）市场中的目标顾客通常是公司产品或服务的最终用户，而在企业对企业（B2B）市场中，目标顾客是使用公司产品或服务的其他企业。两个关键原则决定了目标顾客的选择：公司及其合作者必须能够为目标顾客创造相对于竞争者更卓越的价值，并且所选的目标顾客也应该能够为公司及其合作者创造价值。

- 合作者与公司一起共同为目标顾客创造价值。公司应该根据对方可以提供的互补性资源来选择合作者，以满足顾客的需要。合作涉及外购（而不是开发）公司缺乏但在创造满足目标顾客需要的供应品时必需的资源。公司可以通过与拥有这些资源的实体合伙来获得必要的资源，并从中获益，而不是自行建设或购买所缺资源。合作者可以包括供应商、制造商、分销商（如经销商、批发商和零售商）、研发机构、服务提供商、外部销售队伍、广告代理和营销研究公司等。

- **竞争者**致力于满足公司目标顾客的相同需要。[15] 公司应避免陷入使用传统品类和行业术语来界定竞争对手的短视竞争观。[16] 公司应该提出以下问题来考察主要竞争者及其战略：每个竞争者在市场上寻求什么？是什么驱动了每个竞争者的行为？这有助于阐明公司的定位，因为竞争者的目标涉及许多因素，包括规模、历史、眼前的管理和财务状况。例如，了解作为大公司的一个部门的竞争者是为了增长还是为了利润而经营，或仅仅被用来榨取价值，这是很重要的事情。[17]

- **公司**开发和管理给定市场的供应品（产品或服务）。对于具有多样化战略能力和市场供应品的组织，"公司"一词通常是指管理特定产品或服务的具体业务单元。每个战略业务单元都可以被视为需要自己的商业模式的独立公司。例如，通用电气、Alphabet（谷歌的母公司）和脸书拥有多个战略业务单元。

- **环境**是指公司及其合作者运营的外部环境。它包括五个因素：社会文化环境的特征由社会和人口趋势、价值体系、宗教、语言、生活方式、态度和信仰等决定；技术环境包括用于开发、传播和传递交付市场供应品的新技术、技能、方法和流程；监管环境包括税收、进口关税和禁运规定，以及产品的规格和定价、通信规制及知识产权法；经济环境受经济增长、货币供应、通货膨胀和利率等影响；物质环境包括自然资源、地理位置、地形、气候趋势和健康状况。环境会对公司创造市场价值的能力产生巨大影响。一些最新的进展，包括人工智能的进步、贸易战的兴起、全球变暖和新型冠状病毒大流行，迫使许多公司彻底重新思考它们的运营方式并调整商业模式。

目标市场的关键部分是目标顾客的选择，它决定了市场的所有其他方面，这包括明确竞争，选择合作者，确定为顾客开发优质供应品所需的公司资源，以及简要说明公司创造市场价值的环境。因此，目标顾客的变化通常会导致竞争对手和合作者的变化，以及不同的资源需求和环境因素的变化。源于其战略重要性，选择正确的目标顾客是建立成功商业模式的基础。

5C 和 5 种竞争力量

5C 框架类似于迈克尔·波特（Michael E. Porter）提出的"五力框架"。[18] 五力框架根据五种因素来确定行业竞争力：供应商的议价能力、买方的议价能力、新进入者的威胁、替代品的威胁和现有竞争对手之间的竞争。这五个因素共同构成了企业所处的竞争环境。五力框架表明，行业内的竞争程度随着供应商和购买者的议价能力的增强、新竞争对手和替代品威胁的增加，以及现有竞争对手之间竞争的加剧而上升。

五力框架类似于 5C 框架，两者都旨在促进对公司所处市场的分析。这两个框架之间的区别在于各自定义市场的方式不同。五力框架从行业角度分析市场竞争，而 5C 框架根据顾客需要而不是公司竞争的行业来定义市场。因此，5C 框架根据满足顾客需要和创造市场价值的能力来定义竞争者。5C 框架不关心公司及其竞争者是否在同一行业内经营，这使得替代品的概念变得多余，因为从顾客的角度来看，替代品只是旨在满足特定需要的跨类别竞争者。

五力框架对行业的关注使其与营销者分析特定行业内的竞争结构特别相关。然而，在分析供应品创造市场价值的能力时，五力方法的相关性要小得多。在这种情况下，5C 框架通常更有用，因为它以顾客为中心，并且基于顾客需要而不是特定行业的市场视角。[19]

提炼价值主张

成功的供应品应该不仅为目标顾客而且为公司及其合作者创造卓越的价值。因此，在为市场交易中的相关主体开发市场供应品时，公司需要考虑所有三种类型的价值：顾客价值（customer value）、合作者价值（collaborator value）和公司价值（company value）。

- **顾客价值**是向顾客提供的供应品的价值，这取决于顾客对供应品满足其需要的程度的评估。供应品为顾客创造的价值基于三个主要因素：目标顾客的需要（needs）、顾客获得的利益和他们在购买公司供应品时产生的成本，以及目标顾客可以用来满足其需要的替代手段——竞争性供应品的利益和成本。因此，顾客价值主张应该能够解释为什么目标顾客会选择公司的供应品而不是现有的替代品。

- **合作者价值**是指供应品对公司合作者的价值。它总结了供应品为合作者创造的所有收益和成本，并反映了供应品对合作者的吸引力。合作者的价值主张应该解释为什么合作者会选择公司的供应品而不是竞争品来实现他们的目标。

- **公司价值**是指供应品对公司的价值。供应品的价值是由与之相关的所有收益和成本、它与公司目标的密切关系，以及公司可以追求的其他机会的价值——例如，公司可以发布的其他供应品——来界定的。因此，公司的价值主张决定了公司为什么会选择这个供应品而不是选择替代方案。

市场价值原则也被称为 3V 原则，因为它强调了为三大关键市场主体——目标顾客、合作者和公司本身创造价值的重要性。市场价值原则通过提出三组必须解决的问题来定义商业模式的可行性：

- 市场供应品能为目标顾客创造什么价值？为什么目标顾客会选择这个供应品？是什么让这个供应品优于其他选择？

- 该供应品为公司的合作者（供应商、分销商和合作开发商）创造了什么价值？为什么合作者会与公司合作而不是与其他公司合作？

- 供应品能为公司创造什么价值？为什么公司应该在这个供应品上投入资源而不是追求其他选择？

管理这三大市场主体的价值的需要引出了优先考虑哪个价值的问题。这就要求创建一个**最优价**

值主张（optimal value proposition），以平衡顾客、合作者和公司的价值。此处所提到的"最优价值"是指供应品的价值在三个主体之间相互关联，从而为目标顾客和合作者创造价值，使公司能够实现其战略目标。市场价值原则优化了顾客、合作者和公司的价值，是市场成功的基础（见图 2-3）。如果未能为三个市场主体中的任何一个创造卓越价值，则必然会导致不可持续的商业模式，并使企业走向灭亡。

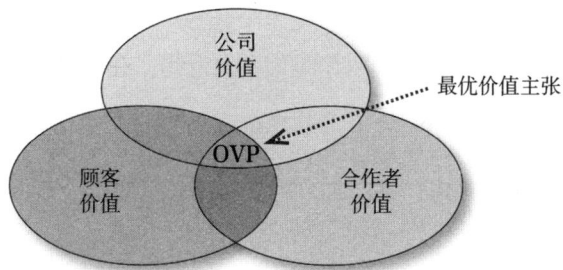

图 2-3
3V 市场价值原则
Source: Alexander Chernev, *Strategic Marketing Management: Theory and Practice* (Chicago, IL: Cerebellum Press, 2019).

不妨思考一下星巴克用来创造市场价值的手段。顾客通过选择定制化饮料获得各种咖啡饮料的功能利益和表达个性的心理利益，并为此向星巴克提供货币补偿。合作者（咖啡种植者）因向星巴克提供咖啡豆而获得货币报酬，并从星巴克对咖啡豆的持续需求中获得战略利益；作为回报，他们投入资源种植符合星巴克标准的咖啡豆。星巴克通过投资公司资源开发并向消费者提供产品和服务获得收入和利润，此外还获得建立品牌的战略利益，并扩大市场空间。

设计营销战术

市场供应品（market offering）是公司为满足特定顾客需要而部署的实际商品。与体现公司战略的目标市场和价值主张不同，市场供应品体现了公司的战术，即公司在其竞争的市场中创造价值的具体方式。

营销管理者在应对开发创造市场价值的市场供应品时有 7 种战术：产品、服务、品牌、价格、激励、沟通和分销。这 7 个属性（也指战术）也被称为**营销组合**（marketing mix），代表了将市场供应品战略转变为现实所需的活动的结合（见图 2-4）。

描述市场供应品的 7 个属性如下：

- 产品是一种适销对路的商品，旨在为目标顾客创造价值。产品可以是有形的（如食品、服装和家具），也可以是无形的（如音乐和软件）。购买产品将赋予顾客对所购产品的所有权。例如，通过购买汽车或软件程序，所有者被赋予所购产品的所有权。

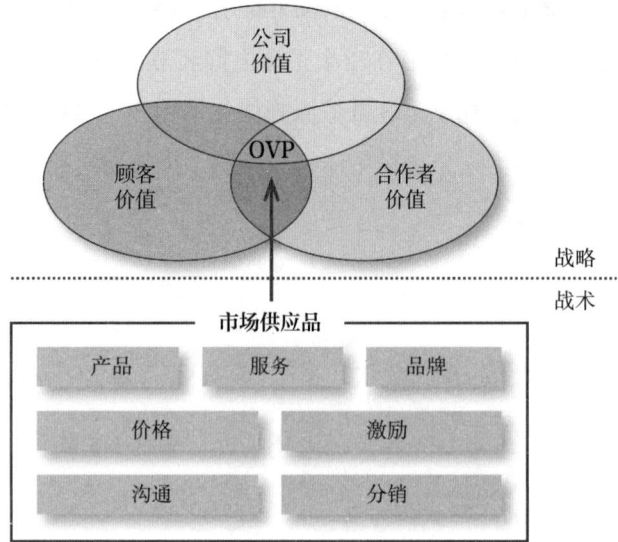

图 2-4

营销策略：定义市场供应品的 7 种
战术（7T）

Source: Alexander Chernev, *Strategic Marketing Management: Theory and Practice* (Chicago, IL: Cerebellum Press, 2019).

- **服务**也旨在为顾客创造价值，但并没有赋予顾客所有权。服务的例子包括设备维修、影片租赁、就医流程和报税服务。有时，同一个产品可以定位为产品，也可以定位为服务。例如，当软件程序可以作为产品提供时，购买者有权获得程序的副本，或者作为服务只允许顾客租用该程序并在授权期限内获得其利益。

- **品牌**的目的是识别公司提供的产品和服务，并将其与竞争品区分开来，在此过程中创造超越产品和服务本身的独特价值。劳斯莱斯品牌标识了宝马子公司劳斯莱斯制造的汽车，以将这些汽车与宾利、玛莎拉蒂和布加迪汽车区分开来，并唤起使用劳斯莱斯品牌的顾客的独特的情感反应。顾客使用劳斯莱斯品牌是为了彰显他们的财富和社会经济地位。

- **价格**是顾客和合作者为获得公司产品提供的利益而产生的货币费用。

- **激励**是有针对性的工具，旨在通过降低成本或增加收益来提高产品的价值。激励通常以批量折扣、降价、优惠券、现金返还、赠品、奖金、竞赛，以及货币与表彰奖励的形式提供。激励可以直接面向消费者，也可以面向渠道合作伙伴等公司的合作者。

- **沟通**是向目标顾客、合作者和公司利益相关者告知供应品的细节以及供应品的获取途径。

- **分销**涉及用于向目标顾客和公司合作者提供供应品的渠道。

同样，星巴克的例子也可以说明以上这些属性。星巴克的产品包括各种可买到的饮品和食品。它的服务包括星巴克在购买前、购买中和购买后向顾客提供的帮助。它的品牌包括星巴克的名称和标志，以及它在顾客心中唤起的联想。它的价格是星巴克向顾客提供供应品之后收取的金额。它的激励包括为顾客提供附加利益的忠诚度计划、优惠券和短期降价等促销手段。它的沟通包括星巴克为了向公众介绍其供应品而通过广告、社交媒体和公共关系传播的信息。它的分销渠道包括将星巴克供应品交付给顾客的公司自有门店和公司许可的零售店。

这 7 种营销战术——产品、服务、品牌、价格、激励、沟通和分销——可以被视为设计（designing）、沟通（communicating）和传递（delivering）顾客价值的过程。供应品的设计价值包括产品、服务、品牌、价格和激励，而沟通和分销则分别形成这一过程中的沟通价值和传递价值（见图 2-5）。因此，即使不同的战术属性在价值创造过程中扮演着不同的角色，它们也都会在三个维度上优化顾客价值。

价值创造过程可以从公司和顾客这两个角度来考虑。公司将价值创造视为设计、沟通和传递价值的过程，而顾客会从不同的角度——供应品的吸引力、知名度和可获得性——来看待价值创造过程。[20] 吸引力反映了目标顾客与产品、服务、品牌、价格和激励相关的收益和成本。知名度突出了目标顾客了解供应品细节的方法。可获得性包括目标顾客获得供应品的各种方式。

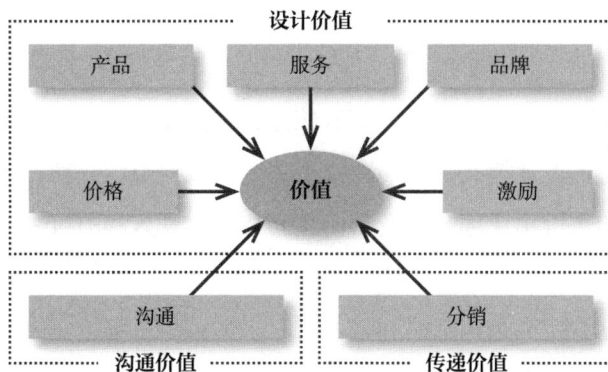

图 2-5
营销战术作为设计、沟通和传递顾客价值的过程
Source: Alexander Chernev, *Strategic Marketing Management: Theory and Practice* (Chicago, IL: Cerebellum Press, 2019).

7T 和 4P

将营销战术视为定义市场供应品的 7 个关键属性的过程的观点，可与广受欢迎的 4P 框架联系起来。20 世纪 60 年代引入的 4P 框架指出管理者在设计市场供应品时必须做出 4 项关键决策：产品及其特性、产品价格、促销产品的最佳方式以及产品零售渠道的地点。这 4 项决策领域用 4 个 P 表示：产品（product）、价格（price）、促销（promotion）和地点（place）。

由于简单、直观、易记，4P 框架广受欢迎。然而，正是由于这种极简性，4P 框架与当代商业环境的相关性明显不足。它的局限之一是，它无法区分供应品是产品还是服务，这在当今服务导向的商业环境中是一个主要缺陷。今天，越来越多的公司正从基于产品转向基于服务的商业模式。4P 框架的另一个重要局限是，它将品牌视为产品的一部分而非独立的属性。产品和品牌是市场供应品的两个不同方面，每一个都可以独立存在。事实上，越来越多的公司将它们的产品制造外包，以便集中精力建设和管理它们的品牌。

4P 框架的另一个不足之处是，它对"促销"一词的界定。促销是一个广泛的概念，包括两类不同的促销活动：一是激励，包括价格促销、优惠券和贸易促销；二是沟通，包括广告、公共关系、社交媒体和个人销售。激励和沟通对价值创造过程的贡献是不同的：激励提高了供应品的价值，而沟通有助于顾客对供应品信息的了解，但并不一定会提高供应品的价值。4P 框架使用"促销"一词来指代这两种独立的活动，可能会掩盖这两种活动在创造市场价值中所起的独特作用。

用 7 个属性（产品、服务、品牌、价格、激励、沟通和分销）而不是 4 项关键决策来看待市场供应品，可以避免 4P 框架的局限性。4P 可以很容易地映射到 7T 框架的 7 个属性上：第一个 P（产品）包括产品、服务和品牌；价格仍然是第二个 P；第三个 P（促销）与激励和沟通相匹配；而分销则取代了第四个 P（地点）。因此，7T 营销组合是 4P 框架更为精细的版本，为设计公司的市场供应品提供了更准确和更可行的方法。

创建市场价值地图

公司商业模式的两个关键方面——战略和战术——可以表示为价值地图，它定义了公司创造市场价值的方式。价值地图的最终目的是促进可行的商业模式的发展，使公司能够取得市场成功。因此，市场价值地图可以被认为是公司商业模式的关键组成部分以及它们之间相互关联方式的可视化表达。

市场价值地图反映了商业模式的结构，并包含定义公司战略和战术的三个关键组成部分——目标市场、价值主张和市场供应品。反过来，目标市场由 5C——顾客、合作者、竞争者、公司和环境——来界定，顾客在定义市场中发挥着关键作用。价值主张代表了公司必须在市场上创造的三种价值：顾客价值、合作者价值和公司价值。最后，市场价值地图的供应品部分描述了代表公司商业模式的战术方面的 7 个关键属性——产品、服务、品牌、价格、激励、沟通和分销。市场价值地图的组成部分和定义每个组成部分的关键问题，如图 2-6 所示。

市场价值地图的价值主张部分对于确保公司商业模式的可行性至关重要。公司供应品的市场成功取决于为三个关键主体——目标顾客、公司的合作者和公司自身——创造价值的能力。由于这些主体有不同的需要，并希望有不同的价值主张，因此为每个主体开发单独的价值地图，可以更好地服务于营销计划过程。所以，除了拥有单一的价值地图，管理者可能会受益于开发三种价值地图：顾客价值地图、合作者价值地图和公司价值地图。

这三张价值地图描绘了公司商业模式的不同方面，这些方面包括价值创造过程中涉及的关键主体。顾客价值地图捕捉了公司供应品为目标顾客创造价值的方式，并概述了公司商业模式中以顾客为中心的战略和战术。合作者价值地图描绘了公司供应品为合作者创造价值方式的战略和战术。最后，公司价值地图简述了供应品为公司利益相关者创造价值的方式。请注意，这三张价值地图之间有着复杂的联系，因为它们反映了创造市场价值过程的不同方面。只有为目标顾客、合作者和公司创造价值，管理者才能确保供应品在市场上取得成功。

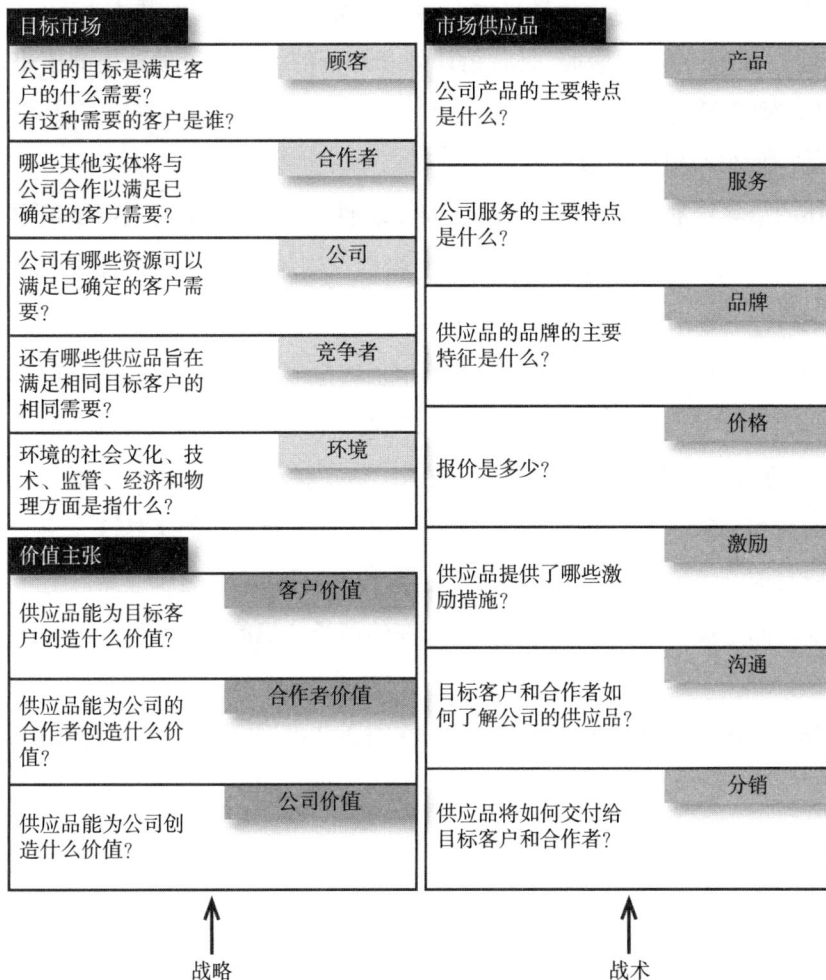

目标市场

	顾客
公司的目标是满足客户的什么需要? 有这种需要的客户是谁?	

	合作者
哪些其他实体将与公司合作以满足已确定的客户需要?	

	公司
公司有哪些资源可以满足已确定的客户需要?	

	竞争者
还有哪些供应品旨在满足相同目标客户的相同需要?	

	环境
环境的社会文化、技术、监管、经济和物理方面是指什么?	

价值主张

	客户价值
供应品能为目标客户创造什么价值?	

	合作者价值
供应品能为公司的合作者创造什么价值?	

	公司价值
供应品能为公司创造什么价值?	

市场供应品

	产品
公司产品的主要特点是什么?	

	服务
公司服务的主要特点是什么?	

	品牌
供应品的品牌的主要特征是什么?	

	价格
报价是多少?	

	激励
供应品提供了哪些激励措施?	

	沟通
目标客户和合作者如何了解公司的供应品?	

	分销
供应品将如何交付给目标客户和合作者?	

↑
战略   ↑
战术

图2-6
市场价值地图
Source: Alexander Chernev, *Strategic Marketing Management: Theory and Practice* (Chicago, IL: Cerebellum Press, 2019).

计划和管理市场供应品

公司的未来取决于它是否有能力开发成功的市场供应品,从而为目标顾客、公司及其合作者创造卓越价值。[21] 市场的成功通常源于勤勉的市场分析、计划和管理,很少源于运气。在市场上取得成功要求公司制订可行的商业模式和行动计划,使商业模式成为现实。制订此类行动计划的过程被概括为接下来描述的 G-STIC 框架。

G-STIC 行动计划方法

行动计划是营销计划的支柱,它阐明公司的目标并制订实现该目标的行动方案。行动计划的制订有 5 项关键活动来引导,包括设定目标、制定战略、设计战术、制订执行计划,以及确定一组控制指标以衡量拟议行动的成功与否。G-STIC 框架包括目标（goal）、战略（strategy）、战术（tactics）、执行（implementation）和控制（control）5 项活动，是营销计划和分析的关键。行动计划的核心是基于市场供应品的战略和战术的商业模式。

G-STIC 营销计划和管理方法的各个组成部如下：

- 目标描述了公司成功的最终标准，它规定了公司计划实现的最终结果。目标的两个组成部分是重点，它定义了用于量化公司行动的预期结果的指标（例如净收入），以及表明朝着目标前进并定义实现目标的预期时间的绩效基准。

- 战略通过描绘公司的目标市场并描述市场供应品在该市场的价值主张，为公司的商业模式提供了基础。

- 战术通过定义公司市场供应品的关键属性来执行战略。这 7 种战术——产品、服务、品牌、价格、激励、沟通和分销——是用于在公司所选的市场中创造价值的工具。

- 执行指公司出售供应品的准备过程，包含开发供应品以及在目标市场部署供应品。

- 控制通过监测公司在时间维度上的绩效和公司经营所在的市场环境的变化来衡量公司活动的成功与否。

营销计划的关键组成部分和描述每个组成部分的关键因素在图 2-7 中进行了勾画，并在以下各节中进行了更详细的探讨。

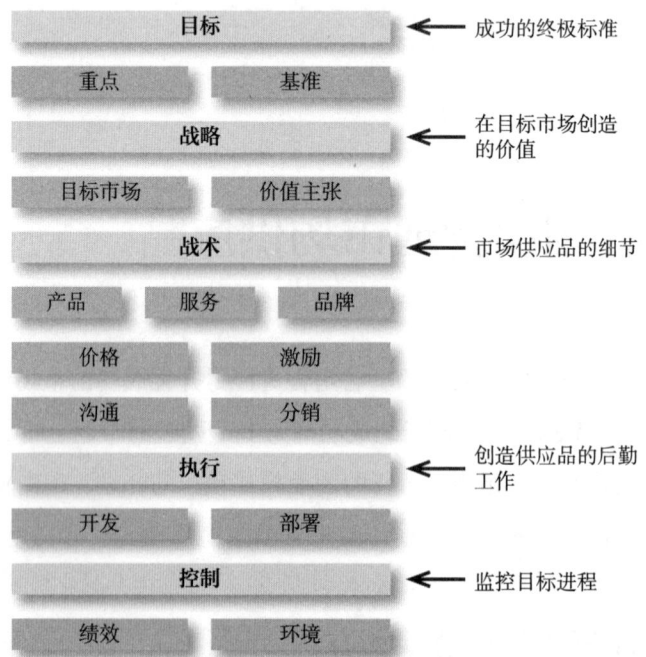

图 2-7
G-STIC 行动计划流程
Source: Alexander Chernev, *Strategic Marketing Management: Theory and Practice* (Chicago, IL: Cerebellum Press, 2019).

设定目标

定义公司旨在实现的目标即会启动营销计划。目标可被视为指导公司所有活动的灯塔。设定目标涉及两个关键决策：确定公司行动的重点，并规定要实现的绩效基准。接下来将更详细地讨论这些决策。

确定目标重点

目标的重点定义了公司活动想要的结果，这是企业成功的重要标准。根据这些重点，目标可以是货币或战略目标。

- **货币目标**基于净收入、利润率、每股收益和投资回报等结果。营利性企业使用货币目标作为主要绩效指标。

- **战略目标**以对公司具有战略重要性的非货币成果为中心。最常见的战略目标包括提高销量、品牌知名度和社会福利，以及加强企业文化，促进员工的招聘和保留。非营利性公司和营利性公司希望支持比核心供应品产生更大收入的项目，并将战略目标作为主要绩效指标。例如，亚马逊可能只会在部分 Kindle 设备上实现收支平衡甚至出现亏损，但仍将其视为零售业务的重要战略平台。

公司越来越多地超越销售收入和利润，考虑营销活动与计划的法律、道德、社会和环境影响。许多公司在评估其营销活动的社会影响时，越来越重视"三重底线"的概念，即人、地球和利润。[22] 例如，联合利华的一项关键举措——可持续生活计划就具有三个主要目标：改善人们的健康和福祉，减少对环境的影响，并提高生活质量。这些目标以跨越公司价值链中的社会、环境和经济绩效指标为基础。[23]

确定绩效基准

定量基准和时间绩效基准协同工作，将为跟踪公司实现既定目标的进度提供衡量标准。

- **定量基准**设定了公司朝着最终目标迈进的具体里程碑。这些基准量化了公司的重点目标，例如，可能包括将市场份额提高 5%，或将员工留存率提高 15%，或将收入提高 10%。定量基准可以用相对术语表示，例如旨在将市场份额提高 20%，也可以用绝对术语表示，例如希望实现每年 100 万台的销售量。

- **时间基准**确定了实现特定的定量或定性基准的预期时间，例如，在第一季度末改造公司的网站。为了实现目标设定时间表是一个关键决策，它可能会影响用于实现目标的战略类型、涉及的人数，甚至成本。例如，实现下一季度利润最大化的目标可能需要与确保长期盈利目标不同的战略和战术。

实现公司目标需要明确三个主要方向：公司的目标是什么（目标重点），公司想要达到多少（定量基准），以及公司希望何时实现（时间基准）。因此，一家公司的目标可能是在一年内（时间基准）产生 4000 万美元（定量基准）的净收入（目标重点）。明确界定要实现的目标，建立现实的定量基准和时间基准，有助于微调公司的战略和战术。

制定战略

由于本章前面已经详细介绍了制定一个好的营销战略所涉及的过程，所以本节仅简要提及与 G-STIC 框架相关的战略。该战略表示公司打算在特定市场创造的价值，包括公司的目标市场及其在该市场的价值主张。

- **目标市场**由公司旨在为其创造价值的 5 个要素来界定：供应品满足其所需的顾客，供应品旨在满足相同目标顾客的相同需要的竞争者，帮助公司满足目标顾客需要的合作者，管理供应品的公司以及公司运营的环境。
- **价值主张**定义了公司计划用来满足目标顾客需要的市场供应品的收益和成本。价值主张的三个组成部分是顾客价值、合作者价值和公司价值。价值主张通常由定位声明来补充，该声明强调公司供应品在竞争环境中的关键利益。

设计战术

本章前面详细讨论了营销战术的发展，因此我们在这里简要提及与 G-STIC 框架相关的战术。战术，或营销组合，是公司战略组成部分的逻辑顺序，以使该战略成为市场现实。它们通过 7 个属性——产品、服务、品牌、价格、激励、沟通和分销——来定义公司在目标市场推出的实际供应品，这些属性共同创造公司供应品所体现的市场价值。

执行计划

执行是公司战略和战术的直接体现。在将战略转化为一套战术之后，它会被转化为一个执行计划，执行计划详细说明了将赋予商业模式生命的活动。执行计划包括三个关键部分：公司资源的开发、供应品的开发，以及供应品的商业部署。

- **资源开发**需要确保完成公司供应品所需的能力和资产。资源开发可能涉及开发制造、服务和技术基础设施；确保可靠的供应商；招聘、培训和留住熟练员工；创建作为新供应品平台的产品、服务和品牌；获得开发、生产和管理供应品所需的技能；发展沟通和分销渠道，让顾客了解公司供应品并让他们易于得到；获得确保资源开发成功的必要资本。
- **供应品开发**是将公司的战略和战术转变为提供给目标顾客的实际商品。这涉及监督公司为市场提供供应品的信息流、物资流、劳动力流和资金流等。供应品开发包括设计产品（采购、进货物流和生产）和指定服务（安装、支持和维修活动）；建立品牌；制定零售和批发价格及激励措施（优惠券、现金返还和价格折扣）；设计沟通方式（信息、媒体和创意执行）；设定采购分销渠道（仓储、订单履行和运输）。
- **商业部署**是供应品开发和市场开发的逻辑结果。部署包括设定供应品的上市时间，并确定相应的资源和上市的规模。初始的部署可以是选择性的，专注于目标市场的特定细分市场，以评估市场对供应品的反应。初始部署也可以在所有目标市场上进行大规模展示推广。选择性商业部署需要营销计划来定义供应品首先被导入的主要市场，并简要说明与供应品首发相关的关键活动。然后，营销计划要阐明将供应品扩展到主要市场之外的时机和过程，使其能够触达所有目标顾客并实现最大市场潜量。

识别控制

由于商业环境不断变化，公司必须保持敏捷，以便不断根据市场现状调整行动。控制是指通过确保公司的行动符合战略和战术，来引导公司朝着最终目标的方向前进。此外，控制使营销运营更加有效且成本更低，可以帮助公司确定其是否行进在实现目标的正确轨道上，从而更好地评估营销投资的回报。

控制有一个主要功能：告知公司是应该坚持当前的行动方案，是修订基本战略和战术，还是完全放弃当前的行动方案，开发更好地反映市场现实的供应品。控制有两个关键组成部分：评估公司绩效和监测市场环境。

评估绩效

评估公司绩效意味着使用基准来跟踪公司实现目标的进度。例如，评估公司的货币绩效可能包括比较预期销售收入和实际销售收入结果，或评估预期和实际的净收入结果，以确定运营效率低下的问题。以下是一些常见的绩效衡量标准：[24]

- 销售指标，如销售量、销售增长、市场份额。
- 顾客购买准备状态指标，如知名度、偏好、购买意向、试用率和复购率。
- 顾客价值指标，如顾客满意度、顾客获取成本、顾客流失率、顾客终身价值、顾客盈利能力和客均回报率。
- 分销指标，如门店数量、平均库存量、缺货频率、货架空间份额和渠道的平均销售额。
- 沟通指标，如品牌认知度、总收视率（GRP）、回复率等。

评估公司的绩效可以揭示实现目标的充分进展，或预期绩效与实际绩效之间的差距。如果进展被认为是足够的，公司可以坚持当前的行动计划。如果绩效评估显示公司绩效与设定的基准之间存在差距，就必须重新评估和修改公司的行动计划，以使公司再次回到能够实现目标的道路上。

监测环境

监测环境可以及早识别对公司有影响的市场环境的变化。它使公司能够利用各种机会，如有利的政策法规、竞争的减少或顾客需求的增加。此外，它还能提醒公司注意即将出现的威胁，例如不利的政策法规、竞争的加剧或顾客需求的下降。

当一家公司对识别机会和威胁保持警惕时，它可以采取纠正措施，及时修订当前的行动计划，利用现有的机会并抵御即将出现的威胁。因为密切关注市场环境有助于公司行动与市场条件相协调，从而提高业务敏捷性，所以这是公司价值创造模式可持续发展的先决条件。

技术进步带来的深刻市场变化，或许是展现控制在营销管理中的重要性，特别是监测公司运营环境重要性方面最好的例子。亚马逊、谷歌、网飞、赛富时、优步和快捷药方公司（Express Scripts）等公司率先认识到技术驱动创新的好处，并重新调整其业务模式以利用即将到来的市场变化。因此，它们能够从那些忽视周围环境变化的公司中脱颖而出。

制订营销计划

营销计划指导和协调公司的所有营销工作。[25] 它是公司战略计划过程的具体成果，概括了公司的最终目标及其实现手段。为了达到指导公司行动的最终目的，营销计划必须有效地将公司的目标和拟议的行动方案传达给相应的利益相关者——公司员工、合作者、股东和投资者。

营销计划的范围比商业计划的范围更窄，因为营销只涵盖公司业务活动的一个方面。公司的商业计划不仅涉及公司活动的营销方面，还涉及公司的财务、运营、人力资源和技术方面。营销计划可能会略微涉及商业计划的其他方面，但前提是它们与营销战略和战术相关。

营销计划具有三个主要功能：描述公司的目标和拟议的行动方案，告知利益相关者公司的目标和行动计划，并说服相关决策者关于目标和拟议的行动方案的可行性。

营销计划通常始于执行摘要，之后是情况概述。然后，营销计划会描述公司的目标，制定价值创造战略、供应品战术以及实施供应品战术的计划。紧随其后的是一系列控制措施的描述，这些措施将监控公司实现目标的进展情况，该计划以相关资料展示清单结束。图 2-8 说明了营销计划的关键组成部分及其各个组成部分的主要决策。

- **执行摘要**可以看作营销计划的"电梯游说"。它对公司的目标和拟议的行动方案进行了精确和简洁的概述。执行概要通常由一至两页组成，简要说明公司面临的问题——机会、威胁或绩效差距——以及拟议的行动计划。
- **情况概述**提供了对公司运营环境以及公司竞争市场或即将参与的竞争市场的总体评估。因此，情况概述由两部分组成：概述公司历史、文化、资源（竞争力、资产和供应品）的公司概述，以及公司当前管理供应品的市场和公司未来可能会瞄准的供应品市场概述。
- **G-STIC** 部分构成营销计划的核心。它包括：（1）公司目标；（2）战略，定义了产品的目标市场和价值主张；（3）战术，定义了产品、服务、品牌、价格、激励、沟通和分销方面；（4）执行，规定了执行供应品战略和战术的各个方面；（5）控制程序，评估公司供应品的绩效，并分析公司的运营环境。
- **展示**将表格、图表和附录放在不同的部分，使计划中不太重要或技术含量更高的部分与基础信息区分开来，从而简化营销计划。

执行摘要		
公司营销计划的主要方面有哪些?		

情况概述		
公司的历史、文化、资源、产品和正在进行的活动是什么?	**公司**	公司竞争的市场的关键方面是什么?
		市场

目标		
公司旨在通过产品或服务实现的关键绩效指标是什么?	**重点**	达到目标的标准（时间和数量）是什么?
		基准

战略		
谁是目标顾客? 是竞争者还是合作者? 公司的资源和环境是什么样的?	**目标市场**	产品能为目标客户、合作者和公司利益相关者创造什么价值?
		价值主张

战术		
产品、服务、品牌、价格、激励、沟通和分销方面是怎样的?		**市场供应品**

执行		
公司产品是如何开发的?	**开发**	将使用哪些流程将供应品推向市场?
		部署

控制		
公司将如何评估其目标的进展情况?	**绩效**	公司将如何监测环境以识别新的机会和威胁?
		环境

展示		
支持公司行动计划的细节/证据是什么?		

（左侧纵向：G-STIC行动计划）

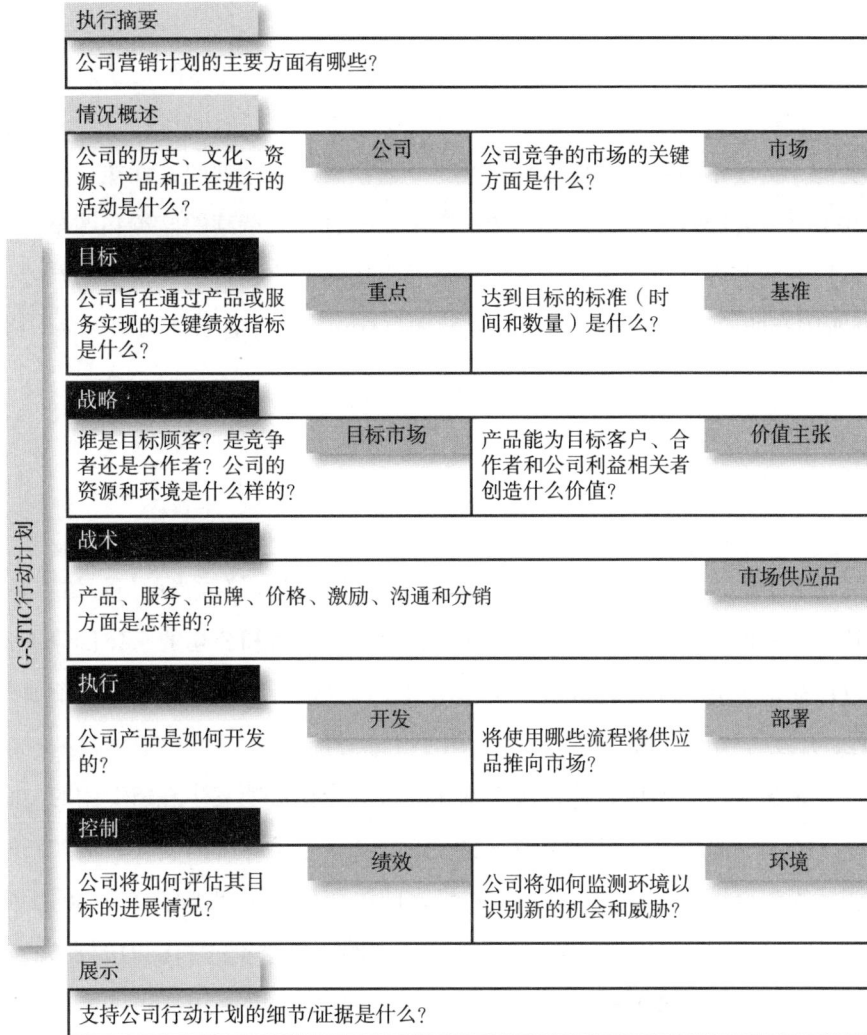

图 2-8
营销计划的组织
Source: Alexander Chernev, *The Marketing Plan Handbook*, 6th ed. (Chicago, IL: Cerebellum Press, 2020).

营销计划的最终目标是指导公司的行动。因此，营销计划的核心包含在 G-STIC 框架的要素中，这些要素描述了公司的目标和拟议的行动方案。营销计划的其他要素——执行摘要、情况概述和展示，阐明了计划背后的逻辑，并提供了拟议行动方案的细节。

除了整体的营销计划，公司通常还会制订更多专门的计划。这些计划可以包括产品开发计划、服务管理计划、品牌管理计划、销售计划、促销计划和沟通计划；反过来，这些计划还可以产生更具体的计划。例如，沟通计划通常包含特定的活动计划，如广告计划、公共关系计划和社交媒体计划。公司还可能针对特定顾客群制订专门的营销计划。例如，麦当劳针对幼儿及其父母、青少年和商业顾客制订了单独的营销计划。这些高度具体的个人计划最终是否能成功，取决于它与公司整体营销计划的一致性程度。

修订营销计划

营销计划不是一成不变的，需要不断更新以保持相关性。[26] 营销管理也是如此，在执行公司战略和战术的同时监测结果并根据需要进行修订，这是一个不断重复的过程。持续的监测和调整使公司能够评估其在实现既定目标方面的进展，同时调整计划以反映市场的变化。营销管理的动态特性是 G-STIC 框架的控制部分所固有的，该部分就行动的有效性和目标市场发生的相关变化方面，会给予公司明确的反馈。

更新营销计划

当公司当前的行动方案发生变化时，营销计划就需要更新。这可能基于：修改当前目标的需要；重新考虑现有战略，因为新的目标市场已经确定，或者产品对顾客、合作者和公司的整体价值主张需要修正；通过增加或改进产品、服务、品牌、价格、激励、沟通和分销等市场供应品的各个属性来改变战术；简化执行流程；开发替代性控制措施。

更新公司营销计划的一个常见原因是响应目标市场的变化。市场变化可能发生在 5C 中的一个或多个：（1）目标顾客的人口统计、购买力、需要和偏好的变化；（2）竞争环境的变化，例如新的竞争者、降价、激进的广告战役或分销扩张；（3）公司合作者之间的变化，例如来自分销商的后向一体化威胁、贸易利润的增加或零售商的合并；（4）公司的变化，例如战略资产和能力的丧失等；（5）市场环境的变化，包括经济衰退、新技术的发展以及新的或修订的法规出台。

以下是一些更新营销计划的案例。为了响应顾客不断变化的需要和偏好，麦当劳和其他快餐店重新定义了它们的产品，包含了更多健康的选择。为了应对来自在线零售商日益激烈的竞争，许多传统的实体零售商，如沃尔玛、梅西百货（Macy's）、巴诺和百思买，已经重新定义了它们的商业模式，成为多渠道零售商。同样，许多制造商重新定义了它们的产品线，以包括成本更低的供应品，以应对合作者（零售商）广泛采用自有品牌的情况。对专利和专有技术等公司资产的开发或收购，表明了几乎所有行业的基础商业模式都需要被重新定义。而市场环境的变化，例如移动通信、电子商务和社交媒体无孔不入的扩散，也已经扰乱了现有的价值创造过程，使得公司有必要重新定义它们的商业模式。

如果公司要成功实现目标，公司创造市场价值的方式就必须跟上其所在市场环境的变化。忽视不断变化的环境已经使一些曾经成功的商业模式变得过时。没有根据新的市场条件调整商业模式和市场计划的公司往往会被拥有更优秀商业模式的公司取代，后者更有能力创造市场价值。最终，市场成功的关键不仅在于构想可行的市场计划，还在于根据需要修订计划以适应市场变化。

进行营销审计

营销审计是对供应品营销或公司营销部门工作的全面审查。它意图识别被忽视的机会和问题领域，并提出改善公司绩效的行动计划。有效的营销审计应该是全面的、系统的、公正的和定期的。

- **全面性。**营销审计应涵盖企业的所有主要营销活动，而不仅仅是少数问题点（这些问题点都包含在功能审计之中，功能审计侧重于营销活动的特定方面，例如定价、沟通或分销）。尽管功能审计可能有用，但也许无法准确辨别驱动公司绩效的因果关系。例如，销售人员的过度流动可能是由劣质的公司产品、不适当的定价和有限的分销造成的，而不是由于培训或薪酬不足。全面的营销审计可以找到问题的真正根源，并提出有效解决这些问题的方案。

- **系统性。**营销审计应有序地检查组织的运营环境，从公司的营销目标、战略到具体活动。为了实现这种系统化方法，营销审计应遵循 G-STIC 指导方针来分析公司目标、战略、战术、执行和控制的健康稳定性。这使营销审计能够在营销计划设计和执行的每个步骤中识别问题和机会，并将它们整合到有意义的行动计划中。

- **公正性。**由外部实体进行营销审计可能更有益。公司内部审计由管理者负责执行，对自己的运营进行评估，往往过于主观，更容易遗漏那些更公正的观察者轻而易举就能发现的问题。即使管理者尽力做到不偏不倚，内部评估仍然可能存在偏见，因为它们反映了管理者的观点、理论和动机。第三方审计师能提供所需的客观性、跨类别和跨行业的经验，以及专注的时间和精力，以确保对营销活动进行全面调查。

- **定期性。**许多公司仅在遇到问题时才考虑进行营销审计，这通常会使公司无法实现其目标。等到必须要审计时才进行审计有两个主要缺点。首先，只关注现有问题会妨碍及早发现潜在问题，这意味着只有当问题已经产生不可忽视的负面影响时才会被觉察到。其次，更重要的是，只关注问题会导致公司忽略富有成效的增长领域的前瞻性机会。归根结底，定期的营销审计使得运行良好的公司和陷入困境的公司都可以从中受益。

由于营销审计类似于营销计划的组织，它遵循 G-STIC 框架，包括 5 个关键部分：目标审计、战略审计、战术审计、执行审计和控制审计。营销审计与营销计划的主要区别在于：营销计划面向未来，制定公司应采取的行动方针；营销审计通过检查公司当前和过去的绩效来确定保障未来的正确路线，从而巩固公司的过去、现在和未来。

营销
洞察　｜编写营销计划的模板

　　遵循逻辑结构对制订营销计划有极大的帮助，可以使读者理解公司的目标、活动计划以及拟定行动方案的依据。图2-7概括了这种组织营销计划的方法，下面概述按照该结构编写营销计划的模板。[27]

执行摘要
简要概述情况、公司的目标和拟议的行动方案。

情况概述
概述公司的运营情况——当前／潜在顾客、合作者、竞争者和环境，并识别相关机会和威胁。

目标
确定公司的主要目标及其特定市场的目标。

- 主要目标。通过定义公司的重点和关键绩效基准来确定公司的最终目标。
- 市场目标。确定有助于实现主要目标的相关顾客、合作者、公司、竞争和环境目标。明确每个目标的重点和关键基准。

战略：目标市场
识别公司将推出新供应品的目标市场。

- 顾客。定义供应品要满足的需要，并确认具有此类需要的顾客特征。
- 合作者。识别主要合作者（供应商、渠道成员和传播合作伙伴）及其战略目标。
- 公司。定义负责供应品的业务单元、相关人员和主要利益相关者。总结公司的核心能力和战略资产、当前的产品线和市场地位。
- 竞争者。识别为相同的目标顾客和合作者提供相似利益的竞争供应品。
- 环境。评估相关的经济、技术、社会文化、监管和物理环境。

战略：价值主张
为目标顾客、合作者和公司定义供应品的价值主张。

- 顾客价值主张。为目标顾客定义供应品的价值主张、定位策略和定位声明。
- 合作者价值主张。为合作者定义供应品的价值主张、定位策略和定位声明。

- 公司价值主张。为公司利益相关者和员工简要阐述供应品的价值主张、定位策略和定位声明。

战术

概述市场供应品的关键属性。

- 产品。定义相关的产品属性。
- 服务。识别相关的服务属性。
- 品牌。确定关键品牌属性。
- 价格。确定向顾客和合作者提供供应品的价格。
- 激励。定义提供给顾客、合作者和公司员工的激励措施。
- 沟通。识别将供应品或服务的关键方面传达给目标顾客、合作者、公司员工和利益相关者的方式。
- 分销。描述将供应品交付给目标顾客和合作者的方式。

执行

定义执行公司供应品计划的细节。

- 资源开发。识别执行营销计划所需的关键资源，并概述开发／获取不足资源的过程。
- 供应品开发。概述开发市场供应品的流程。
- 商业部署。描述将供应品提供给目标顾客的过程。

控制

识别用于评估供应品绩效和监测公司运营环境的指标。

- 绩效评估。定义评估供应品绩效和实现既定目标进度的标准。
- 环境分析。识别用于评估公司运营环境的指标，并概述修订计划以适应环境变化的过程。

展示

提供额外的信息，如市场研究数据、财务分析、供应品细节和执行细节，以支持营销计划的特定方面。

本章小结

1. 市场导向的战略计划是在组织的目标、技能，以及资源和不断变化的市场机会之间建立和保持适配的管理过程。战略计划的目的是塑造公司的业务和产品，以产生目标利润和增长。战略计划在三个层面上进行：公司、业务单元和市场供应品。

2. 公司战略构建了事业部和业务单元制订战略计划的框架。制定公司战略意味着界定公司使命，建立战略业务单元，为每个单元配置资源以及评估增长机会。

3. 各个业务单元的战略计划包括定义业务使命，分析外部机会和威胁，分析内部优势和劣势，以及精心制造市场供应品，以使公司实现使命。

4. 营销计划和管理可以发生在两个层次上。它们可以聚焦于分析、计划和管理公司（或公司内的特定业务单位），也可以专注于分析、计划和管理公司的一项或多项供应品。

5. 从设计特定供应品的观点来看，营销计划是一个由 5 个主要步骤来定义的过程：设定目标、制定战略、设计战术、制订执行计划，以及确定一组控制指标以衡量实现目标的进展。这 5 个步骤构成了 G-STIC 框架，它是营销计划的支柱。

6. 目标确定了指导公司所有营销活动最终成功的标准。设定目标涉及明确公司行动的重点，并定义要达到的具体数量和时间上的绩效基准。公司的最终目标会被转化为一系列具体的市场目标，这些目标规定了公司为实现最终目标而必须进行的市场营销变革。

7. 战略描绘了公司在特定市场创造的价值。它由公司的目标市场及其价值主张来界定。目标市场定义了供应品的目标顾客、合作者、竞争者、公司和环境（5C）。价值主张明确供应品旨在为相关市场主体（目标顾客、公司及其合作者）创造的特定价值。

8. 战术概述了用于执行特定战略的一系列具体活动。这些战术定义了公司供应品的关键属性：产品、服务、品牌、价格、激励、沟通和分销。这 7 种战术是管理者用来执行公司战略的手段。

9. 执行计划安排了执行公司战略和战术的后勤工作。这涉及开发完成公司供应品所需的资源，开发将在市场导入的实际供应品，以及在目标市场部署该供应品。

10. 控制描述了评估公司目标进展的标准，并阐明分析公司运营环境变化的过程，以使行动计划与市场现实保持一致。

11. 营销计划可以正式写成书面文件，用来将拟议行动方案传达给相关主体：公司员工、利益相关者和合作者。公司营销计划的核心是 G-STIC 框架，并辅之以执行摘要、情况概述和一组相关内容展示。为了保证有效性，营销计划必须是可操作的、相关的、清晰的和简洁的。一旦制订，营销计划必须及时更新以保持相关性。

12. 为确保营销计划得到充分执行，公司必须定期进行营销审计，以识别被忽视的机会和问题，并提出改进公司营销绩效的行动计划。

营销
焦点 |谷歌

从智能手机到地图、电子邮件再到搜索，谷歌无处不在。这种广泛性让人很容易忘记该公司是由两名斯坦福大学博士生拉里·佩奇（Larry Page）和谢尔盖·布林（Sergey Brin）于1998年创立的。他们原本将Google戏谑般地命名为"googol"，即数字1后面跟着100个0的术语。这个名字表达了两人的雄心壮志，即帮助用户筛选互联网上几乎无限量的信息。佩奇和布林在谷歌的公司使命声明中进一步阐明了他们的目标："整合全球信息，使人人皆可访问并能从中受益。"为此，他们首先将精力集中在新兴的互联网搜索领域，经努力开发了PageRank算法，该算法可计算给定网站链接的数量和质量，以评价其相关性和重要性。事实证明，这种算法远远优于雅虎等竞争搜索引擎当时使用的算法，谷歌由此迅速成为网络搜索领域的主导性公司。

谷歌早期的收入主要源于广告。它意识到网站上的搜索信息可用于向消费者提供具有高度针对性的广告，并于2000年利用这一机会推出了AdWords。这项服务允许公司向谷歌付费，让它们的文字广告显示在包含特定关键词的搜索结果旁边。通过购买这些"搜索广告"，成千上万的公司开始依赖AdWords。谷歌还开始在网页内容旁边显示广告。2003年，该公司发布了AdSense，它扫描网站上的文字并自动显示与网站内容相关的目标广告。每次访问者点击这些广告时，网站发布商都可以赚钱。在这项创新之前，大多数网站无法自动显示与内容高度匹配的

Source: Valeriya Zankovych/Alamy Stock Photo

特定广告。

谷歌还提供免费工具，以更好地服务于广告商和内容提供商。2005年，该公司推出了一套名为Google Analytics的工具，允许内容提供商查看人们在其网站上的行为方式的定制化报告。在其他细节方面，这些报告还显示有多少人访问了该网站，他们如何找到它，他们在那里停留了多长时间，以及他们在浏览内容时对哪些广告做出了反应。谷歌还将工具集成到AdWords平台，以帮助广告商更好地了解营销战役的有效性。借助这些工具，谷歌平台上的广告商可以不断监测和优化它们的广告。谷歌将这种方法称为"营销资产管理"，这意味着广告应该像投资组合中的资产一样进行管理，具体取决于市场条件。公司可以使用谷歌收集的实时数据来调整它们的广告战役以适应市场环境，而不是遵循提前几个月制订的营销计划。

谷歌凭借收集、处理并有效利用大量互联网数据的能力，开始主导搜索和在线广告市场。它利用这种能力为消费者和公司提供两者需要的信

息。尽管很早就取得了成功，但谷歌从未停止过创新。它继续花费大量精力来开发和改进算法，以便从互联网中挖掘出更多信息，并使自己在竞争中处于领先地位。除了改进现有产品，谷歌还为消费者开发了一系列免费的在线服务。通过将计算机科学和设计技能应用于新问题，谷歌帮助用户更高效地完成工作。在许多情况下，谷歌并没有推出新奇产品，而是将专长应用于现有产品类别，以创造出卓越的产品。通过进入一系列新类别产品市场，谷歌让广告商能够在越来越多的场景中触达消费者。此外，该公司获得了越来越多的消费者信息，而这些信息可以在未来进一步实现货币化。

通过不断的内部发展和一系列的收购，谷歌迅速扩大了产品供应。2004 年，谷歌推出了 Gmail，这是一种由广告支持的电子邮件服务，到 2016 年，其月活用户数超过 10 亿。2005 年，该公司发布了谷歌地图，与现有的在线地图服务竞争。该公司通过街景等功能升级地图服务，让用户可以在地图位置看到 360 度的景观，不断给用户留下深刻印象。2006 年，谷歌收购 YouTube 后涉足流媒体视频领域，并将其发展成为一项产生数十亿美元广告收入的服务。同年，该公司还推出了 Google Docs、Sheets 和 Slides，这些都是微软办公软件套装的免费在线替代品。谷歌继续扩大在线产品供应，从翻译工具到日历再到专业搜索，应有尽有。

随着谷歌发展成为互联网巨头，它意识到如果要继续发展，就需要扩展到计算机之外。谷歌将移动技术确定为前进的方向之一，并开发了开源安卓（Android）移动操作系统。苹果等公司为硬件创建了专有操作系统，而谷歌将操作系统免费提供给手机制造商。作为战略的一部分，谷歌与类似三星这样的公司合作改进和扩展安卓系统。如果这些合作伙伴遵守谷歌制定的指导方针，它们就可以自由修改安卓系统并使用其品牌。2008 年，也就是苹果推出 iPhone 一年后，谷歌在多家公司的手机上发布了安卓系统。如今，全球 80% 以上的智能手机都使用安卓。所有安卓用户都可以访问该操作系统的官方应用商店 Google Play。谷歌也从所有销售额中分得一杯羹。除了开发安卓操作系统，谷歌还成为快速扩张的移动广告领域的领导者，2017 年在价值超过 500 亿美元的市场中获得了美国移动广告收入的近三分之一。

谷歌还将业务范围扩大到硬件和云计算等其他不断增长的市场。在云计算领域，谷歌正在与亚马逊和微软等公司竞争，为公司和初创公司提供远程存储、数据处理和编程工具。汇丰银行等公司已与谷歌签约，因为谷歌急于嵌入这个快速发展的行业。谷歌还推出了多种硬件产品，包括 2016 年发布的高端 Pixel 手机，旨在与 iPhone 直接竞争。同年，它还推出了 Google Home。这是一款智能扬声器，不仅可以连接到智能设备，还可以响应语音命令，并与家庭自动化系统进行交互。

谷歌在创立后很短的时间内已经进入了许多产品类别，但它的所有产品都是出于该公司利用数据的力量创造更好的顾客体验的愿望而聚集在一起的。为了继续创新，谷歌在机器学习和人工智能方面投入了大量资金。这些快速发展的技术为公司提供了一种自动筛选不断增加的数据量以提取有用信息的方法。谷歌将人工智能能力的进一步发展视为未来增长的关键。从翻译软件到网络搜索再到智能手机摄像头，人工智能已经成为该公司越来越多的产品和创新的基础。

如今,谷歌已经成长为一家跨国公司,在近1000亿美元的收入中有差不多90%来自广告。不过,到目前为止,谷歌对广告收入的依赖并没有影响其增长。谷歌继续主导在线广告市场,在上一年度增加的在线广告支出中占据了很大份额。此外,谷歌的年收入继续以两位数的速度飙升。未来,谷歌的目标是通过对云计算、硬件和人工智能等领域的投资,创造更多样化的收入来源。[28]

问题:

1. 谷歌的核心业务是什么?管理多元化的业务组合有哪些优点和缺点?

2. 像谷歌这样多样化的产品组合,公司的核心品牌价值是什么?

3. 谷歌的下一步是什么?它应该把资源集中在哪里?

营销
焦点 | 美捷步

尼克 · 斯威姆(Nick Swimmurn)于1999年创立了大受欢迎的在线零售商美捷步(Zappos),灵感源于他在当地商场找不到一双特定的鞋子。美捷步最初是一家主要销售鞋类的在线零售企业,现已多元化发展成为鞋类、手袋、服装、太阳镜和配饰的领先的在线供应商。

美捷步已将顾客服务作为核心竞争力之一。其时任首席执行官谢家华(Tony Hsieh)认为,强大的顾客服务体验可以带来持久的顾客忠诚度。此外,美捷步的管理层并没有将顾客的终身价值视为固定不变的,而是认为顾客价值可以因为出色的顾客服务而增加。

与其他零售公司相比,美捷步高度重视顾客服务呼叫团队。具体来说,美捷步采用独特的人性化方式处理顾客电话和电子邮件,以创造令人难忘的高质量顾客服务体验。许多在线

Source: opturadesign/Alamy Stock Photo

零售商(如亚马逊)将电话联系作为最后的手段,顾客需要多次点击才能找到服务号码。然而,美捷步通过在主页顶部放置一个带有电话号码的按钮来邀请顾客打电话。尽管一些公司正在放弃基于电话的顾客服务,但美捷步相信电话是一种有价值的服务工具,有着建立更亲密人际联系的强大能力。

美捷步管理层认为,电话和电子邮件团队的

最佳人选是经内部培训过的长期雇员，而不是成本较低的临时工或外包工。长期雇员更有可能接受公司文化和公司价值观。美捷步将位于内华达州拉斯韦加斯的总部与呼叫中心团队放在一起，将顾客服务员工与其他部门充分整合，营造更加统一的氛围。

美捷步发现，创造强大的顾客服务体验的最大问题是为呼叫中心寻找最有潜力的雇员。美捷步的招聘流程非常有选择性。与其他公司不同，美捷步的成功进程很大程度上依据对候选人"文化契合度"的感觉，这方面占招聘决策的50%。美捷步鼓励在职员工就潜在雇员是否能够融入美捷步大家庭文化并表现出强大的顾客服务技能发表意见。

该公司创建了自己的风格和一套方法来培训呼叫中心员工。入职后，美捷步员工在呼叫中心的第一周就会学习如何满足顾客的需要。在此期间，培训团队还向每个员工灌输美捷步的十大核心价值观，这些价值观未来每一天都可以在工作场所中体现。其中许多价值观，如"用服务传递惊喜""勇于冒险、富有创造力和思想开放"，都是美捷步服务体验与众不同的原因。新老员工全年都会参加各种团队建设和凝聚力活动，其中包括寻宝游戏、野餐和保龄球馆之旅等，以使所有员工彼此感到和谐。在呼叫中心培训和寻宝游戏之后，伴随着《威风堂堂进行曲》(Pomp and Circumstance)的曲调，新员工会在仪式隆重的毕业典礼上庆祝。如果新员工觉得他们不能完全投身于公司文化和价值观，美捷步会无理由为他们提供3000美元的离职费。美捷步致力于雇用具有奉献精神的成员作为服务团队的一分子。

美捷步严谨的招聘流程以及向新呼叫和电子邮件中心员工传授十大核心价值观的方法，使其顾客服务体验得到了高度评价。美捷步的员工不会按照脚本工作，而是自行判断做什么才能让顾客满意。员工不会被迫就传递"惊喜"因素征求主管的许可。众所周知，他们可以自行决定是否为顾客提供更多的服务。过去，美捷步的员工通过免费升级交货速度，给旅行者寄明信片，甚至向顾客赠送鲜花和饼干，来创造"惊喜"因素。美捷步以顾客为中心的理念带来的回报是留住了顾客：75%的销售额来自回头客。

除了训练有素的呼叫中心团队，美捷步还用许多其他服务特色来确保服务体验让潜在顾客满意。所有产品都可以快速免费送货，以及提供365天退货政策，以保证顾客购买的愉悦感。

自2009年以来，美捷步一直作为亚马逊的子公司运营，每年带来超过10亿美元的收入。亚马逊收购美捷步是因为其独特的公司文化和对顾客服务的奉献精神，这两者都是宝贵的资产。正是因为认识到这一点，亚马逊允许美捷步作为一个独立实体运营，并保持以顾客为中心的文化。美捷步的员工仍然接受同样的十大核心价值观的培训，并被鼓励保持公司的人性化。美捷步拥有1500多名员工，其中大多数在呼叫和电子邮件中心工作，它被认为是顾客服务领域的顶级公司之一。[29]

问题：

1. 美捷步如何为顾客创造价值？

2. 美捷步的公司文化有哪些关键方面？

3. 以顾客为中心的公司能否保持盈利？美捷步的商业模式是可持续的吗？

第二部分
认识市场
Understanding the Market

3

分析消费者市场

学习目标

1. 识别影响消费者行为的关键因素。

2. 解释文化、社会和个人因素在消费者行为中的作用。

3. 解释消费者的需要、情感和记忆如何影响他们的行为。

4. 说明购买决策过程的关键阶段。

帕坦伽利·阿育吠陀（Patanjali Ayurved）由巴巴·拉姆德夫（Baba Ramdev，图中右一）创立，是以古老的阿育吠陀传统自然疗法生产个人护理产品和食品的公司。

Source: Vipin Kumar/ Hindustan Times via Getty Images

营销者必须对消费者的所思、所想和所为有一个全面的了解，并针对每一位目标消费者提供明确的价值。理解消费者需要是设计价值主张，从而创造顾客价值的关键。帕坦伽利作为印度发展最快的品牌之一，通过开发满足其客户需要的产品，取得了惊人的市场成功。

在过去的十年中，帕坦伽利·阿育吠陀已成为印度随处可见的品牌。帕坦伽利的总部位于哈里瓦市，一个临近喜马拉雅山麓的小城市，距德里约四小时车程。它生产由天然成分（遵循阿育吠陀传统）制成的个人护理产品和食品。阿育吠陀疗法是一个拥有 5000 年历史的自然疗法系统，起源于印度的吠陀文化。就其核心而言，阿育吠陀不仅仅是一门治疗疾病的科学，也是一门生命科学（阿育意为"生命"，吠陀意为"知识"）。帕坦伽利品牌与其创始人的名字巴巴·拉姆德夫有着密不可分的联系。巴巴·拉姆德夫是一位在印度发起瑜伽复兴运动的瑜伽大师，严格来说，他既不是公司的所有者，也不是公司的首席执行官，同时，作为一名致力于禁欲生活的苦行僧，他也不被允许从商业活动中获利。因此，严格意义上说，拉姆德夫是"品牌大使"，他更像是把帕坦伽利当作一个精神层面的组织，而不是一家传统公司：他和公司的官方首席执行官都没有领取工资，公司的所有利润均分配给慈善、研发和降本增效举措，以使帕坦伽利能够以低于其全球竞争者的价格销售。拉姆德夫的知名度源于他的电视瑜伽节目，极大促进了帕坦伽利品牌的迅速崛起。2014 年，在公司成立仅八年后，公司就创造了近两亿美元的收入，并拥有 500 种产品组合。三年后，其收入超过 10 亿美元，同时该公司的目标是在 2025 年达到 150 亿美元的年销售额。帕坦伽利的增长主要来自蚕食雀巢、高露洁（Colgate）、联合利华和亿滋（Mondelēz）等大型跨国公司的收益，因为这些公司往往无法媲美帕坦伽利的低价和巴巴·拉姆德夫的个人品牌力量。[1]

本章探讨了个体消费者的动态购买过程。采用全方位营销导向需要充分了解顾客，并对他们的日常生活及其生命周期中所发生的变化有 360 度全方位的观察，以确保在正确的时间、以正确的方式、向正确的顾客推销正确的产品。

消费者行为模型

消费者行为研究探究了个体、群体和组织如何选择、购买、使用和处置产品、服务、观念或体验，以满足他们的需要和欲望。[2] 为了创造顾客价值，营销者必须充分了解消费者行为的理论和现状。

了解消费者行为的起点可以基于图 3-1 所示的模型。那些塑造产品以及产品销售所处市场环境的策略是根据目标顾客的文化、社会和个人视角进行区分的，同时也受到消费者动机、感知、情感和记忆的影响。这反过来又影响了消费者购买过程；这一购买过程包括识别需要、寻找满足该需要的最佳方案、评估现有选择，从而达成最终的决定，即何时何地购买、购买什么、购买多少及如何支付。[3]

我们将在以下部分讨论关键的消费者特征和消费者行为背后的心理过程。

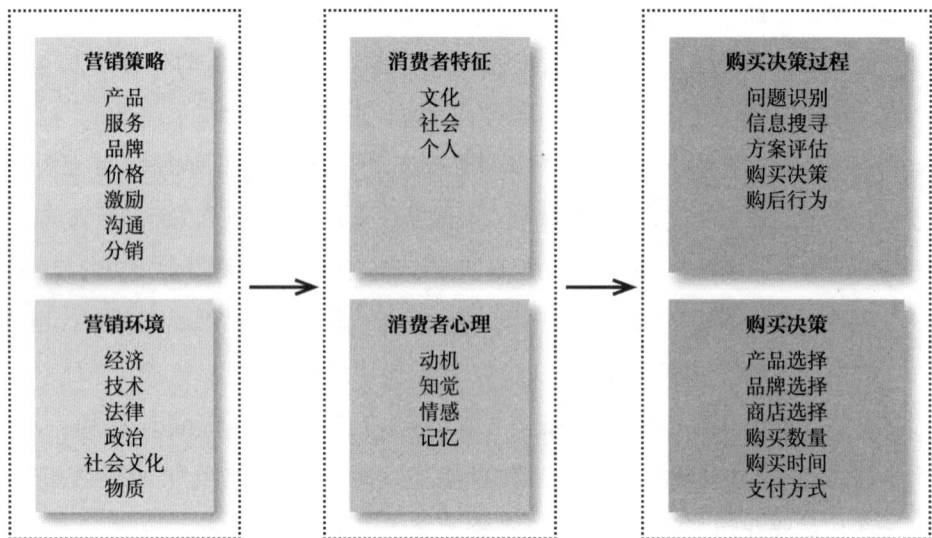

图 3-1
消费者行为模型

营销策略	消费者特征	购买决策过程
产品 服务 品牌 价格 激励 沟通 分销	文化 社会 个人	问题识别 信息搜寻 方案评估 购买决策 购后行为
营销环境 经济 技术 法律 政治 社会文化 物质	**消费者心理** 动机 知觉 情感 记忆	**购买决策** 产品选择 品牌选择 商店选择 购买数量 购买时间 支付方式

消费者特征

消费者购买行为受到文化、社会和个人因素的影响。其中，文化因素对人们的认知、欲望以及如何满足自身需要和欲望有着最为广泛和深刻的影响。

文化因素

文化指的是一个群体的生活方式，即他们所接受的行为、信念、价值观和符号，通常不需要经过思考，而是通过沟通和模仿代代相传。[4]

文化、亚文化和社会阶层对消费者购买行为的影响尤为重要。文化是个人需求和行为的基本决定因素。例如，一个成长于美国的儿童，通过家庭和其他重要团体所接触到的价值观包括成就和成功、积极性、效率和务实、进取、物质享受、个人主义、自由、人道主义和年轻化。[5] 而一个成长于其他国家的儿童可能对自我、与他人的关系和礼仪有着不同的看法。

文化在各个方面都会有所不同，例如人们优先考虑亲近（相比疏远）他人的程度，以及他们是把自己视为集体的一分子（集体主义文化），还是视为重视自主权的独立个体（个人主义文化）。营销者必须密切关注每个国家的文化价值观，以了解如何最好地推销其现有产品，并为开发新产品寻找机会。每种文化还包含亚文化，为其成员提供更为具体的认同和社会化。亚文化包括国籍、宗教、种族和地理区域。当亚文化发展得足够庞大和丰富时，公司通常会设计专门的营销计划来为之服务。

为了确定文化对购买的影响，最近，一项纵向研究考察了一家全球时尚零售商的数据，数据来自 30 个国家的 30000 名顾客。该研究分析了人口背景、购物行为、参与忠诚计划的情况、购买的产品类型、产品退货和广告成本（包括电子邮件和邮寄产品目录）。该研究使用的是这样一种框架：基于个人主义和集体主义的重要性、放纵或克制的程度、购买产品的类型、对公司或品牌的忠诚度、接受新技术的倾向以及媒体的使用这些因素来研究国家文化。结果发现，澳大利亚和美国等个人主义社会的消费者更有可能为自己购物、追随潮流、使用多种购买渠道（包括在线和邮寄产品目录）以寻求最佳购买方案，并退回低于预期的产品；集体主义国家（如葡萄牙、墨西哥和土耳其）的消费者则倾向于从众、重视长期声誉、为家人购物、从可信赖的零售商处购买，并偏好传统的实体店。[6]

事实上，所有人类社会都会表现出社会分层（social stratification），最常见的形式是社会阶层，即在一个社会中相对同质、持久和等级有序的划分，其中每一阶层的成员具有相似的价值观、兴趣和行为。例如，美国包括下层、中层和上层阶级。各社会阶层成员在许多方面表现出不同的产品和品牌偏好。人们有时会购买象征身份的产品来表明他们属于某个特定的社会阶层。[7] 此外，社会阶层的僵化程度以及提升社会阶层的难度也在不同的文化中有所差异。例如，印度和巴西等国有着相对严格的社会阶层，人们在各个阶层中的位置在其出生时就已确定。

在巴西，上层、中层和下层阶级之间仍然存在普遍的不平等，统计学家和营销者通常将其划分为 A-B-C-D-E 社会经济阶层。尽管这种严格的社会分层略有放松，但它仍然将较富裕和受教育程度较高的人群，以及拥有特殊技术技能和专业知识的人群（A 阶层和 B 阶层），与人口中大量的、不成比例的贫困（E）阶层人群区分开来。这些 E 阶层人群获得就业、教育甚至基本政府服务（如健康和卫生）的机会有限。C 阶层人群通常至少具有高中学历，并以教师、经理、护士等身份为 A、B 阶层人群提供服务。D 阶层人群作为女佣、司机、酒保、修理工等为 C 阶层人群提供服务。处于经济底层的人群通常没能完成小学教育，多数是文盲，常从事清洁工等薪资微薄的工作。[8]

社会因素

除了文化因素，社会因素如包括家庭在内的参考群体等，也会影响我们的购买行为。接下来我们将更具体地讨论这些因素。

参考群体

参考群体（reference groups）包括对个人的信念、决定和行为有直接或间接影响的所有群体。家庭成员通常是最具影响力的主要参考群体。父母和兄弟姐妹对个人的信念、价值体系和行为的形成有重大影响。另一方面，个人的配偶和子女对日常购买决策有更直接的影响，尤其是在购买高价产品和供不同家庭成员使用的产品时。

参考群体不仅包括个人所隶属的群体，如朋友、邻居、同事，以及宗教和兴趣群体，还包括非隶属群体，比如他们希望加入的渴望群体（aspirational groups）和他们反对其价值观或行为的疏离群体（dissociative groups）。

当参考群体的影响力较强时，营销者必须决定如何接触和影响群体中的意见领袖。**意见领袖**（opinion leader）或影响者（influencer），是指对某特定的产品或产品类别提供非正式建议或信息的人，例如，哪个品牌最好或如何使用某个产品。[9]意见领袖通常高度自信并社交活跃，而且是某个产品类别的高频用户。营销者通过识别他们的人口统计和心理特征以及他们所阅读的媒体，将信息传递给他们，从而接近这些意见领袖。[10]

我们所有人都参与了多个群体（如家庭、俱乐部和组织），这些群体经常影响我们的行为规范。我们可以根据角色和地位来定义某个人在每个群体中的位置。角色是指一个人被期望展现的行为；每个角色反过来又隐含着某个地位。比如，营销高级副总裁的地位高于销售经理，而销售经理的地位又高于办公室文员。人们选择的产品能够反映和传达他们的角色以及他们在社会中的实际或期望地位。因此，营销者必须意识到产品和品牌的地位象征和自我定义的潜力。

家庭

家庭作为最具影响力的主要参考群体，[11]是社会中最重要的消费者购买组织。购买者的生活中存在两个家庭。原生家庭（family of orientation）由父母和兄弟姐妹组成。一个人从父母那里获得对宗教、政治和经济的基本态度，以及对个人抱负、自我价值和爱的感知。[12]即使购买者不再与父母进行频繁互动，父母对其行为的影响也是购买决策的重要决定因素。

对日常购买行为有更直接影响的是再生家庭（family of procreation），即个人的配偶和子女。在美国，人们购买的产品类别广泛多样。过去，妻子通常作为家庭的主要采购者，尤其在食品、杂货和衣物方面。现在，传统的采购角色正在发生变化，营销者将男性和女性都视为可行的目标人群。

对于如汽车、度假或住房等昂贵的产品和服务，绝大多数配偶都会参与共同决策。[13]然而，男性和女性可能对市场信息的反应有所不同。研究表明，女性往往更重视与家人和朋友的关系，并且对他人的重视程度也高于对公司的重视程度。[14]因此，营销者对许多产品进行了市场细分定位，如桂格女性营养麦片和佳洁士焕白牙膏。

购买模式的另一个转变是儿童和青少年消费金额的增加，以及他们所产生的直接和间接的购买影响。直接影响的形式包括儿童的暗示、请求和要求，如"我想去麦当劳"。间接影响是指父母在孩子没有暗示或直接要求的情况下得知其孩子的品牌、产品选择和偏好，如"我认为杰克和艾玛更愿意去帕尼罗面包房"。

最近一项针对 13~33 岁人群社交媒体习惯的调研显示，只有 2% 的人表示他们并没有使用任何社交平台，而千禧一代报告称他们每天使用智能手机的时间超过 11 个小时，主要用于发送消息和社交网络。大多数参与者表示他们在社交媒体上加了某品牌为好友或关注了该品牌；38% 的人发布过关于某品牌的帖子，其中 54% 的帖子是正面的，只有 22% 的帖子是负面的。[15]

个人因素

影响购买者决策的个人特征包括他们的年龄和在生命周期中的不同阶段、职业和经济状况、个性和自我观念以及生活方式和价值观。由于其中许多因素对消费者行为都有直接影响，因此对于营销者来说，密切关注这些因素是很重要的。

我们在食物、衣物、家具和娱乐方面的品味往往与我们的年龄相关。在任何年代，消费都受到家庭生命周期（family life cycle）和家庭成员的数量、年龄和性别的影响。美国家庭正在发生变化：传统的由丈夫、妻子和两个孩子组成的四口之家，在家庭总数中所占的比例比以前明显降低了。

此外，心理上的生命周期也很重要。成年人在一生中会经历某些阶段或转变，[16] 导致其行为在此期间为适应不断变化的环境而改变。营销者应该考虑人生大事或重大变迁所引发的新的需要，如结婚、生育、疾病、搬迁、离婚、第一份工作、职业改变、退休、配偶去世。公司应该意识到这些需要，并提供最能满足这些需要的产品和服务。

婴幼市场　虽然准父母和新父母们尚未达到他们的收入巅峰，但他们很少在为小宝宝消费时有所保留，这也使得婴儿产业比大多数行业更能抵御经济衰退。消费支出往往在妊娠中期至孩子出生后的第十二周之间达到顶峰。初为人母的准妈妈是特别有吸引力的目标客户，因为她们没有可以使用的二手产品，所以要购买全套的新家具、婴儿车、玩具和其他婴儿用品。营销者意识到尽早接触准父母以赢得他们信任的重要性（行业专家称之为"先到，先赢"的机会），从而使用各种各样的媒体进行传播，包括直邮、嵌入式广告、空间广告、电子邮件营销和网站。赠送产品样品的策略特别常见，且这些套装通常在分娩课堂和其他地方分发。出于担心隐私问题和对易受影响的父母们潜在的不利影响（例如，分发婴儿配方奶粉可能会打消新妈妈进行母乳喂养的积极性），医院已经禁止分发传统的床头礼包，但仍然存在其他渠道：例如，迪士尼宝宝（Disney Baby）与一家销售婴儿床边照片的公司合作，发放俏皮的迪士尼婴儿服装，同时邀请大家注册其电子邮件，以方便接收来自迪士尼宝宝网（DisneyBaby.com）的邮件提醒。并非所有的支出都直接用于婴儿。这一根本性的人生改变给准父母或新父母们带来了一系列全新的需要，使他们对人寿保险、金融服务、房地产、家庭装修和汽车都有了不同的看法。[17]

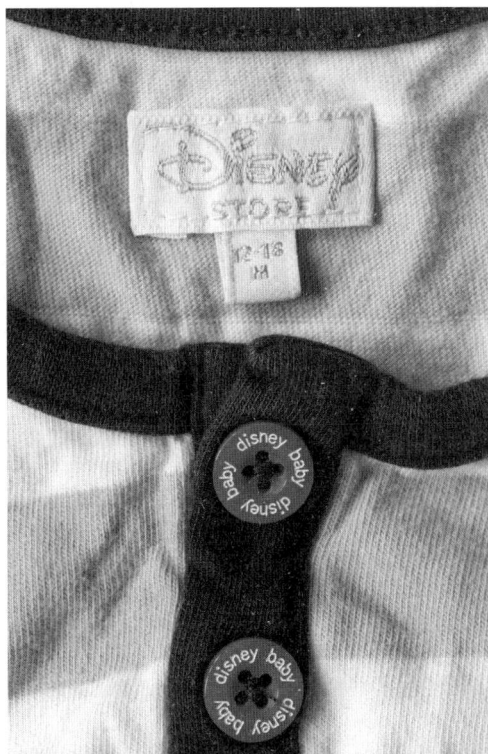

≪　迪士尼宝宝等品牌明白，尽早接触准父母和新父母们对于在婴儿市场取得成功至关重要。

考虑到为人父母的巨额支出和其新身份所带来的人生改变，婴儿行业吸引了众多营销者便不足为奇。

职业也会影响消费模式。营销者会识别出那些对其产品和服务有着高于平均水平兴趣的职业群体，甚至为某些职业群体量身定制产品。例如，计算机软件公司为品牌经理、工程师、律师和医生设计不同的产品。成立于 1889 年、总部位于密歇根州的卡哈特公司（Carhartt Inc.），现已成为一个全球性的工作服王国，拥有 800 种产品，其销售网络包括约 100 家底特律大都会区的零售店、遍布七个州的企业商店，以及卡哈特欧洲和澳大利亚分公司。卡哈特耐穿的工业、农场和户外服装系列以其优质的面料和工艺而闻名，经过多年的发展，其街头服饰也越来越受欢迎。[18]

产品选择和品牌选择在很大程度上都受到经济状况的影响，如可支配收入的水平、稳定性和模式，储蓄和资产（包括流动资产百分比）、负债和借贷能力，以及对支出和储蓄的态度。如果经济指标指向衰退，营销者可以采取措施以重新设计、重新定位和重新定价他们的产品或强调品牌折扣，以使其继续为目标顾客提供价值。

个性和自我概念

个性（personality）是指一系列显著的人类心理特质，这些特质会导致人们对环境刺激做出相对一致和持久的反应（包括购买行为）。我们经常用自信、支配力、自主性、顺从性、社交能力、防御性和适应性等特质来描述个性。[19]

消费者通常会选择和使用具有与其真实自我概念（actual self-concept，我们如何看待自己）相一致的品牌个性的品牌，尽管这种匹配也可能基于消费者的理想自我概念（ideal self-concept，我们希望如何看待自己），甚至基于社会自我概念（others' self-concept，我们认为他人如何看待我们）。[20] 这些自我概念对公共消费品的影响比对私人消费品的影响更为显著。[21] 另一方面，高度"自我监控"（self-monitors，即对别人如何看待自己较敏感）的消费者，更有可能会选择那些在个性上符合消费情境的品牌。[22]

最后，多重自我（严肃的、专业的、关心家庭成员的、积极的娱乐爱好者）的不同方面可能在不同的情况下或围绕不同类型的人被唤起。因此，一些公司（如生活之悦酒店）会精心策划它们的品牌体验，以吸引各种不同个性的消费者。

生活之悦　总部位于旧金山的生活之悦（Joie de Vivre）酒店，被《愈智之行》（*Smarter Travel*）杂志的编辑评为最佳精品连锁酒店之一。它拥有加州最大的生活精品酒店系列，并在芝加哥、巴尔的摩和纽约设有分店。这家连锁酒店将自己视为"一部感人肺腑的故事集"，旨在激发"邻里之间充满趣味的旅行精神"。入住时尚、私密、宠物和家庭友好、以社区为中心的生活之悦酒店，客人可以选择每晚捐赠 1 美元，这笔款项将直接捐给酒店的慈善合作伙伴。该连锁店每年以礼券、现金和实物捐赠以及活动的形式向社区组织捐赠近 150 万美元。品牌旗下所有酒店都参与了回收、堆肥以及纺织品和食品捐赠计划，并致力于节约用水和节约能源，使用环境安全产品，以及购买有机、公平贸易的食品。[23]

价值观和生活方式

消费者行为受到价值体系（一系列"对与错"的原则和概念）的指导；价值体系决定了什么对

于消费者是有意义并重要的，以及他们选择如何生活并与他人互动。消费者的决策也受到核心价值观的影响，核心价值观是指那些比行为或态度更深入，并在一个本质层面上指导人们的长期选择和需求的价值观。根据价值观确定目标消费者的营销员认为，吸引人们的内在自我就有可能影响他们的外在自我，即他们的购买行为。

来自相同的亚文化群、社会阶层和职业的人们也可能采用截然不同的生活方式。生活方式是一个人在世界上的生活模式，表现在其活动、兴趣和看法上。生活方式描绘的是与其所在的环境互动的"全人"（whole person）。[24]

生活方式在一定程度上取决于消费者是否受到金钱限制或时间限制。那些旨在为资金拮据的消费者提供服务的公司，会提供低成本的产品和服务。例如，通过吸引节俭的消费者，沃尔玛已经成为世界上最大的公司。"天天低价"的策略已经使沃尔玛从零售供应链中获利数百亿美元，并将节省下来的大部分资金以最低价格的形式传递给了购物者。

消费者倾向于进行多任务处理。有些消费者还会付费请其他人来完成任务，因为时间对他们来说比金钱更重要。那些旨在为他们提供服务的公司创造出了多种能够节省时间的产品和服务。例如，多重功效的 BB 护肤霜提供了多合一的皮肤护理方法，其中包含保湿、抗衰老成分、防晒，有时甚至还有美白。[25]

在某些类别中，尤其是那些瞄准时间紧张的消费者的食品加工企业，需要意识到，这类人其实更愿意相信他们并非因为时间有限才不得不退而求其次。营销员将那些既追求便利又想亲自下厨的消费者称为"同时追求便利和参与感的细分市场"，正如汉堡好帮手（2013 年更名为"好帮手"）所发现的那样。

≪　市场调研促使汉堡好帮手推出了反映消费者品味的新口味和新品种，并使得销售增长。

Source: Keith Homan/Alamy Stock Photo

汉堡好帮手　汉堡好帮手（Hamburger Helper）于1971年推出，以应对经济萧条。这种便宜的意大利面和粉状调味料混合物旨在快速而便宜地提供含有大量肉类的家庭餐。据估计，44%的晚餐准备时间少于30分钟，且考虑到快餐店的免下车服务窗口、餐厅外卖和杂货店的预制菜肴的激烈竞争，汉堡好帮手生意景气的日子并不多。然而，市场调研人员却发现，有些消费者并不想要最快的微波炉解决方案；他们也希望有一种亲自烹饪食物的享受。事实上，平均而言，他们更喜欢至少使用一口锅或一个盘子并花15分钟去调理食物。为了保持对这一细分市场的吸引力，汉堡好帮手的营销者推出了新口味和新品种，如金枪鱼好帮手、亚洲鸡肉好帮手和全谷物好帮手，以迎合不断变化的消费者口味，推动该品牌的销售额稳步上升。[26]

消费者心理

当营销刺激和环境刺激进入消费者的意识时，会有一系列心理过程与消费者特征相结合，促成了决策过程和购买决策。营销者的任务是理解在受到外部营销刺激到形成最终购买决策之间，消费者的意识中到底发生了什么。其中有四个关键的心理过程——动机、感知、学习和记忆——从根本上影响着消费者的反应。

消费者动机

了解消费者动机，首先要了解消费者想要通过行为来满足的需要。因此，我们首先讨论消费者需要的本质，然后再讨论这些需要如何激励消费者行为。

消费者需要

需要（need）是人类的基本要求，如空气、食物、水、衣服和住所。一些需要是生理性的，产生于生理的紧张状态，如饥饿、口渴或身体不适。而另一些需要是心理性的，产生于心理的紧张状态，如对认可、尊重或归属感的需要。

亚伯拉罕·马斯洛的理论，是最著名的人类动机理论之一，对消费者分析和营销战略具有重要意义。马斯洛试图解释人们为何在特定时间会受到特定需要的驱动。[27]他的答案是：人类的需要是按照迫切性程度从低到高排列的——从生理需要到安全需要、社会需要、尊重需要和自我实现需要（见图3-2）。人们试图先满足他们最重要的需要，然后再转向次重要的需要。例如，一个饥饿的人不会对艺术领域的最新动态感兴趣（第五需要），也不会在意别人是如何看待他的（第三或第四需要），甚至不会在乎他是否呼吸到洁净的空气（第二需要）。只有当他得到足够的食物和水后（第一需要），下一层最重要的需要才会突显出来。

当需要指向了能满足它的具体对象时，就变成了欲望（want）。我们的欲望是由我们的社会所塑造的。例如，当一位美国消费者需要食物时，可能想要一个芝加哥风格的"深盘"比萨和一杯精酿啤酒；当一位印度消费者需要食物时，可能想要咖喱鸡肉烤饼。

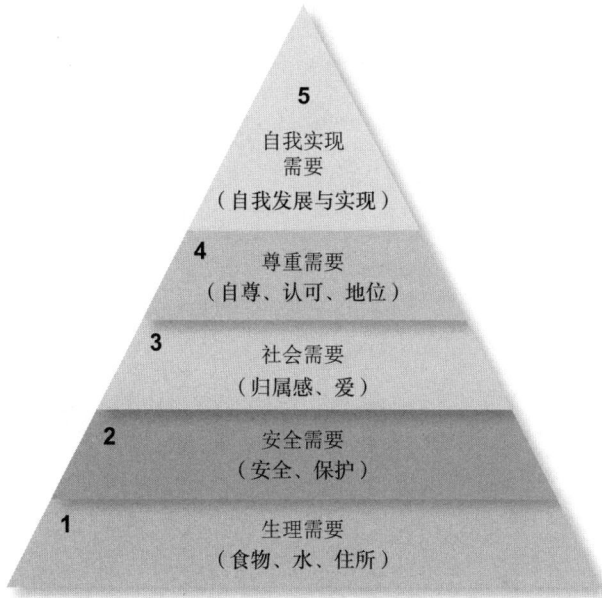

图 3-2

马斯洛的需求层次模型

Source: A. H. Maslow, *Motivation and Personality*, 3rd ed. (Upper Saddle River, NJ: Prentice Hall, 1987). Printed and electronically reproduced by permission of Pearson Education, Inc., Upper Saddle River, NJ.

　　需求（demand）是对买得起的产品的欲望。很多人想要一辆奔驰汽车，但只有相对较少的人能够购买。公司不仅要衡量有多少人想要它们的产品，还要衡量有多少人愿意并有能力购买。这些区别揭示了对"营销者让人们购买他们并不想要的东西"的批判。营销者并不创造需要，因为需要先于营销者存在。营销者可能会宣传奔驰汽车能满足一个人对社会地位的需要，然而他们并没有创造对社会地位的需要。有些顾客的需要是自己都没有完全意识到或是他们无法表达的。当顾客要求一台"大功率的"割草机或一家"宁静的"酒店时意味着什么？营销者必须进一步探究。[28] 消费者在平板电脑刚推出时对其了解并不多，但苹果公司努力塑造了消费者对这一技术创新的认知和采用。为获得竞争优势，公司必须帮助顾客了解自己想要什么，并使他们方便地获得它。比如，美元剃须俱乐部（Dollar Shave Club）的订阅服务帮助顾客认识到他们可以花更少的钱购买剃须刀；蓝围裙（Blue Apron）帮助人们克服了对自身烹饪技术缺乏信心的问题，而这一问题曾经让人们感到在家做饭有点无所适从。

消费者动机

　　我们在任何特定时候都有许多需要。当需要被激发到足够的强度以驱使我们采取行动时，它就会变成动机。[29] 动机既具有方向性（我们选择一个目标而非另一个目标），也具有强度（我们以多少精力去追求选择的目标）。

　　动机研究者经常对几十位消费者进行深度访谈，来发掘被产品触发的深层动机。他们通过运用各种基于心理学的投射技术（如字词联想法、句子完成法、图像解释法和角色扮演法），来间接探究消费者的心态，从而获得明确询问所无法获得的信息。

≫ 自一个世纪前诞生以来，贝蒂·克罗克（Betty Crocker）已经将她的名字用于 200 多种通用磨坊（General Mills）产品，甚至还主持了自己的广播和电视烹饪节目。

贝蒂妙厨 贝蒂妙厨（Betty Crocker）是烹饪和烘焙的代名词，诞生于 1921 年，最初是用于回答消费者在金牌面粉（Gold Medal Flour）推广中提出的问题而设计的虚拟人物。贝蒂通过一档广受欢迎的广播节目一举成名，据《财富》杂志报道，1945 年她的知名度仅次于第一夫人埃莉诺·罗斯福。贝蒂的形象从 1936 年的第一个颇具母性的形象转变为现代职业女性的形象，并且通过企业刻苦的钻研，该形象多年来一直保持着影响力。例如，当贝蒂妙厨速溶蛋糕粉的销售在 20 世纪 50 年代开始趋于停滞时，通用磨坊就向奥地利裔美国心理学家和行为营销学家欧内斯特·迪希特（Ernest Dichter）寻求帮助。这款干蛋糕粉原本只需要加水就能制成蛋糕，但是迪希特在使用弗洛伊德的方法对女性群体进行调查后发现，烘焙蛋糕的仪式充满了关系和生育的象征意义，因此他建议从蛋糕粉中去除鸡蛋粉，让家庭主妇自己添加新鲜鸡蛋。在通用磨坊采纳这一建议后，销售量迅速增加。[30]

　　另一位动机研究者和文化人类学家克洛泰尔·拉帕耶（Clotaire Rapaille）则致力于破解产品行为背后的"密码"——人们对特定市场产品所赋予的无意识的意义。拉帕耶研究了波音公司（Boeing）的波音 787"梦想飞机"，以识别出该客机内部那些具有普遍吸引力的特征。基于他的部分研究，梦想飞机设计了宽敞的休息厅、更大的贴近天花板的弧形行李箱架、更大的电动调光窗户、隐藏 LED

灯照明的天花板。[31] 克莱斯勒的 PT 漫步者却与梦想飞机情况相反，前者在不到十年的时间里就走到了尽头。

≪　PT 漫步者是戴姆勒 – 克莱斯勒公司在汽车设计上的首次尝试，它采用了原型研究，旨在激发情感吸引力并产生购买。

Source: imageBRoKER/Alamy Stock Photo

PT 漫步者　PT 漫步者在 21 世纪初推出时，其复古外观和平易近人的价格被证明是所有年龄段消费者的心头好，尽管其极端化的设计（"老式牛奶车和 20 世纪 30 年代豪华轿车的混合体"）既有批评者也有模仿者（例如雪佛兰 HHR）。PT 漫步者是戴姆勒 – 克莱斯勒公司利用原型研究设计的第一款汽车；原型研究是法国医学人类学家克洛泰尔·拉帕耶开发的一种定性方法。拉帕耶的方法侧重于揭示消费者行为的深层心理驱动因素，这些因素超越了如颜色、尺寸和便利性等特定产品属性，以捕捉感受和情绪，即"文化无意识"（用拉帕耶的话说，能够一键启动消费者的"爬行动物脑"，即遵从生存本能行事），从而决定了产品的选择，最终设计出了一款五门、高顶的掀背式汽车，旨在唤起怀旧的情感反应。PT 漫步者一经推出就取得了巨大成功，在 2001 年销售了 145000 辆。但到了 2009 年，其销量骤降至 18000 辆。PT 漫步者销量下滑的原因是克莱斯勒未能投资改进和更新汽车，以及未能发布新车型以响应消费者的需求。此外，当时全球化对于收回研发成本而言正变得日益重要，然而该设计吸引的只是典型的美国消费者。[32]

知觉

　　知觉（perception）是我们选择、组织和解释信息输入以创建一个有意义的世界图景的过程。[33] 一个有动机的人随时准备行动，而这个人将如何行动则受其对环境知觉的影响。在市场营销中，知觉比现实更重要，因为知觉会影响消费者的实际行为。

　　知觉不仅取决于物理刺激，还取决于刺激物与周围环境的关系以及我们每个人的内在情况。例如，一个人可能认为一位能说会道的销售员是咄咄逼人而且不真诚的，而另一个人可能认为这位销售员是聪明并且乐于助人的。每个人对销售员都有不同的反应。人们之所以对于同一对象产生不同的知觉，是由于三个知觉过程：选择性注意、选择性扭曲和选择性保留。

选择性注意

注意是指对刺激信息加工能力的分配。自发注意是我们有目的地注意；非自发注意是在我们的注意力被某人或某事吸引时发生的。据估计，普通人每天可能会接触到数以千计的广告或品牌信息。因为我们不可能注意到所有信息，所以我们会筛选掉大多数刺激物，这个过程被称为**选择性注意**（selective attention）。选择性注意意味着营销者必须努力吸引消费者的注意。真正的挑战在于确定出人们会注意到哪些刺激物。以下是一些发现：

- **人们更有可能注意到那些与当前需要相关的刺激物。**一个想要购买智能手机的人会注意到智能手机广告，而不太可能注意到与手机无关的广告。
- **人们更有可能注意到那些他们预期的刺激物。**在一家电脑商店里，你更有可能注意到笔记本电脑而不是便携式收音机，因为你并不会期待这家商店会出售便携式收音机。
- **人们更有可能注意到那些显著偏离其正常大小的刺激物。**你更有可能注意到一则降价100美元的电脑广告，而不是只降价5美元的广告。

尽管我们会过滤掉很多信息，但还是会受到意想不到的刺激物的影响，例如来自邮件、互联网或销售人员的非预期特价。营销者可能会试图侵入性地推广其特价，以避开选择性注意的过滤。

选择性注意机制需要消费者积极参与和思考。**阈下知觉**（subliminal perception）长期以来一直吸引着空谈型的营销者，他们认为营销者可以在广告或包装中嵌入隐蔽的、潜意识的信息，尽管消费者意识不到，但这些信息却会影响他们的行为。虽然心理过程显然包括许多微妙的潜意识影响，[34] 但没有证据支持营销者可以在这个层面上系统地控制消费者，尤其是足以改变那些强烈的哪怕是中等重要的消费者信念。[35]

选择性扭曲

你们是否注意到，刺激物并不总是以发送者想要的方式被接收。**选择性扭曲**（selective distortion）是指按照符合我们既有概念的方式来解释信息的倾向。消费者通常会扭曲信息，以使其与先前的品牌和产品的信念和期望保持一致。为了清楚地展示消费者品牌信念的力量，请思考这样一种口味测试：一组消费者在不了解品牌的情况下品尝产品，而另一组消费者在品尝过程中了解品牌。尽管这两组消费者品尝的是完全相同的产品，但他们总是给出不同的意见。

当消费者对于相同产品的有品牌版本和无品牌版本给出不同的意见时，一定是他们的品牌和产品信念在某种程度上改变了他们的产品知觉，无论该信念是通过何种方式（如过去的经验、品牌促销、家庭偏好）产生的。我们几乎可以在任何一种产品中找到这样的例子。当康胜（Coors）将其标签从"宴会啤酒"（Banquet Beer）更改为"原味生啤"（Original Draft）时，消费者声称其口味发生了变化，尽管配方并没有发生任何变化。

在另一项研究中，波尔多大学的弗雷德里克·布罗谢（Frédéric Brochet）给葡萄酒科学专业的学生提供了几杯红葡萄酒和白葡萄酒，并要求他们对其进行描述。在随后的品尝中，学生们收到了几杯相同的白葡萄酒，但有一半的白葡萄酒被染成了红色。他们像之前那样描述白葡萄酒，但却用红葡萄酒的口感来描述被染红的白葡萄酒，这表明视觉线索可以超越嗅觉、味觉和专业知识。[36]

当消费者将中性或模棱两可的品牌信息粉饰得更为正面时，选择性扭曲将有利于拥有强大品牌的营销者。换句话说，咖啡的味道可以显得更好，汽车可以看似行驶得更平稳，银行排队的时间可以显得更短，这些都取决于品牌。

情感

情感是自发产生的心理状态，而不是来自有意识的努力，并且反映了人们对内部和外部刺激的积极或消极反应。我们通常无法控制如快乐、悲伤、愤怒、恐惧和矛盾等感受，这些感受的强度和复杂程度因我们的个人反应而异，并且可能伴随着生理和行为的变化。

消费者的反应并不总是知性的和理性的。许多反应可能是感性的，会唤起不同类型的感受。例如，一个品牌或产品可能会让消费者感到自豪、兴奋或自信；一个广告可能会让人产生愉悦、厌恶或惊奇的感觉。多年来，贺曼（Hallmark）、麦当劳和可口可乐这样的品牌已经与忠实顾客建立了情感联系。营销者越来越意识到情感诉求的力量，尤其是当它们植根于品牌的某些功能或理性层面时。

为了帮助少女和年轻女性更自在地谈论女性卫生和护理产品，金佰利（Kimberly-Clark）在其高洁丝（U by Kotex）品牌的"打破循环"（Break the Cycle）活动中使用了四种不同的社交媒体网络。该活动获得了压倒性的积极反馈，帮助高洁丝在该女性护理目标市场的口碑营销中名列前茅。[37]

一个充满情感的品牌故事已被证明能够激发人们通过口碑或在线分享来传递他们听到的品牌信息。公司正在为它们的传播提供更强烈的人性诉求，以使得消费者参与它们的品牌故事。[38]比如，雷朋（Ray-Ban）75周年纪念活动"永不隐藏"（Never Hide），展示了各种出众而时尚的潮人，暗示着佩戴该品牌飞行员眼镜和太阳镜的人会充满吸引力，并且非常酷。一些品牌还会利用嘻哈文化和音乐，以现代多元文化的方式进行推广，就像苹果对其音乐播放器iPod所做的那样。[39]

许多像雷朋这样的公司已经在利用过往的情感诉求与当前顾客，尤其是年轻顾客建立联系。尽管电子邮件、网络研讨会和社交媒体平台已经基本取代了直邮、研讨会和贸易展览，但后者仍然能在营销工作中发挥有效作用。怀旧的营销策略和产品表明，怀旧可以带来回报，因为装扮的吉祥物、旋转标志、社区聚会和广告牌能够持续吸引顾客的注意力。复兴的甲壳虫、菲亚特500和吉百利的复古Wispa巧克力棒等产品表明，沉浸在过去岁月光环中的产品能够与顾客产生发自内心的联系。时装公司的新设计也会借鉴过往经典。美乐康胜（MillerCoors）宣布了一项针对美乐清啤（Miller Lite）的复古营销活动，以及20世纪70年代美乐清啤的原始标签版本。卡地亚（Cartier）、莫泰6（Motel 6）和救生圈（Life Savers）等大品牌也都开展了复古的广告活动。甚至橄榄球运动员也在怀旧营销中获利：美国职业橄榄球大联盟匹兹堡钢人队（Pittsburgh Steelers）所穿的球衣是该队1932年队服的翻版。[40]

正如产品和品牌可以引发某些情感联想一样，不同的情感状态也能影响人们的判断和决策。例如，恐惧等情感可以提高或降低不同营销战略的有效性，包括社交证明（如传达产品的受欢迎程度）

和稀缺性（如"限量版"）。[41] 类似地，注意到他人的情绪也可以用作营销工具。例如，展示受助者的悲伤（相对于中性或快乐）面孔可以增加人们向慈善机构捐款的可能性。[42]

记忆

记忆——大脑记录、存储和检索信息和事件的能力——也在消费者的购买决策中发挥着作用。下列内容描述了不同类型的记忆和记忆过程的工作方式。

记忆模型

认知心理学家区分了**短期记忆**（short-term memory，一种暂时且有限的信息库）和**长期记忆**（long-term memory，一种更持久的、几乎无限的信息库）。我们一生中编码的所有信息和经历最终都会成为我们的长期记忆。

研究者区分了三种类型的长期记忆：情节记忆、语义记忆和程序记忆。

- **情节记忆**（episodic memory）负责存储我们生活中所经历的事件（情节）的信息。它是个人对自传性事件的记忆，记录了特定事件发生的背景，如时间、地点和相关情绪。

- **语义记忆**（semantic memory）负责存储有关世界的信息，如事实、意义和概念。不同于与个人经验直接相关的情节记忆，语义记忆记录的是独立于个人经验的一般知识。

- **程序记忆**（procedural memory）负责了解如何执行某些程序，如走路、说话和骑车。它是关于运动技能的记忆，主要通过不断重复来习得，包括自动的感觉运动活动。这些活动深深植根于我们的大脑，并不涉及有意识的思考。

关于长期记忆结构最广为接受的观点假设我们会形成某种联想模型。例如，联想网络记忆模型（associative network memory model）将长期记忆视为一系列的节点和链接。节点（nodes）是被存储的信息，并由强度不同的链接（links）所连接。任何类型的信息都可以被存储在记忆网络中，包括语言、视觉、抽象和背景信息。

从一个节点传播到另一个节点的激活过程决定了我们在任何给定情况下能检索和回忆起的信息量。当一个节点因为我们编码外部信息（当我们读到或听到一个单词或短语时）被激活时，或从长期记忆中提取内部信息（当我们思考一些概念时）被激活时，若其他节点与最初被激活的节点有足够强的关联，那么这些节点也会被激活。

基于联想网络记忆模型，我们可以将消费者的品牌知识视为其记忆中的节点，这个节点链接着大量的联想。这些联想的强度和结构是我们回忆品牌信息的重要决定因素。**品牌联想**（brand associations）包括所有与品牌相关的想法、感受、知觉、形象、体验、信念和态度，这些都与品牌节点相链接。例如，阿迪达斯品牌可以让人联想到足球、鞋子、跑步、网球、运动服装、健康、健身、积极的生活方式和户外探险。它还可能唤起竞争品牌的联想，如耐克、彪马（Puma）和锐步（Reebok）；对品牌大使的联想，如利昂内尔·梅西（Lionel Messi）和凯莉·詹娜（Kylie Jenner）；以及对原产国的联想——德国。

在这种情况下，我们可以将营销视为一种确保消费者拥有产品和服务体验的方式，这些体验可以创建正确的品牌知识结构并将其存储在记忆中。例如像宝洁这类公司喜欢绘制消费者心理地图，以描绘某一特定品牌在营销环境中可能在消费者心中引发的关键联想，以及这些联想的相对强度、好感度和独特性。

记忆过程

记忆在很大程度上是一个构建的过程，因为人们并不能完整和准确地记住信息。通常，我们只记得零碎的片段，并根据其他的知识来填补其余部分。一般来说，记忆可以被描述为一个编码和提取的过程。

记忆编码（memory encoding）描述信息如何以及从何处进入记忆。所产生的联想的强度取决于我们处理我们正在编码的信息的程度（例如，我们对它的思考程度）和方式。[43] 一般来说，我们在编码过程中越关注信息的意义，那么所产生的记忆联想就越强；而我们越能将新信息与已经在我们记忆中编码的其他信息相联系，我们就越能记住它。

记忆提取（memory retrieval）是指我们从记忆中收回信息的方式。关于记忆提取，有以下三个重要的事实。

- 认知心理学家认为，一旦信息被编码并存储在长期记忆中，它就非常持久，其联想的强度衰减得非常缓慢。
- 信息在记忆中是可获得（available）的，但如果没有合适的提取线索或提示，它就无法提取（accessible）以进行回忆。提取线索的有效性也解释了为何在超市或零售商店内部进行营销如此重要：产品包装和店内迷你广告牌向我们提示那些已在店外传达的信息，并成为消费者决策的首要决定因素。品牌在记忆中的可及性之所以重要，还有另一个原因：当某品牌在人们心中占据首位时，人们就会谈论它。[44]
- 其他产品的信息可能会产生干扰效应，并导致我们忽视或混淆新数据。在一个竞争者众多的产品类别中（如航空公司、金融服务和保险公司），一个营销挑战在于消费者可能会混淆品牌。

由于选择性保留，我们很可能只记得我们所喜欢的产品的积极方面，而忽视它的消极方面以及竞争产品的优点。

购买决策过程

我们上述回顾的基本心理过程在消费者的实际购买决策中发挥着重要作用。以下是一些营销者应该询问的消费者行为的关键问题：谁、何时、何地、如何、为什么购买，以及购买什么。

- 谁购买我们的产品或服务？谁决定购买产品或服务？

- 谁影响购买产品或服务的决策？购买决策是如何做出的？谁在决策过程中承担怎样的角色？

- 顾客购买什么？哪些需要必须得到满足？哪些需求得到了满足？

- 为什么顾客会购买某个特定品牌？他们在寻求什么利益？

- 顾客去哪里或希望去哪里购买产品或服务？线上或线下？他们何时购买？是否存在季节性因素？他们会在每天、每周或每月中的哪些时间购买？

- 顾客如何感知我们的产品或服务？顾客对我们的产品或服务的态度如何？

- 哪些社会因素可能影响购买决策？顾客的生活方式是否影响他们的决策？个人因素、人口统计因素或经济因素如何影响购买决策？[45]

　　高明的公司试图充分了解顾客的购买决策过程，这涉及学习、选择、使用，甚至处置产品的所有经历。市场营销学者构建了这个决策过程的"阶段模型"（见图 3-3），其中消费者通常经历五个阶段：问题识别、信息搜索、方案评估、购买决策和购后行为。[46]

图 3-3
消费者购买过程
的五阶段模型

问题识别　→　信息搜索　→　方案评估　→　购买决策　→　购后行为

　　消费者做出购买决策的过程及其购后行为通常被称为消费者决策旅程（consumer decision journey）。[47] 使用"旅程"的说法是因为消费者做出购买决策的方式并不总是如图 3-3 所示的线性过程，相反，它通常是一个迭代过程。在这个过程中，消费者会受到他们在决策的不同阶段所遇到的新信息的影响，这可能需要他们回头重新审视之前的判断。意识到这一点，营销者必须开展活动和计划，从而在决策过程的各个阶段通过不同的接触点接触消费者。

　　消费者并不总是经历所有的五个阶段，他们可能会跳过或逆转某些阶段。当你购买经常使用的牙膏品牌时，你会直接从问题识别阶段进入购买决策阶段，跳过信息搜索和方案评估。但是，图 3-3 中的模型依然提供了一个很好的参考框架，因为它涵盖了消费者考虑购买新产品或购买高介入度产品时出现的所有考虑因素，包括功能的、心理的或货币风险。在本章后面，我们将考虑消费者做决策的其他方式，这些方式需要的计划量相对较少。

问题识别

　　当购买者意识到由内部或外部刺激所引发的问题或需要时，购买过程就开始了。在内部刺激下，一个人的基本需要（如饥饿、口渴、性）上升到某个阈值水平，就会成为一种驱动力。需要也可以由外部刺激引起。例如，一个人可能会羡慕朋友的新车或看到了夏威夷度假的电视广告，从而激发其关于进行类似购买可能性的想法。

营销者需要通过收集大量消费者的信息，以找出能够引发特定需要的情况。之后，他们才能制定营销战略和有效的广告活动，以激发消费者的兴趣。对于激励消费者认真考虑如奢侈品、度假套餐和娱乐选择等非必需的消费，提高消费者的积极性尤为重要。使消费者意识到他们想要满足的需要的驱动力包含以下因素：自然消耗，如需要更换类似牙膏这样经常使用的物品；对当前产品不满意，导致消费者寻求其他方式来满足他们的需要；生活方式和目标的改变，如孩子出生或工作晋升，这对购买习惯有重大影响；以及社会影响，如家人、朋友和同事的意见或来自同辈的竞争。

信息搜索

令人惊讶的是，消费者通常只会搜寻有限的信息。调查显示，一半的消费者只会在一家商店里寻找耐用品，并且仅有 30% 的消费者会看一个以上的电器品牌。我们可以将搜索的参与度分为两个水平：温和的搜索状态被称为增强关注（heightened attention）。在这个水平上，一个人对产品信息仅仅表现为被动接受。在下一个水平，这个人可能会进入积极的信息搜索状态：寻找阅读材料、给朋友打电话、上网和到商店了解产品。

营销者必须了解在不同的时间和地点消费者搜索或接收到的信息类型。例如，联合利华与美国最大的零售杂货连锁店克罗格（Kroger）合作，了解到制订膳食计划需要经过三个步骤：讨论吃什么和可能的选择（增强关注），每一餐具体吃什么（信息搜索），最终购买。事实证明，周一是未来一周重要的膳食计划日。早餐期间的谈话通常聚焦在健康上，但在当天的晚些时候，即午餐期间，讨论则更多聚焦于如何将剩饭剩菜重新利用起来。[48]

信息来源

消费者的主要信息来源可以分为四类：个人的，如家人、朋友、邻居、熟人；商业的，如广告、网站、电子邮件、销售人员、经销商、包装、展示；公共的，如大众媒体、社交媒体、消费者评级组织；以及经验的，如处理、检查或使用产品。

通过这些来源获取的信息的相对数量，以及它们带来的影响，都随产品种类和购买者的特点而变化。一般而言，虽然消费者从商业来源（营销者主导的来源）接收到最多的产品信息，但是，最为有效的信息通常来自个人、经验或独立权威的公共来源。[49] 社交媒体的普及模糊了信息来源的界限，并拓宽了信息来源的范围：人们在脸书上分享他们的购物信息，或在亚马逊上撰写产品评论，其他人会把它们视为独立机构，它们的意见有着很大的分量和深远的影响。

每种来源在影响购买决策方面发挥着不同的作用。商业来源通常发挥信息作用，而个人来源则发挥判断或评估作用。例如，内科医生经常通过商业来源了解新药，但会找其他医生进行评估。许多消费者交替使用线上和线下渠道来了解产品和品牌。

消费者依据内部和外部信息来帮助他们做决定。内部信息是基于个人经验。例如，一个想外出就餐的人可能会回想起在当地一家意大利餐厅吃过的大餐，或看过的一家最近新开的法国小酒馆的广告。外部信息来源通常用于高介入度决策，如购买汽车或高端电器。外部信息来源包括：家人、朋友和同事的建议和意见；走访经销商和网上搜索以比较型号和价格；以及《消费者报告》（*Consumer Reports*）等咨询来源。

搜索动态

通过收集信息，消费者了解了竞争品牌及其特点。图 3-4 中的第一个方框表明了现有品牌的总集合（total set）。个体消费者仅了解该集合的一个子集，即知晓集（awareness set）。其中只有一些品牌能够满足消费者的最初购买标准，即考虑集（consideration set）。随着消费者收集更多的信息，只有少数选项仍然是强有力的竞争者，即选择集（choice set）。消费者会从这些品牌中做出最终选择。[50]

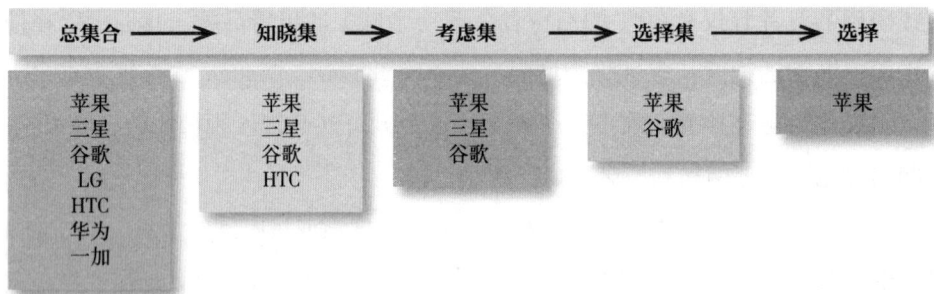

图 3-4
消费者决策中依次出现的集合

为了理解不同的竞争力以及不同的决策集是如何形成的，营销者需要识别指导消费者决策的属性层次。识别此属性层次的过程被称为市场划分（market partitioning）。多年前，大多数汽车购买者首先决定制造商，再决定其汽车类型，其属性层次为品牌主导型层次（brand-dominant hierarchy）。例如，购买者可能偏爱通用汽车，并在这个集合中选择雪佛兰车型。如今，许多购买者首先决定他们想要购买哪个国家的汽车，其属性层次为国家主导型层次（nation-dominant hierarchy）。例如，购买者可能首先决定他们想买一辆德国车，再选择奥迪，最后锁定奥迪 A6。

属性层次还可以揭示顾客细分。首先基于价格做决定的购买者是价格主导型；首先基于汽车类型（轿车、跑车、SUV、混合动力）做决定的购买者是类型主导型，首先基于品牌做决定的购买者是品牌主导型。类型、价格或品牌主导型的消费者构成了一个细分市场，质量和服务主导型的购买者构成了另一个细分市场。每个细分市场都可能有不同的人口统计特征、心理特征和行为方式，以及不同的知晓集、考虑集和选择集。

图 3-4 表明，公司必须制定战略，使其品牌进入潜在顾客的知晓集、考虑集和选择集。如果一个食品店店长首先按照品牌，如达能（Dannon）和优诺来排列酸奶，然后再在每个品牌中按照口味排列，消费者将倾向于从同一品牌中选择他们的口味。然而，如果所有的草莓酸奶都放在一起，然

后是所有的香草酸奶，以此类推，消费者很可能会先选择他们想要的口味，然后再选择他们想要的特定口味的品牌。

网上搜索行为可能会有所不同，部分取决于产品信息的呈现方式。例如，产品方案可能会按照其对消费者预期吸引力大小的顺序进行呈现，那么消费者就可能不再像往常那样进行广泛的搜索。[51] 越来越复杂的推荐引擎使用算法和数据来发掘消费者的选择模式，并为特定消费者的需要和兴趣推荐最相关的产品。

亚马逊的"商品到商品"的协同过滤算法就是根据那些与消费者购买过的类似产品相匹配的产品线和主题领域向顾客进行推荐。这涉及对数十亿个数据点的分析，这些数据点来自对在线顾客行为的观察，包括购买历史和购物车中删除的产品等。推荐出现在以下几处：个性化推荐和先前浏览过的产品链接，以及帮助亚马逊削减配送成本的"经常一起购买的商品"板块。研究表明，亚马逊上超过三分之一的消费者购买来自产品推荐。

公司还必须识别出消费者选择集中的其他品牌，以便设计合适的竞争性诉求。此外，营销者还应该明确消费者的信息来源，并评估其相对重要性。询问消费者以下问题将有助于公司准备对目标市场的有效沟通：最初如何得知该品牌、之后又了解到什么信息、这些不同信息源的相对重要性。数字营销可以更轻易地发现和分析那些将潜在顾客引流至公司网站的其他网站。例如，亚马逊的联盟网络显示了哪些网站和博客不仅为亚马逊网站带来流量，还为特定产品带来流量。

方案评估

消费者辨别可得选项的利弊的方式受到他们所持有的信念和态度的影响，无论该信念和态度是合理还是错误的。这些观念以及消费者处理信息的不同方式在购买决策中占有重要地位，正如以下内容所述。

信念和态度

通过经验和学习，人们形成了信念和态度，这些又转而影响人们的购买行为。信念（belief）是一种相信某事正确或真实的信念，无论其是否真的如此。**态度**（attitude）也同样重要，指一个人对某一对象或观念所长期持有的正面或负面评价、情感感受和行为倾向。人们几乎对所有事物都持有态度，如宗教、政治、服装、音乐和食物等。

态度使我们进入这样一种心态：喜则近之，恶则远之。态度使我们以相当一致的方式来对待相似的对象。因为态度能够节省精力和思考，所以它们非常难以改变。一般情况下，公司最好使其产品适应消费者的现有态度，而不是试图去改变其态度。然而，如果消费者的信念和态度过于消极，公司就有必要采取更为积极的措施。

了解消费者的态度有利于营销者，因为态度有时候可以预测顾客在决策过程的考虑集和选择集阶段的行为。例如，在试用期间与产品互动而形成的态度，比在接触产品广告时形成的态度更能准确地预测消费者购买产品的可能性。[52]

信息处理

消费者如何处理可供选择的信息并做出最终的价值判断呢？没有任何一个过程适用于所有的消费者或一个消费者的所有购买情况。最新的模型认为消费者在很大程度上是在有意识和理性的基础上形成判断的。

一些基本概念将有助于我们理解消费者评估过程。第一，消费者总是试图满足某种需要。第二，消费者从产品中寻求某些特定利益，以为该需要提供解决方案。第三，消费者将每种产品视为一组属性的集合，每种属性都有不同的能力来交付所需利益。第四，购买者感兴趣的属性因产品而异：例如，酒店——地理位置、清洁度、环境、价格；漱口水——颜色、功效、杀菌能力、味道或口味、价格；轮胎——安全性、胎面寿命、行驶品质、价格。消费者最关注那些能够提供最想要的利益的属性。因此，我们通常可以根据不同消费群体所看重的产品属性和利益来细分市场。

更多的选择似乎是件好事，但并非总是如此——特别是当消费者没有明显的偏好，或当他们的知晓集或考虑集中并不存在占优选项时。各个选项间细微的差异以及时间限制都会使得决策更加复杂。此外，消费者所花费的脑力、时间和精力仅取决于决策任务的重要性。精明的营销者必须了解什么时候通过在总集合中增加一个占优选项、减少顾客必须筛选的信息量、提出有助于决策的相关问题，以及减少打折销售或特别优惠的时间限制等，来减少选择过多（和被强加的认知努力）的问题。

期望－价值模型

消费者通过属性－评估程序形成对不同品牌的态度，并建立一套关于各种品牌在各个属性上的优劣的信念。[53] 态度形成的**期望－价值模型**（expectancy-value model）认为，消费者会结合其品牌信念（包括积极信念和消极信念）和重要性来评估产品和服务。

假设一位消费者已将其选择集缩减至四台笔记本电脑（A、B、C、D）。假设他对四种属性感兴趣：内存容量、图像性能、尺寸和重量，以及价格。表 3-1 显示了他对每个品牌在这四种属性上的评分，也就是他的信念。如果某一台笔记本电脑在所有标准上都占据优势，我们可以预测这位消费者会选择这台笔记本电脑。然而，通常情况下，他的选择集包括了吸引力各不相同的品牌。如果他想要最好的内存容量，他应该购买 C；如果他想要最好的图像性能，他应该购买 A；以此类推。

表 3-1　笔记本电脑选择集

笔记本电脑	属性			
	内存容量	图像性能	尺寸和重量	价格
A	8	9	6	9
B	7	7	7	7
C	10	4	3	2
D	5	3	8	5

注：每种属性的评分从 0 到 10，其中 10 代表该属性的最高水平。但是价格以相反方式来衡量，10 代表最低价格，即消费者的最爱。

如果我们知道这位消费者给这四种属性各自分配的权重，我们就可以更准确地预测他的选择。假设他把 40% 的重要性分配给笔记本电脑的内存容量，30% 分配给图像性能，20% 分配给尺寸和重量，10% 分配给价格。根据期望 – 价值模型，我们将这些权重乘以他对每台笔记本电脑属性的信念，就可以得到该消费者对每台笔记本电脑的感知价值。该计算得出了以下感知价值：

$$\text{笔记本电脑 A} = 0.4(8) + 0.3(9) + 0.2(6) + 0.1(9) = 8.0$$
$$\text{笔记本电脑 B} = 0.4(7) + 0.3(7) + 0.2(7) + 0.1(7) = 7.0$$
$$\text{笔记本电脑 C} = 0.4(10) + 0.3(4) + 0.2(3) + 0.1(2) = 6.0$$
$$\text{笔记本电脑 D} = 0.4(5) + 0.3(3) + 0.2(8) + 0.1(5) = 5.0$$

期望 – 价值模型预测，该消费者将偏爱笔记本电脑 A，因为它具有最高的感知价值（8.0）。[54] 期望 – 价值模型意味着公司可以采用多种策略来提高消费者选择其产品的概率。假设大多数笔记本电脑购买者都是以相同的方式形成他们的偏好。例如，笔记本电脑 B 的营销者在了解到这一点后，就可以采用以下策略来刺激消费者对品牌 B 产生更强烈的兴趣：首先，该公司可能会选择重新设计笔记本电脑，例如，改变其功能属性，改进其外形，以及改善服务。或者，该公司可以通过更好地宣传其优点，改变消费者对笔记本电脑的信念，而不必改进笔记本电脑本身。该公司也可以通过宣传其竞品的缺点来改变消费者对该竞品的信念。最后，该公司也可以通过说服购买者更加重视其品牌所擅长的属性，来改变消费者对不同产品属性的重要性的信念。[55]

购买决策

在评估阶段，消费者会在选择集里的品牌间形成偏好，也可能形成对最喜欢品牌的购买意向。在执行购买意向时，消费者可能会做出多达五个购买决策：品牌（品牌 A）、分销渠道（零售商 X）、数量（一台电脑）、时间（周末）和支付方式（信用卡）。这种决策的复杂性通常会导致消费者使用心理捷径（或称启发式）进行决策。

启发式决策

期望 – 价值模型是一种补偿性模型，因为对产品所感知到的优点可以帮助克服所感知到的缺点。因此，在上述例子中，即使品牌 A 缺乏品牌 C 的内存容量，且尺寸或重量的评估倒数第二，并且比其他品牌都贵，但相比于选择集里的其他电脑，它整体的内存和图像性能脱颖而出。对于非补偿性的消费者选择模型，积极和消极属性的考虑并不一定会相互抵消。单独评估属性有利于消费者做出决策，但当他们进行更详细的考虑后，这种方式也会增加其做出不同选择的可能性。

在决策过程中，相比于计算考虑集里的产品各个属性的感知重要性，消费者更经常地采用"心理捷径"——也被称为启发式（heuristics）或经验法则——进行决策，尤其是当人们缺乏时间或认知资源时，他们更会如此。[56] 我们的品牌或产品知识、品牌选择的数量和相似性、时间压力以及社会环境（如需要向同事或老板解释理由）都可能影响我们是否以及如何使用、选择启发式。消费者不一定只使用一种选择规则。例如，他们可能会使用非补偿性决策规则。

许多因素将决定消费者形成评价和做出选择的方式。芝加哥大学教授理查德·塞勒（Richard Thaler）和卡斯·桑斯坦（Cass Sunstein）证明了营销者如何通过他们所谓的选择架构来影响消费者决策，即设计出构建消费者决策和购买选择的环境。这些研究人员发现，在合适的环境中，通过给消费者呈现一些细节以吸引他们的注意力并引发他们特定的预期行为，随后再给消费者提供选择，可以达到"助推"消费者的目的。他们认为纳贝斯克（Nabisco）品牌就采用了明智的选择架构，即提供 100 卡路里的零食包装，这些包装不仅具有可观的边际收益，同时还助推消费者做出更健康的选择。[57]

消费者介入程度

期望 - 价值模型假定消费者介入程度较高，并对营销刺激做出积极反应。理查德·佩蒂（Richard Petty）和约翰·卡乔波（John Cacioppo）的**精细加工可能性模型**（elaboration likelihood model），是一个具有影响力的关于态度形成与改变的模型，描述了消费者如何在低介入度和高介入度情况下进行评估。[58]

他们的模型中有两种说服方式：中心路径（central route），即态度的形成或改变激发了许多思考，并且是基于消费者对最重要的产品信息所进行的认真且理性的思考；以及边缘路径（peripheral route），即态度的形成或改变只引起较少的思考，并且是源于消费者关于品牌与正面或负面的边缘线索的联想。消费者的边缘线索（peripheral cues）可能包括名人的代言、可靠的来源或任何能产生强烈情感反应的事物。

只有当消费者具有充足的动机、能力和机会时，他们才会遵循中心路径。换句话说，他们必须详细地评估一个品牌，在其记忆中存在必要的品牌和产品或服务知识，并且拥有充足的时间和适当的环境。如果缺少这些因素中的任何一个，消费者便会倾向于遵循边缘路径，并在他们的决策中考虑不那么核心的、更外在的因素。我们购买许多产品是在低介入度且没有显著品牌差异的情况下进行的。比如购买食盐，如果消费者在这个品类中总是不断地选择同一个品牌，那可能只是出于习惯，而非强烈的品牌忠诚。

有证据表明，大多数低成本、经常购买的产品介入度都较低。低介入度的产品成本或风险很小，并且差异化不大，这也意味着消费者可以轻易转换到该品类中的其他产品，或者沉迷于冲动购买以满足他们多样化的需求。营销者可以强调质量和品牌归属感，并确保有效的分销渠道，使消费者不会被迫去寻找其他产品（例如当他们常用的沐浴露或肥皂用完时），从而促进对这些产品的购买习惯。

营销者使用四种方法，试图让低介入度的产品变得能激发更高的介入度。第一，他们可以将产品与某个吸引人的问题相联系，如佳洁士将其牙膏与预防蛀牙相联系。第二，他们可以将产品与个人情况相联系，例如，果汁生产商开始添加维生素和钙来提高其饮料的营养价值。第三，他们可能会设计广告来激发与个人价值观或自我防御相关的强烈情感，正如麦片生产商开始向成年人宣传麦片有利于心脏健康的特质以及长寿对享受家庭生活的重要性。第四，他们可能会增加某个重要的产品功能，例如，通用电气推出的"柔白"（Soft White）灯泡。注意，以上策略最多只能将消费者的介入度从低水平提高至中等水平：它们并不一定能促使消费者高介入度的购买行为。

如果无论营销者做什么，消费者购买决策的介入度仍然很低，那么消费者就有可能遵循边缘路径。此时，营销者必须提供给消费者一个或多个积极线索来合理化他们的品牌选择，比如频繁的广告重复、醒目的赞助，以及有力的公关，以提高品牌熟悉度。其他用于扭转品牌局势的边缘线索包括受人喜爱的代言明星、有吸引力的包装，以及有感染力的促销。

干扰因素

即使消费者已经形成了评价，还有两个常见因素仍会在购买意向和购买决策之间产生干扰（见图 3-5）。第一个因素是他人的态度。我们受他人态度影响的程度取决于两个因素：（1）他人对我们所偏好方案的态度强度；（2）我们遵从他人意愿的动机。[59] 他人的态度越强烈，并且他们与我们越亲近，我们就越有可能调整自身的购买意向；反之亦然。

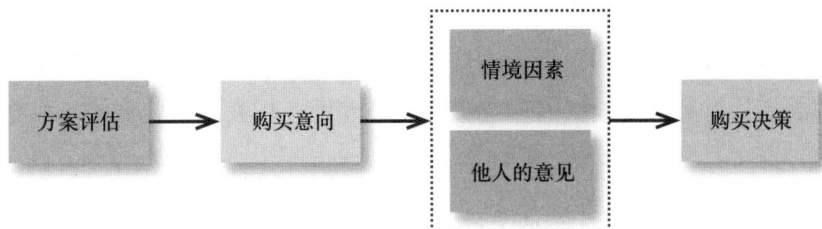

图 3-5
方案评估与购买决策之间的步骤

信息媒介的评价与他人态度的影响息息相关，比如：《纽约时报》的 Wirecutter 网站为科技和电子产品提供推荐；《消费者报告》对所有类型的产品和服务提供公正的专家评论；君迪为汽车、金融服务以及旅游产品和服务提供基于消费者的评级；专业的电影、图书和音乐评论员；亚马逊等网站上对产品、图书和音乐的消费者评论；以及越来越多的聊天室、论坛、博客和其他在线网站，如 Angie's List 上人们对产品、服务和公司的讨论。[60]

第二个干扰因素涉及情境因素，这些因素可能会突然出现并改变购买意向。例如，消费者可能会在购买笔记本电脑之前失业，购买其他商品变得更加紧迫，商店里的销售人员让他感到厌烦。因此，偏好甚至购买意向都不是购买行为的完全可靠的预测指标。

消费者改变、推迟或取消一项购买决策的决定，在很大程度上受到一种或多种感知风险（perceived risk）的影响。[61] 这些风险包括：产品性能不符合预期，即功能风险（functional risk）；产品对使用者或他人的身体健康造成威胁，即物理风险（physical risk）；产品价格虚高，即财务风险（financial risk）；产品导致消费者在他人面前出丑，即社交风险（social risk）；产品影响使用者心理健康，即心理风险（psychological risk）；以及失败的产品选择导致消费者不得不花费更多时间和金钱去寻找其他更令人满意的产品，即机会风险（opportunity risk）。

感知风险的程度随着所涉及金额、属性不确定性的大小以及消费者的自信水平而变化。消费者为降低风险的不确定性和不良后果而建立了一套惯常做法，如回避决策、从朋友那里收集信息，以及形成对国家知名品牌和质量保证的偏好。[62] 营销者必须了解引起消费者感知风险的因素，并向他们提供信息和支持以降低风险。

购后行为

购买结束之后，消费者可能会因为注意到某些令人不安的产品特点，或听到有关其他品牌的优点而经历认知失调，并会对那些支持其决定的信息保持警惕。因此，营销沟通应该提供信念支持和评价，以强化消费者的选择，并帮助他们对品牌树立良好感觉。营销者的工作并不会随着购买的结束而结束，他们必须监控购后满意度、购后行为，以及购后的产品使用与处置。

满意度取决于消费者预期与产品感知性能之间的差异程度。[63] 如果性能没能达到预期，消费者就会失望；如果达到预期，消费者就会满意；如果超出预期，消费者就会开心。这些感受会影响顾客是否再次购买该产品，以及和他人谈论该产品时的评价。预期和表现之间的差距越大，不满意程度就越高。这就是消费者的应对方式开始发挥作用之处。当产品并不完美时，一些消费者会放大该差距而表现出非常不满意；而另一些消费者则会最小化该差距，只表现出较低的不满意程度。

满意度会影响顾客的购后行为。满意的消费者更有可能再次购买该产品，也会倾向于向他人称赞该品牌。实际上，有的人认为，当一个顾客成为拥趸并向他人推荐公司的产品时，该公司就达到了成功的最高境界。不满意的消费者可能会丢弃或退回产品，甚至采取公开行动，比如向公司投诉、寻求律师、直接向其他组织（如企业、私人或政府组织）投诉、在网上表达不满。私下行动则包括决定停止购买该产品（退出权，exit option）或提醒朋友（发言权，voice option）。[64]

与购买者进行购后沟通已被证明可以减少产品退货或取消订单的情况。例如，电脑公司可以写信给新的购买者，祝贺他们选择了一台优质的新平板电脑；可以投放广告，介绍满意的品牌拥有者；可以征求顾客的改进建议，并列出有效的服务点；可以编写简单易懂的说明书；还可以向购买者发送电子邮件更新，介绍新款平板电脑应用程序。此外，它们还应该建立有效的渠道以便迅速消除顾客的不满。

营销者应该监控购后行为的一个重要方面是产品的使用和处置。销售频率的一个重要驱动因素是产品消耗率：购买者消耗产品的速度越快，他们回到市场复购的速度就会越快。反之，消费者可能无法及时更换某些产品，因为他们高估了产品寿命。[65]

加速产品更换的一种策略是将产品更换的行为与某个特定的节假日、事件或一年中的某个时间点联系起来（如在夏令时结束时提倡更换烟雾探测器中的电池）。另一种策略是以订阅的方式提供产品，如美元剃须俱乐部（每月寄送一次剃须刀）和妙语（Quip，每三个月寄送一次电动牙刷头补充装）。公司每个月向订阅者邮寄的包裹中含有各种相关产品：从化妆品（Birchbox）到服装（Le Tote）、食品（Blue Apron）和狗狗护理产品（BarkBox）。

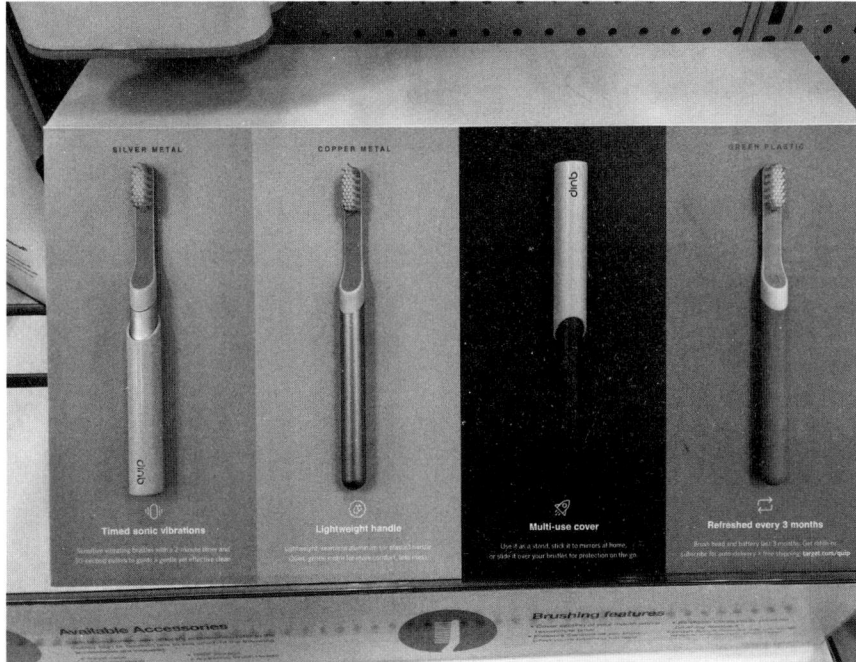

≪ 妙语设计了一种时尚而简约的牙刷，它依赖于订阅服务，即每三个月向用户邮寄更换电池和刷头。

Source: ZikG/Shutterstock

另一种策略是为消费者提供更合适的信息，告诉他们何时需要更换产品，以维持当前的性能。例如，电池有内置仪表显示还剩余多少电量；剃须刀有彩色的润滑条以指示刀片何时可能磨损；牙刷有彩色刷毛以指示磨损等。也许，提高使用率的最简单的方法就是了解什么时候实际使用率低于推荐值，并说服顾客定期更换产品的好处或增加单次用量的好处，这也解释了为何人们喜爱的洗发水瓶上都印有"洗发、冲洗和重复使用"的说明。

营销
洞察 ｜行为决策理论

消费者并非总是以深思熟虑和理性的方式处理信息或做出决策。在过去的三十年里，市场营销界最活跃的学术研究领域之一就是行为决策理论，它研究消费者在这些情况下如何做出决策。行为决策理论家已经发现了许多场景下消费者会做出看似非理性的选择。这里我们回顾一下两大领域中的一些决策相关的问题：（1）启发式和偏见；（2）框架效应。

启发式是简单的决策规则（或心理捷径），人们在形成判断和做出决策时会使用这些规则来节省时间并最小化认知努力。因此，启发式往往只关注和问题最相关的方面，而很少或不关注其他因素。这种简化的决策方法往往导致选择的准确性较低并具有系统性误差，从而带来次优结果。这些系统性误差，也被称为决策偏差（decision biases），在复杂的决策中特别常见，特别是消费者在信息和时间有限的情况下。

以下概述了一些最常见的启发式决策。

- 可得性启发式（availability heuristic）是指如果人们能够回忆起某事件更多的例子，那么人们倾向于判断该事件更有可能发生。例如，如果被问及美国是死于凶杀还是肺气肿的人更多，大多数人会将更多的死亡归因于凶杀，因为它更容易被想起（新闻媒体对凶杀的报道多于对肺气肿的报道），尽管事实上肺气肿导致的死亡人数比凶杀要多。

- 代表性启发式（representativeness heuristic）是指人们倾向于根据某事件与其所代表的类别的相似程度来判断该事件发生的可能性。例如，一个脸色苍白、温顺、安静和戴眼镜的人比一个活跃、外向和直言不讳的人更有可能被认为是电脑极客。这种启发式导致了许多决策偏差，比如忽视基础比率，即忽略了某事件发生的实际概率。

- 合取谬误（conjunction fallacy）是指人们错误地认为两个事件共同发生的概率大于其中任何一个事件独立发生的概率。合取谬误的一个典型例子是，受访者得知有关琳达的描述是她聪明、直言不讳，并且在学生时代就关注歧视和社会正义，然后对琳达进行评估：（A）银行出纳员（B）银行出纳员并积极参与女权运动。大多数受访者选择了（B），尽管集合（B）的可能性并不大于其子集（A）。

决策框架是指选择被呈现的方式和决策者看待选择的方式。例如，一款 200 美元的手机与一款 400 美元的手机相比可能显得很便宜，但与一款 50 美元的手机相比它就显得非常昂贵。框架效应是普遍存在且强有力的。

我们可以在比较型广告中发现框架效应：一个品牌将自己与另一个功能较差的品牌进行比较（"两倍的清洁能力"）；在定价方面，单位价格可以使产品看起来没那么昂贵（"每天只需几分钱"）；在产品信息方面，较大的数目似乎更受欢迎（24 个月保修期相比于两年保修期）；以及将新产品与现有产品进行比较，以便消费者能够更好地了解其优越的功能和特点。

消费者在做财务决策时，会使用一种特定形式的框架，被称为心理账户（mental accounting）。研究发现，消费者倾向于将不同的交易存入不同的心理账户，即使这样做毫无逻辑（因为任何账户中的资金可以用于实现任何目标）。心理账户基于一系列核心原则：

- 消费者倾向于将收益进行分割。当卖方的产品在多个维度上占优时，最好让消费者分别评估每个维度。例如，列举出一个大型工业产品的多个优点，可以使各部分的总价值看起来大于整体价值。

- 消费者倾向于将损失进行合并。如果某产品的成本可以附加到另一项较大的购买中，营销者在销售该产品时就会有明显的优势。例如，由于买房的价格已经很高，购房者更倾向于对额外的支出持正向态度。

- 消费者倾向于将较小的损失与较大的收益进行合并。"抓大放小"原则可以解释为什么从每月工资中扣税的痛苦要小于一次性缴纳大笔税款的痛苦，因为数额较小的扣税更有可能被数额较大的工资所掩盖。

- 消费者倾向于将小的收益从大的损失中分割出来。"一线希望"（silver lining）原则可以解释为何购买汽车等高价产品时流行返利的政策。

考虑在两种场景之间进行选择：场景 A 中，你花费 50 美元购买了一张音乐会门票，当你到达演出现场时才发现自己丢失了门票，你决定再买一张门票。而场景 B 中，你决定在音乐会现场门口买一张门票，当你到达演出现场时才发现自己在途中丢失了 50 美元，你还是决定买一张门票。

你对哪种损失感觉不那么强烈呢？大多数人会选择场景 B。虽然两种情况下损失是一样的，但在第一种情况下，你可能已经在心理上为音乐会分配了 50 美元，那么再买一张门票就会超出你对音乐会的心理预算。而在第二种情况下，你损失的钱不属于任何账户，因此没有超出任何心理预算。[66]

本章小结

1. 为了成功地在市场上竞争并创造顾客价值，管理者必须充分了解消费者行为的理论和现状。

2. 消费者行为受到三种因素的影响：文化、社会和个人。研究这些因素可以帮助公司更有效地接触和服务消费者。其中，文化因素对人们的感知和愿望以及如何满足他们的需要和欲望产生了最广泛和最深刻的影响。

3. 影响消费者行为的四个主要心理过程：动机、知觉、情感和记忆。

4. 了解消费者动机，首先要了解消费者旨在通过他们的行动来满足的需要。一些需要是生理性的，产生于生理的紧张状态，如饥饿、口渴或身体不适。而另一些需要是心理性的，产生于心理的紧张状态，如对认可、尊重或归属感的需要。当需要被激发到足够的强度以驱使人们采取行动时，它就会变成动机。动机既具有方向性，也具有强度。

5. 知觉是我们选择、组织和解释信息输入以创建一个有意义的世界图景的过程。在市场营销中，知觉比现实更重要，因为知觉会影响消费者的实际行为。人们之所以对同一对象产生不同的知觉，是由于三个知觉过程：选择性注意、选择性扭曲和选择性保留。

6. 消费者的反应并不全是知性的和理性的；许多反应可能是感性的，能够唤起不同种类的感受。情感是自发产生的心理状态而不是来自有意识的努力，同时反映了人们对内部和外部刺激的积极或消极反应。

7. 记忆——大脑记录、存储和检索信息和事件的能力——在消费者的购买决策中发挥着重要作用。记忆分为两种类型：短期记忆（一种暂时且有限的信息库）和长期记忆（一种更持久的、几乎是无限的信息库）。联想网络模型将长期记忆视为一系列的节点和链接。节点是被存储的信息，并由强度不同的链接所连接。

8. 典型的购买过程包括以下步骤：问题识别、信息搜索、方案评估、购买决策和购后行为。消费者不一定会按部就班地完成以上购买过程，而是可能会跳过、逆转某些阶段，以及在线上和线下购物之间交替进行。营销者的工作就是了解每个阶段的购买者行为。

9. 消费者是建设性的决策者，并且受到许多情境因素的影响。由于使用了许多启发式决策，他们经常在决策中表现出低介入度。他人的态度和预期外的情境因素可能会影响购买决策。消费者改变、推迟或取消一项购买决策的决定，在很大程度上受到一种或多种感知风险的影响。

10. 营销者必须监控顾客满意度和顾客使用公司产品的方式。满意度取决于消费者预期与产品感知性能之间的匹配度。监控满意度很重要，因为它反映了顾客从公司产品中所获得的价值。调查顾客的购后行为旨在掌握产品的使用和处置情况，以发现潜在的问题并识别新的市场机会。

营销
焦点 | 梅奥诊所

梅奥诊所是世界上第一家也是最大的非营利性综合型医疗集团。在100多年前，威廉·梅奥（William Mayo）和查尔斯·梅奥（Charles Mayo）共同创办了这家诊所（当时还只是一家小型门诊机构），并创造了团体执业实践的概念——这种模式至今仍被广泛使用。

梅奥诊所提供了卓越的医疗服务，并在许多专业领域都处于全国领先地位，如癌症、心脏病、呼吸系统疾病和泌尿科。它一直位居《美国新闻与世界报道》（U.S. News & World Report）的最佳医院名录之首，并在美国成年人中享有超过80%的品牌知名度。梅奥诊所通过采用与大多数诊所和医院不同的方法，并坚定不移地关注患者体验，从而达到了如此成功的水平。该诊所的两个相互关联的核心价值观可以追溯到其创始人，是该组织所有工作的核心：将患者的利益置于其他一切利益之上，并实行团队合作。

梅奥诊所位于明尼苏达州的罗切斯特、亚利桑那州的斯科茨代尔和佛罗里达州的杰克逊维尔的三家院区均考虑到了患者体验的方方面面。从患者走进梅奥诊所的那一刻起，他们就会拥有完全不同的体验。

这一切都始于梅奥诊所的迎宾员，他们迎接新患者进入大楼并引导他们完成行政流程，以温暖的微笑问候回访患者时，甚至能叫出每个人的姓名。此外，建筑和设施本身的设计和建造也都考虑到了患者的需求。一位建筑师解释说，这些建筑是为了使"患者在见到医生之前感觉好

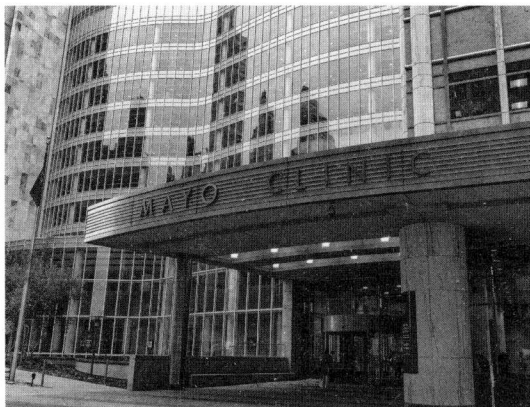

Source: Bob Pool/Shutterstock

一点"。例如，位于斯科茨代尔的梅奥诊所的大厅里有一个室内瀑布和一扇可以俯瞰群山的落地窗。

位于罗切斯特的21层高的冈达楼（Gonda Building）算是梅奥诊所的总部，来自世界各地的人们前来寻求医疗救助。该建筑拥有壮观的开放式空间，通向天空的巨大窗户，并设有梅奥诊所的创新中心，梅奥的许多前沿想法都在这里得以实现。创新中心的创建使命是"改变医疗护理的交付和体验"。为了能够践行这一崇高目标，中心的员工会观察患者，采访家属，开展研究，以及测试和模拟可能的解决方案。例如，当梅奥诊所要求对一个主要的房间进行创新时，创新中心在一个灵活的空间里使用了原型检查室，以便员工和患者可以测试新布局，并发现最有效和对患者最友好的环境。由此产生的设计被称为"杰克和吉尔房间"（Jack and Jill rooms），这一概念将检查空间与谈话空间分隔开。如今，两个谈话室位于检查室的两侧，并可以由内门进入。这种设计

对患者和医生均有好处，因为他们喜欢在远离医疗工具和设备的地方有一个单独的谈话场所，且有空间容纳家庭成员。此外，医生们还发现在检查室不放家具是有好处的。

在为患者服务方面的另一个显著区别在于梅奥诊所的团队合作理念。无论是否有医生的转诊，患者都可以来梅奥诊所。一旦患者到达，医生团队就会被召集起来；它可以由任何医疗专业人员组成，包括主治医生、外科医生、肿瘤医生、放射科医生、护士、住院医生或其他具有相应技能、经验和知识的专家。

医疗专业团队共同工作以诊断每位患者的医疗问题。这可能涉及对检查结果进行数小时的分析和讨论，以确定最精确的诊断和最有效的治疗方案。一旦团队达成共识，领导者就会与患者会面，并讨论他们的选择。在整个过程中，患者被鼓励参与讨论。如果有必要进行手术，手术通常会被安排在 24 小时内进行，这与患者在许多其他医院所经历的漫长等待大不相同。梅奥诊所的医生明白，那些寻求治疗的患者希望他们能尽快采取行动。

梅奥的医生领取固定工资，而不是根据就诊人数或接受检查人次来领取工资。因此，患者得到了更多个性化的关注和护理。医生则共同工作，而不是相互竞争。正如梅奥的一位儿科医生所解释的："我们可以毫无负担地打电话请同事提供我们所谓的'路边咨询'服务。我不需要分成或欠人情。这从来就不是交换的问题。"

由于梅奥诊所是一家非营利性组织，其所有的营业收入都将被重新投入其研究和教育项目中。突破性研究会迅速应用于提升患者的护理质量。梅奥诊所通过其五所学校提供教育项目，且梅奥的理念已经在许多医生心中根深蒂固，其中包括梅奥的座右铭："患者的利益最大化是唯一值得考虑的利益。"

梅奥诊所以其独立的思想、卓越的服务和表现以及对患者护理和满意度的核心关注，得到了许多第三方的认可。首席执行官约翰·诺斯沃西博士（John Noseworthy）表示："有时我们不得不做出没有商业意义的决定，但它们对患者来说却是好事。"也许这就是为什么每年会有超过 100 万名患者（包括美国总统和外国元首）前往梅奥诊所接受治疗。[67]

问题：

1. 为什么梅奥诊所在为患者服务方面表现出色？梅奥诊所为患者创造了什么价值？

2. 梅奥诊所区别于其他医院和医疗机构的关键点是什么？

3. 在让患者开心和尽可能提供最好的医疗服务之间是否存在利益冲突？为什么？

营销
焦点 | 财捷

财捷（Intuit）是一家针对小型企业、会计师和个体消费者，开发和销售财务、会计和报税软件及相关服务的公司。1983年，宝洁的前员工斯科特·库克（Scott Cook）意识到必须有一种更好的方法来自动化其账单支付流程，于是和斯坦福大学的程序员汤姆·普罗克斯（Tom Proulx）创立了这家公司。30余年来，财捷的使命是"通过解决人们重要的商业和财务管理问题，彻底改变人们的生活"。

财捷于1984年推出其第一款产品迅捷（Quicken），但在最初的几年里两次几近倒闭。为了生存，财捷改变了它的分销策略，将其软件销售给银行。在行业杂志上获得了一些好评，以及开展了基于1-800免费热线的平面广告活动后，该公司获得了第一次突破。到1988年，迅捷成为市场上最畅销的金融产品。该公司于1992年推出了迅捷账本（QuickBooks），这是一款面向小型企业的记账和工资软件产品，并于次年上市。

由于迅捷、迅捷账本和超速报税程序TurboTax的成功，财捷在20世纪90年代初期迅速发展。财捷的产品以简单易用的方式为小型企业解决了财务和税务问题，这些问题甚至连复杂的会计软件包都难以解决。财捷并不是第一家提供报税软件的公司，当时至少有46家公司已经在提供类似产品。迅捷的原始版本之所以能够脱颖而出，在于它设计精良，并具有直观的界面，因为它看起来并不像电子表格，而是展示了熟悉的支票登记簿和私人支票的图片。因此，迅捷很

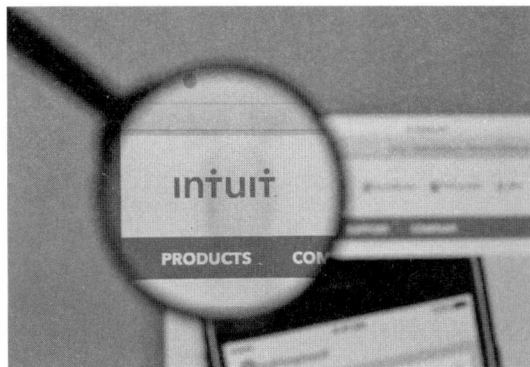

快成为个人财务软件的市场领导者，尽管它所提供的功能只有许多竞争产品的三分之一。

财捷通过广泛的消费者调研，认识到创造客户价值的关键是简便性而不是深入的会计分析。财捷每年花费大量的时间和金钱用于研发，大约占其净收入的20%。消费者调研帮助财捷在快节奏的技术世界、不断变化的消费者需求和日益激烈的竞争中，准确了解顾客如何使用和感受它的产品。

实地研究人员可以通过各种方式来揭示消费者洞察。财捷的研究人员访问用户的家庭或办公室，以准确地观察他们的产品是如何被使用的，产品哪些方面效果好，哪些方面令消费者沮丧，以及如何改进产品。财捷每年进行约10000小时的此类访问。财捷还邀请消费者到其研究实验室，测试和试验公司的新产品和新创意。此外，消费者通过电话接受采访，并经常被邀请在互联网上查看新的设计概念。该公司还进行了广泛的持续研究，以了解更多关于影响小型企业的未来趋势。财捷使用它所了解的信息，每年改进产品版本，

并更好地了解下一代财务和税务软件。

近年来,这种深度研究促成了创新的新产品和服务。例如,财捷员工注意到年轻消费者在使用财捷税务软件程序时感到挫败,因为他们无法通过移动设备完成纳税。这种挫败感和财捷对消费者敏锐的同理心,促成了税务应用程序 SnapTax 的开发。该程序会自动识别消费者 W-2 表格中的数据,并将这些数据直接输入 TurboTax。SnapTax 是第一个允许人们完全通过其智能手机准备并电子申报联邦和州税的工具。消费者的反响非常热烈:在其发布后的两周内,SnapTax 已经取代"愤怒的小鸟"成为 iTunes 上排名第一的应用程序。

财捷在意识到简化数据输入过程的重要性后收购了 Mint,这是一项在线个人财务管理服务,这项服务使得客户在输入他们的银行密码后自动下载其所有支出信息,从而省去了数据输入过程,同时向他们显示财务状况的饼状图。收购 Mint 之后,财捷将其许多功能整合到自身软件中,减少了"画饼状图的时间",即从客户开始使用程序到看到第一个成果(清晰并良好呈现的预算和饼状图)的时间。了解到报税准备是一个费力且高度情绪化的过程,财捷不仅开始关注软件功能,还关注情感回报,即通过减少工作量和加快顾客退税的流程来实现。

尽管财捷的营销活动多年来不断发展,但积极的口碑和卓越的顾客服务成为该公司一直以来最有效的营销工具。事实上,10 个用户中大约有 8 个用户是因为非正式的口碑认可而购买财捷产品的。财捷争夺和捍卫市场地位的能力在很大程度上得益于其消费者生态系统(包括 TurboTax、迅捷、迅捷账本和 Mint)的强大功能,为其客户节省了更多的金钱和时间,也增强了客户信心。随着财捷的全球扩张,它也在不断开发新产品,以更好地满足不断变化的顾客需求。2019 年,该公司开发了一种解决方案,允许 Coinbase 及其专业版 Coinbase Pro 客户将他们的交易、收益和损失直接上传到 TurboTax 总监版(TurboTax Premier),以帮助其决定如何报税。[68]

问题:

1. **为什么消费者调研和设计思维对财捷的成功如此重要?**
2. **财捷为其客户创造了什么价值?**
3. **财捷在不久的将来会面临哪些挑战?**

4

分析企业市场

学习目标

1. 解释组织采购过程的关键环节。
2. 阐释采购中心在组织中的作用。
3. 描述企业市场决策过程的各个阶段。
4. 解释组织如何制订营销计划以吸引和留住企业顾客。
5. 描述企业市场营销者如何建立和维持与顾客的关系。

卡特彼勒对于创新和产品扩展的高度重视，促使其从一家销售推土机的公司发展成为全球最大的土方设备和发动机制造商。

Source: Daniel Acker/Bloomberg/Getty Images

　　企业市场，虽然通常不如消费者市场那么显而易见，但却比消费者市场大得多。企业市场包括所有的企业、组织和政府，它们购买和销售大量的原材料、制造组件、工厂和设备、物资及服务，以帮助它们为其他企业和消费者开发产品。企业营销的核心（非常类似于消费者营销），是通过开发满足企业客户需要的产品来创造市场价值。卡特彼勒能够始终如一地满足客户需要并经常超出客户的期望。

　　卡特彼勒（Caterpillar）成立于 1925 年，由两家位于加利福尼亚的推土机公司合并而成。然而，卡特彼勒的品牌名可以追溯到 20 世纪初。当时该公司的创始人之一本杰明·霍尔特（Benjamin Holt）设计了一种推土机履带，采用宽而厚的履带替代车轮。这种履带能够避免机器陷入加利福尼亚深厚、肥沃的土壤中，尤其当这些土壤较为潮湿时，其他机器是无法通行的。这款新型的农用推土机沿着农田缓慢行进，一位观察者形容它 "像毛毛虫一样爬行"。霍尔特以卡特彼勒为品牌名销售推土机，合并后的公司就成为卡特彼勒推土机公司。该公司起初稳步发展，取得了一些重大成就，其中包括一战和二战时在陆军坦克上使用带有卡特彼勒商标的农用履带。20 世纪中期，公司销售量在众多战后建设和强劲的海外需求的推动下，保持强劲增长，同时在创新方面势如破竹，如柴油推土机和胶轮推土机等。从那时起，卡特彼勒公司发展成为全世界最大的土方设备和发动机制造商。如今，卡特彼勒在其所服务的每个行业中均排在世界前两名。其产品以高品质和高可靠性而著称，并且公司在扩大其产品组合的同时，一直保持对创新的高度重视。其独特的黄色机器遍布全球，使得该品牌成为美国的标志。[1]

　　世界上一些最有价值的品牌都是企业市场营销者，比如 ABB、卡特彼勒、杜邦（DuPont）、联邦快递、惠普、IBM、英特尔和西门子（Siemens）。许多市场营销的基本原则也适用于企业营销者。像消费者市场营销者一样，他们也需要接受全方位营销原则，例如与客户建立稳固且忠诚的关系。但他们在向其他企业销售时也面临一些独特的挑战。在本章中，我们将重点介绍一些企业市场营销的关键异同点。[2]

组织采购过程

组织采购是一个决策过程，正式组织通过该过程来确定购买产品和服务的需要，并通过该过程在备选品牌和供应商中进行识别、评估和选择。[3]

了解企业市场

企业市场（business markets）包括所有获取商品和服务的组织，这些商品和服务用于生产那些销售、出租或供应给其他顾客的产品或服务。任何为产品提供组件的公司都属于 B2B 市场。构成企业市场的一些主要行业有：航空航天业、农业、林业和渔业、化工行业、计算机行业、建筑业、国防工业、能源行业、矿业、制造业、建筑业、运输业、通信业、公共事业、银行、金融和保险业、分销业，以及服务业。

在销售中，更多的资金和商品转移给企业买家，而非消费者。试想一下生产和销售一双简单的鞋的过程。[4] 如今，在鞋的生产过程中使用了各式各样的材料和材料组合。皮革、合成材料、橡胶和纺织材料都属于基本的鞋面材料。每种材料都有其自身的特性，不仅在外观上有所不同，在物理性能、使用寿命和护理需要上也有所不同。制鞋材料的选择极大地影响了鞋的使用寿命，并在许多情况下决定了它的用途。对于皮鞋来说，皮料经销商必须将皮料卖给制革商，制革商将皮革卖给制鞋商，制鞋商将鞋卖给批发商，批发商再将鞋卖给零售商，最终零售商将鞋卖给消费者。供应链中的每一方还需购买许多其他的商品和服务以支持其运营。

鉴于 B2B 营销的激烈竞争，营销者的最大敌人是大众化，即顾客认为不同公司的产品提供了相同的价值。[5] 大众化蚕食了利润并削弱了顾客忠诚度。只有当目标顾客确信市场上的产品之间存在有意义的区分，并且该公司产品的独特优势值得其支付额外成本时，才能克服大众化。因此，企业间营销的一个关键步骤是创造并传播与竞争对手间的相关差异。

企业市场营销者与消费者市场营销者面临许多相同的挑战，尤其在了解顾客及顾客价值方面。备受推崇的美国企业市场研究协会（Institute for the Study of Business Markets，ISBM）指出，B2B 营销的三个最大障碍包括整合销售和营销部门、管理创新、收集与利用顾客和市场洞察力。ISBM 列举的另外四个当务之急是证明营销对企业绩效的贡献、更深入地与客户和客户的客户互动、确定集中式与分散式营销活动的正确组合、发现和培养营销人才。[6]

然而，企业市场与消费者市场在某些方面形成了鲜明的对比。企业市场有以下特点：

- **买家数量少但规模大。** 与消费者市场营销者相比，企业市场营销者通常与数量少得多但采购规模大得多的买家打交道，尤其是在飞机发动机和国防武器等行业。例如，固特异（Goodyear）轮胎、康明斯（Cummins）发动机、德尔福（Delphi）控制系统和其他汽车零组件供应商的利润在很大程度上取决于从少数几家主要汽车制造商那里获得的大额合同。

- **供应商与客户的关系更为密切。** 由于客户基数较小，加之客户的规模、重要性和实力等因素，供应商常常被要求根据个别企业客户的需要定制产品。例如，总部位于匹兹堡的 PPG 工业集团每年从数千家供应商处采购超过 70 亿美元的材料和服务。PPG 会对其供应商在产品质量、交付、归档、创新、响应和持续改进等方面的优异表现给予奖励。通过供应商增值计划（Supplier Added Value Effort，$AVE），PPG 向为其提供保养、维修、运营商品和服务的供应商提出挑战，要求其每年向 PPG 提供至少相当于 PPG 年销售总额 5% 的增值和成本节省计划。[7] 企业买家也经常选择购买该公司产品的供应商。例如，一家造纸厂可能会从一家化学公司那里购买用于制浆和造纸的化学品，而这家化学公司反过来又会从该造纸厂购买大量的纸制品。

- **采购专业性强。** 企业商品通常由训练有素的采购代理来采购，他们必须遵循其组织的采购政策、限制和要求。企业采购中使用的许多文件（例如询价、采购方案和采购合同）通常不会在消费者购买过程中出现。许多专业买家都是美国供应管理协会（Institute for Supply Management，ISM）的成员，该协会力求提高专业采购人员的工作效率和地位。这意味着企业营销者必须提供更多关于其产品及其竞争优势的技术数据。

- **采购的影响因素多。** 通常有更多的人员会影响到企业采购决策。在采购主要商品时，采购委员会中包括技术专家甚至高级管理人员是很常见的。企业营销者需要派出训练有素的销售代表和团队，与那些同样训练有素的买家打交道。

- **关注点更多。** 对企业商品的需求最终取决于对消费品的需求。为此，企业市场营销者必须密切追踪终端用户的购买模式。例如，总部位于匹兹堡的康索尔能源公司（Consol Energy）的煤炭和天然气业务主要依赖于公共事业和钢铁公司的订单，而这些公司又依赖于消费者对电力及汽车、机器和电器等以钢铁材料为基础的产品的需求。企业买家还必须密切关注经济因素，如生产水平、投资水平、消费者支出水平以及利率。企业市场营销者无法刺激总需求，只能更加努力以提升或维持其市场份额。

- **需求缺乏弹性。** 许多企业商品和服务的总需求缺乏弹性，也就是说，它并不太受价格变化的影响。例如，皮鞋生产商不会因为皮革价格下跌而购买更多皮革，也不会因为皮革价格上涨而减少购买（除非能找到满意的替代品）。需求在短期内尤其缺乏弹性，因为生产者无法迅速改变生产方式。对于在商品总成本中所占份额极小的企业商品（如鞋带），需求也缺乏弹性。

- **波动的需求。** 对企业商品和服务的需求往往比对消费品和服务的需求更不稳定。在消费者需求增长确定的情况下，对工厂和设备的需求增幅会更大。对工厂和设备的需求更不稳定，因为它不仅有正常的更新需求，还要根据消费者需求来增减。

- **买家地域集中。** 多年来，超过一半的美国企业买家集中在七个州：纽约、加利福尼亚、宾夕法尼亚、伊利诺伊、俄亥俄、新泽西和密歇根。生产者的地域集中通常有助于降低成本。同时，企业市场营销者需要监控某些行业的区域转移，例如汽车行业不再集中于底特律周围。

- **直接采购。** 企业买家通常直接从制造商处采购，而不通过中间商，尤其是技术复杂或昂贵的商品，如农业设备、工业机械和飞机。

采购决策的类型

企业买家在进行一项采购时会面临许多决策。决策的数量取决于待解决问题的复杂程度、采购要求的新颖性、涉及的人数以及完成采购所需的时间。企业采购情况分为三种类型：直接重购、调整重购，以及全新采购。[8]

- **直接重购。** 在直接重购中，采购部门定期重新订购办公用品和大宗化学品等商品，并在供应商清单中进行选择。这些供应商努力保持产品和服务的质量，并经常提议使用自动重购机制以节省时间。供应商试图为潜在客户提供新产品，或利用潜在客户对当前供应商的不满，其目标是先获得一份小订单，然后随着时间的推移逐步扩大其采购份额。

- **调整重购。** 调整重购中的买家希望更改产品的规格、价格、交付要求或其他条款。这通常需要额外的谈判，并产生一份全新的采购协议；在某些情况下，也可能导致业务关系中断和供应商变更。

- **全新采购。** 全新采购的买家在首次采购某一产品或服务（如一栋办公楼、一个新的安全系统）时会面临一些风险。风险或成本越大，采购决策参与者的数量就越多，他们收集的信息也越多，并且完成决策所需的时间也越长。[9]

企业买家在直接重购的情况下所做的决策最少，而在全新采购的情况下所做的决策最多。随着时间的推移，全新采购也会变成直接重购和日常采购行为。

全新采购是营销者最大的机遇和挑战。采购过程将经历以下几个阶段：知晓、兴趣、评估、试用和采用。大众媒体在最初的知晓阶段可能最为重要；销售人员通常在兴趣阶段有最大的影响；技术来源在评估阶段可能最为重要；网上销售可能在所有阶段都有用。

在全新采购的情况下，买家必须确定产品规格、价格上限、交付条款和时间、服务条款、支付条款、订购数量、可接受的供应商以及选定的供应商。不同的参与者会影响每个决策，并且制定这些决策的顺序也会改变。

由于需要复杂的销售，许多公司组建了由最高效的销售人员构成的销售队伍。品牌承诺和制造商的知名度在建立信任以及说服顾客改变想法方面非常重要。营销者还会努力接触尽可能多的关键参与者，并为他们提供信息和帮助。

一旦获得顾客，公司的销售人员就会不断寻找方法来增加其市场产品的价值，以促进顾客重购。戴尔易安信公司（Dell EMC）已成功收购了一系列计算机软件先进制造商，从而将公司功能重新定位为管理和保护（而非仅仅存储）信息，进而帮助公司客户"加速其云计算之旅"。曾经，一款硬件产品的销售额能占到戴尔销售额的 80%，但现在戴尔的大部分收入来自软件和服务。

采购中心

谁采购了企业所需的价值数万亿美元的商品和服务呢？采购代理在直接重购和调整重购的情况下具有影响力，而其他员工在全新采购的情况下更具影响力，工程师通常在选择产品组件方面具有影响力，而采购代理在选择供应商方面占据主导地位。[10]

采购中心的组成

一个采购组织的决策单位通常被称为采购中心。它由"所有参与采购决策过程的个人和团体组成，他们拥有相同的目标，并共同承担决策带来的风险"。[11] 采购中心包括在采购决策过程中扮演一种或多种角色（共七种角色）的所有成员。

- **发起者**：组织中要求购买产品的人，包括使用者或其他人。
- **使用者**：使用产品或服务的人。在许多情况下，使用者发起购买建议，并协助确定产品要求。
- **影响者**：影响购买决策的人，通常协助确定规格并为评估备选方案提供信息。技术人员是非常重要的影响者。
- **决策者**：决定产品要求或供应商的人。
- **批准者**：授权决策者或采购者进行采购的人。
- **采购者**：拥有正式授权来选择供应商并安排采购条款的人。采购者可以协助制定产品规格，但他们的主要工作是选择供应商并协商条款和价格。在更复杂的采购中，采购者可能包括高级管理人员。
- **把关者**：有权阻止卖家或信息传达到采购中心成员的人。例如，采购代理、接待员和电话接线员可能会阻止销售人员联系使用者或决策者。

同一个特定角色可以由多人担任，如使用者或影响者；同一个人也可以同时担任多个角色。[12] 例如，一位采购经理通常可以同时担任采购者、影响者和把关者的角色。他可以决定哪些销售代表有权拜访组织中的其他人、采购的预算和其他限制条件，以及实际获得业务的公司，即使其他人（决策者）可能会选择两个或更多能够满足公司要求的潜在供应商。

一个采购中心通常有 5~6 名成员，有时有几十名。有些可能是组织外部的人，如政府官员、咨询顾问、技术顾问以及营销渠道的成员。

采购中心在组织中的作用

过去，尽管采购部门通常管理着公司一半以上的成本，但其在管理层中的地位却很低。近年来，竞争压力致使许多公司提高了其采购部门的地位，并将其管理人员提升至副总裁级别。这些新的、更具战略导向的采购部门的使命是从更少且更好的供应商处寻求最佳价值。

有些跨国公司甚至将采购部门升级为"战略供应部门"，负责全球采购和合作。例如，在卡特彼勒公司，采购、库存控制、生产调度和交通运输已被合并为一个部门。以下是另外两家在改进其企业采购实践中受益的公司。

力拓集团　力拓集团（Rio Tinto）是勘探、开采和加工矿产资源的全球领先企业，在北美和澳大利亚都拥有重要业务。由于与供应商的协调非常耗时，力拓集团与一家主要供应商共同实施了一项电子商务战略，双方都获得了巨大收益。在大多数情况下，订单在传输后的几分钟内就可以在供应商的仓库中完成；同时，供应商使用收单付款程序，将力拓集团的付款周期缩短至大约 10 天。[13]

麦朗实业有限公司　麦朗实业有限公司（Medline Industries）是美国最大的私营保健品制造商和分销商，它使用软件来整合其线上和直销渠道的顾客活动视图，提高了其产品利润率和顾客留存率，减少了因定价误差造成的收入损失，并提高了其销售代表的工作效率。[14]

采购部门的升级意味着企业营销者必须提升销售人员的素质，以适应当今企业买家的更高标准。

采购中心动力学

采购中心通常包含了有着不同利益、权力、地位和立场不太坚定的参与者，常常有非常不同的决策标准。例如，工程师希望最大限度地提高产品的性能，生产人员强调使用的便利性和供应的稳定性，财务人员关注采购的经济性，采购人员关注运营和更换成本，工会人员强调安全性。

企业买家也具有个人动机、认知和偏好，这些都受其年龄、收入、受教育程度、工作职位、个性、对待风险的态度以及文化的影响。根据个人偏好，这些买家可以分为"一切从简"型、"我是专家"型、"只求最好"型或"追求全能"型。一些年轻、受过高等教育的买家精通技术，他们在选择供应商前会对有竞争力的标书进行严格的分析。还有些买家是强硬的"保守派"，他们会挑动参与竞争的卖家竞价。而在一些公司里，掌握采购权的高层则是传奇人物。

采购决策最终由个人而非组织做出。[15] 个人受到自身需要和认知的驱动，总是试图最大化其获得的组织奖励（薪酬、晋升、认可度和成就感），而组织则需要使采购过程及其结果规范化。

企业家并不只是购买"产品"，他们购买的其实是两个问题的解决方案：组织的经济和战略问题以及他们自身对成就和奖励的需要。从这种意义上来说，企业的采购决策既是"理性的"，也是"感性的"，既要满足组织需要，也要满足个人需要。[16]

一家工业零组件制造商进行的研究发现：它的中小型客户的高层管理人员可以放心地从其他公司采购产品，但他们似乎潜意识里对购买该制造商的产品不放心，技术的不断变化使得他们对产品性能、可靠性和兼容性等问题感到担忧。意识到这种不安后，该制造商调整了他们的销售方式，转而强调更多的情感诉求，以及其产品线如何使客户提高绩效，从而缓解了他们使用其组件所感受到的复杂性和压力。[17]

向采购中心推销

成功的 B2B 营销要求营销者不仅要决定把销售重点聚焦在什么类型的公司上，还要决定把销售重点放在这些公司采购中心的哪些人身上。

一旦营销者确定了营销工作所关注的企业类型，他们就必须决定如何以最优方式向这些企业进行销售。谁是主要的决策参与者？他们会影响哪些决策、影响程度有多深？他们会使用怎样的评估标准？请思考以下例子。

一家公司向医院销售一次性无纺布手术服。参与采购决策的医院工作人员包括采购副总裁、手术室管理员和外科医生。采购副总裁来确定医院应该购买一次性的还是可重复使用的手术服。如果是一次性手术服，手术室管理员就会比较各种竞争性产品的吸水性、抗菌质量、设计和成本，并且通常购买能以最低的成本满足功能要求的品牌。外科医生报告他们对所选品牌的满意度，反过来影响决策。

虽然企业市场营销者获取的关于个性和人际因素的所有信息都是有用的，但他们不可能确切地知道哪种群体动力会在决策过程中发挥作用。

小型卖家注重触达关键的购买影响者。规模较大的卖家通常会进行深度销售，以接触尽可能多的参与者。事实上，它们的销售人员往往与大客户"生活在一起"。公司必须更多地依靠其沟通计划来触达隐藏的购买影响者，并让现有客户随时了解情况。[18]

企业市场营销者必须定期审查他们对采购中心参与者的假设。传统上，思爱普（SAP）将其软件产品销售给大公司的首席信息官们，但在它将销售重点从首席信息官转移到层次较低的各个公司基层单元后，思爱普面向新客户的软件许可销量反而大大增加了。

关于顾客和采购中心的洞察至关重要。通用电气对塑料纤维行业的民族志研究表明，这个行业并不像它假设的那样，是一个价格驱动的行业，相反，这是一个手工行业，客户希望在其发展的最初阶段就与通用电气合作。这导致通用电气彻底调整了它与该行业内公司的交往方式。民族志研究在发展中市场中也非常有用，尤其是在偏远的农村地区，因为营销者通常对消费者不甚了解。

在开展销售工作时，企业市场营销者还可以酌情考虑其客户的客户，或者终端用户。许多 B2B

销售对象都会将它们购买的产品作为销售给终端客户的产品的组件。企业市场营销者可以寻找机会与客户的客户进行互动，改进其产品甚至商业模式。例如，荷兰的三维运动传感器技术供应商鑫盛科技（Xsens）在帮助解决一位客户的客户的问题时，开发了一个全新的操作程序，将其产品的精度提高了一个数量级。[19]

了解采购流程

企业的采购流程包含许多明确的阶段。一种广为流传的模型描述了企业市场决策过程的八个不同阶段。[20] 这些阶段如图 4-1 所示，其中每个阶段的重要考虑因素将在以下部分中做更详细的讨论。需要注意的是，在调整重购或直接重购的情况下，某些阶段可能会被精减或跳过。例如，采购者通常会有一个最喜欢的供应商或供应商名单，这样就可以跳过搜寻和提案征集阶段。

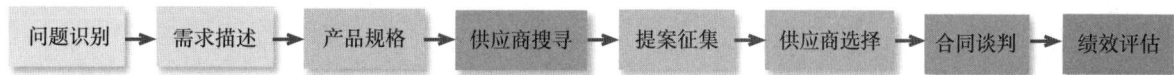

| 问题识别 | → | 需求描述 | → | 产品规格 | → | 供应商搜寻 | → | 提案征集 | → | 供应商选择 | → | 合同谈判 | → | 绩效评估 |

图 4-1
企业采购流程中的各个阶段

问题识别

当公司中有人意识到某个问题或某种需要可以通过采购商品或服务得到满足时，采购流程便开始了。这种意识可以由内部刺激或外部刺激而引起。内部刺激可能是开发新产品需要新设备和新材料，或者是一台机器发生故障需要新零件，或者是已采购的材料不再令人满意，促使公司寻找另一家供应商来获得更低的价格或更好的质量。外部刺激可能是采购者在展销会上获得了一个新想法、看到了一则广告、收到了一封电子邮件、阅读了一个博客，或者接听了一位销售代表的电话，他能提供物美价廉的产品。企业市场营销者可以通过多种方式进行直销来激发问题识别。

需求描述

接下来，采购者将确定所需商品的总体特征和所需数量。这里的目标是确定公司的特定需求，以及希望从产品中获得的利益。对于标准化商品，这很简单；对于复杂商品，采购者需要与其他人员（工程师、使用者）共同定义可靠性、耐用性或价格等特征。企业市场营销者应详尽描述其产品能如何满足甚至超过采购者的预期以帮助采购者。

产品规格

现在，采购组织制定商品的技术规格。通常，公司会指派一个产品价值分析工程团队负责该项目。**产品价值分析**（product value analysis）是一种降低成本的方法，它研究是否可以在不影响产品性能的情况下对组件进行重新设计、标准化或采用更低成本的生产方法。价值分析团队将识别出过度设计的组件，例如那些比产品本身寿命更长的组件。严格的书面规范使得采购者能够拒绝那些过于昂贵或不符合特定标准的组件。

供应商可以将产品价值分析作为一种工具来对自身进行定位，以赢得客户。无论采用何种方法，重点在于消除过度的成本。例如，墨西哥水泥巨头西麦斯（Cemex）以"西麦斯方法"而闻名，这一方法就是采用高科技手段提高效率。[21]

供应商搜寻

采购者接下来试图通过贸易目录、与其他公司联系、贸易广告、贸易展览和互联网来确定最合适的供应商。线上采购对供应商有着深远影响，并将改变未来几年的采购格局。

为了促进供应商搜寻，并在与供应商的谈判中占据优势，有时几家公司会组成一个采购联盟，以简化对供应商的搜寻，并在批量采购中获得更大的折扣。例如，拓普科（Topco）是美国最大的零售食品 GPO（集团采购组织），是一个代表食品零售和批发相关企业的公司联合体。

在线采购的公司会以多种形式利用电子商务市场。

- **目录网站**。公司可以通过电子目录订购数以千计的商品，例如固安捷（W.W.Grainger's），就是利用电子采购软件进行分销。
- **垂直市场**。公司可以前往名为 e-hubs（电子枢纽）的专业网站购买工业产品（如塑料、钢铁或化学品）或服务（物流或媒体）。塑料采购者可以在 Plastics.com 数以千计的塑料卖家中搜寻最佳价格。
- **"专业"拍卖公司**。利氏兄弟拍卖行（Ritchie Bros. Auctioneers）是世界上最大的工业拍卖商，在北美、欧洲、中东、亚洲和澳大利亚拥有 40 多个永久性拍卖网站。2017 年，它在 400 多场网上无底价拍卖会上，销售了价值 45 亿美元的新设备和二手设备，包括各种重型设备、卡车，以及用于建筑、运输、农业、材料处理、石油和天然气、矿业、林业和海洋工业部门的其他资产。有些人喜欢在利氏兄弟拍卖行的拍卖会上亲自竞拍，也可以选择在公司的多语种网站 rbauction.com 上在线实时竞拍。[22]
- **现货（或交易）市场**。在现货电子市场，价格每分钟都在变化。美国洲际交易所（Intercontinental Exchange, ICE）是一家拥有数万亿美元销售额的金融和商品市场交易所。

- **私人交易所。**惠普、IBM 和沃尔玛经营着私人网上交易所，以便与特邀供应商和合作伙伴群体建立联系。

越来越多的公司正在转向线上采购。线上企业采购可以围绕 e-hubs 进行组织，包括聚焦行业的垂直枢纽（塑料、钢铁、化工、造纸）和职能枢纽（物流、媒体、广告、能源管理）。线上企业采购有几项优势：它降低了采购者和供应商的交易成本，缩短了从下单到交货之间的时间，整合了采购系统，并在合作伙伴和采购者之间建立了更为直接的联系。但缺点是，线上企业采购可能会削弱供需双方的忠诚度，并造成潜在的安全问题。

≪ 利氏兄弟拍卖行是世界上最大的工业拍卖商，为其客户举办了大量的网上及现场拍卖活动。

Source: Courtesy of Ritchie Bros. Auctioneers

提案征集

采购者接下来会邀请合格的供应商提交书面提案。在评估这些提案后，采购者将邀请一些供应商做正式报告。

企业市场营销者必须擅长调研、撰写和展示营销提案，以顾客的角度来描述价值和利益。此外，口头报告必须能激发信心，并且定位公司的能力和资源，以此在竞争中脱颖而出。

提案和销售工作通常是团队工作，利用了同事的知识和专长。总部位于匹兹堡的卡特勒-哈默（Cutler-Hammer）公司是伊顿公司（Eaton Corp）的一部分，它建立了一支销售人员"编队"，将特定地理区域、行业或市场集中度的销售人员集中起来。

供应商选择

企业市场采购者会寻求与产品成本相关的最大利益组合（经济的、技术的、服务的和社会的）。他们采购动机的强度是感知收益和感知成本之差的函数。[23] 采购者通常用价格、声誉、可靠性和敏捷性评估供应商的属性。在选择供应商之前，采购中心会明确指出期望的供应商属性，并对其进行排名。采购者通常使用供应商评估模型，从而根据他们看重的属性对供应商进行评级。

因此，企业市场营销者必须确保客户充分了解公司产品的不同之处和优势所在。为此，卖家经常在展示或"框定"产品时，强调它们提供的利益。这种方式很简单，能够确保客户意识到产品带来的所有好处；或者在客户思考购买、拥有、使用和处置产品的经济性时，施加更大的影响力。

为了提出令人信服的价值主张，企业市场营销者需要更好地了解企业市场采购者如何进行评估。[24] 属性的选择及其相对重要性因采购情况而异。交付可靠性、价格和供应商声誉可能对于某些公司很重要。而对于其他公司，最重要的属性可能是技术服务、供应商灵活性和产品可靠性。明确公司在选择供应商时的优先级，并识别符合这些标准的供应商是采购成功的关键。

目前，多数公司正逐步减少其供应商的数量。尽管使用多个（供应商）来源的公司经常将罢工、自然灾害或其他无法预料的事件的威胁视为单一采购的最大风险，但仍然出现了单一采购的趋势。公司还可能会担心单一来源的供应商会在这种关系中变得过于安于现状而失去竞争优势。

合同谈判

选择供应商之后，采购者会协商最终的订单，包括列出技术规格、所需数量、预计交付时间、退货政策和保修政策。对于重型设备，许多工业采购者会采取租赁而非购买的方式，如机械和卡车。承租人可以从中获得很多好处：最新的产品、更好的服务、更低的成本，以及税收优惠。而出租人最终通常能获得更多的净收入，还能为无法直接购买的客户提供服务。

对于设备的保养、维修和操作，采购者正在转向一揽子合同，而不是定期采购订单。一揽子合同建立了一种长期的关系，在这种关系中，供应商承诺在特定的时间段内，以商定的价格多次向采购者提供所需的产品。由于卖家持有库存，一揽子合同有时被称为无库存采购计划（stockless purchase plans）。它们锁定了供应商与采购者之间的关系，除非采购者不满意，否则外部供应商很难进入。

那些担心关键材料短缺的公司则愿意购买并持有大量库存。它们会与供应商签订长期合同，以确保材料的稳定供应。杜邦、福特以及其他几家大公司将长期供应计划视为其采购经理的主要工作。例如，通用汽车希望从少数几家供应商处进行采购，这些供应商必须愿意在其工厂附近生产高质量的组件。企业市场营销者也正在与重要客户建立外联网，以促进交易和降低交易成本。客户输入的订单会自动传输给供应商。

有些公司更进一步，使用供应商库存管理系统，将订购职责转移给它们的供应商。这些供应商了解客户的库存水平，并负责持续补货计划。Performance Pipe 是雪佛龙菲利普斯化工有限公司（Chevron Phillips Chemical Company）的一个部门，为世界领先的汽车制造商提供音响、照明和视觉系统。它与 40 家供应商开展了供应商管理库存计划，大大节省了时间和成本，使该公司能够使用过去的仓储空间进行生产制造活动。[25]

绩效评估

工业采购者会使用三种方法定期评估所选供应商的绩效。采购者可以联系终端用户并请求他们进行评估；根据多项标准使用加权评分法对供应商进行评分；或者加总不良产品的成本，以得出调整后的包括价格在内的采购成本。采购者会根据绩效评估结果来调整与供应商的关系。

许多公司已经设立了激励制度，以奖励采购绩效优秀的采购经理，从而使他们能够对卖家施压以获得最佳条款。

制订有效的企业营销方案

B2B 营销者正在使用他们掌握的一切营销工具来吸引和留住客户。他们采用的方式包括：系统销售、为其产品提供增值服务、采用客户推荐计划、利用各种线上线下的沟通和品牌活动。

从提供产品到提供解决方案的转变

许多企业市场采购者更喜欢从一个卖家那里购买整体解决方案。这种**系统采购**（systems buying）的做法起源于政府对重要武器和通信系统的采购。政府向主承包商进行招标，中标的主承包商将负责向二级承包商进行招标并组装系统的零组件。因此，主承包商提供了一种"交钥匙解决方案"——采购者只需转动一把钥匙即可完成所有工作。[26]

供应商日益认识到采购者喜欢以这种方式进行采购，并且许多供应商已经采用**系统销售**（systems selling）作为一种营销工具。惠普、IBM、甲骨文（Oracle）和戴尔等科技巨头都在由专业技术公司转型为竞争性的一站式商店，以便为企业转向云计算提供所需的核心技术。

系统销售的一种形式是系统承包（systems contracting），即由单一供应商满足买家所有保养、维修和运营 MRO 的要求。在合同期内，供应商还要管理客户的库存。壳牌石油（Shell Oil）管理其许多企业客户的石油库存，并知道何时需要补货。客户受益于采购和管理成本的降低，以及合同期内的价格保护；而供应商则得益于需求的稳定和文书工作的减少，降低了运营成本。

在大型工业项目（如水坝、钢铁厂、灌溉系统、卫生系统、管道、公共事业甚至新城镇建设）的投标中，系统销售是一个关键的工业营销策略。工程企业必须在价格、质量、可靠性和其他属性上进行竞争，以赢得合同。然而，工程企业并不只是受客户需求的摆布。理想情况下，它们在此流程的早期就会积极参与，以影响产品规格的实际开发；或者它们可以超越规格，以多种方式提供附加价值，正如下面例子所示。

向印度尼西亚政府推销　印度尼西亚政府计划在雅加达附近建造一家水泥厂，为此进行招标。一家美国公司提交了一份投标书，其中包括选址、设计工厂、雇用施工人员、组装材料和设备，以及将完工的工厂移交给印度尼西亚政府。而一家日本公司在其提案中不仅包括所有这些服务，还加上了雇用和培训工人来经营工厂，通过其贸易公司出口这家水泥厂生产的水泥，并使用该厂的水泥在雅加达修建道路以及新办公楼。虽然日本公司的计划涉及更多的资金，但它赢得了这份合同。显然，日本公司并没有把问题仅仅看成是建造一家水泥厂（狭隘的销售观点），还包括对印度尼西亚的经济发展做出贡献。它尽可能采取广阔的视角来了解客户的需要，这才是真正的系统销售。

加强服务

对于许多以销售产品为主的 B2B 公司，服务起到了越来越重要的战略和财务作用。在产品中增加高质量的服务，可以使公司提供更大的价值，并与客户建立更紧密的联系。

一个典型的例子是罗尔斯 – 罗伊斯（Rolls-Royce，简称罗罗）。该公司大力投资开发巨型喷气式发动机模型，以便波音和空客（Airbus）推出新型巨型飞机。除了销售发动机和更换零件外，罗罗的另一个重要的利润来源是其所附加的长期维修和保养合同，即"按小时包修合同"。罗罗的利润之所以提高，是因为客户愿意为合同所提供的安心和可预测性支付溢价。[27]

科技公司也在捆绑服务，以提高顾客满意度并增加利润。跟许多软件公司一样，奥多比系统（Adobe Systems）正在通过云端的月度订阅，向数字营销业务转型。例如，Photoshop、Illustrator 和 InDesign 等奥多比产品已经转移到线上，成为基于订阅的服务。对于提供此类服务的公司，一个特别的好处是，订阅模式不需要持续说服过去购买过该产品的用户升级新版本，因为在订阅模式中，用户会自动升级。因为奥多比系统能够向其云端顾客销售支持服务，所以其收入也在不断增加。

建立B2B品牌

企业市场营销者越来越认识到品牌的重要性。品牌的产品质量更有保证，使企业管理者安心，因此更易于向公司的利益相关者证明购买成熟品牌的合理性。正如老话所说："没有人会因为采购 IBM 而被解雇"。

总部位于瑞士的 ABB 是电力和自动化技术的全球领先企业，在 100 多个国家拥有 11 万名员工。该公司每年投入 10 亿美元用于研发，来推动具有悠久历史的开创性项目和国家建设项目。ABB 还实施了一个大规模的品牌重塑项目，评估了五个备选的定位平台，得出的结论是：ABB 应该定位为"用电力和效率让世界变得更美好"。在"同一个公司，同一个品牌"口号的指导下，ABB 所有的杂志、海报、宣传手册、数字传播，甚至展览会都进行了更新，以赋予品牌统一的形象并加强其全球市场领导地位。ABB 的大多数商业广告都包含真实项目的图片，并附有解释技术的特定业务信息。[28]

在 B2B 营销中，公司品牌至关重要，因为它与公司的许多产品密切相关。艾默生电气公司（Emerson Electric）是一家电动工具、压缩机、电力设备和工程解决方案的全球供应商，曾是一个由 60 家独立的（有时甚至是匿名的）公司组成的企业集团。为了扩大影响力，以便在利用其全球品牌名称的同时进行本地销售，艾默生将品牌整合在一个全新的全球品牌架构和标识下。全球整合行动将公司网站数量削减了一半，网上内容和营销活动在全球范围内被翻译成当地语言，并扩建了社交媒体平台。[29] 赛仕（SAS）是另一家认识到公司品牌重要性的企业。

Source: Kristoffer Tripplaar/Alamy Stock Photo

≪ 赛仕商业分析软件和服务公司为了摆脱其专为 IT 经理服务的品牌形象，并实现稳健增长，针对那些不了解赛仕软件优势或商业分析优点的高管开展了电视和平面广告活动。

赛仕商业分析软件和服务公司　赛仕商业分析软件和服务公司拥有一个由 147 个国家的 IT 客户组成的庞大"粉丝俱乐部"，并在 20 世纪末处于一个令人艳羡的地位。然而，它的形象却被一位行业观察员称为"极客品牌"。为了让公司的影响力不仅仅触及那些拥有数学或统计分析学博士学位的 IT 经理，公司需要与大公司的中层管理人员建立联系。这些人要么不知道赛仕软件是什么，要么不认为商业分析是一个战略问题。赛仕通过与广告公司合作（这是它有史以来使用的第一家外部广告公司），推出了一个新商标和一个新口号——"知识的力量"（The Power to Know），以及一系列电视广告和商业出版物（如《商业周刊》《福布斯》和《华尔街日报》）上的平面广告。作为利润丰厚和目前世界上最大的私营软件公司之一，赛仕自品牌重塑以来，其收入增加了一倍多，在公司内部也取得了巨大的成功。15 年来，《财富》杂志一直将其列为全美最佳雇主之一。[30]

克服价格压力

尽管采取了战略采购、合作、参与跨职能团队等措施，采购者仍需花费大量时间与供应商讨价还价。价格导向型采购者的数量因国家而异，并且取决于客户对不同服务配置的偏好和客户组织的特征。[31]

营销者可以通过多种方式（包括如前所述的使用框架）来应对低价请求。他们也可以证明产品的总体成本（产品在整个生命周期的成本）低于竞争对手。他们还可以列举出采购者所获得的服务价值，尤其当其服务优于竞争对手时。[32] 研究表明，服务支持和人际互动，以及供应商用于提升客户公司上市时间的专业知识和能力，都可以成为获取关键供应商地位的有用的差异点。[33]

　　提高生产率有助于缓解价格压力。有些公司会设定较低的价格，同时设定限制性条件（如数量有限、不接受退款、不接受换货以及不提供服务），来应对价格导向型采购者，[34] 还有一些公司寻求能够增加收益和降低成本以克服所有价格问题的解决方案。以下就是一个典型案例。

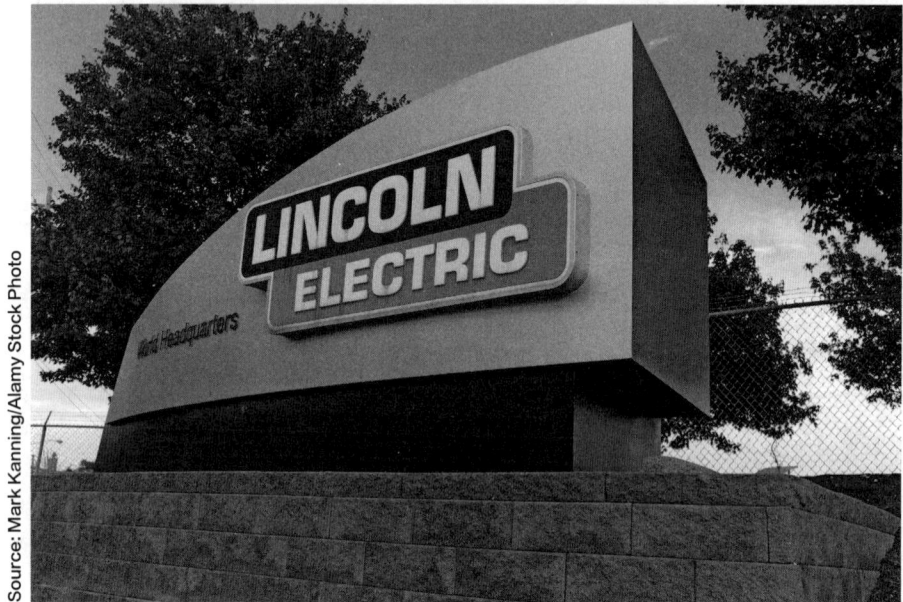

>> 焊接产品和设备制造商林肯电气，没有降低价格来应对其竞争对手，而是与其客户密切合作，帮助客户找到降低运营成本的方法，使得客户降低的成本达到或超过了其与竞争对手的价格差异。

Source: Mark Kanning/Alamy Stock Photo

林肯电气　林肯电气（Lincoln Electric）是一家位于克利夫兰的焊接产品和设备制造商，它有一个延续数十年的传统，即通过其"成本降低保障计划"与客户合作，来降低成本。当客户坚持要求林肯电气的经销商降价以便与竞争对手看齐时，公司和经销商会保证在未来的一年里，在客户的工厂里找到方法来降低成本，使得降低的成本能够达到或超过林肯电气产品与竞品的价格差异。当荷兰宾克利公司（Holland Binkley Company）——一家拖拉机拖车组件的主要制造商，多年来一直购买林肯电气的焊丝——开始货比三家，以寻找更优惠的价格时，林肯电气开发了一个合作降低成本的方案。这套方案最初只计划节省 1 万美元，但最终节省的成本达到了六位数。因此，林肯电气的业务不断增长，建立了牢固的供需长期合作关系。[35]

　　合作能够进一步帮助缓解价格压力。麦朗（Medline）是一家医院供应商，假设它与海兰帕克医院（Highland Park Hospital）签署了一份协议，承诺在前 18 个月内为医院降本 35 万美元，以换取医院当前供应份额的 10 倍增长。如果麦朗实现的降本金额低于承诺的数字，那么它将补足差额；如果它实现的节省金额远超过这一数字，那么它将参与更多的降本项目。为了使这份协议正常进行，麦朗必须帮助客户建立一个历史数据库，就衡量收益和成本达成协议，并设计一个纠纷解决机制。

　　降低价格和增加收益并不是克服价格压力的唯一途径。在某些情况下，问题不在于改进产品，而在于更清楚地告知客户产品所能带来的利益。经济价值分析（economic value analysis，EVA）是一种常用的、使产品价值对客户更透明的方法。经济价值分析是一种工具，有助于将公司产品的功能利益（如性能、可靠性和保修）货币化。

假设一家大型建筑公司的采购者想从卡特彼勒或小松机械（Komatsu）采购一台用于住宅建设的推土机。他希望这台推土机能提供一定的可靠性、耐用性、性能和转售价值。这两家供应商的销售人员仔细描述了各自的报价。采购者根据他对产品属性的认知，认为卡特彼勒具有更大的产品优势。他感知到了这两家公司在配套服务（交货、培训和维护）上的差异，并认为卡特彼勒拥有知识更丰富、反应更迅速的员工，能够提供更好的服务。最后，他更看重卡特彼勒的公司形象和声誉。他将产品、服务、人员和形象这四个方面所有的经济、功能和心理收益进行加总后，认为卡特彼勒能够提供较大的客户利益。

那么，采购者是否会采购卡特彼勒的推土机呢？不一定。他还需要比较与卡特彼勒和小松机械交易的整体成本，这一成本不仅仅是货币成本。正如亚当·斯密（Adam Smith）两个多世纪前在《国富论》（The Wealth of Nations）中观察到的那样，"任何事物的真实价格都包含了获得它时所付出的辛劳和困难"。因此，整体客户成本还包括采购者在产品获取、使用、维护、拥有和处置中所花费的时间、精力和心理成本。采购者会评估这些成本以及货币成本，以形成整体客户成本。然后采购者再考虑卡特彼勒的整体客户成本与整体客户利益相比是否偏高；如果是，采购者则可能会选择小松机械。总之，采购者将选择能够提供最高感知价值的产品。

现在，让我们利用这个决策理论帮助卡特彼勒成功地向这名采购者进行销售。卡特彼勒可以通过三种方式改进其报价：第一，它可以通过改进其产品、服务、人员或形象的经济、功能和心理收益，来提高整体客户利益；第二，它可以通过减少采购产品所需的时间、精力和心理成本，来降低采购者的非货币成本；第三，它可以降低产品的货币成本。

假设卡特彼勒得出结论，采购者认为其产品价值 20000 美元，而它的产品实际成本是 14000 美元，这就意味着卡特彼勒的产品可以创造 6000 美元的利润，所以公司需要定价在 14000~20000 美元。如果定价低于 14000 美元，它将亏本；如果定价高于 20000 美元，它将被挤出市场。

卡特彼勒的产品价格将决定留给自己和流向客户的价值分别是多少。如果公司定价 19000 美元，它就创造了 1000 美元的客户感知价值，并为自己保留了 5000 美元的利润。卡特彼勒的定价越低，客户感知价值就越高，客户的购买动机就越强。为了赢得销售订单，该公司必须比小松机械提供更多的客户感知价值。[36]

管理沟通

尽管营销沟通往往与消费者市场联系在一起，但它在企业市场中也发挥着重要作用。公司需要告知企业客户其产品的效益，并协调它与合作者的活动。[37] 与消费者市场的情况相同，企业沟通正越来越多地转向线上，如使用搜索引擎优化（search engine optimization，SEO）和搜索引擎营销（search engine marketing，SEM）与采购者联系。

以下示例阐述了顶级公司正在重新设计其网上形象、采用搜索引擎优化、参与社交媒体、发起网络研讨会和开通播客，以通过 B2B 营销提高经营绩效。

查普曼凯利　查普曼凯利（Chapman Kelly）是 HMS 商业服务（HMS Business Services）的子公司，它提供医疗、牙科和药房索赔以及相关审计服务，以帮助企业降低医疗保健和保险成本。该公司最初试图通过传统的陌生电话推销和海外销售技巧来获取新顾客。在公司重新设计了网页并优化了网站后，公司名称在相关网络搜索中移至顶部，收入几乎翻了一番。[38]

牧野　日本机械制造商牧野（Makino）通过举办一系列指定行业的网络研讨会（平均每个月举办三场），来与终端客户建立关系。该公司使用高度专业化的内容（例如机床如何发挥最大功效以及金属切割过程如何工作），吸引不同行业和不同制造风格的参与者。其网络研讨会参与者的数据库使公司削减了营销成本，并提高了有效性和效率。[39]

坚尼克斯　加拿大供应链管理公司坚尼克斯（Kinaxis）使用一种完全整合的沟通方法，包括博客、白皮书和视频频道，通过特定的关键词将流量引入其网站，并生成规范的引导。研究表明，93% 的 B2B 采购始于搜索，因此坚尼克斯非常重视搜索引擎优化，尽可能多地重复使用和重新定位内容，使其具有相关性和用户友好性。[40]

一些 B2B 的营销者正在采用 B2C（企业对消费者市场）的营销实践来建立它们的品牌。[41] 施乐打响了一场完全整合的沟通战役，巧妙地强调了其 50% 的收入来自企业服务，而非单纯的复印机。以下是施乐通过万豪酒店投放的一则广告。[42]

万豪酒店的两个接待员坐在办公室中。"你上个月的发票报销完了吗？"其中一位问另一位。"没有，但是我帮你拿了干洗的衣服，还给你擦了鞋。"另一位回答道。"好吧，我帮你预订了拐角处的寿司店！"第一位接待员说。画外音如下："万豪酒店知道施乐能够更好地自动处理其全球发票流程，所以万豪能够专注于服务顾客。"

有时更多的个人接触会使一切大不相同。那些考虑在高价商品和服务的交易上花费六七位数金额的顾客，希望获得能够获得的所有信息，尤其是来自可信赖的独立来源的信息。

管理B2B关系

企业供应商和客户正在探索用不同的方式来管理它们的关系。[43] 忠诚度在某种程度上是由供应链管理、供应商参与以及采购联盟所驱动的。[44] B2B 营销者正在使用更加聚焦的方法来吸引和留住客户，锁定目标，制订一对一的营销方案。[45]

了解客户-供应商关系

很多研究都主张采购者和供应商之间进行更多的纵向协调，以便他们能够超越单纯的交易，而为双方创造更多的价值。[46]

许多力量影响着商业伙伴之间关系的发展。四种相关的力量是：替代品的可得性、供应的重要性、供应的复杂性以及供应市场的活力。基于这些力量，客户与供应商的关系包含了基本的买卖关系（涉及简单、常规的交换以及中等水平的合作和信息交流）和合作关系（信任和承诺产生的真正的伙伴关系）。[47]

然而，随着时间的推移，关系角色可能会发生变化。[48]如果客户的需求通过普通的供应商就能满足，那么他们就没必要与供应商建立密切关系。类似地，一些供应商可能认为对增长潜力有限的客户投资是不值得的。

一项研究发现，当供应对客户非常重要，并且存在采购障碍（如复杂的采购要求和较少的可替代供应商）时，客户与供应商之间的关系最为密切。[49]另一项研究表明，只有在环境高度不确定和专项投资适度的情况下，才有必要在买卖双方之间通过信息交换和规划建立更多的纵向协调。[50]

管理企业信任、信誉和声誉

建立信任是拥有健康长期关系的一个先决条件。[51]信任是一家企业依赖其商业伙伴的意愿。它取决于许多人际和企业间的因素，如公司感知到的竞争力、正直、诚信和友善。客户与企业员工的人际互动，对企业的整体看法以及信任感，都会有一个逐步发展的过程。

在以下情况，一家公司更有可能被认为是值得信任的：公司提供全面、诚实的信息，员工激励与客户需求一致，与顾客合作创造市场价值，提供与竞争产品的有效比较。[52]

在网络环境中，建立信任可能尤为棘手，而且相较于其他合作伙伴，企业通常对其线上商业伙伴提出更严格的要求。企业市场采购者担心他们无法在正确的时间、正确的地点收到优质的产品。供应商则担心无法按时收款或收不到货款，并会讨论它们应该提供多少信贷。为此，许多企业使用自动信用检测应用和网上信任服务来评估贸易伙伴的可信度。

企业信誉（corporate credibility）是指顾客相信一家企业能够设计和提供满足其需要和愿望的产品和服务的程度。它反映了供应商在市场上的声誉，是建立牢固关系的基础。企业信誉取决于三个因素：企业专业知识（corporate expertise），是指一家企业能够制造和销售产品或提供服务的能力；企业可信度（corporate trustworthiness），反映了一家企业的诚实、可靠及对顾客需求敏感的程度；企业喜爱度（corporate likability），反映了一家企业被视为可爱、有吸引力、有声望和有活力的程度。

换言之，一家值得信赖的企业不仅擅长其本职工作，而且始终牢记客户的最大利益，同时与它合作令人愉快。

企业关系中的风险和机会主义

研究人员指出，建立客户—供应商的关系会产生保障性（确保可预测的解决方案）和适应性（允许对意外事件进行灵活处理）之间的矛盾。纵向协调可以促进更牢固的供需关系，但也可能增加顾客和供应商的专项投资风险。[53]

专项投资（specific investments）是指专门针对特定公司和价值链上其他伙伴的支出（公司特定的培训、设备和运营程序或系统上的投资）。[54] 例如，一家制造商可能会投资开发专门针对某特定零售商的订单和库存跟踪系统。这种专项投资有助于提高企业实体之间合作的有效性和成本效率。[55]

然而，专项投资也会给客户和供应商带来相当大的风险。经济学中的交易理论认为，由于专项投资的初始投资较高，企业可能会被锁定在某个特定的关系中。此外，企业可能需要交换有关成本和流程的敏感信息。采购者可能因为转换成本而受阻，供应商可能因为利害攸关的专项资产和技术（或知识）而更容易受到影响。就后一种风险而言，请看以下例子。

一家汽车零组件制造商赢得了一份向原始设备制造商（OEM）供应发动机罩下组件的合同。这份为期一年、单一供应商的合同保障了供应商在专用生产线上的 OEM 专项投资。然而在合同期内，供应商也有义务与 OEM 的内部工程人员合作（非合同方式），使用联网计算设备来交换详细的工程信息，并辅助频繁的设计和制造变更。这些互动可以提高 OEM 工厂对市场变化的响应能力，以降低成本和提高质量，但它们也可能放大对供应商知识产权的威胁。

当采购者无法轻易地监控供应商的表现时，供应商可能会推卸责任或欺骗，不交付预期价值，表现为一种机会主义。机会主义是一种"对显性或隐性合同的某种欺骗或非足额供应"。[56]

另一种更为被动的机会主义可能是拒绝或不愿意适应环境变化，或在履行合同义务时存在疏忽。美国花生公司（Peanut Corporation of America）是一家仅有 2500 万美元销售额的花生加工公司。当它的一种产品被发现受污染时，由于有害成分也存在于其他 2000 种产品中，因此 10 亿美元的产品被召回。该公司随后终止了所有的生产和企业运营，其首席执行官因故意运送受污染的食品而入狱。[57]

机会主义是一个令人担忧的问题，因为企业必须投入资源来进行控制和监督，而这些资源本可以分配给更具生产性的用途。当供应商的机会主义很难监测时，当企业将其无法挪用的资产进行专项投资时，当突发事件难以预测时，合同不足以管理供应商交易。当供应商的资产专用性很高，并且其行为难以受到有效监控时，客户和供应商更有可能组建一家合资企业（对合作关系的承诺程度比签署一份简单的合同要高）。[58]

一个重要的未来投资期或强大的协作准则的存在，会使客户和供应商为共同利益而努力。它们的专项投资形式会从征用（增加投资接受方的机会主义）转变为结合（减少机会主义）。[59]

管理机构市场

我们的讨论主要集中于营利性企业的采购行为，这些讨论大多也适用于机构和政府组织的采购。然而，我们想要强调这些市场的某些特殊性质。

机构市场（institutional market）包括学校、医院、疗养院、监狱以及其他机构，这些机构必须为其服务的人群提供商品和服务。其中很多组织的特点是预算较少、客户资源受限。例如，医院必须决定为患者采购何种质量的食品。这里的采购目标不是利润，因为食品是作为整体服务的一部分提供的；成本最小化也不是唯一目标，因为劣质食品会引起患者的投诉并损害医院的声誉。医院的采购代理必须寻找机构食品供应商，其质量能够达到或超过一定的标准，并且价格低廉。事实上，许多食品供应商设立了单独的销售部门，以满足机构采购者的特殊需要和特点。亨氏生产不同口味、包装和定价的番茄酱，以满足医院、学校和监狱的不同要求。爱玛客（Aramark）通过改善其采购实践和供应链管理，得以为体育馆、企业和学校提供食品服务，而且在为监狱提供食品方面也具有竞争优势。

爱玛客 爱玛客曾经只从潜在供应商提供的列表中选择产品，现在它会与供应商合作开发定制化产品，以满足各个细分市场的需要。在劳改人员细分市场，一直以来都是牺牲食品质量来满足成本限制，而这一成本限制使得圈外的经营者根本无法与之合作。"当你在劳改人员市场开展业务时，你是以 0.01 美分为单位进行投标的，"爱玛客食品和支持服务的总裁约翰·齐尔默（John Zillmer）如此说道，"因此我们在采购方面获得哪怕一点点优势都会变得无比宝贵。"爱玛客向独特的合作伙伴采购了一系列高蛋白产品，其价格是以前无法想象的。这些合作伙伴之所以独特，是因为它们不仅了解蛋白质的化学性质，还知道如何在降低价格的同时，创造出被爱玛客的顾客所接受的产品，从而降低公司成本。爱玛客在 163 种不同的商品上复制了这个流程，这些商品专门为劳改人员定制。爱玛客没有像往常那样每餐仅减少 1 美分左右的食品成本，而是减少了 5~9 美分，同时保持甚至提高了质量。[60]

在大多数国家，政府组织是商品和服务的主要买家。它们通常要求供应商提交标书，并经常将合同授予出价最低的投标者，对于以高质量或按时完成合同而著称的供应商，有时还会为其提供补贴。政府也可能在谈判合同的基础上进行采购，主要用于具有巨大研发成本和重大风险的复杂项目以及竞争较少的项目。

由于政府组织的支出决策需要接受公众审查，政府组织会要求供应商提供大量的文书工作。因此，供应商经常抱怨官僚主义、规章制度、决策延迟以及采购者频繁的人事变动。不同类型的机构（国防、民事、情报）有不同的需求、优先级、采购方式和时间框架。此外，供应商通常并不重视成本合理性的解释，而这正是政府采购专业人员的一项主要工作。那些希望成为政府承包商的公司，需要协助政府机构了解产品的财务影响。通过案例研究——尤其是与其他政府组织的合作案例——展示有用的经验和过去成功的表现，能够产生正面影响。

正如公司会向政府机构提供关于如何更好地采购和使用其产品的指南，政府也会向潜在的供应商提供如何向政府销售的详细准则。不遵守准则或不正确填写表格和合同，都可能造成法律上的"噩梦"。

幸运的是，针对各种规模的企业，美国联邦政府一直在努力简化采购程序，并使投标更有吸引力。改革强调了以下内容：采购现成的商品而不是定制化的商品；与供应商在网上沟通以消除文书工作；向竞标失败的供应商提供解释，以提高它们下次中标的机会。

有几个联邦机构作为政府其他部门的采购代理推出了网络目录，允许获得授权的国防和民事机构在网上购买从医疗和办公用品到服装的所有商品。例如，联邦总务署（GSA）不仅通过其网站销售库存商品，还在采购者和合同供应商之间建立直接联系。与美国政府进行合作的一个良好开端是确保公司留在奖励管理系统（System for Award Management，SAM）数据库中，该数据库收集、验证、存储和传递数据以支持机构采购。

本章小结

---

1. 组织采购是正式组织确定购买产品和服务的需求，然后在备选品牌和供应商中进行识别、评估和选择的过程。企业市场包括所有获取商品和服务的组织，这些商品和服务用于生产其他销售、出租或供应给其他客户的产品或服务。

2. 与消费者市场相比，企业市场的买家通常数量较少、规模较大，有更密切的客户—供应商关系，地域更集中。企业市场的需求来源于消费者市场的需求，并随着商业周期而波动。尽管如此，许多企业商品和服务的总需求是相当缺乏价格弹性的。

3. 采购中心是一个采购组织的决策单位。它由发起者、使用者、影响者、决策者、批准者、采购者和把关者组成。为了影响这些人员，营销者必须考虑环境、组织、人际和个人因素。

4. 成功的 B2B 营销要求营销者不仅要确定其销售工作所聚焦的企业类型，还要确定在这些组织的采购中心内关注的对象。在开展销售工作时，企业营销者还可以考虑其客户的客户，或者终端用户。

5. 采购过程包括八个阶段：(1) 问题识别；(2) 需求描述；(3) 产品规格；(4) 供应商搜寻；(5) 提案征集；(6) 供应商选择；(7) 合同谈判；(8) 绩效评估。企业营销者必须确保其产品的价值体现在采购过程中的每个阶段。

6. B2B 营销者正在使用大量的营销工具来吸引和留住顾客。他们正在强化其品牌，利用技术和其他沟通工具来制订有效的营销方案。他们也使用系统销售和增值服务，为顾客提供附加价值。

7. 企业市场营销者必须与其客户建立牢固的连接和关系。建立信任是拥有健康长期关系的一个先决条件。信任取决于感知的公司竞争力、正直、诚信和友善。企业市场营销者需要意识到专业采购者的角色及其影响力、多次跟进销售电话的必要性，以及直接采购、互惠和租赁的重要性。

8. 机构市场包括学校、医院、养老院、疗养院、监狱以及其他机构，这些机构必须为其服务的人群提供商品和服务。政府组织的采购者往往要求供应商提供大量的文书工作，并倾向于公开招标，偏好本国公司。供应商必须做好准备，使报价适应机构和政府市场的特殊需要和程序。

营销
焦点 | 阿里巴巴

阿里巴巴集团由马云于 1999 年创立，他希望利用互联网将中国供应商与海外买家联系起来。马云注意到，当时中国的小型制造商和企业家几乎没有机会接触到海外买家。此外，由于进入门槛高，仅有大公司有能力涉足中国制造业。为了解决这个问题，阿里巴巴网站得以建立，并扮演着中国制造商和国际买家间快速、简单和高效的中介的角色。自成立以来，阿里巴巴已经发展成为全球最大和最有价值的公司之一，经营多元化的业务组合。

Source: Xinhua/Alamy Stock Photo

阿里巴巴的市场由许多不同的细分市场组成。

- 初始网站（Alibaba.com），作为一个 B2B 市场，中国制造商在该网站上将其商品批发给海外企业。
- 淘宝（Taobao.com），一个类似于 eBay 的 C2C（消费者对消费者）网站，用户可以在该网站上竞拍或销售自己的产品。
- 天猫（Tmall.com），一个类似于亚马逊的 B2C 网站，中国本土企业和国际企业可以在该网站上向中国消费者销售产品。
- 全球速卖通（AliExpress），一个 B2C 网站，消费者可以在该网站上以接近阿里巴巴网站所提供的价格来购买商品，并且没有最低订单量要求。

阿里巴巴网站只是一个连接买家和中国供应商的平台；该公司本身并没有来自 B2B 市场的库存。阿里巴巴对卖家的每笔交易收取佣金，并提供海外企业可以购买的各种产品。可购买的产品包括机械、石油、塑料、家具、箱包、服装、食品和农产品以及服务设备。阿里巴巴网站商品的广泛选择性对许多类型的企业（从酒店到农场再到服装店）都具有吸引力。

阿里巴巴最畅销的商品大都可以被公司大规模生产；此外，这些商品中多数也是小而轻的，以降低运输成本。服装和电子产品属于以上两类。市场上一直广受欢迎的产品包括蓝牙音箱和耳机、手镯和耳环、手机电池以及内衣。阿里巴巴也能迅速适应消费者的品位和需求，因此类似电子烟和指尖陀螺等热门商品也曾风靡于阿里巴巴网站。

阿里巴巴在中国的线上销售中占有很大的份额。关于阿里巴巴为何成为如此庞大的 B2B 市场，马云提出了两个关键的见解：首先，马云认为中国的卖家非常节俭，卖家和买家并不会对一个成本高昂的市场感兴趣。考虑到这一点，阿里巴巴免费开放了平台上的所有基础服务。公司通过在线广告和卖家付费的高级功能（如定制店面的网页设计）来赚取利润。由于没有定制网页设计的店面看起来杂乱无章，从而激励卖家为使其店面脱颖而出而付费。马云的第二个见解是，中国用户对信任网站上的陌生人持谨慎态度。为了解决这个问题，阿里巴巴创建了一项由第三方来验证卖家主张、以确保其正当性的服务。此外，阿里巴巴还创建了支付宝系统，该系统预先收取买家的钱并对其托管，这样卖家收款就能够得到保障。

阿里巴巴网站也受益于网络排名效应。阿里巴巴和它的各个平台拥有惊人的规模，这也意味着，当潜在买家在百度上搜索商品时，阿里巴巴的链接会出现在顶部。这为阿里巴巴带来了更多的买家。更多的买家创造了更多对于卖家的需要，而更多的卖家为新买家创造了更多的选择和多样性，以此形成一个正反馈循环。这种反馈循环使得国内外竞争对手（如腾讯和亚马逊）更难与之竞争。

沟通问题通常是许多 B2B 市场的主要挑战，因此阿里巴巴采取了许多措施来改善买卖双方的沟通。为了消除语言障碍，阿里巴巴创建了包括希伯来语、越南语在内的 15 个不同语言的网站，以帮助供应商向非英语国家企业进行销售。阿里巴巴平台允许供应商使用当地语言创建海报，或者使用自动翻译工具服务将其他语言（或英语）直接翻译成英语（或其他语言）。为了在买卖双方间建立更直接便利的沟通，阿里巴巴还提供了阿里卖家（AliSupplier）移动应用，使卖家能够管理来自买家的询问，并调整对应的订单。卖家还可以使用交易管家（Trade-Manager）功能与买家聊天。阿里资源专家（AliSourcePro）的功能是帮助企业和供应商进行匹配，所有买家都可以使用。买家可以发布正在寻找的产品的描述，并提供具体细节（如订单数量），然后阿里巴巴审查这些帖子，并在 24 小时内根据列出的规格推荐给供应商。

阿里巴巴集团在设计其电子商务市场方面投入了大量资源，使其便于访问和使用，这有助于推动该公司的大规模增长和扩张。"双十一"已成为中国一年中最大的购物日，这一成绩的取得主要基于阿里巴巴广阔的市场空间。该公司不仅在电子商务领域，还在技术、游戏、社交媒体和娱乐行业等领域持续增长。[61]

问题：

1. 阿里巴巴市场成功的关键因素是什么？
2. 阿里巴巴如何在企业市场上创造价值？
3. 阿里巴巴未来在两个核心市场（企业市场或消费者市场）中应该优先考虑哪一个？为什么？

营销
焦点 ｜赛富时公司

赛富时是一家顾客关系管理（CRM）公司，为客户提供云服务。CRM 应用帮助公司管理客户数据，追踪客户互动，预测销售，并促进许多其他业务功能。甲骨文前高管马克·贝尼奥夫（Marc Benioff）于 1999 年创立了赛富时，其口号是"软件的终结者"，并将基于网络的 CRM 平台定位为传统打包软件许可证的替代方案。公司成立四年后，赛富时就成为世界上最大的 CRM 软件供应商。

在赛富时公司成立之前，甲骨文、思爱普和希柏系统（Siebel Systems）等公司提供的 CRM 软件以许可的形式进行销售。该软件包括销售管理、呼叫中心和客户支持等功能。CRM 软件由普华永道（PwC）、IBM 和安达信（Arthur Andersen）等 IT 公司在购买者的场所进行安装和配置。这个系统给客户带来了许多难题。

第一个问题是 CRM 软件价格昂贵。例如，一家拥有 200 名用户的公司的 CRM 软件许可费大约为 35 万美元。除了许可费，公司还必须付费购买硬件、安装、支持和维护、升级，以及聘请专业人员培训员工。总的来说，一个拥有 200 人的用户一年的 CRM 应用成本就可能超过 180 万美元。

第二个问题是，把 CRM 软件整合到客户的业务中非常耗时。培训员工如何使用软件以及设置硬件和 IT 基础设施等因素，使得客户平均需要 18~24 个月才能实现软件的全部功能。此外，客户购买的 CRM 软件通常无法达到承诺的效果。

Source: Courtesy of Salesforce.com.

客户在购买 CRM 软件之前，通常无法试用其全部功能。对客户来说，CRM 多达 60% 的部分无法使用。

通过提供完全在线的应用（一款被称为"按需 CRM"的系统），赛富时革新了 CRM 软件市场。基于云计算，赛富时在中央服务器上存储和交付其软件。客户通过购买月度或年度计划来获得该公司的软件。客户只需登录赛富时网站，就能够使用其 CRM 应用。由于无须安装任何软件，基于云的平台允许客户在任何联网设备上访问应用。

赛富时的云计算平台解决了传统的购买软件许可带来的许多问题：客户无须投资昂贵的 IT 人力成本和基础设施硬件的前期成本，就能使用 CRM 应用。赛富时以每位用户每月 65 美元的价格提供应用服务，这使得拥有 200 名用户的公司的年成本降低到 15.6 万美元。此外，客户能够立即专注于该软件的学习，而不必先调配 IT 人员。赛富时允许客户试用其所需的应用，因此客户可以在对其软件的使用和利益有充分信心时再购买服务。如果客户在任何时候发现该应用无用，可以直接取消其月度计划。

赛富时还简化了为公司提供的利益。与其他 CRM 软件提供商相比，赛富时去除了多余的功能，专注于买家最重要的需要。值得一提的是，赛富时的应用以自动化销售、自动化数字营销及顾客服务和支持为目标。减少应用的功能数量使得赛富时开发出一个易于操作且直观的用户界面。赛富时还收集客户使用信息，并据此更新其应用。例如，将常用按钮放置在更方便的位置。

在 SaaS（软件即服务）取得成功后，主导软件许可的行业领先者也开始将"按需 CRM"应用添加到他们自己的产品组合中。赛富时通过开发创新软件获得竞争优势，并保持了市场领先者的地位。它的 Customer 360 是一个整合的 CRM 平台，由人工智能驱动，将营销、销售、商务、IT 和分析部门联合起来，为这些团队提供一个单一入口、可共享的客户视图，以便他们共同努力，建立持久、可信的关系，并提供客户期望的个性

化体验。此外，赛富时还推出了 force.com 等应用，允许外部开发人员创建应用并将其托管到赛富时的服务器上。该应用允许企业创建一个专门针对其需要定制的 CRM 环境。赛富时还推出了一个名为"Chatter"的私人社交网络应用，它允许员工在工作时进行实时交流，例如发布有关项目和客户状态的更新。

赛富时提供的低成本且易于调配的 CRM 应用吸引了中小型公司，它们通常缺乏资源来购买和实施软件许可。此外，赛富时因其直观和实用的用户界面吸引了各种规模的公司。正因为如此，赛富时在 CRM 软件市场上站稳了脚跟，并通过开发创新的 CRM 应用保持其主导地位。[62]

问题：

1. 赛富时为何如此成功？该公司在创建和拓展产品时有哪些方面做得特别好？

2. 赛富时在发展过程中会面临哪些挑战？

3. 赛富时接下来可能会拓展哪些产品和服务？为什么？

5

开展营销调研

学习目标	
	1. 界定营销调研的范围。
	2. 解释营销调研过程、如何收集和分析市场数据，以及如何制订调研计划。
	3. 解释如何测量和预测市场需求。
	4. 定义衡量营销生产力的不同方法。

Qualtrics 是一款基于云服务的营销调研软件。全球各地的公司都在使用 Qualtrics 管理其关键业务，包括吸引和留住客户、创建公司文化，以及建立强大的品牌。

Source: Kristoffer Tripplaar/Alamy Stock Photo

在快速变化的世界中，制定营销决策既是一门艺术，也是一门科学。成功的营销者认识到营销环境不断带来新的机会和威胁，他们深知不断监测、预测和适应环境变化的重要性，而 Qualtrics 就是一家帮助营销者获得市场洞见，并帮助其更好地了解不断变化的客户需要的公司。

Qualtrics 是在线营销调研软件的领导者，它给公司提供了一个用来收集、管理经验数据，并根据经验数据采取行动的在线平台。该公司于 2002 年在一个地下室成立，其目的是帮助企业衡量客户和顾客的满意度。

由于学术机构在培养下一拨商业经理人的技能方面发挥关键作用，Qualtrics 意识到与学术机构合作的价值，因此与许多大学建立了密切的关系。到 2010 年，它与 1000 多所大学和 100 所顶尖商学院中的 95 所建立了伙伴关系。到 2012 年，Qualtrics 的客户发送了超过 10 亿份调查问卷。一年后，它被列入《福布斯》"美国最有前途的公司"名单。时至今日，Qualtrics 的产品被团队、部门和整个公司用来管理其关键业务——吸引和留住客户、创建公司文化、研发独特的产品和服务，以及建立强大的品牌——这些都是通过一个基于云服务的平台完成的。全球超过 9000 家企业，其中包括超过 75% 的《财富》世界 100 强企业，如亚马逊、波音、雪佛龙 (Chevron)、花旗银行（Citibank）、ESPN（娱乐体育节目电视网）、联邦快递、大都会人寿（Metlife）、微软、百事可乐、保诚（Prudential）、皇家加勒比（Royal Caribbean）、西南航空和丰田，都在使用 Qualtrics 来获取市场洞察，同时管理客户、合作者、员工和品牌体验。2018 年，Qualtrics 被全球企业应用软件市场领导者思爱普以 80 亿美元收购。这次收购使思爱普得以将其在数据管理方面的经验与 Qualtrics 在体验管理方面的专长结合起来。Qualtrics 等云应用程序对于思爱普的业务战略至关重要。这也让思爱普与亚马逊网络服务和微软等公司区分开来。为表示对于 Qualtrics 专业价值的认可，思爱普首席执行官将 Qualtrics 称为"思爱普皇冠上的宝石"。2020 年 7 月，在收购 Qualtrics 不到两年的时间里，思爱普宣布了将该子公司上市的计划——这一战略使 Qualtrics 继续作为思爱普在开拓市场和研究方面最大、最重要的合作伙伴，并持续实现增长。[1]

为了在短期内做出尽可能好的战术决策，并在长期内做出最有效的战略决策，营销者需要获得关于消费者、竞争者和品牌方面的及时、准确和可作为行动依据的信息。获取营销洞察并了解其启示，通常能够促成产品成功上市或推动品牌发展。

在本章中，我们回顾营销调研的范围和步骤。我们还考虑了营销者如何制定有效的指标来衡量营销生产率。

营销调研范围

营销管理者经常为解决具体问题或识别机会而委托他人或机构做一些正式的营销调研，如市场调查、产品偏好测试、区域销售预测或广告效果评估。而营销调研人员的工作正是通过研究发现提炼见解，以协助营销管理者做出决策。

营销调研的作用在于借助信息将消费者、客户和公众与营销者联系起来，用于识别和定义营销机会和问题，提出、完善和评估营销行动，监测营销绩效，以及提高人们对营销的理解。营销调研明确了解决问题所需的信息、设计信息收集的方法、管理和实施数据收集过程、分析结果，并报告和发布调研发现及其含义。

营销洞察的重要性

营销调研关乎洞见的产生。营销洞察（marketing insights）为企业在市场中所采取的营销活动如何产生效果及为什么产生效果提供诊断信息，告诉营销者这些信息的意义所在。

良好的营销洞察往往是营销方案成功的基础。请看下面的例子。

沃尔玛做了一项对美国零售商店购物者的消费者调研，调研结果显示沃尔玛的主要竞争优势是"提供低价"的功能利益和"让我觉得自己是个精明的购物者"的情感利益。因此，沃尔玛的营销者利用这些洞见推出"花得更少，生活更好"的宣传活动。这个新的宣传活动取代了使用了 19 年的"永远低价，始终如一"的口号，并为沃尔玛赢得了全球品牌重塑大奖"REBRAND100"最佳奖，并对沃尔玛"廉价商品"的声誉进行了正面宣传，将消费者的注意力从只关注价格转移到在沃尔玛购物可以帮助他们获得更好的生活方式上。

市场调查显示，消费者将沃尔格林（Walgreens）看作经营药品的便利店时，该公司采取了一系列措施，将其重新定位为优质的医疗保健品牌，更加强调其健康服务，如配置简易诊所。三年后，虽然遭遇经济不景气，但该公司收入仍旧增加了 14%。[2]

获得营销洞察是营销成功的关键。为了改善价值 30 亿美元的潘婷护发品牌的营销，宝洁公司使用心理学中的情绪量表进行调查，用高分辨率的脑电图研究测量脑电波，同时辅以其他方法，深入调查女性对头发的感受。公司根据研究结果对潘婷产品重新制定配方并重新设计包装，将产品系列从 14 个缩减到 8 个，并对广告活动进行了微调。[3]

如果营销者缺乏对消费者的洞察，公司的营销活动往往会遇到麻烦。当纯果乐（Tropicana）公司重新设计其橙汁包装时，放弃了在橙子上插吸管的经典图标，事先也没能充分测试消费者的反应，结果导致了灾难性的后果，产品销量下降了 20%。仅仅在几个月后，纯果乐公司就恢复了旧的包装设计。[4]

尽管营销调研产业发展迅速，但许多公司仍然没有充分和正确地使用这项工具。这些公司可能不了解营销调研的作用，或者没能提供给调研人员需要探索的问题或机会的具体定义。此外，它们可能对调研人员所能提供的结果抱有不切实际的期望。不能正确使用营销调研会导致许多失误，包括下面这个历史性的事件。

>> 一位营销调研人员对《星球大战》提案的评估更多的是基于主观意见，而不是通过仔细研究获得的洞见。他预测这部电影会失败，结果这部大片最终票房高达数十亿美元。

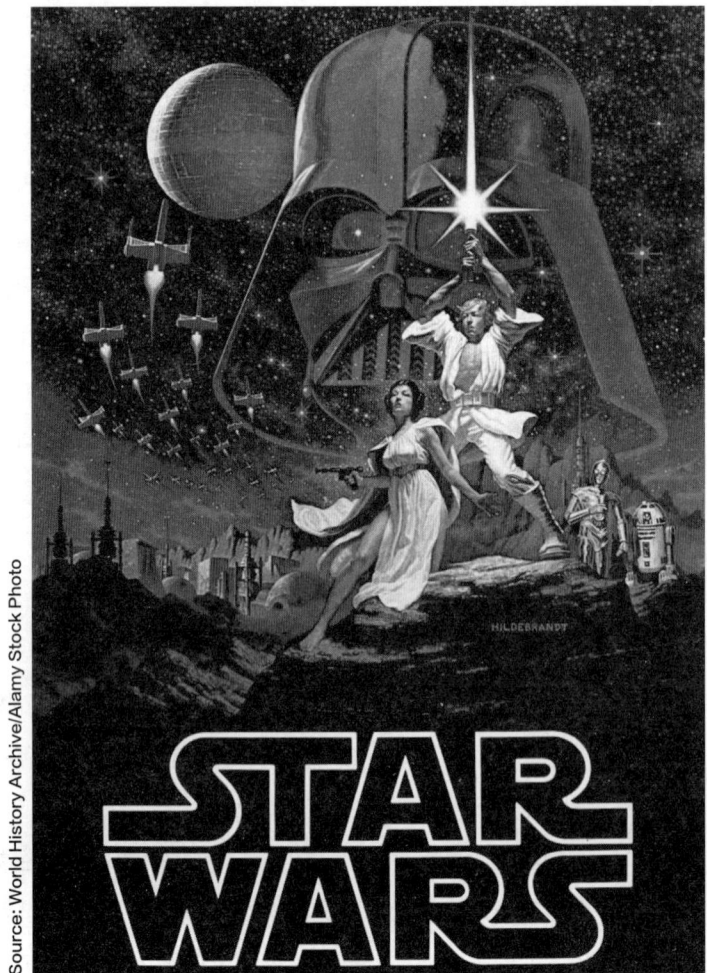

Source: World History Archive/Alamy Stock Photo

通用食品公司

20 世纪 70 年代，一位成功的营销调研主管离开了通用食品（General Foods）公司。他做了一个大胆的尝试：将市场调研带到好莱坞，让电影公司接触市场调研，像通用食品公司那样，利用市场调研获得成功。一家大型电影公司交给他一份科幻电影提案，要求他进行调研并预测其成败。他的观点将影响电影公司是否支持这部电影。这位调研主管的结论是这部电影将会失败。他认为，一方面，水门事件使公众对美国政府的信任度下降，因此 20 世纪 70 年代的美国公民更看重现实主义和真实性电影，而不是科幻电影。另一方面，这部电影的标题中有"大战"这个词，因此这位主管推断那些经历过越南战争创伤的人会对这部电影敬而远之。这部电影就是《星球大战》（*Star Wars*），该片最终仅票房收入就高达 43 亿美元。这位调研人员给出的只是信息和观点，而不是洞见。他没有深入研究电影剧本。这实际上恰好是一部以外太空为背景，深入探讨人性中关于爱、冲突、损失和救赎的电影。[5]

谁在开展营销调研？

大多数公司利用各种资源组合来研究它们的行业、竞争对手、受众和渠道策略。它们通常将公

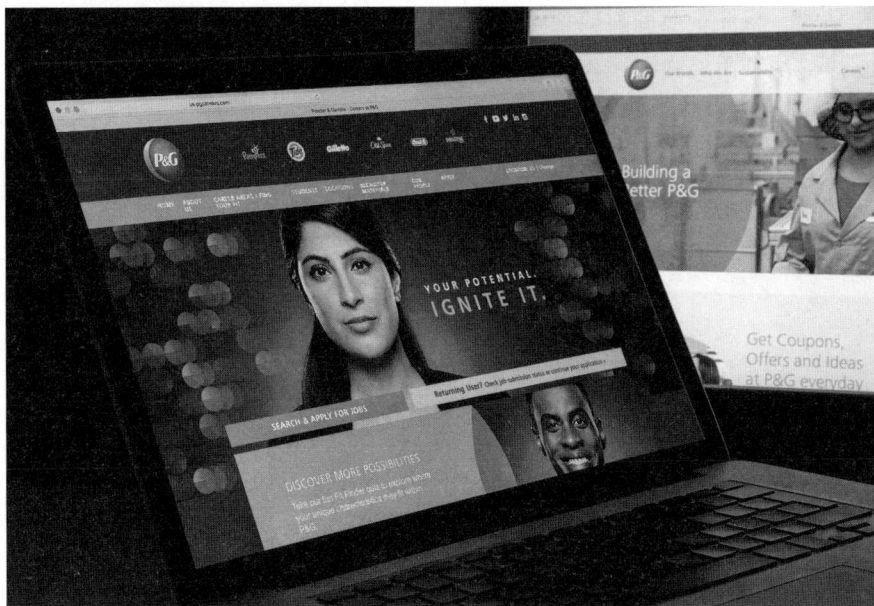

≪ 宝洁公司的消费者和市场知识部分析市场趋势、消费者行为和竞争对手的行动，在公司品牌生命周期的各个阶段发挥着不可或缺的作用。

Source: Casimiro/Alamy Stock Photo

宝洁公司　消费者与市场知识部是宝洁公司关键的内部咨询部门，通过对消费者、购物者和零售业的深入分析，该部门为品牌和客户业务发展战略相关决策提供相应指导。它负责对市场趋势、消费者习惯、消费者动机、购物者行为以及客户和竞争进行动态分析。它还设计、定性和定量分析关于消费者与购物者的调查研究，同时也分析联合市场数据。这个部门是一个综合部门，工作涵盖了品牌生命周期的所有阶段，从产品概念设计到最终产品开发，直至市场投放并推动业务增长。它将宝洁公司的既定全球战略"顾客是老板"（Consumer is Boss）落到实处。[6]

司销售额的1%~2%作为营销调研的预算,并将其中很大一部分用于购买外部公司提供的服务。此外,大多数大公司都有自己的营销调研部门,这些部门往往在组织内发挥着关键作用。以下是宝洁公司对其营销调研部门的描述。

营销调研公司可分为三类:(1)综合服务研究公司,如尼尔森公司、凯度(Kantar)集团、维斯达特(Westat)和IRI,这类公司收集消费者信息和交易信息,并定价出售这些信息;(2)定制化营销调研公司,主要执行具体项目;(3)专业线营销调研公司,主要提供专业化研究服务(例如,向其他公司提供实地采访服务的实地调研公司)。

公司不需要为获得有用的营销调研数据而突破预算。图书馆、大学和商会都是很好的信息来源。政府机构(包括美国人口普查局和商务部)都有大量免费或廉价的信息可供企业家使用,这些信息可以帮助企业家洞察成长中的市场或新兴市场。互联网上对任一主题都有大量的宝贵信息,购买邮件列表或使用像SurveyMonkey等廉价在线工具,也可以帮助小公司收集营销信息,帮助它们将产品打进包含它们想要获得的目标客户在内的成长型市场。

另外,公司可以通过观察其竞争对手来获得市场洞见。像餐馆、酒店和专业零售商这一类企业,会定期探访竞争对手,了解它们的变化。办公用品连锁店史泰博(Staples)的创始人汤姆·斯滕伯格(Tom Stemberg)每周都会对自己的商店、竞争对手的商店以及销售其他品类产品的商店进行暗访,始终关注"商店做得对的地方",以获得改进史泰博的灵感。[7]

一家公司可以通过挖掘员工的知识和经验来收集市场洞见。没有人比员工更容易接触到客户,更了解公司的产品、服务和品牌。软件制造商财捷集团将员工分成4~6人的"双比萨"小组。这些团队通过走访各行各业的客户来帮助市场研究工作,以便发现财捷集团能够解决的问题。财捷集团对员工提出的所有解决方案进行实验,并根据看起来最有效的方案来制造产品。[8]

营销调研过程

为了充分利用资源和经验,优秀的营销者会遵循图5-1中的五个步骤开展正式的营销调研。接下来我们逐一说明这些步骤。[9]

美国航空公司(American Airlines)在考虑是否从长途航班的商务舱乘客开始为乘客提供娱乐服务选择时,开展了一项营销调研。该航空公司考虑了几种选择:(1)超高速无线网络服务;(2)124个高清卫星频道的有线电视服务;(3)定制化的个人视频娱乐体验。营销调研经理负责收集商务舱乘客对超高速无线网络服务的评价,以及他们愿意为此支付的额外费用。据估计,如果有足够的商务舱乘客愿意多支付25美元,在接下来的10年内,这项服务将带给公司7000万美元的收入。如果提供无线网络服务给每架飞机带来9万美元的成本,那么美国航空公司有把握在合理的时间内收回成本。

图 5-1
营销调研过程

界定问题

营销管理者必须注意，在给营销调研人员提供调研问题时，不要将问题界定得过于宽泛或过于狭隘。如针对"找出商务舱旅客的所有需求"这类问题，就会收集到很多不必要的信息；而"找出搭乘芝加哥飞往东京的波音 777 航班的乘客中，是否有足够的乘客愿意为超高速无线网络服务支付 25 美元，从而让航空公司在一年内提供这种服务时达到收支平衡"，这个问题则显得过于狭隘。

为了拓宽和明确调研参数，营销调研人员可能会问："为什么无线网络服务的价格必须是 25 美元，而不是 15 美元、35 美元或其他价格？为什么美国航空公司必须在该服务上实现收支平衡，尤其是如果它能够吸引新的客户，而这些新客户又能够带来更多的收入？"另一个相关的问题可能是："抢先在市场上推出这项服务有多重要？在市场竞争迫使此项服务降价或被迫免费提供服务前，公司能维持多久的领先地位？"这些问题是管理者必须集中解决的关键问题，同时，这些问题足够具体，并具有可操作性。

营销经理最终将这个商业问题界定为："在飞机上提供超高速无线网络服务能否创造足够的偏好提升和利润增长，来证明提供这项服务比美国航空公司可能进行的其他改进更为合理？"这个问题可以分解为几个子问题：（1）美国航空公司应该提供超高速无线网络服务吗？（2）如果是这样，这项服务应该只提供给商务舱乘客，还是所有乘客？（3）这项服务应该如何定价？（4）应该在什么类型的机种或航程上提供这种服务？

接下来，管理者可以将商业问题转化为具体的研究目标：（1）商务舱里哪些类型的乘客对超高速无线网络服务反应最强烈？（2）在不同的价格水平上，分别有多少乘客可能会使用这项服务？（3）有多少人可能会因为这项新服务而选择美国航空公司？（4）这项服务将为美国航空公司的企业形象带来多少长期商誉？（5）相对于其他服务（如电源插头或增加更多的娱乐设施），超高速无线网络服务对于商务舱乘客的重要性有多大？

营销调研的属性因其生产的信息类型不同而不同，有些属于探索性的，其目的是确定问题并提出可能的解决方案；有些属于描述性的，旨在量化需求，例如识别有多少商务舱乘客会以 25 美元的价格购买超高速无线网络服务；有些属于因果性的，其目的是检验因果关系。

编制调研计划

营销调研的第二步包括制订最有效的计划来收集所需的信息，并计算成本。假设美国航空公司预估，推出超高速无线网络服务将带来 5 万美元的长期利润。如果管理者认为营销调研将改进定价和促销计划，并可获得 9 万美元的长期利润，那么他应该愿意花费最多 4 万美元的调研费用。如果调研费用超过 4 万美元，他就认为不值得做。营销调研的成本应与其预计收益水平相符。

制订一个调研计划需要对如何处理数据来源、调研方法、调研工具、抽样计划和联系方式做出决策。

数据来源

调研人员可以收集二手数据、原始数据，或两者兼而有之。**二手数据**（secondary data）是为其他目的收集的已经存在的数据。**原始数据**（primary data）是为某一特定目的或具体项目新收集的数据。

在确定了数据类型后，调研人员通常先检查公司已经收集的一些数据是否对研究问题有用，下一步是在不需要搜集昂贵的原始数据的情况下，利用从外部资源低成本收集的丰富且容易获得的二手数据来部分或全部解决这个问题。例如，汽车广告商希望它们的在线汽车广告能够获得更好的收益，可能会购买一份君迪的调查报告。该报告可以提供关于特定品牌的用户意见，以及广告商如何在线上触达这些用户的信息。

当所需的数据不存在、过时、不可靠时，调研人员需要收集原始数据。大多数营销调研项目都会包括一些收集原始数据的工作。

调研方法

营销者主要通过五种方式收集原始数据：观察法、民族志研究、焦点小组研究法、调查法、行为研究。

观察法。 通过**观察研究**（observational research），研究人员可以在顾客购物或消费产品的过程中不露声色地观察，从而收集最新数据。有时，调研人员会给消费者配备便携式传呼器，提示他们随时写下或发短信说明他们正在做的事情，或者邀请消费者到咖啡馆或酒吧参加非正式访谈。[10] 照片和视频也可以提供大量的详细信息。尽管人们对隐私问题表示担忧，但一些零售商正在将安保摄像头与软件连接起来，以记录购物者在商店里的行为。移动电话运营商 T-Mobile 在其 1000 家零售店中，记录顾客走动的路线、在显示屏前站了多长时间、拿起哪款手机和评估这款手机花的时间长度。[11]

民族志研究（ethnographic research）使用人类学和其他社会科学的概念和工具，以便从文化的角度深入了解人们的生活和工作方式。[12] 其目的是让研究者通过深入消费者的生活，以揭示其他形式的研究中可能不会表现出来的消费者的无法言明的愿望。[13] 富士通（Fujitsu）实验室、赫曼米勒（Herman Miller）家具、世楷（Steelcase）家具和施乐公司都曾经借助民族志研究来设计具有突破性的产品。像 IBM、微软和惠普这样的技术公司会雇用人类学家和民族志专家与系统工程师及软件开发人员一起工作。[14]

任何类型的公司都可以从民族志研究对消费者的深入洞察中获益。为了提升奥维尔·雷登巴赫（Orville Redenbacher）爆米花的销量，食品公司康尼格拉（ConAgra）花了9个月的时间在顾客家里进行观察，并研究他们每周对各种零食的感受记录。调研人员得到了一个关键性的洞察：爆米花的本质是一个"互动助推器"。随后，四个全国性的电视广告都使用了"共度时光：这就是奥维尔·雷登巴赫的力量"的广告语。

民族志研究并不限于消费品。总部设在英国的施乐辉（Smith & Nephew）公司是一家全球性的医疗技术企业，它通过民族志研究的方法与病人和临床医生共同了解伤口带给人的生理和情感痛苦，并在此过程中开发了一种全新的伤口管理敷料 ALLEVYN Life。[15] 在 B2B 的情境下，更加关注终端用户帮助汤森路透（Thomson Reuters）大大提升了财务业绩。

汤森路透　在 2008 年收购路透社（Reuters）之前，全球信息服务巨头汤姆森公司（Thomson Corporation）便开始了对终端用户的广泛研究，以更好地了解这些用户。汤姆森公司向金融、法律、税务和会计、科学和医疗保健领域的企业和专业人士提供产品。它希望了解个人经纪人和投资银行家如何使用其数据、研究成果和其他资源为客户做出日常投资决策。汤姆森公司按终端用户而不是按企业购买者来划分市场，并研究终端用户如何看待它及其竞争对手，从而能够识别提供增长机会的细分市场。然后，汤姆森公司对终端用户的工作方式进行了调查，并进行了"生活中的一天"的民族志研究。研究人员使用一种被称为"3分钟"的方法，将观察和详细的访谈结合起来，以了解终端用户在使用汤姆森产品的前后 3 分钟内做了什么。公司从这项研究中得到的洞察促进了新产品开发及收购活动，从而在接下来的一年内实现了收入和利润的大幅提高。[16]

为了深入了解乘客对美国航空公司超高速无线网络服务的看法，研究人员可能会在商务舱闲逛，听旅客谈论不同航空公司及其看法，或者坐在乘客旁边，甚至他们还会乘坐竞争对手的飞机去观察其机上服务。

焦点小组研究法。焦点小组（focus group）是指研究人员结合人口统计特征、心理统计特征或其他特征，精心挑选 6~10 人，将他们召集起来详细讨论各种话题，随后支付参与者一些报酬。专业的焦点小组访谈主持人会根据营销管理者提供的议程提出问题并探究参与者的看法，其目的是揭示消费者的真正动机以及为什么他们会提到这些做过的事情。会议内容通常被记录下来，营销管理者通常坐在座谈室隔壁装有单向透视镜的房间内对讨论过程进行观察。为了使参与者的讨论更加深入，焦点小组的规模普遍较小。

焦点小组研究法对于探索性研究很有帮助，特别是当一系列的焦点小组揭示出一致的偏好和态度时。然而即使如此，研究人员也必须避免以偏概全，因为少数人的偏好可能无法准确反映整个市场。一些营销者认为这种研究环境人为痕迹太过明显，更倾向在自然场景中完成调研。

在美国航空公司的调查中，主持人可能会从一个宽泛的问题开始提问，比如"你对商务舱出行有什么感受？"。然后下一个问题可能是如何看待不同的航空公司，如何看待现有的不同服务，如何看待提到的不同服务，特别是超高速无线网络服务。

调查法。公司通过**调查研究**（survey research）可以了解顾客的知识、信仰、偏好和满意度等。

例如美国航空公司，它可以准备自己的调查工具，也可以以更低的成本、在已知的综合问卷调查中加一些问题；它可以在自己或其他公司组织的消费者特定小组中提出问题，也可以采用商场拦截的方式，让研究人员在购物中心拦住行人进行提问，或者可以在顾客打入客户服务电话后请求顾客配合做一个调查。

在开展调查时——不论是在线、电话还是面对面——公司一定会感受到从大量数据中获取信息非常重要。酒店的存亡取决于客人的想法，因而它们会在客房里留下调查问卷，并使用各种电子手段衡量顾客满意度。公司还会密切关注顾客在猫途鹰（TripAdvisor）等评级网站以及社交媒体和旅游网站上的评价。它们会根据调查的结果决定提供什么服务、客房定价，甚至是员工的报酬。酒店业领域的其他实体企业也利用调查来调整服务。根据过夜航班乘客的反馈，以色列航空公司（ElAl）将食品和饮料服务结合起来，以便乘客能在用餐之后更快就寝。在收到众多客户的抱怨后，水晶邮轮（Crystal Cruises）公司简化了其互联网接入服务的定价模式。[17]

当然，公司可能会面临"调查倦怠"和回复率骤降的风险。保持调查的简洁性是吸引参与者的关键之一，而提供奖励是另一个关键。沃尔玛、来爱德（Rite-Aid）、Petco和史泰博等公司邀请人们填写收银票据上的调查问卷，并承诺完成问卷就有机会赢得奖品。

行为研究。顾客在商店扫描数据、目录购买和顾客数据库中留下了购买行为的痕迹。**行为研究**（behavioral research）利用这些数据来更好地了解顾客以及他们的行为。实际购买行为反映了消费者的真实偏好，这通常比消费者给市场研究人员提供的陈述更可靠。例如，百货商店的购物数据显示，高收入人群并不像他们所说的那样会购买更贵的品牌商品，许多低收入人群也会购买一些较昂贵的品牌商品。商家可以从消费者那里收集丰富的在线数据。显然，美国航空公司可以通过分析购票记录和在线行为来获取乘客信息。

实验研究的目的是通过排除对研究结果互相矛盾的解释来明确因果关系。如果实验设计和执行较好，调研和营销经理就会对得到的结论抱有信心。实验要求选择匹配的受试者群体，对他们进行不同的安排，控制额外变量，并检验观测到的受试者反应差异是否具有统计学意义的显著差异。如果能够消除或控制外在因素的影响，我们就能观察到，给予受试者不同安排或刺激，他们的反应会有什么变化。[18]

美国航空公司可以展开一项实验，实验项目是在从芝加哥飞往东京的一个定期航班上引入超高速无线网络服务，第一周收费25美元，第二周收费15美元。如果之前这趟航班每周搭乘的商务舱乘客人数大致相同，且实验的两周内该航班没有明显的差异，那么美国航空公司就可以将使用该服务的乘客数量差异与收费价格关联起来。

调研工具

营销调研人员在收集原始数据时，有三种主要的调研工具可以选择：调查问卷、定性测量和测量设备。

调查问卷。问卷（questionnaire）由一组向受访者提出的问题构成。由于其灵活性，它是迄今为止最常用的收集原始数据的工具。问题的形式、措辞和顺序都会影响受访者的回答，所以对问卷进行测试和调整是必要的。[19] 封闭式问题给定了所有可能的答案，而且更容易统计受访者的回答并进行解释。开放式问题允许受访者用自己的语言来回答。开放式问题在探索性研究中特别有用，因为研究者要深入了解人们的想法，而不是衡量有多少人以某种方式思考。表 5-1 提供了两种类型问题的例子。

表 5-1　问卷问题的种类

名称	描述	例子
A. 封闭式问题		
二分式	有两种可能答案的问题	在安排这次旅行时，你亲自给美国航空公司打电话了吗？ 是＿＿＿＿＿＿　　　　　　否＿＿＿＿＿＿
多项选择	有三个或三个以上答案的问题	你和谁一起乘坐此次航班？ □ 没有人　　　　　　　□ 只有孩子 □ 配偶　　　　　　　　□ 商业伙伴 / 朋友 / 亲戚 □ 配偶和子女　　　　　□ 一个有组织的旅行团
李克特量表 （Likert scale）	受访者对陈述表示同意 / 不同意的程度	小型航空公司提供的服务通常比大型航空公司的更好。 1. 非常不同意 2. 不同意 3. 中立 4. 同意 5. 非常同意
语义差异量表	连接两个两极词的量表。受访者选择能够代表其自身观点的描述	我认为美国航空公司是： 大型公司＿＿＿＿＿＿＿＿＿小型公司 有经验的＿＿＿＿＿＿＿＿＿没有经验的 现代的＿＿＿＿＿＿＿＿＿老式的
重要性量表	对某些属性的重要性进行评估的量表	对我来说，航空公司的机上服务： 1. 极其重要　　　　　2. 非常重要 3. 有点重要　　　　　4. 不是非常重要 5. 一点也不重要
评分量表	对某些属性从"差"到"优"进行评估的量表	美国航空公司的机上服务： 1. 卓越　　　　　　　2. 非常好 3. 好　　　　　　　　4. 一般 5. 差
购买意愿量表	描述受访者的购买意向的量表	如果在长途飞行中能有超高速无线网络服务，我： 1. 绝对会买　　　　　2. 很可能会买 3. 不确定　　　　　　4. 很可能不会买 5. 绝对不会买
B. 开放式问题		
完全非结构化	受访者回答的方式几乎不受限制的问题	你对美国航空公司有什么看法？

（续表）

名称	描述	例子
词语联想	一次呈现一个词，受访者看到这些词语后提供最先想到的那个词	当你听到以下内容时，你脑子里想到的第一个词是什么？ 航空公司＿＿＿＿＿＿＿ 美国＿＿＿＿＿＿＿ 旅游＿＿＿＿＿＿＿
完成句子	受访者将一个不完整的句子补充完整	当我选择航空公司时，我主要考虑的是＿＿＿＿＿＿＿
完成故事	受访者将一个不完整的故事补充完整	"几天前，我乘坐了美国航空公司的飞机。我注意到飞机的外部和内部都有非常明亮的颜色。这在我心中引起了以下的想法和感受……" 现在完成这个故事
解释图片	图中描绘两个人物，其中一个说了一句话，要求受访者假想是另一个人，并在空白处完成对话	

定性测量。 一些营销者喜欢用定性的方法来获取消费者的看法，因为他们认为消费者的行动与其对调查问卷的回答并非总是一致。定性调研技术（qualitative research techniques）是相对间接和非结构化的测量方法，允许受访者给出的回答落在一个范围里。这种方法十分依赖营销调研人员的创造力，在探索消费者的认知时是特别有用的第一步，因为受访者容易放下戒备，在这个过程中可能会更多地表露自我。

但是定性研究确实有其缺点，如样本量通常非常小，研究结果可能无法推广到更广泛的人群中。而且不同的研究人员在对同样的定性结果进行分析时，可能会得出不同的结论。

尽管如此，人们对定性研究的兴趣正与日俱增。常用的定性研究方法如下。[20]

- **词语联想**（word association）。询问受访者当他们听到品牌的名字时，脑海中会出现什么词语，以确定品牌联想的可能范围。"天美时（Timex）这个名字对你而言意味着什么？请告诉我，当你想到天美时手表时，你会想到什么？"

- **投射技术**（projective techniques）。给受访者一个不完整或模糊的刺激物，要求他们完成或解释它。一种方法是"泡泡练习"，就像动画片中的空白对话气泡。图中描绘一些人们购买或使用产品或服务的场景，受试者将自己的想法填入空的气泡中，表明他们认为正在发生的事情或正在说的话。另一种方法是比较，请受访者将品牌与人、国家、动物、活动、汽车、国籍，甚至其他品牌进行比较。

- **视觉化**（visualization）。视觉化要求人们用杂志上的照片或自己绘制的图画创造一个拼贴画来描述他们的看法。

- **品牌人格化**（brand personification）。这要求受访者将品牌与一个人（甚至一个动物或物体）进行比较。"如果把这个品牌比作一个活生生的人，他会是什么样子，会做什么，会住在哪里，会穿什么？如果他去参加一个聚会，会和谁说话（并会说什么）？"例如，约翰迪尔（John Deere）品牌可能会让人想到一个粗犷、勤劳且值得信赖的中西部男人。

- **阶梯法**（laddering）。这一方法由一系列特定的"为什么"问题构成，用于揭示消费者的动机和更深层的目标。例如，当问一个人为什么想买诺基亚手机时，他可能回答："它看上去坚固耐用"（属性）。再问："为什么手机坚固耐用很重要？"答："这表明诺基亚是值得信赖的"（功能利益）。再问："为什么值得信赖很重要？"答："因为这样我的同事或家人一定能找到我"（情感利益）。再问："为什么你的同事或家人能找到你很重要？"答："如果他们遇到困难，我可以帮助他们"（核心价值）。诺基亚这个品牌让这名受访者觉得自己是个可以随时帮助别人的好邻居。

营销者并非一定要在定性和定量测量之间做出选择。许多人意识到了两种方法的优缺点，并且两者可以相互补充，因而会同时使用这两种方法。例如，公司可以从在线固定样本组中招募参与者参加家庭产品使用测试，通过视频日记和在线调查来捕捉他们的反应和意图。

测量设备。技术进步使营销者能够使用皮肤传感器、脑电波扫描器和全身扫描器来测量消费者的反应。例如，生物跟踪手腕传感器可以测量皮肤电活动或皮肤电导率，以检测汗液水平、体温和运动的变化。[21] 眼睛和脸部的视觉研究的进步使营销者和管理者都受益良多。

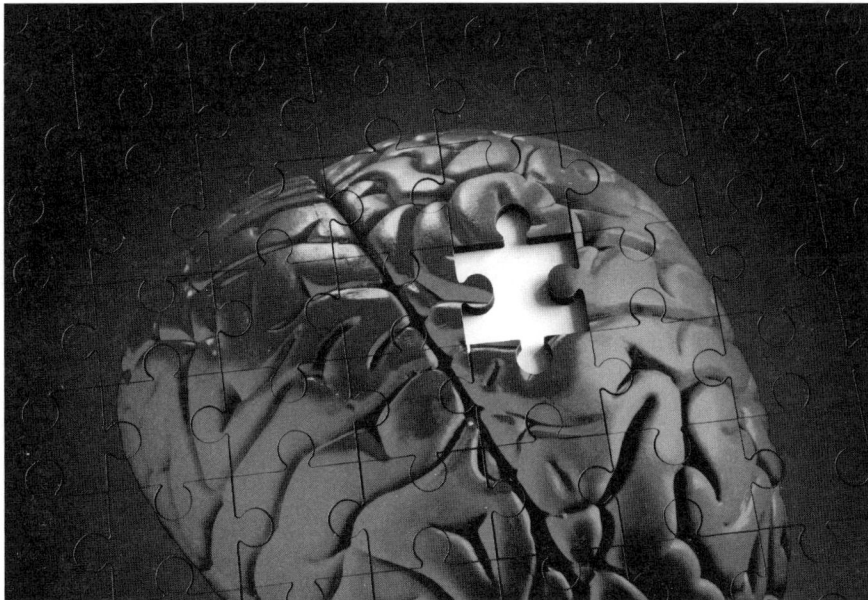

≪ 眼动追踪（eye-tracking）技术能够注意到哪些产品能抓住消费者的眼球并吸引消费者注意力，面部识别软件能够估计用户年龄和性别，公司可以利用这些技术向合适的群体投放互动广告。

Source: Martin Bond/Alamy Stock Photo

面相学　近年来，一些成本效益越来越高的研究消费者眼睛和脸部的方法被开发出来，并有了众多的应用。宝洁、联合利华和金佰利等快速消费品公司利用计算机三维模拟产品包装设计，并与商店布局相结合，使用眼动追踪技术观察消费者首次关注的地方、在特定商品上停留的时长等。经过这样的测试后，联合利华改变了凌仕（Axe）沐浴露的容器形状、商标外观和店内的产品陈列。在韩国首尔的国际金融中心购物商场，26 个咨询台都放置了液晶触摸屏，屏幕上方安装了两个摄像头和一个移动检测器。面部识别软件估计用户的年龄和性别后，屏幕中会出现针对相应人群的互动广告。在纽约、洛杉矶和旧金山，类似的应用正在被开发出来，用于人行道数字广告牌。在美国，用于识别和奖励零售商或餐馆的忠实顾客的面部识别摄像头和软件正在被测试，可供消费者自主选择是否让智能手机升级更新以参与其中。商业应用 SceneTap 使用带有面部检测软件的摄像头来发布酒吧有多少顾客以及他们的平均年龄和性别特征，帮助喜欢到处"串吧"的消费者（bar hoppers）选择下一个目的地。[22]

一些研究人员已经开始利用复杂的神经科学技术，替代传统的消费者研究方法，例如监测大脑活动，来更好地衡量消费者对营销活动的反应。神经营销（neuromarketing）这一术语用于描述脑科学对营销刺激反应的研究。许多企业正在使用脑电图（EEG）技术，将品牌活动与皮肤温度或眼球运动等生理信号联系起来，衡量人们对广告的反应。

脑科学研究人员发现了与传统研究方法不同的结果。加州大学洛杉矶分校的一组研究人员使用功能性磁共振成像（fMRI）技术发现，在观看超级碗（Super Bowl）广告时大脑活动最活跃的被试者并不是声称对这一广告有最强烈偏好的被试者。其他研究发现，除了故事情节中的产品植入，其他的产品植入广告效果不大。此外，一些研究发现，与问卷调查相比，脑电波研究和行为的关联性更高。例如，比起人们陈述的音乐偏好，脑电波检测到的音乐偏好能更好地预测人们购买音乐的行为。

尽管神经科学研究提供了与传统技术不同的洞见，但神经学研究相当昂贵，而且没有得到普遍认可。鉴于人类大脑的复杂性，许多研究人员警告说，神经科学研究的结果不应该成为营销决策的唯一依据。测量大脑活动的设备由于需要给头盖骨接入电极或创造其他条件，从这一点来说，神经研究也是唐突冒进的。[23]

收集信息

营销调研的数据收集阶段通常是最昂贵且最易出错的。一些受访者可能不在家、不在线或由于其他原因联系不上，此时必须再次联系或是替换受访者；一些人会拒绝合作，或者给出带有偏见、不诚实的回答。为了控制成本，同时保持高质量的答复，公司必须制订一个有意义的抽样和数据收集计划。

抽样计划

在选择了调研方法和工具后，营销调研人员必须制订一个抽样计划，以便在维持成本可控的前提下获得高质量的回应。这需要考虑到三个方面。

- **抽样单位**（sampling unit）。这里的关键问题是我们应该调查谁。在美国航空公司的调查中，考虑抽样单位应该只包括商务舱的商务旅客，或者只包括商务舱的度假旅客，还是两者都包括？它是否应该包括 18 岁以下的旅客？旅行者和配偶都包括吗？选择了抽样单位后，营销者接下来必须确定一个抽样框架，以便目标人群中的每个人都有已知的、平等的被抽取机会。

- **抽样规模**（sample size）。这里的关键问题是我们应该调查多少人。大样本的结果会更可靠，但没有必要对整个目标人群进行抽样。在可靠的抽样程序下，少于人口总数 1% 的样本通常可以提供良好的信度。

- **抽样程序**（sampling procedure）。这里的关键问题是我们应该如何选择受访者。概率抽样使营销者能够计算出抽样误差的置信区间，使样本更具代表性。因此，在选择样本后，营销者可以得出这样的结论："每年搭乘这趟航班的次数为5~7次这个区间，有95%的可能性包含了往返芝加哥到东京的商务舱乘客的真实旅行次数"。

联系方式

营销调研人员必须决定如何联系受试者：在线、面对面、通过邮件或电子邮件、通过电话。

在线。互联网为调研提供了多种方法。公司可以在其网站上链接一份调查问卷，并奖励完成问卷的人，或在人们常访问的网站上放置链接广告，邀请人们回答问题，获得赢取奖品的机会。在线进行产品测试比传统的新产品营销调研能够更快地获得信息。

营销者还可以组织即时的消费者样本组调查或线上虚拟的焦点小组访谈，或通过赞助聊天室、公告板或博客提出一些讨论问题。公司可以邀请客户进行头脑风暴，或者邀请公司推特社区中的粉丝对创意进行评分。卡夫食品从其所赞助的在线社区里获得洞见，帮助公司开发出了受欢迎的100卡路里零食系列。

德尔蒙（Del Monte）在考虑如何为狗狗开发新的早餐食品时，深入了解了一个拥有400名成员的"我爱我狗"（I Love My Dog）在线社区。社区成员一致请求为狗狗提供一种具有培根和鸡蛋味道，并含有双倍维生素和矿物质的产品。该公司在整个产品开发过程中持续与在线社区保持沟通，推出"Snausages Breakfast Bites"强化型产品耗时仅为以往开发新产品的一半。

一大批新的在线调查供应商已经进入市场，如SurveyMonkey、SurveyGizmo、Qualtrics、Google Consumer Surveys。SurveyMonkey成立于1999年，拥有超过1500万注册用户。会员可以创建调查，并将调查上传至博客、个人网站、脸书或推特。然而，像其他调查一样，在线调查也需要根据正确的主题向正确的人提出正确的问题。

将互联网作为研究工具的其他手段还包括使用点击流跟踪客户如何访问公司的网站，以及如何转换到其他网站。营销者可以在不同的网站，或在不同的时间使用不同价格、标题和产品特色的推送，比较其相对效果。在线研究人员可以通过各种方式使用短信，例如，与受访者聊天，对在线焦点小组成员进行更深入的探究，或将受访者引导到网站。短信也是一种让青少年打开话题的有效方式。

面对面。个人访谈是最通用的方法。采访者可以提出更多的问题，并记录下对受访者的其他观察，如受访者的衣着和肢体语言。个人访谈也是最昂贵的方法，会受到访谈者偏见的影响，并且需要更多的计划和监督。在预约访谈（arranged interviews）中，营销者会联系受访者进行预约，并经常提供少许奖励或报酬。在拦截访谈（intercept interviews）中，调研人员在购物中心或闹市街区拦截行人，对他们进行当场采访。拦截访谈要非常迅速，而且有包含非抽样样本的风险。

邮件和电子邮件。邮件问卷是在受访者不愿意接受个人采访，或者受访者的回答可能会被采访者引导或歪曲时采取的一种方式。邮件问卷要求问题简单且措辞清晰。不幸的是，邮件回复通常很少或很慢。

电话。电话访谈可以让访谈者快速收集信息。当受访者对问题不理解时，采访者可以澄清问题，并对有可能提供额外价值的问题进行跟踪。但电话访谈必须简短，而且不能过多地涉及个人问题。

虽然电话访谈的回复率通常比邮件问卷高，但由于美国消费者对电话推销员越来越反感，电话访谈变得越来越困难。

数据挖掘

通过数据挖掘，营销统计人员可以从大量的数据中提取有关个人、市场趋势和市场细分的有用信息。[24] 数据挖掘使用复杂的统计和数学技术，如聚类分析（将对象分组，以确保同一组内的对象之间比其他组的对象更相似）、预测模型（预测不确定事件的结果）和认知模型（使用计算机模型模拟人类决策和解决问题的过程）。

一般来说，公司可以通过多种方式使用数据来创造顾客价值并获得竞争优势。

- **识别潜在顾客**——许多公司通过宣传它们的产品或服务，并提供回应的方式（如链接到一个主页、一个商业回复卡或一个免费电话号码），再根据顾客的回应建立一个数据库，从而产生销售线索。公司对数据库进行分类，以确定最佳的潜在顾客，然后通过信函、电子邮件或电话与他们联系，试图将他们转化为用户。

- **决定哪些顾客应该收到特定的报价**——那些对销售、追加销售和交叉销售感兴趣的公司制定了描述在特定报价下的理想目标顾客的标准。然后，它们在顾客数据库中搜索那些与理想顾客最接近的顾客。通过记录回应率，公司可以提高其定位目标顾客的准确性。在一次销售后，公司可以建立一个自动回复的活动序列：在一周后通过电子邮件发送感谢信；在五周后通过电子邮件发送新的报价；在十周后（如果顾客没有回应）通过电子邮件提供特别折扣。

- **提高顾客忠诚度**——公司可以通过一些方式激起顾客的兴趣和热情，如记住顾客的喜好并发送合适的礼物、折扣券和有趣的阅读材料。

- **重新激活顾客的购买**——自动邮寄程序（自动营销）可以发送生日或周年纪念卡、节假日购物提醒或淡季促销活动提醒。该数据库可以帮助公司提供有吸引力且及时的优惠。

- **避免严重的客户错误**——一家大型银行承认由于没有很好地利用客户数据库而导致了一些错误。在第一个案例中，由于一个客户未能按期偿还抵押贷款，这家银行对该客户进行罚款，却没有注意到这位客户主管的公司恰好是银行的主要存款人。结果，该客户离开了该银行。在第二个案例中，该银行的两名员工给同一个抵押贷款客户打电话，分别以不同的价格为其提供房屋净值贷款，但两人都不知道对方给客户打了电话。第三个案例，该银行在另一个国家给一个高级客户仅提供了标准服务。

分析信息并制定决策

在营销调研过程中，最后一步是将数据制表并制定综合衡量指标，以便提炼研究结果。研究人员计算的主要变量是平均数和分散度，并应用一些先进的统计技术和决策模型，希望能有更多的发现。他们可以检验不同的假设和理论，应用敏感性分析来测试假设和结论的效果。

美国航空公司案例的主要调查结论如下。

- 乘客使用超高速无线网络服务主要是为了保持联系、接收和发送大型文件和电子邮件，有些人还会上网下载视频和歌曲，乘客表示这部分费用会由其雇主支付。

- 当定价为 25 美元时，10 个商务舱乘客中约有 5 个会在飞行中使用超高速无线网络服务；当定价为 15 美元时，约有 6 人愿意使用超高速无线网络服务。因此，15 美元的收费（90美元 =6×15 美元）比 25 美元的收费（125 美元 =5×25 美元）带来的收入更少。假设同一架飞机一年 365 天都有飞行，则美国航空公司每年可以收取 45625 美元（125 美元 ×365=45625 美元），而提供这项额外服务的投资成本为 90000 美元，因此，美国航空公司需要两年时间才能达到收支平衡。

- 提供超高速无线网络服务可以强化美国航空公司在创新和积极进取方面的公众形象，并赢得一些新的乘客和客户的好感。

委托调研的美国航空公司管理者需要对调研结果进行评估。如果营销管理者对调研结果信心不足，则不会推出超高速无线网络服务。如果他们原本就倾向于推出这项服务，则营销调研的结果可以支持他们的决策。他们甚至可能决定进一步研究这个问题并做更多的调研。最后的决策仍由他们自己决定，但严谨的调研为他们提供了对这个问题的洞见。

在分析现有信息并做出决策时，重要的是在市场数据和市场洞见之间划出一条界线。阿尔伯特·爱因斯坦（Albert Einstein）指出，信息不是知识。同样，市场数据本身通常也不是很有用，除非这些市场数据能提供洞见，加深管理者对问题的理解，提高他们行动的成本效益。因此，解释数据并将这些数据与实际问题相结合，在管理决策中起着关键作用。

衡量市场需求

了解营销环境、进行营销调研有助于企业识别营销机会。随后公司必须衡量和预测每个新机会的规模、成长性和利润潜力。财务部门根据营销部门提供的销售预测去筹集投资和运营所需的现金，生产部门根据销售预测确定产能和产量，采购部门根据销售预测采购适量的物资，人力资源部门根据销售预测决定所需雇用人数。如果销售预测偏差过大，公司将面临库存过剩或存货不足的问题。销售预测是基于对需求的估计，所以经理们需要准确定义他们对"市场需求"的理解。

杜邦的高性能材料集团意识到，即使杜邦特卫强（Tyvek）在价值 1 亿美元的建筑用气密膜市场上占据了主导地位，也仍有机会通过额外的产品和服务进入价值数十亿美元的美国住宅建筑市场。

需求衡量的关键概念

需求衡量的主要概念包括市场需求、公司需求、市场预测、公司销售预测、总市场潜量以及公司销售潜量。接下来我们将详细讨论这些概念。

供应品的**市场需求**（market demand）是指在特定的时间、区域和市场环境中，特定的顾客群在既定的营销方案中的总购买量。

公司需求（company demand）是公司在特定时间内，在各种不同程度的营销活动中占市场需求份额的估计值。它取决于相对于其竞争对手，人们如何看待公司的产品、服务、价格和沟通。在其他条件相同的情况下，公司的市场份额取决于其市场支出的相对规模和有效性。如前所述，营销模型的建立者已经开发了销售反应函数来衡量一家公司的销售是如何受到其营销支出水平、营销组合和营销效果影响的。[25]

与行业营销支出的实际水平相对应的市场需求被称为**市场预测**（market forecast）。

公司销售预测（company sales forecast）是基于选定的营销计划和假定的营销环境得出的公司销售额的预期水平。这里还有两个很重要的概念。销售配额（sales quota）是为某一产品系列、公司部门或销售代表设定的销售目标。销售配额主要是一种用以定义和刺激销售努力的管理工具，它的设定值通常略高于预估的销售额，以激发销售团队的拼劲。销售预算（sales budget）是对预期销售量的保守估计，主要用于做出当前的采购、生产和现金流决策。销售预算的设立是为了避免过度风险/激进冒险，一般设定得比销售预测略低一些。

总市场潜量（market potential）是在一定时期内，在给定的行业营销水平和现有环境条件下，行业内的所有公司可获得的最大销售额。市场预测反映的是预期市场需求，而不是最大市场需求。对于后者，可以想象成是行业营销支出水平很高的情况下所产生的市场需求水平。在这种情况下，进一步提高营销努力其实收效甚微。总市场潜量是指在给定的市场环境中，当行业营销支出接近无穷大时，市场需求所达到的极限。"在给定的市场环境中"这句话很关键。例如，繁荣时期汽车的总市场潜量就比衰退时期更高。估算总市场潜量的方法通常是将潜在的购买者数量乘以每个实际购买者的平均购买量，再乘以价格。

公司销售潜量（company sales potential）是指相对于竞争对手而言，公司增加营销活动时公司需求的销售极限。当然，公司需求的最大极限就是总市场潜量。如果公司占据了全部市场，公司需求就等于总市场潜量。在大多数情况下，即使公司的营销支出大幅增加，公司销售潜量也小于总市场潜量。因为每个竞争者都有其忠诚顾客，这些顾客对其他公司的营销努力无动于衷，这使得在市场上获得所有竞争对手的顾客成为一个挑战。

预测市场需求

预测（forecasting）是一门推测购买者在特定条件下可能会做什么的艺术。在主要的耐用消费品（如家电）市场，研究机构对消费者的购买意向进行定期调查，询问诸如这样的问题：你是否打算在未来六个月内购买一辆汽车？调查还会询问消费者目前和未来的个人财务状况以及对经济的预期。他们把这些信息结合起来，形成消费者信心指数（来自世界大型企业联合会）或消费者情绪指数（来自密歇根大学的调查研究中心）。在大多数市场中，良好的预测是成功的关键。

公司通常会先进行宏观经济预测，然后是行业预测，最后是公司销售预测。宏观经济预测对通货膨胀率、失业率、利率、消费者支出、商业投资、政府支出、净出口和其他变量进行预测，最终的结果是对国内生产总值（GDP）的预测。这项指标和其他环境指标相结合，便可预测行业销售。公司通过假定的自己将赢得的市场份额，便可以得出销售预测。

公司怎样进行预测呢？它们可以自行组织预测或从包括进行客户访谈的营销调研公司、分销商或其他知情者这些外部渠道购买预测信息。专门的预测公司会对特定的宏观环境因素（如人口、自然资源和技术）进行长期预测，例如，IHS Global Insight（由数据资源公司和沃顿计量经济预测协会合并而成）、弗雷斯特市场咨询公司（Forrester Research）和高德纳咨询公司（Gartner Group）。预测未来的研究公司，如未来研究所（Institute for the Future）、哈德逊研究所（Hudson Institute）和前景集团（Futures Group），提供其推测的未来情境模式。

所有的预测都以如下三种信息之一为基础：人们说什么、人们做什么或者人们已经做了什么。利用"人们说什么"进行预测，需要调查购买者的意图、销售人员的意见和专家意见。利用"人们做什么"进行预测，需要将产品投入测试市场，评估购买者的反应。利用"人们已经做了什么"进行预测，公司则需要分析人们过去购买行为的记录，或使用时间序列分析、统计需求分析。

- **行业销售和市场占有率。**行业贸易协会通常不会单独列出某家公司的销售额，而是收集并公布行业总销售额。每家公司可以根据这些信息来评估自己的业绩。如果一家公司的销售额每年增长5%，而行业销售额增长10%，那么这家公司正在失去其在行业中的相对地位。

  另一种估计销售额的方法是向营销调研公司购买报告。这些公司会对总销售额和品牌销售额进行审计。尼尔森媒体研究公司（Nielsen Media Research）会对超市和药店各种产品类别的零售额进行审计。公司可以购买这些信息，将自己公司的绩效与整个行业或任何竞争对手的业绩做比较，从总体经营或品牌维度了解公司的市场份额是增加了还是减少了。由于分销商通常不会提供竞争对手产品销售的信息，B2B的营销者通常是在对市场份额了解不充分的情况下开展经营的。

- **买方意向调查。**对于商业采购，调研公司可以对工厂、设备和材料的购买方进行意向调查。调查的结果和实际结果相比通常有10%的误差。这些调查对于估计工业产品、耐用消费品、需要提前计划的商品采购和新产品需求等很有帮助。当购买者很少、触达购买者的成本较低，且购买者明确表达自己愿意配合时，这种调查的结果很有价值。联合分析是市场研究中非常流行的基于调查的统计技术，它有助于确定消费者如何评价产品的不同属性（产品特征、服务利益和价格）。[26]

- **销售人员的综合意见。**当无法对购买者进行访问时，公司可能会让销售代表对未来销量进行预测。销售人员的预测确实有一些益处。销售代表可能比其他任何群体都能更好地洞察发展趋势，而销售预测可以使他们对自己完成销售配额更有信心，也更有动力实现这些配额。这种"草根"预测可以提供按产品、地区、客户和销售代表分类的更为详细的估算。

  然而，很少有公司在不调整的情况下直接使用这些预测方法。销售代表的销售估计可能会过于悲观或过于乐观，他们可能不知道公司的营销计划将如何影响其所在地区的未来销售。他们可能会故意低估需求，让公司设定一个较低的销售配额。为了得到更精准的预测，公司可以给销售代表提供奖励或帮助，例如关于营销计划的信息，或过去的预测与实际销售的比较分析等。

- **专家意见。**公司也可以借助专家，包括经销商、分销商、供应商、营销顾问和贸易协会，进行预测。经销商的估计与销售人员的估计存在同样的优势和劣势。许多公司从知名的经济预测公司那里购买经济和行业预测报告。这些公司有更多的数据和更多的预测专业知识。

  公司有时会邀请一组专家来对某项特定的问题进行预测。专家们交换意见，以小组形式（小组讨论法，group-discussion method）或以个人形式做出估计，然后另一位分析人员可以将结果汇总成一项估计值（个人估计汇总法，pooling of individual estimates），随后再进行几轮评估和完善，直到获得共同的意见为止（德尔菲法，the Delphi method）。[27]

- **过去销售额分析。**企业可以以过去销售额为基础做出销售预测。时间序列分析（time-series analysis）将过去的销售数据分成四个组成部分（长期趋势、循环周期、季节性因素和不稳定性），并利用它们预测未来的数据。指数平滑法（exponential smoothing）将过去销售平均值和最近销售值结合，对最近的销售额给予更多的权重，来预测下一时期的销售额。统计需求分析法（statistical demand analysis）测量一系列有因果关系的因素（如收入、营销支出和价格）对销售水平的影响。经济计量分析（econometric analysis）建立了一组描述系统的方程组，并从统计学角度求解方程的不同参数。先进的机器学习技术正给营销带来革命性影响，它能够自动且快速地完成从分析销售和收入到发现行业趋势的任务。

- **市场测试法。**当购买者不会认真做购买计划，或者市场上没有专家或专家不可靠时，直接的市场测试可以帮助预测新产品的销售情况或成熟产品在一个新的分销渠道或地区的销售情况。

衡量营销生产力

尽管可以在短期内轻松地把企业营销费用和投资量化为投入，但由此带来的产出，如品牌认知度、品牌形象、顾客忠诚度和新产品前景的提升与改善，却可能需要几个月或几年的时间才能体现出来。同时，组织内部的变化和营销环境的外部变化可能与营销支出同时发生，因此很难将其从具体的营销活动中分离出来。[28]

尽管如此，营销调研必须评估营销活动的效率和效果。有两种互补的方法衡量营销生产力：（1）评估营销效果的营销绩效指标（marketing metrics）；（2）评估因果关系并衡量营销活动如何影响绩效的营销组合模型（marketing-mix modeling）。**营销仪表板**（marketing dashboards）是将基于这两种方法汇集起来的洞见进行传播的一种结构化方式。

营销绩效指标

营销者采用多种测量方法来评估营销效果。[29]营销绩效指标是帮助营销者量化、比较和解释其业绩的一套测量方法。[30]

玫琳凯（Mary Kay）化妆品的首席营销官关注四个长期的品牌实力指标——市场认知度、市场回报、市场试用度和美容顾问年生产率，以及一些短期的、特定项目的指标，比如广告印象、网站流量和购买转化率。

维珍美国（Virgin America）的营销副总裁关注一整套在线绩效测量指标，包括每次获客成本（cost per acquisition, CPA）、每次点击成本（cost per click, CPC）和每千次页面展示成本（cost per thousand page impressions, CPM）。他还关注自然搜索、付费搜索以及在线展示广告所推动的总收入，同时他也在线下追踪这些结果及其他指标。

营销者根据他们面临的特定情况或难题选择一个或多个衡量标准。Mindbody是一家基于网络的商业管理软件供应商，致力于为全球健康和美容行业提供网络跟踪分析，包括登录页面的转化率、在线广告的点击率和谷歌搜索排名。此外，Mindbody每周都会监测以下在线指标：（1）网站分析（website analytics），即关于网站导航和在线互动的细节；（2）社交媒体曝光（social media presence），即不同的人口统计特征人群、不同区域的各个市场对社交媒体渠道的不同反应；（3）特许营销统计（permission marketing statistics），即关于企业与消费者在自动电子邮件中的互动和参与的测量。

伦敦商学院的蒂姆·安布勒（Tim Ambler）认为，企业可以把对营销业绩的评估分成两部分：短期结果和品牌资产变化。[31]短期结果通常是通过营业额、股东价值或两者组合来反映盈亏情况。而品牌资产则是对顾客意识、顾客态度、顾客行为、市场份额、相对溢价、顾客投诉量、分销和供应、顾客总数、感知质量、顾客忠诚度和留存率的测量。[32]

公司还可以监测许多与公司内部运营有关的指标，如公司的创新能力。例如，3M 公司跟踪公司近期创新所带来的销售比例的变化。安布勒还建议制定员工衡量标准，认为"终端用户是最后一位客户，但你自己的员工是你的第一位客户，你需要衡量内部市场的健康状况"。

营销组合模型

营销问责也意味着营销者必须更精确地评估不同营销投资的效果。**营销组合模型**（marketing-mix modeling）通过分析各种来源的数据，如零售商扫描数据、公司出货数据、定价、媒体和促销支出数据等，更准确地评估特定营销活动的效果。[33]要想更深层次地理解营销活动的效果，营销者需要使用多变量分析，如回归分析，研究每一项营销要素如何影响营销结果，如品牌销售额或市场份额。

快速消费品公司，如宝洁、高乐氏（Clorox）和高露洁等公司的营销者，利用营销组合模型帮助公司进行支出的分配或再分配。这种分析方法有助于了解哪一部分的广告预算被浪费了，最优支出水平是什么，以及最低投资水平应该是什么。

营销组合模型有助于分离出特定营销活动的效果，但它在评估不同的营销元素如何组合时却不太有效。沃顿商学院的戴夫·莱布斯坦（Dave Reibstein）还指出了这一分析方法的另外三个缺点：[34]（1）营销组合模型关注的是增量增长，而不是基础销售或长期效果；（2）将顾客满意度、认知度和品牌资产等重要指标纳入营销组合模型时具有局限性；（3）营销组合模型通常没有考虑与竞争对手、交易推广或销售团队有关的指标（一般的企业在销售团队和交易推广方面的花费远远超过广告支出或面向消费者的推广）。

营销仪表板

企业还采用组织流程和系统以确保将所有测量指标的价值最大化。管理层可以通过营销仪表板对一组相关的内部和外部测量指标进行整合和解读。营销仪表板就像汽车或飞机的仪表盘，能够直观地展示实时指标，确保企业的正常运作。营销仪表板可以被正式定义为"组织内可以共同观看的一套简明的相互关联的绩效驱动因素"。[35]公司对营销仪表板的投入应包括两个基于市场的关键评分卡：一个反映业绩，一个尽早发出预警。

营销仪表板的好坏完全取决于其包含的基础数据信息的质量，复杂的可视化工具可以将数据变得生动。颜色编码、符号和不同类型的图表、表格和计量器都易用且有效。某些公司会任命营销控制人员复核预算项目和费用。这些控制人员为了对内外部的数据进行整合，正越来越频繁地使用商业智能软件创建数字化的营销仪表板。

营销仪表板为公司的业务运作提供了所有必要的最新信息，如销售与预测、分销渠道的有效性、品牌资产的演变和人力资本的发展。一个有效的营销仪表板将汇集想法、改善内部沟通，并揭示哪些营销投资产生了回报。今天，营销者有四种常见的测量"路径"。[36]

- 客户指标路径（customer metrics pathway）关注的是潜在客户如何成为客户，其实现路径遵循产品认知、偏好、试用、重复购买的路线，以及少量非线性路线。这一指标还考察客户体验是如何促进价值感知与竞争优势的。

- 单位指标路径（unit metrics pathway）反映营销者知道的单位产品或服务的销售数量，即某一地区或某一产品线销售数量。以每销售单位的营销成本作为效率衡量标准，依据产品线或分销渠道的特点确定最优利润点以及如何获得最优利润。

- 现金流指标路径（cash-flow metrics pathway）关注的是营销支出如何实现短期回报。项目和营销活动的投资回报率模型衡量的是某项投资的直接影响或预期利润的净现值。

- 品牌指标路径（brand metrics pathway）是通过测量品牌估值跟踪营销的长期影响，包括从客户和潜在客户的角度获取品牌的感知健康状况，以及品牌的整体财务健康状况。

理想的情况是，随着时间的推移，营销仪表板上的指标将减少至几个关键驱动因素。同时，开发和完善营销仪表板的过程无疑会提出并解决许多企业关键问题。

一些高管担心如果他们过多地关注营销仪表板上的数字可能导致缺乏大局观。批评者担心隐私问题以及营销仪表板给员工带来压力。但大多数专家认为，营销仪表板带来的收益大于风险。

营销
洞察 ｜从客户那里汲取新创意的六种方法

客户——消费者和企业——可以是产生新创意的有效来源，从而促进供应品的成功。下面概述了几种从当前和潜在客户那里收集创意的常用策略。

- 观察客户是如何使用你的产品的。美敦力（Medtronic）是一家医疗设备公司，它的销售人员和市场研究人员定期观察脊柱外科医生如何使用其产品及其竞争对手的产品，来了解如何改进公司的产品。在与墨西哥城的中下层家庭生活在一起后，宝洁公司的研究人员开发了当妮（Downy）衣物柔顺剂，简化了手工洗衣过程。

- 向客户询问他们认为产品存在的问题。小松机械派出一批工程师和设计师到美国进行为期 6 个月的考察，他们与开大型机械设备的司机一起乘坐自己公司的产品，学习怎样才能使小松的产品变得更好。宝洁公司注意到，消费者对薯片开袋后会破裂和难以保存很不满意，因此将品客（Pringles）薯片设计得更结实，大小均匀，以便将其装在一个能提供更好保护的类似网球包装盒的筒里。

- 向客户询问他们梦想中的产品。问问你的客户，他们希望你的产品能做什么，即使他们提出的想法听起来不可能实现也无所谓。一位 70 岁的相机用户告诉美能达（Minolta）的营销者，他希望相机能让他的拍摄对象看起来更好，照不出皱纹和衰老的痕迹。作为回应，美能达生产了一款带有两个镜头的相机，其中一个镜头呈现的是柔性图像。

- 积极征求客户的反馈意见。李维斯（Levi's）借助青年小组讨论生活方式、习惯、价值观和品牌参与度，思科（Cisco）举办客户论坛以改善其产品，哈雷戴维森（Harley-Davidson）向其哈雷车友会的百万成员征求产品意见。宝洁公司的全球网站里有一个"分享你的想法"栏目，以征求客户的建议和反馈。

- 形成一个由产品爱好者组成的品牌社区。哈雷戴维森和苹果有阵容强大的品牌爱好者和拥趸。索尼与消费者进行合作对话，共同开发 PlayStation 游戏机。乐高在早期发展阶段，向儿童和有影响力的成人爱好者征求他们对新产品概念的反馈。

- 鼓励或向客户发出挑战，来改变或改进产品。赛富时希望其用户使用简单的编程工具开发和分享新的软件应用。国际香精香料公司（International Flavors & Fragrances，IFF）为它的客户提供了一个用于修改特定香料的工具包，修改后的香料由 IFF 生产。LSI Logic Corporation 也为客户提供了自己动手的工具包，以便客户能够设计自己的专用芯片。而宝马公司在其网站上发布了一个工具包，让客户利用远程信息处理技术和车内在线服务开发创意。[37]

本章小结

1. 营销调研归根结底就是生成洞察。营销洞察提供了诊断信息，让我们知道如何以及为何在市场上观察到某些效果，以及这对营销者意味着什么。效果良好的营销调研具有以下特点：方法科学、具有创造性、手段多元、准确建模、注重成本效益分析、适当怀疑和关注道德。

2. 营销调研过程包括界定问题、制订调研计划、收集信息、分析信息和制定决策。在进行调研时，公司必须决定是收集自己的数据（原始数据）还是使用已经存在的数据（二手数据）。它们还必须选择一种调研方法（观察法、民族志研究、焦点小组研究法、调查法或行为研究）和调研工具（调查问卷、定性测量或测量设备）。此外，公司还必须决定抽样计划、联系方法（在线、面对面、邮件或电子邮件、电话）和数据挖掘策略。

3. 为了估计当前的需求，公司需要确定每个市场机会的规模、成长性和利润潜力。为了估计未来的需求，公司需要调查购买者的意向，征集销售人员和专家的意见，分析过去的销售额或者进行市场测试。数学模型、先进的统计技术和计算机化的数据收集程序对所有类型的需求和销售预测都至关重要。

4. 营销调研必须评估营销活动的效率和效果。评估营销效果的两种互补方法是：（1）评估营销效果的营销绩效指标；（2）评估因果关系并衡量营销活动如何影响结果的营销组合模型。从这两种方法中收集到的洞见需要在组织内传播。营销仪表板提供了公司业务运营所需的所有最新信息，如实际销售与预测、分销渠道的有效性、品牌资产的演变以及人力资本的发展。公司对营销仪表板的投入应包括两个关键的基于市场的评分卡：反映业绩以及尽早发出预警。

营销
焦点 | IDEO

IDEO 是一家国际设计公司，在北美、亚洲和欧洲设有工作室。它与商业、政府和社会部门等多种类型的客户合作，通过设计创造积极影响。IDEO 使用以人为本的方法也就是设计思维来解决问题。这一方法要求在创造产品、服务和体验的过程中，把优先考虑人的需求作为核心动力。IDEO 设计的产品和服务包括苹果公司的第一个电脑鼠标，一个位于秘鲁的世界级的、收费适中的学校网络，以及包容性强、无障碍的洛杉矶投票系统。

IDEO 的历史可以追溯到 1978 年，1991 年它成为一家专注于产品设计和工程的设计公司，并因此而得名。像许多其他公司一样，它最初雇用来自工业、电气、制造和化学领域的工程师来创造和改进客户的产品。IDEO 通过其多学科的方法和普及设计思维将自己与其他设计公司区别开来。随着 IDEO 的成长，该公司承担了更多的项目，雇用了具有更多技能的人员，并积极向营

Source: Courtesy of IDEO

者、人类学家、医生、教师、建筑师和其他领域的专家请教。

为了在公司内部培养一个具有创造性和协作性的社区，公司的每一个方面——组织结构、物理空间、员工聘用、员工培训和管理——都反映了 IDEO 的七个核心价值观。这七个价值观是：少说话多做事，让别人成功，从失败中学习，接受模糊性，乐观，合作和成为主人翁。在 IDEO 办公室里，合伙人和高管的办公桌与初级设计师的办公桌交织在一起，为各种合作创造条件。开

放、灵活的空间使员工能够展示他们的设计原型，并进行头脑风暴。

　　IDEO 将其设计思维方法应用于各种创新产品、服务和体验，横跨了各个行业和领域。1996年，欧乐 B（Oral-B）要求 IDEO 设计一种新的儿童牙刷时，IDEO 便从观察儿童刷牙开始。在观察过程中，IDEO 注意到，儿童拿牙刷的方式与成人不同。成人有精细的运动技能，可以只运动手指移动牙刷，而儿童则需要用手掌握住牙刷才能移动牙刷。成人牙刷的手柄很薄并且很难握住，因此给儿童刷牙带来了困难。IDEO 基于这一发现，创造了一种手柄厚实柔软的牙刷。这一简单的创新被广泛采用，并已成为儿童牙刷的主要外观形态。

　　另一个例子来自洛杉矶。地方政府领导想改造他们从 20 世纪 60 年代起开始使用的陈旧的投票系统。当地政府聘请了 IDEO 来设计新系统，包括这个系统的概念、外观和使用感受，提供可随时间调整的模块化解决方案。洛杉矶拥有近 500 万注册选民，是美国最大的投票管辖区。IDEO 的调研人员在该地区的社区中心组织了原型设计活动，听取来自各个年龄段和背景的选民的意见，最后创建了一个可供所有类型选民使用的无障碍投票系统，那些有视听障碍、坐轮椅、有学习障碍、不熟悉技术和母语非英语的人都能使用。这个新系统在 2020 年总统初选期间首次亮相。

　　IDEO 还与北面（The North Face）合作，帮助塑造这家户外产品公司在中国的品牌故事。北面希望扩大其在中国的影响力。该公司在美国讲述品牌故事时经常使用极限运动以及和冒险相关的叙事，但它发现这一方式并不能引起中国消费者的共鸣。IDEO 的调研人员发现，中国消费者对逃离都市生活，享受在大自然中与他人共度时光的轻松自由的品牌故事有更好的反响。IDEO 的调研人员和设计师帮助该公司设计其在中国的营销活动，并在数字平台及店内展示方面进行了合作。

　　IDEO 还与食品公司 J.M. Smucker 合作，帮助美国领先的咖啡品牌福爵（Folgers）更好地与千禧一代受众建立联系。受福爵的传统和历史的启发，它们于 2018 年合作推出了高端咖啡品牌"1850"。IDEO 帮助设计了产品上市实践，包括包装、零售和商品展示方案。"1850"被认为是 2019 年咖啡类别中的顶级产品。IDEO 诸多解决方案中一个不变的因素是它应用了以人为本的设计。IDEO 继续坚持其理念，即最好的设计方案是围绕用户的愿望和需要来开发的。IDEO 已经将以人为本的设计应用于众多领域，如金融服务、非营利性组织、品牌建设、医疗保健、学习和教育以及消费产品。[38]

问题：

1.　**为什么 IDEO 会如此成功？**

2.　**IDEO 在研究和设计产品时面临的最严峻挑战是什么？**

3.　**IDEO 为许多公司创造了伟大的解决方案，并赢得了声誉。IDEO 是否应该尝试为自己创造更大的品牌知名度？为什么？**

营销
焦点 | 乐高

乐高是世界上最知名的玩具品牌之一。这种小巧的彩色积木已经催生无数的套装、小雕像、视频游戏，甚至是电影和主题公园。乐高玩具建立在一个非常简单的概念之上：每块积木都能与其他积木组合在一起，从而创造出无穷无尽的建筑、机器人、汽车以及其他用户能想到的组合。乐高采用设计思维进行产品创新，每次发布新产品，都会通过创造性利用彩色砖块的方式保持新鲜感。2017 年，乐高成为世界上最大的玩具制造商，是所有行业中最强大的品牌之一。

乐高公司诞生于 1932 年丹麦比隆的一家小商店里。木匠奥尔·科克·克里斯第安森（Ole Kirk Christiansen）与他的儿子戈特弗里德（Godtfred）一起销售木制玩具、梯子和熨衣板。两年后，两人将他们的公司命名为 LEGO。这个名字是丹麦语 "leg godt" 的缩写，也就是 "玩得好"。在接下来的几年里，乐高扩大其产品线，制作木制鸭子、衣架和简单的木砖等产品。直到 1947 年，乐高公司购买了一台注塑机，才开始大规模生产塑料玩具，这就是现代乐高小砖块的前身。1957 年，乐高创造了能够相互锁定的塑料砖；第二年，它引入了螺柱和管子的耦合机制，这成为后来所有乐高玩具的基础。乐高积木在客户中大受欢迎，公司在 20 世纪 60 年代初开始在全球范围内扩张。1964 年，该公司开始销售套装，其中包括建造特定模型的组件和说明书。此后不久，乐高打造了取材自电影和书籍的主题套装，如《哈利·波特》《星球大战》《侏罗纪公园》系列，成为世界上最

Source: Hemis/Alamy Stock Photo

抢手的儿童玩具。

由于人口出生率下降，乐高的增长和扩张在 20 世纪末有所减缓。孩子们也对不能提供即时满足的玩具不那么感兴趣了。同时，乐高公司对酒店业不熟悉，导致公司在世界各地开设的许多主题公园未能实现盈利。为了吸引更多客户，乐高公司开始生产越来越复杂和独特的套装，但其销售额却没有增长。乐高积木的复杂性也加大了生产难度，并使库存更难管理。主要的零售商都有很大一部分库存没有售出，甚至在节假日时也是如此。1998 年，该公司第一次遭遇亏损，到 2003 年，乐高已处于破产边缘。

2004 年，加入乐高仅三年的约恩·克努德斯道普（Jorgen Knudstorp）被提拔为首席执行官，公司局面开始扭转。约恩通过改进业务流程、削减成本、管理现金流，稳定了公司的发展。为了恢复乐高玩具的知名度，约恩非常注重创新、市场和消费者研究。他认为为了重新建立顾客与乐高玩具之间的情感联系，乐高必须深入了解每个顾客的愿望和行为。

乐高将决策建立在广泛调研的基础上。这一转变减少了生产的复杂性，促进了新产品的成功。2011年，该公司推出了乐高朋友系列，努力吸引更多女孩爱上该品牌。该公司通过市场调查了解到，女孩更喜欢用乐高套装进行角色扮演，而男孩则喜欢刺激的叙事和背景故事，如幻影忍者（Ninjago）和气功传奇（Legends of Chima）套装所讲述的故事。女孩和男孩都喜欢用乐高积木进行建造。乐高朋友系列提供了更多的套装和场景，如商场、果汁店和创意实验室，因此女孩可以用她们的小雕像来进行角色扮演。该系列在包括中国、德国和美国在内的世界各地市场上大受欢迎。

乐高还建立了未来实验室（Future Lab）。这是一个神秘的研究开发团队，负责创造乐高有史以来最具创新性和最成功的玩具系列。未来实验室的团队由工业设计师、程序员、营销者，甚至是建筑大师组成。他们通过头脑风暴来产生现代化的作品。在每年进行的为期一周的巴塞罗那实地考察中，未来实验室团队广泛开展头脑风暴，利用现有的砖块、动画软件和专业水平的数码相机设计乐高原型。其中最成功的原型会被进一步探讨，而那些最可行的想法将会在丹麦被投入生产。未来实验室创造的乐高玩具系列包括乐高机器人——一个与麻省理工学院合作创建的机器人平台、乐高融合——一个增强现实的应用程序，以及乐高建筑——世界上最有名的建筑模型系列。

2017年，乐高公司超过了竞争对手美泰公司（Mattel），成为世界上最大的玩具制造商。虽然乐高自2003年的历史最低点以来，取得了巨大的财务成功，但公司的研究表明孩子们花在实体玩具上的时间一年比一年少。在一个日益数字化的时代，乐高必须继续研究其客户并尝试创新产品线，以保持在玩具行业的领先地位。[39]

问题：

1.　乐高公司是如何做到不断重塑其业务的？

2.　营销调研在乐高的成功中发挥了什么作用？

3.　乐高与竞争对手的区别是什么？乐高的竞争优势是否可持续？

第三部分
营销战略规划

Developing a Viable Market Strategy

6

识别细分市场和目标客户

学习目标

1. 解释目标市场选择的本质。
2. 界定战略目标市场选择的关键原则。
3. 描述如何与目标客户进行有效沟通，并向其提供产品或服务。
4. 解释如何针对多个细分市场制定战略。
5. 描述如何对消费者市场进行细分。
6. 描述如何对企业市场进行细分。

当罐装汤的消费量随着其市场份额一同下降时，金宝汤公司开始面对面地研究千禧一代消费者的习惯。这促成一个即食且更有异国风味的罐装汤新系列在线上风靡开来。

Source：Radu Bercan/Alamy Stock Photo

公司无法与大型、广泛、多样化市场中的所有客户同时建立联系。因此，它们需要确定可以有效服务的细分市场。识别这些细分市场需要对消费者行为有敏锐的了解，并对每个细分市场的独特性和不同之处进行细致的战略思考。识别并以独具特色的方式满足正确的细分市场是营销成功的关键。金宝汤公司就是众多试图与年轻的千禧一代消费者打交道的公司之一。

金宝汤公司（Campbell Soup Company）标志性的红白汤罐头图标是美国最著名的品牌之一，甚至成为安迪·沃霍尔（Andy Warhol）画作的主题。然而在几年前，这家拥有一个半世纪历史的公司却遭受了双重打击：灌装汤的总体消费量下降了13%；同时，由于新鲜和优质汤的流行，其市场份额从67%下降到53%。为了减缓销售下滑趋势，金宝汤公司开始更深入地了解占美国人口25%的18~34岁人群，因为这些人将极大地影响公司的未来。公司采用民族志研究方法，派出高管前往英国伦敦和美国得克萨斯州奥斯汀、俄勒冈州波特兰、华盛顿特区等地的"潮人市场中心"，面对面地研究千禧一代消费者。高管们参与了"生活在一起"活动，与年轻消费者一起购物，一起在家吃饭；他们还参与了"吃在一起"活动，与年轻消费者一起在餐馆用餐。高管们最关键的洞察是什么呢？千禧一代喜欢香料，比他们的父母更喜欢有异域风味的食品，只是他们不能在家里烹饪这些食物。金宝汤公司的解决方案是推出新产品线——"金宝 Go! 即食餐"。该系列有 6 种口味，例如，配鹰嘴豆的摩洛哥鸡肉，辣香肠和配黑豆的鸡肉，椰子咖喱鸡肉配香菇。为了突出新鲜感，该系列以袋装而非罐装形式销售，价格（3 美元）是基本红白汤系列产品的三倍多。该系列产品全部在网上销售，甚至在音乐网站、搞笑网站、游戏平台和社交媒体上销售。金宝汤公司还销售斯旺森（Swanson）肉汤和高汤，V8 蔬菜汁，Pace 辣酱、酱汁和蘸酱，以及 Prego 意大利面酱。然而，汤类产品占其收入的一半，因此新产品线的成功营销极为关键。[1]

为了更有效地竞争，许多公司现在都在积极尝试目标市场选择营销战略。公司专注于那些它们最有可能满足的消费者，而不是分散自己的营销活动。有效的目标市场选择要求营销者：

- 识别具有不同需要和欲望的购买者群体（细分市场）。
- 选择并进入一个或多个细分市场（目标市场选择）。
- 为每个目标细分市场确立并传达公司市场供应品的优势（确定价值主张和定位）。

本章将重点讨论前两个步骤：如何细分市场和识别目标客户。第 10 章讨论第三步：如何确定价值主张和定位，以建立随时间不断成长且能抵御竞争对手攻势的品牌。

识别目标客户

识别目标客户的方法有很多。[2] 一旦公司确定了自己的市场机会，就必须决定瞄准多少目标客户，以及瞄准哪些目标客户。营销者越来越多地将几个变量结合起来以确定更小、更明确的目标群体，以便开发出比竞争对手更能满足这些客户需要的供应品。因此，一家银行不仅可以识别一个富裕的退休群体，而且可以在这个群体中根据现阶段收入、资产、储蓄和风险偏好来进一步区分更小的细分市场。这使得一些市场研究人员主张采用基于需要的目标市场选择法。

目标市场选择（targeting）是识别客户的过程，公司将为他们优化其供应品。简单地说，目标市场选择反映了公司在设计、沟通和提供供应品时会优先考虑哪些客户、忽略哪些客户。以下章节将详细讨论公司识别目标客户的逻辑，以及这一过程涉及的战略和战术问题。

目标市场选择的逻辑

在**大众营销**（mass marketing）中，公司会忽略细分市场之间的差异，仅仅用一个供应品满足整个市场。公司会为一个出色的产品设计营销方案，并通过大规模分销和大众传播向最广范围的买家进行销售。无差异营销适用于所有消费者都有大致相同的偏好，并且市场没有自然细分的情况。福特提供只有一种颜色（黑色）的 T 型车，就是这个策略的典型应用。

支持大众营销的观点认为，它创造了最大的潜在市场，从而使成本最低，这反过来降低了价格并提升了利润率。单一的产品线降低了研发、生产、库存、运输、营销调研、广告和产品管理的成本。无差异的沟通方案也降低了相关成本。然而，许多批评者指出，市场不断分化，营销渠道和沟通方式的增加，使得接触大众消费者变得越来越困难，且成本不断上升。

当不同的消费者群体有不同的需要和欲望时，营销者就可以以此定义多个细分市场。公司通常可以更好地设计、定价、展示和提供产品或服务，还可以对营销方案和活动进行微调，以更好地应对竞争对手的营销活动。在目标市场营销中，公司向不同细分市场销售不同的产品。化妆品公司雅诗兰黛销售的各个品牌吸引了品位各异的女性（和男性）：旗舰品牌雅诗兰黛（Estée Lauder）吸引了年长的消费者；倩碧（Clinique）和魅可（M·A·C）迎合了年轻女性的需求；艾凡达（Aveda）吸引了芳香疗法爱好者；悦木之源（Origins）则针对有环保意识、希望使用天然成分化妆品的消费者。[3]

目标市场选择的终极目标是一对一营销，就是每个细分市场只有一类客户。[4]随着公司越来越精通于收集个人客户和商业伙伴（供应商、分销商、零售商）的信息，以及工厂设计更加灵活，它们提高了提供个性化市场产品、信息和媒体的能力。

消费者可以买到定制的牛仔裤、牛仔靴和自行车，这些产品的价格高达数千美元。彼得·瓦格纳（Peter Wagner）于2006年在科罗拉多州特柳赖德市推出了瓦格纳定制滑雪板。他的公司现在每年制造大约1000块滑雪单板和滑雪双板，产品起步价为1750美元。每块滑雪单板和双板都是独一无二的，并根据其用户的喜好和滑行风格进行精确配对。定制滑雪板使用类似航天器材的材料、在千分之一厘米的细节上进行微调，以及吸引人的美学设计，这些策略都突出了其强大的产品性能。[5]

一对一营销并不适合所有公司。它最适合那些通常收集大量个人客户信息，经营大量可交叉销售的产品，产品需要定期更换或升级并且价值很高的公司。对其他公司来说，在信息收集、硬件和软件方面的投入可能会超出预算。这有可能导致商品成本超过客户愿意支付的价格。

大规模定制（mass customization）是指公司在大众需求的基础上，个性化地设计产品、服务、活动和沟通，满足每个客户需求的能力。[6]迷你库珀（MINI Cooper）的在线"配置器"可以让潜在买家选择和尝试新款MINI的许多功能。可口可乐的自由式自动售货机让用户可以在100多个可口可乐品牌或定制口味中做选择，甚至可以创造自己的口味。

服务业也是定制化营销的一个自然场景。航空公司、酒店和租车公司正试图提供更加个性化的体验，甚至政治候选人也在使用定制营销。在脸书上，政治家可以通过观察一个人加入的团体或原因来确定其喜好。利用脸书的广告平台，竞选团队可以测试数百条反映其他利益主张的广告信息。徒步旅行者可能会得到一个以环保为主题的信息，特定宗教团体的成员可能会得到一个以基督教为主题的信息。

战略目标市场选择和战术目标市场选择

根据公司锁定目标客户的标准，可以将定位分成战略性定位和战术性定位。**战略目标市场选择**（strategic targeting）关注的是公司能够满足其需要，并且提供的供应品能够根据其需要进行相应调整的客户。**战术目标市场选择**（tactical targeting）指公司触达具有重要战略性意义的客户的方式。战略目标市场选择和战术目标市场选择并不相互排斥，它们是识别目标客户过程中两个不可或缺的相关组成部分。

>> 可口可乐公司也加入了个性化浪潮，推出了自由式饮料点配机，允许用户定制自己的软饮口味。

然而，战略目标市场选择和战术目标市场选择想要达成的目的不尽相同。战略目标市场选择要求市场规模能够使产品收益与客户需要更好地契合。因此，战略目标市场选择不是试图用一种产品吸引有多种需要的广大客户，而是特意忽略一些客户，以便更好地服务其他客户，提供能满足他们特定需要的产品。战术目标市场选择则相反，它不排除任何潜在客户，而是努力通过有效且具有高成本效益的方式触达所有具有战略意义的客户。

由于目标不同，战略目标市场选择和战术目标市场选择各有侧重点：战略目标市场选择的重点是公司可以为目标客户创造的价值，以及从目标客户那里获取的价值；战术目标市场选择的重点则是公司可以用来触达这些客户的方法。战略目标市场选择和战术目标市场选择试图共同解决两个问题：第一个问题侧重于战略——谁是公司可以与之建立互利关系的客户；第二个问题侧重于战术——公司如何能够最有效地触达这些客户。

战略和战术这两个方面的目标市场选择，将在下文详细讨论。

战略目标市场选择

目标客户的识别取决于公司能否提供比竞争对手更有效满足客户需要的供应品，同时为公司创造价值。[7] 这要求战略目标市场选择首先要明确公司提供的产品所能满足的客户需要。

有效的战略目标市场选择要求公司进行重要且艰难的权衡：公司深思熟虑后，故意放弃一部分潜在客户以便更有效地满足其他客户的需要。一些公司之所以失败，是因为它们不愿意牺牲市场的广度，不愿意只专注于能使公司产品创造卓越价值的客户。目标市场选择不仅基于识别公司打算服务的客户，还必须对决定不服务的客户进行有意义的评估。没有这样的评估，就不可能有可行的市场战略。

管理者在评估某一特定客户群的可行性时，必须解决两个关键问题：公司能否为这些客户创造卓越价值，这些客户能否为公司创造卓越价值。

第一个问题的答案取决于公司资源与目标客户需要的匹配程度，公司在设计能创造顾客价值的供应品时需要有相应的资产和能力。第二个问题的答案取决于目标客户的吸引力，也就是说，这些客户能否为公司创造价值。接下来我们将详细讨论战略目标市场选择的两个关键因素——目标兼容性和目标吸引力。

目标兼容性

目标兼容性（target compatibility）反映了公司在满足目标客户需要方面有超越竞争对手的能力。换句话说，就是创造卓越的客户价值。目标兼容性取决于公司的资源及其通过这些资源为目标客户创造价值的能力。合适的资源对公司来说很重要，因为公司可以通过有效且具备成本效益的方式，利用这些资源创造能够为客户提供卓越价值的供应品。

以下资源对公司目标市场选择战略的成功非常重要。

- **业务基础设施**包括存放公司生产设施和设备的基础设施，呼叫中心和顾客关系管理解决方案等服务基础设施，包括采购基础设施和工艺流程的供应链基础设施，以及包含公司业务管理文化的管理基础设施。

- **稀缺资源的获取**给予了公司显著的竞争优势，因为它限制了竞争对手的战略选择。例如，获得独特的自然资源、重要的制造和零售地点，以及一个令人难忘的网络域名，都对公司非常有利。

- **熟练员工**具有技术、运营和商业专长，特别是那些研发、教育和咨询方面的员工，是公司的主要战略资产。

- **技术专长**，即开发满足特定客户需要的供应品所需的专长，包括公司的特有工艺、技术流程和知识产权，如专利和商业机密。

- **强大的品牌**能够通过赋予供应品独特的识别性和有意义的联想提升价值，联想创造的价值超过了供应品本身创造的价值。品牌在商品化行业中特别重要，因为在这些行业中，存在竞争关系的产品和服务之间只有微小的差异。

- **合作者网络**包括纵向合作者网络和横向合作者网络，前者是指公司供应链上的合作者（供应商和分销商），后者是指研发、制造和推广上的合作者，他们帮助公司创造供应品并告知客户。

评估公司资源的一个重要方面是确定其核心能力。[8] **核心能力**（core competency）有三个特点：（1）它是竞争优势的来源，对感知客户利益有重大影响；（2）它适用于多种市场；（3）它很难被竞争对手模仿。[9] 如今，如果公司能够获得更好的产品质量或更低的成本，就会把不太重要的资源外包出去。许多纺织、化工、计算机或电子产品公司利用离岸制造商进行外包生产，而自身专注于产品设计、开发和营销，这些都是它们的核心能力。成功的关键是拥有和培养构成企业本质的资源和能力。[10]

尽管公司为目标客户创造价值的能力是企业本质的重要组成部分，但成功的目标市场选择必须结合另一个重要标准：目标客户也必须能够为公司创造价值，也就是说，目标客户必须对公司有吸引力。下一小节将讨论评估目标吸引力的主要因素。

目标吸引力

目标吸引力（target attractiveness）反映了细分市场为公司创造卓越价值的能力。因此，公司必须谨慎地选择客户，根据他们为公司贡献价值和帮助公司实现目标的程度，为他们量身定制供应品。目标客户可以为公司创造两种类型的价值：货币价值和战略价值。

货币价值

货币价值（monetary value）由客户为公司创造利润的能力构成。货币价值包括一个特定客户群产生的收入和为这些客户提供服务的成本。

- **客户收入**包括公司从客户那里收到的为拥有或使用公司产品而支付的货币。许多市场和客户因素都会影响收入。这些因素包括市场规模、增长率、客户购买力、品牌忠诚度、价格敏感度、公司定价权、市场竞争强度，以及经济、政府法规和物理环境等情境因素。

- **为目标客户提供服务的成本**包括根据目标客户的需要定制产品，以及向他们宣传和交付产品的费用。此外，服务目标客户的成本还包括获得和留住客户的支出，为他们提供购后支持和提供奖励，以及维护其忠诚度的费用。

许多公司几乎只关注目标客户创造的货币价值，因为客户的收入和成本更容易被量化。正是这种狭隘的观点让公司忽略了一个事实，即目标客户创造的战略价值同样会影响他们为公司带来的价值。

战略价值

战略价值（strategic value）是指客户给公司带来的非货币利益。战略价值的三个主要类型是社会价值（social value）、规模价值（scale value）和信息价值（information value）。

- **社会价值**反映了目标客户对其他潜在购买者的影响。客户对公司的吸引力可能来自客户在社交网络上的影响力，以及他们影响其他购买者意见的能力，这些都可以被视为他们为公司带来的收入。公司通常以意见领袖、潮流引领者和专家为目标客户，因为他们可以通过社交网络进行推广，并为公司的供应品背书。

- **规模价值**指的是公司运营规模带来的好处。商业模式的经济性可能导致公司将低利润有时甚至是无利可图的客户作为目标客户。如航空公司、酒店和邮轮公司，这些公司的固定成本较高，但可变成本较低。一家处于早期增长阶段的公司可能会决定以低利润客户为目标客户，以此建立产品和用户基础，作为未来增长的平台。优步、爱彼迎、微软、亿贝和脸书的快速增长说明了建立大规模用户网络的优势。

- **信息价值**是指客户提供的信息的价值。公司之所以对客户进行目标市场选择，是因为客户可以向公司提供大量关于他们的需要和概貌的数据。这些信息可以帮助公司设计、沟通，并向其他有类似需要的客户提供价值。一家公司也可以在供应品大规模推向市场前，锁定那些可能成为公司产品早期使用者的用户，将他们作为目标客户。这些"领先用户"帮助公司收集反馈信息，了解如何改进和提升产品以吸引更多的购买者。

评估不同客户群的战略价值比评估其货币价值更具挑战性。战略价值不是那么容易就能够观察到的，而且可能很难被量化。客户影响他人的能力往往无法直接辨别，即使可以通过评估客户在社交媒体上的粉丝数量来加以量化，客户对他人喜好的影响程度也很难被衡量。尽管确定战略价值存在难度，但在选择目标客户时，仍然不能忽视战略价值。它可以作为货币价值的补充，也可以作为公司价值的重要组成部分。某些具有极大影响力的客户可能从未直接为公司创造过一分钱，但却会对决定购买公司供应品的更广泛和更有利可图的细分市场产生重大影响。

战术目标市场选择

尽管战术目标市场选择与战略目标市场选择都涉及对目标客户的识别，但前者有一个不同的目标，那就是识别哪些客户是目标客户，哪些客户是可以忽略不计的，并确定公司的供应品如何有效、低成本地传达和交付给已经选定的目标客户。下面几节将详细讨论战术性定位的关键环节。

界定顾客概貌

在决定了一个于战略上可行的目标市场后，公司必须收集这些客户的资料，以便向他们传达产品的属性，并将其交付给他们。而战术目标市场选择则通过将产品想要满足的客户需要与可观察到的客户特征联系起来的方式，来明确实现这一目标最有成本效益的方法。这些可观察的因素就是**顾客概貌**（customer profile），它包括人口、地理、行为和心理统计描述。

- **人口因素**（demographic factors）包括年龄、性别、收入、职业、受教育水平、宗教、民族、国籍、就业状况、人口密度（城市或农村）、社会阶层、家庭规模以及所处的生命周期阶段。如果公司的目标客户不是个人，而是其他公司，则应当用公司统计学的因素进行识别，如公司规模、组织结构、行业、增长、收入和盈利能力。

- **地理因素**（geographic factors）反映了目标客户的物理位置。与描述目标客户是谁的人口统计数据不同，地理数据描述了客户所处的位置。一些地理因素可以是相对持久的（如客户的永久住址），而其他一些地理因素是动态的、经常变化的（例如，客户在某个特定时间的实时位置）。用于识别个人客户的移动设备无处不在，利用它们能实时确定客户的确切位置，从而极大提高了地理因素在目标市场选择过程中的重要性。

- **行为因素**（behavioral factors）描述了客户的行为。这些因素包括现有客户、竞品客户或新客户等不同类型客户对于该公司供应品已有的体验。行为因素还可以根据消费者购买供应品的频率、数量、价格敏感度和对公司促销活动的敏感度、忠诚度、线上线下购买偏好，以及他们经常光顾的零售店来进行分类。其他值得注意的行为因素包括客户在决策过程中的角色（例如，作为发起者、影响者、决定者、购买者或使用者），以及他们处于消费者决策过程的哪个阶段。行为因素也可以包括客户了解新产品的方式、社交方式，以及打发空闲时间的方式。

- **心理统计学因素**（psychographic factors）涉及每个人的个性，如态度、价值体系、兴趣和生活方式。心理统计学将目标客户的可观察和不可观察的特征联系起来，这也是与人口因素、地理因素和行为因素不同的地方。价值观、态度、兴趣和生活方式可以通过直接询问客户来确定，而心理统计学因素往往不容易辨别，必须从客户的可观察特征和行为中推断出来。客户对体育的兴趣是一项心理统计学因素，可以通过其订阅体育杂志、观看体育节目、加入网球俱乐部、购买体育器材和体育赛事门票等行为来加以证实。

在线通信和电子商务的大量使用，使客户的道德价值观、态度、兴趣和生活方式对公司来说更加透明，心理统计学因素的重要性，就像地理因素一样，变得更加突出。脸书、谷歌、YouTube 和推特等社交媒体公司可以从其客户的人口、地理和行为数据中构建可操作的顾客心理统计学概貌。传统媒体公司、信用卡供应商和在线零售商也可以通过积累数据，将个人的人口统计、地理位置和行为特征与客户的价值体系、态度、兴趣和生活方式联系起来。

调整客户价值与顾客概貌

战术目标市场选择的一个基本要素是确定具有战略意义的客户群的特征。尽管战略目标市场选择的重点是创造市场价值，这对公司产品的成功至关重要，但它有一个致命缺点，那就是战略价值难以被观察，这意味着它不便于触达目标客户。战术目标市场选择通过确定目标客户的人口、地理、心理统计和行为特征克服了这一缺点，以便公司能够触达他们。因此，战略目标市场选择和战术目标市场选择在识别目标客户的过程中相辅相成、不可分割。

下面是识别目标客户过程的一个例子。一家公司决定推出一种新的信用卡，其中有一个忠诚度计划，该计划提供旅游福利（如机票和酒店住宿）奖励客户。该公司具有战略意义的客户是那些想要一张信用卡，重视这张卡的旅游福利（客户价值），经常使用这张卡，并且不会逾期还款（公司价值）的人。由于客户的需要是难以被观察到的，所以很难确定那些可能享受该卡所提供的旅游福利的消费者。同样难以觉察的还有客户未来使用信用卡的情况，以及他们不拖欠购物账款的可能性。这些难以观察的特征使锁定有吸引力和有兼容性的客户群的过程变得复杂，也使公司更难与目标客户进行有效沟通，并将信用卡推销给他们。

要解决这个难题，需要将追求价值的客户群与其可观察的特征联系起来。为了识别那些可能经常使用该卡同时不逾期还款的客户，公司可能会考虑客户的信用评分、人口统计特征和地理信息，以及他们的购买行为，如购买模式、购买产品类型、购买数量和使用信用卡付款的频率。为了识别那些寻求旅游奖励的客户，公司可以寻找那些阅读旅游杂志、观看旅游节目、购买旅行装备、经常在线浏览旅游网站和寻求旅行社帮助的客户。因此，该公司可以利用与旅游有关的沟通渠道来宣传其新卡及相关产品。通过关注价值追求一致的目标客户概貌，公司可以优化其选择目标客户的行为。

为了取得最佳效果，在评估公司的战术目标选择时，营销管理者应该遵循战术目标选择的两个主要原则：有效性（effectiveness）和成本效益（cost efficiency）。有效性原则反映了公司能够在多大程度上触达所有战略上可行的客户，以有利于公司及其合作者的方式满足这些客户的需要，让他们了解并获得公司供应品。成本效益原则要求公司在沟通和分销过程中只触达目标客户，其目标是当公司的产品不能有效地满足客户需要，且这些客户也不能为公司创造价值时，公司应减少在他们身上的投入。[11]

让消费者画像为目标群体注入活力

为了将获得的所有信息和洞察付诸实践，一些研究人员开发了消费者画像（personas）。消费者画像是对一个或几个假设的目标消费者的详细描述，从人口学、心理统计学、地理学或其他描述性态度或行为信息的维度展开。照片、图像、名字或简短的个人介绍有助于表现目标客户的外貌、行为和感觉，这样营销者就能够在营销决策中加入一个明确的目标客户视角。许多软件公司已经使用消费者画像来帮助改善用户界面和体验，而营销者也扩大了这种应用。

联合利华最畅销和最成功的护发产品——夏士莲（Sunsilk）就得益于对目标消费者的洞察。该公司将目标消费者画像称为"凯蒂"。凯蒂这个画像集中体现了20多岁女性的护发需要，及其认知和态度，还有处理日常"麻烦事"的方式。

专业工具和设备制造商坎贝尔·豪斯费尔德（Campbell Hausfeld）依靠包括家得宝（Home Depot）

和劳氏（Lowe's）在内的许多零售商来和消费者保持联系。在开发了 8 个消费者画像（其中包括一个女性手工制作爱好者画像和一个老年消费者画像）后，该公司成功地推出重量较轻的钻头和用于悬挂图片的水平仪等新产品。

消费者画像提供的生动信息可以辅助营销决策，但是画像不能过于笼统。任何一个目标市场都可能有一系列在一些关键维度上有所不同的消费者，所以营销者通常通过开发多个画像来反映这些差异，每个画像也都反映了特定消费者群体的特征。百思买为了指导其全国计算机支持服务网站 GeekSquad.com 重新设计和重整旗鼓，通过定量、定性和观察性研究开发了五个消费者画像："吉尔"，一个居住在郊区每天使用计算机的母亲，她依赖 Geek Squad 就像依赖园艺师或水管工那样；"查理"，一个 50 多岁的男性，他对技术充满好奇，但想找一个给力的引导者；"达里尔"，一个精通技术、善于动手的实验者，偶尔需要帮助；"路易斯"，一个工作时间紧张的小企业主，其主要目标是尽可能快地完成任务；"尼克"，一个潜在的 Geek Squad 代理，对网站持批判态度，其观点需要被挑战和说服。

显然，消费者画像并不代表所有的目标客户。然而，用一个有代表性的个体来描述目标客户群可以使公司的目标客户更直观，并让公司更好地了解客户可能对供应品做出的反应。[12]

单一细分市场和多目标细分市场的定位

目前，我们的讨论主要集中在一家公司确定并瞄准单一客户群的情况。然而，单一细分市场营销并不常见，属于个别事件。大多数产品是作为产品线的一部分存在的，不同的产品针对不同的客户群。单一细分市场和多目标细分市场的定位，以及是否决定以多目标细分市场为目标的关键原则，将在以下章节中讨论。

单一细分市场的目标市场选择

在单一细分市场集中的情况下，公司只向一个特定的细分市场销售。保时捷专注于跑车爱好者，而大众则专注于小型汽车市场。大众以辉腾（Phaeton）进入大型汽车市场的尝试在美国以失败告终。通过集中营销，公司能够更深入了解细分市场的需求，并获得强大的市场影响力。公司还通过专业化的生产、分销和促销来节约运营成本。

以单一细分市场为目标的公司通常专注于较小的、特定的客户群，这些客户寻求独特的利益组合。例如，赫兹（Hertz）、安飞士（Avis）、阿拉莫（Alamo）和一些公司专门为商务和休闲旅行人士提供机场租车服务，而企业租车公司专注于低预算的保险转保市场，主要向汽车遭遇事故或被盗的客户出租汽车。通过在被忽视的利基市场上提供低成本和便利的选择，企业租车公司获得了高额利润。而另一个利基市场的后起之秀便是忠实航空公司（Allegiant Air）。

≪ 当美国的主要航空公司在 2008 年开始的经济衰退中遭受损失时，总部位于俄勒冈州的忠实航空公司通过利基战略仍保持盈利，它提供从非热门城市到热门度假地的廉价直飞航班，避开了激烈竞争，吸引了那些本来可能不会旅行的客户。

Source: Michael Matthews/Alamy Stock Photo

忠实航空　2008 年开始的长期经济衰退严重影响了全美主要航空公司的财务业绩，而后起之秀忠实航空公司却每个季度都能实现盈利。2007 年，忠实航空公司成立于俄勒冈州尤金市，通过为休闲旅游者提供经济实惠的直飞航班确立了非常成功的利基战略。这些飞机从一些小地方，如缅因州的大瀑布、北达科他州的大福克斯、田纳西州的诺克斯维尔和纽约州的普拉茨堡，飞往佛罗里达州、加利福尼亚州和夏威夷的热门度假胜地，以及拉斯韦加斯、菲尼克斯和默特尔海滩。由于从人迹罕至的地方直飞，除了少数几条航线存在竞争，该公司避免了在 100 多条航线上与其他航空公司进行竞争。该公司吸引了原本不可能旅游出行的人群，如此一来，大部分客流量是新增的，且呈现不断递增的态势。如果一个市场看似不受欢迎，那么忠实航空会迅速放弃。该公司仔细衡量收入和成本，对其他航空公司免费提供的如机上饮料和座位上方的存储空间等服务进行收费。它还通过交叉销售度假产品和套餐获得额外收入。忠实航空拥有 64 架二手 MD-80 飞机，它采取每周几次只飞往特定目的地，而不是像大多数航空公司那样每天飞几次的方式来削减成本。它甚至将座椅固定在完全直立和完全倾斜之间的中间位置，因为可调节的座椅会增加机身重量，消耗燃料，而且维护烦琐。[13]

一个有吸引力的利基市场是什么样的呢？利基市场的客户有一些独特需要，他们愿意支付额外费用给那些最能满足他们需要的公司。利基市场相当小，但有一定规模、盈利能力和增长潜力。它也不会吸引很多竞争者，并且能够通过专业化获得经济效益。随着经营效率的提高，那些看似很小的利基市场可能会变得更有利可图。

多目标细分市场的目标市场选择

随着市场变得更加分散，越来越多的公司开发出针对更多小客户群的产品。即使是那些一开始就针对特定目标市场提供单一供应品的公司，随着时间的推移，也逐渐获得更广泛的客户。当公司的客户群变得更加多样化时，这些公司便需要从提供单一的产品过渡到提供满足不同客户需要的系列产品。

　　识别多个客户群的过程与识别单一客户群的过程相似，主要区别在于，目标市场选择分析会产生几个可行的客户群。因此，以多个客户群为目标的一个直接后果是需要开发独特的供应品，来满足每个客户群的不同要求。实际上，由于不同客户群的需要不同，以及他们为公司创造的价值存在差异，公司必须开发一个供应品组合，满足不同客户群的需要，同时使自己获利。

　　通过有选择性的专业化，公司从所有可能的细分市场中选择一个子集，这些子集在客观上都是有吸引力和恰当的。细分市场之间可能很少或没有协同作用，但每个细分市场都有望获利。例如，当宝洁公司推出佳洁士美白牙贴时，最初的目标细分市场包括刚订婚的女性、即将成为新娘的女性以及男同性恋者。多目标细分市场战略还有一个好处，即通过给不同客户群提供多样化供应品，将公司的风险降到最低。

　　公司可以通过专注于不同的产品或市场来增加其供应品对目标客户的吸引力。通过产品专业化（product specialization），公司将某种产品卖给几个不同的细分市场。例如，一个显微镜制造商分别向大学、政府和商业实验室出售产品，为每个实验室制造不同的仪器，并在特定的产品领域树立了良好的声誉。这样做的风险是产品可能被一种全新的技术取代。另外，在市场专业化（market specialization）方面，公司专注于为某一特定客户群的各种需要提供服务，例如，只向大学实验室出售各种产品。于是公司在这个客户群体中获得了良好的声誉，并成为该客户群获得其他所需产品的渠道。在为目标客户开发差异化产品方面，贺曼公司可谓表现出色。

>> 贺曼公司的全球贺卡系列——从伤感的、幽默的、音乐的到在线和互动的贺卡——都是针对特定的细分市场。这些细分市场包括新妈妈、父母、祖父母和不同种族背景的客户，以及那些希望支持联合国教科文组织等慈善机构的客户。

Source: store_signs/Alamy Stock Photo

贺曼公司　贺曼公司在全美的 40000 多个零售点和全球的 100 个国家均销售用于个人表达的产品。该公司每年生产 10000 张全新和重新设计的贺卡，以及聚会用品、礼品包装和装饰品等相关产品。该公司的成功部分归功于其对贺卡业务的严格细分。除了如幽默的"鞋盒问候"（Shoebox Greetings）等受欢迎的子品牌贺卡系列，贺曼公司还推出了针对特定市场群体的系列产品，如"墨水未干"（Fresh Ink）针对的是 18~39 岁的女性，"简单的母爱"（Simple Motherhood）系列针对的是妈妈们，其设计以稚嫩的照片和纯粹又有切身之感的情感为卖点。贺曼公司的四个异国风情系列——Eight Bamboo、Golden Thread、Uplifted 和 Love Ya Mucho，分别针对中国、印度、非洲裔美国人和拉美消费者。贺曼公司还有专门为慈善机构，如（PRODUCT）RED、联合国教科文组织和苏珊·科曼治疗基金会（Susan G. Komen Race for the Cure）准备的贺卡。贺曼公司也开始利用技术，将音乐贺卡和流行电影、电视节目和歌曲的声音片段融合。贺曼公司最近推出了"魔术印记"（Magic Prints）系列互动产品，采用"魔术手套"技术，让孩子们在贺卡或其他纪念品中的插页上留下他们的手印，然后将其送给他们的父母或祖父母。在网上，贺曼公司提供电子贺卡以及消费者邮寄的个性化印刷贺卡。对于企业客户的需要，贺曼商务表达（Hallmark Business Expressions）提供个性化的企业节日贺卡和适合所有场景和活动的贺卡。[14]

当目标客户是多个客户群时，一些公司没有将其供应品属性与每个客户群中的目标客户所寻求的独特价值相结合。这通常是因为公司仅根据自身的研发能力和生产能力来创造供应品，而没有为了满足明确的客户需要而进行供应品设计。这种做法的问题在于除非公司清楚地知道它的各类产品将如何满足每个细分市场的需要，否则这些产品最终可能会针对同一客户群，而忽略其他客户群的需要。此外，当这些供应品不能提供客户所寻求的特定价值时，目标客户可能会感到困惑，并且发现自己很难将多个供应品区分开来。因此，根据每个目标客户群的需要来调整公司供应品的属性，对公司多目标细分市场定位战略的成功至关重要。

对消费者市场进行细分

市场细分（market segmentation）将一个市场划分为几个定义明确的细分市场。一个细分市场由一群具有类似需要或特征的消费者组成。常见的细分类型包括基于人口统计学变量的细分、地理细分、行为细分和心理统计细分。我们将在下面的章节中讨论这些细分类型。

人口统计细分

年龄、家庭规模、家庭生命周期、性别、收入、职业、教育、宗教、种族、世代、国籍和社会阶层等变量之所以受到营销者的青睐，原因之一是这些变量往往与消费者的需要以及希望得到满足的欲望相关。另一个原因是它们很容易测量。即使用非人口统计学的术语来描述目标市场（例如，按个性类型），我们可能也需要与人口统计学特征联系起来，以便预测市场规模以及确定应使用哪种媒介进行有效触达。

下面介绍营销者如何利用特定的人口统计学变量来细分市场。

年龄

营销者经常根据客户的年龄将其分为不同的世代。例如，代际因素是常用的人口统计学因素之一，如沉默的一代（Silent Generation，1925—1945）、婴儿潮一代（Baby Boomers，1946—1964）、

X 世代（Generation X，1965—1981）、Y 世代（Generation Y，1982—2000，也被称为千禧一代），以及 Z 世代（Generation Z，2001 年至今）。每个世代都受到其成长时代的深刻影响，包括音乐、电影、政治和那个时代的决定性事件。每个世代的人受到相同的文化、政治和经济因素的影响，往往有着相似的观点和价值观。营销者可以选择目标世代经历中重要的图标和形象向那个世代的群体投放广告。营销者也可以尝试开发独特的产品和服务，以满足某一目标世代的特殊兴趣或需要。

例如，营养补充剂公司根据消费者的年龄开发不同的产品。善存（Centrum）是辉瑞（Pfizer）旗下的复合维生素品牌，包括两种维生素：成人善存（Centrum Adults）针对成年男性和女性，成人银善存（Centrum Silver Adults）则针对 50 岁以上的中老年人。成人银善存内含的复合维生素依照年龄做了调整，包含多种微量营养元素，对老年人健康有益。其他特定年龄的产品包括尿布、婴儿食品、大学贷款和退休社区。

生命周期中的不同阶段

处于生命周期同一阶段的人，他们的生命阶段也可能有所不同。生命阶段反映了一个人经历的重大事件，如离婚、再婚、赡养老人、同居，以及购置新房等。这些生命阶段为营销者提供了机会，他们可以帮助人们应对这些重大事件。

例如，婚庆行业吸引了各种产品和服务的营销者。一对美国夫妇在婚礼上的平均花费接近 4 万美元，这一点也不令人感到奇怪。[15] 营销者知道，婚姻往往意味着夫妻双方的购物习惯和品牌偏好需要融为一体。宝洁、高乐氏和高露洁将自家的产品放入"新婚用品套装"，分发给登记结婚的夫妇。这些促销活动的预期回报很高，因此营销者为获得结婚登记名册会支付高额费用，并利用这些名册进行直接营销。

其实，并不是每个人都会在某个时间点经历特定的人生阶段，甚至有些人根本不会经历这个阶段。现在，超过四分之一的美国家庭仅由一人组成，这一数字达到历史新高。毫无疑问，这个 1.9 万亿美元的市场已经引起营销者的兴趣。劳氏公司刊登了一则广告：一个单身女人正在装修她的浴室；戴比尔斯（De Beers）公司为未婚女性出售"右手戒指"；超时尚的曼哈顿中城豪华公寓最近开业了，这栋大楼共有 63 层，大楼里三分之二的住户独自居住在户型为一室一厅和单间的出租公寓里。[16]

光棍节　光棍节（Singles Day）是一个流行于中国的节日，年轻人在这一天庆祝单身，并以单身为豪。这个节日被命名为光棍节，是因为它的日期——11 月 11 日由四个"1"组成。这个节日已经成为世界上最大的线上线下购物节，从 11 月 1 日至 12 日午夜，中国电子商务巨头阿里巴巴和京东创造了约 1150 亿美元的销售额。阿里巴巴和其他零售商和制造商已经把这个节日作为接触单身年轻人的一种方式，并推出了一系列有针对性的促销活动，来吸引年轻人购物。阿里巴巴旗下的淘宝网是世界上最大的电子商务网站，它甚至在应用程序中增加了一个功能，显示用户当天的消费与他所在地区其他人的消费的排名对比情况。[17]

性别

男性和女性的态度和行为存在差异，这些差异部分源自基因架构，部分源自后天的社会化过程。[18] 研究表明，从传统意义上说，女性更有集体意识，男性则更倾向于自我表达和目标导向；女性更倾向于在周围环境中获取更多的信息，男性则更倾向于关注环境中有助于他们实现目标的因素。

随着男性和女性角色日益多样化，一些领域中的性别差异正在缩小。雅虎的一项调查发现，超过一半的男性认为自己是家庭中主要去超市采购的人。宝洁公司新设计的一些广告也考虑到了男性的新角色，例如格尼（Gain）和汰渍（Tide）洗衣粉、风倍清（Febreze）空气清新剂和速易洁（Swiffer）拖把的广告。此外，根据一些研究，美国和英国的女性掌握了75%的新房购买决定权和60%的新车购买决定权。[19]

尽管如此，服装、发型和化妆品领域长期以来一直都采用性别差异化的方式进行销售。例如，雅芳通过向女性销售美容产品，开拓了60多亿美元的业务。吉列（Gillette）借助维纳斯（Venus）剃刀取得了类似的成功。然而最近，一些公司开始质疑依靠性别进行产品区分的价值。他们将性别特征从产品中剔除，以回应消费者对于使用性别区分产品的质疑。例如，比克公司（Bic）推出了一个名叫"为你打造"（Made For You）的系列无性别剃刀和美容产品。Non Gender Specific、伊索（Aēsop）和马林 + 格茨（MALIN+GOETZ）等公司也加入了提供无性别皮肤护理产品的行列。[20]

维纳斯剃刀 吉列的维纳斯剃刀已经成为有史以来最成功的女性脱毛产品——占全球女性剃刀市场50%以上的份额——这是依据富有洞察力的消费者研究，加上对产品设计、包装和广告进行广泛市场测试的结果。早期的女士剃刀设计基本上只是把男士剃须刀改为彩色版本，抑或进行重新包装。维纳斯剃刀与吉列早期的产品设计明显不同，是专门为满足女性需要而设计的。广泛的研究识别了女性独特的脱毛需求，如女性脱毛面积是男性脸部的9倍，需要在潮湿环境中脱毛，以及需要沿着女性的身体曲线脱毛等。于是这款剃刀配了一个椭圆形盒子，以更好地在腋下和比基尼区域等狭窄区域使用，并为剃刀更好地滑行提供额外的润滑效果。此外，吉列公司发现女性每次在脱毛过程中握持剃刀的方式会改变差不多30次，于是将维纳斯剃刀的手柄设计得较宽，且带有橡胶手感，以提供更好的握持感和操控感。它还委托Harris Interactive 咨询公司（现在的Harris Insights & Analytics）在13个国家对6500多名妇女进行了一项在线调查，发现70%的女性想拥有所谓的女神皮肤，其主要特征为光滑（68%）、健康（66%）和柔软（61%），这促成了新款吉列维纳斯玉兰油（Gillette Venus & Olay）剃刀的诞生。[21]

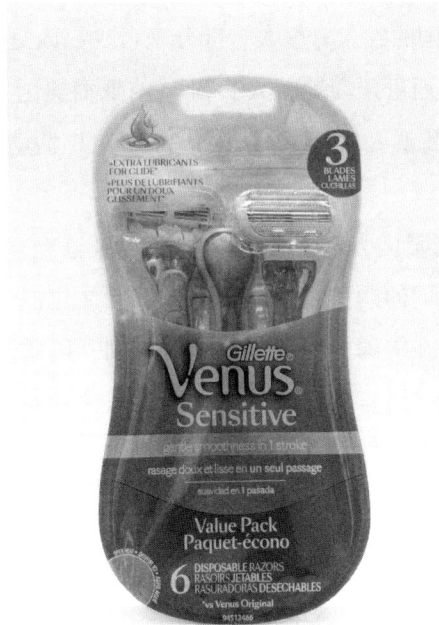

Source: Roman Tiraspolsky/Alamy Stock Photo

≫ 经过广泛的消费者研究和市场测试，为满足女性独特的脱毛需要而精心设计的吉列维纳斯剃刀，在全球女性剃刀市场的份额超过50%。

收入

收入细分在汽车、服装、化妆品、金融服务和旅游等产品类别中是一种长期存在的做法。然而，收入并不总能预测某一产品的最佳客户。尽管早期的彩色电视机价格很高，但蓝领工人是第一批购买彩色电视机的人。对他们来说，买一台电视比去看电影和去餐馆吃饭更便宜。

许多营销者刻意地想要赢得低收入群体的青睐，因为在某些情况下，其在这个群体中面临的竞争压力更小，并拥有更高的消费者忠诚度。2005 年，宝洁进行了品牌延伸，推出了两个折扣品牌——Bounty Basic 和 Charmin Basic，取得了成功。其他的营销者则借助高价产品取得了成功。当惠而浦（Whirlpool）推出一款售价很高的 Duet 洗衣机时，即使当时经济疲软，但由于愿意高价购买产品的中产阶级购物者的增加，该产品的实际销量是预期销量的两倍。

越来越多的公司发现，随着处在中端市场的美国消费者逐渐向折扣商品和顶级商品这两端移动，整个市场变成沙漏形状。错过这一新市场的公司有可能被"困在中间"，眼看着自己的市场份额逐步减少。李维斯在认识到西尔斯（Sears）百货这样的零售商店渠道战略主要是针对中产阶级后，决定在布鲁明戴尔百货公司（Bloomingdales）和萨克斯第五大道精品百货店（Saks Fifth Avenue）等高档零售场所引入李维斯高端线系列产品，并在沃尔玛和塔吉特等大众市场零售店推出价格较低的 Signature by Levi Strauss & Co. 系列。

种族和文化

多元文化营销（multicultural marketing）反映了这样一种意识：不同的种族和文化群体有非常不同的需要和愿望，因而需要有针对性的营销活动，但面向大众市场的营销方法对于市场的多样性划分又不够精细。麦当劳在美国的收入有很大一部分来自少数族裔。最近的一项调查显示，受访者中 25% 的非裔美国人、24% 的西班牙裔美国人和 20% 的亚裔美国人表示，麦当劳是他们最常去的快餐店。该公司非常成功的"我就喜欢"（I'm Lovin' It）推广活动植根于嘻哈文化，却产生了超越种族和民族的吸引力。[22]

西班牙裔美国人、非裔美国人和亚裔美国人市场及其众多子市场的增长速度是非多元文化人口增速的两三倍，并且他们的购买力也在提高。多元文化消费者也会因为是第一代、第二代还是后几代，以及是移民还是在美国出生长大等有所不同。因此，营销者在最初制定营销战略时需要纳入多元文化市场的规范、语言的细微差别、购买习惯和商业惯例等因素，而不是事后才将这些因素考虑进去。所有这些多样性对营销调研也有影响，营销者需要仔细抽样才能充分描述目标市场。

多元文化营销可能需要使用不同的营销信息、媒介、渠道等。专业化媒体的存在使触及任何文化群体或少数群体成为可能，但有些公司在全面实现多元文化营销项目过程中遇到了财务和管理支持方面的困难。幸运的是，随着国家的文化变得越来越多元化，许多针对特定文化群体的营销行动可以起到扩大影响的作用，能够积极地影响其他文化。例如，为了推出新的探险者（Explorer）车型，福特公司推出了一个由喜剧演员凯文·哈特（Kevin Hart）主演的电视广告，虽然最初面向的只是非裔美国人市场，但这个广告也成为面向大众市场推出的关键广告之一。[23]

地理细分

地理细分（geographic segmentation）将市场划分为国家、州、地区、县、城市或街区等地理单位。公司可以在一个或几个区域经营，也可以在关注当地差异的同时在所有地区经营。通过这种方式，公司可以在商圈、社区甚至是个体商店内，根据客户群体的需要和愿望制订营销方案。正如Yelp 公司所发现的那样，线上触达特定地理位置的客户可以让公司获得大量的当地机会。

≪ 本地广告允许 Yelp.com 或 Yelp 应用程序向那些正在寻找特定服务和产品（如餐馆和零售商）的客户分享数以百万的评论，这些评论来自那些希望将自己的体验与当地企业联系起来的客户。

Source: bigtunaonline/Alamy Stock Photo

Yelp　Yelp.com 成立于 2004 年，它希望通过精准定位那些想要分享对当地企业评论的消费者，"将消费者与优秀的当地企业联系起来"。该网站数百万条经过审查的在线评论中，有差不多三分之二是针对餐馆和零售商的。Yelp 创立于旧金山，在这里，每月为优选用户举办聚会逐渐发展成一个正式项目，即 Yelp 精英（Yelp Elite）。这个项目现在被用于在新城市启动服务。该公司的移动应用程序使其能够绕过互联网，直接与消费者联系。现在，这个网站上超过一半的搜索来自其移动平台。Yelp 依靠数百名销售人员向当地商家出售特定的 Yelp 广告来创收。其本地广告业务规模巨大，数字广告在本地市场超过了传统广告。当地企业也从 Yelp 中受益。一些研究表明，该网站上的商业评论能够给企业带来潜在的收入回报。[24]

区域差异十分关键。请思考下面几个事实：盐湖城（和犹他州）的人吃果冻最多；加州长滩的居民吃冰激凌最多；纽约市居民购买乡村音乐 CD 最多。[25] 区域营销越来越多地意味着针对一个具体的邮政区域开展营销。许多公司使用测绘软件精准定位客户的地理位置。例如，它们能够了解到客户大多身处以商业区为中心 16 千米的范围内，并且能够进一步通过 9 位邮政编码将客户锁定在具体的街道和建筑物周围。

一些方法能够将地理数据与人口数据结合起来，对消费者和社区进行更丰富的描述。市场研究和数据分析公司 Claritas 开发了一种名为 PRIZM Perimeter 的地理聚类方法。该方法将美国家庭划分成 68 个在人口和行为上不同的细分类别，这些细分反映了消费者偏好、生活方式和购买行为等维度的差异。这 68 个细分市场是根据社会经济地位划分的，包括收入、教育、职业、房屋价值、城市化、年龄、社会经济地位和家中是否有孩子等。[26] 在同一个细分市场中的居民被假定过着类似的生活，开着类似的汽车，有着类似的工作，并阅读类似的杂志。

地理聚类方法有助于捕捉美国人口日益增长的多样性。像 PRIZM 这样的地理聚类细分信息已经被用于回答各种问题：哪些社区或邮政区域拥有对我们来说最有价值的客户？我们对这些细分市场的渗透有多深？哪些分销渠道和促销媒体对于接触每个地区的目标客户群效果最好？通过绘制现有客户居住密集区域的地图，零售商可以通过客户克隆（customer cloning）找出最优质的潜在客户——假设他们就居住在大多数现有客户居住的地方。

行为细分

在**行为细分**（behavioral segmentation）中，营销者根据购买者的行为将其分成若干组。许多营销者认为，与用户或是与用户使用习惯相关的变量——用户状态、使用率、购买者准备阶段、忠诚度和场合——是构建市场细分的良好起点。

- **用户状态。**根据消费者之前使用公司产品的经验，可以将他们分为非用户、潜在用户、首次用户、普通用户和前用户。了解客户使用公司产品的经历很重要，因为不同类型的经历往往对应不同的营销策略。潜在用户群体包括那些处在某种生命阶段或经历某些事件后成为用户的消费者。例如，准妈妈算是母婴产品的潜在用户，她们将来会变成这个品类的重度用户。吸引潜在用户甚至是非用户的关键是了解他们为什么没有使用该产品：他们是否存在根深蒂固的态度、信仰或行为，抑或他们只是对产品或品牌优势缺乏了解？

- **使用率。**我们可以将市场划分为轻度、中度和重度用户市场。重度用户往往只是一小部分人群，但他们在总消费中占有很高的比例。重度啤酒用户占啤酒消费的 87%，这个比例几乎是轻度用户的 7 倍。营销者宁愿吸引一个重度用户，也不愿吸引若干轻度用户。然而，一个潜在的问题是，重度用户往往要么极端忠诚于一个品牌，要么从不忠诚于任何品牌，只是寻找最低价格进行购买。他们扩大购买和扩大消费的空间也很小。另外，轻度用户可能会对新的营销诉求反应更强烈。[27]

- **购买者准备阶段。**有些人不知道某产品，有些人听说过，有些人了解过，有些人感兴趣，有些人渴望尝试某产品，还有些人正打算购买。为了描述有多少人处于不同的购买阶段，以及有多少人已从一个阶段转化到另一个阶段，营销者将市场划分成不同的购买者准备阶段。不同阶段消费者的比例会影响营销方案的设计。假设一个健康机构希望妇女每年做一次宫颈刮片检查来检测宫颈癌。在最开始时，大多数妇女可能不知道宫颈刮片检查。因此，营销工作应该使用一些简单的信息来做一些促进妇女建立检查意识的广告。之后，广告应该强调做宫颈刮片检查的好处和不做的风险。一次作为特别优惠的免费健康检查可能会促使妇女真正报名参加该检查。

- **忠诚度。** 根据对品牌的忠诚度，可以将消费者分为四个群体："硬核死忠"型忠诚者，即一直只购买一个品牌的消费者；"三心二意"型忠诚者，即忠于两三个品牌的消费者；"见异思迁"型忠诚者，即从一个品牌转向另一个品牌的消费者；"四处留情"型消费者，即对任何品牌都不忠诚的消费者。因此，一家公司可能会更关注两点：（1）保留忠诚客户并提高他们的使用率；（2）提高忠诚度较低群体的购买份额。

- **场合。** 消费者会因不同的原因购买产品和服务。我们可以根据购买者产生需要、购买产品或使用产品的场合来对他们加以区分。例如，与商务、度假或家庭有关的场合可以触发空中旅行的需要；鲜花可以作为礼物，也可以用来装饰自己的家；酒可以饮用，也可以用于烹饪。了解使用场合很重要，因为不同的场合与不同的消费者需要紧密相关，而产品或服务能够为顾客创造的价值在不同的场合可能有所不同。

心理细分

在**心理细分**（psychographic segmentation）中，购买者由于心理特征、生活方式或价值观等的不同被分成不同的群体。心理细分之所以十分重要，是因为消费者的人口、地理和行为特征并不总能准确反映他们的基本需要。例如，同一人口统计特征群体的人可能表现出非常不同的心理统计特征。一些年长的消费者可能在心理上还很年轻，而本田的经验正好说明了这一点。

≪ 本田针对 20 多岁年轻人的元素车型广告也吸引了婴儿潮一代的关注，使得购买该车型的消费者的平均年龄提高到 40 多岁。之后这家汽车公司特意将其超小型车不仅推销给 Y 世代，也推销给他们空巢的父母。

Source: Drive Images/Alamy Stock Photo

本田元素 为了将四四方方的元素车型定位于 21 岁的年轻人，本田公司员工将这一车型描述为"车轮上的寝室"。本田在广告中展示了性感的大学生在海滩的汽车旁举办派对。然而，许多婴儿潮一代的人也被这个广告吸引并决定购买，导致购买本田元素车型的消费者的平均年龄变成 42 岁。由于婴儿潮一代追求年轻的特质，本田决定模糊年龄界限。在销量停滞后，本田决定停止销售元素车型。本田在准备推出新的超小型车"飞度"时，特意将 Y 世代以及他们的空巢父母同时作为目标客户。[28]

以心理测量为基础的最古老的营销分类系统之一是 VALS 框架。VALS 基于人们的心理特征，根据美国成年人对一份包含 4 个人口统计学问题和 35 个态度问题的调查问卷的回答[29]，将美国成年人细分为 8 个主要群体。VALS 细分框架的主要维度是消费者动机和消费者资源。消费者通常被三种最重要的动机（理想、成就和自我表达）之一激励：主要受理想激励的人以知识和原则为指引；以成就为动机的人追求那些可以在同龄人当中展示其成功的产品和服务；以自我表达为动机的消费者渴望参与社交或体育运动、多样性和冒险。人格特征，如精力、自信、智力、寻求新奇、创新、冲动、领导力和虚荣心，与关键的人口统计学相结合，共同决定了消费者资源水平的高低。不同水平的资源会增强或限制一个人对其主要动机的表达。尽管通过 VALS 框架可以对消费者有更深入的了解，但一些营销者认为它与消费者的实际行为有一定的差距。[30]

企业也可以基于消费者的性取向和性别认同进行心理细分。据估计，LGBT（女同性恋者、男同性恋者、双性恋者和变性者）市场约占总人口的 7%，拥有约 9170 亿美元的购买力。[31] 超过 75% 的 LGBT 成年人和他们的朋友、家人和亲戚说，他们会购买那些已知的对 LGBT 社群友好的品牌产品。许多公司最近都针对这个市场采取了一些行动。美国航空公司成立了一个由 LGBT 员工组成的"彩虹团队"（Rainbow Team），还为此建立了一个网站，着重提供与该群体相关的服务，例如以同性恋为主题的全国性活动日历。沃尔沃、耐克、金普顿（Kimpton）、AT&T、塔吉特、宝洁、通用磨坊（General Mills）和卡夫也经常被认为是对同性恋最友好的企业。凯悦（Hyatt）酒店利用消费者分享旅游经验的社交网站和博客在线上吸引 LGBT 人群。一些公司担心出现社会团体批评甚至抵制它们支持同性恋的负面声音。尽管百事可乐、金宝汤和富国银行都经历过这样的抵制，但它们仍继续向同性恋社区投放广告。

企业市场细分

我们可以使用与消费者市场一样的变量来细分企业市场，例如，地理因素、利益诉求和使用率等，但企业营销者也会使用其他变量。企业市场的一些常见细分变量如下。[32]

- **人口因素**，如行业（我们应该服务于哪些行业）、公司规模（我们应该服务于哪些规模的公司）和地点（我们应该服务于哪些地理区域）。

- **经营变量**，如技术（我们应该关注哪些客户技术）、用户或非用户状态（我们应该服务于重度用户、中度用户、轻度用户，还是非用户）。

- **采购方法**，如采购职能组织（我们应该服务于拥有高度集中化，还是分散化采购组织的公司）、权力结构（我们应该服务于工程导向、财务导向，还是其他导向的公司）、现阶段与企业的关系（我们应该服务于那些与我们有牢固关系的公司，还是力求与最理想公司合作）、总体采购政策（我们应该服务于喜欢租赁、签订合同、系统采购还是采用招投标的公司），以及采购标准（我们应该服务于追求质量、服务还是价格的公司）。

- **情境因素**，如紧迫性（我们是否应该服务于需要立即交付产品或提供服务的公司）、具体应用（我们是否应该专注于产品的某种应用而不是所有的应用），以及订单规模（我们是应该专注于大订单还是小订单）。

- **个人特征**，如买卖双方的相似性（我们是否应该服务于那些人员和价值观与我们相似的公司）和对风险的态度（我们应服务于偏好风险还是规避风险的客户）。

前面的清单列出了企业营销者在确定服务于哪些细分市场和客户时应该提出的主要问题。一家橡胶轮胎公司可以向汽车、卡车、农用拖拉机、叉车或飞机制造商出售轮胎。一个选定的目标行业可以按公司规模进一步被细分，并根据销售对象是大客户还是小客户设立单独业务。公司可以按购买标准进一步细分市场。政府实验室在购买科学设备时需要低价并签订服务合同，大学实验室在购买设备时很少要求服务，而工业实验室需要高度可靠和准确的设备。

企业营销者可以用许多不同的方式划分市场，来选择要向其销售产品或服务的公司类型。正如铁姆肯公司（Timken）发现的，找到具有最大增长前景、最有利可图的客户，以及机遇最好的细分市场对公司来说至关重要。

铁姆肯 铁姆肯公司为各行各业的公司生产轴承和旋转器。公司发现与竞争对手相比，其净收入和股东回报率有所下降，因此开始担心自己没有在最有利可图的领域进行投资。为了确定财务上有吸引力且最有可能重视其产品的领域，公司进行了广泛的市场调研，发现一些客户拥有巨大的商业需求，但提供利润的潜力很小，而另外一些客户则恰恰相反。因此，铁姆肯公司将注意力从汽车行业转移到重型加工、航空航天和国防工业。它还对那些在财务上没有吸引力或吸引力很小的客户进行调整。一家拖拉机制造商抱怨说，铁姆肯公司的轴承价格对中型拖拉机来说太高了。铁姆肯公司建议该公司为中型拖拉机寻找其他合作伙伴，但继续向该公司销售用于大型拖拉机制造的价格较高的轴承，结果令双方都很满意。铁姆肯公司通过调整产品、价格和沟通方式来吸引适合的企业客户，在经济衰退的情况下仍然获得了创纪录的收入。[33]

营销
洞察 ｜追逐长尾

《连线》杂志主编、《长尾理论》一书的作者克里斯·安德森（Chris Anderson）说，科技使得互联网电子商务的出现成为可能，亚马逊、亿贝、iTunes和网飞就是代表，这已经改变了消费者的购买模式。

在大多数市场中，产品销售的分布是一条严重偏向一侧的曲线。这条曲线重心偏向的一边即"头部"，也就是少量产品带来大部分销售额的地方。曲线迅速下降到零点以上，并沿着横轴在零点上方徘徊——这个"长尾"，也就是绝大部分产品产生很少销售额的地方。大众市场一般关注头部的"热门"

产品，而对尾部低收益的市场利基产品不屑一顾。帕累托原则，又称"二八定律"，认为一家公司 80% 的收入是由其 20% 的产品创造的，正是这一思维的体现。

安德森断言，由于电子商务的发展，长尾的价值比起以前明显增加。事实上，他认为，包括音乐、图书、服装和电影在内，互联网已经直接促成许多产品类别的需求"从热门产品转变成利基产品"。根据这一观点，现在流行的规则更像是"对半开"，销量较低的产品的销售额总计可达公司一半的销售收入。

安德森的长尾理论基于三个前提：（1）较低的分销成本，公司即使没有精确预测需求，也能将产品销售出去；（2）可供销售的产品越多，就越有可能挖掘出利基市场偏爱的潜在需求，而这是无法通过传统零售渠道实现的；（3）只要积聚了足够多的利基市场偏好，就会产生一个大的新市场。

安德森指出，电子商务为这些前提提供了两个方面的支持：第一，在线销售提供了更多的库存和种类，允许消费者有更多选择；第二，由于丰富的网上信息、基于用户偏好的产品推荐过滤机制，以及互联网用户的口口相传，消费者关于新产品的搜索成本得以降低。

一些公司能够将潜在客户与适合其偏好的利基产品进行匹配，已经开始从长尾效应中获得越来越多的价值。大型公司之所以能够从长尾效应中受益，是因为它们即使在销售量相对较低的情况下，也能提供越来越多样的产品。由于设计、沟通和交付产品过程中的成本较低，小公司也能通过提供满足小众偏好的产品进入市场。不过，并不是每个市场都会被长尾效应改变，一些涉及高难度生产或高库存成本的品类，其产品供应会受到限制。例如，汽车、飞机和造船业在很大程度上仍然依赖数量相对较少的大规模生产品类，其中每个品类都服务于较大的客户群。

一些批评者质疑安德森所说的旧的商业模式已经发生了很大变化。他们认为，热门产品聚集的头部不仅对内容创作者有价值，对消费者也很有价值，尤其在娱乐产业。一篇评论认为，"大多数热门产品之所以流行，是因为它们的质量很高"。另一篇评论指出，构成长尾的大多数产品和服务都源于网络上"长尾聚合者"带来的小规模集中。

尽管有一些学术研究支持长尾理论，但也有研究企图挑战这一观点。他们发现糟糕的推荐系统使长尾中许多份额极低的产品很难引起市场注意，以至在有足够的产品购买次数证明这些产品有价值之前，这些产品可能就消失了。对销售实体产品的公司来说，库存、备货和处理成本可能超过此类产品带来的经济收益。[34]

本章小结

1. 目标市场选择是识别客户的过程，公司将为目标客户优化其产品。市场定位反映了公司在设计、沟通和交付产品时，会优先考虑哪些顾客，会忽略哪些顾客。定位涉及两种类型的决策：战略目标市场选择和战术目标市场选择。

2. 战略目标市场选择包括确定哪些客户（细分市场）需要服务，以及忽略哪些细分市场。战略性定位由两个关键因素决定：目标兼容性和目标吸引力。

3. 目标兼容性反映了一家公司为客户创造价值的能力。它是一个由公司资源构成的函数，包括业务基础设施、稀缺资源、熟练员工、合作者网络、技术专长、强大的品牌、成熟的生态系统和资本。

4. 目标吸引力反映了客户为公司创造价值的潜力。它是一个由货币价值和战略价值构成的函数，前者包括一个特定的客户群产生的收入和服务该客户群的成本，后者包括一个客户群的社会价值、规模价值和信息价值。

5. 战略目标市场选择的一个关键原则是：相对于竞争对手而言，公司应该为客户创造更高的价值。为此，公司必须确定其在哪些市场上拥有领先于竞争对手的优势资源。

6. 战术目标市场选择涉及用有效的和低成本的方式接触战略上可行的客户。战术目标市场选择将基于价值的细分市场（通常是不可观察的）与具体的、可观察和可操作的特征联系起来。这种可观察的特征，也被称为顾客概貌，包括人口（如年龄、性别和收入）、地理（如永久居住地和当前位置）、心理（如道德价值观、态度、兴趣和生活方式）和行为（如购买频率、购买数量和价格敏感性）等因素。

7. 战术目标市场选择有两个关键指导因素：有效性（一家公司接触所有目标客户的能力）和成本效益（一家公司以只接触目标客户的方式部署其资源的能力）。

8. 细分是一个分类过程，通过关注与目标相关的差异、忽略不相关的差异来对客户进行分组。细分使管理者能够将客户分成更大的细分市场，并为整个细分市场开发产品，而不是为每个单独的客户开发产品。

营销焦点 ｜欧莱雅

Source：Emma Vagnone/Alamy Stock Photo

100 多年前，一位年轻的化学家尤金·舒勒（Eugene Schueller）在巴黎创立了欧莱雅（L'Oréal），他向当地的美发师和美容院出售自己的专利染发剂。到 20 世纪 30 年代，舒勒已经发明了防晒霜和第一个大众化的洗发水等美容产品。今天，该公司已经发展成为世界上最大的美容和化妆品公司。它在 150 个国家和地区进行分销，拥有 84 000 多名员工和 34 个全球品牌，销售额超过 260 亿欧元。欧莱雅公司因其 1973 年的广告标语"因为我值得"（Because I'm Worth It）而闻名，是全球美容产品的领导者。公司每年的广告支出约为 40 亿欧元，是世界上第三大广告商。

公司早期的国际扩张大部分归功于林赛·欧文-琼斯（Lindsay Owen-Jones）先生，他的战略眼光和精确的品牌管理将欧莱雅从一个小的法国企业转变为一家国际化妆品公司。在他担任首席执行官和董事长的近 20 年时间里，他将公司的弱小品牌剥离出来，在产品创新方面进行了大量投资，收购了具有民族特色的品牌，并将业务扩展到包括中国、南美和苏联等曾经没有人感兴趣的市场。他的追求是实现多元化，满足全球男性和女性的需要，让尽可能多的人使用美容产品。

欧莱雅拥有丰富的国际品牌组合，以满足世界各地消费者的不同需求。它旗下的品牌根据目标客户的情况分为四个部门。

- 消费品部门产值占销售额的 52%，提供各种具有价格竞争力的大众化美发、化妆和护肤产品。其品牌包括巴黎欧莱雅、美即（Magic）、卡尼尔（Garnier）、美宝莲纽约（Maybelline New York）、African Beauty Brands、Essie、妮克丝专业彩妆（Nyx）和 Niely。这些品牌在大卖场、超市、药店和传统商店等大众零售渠道销售。

- 欧莱雅奢侈品部门产值占销售额的 27%，提供高档护肤品、化妆品和香水品牌，包括兰蔻（Lancôme）、乔治·阿玛尼（Giorgio Armani）、圣罗兰（Yves Saint Laurent Beauté）、碧欧泉（Biotherm）、科颜氏（Kiehl's）、拉尔夫·劳伦（Ralph Lauren）、植村秀（Shu Uemura）、卡夏尔（Cacharel）、赫莲娜（Helena Rubinstein）、科莱丽（Clarisonic）、迪赛（Diesel）、维果罗夫（Viktor&Rolf）、羽西（Yuesai）、梅森·马吉拉（Maison Margiela）、衰败城市（Urban Decay）、姬龙雪（Guy Laroche）、帕洛玛·毕加索（Paloma Picasso）、欧珑（Atelier Cologne）、House 99、依科美（It Cosmetics）和普罗恩萨·施罗（Proenza Schouler）。欧莱雅奢华产品在百货公司、化妆品商店、

旅游零售店以及自有品牌的精品店和专门的网站上都有销售。

- 专业产品部产值占销售额的 14%，为美发师和皮肤护理专业人士提供专业的高质量产品。其品牌包括欧莱雅专业美发（L'Oréal Professionnel）、卡诗（Kérastase）、列德肯（Redken）、美奇丝（Matrix）、普奥琪（Pureology）、植村秀护发系列（Shu Uemura Art of Hair）、Mizani、思妍丽（Decléor）、凯伊黛（Carita）、Biolage 和 Seed Phytonutrients。这些品牌在世界各地的头发护理和皮肤护理沙龙中都有销售。

- 活性化妆品产值占销售额的 7%，是皮肤化妆品的世界领导者。其品牌包括薇姿（Vichy）、理肤泉（La Roche-Posay）、修丽可（Skinceuticals）、香邂格蕾（Roger & Gallet）、圣芙兰（Sanoflore）和适乐肤（CeraVe）。这些高度互补的品牌是由健康专家——皮肤科医生、儿科医生、美容医生开发和认可的，以满足从正常到有瑕疵的一系列皮肤护理需求。活性化妆品品牌在世界各地的保健品商店销售，包括药房、药店和水疗中心。

欧莱雅相信，精确的目标营销——在正确的地方用正确的产品和信息击中正确的受众——是其在全球获得成功的关键。欧文-琼斯解释说："每个品牌都定位在一个非常精确的细分市场上，并尽可能少地与其他品牌重合。"

欧莱雅主要通过收购世界各地的美容公司来建立投资组合，从战略角度对其进行改造，并通过强大的营销部门将品牌扩展到新的领域。例如，欧莱雅在 1998 年和 2000 年分别收购了美国公司 Soft Sheen Products 和 Carson Products 并将它们合并后，立即成为日益增长的针对少数族裔的护发行业中的一员（拥有 20% 的市场份额）。欧莱雅认为竞争者之所以忽视了这一类别，是因为它以前呈碎片化且易被误解。在深厚的品牌和产品组合的支持下，SoftSheen-Carson 现在是针对少数族裔的护发行业的市场领导者。

欧莱雅还为其位于美国、日本、中国、印度、巴西和南非六个区域中的 20 个研究中心投入了大量的资金和时间。公司在研发方面的投入接近 9 亿欧元，比行业平均水平高出一个多百分点。这些研发投入关注研究和创新产品，以满足每个地区的不同需要。了解消费者不同文化、气候、传统和生理的独特美容习惯和需要，对欧莱雅的全球成功至关重要。世界各地的人的头发和皮肤差异很大，因此欧莱雅倾听和观察全球各地的消费者，以深入了解他们的美容需要。

欧莱雅的科学家们在实验室的浴室和自己的家里研究消费者，有时会达到科学美容的里程碑。例如，亚洲女性的睫毛通常是短而直的，欧莱雅在日本开发了特殊配方的 Wondercurl 睫毛膏，用于卷曲亚洲女性的睫毛。在三个月内，Wondercurl 睫毛膏成为日本最畅销的睫毛膏，女孩们兴奋地在商店门口排队购买。欧莱雅继续研究市场，并开发了指甲油、腮红和其他针对新一代亚洲女孩的化妆品。[35]

问题：

1. **回顾欧莱雅的品牌组合。这些品牌所针对的不同客户群都有哪些？**

2. 成功推出本地产品的关键是什么（例如，美宝莲在日本的 Wondercurl 睫毛膏）？

3. 欧莱雅的下一个目标是什么？谁是它最大的

竞争对手？如果你是其 CEO，你将如何保持公司的领先地位？

营销
焦点 ｜大通蓝宝石卡

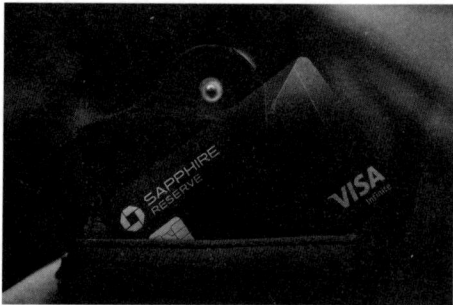

Source：Nicole Glass Photography/ Shutterstock

大通银行是美国最大的银行——摩根大通的商业和消费者银行子公司，提供个人银行、信用卡、抵押贷款和汽车融资等服务。大通银行以其顾客满意度高著称，其顾客满意度在美国六大银行中排名最高。大通银行为近一半的美国家庭提供服务，拥有超过 9300 万名持卡人，在美国有5000 家分支机构。

2006 年，为了加强信用卡业务，大通银行启动了一个重大的市场研究项目。该项目着重于深入了解信用卡市场的多个消费群体。在进行市场细分时，信用卡公司通常使用两种人口统计指标：年龄群组和资产数额。此外，信用卡公司还通过年费、现金返还和积分等奖励，以及利率、信用额度和客户信用度等因素进行市场细分。大通银

行的市场研究项目表明，在消费者信用卡市场的富裕客户群中展开竞争有利于公司产生更强大的影响力。根据这项研究，这一人群在当时占美国持卡人的 15%，但创造了超过 50% 的信用卡总支出。

2009 年，大通银行在其信用卡组合中推出了五个主要子品牌，以应对不同的细分市场。其中包括针对私人银行客户的 JP 摩根卡（JP Morgan）、针对富裕消费者的大通蓝宝石卡（Chase Sapphire）、针对小企业主的大通墨水卡（Chase Ink）、针对优先考虑现金返还的消费者的大通自由卡（Chase Freedom），以及针对专注于偿还信用卡债务的消费者的大通石板卡（Chase Slate）。大通蓝宝石卡通过提供富有竞争力的奖励和顶级的客户服务吸引了富裕消费者，而在当时，这部分市场是由美国运通公司把持的。美国运通的白金卡提供的福利包括：24 小时客户服务，使用专属俱乐部，以及使用全球酒店、度假村和餐馆内的便利设施。这些服务对商务人士和度假者很有吸引力，而这些人占据了富裕阶层的大部分。为了进入这个市场，大通银行提供了免年费的蓝宝

石卡。客户在空中旅行时每消费 1 美元可获得 2 个奖励积分，在其他地方每消费 1 美元可获得 1 个奖励积分。在前三个月使用该卡消费满 500 美元的客户还可以获得 10000 个奖励积分。这些奖励可以在一个名为"终极奖励"的用户友好型网页上轻松兑换奖励。此外，大通蓝宝石持卡人的所有电话都由人工顾问接听，客户无须输入他们的信用卡号码。到年底，超过 905 名蓝宝石持卡人对该卡表示总体满意，85% 的人表示他们会向其他人推荐该卡。

在蓝宝石卡成功的基础上，大通银行在 2011 年推出了大通蓝宝石首选卡（Chase Sapphire Preferred），以赢得更大的富人市场份额。这张新卡的年费为 95 美元，但如果持卡人在前三个月消费超过 4000 美元，就可以获得 50000 分。首选卡的持卡人在餐饮和旅游方面还享有更好的积分转换率，并可以用积分兑换参与独家活动"大通体验"。与当时大多数信用卡不同，大通蓝宝石首选卡在塑料卡片中加入了金属材料，使这张卡更重、更耐用。客户说，该卡在放下付款时会发出令人满意的"砰"的一声，彰显持卡人独特的身份。

进一步的研究表明，富裕阶层的一部分消费者，主要是收入超过 15 万美元、年龄介于 25~44 岁的顾客。他们在很大程度上会优先考虑旅游福利和积分奖励。大通银行不仅要设计新卡来区别于蓝宝石首选卡，还必须吸引千禧一代，并减少"刷客"的出现。2013 年，许多千禧一代在申请新的信用卡时非常谨慎，因为他们已经身背大量的学生贷款债务。然而，大通银行发现，千禧一代也被奖励制度所吸引，只要奖励足够大，就可以改变他们的态度。"刷客"会注册多张信用卡以享受注册红利和低入门利率，但这些信用卡在奖励用完后往往会被闲置。

作为大通银行蓝宝石系列产品组合的重要组成部分——蓝宝石储备卡（Sapphire Reserve card）应运而生。大通蓝宝石储备卡于 2016 年 8 月推出，年费为 450 美元，在旅行和餐饮方面每花费 1 美元可获得 3 个积分，1 美元的积分转换率更高，每年可获得旅行积分，并可享受"大通体验"。对千禧一代来说，这是一张代表了灵活且完美的旅行生活方式的信用卡。在推出时，大通银行提供了前所未有的 100000 分奖励，客户在前三个月内消费 4000 美元即可获得。大通银行认识到，与传统的电视广告相比，千禧一代更容易被社交媒体上的影响者说服。为了宣传该卡，大通银行与导演、设计师和模特合作，在社交媒体上传播他们的共同经历，相比大众广告创造了更强的独家体验。

市场对蓝宝石储备卡的需求远超大通的预期。在该卡推出后的 10 天内，大通银行已经用完加在卡内的金属合金。呼叫中心接到的申请电话络绎不绝。该卡在推出后的两周内就完成获取新客的目标。高额的签约积分奖金为大通银行带来了巨大的成本。几个月后，大通银行宣布签约奖励将减少到 50000 分。然而，大通银行认为这些成本是一种投资，忠诚的和参与度高的客户将在未来几年内让公司得到回报。这种想法在一年后得到了证实，大通银行发现蓝宝石储备卡的续订率非常高，达到了近 90%，从而解决了"刷客"的问题。

大通银行通过了解目标客户的行为和人口统计特征，使自己立于高端信用卡市场的顶端。大通银行认识到，千禧一代喜欢讨价还价，而且更追求体验而不是实物商品。蓝宝石系列通过提供更有分量的卡片和出色的客户服务，以及领先市场的奖励计划，完美地解决了这个问题。大通银行通过设计一个符合千禧一代生活方式且有吸引力的产品，创造了一个成功的品牌。[36]

问题：

1. 谁是大通银行蓝宝石卡的目标客户？这些客户的主要价值和特征是什么？

2. 蓝宝石卡为客户创造了什么价值？从客户的角度来看，与其他信用卡相比，蓝宝石卡的优点和缺点是什么？

3. 奖励积分等促销激励措施在创造客户需求方面发挥了什么作用？千禧一代在享受了最初的注册优惠后，依然是忠诚客户吗？如果蓝宝石卡的促销激励措施减少，或者变得与其他信用卡产品的激励措施类似，蓝宝石卡对千禧一代还有吸引力吗？

7

打造顾客价值主张和定位

学习目标	1. 解释公司应该如何制定价值主张和定位策略。
	2. 描述公司如何选择参照系。
	3. 讨论公司如何识别与竞争对手的共同点和差异点。
	4. 定义创造可持续竞争优势的关键战略。
	5. 确定沟通公司供应品定位的替代战略。

T-Mobile 的战略重新定位为"非运营商"，转向提供更加以顾客为中心的供应品，并持续投资无线网络，让自己能够在与对手 AT&T 和威瑞森的竞争中胜出。

Source: Cheryl Fleishman/Alamy Stock Photo

没有公司可以在其产品和服务与其他公司相似的情况下胜出。作为品牌战略管理过程的一部分，每件供应品都必须在目标消费群体的心智中代表恰到好处的主张。看看 T-Mobile 是如何定位其供应品以强调其独特的价值主张的吧。

T-Mobile 于 2004 年在美国成立，是德国电信公司的移动通信子公司。T-Mobile 大获成功的一个重要因素是它的战略定位，即对抗电信市场上的两大主导者——AT&T 和威瑞森。这一定位不仅反映在 T-Mobile 定义其品牌的方式上——"非运营商"，还反映在它向顾客提供的产品和服务上。T-Mobile 取消了长期合同，推出透明定价模式，还让用户更容易地升级至新款智能手机，并免除了全球漫游费。这些都是令使用其竞争对手无线网络服务的顾客感到沮丧的主要原因。T-Mobile 让通过无线网络拨打电话和传输视频变得十分容易，且无须支付额外费用。这一切之所以成为可能，是因为 T-Mobile 不断投资其无线网络，保证与 AT&T 和威瑞森相当的质量与可靠性，并致力于提供优于其竞争对手的顾客服务体验。为提升自身竞争优势，T-Mobile 将矛头对准了 AT&T。它发现，许多顾客认为 AT&T 拥有苹果手机发布时的独家代理权，但通话计划价格过高，而且顾客服务糟糕。T-Mobile 基于四个主要差异点对 AT&T 进行直接攻击：技术创新、低而透明的定价、卓越服务，以及千禧一代消费者的选择——"酷"。为发展以顾客为中心的供应品所做的战略投资、品牌的竞争定位，以及 2020 年与斯普林特（Sprint）的合并，使 T-Mobile 成为美国第二大无线运营商，拥有超过 1 亿顾客。[1]

T-Mobile 的成功表明，一家公司可以通过独特的市场定位来获取优势。打造一个引人注目、有差异化的品牌，要求对消费者的需要和欲望、公司的能力和竞争行动有敏锐的理解。在本章中，我们概述了一个营销者可以发现最强有力的品牌定位的过程。

制定价值主张和定位

营销战略的一个关键方面是制定价值主张，并针对目标顾客对公司的供应品进行定位。公司应识别市场上不同的需要和消费者群体，并瞄准那些能以卓越的方式满足的消费者，然后制定价值主张并定位供应品，让目标顾客认识到供应品的独特优势。通过阐明价值主张和定位，公司可以提高顾客价值和满意度，促成高复购率，并最终提升公司的盈利能力。

制定价值主张

顾客最终会如何做出选择？他们往往会基于搜索成本、有限知识、移动性和收入做出价值最大化的选择。无论出于何种原因，顾客都会选择那些他们认为能提供最高价值的供应品，并依此行事。供应品是否达到预期效果会影响顾客的满意度和复购的可能性。

根据顾客的需要，供应品可以在三个领域创造价值：功能、心理和货币。[2]

- **功能价值**（functional value）反映了与供应品性能直接相关的利益和成本。创造功能价值的供应品属性包括性能、可靠性、耐用性、兼容性、易用性、定制化、形式、风格和包装。对于那些被认为是满足实用性的供应品，如办公用品和工业设备，功能价值往往是顾客的首要考虑因素。

- **心理价值**（psychological value）包含了与供应品相关的心理利益和成本。心理价值超越了功能利益，为目标顾客创造了情感利益。例如，顾客可能会重视他们从一辆汽车中获取的情感利益（如驾驶高性能汽车的乐趣，以及拥有这辆汽车传达出的社会地位和生活方式）。心理价值在奢侈品和时尚品类中是最重要的。在这些产品品类中，顾客积极寻求情感和自我表达的利益。

- **货币价值**（monetary value）包括与供应品相关的财务利益和成本。创造货币价值的供应品属性包括价格、费用、折扣和返利，以及与使用和处置供应品相关的各种货币成本。虽然货币价值在通常情况下与成本相关，但供应品也可以包含货币红利、现金回馈、现金奖励、财务奖励和低息融资等货币利益。货币价值往往是商品化类别中无差异供应品的主要选择标准。

在功能、心理和货币三个方面，顾客价值是指潜在顾客对供应品的所有利益和成本评价与他们对所感知的替代供应品的成本和利益评价之间的差异。**顾客总收益**（total customer benefit）是顾客因产品、服务和形象而期望从某一市场供应品中获得的功能、心理和货币利益的整体感知价值。**顾客总成本**（total customer cost）是顾客在评估、获取、使用和处置某一市场供应品时所产生的功能、心理和货币成本。

顾客价值主张（customer value proposition）的基础是顾客获得的利益与他为做出不同选择所承

担的成本之间的差异。营销者可以通过提高供应品的功能、心理和货币利益或降低相应的成本来增加供应品的价值。

价值主张包括公司承诺提供的全部利益,这比供应品的核心定位更重要。例如,沃尔沃的核心定位是"安全",但它向买家承诺的不仅仅是一辆安全的汽车,还包括良好的性能、优质的设计,以及对环境的关注等其他利益。因此,价值主张是一种承诺,向顾客保证了他们将从公司的市场供应品及与供应商的关系中获得怎样的体验。承诺能否兑现,取决于公司管理其价值传递系统的能力。

很多时候,营销管理者会进行**顾客价值分析**(customer value analysis),以揭示公司相对于各个竞争对手的优势和劣势。该分析步骤如下。

- **识别顾客重视的相关属性和利益。**顾客会被问及在选择产品和供应商时看重哪些属性、利益和性能水平。属性和利益应采用广泛的定义,以囊括顾客决策时考虑的所有因素。[3]
- **评估这些属性和利益的相对重要性。**顾客被要求对不同属性和利益的重要性进行评分。如果他们的评分差异过大,营销者应该将这些属性和利益归入不同的细分市场。
- **评估公司和竞争对手在关键属性或利益方面的表现。**如果公司在所有重要属性和利益上的表现都强于竞争对手,那么公司就可以收取更高的价格,从而获得更高的利润,或者可以收取相同的价格,从而获得更多的市场份额。
- **长期监测顾客价值。**随着经济、技术和产品特性的变化,公司必须定期重新考察顾客价值和竞争对手的地位。

顾客价值分析表明,卖方必须评估与每个竞争对手的产品相关的顾客总收益和顾客总成本,以了解自己的产品在买方心中的地位。这也意味着处于劣势的卖方有两种选择:增加顾客总收益或降低顾客总成本。前者要求强化或提高所提供产品、服务和品牌形象的功能、心理和货币利益。后者则要求通过降低价格或降低获得所有权与维护的成本、简化订购与交付过程来降低买方的成本,或是通过承诺保修来承担一部分买方的风险。

制定定位策略

定位(positioning)是指设计公司的供应品和形象,以在目标市场的心智中占据独特的位置。[4]其目的是将品牌植入消费者的脑海,使公司的潜在利益最大化。价值主张阐述的是供应品的所有利益和成本。定位与价值主张不同,定位瞄准的是消费者为什么选择该公司供应品的关键优势。

有效的定位通过阐明品牌本质、确立帮助消费者实现的目标并展示其实现目标的独特方式,指导营销战略。组织中的每个人都应理解品牌定位,并将其作为决策背景。

许多营销专家认为,定位应该同时具有理性和情感的成分。换句话说,它应该同时吸引人们的头脑和心灵。[5]公司经常寻求在业绩优势的基础上引起顾客的情感共鸣。关于疤痕治疗产品美德玛（Mederma）的研究发现，女性购买它不仅为了物理治疗，也为了提高自尊心。该品牌的营销者在强调传统上医生建议的实用信息之外，还增加了情感信息："我们用感性为理性做补充。"[6]凯特·丝蓓（Kate Spade）是另一个在定位中融合了功能和情感的品牌。

≪ 在四分之一个世纪多的时间里，凯特·丝蓓的供应品已经从有限的女式手袋系列扩展到服装和珠宝领域。其线上及社交媒体端业务不断增长，与其实体店相辅相成。

Source: Iain Masterton/Alamy Stock Photo

凯特·丝蓓　虽然仅有 25 年多的历史，但凯特·丝蓓已经从一个手袋品牌发展成为一个多元化的时尚品牌。该品牌由凯特·斯佩德（Kate Spade）和安迪·斯佩德（Andy Spade）夫妇推出，后来他们卖掉了自己的股份。品牌最初以小巧、简约的黑色手袋闻名。2007 年，新任创意总监黛博拉·劳埃德（Deborah Lloyd）带来了更强的时尚感，帮助凯特·丝蓓的顾客找到最佳状态，成为"房间中最有趣的人"。随着更多地强调形式和功能的结合，该品牌扩展到服装和珠宝领域，成为改革后的丽诗加邦（Liz Claiborne）——现更名为第五太平洋（Fifth & Pacific）——的核心品牌。这些年来，凯特·丝蓓不仅不断更新配饰，也频频推出新产品。凯特·丝蓓还大力发展电子商务，其 20% 的销售额来自线上渠道，并与其 200 余家门店相辅相成。该公司还很好地整合了社交媒体，利用脸书、推特、Instagram、汤博乐（Tumblr）、拼趣（Pinterest）、YouTube、四方网（FourSquare）和声田（Spotify）来强化其核心品牌价值，即"图案、色彩、有趣的食物和经典的纽约时刻"。[7]

　　衡量组织定位有效性的一个实用方法是品牌替代测试。在诸如广告战役、社交媒体沟通、新产品发布这样的营销活动中，如果品牌被竞争品牌取代，那么该营销活动在市场上的收效应该不会太好。举个例子，凯特·丝蓓的定位是否也适合其竞争对手汤丽柏琦（Tory Birch）、蔻驰（Coach）或歌涵（Cole Haan）？如果答案是肯定的，那么这意味着凯特·丝蓓品牌在市场上并没有找到独特的定位。

　　一个有着良好定位的品牌应该在其含义和执行方面具有独特性。例如，一项体育或音乐赞助如果对自己和首要的竞争对手同样有效，那么要么是定位的含义不够明确，要么是赞助的执行方式与品牌定位的关联不够紧密。

好的定位要一只脚立足现在，一只脚立足未来。这需要一定的进取心，品牌才有成长和改进的空间。基于市场现状的定位缺乏足够的前瞻性，但与此同时，定位也不能脱离现实，以防根本无法实现。真正的定位诀窍是在品牌是什么和可以成为什么之间取得恰当平衡。

定位要求营销者定义并传达其品牌与竞争对手之间的相似性和差异性。具体来说，定位的过程包括以下两步：

第一，通过识别目标市场和相关竞争者来选定一个参照系。

第二，在该参照系下，确定最优的共同点和差异点。

我们将在接下来的章节中详细讨论定位的这两个步骤。

选择一个参照系

消费者会选择一个参考点以评估供应品的利益和成本，从而确定供应品的价值。与略逊一筹的供应品相比，当前的供应品就显得更具吸引力，但与更加优质的供应品相比，同样的供应品可能就不再具有吸引力。因此，**参照系**（frame of reference）可以作为一个基准，顾客据此评估公司供应品的利益。

鉴于消费者会自然地构建参照系来评估现有选择，一个经验丰富的营销者能够采用突出供应品价值的方式来设计参照系。参照系的决策与目标市场的决策紧密相关。决定以某类型的消费者为目标确定了竞争的性质，这是因为某些公司过去已经决定以该细分市场为目标（或计划在未来这样做），或者是因为该细分市场的消费者已经看中某些产品或品牌。

要定义品牌定位的竞争参照系，一个很好的出发点是品类成员（category membership）。品类成员包括竞争品牌旗下的，且在功能方面完全可以作为该品牌产品替代品的产品或产品集。对一家公司来说，识别其竞争对手似乎是一项简单的任务。百事公司知道可口可乐的 Dasani 是其冰纯（Aquafina）品牌的主要瓶装水竞争者；富国银行知道美国银行是其主要的竞争者；Petsmart.com 知道其宠物食品和用品的主要在线零售竞争者是 Petco.com。

然而，一家公司的实际和潜在竞争对手的范围可能远比那些显而易见的竞争对手广泛。为了进入新的市场，一个有着增长企图的品牌可能需要一个更广泛的——甚至可能是一个更有野心的——竞争框架。此外，品牌可能更容易受到新兴竞争对手或新技术的威胁，而不是来自现有竞争对手的伤害。

由能量棒（PowerBar）开创的充饥能量棒市场最终被分割成各种子品类，包括一些面向细分市场的产品（如面向女性的 Luna 棒）和一些具有特定属性的产品（如含蛋白质的 Balance 棒和控制热量的 Pria 棒）。每一种产品都代表了一个与最初的能量棒不那么相关的子品类。[8]

企业应该适当地选择自己的竞争框架，以唤起对自己更有利的比较。请考虑以下两个例子。

在英国，汽车协会将自己定位为第四种"紧急服务"——与警察、消防和救护车并列——以传达更高的可信度和紧迫性。国际扑克棋牌联合会（International Federation of Match Poker）正试图淡化扑克的赌博形象，并强调纸牌游戏与国际象棋、桥牌等其他"智力运动"的相似性。

美国武装部队将征兵广告的重点从爱国履责转变为军队是学习领导技能的地方——这是一种理性而非情感化的宣传方式，能更好地与私人企业竞争。[9]

在短期变化不大的稳定市场中，明确一个、两个或三个主要竞争对手可能是相当容易的。在动态品类中，竞争可能以各种不同的形式存在或出现，那么可能存在多个参照系。

识别潜在的差异点和共同点

一旦营销者通过定义顾客市场和竞争性质，明确了定位的参照系，他们就可以定义恰当的差异点（公司供应品特有的属性或利益）和共同点（公司供应品与竞争者共有的属性或利益）。[10] 我们将在下面的章节中讨论共同点和差异点的关联。

识别差异点

差异点（points of difference, PODs）是将公司的供应品与竞争对手的供应品区别开来的属性或利益。消费者将这些属性或利益与品牌紧密地联系在一起，并给予积极评价，认为竞争品牌难出其右。

差异点几乎可以建构在任何类型的属性或利益之上。[11] 路易威登（Louis Vuitton）基于其最时尚的手袋寻求差异点，劲霸（Energizer）基于其电量最持久的电池寻求差异点，而富达投资（Fidelity Investments）则基于其提供的最好的财务建议和规划寻求差异点。

成功建立有意义的差异点可以带来财务上的回报。作为首次公开募股的一个环节，英国电信（British Telecom）旗下苦苦挣扎的英国移动电话运营商 BT Cellnet 通过一场关于自由和赋能的有力情感营销战役更名为 O2。当获客、忠诚度和平均收入飙升后，该业务很快被西班牙电信集团（Telefonica）以超过首次公开募股三倍的价格收购。[12]

差异化的一个日益重要的方面是品牌真实性——消费者认为品牌忠实于其本质和存在意义的程

度。[13] 像好时（Hershey's）、卡夫、绘儿乐（Crayola）、家乐氏（Kellogg's）和强生这些被视为真实的品牌，可以唤起信任、喜爱和高忠诚度。威士（Welch's）为美国葡萄合作社所有，该合作社由1150个康科德和尼亚加拉的葡萄种植者组成，威士被消费者视为"健康、正宗和真实的"。威士通过专注于原料的当地采购强化以上特质。对那些希望了解食品来源、制作过程的消费者来说，这一属性变得越发重要。[14]

强势品牌往往具有多个差异点。例如，苹果的差异点在于设计、易用性和不羁的态度，耐克的差异点在于性能、创新技术和取胜，而西南航空的差异点在于价值、可靠和有趣的个性。

创建强大、有利、独特的联想具有很大的挑战性，但这对有竞争力的品牌定位至关重要。尽管在一个成熟的市场中成功定位一个新产品看起来十分困难，但 Method Products 的例子表明，这并非不可能。

>> Method Products 已经成功地吸引了消费者的目光，它将枯燥乏味的清洁和家庭用品重新定位成时尚、独特且环保、可生物降解的系列产品，将其引领到一个新高度。

Source: Zerilli Media/Alamy Stock Photo

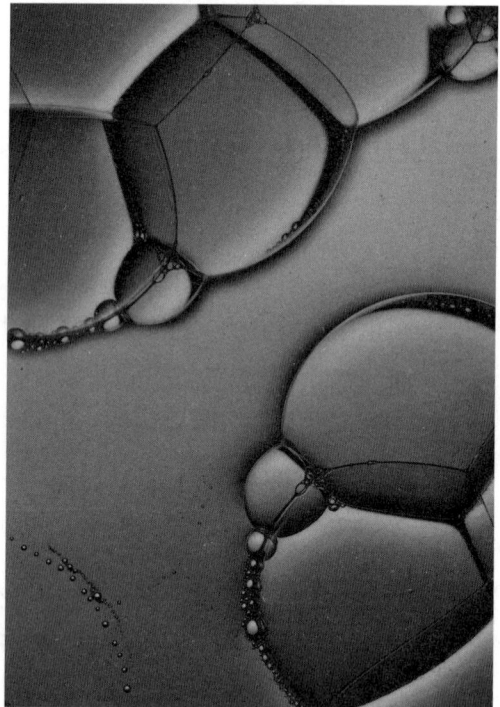

Method Products Method Products 来自原为高中好友的埃里克·瑞安（Eric Ryan）和亚当·劳瑞（Adam Lowry）二人的创意。Method Products 的创意源自这样的认识：虽然清洁和家庭用品销量相当可观，总是占据超市一整个甚至更多的货架，但它们也是一类极其乏味的产品。Method 推出了一款清洗剂容器，除了时尚、简洁的外形，这款容器还有一个功能优势——瓶身的形状像国际象棋的一个棋子，可以让皂液从底部流出，这样使用者就不必把容器倒过来。这款标志性产品有着令人愉悦的香气，这是由备受赞誉的工业设计师卡里姆·拉希德（Karim Rashid）设计的。可持续性也成为 Method 品牌核心的一部分，包括从采购和劳工关系到减少用料和使用无毒材料。通过创造一系列兼具独特、生态友好、可生物降解和色彩鲜艳、设计时尚等优势的家用清洁产品，Method 的收入超过 1 亿美元。其产品在塔吉特百货的投放是一个重大突破。塔吉特百货经常与知名设计师合作，以低廉的价格生产出色的产品。由于广告预算有限，Method 认为其富有吸引力的包装和创新产品必须更加努力地表达品牌定位。该公司的社交媒体活动为"人人讨厌污渍"（People Against Dirty）的公司口号助力，也使得充分披露产品成分的愿望得以实现。[15]

三个标准决定了一个品牌联想能否真正发挥其作为差异点的作用：合意性、传达力和区分度。以下是一些关键的考虑。

- **对消费者而言的合意性。**消费者必须将品牌联想视为与他们个人相关。Select Comfort 公司凭借 Sleep Number 舒适床轰动了床垫行业，它允许消费者通过简单的数字指令来调整床垫的支撑和贴合度，从而达到最舒适的状态。差异点必须给消费者一个令人信服且可以理解的理由来阐释为什么该品牌能够提供合乎消费者期望的利益。激浪（Mountain Dew）声称自己比其他软饮能量更高，并通过标注其更高的咖啡因含量来支持这个说法。香奈儿五号香水（Chanel No.5）自称是优雅的法国香水的典范，而香奈儿和高级女式时装之间的长期联系则支持了这一说法。品牌联想的事实依据也可以是专利、品牌的成分，如妮维雅抗皱霜（NIVEA Wrinkle Control Crème）含有辅酶 Q10。

- **公司的传达力。**公司必须具备内部资源和承诺，以可行且盈利的方式创建并维持消费者心中的品牌联想。产品的设计和营销方式必须支持合乎期望的联想。传达这种合乎期望的联想是需要改变产品本身，还是仅需改变消费者对产品或品牌的观念？后者通常更加容易。通用汽车的凯迪拉克曾经被公众认为是老旧、过时的品牌，但公司努力扭转了这样的认知，并通过大胆的设计、扎实的工艺和活跃的当代形象，使凯迪拉克成为公众心目中一个年轻、现代的品牌。好的品牌联想应该是先入为主、合乎情理且难以攻击的。一般来说，像阿彻丹尼尔斯米德兰（ADM）、维萨（Visa）和思爱普这样以产品或服务的性能来定位的市场领导者，维持其定位是相对容易的。而像芬迪（Fendi）、普拉达（Prada）和爱马仕（Hermès）这样的市场领导者，它们的定位是基于时尚的，因此容易受制于变化无常的市场。

- **与竞争对手的区分度。**最终，消费者必须看到品牌联想是与众不同的，并且优于相关的竞争者。善品糖（Splenda）代糖超越了怡口糖（Equal）和纤而乐（Sweet'N Low），成为该品类的领导者。善品糖是一种从糖中提取的产品，没有人造低热量甜味剂的相关缺点，从而将自己与竞争对手区分开来。魔爪能量饮料（Monster）凭借其创新的 16 盎司罐装饮料和针对与能量消耗有关的几乎所有需要的广泛产品线，在众多能量饮料中脱颖而出，成长为一个价值近 20 亿美元的品牌，并对该品类的领导者红牛（Red Bull）构成了威胁。[16]

识别共同点

共同点（points of parity，POPs）指的是非品牌独有，而是与其他品牌共享的属性或利益联想。[17] 这类联想有三种基本形式：品类、相关性和竞争性。

- 品类共同点是那些消费者认为在某一特定的产品或服务品类中合理且可信的供应品不可或

缺的属性或利益。换句话说，它们是品牌选择的必要非充分条件。除非一家旅行社能够预订机票和酒店，提供休闲套餐建议，提供多种票务支付及送达选择，否则消费者不会认为这是一家真正的旅行社。品类共同点会随着科技进步、法律完善或消费趋势的变化而变化，用一个和高尔夫相关的比喻来说，它们是玩营销游戏必需的"果岭费"（greens fees，即高尔夫运动中的球道、草坪养护费）。

- **相关性共同点**是那些伴随着品牌的正面联想而产生的潜在负面联想。营销者面临的一个挑战是，构成其供应品的共同点或差异点的许多属性或利益是负相关的。换句话说，如果你的品牌在某一方面有优势，比如价格便宜，消费者就不会认为它在其他方面也有优势，比如"质量上乘"。与消费者在购买决策中的权衡相关的消费者研究可以提供例证。

- **竞争性共同点**是指根据竞争对手的差异点，为克服品牌的感知弱点而设计的联想。发现关键竞争性共同点的一个方法是站在竞争对手的立场上，推断出它们打算构建的差异点。这样竞争对手的差异点反过来可以暗示品牌的共同点。

无论感知到的弱点源自何方，如果在消费者眼里，一个品牌能够在劣势领域与竞争对手"势均力敌"，并在其他领域占据优势，那么这个品牌就会处于一个强势的（甚至可能是无懈可击的）竞争定位。我们来看一下米勒清啤（Miller Lite）——北美地区第一家淡啤酒——的推出。

米勒清啤　米勒清啤最初的广告策略有两个目标：声明米勒清啤"口感好"（tastes good），确保与普通啤酒品类中的重要竞争对手的共同性；基于其啤酒所含热量较普通啤酒少三分之一，因此以"不胀肚"（less filling）创建了一个差异点。正如经常发生的那样，这里的共同点和差异点在某种程度上是相互冲突的，因为消费者倾向于将口感好和热量高等同起来。为了消除这种潜在的阻力，米勒公司起用了可靠的代言人——主要是那些颇受欢迎的退役职业运动员，除非口感很好，不然他们不会喝啤酒。这些退役运动员幽默地讨论了产品的两个优点——"口感好"和"不胀肚"——哪一个更能彰显该啤酒的特点。广告以巧妙的标语"上好啤酒里的东西一样都不缺……只是热量少一点"结尾。随着时间的推移，品牌定位逐渐演变为在广告中强调"米勒时光"。这是一种关于品牌"社会性"的情感诉求，将米勒定位成与朋友共度美好时光的催化剂。[18]

一个供应品要想在某一特定属性或利益上实现共同点，必须有足够多的消费者相信品牌在该维度上是"足够"好的。共同点有一个可以容忍或可被接受的区域、范围。在共同点上，品牌不需要与竞争对手比肩，但消费者必须觉得它在这些属性或利益上做得不错。只有做到这一点，消费者才有可能愿意根据品牌那些更出色的维度对其进行评价和决策。一般来讲，淡啤的味道肯定比不上普通啤酒，然而它需要有接近普通啤酒的味道才可能与普通啤酒竞争。

对发展定位而言，实现共同点往往比实现差异点更关键。请看维萨和美国运通在银行卡行业竞争的例子。

Source: Oliver Hoffmann/Alamy Stock Photo

<< 当维萨通过推出金卡和白金卡努力与竞争对手美国运通的身份象征看齐时，美国运通的目标则是扩大其信用卡的覆盖面，以消除维萨信用卡被最广泛使用的优势。

维萨和美国运通　在信用卡品类中，维萨的差异点在于它的使用范围最广泛，这也凸显了该品类的重要利益——便利性，而美国运通则通过强调使用其信用卡的身份象征来建立品牌资产。如今，维萨和美国运通在削弱对方优势的尝试中竞争性地构建起共同点。维萨推出金卡和白金卡来增强品牌的身份象征。多年来，维萨宣传"你想去哪里，维萨就在那里"（It's Everywhere You Want to Be），并展示只接受维萨卡的优质旅游胜地和休闲场所，以强化其优越性和认可度。美国运通则大幅度提升了接受其信用卡的商家数量，并提升了其他方面的价值，同时通过广告展示罗伯特·德尼罗（Robert De Niro）、蒂娜·菲（Tina Fey）、艾伦·德杰尼勒斯（Ellen DeGeneres）和碧昂斯（Beyoncé）等名人的形象来巩固其声望，并宣传其对于一些特别活动拥有独家参与权，进一步加强其信用卡作为身份象征的作用。[19]

调整参照系、共同点和差异点

如果竞争范围扩大或公司计划延伸到新的品类，那么品牌确定多个实际或潜在的竞争性参照系的情况并不罕见。例如，星巴克可以定义非常不同的几类竞争对手，并由此提出不同的可能共同点和差异点。[20]

- 快餐店和便利店（麦当劳和唐恩都乐）——预期的差异点可能是质量、形象、体验和多样性，预期的共同点可能是便利性和价值。
- 家庭和办公室消费品（福爵咖啡、雀巢速溶和绿山咖啡K杯）——预期的差异点可能是质量、形象、体验、多样性和新鲜感，预期的共同点可能是便利性和价值。
- 当地的咖啡馆——预期的差异点可能是便利性和服务质量，预期的共同点可能是产品质量、多样性、价格和社区性。

需要注意的是，星巴克的某些潜在共同点和差异点是各个竞争者共有的，而其他的则是某一竞争者独有的。

在这种情况下，营销者必须决定应该做什么。营销者在面临多种参照系时，主要有两种选择。一是首先为每种类型或层次的竞争者确定最好的定位，然后看看是否可以创建一个足够强大的组合定位来有效应对所有竞争者。二是如果竞争过于多样化，可能需要根据竞争对手的优先级进行排序，然后选择最重要的一组竞争者作为竞争参照系。一个重要的考虑因素是不要试图满足所有人的所有联想，这通常导致无效的"最小公分母"定位。[21]

最后，如果在不同品类或子品类中有许多竞争者，那么可以在品类层面上为所有相关品类（对星巴克而言，可以是"快餐店"或"从超市带回家的咖啡"）定位，或参照每个品类的典型代表（对星巴克而言，是麦当劳或雀巢咖啡）进行定位。

有时，一家公司可以用一组差异点和共同点横跨两个竞争参照系。在这些案例中，一个品类的差异点成为另一个品类的共同点，反之亦然。赛百味（Subway）餐厅的定位是提供健康、美味的三明治。这种定位使得该品牌与麦当劳和汉堡王等快餐店在口感上建立了共同点，在健康上建立了差异点；同时与健康食品餐厅和咖啡馆在健康上建立了共同点，在口感上建立了差异点。

跨界定位扩展了品牌的市场覆盖率和潜在顾客基础。跨界定位的一个例子是宝马。

>> 宝马融合了豪华和性能这两个看似不相容的利益，在美国汽车市场获得了巨大成功。

Source: BMW of North America

宝马   20 世纪 70 年代末，当宝马首次以强大的竞争力进军美国市场时，就将自身品牌定位为唯一兼具豪华和性能的汽车。当时，消费者认为美国的豪华车缺乏高性能，而高性能车不够豪华。凭借汽车的设计、源自德国的传统，以及其他精心策划的营销方案，宝马能够同时做到：（1）与雪佛兰科尔维特（Chevy Corvette）等美国高性能车相比，拥有豪华方面的差异点和性能方面的共同点；（2）与凯迪拉克等美国豪华车相比，拥有性能方面的差异点和豪华方面的共同点。宝马巧妙的品牌格言"终极座驾"有效抓住了新开辟的伞形品类——豪华性能车。[22]

跨界定位作为一个可以协调潜在冲突的消费者目标的手段，创建了一个"两全其美"的解决方案，因此它通常是具有吸引力的，但它也带来了额外负担。如果共同点和差异点在两个品类里均没有达到消费者可以接受的程度，那么该品牌可能在两个品类中都不会被认可。许多早期的个人数字助手（掌上电脑），如 Palm Pilot 和苹果公司的 Newton，都曾尝试跨越传呼机和笔记本电脑这两个品类，但均以失败告终。这便是此类定位风险的生动例证。

通常，一个好的定位会有多个共同点和差异点。其中的两三个通常能够真正定义竞争的市场，因此应该加以仔细分析和发掘。一个好的定位还应遵循"80-20"原则，对该品牌80%的产品高度适用。而尝试依据一个品牌内全部的产品进行定位，往往会得到一个令人失望的"最小公分母"的结果。余下20%与定位不那么契合的产品应予以复查，以确保有适合它们的品牌策略，并看看如何改变它们以更好地反映品牌定位。

知觉地图（perceptual maps），也称定位地图，有利于品牌选择特定的利益作为共同点和差异点来定位品牌。知觉地图是消费者感知和偏好的可视化表现形式，提供了市场情况的量化图形，以及消费者在不同维度看待不同产品、服务和品牌的方式。通过同时展现品牌认知和消费者偏好，营销者可以看到"漏洞"或"空缺"，这提示了未被满足的消费者需要和营销机会。[23]

创造可持续的竞争优势

产品的竞争优势反映了它在满足顾客需要方面的能力优于竞品。因此，创造竞争优势能够给顾客一个理由去选择某供应品而不是一个可用的替代品。

作为一个营销概念的可持续竞争优势

为了建立一个强大的品牌并避免商品陷阱，营销者必须从抱有这个信念开始：通过创造可持续的竞争优势可以使供应品脱颖而出。[24] **竞争优势**（competitive advantage）是指公司在一个或多个方面表现出的竞争对手无法匹敌或不愿比较的能力。

一些公司正在寻找成功的秘诀。制药公司正在开发生物制剂——利用人体自身的细胞而非通过实验室化学反应而生产的药物，因为仿制药公司很难在没有专利的情况下仿制出生物制剂。在生物仿制药上市之前，罗氏控股（Roche Holding）生产的生物类风湿性关节炎治疗药物利妥昔单抗（Rituxan）至少享有三年的优势，年销售额达70亿美元。[25]

本质上可持续的竞争优势是很少见的。从长远来看，竞争优势往往会被竞争对手复制，但是竞争优势或许可以成为杠杆。杠杆优势可以用作公司获取新优势的跳板，就像微软发挥其拥有微软办公室软件（Microsoft Office）和社交软件的操作系统这一优势那样。总的来说，一家想要持续经营的公司必须不断发掘新的优势，并使其成为差异点的基础。

任何产品或服务的利益，只要足够有吸引力、可交付且具有区分度，就可以作为品牌的差异点。对消费者来说，明显且最具说服力的差异化手段是与性能相关的利益。例如，斯沃琪（Swatch）推出了多彩时尚手表，政府雇员保险公司（GEICO）以折扣价格提供可靠的保险。

>> 政府雇员保险公司已经成功地淹没其竞争对手的声音，成为增长最快的美国汽车保险公司。在其斥资数百万美元的电视广告中，一只操着伦敦腔的蜥蜴滔滔不绝地大谈省钱秘诀。

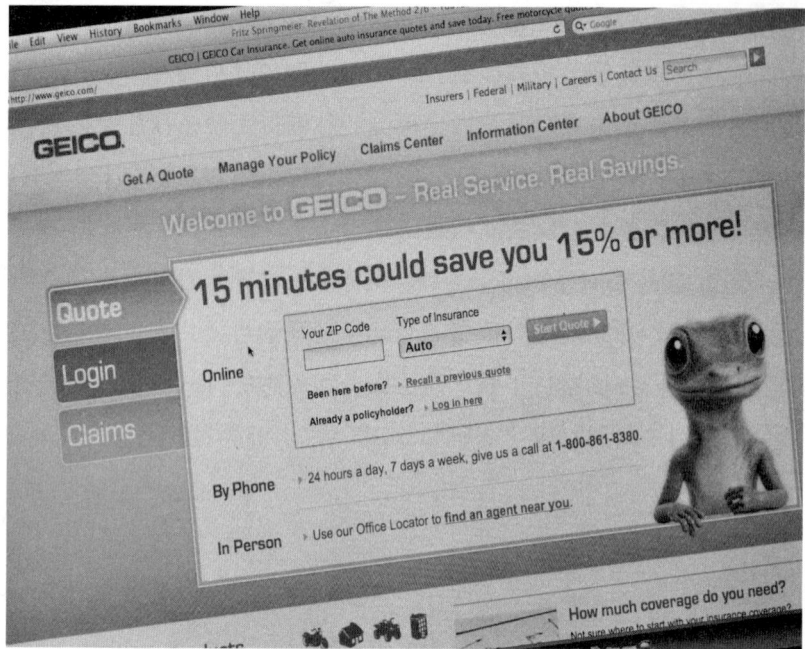

政府雇员保险公司 政府雇员保险公司在电视广告上投入了数亿美元，这值得吗？政府雇员保险公司的母公司伯克希尔－哈撒韦集团的董事长兼首席执行官沃伦·巴菲特认为这是值得的。政府雇员保险公司向消费者直接销售并表达一个基本信息——"15分钟可以为你节省15%或更多的汽车保险费用"，从而成为美国增长最快的汽车保险公司。政府雇员保险公司与马丁公司（The Martin Agency）合作，开展了一系列极具创意、备受赞誉的广告活动，强调了品牌的不同方面。在电视广告中，操着伦敦腔的蜥蜴代言人Gecko强化了政府雇员保险公司值得信赖和事业有成的品牌形象。"更加幸福"（Happier Than）营销战役用夸张的场景来表现政府雇员保险公司的顾客是多么幸福，例如星期三（驼峰日）的骆驼和德古拉吸血鬼在献血活动中做志愿者。第三个宣传活动的主角是会说话的猪——麦克斯韦（Maxwell），它重点介绍了特定产品和服务的特征。第四个广告战役，"你知道吗"（Did You Know）的开场是一个人向同伴评论该公司著名的"15分钟"口号，同伴回答说"大家都知道"。然后，这个开场发言者试图用一些其他歪曲传统观念的妄语来挽回面子，比如匹诺曹是一个差劲的励志演说家，或者老麦克唐纳拼写单词非常糟糕。多项广告战役相辅相成。该公司用各种各样的汽车保险信息铺满了电视广播，以至竞争对手的广告都消失不见了。[26]

有时，市场环境的变化可以为创造差异化的手段带来新的机会。塞拉薄雾（Sierra Mist）在推出8年后销量陷入停滞，百事公司利用消费者对天然有机产品日益增长的兴趣，将这种柠檬口味软饮重新定位为纯天然饮品，它只含5种成分——碳酸水、糖、柠檬酸、天然香料和柠檬酸钾。

品牌的定位往往超越了性能层面。公司可以塑造引人注目的形象，以迎合消费者的社会和心理需求。例如，万宝路（Marlboro）能在全球范围内占有相当高的市场份额（约30%），主要原因是其"有男子气概的牛仔"形象引起了许多吸烟者的共鸣。葡萄酒和白酒公司也努力打造自身品牌的独特形象。甚至卖家的物理空间也可以用来生成强大的品牌形象，比如凯悦酒店就凭借中庭大堂塑造了独特的形象。

为了识别可能的差异化手段，营销者必须将消费者对某种利益的愿望与公司提供相应利益的能力相匹配。例如，他们可以设计自己的分销渠道，令购买产品更加容易，也有更高的回报。早在1946年，宠物食品很便宜，没有什么营养，而且只在超市和零星的饲料店有售。总部设在俄亥俄州代顿的爱慕思（Iams）通过地区兽医、饲养员和宠物商店销售高档宠物食品而获得了成功。

创造可持续竞争优势的策略

在设计一个可以使产品在竞争中脱颖而出的价值主张时，有三个核心战略不可或缺，即在现有属性上实现差异化，引入新属性，以及构建强大的品牌。[27]

在现有属性上实现差异化

这是创造超越竞争对手优势的典型策略。吉列通过强调剃须刀的质量将自己与竞争对手区别开来。在线剃须用品零售商美元剃须俱乐部（Dollar Shave Club）强调价格是自己相对吉列等高端品牌的竞争优势。美捷步凭借服务水平将自己区别于其他线上鞋类零售商。宝马将其车辆的驾驶体验作为竞争中的一个差异点，沃尔沃通过专注于安全来实现差异化，而劳斯莱斯则通过凸显豪华来彰显自己的与众不同。

在对顾客有意义的属性上实现差异化，是创造竞争优势最直观的方式。然而，这通常很难实现，因为一个产品类别中的供应品会随着品类整体的性能提高变得越发相似。电视机就是一个很好的例子：技术进步使得电视机的整体质量提高了，对消费者来说，可供选择的产品之间的差异不再那么明显，他们感知中的电视机彼此之间都很相似。

引入新属性

与加强供应品在现有属性上的表现不同，公司可以通过引入一个新的属性——一个竞争对手没有的属性——使供应品与众不同。这样的例子比比皆是。汤姆布鞋（TOMS）通过其"买一赠一"的社会责任计划将自己与传统鞋类制造商区别开来。百事只选用全天然成分，使其柠檬软饮塞拉薄雾区别于其他软饮。美元剃须俱乐部凭借以订阅为基础、直接向消费者寄送剃须用品的方式使得自己与众不同。优步引入无现金支付，简化了乘客和司机之间的交易。Nest将机器学习整合到恒温器中，使其成为控制家中室温的一种方法。

值得注意的是，引入新属性并不一定必须发明全新的属性，也可以是调整某个或多或少被竞争对手忽视的现有属性，并将其转化为一个差异点。Method Products是家用清洁产品制造商，它设计了美观的包装使其成为所在品类的区别属性，而在这个品类中，包装通常被视作纯粹的功能属性。同样，当苹果推出半透明塑料外壳、多种颜色的蛋形iMac时，就是将设计作为个人电脑品类的一个关键差异点。

尽管引入新属性可以为公司带来强大的优势，但这种做法很少是可持续的。竞争对手会争分夺秒地复制受顾客重视的新属性，从而大大削弱首创者的竞争优势。创造一个可持续的竞争优势需要公司不断寻找新鲜和独特的方式来创造顾客价值。

构建强大的品牌

可持续竞争优势的一个重要来源是强大的品牌，这是让顾客选择某公司供应品的原因。哈雷戴维森就是品牌力的一个典范。它的成功可能不仅归功于其摩托车的设计，也归功于其品牌力。可口可乐有别于其他可乐饮料的不是味道，而是可口可乐的品牌形象，它跨越了国界和文化的障碍，成为地球上几乎尽人皆知的品牌。

　　凭借品牌力实现差异化，在谷类食品、软饮和酒精饮品等商品化产品品类中具有特殊价值。例如，灰雁（Grey Goose）已成功地将其产品定位为"世界上最美味的伏特加"，这使得该品牌与许多竞争品牌相比有了显著的价格溢价。灰雁成功实现这一差异化的例子尤其值得注意，因为伏特加实际上是一种被设计为"中性烈酒"的商品，没有"独特的特征、香气、味道或颜色"。[28] 由于大多数顾客无法分辨不同优质伏特加的味道，灰雁的品牌显然是推动他们购买的因素。

　　品牌不仅是供应品的一个属性，还在创造竞争优势方面有一个独特的作用：它影响着人们对供应品在质量、可靠性和耐用性等方面的感知——这些方面对顾客来说并不容易看到。因此，品牌可以为公司的供应品注入独特且有意义的信息，引起超越公司产品和服务的实际特点的共鸣，从而为顾客创造附加价值。换句话说，顾客购买的不仅仅是哈雷戴维森、可口可乐和瓦尔比派克（Warby Parker）的产品，还是这些品牌所蕴含的意义。

　　品牌还有另一面。除了影响顾客对产品的看法，当一个品牌成为顾客脑海中满足特定需要的首选时，这个强大的品牌实际上可以直接驱动顾客的购买行为。例如，百威一直在宣传自己的产品，因此当顾客想买啤酒时，第一个想到的就是它。政府雇员保险公司是另一家每年斥资数千万美元做广告的公司，以确保司机在考虑汽车保险时首先想到的是自己。麦当劳的目标是打败竞争对手汉堡王、温迪（Wendy）和塔可贝尔（Taco Bell），成为顾客心目中的第一快餐品牌。泰诺（Tylenol）、艾德维尔（Advil）和萘普生（Aleve）在非处方止痛药品类中获得了最高的认可度，因此这些品牌能够在这样一个充满功能相同的低价仿制药的产品品类中保持市场领先地位。

　　成为消费者脑海中第一个想到的品牌能创造一种竞争优势，因为最先被想到的品牌通常会成为消费者的参考点，即评估其他品牌的默认选项。这是一个重要优势，除非消费者有强有力的理由来选择其他选项，否则就很可能会选择默认选项。

沟通供应品的定位

　　一旦确定了品牌定位策略，营销者就应该让组织中的每个人都理解这一策略，并用这一策略来规范和指导每个人的言行。这往往通过制定一个**定位声明**（positioning statement）来实现。在接下来的章节中，我们将讨论制定有效的定位声明的关键——沟通供应品的品类成员属性及其共同点和差异点，以及设计一段可以表达供应品定位的声明。

拟定定位声明

　　定位声明清楚地阐明了供应品的目标顾客和关键利益，这将为顾客提供选择该公司供应品的理由。赫兹、沃尔沃和达美乐的定位声明多年来一直指导着这三家公司与目标顾客的沟通活动，下面请看这三家公司的定位声明。

- 面向繁忙的专业人士（目标顾客），赫兹提供了一种快速、便利、在机场就可以租到合适汽车的方式（价值定位）。

- 面向注重安全的高层次家庭（目标顾客），沃尔沃提供最安全、最耐用的汽车（价值定位）。

- 面向注重便利的比萨爱好者（目标顾客），达美乐提供美味的热比萨，并且及时送货上门（价值定位）。

拟定定位声明时的一个重要问题在于，是应该着重描述公司供应品的特定属性本身，还是应该聚焦于这些属性所带来的利益。许多营销者倾向于关注利益，并将其作为供应品定位的核心。这是因为消费者通常对供应品提供的利益以及他们究竟能从供应品中得到什么更感兴趣。

此外，供应品的属性通常更多地发挥支持性的作用。多个属性可能支持某种利益，而且这些属性可能随着时间的推移而改变。属性为一个品牌能够令人信服地声称自己可以提供某些利益提供了"值得信赖的理由"或"证据点"。例如，多芬香皂的营销者会谈论其25%为洁面乳成分这一属性如何独创了其能够带来柔嫩肌肤的利益。新加坡航空会大赞其卓越的顾客服务，因为它有训练有素的空乘人员和强大的服务文化。

沟通品类成员属性

品类成员属性有时候可能是显而易见的。目标顾客能意识到美宝莲是化妆品中的领导品牌，脆谷乐（Cheerios）是谷类食品中的领导品牌，麦肯锡（McKinsey）是咨询行业的领导者，等等。但是，当推出某一种新产品时，营销者必须告知消费者该品牌的品类成员属性。

有时，消费者可能知道相应的品类成员，但并不相信该品牌是相应品类的有效成员。例如，消费者可能知道惠普生产数码相机，但他们并不确定惠普的相机是否与佳能、尼康和索尼的数码相机同属一个品类。在这种情况下，惠普可能会发现强调它的品类成员属性是有益的。

品牌有时会依附它们本不应该属于的品类。只要消费者知道品牌实际所属的品类，这便是凸显品牌差异点的一种方式。例如，营销者没有将迪吉奥诺（DiGiorno）的冷冻比萨列入冷冻比萨品类，而是将它定位为外卖比萨，并在广告中宣称"这不是外卖，是迪吉奥诺！"（It's Not Delivery, It's DiGiorno！）。同样，付费频道HBO开发了原创的、前卫的节目来证明其高收费的合理性，并采用了"这不是电视，这是HBO"（It's Not TV, It's HBO）的标语。

一种典型的定位方法是在说明品牌的差异点之前向消费者介绍品牌相关的品类成员。从逻辑上可以假定，消费者在判断产品是否优于相关的竞争品牌之前，需要先知道产品是什么、有什么功能。对新产品来说，最初的广告通常着重于创建品牌意识，而后续的广告则致力于塑造品牌形象。盟友银行（Ally Bank）利用人们对金融机构的不信任，确立了自己独特的定位。

>> 通用汽车金融服务公司（GMAC Financial）进行品牌重组成为盟友金融（Ally Financial）后，该公司新成立的子公司盟友银行在广告宣传中推崇了一种坦率、不搞噱头的顾客服务，强调顾客可以与人而不是与机器互动。

盟友银行　在通用汽车金融服务公司进行品牌重塑成为盟友金融并成立子公司盟友银行时，该公司在最初的宣传活动中展现了这样的情节：一个身着西装、善于逢迎的男子（象征性地代表了典型的银行形象）很刻薄地对待毫无戒心的孩子（象征着典型的银行顾客）。这是为了反衬盟友银行的简单和直接。在其中一则广告中，一个油滑的传统银行代言人与两个小女孩坐在一张小桌子旁，并问其中一个女孩是否想要一匹小马。当女孩回答"是"时，他给了她一个玩具小马。当另一个女孩也回答"是"时，他给了她一匹真正的小马。第一个女孩显然很不高兴，问为什么她没有得到一匹真正的小马，而那个男人油腔滑调地回答："你没有要啊。"在建立起初步的知名度以后，该广告战役紧接着通过一系列广告来建立其"坦率"的定位，并传递了"你的金钱需要盟友"（Your Money Needs an Ally）的主题，并以"顾客能够在盟友银行与工作人员直接接触而不是与机器对话"为卖点。在一则名为《干洗店》的广告中，在隐藏式摄像头的镜头下，一些看起来是干洗店顾客的人正遵照指示牌的引导试图通过使用搅拌机获得帮助。广告结尾写道："盟友银行。助人为乐。并非机器。"（Ally Bank. Helpful People. Not Machines.）[29]

传达品牌品类成员的主要方式有以下三种。

- 宣传品类利益。为了让消费者相信品牌会履行使用该品类的基本承诺，营销者经常通过利益来宣传品牌属于哪一品类。因此，工业设备品牌可能会声称其产品非常耐用，而抗酸剂品牌会宣传其产品效力强。一款布朗尼蛋糕烘焙粉品牌可能会通过宣传其带来美味的利益将自己划入烘焙点心品类，并通过其所含优质成分（性能）或展现人们消费该产品时的快乐（意象）来支持上述说法。

- 与品类中的典型成员进行比较。利用一个品类中知名的、广受关注的品牌也可以帮助品牌明确其品类成员的地位。当汤米·希尔菲杰（Tommy Hilfiger）还是个无名小卒的时候，就通过广告与杰弗里·比恩（Geoffrey Beene）、卡尔文·克莱因（Calvin Klein）和佩里·埃利斯（Perry Ellis）这些著名的品类成员联系起来，宣告了他作为一位伟大的美国设计师的地位。

- 依靠产品描述词。品牌名称后面的产品描述词往往可以简明地传达品类来源。福特汽车投资逾 10 亿美元打造了一款名为 X-Trainer 的全新车型，该款车型集合了 SUV、小型货车和旅行车的属性。为了传达其独特的定位，同时避免引发与福特的探险者车型和乡绅（Country Squire）车型的联想，该车型最终被称作"自由式"（Freestyle），被描述为"运动旅行车"（sports wagon）。

沟通有冲突的利益点

正如前文所述，定位中一个常见的挑战是构成共同点和差异点的许多利益是负向相关的。比如，康尼格拉必须让消费者相信 Healthy Choice 的冷冻食品既美味又有益于健康。想想以下这些负向相关的属性和利益的例子：低价与优质、强效与安全、美味与低卡、强壮与优雅、营养与好吃、流行与独特、有效与温和、多样与简单。

此外，每一个属性或利益自身往往也兼具积极和消极的方面。例如，像乐至宝（La-Z-Boy）躺椅、博柏利（Burberry）外衣或《纽约时报》这样的品牌有着悠久的历史，这些品牌的历史和传承一方面意味着经验、智慧、专业和真实可靠，但另一方面也可能意味着过时、守旧或跟不上时代。

挑战在于，消费者总是希望两种负向相关的属性或利益都能达到最大值。营销艺术和科学的很大一部分都在处理权衡问题，定位也不例外。最好的方法当然是开发一种在两个维度上都表现良好的产品或服务。例如，戈尔特斯（GORE-TEX）面料靠技术进步克服了"透气"和"防水"这两个冲突的产品形象。皇家飞利浦（Royal Philips）经过深度量化访谈和焦点小组调研得知，消费者希望不费吹灰之力地享受技术带来的好处，于是该公司为其电子产品发起了"精于心，简于形"（Sense and Simplicity）的广告战役，宣传其产品易于使用的特点。

此外，还有一些其他的方法可以用于处理权衡问题，如发起两场不同的营销战役，每场战役分别致力于表现其中一种品牌属性或利益：一场战役致力于在品牌与合适的人、地方或事物之间建立联系，由此建立属性或利益的共同点或差异点；另一场战役致力于说服消费者。如果换个角度来看，属性和利益之间看似是负向相关，但实际上却是正向相关。[30]

定位就是讲故事

有些营销专家认为品牌定位是叙述或讲故事，而不是列举具体的属性或利益。消费者喜欢思考产品或服务背后的故事，从中获取丰富的内涵和想象。

为了强化营销和定位，占边威士忌（Jim Beam）联合与其同名的占边公司和美格波本威士忌（Maker's Mark），聘请了 The Moth——一个因每周公共广播节目而闻名的专业讲故事者团体——为其营销团队举行为期三天、每年两次的聚会。The Moth 分解了故事的结构，指出了其中特别有意义的部分，并让占边公司员工互相讲述自己的故事。这种方法使该公司能够构想一个引人入胜的故事，阐明其顾客价值主张。[31]

一些研究者认为，叙事品牌化（narrative branding）

≪ 占边威士忌起用专业的故事讲述者来加强其营销和定位。

Source: Alko/Alamy Stock Photo

的基础是与人们的记忆、联想和故事相联系的深层隐喻。[32] 他们确定了叙事品牌化的五个要素：用文字和隐喻表达的品牌故事；消费者旅程或消费者与品牌长期接触的方式，以及他们与品牌的接触点；品牌的视觉语言或表达；叙事的体验性表达方式或品牌如何吸引感官的参与；品牌在消费者生活中的作用。基于文学惯例和品牌体验，他们还确定了品牌故事的四个关键方面：（1）环境（时间、地点和背景）；（2）演员（品牌作为一个角色，包括它在受众生活中的角色、它的关系和责任，以及它的历史或创立神话）；（3）叙事弧（叙事逻辑随时间展开的方式，包括行动、期望的体验、决定性事件和顿悟时刻）；（4）语言（真实的声音、隐喻、象征、主题和主基调）。

一个相关概念是"原始品牌化"（primal branding），它将品牌视为复杂的信仰体系。原始品牌化的支持者认为，像谷歌、迷你库珀、美国海军陆战队、星巴克、苹果、联合包裹（UPS）和艾凡达这些不同的品牌，都有一个"原始编码"或DNA，与顾客产生共鸣，激发他们的激情和热情。这种信仰体系或原始编码由七种资产构成：创立故事、信条、圣像、仪式、圣词、应对无信仰者的方法，以及一位优秀的领导者。[33]

营销
洞察 ｜初创企业的定位

对一个资源和预算有限的小企业来说，创立品牌是一个挑战。尽管如此，还是有许多企业家从零开始成功打造大品牌的故事。在资源有限的情况下，营销项目的聚焦和一致性至关重要。创造性也是必不可少的，企业需要找到向消费者推销产品新理念的新方法。下面是一些具体的小型企业如何创立品牌的指南。

- 找到产品或服务性能让人难以抗拒的优势。对任何品牌而言，产品或服务性能上显而易见的、有意义的差异点可能是成功的关键。例如，多宝箱（Dropbox）面临众多同样为消费者提供方便存储大量文件、照片、视频和其他内容工具的竞争对手，仍能占据强势的竞争地位，部分原因在于多宝箱便捷的单文件夹方式可以兼容用户的多个设备。[34]

- 在一两个关键联想的基础上，专注打造一两个强大的品牌。小企业通常只能依靠一两个品牌和关键联想作为自己的差异点。随着时间的推移，这些联想必须在整个营销方案中不断得到加强。尽管起源于滑雪和冲浪文化，沃尔康（Volcom）奉行的"叛逆的青春"（Youth Against Establishment）信条使得其音乐制品、运动服装和珠宝的销量也在稳步增长。

- 尽可能地鼓励产品或服务试用。一个小企业想要获得成功，必须以消费者可以了解和体验的方式使自己变得与众不同。一种方式是通过品鉴、演示或任何让消费者参与品牌的方式鼓励其试用。时思糖果（See's Candies）允许店内顾客品尝任何一块糖果。正如一位高级主管指出，"这是我们最好的营销，如果人们品尝了，他们就会喜欢"。时思全部使用新鲜原料，不添加防腐剂来创造诱人的口味。[35]

- 制定一个整合紧密的数字战略，把品牌"做大做强"。社会媒体、在线广告和电子商务能提升小公司的知名度。位于密歇根州罗亚尔奥克的房地产投资和管理公司 Urbane Apartments，在虚拟世界的知名度远远超过现实世界。该公司拥有一个由居民撰写的宣传最受喜爱的罗亚尔奥克旅游胜地的博客、一个面向租户的 Urbane Lobby 社交网站，以及活跃的 YouTube、脸书和推特账号。[36] 鉴于许多小企业的区域性质，移动营销尤为重要。

- 创造口碑和忠诚的品牌社区。小企业通常必须依靠口碑确立自己的定位，它们可以找到公共关系、社交网络、低成本的促销和赞助等便宜的替代方案。在现有和潜在的顾客中建立一个充满活力的品牌社区，也是一个增加忠诚度和向潜在顾客传播信息的颇具成本效益的方式。印象笔记（Evernote）的线上公司宣称此应用软件是一个让用户一切尽在掌握的"外部大脑"。印象笔记拥有的几十个"超级用户"则化身为形象大使，热情地宣传这款个人信息管理应用软件。[37]

- 采用一套有效整合的品牌元素。从战略上讲，小企业必须最大限度地开发利用各类品牌价值驱动因素。它们尤其该做的是开发一套独特的、整合良好的品牌元素——品牌名称、标志、包装——提高品牌意识和品牌形象。这些品牌元素应该是令人难忘、有意义的，并且具有尽可能大的创造潜力。创新的包装可以在购买时吸引注意力，从而代替广告宣传。智慧食物（SMARTFOOD）推出第一个产品的时候没有打广告，而是将独特的包装作为货架上强有力的视觉符号，并通过一个广泛抽样计划来鼓励试吃。小企业通常将专有名词或姓氏作为名字，这或许可以赋予它们一些独特性，但会在可读性、意义性、记忆性或其他品牌考量方面受到影响。

- 尽可能多地起用次级联想。次级联想——任何具有潜在相关联想的人、地点或事物——通常是建立品牌资产的颇具成本效益的捷径，特别是那些有助于凸显质量或可信度的联想。1996年，J. 达赖厄斯·比克夫（J. Darius Bickoff）推出了一个名为 Smartwater 的电解质增强型瓶装水系列；两年后又推出了 Vitaminwater，这是一种维生素增强型和调味型的普通瓶装水替代品；又过了两年，推出了 Fruitwater。高明的营销——包括说唱歌手 50 美分（50 Cent）、歌手凯莉·克拉克森（Kelly Clarkson）、女演员詹妮弗·安妮斯顿（Jennifer Aniston）和美式橄榄球明星汤姆·布雷迪（Tom Brady）的代言——推动了品牌的成功。比克夫能量品牌（Bickoff's Energy Brands）公司 [以其产品酷乐仕（Glacéau）而闻名] 成立不到 10 年就被可口可乐公司以 42 亿美元的价格收购。[38]

本章小结

1. 营销战略的一个关键方面是制定一个价值主张，并针对目标顾客对公司的供应品进行定位。通过阐明价值主张和定位，公司可以提高顾客价值和满意度，促成高复购率，并最终提高公司的盈利能力。

2. 根据顾客的需要，供应品可以在三个领域创造价值：功能价值，反映了与供应品性能直接相关的利益和成本；心理价值，包含了与供应品相关的心理利益和成本；货币价值，包括与供应品相关的财务利益和成本。在三个维度的任何一个维度上，顾客价值是指潜在顾客对供应品的所有利益和成本评价与对感知替代供应品的成本和利益评价之间的差异。

3. 价值主张包括公司承诺提供的全部利益，而这是基于顾客购买公司的供应品获得的利益与承担的成本之间的差异。价值主张是针对特定客户的。面对有不同需要的顾客细分市场，公司需要制定不同的价值主张。

4. 定位是指设计在目标消费者脑海中占据独特位置的公司供应品和形象。价值主张阐述的是供应品的所有利益和成本，而定位与价值主张不同，定位瞄准的是消费者为什么选择某公司供应品原因的关键利益。

5. 消费者依照参照系评估供应品带来的利益和成本，从而确定供应品的价值。与略逊一筹的供应品相比，当前的供应品就显得具有吸引力，但与更优质的供应品相比，同样的供应品可能就不再具有吸引力。营销者必须精心挑选一个可以突出供应品价值的参照系。

6. 制定定位战略的一大关键是确定差异点（公司供应品特有的属性或利益）以及共同点（公司供应品与竞争者共有的属性或利益）。三个标准决定了一个品牌联想能否真正发挥其作为差异点的作用，即合意性、传达力和区分度。

7. 竞争优势是公司在一个或多个方面表现出来的能力，是竞争对手无法匹敌或不愿比较的。一件供应品的竞争优势能够给顾客一个理由去选择此供应品，而不是一个替代品。竞争优势反映了顾客重视的供应品差异点。任何产品或服务的利益，只要足够有吸引力、可交付，且具有区分度，就可以作为差异点，从而创造竞争优势。

8. 在设计一个可以使供应品在竞争中脱颖而出并创造竞争优势的价值主张时，有三个核心战略是不可或缺的。这三个战略是：在现有属性上实现差异化，引入新属性，以及构建强大的品牌。

9. 一旦设计好供应品的定位策略，营销者就会拟定一份定位声明，将定位传达给组织中的每一个人，并确保这份声明能指导组织成员的市场行动。拟定有效的定位声明的关键是：传达供应品的品类成员，与其品类成员之间的共同点和差异点，以及设计一段可以传达供应品定位的声明。

营销
焦点 ｜ 联合利华：凌仕和多芬

HELPING 40 MILLION
YOUNG PEOPLE
BUILD SELF-ESTEEM

Dove

Source: Retro AdArchives/Alamy Stock Photo

联合利华是一个家庭护理、食品和个人护理品牌制造商，它根据特定的年龄人群、人口统计资料和生活方式有效地采取了相应的营销传播策略。该公司推出了一些在世界范围内十分成功的品牌，其中就包括男士美容品牌凌仕（Axe）和专为女性的个人护理品牌多芬。

凌仕（在英国、爱尔兰、澳大利亚和中国，其英文名为Lynx）于1983年创立，2002年进入美国，目前在70多个不同的国家和地区销售。凌仕为年轻男性消费者提供了一系列个人护理产品，如身体喷雾、身体啫喱、除臭剂和洗发水，这些产品有不同的气味。如今，凌仕是世界上最受欢迎的男士美容品牌。凌仕通过找到正确的目标顾客群体，并以精准的个人营销信息来吸引这些顾客，从而有效地在杂乱无章的局面中突出重围。

联合利华将男性人群分为几个不同特征的群体后，认为最大的机会存在于名为"缺乏安全感的新手"（The Insecure Novice）群体中。该群体由想要吸引异性的极客和书呆子组成，因此很容易说服他们购买产品来提升形象。面向这一群体的凌仕广告大多使用了幽默和性元素，通常是瘦弱的普通男性在使用凌仕后吸引了数十个、数百个甚至数千个漂亮女孩。这样做的结果是：该品牌显得令人向往又平易近人，轻松愉快的基调也打动了年轻男性。

凌仕赢得了众多广告奖项，不仅是因为它的创意，还因为它有效地利用了非常规的媒体渠道。从前卫的在线视频到视频游戏、配对游戏工具包、聊天室和移动应用程序，凌仕在与年轻成年男性有关联的时间、地点和环境中吸引着他们。例如，在哥伦比亚，一名女性凌仕巡逻员会在酒吧和俱乐部现场巡视，向男性喷洒凌仕身体喷雾。联合利华营销总监凯文·乔治（Kevin George）解释说："这都是为了在30秒的电视广告之外，与我们的男性目标人群建立更深刻的联系。"

凌仕知道在哪里可以触达消费者。它只在以男性为主导的媒体上做广告，如音乐电视（MTV）、ESPN、Spike电视频道和喜剧中心（Comedy Central）。它与美国职业篮球联赛（NBA）和美国大学生体育协会（NCAA）合作，吸引了年轻男性观众，还在大型体育赛事期间投放广告。平面广告则刊登在《花花公子》（*Playboy*）、《滚石》（*Rolling Stone*）、《智族》（*GQ*）和《马克西姆》（*Maxim*）上。凌仕通过脸书和推特在线上努力吸引消费者回到其网站 TheAxeEffect.com。

联合利华明白，它必须保持品牌的新鲜感、相关性和"酷"感，才能跟上善变的年轻消费者的脚步。公司意识到每年都有新的男性进入或退出其目标市场，因此每年都会推出一款新的香水，并不断更新其线上沟通和广告沟通。也许比更新其产品线更重要的是保持品牌的相关性和把握社会趋势。因此，凌仕在短短几年内实现了态度上的 180 度大转弯，从颂扬男性刻板印象转向强烈反对男性刻板印象。

作为凌仕"发现你的魔力"广告战役的一部分，"男人可以这样吗？"（Is It OK for Guys?）广告鼓励男性摒弃传统的刻板印象，转而接受更现代的男性气质。这则广告刻画了那些内心因男子气概问题而备受煎熬的男人。他们会提出这样的问题：做一个处男可以吗？对其他男人感兴趣可以吗？在床上做被环抱的那个人可以吗？这些问题都来自真实的谷歌搜索，强调了年轻男性因遵守或是偏离社会对男性气质的刻板印象而感到焦虑的程度。该广告战役旨在让顾客知道他们不是唯一质疑传统男性形象界限的人，从而与品牌建立情感联系。

在个人营销波谱的另一端，联合利华的多芬品牌以迥然不同的口吻向女性群体传达了不一样的信息。2003 年，多芬撤掉了以往宣传该品牌产品的 25% 是保湿成分的广告，发起了多芬"真美行动"（Campaign for Real Beauty）。"真美"是对"真实"女性的赞美，并采用个人视角向女性传达这样一个概念：美存在于各种曲线、体形、年龄和肤色。这项广告战役受一则研究结果的启发，该研究显示全世界只有 4% 的女性认为自己是美的。

第一阶段的"真美行动"以非传统的女模特为主角，让观众在线评判她们的容貌，判断她们是"满脸皱纹，还是满分美丽"或"身材超重，还是身材出众"。这些私人问题虽然让很多人感到震惊，但却引发了巨大的公关效应，于是多芬继续开展这项行动。这项行动的第二阶段展现了坦率自信、凹凸有致的丰满女性形象。多芬品牌再次打破了广告中常见的刻板形象，因此触动了全球大多数女性的心弦。该行动的第三阶段被称为"亲衰老"（Pro-Age），展示了年长的裸体女性，并提出了诸如"美丽有年龄限制吗"等问题。该公司很快就得到了来自老年消费者的积极反馈。多芬还设立了一项"自信基金"（Self-Esteem Fund），旨在帮助女性对自己的容貌感觉更好。

作为"真美行动"的一部分，多芬发布了一系列短片，其中一个短片《蜕变》（*Evolution*）在 2007 年的戛纳国际广告节上赢得了网络和电影大奖。在这部短片中，一个相貌平平的女人经过化妆师、美发师、灯光和后期数字美化的修饰后，最终变成广告牌上的超模。短片结尾打出一句标语："难怪我们对美的感知是扭曲的。"这部短片迅速走红。

多芬随后推出了短片《攻击》（*Onslaught*），展现了一个年轻、天真、面带稚气的女孩被性感、半裸女人的图片以及承诺能使她看起来"更年轻""更柔软""更紧致""更好"的产品频繁轰炸。多芬在 2013 年拍摄了一部名为《素描》（*Sketches*）的短片。影片中一名警方素描师为同一个女人画了两幅画。在创作其中一幅画时，这个女人在帘后向素描师描述了自己，而在创作另一幅画时，由一个陌生人向素描师描述了这个刚认识的女子。语言和描摹上的差异揭示了女性往往是对自己容貌最严苛的批评者，并以"你比你想象的更美丽"作为结束语。《素描》已成为有史以来收视率最高的视频广告，仅在第一年就吸引了超过 1.75 亿次观看。

尽管凌仕和多芬的营销战役截然不同，都引发了很多争议和讨论，但这两个品牌都通过个人营销策略和准确的信息有效锁定了消费者群体。凌仕在个人营销方面的成功使该品牌成为公认的成熟体香剂品类领导者，而多芬在专注于改变女性态度和提升女性自尊的 15 年里，销售额从 25 亿美元跃升至 60 亿美元。[39]

问题：

1. 多芬和凌仕的顾客价值主张是什么？这两个品牌之间有什么相似之处和不同之处？

2. 联合利华对女性的营销方式和对年轻男性的营销方式是否存在冲突？凌仕的广告中将女性作为性的象征，是否会破坏多芬"真美"行动可能带来的好处？

3. 未来联合利华应该如何管理这些品牌？联合利华应该试图找到一个适合这两个品牌的通用定位吗？

营销焦点 | 瓦尔比派克

Source: Robert K. Chin-Storefronts/Alamy Stock Photo

瓦尔比派克是由四名沃顿商学院的 MBA 学生创立的，他们希望以合理的价格在网上为消费者提供设计师品牌眼镜。当时，眼镜行业由两家公司主导——陆逊梯卡（Luxottica）和依视路（Essilor）。陆逊梯卡设计、制造并销售了大部分镜框，还得到了许多极受欢迎的品牌的授权，如拉夫·劳伦（Ralph Lauren）、雷朋（Ray-Ban）和奥克利（Oakley），并拥有像亮视点（Lens Crafters）和太阳镜小屋（Sunglass Hut）这样的眼镜零售连锁店。陆逊梯卡专营镜框，而依视路是美国最大的光学镜片批发商，主导眼镜行业的镜片部分。由于这两家公司垄断了市场，镜框和镜片的价格都非常高，消费者要为制造成本 25 美元的眼镜花费约 500 美元。此外，几乎所有的眼镜都是在实体店内销售的。瓦尔比派克的创始人认为，通过互联网以低价销售眼镜是一个巨大的机会。

通过整合上下游公司，瓦尔比派克能够设定一个很低的价格。首先，公司聘请了一名全职眼镜设计师和两名经验丰富的承包商。通过创造自己的系列镜框，瓦尔比派克节省了设计师公司的授权费和从陆逊梯卡购买镜框的费用。该公司从一家意大利家族企业生产商那里购得眼镜材料，并将眼镜生产环节外包给中国的工厂生产。制作过程的最后一步在位于纽约的光学实验室里完成。在那里，预先制作好的镜片被修成合适的形状并装入镜框中。该公司使用预制镜框，而不是将处方直接应用在镜框上，大大降低了成本。这些因素使得瓦尔比派克能够提供 95 美元的低价眼镜。

瓦尔比派克眼镜的设计迎合了那些时尚又前卫、希望表达个性的顾客。瓦尔比派克的每款设计都有自己的名字，通常采用著名文学家或军事家的名字，例如用莫里亚蒂（Moriarty）、黛西（Daisy）和罗斯福（Roosevelt）为镜框命名。这些镜框的设计灵感源自复古眼镜，但经过现代化升级后的镜框拥有一种"永恒的"外观。此外，每款镜框都有多种颜色和图案可供选择——从简单色调到更醒目的条纹和渐变色。

瓦尔比派克的大部分销售是通过其网站进行的。这为在线销售眼镜铺平了道路，从而改变了眼镜市场。为了激励那些不熟悉网上购买眼镜的顾客，瓦尔比派克提供了如免费送货、30 天"无条件"退货政策，以及著名的在家试戴等政策。

消费者在实体店购买眼镜时通常会在决定购买前试戴许多副眼镜。瓦尔比派克保留了这一体验，让顾客无须额外付费就可以试用多达 5 副眼镜，看看自己是否喜欢。顾客可以保留这些试戴眼镜，一星期后再寄回公司。这些友好的顾客政策帮助瓦尔比派克在电子商务领域站稳了脚跟，并成为在线眼镜市场的巨头。

在瓦尔比派克网站推出三年后，该公司通过开设自己的零售店建立了实体零售业务。瓦尔比派克在 2013 年开设了第一家门店，方便那些想要试戴眼镜的顾客前来体验。瓦尔比派克门店是其眼镜的展示厅。门店注重消费者体验，有着宽阔、开放的空间，以及易于顾客接近、展示系列眼镜的货架。在这些实体店内，工作人员走来走去，回答顾客问题并帮助他们找到喜欢的眼镜。一旦顾客选择了他们喜欢的眼镜，店员就会迅速在网站上帮顾客下单。

瓦尔比派克使命的核心之一是"引领具有社会意识的商业模式"，其慈善使命吸引了许多希望支持具有社会责任感的企业的千禧一代。瓦尔比派克最引人注目的社会项目是"买一副，捐一副"（Buy a Pair, Give a Pair）项目——每卖出一副眼镜，就有一副眼镜被捐赠给发展中国家。自公司成立以来，瓦尔比派克就与视觉春天（VisionSpring）合作，后者是一家致力于为发展中国家的弱势群体提供眼镜的非营利性组织。瓦尔比派克和视觉春天采取了两种基本模式来帮助视障人士。第一种模式是让发展中国家的成年男性和女性有条件进行眼科检查，并以超低价格提供眼镜。第二种模式是直接为学龄儿童提供免费的视力保健服务和眼镜。瓦尔比派克报告显示，这些受助者中有超过一半的人是第一次佩戴眼镜。由于这些举措，瓦尔比派克已经向 50 多个国家和地区的个人提供了 400 多万副眼镜。

瓦尔比派克已经成功地实现创始人在公司成立之初设立的目标，在创立五年后就达到了 12 亿美元的估值。它的许多眼镜款式仍然以 95 美元的价格出售，这是瓦尔比派克在公司创立时为它的眼镜设定的价格。该公司以低价提供兼具质量和风格的眼镜，被公认为是对眼镜行业的革命。瓦尔比派克也证明了营利性公司可以在业务成功的同时，可持续地应对社会性的挑战。[40]

问题:

1. 瓦尔比派克的顾客价值主张是什么？这种价值主张是否具有可持续性？

2. 与其竞争对手相比，瓦尔比派克的共同点和差异点是什么？

3. 直接面向消费者的分销模式在瓦尔比派克的商业模式中扮演了怎样的角色？瓦尔比派克如果将产品投放到传统眼镜门店销售会有哪些利弊？

第四部分
设计价值
Designing Value

8

产品设计与管理

学习目标

1. 阐述公司如何利用产品差异化创造市场价值。
2. 阐述产品设计在市场供应品差异化中的作用。
3. 讨论设计产品组合和产品线的几个关键方面。
4. 描述产品包装管理中涉及的关键决策。
5. 阐述公司如何设计和管理产品担保和保修。

特斯拉的 Model 3 想要证明，量产环保型电动汽车可以成功地从传统燃油汽车生产商手中夺取市场份额，并从中获利。
Sources: imageBROKER/Alamy Stock Photo

卓越品牌的核心是卓越产品。为了取得市场领先地位，公司必须呈上质量上乘的产品和服务以提供无可比拟的顾客价值。特斯拉征服了美国电动汽车市场，这在一定程度上要归功于它对产品创新和性能的不懈关注。

2016 年 3 月，特斯拉推出了人们期待已久的 Model 3，该公司希望这款汽车最终能将电动汽车推向大众消费者。Model 3 的起价为 3.5 万美元（减去 8000 美元的税收抵扣和节省的燃料费），特斯拉旨在通过 Model 3 证明量产环保型汽车既是可行的，又有利可图，从而颠覆汽车行业。特斯拉新发布的这款大众市场车型令人兴奋不已，带来了超过 50 万份预购订单，其中 10 万份是在 Model 3 发布之前就下单的。Model 3 的顾客吸引力源于几个因素，其中最重要的因素也许是缺乏直接竞争。特斯拉豪华品牌的形象，加上（相对）较低的价格，使 Model 3 成为那些寻求定价在 4 万美元左右全电动轿车的顾客的唯一选择。为了实现周产 5000 辆的目标，特斯拉投资近 10 亿美元在内华达州里诺市附近建造了第一个超级工厂——一个锂离子电池和汽车组装工厂。特斯拉扩大 Model 3 产量的努力获得了回报：2018 年，尽管事实上电动汽车仅占汽车总销量的 1.12%，特斯拉依然成为美国最畅销的豪华车。尽管取得了成功，但特斯拉也面临着来自其他汽车制造商日益激烈的竞争压力，这些制造商正在重新布局其产品线，以涵盖越来越多的全电动汽车。然而，特斯拉聚焦于从传统汽车市场中夺取市场份额。特斯拉首席执行官埃隆·马斯克（Elon Musk）表示："我们真正的竞争对手不是那些小规模涓流般生产的非特斯拉电动汽车，而是每天从世界各地工厂中源源不断涌出的大量燃油汽车。" 2020 年秋天，埃隆·马斯克颁布了一项计划，即特斯拉将开发一款售价 2.5 万美元、电池成本极低的电动汽车，这将使特斯拉有机会成为世界上最大的汽车制造商。[1]

营销策划的出发点是构建满足目标顾客的需要或愿望的供应品。顾客会根据三个基本要素判断供应品带来的利益：产品、服务和品牌。在本章中，我们研究产品；在第 9 章中，我们研究服务；在第 10 章中，我们研究品牌。这三个要素——产品、服务和品牌——必须融合为有竞争力、有吸引力的市场供应品。

产品差异化

要想在市场竞争中取得成功，产品必须差异化。在一类极端的情形里，产品几乎没有可变的余地，比如鸡肉、阿司匹林和钢铁。然而，即使是在这样的产品品类里，差异化也是可能实现的：柏杜鸡肉（Perdue chickens）、拜耳阿司匹林（Bayer aspirin）和印度塔塔钢铁（Tata Steel）都在各自的品类中塑造着别具特色的产品形象。宝洁公司同时生产汰渍、洗好（Cheer）和格尼洗衣粉，每一个品牌都有独特的品牌形象。而在另一类极端的情形里，产品有很高的差异化潜力，比如汽车、商业建筑和家具。在这样的产品品类里，卖方有丰富的差异化可能。

差异化良好的产品可以创造显著的竞争优势。为一款产品打造独特的光环，并使其与竞争对手拉开距离需要采取一系列举措：大到令人印象深刻的技术升级，如直觉外科公司（Intuitive Surgical）用于微创手术的达·芬奇机器人系统，小到简单的调整，如给香蕉贴上奇基塔（Chiquita）贴纸。戴比尔斯等品牌通过建立产品与特定场合的联想，使其产品与众不同。而包括纯果乐和蒂芙尼在内的其他品牌，则通过包装使自己的产品从竞争中脱颖而出。

可供差异化做文章的基本属性包括核心功能、特性、性能质量、一致性质量、耐用性、可靠性、形式、风格和定制化。[2] 设计已经成为一个越来越重要的差异化方式，我们将在本章后面对设计进行单独讨论。

- **核心功能。** 为了创造顾客价值，产品必须传达其核心利益。未能实现其核心价值主张的产品将不可避免地在市场上走向失败。想想盛极一时的诺基亚的困境吧。

诺基亚　在被三星超越前的 14 年里，诺基亚一直是全世界手机行业的领导者。作为昔日芬兰的骄傲，诺基亚发现自己在芬兰本土的销量竟被三星超越了。这样一个盛极一时的品牌是如何轰然倒塌的呢？一言以蔽之，诺基亚失败的原因在于缺乏创新，没有做到与时俱进。诺基亚没有对大获成功的 iPhone 和随之不断变化的消费者需求做出回应。诺基亚公司认为 iPhone 的制造成本太高，也达不到自己的产品标准。据报道，iPhone 没有通过诺基亚的"跌落测试"。在该测试中，手机要从距离水泥地面 1.5 米左右的高度以不同角度跌落。事实上，诺基亚在此前的 10 年里已经花费 400 亿美元用于研发，是智能手机的先驱，但诺基亚拒绝在可预见的 iPhone 日后的发展方向上投资。由于诺基亚没有推出合适的新产品，消费者开始将其与过时的技术联系在一起，这在快速发展、技术密集的智能手机市场里是致命的打击。[3]

Source: Lenscap/Alamy Stock Photo

>> 由于缺乏创新，没有做到与时俱进，竞争对手将先驱诺基亚从技术密集型手机行业的领导者位置上赶了下去。

- **特性。** 大多数产品还可以增加各种各样的其他特性作为基本功能的补充。公司可以通过调查新近买家来确定并选择合适的新特性，然后计算每项潜在特性带来的顾客价值和公司成本。对于每一项特性，营销者应该考虑有多少人需要该特性，增加该特性需要投入多长时间，以及竞争对手能否轻易复制该特性。[4] 为了避免"功能疲劳"，公司必须确定各项特性的优先顺序，并告诉消费者具体使用方法以便享受这些功能带来的利益。[5] 比如，尽管苹果公司的产品凭借时尚的外观吸引了人们的注意，但正是简洁和更为直观的用户界面吸引了甚至包括有"技术恐惧症"的顾客在内的消费者进入计算机市场，并为苹果赢得了狂热的粉丝。营销者还必须从特性捆绑组合或特性套餐的角度思考。汽车公司通常按照几个"配置档次"来生产汽车，这降低了制造成本和库存成本。每家公司都必须决定，是以较高的成本提供定制化的特性，还是以较低的成本提供一些标准套餐。

- **性能质量**是指产品主要特性运行水平的好坏。如今，公司采用价值模型，用更低的成本提供质量更高的产品，质量对于差异化越来越重要。公司应当设定一个适合目标市场和竞争形势的性能质量水平，而并不一定是公司能达到的最高水平。公司还必须随着时间的推移来管理性能质量水平。不断改进产品能带来高回报和高市场占有率，否则会产生负面后果。事实证明，柯达（Kodak）和康懋达（Commodore）的情况就是如此。

- **一致性质量**。买家期望一致性质量（conformance quality），即所有单位产品都有相同的、符合承诺规格的质量水平。假设保时捷 911 有着在 10 秒内加速到 97 千米 / 时的设计，如果每一辆在装配线上生产出来的保时捷 911 都能做到这一点，那么就可以说这款车型具有高度的一致性质量。一致性质量较低的产品会让一些买家失望。所以，公司会尽其所能对其成品进行测试，以确保一致性质量。尽管男性贡献了全球啤酒销量的近四分之三，但南非米勒啤酒公司（SABMiller）发现，实际上女性对啤酒的味道更敏感，因此女性才是更好的啤酒产品测试员。[6]

- **耐用性**衡量了产品在自然或压力情境下的预期使用寿命，是车辆、厨房用具和其他耐用品的重要属性。但是，为耐用性支付的额外价格不能定得过高，注重增强耐用性的产品也不能是像个人计算机、电视和手机这样经常因技术迭代而快速淘汰的产品。

- **可靠性**衡量了产品在规定时间内不发生故障的概率。美泰克（Maytag）在生产可靠的家用电器方面享有卓越的声誉，其长期开展的"孤独的修理工"（Lonely Repairman）广告活动就是为了突出这一特点。买家通常会为更可靠的产品支付溢价。

梅赛德斯－奔驰 在 21 世纪第一个 10 年的中期，梅赛德斯－奔驰经历了其历史上最痛苦的一个时期。该公司卓越的品质声誉因君迪和其他调查结果的披露而备受打击，在全球范围内的销量也被宝马超越。为了恢复原有的声誉和地位，梅赛德斯－奔驰组建了一个新的管理团队，这个管理团队是围绕功能元素——发动机、底盘和电子系统——而不是产品型号进行组建的。现在，该公司的工程师提前一年就开始测试电子系统，每一款新车型都要在连续 3 周、每天 24 小时的运行状态下通过 10000 次诊断。梅赛德斯－奔驰还将新设计的原型车数量增加了两倍，供工程师在车型投产前驾驶 483 万千米。通过以上及其他一些改变，该公司汽车的缺陷数量从 2002 年的峰值下降了 72%，保修成本下降了 25%。一个有趣的副作用是，梅赛德斯－奔驰的经销商不得不面临维修和服务业务的大幅下降。[7]

- **形式。**许多产品可以通过变换形式来实现差异化。产品的形式，即产品的大小、形状或物理结构。想一想阿司匹林许多可能的形式。尽管阿司匹林本质上是同一种商品，但它可以通过剂量、大小、形状、颜色、包衣或起效时间进行差异化。

- **风格**向买家描述了产品的外观和感觉，创造了难以复制的独特性。买家愿意为捷豹汽车（Jaguars）与众不同的外观支付溢价。美观对苹果电脑、歌帝梵（Godiva）巧克力、哈雷戴维森摩托车等品牌来说都非常重要。[8]然而，浓厚的风格并不总是意味着高性能，一辆车可能看起来很漂亮、令人向往，但却需要经常去4S店维护。

- **定制化。**定制化的产品和营销使企业能够在战略上脱颖而出，准确地识别每个人想要什么和不想要什么，并为他提供相应的产品。[9]扎兹勒（Zazzle）和咖啡出版社（CafePress）等在线零售商允许用户上传图片创建自己的服装和海报，或者购买其他用户创建的商品。NikeiD（耐克个性化定制）允许消费者在网上或在NikeiD工作室的实体店中定制和设计自己的鞋和服装，创造了数亿美元的收入。对定制的需求当然是存在的。弗雷斯特市场咨询公司的一项研究发现，超过三分之一的美国在线消费者对定制产品功能或购买按其需要的规格定制的产品感兴趣。而一些公司已经对此做出回应：M&M's允许你在糖果上印上定制信息；陶舍儿童（Pottery Barn Kids）允许你对儿童图书进行个性化定制；博柏利允许你以2000美元左右的成本为自己的个性化风衣选择面料、颜色、样式以及其他五个特点。[10]

产品设计

在日益激烈的竞争中，设计为公司的产品和服务提供了一种有效的差异化和定位方式。**设计**（design）指的是影响消费者对感知产品外观、感觉和功能的所有特征的总和。设计提供了功能和审美上的价值，同时打动了我们理性的头脑和感性的心灵。[11]

设计的力量

在我们以视觉为导向的文化中，通过设计来传递品牌意义和定位是至关重要的。吸引眼球的形式、颜色和图形可以帮助产品从竞品中脱颖而出。"在拥挤的市场中，"弗吉尼亚·波斯特莱尔（Virginia Postrel）在《美学的经济Ⅱ》（*The Substance of Style*）一书中写道，"美学往往是让产品脱颖而出的唯一途径。"[12]对汽车等耐用品来说，设计尤为重要。由于意识到消费者对外形和功能的渴望，特斯拉擅长开发既环保又具有美感的汽车。

≪ 许多不同的产品，如M&M's巧克力豆，现在可以由消费者定制。

设计可以改变消费者的感知，让品牌体验更有价值。想想波音公司为了让787客机看起来更宽敞、更舒适所做的努力吧。凸起的中间箱、侧边的行李箱、分隔板、平缓的拱起天花板和升高的座椅使飞机内部空间看起来更宽敞。一位设计工程师指出："如果我们做好我们的工作，人们不会意识到我们做了什么，只会说他们感觉更舒服了。"

随着整体营销者认识到设计的情感力量，以及外观、感知于消费者而言不亚于功能的重要性，设计在它曾经发挥过小作用的类别中正发挥着更大的影响力。赫曼米勒办公家具、维京（Viking）炉灶和厨房电器、科勒（Kohler）厨房和浴室设备及水龙头等品牌都在其品类中脱颖而出，这主要归功于它们在性能高效的基础上增加了有吸引力的外观设计。

一些国家因其设计技能和成就而获得了很高的声誉，比如意大利在服装和家具方面的设计，斯堪的纳维亚国家在功能性、美感和环境意识方面的设计。马里梅科（Marimekko）面料让世界注意到了芬兰纺织品的丰富多彩和与众不同，目前，其仍在使用环保技术生产。芬兰公司菲斯卡（Fiskars）的历史可以追溯到17世纪，它不仅以菲斯卡品牌的产品闻名于世，还因为其他国际知名品牌而闻名，比如韦奇伍德（Wedgwood）、沃特福德（Waterford）、阿拉比亚（Arabia）和皇家道尔顿（Royal Doulton）。戴森将吸尘器、电扇和吹风机等"家用"产品的形式和效率提升到一种艺术高度，从而使英国进入产品设计领先国家之列。

设计的方法

设计不仅仅是创造产品、服务或应用的一个阶段，还是一种渗透到营销计划各个方面的思维方式，它使所有的设计环节能够协同配合，共同发挥作用。对公司而言，一个好的设计应当易于生产和销售；对顾客来说，好的设计外在美观，易于打开、安装、使用、修理和处置。设计人员必须顾及所有的设计目标。[13]

鉴于设计的创造性本质，不存在普适的设计方法就不足为奇了。有些公司会采用正式、结构化的流程。**设计思维**（design thinking）是一种非常依赖于数据驱动的方法，它分为三个阶段：观察、构思和实施。设计思维要求对消费者进行深入的民族志研究、创造性的头脑风暴会议，以及团队合作来决定如何将设计理念变为现实。惠而浦使用设计思维开发了凯膳怡（KitchenAid）建筑师（Architect）系列厨房电器，其外观比该品类中以往推出的产品更加和谐。另一家以设计能力著称的公司是铂傲（Bang & Olufsen）。

>> 深思熟虑、永不过时的设计确保丹麦铂傲公司的电视和音响产品拥有很长的使用寿命。

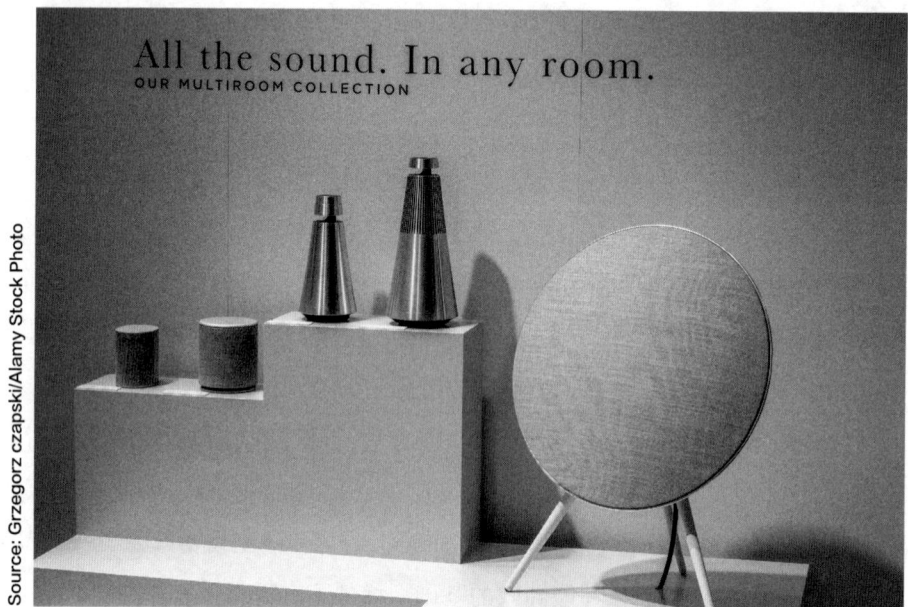

All the sound. In any room.
OUR MULTIROOM COLLECTION

Source: Grzegorz czapski/Alamy Stock Photo

铂傲   丹麦铂傲公司因立体声音响、电视设备和电话的设计而广受称赞。这家公司相信的是那些很少听取消费者建议的少数设计师的直觉。该公司每年推出的新产品都不会很多，因此每一款产品都会长期销售。其 BeoLab 8000 扬声器在 1992 年上市时售价为 3000 美元一对，近 20 年后，其售价已逾 5000 美元。当纽约现代艺术博物馆为铂傲举办特别主题展览时，博物馆指出："铂傲将其音响设备设计成本身就很美的东西，不会过度地引起人们的注意。"如今，15 件铂傲产品被纽约现代艺术博物馆永久收藏。[14]

产品设计不需要大量改动。"通用设计"和"渐进式改进"是厨房和办公用品制造商奥秀（Oxo）的关键词。奥秀提供了一些细微的、缓解使用时挫败感的改良设计，让日用品的使用体验更具乐趣，因此老少皆宜。奥秀重新对沙拉旋转器进行了巧妙设计，其设计灵感来自儿童的玩具转盘，用户可以按下按钮进行操作，无须一只手按住转盘的同时用另一只手拉动绳子或转动旋钮。奥秀有一款易于抓取的矩形存储容器，它也可以通过顶部按钮打开，无须在打开时控制住容器的边角。奥秀为一款简陋的厨房削皮器增加了厚厚的软垫手柄，使其更易用。奥秀为钳子设计了防滑把手，以及能使其保持折叠状态的锁扣，便于钳子的存放。[15]

　　国际工业设计优秀奖（International Design and Excellence Awards，IDEA）每年都会根据为用户带来的利益、为客户或企业带来的利益、为社会带来的利益、对生态的责任、适当的美感和吸引力，以及可用性测试进行评选。IDEO 多年来一直是比较成功的设计公司之一。三星近来的设计成就是公司上下通力合作的结果。

≪ 三星的设计理念以"让它变得有意义"（Make it Meaningful）的内部口号为基础，在这个设计理念的指导下，三星专注于制造美观、实用、能融入消费者生活方式的产品。

Source: Sundry Photography/Alamy Stock Photo

三星　三星在营销方面非同凡响的成功很大程度上来自其颇具创意的新产品，这些产品使全世界的消费者着迷。该公司在研发和设计能力方面投入了大量资金，并获得了巨大回报。三星有明确的设计理念，被称为"设计 3.0"。它还有一个内部设计口号——"让它变得有意义"，这一口号反映了三星不懈地致力于制造美观且直观的产品，并将产品融入消费者的生活方式。三星有三个设计标准，它的产品必须简单直观、高效持久，适应性强且具有吸引力。像它的主要竞争对手苹果公司那样，三星通过一个直接向首席执行官汇报的跨部门公司设计中心来组织其设计工作。该中心协调各部门的设计工作，分析文化趋势以预测设计的未来走向，还负责协调三星在伦敦、旧金山、上海、东京和德里的五个全球设计中心的工作。[16]

产品组合和产品线

　　大多数产品是作为一家公司的产品组合或产品线的一部分存在的。每个产品都必须与其他产品相关联，以确保公司能提供最佳的一组产品集合来满足不同顾客细分群体的需求。

产品组合设计

产品组合（product portfolio）包括一个公司提供的所有产品，包括各种产品品类和产品系列。举个例子，广泛意义上的 iPhone 产品组合包括耳机和耳麦、数据线和充电底座、臂带、手机外壳、电源和汽车配件，以及扬声器；NEC（日本）的产品组合包括通信产品和计算机产品；米其林有三条产品线——轮胎、地图和餐厅评级服务；在美国西北大学，医学院、法学院、商学院、工程学院、音乐学院、新闻学院和文学院等一系列学院由各院教务院长独立负责。

公司的产品组合具有一定的宽度、长度、深度和一致性。在图 8-1 中，我们用了宝洁公司的部分消费品来具体阐释这些概念。

图 8-1
宝洁公司的产品
组合宽度和产品线长度
Sources: REUTERS/Lucy Nicholson/Alamy
Stock Photo; Keith Homan/Alamy Stock Photo;
Malcolm Haines/Alamy Stock Photo; Keith
Homan/Alamy Stock Photo; GK Images/Alamy
Stock Photo; courtesy of Kelly Murphy; Keith
Homan/Alamy Stock Photo; GK Images/Alamy
Stock Photo; rvlsoft/Alamy Stock Photo; rvlsoft/
Alamy Stock Photo; Betty LaRue/Alamy Stock
Photo; Helen/Alamy Stock Photo

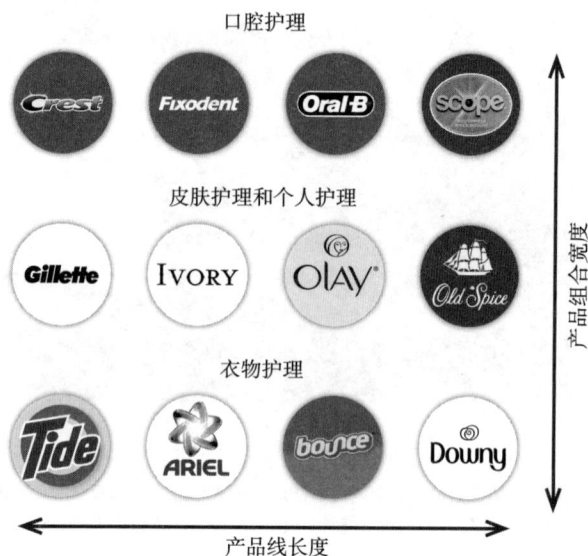

- 产品组合的**宽度**是指公司经营的不同产品线的数量。图 8-1 显示了宽度为三条产品线的产品组合（在现实中，宝洁公司还拥有许多其他产品线）。
- 产品组合的**长度**是指组合中产品的总数量。在图 8-1 中，产品组合的长度是 12。我们也可以计算产品线的平均长度。我们用产品组合的总长度（此处为 12）除以产品线的数量（此处为 3），得到平均产品线长度为 4。
- 产品组合的**深度**是指产品线中的每一类产品可供选择的变体。如果汰渍有两种气味（清风款和常规款）、两种形态（液体和粉末）、两种添加剂配方（含漂白剂和不含漂白剂），共 6 种不同的产品变体，那么它的深度就是 6。[17] 我们可以通过计算产品变体的平均数，得到宝洁公司产品的平均深度。
- 产品组合的**一致性**反映了各种产品线在最终用途、生产要求、分销渠道或其他方面是否联系紧密。从分销渠道上看，宝洁的产品线一致性高，因为它们都通过相同的分销渠道销售；从为消费者提供的功能上看，宝洁的产品线一致性不高。

这四个产品组合维度使得公司可以以四种方式扩展其业务。公司可以增加新的产品线，从而拓宽其产品组合；可以延长每条生产线的长度；可以为产品设计多款变体，从而深化其产品组合；最后，还可以追求更高的产品线一致性。营销者可以根据产品线分析，做出相关的产品、服务和品牌决策。

产品线分析

产品线（product line）是同一公司销售的一系列相关产品。在启动产品线时，公司通常会开发一个基础平台，以及可以添加的模块，来满足不同的顾客要求，并降低生产成本。汽车制造商围绕着一个基础平台来制造汽车。房屋建筑商展示一个房屋模型，买家可以在该模型的基础上提出添加额外特性的要求。产品线经理需要了解产品线中每个产品项目的销量和利润，以决定哪些产品项目需要创建、维护、收获利润或放弃。[18] 他们还需要了解每条产品线的市场概貌。[19]

每家公司的产品线通常都包含吸引不同层次顾客需要的产品。超市在面包和牛奶上几乎不赚钱，在罐头和冷冻食品上有一定的利润，而在鲜花、民族风味食品系列和新鲜烘焙食品上有较高的利润。公司应该认识到，不同的产品项目会带来不同的利润，而通过制定相应策略能使整个产品线的利润最大化。

产品线经理必须仔细研究，相对其竞争对手的产品线，本公司的产品线是如何做出定位的。举个例子，假设 X 纸业公司有一条纸板生产线。[20] 纸板的两个属性分别是重量和成品质量。纸板通常有 90、120、150 和 180 四个标准重量水平，成品质量有低、中、高三个级别。

产品地图不仅可以让公司一目了然地识别其主要竞争对手，还有助于确定细分市场并发现新的市场机会。图 8-2 展示了 X 公司和四个竞争对手 A、B、C、D 的各个产品线的位置。竞争对手 A 出售成品质量为中等和低等的两种超重量级产品；竞争对手 B 出售四种在重量和成品质量上各不相同的产品；竞争对手 C 出售三种产品，这三种产品重量越大，成品质量越好；竞争对手 D 出售三种产品，都是轻量级的，但成品质量各不相同。X 公司出售三种不同重量和成品质量的产品。

产品地图还呈现了哪些竞争者的产品项目与 X 公司的产品项目有竞争关系。例如，X 公司低重量、中等成品质量的纸张与 D 公司和 B 公司的纸张形成了竞争关系，但其高重量、中等成品质量的纸张没有直接竞争对手。该地图还指示了新产品项目的可能位置——目前没有制造商提供高重量、低成品质量的纸张。如果 X 公司预计市场上有一个强劲的、未被满足的需求，并能以较低的成本生产和合适的价格出售满足这种需求的纸张，那么就可以考虑将这种纸张加入生产线。

图 8-2
纸品生产线的产品地图
Source: Benson P. Shapiro,
Industrial Product Policy:
Managing the Existing Product
Line (Cambridge, MA: Marketing
Science Institute Report
No. 77–110). Copyright © 2003.
Reprinted by permission of
Marketing Science Institute and
Benson P. Shapiro.

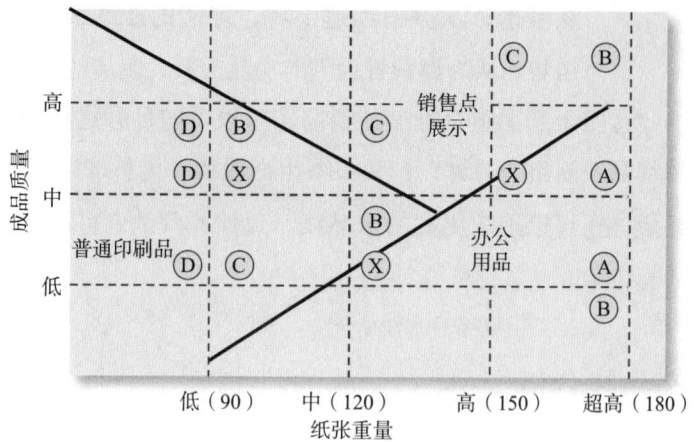

产品地图的另一个好处是可以确定细分市场。图 8-2 根据普通印刷业、销售点展示业和办公用品业对纸张的偏好，将纸张类型按照重量和成品质量分类呈现。该图显示，X 公司能很好地满足普通印刷业的需求，但不能有效地满足其他两个市场的需求。

世界各地的多品牌公司都在努力优化自己的品牌组合，这通常意味着专注于核心品牌的增长，并将资源集中在最具规模和最成熟的品牌上。孩之宝（Hasbro）选定了特种部队（GI Joe）、变形金刚（Transformers）、小马宝莉（My Little Pony）等核心玩具品牌，并对它们进行重点营销。宝洁公司的"返璞归真"（back to basics）战略专注于收入超过 10 亿美元的品牌，如汰渍、佳洁士、帮宝适（Pampers）和品客薯片。产品线中的每个产品都必须发挥作用，品牌组合中的每个品牌也必须发挥作用。

>> 大众汽车对其欧洲的斯柯达（Škoda）和西亚特（Seat）家庭用车进行升级，最终可能会冲淡其运动型、高价位的奥迪和大众品牌的形象。

Sources: Bodnar Photodesign/Shutterstock; Dmitry Orlov/Alamy Stock Photo

大众汽车 大众汽车公司在其欧洲投资组合中有四个特别重要的核心品牌。最初，奥迪和西亚特的形象是运动型汽车，而大众和斯柯达的形象是家庭用车。相较而言，奥迪和大众处于更高的价格 – 质量层级，而斯柯达和西亚特内饰简陋，发动机性能也较为侧重实用性。为了降低成本、精简零组件或系统设计，以及消除冗余，大众汽车对西亚特和斯柯达进行了品牌升级。这两个品牌凭借引人注目的内饰、全套安全系统和可靠的传动系统抢占了市场份额。当然，这样做有其风险，由于西亚特和斯柯达向处于更高价格 – 质量层级的奥迪和大众产品"借光"，奥迪和大众的独特性威望会被淡化。节俭的欧洲消费者可能会意识到西亚特和斯柯达不仅与其姐妹品牌大众几乎一样，还能让他们节约几千欧元。[21]

　　产品线经常需要进行现代化改造，问题在于，是选择零散改造，还是选择一次彻底改革。零散方式使公司能够看到顾客和经销商是如何接受新风格的，对公司现金流的消耗也较少。但零散方式也会让竞争对手看到变化，从而有机会开始重新设计它们自己的产品线。我们来思考一下哈根达斯的产品线创新。

Source: Ian Dagnall/Alamy Stock Photo

≪ 哈根达斯以产品的质量为荣。因为要寻找或开发符合其标准的原料来源，该公司的口味创新可能需要数年时间。

哈根达斯　与其他公司采用在冰激凌中注入空气的做法来节省成本不同，鲁本·马图斯（Reuben Mattus）决心将自家的冰激凌配方推广为一个独特的品类。他只使用最优质的原料制作更醇厚、更平滑的冰激凌，并将其取名为"哈根达斯"。最初，该公司只提供三种简单的口味（香草、巧克力和咖啡）。直到1966年，经过6年的探索，公司找到了一种符合马图斯标准的甜红浆果，才添加了草莓口味。哈根达斯不断进行产品创新。1986年的情人节，哈根达斯公司推出了巧克力冰激凌。1993年，哈根达斯冰糕首次亮相。1998年，哈根达斯公司在南美发现了牛奶焦糖，并开发了更浓稠、更富质感的焦糖，来更好地搭配冰激凌。2013年，受意式冰激凌奶油质地的启发，哈根达斯开始制作自己的意大利美食。2016年，哈根达斯开始逐步淘汰所有口味中含转基因成分的原料。[22]

　　在瞬息万变的市场中，现代化改造持续不断。公司计划更新换代，以鼓励顾客转向价值更高、价格更高的产品项目。英特尔和高通等微处理器公司，以及微软、甲骨文和思爱普等软件公司不断推出其产品的更高级版本。营销者希望把握好改进的时机，使新的产品项目不至于过早出现（损害现有产品线的销量）或过晚出现（给竞争对手建立良好声誉的时间）。[23]

产品线长度

　　公司的目标影响着产品线的长度——产品线中产品项目的总数。其中一个目标是创建可以引发追加销售（up-selling）的产品线。奔驰C级车作为该品牌的入门车型，发挥着关键作用。正如一位行业分析家所指出的："C级车对豪华车竞赛至关重要，因为它为奔驰创造了最多的销量，还为潜在的未来买家打开了奔驰品牌的大门。奔驰在他们年轻的时候就争取他们，希望他们日后随着财富积累和年龄增长进行消费升级。"[24]

　　另一个目标是创建一个有利于交叉销售（cross-selling）的产品线，比如，惠普公司既卖打印机，也卖计算机。还有一个目标是防范经济波动带来的影响，比如，伊莱克斯（Electrolux）以不同品牌名称分别在折扣市场、中端市场和高端市场销售冰箱、洗碗机和吸尘器等家用电器，部分原因就是对冲经济形势的起落。追求高市场份额和市场增长的公司通常有较长的产品线，强调高利润率的公司则有由精心挑选的产品项目组成的较短的产品线。

产品线往往会随着时间的推移而拉长。过剩的制造能力给产品线经理带来了开发新产品项目的压力。销售人员和分销商也会游说，要求更完整的产品线来满足顾客。但是，随着产品项目的增加，设计和工程、库存占有、生产转换、订单处理、运输和新产品推广的成本也在上升。最终，高层管理人员可能会因为资金或制造能力不足而停止开发新产品项目。产品线先增长再大规模削减的模式可能会重复多次。越来越多的消费者对密集的产品线、过度扩张的品牌和功能繁多的产品感到厌倦（见"营销洞察：当'少即是多'时"）。[25] 利用销量和成本分析，产品线经理必须定期检查产品线，看看是否存在拉低利润的"枯枝"。[26]

卡骆驰　卡骆驰（Crocs）标志性的塑料厚底凉鞋或帆船鞋色彩鲜艳、脚感舒适，适合夏天穿。2002 年，卡骆驰于科罗拉多州博尔德市被推出后不久就获得了成功。该公司 2006 年的首次公开募股筹资 2.08 亿美元，是美国鞋类行业有史以来规模最大的首次公开募股。一年后，卡骆驰的销售额达到 8.47 亿美元，公司股价也随之达到顶峰。但经济衰退和消费者对品牌的"疲劳"给卡骆驰带来了双重打击，导致销售额急剧下降，其股价跌至仅 1 美元，后来卡骆驰首席财务官称之为"濒死体验"。然而到 2011 年，卡骆驰的营收超过 10 亿美元，实现了反弹，增长目标为 15%~20%。发生了什么？这是因为该公司实现了多样化，推出了 300 多种时尚、舒适的靴子、休闲鞋、运动鞋和其他鞋子。将厚底凉鞋的销量降低到总销量的 50% 以下，有助于减少消费者对厚底凉鞋的依赖。它还采用了多渠道分销方式，通过科尔士百货公司（Kohl's）和迪克体育用品公司（Dick's Sporting Goods）这样的零售商进行批发销售（占业务量的60%），也直接在线销售（占业务量的 10%），以及通过 500 多家自有零售店销售（占业务量的 30%）。国际销售现在贡献了一半以上的销售额，覆盖了新兴市场和亚洲及拉丁美洲不断壮大的中产阶级市场。[27]

Source: mozakim/Shutterstock

>> 当 2008 年的经济衰退和销量低迷威胁到卡骆驰标志性塑料厚底凉鞋的迅速成功时，该公司通过推出数百款时尚舒适的鞋类设计并采用多渠道分销方式，实现了业务多元化，从而力挽狂澜。

公司可以通过两种方式延长其产品线：产品线扩展和产品线填充。

产品线扩展

每家公司的产品线都覆盖了可能的整体范围的一部分。例如，奔驰汽车定位于高价汽车市场。**产品线扩展**（line stretching）指的是公司将其产品线扩展到现有范围之外，可以向上或向下扩展，也可以同时向上下两个方向扩展。

向下扩展

一家定位在中档市场的公司可能出于以下三个原因引入一个低端产品线：其一，公司可能注意到低端市场有巨大的增长机会，所以想进入这个市场，以享受低端市场增长的好处；其二，由于中档市场停滞或衰退，公司被迫缩小规模；其三，公司希望引入低端产品线来牵制那些企图进入高端市场的低端竞争对手。事实上，当一家公司受到低端竞争对手的攻击时，往往会通过进入低端市场进行反击。

在扩展低端产品线时，公司面临许多品牌选择。一种选择是所有产品都使用母公司的品牌名称，比如索尼，其不同价位的产品都统一使用索尼作为品牌名称。另一种选择是低端产品使用子品牌名称，如宝洁的 Charmin Basic 和 Bounty Basic。还有一种选择是以不同的品牌名称推出低端产品，比如 Gap（盖璞）推出的老海军（Old Navy）品牌，这种策略的实施成本很高，意味着不得不从零开始建立品牌资产，但它可以保护母品牌的品牌资产。

向下扩展会带来风险，包括淡化核心品牌的形象和蚕食核心品牌的销量。宝洁公司在试验市场推出过汰渍基本型洗涤剂（Tide Basic），它的价格更低，也缺乏其著名母品牌的一些最新洗涤剂技术，最终宝洁决定不推出这种产品。[28] 此外，奔驰公司成功地以 30000 美元的价格推出了其 C 级汽车，并没有损害公司销售其他售价 100000 美元奔驰轿车的能力；约翰迪尔推出了价格较低的草坪拖拉机系列，名为"约翰迪尔军刀"（Sabre from John Deere），同时仍以约翰迪尔品牌的名义销售其较为昂贵的拖拉机。在这些情况下，消费者能够更好地区分不同的产品，并理解它们之间的功能差异。[29]

向上扩展

公司可能希望进入高端市场，以实现更大的增长，获得更高的利润，或者仅是为了将自己定位为全产品线制造商。许多市场已经派生出高端细分市场：星巴克的咖啡、哈根达斯的冰激凌和依云（Evian）的瓶装水。日本领先的汽车公司都推出了非常成功的高档汽车品牌：丰田的雷克萨斯（Lexus）、日产的英菲尼迪（Infiniti）和本田的讴歌（Acura）。它们起用了全新的品牌名称，因为在这些系列刚推出时，消费者可能没有给予原有品牌向上扩展的"许可"。然而，进军高端市场并非没有风险。一家公司可能缺乏资源——基础设施、专业知识和人才，无法开发出满足高端目标顾客需求的优质产品。

另一些公司在向高端市场进军时使用了它们原有的核心品牌名称。嘉露（Gallo）销售的嘉露家族葡萄园（Gallo Family Vineyards，每瓶售价 10~30 美元）有时尚、年轻的形象，得以参与高档葡萄酒市场竞争。通用电气为处于高端市场的大型电器产品推出了通用电气印象（GE Profile）品牌。为了向消费者表明质量有所提高，一些品牌会使用"新"或"增强"这样的修饰语，如超干帮宝适（Ultra Dry Pampers）、强力泰诺（Extra Strength Tylenol）和强力吸尘器（Power Pro Dustbuster Plus）。

双向扩展

服务于中档市场的公司可能会在上下两个方向上扩展它们的产品线，以有效地覆盖市场，"夹击"竞争对手。这样做同时带来了向上扩展和向下扩展的风险。然而，这种策略往往行之有效，星座集团（Constellation Brands）旗下的蒙大维酒庄（Robert Mondavi Winery）就是一个成功的例子。蒙大维首款高端"新世界"（New World）葡萄酒以 35 美元一瓶的价格出售，同时也通过直接订购的方式在高端酿酒厂、餐厅和葡萄园以每瓶售价 125 美元的价格销售 Mondavi Reserve 葡萄酒。

此外，该公司还销售 20 世纪 90 年代中期葡萄供应过剩时生产的伍德布里奇（Woodbridge）葡萄酒，售价为 11 美元一瓶。普瑞纳狗粮（Purina Dog Fod）的例子进一步说明了同时进行的向上和向下市场扩展是如何发挥作用的。

>> 普瑞纳狗粮通过扩展其产品线，以不同的价位提供不同水平的价值利益，巩固了其市场地位。

Source: REUTERS/Edgard Garrido/Alamy Stock Photo

普瑞纳狗粮　普瑞纳狗粮同时向上和向下扩展，开发了一条在犬类益处、品类广度、配料和价格上不同的产品线。专业方案（Pro Plan，一袋 40 美元，18 磅）含有高质量的配料（鲜肉、鱼和家禽肉），助力狗狗健康长寿；普瑞纳一号（Purina ONE，一袋 25 美元，16.5 磅）满足狗狗不断变化的、独特的营养需求，为狗狗的健康提供超级优质的营养；普瑞纳狗狗开饭（Purina Dog Chow，一袋 15 美元，18.5 磅）为狗狗提供全面的营养，满足狗狗每个生命阶段的生长、营养补充和修复需要；普瑞纳阿尔普（Alpo by Purina，一袋 10 美元，17.6 磅）提供牛肉、肝脏和奶酪口味组合以及三种肉类品种。

产品线填充

一家公司也可以通过**产品线填充**（line filling）来延长其产品线，即在现有的产品线范围内增加更多产品。产品线填充的动机包括：追求更多的利润，满足因产品线缺少产品而抱怨销量下降的经销商的需求，满足消费者对多样性的渴望，[30]设法成为领先的全产品线公司，填补漏洞以打击竞争对手。让我们来看看宝马是怎样填补其产品线空白的。

宝马公司　随着时间的推移，宝马公司已经从一个品牌、五种车型的汽车制造商转变为拥有三个品牌、14 个系列和大约 30 种不同车型的汽车巨头。宝马不仅通过迷你库珀和紧凑型 1 系车向下扩展其产品范围，还通过劳斯莱斯向上扩展其产品范围，并通过其运动型汽车、敞篷跑车和双门轿跑来填补产品线的空白。该公司已经成功地利用产品线填充来提高对富豪、超级富豪和希望成为富豪的人的吸引力，所有这些都离不开其高端定位。宝马还在其产品线中制定了一个明确的品牌迁移战略，试图引导其顾客从低端车型向高端车型迁移。[31]

如果产品线填充导致同类产品的竞争，造成混乱，或者没有解决任何细分市场顾客的需要，那么产品线填充就会适得其反。事实上，如果提供的产品彼此之间过于相似，顾客很可能会对选择哪个产品感到困惑。如果提供的产品价格不同，他们很可能会倒向更便宜的产品。除了避免混乱和产品间的"自相残杀"，推出的产品应该满足真正的市场需要，而不是仅仅为了满足内部需要。20 世纪 50 年代末，福特公司因臭名昭著的埃德塞尔（Edsel）汽车损失了 3.5 亿美元，埃德塞尔汽车满足了福特公司在福特和林肯生产线之间的内部定位需要，但显然，它根本不能满足市场需要。

包装和标签管理

许多营销者认为包装和标签是产品战略的重要组成部分。一些产品包装举世闻名，比如可口可乐瓶、蒂芙尼的蓝盒子和红牛罐。

包装

包装包括为产品设计和生产容器的所有活动。包装可能多达三个层次，其中一个或多个层次的设计是为了吸引购买者的注意力，并确保产品与众不同。大卫杜夫男士（Davidoff for Men）出品的冷水（Cool Water）古龙香水先盛放在标志性的印有白字的蓝色瓶子里（主包装，primary package），然后装在印有白字的蓝色纸盒里（次包装，secondary package），最后装在一个瓦楞纸箱里面（运输包装，shipping package），每个瓦楞纸箱里面装有 6 瓶香水。

包装很重要，它决定了产品给买家留下的第一印象。好的包装能吸引消费者，鼓励他们选择该产品。实际上，包装可以充当产品的"五秒钟广告"。有些包装甚至可以作为装饰品在家里摆设。像奇伟（Kiwi）鞋油、奥托德（Altoids）薄荷糖和绝对伏特加（Absolut vodka）这样独特的包装，都是品牌资产的重要组成部分。

以下几个因素使得包装越来越多地被作为一种营销工具使用。

- **自助服务**。在一个约有 15000 种商品的普通超市，一个典型的购物者每分钟路过大约 300 种商品。考虑到 50%~70% 的购买是在超市里完成的，有效的包装必须完成许多销售任务：吸引注意，描述产品的特点，建立消费者信心，并给人留下良好的整体印象。

- **消费者富裕程度**。富裕的消费者愿意为更好的包装所带来的便利、外观、可靠性和声誉支付更高的价格。

- **公司和品牌形象。**包装有助于消费者即时识别公司或品牌。在商店里，包装可以起到"广告牌效应"，就像卡尼尔的果然（Fructis）香波在护发品货架上使用的亮绿色包装一样。

- **创新机会。**独特或创新的包装可以为消费者带来很大的利益，为生产商带来利润。公司总是在寻求方法以使其产品更便利、更易于使用，当公司做到这一点时，通常就能收取更高的溢价。庄臣（SC Johnson）的智慧扭扭（Smart Twist）清洁系统配有一个手持式喷雾器，可以通过旋转内置的转盘在三种不同的清洁产品之间做选择；舒洁（Kleenex）擦手巾配套的抽纸盒可以倒挂在浴室毛巾架上；奇异的快捷闪亮（Express Shine）鞋油配备了专门的出油装置和上油装置，擦鞋时无须铺报纸、戴手套或使用刷子。

包装必须实现几个目标：用于识别品牌，传达描述性和有说服力的信息，方便产品运输、保护和储存，并有助于消费。为了实现这些目标，满足消费者的愿望，营销者必须确保包装的功能和美学部分协调配合，同时实现最优化，为顾客和公司创造价值。在功能上，结构设计是至关重要的。包装要素之间必须和谐一致，并与价格、广告等其他部分的营销计划相协调。[32] 美学部分的考虑包括包装的大小、形状、材料、颜色、文字和图形等。[33]

颜色是包装中一个特别重要的方面，在不同的文化和细分市场中具有不同的含义。如一位专家所说，"颜色无处不在，它在语言上是中性的，但却承载着意义。每个人都可以看到颜色，但每个人都通过不同的眼睛来看待颜色——无论是在字面意义上还是象征意义上"。[34] 颜色可以定义一个品牌。从蒂芙尼的蓝色包装盒到吉百利的紫色包装，再到联合包裹的棕色卡车，都是如此。电信移动运营商橙色（Orange）甚至直接将颜色作为其外观特点和品牌名称。

颜色之所以重要，原因之一在于不同的颜色可以包含不同的含义，传达不同的情感。我们一起来看看以下一些营销专家认为的、在西方文化中常见的对不同颜色的解读。[35]

红色象征着兴奋、活力、激情、勇气和大胆。

橙色意味着友好和有趣，结合了红色的能量和黄色的温暖。

黄色，太阳的颜色，代表着温暖、快乐和幸福。

绿色，大自然的颜色，意味着健康、成长、新鲜和重生。

蓝色是天空和大海的颜色，意味着可靠、信任、能力和正直。

紫色象征高贵、财富和智慧，结合了蓝色的稳定和红色的能量。

粉红色被认为具有柔软、平和与舒适的特质。

棕色是大地的颜色，意味着诚实和可靠。

黑色被认为是经典、强壮和平衡的颜色。

白色意味着纯洁、天真和清洁。

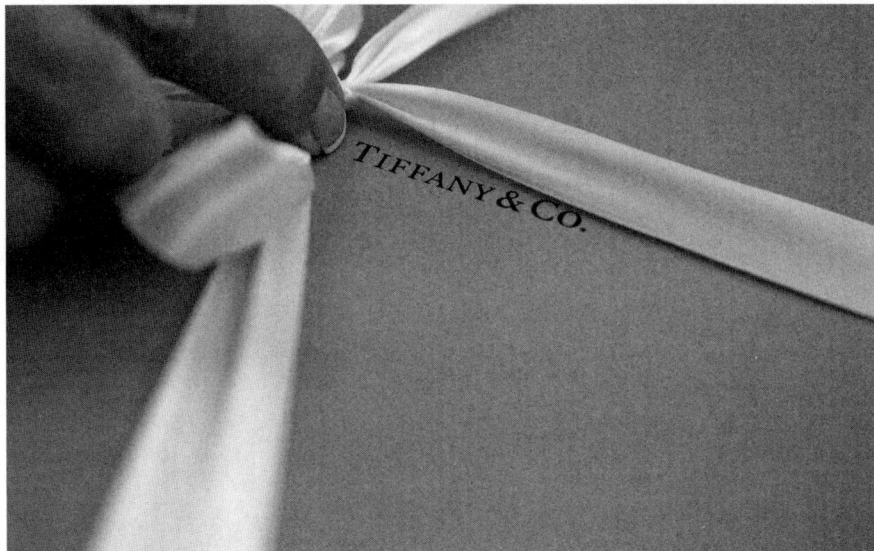

≪ 蒂芙尼品牌在一定程度上是由其标志性的"蒂芙尼蓝色"包装定义的。

包装可以经常更新和被重新设计，以保持品牌的现代性、相关性或实用性。尽管这些变化可能会对销量产生立竿见影的影响，但也有不利的一面，正如百事公司在其纯果乐品牌上吸取的经验教训。

纯果乐　百事公司在 1998 年收购的纯果乐品牌取得了巨大的成功。2009 年，该公司为了使该品牌"更新"和"现代化"，推出了一个重新设计的包装。它的目标是"通过'英雄化'这种果汁和鼓吹天然水果的好处来创造一种情感依恋"。阿内尔集团（Arnell Group）主导了这次彻底的改造，最终打造了一个崭新的产品外观，淡化了品牌名称，突出了"100% 纯天然橙汁"的字样，并将正面的"插着吸管的橙子"的图形替换为一杯橙汁的特写。新包装看起来是"丑陋的"或"愚蠢的"，有些人甚至将其与一个零售商店的自有品牌搞混了，销量下降了 20%。仅仅两个月后，百事公司管理层宣布恢复使用旧包装。[36]

公司在设计好包装后，必须进行测试：工程测试确保了该包装在正常情况下的稳定性；视觉测试确认了文字的可读性和颜色的和谐性；经销商测试确定了经销商认为该包装有吸引力且易于搬运；消费者测试确定了买家对该包装的反应是积极的。

在开发有效的包装时，公司必须考虑其对环境的影响。从杂货到化妆品，日本倾向于对所有东西进行过度包装，这与日本出色回收者的形象形成了强烈反差。一根孤零零的香蕉可以裹上好几层玻璃纸；一块块的巧克力先单独包装，然后一起装进硬纸盒，最后再用塑料包裹起来。卫生和法规是影响包装研发的因素，但传统和消费者期望更重要。产品包装增加了产品的奢华感，通常还带有商店或品牌名称。因此，环境友好型包装的设计也需要满足顾客的期望。[37]

幸运的是，在世界其他地区，解决日益增长的环境问题已成为开发有效包装要考虑的一个重要因素。尽管这可能会消耗更多的时间和资源，但许多公司已经"拥抱绿色"，而且正在寻找创造性的新方法来包装它们的产品，这可能会带来意想不到的利益。奈斯派索（Nespresso）、克里格（Keurig）和其他公司已经开发出了可回收的咖啡粉囊包，这应该会吸引有生态意识的新顾客使用它们的咖啡机。戴尔公司推出了竹制包装，作为瓦楞纸板、泡沫、模塑纸浆和塑料的替代品，它还采取了其他措施来减少包装的总用量。[38] 然而，正如菲多利公司（Frito-Lay）发现的那样，开发既满足顾客需要又环保的包装是具有挑战性的。

太阳薯片　菲多利的太阳薯片（Sun Chips）杂粮零食比薯片少 30% 的脂肪，已经成功地成为一种更健康、"对你有益"的零食选择。该公司为支持"更健康的地球"所做的努力还包括在加州莫德斯托的工厂使用太阳能，并推出了一款由 100% 植物材料制成的新型可降解包装袋。这款包装袋的开发倾注了大量研究努力，并在 2010 年大张旗鼓地投入使用。不幸的是，它因含有聚合物，在室温下"脆且易碎"，消费者开始抱怨它带来的噪声。一名空军飞行员说，这款包装袋的噪声比他的飞机驾驶舱中的噪声还大。为了证明他的观点，他在挤压新的太阳薯片包装袋时，用测声仪测量出了 95 分贝，比挤压传统多堤士（Tostitos）包装袋 77 分贝要高得多。成千上万的人将一个名为"抱歉，我听不到你在太阳薯片袋那边说了什么"的脸书主页加为好友，同时太阳薯片的销量下滑。于是，在可降解包装袋上市 18 个月后，菲多利决定放弃这种包装袋。[39]

>> 菲多利公司为其更健康的薯片替代品精心研发了一种可完全降解的包装袋。在消费者投诉这种包装袋噪声太大导致销量下滑后，该公司决定不再使用这种包装袋。

标签

标签可以是一个简单的附加标记或一个精心设计的图形，是包装的固有部分。它可能携带大量的信息，也可能只有品牌名称。即使卖家更喜欢简单的标签，法律可能也会要求卖家提供更多信息。

标签有四个功能。其一，它可以用于识别产品或品牌，比如印在橙子上的新奇士（Sunkist）的名称。其二，标签可以对产品进行分级，比如桃子罐头可以依据标签分成 A 级、B 级和 C 级。其三，标签可以描述产品信息：谁生产的，何时何地生产的，包含什么，如何使用，以及如何安全使用。其四，标签可以通过有吸引力的图形来宣传产品，例如，先进的技术允许 360 度收缩包装标签取代胶粘的纸质标签，因此容器可以被明亮的图形包围，也能容纳更多的产品信息。

标签终究需要更新。自 19 世纪 90 年代以来，象牙（Ivory）香皂的标签至少被重新设计了 18 次，字母的大小和设计都在逐渐改变。正如纯果乐公司的经验教训那样，拥有标志性标签的公司在对标签进行重新设计时，需要非常谨慎地保留关键的品牌元素。

围绕标签和包装的法律问题由来已久。1914 年，《联邦贸易委员会法》认为，虚假、误导性或欺骗性的标签或包装构成不公平竞争。美国国会于 1967 年通过的《公平包装和标签法》规定了强制性的标签要求，鼓励自发形成行业包装标准，并允许联邦机构为特定行业制定包装法规。

FDA（美国食品药品监督管理局）已要求加工食品生产商在营养标签中明确说明产品中含有的蛋白质、脂肪、碳水化合物和卡路里的含量，以及维生素和矿物质含量在建议日摄入量中所占的百分比。为防止"轻""高纤维""天然""低脂"等描述词潜在的误导性使用，FDA 采取了相应的行动。

并非所有国家都采用如此严格的执行标准。在英国，"轻"和"清淡"在法律上没有正式的定义，但"低脂"有——食品的脂肪含量必须低于 3% 才符合标准。因此，一些标有"轻"字样的食品脂肪含量是标有"低脂"的食品的 7 倍多。[40]

担保和保修管理

所有卖方在法律上都有责任满足买方的正常或合理期望。担保和保修是卖方明示或暗示的承诺，即产品将按说明实现功能，或者卖方将在规定期限内修理产品或退款。在担保或保修期内的产品可以退到制造商或指定的维修中心进行维修、更换或退款。无论是明示还是暗示，担保或保修都具有法律效力。

担保（guarantee）是指，如果产品未能如公司所承诺的或顾客所期望的那样发挥作用，公司将向购买者提供某种形式的补偿。详细说明解决潜在产品故障的过程，可以增加公司声明的可信度，减少与产品使用相关的功能风险和货币风险，让顾客安心。除了为顾客创造价值，担保对公司也有益处。担保加强了公司对顾客体验的关注，建立了问责制，加快了绩效标准的制定，并为公司从失败中恢复提供了指导方针。[41]

许多卖家提供一般担保或特定担保。像宝洁这样的公司承诺总体或完全满意，而没有更特定的担保，它们承诺"如果你因为任何原因不满意，请退货、更换或退款"。高仕公司（A.T.Cross）的 Cross 钢笔和铅笔提供终身保修。顾客将笔邮寄给高仕公司（商店提供邮寄），就可以得到免费修理或更换。

公司可以为顾客提供一种总体满意度保证，这种保证适用于产品体验的任何方面，无论是产品的实际质量，还是顾客对产品质量的评估。公司也可以提供产品的某一特定属性的保证，例如性能、可靠性或耐用性。产品保证可以限于特定时段内有效，例如一年，也可以是一个可变的时间范围，例如产品或顾客的寿命。

保修（warranties）为顾客和公司提供了与担保大致相同的利益。然而，保修在两个关键方面和担保有所不同。其一，保修一般包括修理或更换所购买的物品，通常不允许顾客退回产品并退款，而担保则都允许。其二，担保总是免费的，不需要顾客额外付费，而保修时限可以在免费时限的基础上延长。延长保修时限需要在购买产品时或购买产品后额外付费。[42]

延长保修期和服务合同对制造商和零售商来说是非常有利可图的。分析师估计，保修销售在百思买的营业利润中占了很大比例。尽管有证据表明，购买延长的保修期并不划算，但一些消费者还是很看重延长保修期带来的安心。[43] 尽管随着消费者越来越倾向于在网上或从朋友那里寻求技术问题的解决方案，延长保修期为美国电子产品供应商带来的收入有所下降，但仍达数十亿美元。[44]

担保和保修减少了买方的感知风险。它们表明产品是高质量的，公司和公司的服务表现是可靠的。当公司或产品不为人所知，或者当产品的质量优于竞争对手时，担保和保修尤其有用。现代（Hyundai）和起亚（Kia）汽车 10 年或 16 万千米的动力系统保修计划非常成功，该计划的部分目的是向潜在买家保证产品的质量和公司的稳定性。

有效的产品担保和保修应该具有三个特征：有价值、易于理解和便于使用。要使保证有价值，产品保证覆盖的功能对顾客来说应该是重要的。当顾客认为该功能不重要或很少发生故障时，担保和保修对顾客的价值就很有限或没有价值。以简洁明了的方式阐述公司的承诺以及产品出现故障时顾客需要采取的措施，担保和保修就易于理解。当担保和保修包含的例外情况和限制较少时，对顾客来说它们就是便于使用的，公司也更容易与顾客沟通。这就减少了在产品未能达到担保或保修的规定时，顾客寻求满意所需要的时间和精力。[45]

营销
洞察 ｜当"少即是多"时

制造商和零售商的管理者必须决定如何设计和管理他们的产品线与产品组合。尽管传统观点认为选项越多越好，会对更多的消费者产生更大的吸引力，但对公司来说，这也意味着更高的成本。有调查研究表明，消费者更喜欢那些提供选项最为多样化的零售商和品牌，因此管理者通常会在公司规定的成本限制范围内，为消费者提供尽可能多的选项。

大多数管理者认为选项的多样性有利于选择，这背后有以下几个因素。

- **提高将偏好和选择相匹配的能力。** 较大的产品组合使得消费者的偏好与选择集中的可选项有更好匹配的机会。产品组合中包含的选项越多，单个消费者找到其最佳选择的机会就越大。

- **增加消费者的灵活度。** 较大的产品组合允许消费者对选择保持开放态度，并在他们选择时提供更高的灵活度。选项缺乏多样性可能会让消费者觉得他们的选择受到了限制，选项数量不足可能会给消费者一种消极的感觉。

- **增加探索可供选项的机会。** 如果一个选择集包含了大量不同的选项，仅仅这一事实就可以使消费者相信，他们有机会探索该产品品类中所有可供选择的选项。这让他们有理由相信，自己在做出决定之前已经了解各种选项的不同特性和益处。

的确，这些令人印象深刻的理由表明，更大的产品组合可能对消费者有利，但这并不总是正确的。在某些情况下，更多的选择会妨碍而不是推动消费者在这些选项中做出决定。出现这种情况有以下几个原因。

- **信息过载**。当消费者从大量的产品中进行选择时，会发现自己受到信息过载的阻碍，因为比起从较少的产品中选择，从大量的产品中选择意味着他们必须处理更多的信息。消费者往往会发现从较少的产品中选择不那么费劲，因为他们只需要对较少的选择和属性进行考量和评估。

- **选择过载**。较大的产品组合更有可能导致选择过载。当消费者在可供选择的选择集中发现多个令人满意的选项时，就会出现这种情况。这增加了决策的难度：除了要处理大量信息，消费者还需要做出权衡，考虑要不要放弃一个属性上的高性能以获得另一个属性上的高性能。

- **消费者期望高**。较大的产品组合会使消费者认为，他们有可能找到"完美"的选项，从而使选择更加复杂。当消费者对在可选项中找到理想选择抱有很高期望却没有实现时，他们更有可能不做任何选择就离开这个产品组合。

决定目标客户可选产品组合的规模不是一项简单的任务。在某些市场条件下，大的产品组合可以增加消费者的选择，而在其他情况下，大的产品组合可能不利于消费者的选择。必须回答的问题是：什么时候更多的选项更有利于消费者的选择？什么时候更少的选项更有利于消费者的选择？最近的研究表明，消费者对产品组合规模大小的反应取决于他们的专业知识，特别是他们对替代选项的属性和属性水平的了解，以及他们在这些选项中已形成偏好的程度。这将使他们更容易权衡不同选项属性的收益和成本。这意味着，比起不熟悉产品品类、没有形成偏好的"新手"消费者，具有产品知识和明确偏好的"专家"消费者更有可能从较大产品组合所提供的多样性选项中获益。

因此，当涉及产品组合管理时，更多样的选项并不总是最好的办法。实证研究表明，在很多情况下，选项越少，消费者购买的可能性越大，退货率越低，顾客满意度越高。产品组合规模方面的研究强调管理者在设计产品线时应该考虑两个关键因素：消费者目标和消费者专业知识。管理者需要考虑这两个基本因素，制定产品线战略，创造以顾客为中心的产品，从而在市场上取得成功。[46]

本章小结

1. 产品是营销组合的一个关键元素。与服务和品牌一样，产品是顾客利益的核心驱动力，是消费者愿意购买特定供应品的原因。

2. 要想成功地在市场上竞争，产品必须具有差异性。可差异化的属性包括核心功能、特性、性能质量、一致性质量、耐用性、可靠性、形式、风格和定制化。

3. 产品设计指产品的外观、感觉和功能，提供了一种区分和定位公司产品和服务的有效方法。设计不仅仅是创造产品、服务或应用的一个阶段，而是一种渗透到营销计划各个方面的思维方式，使所有的设计环节能够协同配合，共同发挥作用。设计提供了功能和审美上的价值，并影响了消费者决策的理性和感性方面。

4. 大多数产品是作为公司的产品组合或产品线的一部分存在的。每个产品都必须与其他产品关联，以确保公司能提供一组最优产品集合来满足不同顾客细分群体的需要。

5. 产品组合包括一个公司提供的所有产品，包括各种产品品类和产品系列。公司的产品组合具有一定的宽度、长度、深度和一致性。这四个维度是开发公司营销策略的工具，用于决定哪些产品线需要发展，哪些需要维护、收获或放弃。

6. 产品线是同一家公司销售的一系列相关产品。公司的产品线通常都包含吸引不同层次顾客需要的产品。在启动产品线时，公司通常会开发一个基本平台以及可添加的模块，来满足不同的顾客需求，并降低生产成本。为了分析产品线并决定在其中投入多少资源，产品线经理需要了解销量、利润和市场概貌。

7. 公司的目标会影响产品线的长度，即产品线中产品项目的总数。产品线往往会随着时间的推移而拉长。一家公司可以通过两种方式延长其产品线：产品线扩展和产品线填充。产品线扩展指的是公司将其产品线扩展到现有范围之外，可以向上或向下扩展，也可以同时向上下两个方向扩展。产品线填充是指公司在现有的产品线范围内增加更多的产品。

8. 包装包括为产品设计和生产容器的所有活动。包装必须实现几个目标：用于识别品牌，传达描述性和有说服力的信息，方便产品运输、保护和储存，并有助于消费。好的包装能吸引消费者，鼓励他们选择该产品。

9. 标签可以是一个简单的附加标记或一个精心设计的图形，是包装的固有部分。标签有几个功能：用于识别产品或品牌，描述产品信息（谁生产的，何时何地生产的，含有什么，如何使用，以及如何安全使用），可以通过有吸引力的信息来宣传产品。

10. 担保和保修是卖方明示或暗示的承诺，即产品将按说明实现功能，或者卖方将在规定期限内修理产品或退款。担保通过暗示产品的高质量，公司和公司的服务表现可靠，减少了买方的感知风险。无论是明示还是暗示，担保或保修都具有法律效力。

营销
焦点 ｜苹果公司

1976 年，辍学的史蒂夫·乔布斯（Steve Jobs）和史蒂夫·沃兹尼亚克（Steve Wozniak）创立了苹果计算机公司。他们想让计算机变得更加人性化，让人们能够在家中和公司中都能使用它们。该公司的第一个重大成功，是 1977 年推出的苹果 II（Apple II），该产品首次引入彩色图像，彻底改变了计算机行业。经过爆炸性增长之后，苹果于 1980 年上市。1983 年，乔布斯聘请了时任百事可乐公司首席执行官约翰·斯卡利（John Sculley）担任苹果公司首席执行官。但这一决定导致了事与愿违的故事走向——斯卡利最终开除了乔布斯。

苹果公司过于关注短期利润，而不那么关注创新，导致其市场地位逐渐下降。到 1996 年，专家们开始质疑该公司的生存能力。为了弥补创新的不足，苹果收购了 NeXT 软件公司——乔布斯离开苹果后创办的公司，并让乔布斯回来担任临时首席执行官（并于 2000 年正式成为首席执行官）。重新执掌苹果之后，乔布斯与微软结成联盟，为微软广受欢迎的 Office 软件开发了 Mac 版本，推出了面向消费者和教育市场的入门级笔记本电脑 iBook，并推出了 iMac——一套有着独特颜色、半透明蛋形外壳的一体式计算机。

在过去的 20 年里，苹果公司继续在研发方面大量投资，成为创新的新产品发布方面的全球领先者。这家公司改变了人们听音乐、玩电子游戏、打电话甚至看书的方式。苹果公司的革命性产品创新包括 iPod、iMac、iPhone 和 iPad，这

Source: Sean Xu/Alamy Stock Photo

也是该公司多年来在《财富》杂志评选的世界最受赞赏公司名单上名列前茅的原因。

苹果公司早期且最重要的创新之一是 iPod MP3 播放器。iPod 不仅成就了一种文化现象，让许多消费者认识了苹果公司，还推动了一系列具有里程碑意义的产品创新。iPod 是苹果公司尖端设计技巧的经典之作，其外观、手感和操作都与其他设备不同。令苹果公司感到高兴（也令其竞争对手索尼公司感到懊恼）的是，iPod 成了"21 世纪的随身听"。iPod 和新推出的 iTunes 音乐商店的动态组合推动了 iPod 的销量飙升。

iPod 也在改变人们听音乐和使用音乐的方式方面发挥了相当重要的作用。根据歌手约翰·梅尔（John Mayer）的说法，当人们使用 iPod 时，"人们感觉他们在音乐学中行走"，这会让他们听更多的音乐，也会更富激情。iPod 经历了一系列的更新换代，在这一过程中，苹果公司增加了照片、视频和广播等功能。由于意识到自己在音乐行业的成功，尤其是 iPod 的成功，苹果公司推出了 iTunes——一个基于软件的数字音乐市场。

2003 年推出的 iTunes 商店在 2008 年成为美国最大的音乐供应商，在 2010 年成为世界上最大的音乐供应商。

苹果通过机敏的产品创新和巧妙的营销手段，取得了瞩目的市场统治地位。苹果的营销努力不仅吸引了苹果粉丝，还吸引了不曾使用过苹果产品的人。为了触达如此广泛的消费者群体，公司不得不转变其渠道战略。苹果公司在已有的渠道中增加了百思买和（现已淘汰的）电路城等"大众电子产品"零售商店，使其门店数量翻了两番。

除了这种增强"推力"的营销努力，苹果还开发了令人难忘、有创意的"拉力"广告，有助于推动 iPod 的流行。世界各地都投放了《剪影》（Silhouettes），这则广告以人们听 iPod 中的音乐跳舞的剪影为特点。这个简单的信息适用于不同文化，它把 iPod 描绘成一个任何喜欢音乐的人都可以拥有的很酷的东西。

随着 iPod 的普及，光环效应推动了苹果公司其他产品市场份额的增长。因此，在 2007 年，苹果正式将其名称由苹果计算机公司改为苹果公司，向外界传达公司对非计算机产品的进一步关注。苹果继 iPod 之后发布的第二大产品是 iPhone，这标志着苹果公司于 2007 年进入手机行业。iPhone 具有触摸屏、虚拟键盘、互联网和电子邮件功能，引起了消费者极大的兴趣。人们排几个小时的队，想成为第一批购买者。投资分析师最初担心，苹果与 AT&T 的两年合同和高昂的初始价格会阻碍 iPhone 的成功。然而，在该产品上市 74 天后，苹果售出了第 100 万部 iPhone。iPhone 在第一季度达到的累计销售额（110 万美元）是 iPod 花了两年时间才达到的。事实上，有一半的 iPod 购买者从不同的无线运营商转向了 AT&T，有些人为了解除原来的合同支付了违约金，只是为了拥有一部 iPhone。

2013 年，iPad 的发布也引发了媒体的狂热。这款多点触控设备将 iPhone 的外观和感觉与 MacBook 的功能结合起来，让消费者无须鼠标或键盘，只需动动手指就能使用音乐、图书、电影、图片、视频游戏、文档和数十万个应用程序。苹果公司随后推出了 iPad mini（原版 iPad 的缩小版）和 iPad Air，与之呼应的是一场盛大的营销战役，这场营销战役让消费者觉得他们可以用 iPad 做任何事情，包括制作电影、建造风力涡轮机、研究珊瑚礁以及更安全地登山。

继 iPad 大获成功之后，苹果于 2015 年推出了首款可穿戴设备苹果手表，提供健身追踪和健康导向功能。在经历了缓慢的起步后，苹果手表最终成为苹果增长最快的产品品类之一，2019 年销量超过 3000 万台。苹果忠于使命，始终保持在用户友好型消费者技术的最前沿，现在在人工智能和机器学习方面也投入了大量资金。事实上，在过去几年中，随着亚马逊的 Alexa、谷歌的 Assistant 和苹果自己的 Siri 等数字助手的崛起，人工智能在消费品中的使用出现了爆炸性增长。

苹果公司在研发方面的投资是该公司在这个竞争激烈的行业中保持领先地位的方法之一。2020 年，苹果公司在研发方面的支出超过 180 亿美元，并继续增加研发预算，以保持自己在竞争中的领先地位。创造、生产和发布新产品是苹果公司的首要任务。在创意营销的支持下，该公司的开创性是消费者和分析师对最新苹果产品的消息翘首以盼的原因。[47]

问题：

1. 苹果取得巨大成功的关键因素是什么？

2. 过去 10 年，苹果的产品发布非常成功，是什么让它在创新方面如此出色？

3. iPhone 对苹果目前的成功有多重要？讨论 iPad 和苹果手表的发布对苹果新产品开发战略的意义。

营销
焦点 ｜卡斯珀

卡斯珀（Casper）是一家主要销售床垫的美国电商公司。创立卡斯珀的想法是由纽约市一家创业加速器的四名成员在 2013 年提出的。该公司的目标是成为当时占主导地位的制造商和零售商——所谓的"大床垫"——的替代品。

组成"大床垫"的四个品牌是舒达（Serta）、席梦思（Simmons）、泰普尔（Tempur-Pedic）和丝涟（Sealy）。卡斯珀的创始人认为，这些公司的床垫售价太高——当时这些公司大号床垫的价格高达 2500 美元。此外，大多数床垫要在商店购买。卡斯珀的创始人认为，商店购买的体验是最糟糕的购买体验之一。顾客除了在店里的床垫上躺上几分钟，什么也干不了。

卡斯珀将瓦尔比派克的商业模式应用于床垫行业。这四位创始人特别欣赏瓦尔比派克在以极低的价格提供设计师品牌太阳镜方面取得的成功及其在线销售模式。通过在线销售床垫，卡斯珀使消费者不必再经历在商店购买床垫的传统痛苦体验。此外，卡斯珀的床垫售价仅为"大床垫"价格的三分之一。

卡斯珀设计的第一张床垫是"适合所有人

Source: Mcclatchy-Tribune/Tribune content Agency LLc/Alamy Stock Photo

的完美床垫"。它由一种有弹性的泡沫组成，能被压缩成联合包裹可以递送的最大尺寸的盒子大小。床垫和简单送货方式的结合意味着消费者享有简单的决策过程，而公司则享有物流方面的利益。卡斯珀还向消费者提供免费送货和 100 晚的免费试用。如果消费者对床垫不满意，客服人员会召回床垫并无条件为消费者退款。

精心设计的床垫，卓越的购物体验，再加上低廉的价格，使卡斯珀成为对消费者有吸引力的选择。为了提高产品知名度，卡斯珀非常关注口碑和户外广告。公司的广告中出现了五颜六色的卡通人物和动物，他（它）们在卡斯珀床垫上享受睡眠。这些广告出现在全国各地的广告牌、地铁和出租车上。卡斯珀的广告形象设计得好玩又轻松，同时强调了优质床垫的重要性。与竞争对手相比，卡斯珀很谨慎，避免了过多的统计数据和说明信息增加潜在顾客的决策负担。

卡斯珀一经推出，销售额迅速增长，短短三年内的收入超过 6 亿美元。为了吸引新顾客，卡斯珀扩大了产品组合，将其产品增加到三种不同类型的床垫，并开始销售枕头、床单和床架。卡斯珀还与诺德斯特龙（Nordstrom）、塔吉特和亚马逊等零售商合作，以促进其分销。

随着卡斯珀的发展，该公司将其广告转移到数字平台上。数字广告的成本较低，而电视广告则被"大床垫"公司垄断。卡斯珀采用了一种常见的做法，即用互联网"cookies"（互联网网站浏览信息数据）来跟踪消费者访问在线网站的情况，并在他们浏览其他网站时向他们展示有针对性的广告。卡斯珀还赞助了许多流行的播客和广播节目，包括《本周科技》（*This Week in Tech*）、《我的兄弟》（*My Brother*）、《霍华德·斯特恩秀》（*The Howard Stern Show*）、《劳拉博士秀》（*The Dr.Laura Show*）。

卡斯珀的社交媒体团队经常在脸书、Instagram 和推特等平台上与消费者互动。卡斯珀在这些平台上传了流行的"开箱"视频，向消费者展示了他们的小床垫如何从盒子里取出来、惊人地展开并扩展到全尺寸。卡斯珀还在 Instagram 的 Stories 平台上推出了每周系列动态，通过以壮观的方式摧毁闹钟，吸引周一早上情绪低落的消费者。卡斯珀还推出了失眠机器人（Insomnobot）3000 网站，该网站的聊天机器人会向那些夜里失眠的人发送有趣的短信。消费者的参与和广告宣

传力度带来了较高的净推荐值，这是衡量消费者满意度的一个常用指标。

卡斯珀的创新商业模式引发了包括大型床垫公司在内的竞争对手的跟风效仿。舒达－席梦思集团（Serta-Simmons）和泰普尔－丝涟集团（Tempur-Sealy）从 2016 年开始提供"盒装床"。2018 年，沃尔玛推出了奥斯韦尔（Allswell）——一个专门经营床垫和床上用品的数字家居品牌。同年，亚马逊在广受欢迎的亚马逊倍思（AmazonBasics）系列中加入了自己的记忆海绵床垫。面对这些新的竞争对手，卡斯珀开设了第一家实体零售店，以提高知名度并建立顾客忠诚。卡斯珀宣布，它计划在 2021 年前将实体零售店扩大到 200 多家。虽然许多床垫公司都效仿了卡斯珀的商业模式，但卡斯珀希望通过增加产品线、与顾客接触和扩大实体零售店业务来维持其最初的成功。[48]

问题：

1. 是什么让卡斯珀的产品受到消费者的青睐？有哪些具体的产品属性是消费者特别看重的？

2. 卡斯珀应如何与老牌公司和初创公司竞争，以增加其直接面向消费者的产品？卡斯珀是否应该将部分精力从产品创新转向更积极的沟通和品牌建设？

3. 卡斯珀是应该专注于延伸其产品线，提供"适用所有人群，满足所有用途"的床垫，还是应该专注于提供单一类型（不同尺寸）的床垫，以简化创新工作，并简化消费者选择？

营销
焦点　| 丰田汽车

丰田是世界三大汽车制造商之一（另外两家是雷诺－日产和大众），在其 75 年的历史中走过了漫长的发展历程。该公司在 1936 年推出了它的第一辆乘用车——AA 型（Model AA）。在 AA 型乘用车上，丰田复制了克莱斯勒具有里程碑意义的 Airflow 的车身设计，并模仿了 1933 年雪佛兰的发动机设计。丰田在早期遭遇了一些挑战，包括 1950 年的金融危机。而在 1973 年的石油危机中，消费者想要更小、更省油的汽车。丰田为此推出了两款较小的汽车——丰田光冠（Corona）和丰田卡罗拉（Corolla）——来回应消费者的需要。这两款汽车具有基本的功能，也是丰田的新入门级汽车。该公司还推出了丰田克雷西达（Cressida），它将消费者所期望的燃油效率与额外的空间和豪华设施（如空调和 AM-FM 收音机）结合起来。

20 世纪八九十年代，丰田逐渐增加了更多类型的车辆，在价格、尺寸和设施方面非常多样，为消费者提供了更多选择，满足他们的驾驶需要。1982 年，丰田推出了凯美瑞（Camry），这是一款四门中型车，为消费者提供了比光冠更宽敞的空间。凯美瑞后来成为北美最畅销的乘用车。丰田第一款广受欢迎的 SUV 车型是 1984 年发布的 4Runner。起初，4Runner 在设计和性能上与丰田皮卡没有太大区别。然而 4Runner 最终变得更像一辆乘用车，并引领了其他 SUV 的发布，如荣放（Rav4）、汉兰达（Highlander）和陆地巡洋舰（LandCruiser）。大约在同一时期，丰田推出

Source: tomas devera photo/Shutterstock

了一辆全尺寸皮卡车——后来成为现在的坦途（Tundra），以及一些面向年轻人的运动型和经济型汽车。

1989 年，丰田推出了其豪华车品牌雷克萨斯。雷克萨斯承诺为消费者提供无与伦比的奢华体验。从经销商开始，他们会为消费者提供周到且质量上乘的服务。然而，丰田明白，每个国家对完美的定义都不同。在美国，完美和奢华意味着舒适、颇具规模和可以信赖。在欧洲，奢华意味着注重细节和品牌传承。因此，该公司会根据国家和文化的不同而改变其广告内容。

1997 年，丰田公司开拓创新，推出了普锐斯（Prius），这是第一款大规模生产的混合动力汽车。普锐斯初始定价为 19995 美元，介于卡罗拉和凯美瑞之间。丰田公司对开发清洁能源汽车的敏锐关注是非常明智的。2002 年第二代普锐斯上市，经销商在该车上市之前就收到一万份订单。在接下来的 10 年里，福特、日产、通用和本田等竞争对手追随丰田的脚步，推出了自己的混合动力汽车车型，进入混合动力市场。

丰田也开始为特定的目标群体开发汽车。

2000 年，丰田针对 16~21 岁的年轻人推出了赛恩（Scion）品牌。最初几年，丰田仔细听取反馈意见，了解到赛恩的目标群体希望更大的个性化空间。根据这一洞察，丰田在工厂里设计了"单一规格"的汽车——只存在一个装备完善的内饰级别，并让消费者在经销商处做出从音响组件到车轮甚至地板垫等数十个定制元素的选择。丰田在音乐活动和展厅中销售赛恩，年轻消费者可以在享受时光的同时了解更多关于这款车的信息。

丰田成功背后的另一个重要原因是其制造能力。该公司是精益生产和持续改进的集大成者。它的工厂可以同时生产多达 8 种不同的车型，极大地提高了生产率和市场反应能力。丰田也在不断创新，一条典型的丰田装配线在一年内要进行数千次操作变更。丰田员工认为他们的目标有三个：制造汽车，让汽车变得更好，以及教会每个人如何让汽车变得更好。公司鼓励解决问题，始终寻求流程的改进。

丰田已将其在世界各地的装配厂整合成一个庞大的网络。这些工厂为当地市场定制汽车，并能够迅速转移生产，满足来自世界各地市场的任何激增需求。凭借其制造网络，丰田可以以更低的成本制造各种车型。这意味着，该公司能够迅速填补新利基市场出现时的供给空缺，而无须建立全新的组装业务；反过来，这又使该公司能够在各种不同的细分市场立足。

多年来，丰田的汽车在质量和可靠性方面一直名列前茅。但该公司在 2009 年和 2010 年遭遇了一些重大挑战，那时它经历了超过 800 万辆汽车的大规模召回。从油门踏板卡住到突然加速，再到制动系统的软件故障，各种各样的问题影响了许多丰田旗下的品牌，包括雷克萨斯、普锐斯、凯美瑞、卡罗拉和坦途等。尽管面临这些挑战，丰田还是力挽狂澜，于三年后再次成为世界上最大的汽车制造商。事实证明，丰田对混合动力汽车的强烈关注对公司是有好处的，为公司的东山再起做出了贡献。

如今，丰田为全球市场提供全产品系列汽车，从家用轿车和运动型多用途车到卡车和小型货车。设计这些不同的产品意味着倾听来自不同地区的不同消费者的意见，制造消费者想要的汽车，并精心策划营销，以强化每个品牌的形象。[49]

问题：

1. 丰田建立了一家巨大的制造公司，每年可以为各种各样的消费者生产数百万辆汽车。为什么它能比其他汽车制造商发展得更为壮大？

2. 丰田打造了一个面向所有人的汽车品牌。这是正确的吗？为什么？

3. 公司在未来一年、未来五年和未来十年应该做些什么？成长中的公司应该如何避免未来可能出现的质量问题？

9

服务的设计和管理

学习目标   1. 界定服务的独特特征。

2. 阐释服务公司所面临的新现实。

3. 确定实现卓越服务的关键战略。

4. 阐释服务公司如何有效管理质量。

为了实现成为世界顶级优质食品零售商的目标，美国大众超级市场公司的所有员工都接受了顾客至上的培训，这使得这家美国最大的、雇员所有制的杂货连锁店一直有着令人印象深刻的顾客满意率。

Source: Ken Wolter/Alamy Stock Photo

当公司发觉，让实体产品与众不同变得越来越难时，它们转向了服务的差异化，例如按时交货、更好更快地回应问询，或更迅速地解决投诉问题。顶级服务公司都很清楚服务差异化的优势，也十分了解服务差异化在创造令人难忘的顾客体验时带来的价值。[1]美国大众超级市场公司就是这样一家深谙如何让顾客保持满意的服务公司。

大众超级市场公司的历史可以追溯到 1930 年，当时乔治·詹金斯（George Jenkins）在佛罗里达州的温特黑文开设了他的第一家大众食品商店。这家商店为店面卫生和产品组合设定了新的标准。在经济大萧条期间，许多竞争对手的商店货架因商品匮乏而变得空空如也，詹金斯却走遍美国，寻找可以摆上商店货架的产品。在旅程中，他还收集了有关业务现代化的想法。随着时间的推移，詹金斯通过收购小型杂货店来增加门店数量，并用规模更大的现代化超市取而代之。这些超市以空调、荧光照明、电眼门和水磨石地板为特色，很有创意。美国大众超级市场提供令人愉悦的购物环境、友好的服务和优质的商品，是美国最大的雇员所有制杂货连锁店——拥有超过 1200 家超市门店，创造了超过 350 亿美元的收入。纵观其历史，该公司从未偏离詹金斯像对待家人一样对待员工和顾客的理念。该公司的员工，也是其最大的集体股东，都接受过顾客至上的培训。因此，它年复一年地成为美国顾客满意度指数（American Customer Satisfaction Index）排名第一的超市，持续多年被君迪评为超市药店类中顾客满意度最高的公司，并且自《财富》杂志的"100 家最适合工作的公司"榜单发布以来，它一直榜上有名。大众超级市场希望忠实于其使命，通过满怀热情地创造卓越的顾客价值，成为世界上首屈一指的食品零售商。[2]

了解服务的特殊性质以及它对营销者的特殊意义是至关重要的，所以在本章中，我们将系统地分析服务以及如何最有效地开展营销服务。

服务的性质

　　服务（service）是一方为另一方所做的本质上无形的行为，且这种行为不会导致任何所有权的产生。服务可能与实体产品有关，也可能与实体产品无关。越来越多的制造商、分销商和零售商都在提供增值服务，或是仅仅提供优质的顾客服务，让自己与众不同。

　　服务无处不在。政府部门的法院、就业服务机构、医院、贷款机构、军事服务部门、警察和消防部门、邮政服务部门、监管机构和学校都在从事服务业。私人非营利部门，如博物馆、慈善机构、教堂、高校、基金会和医院也属于服务业。商业部门中的很大一部分，包括航空公司、银行、酒店、保险公司、律师事务所、管理咨询公司、医疗机构、电影公司、管道维修公司和房地产公司，都属于服务业。制造部门的许多员工，如计算机操作员、会计师和法务人员，实际上都是服务提供者。事实上，他们构成了一个"服务工厂"，为"商品工厂"提供服务。而那些在零售部门工作的人，如收银员、文员、销售人员和客服代表，也在提供服务。

供应品的服务要素

　　服务可以是公司供应品的主要或次要组成部分。根据供应品在多大程度上涉及服务，我们将供应品分为以下五类。

- 纯粹的有形商品，如肥皂、牙膏或食盐，几乎没有附带服务。
- 附带服务的有形商品，如汽车、计算机或手机，附有保修或专门的顾客服务合同。通常，技术越先进的产品，越需要高质量的支持服务。
- 混合供应品，如在餐厅用餐，享受比重相当的商品和服务。人们光顾餐厅既享受了食物，也享受了等待食物的过程。
- 附带少量产品或服务的主体服务，如航空旅行，附带零食和饮料等辅助商品。这项服务只有依赖一种资本密集型的产品——一架飞机——才能实现，但其主体是一项服务。
- 纯粹的服务，主要是无形的服务，如保姆、心理治疗或按摩。

　　餐厅是产品和服务相结合的一个典型混合供应品。帕内拉面包（Panera Bread）就是较为成功的餐厅品牌之一。

>> 帕内拉面包公司通过将快餐的速度和便利与传统用餐的质量和菜品多样性相结合，取得了成功。

帕内拉面包　帕内拉面包由罗恩·沙伊奇（Ron Shaich）在 1980 年创立，当时是一家名为"饼干罐"（Cookie Jar）的波士顿面包店。随着时间的推移，帕内拉面包已经成为"快速休闲"餐厅品类中的领导者之一。帕内拉将快餐食品的速度和便利与传统用餐的质量和菜品多样性相结合。该连锁店将"理解食物、对话食物的食客，或近乎这种状态的人"作为目标顾客，以顾客愿意支付的价格出售新鲜的"真正的"食品。朴实无华的氛围——没有餐桌服务，也没有用餐时限——鼓励顾客逗留。帕内拉被视为是适合家庭的，但同时也不乏精致，该品牌提供刚刚烘焙出炉的手工面包以及包括健康、美味的三明治、沙拉、汤和早餐食品的完整菜单。帕内拉在许多不同的方面进行了创新，充满了强烈的社会良知。帕内拉以"活得明白，吃得美味"（Live Consciously. Eat Deliciously）为口号，领导了许多社会和社区活动，如帕内拉面包基金会（Panera Bread Foundation）与美国消除饥饿组织（Feeding America）合作，向当地的饥饿救济机构和慈善机构捐款。该公司还增加了其数字领域的支出并开展顾客忠诚计划，为公司的交易贡献了很大一部分。[3]

　　有时，顾客甚至在接受了某些服务后也无法判断其质量。根据评价的难度，服务利益可以分为三类：搜寻利益（search benefits）是买家在购买前可以评估的特征，体验利益（experience benefits）是买家在购买后可以评估的特征，信用利益（credence benefits）是买家即使在消费后也难以评估的特征。[4]

　　由于服务通常具有较高的体验质量和信用质量，因此在购买服务时会涉及更多的风险，这为服务购买带来了以下几个后果。第一，服务消费者通常依赖口碑而不是广告。第二，他们在很大程度上依靠价格、供应商和物理线索来判断质量。第三，他们对那些令他们满意的服务提供商高度忠诚。第四，由于转换成本很高，消费者惯性使得从竞争对手那里吸引业务变得很困难。

　　虽然顾客对服务的忠诚度可能很高，但在当今的现代通信环境中，服务失败可能会成为公关噩梦，破坏这种忠诚度，正如嘉年华邮轮公司（Carnival Cruises）所经历的那样。

≪ 在"嘉年华成功号"（Carnival Triumph）发动机起火导致 3000 多名乘客无法获得食物、水且无法如厕时，嘉年华才认识到一家公司的形象和顾客忠诚度的崩塌可以多么迅速。

嘉年华 "嘉年华成功号"从加尔维斯顿出发前往墨西哥，整段旅程为期四天。而在出发后的第三天，"嘉年华成功号"因发动机室起火而失去动力，无法正常航行，3100 名乘客无法获取食物和水，也无法如厕。排泄物涌入走廊，下方的甲板热得令人无法忍受。漫长的五天后，当船回到岸边时，首席执行官迎接了那些下船登岸的乘客，并补偿他们每人 500 美元，为他们提供回家的免费机票，退还旅行费用，以及承诺下次旅程的担保。然而，鉴于媒体围绕所谓"屎一般的邮轮"所做的宣传，该事件已经对公司造成了损害。公众对邮轮的看法总体趋于负面。嘉年华发现其预订量大幅下降 20%，这迫使该公司通过大幅度打折来推动船票的销售。为了避免未来再出现问题，该邮轮公司投资 6 亿美元升级其船队，并聘请了一位新的技术运营副总裁来监管其安全措施。七年后，在 2020 年 3 月新冠肺炎疫情暴发期间，嘉年华又面临类似的挑战，该公司的船上发生了几起备受瞩目的疫情，引起国会对该公司安全措施的调查。[5]

服务的独特特征

研究人员描述了服务不同于产品的四个关键特征：无形性（intangibility）、不可分性（inseparability）、可变性（variability）和易逝性（perishability）。[6] 了解服务交付这些独特的方面很重要，因为它们会极大地影响营销方案的设计。接下来我们将更详细地讨论服务的这四个关键特征。

无形性

与实体产品不同，消费者在购买服务之前是无法看到、尝到、感觉到、听到或闻到的。一个接受整形手术的人无法事先看到手术效果，而在精神病医生办公室的病人也无法知道确切的治疗结果。为了减少不确定性，买方会通过地点、人物、设备、沟通材料、符号和价格等方面进行推断，寻找支持服务质量的证据。因此，服务提供者的任务是"管理证据"，证据能把无形的东西具体化。[7]

服务公司可以通过强调服务的有形方面来证明其服务质量。由于没有实体产品，服务提供商的设施，如主要和次要的标识、环境设计和接待区域、员工服装和辅助宣传材料就显得尤为重要。服务过程的所有方面都可以品牌化，这就是为什么美国联合货运公司（Allied Van Lines）关注其司机和员工的仪表，为什么联合包裹依靠其棕色卡车创建了如此强大的资产，以及为什么希尔顿酒店及度假村（Hilton Hotels & Resorts）旗下的逸林酒店（Doubletree）提供新鲜出炉的巧克力饼干来象征关怀和友好。

服务提供商通常会选择一些品牌元素，比如标识、符号、人物和口号等，使服务及服务提供的主要利益更加具体化。例如，美国联合航空公司（United Airlines）的"友好的天空"、美国好事达保险公司（Allstate）的"保护之手"（good hands）和美林证券（Merrill Lynch）象征"牛市"的公牛形象。迪士尼是"将无形的服务具体化"的大师，它在主题公园创造了神奇的环境。迪克体育用品和巴斯超级店（Bass Pro Shops）等零售商也是如此。[8] 苹果通过创建"天才吧"（Genius Bar）来实现其顾客服务的具体化。"天才吧"是苹果商店内的一个技术支持站，旨在提供礼宾式的顾客支持。

银行和金融机构尤其愿意为它们的服务增加一个有形的维度，即选择赫赫有名的办公地址和宏伟的办公建筑，来传达稳定感并灌注信心。此外，许多金融机构，包括加拿大丰业银行（Scotiabank）、美国大都会人寿（MetLife）、美国大通银行（Chase）、花旗银行（Citi Bank）、太阳信托银行（SunTrust）、美国合众银行（US Bank）、英国巴克莱银行（Barclays）和美国银行（Bank of America），都曾为大型体育场和运动场的冠名权支付超过 1 亿美元（有时甚至超过 5 亿美元）。[9]

不可分性

有形产品先经过生产制造、库存盘点、分销，再进入消费阶段，而服务的生产和消费通常是同时进行的。[10] 理发服务无法储存，没有理发师也不能产出理发服务，因此服务提供者是服务的一部分。由于顾客也经常在服务现场，提供者与顾客的互动是服务营销的一个特性。当顾客对服务提供者有强烈的偏好时，提供者可以通过提高服务价格来分配有限的时间。

有若干策略可以用来应对不可分性的限制。服务提供者可以以更大规模团队的形式工作：一些心理治疗师已经从一对一治疗转变为小组治疗，甚至在一个大型酒店宴会厅里进行 300 人以上的小组治疗。服务提供商可以更快地服务：心理治疗师可以花上更有效率的 30 分钟为每位患者治疗，而不是缺少规划的 50 分钟，以服务更多患者。服务机构可以培训更多的服务提供者，并建立客户信心，比如 H&R 布洛克税务公司（H&R Block）通过培训税务顾问建立了全国服务网络。

解决服务不可分性问题的一种常见方法是收益管理。这是一种定价策略，旨在根据服务提供者的可用产能优化顾客需求。由于无法在需求较大时调用库存来增加服务的可获得性，服务提供者会采用可变定价法来影响消费者行为，设定一个价格点，使消费者需求与公司的产能相匹配。例如，度假胜地受季节性需求波动的影响，餐厅在周末往往更繁忙，而在感恩节、圣诞节和跨年夜等节假日，航空公司的需求会高于平时。通过改变价格，公司能够影响顾客需求，使需求与它们的产能相匹配。

可变性

服务的质量取决于是谁在提供服务，以及何时、何地和为何人提供服务，因此，服务是高度可变的。由于服务交付是一种互动体验，顾客所接受的实际服务因顾客和服务提供者的不同而不同。服务公司明白，业绩的可变性会导致它们陷入风险。希尔顿酒店就启动了一项重要计划，旨在创造一致性更高的宾客体验。

Source: Newscast Online Limited/Alamy Stock Photo

希尔顿酒店 1964 年，希尔顿酒店出售了其国外特许经营商希尔顿国际有限公司（Hilton International Co.），2006 年又将它收购，在这段时间里，这两家公司基本上是独立运营的。这样做的结果是，希尔顿品牌难以为顾客提供统一的高质量体验。一位研究分析师说："希尔顿在欧洲的品牌标准与在美国的标准往往大不相同。坦率地说，我认为它在欧洲的品牌标准更为宽松。"为了消除这种不一致性，希尔顿发起了 H360 项目。该项目对公司旗下所有酒店的早餐价格、卫浴设施、大堂装饰、Wi-Fi 服务、酒店建筑以及顾客投诉处理等各个方面进行审查。H360 的口号是"同一个品牌、同一个愿景、同一种文化"（One brand. One vision. One culture），相应地，美国和国外希尔顿品牌酒店的独立经营者必须将酒店服务质量升级到希尔顿标准，否则就会被希尔顿系统除名。保护品牌为该公司带来了好处，帮助公司增加了收入，增强了品牌资产。[11]

≪ 为了确保欧洲和美国的希尔顿酒店能为客户提供统一的高质量服务，希尔顿发起了一个项目，从酒店建筑到顾客投诉，对宾客体验的各个方面进行审查，不符合标准的酒店将从希尔顿酒店系统中予以剔除。

服务的消费者明白服务潜在的可变性，所以在选择某一服务提供者之前，他们通常会与他人交流或者上网收集信息。为了让顾客放心，一些公司提供了服务担保（service guarantees）。[12] 以下是服务公司可以用来加强服务质量控制的三种措施。

- **投资构建优秀的招聘和培训程序。** 招聘合适的员工并为他们（无论是高技能专业人士还是低技能工人）提供良好的培训是质量控制的关键因素。训练有素的员工会表现出六种提高服务质量的特征：能力、礼貌、可信、可靠、快速响应和沟通技巧。

- **标准化整个组织内部的服务实施流程。服务蓝图**（service blueprint）可以从顾客的视角描绘服务流程、顾客接触点和服务证据。[13] 图 9-1 显示了一位客人在酒店住宿的服务蓝图。[14] 酒店必须熟练地帮助客人从一个步骤走到下一个步骤。服务蓝图有助于识别顾客的潜在"痛点"，开发新的服务，支持零缺陷文化，并制定服务补救策略。

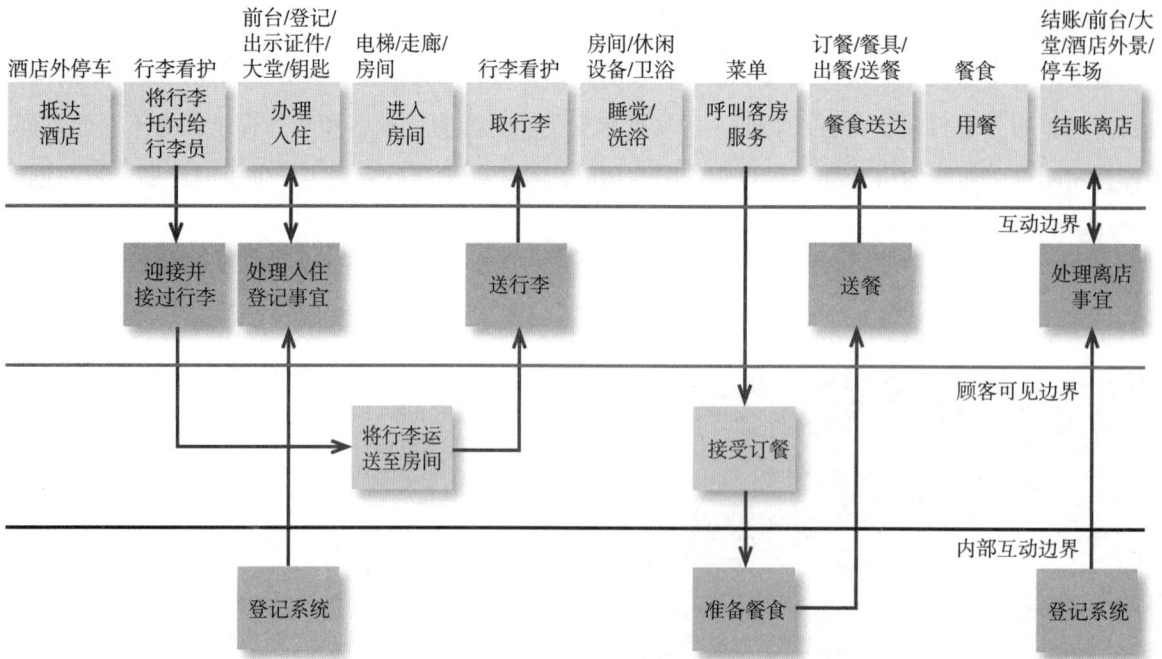

图 9-1

酒店住宿服务蓝图

Source: Valarie Zeithaml, Mary Jo Bitner, and Dwayne D. Gremler, *Services Marketing: Integrating Customer Focus across the Firm*, 7th ed. (New York: McGraw-Hill, 2017).

- **监控顾客满意度。** 建议和投诉系统、顾客调查和第三方比较购物等方法可以降低服务的可变性。不同地区的顾客需要可能不同，因此企业可以制订针对不同地区的顾客满意度计划。[15] 公司还可以开发顾客信息数据库和系统来提供更加个性化的服务，尤其是在线服务。[16]

易逝性

服务无法存储，因此当需求波动时，服务的易逝性会成为一个问题。例如，为了满足高峰期的需求，公共交通公司必须拥有比满足全天平均需求更多的交通设备。即使患者错过预约，一些医生也会向他们收取费用，因为服务价值（医生的可获得性）仅在预约时段存在，也就是说一个患者预约了某段时间后该医生就无法在这段时间为别的患者提供服务。

需求或收益管理至关重要。要实现利润最大化，必须在恰当的地点和时间以恰当的价格为恰当的顾客提供恰当的服务。几种策略可以使服务需求和供应更好地匹配。[17] 在需求（顾客）方面，有以下几个策略。

- 差别定价将部分需求从高峰时段转移到非高峰时段。例如，日场电影票价较低，周末租车往往有折扣。[18]
- 可以培养非高峰时段的需求。例如，麦当劳推出早餐服务，酒店也推出周末迷你假期服务。
- 互补性服务可以为等待中的顾客提供替代选择，如餐厅的鸡尾酒廊和银行的自动取款机。

- 预订系统是一种管理需求水平的方法。这种方法被航空公司、酒店和医师广泛采用。

收益定价（yield pricing）也许是平衡服务供需最常用的方法之一。例如，高速公路运营商使用动态定价来优化交通。法罗里奥集团（Ferrovial SA）的辛特拉（Cintra）部门在达拉斯地区开通了几条收费公路，可以每五分钟调整一次价格，使在该道路上行驶的车辆能保持每小时 80 千米以上的车速。例如，一条 11 千米长路段的通行费可能在 90 美分到 4.50 美元之间波动。类似地，运动队、乐队、滑雪场和主题公园也开始根据需求调整价格。公司可以通过动态定价实现想要的效果。看看印第安纳波利斯动物园（Indianapolis Zoo）的例子吧。

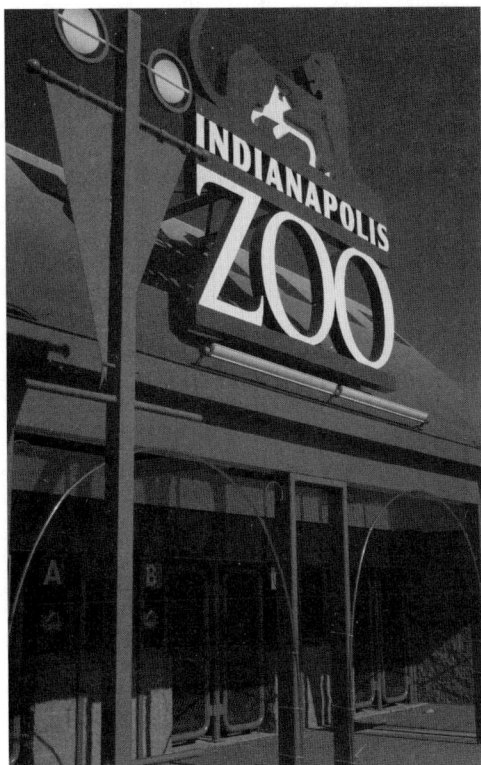

Source: Wm. Baker/GhostWorx Images/Alamy Stock Photo

≪ 基于预售情况和预期需求的动态定价使得印第安纳波利斯动物园在控制游客数量的同时增加了收入。

印第安纳波利斯动物园　印第安纳波利斯动物园开设了一个新的猩猩中心并采取了动态定价策略，其部分原因在于限制人流量。根据预售情况和预期需求，过去售价为 16.95 美元的成人通票现价在 8~30 美元之间。例如，动物园门票在冬季寒冷的工作日打折，在学校团体预订几十张门票后提价。动态定价带来了切实的效果：第二年夏天，三分之二的游客在工作日游览动物园，而过去这一比例仅为 57%。在引入收益管理定价后的一年里，动物园的门票收入增长了 12%。[19]

在服务供应方面，以下策略有利于收益管理。

- 兼职员工可以满足高峰时段的暂时需求。比如，当入学率上升时，大学会增加招聘兼职教师；在节日期间，商店会雇用更多兼职店员。
- 高峰时段效率程序允许员工在高峰时段仅执行基本关键任务。例如，在繁忙的时间段内，护理人员会协助医生。
- 消费者更充分参与能节约服务提供者的时间。比如，让消费者自己填写医疗记录或自行打包杂货、食品。
- 共享服务可以提高供应品的质量。例如，几家医院可以共同采购医疗设备，共享使用权。
- 购置未来扩张所需的设施是一项很好的投资。比如，游乐园可能会购买周围的土地，以便日后开发。

对快餐连锁店来说，比起仅仅发展堂食，开设免下车窗口是增加销售机会的一种方式。快餐业 70% 的收入都来自免下车窗口。根据 *QSR* 杂志的报告，塔可贝尔公司经营着最快捷、最精确的免下车窗口。该公司的目标是每份订单仅花费 3 分 30 秒，并不断寻找方法来缩短时间并削减成本。[20]

服务业的新现实

曾经，服务公司对营销的理解和运用落后于制造商，因为它们规模较小，面临大量的需求，或几乎没有竞争。这种情况确实已经发生改变。现在，一些服务公司已跻身最熟练运用营销技巧的公司行列。

精明的服务营销者正在认识到服务业的新现实，例如，技术的作用日益增强，顾客授权的重要性，顾客共同生产的重要性，以及让员工和顾客都满意的重要性。

技术的作用日益增强

技术正在从根本上改变服务业的游戏规则。例如，银行业正在因在线和移动应用程序的技术能力发展而改变，一些顾客已经很少前往银行大厅或与员工当面互动。新冠肺炎大流行更是加速了服务业的数字化转型，迫使许多公司通过整合数字技术从根本上改变向顾客传递价值的方式，进而改变航向并寻求业务转型。

技术也使服务人员具有更高的生产力。然而，企业必须避免过分提高技术效率而降低感知质量。[21] 亚马逊拥有一些在线零售领域最具创新性的技术，即使出现了问题，它也能让顾客非常满意，尽管顾客实际上没有与亚马逊员工交流。更多的公司推出了"实时聊天"功能，将技术与人声相结合。从短信到电子邮件、从电话到视频、从智能聊天机器人到网络，推利欧让企业能够通过不同的接触点与顾客建立联系。

>> 为了维持知名商务客户，也为了让顾客更加满意，领先的云通信平台推利欧提供了各种易于使用、可定制的服务，这些服务可以自动化、简化并增强公司与顾客、合作者还有员工之间的互动。

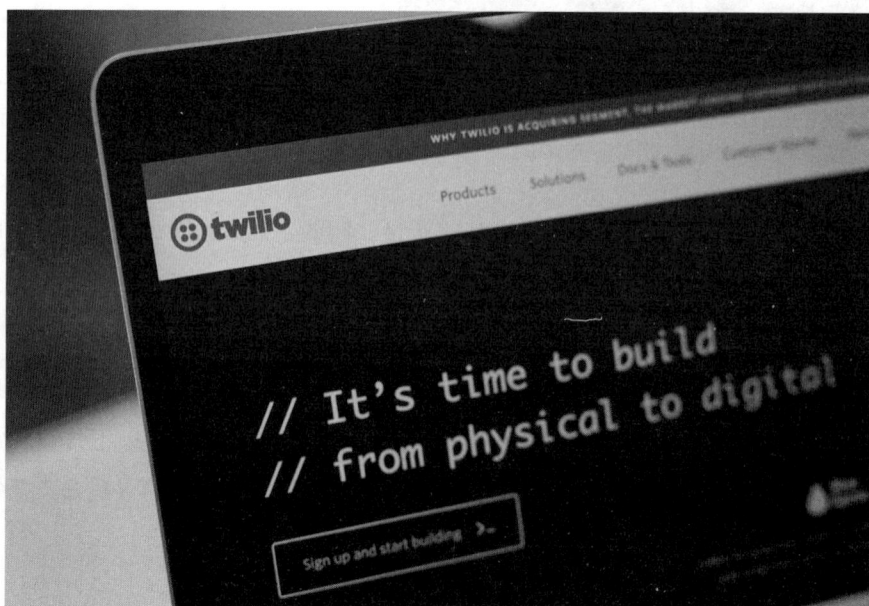

Source: Gabby Jones/Bloomberg/Getty Images

推利欧　推利欧是领先的云通信平台，被世界各地数以百万计的开发者用来"虚拟化"电信基础设施并改善人际互动体验。它拥有 6 万多家企业客户，其中包括爱彼迎、财捷、赛富时、优步、推特、亿贝、索尼、Yelp、Hulu 和来福车（Lyft）等知名客户。它为其客户提供了一个全面、可定制、易于使用的平台，能够自动化和简化面向顾客、合作者、员工和同事的沟通。例如，可口可乐公司使用推利欧快速派遣服务技术人员；房地产网站 Trulia 使用推利欧的点击呼叫应用程序，使潜在买家能够与中介取得联系；易安信（EMC）使用推利欧在信息技术服务出现故障时向员工发送短信；爱彼迎使用推利欧自动向房东发送潜在租户的信息。在其作为文本、语音、视频、聊天和消息应用程序的通信平台基础上，推利欧还扩充了其服务组合，为用户提供更多服务，包括一项云呼叫中心服务和一个处理付款的应用程序。这个应用程序允许公司通过电话处理付款，而无须向客服代表念卡号。为了在供应品组合中添加电子邮件功能，推利欧在 2019 年收购了领先的电子邮件 API（应用程序接口）平台 SendGrid，这增强了该公司根据顾客首选的沟通形式提供一致性信息的能力。[22]

　　互联网和云计算使企业能够通过真正的互动性、针对顾客的定制化和基于情景的个性化，以及对公司产品的实时调整来改进其服务产品，加强与顾客的关系。但是，随着公司收集、存储和使用更多关于顾客的信息，关于安全和隐私的担忧也随之而来。公司必须采取适当的保护措施，并让顾客放心，相信公司会努力保护顾客的私人信息安全。

顾客授权

　　数字时代的来临明显改变了顾客关系。顾客在购买产品支持服务（product-support services）方面变得越来越在行，他们迫切需要"非捆绑服务"以及选择他们想要的服务元素的权利。顾客越来越不喜欢与众多不同类型产品或设备的服务提供商打交道。因此，一些第三方服务机构现在提供的服务范围涵盖了更多类型的产品或设备。比如，一家管道企业不仅提供管道方面的服务，还提供空调、电炉及其他家用设备相关的服务。

　　最重要的是，社交媒体授予了顾客更大的权力，让他们只需轻轻点击鼠标，就能将自己的评价和意见发送到世界各地。一个拥有良好顾客体验的人更有可能谈论这段体验，但有糟糕体验的人将会与更多人谈论这段遭遇。在愤怒的顾客中，有 90% 表示他们与朋友分享了自己的体验。现在，他们也可以选择与陌生人分享。诸如 Angie's List、Yelp 和猫途鹰这样的在线网站为顾客提供了传播服务体验口碑的新途径。对公司来说更具有挑战性的是，不满意的顾客可能会上传一个对公司有严重损害的视频，向他人抱怨自己痛苦的服务体验。

　　如今，大多数公司都会在顾客投诉时迅速做出反应。许多公司允许顾客随时通过电话和在线聊天联系它们，同时它们也会主动接触顾客，密切监控博客、网站和社交媒体。如果员工发现顾客在博客上曝光问题，他们就会联系顾客并给予帮助。以清晰、有用的电子邮件来回复顾客的询问也非常有效。例如，达美航空（Delta Airlines）推出了达美助手（Delta Assist）来监测顾客的推特推文和脸书帖子，这个团队由 10 个人组成，夜以继日地对每一个询问或问题提供实时回复。

　　然而，比起单纯地回应不满的顾客，更重要的是预防未来可能发生的不满。这或许意味着要把时间花在培养顾客关系上，构建真人与真人之间的关心。迅速而轻松地解决顾客的问题有利于公司赢得长期的忠诚顾客。[23]

顾客共同生产

事实上，顾客不仅仅购买和使用服务，他们还积极地影响服务交付过程。他们的言行会影响他们和其他人的服务体验质量，也会影响一线员工的生产力。[24]

如果顾客积极地参与服务过程，他们通常会感到自己获得了更大的价值，也会感到与服务提供者建立了更紧密的联系。然而，这种共同生产会给员工带来压力，降低他们的满意度，当他们与顾客的价值观、兴趣或知识有差异时，更是如此。[25] 此外，一项研究估计，所有服务问题中有三分之一是由顾客造成的。[26] 随着自助服务技术日益流行，这一比例可能还会提高。

预防服务失败是至关重要的，因为服务失败后再进行补救的难度很大。最大的一个问题在于归因，顾客往往觉得公司有错，即使公司没有错，顾客也认为公司有责任纠正任何错误。不幸的是，尽管许多公司都有精心设计和执行的程序来处理公司方面导致的失败，但当失败原因是来自顾客的错误或误解时，处理服务失败就变得十分困难。以下几个例子展示了解决方案的各种可能形式。[27]

- 重新设计流程并重新定义顾客角色，简化服务过程。例如，史泰博公司通过其"轻松"（Easy）计划来转变业务，使订购办公用品不再那么麻烦。
- 采用合适的技术来帮助员工和顾客。举个例子，美国最大的有线电视运营商康卡斯特（Comcast）采用了一款软件，在网络故障影响服务之前识别故障，并更好地告知呼叫中心服务人员顾客的问题。
- 通过明确顾客的角色，调动顾客的积极性，引导顾客发挥能力，使他们成为高绩效顾客。例如，USAA 保险公司会提醒入伍的投保人在驻扎海外时暂停他们的汽车保险。
- 鼓励"顾客公民"行为，让顾客互相帮助。例如，在高尔夫球场上，打高尔夫的人不仅自己遵守规则，还可以鼓励其他人这样做。

让员工和顾客都满意

优秀的服务公司知道，积极的员工态度能提升顾客忠诚度。[28] 给员工灌输强烈的顾客导向思想也可以提高他们的工作满意度和忠诚度，特别是当他们与顾客有广泛接触时。如果员工有内在动力去关心顾客，准确了解顾客需求，与顾客建立个人关系，并提供高质量的服务以解决顾客的问题，那么他们就会在与顾客接触的岗位上表现得很好。[29]

鉴于积极的员工态度对顾客满意度的重要性，服务公司必须招聘它们能找到的最好的员工。公司需要推销一份职业而不仅仅是一份工作，它们要设计全面的培训计划，为员工提供支持，并对员工的良好表现进行奖励。公司可以使用内部网络、内部通信、每日提醒和员工圆桌会议来强化以顾客为中心的理念。此外，它们必须定期检查员工的工作满意度。

请看美捷步的例子，它建立了以顾客为中心的组织，并因此广受赞誉。

≪ 通过提供卓越的服务来建立顾客忠诚是美捷步企业文化的核心,而长期担任该公司首席执行官的谢家华培育了这种文化。

美捷步   在线零售商美捷步成立之初,就将优质的顾客服务作为其文化的核心。通过免费送货和退货、全天候顾客服务,以及网站上提供的众多产品和数千个品牌的快速周转,该公司努力培养回头客。与许多其他公司不同,美捷步没有将呼叫中心外包出去。它在面试过程中会用一半的时间来了解求职者是否足够外向、思想开放和有创造力,考察求职者是否与公司文化相契合。美捷步授权客服代表来解决问题。当顾客打电话抱怨靴子穿了一年后开始漏水时,客服代表可以送给顾客一双新鞋,尽管公司的政策是只有未穿的鞋子才可以退货。每个员工每年都有机会向公司的文化手册投稿,介绍美捷步的生活,以及从销售到仓储、配送、定价和计费的各个部门如何实现优质的顾客服务。获得成功后,美捷步甚至为那些想要了解其独特企业文化和顾客服务方式的企业高管开展了为期两天的研讨会。[30]

让服务走向卓越

随着服务业重要性的提高,人们更加关注如何才能在服务营销中脱颖而出。[31] 卓越的服务营销需要在三大领域都称得上卓越:外部营销、内部营销和互动营销。[32] **外部营销**(external marketing)是为顾客准备服务、定价、分销和推广服务的常规工作。**内部营销**(internal marketing)包括培训和激励员工更好地为顾客服务。可以说,营销部门能做出的最重要的贡献是"善于以聪明的方式促使组织中的其他人都参与营销活动"。[33] **互动营销**(interactive marketing)反映了员工为顾客服务的技能。在互动营销中,团队合作往往是关键。将权力下放给一线员工可以提高服务的灵活性和适应性,因为这可以促进更好的问题解决、更紧密的员工合作和更高效的知识转移。[34]

顶级服务公司的最佳实践

管理良好、实现卓越营销的服务公司有一个共同点,那就是以顾客为中心,致力于提升服务质量，了解满足高价值顾客的必要性，并贯彻实施管理顾客投诉的策略。

以顾客为中心

顶级服务公司是"顾客至上"的，它们对自己的目标顾客以及目标顾客的需要有清晰的认识，并制定了独特的战略来使顾客满意。在四季（Four Seasons）豪华连锁酒店，员工必须通过四次面试才能被录用。每家酒店还聘请了一名"宾客历史学家"来追踪每一位宾客的偏好。爱德华·琼斯（Edward Jones）在美国拥有10000多家分支机构（比任何其他经纪公司都多），通过为每个办公室指派一名财务顾问和一名管理员来保持与顾客的密切联系。虽然成本很高，但保持这样的小团队有利于培养与顾客的人际关系。[35]

以顾客为中心（customer-centricity）意味着从顾客的角度看待整个世界，服务尤其要做到这一点。以顾客为中心要求公司提供的不仅仅是服务，还要提供顾客需要的解决方案。以顾客为中心的公司在识别和解决顾客需要方面是积极主动的，而不是仅仅被动地提供顾客明确要求的服务。丽思卡尔顿酒店（Ritz-Carlton）、四季酒店、户外设备供应商 REI 和美捷步等公司已将以顾客为中心作为其商业模式的基本原则。新加坡航空是一家因其品牌建设的成功而获得一致好评的公司，让我们一起来看一下它怎样实现了卓越的服务营销。

>> 新加坡航空公司通过不断努力让乘客满意并超越他们的期望，让自身营销大获成功，也赢得了赞誉。

Source: TRISTAR PHOTOS/Alamy Stock Photo

新加坡航空公司 新加坡航空公司（以下简称"新航"）一直是世界上公认的"最好"的航空公司，这在很大程度上要归功于其出色的市场营销。该航空公司赢得了非常多的奖项，以至不得不每月更新其网站。它以"溺爱"乘客而闻名，不断努力创造"惊喜效应"，超越顾客的期望。新航率先在所有舱位推出按需娱乐系统、杜比音响系统，以及"名厨有约"（book-the-cook）服务（商务舱和头等舱的乘客可以在登机前订餐）。新航建造了一个价值 100 万美元的模拟器来模拟飞机内的气压和湿度，这是新航首个航舱模拟器。该模拟器发现在机舱的空气中，人的味蕾会发生变化，因此需要减少食物中的香料。新航的新员工需要接受为期四个月的培训（是行业平均水平的两倍）。在职员工每年接受近三周的进修培训（耗资 7000 万美元）。凭借其卓越的声誉，该公司吸引了一批最优秀的本地毕业生和员工，与其他航空公司相比，每个航班都配有更多乘务员和其他机组人员。新航采用了 40-30-30 规则：40% 的资源用于培训和激励员工，30% 用于审查流程和程序，30% 用于创造新的产品和服务理念。[36]

服务质量

万豪、迪士尼和五金零售商 Ace Hardware 等公司对服务质量有着全面的承诺。它们的经理每月不仅要核查财务业绩，还要核查服务业绩。麦当劳的雷·克罗克（Ray Kroc）坚持不懈地衡量每家麦当劳门店是否符合 QSCV 标准，即质量（quality）、**服务**（service）、清洁度（cleanliness）和价值（value）。一些公司会在员工的工资单中插入提示："这是顾客给你发的工资。"沃尔玛的山姆·沃尔顿要求员工做出以下承诺："我郑重宣誓并声明，对于每一位在我 3 米范围内的顾客，我都会向他们微笑，看着他们的眼睛，向他们致意。我发誓。"好事达、唐恩（Dunkin' Brands）、甲骨文和 USAA 等公司都设有相应的高级管理人员职位，头衔是首席顾客官（chief customer officer）、首席客户官（chief client officer）或首席体验官（chief experience officer），他们有权在每次与顾客的互动中改善顾客服务。[37]

最好的服务提供商往往设置了很高的服务质量标准。在高度监管的银行业，花旗银行仍然致力于在 10 秒内接听顾客电话，在两天内回复顾客信件。它在行业中也一直是使用社交媒体为顾客服务方面的领导者。高标准必须设定得当。以 98% 的准确率作为标准听起来不错，但对联邦快递而言意味着每天丢失 64000 个包裹；对一本书而言意味着每一页上有 6 个拼写错误的单词；对医院而言意味着全美每天有 40 万张错误的处方；对美国邮政而言意味着每天丢失 300 万封邮件；对通信、互联网或电力服务行业而言，意味着每年有 8 天或每天有 29 分钟通信、网络或电力服务中断；对超市而言意味着一家门店有 1000 种标签或价签错误的产品；对美国人口调查局而言意味着有 600 万人下落不明。

顶级公司会定期审查自己以及竞争对手的服务绩效。它们利用比较购物、神秘购物或幽灵购物、顾客调查、建议和投诉表、服务审计团队和顾客信函，收集顾客的建议和反馈，以调查决定顾客满意或不满意的因素。我们可以根据顾客的重要性和公司业绩来评价服务水平。重要性—性能分析可以对服务整体中的各个元素进行评估，并确定需要采取的措施。

由于美国消费者对服务交付普遍有很高的期望，他们经常感到自己的需要没有得到充分满足。服务提供者得分较低的原因有很多：顾客抱怨信息不准确，反应迟钝、粗鲁或训练不足的工作人员，以及长时间的等待。更糟糕的是，由于电话或在线报告系统运行缓慢或出现故障，许多人的投诉根本得不到倾听。消费者报告称，一些公司对在线投诉处理不当，它们有选择地或前后不一地（或根本没有）做出回应，有时干脆甩手不管，有时表现得很不真诚，甚至试图"贿赂"消费者。其实没必要这样做，看看美国最大的火鸡肉制品生产商黄油球（Butterball）是怎样做的吧。

>> 每年秋天，训练有素的专家向成千上万的美国和加拿大家庭推介火鸡，他们会回答超过 10 万个关于如何准备、烹饪和食用火鸡这道感恩节大餐中的重头菜的问题。

黄油球对话热线　每年 11 月和 12 月，黄油球会开通对话热线，50 多位专家会回答 10 万多个来自美国和加拿大成千上万个家庭关于如何准备、烹饪和食用火鸡的问题，仅感恩节当天就有 1.2 万人来电。在"黄油球大学"接受过培训的接线员会用几十种不同的方法烹制火鸡，可以处理任何疑问，包括为什么不应该把火鸡埋在雪堆里，以及如何判断火鸡是否烤熟。这条热线始于 1981 年，当时有六名志愿者在节日期间通过电话回答了 11000 个与火鸡烹饪相关的问题。最近，该公司扩展了顾客与对话热线取得联系的方式，包括社交媒体、实时聊天、短信，甚至是亚马逊 Alexa。[38]

迎合高价值客户

许多公司已经决定要格外照顾一掷千金的大顾客，使他们尽可能长时间地惠顾。为公司贡献高利润的顾客可以得到特殊折扣、促销优惠和大量特殊服务，而那些带来较少利润的、几乎不向公司付费的顾客，可能会被收取更多的费用，收到降级的服务，在咨询时听到自动回复的（而不是人工）语音信息。

当 2008 年经济危机来袭时，美捷步决定停止向首次购买者提供免费的隔夜快递，只向那些回头客提供。节省下来的钱用于为公司最忠诚的顾客提供一项新 VIP 服务。[39] 然而，提供差异化服务水平的公司在声称优质服务的同时必须十分谨慎，因为受到较差待遇的顾客往往会对公司口诛笔伐，损害公司的声誉。有一类公司非常擅长识别和迎合高价值顾客，那就是赌场。

　　像凯撒宫（Caesars Palace）、百乐宫（Bellagio）和哈拉斯（Harrah's）这样的赌场为豪赌客提供巨大的福利，以说服他们光顾这里，并尽可能长时间地停留。这一策略最终得到了回报。高调的豪赌客，或称"鲸客"，经常一夜之间下注数千美元，有时甚至数百万美元。对许多赌场来说，豪赌客为其贡献了超过 50% 的收入。豪赌客获得的常见福利包括折扣或优惠的豪华住宿，通常配有管家和私人厨师，免费的豪华汽车和司机。赌场甚至会对豪赌客赌博的损失给予折扣。有些人还可以在酒店赌场内的米其林星级餐厅用餐。对赌博不感兴趣的豪赌客配偶可以获得商店积分，以吸引他（她）们花更多时间购物。[40]

提供能够最大限度地提高顾客满意度和公司盈利能力的服务是一个难题。一方面，公司需要确保服务可以为高价值的顾客创造可观的利益；另一方面，提供太多的好处可能会对公司的利润产生负面影响，从而产生反作用。看看大西洋城的 Tropicana 赌场的经历吧。

大西洋城的 Tropicana 赌场急于吸引豪赌客，为唐·约翰逊（Don Johnson）提供了一笔特殊交易，他是一位豪赌客，更是一个经验丰富的 21 点玩家。这项特殊的交易除了为他提供 20% 的损失折扣（这意味着，如果他输了 50 万美元，只需要支付 40 万美元），还对游戏规则进行了修改，以减少赌场的优势。由于赌场过于急功近利地招徕豪赌客，经理们没有意识到他们已经放弃太多东西，他们为约翰逊提供了与赌场对赌的优势。由于投注赔率在约翰逊这边，他一夜之间就赢了近 600 万美元，这个数额相当于赌场一个月的收入。Tropicana 赌场并不是唯一一个向豪赌客提供过于慷慨的福利的赌场，大西洋城的博饵加塔（Borgata）酒店赌场和凯撒（Caesars）赌场也遭遇了同样的命运，它们在约翰逊身上损失了 900 万美元。[41]

处理顾客投诉

平均而言，在经历了一家公司糟糕的服务体验后，40% 的顾客会停止与该公司的业务往来。[42]然而，如果这些顾客愿意先投诉，而且得到了妥善处理，他们的投诉就是给公司的一份"礼物"。事实证明，比起那些缺少系统方法来解决服务失败问题的公司，鼓励失望的顾客投诉并授权员工当场解决问题的公司能够获得更高的收入和利润。[43]

如果能为消费者提供职责之外的服务，维护企业利益，提升企业在消费者心目中的形象，并在与顾客打交道时主动尽责，这样的一线员工就能成为处理投诉的关键资产。[44]顾客会根据反馈结果、达到这些结果的程序，以及过程中人际关系处理的性质来评价这次投诉事件。[45]公司还希望通过提高呼叫中心和客服代表的质量来改进处理投诉的方式。本章末的"营销洞察：改进公司的呼叫中心"阐述了顶级服务公司正在做什么。

服务差异化

当实体产品的差异化很难实现时，竞争成功的关键可能在于增加有价值的服务，并不断提高其质量。罗尔斯 - 罗伊斯公司通过实时卫星信号持续监测其在世界各地工作的飞机发动机的状况，确保其飞机发动机可以满足高需求。根据全面关爱（TotalCare）和企业级关爱（CorporateCare）计划，航空公司向罗尔斯－罗伊斯公司按飞行的小时数支付费用，而罗尔斯－罗伊斯公司则承担停机和维修的风险与费用。

服务差异化的主要方式有：订购的便利性，交付的速度和时机，安装、培训和咨询，维护和修理，以及退货。

订购的便利性

订购的便利性反映了顾客向公司下单的简单程度。随着市场竞争日益激烈，许多公司都致力于使订购过程尽可能方便。这涉及简化顾客与公司互动的各个方面——从有效备选项的最初评估到实际购买。Alexa、Google Home 和 Siri 等语音助手借助人工智能来预测消费者的偏好，使订购过程更简单。

简化订购过程的努力并不仅限于面向消费者的市场，在面向商家的市场上也发挥着重要作用。比如，百特医疗（Baxter Healthcare）为医院提供了计算机终端，让医院可以通过这些终端直接向公司发送订单，从而简化了订购流程。另一个简化订购流程的例子是阿莱技术公司（Align Technology）的做法。

>> 通过使用数字扫描技术，无须进行物理取模，对牙科专业人员和顾客来说，阿莱技术简化、加速并改善了正畸过程。

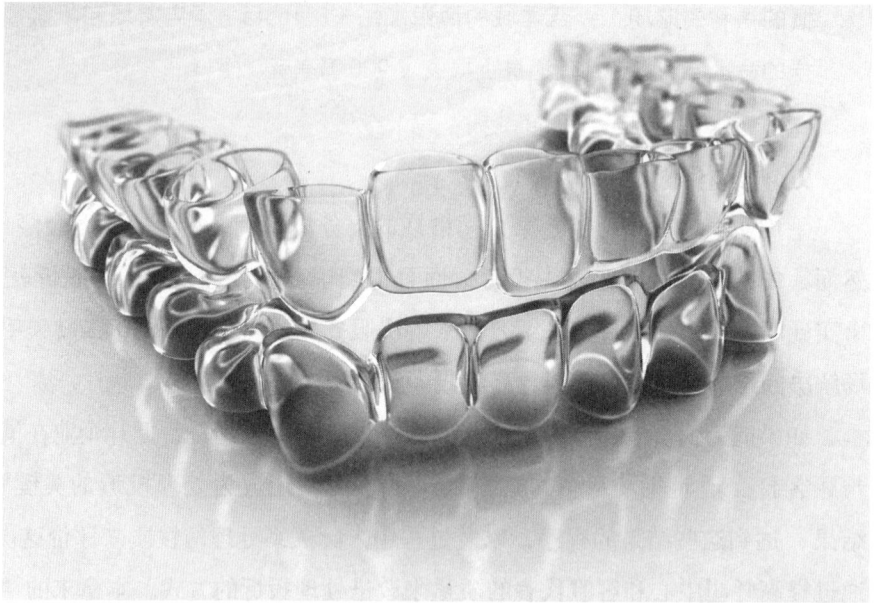

Source: Andreas Fülscher Schliemann/Alamy Stock Photo

阿莱技术 阿莱技术推出了用于牙齿矫正的透明牙套隐适美（Invisalign），它也是隐形正畸市场的先驱。该公司的诞生源于一个简单的观察，即正畸手术后常用的牙齿固定器不仅可以用来防止牙齿移动，还可以直接用于调整牙齿。这一观察结果引出了一个想法，即一系列定制设计的矫正器可以用来矫正错位的牙齿。到 2018 年，该公司的隐适美已经治疗了 500 多万名患者，并被牙科专业人员广泛采用。为了简化治疗过程，该公司推出了一种数字扫描仪，取代了烦琐而耗时的物理取模过程。数字扫描技术的使用能够加快订购过程，提高印模的质量，并改善整体顾客体验。[46]

许多公司，特别是那些提供订阅服务的公司，为了确保顾客会续订公司的服务，将目光投向了单笔交易之外。哈里斯（Harry's）提供剃须刀片和剃须膏订购服务，通过一个三步流程，帮助买家选择剃须刀并确定更换频率，从而简化了购物者的决策过程。吉列公司为其订购服务引入了短信订购功能，会员想要新货物，发货时可以编辑短信"刀片"来订购。同样，亚马逊推出了Dash，这是一种让顾客只需按下按钮就能重新订购特定产品（如剃须刀、洗衣粉或狗粮）的无线网络设备。

交付的速度和时机

交付是关于将产品或服务提供给顾客一方的效果评估，包括这一过程表现出的速度、准确性和谨慎性。如今的顾客对服务交付速度有着越来越高的期待：比萨在半小时内送达，眼镜在 60 分钟内制作完成，汽车在 15 分钟内完成润滑工作。许多公司都有计算机化的快速反应系统，将供应商、制造厂、配送中心和零售店的信息系统连接起来，以改进交付流程。

在面向消费者的领域，亚马逊在在线零售商的交付速度角逐中处于领先地位，它能提供从几小时到一周不等的送货服务选项。像优食（Uber Eats）这样的食品递送服务使许多餐厅和供应商可以向消费者提供快速可靠的外卖，而无须投资开发它们自己的配送基础设施。

在面向商家的市场上，墨西哥的水泥巨头西麦斯改进了业务，承诺其运输混凝土的速度比比萨外卖更快，还为每辆卡车配备了全球定位系统，以便调度员了解每辆卡车的实时位置。西麦斯的"24/7 LOAD"（全天候）服务计划保证在 20 分钟内交货，在这个延迟成本高，但延迟情况又很常见的行业中提供了重要的灵活性服务。[47]

安装、培训和咨询

安装是指为了使产品在其计划位置正常运行所做的工作。对技术新手和重型设备等复杂产品的买家来说，安装简易性是一个真正的卖点。

顾客培训是为顾客培训其员工，教他们正确有效地使用供应商的设备。比如，通用电气不仅向医院出售并安装昂贵的 X 射线设备，还为客户提供广泛的培训；麦当劳要求其新加盟商在伊利诺伊州奥克布鲁克的汉堡大学（Hamburger University）参加为期两周的课程，学习如何正确管理加盟店。

顾客咨询包括卖方向买方提供的数据、信息系统和咨询服务。像 IBM、甲骨文和思爱普这样的技术公司已经认识到，这种咨询是其业务中必不可少且有利可图的一部分。许多工业设备制造商，如哈斯自动化公司（Haas Automation），提供额外的安装服务以及指导操作员如何使用机器的培训服务。其中一些附加服务包含在顾客可以购买的维护计划内。在面向消费者的领域，包括宜家、家得宝和百思买在内的多家公司向顾客提供组装和安装服务，并收取额外费用。

维护和修理

维护和修理计划帮助顾客保证所购产品处于良好的工作状态。在企业对企业的交易环境中，这类服务至关重要。固特异的 TVTrack 计划帮助其车队客户更有效地监控和管理轮胎。许多公司为顾客提供在线技术支持，或称作"电子支持"，顾客可以搜索在线数据库进行程序修复或从技术人员那里寻求在线帮助。LG、肯摩尔（Kenmore）和美诺（Miele）等家电制造商推出了可以通过电话向客服号码传输自我诊断数据的产品，该客服号码可以电子化地描述任何技术问题的性质。

奢侈品制造商深刻地认识到维修过程顺利流畅的重要性。虽然摩凡陀（Movado）的手表属于高端产品，但其维修过程却需要耗费大量时间的手工劳动，这给顾客带来了不便。摩凡陀认识到它需要总体上提供更多的数字服务，因此创建了一个网站，让消费者可以直接通过该网站从公司购买产品，而且在联系客服之前就可以在线执行维修过程中的许多初始步骤（比如登记问题和确定可能的维修方案）。网站用户创建的数据库也有助于公司招募潜在的焦点小组参与者，发现集中的维修问题，这可能会揭示反复出现的生产问题。[48]

退货

产品退货对顾客、制造商、零售商和分销商来说都是一种麻烦，也是做生意时不可避免的现象，尤其是对在线购买来说。免费送货越来越普遍，这使顾客更容易试用商品，但也增加了退货的可能性。

退货现象正在增加。据估计，节假日售出货品中的 10%~15% 都会以退货或换货的形式回到公司手里，每年处理这些问题的总成本可能达 1000 亿美元。[49] 对消费者来说，退货可能是不便的、尴尬的或是难以实现的。对商家来说，退货也有不利影响，特别是在退货商品的状态已不可转售，或是缺乏适当的购买证明，抑或商品被退到错误商店的情况下。退回来的货品可能被使用过，甚至是被盗用的。然而，如果商家不愿意接受退货，顾客可能会感到恼火。

其实，退货确实有好处。退货可以让消费者进入商店，这也许是消费者第一次进入实体商店。一项研究发现，宽松的退货政策使顾客更愿意购买店内其他商品，也更愿意将公司介绍给其他人。[50]

我们可以将产品退货分成两种情形来考虑：[51] 可控退货是由卖方或顾客的问题或错误造成的，卖方或其供应链的合作伙伴改进搬运或储存方式，使用更好的包装，以及更有效的运输和物流，可以在很大程度上消除这些问题；不可控退货是由于顾客需要实际看到、尝试或亲自体验产品以确定是否适合，这些退货是公司短期内无法消除的。

一个基本策略是在消除可控退货根源的同时，制定处理不可控退货的流程。目标是减少退货，并将更高比例的产品重新投入分销渠道进行销售。总部位于圣迭戈的罗德朗纳体育公司（Road Runner Sports）通过多家商店、产品目录和网站销售跑鞋、服装和其他设备，它训练销售人员尽可能地了解行情，以便给顾客推荐合适的产品。因此，它的跑鞋退货率为 12%，显著地低于该行业 15%~20% 的平均水平。[52]

服务创新

和其他任何行业一样，创新在服务业中也很重要。[53] 新的服务类别不断被引入，来满足曾经未被满足的需要和愿望。比如，干发吧（Drybar）推出了"只吹头，不理发"的概念，围绕着"不剪不染，只吹发，仅需 40 美元"的简单承诺而创立；红迪网（Reddit）是一个巨大的在线数字公告栏，拥有数以万计的活跃论坛，注册用户可以在其上发布内容或链接；凯林斯（CareLinx）为有老年成员的家庭和可以提供家庭护理的非医疗护理人员牵线搭桥。

≪ 新的服务类别在不断涌现，比如，干发吧是阿里·韦伯（Alli Webb）创办的一家只提供吹干头发服务的美发沙龙连锁店。

Source: Craig Hudson/For The Washington Post via Getty Images

　　请思考以下服务类别是怎样出现的，以及在某些例子中，组织是如何在已有服务类别中找到创造性的解决方案的。

在线旅游业　亿客行（Expedia）和旅游城（Travelocity）等在线旅行社让顾客更方便地以折扣价格预订行程。然而，只有当用户通过它们的网站预订行程时，它们才能赚到钱。而后起之秀 Kayak 采用了"谷歌"商业模式，即按点击量收取费用，成功地在该领域占有了一席之地。Kayak 的营销重点在于通过提供更多的选择、更大的灵活性和更多航空公司，打造一个更好的搜索引擎。Kayak 使用人工智能算法对航班进行排名，将价格、时间和转机次数等因素考虑在内，并提供附近酒店的信息和折扣，从而使旅行者的搜索变得更加简单。[54]

零售医疗诊所　医疗保健是最难创新的领域之一。目前的医疗保健系统旨在治疗少数疑难杂症，而零售医疗诊所则是为了处理大量简单的病例而设立的。快康（Quick Care）、迅捷诊所（RediClinic）和一分钟诊所（MinuteClinic）这样的零售医疗诊所通常设置在药店和某些零售连锁店里，如塔吉特和沃尔玛。它们通常聘用执业护士来处理轻伤和小病，如感冒、流感和耳部感染；提供各种健康和保健服务，如高中体育的体检和测验；进行疫苗接种。诊所力求提供方便、常规的服务和透明的定价，无须预约，每周 7 天（包括晚上）开放。大多数就诊时间不超过 15 分钟，费用从 25 美元到 100 美元不等。[55]

私人航空　最初，私人航空仅服务于那些能够买下私人飞机或包租私人飞机的人。利捷公务航空公司（NetJets）首创的"部分所有权"，允许顾客支付一定比例的私人飞机费用，加上维修费和按小时计的费用，让更多的顾客能够负担得起私人航空。马奎斯喷气机（Marquis Jets）公司提出了一个简单的想法，即预订该公司号称世界上最大、维护最好的机队时间，让那些拥有部分所有权的顾客无须长期投入和付费，也可以享受稳定的服务和利益。上述两家公司于 2010 年合并，与竞争对手私人喷气式飞机服务公司 Flight Options 一样，这些私人航空公司利用企业高管对商业航空服务的日益不满，以及他们对高效旅行选择的需要来营利。[56]

对现有服务的创新也能带来巨大回报。比如，在购票服务平台 Ticketmaster 推出互动式座位图（让顾客自己挑选座位，而不是由"最佳座位"功能选定座位）后，顾客从潜在买家到实际买家的转换率提高到 30%，创造了 25% 的飞跃。说服购票者在脸书上添加"我要去……"的信息平均能增加 5 美元的门票销售额，而在网站上添加一个节目的评论可以使转化率翻倍。[57]

定期推出创新产品的服务公司能引起顾客的兴趣，从而比竞争对手领先一步。[58] 有时甚至可以重塑一个服务类别，就像太阳马戏团（Cirque du Soleil）那样。

>> 太阳马戏团摒弃了一些传统的马戏元素，将其他元素囊括在创新、壮观的舞台主题设置中，从最初街头表演起家，成长为一个全球性的企业。

Source: Imaginechina Limited/Alamy Stock Photo

太阳马戏团 在其超过 25 年的历史中，太阳马戏团多次打破马戏团经营惯例。该公司采用传统的马戏元素，如空中飞人、小丑、肌肉男和柔术演员，但将这些传统元素放在一个非传统的环境中，配以奢华的服装、新时代音乐和壮观的舞台设计。此外，该公司还摒弃了一些常见的马戏元素——表演中没有动物。每部作品都与一个主题松散地联系在一起，如"向游牧民族的灵魂致敬"或"城市生活的幻象"。该公司从魁北克街头表演起家，成长为一个价值 5 亿美元的全球企业，在四大洲拥有 3000 名员工，每年为数百万观众提供娱乐服务。其成功的部分原因是公司的文化，即鼓励艺术创意和创新，并苦心经营品牌。马戏团每年都会有一部新的作品诞生，都是室内表演，而且独一无二，没有重复的巡回演出。除了马戏团的媒体宣传和本地推广，用于广泛互动的电子邮件项目为其超过百万成员的马戏团俱乐部创造了一个在线粉丝社群，这个社群购买的门票占所有售出门票的 20%~30%。太阳马戏团每年能创造 8 亿美元收入，其品牌名下的业务已经扩展到唱片、零售领域，还在拉斯韦加斯（共 5 座场馆）、奥兰多、东京和其他城市常驻演出。[59]

服务质量管理

公司的服务质量在每次服务中都会受到考验。如果员工感到无聊，不能回答简单的问题，或者在顾客等待的时候交头接耳，顾客就会考虑要不要再来这里购买产品或服务。无瑕疵的服务交付是所有服务组织的理想状态。服务质量管理的两个重要手段是管理顾客预期和引入自助服务技术。

顾客预期管理

顾客对服务的预期有很多来源，包括过往经验、口碑和广告。一般情况下，他们会比较感知服务（perceived service）和预期服务（expected service）。如果感知到的服务低于预期的服务，顾客就会感到失望。成功的公司会在供应品中增加额外的利益，不仅使顾客满意，而且超出顾客的预期，使他们感到惊喜。[60] 美国运通就是一家致力于使业务超越顾客预期的公司。

≫ 客服代表有权不计代价地维持和提高美国运通卡持卡人的满意度，在谈判中为公司带来经济利益。

美国运通　美国运通采用了一种建立关系的方法，在这种方法中，客服代表的绩效在一定程度上是由顾客的反馈决定的。当顾客来电时，被称为"顾客关爱专员"的客服代表可以在他们的屏幕上看到各种相关数据，包括该顾客的姓名、年龄、地址，以及购买和支付习惯。无论会员是在旅行中丢失了钱包或皮包，还是在国外需要帮忙寻找失踪的孩子，美国运通都授权其顾客关爱专员竭尽所能提供帮助。这种堪称典范的顾客服务也为公司带来了经济利益。给予顾客体验积极评价的会员在美国运通卡上的消费增长了 10%~15%，成为回头客的概率增长了 4~5 倍，从而增加了股东价值。还有很重要的一点是，由于其强大的服务文化和服务支持，美国运通拥有行业中最高的员工留存率。[61]

图 9-2 中的服务-质量模型强调了提供高质量服务的主要要求，[62] 也指出了导致服务失败的五个差距。

1. 消费者预期与管理者感知之间的差距——管理者并不总能正确地感知消费者想要什么。比如，医院管理者可能认为病人想要更好的食物，但病人其实可能更关心护士的反应是否迅速。

2. 管理者感知与服务质量规范之间的差距——管理层或许能正确感知顾客的需要，但没有设定统一的绩效标准。比如，医院管理者可能会告诉护士要"快速"服务，但却没有规定具体应该在几分钟内完成。

3. 服务质量规范与服务交付之间的差距——员工可能训练不足，可能没有能力达到或不愿达到标准，或者标准本身就是相互矛盾的。比如，护士可能对于他们是应该花时间倾听病人的意见还是提供快速服务感到困惑。

4. 服务交付和外部沟通之间的差距——消费者的预期会受到公司代表和广告的影响。比如，如果医院的宣传册上展示了一间漂亮的病房，但病人发现病房其实寒酸俗气，这就是外部沟通扭曲了顾客的预期。

5. 感知服务和预期服务之间的差距——消费者可能对服务质量有误解。比如，医生可能会持续拜访病人以表关心，但病人可能会认为这意味着自己的病情很重。

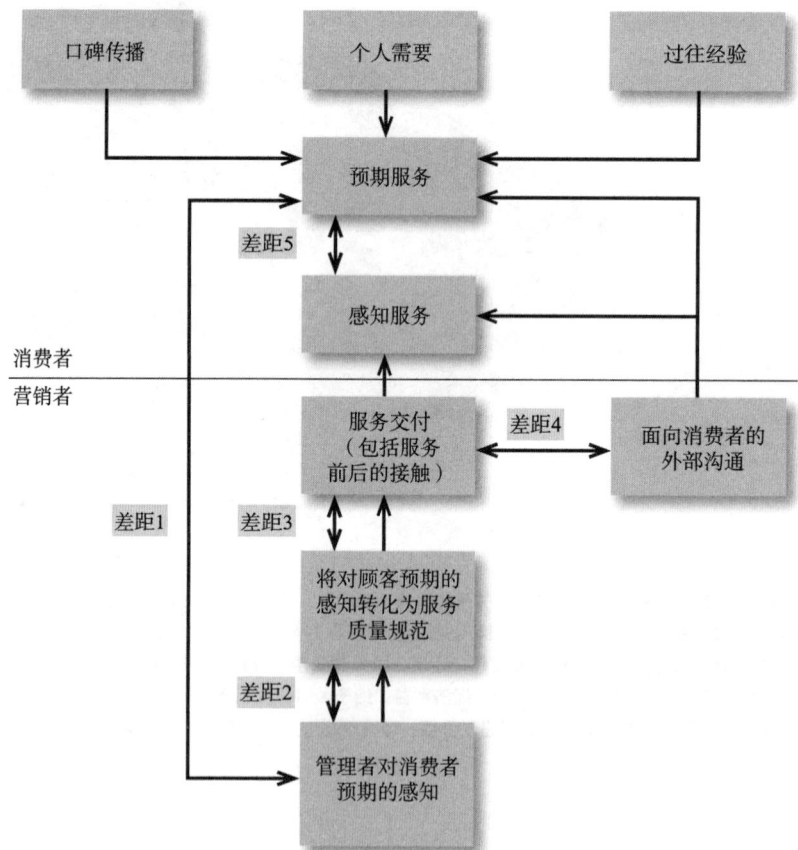

图 9-2
服务－质量模型
Source: A. Parasuraman, Valarie A. Zeithaml, and Leonard L. Berry, "A Conceptual Model of Service Quality and Its Implications for Future Research," *Journal of Marketing*, Fall 1985, p. 44.

许多研究已经证明预期在消费者理解和评估服务，以及在他们决定与公司长期保持何种关系时所起的作用。[63] 在决定维持或放弃与某个服务商的关系时，消费者往往会前瞻性地考虑自己可能的行为以及与公司的互动。任何对当前或预期未来使用服务有积极影响的营销活动都有助于巩固服务关系。

对于持续提供的服务，如公用事业、医疗保健、金融和计算服务、保险以及其他专业、会员或订阅服务，我们观察到顾客会在心理上计算相对于经济成本所感知到的经济利益。换句话说，顾客会问自己："考虑到我所支付的费用，我是否已经充分利用这项服务？"否定的回答将导致顾客改变当前行为，并可能不再光顾。

长期的服务关系也有弊端。比如，广告公司的顾客可能会觉得，随着时间的推移，这家广告公司正在失去客观性，思维变得陈旧，或者开始利用这种关系谋利。[64]

服务质量管理

根据上述的服务-质量模型，研究人员已经确定服务质量的五个决定性因素，我们按重要性对这五个决定性因素进行降序排列：可靠性（reliability）、响应性（responsiveness）、可信度（assurance）、同理心（empathy）和有形性（tangibles）。[65]

- 可靠性——可靠而准确地完成所承诺的服务的能力。这包括按承诺提供服务，在处理顾客服务问题时诚实可靠，从一开始就提供正确的服务，在承诺的时间提供服务，保持无差错记录，雇用有相应知识储备的员工来回答顾客的问题。

- 响应性——愿意帮助顾客并提供及时的服务。这包括让顾客知晓何时能获得服务，向顾客提供及时的服务，热情帮助顾客，并表现出随时回应顾客要求的准备。

- 可信度——员工的知识和礼貌以及他们传递信任和信心的能力。表现出可信度的员工能给顾客灌输信心，并始终彬彬有礼，让顾客在交易中感到安全。

- 同理心——为顾客提供关怀和个性化的关注。这包括关注每一位顾客，以体贴的方式与顾客打交道，将顾客的最大利益放在心上，理解顾客的需要，以及为顾客提供方便的营业时间。

- 有形性——实体设施、设备、员工和沟通材料的外观。有形资产包括现代化的设备，吸引人的设施，衣着整洁、服务专业的员工，以及与服务相关的具有视觉吸引力的材料。

基于这五个因素，研究人员开发了包含 21 个测试项的 SERVQUAL 量表。[66]此外，研究人员还注意到**容忍区域**（zone of tolerance）的存在，在容忍区域范围内，顾客对服务感到满意。容忍区域的下限是消费者愿意接受的最低服务水平，上限是他们认为公司有能力且应该达到的服务水平。

后续的研究又进一步扩展了服务-质量模型。比如，服务质量的动态过程模型假设顾客对服务质量的感知和预期会随着时间的推移而改变，但在任何时间点，服务质量的感知和预期都取决于过往经验中对服务接触中会发生什么和应该发生什么的预期，以及最后一次服务接触中实际获得的服务体验。[67]服务质量的动态过程模型的检验结果表明，两种不同类型的预期对服务质量感知有相反的影响。具体而言，提高顾客对公司将要提供的服务的预期可以提高整体服务质量感知；反之，降低顾客对公司应该提供的服务的预期也可以提高整体服务质量感知。

自助服务管理

在服务消费中，消费者很重视便利性，[68] 提供这种便利性的自助服务技术正在逐渐取代人与人之间的服务互动。除了传统的自动售货机，自助服务还有自动取款机、加油站的自助服务、酒店的自助结账，以及互联网上的购票、投资交易和产品定制等。

为了提高运营效率并加快顾客服务速度，Chili 连锁餐厅在其餐厅里安装了台式计算机屏幕，这样顾客就可以直接点餐并使用信用卡付款。这家连锁餐厅发现，使用这项服务的顾客每次结账时花费更多，部分原因是他们通过屏幕点餐时会买更多的甜点和咖啡。另一个例子是 OpenTable，它让顾客可以轻松地在线预订餐位。

>> 在线订餐巨头 Open-Table 允许顾客通过手机或平板电脑预订餐位，利用积累的用户偏好数据来推荐定制的用餐体验。

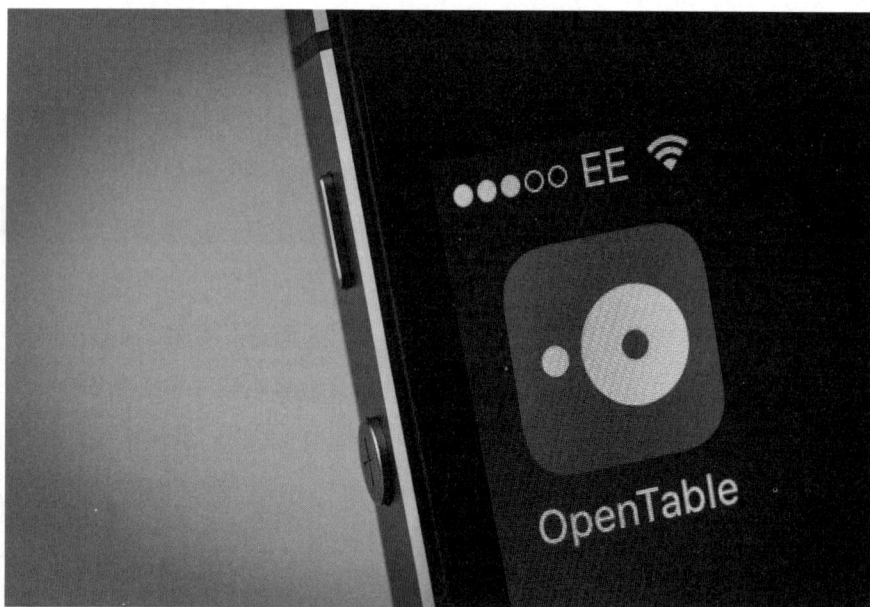

Source: True Images/Alamy Stock Photo

OpenTable　OpenTable 是世界上最大的在线预订系统，用户可以在它的网站上或通过智能手机应用程序预订世界各地的成千上万家餐厅。餐厅只需支付相当低的安装费和月租费，就可以利用 OpenTable 庞大的用户群体。这笔费用包括每月 249 美元的软件管理费，加上每位通过该网站就餐的食客的 1 美元中介费。北美一半的餐馆都已在 OpenTable 上注册，每月通过该网站就餐的人数超过 1500 万，该服务还一直在拓展功能。比如，公司斥资 1000 万美元收购了基于地理位置的美食应用软件 Foodspotting，增加了让用户可以按菜品搜索菜单图片的功能。OpenTable 超过 40% 的预订是通过手机或平板电脑完成的，因此该公司正在加强其移动战略，并通过一款新的应用程序增加了支付服务。OpenTable 为餐厅经理升级了其旗舰服务顾客中心（GuestCenter）软件包，提升了经理处理大型聚会和安排服务员轮班的能力。顾客现在可以实时看到他们的预订情况，甚至可以在他们的苹果手表上看到。OpenTable 还为消费者提供积分，这些积分可以用于兑换一些利益，如参加各种餐厅的特别品酒会，或得到相关菜单，也可以用于支付餐费。OpenTable 新的业务重点是利用其收集的关于用户用餐偏好的海量数据，提供定制化的用餐建议。[69]

每家公司都需要考虑利用自助服务技术来改善自身服务。例如，康卡斯特对顾客服务工作的需求已经减少，因为其 40% 的设备安装工作是由顾客完成的，现在 31% 的顾客可以完全在线管理他们的账户。[70]

成功地将技术与人员进行结合需要对前台人员的部署进行全面的重新设计，以确定什么是人最擅长的，什么是机器最擅长的，以及如何让人工和技术分工与合作。[71] 一些公司发现，最大的障碍不是技术本身，而是说服顾客使用它，尤其是在说服从未使用过的顾客第一次使用它的时候。

顾客必须能在自助服务过程中清晰地感受到自己的角色，必须看到明显的利益，而且必须感到自己能够真正使用这项技术。[72] 自助服务技术并不适合所有人。例如，尽管一些自动语音很受顾客欢迎，但许多自动语音会引起顾客的挫败感，顾客甚至会因无法与真人对话而感到愤怒。

产品-服务捆绑组合管理

有些以产品为基础的行业必须提供一揽子服务，服务对于这些行业的重要性丝毫不亚于对于服务行业的重要性。[73] 设备制造商——从小家电和办公设备再到拖拉机、大型计算机和飞机——都必须提供产品支持服务（product-support services），这是现在取得竞争优势的主战场。许多主营产品的公司也有了比以前更强大的在线业务，必须确保它们在网上提供还不错甚至卓越的服务。

关键服务的差异化可以增强产品，关键服务包括订购、交付、安装、顾客培训、顾客咨询、维护和维修等领域。一些设备公司，如卡特彼勒和约翰迪尔，很大一部分利润都来自这些服务。[74] 在全球市场上，产品好但本地服务支持不足的公司往往处于严重不利的地位。

顾客服务部门的服务质量差异很大。在一种极端的情况下，客服人员只是把顾客的电话转给相关人员去处理，不做任何后续跟进；在另一种极端的情况下，部门急切地接受顾客的要求和建议甚至投诉，并迅速地处理这些问题。有些公司甚至在销售完成后主动联系顾客提供服务。[75]

制造商通常从运营自己的零组件和服务部门开始。他们希望贴近设备，了解设备的问题。他们还发现，培训人员费时费钱，而且他们如果是唯一的零组件和服务供应商，就能把价格定得更高，继而从零组件和服务中赚很多钱。事实上，许多设备制造商的设备定价较低，他们通过收取较高的配件和服务费用来弥补。

随着时间的推移，制造商将更多的维护和维修服务授权给分销商和经销商。这些中间商更接近顾客，涵盖更多的经营地点，并能提供更快捷的服务。再后来，独立的服务公司出现，它们能够提供更低的价格或更快的服务。现在，相当大比例的汽车维修服务工作都是在特许汽车经销商之外，由独立的车间和连锁店完成的，如迈达斯消声器（Midas Muffler）和捷飞络（Jiffy Lube）。独立服务机构往往可以处理服务器、电信设备和其他各种各样的设备。

然而，随着顾客服务的选择迅速增加，设备制造商越来越有必要弄清楚如何在服务合同之外通过他们的设备赚钱。现在，一些新车的保修可达 16 万千米，16 万千米内顾客无须支付维修费用。随着一次性或永无故障的设备越来越多，消费者不太愿意每年为服务支付相当于买价 2%~10% 的费用。一家拥有数百台笔记本电脑、打印机和相关设备的公司可能会发现，在现场安排自己的服务人员会更便宜。

营销
洞察　｜改进公司的呼叫中心

许多公司已经从惨痛的教训中认识到，被赋权的顾客不会再忍受糟糕的服务。在斯普林特公司和奈特斯尔（Nextel）合并后，它们最初把呼叫中心作为一种成本中心来经营，而不是将其作为提高顾客忠诚度的部门。员工的奖励是建立在缩短顾客通话时间的基础上的。当管理层开始监控员工甚至监控员工上厕所的次数时，员工的士气开始变得低落。随着顾客流失日益严重，斯普林特-奈特斯尔采取了一项计划，这项计划强调服务高于效率。该公司任命了首位首席服务官，并开始奖励那些在顾客第一次来电时就解决问题的接线员，而不是能使通话时间更短的接线员。一年后，每位顾客的平均来电次数从原来的 8 次缩减到 4 次。

一些公司，如 AT&T、摩根大通和亿客行，选择在菲律宾而不是印度建立呼叫中心。这是因为菲律宾人英语口音很轻，而且比印度人更了解美国文化，而印度人说的是英式英语，可能会使用美国人不熟悉的习惯性用语。[76] 一些公司也越来越聪明，只将特定类型的顾客来电发送给海外呼叫中心，把更复杂的顾客来电发送给训练有素的国内客服人员。这些在家工作的客服人员通常能以更低的成本提供更高质量的服务，人员流失率也较低。

公司必须决定自己需要多少客服人员。一项研究表明，如果一个拥有 36 名客服人员的呼叫中心削减 4 名客服人员，就会使等待 4 分钟及更久的顾客数量从 0 增加到 80。万豪酒店和其他一些公司，如钥匙银行（KeyBank）和五金零售商 Ace Hardware，在保持客服人员数量不变的情况下，已经通过整合呼叫中心，减少了呼叫中心的数量。

招聘和培训也有很大影响。施乐公司的一项广泛研究表明，如果一个优秀的呼叫中心员工能在六个月的时间内为公司收回 5000 美元的培训投资，那么他很有可能具有创造性的而非好奇心重的人格特质。因此，在为其大约 50000 个呼叫中心职位招聘时，施乐不再强调工作经验，而是将诸如"我问的问题比大多数人都多"和"人们倾向于相信我说的话"这样的因素考虑进去。

一些公司正在利用大数据功能，为个人顾客匹配最适合满足他们需要的呼叫中心服务人员。利用类似于在线约会网站的方法，先进的分析技术对顾客的交易记录与人口信息（他们购买的产品或服务、合同条款和到期日、投诉记录和平均呼叫等待时间）和呼叫中心服务人员（平均呼叫处理时间和销售效率）进行挖掘，以实时识别最佳匹配。

最后，保持呼叫中心服务人员的心情愉悦和积极性显然是提高他们提供优质顾客服务能力的关键。美国运通允许呼叫中心服务人员自行选择工作时间，并且可以在没有主管批准的情况下换班。[77]

本章小结

1. 服务是一方为另一方所做的本质上无形的行为，且这种行为不会导致任何所有权的产生。服务可能与实体产品有关，也可能与实体产品无关。

2. 由于服务通常具有较高的体验质量和信用质量，因此在购买服务时会涉及更多的风险。消费者在很大程度上依靠价格、供应商和物理线索来判断质量。许多服务的转换成本往往很高，因为顾客对那些让他们满意的服务提供商高度忠诚。

3. 服务是无形的、不可分的、可变的和易逝的。每种特征都带来了挑战，需要特定的应对策略。营销者必须想方设法把无形的东西具体化，提高服务提供者的生产力，提高并规范服务的质量，并使服务供应与市场需求相匹配。

4. 在 21 世纪，由于顾客授权、顾客共同生产的发展，以及让员工和顾客都满意的需要，服务营销面临新的现实。数字时代的来临显然已经改变了顾客关系。顾客不仅仅购买和使用服务，还主动地影响服务交付过程。

5. 实现卓越的服务营销不仅需要外部营销，还需要内部营销来激励员工，需要互动营销来重点显示"高技术"和"高触感"的重要性。

6. 卓越的服务公司采用有战略优势的理念，一直以来包含最高管理层对质量的承诺，制定高标准，建立利润层级，并重视用来监控服务绩效和顾客投诉的系统。它们还通过设计主要和次要的服务特色并不断创新来使自己的品牌与众不同。

7. 高质量的服务交付需要公司管理顾客预期并引入自助服务技术。顾客预期在他们的服务体验和评价中起着关键作用。公司必须通过了解每次服务体验的影响来管理服务质量。管理良好、实现卓越营销的服务公司都有一个共同点，那就是以顾客为中心，致力于提高服务质量，并以满足高价值顾客为目标。

8. 服务差异化是公司营销成功的关键组成部分。服务差异化的主要方式有：订购的便利性，交付的速度和时机，安装、培训和咨询，维护和修理，以及退货。

9. 服务质量是顾客满意度的一个关键驱动因素。服务质量有五个决定因素：可靠性、响应性、可信度、同理心和有形性。为了创造顾客价值，公司必须努力在上述所有方面提供卓越的服务，同时专注于顾客最看重的那些服务。

营销
焦点 ｜丽思卡尔顿酒店

丽思卡尔顿酒店是一家美国豪华连锁酒店，在 30 个国家和地区经营着 91 家豪华酒店和度假村。该公司因其卓越的服务受到高度赞扬，被公认为是顾客服务部门的黄金标准。通过超越顾客的预期，丽思卡尔顿酒店已成为豪华酒店行业的领军企业之一。

丽思卡尔顿酒店的前身为丽思卡尔顿投资公司，由阿尔伯特·凯勒（Albert Keller）于 20 世纪初创立，曾在美国东海岸的波士顿、费城、大西洋城和博卡拉顿等城市建造了几家酒店。然而在 1940 年，公司解散了。由于大萧条带来的财政困难，除了一家酒店，其他酒店都遭遇了关闭和出售。只有波士顿的丽思卡尔顿酒店继续运营（2006 年被卖给了泰姬酒店），这为未来的酒店发展奠定了基础。这家酒店的特点是每间客房都有私人浴室、美食、个性化的客人体验以及更多的设施，这些都能给客人带来一流的奢华体验。1983 年，丽思卡尔顿酒店公司成立。在新管理层的领导下，丽思卡尔顿酒店在全球范围内扩张，在美国、亚洲和欧洲都有新的酒店开张。

丽思卡尔顿酒店成功的基石是卓越的顾客服务带来的顾客忠诚度。顾客的服务体验由"丽思卡尔顿的黄金标准"来定义，它反映了丽思卡尔顿酒店的经营理念和价值观。黄金标准的宗旨是——"在丽思卡尔顿酒店，为客人提供真正的关怀和舒适的体验是我们的最高使命"。

为了确保顾客互动的一致性，在 20 世纪 80 年代，丽思卡尔顿酒店规范了员工使用的语言。

Source: Richard Croft/Alamy Stock Photo

管理层创造了一种独特的讲话风格，比如"我很高兴""马上""我们今晚全力以赴"。随着时间的推移，这些短语开始变得听起来不那么真诚了，因为员工会在一些不合适的情况下使用它们。有时员工会说疏通堵塞的水槽或清洁浴室是他们的荣幸，这引起了客人的注意。调查显示，客人认为与丽思卡尔顿员工的互动过于机械化。丽思卡尔顿酒店根据这些反馈采取了行动，改变了其语言标准，重视更真实、无脚本的对话。现在，丽思卡尔顿酒店在接待客人时采用了更宽松的语言准则，这些准则仍然是周到和尊重的，但给人感觉很真诚。

丽思卡尔顿酒店顾客服务的一个鲜明特点是，员工被充分赋予了提供独特和个性化服务的权力。他们鼓励员工使用任何手段使客人满意，而不必事先征求主管的意见。有很多关于员工超越顾客期望，创造"哇！"体验的故事。例如，一家酒店的餐饮主管注意到一位回头客的大衣背面有一块污渍，询问是怎么回事，这位客人说这是他无法洗去的旧污渍，并提到这件大衣是他最喜欢的一件。谈话结束后,该主管在这位客人及其家人享用午餐的时候,收走了他们的大衣,以便挂起来。同时,餐厅团队将那件大衣送到客房部,客房部成功地清除了污渍。最后,客人带着愉悦的心情离店。

在丽思卡尔顿酒店,每个员工每天可以为每位客人支付高达 2000 美元的费用,以解决客人的问题或使他们的体验难忘。其中最著名的事件之一发生在上海丽思卡尔顿酒店。一位客人穿着商务夹克和休闲夏威夷短裤走进酒店。这位客人告诉前台工作人员,他的长裤在机场被撕破了。因为客人第二天上午 10 点有一个重要的商务会议,工作人员提出看一下客房部是否可以修复裤子,结果发现这条裤子无法修复。于是,该工作人员第二天一早就前往上海的一个购物中心去解决问题。在走遍了很多商店之后,工作人员找到并买了一条和原来的裤子几乎一模一样的裤子。

为了不断改进其顾客服务实践,丽思卡尔顿酒店收集了大量关于酒店运营、服务、员工行为和综合反馈的数据,用于创建一个被称为"丽思卡尔顿的奥秘"的顾客管理系统。这些关于客人行为各个方面的数据,使丽思卡尔顿酒店能够在客人到达全球各地的酒店之前,就为客人的个性化体验做好设置。员工会注意客人的喜好,如温度设置、食物和饮料选择、房间安排和设施选择。

丽思卡尔顿酒店始终坚定不移地致力于完善顾客体验,成为卓越顾客服务的象征。相应地,丽思卡尔顿酒店保有持久的顾客忠诚度,丽思卡尔顿酒店的顾客一生平均消费超过 25 万美元。丽思卡尔顿酒店还在其投资组合中增加了丽思卡尔顿公寓。这些位于城市和度假胜地的住宅公寓旨在提供与酒店所在地相同的丽思卡尔顿服务、管理和便利设施。[78]

问题:

1. 丽思卡尔顿酒店的服务是如何与对手酒店竞争的?关键差异是什么?

2. 讨论在顾客服务中创造"哇!"体验的故事对于像丽思卡尔顿这样的豪华酒店的重要性。

3. 丽思卡尔顿酒店的企业文化有哪些关键方面?这样的文化在赋能公司提供卓越的顾客体验方面发挥了怎样的作用?

营销
焦点 | 诺德斯特龙

1901 年,约翰·W. 诺德斯特龙(John W. Nordstrom)在西雅图开了一家鞋店,这家小店最终发展成了名为诺德斯特龙的时尚专业连锁店。诺德斯特龙已经在家族中传承了四代,如今销售最优质的名牌服装、配饰、珠宝、化妆品和香水。

约翰·诺德斯特龙早在 20 世纪初就为公司打下了坚实的基础。他创立诺德斯特龙的信念是，公司应始终尽可能提供最高水平的顾客服务和一流的商品。作为一家鞋类零售商，诺德斯特龙提供了各种各样的商品，以满足大多数人的需要和可以接受的价位。

约翰·诺德斯特龙退休后，他的儿子埃弗里特（Everett）、埃尔默（Elmer）和劳埃德（Lloyd）继续秉持以顾客为中心的态度经营企业。随着公司向时尚领域扩张，商店里备有各种不同价格的高品质服装，以吸引大多数购物者。诺德斯特龙认为，每种款式的尺码宁可过多，也不可不够，这样顾客就不会因为没有相应的尺码而感到沮丧。兄弟三人还制定了一项"协商一致决定"的政策，这项政策有助于公司在出现分歧时仍能继续经营。

诺德斯特龙在家族第三代掌门人布鲁斯（Bruce）、约翰（John）、吉姆·诺德斯特龙（Jim Nordstrom）和杰克·麦克米兰（Jack Mcmillan）的领导下成长为如今价值数十亿美元的零售商。他们经营理念的重点在于授权经理和销售人员做出有利于顾客而非公司的决策。该公司奖励那些具有企业家精神且精力充沛的人，还倾向于雇用"友善"的人。即使这些人缺乏销售经验，公司也会让他们接受销售培训，而不是雇用那些经验丰富，但并不"友善"的销售人员。

正是在同一时期，该公司还对其采购流程进行分散化处理。区域经理可以自由采买适合该地区需求和品位的款式和服装。也就是说，明尼苏达州的经理与南加利福尼亚州的经理购买的服装可以截然不同。为了迎合每个地区的需要，该公司鼓励其销售团队定期向顾客征求反馈意见，了

Source: Chuck Pefley/Alamy Stock Photo

解他们希望在诺德斯特龙商店看到哪些商品和款式。吉姆·诺德斯特龙解释说："当我们进入一个市场时，我们第一次采买的商品是最差的，之后会越来越好。"

如今，诺德斯特龙仍是顾客服务和忠诚度方面的标杆。这家公司因其顾客服务而闻名，至今仍然流传该公司"英雄式"或不寻常的顾客服务故事。也许其中最著名的是下面这个故事。1975 年，一位顾客走进诺德斯特龙的一家商店，想要退回一套最初在北方商业公司（Northern Commercial Company）购买的轮胎。北方商业公司是诺德斯特龙收购的一家阿拉斯加公司。尽管诺德斯特龙从未经营或销售过轮胎，但还是欣然接受了退货，并立即给顾客退了款。在另一个例子中，一个女售货员注意到一位顾客把机票忘在了商店的柜台上。她打电话到机场，要求给这位顾客补一张机票，但航空公司拒绝了。于是这个女售货员立即打了出租车，赶到机场将机票亲手交给顾客。

还有很多这种卓越顾客服务的例子，诺德斯特龙的"无条件退货"政策保留至今。该公司的销售人员向在店里购物的顾客送感谢卡，在寒冷的日子里为顾客的汽车预热，将特殊订单亲自送到顾客家中。诺德斯特龙在其收银台安装了一个叫作"个人手账"（Personal Book）的工具，让销

售人员能够记录、（随后）查看并回顾顾客的特定偏好，从而更好地个性化顾客的购物体验。诺德斯特龙的销售人员可以自由地在任何部门销售商品，这使他们有更多机会发展与顾客之间的关系。诺德斯特龙还为顾客提供多种购物渠道，顾客可以在网上下单，在之后一小时内到商店取货。

当进入诺德斯特龙的店面时，人们能很明显地感受到这些店面是以顾客为中心设计的，其目的是创造一种愉快、高效的体验——"一种难忘的体验"。该公司认为，当一个顾客走进商店大门时，它有 15 秒的时间来捕捉顾客的兴奋点。商店的过道整洁，没有杂物，大型的展示窗口营造出明亮开放的氛围，整体布局便于浏览。试衣间很大，光线充足，安装了模仿自然光的装置。自动扶梯明显比其他地方的更宽，以便让情侣和带孩子的父母能站在一起。每一个组件的位置都是为了营造一种家的感觉。商店布局高效，没有任何杂乱的地方。这一策略已被世界各地的零售商效仿。

诺德斯特龙的顾客忠诚计划——诺迪俱乐部（Nordy Club），根据顾客的年消费额将他们分为四个级别，并分级别进行奖励：会员（0~499 美元）、圈内人（500 美元以上）、影响者（2000 美元以上）和大使（5000 美元以上）。所有会员都可以免费享受针对正价商品的基本修改，可以参与打造自己造型的免费造型工作坊，线上购物可以路边取货，以及奖励积分可以用作商店购物抵扣。更高级别的会员每消费一美元可获得更多积分，可提前参加销售活动，还有上门服务的造型师为他们提供专业的造型建议和量身定制服务。

诺德斯特龙目前在美国 40 个州、波多黎各和加拿大经营着 380 家正价和折扣商店。正价商店包括诺德斯特龙全系列商店、诺德斯特龙网（Nordstrom.com）、后备厢俱乐部（Trunk Club，诺德斯特龙在 2014 年收购的个性化中高档男女服装精品店）、杰弗瑞（Jeffrey，诺德斯特龙在 2005 年收购了多数股权的一家奢侈时尚精品店）和诺德斯特龙地方特色（Nordstrom Local，诺德斯特龙在 2017 年推出的零库存商店）。折扣店包括诺德斯特龙特卖店和诺德斯特龙阁网（Nordstromrack.com）、奢华风尚（HauteLook，诺德斯特龙在 2011 年收购的一家提供设计师商品闪购的在线零售商），以及最后机会（Last Chance）清仓店。

诺德斯特龙长期坚持以顾客为中心且花费巨大，这为公司带来了巨大的利益。在过去的 100 多年里，诺德斯特龙以质量、信任和服务闻名于世，即使在经济不景气的时期，该公司的顾客也保持忠诚度。许多顾客之所以一直选择在诺德斯特龙而不是在其竞争对手那里购物，是因为他们与诺德斯特龙已建立联系，而且该公司有无理由退货政策。诺德斯特龙在战略上一直专注于顾客服务，并不断寻找新的方式来深化和发展其顾客与销售人员的关系。[79]

问题：

1. 服务在诺德斯特龙的定位中扮演了怎样的角色？服务在线上和实体店内体验中发挥的作用是否相同？

2. 在持续提供卓越顾客服务并提高品牌忠诚度方面，诺德斯特龙还能做些什么？

3. 诺德斯特龙应该如何应对日益流行的在线购物？它能在线上竞争中获得成功吗？谁是诺德斯特龙最大的竞争对手，它的实力如何？

10

建设强势品牌

学习目标

1. 解释品牌在创造市场价值中的作用。

2. 论述设计品牌元素和联想的关键原则。

3. 讨论公司应如何设计品牌层级。

4. 说明公司应如何长期管理其品牌。

5. 描述奢侈品品牌的关键方面。

市场领导者佳得乐依靠丰富的新产品品种和改版后的广告战役，重新聚焦其核心目标市场——运动员市场。

Source: The Gatorade Company

　　品牌是公司最有价值的无形资产之一，营销者有责任妥善管理其价值。建设强势品牌既是一门艺术，也是一门科学。它需要仔细的规划、深度的长期承诺，以及富有创意的营销设计和执行。一个强势品牌会赢得极高的消费者忠诚度，其核心是出色的产品或服务。正如佳得乐的营销者所发现的那样，建设强势品牌是一个永无止境的过程。

　　佳得乐的历史可以追溯到近 50 年前。它由佛罗里达大学的研究人员开发，目的是帮助学校的运动员应对炎热潮湿的气候所导致的体能衰减。随后，佳得乐成功地成为运动饮料品类的先驱领导者，促使百事公司在 2001 年以超过 130 亿美元的价格收购了其母公司桂格燕麦公司（Quaker Oats）。得益于百事可乐公司庞大的分销系统以及一系列新产品和包装的推出，佳得乐在随后的几年内发展更加迅猛。但是当佳得乐的市场份额从 80% 下降到 75% 时，百事可乐公司决定做出改变——让品牌回归本源，离开大众市场，更多地聚焦于运动员。它的目标是突破年销售额 70 亿美元的运动饮料市场，成为每年 200 亿美元的运动营养品市场的主要玩家。三个新产品系列——分别标记为 01 最初（Prime）、02 表现（Perform）和 03 恢复（Recover）——各自针对三个不同的市场，用于锻炼前、锻炼中和锻炼后。G 系列产品针对教育界、在校学生或高强度休闲运动者；G Series Fit 系列针对 18 ~ 34 岁的每周锻炼三四次的人群；G Series Pro 系列针对专业运动员。广告标语"渴望胜利"（Win from Within）反映了全新的佳得乐品牌专注于运动员身体内部，就像耐克被视为关注运动员的身体外部一样。[1]

　　21 世纪，想要成功建立品牌的营销者必须重视战略品牌管理过程。**战略品牌管理**（strategic brand management）将营销活动和计划的设计与执行结合起来，以建立、评估和管理品牌并使之价值最大化。战略品牌管理有四个主要步骤：[2] 识别并建立品牌定位，计划并执行品牌营销，评估并解释品牌绩效，以及提升并维持品牌价值。

品牌化如何开展

无论对于梅赛德斯 – 奔驰、索尼和耐克等老品牌，还是瓦尔比派克、卡斯珀和智能烤箱 Tovala 等新品牌，专业营销者最独特的技能也许都是创建、维护、增强和保护品牌的能力。

美国市场营销协会将**品牌**（brand）定义为"一个名称、术语、标志、符号或设计，或者是它们的组合，用来识别某个销售商或某一群销售商的产品或服务，并使其与竞争者的产品或服务区分开来"。品牌的最终目的是为消费者、公司及其合作者创造卓越的市场供应品（产品或服务）价值。

品牌化的本质

品牌化（branding）是赋予产品和服务以品牌力的过程，旨在为产品之间创造差异。营销者通过品牌名称和其他品牌元素来告知消费者产品是"谁的""它是什么"，以及消费者为什么应该关心它。有效的品牌化通过创建一种心智结构来帮助消费者形成产品和服务的相关知识，进而明晰他们的决策，并在此过程中为企业创造价值。

品牌，作为一种识别某个生产商的产品并将它们与其他生产商的产品区分开来的手段，已经存在几个世纪。欧洲中世纪行会要求工匠在他们的产品上贴上商标，以保护自己和顾客免受劣质产品的影响。在美术领域，品牌化始于艺术家为自己的作品署名。如今，品牌在改善消费者生活和提高公司的财务价值方面发挥着许多重要作用。

你如何为一个产品或服务"打造品牌"？尽管企业通过营销计划和其他活动为品牌创造提供动力，但品牌最终将留在消费者的心智中。它是一种植根于现实，但反映消费者观点和特质的感知存在。

品牌战略要取得成功并创造品牌价值，就必须使消费者确信在该品类的产品或服务中，各品牌之间存在有意义的区别。品牌差异通常与产品本身的属性或利益有关。几十年来，吉列、默克和3M 在其产品品类中一直处于领先地位，一部分原因在于其持续不断的创新。另一些品牌通过与产品无关的手段来创造竞争优势。古驰、香奈儿和路易威登通过了解消费者的动机和欲望，以及创造与其时尚产品相关且有吸引力的意象，成为品类领导者。

成功的品牌在其销售的产品以及品牌自身方面都被认为是真实可信的。[3] 成功的品牌会成为顾客生活中不可或缺的一部分。J.Crew 曾经只是校园风中一个不得已的选择，但如今它已成为时尚界极具创造力的品牌，收入翻了三倍。通过不断推出新款式，同时保持统一的外在风格，该品牌享有极高的忠诚度，众多粉丝博客以及名人如米歇尔·奥巴马和安娜·温图尔等都是其支持者。

营销者几乎可以在消费者选择的任何地方应用品牌化战略。品牌化的对象包括实物商品（特斯拉汽车或立普妥胆固醇药物）、服务 [新加坡航空公司或蓝十字蓝盾医疗保险（Blue Cross Blue

Shield）]、商店（诺德斯特龙或约翰·迪克体育用品）、地方（悉尼或爱尔兰）、组织（U2 乐队或美国汽车协会）或想法（堕胎权或自由贸易）。

品牌化在体育、艺术和娱乐业变得非常重要。世界顶级运动品牌之一来自西班牙马德里。

<< 签下自身即为品牌的顶级球员，使皇家马德里足球队成为价值数十亿美元的全球品牌。

Source: Xinhua/Alamy Stock Photo

皇家马德里   2013 年，皇家马德里足球俱乐部以 33 亿美元估值超越曼联成为世界上最有价值的足球队。皇家马德里也被球迷称为"美凌格"（当地语言 Los Merengues，意指西班牙人最喜欢的一种甜品夹心）。这家一直在困境中挣扎的偶像级俱乐部，自 2000 年由亿万富翁、建筑大亨弗洛伦蒂诺·佩雷斯（Florentino Perez）接手后开始蓬勃发展。佩雷斯的策略是吸引一些顶级球员到比赛中来，并以他们的名字作为品牌，比如大卫·贝克汉姆、齐内丁·齐达内，以及后来的克里斯蒂亚诺·罗纳尔多。球场上的成功让佩雷斯开发出了三条截然不同且利润丰厚的业务线：转播权、赞助和代言收入，以及比赛日收入。皇家马德里是一个真正的全球品牌，其大部分收入来自国外。它的赞助包括与阿迪达斯、阿联酋航空和西班牙银行集团 BBVA 的高调合作。[4]

品牌的作用

品牌有助于识别产品的制造商，并让消费者要求制造商或分销商对品牌表现负责。品牌对消费者和企业两方都有几项功能。

品牌对消费者的作用

品牌是企业对消费者的承诺，它是一种设定消费者期望并降低风险的手段。作为对顾客忠诚度的回报，公司承诺其产品或服务将可靠地传递可预期的积极体验和一系列值得拥有的利益。如果符合消费者的期望，品牌甚至可能是"可预期的不可预测"，但关键是它在满足消费者需要和欲望方面达到或超过了他们的期望。

消费者可能会依据品牌对同一产品做出不同的评价。例如，消费者可能愿意为普通（无品牌）皮质手袋支付 100 美元，但购买带有路易威登、爱马仕或古驰品牌的同一款手袋则要多花 10 倍以上的价钱。他们根据过去关于产品及营销方案的体验来了解品牌，找出哪些品牌能满足他们的需要，而哪些不能。当消费者的生活变得越来越繁忙和复杂，品牌简化决策和降低风险的能力就变得非常宝贵。[5]

品牌也可以对消费者具有个人意义，并成为其身份的重要组成部分。[6] 它们可以表达消费者是谁或他们想成为谁。对一些消费者而言，品牌甚至具备拟人化的特点。[7] 与任何关系一样，品牌关系不是一成不变的，营销者必须对可能加强或削弱消费者与品牌关系的所有言行保持敏感。[8]

卡梅隆·休斯　卡梅隆·休斯（Cameron Hughes）是一位酒商，他从法国、意大利、西班牙、阿根廷、南非和美国加利福尼亚的高端酿酒厂与葡萄酒经纪人那里购买过剩葡萄汁，然后酿造各种限量版优质混酿酒，并以自己的名字命名。休斯并不拥有任何葡萄、灌装机械或卡车，他将装瓶外包并把酒直接销售给开市客（Costco）、山姆会员店（Sam's Club）和西夫韦（Safeway）等零售商，消除了中间商和多重加价。休斯无法预知哪一批次的酒会过剩，以及会过剩多少，但他通过为每一批酒设计一种新产品，将这种不确定性转化为优势。开市客的快速周转是休斯的兴趣点之一，折扣店的顾客热衷于寻找罕见的便宜货。休斯通过请顾客在店内品酒和发送内部电子邮件来宣传即将推出的编号酒，这些酒很快就卖光了。休斯还会购买那些未售出、未贴标签的葡萄酒，贴上自己的品牌进行营销。售价每瓶 100 美元的加州赤霞珠，贴上"纳帕谷 Lot 500 赤霞珠"的酒标后，可能会以每瓶 25 美元或更低的价格出售。[9]

Source: Cameron Hughes Wine

>> 卡梅隆·休斯购买过剩葡萄汁来生产价格合理的优质葡萄酒出售给精选商家。

品牌对企业的作用

对企业来说，品牌也有诸多有价值的功能。[10] 首先，品牌有助于整理库存和会计记录，从而简化产品处理。一个有信誉的品牌标志着一定的质量水平，所以满意的买家很容易再次选择该品牌的产品。[11] 品牌忠诚度为公司提供了需求的可预测性和安全性，同时建立进入壁垒，使其他公司难以进入市场。忠诚度还可以转化为顾客支付更高价格的意愿——通常比竞争品牌的价格高出 20%~25%。[12]

虽然竞争对手可能会复制生产流程和产品设计，但它们无法轻易取代多年来良好的产品体验和营销活动在个人与组织的心智中留下的持久印象。从这个意义上说，品牌可以成为确保竞争优势的有力手段。有时，当品牌的某个重要元素被更换后，营销者才意识到品牌忠诚度的重要性。正如新可乐的经典故事所昭示的那样。

≫ 在狂热的忠实粉丝的呼声和呐喊下，可口可乐不得不放弃经过大量研究上市的新可乐，并恢复公司的百年配方。

可口可乐 1985 年，可口可乐在美国范围内受到来自口味更甜的百事可乐的一系列口味测试挑战的打击，决定用更甜的新可乐替代其旧配方。公司花费了 400 万美元进行营销调研，盲品测试结果表明，可乐饮用者更喜欢新配方，但新可乐的上市却在美国引起轩然大波。市场调研人员只测试了口味，但未能充分评估消费者对可口可乐的情感依恋。要求保留"真货"的愤怒的信件、正式的抗议，甚至是诉讼威胁接踵而至。十周后，公司撤销了新可乐，重新推出了其百年配方"经典可乐"。后期复苏新可乐的努力都失败了。1992 年前后，新可乐品牌消失了。颇具讽刺意味的是，新可乐导入市场的失败反而使老配方在市场上的地位更加强大，并获得了更赞许的态度和更高的销量。有趣的是，34 年后，新可乐作为网飞推广活动的一部分短暂复出，它出现在科幻惊悚片《怪奇物语》第三季的几集中，并在零售渠道限时发售。[13]

　　对企业而言，品牌代表了极其宝贵的合法产权，它可以影响消费者行为，可以被买卖，能够为其所有者提供未来持续收入的保障。[14] 公司会在并购中为品牌支付高昂的价格，其溢价通常以预期额外利润，以及重新创建类似品牌的难度和费用来衡量。[15] 华尔街相信，强大的品牌可以为公司带来更好的收益和利润表现，进而为股东创造更大的价值。[16]

品牌资产和品牌力

　　品牌创造的价值体现在两个关键概念上：品牌资产和品牌力。我们接下来将讨论这两个概念以及它们之间的关系。

品牌资产

　　品牌的货币价值称为**品牌资产**（brand equity），它反映了品牌所有权为公司带来的估值溢价。品牌资产包括品牌在生命周期内产生的总财务回报的净现值。了解品牌资产的概念，管理其前因后果，并开发评估品牌资产的方法，对于确保公司的财务状况至关重要。

　　早在 20 世纪 80 年代包括 250 亿美元的美国雷诺兹 – 纳贝斯克（RJR Nabisco）收购案在内的并购浪潮之前，当时的公司在品牌建设上花费了数百万美元，却没有建立会计程序来评估它们创建的品牌价值。一连串的并购案例激发了人们对品牌估值的兴趣，并产生了更为准确的品牌资产评估方法。品牌资产是公司多年积累的成果，品牌价值在公司账簿中并不反映，但却有可能超过有形资产，因此对品牌进行合理的估值至关重要。

品牌资产包含在会计术语"商誉"中。**商誉**（goodwill）指的是公司所有无形资产的货币价值。商誉不仅记录公司的有形资产，如财产、基础设施、原料和投资，还包括公司拥有的无形资产，如品牌、专利、版权、专有技术、许可证、分销安排、公司文化和管理实践等。因此，商誉是比品牌资产内涵更广泛的术语，既包括公司品牌的价值，也包括公司其他无形资产的价值。

评估品牌资产

尽管品牌资产的重要性毋庸置疑，但并没有一个普遍认同的方法来准确评估品牌资产。[17] 目前有几种可以互相替代的方法，都是各有侧重点的衡量品牌资产的方法。最常见的有成本法、市场法和财务法三种。

- **成本法**通过统计品牌的开发成本来计算品牌资产，比如营销研究、品牌设计、沟通、管理和法务的成本。成本法可以基于创立品牌的历史成本，包括对所有品牌建设相关支出的估算，另外，也可以基于品牌的重置成本，即估值时重建品牌的货币成本。

- **市场法**通过评估品牌产品销售收入与完全相同的非品牌产品销售收入之间的差异来估计品牌资产，并根据建立品牌的费用进行调整。例如，评估莫顿盐业（Morton Salt）的品牌价值需要将莫顿产品的销售收入与其同类普通盐的销售收入进行比较，减去建立和管理品牌的成本。

- **财务法**用品牌未来收益的净现值来评估品牌资产，通常包括三个关键步骤：计算公司未来现金流量，估计品牌对公司未来现金流量的贡献，并用一个风险因子调整该现金流量，该风险因子用于解释归属于品牌收益的波动性。

这三种方法各有优缺点，因此，公司可以使用多种方法和替代手段来评估品牌价值并从中获益。品牌资产的衡量方法必须考虑品牌的战略价值，特别是品牌力影响不同市场实体行为的能力。

品牌力

品牌力（brand power）也被称为基于顾客的品牌资产，是品牌为产品或服务贡献的辅助性价值。[18] 品牌力反映了品牌影响消费者关于品牌的思考、感受和行为方式的程度。

因此，品牌力是品牌知识对于消费者对品牌营销的反应所产生的差别效应。[19] 与未被认同的情形相比，当品牌被认同时，如果消费者对产品及其营销方式的反应更加积极，则该品牌具有正面品牌力。在相同情况下，如果顾客对该品牌的营销活动反应更加消极，则该品牌具有负面品牌力。

品牌力源于品牌唤起消费者的不同反应。如果反应相似，则该品牌是一种大众商品，竞争主要基于价格。更进一步，消费者反应的差异是他们所掌握的品牌知识以及与品牌相关的所有思想、情感、印象、经验和信念的结果。品牌必须与顾客建立强大、有利且独特的品牌联想，例如，丰田（可靠性）、贺曼（关怀）和亚马逊（方便和多样的选择）就是如此。最后，品牌资产反映在与品牌营销各个方面相关的感知、偏好和行为之中，越强势的品牌越能够获得高收入。[20]

　　品牌力的主要利益包括提高消费者对产品性能的认知和忠诚度，减少面对竞争性营销行动和营销危机的脆弱性，扩大利润，降低消费者对价格上涨的反应弹性，降低消费者对价格上涨的敏感性和提高消费者对价格下降的敏感性，增强贸易合作和支持，提高营销沟通的有效性，扩大授权经营机会，获得额外的品牌延伸机会，改善员工招聘和留存，以及提高金融市场回报。

　　因此，营销者面临的挑战是确保顾客对产品、服务和营销方案有正确的体验，以形成品牌所希望的思想、情感和品牌知识。简单地说，我们可以认为品牌资产为营销者提供了抽象意义上的从过去通往未来的重要战略桥梁。

　　营销者还应该将每年花在产品和服务上的营销费用视为对消费者品牌知识的投资。投资的关键因素是质量，而不是数量。如果钱花得不明智，品牌建设中的营销费用就有可能会超支。

　　顾客的品牌知识指明了品牌未来的方向。消费者将根据他们对品牌的思考和感受来决定他们认为品牌应该（以及如何）走向何处，以及是否许可任何营销行动或方案。止痛膏品牌 Bengay 的阿司匹林、爆米花品牌 Cracker Jack 的麦片、薯片品牌菲多利的柠檬水、内衣品牌 Fruit of the Loom 的洗衣粉和果酱品牌 Smucker 的高级番茄酱等新产品企划都失败了，因为消费者认为那是不恰当的品牌延伸。

评估品牌力

　　如何评估品牌力？一种间接方法是通过识别和跟踪消费者品牌知识来评估品牌力的潜在来源。[21]另一种直接方法是评估品牌知识对于消费者对营销各个方面的反应的实际影响。

　　这两种通用方法是互补的，营销者可以同时采用这两种方法。换句话说，要使品牌力发挥有效的战略功能并指导营销决策，营销者需要充分了解品牌资产的来源、它们如何影响利益的结果，以及这些来源和结果如何随时间变化而变化（如果有）。品牌审计对前者很重要，而品牌追踪对后者更重要。

- **品牌审计**（brand audit）是一系列目标明确的程序，用于评估品牌的健康状况，揭示品牌资产的来源，并提出改善和利用品牌资产的方法。营销者在制订营销计划和考虑改变战略方向时应该进行品牌审计。定期（例如每年）进行品牌审计，可以让营销者把握品牌的脉搏，从而更积极主动地管理品牌。良好的品牌审计可以敏锐地洞察消费者、品牌以及两者之间的关系。

- 在**品牌追踪**（brand tracking）中，品牌审计的结果被用作输入信息，长时间从消费者那里收集定量数据，提供关于品牌和营销方案如何执行的一致的基础信息。品牌追踪研究帮助我们了解品牌价值在何处、在何种程度上以及以何种方式被创造，以协助日常决策的制定。

家乐氏是一家进行主品牌审计并重新定义品牌定位的公司。

>> 家乐氏用长达一年的谷物类产品品牌审计应对消费者习惯的变化，并实现营销工具升级：从新标语和新包装到公司网站的整合。

Source: Newscast online Limited/Alamy Stock Photo

家乐氏公司　即食谷物类食品近年来一直被攻击，因为忙碌的消费者只能匆忙进食，而注重营养的消费者则担心其含有转基因成分。拥有超过一个世纪历史的家乐氏决定焕新品牌并直面问题。家乐氏启动了一项名为"项目签名"的大规模品牌审计，以提供品牌战略方向和创意灵感。它与品牌咨询合作伙伴 Interbrand 经过一年的努力，才诞生了一个新宣传语——"让今天更棒"（Let's Make Today Great）。此外，还有全新的设计和更现代的标志，并明确了品牌核心宗旨——突出"早餐的力量"，还把家乐氏主品牌明确导入所有营销战役，将全球 42 个公司网站合并为一个。品牌审计影响了家乐氏许多特定的营销方案和活动，从善因营销活动"分享你的早餐"（帮助全美五分之一可能无法享用早餐的儿童）到社交媒体节目《珍爱你的谷物》（揭示有关谷物的神话）。作为奥运会赞助商，家乐氏还将其沟通预算的一部分用于线上活动。[22]

营销者应将品牌资产与品牌估值区分开来，后者是估算品牌财务总价值的工作。知名公司的品牌价值通常超过公司总市值的一半。桂格燕麦的联合创始人约翰·斯图尔特（John Stuart）说："如果这家公司要拆分，我会把土地和房产给你，而我会拿走品牌和商标，并且我将会比你做得更好。"美国公司没有在其资产负债表上列出品牌资产，部分原因是对于评估方式存在分歧。但是，在英国、中国香港和澳大利亚等国家或地区，公司确实会估算品牌资产的具体数值。

设计品牌

营销者通过在消费者心中创建正确的品牌联想来建立品牌资产。这一过程是否成功取决于消费者与品牌相关的所有接触——无论是否由营销者发起。[23]

确定品牌箴言

为了聚焦品牌定位，指导营销者帮助消费者以预期的方式思考该品牌，企业可以确定品牌箴言。**品牌箴言**（brand mantra）是对品牌核心和灵魂的三到五个词的表达，与"品牌精髓"和"核心品牌承诺"等其他品牌概念密切相关。箴言的目的是指导组织内所有员工以及所有外部营销合作伙伴的行动，确保他们了解品牌从根本上应该向消费者传达什么。

品牌箴言是一种强大的工具，它可以通过强调差异，为在品牌下推出哪些产品、开展哪些广告战役，以及在哪里和如何销售品牌等方面提供指导。它的影响甚至可以超越这些战术问题。品牌箴言可以指导那些看似最不相关或最平凡的决策，例如接待区的外观和接听电话的方式。实际上，它创建了一个心理过滤器，以筛选出任何类型的、不适合品牌的、可能对顾客印象产生负面影响的营销活动或行为。

品牌箴言必须简略地传达品牌是什么和不是什么。什么是好的品牌箴言？麦当劳的"食物、家人和欢乐"（Food，Folks，and Fun）抓住了其品牌精髓和核心品牌承诺。另外两个备受瞩目的成功案例——耐克和迪士尼——展示了经过精心设计的品牌箴言所带来的力量和效用。

耐克　耐克品牌凭借其创新的产品设计，对顶级运动员的赞助，屡获殊荣的营销沟通，以及对竞争的推动和无畏的态度，为消费者提供了丰富的品牌联想。耐克营销者在内部采用八个字的品牌箴言来指导他们的营销工作——"真正的运动员表现"（Authentic Athletic Performance）。在耐克看来，它的整个营销方案——产品及其销售方式——必须反映这样的关键品牌价值。多年来，耐克将其品牌联想从"跑鞋"扩展到"运动鞋""运动鞋和运动服"，再到"与运动相关的所有事物（包括装备）"。然而，它前进的每一步都以"真正的运动员表现"这一品牌箴言作为指导。例如，当耐克成功推出其服装系列时，一个很大的障碍是产品的材料、剪裁和设计必须具有足够的创新性，才能真正使顶级运动员获益。同时，该公司一直小心地避免将耐克的名称用于不符合品牌箴言的产品（如休闲的棕色鞋）。

迪士尼　在 20 世纪 80 年代中期，迪士尼通过特许经营和产品开发实现了惊人的增长后，随之确定了品牌箴言。80 年代后期，迪士尼担心它的一些卡通人物，如米老鼠和唐老鸭，被不当使用并过度曝光。这些卡通人物出现在众多的产品上，并以众多的方式营销，以至有时很难辨别交易背后的根本原因是什么。此外，由于卡通人物在市场上的过度曝光，许多消费者觉得迪士尼在滥用它们的名字。迪士尼迅速采取行动，确保所有第三方产品和服务都传递一致的形象——强化关键品牌联想。为此，迪士尼采用了内部品牌箴言"有趣的家庭娱乐"（fun family entertainment）来筛选建议的项目。不符合品牌箴言的机会——无论多么吸引人——都被拒绝了（尽管这个箴言对迪士尼已经很有用了，但如果加上"魔法"这个词可能会有更好的效果）。

与旨在吸引消费者的品牌口号不同，品牌箴言的设计考虑了内在目的。耐克的内部箴言"真正的运动员表现"并没有直接传达给消费者，而是以掌握了品牌箴言精髓的口号 Just Do lt 来呈现。品牌箴言有三个关键标准。第一，一个好的品牌箴言应该传达品牌的独特之处。它可能还需要界定品牌的类别并设置品牌边界。第二，它应当简化品牌的本质——简短、明快、形象生动地表达品牌内涵。第三，它应该对个人有意义且与尽可能多的员工相关，从而激发员工的灵感。

对于处于快速成长期的品牌，定义产品或品牌竞争空间的利益对品牌是有帮助的，就像耐克对

"运动员表现"和迪士尼的"家庭娱乐"所做的那样。用于描述产品或服务的性质，或品牌提供的体验类型，以及品牌提供的利益的语言，对于确定适当的延伸品类至关重要。对于那些不太可能发生延伸的相对稳定品类的品牌，品牌箴言可能只聚焦于差异点。

其他品牌可能在形成公司品牌箴言的品牌联想中的一个或是几个方面表现出色。然而，要使箴言有效，就不能有竞争品牌在品牌箴言针对的所有维度上都表现得更好。耐克和迪士尼成功的关键，部分原因在于多年来都没有竞争对手能够真正实现其品牌箴言所暗示的承诺。

选择品牌元素

品牌元素是用于识别并区分品牌的工具。大多数强势品牌都采用多种品牌元素，这些元素可以注册商标。耐克拥有独特的钩形标志和充满力量的"Just Do It"口号，以及源于希腊神话中长着翅膀的胜利女神的名字"Nike"。营销者应选择能够尽可能多地创建品牌资产的品牌元素。对特定品牌元素的适宜性的测试是，如果消费者对品牌的了解仅仅限于品牌元素，那品牌元素就是他们对产品或服务的看法或感受。例如，如果仅根据名称，消费者可能会期望 SnackWell 的产品是健康的休闲食品，而松下 Toughbook 笔记本电脑则需要耐用且可靠。

选择品牌元素时需要考虑几个因素，品牌元素应当令人难忘、富有意义、讨人喜欢，且能够转移、适应性强和可以保护。前三个因素是"品牌建设性"因素，后三个因素是"品牌防御性"因素。它们都有助于保持品牌资产的杠杆率并保护品牌资产以应对挑战。

- 令人难忘——消费者回忆和识别品牌元素的难易程度如何，以及何时回忆？在购买和消费的时候都能回忆起来吗？汰渍、佳洁士和面巾纸品牌 Puffs 等名称都是令人难忘的品牌元素。[24]

- 富有意义——该品牌元素是否能激发（品牌的）特定含义？考虑一下 DieHard 汽车电池、Mop & Glo 地板蜡和 Lean Cuisine 低热量冷冻主菜等名称的内在含义。新西兰的"42 纬之下"（42BELOW）伏特加的品牌名称既指贯穿新西兰的纬度，也指伏特加的酒精含量。产品包装和其他视觉线索被设计成利用消费者对该国感知的纯净来沟通品牌定位。[25]

- 讨人喜欢——品牌元素在美学上的吸引力如何？最近的一个趋势是提供一个有趣的名称，同时附一个便捷的网址链接，特别是对 Flickr、Instagram、Pinterest、Tumblr 和 Dropbox 等线上品牌。

- 能够转移——品牌元素能否推出相同或不同类别的新产品？它是否增加了跨地域和细分市场的品牌资产？尽管亚马逊最初是一家在线书商，但它足够聪明，没有称自己为"图书反斗城"（Books 'R' Us），而是选择以世界上最大河流的名称来命名，表明公司可以销售种类繁多的产品。

- 适应性强——品牌元素的适应性如何？可以不断更新吗？标志可以轻松更新。在过去的100 年里，壳牌的标志更新了 10 次。

- 可以保护——品牌元素具有怎样的法律保护力？竞争性保护程度如何？那些成为产品品类同义词的品牌名称——如舒洁纸巾、Kitty Litter 猫砂、Jell-O 果冻、Scotch Tape 透明胶带、施乐复印机和 Fiberglass 玻璃纤维——应着力保护其商标权，不能让品牌变得太普通。

品牌元素可以在品牌建设中发挥重要作用。[26] 如果消费者在做出产品决策时不查询大量信息，那么品牌元素应该具有内在的描述性和说服力，便于消费者回忆。品牌元素的喜爱程度也可以提高品牌知名度和品牌联想。[27] 但是选择一个具有内在含义的品牌名称可能会使以后添加不同的含义或更新品牌定位变得更加困难。[28]

通常来说，品牌元素越抽象就越要抓住物性特征。许多保险公司用实力［保诚（Prudential）的直布罗陀巨岩和哈特福德（Hartford）的雄鹿］或安全［好事达的"保护之手"、旅行者集团（Traveler's）的雨伞和消防员基金（Fireman's Fund）的安全帽］作为品牌的象征。

与品牌名称一样，口号是建立品牌资产的一种极其有效的手段。[29] 它们可以充当有用的"挂钩"，帮助消费者掌握品牌是什么以及是什么让它与众不同，例如"州立农业保险就像一位好邻居，永远在您身边"（Like a Good Neighbor, State Farm ls There），"迪尔设备，无与伦比"（Nothing Runs Like a Deere，这里利用了 Deere 和 Deer 同音），Kay 珠宝商的"每个吻，从 Kay 开始"（Every Kiss Begins with Kay，这里利用了 Kay 和 Kiss 相同的首字母）。

公司在更换一个好的口号时应该格外小心。花旗银行放弃了著名的"花旗永不眠"（Citi Never Sleeps）口号，取而代之的是"让我们搞定它"（Let's Get It Done），但在新口号未能成功流行之后又用回了旧口号。50 年后，安飞士汽车租赁公司放弃了"我们再接再厉"（We Try Harder）的口号，取而代之的是"这是你的地盘"（It's Your Space）。这些新口号的持久力远低于它所取代的口号，更不用说它的内在信息了。

品牌名称和其他标识可以通过注册商标来保护，制造工艺可以通过专利来保护，包装可以通过版权和外观专利设计来保护。这些知识产权确保公司可以安全地投资于品牌并获得宝贵的资产收益。[30]

营销
技巧 ｜品牌形象代表的魔力

　　品牌形象代表在营销中有着悠久而重要的历史。奇宝（Keebler）精灵的形象强化了家庭式烘焙的品质感以及饼干产品线的魔力和乐趣。在保险行业，美国家庭人寿保险公司（Aflac）的鸭子形象与政府雇员保险公司的壁虎形象互相争夺消费者的注意力，而前进保险公司（Progressive）的"健谈的弗洛（Flo）"与大都会人寿保险的可爱花生形象之间也存在竞争。米其林公司友善可亲的轮胎形状的米其林轮胎先生（Bibendum）为家庭用户带来安全感，而米其林品牌在全球 80% 的知名度都应归功于这个形象代表。每年米其林都会为米其林轮胎先生发放一本"护照"，用于限制营销者在广告中对该人物的使用。例如，米其林轮胎先生从不咄咄逼人，也从不进行推销。[31]

　　品牌形象代表（brand character）标示了一种特殊类型的品牌符号——具有拟人特征，既能增强品牌喜爱度，又能为品牌打上有趣和欢乐的标签。当品牌由人或其他形象代表时，消费者更容易与品牌建立关系。品牌形象代表通常是通过广告推出的，并且可以在广告战役和包装设计中发挥核心作用。玛氏的"代言糖"是该品牌所有广告、促销和数字沟通中不可或缺的一部分。有些品牌形象代表是动画形式的，如品食乐面团宝宝（Pillsbury Doughboy）、同名花生酱品牌的彼得·潘（Peter Pan），以及众多谷物类品牌的形象代表，例如家乐氏的老虎托尼和精灵三人组（Snap，Crackle & Pop）；也有写实形象代表，如哥伦比亚咖啡的胡安·巴尔德斯（Juan Valdez）和麦当劳的麦当劳叔叔。[32]

　　由于品牌形象代表通常色彩鲜艳且图形丰富，所以它们可以帮助品牌突破市场混乱的局面，以软性方式沟通产品的核心优势。品牌形象代表也避免了许多真人代言人带来的问题：他（它）们不会要求加薪或行为不端。为了塑造品牌个性以及促进消费者互动的机会，品牌形象代表在数字世界中发挥着越来越重要的作用。病毒视频中花生先生（Mr. Peanut）的走红导致了花生酱产品线的上市，甚至那些老字号都以自己的方式上网了。1957 年首次推出的清洁先生（Mr.Clean）已经聚集了大约 90 万个脸书粉丝。

选择次级联想

为了建设强势品牌，营销者将品牌与消费者记忆中其他有意义的信息联系起来。这些联想成为品牌知识的次级来源（见图 10-1）。

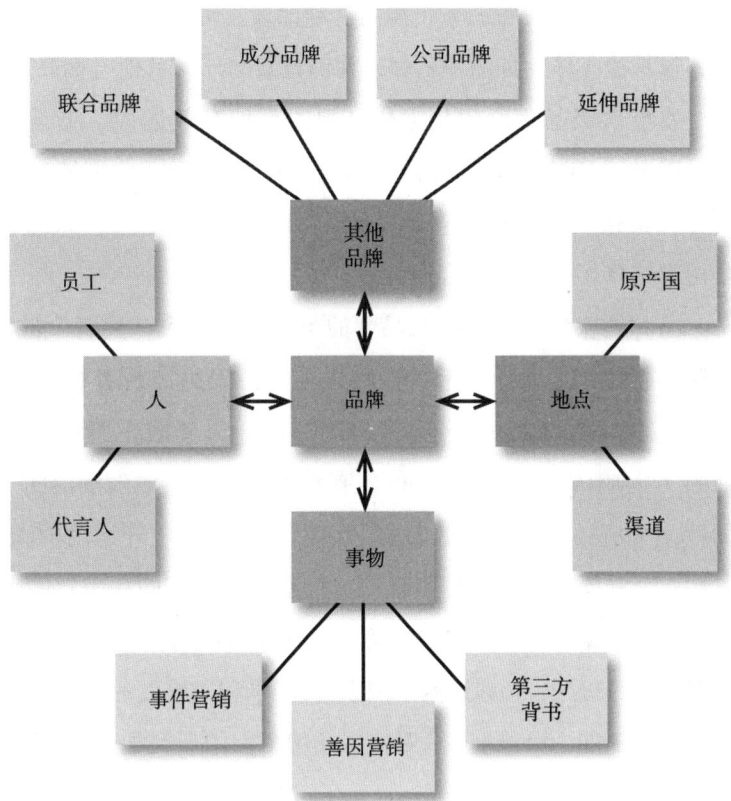

图 10-1
品牌知识的次级来源

这些"次级"品牌联想可以将品牌和公司本身（通过品牌化战略）、国家或其他地理区域（通过识别产品原产地）和分销渠道（通过渠道战略），以及和其他品牌（通过成分品牌或合作品牌）、品牌形象代表（通过授权）、代言人（通过背书）、文体活动或事件（通过赞助）及其他第三方来源（通过奖励或评论）等联系起来。

假设伯顿（Burton）——一家滑雪板、滑雪靴、固定器、服装和外套的制造商——决定推出一种名为 Dominator 的新型冲浪板。伯顿通过与顶级专业滑雪运动员的密切合作，创建了一个全国范围的强大的业余滑雪俱乐部，赢得了超过三分之一的滑雪板市场。[33] 为了支持新型冲浪板，伯顿可以通过多种方式建立品牌次级知识。

首先，它可以将冲浪板作为一个"子品牌"，称其为"伯顿出品 Dominator"（Dominator By Burton）。在这种情况下，消费者对新产品的评价将受到他们对伯顿品牌的感知，以及他们认为这些品牌知识是否可以预测伯顿冲浪板质量的影响。反过来，伯顿可以依靠它的原产地新英格兰乡村，但这个地理位置似乎与冲浪无关。伯顿还可以通过较受欢迎的冲浪板门店进行销售，寄希望于它们的信誉能够让 Dominator 品牌沾光。伯顿甚至可以与其泡沫或玻璃纤维材料的一个强势成分品牌进行品牌联合［正如威尔逊（Wilson）在其 Pro Staff Classic 网球鞋的鞋底加入固特异轮胎橡胶所做的那样］。

伯顿还可以找一个或多个顶级专业冲浪选手来为冲浪板提供背书，或者赞助一个冲浪比赛甚至整个世界职业冲浪协会（ASP）的世界巡回赛。最后，伯顿可以确保并宣传来自诸如《冲浪者》和《冲浪》杂志等第三方资源的有利评级。因此，独立于冲浪板本身创建的联想，伯顿可以通过将品牌与其他主体，如品牌名称或营销方案的任何其他方面联系起来，从而创建品牌资产。

发展次级品牌联想是强化品牌的一种有效途径，但是将品牌与某人或某物联系起来可能是有风险的，因为发生在其他主体身上的任何不好的事情也可能与该品牌相关联。当大受欢迎的代言人泰格·伍兹和兰斯·阿姆斯特朗（Lance Armstrong）陷入丑闻时，许多请他们推广品牌的公司都选择了与其终止合作。

品牌的次级联想必须与品牌的个性保持一致。**品牌个性**（brand personality）是特定品牌拟人特征的特定组合。定义品牌个性很重要，因为消费者往往倾向于选择个性与自己相匹配的品牌。研究人员已经发现以下品牌个性特质：[34] 真诚（脚踏实地的、诚实的、健康的和快乐的）、刺激（大胆的、充满活力的、富有想象力的以及紧随潮流的）、能力（可靠的、智慧的和成功的）、优雅（上流社会的和有魅力的）和粗犷（常在户外运动的和坚韧的）。一个品牌个性可能有多个属性：李维斯暗示了一种年轻的、叛逆的、真实的和美式的个性。

一项探索品牌个性量表在美国以外地区适用性的跨文化研究发现，以上五个因素中有三个适用于日本和西班牙，但在这两个国家中，"平和"维度都取代了"粗犷"维度，而在西班牙"激情"维度取代了"能力"维度。[35] 对韩国品牌个性的研究揭示了两个特定的文化因素——"讨喜"（passive likableness）和"支配"（ascendancy），这反映了儒家价值观在韩国社会和经济体系中的重要性。[36]

品牌层级

品牌层级（brand hierarchy）反映了公司品牌与公司的产品和服务，以及公司其他品牌之间的关联方式。对管理多样化品牌组合的公司而言，建立有意义的品牌层次结构尤为重要。

管理品牌组合

一个品牌只能延伸到一定程度，而且公司想要针对的所有细分市场可能并不喜欢同一个品牌。

营销者往往想要多个品牌来追求多个消费者细分市场。在一个类别中引入多个品牌的其他原因包括：增加货架空间和对零售商的依赖，保留寻求多样化选择而可能转向另一个品牌的消费者，增加公司内部品牌之间的竞争，以及在广告、销售、推销和实体分销中利用规模经济。[37]

品牌组合（brand portfolio）是特定公司在特定品类或细分市场中提供的所有品牌与品牌系列的集合。建立一个好的品牌组合需要仔细思考和创造性执行。最优品牌组合的标志是其包含的每个品牌在与其他品牌的组合过程中能够实现品牌资产最大化。营销者通常需要在市场覆盖面与成本及盈利能力之间进行权衡。如果削减品牌能增加利润，那么当前的品牌组合就太大了；如果可以通过增加品牌来增加利润，则当前的品牌组合还不够大。

设计品牌组合的基本原则是最大限度地扩大市场覆盖面，从而避免忽略任何目标顾客，同时尽量减少品牌重叠，使公司的品牌之间不会为争夺顾客的认可而竞争。每个品牌都应该具有明显的差异化，并吸引足够大的细分市场，以证明其营销和生产成本是合理的。想一想以下这两个例子。

道康宁　道康宁（Dow Corning）公司采用双品牌法来销售其有机硅，许多公司都将这种有机硅用作原材料。以"道康宁"的名称销售的有机硅采用"高接触"的方法，给予顾客极大的重视和支持，而以"Xiameter"的名称销售的有机硅则采用"经济实惠"的方式，强调低价。[38]

联合利华　联合利华与百事可乐合作，销售四种不同品牌的即饮冰茶。Brisk Iced Tea 作为一个入门级的、"风味为先"的价值品牌，属于"价格欺诈型"品牌。立顿冰茶是一个融合了多种口味的主流品牌。立顿纯叶冰茶是为茶叶原教旨主义者提供的优质且"以茶为先"的品牌。泰舒茶（Tazo）则是一个超高端的小众品牌。[39]

营销者需要长期且仔细地监控品牌组合，识别弱势品牌，并淘汰无利可图的品牌。[40]与差异化较弱的产品或服务相关的品牌可能会自相残杀并稀释品牌。这种过度扩张和无差异的产品可能需要精简，以确保品牌的健康及其创造市场价值的能力。

以下三种通用的品牌组合战略很受欢迎。

- **品牌家族策略**表示产品采用个别或独立的家族品牌名称。消费品公司以不同的名称为不同的产品贴上商标的传统由来已久。通用磨坊主要使用个别品牌名称，例如，Bisquick 饼干粉、金牌（Gold Medal）面粉、天然山谷（Nature Valley）格兰诺拉燕麦棒、欧帕（Old El Paso）墨西哥食品、浦氏（Progresso）速食汤、Wheaties 麦片和优诺酸奶。如果一家公司生产多种差异很大的产品，那么一个通用的名称通常是不可取的。Swift & Company 为其火腿和肥料开发了不同的家族名称（Premium 和 Vigoro）。公司也经常为同一产品类别中的不同质量的产品线使用不同的品牌名称。独立家族品牌名称的主要优点是，如果产品失败或质量低劣，消费者不会将其他产品的声誉与该产品联系起来。[41]

- **家族品牌策略**表明公司采用公司品牌伞或公司统一的品牌名称。许多企业，如亨氏和通用电气，将其企业品牌名称像雨伞一样覆盖其全部产品线。[42]品牌伞策略的开发成本较低，因为无须研究品牌名称或花费大量的广告费用来建立认知度。金宝汤以极其简单的品牌名称推出新的汤品，并即刻被消费者认知。如果制造商的名字很好，那么可能会促进新产品的销售。创新、专业和可信的企业形象联想已被证明能够直接影响消费者的评价。[43] 最后，公司品牌化战略可以为企业带来更大的无形价值。[44] 然而不利的一面是，如果消费者对一种产品的不良体验影响了他们对同一品牌其他产品的看法，则会产生负面溢出效应。

- **子品牌策略**是两个或多个公司品牌、家族品牌或个别产品品牌名称的结合。家乐氏采用子品牌或混合品牌战略，它将公司品牌与个别产品品牌（如家乐氏米脆饼、家乐氏葡萄干麸皮和家乐氏玉米片）结合起来。本田、索尼和惠普等许多耐用品制造商在其产品中也会使用子品牌策略。企业或公司名称使新产品合法化，子品牌名称使其个性化。

品牌家族策略和家族品牌策略代表了连续体的两端，而子品牌策略介于两者之间，其位置取决于子品牌的哪个组成部分受到更多重视。联合技术公司（United Technologies）是使用品牌家族策略的一个很好的例子。

>> 联合技术公司（现为雷神技术公司）利用其个别品牌（包括普惠、古德里奇、奥的斯、开利和凯德）的影响力来获得对母公司的认可和尊重。

Source: David Gee/Alamy Stock Photo

联合技术公司　联合技术公司（简称 UTC）为航空航天和商业建筑行业提供范围广泛的高科技产品与服务，年收入近 630 亿美元。它的航空航天业务包括西科斯基（Sikorsky）直升机、普惠（Pratt & Whitney）飞机发动机和 UTC 航空航天系统（包括 Goodrich Corporation 和 Hamilton Sundstrand 航空航天系统）。UTC 建筑与工业系统是全球最大的建筑技术供应商，包括奥的斯电梯和自动扶梯，开利（Carrier）加热器、空调和制冷系统，以及来自凯德（Kidde）和集宝（Chubb）等品牌的消防和安全解决方案。它的大多数在销品牌都是几十年前发明产品或创建公司的人名。这些名字比母品牌的名字更有影响力，在商业采购市场上更容易被识别，并且员工也忠诚于个别独立的公司。母品牌 UTC 的名称仅面向少数但有影响力的受众——纽约和华盛顿特区的金融界人士和意见领袖。"我的理念一直是利用子公司商标的力量来提高对母公司本身的接受度、知晓度以及声望。"UTC 前首席执行官乔治·戴维（George David）如是说。2020 年年初，UTC 与国防承包商雷神公司合并，成立了雷神技术公司。[45]

　　家族品牌战略，对拥有明确定义旗舰产品的公司通常很有用。**旗舰产品**（flagship product）是对消费者而言最能代表或体现整个品牌的产品。它通常是品牌获得声誉的第一个产品，一个被广泛接受的畅销产品，或者一个备受推崇或屡获殊荣的产品。[46]

　　旗舰产品在品牌组合中发挥着关键作用，因为营销它们可以带来短期利益（增加销售额）和长期利益（提高一系列产品的品牌资产）。某些特定车型在许多汽车制造商中扮演着重要的旗舰角色。除了销量最高，家用轿车丰田凯美瑞和本田雅阁代表了这些制造商旗下所有汽车产品共享的品牌价值。戴姆勒首席执行官迪特·蔡澈（Dieter Zetsche）这样解释为推出 2014 年的新款梅赛德斯－奔驰 S 级轿车产生的巨额投资："这辆车之于梅赛德斯－奔驰，就像港口之于汉堡城、蒙娜丽莎之于达·芬奇，以及'Satisfaction'这首歌之于滚石乐队，是整体声誉最重要的象征。"[47]

　　许多公司正在引入**品牌变体**（brand variants），即提供给特定零售商或分销渠道的特定品牌系列。它们是零售商向制造商施压要求提供独特供货的结果。一家相机公司可能会将其低端相机供应给大众销售商，同时将其高价产品限定在专业相机商店销售。华伦天奴（Valentino）可能会为不同的百货公司设计和供应不同系列的西装与夹克。[48]

联合品牌

　　营销者经常将他们的品牌与其他公司的品牌联合起来，以创造卓越的市场价值。**联合品牌**（cobranding）也被称为双重品牌，涉及两个或多个品牌的共同营销。

联合品牌的本质

　　一种形式的联合品牌是同一家公司的品牌联合，例如通用磨坊为自家的 Trix 麦片和优诺酸奶做广告。另一种形式是合资企业的联合品牌，例如日本的通用电气和日立灯泡，或者涉及三方参与的花旗银行、美国航空和维萨合作的花旗白金精选美国航空维萨签名信用卡。还有多个赞助商共同发起的联合品牌，例如 Taligent 就是由苹果、IBM 和摩托罗拉组成的一次性技术联盟。最后，还有零售联合品牌，指两家零售机构使用同一个场所来优化空间和利润，例如必胜客、肯德基和塔可贝尔（Taco Bell）的快餐店联合品牌。

　　联合品牌的主要优点是可以利用多个品牌的长处来定位同一个产品，令人信服。联合品牌可以从现有市场获得更大的销售额，并打开吸引新消费者和渠道的机会。它还可以降低产品的市场导入成本，因为它联合了两个知名的品牌形象，加快了市场接纳的速度。联合品牌可能是了解消费者以及其他公司营销方法的有价值的手段。汽车行业中的公司已经获得了所有这些好处。[49]

　　联合品牌的潜在缺点是在消费者心目中与另一个品牌联合所涉及的风险和控制缺失。消费者对联合品牌的期望可能很高，因此令人不满意的表现可能会对两个品牌都产生负面影响。如果其中一个品牌达成多项联合品牌安排，过度的曝光可能会削弱任何有意义的品牌联想的传播。[50]

　　要使联合品牌取得成功，两个品牌必须分别拥有品牌资产——足够的品牌知名度和足够正面的品牌形象。最重要的是两个品牌之间要逻辑契合，能够最大限度地发挥各自的优势，同时尽量减少劣势。如果联合品牌具有互补性并提供独特的品质，而不是过于相似和多余，消费者就更容易对联合品牌产生好感。[51]

　　管理者必须谨慎地开展品牌联合，寻求价值观、能力和目标的匹配以及品牌资产的适当平衡，还必须有详细的计划促使契约合法化，进行财务安排和协调营销计划。正如纳贝斯克的一位高管所说："交出你的品牌就像交出你的孩子一样，你要确保一切都是完美的。"品牌之间的财务安排各不相同：一种常见的方法是在生产过程中投入较多的品牌，向另一方品牌支付许可费和特许权使用费。

　　品牌联盟需要做许多决策。你不具备什么样的能力？你面临哪些资源限制（人员、时间、金钱）？你的战略目标是什么？合作有助于提升品牌资产吗？是否存在稀释品牌资产的风险？这个机会能否提供如知识转移之类的战略优势？

>> 亿滋品牌旗下妙卡和奥利奥组成的联合品牌旨在使总部位于瑞士的妙卡在美国市场获得更强大的立足点。

Source: page frederique/Shutterstock

成分品牌

　　成分品牌是联合品牌的一个特例。它是为包含在品牌产品中必需的材料、组件或零件创建品牌资产。对于品牌不那么强大的主产品，成分品牌可以实现差异化并提供重要的质量信号。[52]

　　成功的成分品牌包括杜比降噪技术、GORE-TEX 防水纤维和思高洁（Scotchgard）织物。Vibram 是高性能橡胶鞋底的全球领导者，可用于户外、劳作、军用、休闲、时尚和整形鞋。看看你的鞋底，你可能会发现自己脚上的正是 Vibram 鞋底，它被众多鞋类制造商使用，包括北面、索康尼（Saucony）、添柏岚、法国鳄鱼（Lacoste）、L.L. Bean、Wolverine、乐步（Rockport）、哥伦比亚（Columbia）、耐克和 Frye。

　　关于成分品牌，一个有趣的现象是公司为自有品牌成分进行宣传甚至注册商标。[53]威斯汀酒店（Westin Hotels）就宣传了自己的"天梦之床"——对客人良好睡眠起着至关重要的作用。该品牌大获成功，以至威斯汀现在通过线上商城销售床垫、枕头、床单和毯子，以及其他"天梦"礼品、沐浴用品，甚至宠物用品。床垫的成功也为整个威斯汀品牌带来了光环。"天梦之床"爱好者更有可能对房间的其他方面进行积极评价或保持积极态度。[54]如果能做得好，公司使用自有品牌成分是很有意义的，因为公司对它们有更大的控制权，可以根据自己的目的来开发它们。

　　成分品牌试图为它们的产品创造足够的知晓度和偏好，这样消费者就不会购买不包含该成分的主产品。杜邦推出了许多创新产品，例如可丽耐（Corian®）固体表面材料，用于从服装到航空航天等市场。它的许多产品，如特卫强（Tyvek®）建筑外墙防护材料、特氟龙（Teflon®）不粘涂层和凯夫拉（Kevlar®）纤维，已经成为其他公司生产的消费品中家喻户晓的成分品牌。

许多制造商生产用于品牌产品的组件或材料，却没有成功建立它们的个体形象。英特尔是成功避免这种命运的少数几家成分品牌公司之一，它以消费者为导向的品牌行动说服了许多个人计算机购买者只选择带有"Intel Inside"标识的品牌。因此，主要的个人计算机制造商——戴尔、惠普、联想——都花高价从英特尔购买芯片，而不从其他不知名的供应商那里购买同样的芯片。

如何成功塑造成分品牌？[55] 其一，消费者必须相信成分对最终产品的质量表现和成功很重要。在理想情况下，这种内在价值很容易被看到或被体验到。其二，消费者必须确信该成分是优质的。为此，公司必须协调沟通行动——通常在最终产品制造商和携带这些产品的零售商的帮助下——帮助消费者了解品牌成分的优势。其三，必须有一个独特的符号或标志清楚地表明主产品包含该成分。在理想情况下，这个符号或标志的功能就像一个"印章"，简单但通用，可靠地传递质量和信心。[56]

营销技巧 | 品牌价值链

品牌价值链（brand value chain）是一种结构化的方法，用于评估品牌资产的来源和结果，以及营销活动创造品牌价值的方式（见图10-2）。它有以下三个前提。[57]

其一，品牌价值创造始于公司以实际或潜在顾客为目标市场，通过投资营销计划来发展品牌，包括营销沟通、贸易或中介支持，以及产品研发和设计。这样的营销活动会改变顾客心智——顾客与品牌关联的思想和情感。其二，这些顾客心智将影响购买行为以及消费者对所有后续营销活动——定价、分销渠道、沟通和产品本身——的反应方式，从而影响品牌的市场份额和盈利能力。其三，投资界在评估股东价值，特别是品牌价值时，会考虑品牌的市场表现。

该模型还假设三个乘数可以增加或减少从一个阶段流向另一个阶段的价值。

- 计划乘数决定营销计划影响顾客心智的能力，它是计划投资质量的一个函数。
- 顾客乘数决定了在顾客心智中创造的价值对市场表现的影响程度。这一结果取决于竞争优势（其他竞争品牌的营销投资的有效性）、渠道和其他中间商支持（各种营销合作伙伴贡献的品牌支援和销售努力的数量），以及顾客规模和概貌（品牌所吸引的顾客数量以及类型是否有利可图）。
- 市场乘数决定了一个品牌的市场表现所显示的价值在多大程度上体现在股东价值中。这部分取决于财务分析师和投资者的行为。

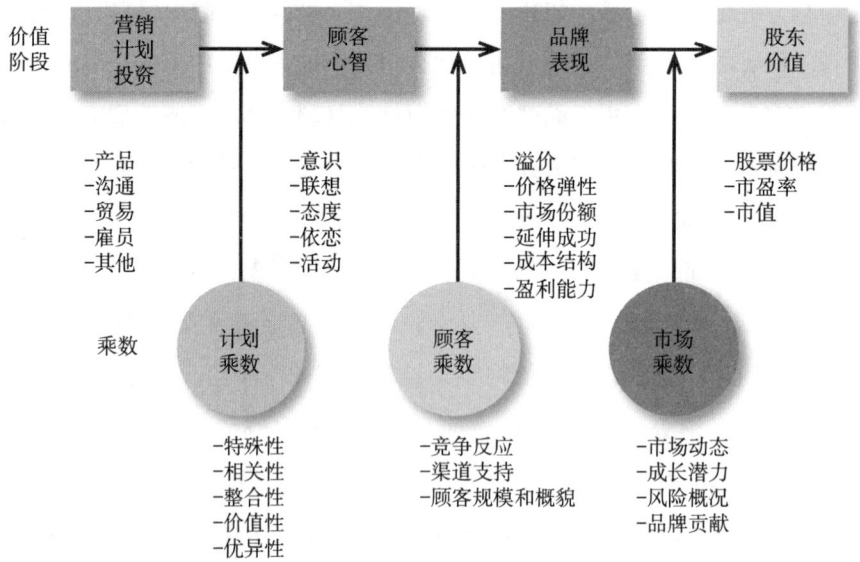

图 10-2
品牌价值链
Source: Kevin Lane Keller and Vanitha Swaminathan, *Strategic Brand Management*, 5th ed. (Upper Saddle River, NJ: Pearson Education, 2020), chapter 3

品牌动态

品牌不会一成不变，它们会随着时间的推移而演进。品牌演进的两种最常见的方式是通过品牌重新定位和品牌延伸。

品牌重新定位

营销环境中的任何新发展都会影响品牌的命运。然而，近年来，一些品牌成功地卷土重来。[58] 在汽车市场经历了一个艰难时期后，凯迪拉克、菲亚特和大众汽车都不同程度地扭转了品牌命运。通用汽车通过全面改革产品阵容，采用重新定义外观和造型的新设计，例如 SRX 跨界车、XTS 和 CTS 四门轿车、凯雷德多功能运动车（Escalade SUV）和 ATS 运动型轿车，挽救了衰退中的凯迪拉克品牌。起到作用的还有一剂良药——突破性营销，包括在广告中首次使用齐柏林飞艇乐队（Led Zeppelin）的音乐。

品牌重新定位的第一件事通常就是了解品牌资产的最初来源。正面的品牌联想是否正在失去其力量或独特性？是不是有负面联想与品牌联系在一起？然后决定是保持原有的定位，还是创建一个新的定位（如果是后者，应该创建什么样的新定位）。[59]

实际的营销方案有时是问题的根源，因为它未能兑现品牌承诺，那么"回到初心"战略可能就有意义。正如前文提到的，哈雷戴维森通过更好地满足顾客对产品性能的期望，重新赢得了市场领导地位。回到初心的蓝带（Pabst）啤酒酿造公司通过利用标志性的包装和形象，以及对真实性的感知也达到了回归本源的目的。

然而，在其他情况下，旧的定位不再可行，则需要重新制定战略。激浪就彻底改变了其品牌形象，成了软饮料巨头。正如其历史所揭示的那样，复兴一个依然在售却或多或少被遗忘的品牌往往比较容易。欧仕派（Old Spice）是另一个例子，它超越了其作为经典须后水和古龙水礼品套装（婴儿潮一代会在父亲节将此套装送给他们的父亲）的品牌根源，成了年轻的千禧一代受众极为认同的现代男性美容产品。为了重振欧仕派，宝洁公司利用产品创新和半开玩笑式的品牌沟通方式，强调品牌"体验"。

显然，重新定位战略是一个连续体，一端是纯粹的"回到初心"，另一端是纯粹的"重塑品牌"，其间则是两者之间的许多组合。挑战往往在于做出足够的改变以吸引一些新顾客，但又不至于疏远老顾客。[60] 看看博柏利是如何卷土重来的。

≫ 为了巩固在当代消费者心目中的奢华地位，博柏利从众多核心产品中去除了无处不在的标志性格纹，创造了数百种新的外套设计，并改进了线上业务，以增加对千禧一代的吸引力。

Source: iDubai/Alamy Stock Photo

博柏利　博柏利拥有令人难以置信的 150 年历史。第一次世界大战中英国士兵穿着博柏利经典的英式风衣；欧内斯特·沙克尔顿爵士（Sir Ernest Shackleton）在南极探险期间穿着博柏利；博柏利甚至被指定为皇室的官方供应商。然而，到 21 世纪，该品牌独特的格纹图案不再炫酷，它覆盖了太多的产品，并被太多造假者仿冒。尽管它的风衣具有标志性地位，但外套仅占博柏利全球业务的 20%。为了解决这个问题，博柏利决定通过突出、创新和发展其核心奢侈产品来巩固其传统。针对未来的奢侈品顾客，博柏利从 90% 的产品中剔除了过度使用的格纹图案。它重新定位并赋予品牌更加统一和现代的感觉，从而新创了 300 多种不同的外套，从斗篷和短款夹克到各种颜色与款式的经典风衣。博柏利还在理想的地点开设了新店，并增加了对销售人员的培训。博柏利的线上形象经过重新设计，对千禧一代更具吸引力，其中包含音乐、电影、传统和故事情节等情感化的品牌内容，还包括博柏利时装秀的联播。因此，该公司已成为全球最有价值的奢侈品品牌之一。[61]

品牌延伸

一家公司利用已建立的品牌推出不同品类或价格等级的新产品，由此产生的市场供应品被称为

品牌延伸（brand extension）。本田公司名称涵盖了汽车、摩托车、吹雪机、割草机、船用发动机和摩托雪橇等不同产品。公司宣传这些产品为"能在一个两车位的车库中放进六台本田"。

当营销者将新品牌与现有品牌结合时，这种品牌延伸也可以称为子品牌，例如好时之吻（Hershey Kisses）糖果、Adobe Acrobat 软件、丰田凯美瑞汽车、万怡酒店（Courtyard）等。产生品牌延伸或子品牌的现有品牌叫母品牌。如果母品牌已经通过品牌延伸与多个产品相关联，则它也可以被称为主品牌或家族品牌。

品牌延伸不同于产品线延伸。在品牌延伸中，公司将其品牌延伸到与当前不相关的品类；在**产品线延伸**（line extension）中，新产品被涵盖在母品牌当前服务的产品品类之中，例如引入新口味、形式、颜色、成分和包装尺寸。多年来，达能推出了多种类型的达能酸奶系列延伸产品——底部有水果的、全天然风味的、Danonino 和 Light & Fit。正如我们所指出的，在品牌延伸中，营销者可以利用母品牌进入不同的产品类别，例如瑞士军表。

许多公司都会通过在原来强势品牌下导入系列新产品来发挥它们最有价值资产的杠杆优势。大多数新产品——通常每年占 80%~90%——都是品牌延伸。此外，许多最成功的新产品，如唐恩都乐咖啡、浦氏的轻汤和 Hormel Compleats 的微波餐食，也都是品牌延伸。尽管如此，每年都会有许多新产品作为新品牌被导入市场。

何时延伸品牌

营销者必须通过评估母品牌现有品牌资产的有效程度以及对母品牌资产贡献的有效程度来判断每个潜在的品牌延伸行为。佳洁士深层洁白牙贴利用佳洁士在牙科护理领域的良好声誉，为牙齿美白领域产品提供了信誉保证，同时也巩固了其牙科权威的形象。珠宝制造商宝格丽（Bulgari）则已进军酒店、餐饮、香水、巧克力和护肤品领域。

>> 阿玛尼（Armani）产品线中的三个价格层级帮助公司无论在什么时期，都能生存和繁荣。

Source: Michael Kemp/Alamy Stock Photo

阿玛尼　阿玛尼已将其品牌从高端的 Giorgio Armani 和 Giorgio Armani Privé 延伸到 Emporio Armani 的中档奢侈品，以及 Armani Jeans 和 Armani Exchange 的平价奢侈品。这些延伸品牌之间存在明显的差异，最大限度地降低了消费者混淆和品牌蚕食的可能性。每个延伸品牌都兑现了母品牌的核心承诺，降低了伤害母公司形象的可能性。

拉夫劳伦　拉夫劳伦（Ralph Lauren）成功塑造了一个雄心勃勃的奢侈品品牌，其产品范围广泛，代表了健康的美国生活方式的形象。除了服装和香水，拉夫劳伦精品店还出售床单、蜡烛、床、沙发、餐具、相册和珠宝。Calvin Klein 虽然具有不同的生活方式意象，但采用了同样成功的延伸策略。

在衡量品牌延伸能否成功时，营销者应该问一些问题：[62] 母品牌是否具有强大的品牌力？是否有很强的匹配基础？该延伸是否有最佳的共同点和差异点？营销方案如何才能强化延伸资产？延伸将对母品牌资产和盈利能力产生什么影响？

关于品牌延伸的一些关键研究发现总结如下：[63]

- 当母品牌被视为具有良好的品牌联想，并且母品牌与延伸产品之间存在契合感时，成功的品牌延伸就会产生。这种匹配涉及与产品相关的属性和利益，以及与常见使用场景或用户类型相关的属性和利益。例如，拉夫劳伦将其品牌从时尚服装延伸到香水、家具甚至油漆。

- 被视为产品品类原型的品牌可能难以延伸到该类别之外。例如，将可口可乐品牌延伸到鲜榨果汁可能很有挑战性，因为该品牌在碳酸可乐品类中具有原型性质。因此，在原始产品类别中为正面的品牌联想到了品牌延伸的情景下可能变为负面联想。此外，具体的属性联想往往比抽象的利益联想更难延伸。

- 垂直延伸通常需要子品牌战略的支持，以防止负面的品牌联想（在高端延伸的情况下）、品牌稀释和产品蚕食（在低端延伸的情况下）。例如，Giorgio Armani 没有使用其核心品牌推出低端产品线，而是引入了一个子品牌——Armani Exchange，这有助于降低品牌稀释和销售蚕食的可能性。

评估延伸机会的一个主要错误是，没有考虑消费者所有的品牌知识，而是将注意力集中在一个或几个品牌联想上，并将其当作潜在的匹配基础。[64] Bic 就是这个错误的典型例子。

Source: PATRICK KoVARIK/AFP/ Getty Images

≪ 尽管 Bic 大力吹捧其 5 美元的男女香水，以延伸 Bic 便利购买和物美价廉的品牌传统，但由于跟消费者对公司的印象不一致，这一产品延伸注定要失败。

Bic　专注于生产廉价一次性产品的法国公司 Société Bic，分别在 20 世纪 50 年代后期、70 年代初期和 80 年代初期为不可充圆珠笔、一次性打火机和一次性剃须刀创造了市场。它尝试用同样的战略在美国和欧洲销售 Bic 香水，但没有取得成功。这些香水——女性用的 Nuit 和 Jour，男性用的 Bic 和 Bic Sport——用四分之一盎司的玻璃喷雾瓶包装，看起来像厚重的打火机，每瓶售价 5 美元。产品遍布 Bic 广泛的分销渠道，摆放在收银台的货架上。当时，Bic 的一位女发言人将这些新产品描述为 Bic 传统的延伸——"物美价廉，购买方便，使用简便"。该品牌延伸通过一项价值 2000 万美元的广告和促销战役启动，其中包含时尚人士享受香水的图片，并使用标语"你口袋里的巴黎"。然而，Bic 无法克服其缺乏声望和负面品牌联想的弊端，品牌延伸以失败告终。[65]

品牌延伸的优势

消费者根据对母品牌的了解以及他们对这些信息的相关程度的感觉，形成关于新产品的期望。当索尼推出一款为多媒体应用量身定制的新型个人计算机 VAIO 时，消费者因为有关于索尼其他产品的知识和经验，所以对该产品性能预期良好。VAIO 品牌刚获得顾客认可，就从索尼分拆出来作为一个独立品牌运营，而索尼保留了该公司的少数股权以及 VAIO 品牌和商标。

通过建立积极的期望，品牌延伸的风险可以被降低。由于预期顾客需求的增长，说服零售商进货和推广延伸品牌也可能变得更容易。延伸产品的上市推广无须同时提高品牌和新产品的知名度，只需要专注于新产品本身。[66]

因此，品牌延伸可以降低上市成本。这一点很重要，因为在美国市场建立一个消费品的全新主品牌名称可能需要花费超过 1 亿美元。品牌延伸还可以避免引进新名称的困难和费用，从而提高包装和标签的使用效率。相似或相同的包装和标签可以降低延伸产品的生产成本。如果协调得当，还可以通过"广告看板"效应在零售店中获得更多展示。[67] Stouffer's 提供各种具有相同橙色包装的冷冻主菜，当它们一起被存放在杂货店的冰柜中时，可以增加它们的吸睛程度。通过产品类别中的品牌变体组合，想要改变的消费者可以切换到不同的产品类型，而无须离开这个品牌家族。

可口可乐　为了摆脱传统形象，转向以健康为中心的趋势，可口可乐决定推出一系列能量饮料，并首次使用属于自己的品牌名称。新能量饮料的名称为"可口可乐能量"和"可口可乐能量无糖"，采用天然咖啡因和瓜拉那提取物制成。此举使该公司的能量饮料与可口可乐部分拥有并负责分销的品牌魔爪能量饮料之间展开直接竞争。新能量饮料还面临一场艰苦的战斗：消费者一般将可口可乐与碳酸可乐联系在一起，而新产品试图改变这种认知。[68]

除了使消费者更容易接受新产品，品牌延伸还有助于阐明品牌的意义及其核心价值，或提高消费者忠诚度。通过品牌延伸，绘儿乐意味着"为孩子提供丰富多彩的手工艺品"，慧俪轻体（Weight Watchers）意味着"减肥和保养"。

一个成功的品牌延伸不仅可以巩固母品牌、开拓新市场，还可以促进更多新品类的延伸。苹果 iPod 和 iTunes 产品的成功开辟了一个新市场，推动了核心 Mac 产品的销售，并为 iPhone 和 iPad 的推出铺平了道路。

品牌延伸的劣势

不利的一面是，产品线延伸可能会导致品牌名称对其中任一产品的识别度降低。[69]通过将品牌与土豆泥、奶粉、汤和饮料等主流食品联系起来，吉百利冒着风险丢弃了原来仅限于巧克力和糖果的特定品牌意义。[70]

当消费者不再将品牌与特定产品或高度相似的产品集合联系起来，并开始越来越少地想起该品牌时，**品牌稀释**（brand dilution）就发生了。保时捷的卡宴（Cayenne）多功能运动车和帕拉梅拉（Panamera）四门轿车取得了销售成功，贡献了其 2012 年汽车销量的四分之三。但一些批评人士认为，该公司在此过程中淡化了其跑车形象。保时捷随后开设了公路和越野测试跑道、驾驶课程和路演活动，以帮助顾客体验驾驶传奇跑车保时捷 911 的兴奋感。

如果一家公司推出了消费者认为不合适的品牌延伸，消费者可能会质疑品牌的整体性，或感到困惑甚至沮丧：哪个版本的产品对自己来说是"正确的"？自己对品牌的认知是否像自己认为的那样？零售商会以没有货架或展示空间为借口拒绝许多新产品和品牌。公司本身也可能会不堪重负。

即使品牌延伸的销售额很高并满足目标市场的需要，收入也可能来自消费者从现有的母品牌产品到延伸产品的转向——实际上是在蚕食母品牌。如果它们是一种先发制人式的蚕食，那么品牌内的销量转移可能是可取的。换句话说，如果没有推出延伸产品线，那些改用延伸产品的消费者可能会转向竞争品牌。汰渍洗涤剂至今保持着与 50 年前相同的市场份额，这是因为其各种产品线延伸——有香味和无香味的粉末、块状、液体和其他形式的洗涤产品——的销售贡献。

品牌延伸最容易被忽视的一个缺点是，公司放弃了创立一个具有独特形象和资产的新品牌的机遇。不妨看看迪士尼推出的更多成人导向的试金石（Touchstone）影片、李维斯出品的 Dockers 休闲裤，以及百得（Black & Decker）公司推出的高端 DeWalt 电动工具等的长期财务优势。

管理品牌危机

营销管理者必须设想某一天会出现品牌危机。福乐鸡（Chick-fil-A）、英国石油、达美乐比萨和丰田汽车都经历过破坏性的甚至可能是毁灭性的品牌危机。美国银行、摩根大通、美国国际集团和其他金融服务公司也都曾因丑闻而深受打击，这些丑闻严重削弱了投资者的信任。其后果包括销售损失，营销活动的有效性降低，对竞争者营销活动的敏感性增加，以及公司营销活动对竞争品牌的影响力降低。为了保护品牌，重要高管乃至公司创始人都可能不得不下台。[71]

一般来说，品牌和企业形象越强——尤其是在可靠性和可信度方面——公司就越有可能挺过风暴。然而，精心准备和妥善管理的危机管理方案也很重要。强生公司对泰诺产品遭篡改事件传奇般且近乎完美的处理，教给全体营销人的是，消费者必须看到公司的反应既迅速又真诚，他们必须立即感觉到公司真的很在意。

公司做出回应的时间越长，消费者就越有可能从不利的媒体报道或口碑中形成负面印象。也许更糟糕的是，他们可能会发现自己根本不喜欢这个品牌，于是头也不回地转向其他品牌。用公关行动甚至可能是广告来正面应对，有助于避免这些问题。[72]

一个经典的例子是巴黎水（Perrier）——瓶装水品类曾经的品牌领导者。1994 年，因为在其瓶装水中发现了过量的苯（一种已知的致癌物质），巴黎水被迫在全球范围内停止生产并召回所有现存产品。在接下来的几周里，它提供了几种解释，引起了混乱和怀疑。也许更具破坏性的是，该产品下架了三个多月。尽管该品牌后来花费高昂代价以广告和促销重新推出产品，试图再次夺回失去的市场份额，但整整一年后，其销售额还不到原来的一半。巴黎水"纯净"的主要品牌联想已被玷污，不再有其他引人注目的差异点。消费者和零售商找到了令人满意的替代品，而巴黎水品牌再也没有复苏。最终它被雀巢公司接管了。[73]

公司的反应越真诚——最好是公开承认对消费者的影响并愿意采取必要的措施——消费者形成负面归因的可能性就越小。当在一些婴儿食品罐中发现玻璃碎片时，嘉宝（Gerber）试图向公众保证其制造工厂没有问题，但坚决拒绝从商店下架产品。几个月内，其市场份额从 66% 下降到 52%，之后一位公司管理者承认："没将我们的婴儿食品从货架上撤下，让人们觉得我们不是一家有爱心的公司。"

如果存在问题，消费者毫无疑问需要知道公司是否已经找到正确的解决方案。泰诺复苏的关键之一在于强生公司推出了三重防篡改包装，成功消除了消费者对产品可能再次被不可察觉地篡改的担忧。

并非所有危机都源于公司自身的行为。经济衰退、自然灾害和重大地缘政治事件等外部危机都可能会威胁到品牌，品牌因而需要适当应对。例如，在新冠肺炎疫情大流行引发困难期间，许多组织都希望它们的营销者能够留住顾客并维持品牌。2020 年 5 月，营销支出占收入的比例从四个月前的 8.6% 上升至 11.4% 的历史新高，超过了六年前的历史新高 9.3%。[74] 面对这一全球困境，品牌营销者受到前所未有的挑战。最优秀的营销者迅速做出反应，并采取大胆的行动来保护品牌健康和顾客忠诚度。看看耐克的反应。

耐克　耐克基于新冠肺炎疫情流行时的市场条件和影响因素，实施了四个阶段的应对措施：遏制、恢复、正常化和恢复增长。它利用创新和营销团队为一线医生、护士和医务人员开发了个人防护设备（PPE）。它还向行政人员和雇员保证，尽管关闭了许多零售店，薪酬仍将持续发放。对于消费者，耐克推出了一项引人入胜的"家中练"（Play Inside）数字化运动，鼓励人们在居家避险时保持健康和活跃。它还向消费者提供其流行的锻炼应用程序高级功能 90 天的免费体验 。延续前几年的销售转变，耐克通过专有的电子商务应用程序推动了更多的在线业务。[75]

大流行迫使所有品牌重新考虑它们的产品和销售方式，因此数字营销变得更加重要。社交媒体占营销预算的比例从 2020 年 1 月的 13% 上升到当年 5 月的 23%。然而，成功的公司采用了全面的数字战略，包括网站、应用程序和电子商务。随着家庭消费相关产品的销售增长，一些品牌需求获得了空前增长。亚瑟王面粉（King Arthur Flour）——以其纯净、有机和高品质的产品而闻名——发现许多以前一年只烘焙几次的低频顾客现在开始一个月烘焙多次。随着感兴趣的消费者数量和产品需求的爆炸性增长，这家由员工所持有的公司开始销售更小包装的产品以吸引更多的顾客，并新增了一批员工来处理贝克热线（Baker's Hotline）的数千个问题，以及大量增长的社交媒体访问量和网络流量。[76]

在这样的市场动荡中，并没有简单的解决方案来成功驾驭品牌，但以下四项指导方针可能会帮助那些正在经济、健康或其他危机中管理品牌的公司。

- 共情：更贴近消费者和顾客。他们现在的想法和感受是什么？他们做的事有什么不同？这些变化是暂时性的还是永久性的？

- 价值：提出最有说服力的价值主张。认识到价值的整体性，并沟通所有可能的经济的、功能的和心理的利益，以及所有可能节省的时间、金钱、精力和心理方面的消耗。

- 战略：真实可信，忠于品牌承诺。以忠实于品牌的方式寻找解决短期需要方案的不同途径。

- 创新：参与"停止、开始和继续（但要改进）"练习和活动。利用"清理门户"的机会来精简和集中品牌及产品的供应，重新考虑预算、上市推广计划和消费者目标。

尽管危机会给品牌甚至最强势的品牌带来巨大压力，但最好的品牌营销者会通过以上方式以及其他很多方式迎难而上，深思熟虑地提供明确的战略方向，并创造性地发现实施计划的新方法。

奢侈品品牌化

奢侈品品牌是品牌化作用最纯粹的例子之一，因为品牌及其形象常常提供关键的竞争优势，从而为公司及顾客创造巨大价值。普拉达、古驰、卡地亚和路易威登等奢侈品品牌的营销者管理着利润丰厚的特许经营权，这些特许经营权已经存在数十年。一些人认为，奢侈品行业现在的价值高达3000亿美元。[77]

奢侈品品牌的特点

多年来，奢侈品品牌的价格明显高于同类产品中的典型商品，它们关注的是社会地位和顾客是谁——或者可能想成为什么样的人。时代变了，许多发达国家的奢侈品越来越注重结合个人愉悦与自我表达的风格和质地。

奢侈品的购买者觉得自己必须得到真正与众不同的东西。因此，奢侈品品牌的共同点是质量和独特性。对许多奢侈品品牌来说，成功的套路是工匠精神、传承、原真性和历史（通常是支持其高昂价格的关键）。法国奢侈皮具制造商爱马仕以数百甚至数千美元的价格出售其经典设计，正如一位作家所说："不是因为它们很时尚，而是因为它们永远不会过时。"[78] 以下是一些奢侈品品牌取得持久市场成功的例子。

Sub-Zero Sub-Zero 销售的冰箱价格从小型柜式冰箱 2000 美元到高端型号 15000 美元不等，其目标顾客是对性能和设计有高标准和设计需求的人群，他们珍惜自己的家和他们购买的家具。Sub-Zero 对这一群体以及推荐和销售其产品的厨房设计师、建筑师和零售商进行了广泛调查。[79]

≫ 与其含义为"老板"的名称一样，培恩（Patrón）以编号的手工吹制酒瓶出售，已经成为高端龙舌兰市场的翘楚。

Source: Serebral360/Stockimo/Alamy Stock Photo

培恩 培恩由宝美奇（Paul Mitchell）护发创始人约翰·保罗·德约里尔（John Paul DeJoria）于 1989 年前往墨西哥小州哈利斯科州的一家酿酒厂旅行后创立。这款口感顺滑的龙舌兰酒被命名为培恩，表示"老板、酷哥"的含义，它用优雅的手工吹制醒酒器，以单独编号的酒瓶出售，售价 45 美元或以上。培恩从根本上开创了高端龙舌兰酒市场，已经创造出超过 6 亿美元的零售额，超过豪帅快活（Jose Cuervo），成为全球最大的龙舌兰酒品牌。2018 年，培恩被百加得（Bacardi）以 51 亿美元收购。[80]

　　近年来，奢侈品品牌的大部分增长都是地域性的。中国已经超过美国成为全球最大的奢侈品市场。尽管中国奢侈品消费者最初非常"标识驱动"并且对炫耀性的品牌符号感兴趣，但他们现在已经变得更加注重质量和设计，就像世界其他地区的奢侈品消费者一样。

管理奢侈品品牌

　　奢侈品营销者了解到，世界各地的人对奢侈品的看法并不相同。归根结底，奢侈品品牌营销者必须牢记，他们往往在销售一个以产品质量、地位和声望为支撑的梦想。[82]

≪ 万宝龙不断延伸产品线，将卓越的工艺与精致、经典的设计相结合，向顾客承诺世代相传的杰出和优雅性能。

万宝龙　万宝龙的产品涵盖从钢笔到香水等品类，其目标是成为一个强大的奢侈品品牌，为尽可能多的奢侈品顾客提供服务，同时保持突出的公众形象。其品牌承诺是"万宝龙将精湛的欧洲工艺与历史悠久的设计相结合，将散发经典传承和精致创意的作品带入生活。就像灵魂在身体消失后仍能长久存在一样，我们的作品经过精心打造，表现出色，象征世代相传的优雅"。该公司产品从最初的书写工具延伸到皮革制品和钟表等品类，万宝龙充分利用了其品牌力以及制造能力、最高品质、可持续价值和创造力的理念。[81]

和廉价品类的营销者一样，那些决定奢侈品品牌命运的人也在不断变化的营销环境中经营。全球化、新技术、不断变革的消费文化和其他力量要求他们熟练掌握品牌管理的技能。为确保在如此动态的环境中取得成功，营销者必须遵守适用于管理奢侈品品牌的一般原则。奢侈品品牌管理的一些关键原则如下：[83]

- 与奢侈品品牌相关的所有营销决策——产品、服务、定价、销售激励、沟通和分销——必须保持一致，以确保购买和消费体验与品牌形象保持一致。

- 奢侈品品牌通常包括创造优质、令人向往的形象。

- 奢侈品品牌经常跨越多个品类，因而需要广泛定义其竞争者。

- 奢侈品品牌必须保护自己的身份，并积极打击商标侵权和假冒行为。

- 奢侈品品牌的所有属性都必须与品牌形象保持一致。这些属性包括品牌标识，例如名称、标志、符号和包装，以及品牌联想，例如个性、事件、国家和其他主体。

奢侈品品牌的一个趋势是将个人体验包装在产品中。顶级时尚零售商正在围绕产品提供此类体验，希望参观过工作室或见过设计师的顾客会感到与品牌更加亲近。古驰会邀请其最大的买主参加时装秀、马术比赛和戛纳电影节。

保时捷在德国、美国和世界其他地区的运动驾驶学校和体验中心让保时捷驾驶者能够"训练他们的驾驶技能，享受在公路、野地、雪地或冰面上驾驶的全方位乐趣"。为此，保时捷在南加州开设了一家拥有 45 度越野坡度和模拟冰山的最先进的体验中心。

>> 德国、美国和其他地方的保时捷运动驾驶学校和体验中心鼓励保时捷驾驶者提高他们的公路驾驶技能，并享受在各种条件下驾驶车辆的乐趣。

　　在日益互联的世界中，一些奢侈品营销者一直在努力为其品牌寻找合适的在线销售和沟通策略。一些时尚品牌已经超越传统的杂志传播，通过脸书、推特、Instagram、微信和其他数字与社交媒体渠道倾听消费者的声音并与消费者沟通。电子商务也在一些奢侈品品牌中占据了一席之地。颇特（Net-a-Porter，现名为 Yoox Net-a-Porter）、吉尔特集团（Gilt Groupe）和发发奇（Farfetch）等网站现在为时尚品牌提供了运营高端商品的新途径。

　　最终，奢侈品营销者会明白，所有营销者的成功事实上都取决于在营销方案和活动中，如何适当平衡经典形象和现代形象，以及连续性和多变性。

　　考虑到奢侈品品牌在门店里竭尽全力地服务顾客所花费的时长以及配备的门童、香槟酒和奢华的环境，它们又必须努力提供高质量的数字体验。奢侈品品牌越来越多地将两者结合起来。古驰与三星电子合作，为其钟表和珠宝打造了结合实物和移动电子商务的身临其境的店内体验。门店采用透明显示屏，可在屏幕上显示图像，而不会遮挡其背后的产品，并在店中设有数字商店，顾客可以使用平板电脑进行浏览。为了触达那些工作时间长、购物时间少的富裕顾客，迪奥、路易威登和芬迪等许多高端时尚品牌都公布了电商网站，让顾客在到店前就可以研究商品，并提供了打击网上销售假货的手段。

营销
洞察 ｜绘制品牌定位靶盘

　　建立有意义的品牌定位的关键是使用系统的方法，凭借与公司目标顾客相关且富有内涵的方式来设计品牌的各个方面。品牌靶盘（Bull's-Eye）框架提供了这种系统方法。我们以图 10-3 所示的一个假想的星巴克案例为背景来讨论这个框架。

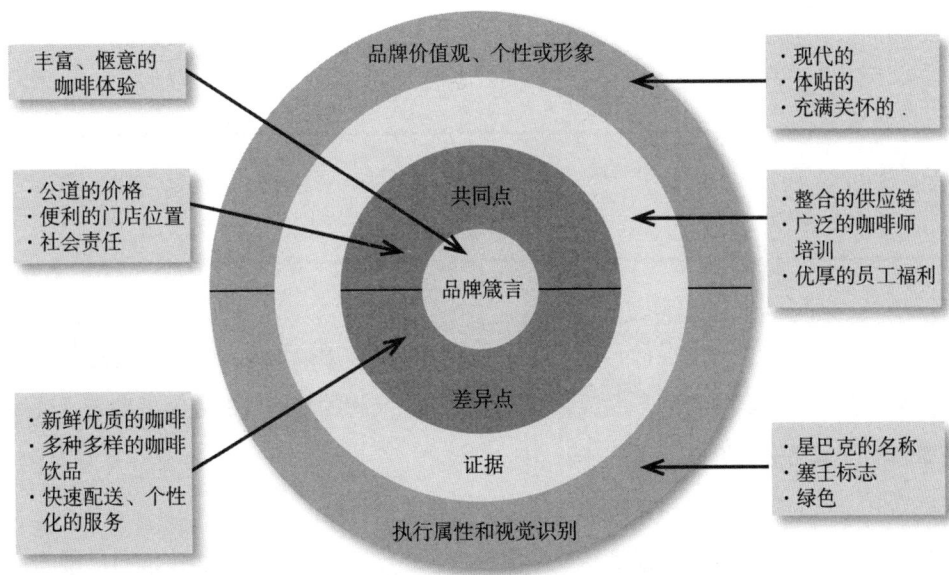

图 10-3
一个假想的星巴克
案例的品牌靶盘模型

　　靶盘的内圈是定义品牌精髓和核心品牌承诺的品牌箴言。它通过确保公司员工和合作者清楚地了解"品牌应该向消费者代表什么"来指导他们的行动。品牌箴言是靶盘的靶心，是品牌定位的所有其他方面的指导原则。人们可以将星巴克的品牌箴言定义为"丰富、惬意的咖啡体验"。虽然星巴克已将其产品扩展到包括非咖啡类饮料、零食甚至葡萄酒，但咖啡及其消费体验依然是星巴克品牌的核心。"丰富"和"惬意"抓住了理想星巴克体验的生理和心理两个方面。

　　围绕品牌箴言的圆圈包含了构成品牌定位的共同点和差异点。共同点和差异点应尽可能具体但不要太狭窄，并且应根据顾客实际可以从产品或服务中获得的利益来构建它们。

　　不同的竞争者会提出不同的共同点和差异点。考虑到夫妻咖啡店、麦当劳等快餐店和家庭咖啡品牌等心智中的竞争对手，供应新鲜优质的咖啡、提供多种多样的咖啡饮品、快速配送和个性化服务等优点可以被视为星巴克的潜在差异点，而公道的价格、便利的门店位置和社会责任可以被视为品牌的重要共同点。

下一个同心圆中是证据，或令消费者相信的理由——为共同点和差异点提供事实或可论证支撑的属性或利益。证据也被称作"令消费者相信的理由"，因为它们有时被用于公司的沟通行动中，为顾客提供验证公司品牌信息的事实。星巴克的整合供应链、对咖啡师的广泛培训以及优厚的员工福利计划都是能够巩固其定位的因素。

最后，外圈包含品牌定位的另外两个相关方面。第一个涉及品牌价值观、个性或形象——由言行唤起的有助于建立品牌调性的无形联想。就星巴克而言，人们可能会认为这个品牌是现代的、体贴的和充满关怀的。第二个方面涉及执行属性和视觉识别——影响顾客感知品牌的方式中更为有形的成分。对星巴克而言，这包括其品牌名称、塞壬标志，以及代表品牌视觉外观的深绿色和白色配色。

本章小结

1. 品牌是一个名称、术语、标志、符号或设计，或者是它们的结合体，用以识别某个销售商或某一群销售商的产品或服务，并使其与竞争者的产品或服务区分开来。品牌的最终目的是为消费者、公司及其合作者创造卓越的产品和服务价值。

2. 品牌是宝贵的无形资产，可为顾客和公司带来诸多利益，需要谨慎管理。

3. 品牌创造的价值体现在两个关键概念上：品牌资产和品牌力。品牌资产是指公司由于拥有品牌而被赋予的估值溢价。它包括品牌在其生命周期内产生的总财务回报的净现值。品牌力反映了品牌影响消费者关于品牌的思考、感受和行为方式的程度。因此，它也是品牌知识对于消费者对该品牌产品或服务营销的反应所产生的差别效应。

4. 品牌元素是用于识别并区分品牌的工具。常见的品牌元素包括品牌名称、标志、符号、口号和包装。有效的品牌元素是令人难忘的、富有意义的、讨人喜欢的、能够转移的、适应性强的和可以保护的。

5. 为了建设强势品牌，营销者将品牌与消费者记忆中其他有意义的信息联系起来。这些"次级"品牌联想将品牌与公司本身、国家或其他地理区域、分销渠道，以及和其他品牌、品牌形象代表、代言人、文体活动或其他第三方来源相联系。

6. 品牌层级反映了公司品牌与公司的产品和服务，以及公司其他品牌之间的关联方式。对管理多样化品牌组合的公司而言，建立有意义的品牌层级结构尤为重要。最优品牌组合的标志是其包含的每个品牌在与其他品牌的组合过程中能够实现品牌资产最大化。三种通用的品牌组合策略包括品牌家族策略、家族品牌策略和子品牌策略。

7. 营销者经常将他们的品牌与其他公司的品牌联合起来，以创造卓越的市场价值。联合品牌涉及两个或多个品牌的共同营销。成分品牌是联合品牌的一个特例，涉及包含在其他品牌产品中的材料、组件或零件。

8. 品牌会随着时间的推移而发展。品牌发展最常见的两种方式是通过品牌重新定位和品牌延伸。品牌重新定位涉及改变现有品牌的含义，而不必将其与新的产品或服务相关联。相比之下，品牌延伸则涉及利用已建立的品牌推出不同品类或价格等级的新产品。

9. 品牌在奢侈品设计中扮演着关键角色，因为品牌及其形象常常提供关键的竞争优势，为公司及其顾客创造巨大价值。与奢侈品品牌相关的所有营销决策——产品、服务、定价、销售激励、沟通和分销——必须保持一致，以确保购买和消费体验与品牌形象保持一致。

营销
焦点 | 路易威登

Source: Images & Stories/Alamy Stock Photo

路易威登品牌的历史可以追溯到 1837 年。当时，路易·威登从法国的小村庄安切（Anchay）出发前往巴黎并在那里开始他的箱包制造业务。16 岁时，路易·威登在箱包大师马雷夏尔先生（Monsieur Marechal）的指导下当学徒，学会了亲手制作优质箱包的技能。完成学徒生涯后，路易·威登于 1854 年在巴黎开设了第一家门店。他的精湛技艺广为传播，路易威登矩形设计的行李箱以防水和可叠放而著称。19 世纪 60 年代初期，路易威登行李箱广受欢迎，进而在巴黎市中心开设了世界上最大的行李箱门店。

拿破仑三世的妻子欧仁妮皇后聘请路易·威登作为她的私人行李箱制造商，这使得路易威登行李箱开始在巴黎精英中流行起来。随着顾客出国旅行并显摆他们的行李箱，路易威登的产品需求开始猛增。由于一些 19 世纪最有影响力的人物也成为其顾客，皇室、行业巨头和艺术爱好者都开始携带路易威登的行李箱旅行，包括温莎公爵和公爵夫人、J. P. 摩根和亨利·马蒂斯，路易威登品牌成为奢侈品的象征。

路易威登行李箱日益流行，吸引了许多模仿者进入市场并开始生产相似的款式。为了使产品与众不同，路易·威登于 1888 年设计了著名的双色调棕色格子图案（称为棋盘格帆布）。四年后，路易·威登去世，他的儿子乔治接管了公司。

1893 年，乔治在芝加哥世界博览会上购买了一个展位，将路易威登推向了全球。同年，乔治在美国巡回展出，访问了纽约和费城等城市。展览之后，百货公司开始销售路易威登行李箱，代表路易威登开始在国际上立足。1986 年，乔治推出 LV 的标志性字母组合，L 和 V 的互锁图案最终也成为路易威登产品最具代表性的标志。

20 世纪初，路易威登继续在世界范围内扩张，并为其最畅销的行李箱系列增添了新的包袋款式。20 世纪中叶，乘飞机成为更为普遍的一种出行方式，名人更加频繁地旅行，路易威登箱包的需求也变得更大了。路易威登抓住女性进入职场的趋势，推出了手提包和钱包。这些手提包和钱包迅速在工作场所中成为高级和品位的象征。这标志着公司开始向奢侈时尚品牌转型。不久之后，路易威登又将产品线扩展到男性手提箱和钱包。

路易威登在整个 20 世纪展示的奢侈品地位和财务成功引起了商人伯纳德·阿尔诺（Bernard Arnault）的注意。他通过一系列并购将其变成世界上最有价值的奢侈品公司。作为这一扩张战略的一部分，1987 年，路易威登与顶级香槟酒制造商酩悦香槟和顶级白兰地生产商轩尼诗合并，组建了 LVMH 集团。

1997 年，路易威登聘请了当时世界上最知名的时装设计师之一马克·雅各布斯（Marc Jacobs），开始布局奢华服装领域。雅各布斯将标志性的棋盘格花纹和老花设计应用于成衣服装系列以及腰带和其他配饰。通过与名人和时尚偶像的频繁合作，路易威登的服装和配饰受到好莱坞和世界各地流行文化明星的喜爱。带着这些新变

化，LVMH 成为全球最大的奢侈品集团。

多年来，路易威登采用了许多不同的策略来保持其奢侈品品牌的地位。路易威登不做广告宣传，也不搞促销。它的定价策略反映了"拥有 LV 产品是一种真正的奢侈"的理念。当路易威登的产品卖不出去时，公司会停止该产品系列。多余的库存会被烧毁，以防止产品被盗或被低价出售。顾客愿意为拥有路易威登产品支付溢价，使得公司产品价格居高不下。

路易威登尽量不让品牌过度曝光，以免稀释品牌价值。这给公司在保持专营和奢华光环的同时还要尽可能多地卖出产品带来了挑战。路易威登从不在电视渠道推出大众广告，相反，它在广告牌和时尚杂志上刊登广告，高调展示 LV 的产品形象。多年来，路易威登始终聘请超模和名人（如麦当娜、安吉丽娜·朱莉和詹妮弗·洛佩兹）作为品牌大使，以及举办自己的路易威登杯世界划艇赛来推广产品。

路易威登在经典设计和新潮产品之间保持着完美的平衡，打造了世界上最有价值的奢侈品品牌。传奇的 LV 字母组合出现在它所有的产品上，无论是行李箱、手提包还是皮带。路易威登通过优化产品线来满足精英顾客的需要，并结合其标志性设计，持续为顾客提供以奢华、财富和时尚为代名词的产品。[84]

问题：

1. 路易威登品牌的关键方面是什么？它如何为顾客创造价值？

2. 像路易威登这样的专属性品牌如何在保持新鲜感和维持声望的同时获得更多的销售

额增长？

3. 路易威登的仿冒品总是起负面作用吗？在某些情况下，仿冒品是否可能被视为有某些正面作用？

营销
焦点 ｜无印良品

无印良品（MUJI）成立于 1980 年，原本是日本西友（The Seiyu）超市的自有品牌。当时，外国品牌随着经济的发展越来越受欢迎，结果精打细算的消费者转而寻找低质但更便宜的仿制品。为了满足不断增长的对价廉物美且经久耐用商品的市场需求，无印良品应运而生。无印良品以 9 种家用产品和 31 种食品起家，广告语是"低价有道理"，产品用透明玻璃纸和牛皮纸等简单材料包装。接下来的几年，无印良品扩大了其产品线，包括文具、服装、厨房电器和家居用品。它还开始在全日本开设自己的商店。

无印良品的全称为 Mujirushi Ryohin，意为"无品牌的精品"，体现了产品简洁性和功能性的设计理念。无印良品声称其产品是"无品牌的"，这意味着它们没有品牌标志或明显的标记。它们的设计不是为了脱颖而出，而是为了看着简约，正如无印良品所描述的那样，只要"足以"提供其设计的功能即可。比如，无印良品的袜子被制成 90 度角而不是常见的 120 度，当袜子被穿在靴子内时，直角的设计有助于鞋跟滑动并提高整体舒适度。无印良品希望其产品在功能和风格上都简单纯粹，这样它们可以混合搭配以满足不同生活方式消费者的需要。

Source: Dennis Gilbert–VIEW/Alamy Stock Photo

无印良品遵循三大核心原则，打造任何人都能买得起的优质简约产品。第一，无印良品精心挑选用于制造产品的原材料。众所周知，该公司使用低成本大批量购买的工业原材料。这个想法始于 20 世纪 80 年代初期无印良品推出的食品。无印良品购买生产时切断的意大利面末端，然后出售 U 形意大利面；用三文鱼不受欢迎的部位制成罐头。第二，无印良品简化了生产流程，产品通常使用无须上漆或染色的天然或未加工的材料。这不仅使无印良品的产品在颜色和材质上保持统一，而且减少了浪费，降低了成本。第三，无印良品采用散装包装，放在普通容器中，不仅符合无印良品"无品牌"的理念，而且极简包装节省了资源，体现了环境友好性。

无印良品的"无品牌"理念也体现在其推广策略上。该公司依靠口碑来传播品牌知名度，从而保持适度的广告预算。相比于在电视和平面媒体开启巨量广告战役，无印良品更喜欢通过新闻发布和店内活动来接触顾客。公司资源投资于实体店雇用的销售人员，地方店长都会被派往无印良品东京办公室，接受关于如何销售无印良品产品的培训。无印良品通过确保顾客良好的店内体验来培养可持续的品牌意识，通过保持低营销成本来保持低价，并将更多资源用于产品开发。

通过宣传自己为"无品牌"的品牌，无印良品创造了一个利基市场，使公司能够在全球成功扩张。尽管公司提供了7000多种商品，但无印良品并未针对特定的国家和地区定制产品。相反，无印良品的产品旨在满足世界各地的家庭。每款无印良品产品都是为特定目的而设计的，因此简单好用。无印良品在世界各地的门店也都采用相同风格的设计、布局和销售方式。门店位置和产品的统一性降低了地域性的适应成本。无印良品坚持只在现有店铺盈利的情况下才在新的国家开店的政策，从而保持了高利润和稳定的增长。无印良品的门店大部分都在海外，其中东亚地区占比最大。

无印良品坚持将其品牌价值渗透到公司的方方面面，这促成了强大、一致的品牌和可持续的商业模式，其产品的"无品牌"设计创造了一种独特的美感：虽然无印良品希望其产品看起来平平无奇，但它们在注重品牌的产品中依然具有辨识度。无印良品通过坚持三大核心原则来保持低廉的产品价格，并将这些优势与产品功能和形式上的简约相结合，形成一个全球扩张的优势组合。自1983年开设第一家门店以来，无印良品已在全球新增了1000多家门店。[85]

问题：

1. 无印良品市场成功的关键驱动力是什么？无印良品相对于竞争者的共同点和差异点是什么？

2. 使用"无品牌"策略的优缺点是什么？

3. 无印良品应该如何发展品牌？

11
管理价格和促销活动

学习目标	1. 描述定价在营销管理中发挥的作用。
	2. 识别影响消费者感知价格的关键心理因素。
	3. 阐释营销管理者在制定价格时必须考虑的因素。
	4. 讨论如何应对竞争性降价。
	5. 阐释如何设计和管理激励措施。

网飞在一连串价格上涨的同时大力投资开发原创内容，以补充其提供的大量流媒体节目。

Source: M. Unal Ozmen/Shutterstock

　　价格是营销组合中产生收入的要素，而其他要素则是产生成本的要素。价格也传达了公司对其产品或品牌的预期价值定位。一种精心设计并营销的产品仍然可以获得价格溢价和巨额的利润。但是，新的经济现实已经导致许多消费者重新评估他们愿意为产品和服务支付的价格。因此，公司不得不仔细审查它们的定价策略。有家公司以其标新立异的定价策略引起了消费者和其他商家的注意，这就是网飞。

　　网飞由里德·哈斯廷斯（Reed Hastings）和马克·伦道夫（Marc Randolph）于 1997 年创立，提供基于订阅模式的在线电影和电视节目流媒体服务。作为一家非同寻常的内容提供商，网飞绕过如有线电视和广播电视这类传统媒介，将节目作为独立产品通过互联网直接向观众发布。自成立以来，该公司的用户基础迅速增长，并于 2018 年在美国达到 5800 万，在全球范围达到 1.3 亿。从一开始，网飞就不得不面对两个关键决策：选择（以及之后开发）顾客愿意为之持续付费的内容，制定一个既能吸引顾客又能保证网飞预期内容质量的价格。随着来自其他流媒体服务，如亚马逊、苹果和 Hulu 的竞争加剧，以及原创内容的授权成本增加，网飞开始大力投资开发原创内容。仅在 2018 年，网飞就推出了大约 700 个原创节目，还有更多的节目正在筹备中。为了支付得起新内容，网飞不得不扩张其服务和定价结构。自 2010 年 11 月推出流媒体服务以来，网飞扩展了服务供应品的组合，同时提高了价格。在每月 7.99 美元的流媒体服务推出三年后，网飞又推出了一个定价为 11.99 美元的高级版。一年后，也就是 2014 年 5 月，网飞推出了定价为 7.99 美元的降级版基础服务，同时将标准服务价格提高到 8.99 美元。第二年，网飞将标准服务的价格提高到 9.99 美元，随后在 2017 年又将价格提高到 10.99 美元，同时将高级版服务价格提高到 13.99 美元。然后，在 2019 年，网飞宣布再次提价——这是其流媒体服务推出以来最大幅度的一次提价——基础版订阅价格为 8.99 美元，标准版订阅价格为 10.99 美元（2020 年提高到 12.99 美元），而高级版订阅价格为 15.99 美元。这种定价结构说明该公司认为其流媒体服务为消费者提供的利益超过了相应的成本。"价格都是相较于价值而言的，"网飞首席执行官哈斯廷斯说道，"我们正在持续丰富内容的供应，而这也反映在来自世界各地的观看量中。"[1]

　　定价决策是复杂的，必须考虑到诸多因素——公司、顾客、竞争和市场环境。全方位营销者明

白，他们的定价决策还必须与公司的营销战略、目标市场和品牌定位一致。在本章中，我们提供了一些概念和工具，以便于公司制定初始价格并随着时间和市场的变化调整价格。

理解定价

价格不仅仅是标签上的一个数字。你为商品和服务支付的价格发挥着许多功能，也有各种形式：租金、学费、交通费、专项服务费、费率、通行费、定金、工资和佣金。价格也有许多组成部分。如果你购买了一辆新车，其标价可能根据退税和经销商优惠的情况做出过调整。一些公司允许顾客以多种形式付款，如使用积分、常客飞行里程兑换和比特币支付。

纵观历史，大部分情况下价格是由买家和卖家协商确定的。在某些领域，讨价还价仍然司空见惯。随着 19 世纪末大型零售业的发展，为所有买家制定单一价格成为一种相对现代的理念。伍尔沃斯（F.W.Woolworth）、蒂芙尼、约翰·沃纳梅克（John Wanamaker）等公司一直宣传"严格的单一价格政策"。这是一种高效的方式，因为这些公司经营太多的商品，管理太多的员工。

价格向来是影响买方选择的重要决定性因素。消费者和采购代理可以获得价格信息与价格折扣，向零售商施加压力并要求它们降低价格。零售商又转而向制造商施加压力，迫使它们降低价格。最终可能会形成一个以大量折扣和促销活动为特征的市场。

25 年来，互联网一直在改变买卖双方的互动方式。互联网使买家能够即时比较数以千计供应商的价格。此外，借助智能移动设备，商店里的顾客可以在决定是否购买前轻易地比价，同时向零售商施压要求与其他店相当或更优惠的价格，否则就到其他地方购买。利用 Groupon（高朋）这样的促销平台，顾客还可以集中资源来获得更好的价格。

除了赋权买家，互联网也使卖家能够优化其定价。由此，卖家现在可以监控市场需求并相应地调整价格。例如，优步采用"峰时"定价，在需求旺盛时段收取更高的费用。此外，商家现在能够根据特定的细分市场或单个买家的情况，提供定制化的促销活动，像亚马逊、Wayfair 和塔吉特这样的在线零售商会根据消费者的人口、心理统计和行为特征向他们提供促销激励。同样，许多实体零售店也利用地理定位，向距离商店较近的顾客开展促销活动。

各公司制定价格的方式各不相同。在许多小公司里，其所有者负责制定价格。在大公司里，部门和产品线经理负责制定价格。即使在大公司，最高管理层也会制定一般性定价目标和政策，并经常审批下级管理层的定价提案。

当定价成为关键的竞争因素时，公司通常会设立定价部门来制定或协助他人制定合适的价格。这个部门向市场部门、财务部门或最高管理层报告。其他影响定价的人包括销售经理、生产经理、财务经理和会计。在 B2B 环境中，当定价权横向分布在销售、市场和财务部门，并且在销售人员个

>> 通过向其庞大的订阅者群体发送每日特惠，Groupon 试图帮助商家（其中许多是区域性商家）进入蓬勃发展的在线市场，并从中抽取高比例的销售收入。

Groupon Groupon 成立于 2008 年，旨在帮助商家利用互联网和电子邮件进行促销活动，作为一种广告形式。具体而言，该公司针对特定顾客的品牌产品或服务，向其庞大的订阅者群体发送措辞幽默的每日特惠，提供相对于正常价格减价特定百分比或金额的折扣。通过这些电子邮件发送的折扣信息，Groupon 为其客户公司提供了三个好处：增加消费者和品牌的接触，进行差异化定价及创造"轰动效应"。在这个过程中，Groupon 从每笔交易中抽取销售额的 40%~50% 作为提成。许多促销活动是以区域性零售商的名义提供的，如水疗中心、健身中心和餐馆，但 Groupon 也为一些全国性品牌管理交易。一些商家抱怨说，Groupon 只吸引了那些寻求优惠的顾客，并不能有效地将他们转化为常客。一项研究发现，32% 的公司有亏损；40% 的公司表示不会再进行这样的促销活动；在服务行业中，餐馆使用 Groupon 的服务后情况最差，而水疗和沙龙则最为成功。Groupon 尝试了在几个方面进行创新。Groupon 凭借其庞大的销售队伍来销售 Groupon 优惠时刻（Groupon Now），让当地商家通过网络或智能手机提供特定时间和地点的优惠。这项新服务的苹果手机应用程序有两个按钮——"我很无聊"和"我很饥饿"，可以实时触发交易。对商家来说，这项服务是一种在非高峰时段增加流量的方式。即使是一家受欢迎的餐厅，也可能会考虑在中午和周中打折，因为那时候很少客满。在高调的首次公开募股之后，Groupon 股票表现不佳，该公司仍在努力寻找正确的商业模式。[2]

人、销售团队和中央管理层之间取得意见授权和意见集中的平衡时，定价的绩效往往会提升。[3]

许多公司没有很好地处理定价问题，而是退而求助于诸如"我们计算成本，再加上我们行业一贯的利润"这样的"策略"。其他常见的错误还有：没有经常调整价格以充分利用市场的变化；价格制定与营销计划的其他部分脱节，没有作为市场定位战略的内在要素；对于不同的产品项目、细分市场、分销渠道和购买场合，没有进行差别定价。

对任何组织来说，有效地设计和实施定价策略都需要对买方的定价心理有透彻的了解，并采取系统性的方法来制定、调整和改变价格。

消费者心理和定价

许多经济学家一贯假定消费者是"价格接受者"，他们根据标价支付价格或将价格视为既定因素。然而，营销者认识到，消费者通常会积极主动地处理价格信息，根据之前的购买经验、正式信息渠道（广告、销售电话和宣传册）、非正式信息渠道（朋友、同事或家庭成员）、购买点或在线资源等其他因素来处理价格信息。[4]

购买决策是基于消费者如何感知价格以及他们认为当下实际价格是怎样的，而不是基于营销者给定的价格。顾客可能会有一个价格下限，低于这个价格就意味着产品质量欠佳或不可接受，同时也会有一个价格上限，高于这个上限的价格会令他们望而却步，感到产品似乎不值这个价钱。不同的人以不同的方式理解价格。

想一想购买一条简单的牛仔裤和一件 T 恤衫所涉及的消费心理。为什么一件看起来很普通的女士黑色 T 恤衫在阿玛尼售价为 275 美元，而在 GAP 仅售 14.9 美元，在瑞典折扣服装连锁店 H&M 仅售 7.9 美元？购买阿玛尼 T 恤衫的顾客是在为更时尚的裁剪买单，T 恤衫由 70% 的尼龙、25% 的聚酯纤维和 5% 的弹性纤维制成，印有来自因出售数千美元的西装、手提包和晚礼服而闻名的奢侈品品牌的"意大利制造"的标签，而 GAP 和 H&M 的衬衫主要由棉花制成。搭配这些 T 恤衫的裤子也有多种选择。GAP 的"经典款卡其裤"售价为 44.5 美元，而阿贝克隆比 & 费奇（Abercrombie & Fitch）的经典款排扣卡其裤则要 70 美元。但与迈克尔 · 巴斯蒂安（Michael Bastian）售价 480 美元的普通卡其裤或阿玛尼售价 595 美元的卡其裤相比，还算是比较便宜的。高价的名牌牛仔裤可能使用了如棉质华达呢这样昂贵的面料，还需要数小时精细手工缝制来实现独特的设计，但与此同样重要的是这些牛仔裤所展示的形象和奢华感。[5]

了解消费者如何形成价格感知是一个营销要点。在此，我们考虑三个与定价心理相关的议题——参考价格、形象定价和定价线索。

≪ 阿贝克隆比 & 费奇的消费者形象使其能够收取比许多竞争对手更高的价格。

Source: Mark Waugh/Alamy Stock Photo

参考价格

尽管消费者可能对价格所在区间很了解，但能准确回忆起具体价格的人却少得惊人。然而，在选购产品时，消费者经常使用**参考价格**（reference prices），将观察到的价格与他们记忆中的内在参考价格或外部参照系（如标出的"常规零售价格"[6]）进行比较。可能的参考价格包括"公平价格"（消费者认为产品应该值多少钱）、典型价格、最近支付价格、上限价格（保留价格，或大多数消费者愿意支付的最高价格）、下限价格（价格底线，或大多数消费者愿意支付的最低价格）、竞争者价格、预期未来价格，以及通常折扣价格。[7]

卖家经常试图操纵参考价格。例如，卖家可以将产品与昂贵的竞品摆放在一起，以暗示它们属于同一档次。百货公司会按照价格陈列女装，陈列在更昂贵货架上的衣服被认为质量更好。[8]营销者还会通过表明一个较高的制造商建议售价暗示原价要高很多，或者指出竞争对手的高价，来促使消费者考虑参考价格。

当消费者援用一个或多个这样的参照系时，他们的感知价格可能会与标价有所不同。研究发现，不愉快的意外，即感知价格低于标价，比起愉快的意外对购买可能性的影响更大。[9]消费者预期在对价格的反应中也起着关键作用。在亿贝这样的互联网拍卖网站上，当消费者知道类似的商品会在未来的拍卖中出现时，他们会在当前的拍卖中降低出价。[10]

聪明的营销者尽可能通过定价来彰显产品的最佳价值。例如，一个相对昂贵的商品，如果其价格被分解成更小的单位，就不会显得那么昂贵，即使总数仍然相同，如将 600 美元的年度会员费分解为"每月 50 美元"。[11]

形象定价

许多消费者将价格用作衡量质量的一个指标。**形象定价**（image pricing）对于自我形象相关的产品（香水、豪车和名牌服装）尤其有效。例如，一瓶 100 美元的香水含有的香精可能仅仅价值 10 美元，但送礼者要支付 100 美元来表达他们对收礼者的高度重视。

汽车的价格和质量感知是相互影响的。价格较高的汽车被认为有更高的质量，同样，高质量的汽车也被认为价格比实际价值更高。当真实质量的信息可获取时，价格就不再是衡量质量的重要指标；当这些信息难以获取时，价格就成为质量的信号。

一些品牌采取独家生产和限量发售的方式来显示其独特性以及溢价的合理性。手表、珠宝、香水等奢侈品制造商经常在宣传信息和渠道战略中强调奢华感。高价实际上可能会增加那些渴望独享奢侈品顾客的需求，因为高昂的价格让他们认为只有少数顾客能买得起这些产品。[12]

为了保持奢华感，法拉利故意将其标志性的、价值 20 万美元以上的意大利跑车的供应量限制在 7000 辆以下，尽管中国、中东和美国的需求不断增长。但奢华感和市场地位也会因顾客的不同而出现差异。例如，梵天啤酒（Brahma Beer）在其本土巴西市场是一款经济实惠的淡啤酒，但在欧洲却发展得很好，被视为"瓶中巴西"。蓝带啤酒是美国大学生最爱的复古啤酒品牌，但它在中国的销量暴增，升级的瓶身和"像苏格兰威士忌一样在珍贵木桶中发酵"的宣传语使它能够以44美元的标价出售。[13]

≪ 尽管需求旺盛，法拉利仍限制生产和销售跑车数量，以保持品牌的奢华感。

Source: Ian Shaw/Alamy Stock Photo

定价线索

定价线索（pricing cues）在定价心理中也很重要。许多卖家认为价格应该以奇数结尾。顾客将299美元的商品感知为200美元而非300美元的价格范围；他们倾向于"从左到右"处理价格，而不是四舍五入。如果消费者对较高的整数价格存在心理折扣，那么这种价格编码方式就很重要。

以"9"结尾的定价普遍出现的另一个解释是这种价格暗示折扣或讨价还价的可能。所以，如果一家公司想塑造高价的形象，它应该避免使用奇数结尾的策略。一项研究表明，当一件衣服的价格从34美元上升到39美元时，顾客的需求实际上会增加，但当价格从34美元上升到44美元时，需求却没有变化。[14]

以"0"和"5"结尾的价格也很常见，这是因为它们更容易被消费者处理并从记忆中检索出来。价格旁边的"特价"标志会刺激需求，但前提是不能过度使用。当一个品类中的某些（但不是所有）产品有"特价"标志时，该品类的总销售额最高；当"特价"标志超过一定比例时，可能会导致该品类的总销售额下降。[15]

当消费者对价格知之甚少，当他们不常购买某商品或对该品类商品比较陌生，抑或当产品设计随时间变化、价格随季节变化、产品的质量和尺寸因不同的商店而改变时，如"特价"标志和以"9"结尾的价格等定价线索的影响便会更大。[16] 然而，如果这些定价线索被滥用，其效果也会下降。有限供应（例如，"仅限三天"）也可以刺激消费者购买产品的积极性。[17]

制定价格

当公司开发了新产品，或是将原有产品引入新的分销渠道或地理区域，抑或参与新合同竞标时，公司必须制定价格。公司必须决定其产品在质量和价格上的定位。[18]

大多数市场有三到五个价格点位或层级。万豪酒店就擅长开发不同价格定位的品牌：金威万豪（JW Marriott，最高价位）、万豪伯爵（Marriott Marquis，高价位）、万豪（中高价位）、万丽（Renaissance，中高价位）、万怡（中等价位）、唐普雷斯（TownePlace Suites，中低价位）和费尔菲尔德（Fairfield Inn，低价位）。企业通过制定品牌战略向消费者传达其产品或服务的价格 – 质量的层级信息。[19]

公司在制定定价策略时必须考虑许多因素。定价过程包括六个主要步骤：确定定价目标，确定需求，估计成本，分析竞争者的成本、价格和供应品，选择定价方法，以及确定最终价格。

确定定价目标

供应品的价格由公司的总体定价目标决定。公司的目标越明确，制定价格就越容易。四个常见的定价目标是当前利润、市场渗透、市场撇脂和质量领先地位。

- **当前利润。**许多公司试图制定一个价格使当前利润最大化。它们估算不同价格下的需求和成本，并选择能最大化当前利润、现金流或投资回报率的价格。这种策略假定公司知道其需求和成本函数，但在现实中这些是很难估计的。此外，在强调当前业绩时，公司可能会忽视其他营销变量的影响、竞争对手的反应以及法律对价格的限制，从而牺牲公司的长期业绩。

- **市场渗透。**选择**渗透定价法**（penetration pricing）的公司希望最大化市场份额。它们认为销量越高，单位成本越低，长期利润越高。所以它们假定市场对价格是敏感的，并制定了一个非常低的价格。德州仪器（Texas Instruments）公司因多年来实施渗透定价法而闻名。该公司建立了大型工厂来降低成本，制定尽可能低的价格，赢得较高的市场份额，并随着成本下降进一步降低价格。

  在以下条件下采取渗透定价策略是合适的：（1）市场对价格高度敏感，低价能刺激市场增长；（2）生产和分销成本随着生产经验的积累而下降；（3）低价能抑制实际和潜在的竞争。

- **市场撇脂**。推出新技术的公司倾向于制定高价，以使得市场撇脂最大化。在**市场撇脂**（market skimming）中，公司制定一个相对较高的价格，只有那些有最高支付意愿的顾客才买得起，从而试图从市场上"撇脂"。索尼一直是市场撇脂定价的高频实践者，其定价开始时很高，并随着时间的推移慢慢下降。

  市场撇脂在以下条件下是有利的：（1）当下就有高需求的买家达到足够数量；（2）高初始价格不会吸引更多的竞争者进入市场；（3）高价传达了一个卓越产品的形象。

- **质量领先地位**。一家公司的目标可能是成为市场上的质量领导者。为了保持质量领先地位，公司必须收取相对较高的价格，以支撑起对研发、生产和服务的投资。星巴克、艾凡达、维多利亚的秘密、宝马和维京等品牌都将自己定位为品类的质量领导者，把高品质、奢华和溢价相结合，从而赢得了高忠诚度的顾客群体。灰雁和绝对伏特加通过巧妙的店内和店外营销使品牌看起来时尚、独特，在本身无气、无色、无味的伏特加品类中开辟了溢价超高的利基市场。

非营利性组织和公共组织可能有其他的定价目标。比如，一所大学的目标是收回一部分成本，因为它清楚自己必须依靠私人捐赠和公共拨款来收回剩余成本；一家非营利性医院在定价时可能以收回全部成本为目标；一个非营利性的剧院可能以最大化上座率为定价目标；一个社会服务机构可以根据顾客的收入来制定服务价格。

无论具体目标是什么，相比于那些简单地由成本或市场决定其价格的企业，将价格作为战略工具的企业会获得更多的利润。对艺术博物馆来说，平均只有5%的收入来自门票，其定价可以影响其公众形象，从而影响获得捐赠和赞助的数额。

确定需求

不同价格会导致不同的需求水平，还会对公司的营销目标产生不同的影响。通常情况下，价格和需求之间的反比关系可以用需求曲线来表示：价格越高，需求越低。对一些知名产品来说，需求曲线有时会向上倾斜。一些消费者认为更高的价格意味着更好的产品，然而，如果价格过高，需求可能会下降。

为了估计对公司供应品的需求，营销者需要知道需求对价格变化的反应程度或弹性。**需求的价格弹性**（price elasticity of demand）反映了价格的变化导致销量变化的程度。价格弹性越低，消费者对价格上涨越不敏感，提高价格就越有可能增加销售收入。[20]

请看图11-1中的两条需求曲线。在需求曲线（a）中，价格从10美元上涨到15美元，导致需求从105下降到100，下降幅度相对较小。在需求曲线（b）中，同样的价格上涨导致需求从150大幅下降到50。如果需求几乎不随价格的小幅变化而变化，我们就说它是无弹性的；如果需求随着价格的变化而发生很大的变化，那么它就是有弹性的。

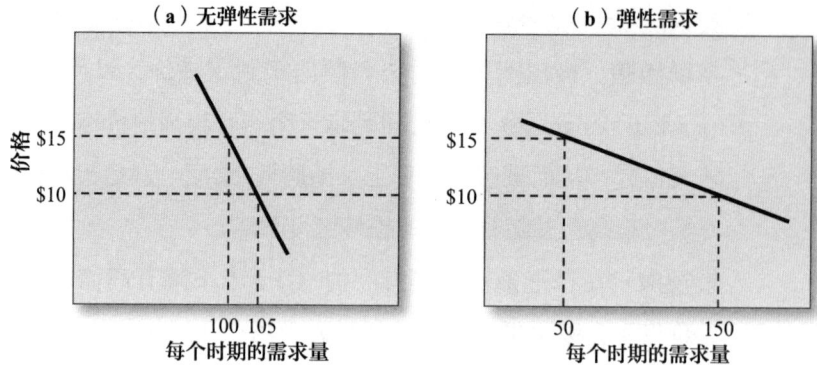

图 11-1
无弹性需求和弹性需求

　　弹性越高，1% 的降价带来的销量增幅就越大。如果需求有弹性，卖家会考虑降低价格以获得更多的总收入。只要生产和销售更多单位的成本没有不成比例地增加，这一点就能成立。

　　需求的价格弹性取决于价格预计变化的幅度和方向。当价格变化很小时，价格弹性可以忽略不计；而当价格变化很大时，价格弹性的作用则很明显。降价时和涨价时的需求价格弹性可能不同，而且可能存在**无差异价格区间**（price indifference band），在这个区间内，价格变化的影响很小或没有影响。

　　长期价格弹性可能与短期价格弹性不同。价格上涨后，买家可能继续在目前的供应商处购买一段时间，但最终会换一家供应商，在这种情况下，需求在长期比在短期内更富有弹性。相反的情况也有可能发生，买家可能在价格上涨后更换了供应商，但之后又更换回来。短期弹性和长期弹性之间的区别意味着卖家难以预知价格随时间变换的总效应。

　　一般来说，在以下这些情况中价格弹性很低：（1）产品是独特的，很少或没有替代品或竞争对手；（2）消费者不容易注意到上涨的价格；（3）消费者改变购买习惯的速度很慢；（4）消费者认为较高的价格是由产品的制造成本、产品的稀缺性和政府税收等因素造成的；（5）花费在该产品上的支出在买方总收入或最终产品总成本中所占比例较小；（6）由第三方承担部分或全部成本。[21]

　　一项对 40 年来价格弹性相关学术研究的全面文献回顾显示，所有产品、市场和时段的平均价格弹性为 -2.62。[22] 换句话说，价格下降 1% 会让销售额上涨 2.26%。此外，耐用品的价格弹性高于其他商品，处于产品生命周期导入 / 成长阶段产品的价格弹性要高于处于成熟 / 衰退阶段的产品。最后，促销价格弹性在短期内高于实际价格弹性（尽管从长期来看情况正好相反）。

估计成本

　　需求为公司产品设定了价格上限，而成本设定了价格下限。公司希望收取一个能够覆盖其生产、分销和销售产品的成本的价格，还可以带来相对于付出的努力和承受的风险而言合理的利润。

固定成本、可变成本和总成本

　　公司的成本有两种形式：固定成本和可变成本。**固定成本**（fixed costs）是不随产量或销售收入变化的成本。无论产量如何，公司必须每月支付租金、供暖、利息、工资等费用。

可变成本（variable costs）直接随着生产水平的变化而变化。例如，三星生产的每台平板电脑都会产生塑料、玻璃、微处理器芯片和其他电子产品，以及包装的成本。每一生产单位产生的这些成本都是恒定的，它们之所以被称为可变成本，是因为总可变成本随着生产单位数量的变化而变化。

总成本（total costs）是指在任何特定的生产水平下，固定成本和可变成本的总和。**平均成本**（average cost）是该生产水平下的单位成本，它等于总成本除以产量。管理层希望收取至少能覆盖一定生产水平下总生产成本的价格。

为了明智地定价，管理者需要知道其成本如何随产量变化而变化。以三星为例，它建造了一个固定规模的工厂，每天生产 1000 台平板电脑。如果每天生产的产品很少，那么每件产品的成本就很高。当产量接近每天 1000 台时，平均成本就会下降，因为固定成本被分摊到了更多的产品上。然而，在产量超过每天 1000 台之后，短期平均成本会增加，这是因为工厂的效率会变得很低：工人必须排队等待使用机器，他们之间互相妨碍，而机器也会更频繁地发生故障。

如果三星认为自己的日销量可达到 2000 台，那么应该考虑建立一个更大的工厂。新建立的工厂有更高效的机器和工作安排，这样每天生产 2000 台平板电脑的单位成本将低于每天生产 1000 台的单位成本。事实上，一个日产量为 3000 台的工厂效率会更高，但日产量为 4000 台的工厂就不那么有效率了，这是因为后者会出现越来越多规模不经济的现象：有太多的工人需要管理，规划工作进展缓慢。如果市场需求足以支持这一产量，3000 台的日产量是工厂的最优规模。

除了与制造有关的成本，还有许多其他成本。为了估算向不同的零售商或顾客销售产品的实际盈利能力，制造商在会计核算中需要采用**作业成本会计法**（activity-based cost）而不是标准成本法。

经验曲线效应

假设三星经营着一家每天生产 3000 台平板电脑的工厂。随着公司不断积累生产平板电脑的经验，平板电脑的生产方法也得到了改善。工人学会了提高效率的窍门，物料流动更加顺畅，采购成本下降。结果就是，生产平板电脑的平均成本会随着生产经验的积累而下降。因此，生产前 10 万台的平均成本是每台 100 美元，但当公司生产了 20 万台后，平均成本下降到 90 美元。在其积累产量再次翻倍至 40 万台后，平均成本降为 80 美元。这种平均成本随着生产经验的积累而下降的现象被称为**经验曲线**（experience curve）。

现在假设有三家公司在该平板电脑市场竞争：三星、A 公司和 B 公司。三星是成本最低的生产商，为 80 美元一台，且已经生产 40 万台。如果三家公司都以 100 美元的价格出售平板电脑，那么三星公司每台平板电脑的利润为 20 美元，A 公司为 10 美元，而 B 公司则盈亏相抵。三星的明智之举是将其价格降至 90 美元，这样可以把 B 赶出市场，甚至 A 也会考虑离开。三星将接手本属于 B（可能还有 A）的市场份额。此外，价格敏感的顾客将在价格下降后进入市场。随着产量增加到 40 万台以上，三星的生产成本将进一步快速下降，甚至在售价 90 美元一台的情况下，也能恢复之前的利润。

然而，**经验曲线定价**（experience-curve pricing）也有很大风险。激进的定价可能会给产品带来廉价的形象。该定价法还假定了竞争者是弱势的市场跟随者。该策略将引导公司建造更多的工厂以满足市场需求，但竞争对手有可能选择更低成本的技术创新。此时，市场领先者反而会陷入旧技术的窠臼。

大多数经验曲线定价主要关注生产成本，但所有成本都可以优化，包括营销成本。如果三家公司都在营销方面投入了大量资金，那么开展营销活动时间最长的公司成本可能最低。这家公司可以为其产品制定稍低一点的价格，在所有其他成本相同的情况下，仍然可以获得相同的回报。

分析竞争者的价格

在由市场需求和公司成本决定的可能的价格范围内，公司必须考虑竞争者的成本、价格和可能的反应。如果公司的供应品具有最相似的竞争对手不具备的特征，那么公司应该评估这些特征对顾客的价值，并将这些价值加到竞争者的价格上。如果竞争者的供应品具有一些本公司产品没有的特征，那么公司应该从自己的价格中减去这些特征对应的价值。这时，公司便可以决定其价格是否可以高于、等于或低于其竞争对手的价格。[23]

出售物美价廉的供应品的公司俘获了全世界消费者的心和钱包。[24]奥乐齐（Aldi）、利德（Lidl）、捷蓝航空（JetBlue Airways）和美国西南航空等价值型企业正在改变几乎所有年龄段和收入水平的消费者购买生活用品、服装、机票、金融服务，以及其他商品和服务的方式。

传统企业感到威胁是很正确的。新兴企业往往依赖于服务一个或几个消费者细分群体，为他们提供更好的交付或其他方面的附加价值，并通过高效运营降低成本以实现低价。这些新兴企业已经改变了消费者关于在质量和价格二者之间权衡的期望。

有观点认为，只有在以下情况下，公司才应开展低成本业务来与那些按照价值制定价格的竞争对手展开竞争：（1）现有业务会因此而变得更有竞争力；（2）新业务能获得单独运作状态下无法获得的优势。[25]

由汇丰银行、荷兰国际集团（ING）、美林证券和苏格兰皇家银行（Royal Bank of Scotland）开展的低成本业务——汇丰银行旗下的 First Direct、荷兰国际集团旗下的 ING Direct、美林证券旗下的 ML Direct 和苏格兰皇家银行旗下的 Direct Line Insurance 都取得了成功，它们成功的部分原因在于新旧业务之间的协同作用。各大航空公司也都推出了自己的低成本航线。但大陆航空（Continental）推出的 Lite、荷兰皇家航空（KLM）推出的 Buzz、北欧航空（SAS）推出的 Snowflake 和美国联合航空推出的 Ted 都没有成功，部分原因在于缺乏协同效应。设计和推出的低成本业务必须本身能够盈利，而不仅仅是作为一个抵御竞争的角色。

选择定价方法

给定顾客的需求水平、成本函数和竞争者的价格，公司就可以着手选择一种定价方法了。价格的制定需要考虑三个主要方面：成本、竞争者和顾客。成本是价格的下限，竞争者的价格和替代品的价格提供了基准点，顾客对产品特性的评价决定了价格的上限。

公司选择的定价方法可以涉及以上三方面考虑中的一个或多个。我们将考虑以下五种定价方法：成本加成定价法、目标收益率定价法、顾客感知经济价值定价法、竞争性定价法和拍卖定价法。

成本加成定价法

成本加成定价法（markup pricing）是最基本的定价方法，即在产品成本之上进行一个标准的加成。例如，建筑公司会估算总工程成本，再加上一个标准利润加成作为竞标价格；律师和会计师通常会根据他们的时间和成本加上标准利润加成来定价。

假设一个面包烤箱制造商预计成本和销量如下：

- 单位可变成本——10 美元；
- 固定成本——300000 美元；
- 预期销量——50000 台。

制造商的单位成本为：

$$单位成本 = 可变成本 + \frac{固定成本}{销量} = 10 + \frac{300000}{50000} = 16（美元）$$

现假设制造商希望赚取 20% 的销售利润加成，那么制造商的加成价格应为：

$$加成价格 = \frac{单位成本}{1- 期望利润率} = \frac{16}{1-0.2} = 20（美元）$$

制造商将以每台面包烤箱 20 美元的价格向分销商收取费用，这样每台可获利润 4 美元。如果分销商想赚取销售价格 50% 的利润，他们会将面包烤箱的价格提高 100% 至 40 美元。季节性商品（为弥补滞销风险）、特殊商品、运输困难的商品、储存和管理成本高的商品，以及缺乏需求弹性的商品（如处方药），加成幅度一般较高。

使用标准的成本加成定价合理吗？一般来讲不合理。毕竟，买家往往并不关心制造商的成本。事实上，任何忽视当前需求、感知价值和市场竞争的定价方法都无法得到最优价格。不过，加成定价法仍然应用广泛。第一，卖家确定成本比估计需求要容易得多，通过将价格与成本挂钩，卖家简化了定价任务。第二，当行业中的所有公司都使用这种定价方法时，价格往往是趋同的，可以最小化价格竞争。第三，许多人认为成本加成定价法对买卖双方来说都比较公平，当买家需求增加时，卖家不会趁机哄抬价格，而卖家也可以获得正常的投资回报。

目标收益率定价法

在**目标收益率定价法**（target-rate-of-return pricing，或称 target-return pricing）中，公司首先设定一个收益率目标（如销售收入的 10%），然后制定一个能产生预期收益率的价格。因为目标收益率定价法不考虑顾客需求和竞争性产品，所以经常在受管制的行业里使用。例如，需要获得正常投资回报的公共事业单位经常使用这种方法。

假设面包烤箱制造商在业务中投资了 100 万美元并希望获得 20% 的投资回报率，即 20 万美元的投资回报，那么目标收益率价格可以通过如下公式得到：

$$目标收益率价格 = 单位成本 + \frac{期望回报率 \times 投入的资本}{销售量} = 16 + \frac{0.2 \times 1000000}{50000} = 20（美元）$$

在成本和销量估计都准确的前提下，制造商可以实现 20% 的投资回报率。但是，如果销量没有达到 50000 台呢？制造商可以绘制盈亏平衡图来看看其他销量水平下的情况（见图 11-2）。无论销量如何，固定成本都是 300000 美元。可变成本（图中未显示）随着销量的增长而增加。总成本等于固定成本与可变成本之和。总收入曲线从 0 开始，随着每一单位产品的售出而上升。

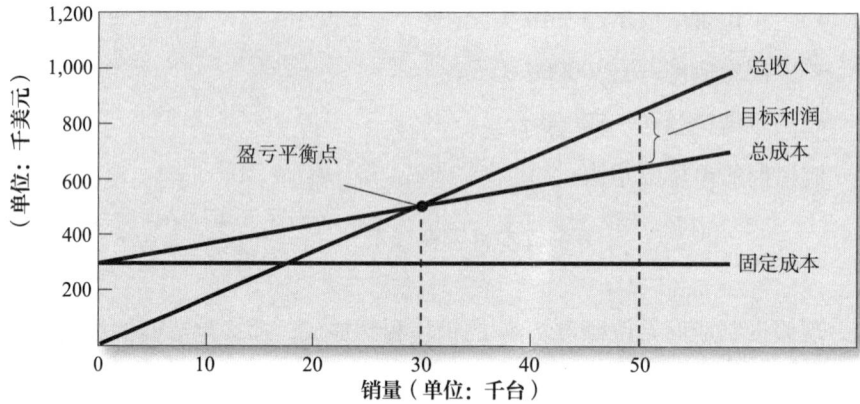

图 11-2
确定目标收益率价格和盈亏平衡销量的盈亏平衡图

总收入曲线和总成本曲线相交于 30000 台这一点上，30000 台就是盈亏平衡销量。我们通过下面的公式加以证明：

$$\text{盈亏平衡销量} = \frac{\text{固定成本}}{\text{价格} - \text{单位可变成本}} = \frac{300000}{20-10} = 30000（台）$$

制造商当然希望能以 20 美元的价格卖出 50000 件产品，这样公司就能以 100 万美元的投资获得 20 万美元的收益，然而，这很大程度上要取决于价格弹性和竞争者的价格。不巧的是，目标收益率定价法往往忽略了这两方面的考虑。制造商需要考虑不同的价格并估计它们对销量和利润的可能影响。

顾客感知经济价值定价法

如今越来越多的公司以顾客的经济价值为基础来制定价格。**顾客感知经济价值定价法**（economic-value-to-customer pricing）考虑到诸多因素，比如买家对产品性能的印象、交付渠道、质保、客户支持，以及供应商的声誉、可信度和受尊重程度等软属性。公司必须提供其价值主张所承诺的价值，而顾客也必须能感知到这种价值。公司可以利用其他营销手段，如广告、销售团队和互联网，来传达和提升买家心中的感知价值。

卖家如果能够说服顾客相信自己提供了最低的总拥有成本，就能成功收取比竞争对手更高的价格。营销者经常将产品中的服务元素用来刺激销售，而不是收费的增值服务。事实上，制造商最常犯的一个错误就是在不收费的情况下提供各种服务来差异化它们的产品。

卡特彼勒基于感知价值来制定其建筑设备的价格。尽管相似竞争者的拖拉机定价为 90000 美元，卡特彼勒却定价 100000 美元。当一个潜在顾客问卡特彼勒的经销商，为什么他要为卡特彼勒的拖拉机多付 10000 美元时，经销商会做如下解释：

90000 美元	卡特彼勒与竞争者拖拉机相同的价格
7000 美元	卡特彼勒卓越耐用性的溢价
6000 美元	卡特彼勒卓越可靠性的溢价
5000 美元	卡特彼勒卓越服务的溢价
2000 美元	卡特彼勒长期零件保修的溢价
110000 美元	体现卡特彼勒卓越价值的正常价格
−10000 美元	折扣
100000 美元	最终价格

　　卡特彼勒经销商通过这样的计算表明，尽管顾客需要为这台拖拉机支付 10000 美元的溢价，但实际上得到了 20000 美元的额外价值。顾客之所以选择卡特彼勒拖拉机，是因为他相信其终身运行成本会更低。

　　确保顾客了解产品或服务的总价值是至关重要的。请看来自帕卡（PACCAR）的经验。

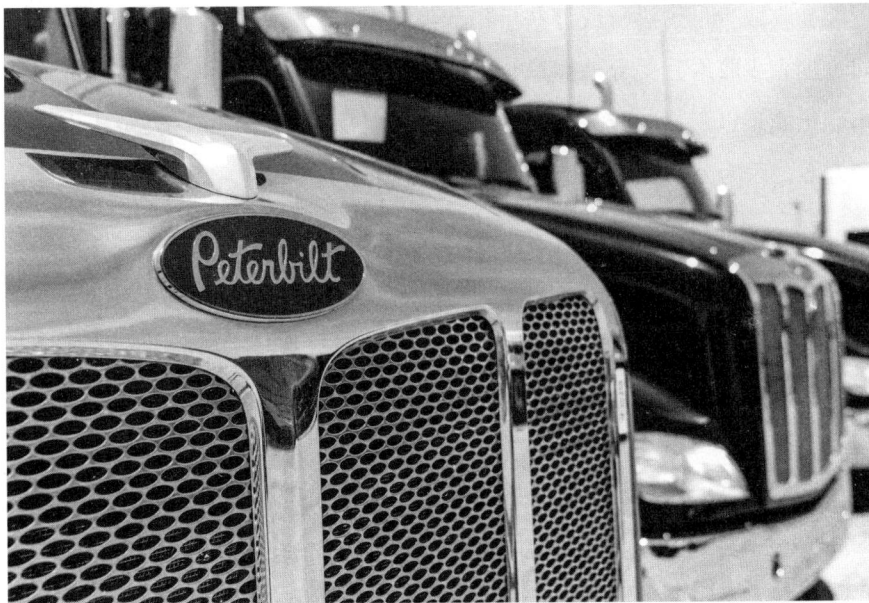

≪　帕卡在生产定制车型肯沃斯（Kenworth）和彼得比尔特（Peterbilt）时，注重质量、效率和舒适性，使顾客价值最大化。帕卡也因此能够为其车辆争取到可观的溢价。

Source: Jonathan Weiss/Alamy Stock Photo

帕卡　肯沃斯和彼得比尔特卡车的制造商帕卡公司，通过不懈地关注顾客体验的各个方面以实现总价值最大化，从而获取 10% 的溢价。Contract Freighters 卡车运输公司是帕卡 20 年的忠实客户，尽管价格较高，该公司仍再次订购了 700 辆新帕卡卡车，因为帕卡卡车具有较高的感知质量——更高的可靠性、更高的以旧换新价值，甚至有能吸引更好司机的豪华内饰。帕卡逆商品化趋势而行，按照客户的个人需要定制卡车。该公司在技术方面投入了大量资金，完成新组件的原型制作仅需数小时，而不是数天或数周，因而能对产品更频繁升级。帕卡是第一家在燃料密集型商业卡车运输行业推出混合动力车的公司（并溢价销售）。帕卡耗资 10 亿美元、历时多年开展了一个项目，旨在设计和开发行业内最高质量、最高效率的卡车，最终成功推出几个新卡车系列。[26]

即使一家公司声称其供应品能提供更高的总价值，也不是所有的顾客都会对此给予积极反应，因为有些顾客只关心价格。其实通常也存在一个典型的关心质量问题的细分市场。在孟买等印度城市近三个月不间断的季风降雨期间，雨伞是必不可少的，那里的雨伞制造商雄鹿（Stag）发现自己陷入了与售价更低的中国竞争者之间激烈的价格战。在意识到对手牺牲了部分质量之后，雄鹿的经理们决定通过新的颜色、新的设计以及内置大功率手电筒和预先录制的音乐等功能来提高质量。尽管价格提高了，但改进后的雄鹿雨伞的销量却得到了提升。[27]

顾客感知经济价值定价法的关键是提供比竞争对手更独特的价值，并向潜在买家展示这一点。因此，公司需要充分了解顾客的决策过程。例如，固特异发现，尽管公司开发了延长胎面寿命的创新功能，但为其昂贵的新轮胎争取到溢价很难。这是因为消费者没有可以用于比较轮胎的参考价格，他们倾向于选择价格最低的产品。对此，固特异的解决方案是根据预期的使用里程来定价，而不是根据产品的技术特征来定价，从而便于产品之间的比较。[28]

竞争性定价法

在**竞争性定价法**［competitive pricing，也叫**因时制宜定价法**（going-rate pricing）］中，公司在很大程度上以竞争对手的价格为基础定价。在出售钢铁、纸张或化肥的行业中，所有公司通常收取相同的价格。小公司"跟随领导者"，会在市场领导者的价格变化而不是自己的需求或成本变化时改变自己的价格。有些公司可能会收取少量的溢价或打些折扣，但会保留价格差距。因此，小型汽油零售商通常比大型石油公司每加仑少收取几美分，但这个价格差不会增加或减少。竞争性定价法的使用是相当普遍的。在成本变化或难以衡量，或需求波动，抑或竞争反应不确定时，公司认为竞争性定价法是一个很好的解决方案，因为公司相信它是行业集体智慧的体现。

拍卖定价法

现在许多电子市场出售从生猪到二手汽车等一切商品，而企业需要处理过剩的存货和二手商品，因此**拍卖定价法**（auction pricing）的应用越来越广泛。以下是三种主要的拍卖类型及其各自的定价程序。[29]

- 英式拍卖（递增出价）有一个卖家和许多买家。例如，在亿贝、亚马逊等网站上，卖家列出商品，竞拍者提高报价直到达到最高价格。出价最高的竞标者拍得该商品。如今，英式拍卖用于出售古董、牲畜、房地产，以及二手设备和车辆。柯达和北电（Nortel）通过拍卖出售了数百项无线和数字成像专利，筹集了数亿美元。[30]

- 荷兰式拍卖（递减出价）的特征是一个卖家和多个买家，或一个买家和多个卖家。在前一种情况下，拍卖师宣布一件产品的高价，然后逐渐降低价格，直到有投标者接受。在后一种情况下，买家公布他想购买的东西，潜在卖家竞相提供最低的价格。思爱普采购云（SAP Ariba）经营企业对企业的拍卖，以帮助企业获得各种低价商品，如钢铁、油脂、油、姓名徽章、泡菜、塑料瓶、溶剂、纸板甚至法务和清洁工作。[31]

- 密封拍卖只允许每一位潜在供应商报出一个价格，且不能知道其他供应商的报价。美国和其他国家的政府经常使用这种方法来采购物资或发放许可证。供应商不会低于其成本出价，但也不会出价太高，因为有丢失生意机会的顾虑。两方作用力权衡下的净效应是出价者的预期利润。[32]

为了给药物研究人员购置设备，辉瑞采用了在线逆向拍卖的方式，由供应商报出它们愿意接受的最低价格。然而，如果买家在在线拍卖中节省下的费用使得现有供应商的利润降低，那么供应商可能会觉得买家是在投机取巧地获取价格优惠。有大量竞标者的在线拍卖可以使买卖双方的总体满意度更高、未来预期更积极，以及减少机会主义的感知。[33]

确定最终价格

上述这些定价方法缩小了公司最终价格的范围。公司通常不会制定单一的价格，而是制定一个价格结构，这个价格结构反映了地域需求和成本、细分市场的要求、购买时机、订单水平、交付频率、保修、服务合同以及其他因素的变化。由于折扣、津贴和促销支持的存在，公司很少能从其销售的每单位产品中获取相同的利润。

向不同的消费者提供不同的价格表以及动态调价的现象正在激增。商家根据库存水平、商品速度（商品售出的速度）、竞争对手的定价和广告等因素来调整定价过程。运动队也在根据选手的人气和比赛时间调整票价。在亚马逊网站上销售产品的在线商家每小时甚至每分钟都在调整价格，部分原因是确保自己的商品能在搜索结果中占据首要位置。

当公司以两个或两个以上的价格出售同一产品或服务，而不同价格并不反映成本的同比例差异时，就存在**价格歧视**（price discrimination）。在一级价格歧视下，卖家根据每个顾客的需求强度为其单独制定价格。在二级价格歧视下，卖家对购买量较大的买家定制的价格较低。然而，对某些服务（如手机服务）而言，其分级定价的结果是，购买量更大的消费者实际上支付了更高的价格。

在三级价格歧视下，卖家向不同消费者细分市场收取不同的价格，请看下面的例子。[34]

- **顾客细分市场定价法。**不同的顾客细分群体为同一产品或服务支付不同的价格。例如，博物馆通常向学生和老年人收取较低的门票价格。当在线旅行网 Orbitz 发现使用苹果个人计算机的人一晚在酒店的花费要高出 30% 时，Orbitz 开始向他们展示与 Windows 用户不同的——有时是更为昂贵的——旅游选择。Orbitz 还会考虑用户的定位、网页浏览历史，以及酒店的整体知名度和促销活动。[35]

- **产品形式定价法。**不同形式的产品定价不同，但与其成本不成比例。例如，依云一瓶 2 升的矿泉水价格低至 1 美元，但 5 盎司同样的水制成保湿喷雾，其出售价格高达 12 美元。

- **渠道定价法。**可口可乐的价格取决于消费者是从高级餐厅、快餐店还是在自动贩卖机上购买的。

- **位置定价法。**尽管在所有位置提供该产品的成本是相同的，但同一产品在不同位置定价不同。例如，剧院根据观众对不同座位位置的偏好制定价格；一些公司存储顾客的计算机 IP

地址和邮政编码，并根据它们与竞争对手商店的距离远近来调整价格。

- **时间定价法**。价格因季节、日期或时段而异。例如，餐厅对"早鸟"顾客收费较低，一些宾馆在周末收费较低；情人节前夕，玫瑰花的零售价会上涨 200% 之多。

航空业和酒店业使用收益管理系统和收益定价提供有限的早期购买折扣，为后期购买制定更高的价格，并为临期未售出的库存制定最低价格。航空公司会向同一航班的不同乘客收取不同的票价，票价取决于座位等级、一天中的时间（早班或夜班）、一周中的哪一天（工作日或周末）、季节、乘客的雇主、之前的工作或身份（青年、军人、老人）等。这就是为什么在从纽约飞往迈阿密的航班上，你可能支付 200 美元却坐在支付 1290 美元的人对面。

然而，考虑到消费者关系，不断变化的价格可能是很棘手的。一种可行方法是为顾客提供独特的产品和服务，精确地满足他们的需求，从而使价格比较更加困难。公司青睐的另一个策略是将可变价格作为一种奖励而不是惩罚。例如，APL 航运公司奖励那些能够更好地预测需要多大货位空间的顾客，允许他们以比较便宜的价格提前预订。

尽管某些形式的价格歧视是非法的（如对同一供应品的不同顾客提供不同的价格），但如果卖家能证明，在向不同的零售商出售不同数量或不同质量的同一产品时，其成本不同，那么这种做法就是合法的。然而，掠夺性定价法（predatory pricing）——以低于成本的价格销售以消除竞争——是非法的。

要发挥价格歧视的作用，必须满足几个条件。第一，市场必须是可细分的，而且各细分市场必须显示出不同强度的需求。第二，低价细分市场成员不可将产品转售给高价细分市场成员。第三，竞争者不可向高价细分市场以低于该公司的价格销售。第四，市场细分和监管市场的成本不能超过价格歧视带来的额外收入。第五，这种做法不能引起顾客的不满和厌恶。

产品组合定价法

当产品作为产品组合的一部分时，营销者必须修改自己的定价逻辑。在**产品组合定价法**（product-mix pricing）中，公司要寻找一套能使总产品组合利润最大化的价格。这个过程很有挑战性，因为不同的产品都有各自的需求和成本的相互关系，并存在于不同程度的竞争之中。我们可以大致将产品组合定价法分为六种主要情况：招徕性定价法（特价商品定价法）、可选特色定价法、附属产品定价法、两部定价法、副产品定价法和捆绑定价法。

- **招徕性定价法**。公司可以制定特定产品或服务的价格，使其整个产品线的利润率最大化。一个常见的产品线定价方法是**招徕性定价法**（loss-leader pricing）。超市和百货公司经常降低知名品牌的价格，以刺激额外的商店客流量。如果额外的销售收入能够补偿特价商品的低利润，那么这种方法就是成功的。被零售商作为特价商品出售的品牌制造商通常会出来反对，因为这种做法会弱化品牌形象，并引起以常规标价售卖的其他零售商的抱怨。制造商试图通过游说零售价格维持法（retail-price-maintenance laws）来阻止中间商使用招徕性定价法，但这些法律已被撤销。

- **可选特色定价法。**许多公司在其主要产品中提供可选产品、功能和服务。可选产品的定价是一个棘手的问题，因为公司必须决定哪些产品要包含在标准价格中，哪些要单独提供。许多餐厅把饮料的价格定得很高，把食物的价格定得很低。食物的收入用于收回成本，而饮料——特别是酒类——则用于产生利润。这就解释了为什么服务员经常努力推荐顾客点饮料。其他的餐厅为了吸引饮酒的人则把酒的价格定得很低，把食物的价格定得很高。

- **附属产品定价法。**有些产品需要用到辅助产品或附属产品。例如，剃须刀制造商通常在剃须刀上定价较低，但在剃须刀刀片上设定高额加价。电影院和音乐会场馆从租让和商品销售中获得的收入往往高于门票收入。[36] 威瑞森可能会向承诺购买两年电话服务的人免费提供一部手机。然而，如果附属产品在售后市场的定价过高，仿冒品和替代品就会侵蚀销量。如今，消费者从打折供应商那里购买打印机的替换墨盒，可以在制造商价格基础上节省 20%~30%。

- **两部定价法。**服务公司实行两部定价，包括固定费用和可变使用费。手机用户可能需要支付最低月租费，外加超过规定通话时长的费用。游乐园收取入场费和超过某一最低限额的游乐设施费用。服务公司面临的问题与附属产品定价法类似——对基本服务收取多少固定费用，对可变使用部分收取多少费用。固定费用应该足够低，以吸引人们购买，然后利润可以从可变使用费中获取。

- **副产品定价法。**某些商品——肉类、石油产品和其他化学品——的生产往往会产生副产品，应按其价值定价。如果竞争迫使公司对其主要产品收取较低的价格，那么从副产品上获得的任何收入都将促使公司更容易这样做。成立于 1855 年的澳大利亚 CSR 公司，最初被命名为拓殖糖业炼制公司（Colonial Sugar Refining Company），并在早期作为一家糖业公司树立了自己的声誉。该公司开始销售甘蔗的副产品，并利用废弃的甘蔗纤维制造墙板。如今，通过产品开发和收购，更名后的 CSR 已经成为澳大利亚销售建筑材料的十大公司之一。

- **捆绑定价法。**卖家经常将产品和特征捆绑在一起。[37] 纯粹捆绑销售（pure bundling）是指公司只以捆绑的形式提供产品。汽车售后产品的供应商越来越多地将其产品捆绑在可定制的三合一和四合一产品中，特别是轮胎和车轮保护以及无漆凹痕修复等二级产品。一家经纪公司可能会坚持只有当电影公司也接受该公司所代理的其他人才（如导演或编剧）时，才能与一个受欢迎的演员签约。这是一种捆绑销售（tied-in sales）的形式。在混合捆绑销售（mixed bundling）中，卖方既提供单独的商品，也提供捆绑销售的商品，通常捆绑销售的价格比单独购买的商品价格要低。一家剧院会将季票价格定得比单独购买所有演出票的费用要低。顾客可能没有计划购买所有的组成产品，所以捆绑组合价格上的节省必须足以诱使他们购买。[38] 一些顾客想要以低于整个捆绑组合的价格来换取更低的价格。[39] 这些顾客要求卖家"松绑"或"重新捆绑"其产品。如果供应商通过不提供顾客不想要的送货服务而节省了 100 美元成本，而售价只降低了 80 美元，那么它就能使顾客满意的同时增加 20 美元的利润。

发起和应对价格变化

为了获得市场地位，增加销售收入，提高利润，公司经常采取激进的定价行为：要么降低价格，通常是为了吸引竞争者的顾客；要么提高价格，从现有顾客那里获取更大的价值。

发动降价

在几种情况下，企业可能会降价。有时是产能过剩：公司需要更多的生意，但无法通过增加销售力量、产品改进或其他措施实现。有时公司主动降价是受到以更低成本抢占市场的想法驱动。该公司要么一开始就比竞争者的成本低，要么就主动降价，以期获得市场份额并降低成本。

然而，为了留住顾客或击败竞争对手而降价，往往会造成顾客进一步要求价格优惠，也会使得销售人员不得不接受这些要求。[40] 降价策略可能带来其他问题，如消费者会认为产品质量很低。此外，低价能买到的是市场份额，但不能买到市场忠诚度——这批顾客会转向任何价格更低的公司。竞争对手也可能会以更低的价格作为回应，引发价格战。还有一种可能是，价格较高的竞争者会降低至相同的价格，但由于成本结构较低而更具持久力。

顾客经常质疑价格变化背后的动机。[41] 他们可能会猜测：该商品即将被新型号取代；该商品有缺陷，卖得不好；公司陷入财务困境，价格会进一步下降或质量已经下降。公司必须仔细监控顾客的归因。

发动提价

成功的提价可以大幅提高利润。如果公司的利润率是销售额的 3%，那么在销量不受影响的情况下，1% 的提价将使利润增加 33%。因此，如果一家公司收费 10 美元，售出 100 个单位，成本为 970 美元，那么它产生的利润为 30 美元，或者说销售额的 3%。假定销量不变，通过提价 10 美分（提价 1%），它的利润可以提高 33%。

发动提价的一个主要因素是**成本膨胀**（cost inflation），即成本的上升无法与生产力收益相匹配，挤压了利润空间，从而引发公司定期提价。公司当预期到更严重的通货膨胀或政府价格控制时，就会提高价格，且价格增幅往往会超过成本增幅，这种做法被称为**预期性定价**（anticipatory pricing）。

导致价格上涨的另一个因素是超出公司生产能力的高需求。当一家公司不能向所有顾客供货时，它可以提高价格，或限量供应，或两者兼而有之。

尽管提价往往会向顾客传达一些积极信息，例如，该商品是"热门"的，有着极高的价值，但消费者通常不喜欢高价。在向消费者传递涨价信息时，公司必须避免看起来像一个价格欺诈者。可口可乐推出的智能自动贩卖机可以随着气温的升高而提高价格，而亚马逊的动态定价实验则根据购买场合的不同而改变价格，这两项举措都成为头版新闻。公司推出的产品或服务越相似，消费者就越有可能认为定价差异是不公平的。因此，产品的定制化和差异化，以及阐明差异的沟通是至关重要的。[42]

当价格上涨时，有几种技巧有助于避免消费者的价签休克（sticker shock）和带有敌意的反应。其一，保持公平感，例如提前通知消费者，让他们可以超前购买或货比三家。其二，急剧的价格上涨也需要用可以理解的术语来解释。其三，先采取小幅度的提价行动也是一种好的技巧，取消折扣、提高最低订单量、减少低利润产品的生产就是例子。其四，长期项目的合同或标书应包含基于公认的全国价格指数增长等因素的价格调整条款。

应对竞争者的价格变化

任何价格的引入或改变都会引起顾客、竞争者、分销商、供应商甚至政府的反应。当该品类中的公司数量较少、产品同质化且购买者高度知情时，竞争者最有可能做出反应。

一家公司如何预测竞争者的反应？一种方法是假设竞争者以标准方式对价格的设定或改变做出反应。另一种方法是假设竞争者将每一个价格差异或变化当作一个新挑战，并根据当时的自我利益做出反应。公司需要研究竞争者目前的财务状况、近期的销售情况、顾客忠诚度和公司目标。如果竞争者有一个市场份额的目标，它可能会配合价格差异或变化。[43] 如果它有一个利润最大化的目标，它可能会做出增加广告预算或提高产品质量的反应。

这个问题很复杂，因为竞争者会为低价或降价做出不同解释：要么认为该公司试图窃取市场份额，要么认为它在经营不善的情况下试图提高销售额；要么认为它希望整个行业降低价格以刺激总需求。当沃尔玛开始在广告中宣称价格低于大众超级市场时，大众超级市场这家区域性连锁超市将大约500种必需品的价格降至沃尔玛之下，并发起自己的广告战役作为报复。[44]

公司应该如何应对竞争者的降价？这要视情况而定。公司需要考虑以下几点：（1）竞争者为什么要改变价格？是为了抢占市场，为了利用过剩的产能，为了满足不断变化的成本条件，还是为了引领整个行业的价格变化？（2）竞争者的价格变动计划是暂时性还是永久性的？（3）如果公司不做出反应，其市场份额和利润会发生怎样的变化？其他公司是否会做出反应？（4）对于每一种可能的反应，竞争者和其他公司的可能反应会是怎样的？

市场领导者经常面临那些试图夺取市场份额的小公司的激进降价。凭借低价，T-Mobile 攻击了AT&T 和威瑞森，超威半导体（AMD）攻击了英特尔，美元剃须俱乐部攻击了吉列。市场领导者还面临价格较低的店铺品牌。面对低成本竞争者,三种可能的应对方法是:进一步使产品或服务差异化,引进低成本的风险投资,或重塑自我成为低成本市场参与者。[45] 正确的战略取决于公司创造更多需求或削减成本的能力。

当低价攻击发生时,对替代方案进行细致分析未必总是可行。公司可能不得不在数小时或数天时间内果断地做出反应,特别是在价格变化频繁、必须快速反应的行业,如肉类加工、木材或石油行业。预测竞争者可能的价格变化并做好应急反应的准备,才是更合理的做法。

管理激励机制

激励措施(incentives)是一种促销工具,大多是短期的,旨在刺激消费者或行业更快或更多地购买特定产品或服务。[46]

激励措施作为一种营销手段

多年来,促销支出在预算支出中所占比例不断增长,其中增长最快的领域是数字优惠券和折扣——消费者可以通过智能手机兑换或下载到打印机。数字优惠券消除了印刷成本,减少了纸张浪费,易于更新,并且有更高的兑换率。如今,许多零售商根据消费者的购买历史记录提供定制化的优惠券。[47]

促销可以在短期内产生较高的销量,但从长期来看,几乎没有什么永久性的收益。价格促销通常不能建立永久的总品类销量。在经济低迷时期,汽车制造商开始采用零利率金融服务、高额现金回扣和特别租赁计划,从那以后,它们发现再让消费者脱离折扣消费变得很难。[48] 促销活动通常会促使消费者囤积——比平时更早购买(购买加速)或购买额外的数量。因此,在最初的峰值过后,销量往往会在促销后出现下滑。[49] 虽然促销活动对销量的影响通常是暂时的,但不断降价、优惠券、交易和赠品可能会损害公司的产品在买家心中的形象,从而产生长期的负面影响。

并非所有的促销活动都有损于公司的品牌形象。有些促销工具起着消费者特权建设(consumer franchise building)的作用,它们在交易的同时传递销售信息,如频率奖励、宣传产品特征的优惠券和与产品相关的赠品。通常不属于品牌建设的促销工具包括特惠装、与产品无关的消费者赠品、竞赛和抽奖、提供消费者退款和交易津贴。

促销定价已经成为许多公司提供产品和服务的惯用定价方式。特别是销售人员,为了完成销售目标,他们会迅速给予折扣。但是,很快就会有传言说,公司的标价是"软"的,打折会成为常态,这会削弱供应品的感知价值。有些产品品类因总是打折而自我毁灭。

一些产能过剩的公司倾向于打折，甚至开始以极大的折扣力度向零售商提供印有商店标志的品牌产品。然而，由于店铺品牌的定价较低，制造商品牌的销量可能会开始受到侵蚀。制造商应该考虑以折扣价向零售商供货的深远影响，因为他们可能为了实现短期销量目标而牺牲长期利润。

营销管理者需要监控接受折扣顾客的比例、平均折扣以及销售人员任何过度依赖折扣的倾向。为此，营销管理者应进行**净价格分析**（net price analysis）来得出供应品的"实际价格"。实际价格不仅会受到折扣的影响，而且还受到其他费用的影响，这些费用会降低实际价格。假设某公司标价3000美元，平均折扣为300美元，促销支出平均为450美元（标价的15%），给了零售商150美元的合作广告资金来支持该产品的销售。在这种情况下，公司的净价格是2100美元，而不是3000美元。

主要激励决策

在实行激励措施时，公司必须确立目标，选择工具，制订方案，实施和控制方案，并评估结果。

确立激励措施的目标

激励措施的目标源自该供应品的基本营销目标。按照制造商的促销活动是以消费者还是以零售商为中心，激励措施的目标可以分成两类。

对以消费者为中心的激励措施来说，其目标包括鼓励用户更频繁地购买或购买更大单位的产品，鼓励非用户试用自己的产品，以及吸引竞争品牌的用户来用自己的产品。如果一些竞争品牌的用户在没有激励措施的情况下本不会尝试该品牌，那么激励措施就可能带来长期的市场份额增长。[50]在理想情况下，以消费者为中心的激励措施能引起短期销量的变化，也能影响长期品牌资产。[51]

对以零售商为中心的激励措施来说，其目标包括说服零售商或批发商经销该品牌，说服零售商或批发商销售比常规销量更多的产品，引导零售商通过展现特征、陈列和降价来推广该品牌，激励零售商及其销售人员来推销该产品。

确定激励措施的规模和方法

第一，在决定使用某一特定的激励措施时，营销者必须确定其规模。促销活动要想成功，激励措施必须对目标顾客有意义。第二，营销经理必须为顾客的参与创造条件。激励可以面向所有人，也可以只面向特定群体。第三，营销者必须确定促销活动的持续时长。第四，营销者必须选择合适的分销工具。一张50美分的优惠券可以在产品包装、商店、邮件、网上或广告中发放。第五，营销经理必须确定促销活动的时机。第六，必须设定总促销预算。某项促销活动的成本由管理成本（用于印刷、邮寄和促成交易）和激励成本（赠品或折价成本，包括兑换成本）组成，再乘以预期销量。关于优惠券所促成交易的成本，计算时需要考虑到只有一小部分消费者会兑换优惠券。

除了确定激励措施的规模，公司还必须决定如何分配资源。具体来说，公司必须决定在推进活动和拉动活动中分别付出多少努力。

推进策略（push strategy）是利用制造商的销售人员、贸易促销资金或其他手段来引导中间商上架、推广并销售产品给最终用户。当该品类的品牌忠诚度较低、品牌选择的决定是在商店内完成、产品为冲动消费类型，以及产品的好处众所周知时，这种策略尤为适用。

在**拉动策略**（pull strategy）中，制造商利用广告、促销以及其他沟通形式，说服消费者从中间商那里购买产品，从而促使中间商订购该产品。当该品类的品牌忠诚度和品牌涉入度较高、消费者能够感知品牌间的差异，并且在去商店之前就选择该品牌时，这种策略尤为适用。

如苹果、可口可乐和耐克等顶级营销公司都巧妙地运用了推进和拉动策略。当一个推进策略与一个精心设计且良好执行的拉动策略配合使用时，就能更有效地激活消费者的需求。另外，如果消费者丝毫不感兴趣，公司的策略就很难获得很多渠道的接受和支持，反之亦然。

选择消费者激励措施

促销计划人员应该考虑到市场类型、促销目标、竞争环境以及每种工具的成本效益。[52] 主要的**消费者激励措施**（consumer incentives）包括以下几种。

- 降价是旨在增加销量的临时性价格折扣。降价可以由寻求销量增长的制造商发起，也可以由试图转移商品和清理库存的零售商发起。降价可以用具体的货币金额或百分比来表示。[53]

- 优惠券是持有者在购买特定产品时有权获得一定价格减免的凭证。优惠券可以通过邮寄、附于其他产品之上或之内、插入杂志和报纸广告、电子邮件发送，或以线上领取的方式提供。[54]

- 现金退款是在售后而不是在零售商处给予的价格减免。消费者向制造商出示指定的"购买证明"，制造商通过邮件"退还"购买价格的一部分。汽车公司和其他消费品公司提供现金回扣，以鼓励人们在特定时段购买制造商的产品。回扣可以在不降低标价的情况下清理库存。[55]

- 特惠装是在产品正常价格的基础上减价，并在标签或者包装上标明。经济装是指以降低的价格出售的单个包装（如买一赠一）。联合包装是将两种相关产品组合在一起（如牙刷和牙膏）出售。[56]

- 赠品，也称额外奖励，是把折价提供或免费提供的商品作为购买特定产品的激励。赠品可以随产品（置于包装内或附于包装上）发行，也可以通过与产品不同的渠道（如邮寄）发放。

- 频率方案提供与消费者购买公司产品或服务的频率和强度相关的奖励。

- 奖品是指因购买某物而有机会赢得现金、旅行或商品。竞赛要求消费者提交参赛作品，由评审团审查并从中选出最佳作品。抽奖活动要求消费者提供姓名参与抽奖。游戏是在消费者每次购买时都向他们展示一些东西，比如宾果数字、缺失的字母，这可能帮助他们赢得奖品。[57]

- 搭配促销涉及两个或两个以上的品牌或公司在优惠券、退款和竞赛方面进行合作以吸引顾客的情境。

- 季节性折扣是为那些在淡季购买商品或服务的人提供的价格减免。酒店、汽车旅馆和航空公司会在销售淡季提供季节性折扣。

- 筹资包括提供有利的筹资条件，以增加供应品对消费者的吸引力。另外，卖家（特别是抵押贷款银行和汽车公司）还可以提供延长贷款期限的条款来降低月供。

选择交易激励措施

制造商会以交易激励的形式向分销渠道成员发放奖金。与旨在为买家创造更大价值的消费者优惠激励措施不同，**交易激励措施**（trade incentives）的目的是提高供应品对分销渠道成员——批发商、零售商和经销商的吸引力。具体来说，制造商可以使用以下这些交易促销工具。[58]

- 补贴是为零售商履行某些职能而提供的额外报酬，如在销售点推广供应品、保持更大的库存以确保产品的可获得性，以及提供额外的增值服务。
- 免费商品是向购买一定数量或偏好某种品位或尺寸的中间商提供的免费商品。
- 价格折扣是指在规定时段内购买享受到的在标价基础上的直接折扣。
- 付款折扣是给予及时付款的买家的价格优惠。一个典型的例子是"2/10，全额30"，这意味着在30天内付款即可，但买家可以通过在10天内付款来换取2%的费用减免。

大型零售商日益增长的实力增强了它们要求交易促销的能力。[59]制造商的销售人员和品牌经理经常就这一点发生争执。销售人员表示，除非他们得到更多的交易促销资金，否则当地零售商不会把公司产品陈列在货架上，而品牌经理则希望把有限的资金用于消费者促销和广告。

制造商时常发现，监督并确保零售商按照协定行事是很难的，因此制造商越来越坚持在给予任何津贴之前要求提供业绩证明。制造商在管理贸易促销活动方面面临一些挑战。一些零售商会**超前购买**（forward buying）——在交易期间购买比他们能立即售出的更多的数量，为此制造商必须安排比计划更多的生产任务，并承担额外工作班次和加班的成本。其他一些零售商则是转移（diverting），即在制造商提供交易促销的地区购买超过所需的数量，再将剩余产品运往非贸易促销地区的商店进行销售。制造商通过限制以折扣价出售的商品数量或生产和交付少于全部订单的商品数量，来处理超前购买和转移的问题，使得生产平稳进行。

选择销售人员激励措施

公司在销售人员促销工具上花费了数十亿美元，以收集线索，打动和奖励顾客，并激励销售人员。**销售人员激励措施**（sales force incentives）的目的是鼓励销售人员支持新产品或新型号，促进潜在顾客的挖掘，以及淡季促销。销售竞赛是一种常见的销售人员激励措施。销售竞赛的目的是引导销售人员或经销商在规定的时段内提高销售业绩，胜出者将获得奖品（金钱、旅行、礼物或积分）。

公司为激励工具开发所做的预算通常每年都保持在相当稳定的状态。对许多希望在目标受众中引起轰动的新商家来说，特别是在B2B领域，交易展览是一个重要工具，但交易展览的单次接触成本是所有沟通方式中最高的。关于管理销售队伍和人员推销的话题将在第15章中详细讨论。

营销
洞察 ｜处方药定价中的伦理问题

美国每年在处方药上的花费近 3300 亿美元。在过去 30 年中，药品支出在医疗保健总支出中所占份额几乎翻了一番，达到 10% 左右。美国政府在医疗保健方面的支出超过联邦预算中其他任何部分的支出，包括国防和社会保障。美国在药品上的支出比其他任何国家都多，是其他主要工业化国家平均支出的两倍。

关于处方药的定价引发了一个伦理问题，即制药公司应该对其产品收取多少费用。一些公司从纯粹的财务角度来看待药品定价。为了证明将呋喃妥因（nitrofurantoin，一种被世界卫生组织列为治疗下尿路感染的"基本"药物）的价格从每瓶约 500 美元提高到 2300 多美元的决定是合理的，诺斯特姆制药公司（Nostrum Pharmaceuticals）的创始人尼马尔·穆莱（Nirmal Mulye）辩称，他的公司有"赚钱和以最高价格出售产品的道德要求"。

公司提高专利药品价格的例子比比皆是。肾上腺素笔（EpiPen）——一种用于注射一定剂量肾上腺素的医疗设备，用来紧急治疗昆虫蜇伤或叮咬及食物、药物或其他物质的严重过敏反应——从 2009 年的 100 美元两支装涨到 2016 年的 608 美元。肾上腺素笔占据了近 90% 的市场份额，为其母公司迈蓝（Mylan）贡献了 40% 左右的利润。肾上腺素笔有约 55% 的净利润率，显著高于该公司 8.9% 的整体利润率。

图灵制药公司（Turing Pharmaceuticals）也许是纯粹由利润驱动定价的最极端的例子。在获得有 60 年历史的达拉匹林（Daraprim）——唯一可用于治疗几种罕见致命疾病的药物——的产销权后，该公司将达拉匹林的价格从每片 13.5 美元提高到 750 美元，涨幅高达 5000%。图灵制药的行为引发了公众对价格欺诈的强烈抗议，随后其首席执行官辞职，美国国会也对该公司的定价行为进行了调查。[60]

与可自由支配的消费品定价不同，处方药的定价会对社会福利产生直接影响。价格上涨会导致经济困难的患者无力支付关键药物的费用，导致他们不顾应该服用的药物剂量而服用较小剂量或完全放弃治疗。鉴于药品定价的社会影响，开发出一种不仅仅为优化企业利润考虑的定价方法很有必要。

特别的挑战在于药品定价过程相当不透明。为了增加处方药定价的透明度，美国市场营销协会在 2016 年发起了"处方药的真相"（TruthinRx）活动。这项基层活动使患者和医生能够分享他们在处方药定价方面的体验和经历，以争取公众对要求药品价格透明的法规的支持。"处方药的真相"活动聚焦于对药品价格有重大影响的三大主要市场参与者：（1）制造和销售药品的制药公司，（2）代表健康保险公司的药品保险金理财人或就处方药价格的前期折扣与制药公司进行谈判的雇员，（3）批准处方、设定共付额度并与药品保险金理财人合议决定患者应为药物支付多少钱的健康保险公司。[61]

本章小结

1. 价格是唯一能够产生收入的营销要素，其他要素则是产生成本的要素。在不断变化的经济和技术环境中，定价决策变得更具挑战性。

2. 购买决策是基于消费者如何感知价格——不仅仅是基于供应品的标价而做出的。了解消费者如何形成价格感知，特别是参考价格、价格－质量推断和价格尾数的作用，有助于公司制定最优市场价格。

3. 在制定定价策略时，公司应遵循六个步骤：确定定价目标；估计需求曲线，即在每个可能价格下的可能销量；估计其成本在不同产出水平、不同生产经验积累水平以及不同营销方式下如何变化；分析竞争者的成本、价格和供应品；选择定价方法；确定最终价格。

4. 在制定价格时，公司可以追求不同的定价目标：当前利润、市场渗透、市场撇脂和质量领先地位。公司的目标越清晰，制定价格就越容易。

5. 需求曲线显示了市场在不同价格下可能产生的购买量，总结了对价格敏感度不同的许多人的反应。营销者需要知道需求对价格变化的反应程度或者弹性。

6. 价格制定主要需要考虑三个方面：成本、竞争者和顾客。成本决定了价格的下限；竞争者的价格和替代品的价格提供了一个基准点；顾客对供应品特性的评价则决定了价格的上限。常见的价格制定方法包括：成本加成定价法、目标收益率定价法、顾客感知经济价值定价法、竞争性定价法和拍卖定价法。

7. 当产品是产品组合的一部分，而公司的目标是使整个产品组合的利润最大化时，营销者必须修改他们的定价逻辑。产品组合定价法的常见情况包括：招徕性定价法（特价商品定价法）、可选特色定价法、附属产品定价法、两部定价法、副产品定价法和捆绑定价法。

8. 为了获得市场地位，提高利润，公司经常采取激进的定价行为：要么降低价格，通常是为了吸引竞争者的顾客；要么提高价格，从现有顾客那里获取更大的价值。公司必须预测竞争者的价格变化，并做好应急反应的准备，这可能包括维持或改变价格或质量。

9. 面对竞争者的价格变动，公司必须设法了解竞争者的意图和价格变动的可能持续时间。受到低价竞争者攻击的市场领导者可以寻求更好的差异化策略，推出自己的低价竞争产品，或者彻底转变。

10. 激励措施包括一系列大多在短期奏效的激励工具，旨在刺激消费者或行业更快或更多地购买特定产品或服务。在运用激励措施时，公司必须确立目标、选择工具、制订方案、实施和控制方案，并评估结果。

11. 在设计激励措施时，公司必须决定分别在推进策略和拉动策略上付出多少努力。推进策略是利用制造商的销售人员、贸易促销资金或其他手段来引导中间商上架、推广和销售产品给最终用户。在拉动策略中，制造商利用广告和激励手段来说服消费者从中间商那里购买产品，从而促使中间商订购该产品。选择正确的推拉策略组合是确保贸易支持的一个重要因素。

营销
焦点 | Priceline

Priceline 成立于 1998 年,当时杰伊·S.沃克(Jay S. Walker)首次推出了"自主定价"(Name Your Own Price)在线购买机票服务。Priceline 让买家"设定"价格,颠覆了传统的商品购买系统。通常,卖家在市场上以特定售价发布商品广告,买家则决定是否需要该商品。Priceline 设计了一种机制,顾客登录公司网站发布"广告",说明他们想去的地方、旅行的日期,以及他们愿意支付的价格。然后,Priceline 会搜索合作航空公司的数据库,寻找合适的机票。顾客必须对航空公司和航班时间持灵活态度,因为只有在交易完成后,顾客才能收到机票和航空公司的信息。

在其机票服务刚起步时,Priceline 只与美国西部航空(America West)以及环球航空(TWA)有合作。成立一年后,Priceline 已经为 100 多万人提供过机票。不久之后,美国联合航空、美国航空和达美航空等知名航空公司也加入了该公司合作伙伴行列。事实证明,Priceline 的在线预订模式对航空公司很有价值。因为航空公司在整个购买过程中是匿名的,从而避免了因大幅度折价销售机票而带来的品牌弱化,且可以保持航空公司的标准定价。这种模式对于精打细算的旅行者也很有吸引力,因为一般来说,这里的价格比他们自己通过在线搜索找到的机票价格更低。

Priceline 以惊人的速度发展,并聘请了威廉·夏特纳(William Shatner)作为该公司广告战役的代言人。Priceline 花费了数百万美元在报纸和广播广告中投放了以夏特纳为代言人的宣

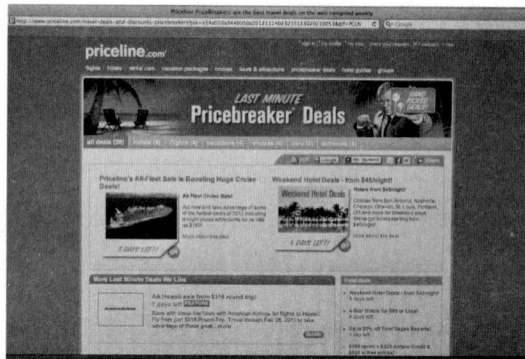

传广告。Priceline 在广告上的努力付出成功地提高了品牌知名度,在 1999 年成为十大最知名的互联网网站之一。Priceline 的收入在 1999 年达到约 5 亿美元,该公司的首次公开募股达到 129 亿美元,位居当时上市首日价值榜首。那一年里,Priceline 将其"自主定价"系统扩展到汽车销售、酒店客房、住房贷款甚至生活用品领域。Priceline 与多家公司合作,逐渐成为一个互联网大品牌。

21 世纪初,互联网泡沫破裂,Priceline 股价暴跌。该公司股价跌幅超过 99%,从 974 美元的峰值跌至约 7 美元。杰伊·S.沃克也离开该公司,决定专注于另一家公司。为了从金融危机中恢复过来,Priceline 放弃了非旅游业务。具有讽刺意味的是,该公司在 2001 年首次实现了盈利。2002 年,该公司开始将其旅游业务扩展到"自主定价"模式之外。Priceline 分别在 2004 年和 2005 年收购了欧洲酒店预订网站 Active Hotels 和缤客网(Booking.com),此举最终被誉为互联网历史上最成功的收购之一。Priceline 于 2007 年收

购了东南亚的在线旅行社雅高达（Agoda.com），于 2010 年收购了汽车租赁服务网站 rentalcars.com，于 2013 年收购了旅行搜索引擎 Kayak，于 2014 年收购了餐厅预订服务网站 OpenTable。Priceline 的业务扩张使其股价超过了 1999 年所达到的峰值。

Priceline 的成功在很大程度上要归因于该公司专注于在线旅游中最有利可图的市场细分业务。酒店占 Priceline 总预订量的 85% 以上，而与 Priceline 最相似的竞争对手亿客行的这一比例只有 48%。酒店市场的集中度低于航空旅行，因此 Priceline 可以通过专注于酒店预订来获得更多的利润，在酒店预订中它可以收取 15%~20% 的佣金，而机票预订的佣金仅为 3%。此外，Priceline 的预订量大部分是在欧洲。与美国不同，欧洲的酒店市场主要由非连锁酒店构成，这意味着它们更难吸引顾客。通过对欧洲酒店进行适当索引，Priceline 获得了佣金方面更高的议价能力。

Priceline 的数据分析过程也创造了一个竞争优势。Priceline 仔细研究了应如何以及在哪里购买在线广告，这种贯穿其所有业务的方法创造了行业领先的广告效果。该公司平均为每间客房预订花费 7.5 美元广告费，而亿客行的这一数据为 16 美元。此外，Priceline 利用数据分析来使其网站"转换率"最大化——让消费者从浏览网站转向预订服务。Priceline 对顾客的人口信息统计和行为研究使其能够通过网站和电子邮件发布个性化的广告。Priceline 在 2019 年实现了行业内最高的转换率，而高转换率则增加了每次预订的利润率。

Priceline 在在线旅游行业遥遥领先，它的市值是排名第二的竞争者的三倍多。Priceline 成功的基础在于它专注于有利可图的细分市场以及对数据分析的不懈坚持，这使该公司能够实现高利润率。[62]

问题：

1. "自主定价"方法对 Priceline 的市场成功来说有多重要？
2. "自主定价"方法在制定供应品价格方面有哪些优点和缺点？
3. 根据一个人的支付意愿来制定价格是否公平？它能否为顾客创造价值？它能否为公司创造价值？

营销
焦点 ｜优步

优步的起源可以追溯到 2008 年，当时两位初创企业家特拉维斯·卡兰尼克（Travis Kalanick）和加勒特·坎普（Garrett Camp）发现在下雪的冬日很难叫到出租车。两人受到启发，创设了一款可以呼叫出租车的智能手机应用程序。回到旧金山后，坎普买下了 UberCab.com 这一域名，两年后公司正式成立。UberCab 最初是为旧金山和硅谷的高管提供私人豪华汽车服务的。感兴趣的顾客首先要给卡兰尼克发电子邮件，以获得该应用程序的访问权，在输入付款信息后，顾客可以叫一辆私人高级轿车。与传统的高级轿车服务不同，UberCab 应用程序允许乘客追踪车的位置，还可以为司机导航到达乘客的目的地。

在应用程序发布后，优步几乎立即开始建立牵引力，高管尤其受到优步的超高便利性吸引。在此之前，大多数高管不得不提前预订昂贵的私家车，而优步让他们无论在哪里都能快速预订到车。优步高级轿车的价格低于私人豪华轿车，但比一般的出租车要贵。当年年底，优步将"Cab"从其名字中删除，在旧金山拥有了成千上万通过优步乘车的用户。随着优步吸引了越来越多的乘客和司机，投资者也对该公司产生了兴趣。2011 年 2 月，优步获得了风投公司基准资本（Benchmark）1100 万美元的融资。在确信自己的商业理念可以规模化之后，优步开始在美国乃至全球范围内扩张。2011 年 5 月，优步进入纽约市。同年晚些时候，优步在巴黎推出服务。

2012 年，优步推出了一项名为 uberX 的新服务。这是一个更便宜的服务版本，允许司机驾驶他们的个人车辆而不是高级轿车来接送乘客。成为 uberX 司机要比成为 UberBlack 司机容易得多。UberBlack 要求司机是有驾驶执照的豪华轿车运营商，而且他们的车辆必须符合优步的高级轿车服务标准，而所有 uberX 的司机只需要有驾驶执照、汽车保险和良好的驾驶记录。UberX 定价比传统出租车的花费低 10% 左右。2014 年，优步

推出了 UberPool 服务，该服务将去往同一方向的乘客配对在一起，这样他们就可以共乘一辆车完成这段路途。这种优步版拼车服务为顾客节省了约 50% 的出租车费用。

优步成功的关键在于其易用性。乘客只需下载这款应用程序，创建一个账户，并输入他们的支付信息即可。该应用程序能够显示附近可接单的司机，乘客只需输入目的地并按下与司机匹配的按钮即可召唤司机。乘客可以追踪所匹配司机的位置，查看司机的姓名和汽车信息，以及司机的服务质量评分。乘客可以拒绝评分低的司机。与乘客一样，司机有权拒绝评分过低的乘客。司机的应用程序还会显示乘客乘车需求旺盛的地点。在与司机匹配后的几分钟内，乘客就可以出发了。

旅程结束后，费用会从乘客的支付账户中自动扣除。除了预订费，优步还会扣除一笔约合车费 25% 的费用——这是一笔涵盖监管、安全和运营成本的固定费用。价格由乘车的时间和距离决定。为了平衡供需，优步还在乘客流量大的时候收取"峰时定价溢价"，这一做法可使正常车费提高至 7 倍之多。优步的峰时定价已经引起一些乘客的不满和对价格公平性的担忧。2013 年，当东海岸遭遇大雪时，乘客在社交媒体上提交了

他们峰时账单的截图，有些单程费用高达 400 美元。尽管乘客有顾虑，但优步仍保留了峰时定价作为细分市场的一种方式，也作为高需求时段吸引司机到特定地点的一种激励方式。

优步在全球的快速扩张遭到政策制定者和出租车行业的反对。许多官员质疑优步叫车服务的合法性，以及优步是否应该受到与出租车和豪华轿车服务同样的法律约束。在法国、意大利和芬兰，优步已被部分禁止，而在其他一些地区，如澳大利亚、中国香港和保加利亚，优步已被完全禁止。由于 uberX 和 UberPool 的价格往往低于出租车的平均价格，出租车司机发现自己失去了很大一部分乘客。许多出租车司机还发现，他们需要接受更严格的背景调查，并购买许可证才能合法接送乘客，而优步的要求则宽松得多，这是不公平的。

在公司成立后的十年间，优步的增长速度惊人。2019 年，优步为全球 700 多个城市地区提供服务。据估计，优步在全球拥有超过 1 亿用户，2018 年营业收入超过 110 亿美元。优步将便利性和公平定价相结合，彻底改变了世界各地的交通。除了拼车服务，优步还创立了涉足餐食配送服务的 UberEATS。该公司还宣布计划推出一项名为 Uber Elevate 的"空中拼车"服务。[63]

问题：

1. 优步在市场上取得巨大成功的关键因素是什么？

2. 优步的顾客价值主张是什么？优步的定价策略在其吸引乘客的能力方面发挥了什么作用？

3. 峰时定价是否公平？除此之外，优步还可以采用哪些其他战略来平衡供需？

第五部分
沟通价值
Communicating Value

12

管理营销沟通

学习目标

1. 解释营销沟通的作用。

2. 阐释有意义的沟通目标。

3. 描述公司应该如何识别目标客户以及设计沟通信息。

4. 解释公司应该如何决定沟通媒体组合以及制订媒体计划。

5. 描述制定有效沟通行动所涉及的创造性策略。

6. 确定测量沟通有效性的可操作指标。

多芬备受推崇的"真美行动"鼓励女性欣赏自身的美，引起了消费
者的共鸣，使公司销售额提高了 60% 以上。
Source: Retro AdArchives/AlamyStock Photo

　　现代市场营销需要的不仅仅是开发优质产品，制定富有吸引力的价格，使其便于消费者购买，公司还必须向当前和潜在的利益相关者以及公众进行沟通，告知他们关于公司产品的属性。因此，对大多数营销者来说，问题不在于是否需要沟通，而在于说什么、如何说、何时说、对谁说，以及说的频率。消费者可以打开数百个有线和卫星电视频道、数千种杂志和报纸，以及数百万个网页，主动决定他们想要接收的沟通内容。为了实现战略目标，全方位营销者必须精心策划沟通活动，使其能够打破混乱局面，并在个人层面触及客户。这可以思考一下联合利华为其多芬品牌进行定位和开展"真美行动"的经历。

　　多芬的"真美行动"经常被认为是有史以来最好的广告战役之一，因为其采用大胆、真实且有影响力的方式，将销售美容产品和改变社会审美观念的目标相结合。多芬并没有利用女性的容貌焦虑，鼓励她们努力变得更有吸引力，而是反其道而行之，鼓励女性超越大多数化妆品所提供的肤浅之美，去关注她们本身就存在的美。这场广告战役源于 2004 年的一项全球调查，该调查发现，受访的女性中仅有不到 25% 的人认为她们有权定义自己的审美标准，只有 2% 的人认为自己是美丽的。该广告战役由奥美公司发起，于 2003 年在英国首次亮相：广告牌中展示了一系列有代表性的穿着内衣的素人女性（而不是模特）。在加拿大多伦多也有一个类似的广告牌，展现了一位曲线玲珑的女性，同时标语上写着"胖还是健康？"（fat or fit?）、"老去还是美丽？"(grey or gorgeous?)，请求司机发送短信进行投票。然而，直到 2006 年，多芬一段名为"蜕变"的视频风靡一时，才使得"真美行动"引起了广泛关注。该视频嘲讽了对女性照片进行修图以创造出"社会所期望的"女性美丽形象的做法。多芬所传达的理念引起了消费者和媒体的共鸣，这部由联合利华（加拿大）公司资助的预算有限的视频成为早期最风靡的品牌视频之一。"真美行动"被认为真实地代表了多芬品牌，这是它成功的关键。事实上，该公司一直在其广告中使用"真实"的女性形象，试图赋予女性以自己的方式重新定义美丽的权力。这不仅仅是在销售肥皂，也是一场旨在重新定义审美的运动。它的成功不仅体现在人气的提高上，在活动期间，多芬的销售额从 25 亿美元增加到 40 亿美元以上。多年来，多芬一直忠于这场活动的核心前提。它的"真美画像"视频广告风靡一时，在不到一年的时间内在全球累积了超过 1.5 亿的浏览量。[1]

如果采取正确的方法，营销沟通可以带来巨大的回报。本章描述了营销沟通如何进行以及能够为公司做些什么。本章还阐述了全方位营销者如何结合并整合营销沟通。

营销沟通的作用

营销沟通（marketing communication）是指公司试图（直接或间接地）告知、说服和提醒消费者有关其销售的产品和品牌的方式。某种意义上，它代表了公司及其品牌的声音。它是公司与消费者展开对话并建立关系的一种手段。通过加强顾客忠诚度，营销沟通有助于提高顾客资产。

营销沟通通过向消费者展示某产品如何及为何被使用，被谁、在哪里、在何时使用而发挥作用。消费者可以了解产品是由谁生产的，公司和品牌代表什么，从而产生尝试或使用产品的动机。营销沟通使得公司将其品牌与其他人物、地点、事件、品牌、体验、感受和事物联系起来。通过在消费者的记忆中建立品牌、创造品牌形象，以及促进销售和影响股东价值，营销沟通有助于提升品牌资产。

沟通过程

营销者应该理解有效沟通的基本要素。沟通过程可以从两个角度来看待：一个是更笼统的宏观角度，将沟通的关键方面描述为一个互动的过程；另一个是更具体的微观角度，聚焦于信息接收者对沟通的回应方式。这两种观点反映在两种沟通模型上：宏观模型和微观模型。

沟通过程的宏观模型

营销沟通的宏观模型（macromodel of marketing communication）阐明了沟通信息在发送者（公司）和接收者（消费者）之间的互动过程。图 12-1 展示了宏观模型，表现出有效沟通中的九个关键要素。其中，两个代表主要参与者——发送者和接收者；两个代表主要工具——信息和媒介；四个代表主要沟通功能——编码、解码、反应和反馈；最后一个要素是噪声，即可能干扰预期沟通过程的随机性和竞争性信息。

发送者必须了解他们想要触达哪些受众，以及想要唤起受众的什么反应。他们必须对信息进行编码，以便目标受众能够成功解码。换句话说，发送者必须以一种特定的、有形的方式去表达信息，即文字、图像、声音或动作，以使预期的信息能够被接收者检索。发送者必须通过能够触达目标受众的媒介来传递信息，并开发反馈渠道来监控反应。发送者和接收者的经验领域重叠得越多，信息就会越有效。需要注意的是，选择性注意、选择性扭曲和选择性保留（详见第 3 章）可能会影响接收者接收和解释信息的方式。

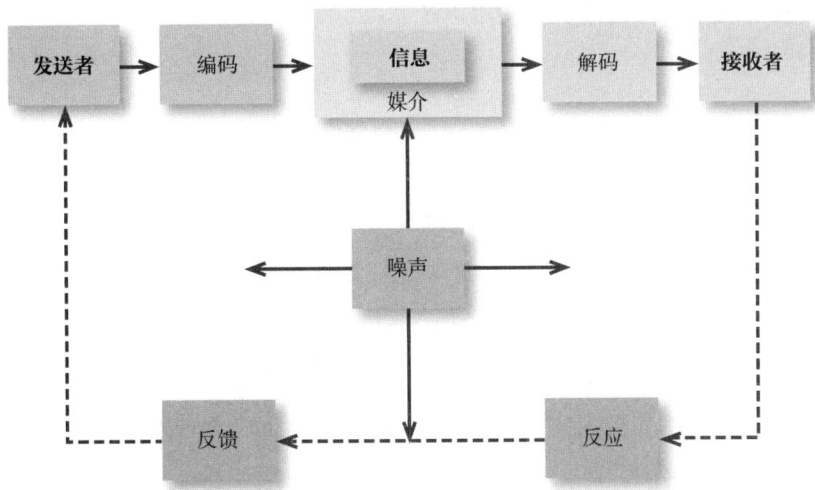

图 12-1
沟通过程中的要素

营销沟通的微观模型

营销沟通的微观模型（micromodel of marketing communication）聚焦于消费者对沟通的特定反应。[2] 经典的反应层次模型假设购买者按照某种顺序经历认知、情感和行为三个阶段。[3]"了解—感受—行动"的顺序适用于受众对某个产品类别有高介入度，且感知到该类产品间有显著差异时，如汽车或房子。另一种顺序，即"行动—感受—了解"，适用于受众对某个产品类别有高介入度，但感知到该产品类别间差异很小甚至没有差异时，如机票或个人计算机。第三种顺序，即"了解—行动—感受"，适用于受众对某个产品类别的介入度很低，且感知到该类产品间无显著差异，如盐或电池。通过选择正确的顺序，营销者可以更好地规划沟通行为。

无论其具体顺序如何，生成消费者反应都涉及以下几个步骤。

- 知晓（awareness）。不管公司采取何种行动，都必须让顾客意识到公司产品的存在。如果大多数目标受众并不知晓该产品，那么沟通者的任务就是建立知晓度。

- 了解（knowledge）。目标受众可能已经知晓产品的存在，但对该产品缺乏了解。

- 喜欢（liking）。目标受众可能了解这个品牌，但他们对这个品牌的感觉如何？

- 偏好（preference）。目标受众可能喜欢这个产品，但相比其他同类产品并不一定偏爱这个产品。沟通者之后必须通过与同类竞品比较其质量、价值、性能和其他特性，来建立消费者的偏好。

- 信念（conviction）。目标受众可能偏好某一特定产品，但并没有购买它的想法。

- 购买（purchase）。部分目标受众可能有购买产品的想法，但并没有实际购买。沟通者必须引导这些消费者采取最后一步，比如，提供低价产品、提供赠品，或者让他们试用产品。

为了提高沟通行动的成功率，营销者必须努力提高上述每一个步骤发生的可能性。因此，传播行动必须确保：（1）在正确的时间、正确的地点，让正确的消费者接触正确的信息；（2）根据该产品吸引人且可交付的差异点和共同点进行精准定位；（3）消费者注意到了沟通行动，且充分理解了企业想要传达的信息；（4）消费者有动力去考虑购买和使用该产品。

制订有效的沟通计划

为了制订有效的沟通计划，公司必须遵循一个系统的过程，从设定沟通行动所要达到的目标开始，到最终评估沟通行动的成果。图 12-2 展示了开展有效沟通的关键步骤，包括设定沟通目标，识别目标受众，设计沟通信息，确定沟通媒介，创新沟通方法，以及衡量沟通效果。

公司沟通行动的最终成功取决于管理公司产品的整体战略和策略的可行性，这是制订沟通计划的基础。因此，沟通目标、目标受众的选择和沟通信息的设计需要遵循公司的首要营销计划，该计划定义了产品的目的、目标顾客和价值主张。

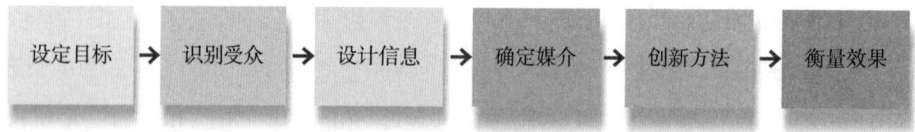

图 12-2
制订沟通计划

设定目标 → 识别受众 → 设计信息 → 确定媒介 → 创新方法 → 衡量效果

设定沟通目标

设定沟通行动的目标涉及三个关键决策：明确沟通重点，设定沟通基准，确定沟通预算。我们将在以下部分详细地讨论这些决策。

明确沟通重点

沟通目标（communication objective）是指在一段特定的时间内，针对特定受众所要完成的特定任务和需要达到的目标。[4] 我们根据以下标准对沟通目标进行分类：是否通过告知目标受众有关产品的信息来建立知晓度，是否通过说服受众相信产品的好处来建立产品偏好，是否通过激励措施推动受众采取对公司及其产品都有利的行为。

- **建立知晓度**为品牌资产提供了基础。建立知晓度就是培养消费者可以足够详细地识别出或回忆起品牌从而做出购买决定的能力。识别比回忆更容易实现——当消费者被要求考虑某个冷冻食品品牌时，他们更有可能在看到 Stouffer 独特的橙色包装后识别出该品牌，而不是在没有看到产品的情况下回忆起该品牌。对于那些在商店外接收到营销信息的消费者来说，当公司的产品不容易被看到或难以购买时，品牌回忆（brand recall）就会变得非常重要。相比之下，当消费者可以很容易地在商店内看到并购买公司的产品时，品牌识别（brand recognition）就会变得非常重要。建立知晓度包括强调对需要的知晓（刺激初级需求）或对特定产品的知晓（刺激选择性需求）。

- **建立偏好**包括传达产品信息以满足消费者当前需要的能力。部分相关需要是消极导向的（解决问题、避免问题、不完全满足、正常损耗）。例如，许多家用清洁产品传达了它们解决问题的能力。另一部分需要则是积极导向的（感官满足、智力刺激、社会认可）。例如，食品品牌经常推出强调食欲诉求感官导向的广告。劝说型沟通（persuasive communication）旨在建立消费者对某产品或服务的喜爱和偏好，并使他们相信其好处。部分劝说型沟通在本质上是比较性的，即明确地比较两个或多个品牌间的属性。例如，克莱斯勒为旗下道奇 Ram 车型所做的电视广告中有这么一句话：“如果去掉 Ram 这款车型的功率、扭矩和质保服务，会怎么样呢？好吧，你最后会得到一辆福特 F-150。”[5] 当广告能够同时激发消费者的认知和情感动机，且消费者能够以详细的分析模式处理广告信息时，比较型沟通（comparative communication）的效果最佳。[6] 与之相反，强化型沟通（reinforcement communication）旨在让当前的购买者相信他们做出了正确选择。汽车广告通常描绘出满意的顾客正在享受新车特定功能的情景。

- **激励行为**包括激励消费者决定购买某品牌或采取购买相关的行动。优惠券或买二送一等促销活动能够鼓励消费者做出购买的心理承诺。但是，当看到广告时，许多消费者并没有明确的产品类别需要，可能也并没有购买的打算，因此他们不太可能形成购买意愿。数据表明，每星期只有大约 20% 的成年人计划购买洗涤剂，只有 2% 的人计划购买地毯清洁剂，只有 0.25% 的人计划购买汽车。所以，聚焦在行为上的沟通活动旨在刺激产品和服务的购买。

沟通的目标应该源于对当前市场状况的全面分析。[7] 如果一个产品属于成熟的产品类别，公司是市场领导者，但品牌使用率低，那么沟通目标可以设定为刺激消费者更频繁地使用。如果是新产品类别，公司还不是市场领导者，但品牌优于市场领导者，那么沟通目标可以设定为让市场相信该品牌的优越性。

此外，公司的沟通目标也取决于当前产品的知晓度。我们可以来分析一下图 12-3 中描述的两种供应品。由图可知，对于品牌 A，整个市场上有 80% 的消费者知晓，有 60% 的人尝试过，但尝试过的人群中只有 20% 的人表示满意。这表明，尽管该沟通方案在建立知晓度方面是有效的，但产品并未满足消费者的期望。因此，在这种情况下，公司应专注于改进产品。相比之下，对于品牌 B，整个市场上只有 40% 的消费者知晓，只有 30% 的人尝试过，但尝试过的人群中却有 80% 的人表示满意。在这种情况下，沟通方案应专注于建立知晓度和鼓励品牌试用。

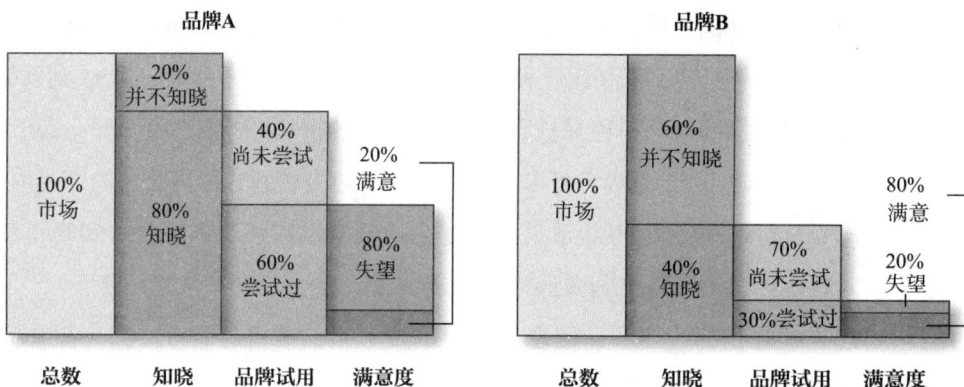

图 12-3
两种供应品的现有
消费者状态

设定沟通基准

除了明确沟通行动的重点，公司还必须设定明确的基准：明确沟通行动的预期影响，以及必须实现特定结果（认知度、偏好或行为）的时间框架。如果没有清晰的基准，公司会发现很难设计出有效且与战略目标一致的沟通行动。

从广义上讲，存在两种沟通基准，即定量基准和定时基准。定量基准是指将特定的目标量化。例如，定量基准会确定沟通行动必须实现的知晓度水平、目标受众的偏好强度，以及促成的具体消费者行为。而定时基准则规定了实现特定结果所必须遵循的时间框架。定量基准和定时基准是密切相关且相互依存的：设置特定的时间框架（定时基准）取决于预期的结果（定量基准）；反之，设定预期的结果（定量基准）取决于特定的时间框架（定时基准）。

为了有可操作性，沟通目标必须有明确的重点以及清晰的定量基准和定时基准。以下沟通目标可以说明这一点：

- 新詹姆斯·邦德电影在首映前（定时基准），让 40% 的千禧一代消费者（定量基准）都知晓（沟通重点）这部电影。
- 在一年内（定时基准），将相信 X 品牌牙膏具有较强美白效果（沟通重点）的消费者数量从占比 10% 增长到 40%（定量基准）。

明确定量基准和定时基准是很重要的。因为如果公司不知道沟通行动需要达到的特定结果，也不知道实现该结果的时间框架，那么公司就很难设计出有效的沟通方案。除了指导沟通行动的开展，定量基准和定时基准对确保公司沟通活动的有效性也十分重要。在这种情况下，绩效基准可以作为评估沟通行动完成情况的参考点。

确定沟通预算

打算在营销沟通上花多少钱是最困难的营销决策之一。公司如何才能知道它花费的数额是合理的呢？百货商店巨头约翰·沃纳梅克曾经说过："我知道我广告费用中的一半都被浪费了，但问题是我不知道是哪一半。"不同行业和不同公司的营销沟通费用差别很大。在化妆品行业，营销沟通的支出可能占销售额的 50%，但在工业设备行业，该项支出只占 5%。甚至在同一个行业内该项支出的差距也很大。

确定沟通预算的一种实用的方法是**目标 - 任务预算法**（objective-and-task budgeting）。该方法要求营销者通过明确具体目标以及为实现这些目标所必须执行的任务，并估计其成本来确定沟通预算。这些费用的总和就是拟定的沟通预算。最重要的原则是，设定的总沟通预算必须使每一笔沟通费用产生的边际利润大于或等于其他营销活动每一笔费用产生的边际利润。

那么，相较于产品改进、降低价格或改善服务等替代方案，公司应该在营销沟通上配置多少资源呢？答案是，没有放之四海而皆准的规则。设定营销沟通费用取决于多种因素，需要考虑的主要因素如下。[8]

- 产品生命周期的不同阶段。新产品通常需要大量的沟通预算来建立知晓度，鼓励消费者试用。而成熟的品牌一般只需要较低的沟通预算（以销售额的百分比来衡量）。

- 产品差异化。与差异化程度较高的产品相比，差异化较低的产品（如啤酒、软饮料、银行和航空公司）通常需要更多的广告来树立独特的形象。

- 市场份额。市场份额高的品牌通常需要较少的广告费用（以销售额的百分比来衡量）来维持市场份额。而通过扩大市场规模来提高市场份额则需要更大的支出。

- 信息复杂性。将公司的信息传达给消费者所需要重复的次数对沟通预算有直接影响。更复杂的信息往往需要更多次的重复，因此需要更多的沟通预算。

- 接触。一家公司以有效且低成本的方式接触消费者的能力。与难以触及的客户沟通，往往需要更多的沟通预算。

- 竞争性沟通。在竞争者众多且沟通成本高的市场，品牌必须加大广告宣传力度，信息才能被消费者接收。即使是与品牌没有直接竞争的沟通也会扰乱沟通效果，因此需要更强有力的广告。

- 可用资源。沟通预算受限于公司资源。毕竟，巧妇难为无米之炊。

为了制定准确的沟通预算，公司必须考虑上述所有因素。然而，一些公司并没有考虑所有因素，而是单独列出了一个特定标准：将它们的沟通预算与竞争对手持平。这种方法，也被称为**竞争对等预算法**（competitive-parity budgeting）。但这种方法的问题在于，我们没有理由相信竞争对手会更了解最佳沟通预算应该是多少。公司的声誉、资源、机会和目标之间的差异如此之大，以至沟通预算很难作为其他公司的参考。此外，也没有证据表明，基于竞争等价的沟通预算可以削弱沟通活动间的竞争强度。

另一些公司将沟通预算设定在它们认为能够负担的范围内。这种方法完全忽略了营销沟通作为投资的作用及其对销量立竿见影的影响，并且会导致年度预算的不确定性，使得长期的预算规划变得困难。另外，这种方法制定的预算是基于资金可用性，而不是基于市场机会。诚然，可用资源在决定总体沟通预算中发挥着重要作用，但是将沟通预算的制定完全基于可用资源，可能造成的结果就是（大公司）超支或（小公司）支出不足。

还有一些公司将沟通预算设定为当前或预期销售收入的某个百分比数值。例如，汽车生产企业通常会按照汽车计划销售价格，分配给营销沟通固定比例的预算；石油公司会将按标价售出的每加仑汽油获得的收入分配一部分给沟通预算。尽管这种方法具有可操作性，但它和所需要完成的沟通任务分离开了，有可能导致公司资源的分配不切实际，最终产出无效的沟通行动。

尽管营销沟通被视为当期费用，但其中一部分可以被视为建立品牌资产和顾客忠诚的投资。如果一家公司花费 500 万美元购置设备，可以设定该设备为五年可折旧资产，并且在第一年只冲销该成本的五分之一。然而，当这家公司花费 500 万美元做广告时，却必须在第一年冲销全部成本，这势必会减少公司利润。实际上，广告收益会持续数年。

识别目标受众，设计沟通信息

识别目标受众和设计沟通信息是决定公司沟通行动的两个关键组成部分。反过来看，这两个要素又决定了沟通行动的战术，包括选择正确的媒介和开发有效的、富有创意的解决方案。

识别目标受众

这个过程在一开始就必须考虑到明确的目标受众：公司产品的潜在购买者、当前使用者、决策者和影响者，以及个人、团体、特定部门、普罗大众。目标受众对于影响沟通者说什么、如何说、何时说、何处说以及对谁说这一系列决策起到了决定性作用。

公司可以根据任何已确定的细分市场来描述目标受众，根据产品使用情况和忠诚度来确定目标受众往往也是一种有效方法。沟通策略会根据以下问题的答案不同而有所不同：目标受众是该类别的新用户还是现有用户？目标受众是本品牌的忠诚用户，还是竞争者的忠诚用户，抑或是可以进行品牌转换的用户？如果目标受众是品牌用户，那么他们是重度用户还是轻度用户？

对沟通行动的目标受众的选择与对公司产品的目标市场的选择直接相关。实际上，沟通行动的最终目标是促进消费者对公司产品的知晓度、偏好、购买和使用。然而，目标市场和目标受众并不一定会完全重叠。在某些情况下，目标受众可能与目标市场有所不同。

例如，一家谷物产品制造商可能会开展一项沟通行动，来向孩子们推销其产品，即使该产品的实际购买者往往是成年人。同样，牛奶生产商可能会选择向成年人推销其产品，即使大部分牛奶可能都是给孩子们喝的。

当购买和使用决策是由一个群体而不是一个人做出时，公司沟通行动的目标受众就可能不同于公司的目标客户。在这种情况下，沟通行动可能针对决策制定群体中的不同成员，这些成员通常会影响最终产品使用者的行为。

设计沟通信息

营销人员总是在寻找"大创意"，它能在理性和情感上与消费者产生共鸣，将品牌与竞争者区分开，并具有足够的拓展性和灵活性以应用在不同的媒体、市场和时间段。新的营销洞察对于创造独特的吸引力和细化企业定位非常重要。

一个好的广告通常聚焦于一两个核心的销售主张。作为细化品牌定位的一部分，广告商应该进行市场调研，以确定哪种诉求对其目标受众最有效，然后准备一份一两页的**创意简报**（creative brief）。定位策略的阐述包括关键信息、目标受众、沟通目标（消费者行为、消费者认知、消费者信念）、关键品牌利益、对品牌承诺的支持以及媒介。

在做出选择之前，广告商应该创造多少备选的沟通信息呢？探讨的信息越多，就越有可能找到最合适的那一个。为此，公司可以依靠其自身的营销团队，聘请外部的广告代理商，或者招募消费者通过众筹的方式提出有效的沟通信息。[9]

尽管将品牌的营销努力委托给消费者是非常天才的做法，但也可能造成令人遗憾的失败。当卡夫想要在澳大利亚为其标志性产品咸味酱的一种新口味寻找一个时髦的名字时，它将生产出的第一批 300 万罐咸味酱贴上了"为我取名"的标签，以征集消费者的创意。但是，当卡夫从 48000 个作品中选择了 iSnack 2.0 这个名字时，其销量直线下降。该公司不得不将 iSnack 咸味酱从货架上撤下，并以更传统的方式重新起名，最终选择了新名字 Cheesybite。[10]

在选择信息策略时，管理层会寻找能够融入品牌定位，且有利于建立相同点或差异点的产品诉求、主题或想法。其中一些诉求或想法可能和产品或服务绩效（如品牌的质量、经济利益或价值）直接相关，另一些可能与更外在的因素有关（如品牌是现代的、流行的或传统的）。

确定沟通媒介

公司必须将营销沟通预算分配到九种主要的沟通模式上——广告、在线和社交媒体、移动沟通、直接营销、活动和体验、口碑、宣传和公共关系、人员销售以及包装。即使在同一行业，公司在媒介和渠道选择上也会存在很大差异。例如，在美妆行业，雅芳把营销资金集中在人员销售上，而露华浓则在广告上花费巨资；在电器行业，伊莱克斯多年来为上门推销投入了大量资金，而胡佛公司则更多地依靠广告。

公司总是在试图找到一种新的沟通工具，以提高沟通效率。比如，许多公司正在用广告、直邮和电话营销取代一部分现场销售活动。沟通工具之间的可替代性解释了为什么营销功能间需要协调配合。

定义沟通媒介组合

沟通并不仅限于广告。顾客可以通过一系列接触点来了解品牌，包括在线俱乐部、消费者社区、贸易展会、活动营销、活动赞助、工厂参观、公共关系、新闻公告以及社会公益营销。为了有效地将价值主张传达给目标受众，公司应该开展跨媒介的整合营销沟通行动。你可以想想宝马是如何通过创造性地使用各种媒介形式来吸引消费者的注意力，从而在美国建立了迷你库珀品牌的。

>> 迷你库珀在美国推出的沟通行动以具有创意的方式采用了一系列媒介组合，最大化利用了其预算，并创造了长达六个月的提车等候时间。

Source：culture-images GmbH/Alamy Stock Photo

迷你库珀　当宝马在美国推出迷你库珀时，它采用了广泛的媒介组合：广告牌、海报、互联网、印刷品、公共关系、产品植入以及基层活动。很多媒介都被链接到一个精心设计的网站上，上面附有产品和经销商信息。这个富有想象力的整合营销活动为迷你库珀创造了长达六个月的提车等候时间。从那以后，尽管其沟通预算相当有限，该品牌还是不断地开发有创意的营销活动，并且屡获殊荣。迷你库珀在户外广告的应用上尤其富有创意：广告牌上有一辆快速行驶的迷你库珀，路边种着两棵弯曲的棕榈，营造出一种速度和力量的错觉；数字广告牌通过内嵌在车钥匙扣里的无线电芯片发出的信号，亲自迎接路过的迷你库珀司机；在一栋建筑侧面，一辆迷你库珀真车可以像溜溜球一样上下移动。一项全球性的营销活动"非比寻常"，通过传统媒体和数字媒体强调了迷你品牌强大且独立的个性。目前，迷你汽车畅销至全球 100 多个国家，已经拓展出六种系列车型，包括敞篷车、双门车、Clubman 四门车以及 Countryman 旅行车。这些产品的引进强化了迷你汽车品牌灵活、多功能和趣味驾驶的理念，而所有营销活动都与驾车者建立了强烈的情感联系。[11]

我们可以根据整合营销活动对品牌知晓度以及创建、保留或加强品牌联想和品牌形象的有效性和效率带来的影响来评估它。尽管沃尔沃会选择通过投资研发、参与广告、促销和其他沟通来强化其"安全"品牌联想，该公司仍会通过赞助活动来确保其被视为活跃、现代和新潮的品牌。著名的沃尔沃赞助活动包括高尔夫球锦标赛和欧洲职业高尔夫球巡回赛、沃尔沃环球帆船赛、哥德堡马展以及其他文体活动。

沟通媒介组合确定了公司向目标受众推广产品的不同沟通模式。最常见的媒介形式包括广告、在线和社交媒体、移动沟通、直接营销、活动和体验、口碑、宣传和公共关系、人员销售以及包装。这些沟通形式的关键方面总结如下。[12]

- 广告是指任何付费形式的非人员展示，以及由指定赞助商通过印刷媒体（报纸、杂志、宣传手册、书籍、传单、目录）、广播媒体（广播和电视）、网络媒体、展示媒体（广告牌、指示牌、海报、外包装、包装插页、广告重印本和店头展示）所进行的想法、产品或服务的推广。广告可以为某个产品建立长期的形象（如可口可乐广告），或者刺激快速销售（如梅西百货的周末促销广告）。某些形式的广告（如电视广告）需要大笔预算，而其他形式的广告（如有针对性的在线广告）则不需要。大众媒体广告的存在也会对销售产生影响：消费者可能会认为，一个大肆宣传的品牌一定具有较好的质量。[13]

- **在线和社交媒体**包括在线活动和节目，旨在吸引客户或潜在客户，并直接或间接地提升品牌认知度、改善品牌形象，或促进产品和服务的销售。常见的形式包括网站、电子邮件、搜索广告、展示广告、公司博客、第三方聊天室、论坛、脸书和推特信息，以及 YouTube 频道和视频。当消费者处于主动搜索模式，或者只是在网上浏览和冲浪以打发时间时，在线沟通和信息可以采取多种形式与消费者互动。

- **移动沟通**是在线沟通的一种特殊形式，将信息（短信、在线沟通和社交媒体沟通）放置在消费者的手机、智能手机或平板电脑上。在线沟通和社交媒体营销越来越依赖于智能手机或平板电脑等移动沟通形式。移动沟通具有及时性，即信息时效性强，并可以反映出消费者所在的位置和时间；而且移动沟通无处不在——对消费者来说，信息总是触手可及。

- **直接营销**通过信件、手机、电子邮件、在线信息或面对面互动等形式，与特定客户和潜在客户直接沟通，或征求他们的回应或对话。数据分析的出现让营销人员有机会更深入地了解消费者，并设计出更具个性化和相关性的营销沟通。

- **活动和体验**是指公司赞助的活动和项目，旨在与消费者建立品牌相关的互动。例如体育、艺术、娱乐、节日、工厂参观、公司博物馆、街头活动、公益活动和非正式活动。只要活动和体验具有吸引力且含蓄，属于间接的软推销形式，它们就会提供许多优势。

- **口碑**是指通过口头沟通的方式，在人与人之间传递信息。社交媒体可以被视为口碑传播的一个具体案例。在社交媒体上，人际沟通在线上进行，并且可以被他人观察到。营销人员可以影响自然发生的口碑，并通过"播种"信息来帮助建立口碑，这些信息能够吸引消费者并引发公司及其产品相关的口碑传播。

- **宣传和公共关系**涉及各种各样的项目（内部面向公司员工或外部面向消费者、其他公司、政府和媒体），以提升或保护公司的形象，或者促进其单个产品的沟通（如新闻资料包、公共演讲、研讨会、年度报告、慈善捐赠、出版物、社群关系、游说、身份媒介和公司杂志）。营销人员往往没有充分利用宣传和公共关系。然而，一个经过深思熟虑的宣传和公关项目与沟通组合中的其他要素相互协调，就会变得非常有效，特别是在公司需要扭转消费者的误解时。宣传和公共关系的吸引力在于其高可信度：新闻故事和专题报道相较于广告更真实可信。

- **人员销售**（personal selling）是指销售人员试图说服购买者购买特定产品或服务的过程。人员销售通常涉及面对面的沟通，并且高度依赖销售人员的说服技巧和能力。人员销售通常有两种形式：一种是零售形式，即销售人员与前来咨询产品的潜在客户进行互动；另一种是直接面向消费者的营销形式，即销售人员拜访潜在购买者，让他们了解公司的产品。

- **包装**是一种有效的沟通形式，特别是消费者在购买点做出决定的情况下。产品的风格、包装的形状和颜色、商店的装潢以及公司的信笺都向购买者展示了它的形象，并传达了一种可以增强或削弱顾客对公司看法的印象。

数字媒体的崛起为营销人员提供了许多与现有客户和潜在客户互动的新方式。我们可以把沟通方式归为三类。[14] 首先是付费媒体，包括电视、杂志和展览广告、付费搜索以及赞助，这些方式都允许营销人员付费展示他们的广告或品牌。其次是自有媒体，是指营销人员实际拥有的沟通渠道，如公司或品牌的宣传册、产品包装、网站、博客、脸书主页或推特账户。最后是免费媒体，是指消费者、媒体或其他外部人士自愿通过口碑、口口相传或病毒式营销的方式传播品牌信息的渠道。社交媒体在免费媒体中起着关键作用。[15]

在第 14 章中，我们会更详细地讨论不同的沟通媒介形式，以及它们如何协同起来创建整合营销沟通行动。在第 15 章中，我们会更详细地讨论有关人员销售和管理公司销售团队的问题。

制订媒介计划

媒介策划者必须确定所选媒介类型中最具成本效益的载体。当广告商决定在网络电视上购买 30 秒的广告时，它有如下选择：支付 10 万美元投放到一个新节目上；支付 50 万美元投放到一个受欢迎的黄金时段节目上，如《美国好声音》；支付超过 500 万美元投放到超级碗比赛中。这些选择非常重要：制作一个 30 秒长的全国性电视广告的平均成本约为 30 万美元，[16] 因此，在网络电视上投放一次广告的成本与创作一次广告的成本一样高！媒介策划者正在使用更复杂的有效性衡量方法，并在数学模型中使用它们以达到最佳的媒介组合。[17]

媒介策划者必须考虑受众规模、受众构成和媒介成本等因素，然后计算出每触达 1000 人所需的成本。第一，要考虑受众质量。对于一个婴儿润肤露广告，一本拥有 100 万年轻父母读者的杂志具有的曝光价值为 100 万潜在买家；但如果这本杂志的读者是 100 万青少年，那么其曝光价值几乎为零。第二，要考虑受众关注概率。有些杂志的读者可能比其他杂志的读者更关注杂志上的广告。第三，要考虑媒介的编辑质量，即它的声誉和可信度。人们更有可能相信他们喜欢的电视或广播节目中所出现的广告。第四，要考虑广告投放政策和附加服务的价值，比如杂志是区域版还是职业版，以及杂志的交付时间要求。

沟通方案涉及一系列不同的媒介，而这些媒介应该将目标信息无缝传递给目标受众。优鲜沛（Ocean Spray），一家种植蔓越莓的农业合作组织，就通过使用多种沟通工具实现了扭亏为盈。

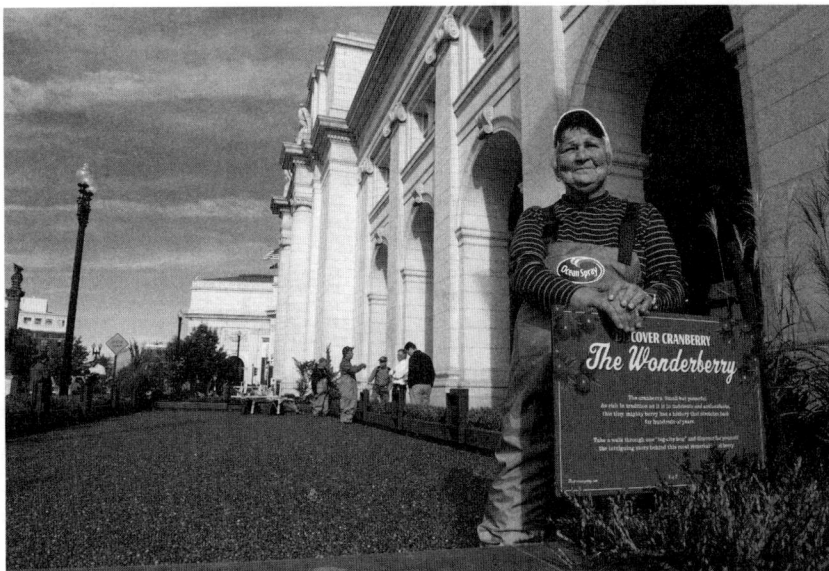

≪ 优鲜沛通过推出的"沼泽直销"（Straight from the Bog）营销活动，扭转了十年来销售下滑的局面。该活动引入了产品创新，涵盖了从电视、平面广告到迷你沼泽之旅和快闪餐厅的各个领域。

Source：Douglas Graham/CQ Roll Call/Getty Images

优鲜沛　面对激烈的竞争、不利的消费趋势，以及近十年的销售下滑局面，优鲜沛决定将蔓越莓重新定位为"提供现代价值的令人惊奇的全能小水果"，并通过一场全方位的营销沟通行动（利用营销沟通的各个方面），从而触及不同场景中的消费者。该活动的目的在于充分利用以下事实：该品牌诞生于蔓越莓沼泽且如今依旧如此，旨在推广全系列蔓越莓产品（包括蔓越莓酱、蔓越莓汁和不同形式的蔓越莓干）。这个真实且令人有些意外的"沼泽直销"营销沟通行动的推出，旨在强化两个关键的品牌优势：优鲜沛的产品不仅好吃，而且健康。在这个营销沟通行动中，公共关系起到了至关重要的作用。公司在曼哈顿建成一块微型蔓越莓沼泽，并在美国全国广播公司的早间节目《今日秀》中进行专题报道。这场"美国沼泽行"活动还被带到了洛杉矶和芝加哥。在电视和平面广告的报道中，由两名演员扮演的种植者站在齐腰深的沼泽中，幽默地谈论着他们正在做的事。这场营销沟通行动还包括一个网站、店内展示，以及面向消费者和其农业合作组织成员举办的活动。产品创新也至关重要：优鲜沛推出了新的混合口味，一系列 100% 的低脂果汁和清淡果汁以及 Craisins 产品，即加糖的蔓越莓干。优鲜沛还在纽约洛克菲勒中心建了一块蔓越莓沼泽，并在沼泽中心搭建了一个快闪餐厅，在那里，脸书蔓越莓搭配大赛的获胜者可以享用由优鲜沛产品制成的开胃菜和饮料。此外，它推出的闰年（leap-year）促销活动也鼓励消费者"跃"（leap）向蔓越莓干产品。这一系列营销沟通行动最终帮助优鲜沛达成了目标：尽管当时整个果汁行业业绩持续下滑，优鲜沛的销售额却在此后的 5 年里年均提高了 10%。[18]

赢得超级碗广告　超级碗是全美观众最多的电视节目，收看决赛直播的观众超过 1 亿人。由于其受众规模庞大，超级碗的一个 30 秒广告售价就超过了 550 万美元。[19] 尽管在超级碗上投放广告的成本很高，但有人却认为，如果考虑到其巨大的观众数量，与一般的电视广告相比，超级碗反而性价比更高。实际上，近年来，超级碗决赛每年都有 1.1 亿~1.15 亿人观看，这意味着一个 30 秒的超级碗广告虽然总体花费 500 万美元，但换算下来，投入到每位观众身上的钱只有 4~5 美分。这实际上大大低于美国网络广告的平均成本（8~10 美分，甚至更多）。[20] 除了相对成本效率，超级碗的广告往往也更有影响力，因为这个比赛通常是通过大型高清设备转播的。此外，由于超级碗广告的象征性地位，许多广告都会在社交媒体上无限期播放，因此比直接购买的广告播出时间覆盖了更多的观众。实际上，许多超级碗广告商都会精心设计宣传和社交媒体活动，以吸引数百万额外的观众。

如今，许多超级碗广告都有一个新的目标：激发消费者的好奇心和兴趣，这样他们为了搜集更详细的信息，就会到网上查询，或者参与社交媒体平台讨论，进行口碑传播。那些最受欢迎的广告会吸引数千万的 YouTube 浏览量。例如，在本田 CR-V 广告中，马修·布罗德里克恶搞了他扮演的电影角色费里斯·布勒；在大众汽车的广告中，一个少年扮演了《星球大战》中的角色达斯·维德；在亚马逊的广告中，"Alexa 失去了声音"。随着各家公司试图最大化其社交媒体影响力和公关能力，越来越多的超级碗广告在赛前就被发布到网上。

确定媒体的覆盖范围、频率和影响力

媒体选择旨在寻找最具成本效益的媒体，向目标受众提供期望的曝光次数和类型。那么，期望的曝光次数是什么呢？是广告商寻求的一个特定的沟通目标和目标受众的反应——这通常涉及所建立的品牌知晓度。为达到一定的知晓度所需的曝光次数取决于所选媒体的覆盖范围、频率和影响力：

- 覆盖范围（reach，简称 R）。在特定时间内，至少一次接触到某特定媒体的不同个人或家庭的数量。

- 频率（frequency，简称 F）。在特定时间内，平均每个人或家庭接触到信息的次数。

- 影响力（impact，简称 I）。一次曝光在特定媒体上的定性价值。例如，食品广告在《好胃口》（Bon Appétit）杂志上的影响力高于在《财富》杂志上的影响力。

曝光的覆盖范围越广、频率越高、影响力越大，受众的认知度就会越高。这里涉及重要的利弊权衡问题：假设策划者的沟通预算为 100 万美元，则一般质量的每千次曝光成本为 5 美元，这就可以实现 2 亿次曝光 [1000000÷（5/1000）]。如果广告商希望达到的平均曝光频率为 10，那么根据给定的预算，广告能够覆盖 2000 万人（200000000÷10）。但是，如果广告商想要更高质量的媒体曝光，每千次曝光成本达到 10 美元，广告便只能覆盖 1000 万人，除非广告商愿意降低期望曝光频率。

覆盖范围、频率及影响力之间的关系体现在以下概念中：

- 曝光总数（total number of exposures，简称 E）。曝光总数等于覆盖范围乘以平均频率，即 $E=R \times F$，也被称为毛评点（gross rating points，GRP）。如果某特定媒体计划以平均曝光频率为 3 来覆盖 80% 的家庭，那么该计划的 GRP 为 240（即 80×3）。如果另一个媒体计划的 GRP 为 300，那么它的曝光总数更高，但我们并不知道其覆盖范围和频率分别是多少。

- 加权曝光数（weighted number of exposures，WE）。加权曝光数等于覆盖范围乘以平均频率，再乘以平均影响力，即 $WE=R \times F \times I$。

当公司推出新产品，延伸知名品牌或低购买率品牌，抑或是进入未知目标市场时，媒体的覆盖范围是最重要的。当公司面临强大的竞争对手、需要讲述复杂的故事、消费者阻力高或处于频繁购买阶段时，媒体的曝光频率是最重要的。重复沟通的一个关键原因在于消费者遗忘（consumer forgetfulness）。消费者对某品牌、产品类别或信息的"遗忘率"越高，重复次数就应该越高。[21]

媒体投放时间的选择和分配

在选择媒体时，广告商必须同时做出宏观排期决策和微观排期决策。**宏观排期决策**（macroscheduling decision）与季节和经济周期相关。假设一种产品 70% 的销售额发生在 6~9 月，那么公司的沟通费用可以追随季节性模式、采用反季节性模式或全年保持不变。**微观排期决策**（microscheduling decision）要求在短期内分配沟通费用以获得最大的影响力。假设公司决定在 9 月购买 30 个电台广告档位，那么当月的沟通信息可以在这个月内集中投放、连续投放或间歇性投放。

选择的模式应该满足营销人员的沟通目标，并考虑三个因素：一是购买者周转率（buyer turnover），指新购买者进入市场的速率，这个速率越高，沟通就应该越连续；二是购买频率（purchase frequency），指在一段时间内，消费者购买产品的平均次数，购买频率越高，沟通就应该越连续；三

是遗忘率（forgetting rate），指购买者忘记品牌的速率，遗忘率越高，沟通就应该越连续。

当公司推出一种新产品时，广告商必须在四种排期策略中做出选择，即连续式排期、集中式排期、间歇式排期和脉冲式排期。

- 连续式排期是指曝光在给定的时间段内均匀出现。通常，广告商在进行市场扩张、推广购买频率高的商品或购买者有限的产品类别时，会使用连续式沟通。
- 集中式排期要求在一段时间内花完所有的沟通费用。这种方式适用于销售期为某季或某节假日的产品。
- 间歇式排期要求广告在一段时间内投放，隔一段时间再投放。这种方式在预算有限、产品购买周期相对较长或产品具有季节性时会很有效。
- 脉冲式排期是指低水平连续投放广告，并周期性地通过大量活动进行强化。它结合了连续式和间歇式排期的优势，创造出一个折中的排期策略。其支持者认为，脉冲式排期能够让受众更全面地了解信息，并且对公司来说成本更低。[22]

除了在时间上分配沟通预算，公司还必须在空间上分配沟通预算。当公司在全国性电视和广播网络或全国发行的杂志上投放广告时，它进行的是"全国性购买"（national buys）。当公司只在少数市场的电视节目时段或区域性杂志上投放广告时，它进行的是"定点性购买"（spot buys），定点性购买面向的市场也被称为**主导性影响区域**（areas of dominant influence）。当公司在当地报纸、广播或户外站点上投放广告时，它进行的是"地方性购买"（local buys）。

创新沟通方法

公司沟通行动的影响力不仅取决于它"说了什么"，更重要的是"怎么说"。其中，具有创意的执行起到了决定性的作用。[23]

确定信息诉求

沟通的有效性不仅取决于沟通内容本身，还取决于信息表达方式的好坏。如果一个沟通是无效的，可能意味着使用了错误的信息，或是正确的信息没有被很好地表达出来。营销者可以使用不同的创意策略，将其信息转换为特定的沟通形式。我们可以将创意策略大致分为信息型诉求和转换型诉求。[24]

信息型诉求

信息型诉求（informational appeal）会详细阐述产品或服务的属性或利益。以广告沟通为例，其信息型诉求包括以下类型：问题解决型广告（Aleve 为各种疼痛提供最持久的缓解），产品说明型广告（Thompson Water Seal 可防雨，防雪，耐高温），产品比较型广告（AT&T 提供覆盖面最广的 4G 移动网络），以及素人或名人代言型广告（NBA 球员勒布朗·詹姆斯为麦当劳、耐克、三星、雪碧等代言）。信息型诉求假定消费者对沟通信息的处理是严格理性的，即逻辑和理性主导信息处理。

学术研究揭示了信息型诉求及其与单面或双面论点之间的关系：以往人们可能会认为单面信息呈现（仅说明产品优点）比双面信息呈现（同时说明产品优缺点）更有效。然而，研究表明，双面信息可能更合适，尤其在必须克服负面联想时。[25] 除此之外，对于受教育程度较高和最初持反对意见的受众来说，双面信息呈现也会更有效。[26]

论据呈现的顺序也是非常重要的。[27] 在单面信息中，首先呈现最有力的论据，能够唤起受众的注意力和兴趣。这在媒介沟通中是很重要的，因为受众往往不会关注所有信息。对于已经被吸引的观众，将陈述推向高潮会更有效。对于双面信息来说，如果受众一开始是反对的，那么最好是从对方的论据开始，再以自身最有力的论据结束。

转换型诉求

转换型诉求（transformational appeal）会详细阐述与产品无关的利益或形象。它可能会描绘品牌使用者的形象（大众汽车通过其著名的"招募驾驶员"广告活动面向活跃的年轻人做广告），或者用户使用该产品的体验 [品客薯片（Pringles）多年来一直宣传"一口之后，乐趣不停"（Once You Pop, the Fun Don't Stop）]。转换型诉求通常会试图激发能够激励购买的情绪。[28]

沟通者可以使用恐惧、内疚和羞愧等消极诉求让人们做某些事（刷牙、每年做一次健康检查）或阻止人们做某些事（吸烟、酗酒、暴饮暴食）。当恐惧诉求不太强烈、信息来源的可信度高，并且沟通以可信且有效的方式承诺产品或服务可以减轻消费者产生的恐惧情绪时，恐惧诉求的效果最好。当信息与受众信念稍微有所不同时，最具有说服力。因为只陈述那些受众已经相信的事情，最多只是强化他们的信念，而信息与受众信念之间差异太大，又会被受众拒绝。[29]

沟通者还可以使用幽默、爱、自豪和快乐等积极的情感诉求。一些动机性或"借力"的道具（例如，可爱的婴儿、活泼的小狗、流行音乐和挑逗性的性诉求）经常被用来吸引受众的注意力，并提高受众对广告的参与度。在复杂的新媒体环境中，受众处理信息的参与度低且遍布竞争性信息，因此使用上述方法是非常有必要的。然而，吸引注意力的策略也可能会分散受众的理解，并且这些策略很快就会失效，或是掩盖其产品本身具有的属性和利益。因此，沟通者所面临的一个挑战是弄清楚如何突破重围并传递预期信息。

广告的魔力在于能够把抽象的概念灌输到目标消费者的头脑中。在平面广告中，沟通者必须确定标题、文案、插图和色彩。[30] 对于广播电台的信息，沟通者必须恰当选择词汇、音质和发声。推销二手车的播音员声音应该与宣传新款豪车的播音员声音有所不同。如果信息是通过电视或面对面进行沟通，所有上述因素外加肢体语言都必须设计好。对于网上信息，营销者必须明确布局、字体、图片以及其他视觉和语言信息。

选择信息源

　　研究表明，信息源的可靠性对其接受程度至关重要。可靠性的三个广泛认可的特征是专业度、可信度和讨喜度。[31] 专业度（expertise）是指沟通者所拥有的用以支持其主张的专业知识。可信度（trustworthiness）反映了信息源被感知的客观程度和诚实程度。朋友比陌生人或销售人员的可信度更高，以及免费的产品代言人比付费代言人更可信。讨喜度（likability）描述了信息源的吸引力，以坦率、幽默和自然等指标来衡量。

　　最可靠的信息源在以上三个维度上得分都比较高。制药公司希望医生能够证明其产品的好处，因为医生有较高的可信度；查尔斯·施瓦布成为其价值超过 40 亿美元的折扣经纪公司推出的广告的主角，通过"与查克对话"（Talk to Chuck）和"拥抱你的明天"（Own Your Tomorrow）的企业广告活动，凸显了其正直和讨喜的形象。

　　由知识渊博、值得信赖和讨人喜欢的信息源传递的信息能够得到更高的关注度和回忆率，这就是为什么一些广告商请名人作为代言人。[32] 下文中的营销洞察"名人代言"重点探讨在沟通行动中使用名人推荐的形式。此外，一些营销者会将普通人推介作为卖点，使得他们的广告更真实，有利于消除消费者的疑虑。例如，福特在新闻发布会上邀请福特车主来描述他们的汽车，红龙虾餐厅（Red Lobster）请自家餐厅的主厨来夸赞其菜品的优点。[33]

　　如果一个人对一则信息及其来源均持积极态度（或相反，对两者均持消极态度），那么此时的状态是一致性（congruity）的。但是，当消费者看到喜欢的名人在赞扬一个自己不喜欢的品牌时会怎样呢？一些学者认为，消费者的态度会朝着一致性的方向改变，[34] 消费者会不再喜欢这位名人，或者开始喜欢这个品牌。如果消费者又看到同一位名人赞扬了其他自己不喜欢的品牌，那么他最终会对该名人产生消极印象，同时对这些品牌保持消极态度。**一致性原则**（principle of congruity）意味着沟通者可以利用其正面形象来减少一些消费者对品牌的负面情感，但在这个过程中，他们也可能会失去一些消费者的尊重。

开发创意执行

　　西北大学凯洛格商学院的广告专家德里克·洛克（Derek Rucker）开发了一个实用的工具——ADPLAN 框架，被用于促进创意输出的讨论。[35] 一旦广告公司或创意团队提供了故事板或广告执行方案，ADPLAN 框架就能帮助战略制定者识别有利于成功的重要因素，或者指出可能出现失误的地方。ADPLAN 框架的首字母缩略词包含六个维度：注意力、区分度、定位、联动、放大和净资产。

- 注意力（attention）体现了广告是否引起目标受众的兴趣。这反映了广告最初的注意力捕获以及产生兴趣的持续性。例如，如果一位消费者在一开始观看了 YouTube 上播放的广告，但在 5 秒后点击"跳过广告"，那么该广告就没有引起足够的关注度，并且该公司的信息很有可能并未传达。政府雇员保险公司（Geico）意识到上述问题，于是制作了一个无法跳过的 5 秒广告。其他品牌也通过推出引人入胜的内容，解决了这个问题。

- **区分度**（distinction）评估了广告是否通过使用主题、内容或创意工具将自身区别于同品类的广告或一般性广告。例如苹果公司具有历史性意义的《1984》超级碗广告，尽管它只播出了一次，却获得了极大的区分度。这是因为该广告不仅制作水准高，而且将苹果公司描绘成反乌托邦的科技英雄。相比之下，许多当地的汽车广告就显得多余。

- **定位**（positioning）描述了广告是否将品牌定位在正确的类别中，是否提供了强大的利益，并以令顾客信服的理由来锚定产品利益。该维度检验了预期定位最终是否在执行过程中被准确传达。例如，欧仕派曾开展过一场著名的营销活动，强调它是市面上最具男性气概的沐浴露。

- **联动**（linkage）传达了目标受众是否会记住创意执行。通常仅仅让目标受众回忆起看过的广告是不够的。创意和信息之间的强联动将确保目标客户记住所呈现的品牌。例如，一个人可能记住了一则广告，却忘记了它所传达的信息。多年来，美国抵押贷款公司（Ameriquest Mortgage）一直在超级碗投放广告，人们喜爱这些广告，却不记得所推广的品牌。

- **放大**（amplification）体现了个人对广告的想法是积极的还是消极的。例如，在 NFL 前球员科林·卡佩尼克（Colin Kaepernick）拒绝在奏国歌时起立以示对种族歧视的抗议后，耐克播放了一则由其代言的广告。这一广告同时得到了消费者积极和消极的反应。品牌通常希望引发的主要是目标受众积极的想法。放大这些积极的想法更是至关重要，因为它们有助于形成正面态度，并最终促成购买。

- **净资产**（net equity）指的是广告如何与品牌资产和已建立的品牌联想相匹配。例如，宝马品牌与高性能相关联。因此，宝马的目标之一就是确保新广告不会威胁或破坏这种品牌资产。

虽然 ADPLAN 工具是为了指导广告的战略性规划，但 ADPLAN 工具的每个元素都可以在实证层面上被衡量。因此，该框架可以作为一种手段，以促使我们围绕广告进行更深入的对话，以及指出需要进行检验和测量的地方。需要注意的是，ADPLAN 只是战略制定者评估创意产出的一个方面。战略制定者还必须制作一份适当的创意简报，并考虑广告的目的（例如，预期结果是建立知晓度还是提高说服力）、媒体渠道的适当性以及公司的广告预算。[36]

衡量沟通效果

高级管理者想了解他们的沟通投资所带来的成果和收益。然而，他们的沟通经理往往只提供投入，如剪报或广告的数量，以及费用，如媒体成本。诚然，沟通经理也在努力将投入转化为中间产出，如广告覆盖范围和频率（例如，接触到沟通活动的目标市场的百分比和广告曝光次数）、消费者回忆和识别得分、说服效果以及每千人成本计算。

在实施沟通计划后，营销者必须衡量其效果。关于沟通影响的研究旨在确定公司的沟通在多大程度上实现了目标。[37] 沟通效果可以从以下两方面来衡量：供给侧和需求侧。

在供给侧，衡量沟通效果的目的是评估媒体报道。例如，某品牌在电视屏幕上清晰可见的秒数，或提及该品牌的新闻剪报的专栏版面的大小。

尽管供给侧方法提供了可量化的衡量标准，但这种将媒体报道等同于广告曝光的方式却忽略了各自沟通内容上的不同。[38] 广告商利用媒体空间和时间来沟通经过战略设计的信息。媒体报道和电视节目只是曝光了品牌，却并不一定以任何直接的方式美化其含义。尽管一些公关专家认为，正面媒体报道的价值相当于广告价值的 5~10 倍，但赞助活动很少能提供如此可观的价值。

在需求侧，衡量沟通效果的目的是评估公司的沟通行动对目标受众的影响。为获得此类信息，公司会询问目标受众是否能够识别到或回忆起这条信息，他们看到这条信息的次数，他们能记起哪些要点，他们对这些信息有什么感受，他们之前对产品和公司的态度如何，以及他们目前的态度如何。

例如，营销者可以对观众进行调研，以衡量他们对营销事件的记忆程度，以及由此产生的对赞助商的态度和意向。许多广告商都使用后测方法来评估一个已结束的沟通行动的整体影响。如果一家公司希望将品牌知晓度从 20% 提高到 50%，结果却只提高到 30%，那么这家公司可能没有投入足够的资金，或是它的广告效果不佳，抑或是它忽略了一些其他因素。此外，营销者也会收集受众反应的行为指标，例如，购买产品的人数、喜欢产品的人数，以及与他人谈论产品的人数。因此，大多数广告商都会试图衡量广告的沟通效果，即广告对知晓度、了解或偏好的潜在影响。

公司还经常检验他们沟通行动的效果，以确定它们在广告上是支出过多还是不足。回答这个问题的一种方法是使用如图 12-4 所示的公式。一家公司的广告支出份额（share of advertising expenditures）能产出声音份额（share of voice），即该公司的产品广告占所有同类产品广告的比例，进而获得消费者心智份额（share of consumers' minds and hearts），最终赢得市场份额（share of market）。

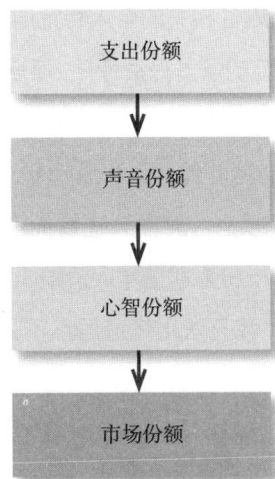

```
┌──────────────┐
│   支出份额    │
└──────┬───────┘
       ↓
┌──────────────┐
│   声音份额    │
└──────┬───────┘
       ↓
┌──────────────┐
│   心智份额    │
└──────┬───────┘
       ↓
┌──────────────┐
│   市场份额    │
└──────────────┘
```

图 12-4
衡量广告销售影响的不同阶段的公式

为了提升沟通行动的效果，营销者通常会对其广告进行预测试，[39] 并基于预测试的结果修改广告，使其更有可能实现最终目标。批评者认为，预测试的结果可能与产品的市场表现恰恰相反。支持者认为，通过预测试可以提取有用的诊断信息，但它们不应该被用作唯一的决策依据。众所周知，耐克是世界上最好的广告商之一，但它很少进行广告预测试。

除了预测试沟通行动的效果，营销者也会衡量沟通行动是否以及如何影响销售。研究者可以使用历史研究法（historical approach）来衡量对销售的影响。这种方法使用先进的统计技术，建立历史销售与历史广告支出间的相关关系。其他研究者则使用实验数据来衡量广告对销售的影响。越来越多的研究者衡量广告支出的销售效果，而不再满足于衡量沟通效果。[40] 华通明略国际公司（Millward Brown International）多年来一直进行跟踪研究，以帮助广告商确定它们的广告是否助益于其品牌。

营销
洞察 ｜名人代言

一位精心挑选的名人可以吸引消费者对产品或品牌的注意，例如 Priceline 公司选择《星际迷航》（Star Trek）中的偶像威廉·沙特纳作为其广告代言，从而强化了其低价的形象。其他著名的代言人包括安德玛公司（Under Armour）的汤姆·布拉迪、AT&T 的马克·沃尔伯格、老海军公司的克里斯汀·贝尔、Crate and Barrel 公司的瑞茜·威瑟斯彭，以及卡骆驰公司的德鲁·巴里摩尔。

Priceline 公司推出的新奇的沟通战役已经持续了十多年，而代言人沙特纳此前接受公司股权作为其报酬的决定已为他净赚了数百万美元。一位合适的名人通过代言也可以将其自身形象迁移到品牌上。为了强化其高地位和高声望的形象，美国运通公司在广告中使用了电影界的传奇人物罗伯特·德尼罗和马丁·斯科塞斯作为代言人。

当名人的可信度高或具有与产品关键属性相关的个人特征时，名人代言会更有效。美国州立农场保险（State Farm insurance）邀请具有政治家风范的演员丹尼斯·海斯伯特作为代言人；牧马人（Wrangler）牛仔裤邀请强壮坚毅的橄榄球运动员布雷特·法夫雷作为代言人；慧俪轻体（Weight Watchers）邀请流行歌手兼演员詹妮弗·哈德森作为代言人。这些代言人和品牌非常契合，因此大受消费者称赞。然而，如果代言人和品牌不契合，也会对品牌造成损害。席琳·迪翁代言克莱斯勒，却未能帮助品牌增添魅力或提高销量，因此即使她与克莱斯勒签订了一份为期三年、价值 1400 万美元的合同，公司还是决定和她解约。奥齐·奥斯本在其代言广告中说出"我无法相信这居然不是黄油"，就会有点奇怪，因为他一直是一个糊里糊涂的形象。

一个品牌代言人需要有较高的知名度、能够引发正面情感的能力，并与产品有较高的契合度。帕丽斯·

希尔顿和霍华德·斯特恩尽管在许多群体中有较高的知名度，却会引发负面情感。反之，汤姆·汉克斯和奥普拉·温弗瑞之所以能够成功代言大量产品，是因为他们在消费者心中有着非常高的熟悉度和喜爱度（在娱乐业中被称为"Q 因子"）。

名人能够发挥更有战略意义的作用，不仅在于代言，还在于帮助企业对商品和服务进行设计、定位及销售。耐克经常让其体育明星代言人参与产品设计。泰格·伍兹、保罗·凯西和斯图尔特·辛克在耐克高尔夫研发中心帮助耐克设计、打样和测试新的高尔夫球杆和高尔夫球。碧昂丝（百事）、will.i.am（英特尔）、贾斯汀·汀布莱克（百威淡爽）、艾丽西亚·凯斯（黑莓），以及泰勒·斯威夫特（健怡可乐），都被指定为各自品牌的"形象大使"，承担各种创造性的职责和责任。

一些名人并未直接利用自己的名气，而是通过其才能宣传品牌。许多电影和电视明星都为广告做配音，且并未署名，其中包括乔恩·哈姆（梅赛德斯－奔驰）、摩根·弗里曼（维萨）、马特·达蒙（德美利证券）、杰夫·布里吉斯（金霸王），以及乔治·克鲁尼（百威）。尽管广告商假定一些观众能够通过声音识别出代言人，但使用配音的主要原因在于这些演员无与伦比的配音天赋和技巧。

当然，请名人代言也有一定的风险。名人可能会在续签合同时要求更高的费用，甚至可能解除合约。而且就像电影和专辑发布一样，名人策略也可能遭遇代价高昂的滑铁卢。这是因为名人可能会失去人气，甚至遇到更糟的情况——陷入丑闻或尴尬的境地，就像泰格·伍兹、迈克尔·菲尔普斯和兰斯·阿姆斯特朗一样。除了仔细审查代言人的背景，一些营销者还选择请多个代言人来降低由于一人的过失而给品牌带来的风险。

除了上述方案，另一种解决方案是营销者打造其自身品牌名人。在上一次经济衰退期间，一个墨西哥啤酒品牌 Dos Equis 凭借其"世界上最有趣的男人"广告活动获得了极高的知名度，使其在美国的销量增长了 20% 以上。广告中的主角温文尔雅、亲切友好，有着极具辨识度的声音和银色胡子，尽管是完全虚构的，但他在脸书上获得了成千上万的粉丝。他的视频在 YouTube 上获得了数百万的观看量，顾客还可以给他"拨打电话"，并听到一系列自动语音留言。[41]

本章小结

1. 现代营销需要的不仅仅是开发优质产品，制定有吸引力的价格，以及让目标顾客能够购买到它，公司还必须与当前和潜在的利益相关者和公众进行沟通。

2. 营销沟通组合包括九种主要的沟通形式：广告、在线和社交媒体、移动沟通、直接营销、活动和体验、口碑、宣传和公共关系、人员销售以及包装。

3. 沟通过程由九个要素组成：发送者、接收者、信息、媒介、编码、解码、反应、反馈和噪声。为了传播信息，营销者必须考虑目标受众通常是如何解码信息的。他们也必须通过能够触及目标受众的有效媒介来传播信息，并开发反馈渠道来监控受众对信息的反应。

4. 开展有效沟通需要八个步骤：设定沟通目标，识别目标受众，设计沟通信息，确定沟通媒介，确定沟通预算，定义沟通媒介组合，衡量沟通效果，管理整合营销沟通过程。

5. 在识别目标受众时，营销者需要消除当前公众认知与品牌想要传达的形象之间的差距。沟通目标可以是创造对产品品类的需要，提高品牌知晓度，改善对品牌的态度，或增强购买品牌的意愿。

6. 设计有效的沟通需要做出三个关键决策：说什么（信息策略），怎么说（创意策略），以及谁来说（信息源）。沟通渠道可以是人员的（倡导者、专家和社会渠道），也可以是非人员的（媒体、氛围和活动）。

7. 尽管存在其他方法，但用来制定沟通预算的目标－任务预算法通常是最为有效的。这种方法要求营销者通过确定具体目标来制定预算。

8. 在选择营销沟通组合时，营销者必须审视每种沟通工具的独特优势和成本，以及公司的市场排名。他们还必须考虑其销售产品所在的市场类型，消费者在多大程度上准备购买，以及产品在公司、品牌和生命周期中所处的阶段。

9. 在衡量营销沟通组合的效果时，要询问部分目标受众是否能够识别出或回忆起沟通内容：他们看到过多少次，他们能回忆起哪些要点，他们对沟通内容有什么感受，他们之前对公司、品牌和产品的态度如何，以及他们目前的态度如何。

营销
焦点 | 红牛

Source：chara_stagram/ Shutterstock

1982 年，奥地利商人迪特里希·马特施茨（Dietrich Mateschitz）在曼谷出差时因倒时差而感到不适。当地人告诉他，有一款名为 Krating Daeng 的保健饮料可以缓解他的困倦和疲劳症状。他尝试了这款饮料，发现确实缓解了他的疲劳。因此，这款饮料给马特施茨留下了深刻的印象。于是，两年后他与拥有一家保健饮料公司的泰国商人许书标共同创办了红牛公司。他们花费了三年时间，研发出一款符合西方人口味的饮料配方。1987年，红牛首次在奥地利上市。

红牛宣传其产品具有三个主要功能：提高学生的注意力，提升运动员的表现，以及缓解商务人士旅途中的疲劳。除了这些功能，红牛通常被作为酒精混合物出售。俱乐部开始接受红牛作为一种让人们不需要借助吸毒就能持久地参与派对的更安全的方法。红牛也注意到了这种出乎意料的使用方式，并使用游击营销策略，以进一步巩固该产品在派对场景中的使用。该公司聘请了学生和DJ在派对上提供红牛饮品，并鼓励其他顾客尝试这款饮料。

在奥地利取得成功后，红牛于1992年将业务扩展到匈牙利和斯洛文尼亚。不久，红牛继续向德国和瑞士扩张。五年后，红牛开始在美国销售。尽管红牛在奥地利很受欢迎，但它最初在其他市场上取得的成功很有限。这是因为它是最早被贴上能量饮料标签的饮料之一。许多顾客不确定他们为什么以及什么时候需要喝红牛。

为了解决消费者的困惑，红牛将其产品定位集中在一种冒险的生活方式上。红牛推出了大量的广告，其中"红牛为你的梦想插上翅膀"（Red Bull gives you wings）的口号广为人知，使得这款饮料及其功效在新兴市场上被越来越多的人所接受。1995年，红牛开始赞助世界各地各种体育项目的运动员和团队。短短几年内，红牛的赞助名单已经扩大到数百名运动员以及许多团队和体育赛事。该公司在赛车运动领域变得非常活跃，并赞助了一支F1车队。要知道，这是当时年度收视率最高的体育赛事之一。几年后，该公司购买了自己的F1车队。红牛F1车队最终成为世界上最成功的赛车队之一，2010—2013年连续四次获得冠军。红牛已经扩大了它的体育赞

助和所有权名单，其中包括美国运动汽车竞赛协会（NASCAR）、NFL、足球比赛、自行车越野赛（BMX）、摩托车越野赛和滑板比赛。红牛在赞助国际运动员和体育赛事方面所做的努力帮助其成为一个全球品牌。

除了体育营销，红牛还在内容营销上投入了大量资金，以推广其饮料及相关的生活方式。红牛成立了红牛媒体工作室。这是一家为杂志、电影电视、视频游戏、社交媒体和音乐创造内容的媒体集团。各种平台发布了数千份照片、视频和文章，其中的人物和想法都与红牛品牌所宣传的形象相一致。粉丝们也被鼓励上传他们自己的内容来展示他们的"红牛生活方式"。红牛媒体工作室发行了一部名为《飞行的艺术》（The Art of Flight）的故事片，该片迅速登上了iTunes排行榜的榜首。红牛旗下的唱片公司捧红了AWOLNATION和Twin Atlantic等艺术家。该公司自己的出版物《红牛公报》（The Red Bulletin）在2017年发行了500多万份。红牛媒体工作室的社交媒体团队在自己的YouTube频道上发布了大量病毒式视频，展示红牛用户参与极限运动的生活方式。红牛的YouTube频道拥有超过500万的订阅者，主页上有数千条关于红牛运动员和体育赛事的专题报道。红牛的内容营销将其品牌认知度推向了更高的高度，并进一步增强了积极的生活方式和红牛公司之间的联系。

红牛非传统的营销方式使该公司成为世界上最知名的品牌之一。值得注意的是，该公司最初的饮料产品多年来基本保持不变——只有一种尺寸、一种外形和几种口味。现在，红牛继续赞助世界各地的著名运动员、团队和赛事，并通过红牛平流层计划（Red Bull Stratos）赞助高空极限跳

伞和年度悬崖跳水等特技活动引起了广泛关注。2018 年，红牛的销售额达到约 68 亿美元。尽管红牛并未扩大其产品线的产能，但其广泛的营销组合却能够持续助力其品牌成长。[42]

问题：

1. 随着越来越多的公司（如可口可乐、百事和魔爪能量）进入能量饮料领域，并占据市场份额，红牛最大的竞争优势是什么？与这些强大品牌竞争有哪些风险？

2. 讨论红牛非传统营销策略的利弊。红牛应该采用更多的传统广告吗？为什么？

3. 讨论红牛赞助的效果。公司应该在哪里划定界限？

营销
焦点 ｜世界上最好的工作

Source：Genevieve Vallee/Alamy Stock Photo

大堡礁（Great Barrier Reef）可以说是世界上最著名的自然奇观。它是世界上最大的珊瑚礁，也是唯一可以从太空中识别的物体。大堡礁毗邻澳大利亚昆士兰，而昆士兰以其沙滩和宁静的热带雨林闻名。人们可能会认为，这两个热点地区的距离很近，将是旅游业的绝佳组合。然而，昆士兰远离墨尔本和悉尼等主要城市，而大多数游客在澳大利亚旅行时首选的就是这些城市。更糟糕的是，2008 年的金融危机导致国际旅游业陷入低谷。

昆士兰旅游局的宗旨就是挑战加勒比海和希腊群岛等其他热门旅游目的地，使其成为最佳岛屿景点。昆士兰旅游局认为最大的挑战是建立国际知名度。为此，昆士兰旅游局在 2009 年委托麒灵广告公司（SapientNitro），用有限的 120 万美元预算，发起了一场成功的全球广告行动。

麒灵广告公司推出了如今已成为传奇的"世界上最好的工作"（The Best Job in the World）的广告。该行动包括昆士兰旅游局通过广告招聘"岛屿看护员"职位。申请者不需要任何工作经验，他们唯一的职责就是每周写一篇关于这些岛屿的博文。被选中的幸运申请人将获得岛上的免费住宿和六个月的六位数薪水。该职位被标榜为"世界上最好的工作"，感兴趣的求职者必须在昆士兰旅游局的网站上上传一段 60 秒的申请视频。

为打造国际知名度，昆士兰旅游局邀请了全球有影响力的旅游记者和博主来到岛上，并举办了一场以豪华别墅和阳光明媚的热带天堂为特色的媒体发布会。这些来自北半球的与会者正在经历一个寒冷、黑暗的冬天，因此岛上的景观给他们留下了深刻的印象。

此后，公众对这一广告活动的兴趣骤增。网站上线第一天，浏览量就超过 20 万次。在六周的申请期内，昆士兰旅游局收到了来自近 200 个国家的 34000 多名申请者的申请。该网站每月吸引了超过 680 万独立访客，产生了大约 5400 万的页面浏览量，这些访客的平均浏览时间高达 8.25 分钟。超过 4.6 万篇主流媒体的文章报道了此次宣传活动。据估计，这项宣传活动共影响了全球近 30 亿人。

这项耗资 120 万美元的广告活动超出了昆士兰旅游局最大胆的预期。如此低预算的推广为什么会产生爆炸式的浏览量？有三个主要原因：第一，促销活动几乎完全在他们的网站上进行，尽管 120 万美元只能购买少量的电视广告时间，但这笔投资却可以使网站轻松覆盖全球；第二，广告活动中的绝大多数内容是由众多申请人提供的，他们向网站提交了超过 550 小时的视频，而这些视频都不是麒灵广告公司或昆士兰旅游局团队设计的，最成功的申请者在 YouTube 上获得了数百万的浏览量和广泛的社交媒体关注，

即使在申请期结束后，这些视频仍然很受欢迎；第三，昆士兰旅游局赢得了媒体的免费报道，媒体公司承担起了关注顶级候选人的责任，并讲述了他们的故事，英国广播公司（BBC）制作了一部时长一小时的纪录片，讲述了最后 16 位候选人的故事，该片在英国上映当周就获得了最高的收视率。

比赛的获胜者是一位名叫本·绍索尔（Ben Southall）的英国人。接受这份工作后，绍索尔在 24 小时内进行了当时最多次数的采访，即在世界各地的电视广播中进行了 124 次转播。在任职的六个月里，绍索尔接受了奥普拉·温弗瑞的采访，并参加了《国家地理》的六集系列节目。绍索尔在离职后成为昆士兰旅游大使。总的来说，这场巧妙的广告活动创造了超过 2.5 亿美元的媒体价值，并引起了全世界对昆士兰旅游业的关注。"世界上最好的工作"凭借其在广告和营销方面的杰出创意，获得 8 项戛纳国际创意节全场大奖，并于 2014 年入选美国《公关新闻》白金名人堂。[43]

问题:

1. 麒灵广告公司的"世界上最好的工作"广告活动如此受欢迎的关键原因是什么？

2. 该广告活动是否成功地为昆士兰带来了客流量？应该如何衡量这次宣传活动的成功？

3. 昆士兰未来应该做些什么来促进其旅游业呢？

13

在数字时代设计整合营销

学习目标

1. 描述管理整合营销活动的关键原则。

2. 定义管理有效广告活动的关键点。

3. 解释如何设计和管理在线沟通。

4. 描述管理社交媒体的关键点。

5. 解释如何管理移动沟通。

6. 解释如何设计有意义的活动和体验。

7. 描述口碑在营销沟通中的作用。

8. 总结如何管理宣传和公共关系。

9. 讨论产品包装作为一种沟通工具的作用。

音乐视频中的产品植入、顶级艺术家的名人代言，以及与克莱斯勒、惠普和宏达国际电子（HTC）等公司的合作——将其声音技术融入它们的产品，这些都是 Beats by Dre 成功的关键因素。
Source：Akio Kon/Bloomberg/Getty Images

随着沟通环境变得越来越复杂，公司面临日益严峻的挑战，它们必须协调沟通活动，以确保它们在不同渠道传递一致的信息，并以能够实现其战略目标的方式完成。因此，各大公司目前都采用整合营销沟通。这是一种通过多元化策略来设计、沟通和传递信息的方法，并且这些多元化策略之间是相辅相成的。Beats 公司就是一家成功使用多种方式传播其信息的公司。

著名说唱制作人 Dr. Dre 原名为安德烈·扬（Andre Young），是说唱乐队 N.W.A. 的创始成员之一。在成为企业家之前，Dr. Dre 曾在音乐界留下了不可磨灭的印记。他在 2006 年与音乐泰斗吉米·艾奥文（Jimmy Iovine）联合推出了 Beats by Dre 耳机，尽管耳机售价为 300 美元，比普通耳机售价高出近 10 倍，却仍成为许多音乐爱好者的必备品。这款耳机的吸引力在于其低音饱满且震撼有力，以及其潮流时尚的外观。尽管耳机发烧友对这款耳机的评论好坏参半，但随着越来越多的著名音乐家和运动员开始使用这款耳机，Beats 耳机以其实用和时尚逐渐流行开来，成为现代生活方式的必需品。产品植入、名人代言和联合（合作）广告是 Beats 营销战略的关键组成部分。首先，当时担任 Interscope Records 董事长的 Dre 和艾奥文与大多数顶级音乐家都有较好的关系，因此能够安排 Beats 耳机出现在一些最畅销音乐艺术家如 Lady Gaga、麦莉·赛勒斯、史诺普·道格和妮琪·米娜的音乐视频中。除此之外，Dr. Dre 的背书使得 Beats 在原本并不愿意代言商业产品的艺术家中也获得了信赖。创作音乐视频的排他性和高成本，帮助 Beats 成为一种身份的象征，并将其推崇成为一种文化现象。同时，Dre 和艾奥文在业界的专业知识和人脉关系使得他们能够识别出那些热门的歌曲，并确保 Beats 耳机在其音乐视频中得以展现。除了名人代言，Beats 还开发了名人联名款耳机：与贾斯汀·比伯合作的紫色 JustBeats，与 Lady Gaga 合作的珠宝款 HeartBeats，以及与吹牛老爹（P.Diddy）合作的 DiddyBeats。Beats 还与克莱斯勒、惠普和 HTC 等公司合作，将其声音技术应用到它们的汽车、电脑和智能手机中，并推出了自己的耳机版本和其他系列产品。"在我们为一个广告付费之前，我们已经售出了价值 5 亿美元的产品。"艾奥文评论道。Beats 的成功并没有被行业中的大公司所忽视。2011 年，韩国智能手机制造商 HTC 收购了该公司的多数股权（不过后来迫于财务压力，HTC 又将其股份卖给 Dre 和艾奥文）。2014 年，Beats 被苹果以 32 亿美元的价格收购。[1]

为了方便营销人员的"一站式采购"，媒体公司和广告代理商收购了促销机构、公关公司、包装设计咨询公司、网站开发人员、社交媒体专家和直邮公司。它们将自身重新定义为沟通公司（communication companies）。通过为多种形式的沟通活动提供战略性和实用性的建议，它们帮助客户提高其整体沟通效果。这些扩展的能力使得营销者能够更轻松地将各种媒体属性以及相关的营销服务组合到整合沟通计划中。

管理整合营销沟通

整合营销沟通（integrated marketing communications，IMC）是一种通过协调使用不同的沟通工具来管理沟通活动的方法，这些工具协同工作并相辅相成，帮助公司实现其战略目标。整合营销沟通能够确保公司的沟通活动相互一致，并能够以一种有效且具有成本效益的方式实现公司的沟通目标。整合营销沟通可以在横向、纵向、内部和外部四个不同的维度上进行。

- 横向整合涉及协调所有相关的营销活动（包括包装、定价、促销和分销）与沟通活动，以实现最大的客户影响。
- 纵向整合涉及将沟通目标与指导公司总体营销战略的更高层次目标保持一致。
- 内部整合涉及与沟通团队共享来自不同部门（包括产品开发、市场研究、销售和客户服务）的相关信息，以开展有效且具有成本效益的营销活动。
- 外部整合涉及协调公司与其外部合作者（包括广告、社交媒体、公共关系机构、事件组织者，以及活动的联合赞助商）的沟通活动。

一个整合良好的沟通活动对于公司的市场成功至关重要。[2]事实上，如果不把一致性放到突出位置，公司的沟通很容易成为无关（有时甚至是冲突）信息的随机汇总。这些信息由不同且彼此独立工作的创意团队设计，并通过不同的媒体渠道，以一种未能强调其共同影响的方式进行传播，最终可能会使得目标客户产生混淆，而没有起到告知和说服目标客户的作用。

营销者拥有广泛的沟通工具、信息和受众，这使得公司转向整合营销沟通势在必行。它们必须采用360度的消费者视角，以充分了解沟通影响行为的所有不同方式。一个优秀的整合营销沟通活动可以评估各种沟通方式的战略角色，并将它们无缝衔接，以提供清晰、一致且影响力最大的信息。

在制订整合营销沟通计划时，营销者的首要目标是创建效果最佳且效率最高的沟通计划。以下标准有助于确保沟通的真正整合。[3]

- 覆盖范围（coverage）。覆盖范围是指公司所使用的每种沟通方式所能覆盖到的受众比例，以及这些方式之间重叠的受众数量。换句话说，不同的沟通方式能够在多大程度上触达目标市场，以及这个市场在多大程度上是由相同或不同的消费者组成的。

- 贡献（contribution）。贡献是指营销沟通的内在能力，即在消费者没有接触到其他沟通方式的情况下，营销者能够引起消费者期望的反应，并对其施加影响的能力。换言之，就是沟通对于消费者信息处理和建立品牌认知度、提升品牌形象、引发反应以及促进销售的影响。

- 共性（commonality）。共性是指共同联想在不同沟通方式间被强化的程度，即不同沟通方式具有相同含义的程度。品牌形象的一致性和凝聚力很重要，因为它们决定了消费者现有的联想和反应被回忆起来的难易程度，以及其他联想和反应与记忆中的品牌相联系的难易程度。

- 互补性（complementarity）。不同沟通方式在串联使用时通常更为有效。互补性涉及强调不同沟通方式间的不同联想和联系。例如，为了实现有效定位，品牌通常需要建立多个品牌联想。不同的营销沟通方式在建立品牌联想方面会产生不同的效果。例如，赞助某个活动可能会提升消费者对品牌信任度和可信度的认知，但电视和平面广告则更适用于沟通其性能优势。

- 整合性（conformability）。在所有整合营销项目中，信息对一些消费者来说是新的，对另一些消费者来说却是熟悉的。整合性反映了营销沟通方式对两类消费者起作用的程度。营销沟通方式在两个层面上能发挥多大作用至关重要。企业的营销沟通需要与那些已经接触其他沟通方式的消费者和那些还没有接触其他沟通方式的消费者均进行有效沟通。

- 成本（cost）。营销者必须根据上述所有标准来评估营销沟通及其成本，以达成效果最佳和效率最高的沟通计划。

整合营销沟通工作可以产生更强的信息一致性，有助于建立强大的品牌，并产生更大的销售影响。它迫使管理层考虑顾客与公司接触的所有方式、公司如何传达其定位、每种沟通工具的相对重要性以及时效性问题。它赋予公司前所未有的责任，即使公司的品牌形象和信息由成千上万个活动所传达，也需对它们进行统一。整合营销沟通应提高公司在正确的时间和正确的地点以正确的信息接触正确客户的能力。[4]

开展整合营销沟通活动需要清楚地了解可选媒体形式的具体情况，以便为目标客户创造具有一致性的体验。我们将简要概述最受欢迎的沟通形式中的一些关键点：广告、在线和社交媒体、移动沟通、活动与体验、口碑、宣传与公共关系，以及包装。在下一章中，我们将讨论人员销售和直接营销。

广告

广告包括由特定赞助商使用付费媒体对创意、产品、服务和品牌的任何展示和宣传。通常，广告商购买媒体时间（比如电视和广播广告）或空间（比如平面广告），以便将公司的信息传达给目标受众。以下部分我们将更详细地讨论最受欢迎的广告形式：电视广告、平面广告、广播广告、在线广告以及场地广告。

电视广告

因为电视覆盖了广泛的消费者，通常被认为是最强有力的广告媒体。电视广告有三个特别重要的优势。第一，它能够生动地展示产品属性，并有说服力地解释产品带来的消费者利益。第二，它能够戏剧性地描绘出消费者画像和使用场景、品牌个性以及其他无形资产。第三，它能在重要活动（如超级碗、奥斯卡颁奖典礼和新闻直播）的现场节目中俘获忠实观众。

>> 在极具创意的电视广告中，一只脾气暴躁的鸭子不停地嘎嘎叫着公司的首字母缩略词"Aflac"。在广告播出后，美国家庭人寿保险公司的知名度和销量飙升。

Source：Brendan McDermid/reuters/Alamy Stock Photo

美国家庭人寿保险公司　Aflac（American Family Life Assurance Company，美国家庭人寿保险公司）是最大的附加险供应商。在一场极具创意的广告活动后，它成为近代史上最广为人知的品牌之一。而在此之前，它的知名度并不高。这个广告由卡普兰·泰勒（Kaplan Thaler）广告公司创作，风格轻松愉快，其中展示了一只脾气暴躁的鸭子。广告中，当消费者或名人在讨论 Aflac 公司的产品时，这只鸭子总会不停地叫着公司的名字"Aflac"。这只鸭子竭尽所能寻求关注的模样十分吸引消费者。在鸭子广告播出的第一年，公司产品销量增长了 28%，知名度从 13% 上升到 91%。在此之后，Aflac 公司一直坚持在其广告中使用这只鸭子，甚至在 2005 年将其加入公司商标。在社交媒体的帮助下，营销者进一步发展了这只鸭子的个性：它在脸书上拥有 51.5 万名粉丝，并且粉丝数量还在增长。这只鸭子不仅在美国广受关注，而且以阳光开朗的性格出现在日本电视广告中。在那里，它帮助 Aflac 公司在其最大的市场上提升销量。[5]

然而，由于商业广告转瞬即逝的特征，再加上广告中经常出现的创意元素令人分心，与产品相关的信息和品牌本身反而可能会被忽视。[6] 此外，电视上大量的竞争性广告和其他非节目的素材会造成信息混乱，从而使消费者容易忽视或遗忘广告。

另一个考虑因素则是电视广告的成本相对较高。在全国性电视网的热门节目中投放一个商业广告的成本可以高达每 30 秒 20 万 ~50 万美元，覆盖 200 万 ~700 万观众。这相当于每位观众的广告费为 8~10 美分，甚至更多。相比之下，在线广告视频每 1000 次点播的成本约为 25 美元，相当于每位观众的广告费为 2.5 美分。但因为观看在线视频的设备通常是小得多的计算机或移动设备，效果可能会弱于电视广告。[7]

随着在线流媒体的发展，电视节目已经扩展到实际的电视屏幕之外，包括计算机、笔记本电脑、平板电脑和手机上的流媒体。这种转变使消费者能够更好地控制何时以及如何查看公司的沟通内容。此外，网飞、亚马逊和 Hulu 等替代性无广告娱乐节目的日益普及，正在改变传统意义上由 30 秒电视广告主导的沟通格局。鉴于此，营销者正在寻找新方法来吸引观看各种类型节目的观众，以及使用不同设备观看广告的观众。

尽管存在缺陷，但电视广告是一种向顾客介绍公司及其产品、增强顾客偏好和忠诚度以及提升销量和利润的有效方式。精明的营销者会利用电视广告的优势，并将它与其他的广告和营销沟通方式相结合，以最大化其对顾客的影响。

平面广告

平面媒体与广播媒体形成了鲜明对比。由于读者按照他们自己的节奏进行阅读，所以杂志和报纸可以提供详细的产品信息，并有效地沟通消费者画像和使用场景。但与此同时，平面媒体上视觉图像的静态属性使动态的展示或呈现难以实现，因此使用平面媒体相当被动。

两种主要的平面媒体（杂志和报纸）有许多共同的优点和缺点。尽管报纸具有时效性和普遍性，但杂志通常在建立消费者画像和使用场景方面更有效。报纸在本地（尤其是零售商）广告中很受欢迎。平均每天约有 50%~75% 的美国成年人阅读报纸，尽管他们越来越多地在网上进行阅览。近年来，平面广告的数量在稳步下降。[8] 广告商在设计和投放报纸广告时具有一定的灵活性，但相对较差的印刷质量和较短的生命周期会削弱其影响力。

研究者指出，平面广告中的图片、标题和文案十分关键，三者的重要性依次减弱。图片必须引人注目。标题必须能够强化图片，并引导读者阅读文案。文案必须引人入胜，品牌名称要突出。但即便一则十分出色的广告，也只有不到 50% 的受众会注意到，只有约 30% 的人能够回忆起标题的要点，约 25% 的人记得广告商的名字，而只有不到 10% 的人会阅读大部分正文。而普通的广告甚至连这个效果也达不到。

平面广告应该清晰、一致并且恰到好处地突出品牌。《时代》和《纽约客》杂志封底上的 iPad Mini 广告，将其与杂志对比来展示它的尺寸。为了庆祝其成立 75 周年，雷朋（Ray-Ban）的平面广告活动"从不隐藏"（Never Hide）推出了七则广告，展示了雷朋眼镜用户在七个不同的年代是如何无视传统并在人群中脱颖而出的。这两个广告活动都屡次斩获各类广告大奖。

>> 杂志广告可以有效建立或
强化品牌用户形象，例如雷朋
推出的"从不隐藏"活动。

广播广告

广播是一种无处不在的媒体：12 岁及以上的美国公民中大约有 93% 的人每天收听广播，平均每周收听约 20 小时。近年来，这些数字一直保持稳定。许多广播收听都发生在车内和户外。为了取得成功，广播网络正在向数字多元化平台迈进，以使听众能够随时随地收听广播。

广播的主要优势或许在于其灵活性：广播电台非常具有针对性，制作和投放相对便宜，并且广告排期短，使得广播广告的投放能够得到快速响应。广播可以通过将流行品牌、当地特色和强烈的个性相结合来吸引听众。它是一个针对早间时段特别有效的媒体，还能使公司在全国性和地方性的市场覆盖间取得平衡。此外，广播广告正受益于播客的日益普及。播客为听众提供了一系列选择，听众可以自由选择何时收听喜欢的内容。

广播广告的明显劣势在于缺乏视觉呈现，导致消费者的信息处理相对被动。然而，广播广告仍然可以极富创意。对音乐、声音和其他创意工具的巧妙运用能够激发听众的想象力，让他们"创造"出与品牌强相关的图像。

在线广告

由于互联网用户实际上用于在线搜索的时间非常少，因此，与时下流行的搜索广告相比，展示广告仍然具有很大的潜力。但是，展示广告需要更抓人眼球、更具影响力、更有针对性，以及被更密切地追踪。[9]

在线广告具有如下几个优势。营销者可以通过记录页面或广告的独立访客点击率，访客的浏览时长、页面行为以及后续访问，来轻松地追踪广告效果。[10] 这使得公司能够测试不同的信息和创意解决方案,从而以一种最有可能引发期望的消费者反应的方式对广告活动进行优化。在线广告还具有**情景投放**(contextual placement)的优势,这意味着营销者可以在与他们自己产品相关的网站上购买广告。他们还可以根据消费者在搜索引擎中输入的关键词投放广告,以便在消费者真正开始购买时就接触到广告。[11] 此外,在线广告也允许大量的内容类型,从纯文本广告到平面广告、视频广告和纯互动的体验型广告。

在线广告也存在劣势。消费者可以有效地屏蔽大多数消息。如果网站使用软件生成了虚假的点击率,营销者可能会因此高估他们的广告效果。同时,广告商也会丧失一些对在线信息的控制,因为这些信息可能会被黑客入侵或破坏。但是显然在线广告利大于弊,其份额在过去十年中呈现持续增长的态势。

一种越来越流行的在线广告形式是**原生广告**(native advertising),它类似于出版物的正文内容,但目的是推广广告商的产品。换句话说,原生广告是一种付费的商业信息,它在形式上与展出该广告的出版物外观和风格一致。与传统广告不同,原生广告对正文不具有干扰性,看起来就像是出版物编辑流程的一部分。

原生广告有三种常见的形式:(1)内容推荐,例如在正式内容下方出现的推广文章;(2)"信息流"广告,即在社交网络的信息流中出现的广告;(3)搜索列表和促销列表,出现在谷歌原本搜索结果的上方。

原生广告凭借其非干扰性的优势,在全球范围内越来越受欢迎。尽管原生广告主要用于在线沟通,但它也可以用于传统的媒体形式,包括平面媒体、电视和广播。例如,杂志也可以刊登由编辑人员和广告商共同设计的文章,并以其丰富的信息、引人入胜且可读性强的方式来宣传特定的产品、服务或品牌。

场地广告

场地广告的形式很广泛,包括许多创造性的和意想不到的形式,在消费者工作、娱乐,当然还有购物的场所吸引其注意力。比较流行的方式包括广告牌、公共空间、产品植入和购买点。

广告牌

广告牌使用丰富多彩和数字化的图像、图形、背光、声音和动态效果。户外广告通常被称为"15秒的销售展",因为消费者对广告的接触转瞬即逝,并且必须在短时间内抓住信息重点。在纽约,下水井盖被绘制成了热气腾腾的福爵咖啡形象;在比利时,亿贝在空的门店贴上了"已搬至亿贝"的贴纸;在德国,一家德国招聘网站在自动售货机、自助取款机和照相亭上印制了工人正在里面辛勤劳作的图像,以此宣传其广告语"人生短暂,勿入错行"(Life Is Too Short for the Wrong Job)。[12]

一则富有创意的信息可以改变一切。曼谷的 Chang Soda Water 的预算只够投放一个数字广告牌。为了最大化其影响力,它在广告牌上制作了一个巨大的气泡瓶,以显示其产品富含碳酸。后续带来的口碑传播使产品销量从 20 万增加到 100 万。[13]

公共空间

广告开始出现在一些不同寻常的地方，如电影屏幕、飞机机身和健身器材，以及教室、体育场、办公室和酒店电梯等公共空间。公共汽车、地铁和通勤列车上的公交广告已经成为触及职场人士的有效方式。公共汽车候车亭、公用电话亭和公共区域等"街头设施"则是另一种快速增长的方式。

随着许多传统沟通方式有效性的下降，广告商转而利用公共空间在消费者心中建立其对公司和产品的深刻印象。因此，越来越多的广告商在各种公共空间购买广告位，如体育场、竞技场、垃圾桶、自行车架、停车计时器、机场行李传送带、电梯、汽油泵、高尔夫奖杯和游泳池底部、航空公司零食袋，以及超市里苹果和香蕉的小标签上。越来越多的公司冠名赞助竞技场、体育场和其他活动场所，甚至花费数十亿美元购买北美主要体育设施的命名权。

产品植入

营销者会花费数十万美元，使他们的产品出现在电影和电视里。[14] 有时这类产品植入是大型网络广告合约的产物，但小型的产品植入工坊也会与道具师、布景设计师和执行制片人保持密切联系。

一些公司还可以免费进行产品植入。耐克不需要付费就能在电影中植入产品，但通常会提供鞋子、夹克和包等产品。产品和品牌越来越多地被直接植入故事，例如，在《摩登家庭》（*Modern Family*）中，为喜欢电子产品的爸爸购买新的 iPad 的桥段便串起了一集的故事线。然而在某些情况下，品牌也需要付费才能获得电影的广告植入权。以电影《007：大破天幕杀机》为例：

>> 喜力投入巨资让詹姆斯·邦德在电影《007：大破天幕杀机》（*Skyfall*）中选择喜力啤酒，而不是"摇匀而不搅拌"的马丁尼酒。除此之外，其他品牌也选择在电影中植入它们的产品。

Source：PictureLux/The Hollywood Archive/Alamy Stock Photo

《007：大破天幕杀机》 据报道，在 007 系列的第 23 部电影《007：大破天幕杀机》中，喜力花费了约 4000 万美元进行广告植入，于是我们看到詹姆斯·邦德在电影中喝的是喜力啤酒，而不是他一贯的伏特加马丁尼酒。这笔广告植入费占到了电影预期制作预算的三分之一。除了喜力，在电影中出镜最多的商家还包括阿迪达斯、阿斯顿马丁、奥迪、欧米茄、索尼和福特。据一家市场调研公司估计，电影中出现的这些品牌在首映周末就能获得超过 760 万美元的曝光价值。某些品牌还在银幕外的电影中植入产品广告。喜力以火车上那段颇具创意的追逐桥段拍摄了一则昂贵的 90 秒广告，广告的最后由当时饰演邦德的英国演员丹尼尔·克雷格客串出演。超过 2200 万人在网上观看了这则广告。同时，喜力还举办了"侦破案件"（Crack the Case）促销活动，邀请大城市的消费者参与游戏，展示他们的邦德式技能。[15]

购买点

购买点（point of purchase）广告的吸引力在于消费者会在商店中做出许多品牌购买决策。在购买点进行沟通的方式有很多种，包括在购物车、推车带、过道和货架上的广告，以及店内展示、现场样品和即时优惠券机。[16]一些超市将地面空间出售给公司用于展示公司标志，并尝试使用智能语音货架出售广告机会。移动营销则是通过智能手机向身处店内的消费者推送广告。而购买点电台也向全美成千上万家食品店和药店提供了节目和商业信息。

在线沟通

营销者必须去顾客所在的地方，而且越来越多的是在线上。美国消费者花在所有媒体上的总时间中，超过一半是在线上。然而，决定线上参与原则的是顾客本身，如果他们愿意，他们完全可以在代理人和中介的帮助下屏蔽营销广告。同时，他们也决定其所需信息、所感兴趣的产品和愿意支付的价格。

公司网站

公司必须设计网站，用于展现或表达其目的、历史、产品和愿景，同时网站要在人们第一次浏览时就具有吸引力，并且足够有趣，以鼓励人们重复访问。[17]美容行业的先驱人物雅诗·兰黛（Estée Lauder）在回顾往昔时曾说过她依靠三种沟通方式建立了价值数百万美元的化妆品业务，即"电话、电报和向女性宣传"。现在，雅诗兰黛不得不增加互联网营销。公司的官方网站能够展示新老产品，发布特定优惠和促销活动，并帮助客户找到购买雅诗兰黛产品的商店。

访问者将根据易用性和美观性来判断网站的表现。易用性（ease of use）通常意味着内容易于理解并方便导航。美观性（physical attractiveness）反映了网站的美学吸引力，包括网站布局、文本字体和颜色协调等因素。上述这些网站的特点有助于促进销售。例如，君迪发现，对汽车制造商的网站非常"满意"的消费者更有可能因此而试驾其车辆。[18]

正如我们接下来要详细介绍的，许多公司如 ComScore 和尼尔森（Nielsen）都会通过页面浏览次数、唯一身份访问次数、访问时长等测量和追踪消费者的在线行为。公司还必须对网络安全和隐私保护问题保持敏感。一些研究者建议，开发以用户为中心的隐私控制来避免多种入侵，并尽可能使用自动操作来防止人为入侵，从而将与网站隐私相关的各种触点（touch point）转变为积极的顾客体验。[19]

除了自有网站，公司还可以使用微型网站，即单个网页或一组网页，作为主网站的补充。例如，虽然人们很少访问保险公司的网站，但是保险公司可以在二手车网站上创建一个微型网站，为二手车的购买者提供建议和保险业务。

吸引在线流量

在线营销的一个重要组成部分是将流量吸引到公司的自有媒体上来。有两种常见的方法用来吸引流量：搜索引擎优化和搜索引擎营销。

搜索引擎优化（search engine optimization，SEO）是指当消费者搜索相关词时，为了尽可能提高品牌链接在所有非付费链接中的排名而设计的活动。由于搜索引擎优化只涉及优化公司自身网站，而无须向第三方支付费用来产生流量，因此它的实施成本明显低于搜索引擎营销。

搜索引擎营销（search engine marketing，SEM）是指公司向搜索引擎公司支付费用，以使其在特定关键词搜索结果中出现，这些关键词可以反映消费者的产品或消费兴趣。当消费者使用谷歌搜索任何关键词时，搜索结果取决于公司的出价金额以及搜索引擎用于确定广告与特定搜索间相关性的算法，营销者的广告会显示在结果的上方或旁边。例如，麦当劳可能会向谷歌搜索支付费用，让其信息出现在消费者搜索特定单词或短语（如"汉堡"、"炸薯条"或"快餐"）时生成的结果中。

广告商通常只有在人们点击链接时才付费，但营销者认为，那些已经通过参与搜索表达其兴趣的消费者是主要的潜在客户。单次点击的成本取决于该链接在网页上的排名以及关键词的受欢迎程度。付费搜索的日益普及加剧了关键词竞标者之间的竞争，大大提高了搜索广告的价格，也使得竞标者更加重视选择最佳关键词，战略性地对它们进行竞标，并监控结果的有效性和效率。

针对搜索引擎优化和搜索引擎营销有许多指导方针。[20] 例如，较为宽泛的搜索词（如"iPhone"或"汉堡"）对于一般的品牌建设很有用；更为具体的可以识别特定产品型号或服务的关键词（如"Apple iPhone XS Max"）对于生成和转换销售机会非常有用。搜索词需要在营销者网站上适当页面中被凸显出来，以便搜索引擎可以轻松识别它们。任何一种产品通常都可以被多个关键词搜索到，但营销者必须根据每个关键词可能带来的回报进行竞价。

社交媒体

数字营销的一个重要组成部分是社交媒体。社交媒体是消费者之间，以及消费者向公司分享文本、图像、音频和视频信息的一种方式，反之亦然。

社交媒体使营销者能够在网上发布公开信息并引起关注。营销者还能够以低成本、高收益的方式加强其他营销活动。此外，社交媒体每日更新的即时性还可以鼓励公司保持创新性和关联性。营销者还可以创建或利用在线社区，邀请消费者参与，并在此过程中建立长期的营销资产。

社交媒体的发展

社交媒体使得消费者能够比以往任何时候都更深入、更广泛地与品牌进行互动。营销者应该尽其所能地鼓励有意愿的消费者进行有效参与。尽管社交媒体很有用，但它们很难成为品牌营销沟通的唯一来源。

研究表明，品牌和产品的线上社交能力差异很大。消费者最有可能与媒体、慈善机构和时尚品牌进行互动，而最不可能与消费品品牌进行互动。[21] 尽管消费者可能会使用社交媒体来获取有用的信息、打折和促销信息，或享受有趣的或娱乐性强的品牌创作内容，但仅有很小比例的消费者会使用社交媒体与品牌进行双向"对话"。简而言之，营销者必须认识到，在社交媒体上，只有某些消费者想在某些时候与某些品牌进行互动。

社交媒体营销者面临的一个挑战是营销者需要对相关新闻和事件做出迅速反应。这种"始终在线"的连接方式使消费者习惯于公司立即做出响应。这反过来又迫使公司发展新的沟通能力，通过塑造社交媒体对话、采取行动解决问题，以及提高利用机会的能力，来实时应对问题和机遇。

拥抱社交媒体，利用口碑传播，为公司产品造势，也要求公司取其精华，去其糟粕。[22] 菲多利（Frito-Lay）举办过一个主题为"帮我们挑选口味"（Do Us a Flavor）的比赛，邀请美国粉丝推荐新的薯片口味，并且有机会赢得现金大奖。结果第一天就由于流量过载导致脸书的"提交"应用崩溃。不过，促销活动很快就回到了正轨，最终芝士蒜香面包味薯片获胜。此前，在其他国家举办的活动中，获胜口味有澳大利亚的凯撒沙拉味薯片和埃及的虾味薯片。[23]

菲多利的例子体现了社交媒体的力量和传播速度，以及它们给公司带来的挑战。然而，现实情况是，无论公司是否参与社交媒体，互联网都会允许消费者和组织对公司进行审查和批评。通过以建设性的、周密的方式使用社交媒体和互联网，公司至少能够设法建立强大的网络形象，在收到负面反馈时展现出一些有说服力的其他视角来看待问题。而且，如果公司已经建立起一个强大的在线社区，那么该社区的成员通常会积极主动地捍卫品牌，并对那些不准确或不公正的言论起到监督作用。

社交媒体平台

社交媒体有四个主要平台：（1）在线社区和论坛；（2）博客；（3）社交网络；（4）客户评论。

在线社区和论坛

在线社区和论坛的形式和规模各异。许多是由消费者或消费者群体创建的，没有商业利益或公司隶属关系。另一些则由公司赞助成立，其成员和公司间，以及成员之间可以通过发帖、发短信和在线聊天的方式来讨论与公司产品和品牌相关的特别兴趣点。这些在线社区和论坛通过收集和传递关键信息实现了多种功能，是公司的宝贵资源。

在线社区成功的关键是举办个人和团体活动以帮助社区成员间建立联系。苹果公司拥有大量按产品线和用户类型（消费者或专业人士）组织的讨论群。对于产品已过保修期的消费者来说，这些社群是他们主要的产品信息来源。

在线社区和论坛中的双向信息流可以为公司提供有用且难得的顾客信息和见解。当葛兰素史克准备推出其首款减肥药 Alli 时，它赞助了一个减肥社区。该公司认为它从中获得的反馈比从传统的焦点小组中获得的反馈更有价值。同样，乐高也开始通过粉丝设计产品并对其投票，从消费者那里众包产品创意，然后再将这些设计作为正式产品推向市场。乐高的全球众包平台产出了许多成功的产品，包括一系列基于一款极受欢迎的游戏《我的世界》（Minecraft）设计的产品。[24]

博客

博客是一种定期更新的在线日志或日记，已经成为口碑传播的重要渠道。目前已有数百万博客存在，而且它们之间的差异很大：有些是针对亲密朋友和家人的个人博客，而有些则是为了接触和影响广大受众。博客的一个突出优势是它能够将具有共同兴趣的人聚集在一起。

如今，公司都在创建自己的博客，并认真监控其他公司的博客。[25] 由于许多消费者会查看博客中包含的产品信息和评论，美国联邦贸易委员会已经采取措施，要求博主披露与其所背书产品的营销者间的关系。另一个极端情况是，一些消费者使用博客和视频作为一种揭露公司不良服务或劣质产品的手段。

社交网络

脸书、领英、Instagram、YouTube、推特和微信等社交网络已经成为 B2C 和 B2B 营销的重要力量。[26]

营销者仍在学习如何最大限度地利用社交网络及其庞大而明确的受众群体。[27] 社交网络用户通常是在寻求与他人建立联系。鉴于这种非商业性质，吸引他们的注意力并进行说服是极具挑战性的。此外，由于内容是用户自己生成的，广告可能会出现在不合适甚至令人反感的内容旁边。

许多在线内容并不一定会被分享，也不会被病毒式地传播。只有一小部分内容最终会被"转发"给最初接收者以外的其他人。在决定是否使用社交媒体时，消费者可能是受到内在因素的激励，例如在社交媒体上玩乐或学习，但更多时候，他们是受到社交和个人形象等外在因素的影响。[28]

哈佛商学院病毒式视频专家泰勒斯·特谢拉（Thales Teixeira）为分享病毒式广告提供了以下建议：利用品牌脉搏（brand pulse）——在短时间内以一种不会使品牌在故事中过于突兀的方式来展示品牌；以喜悦或惊讶的方式开场来吸引那些容易感到无聊且善变的观众；在广告中创造起伏不定的情感变化来保证观众始终融入其中；并且广告要令人惊讶而不是令人震惊，因为如果广告让观众感到不舒服，他们就不太可能分享它。[29]

病毒式营销试图通过展示品牌及其突出性能在市场上制造轰动效应。一些人认为，病毒式营销更多地由娱乐规则而非销售规则所驱动。思考以下这些例子：Quicksilver 为青少年推出冲浪视频和冲浪文化图书；强生和帮宝适都建立了提供育儿建议的热门网站；沃尔玛在 YouTube 上发布了省钱技巧的视频；灰雁伏特加拥有一个完整的娱乐部门；激浪拥有一家唱片公司；孩之宝正在与探索频道合作创建一个电视频道。[30] 然而，任何病毒式或口碑传播活动的成功，最终都取决于消费者是否愿意与其他消费者谈论相关话题。

公司在线沟通中一个越来越重要的组成部分是网红的使用。**网红营销**（influencer marketing）是指使用网络流行人物，在其社交媒体上推广产品、服务或品牌。严格来说，网红营销可以被视为一种在社交媒体背景下进行的宣传和付费代言混合的营销方式。公司向代言人支付费用以推广其产品。然而，公司并不是在自己的沟通活动中使用这种代言，而是依靠网红自己的社交媒体网络来传播信息。

近年来，网红营销发展迅速，成为一个价值数十亿美元的行业。这种快速增长给营销者也带来了一些挑战：随着越来越多的公司意识到使用网红推广其产品的价值，公司对网红的需求也越来越大，使得网红代言的价格水涨船高，一些头部网红的身价甚至超过了 10 万美元。[31]

由于网红收取的费用很高，而且缺乏对其市场影响进行准确衡量的标准，这一营销模式在全球范围内为社交媒体欺诈创造了机会。针对那些希望在社交媒体领域显得更受欢迎且更有影响力的用户，越来越多的公司专门对其出售推特上的粉丝量和转发量、YouTube 上的观看次数以及领英上的背书。在一个案例中，一家公司被发现创建了超过 350 万个自动账户，每个账户都同时出售给多个客户，为网红们提供了超过 2 亿的推特关注人数。[32] 这些网红中的许多人随后利用他们被夸大的粉丝数量，向广告商提出更高的代言费。广告商也意识到验证网红真实影响力的重要性，于是聘请了一些公司作为社交媒体侦探。这些公司会评估网红的社交媒体活动，寻找机器人账户活动的痕迹，以确定网红的"真实"关注量、观看量和访问者的百分比。

客户评论

客户评论（customer reviews）在塑造客户偏好和购买决策方面尤其具有影响力。[33] 尼尔森的一项调研发现，在线客户评论是第二大最可信的品牌信息来源（仅次于朋友和家人的推荐）。[34] 研究表明，社会影响力造成了不成比例的正面评价，随后的评价者更有可能受到之前正面评价而不是负面评价的影响。此外，发布评论的消费者容易受到从众压力和接受他人规范的影响。[35] 另一方面，正面的在线评论或评分通常不如负面评论或评分那么有影响力和参考价值。[36]

消费者也会受到其他消费者的线上意见和推荐的影响。消费者中出现的这种非正式社交网络与公司建立的产品网络相辅相成。[37] 网红是影响某些消费者的少数甚至可能是唯一的人，因此对公司来说尤其重要且具有价值。[38]

移动沟通

美国消费者在移动设备上花费的时间相当长，已经超过在广播、杂志和报纸上所花费时间的总和。[39]由于智能手机和平板电脑的普及，以及营销者能够根据人口统计特征和其他消费者行为特征对其定制个性化信息，移动营销作为沟通工具的吸引力是显而易见的。

沃顿商学院的戴维·贝尔（David Bell）指出了移动设备的四个突出的特征：（1）它只绑定唯一的一位用户；（2）因为它通常会被随身携带，所以几乎始终保持开机状态；（3）它可以实现即时消费，因为它实际上是一种带有支付系统的分销渠道；（4）它具有高互动性，因为它能够定位地理位置，以及拍摄照片和视频。[40]

移动广告支出在全球范围内大幅增长。然而，随着智能手机功能的增强，移动广告的功能早已不局限于一种使用静态"迷你广告牌"的展示媒体。近来，人们对移动应用程序（App）产生了浓厚的兴趣，这些应用增加了便利性、社交价值、激励性和娱乐性，并在一定或很大程度上改善了消费者的生活。[41]

智能移动设备还有助于激励顾客忠诚度计划的开展，因为顾客可以追踪他们的商家访问和购买记录，并获得奖励。通过追踪那些选择接收沟通信息的顾客的地理位置，零售商可以在顾客靠近商店或网点时向他们发送特定位置的促销信息。Sonic 公司在亚特兰大有大约 50 家餐厅，它会根据 GPS 数据与亚特兰大手机信号塔之间的距离来识别那些与公司签订了沟通协议的顾客的位置。如果顾客恰好位于其某一家餐厅附近，它就会向顾客发送一条优惠短信或广告，以吸引他们光顾餐厅。[42]

由于传统的优惠券兑换率已经持续下降多年，而手机能够在顾客位于购买点或在购买点附近时向其提供更相关、更及时的优惠，因此吸引了许多营销者的兴趣。这些新型优惠券可以采取多种形式，门店中的数字标牌广告机可以将它们发送到顾客的智能手机上。鉴于用户隐私保护的需要，营销者需要掌握更多关于用户跨屏身份（在线和移动）的信息，从而投放更相关、更有针对性的广告。

了解消费者想要如何使用其智能手机，对于了解广告的作用至关重要。由于移动设备屏幕小，且消费者的注意力转瞬即逝，在移动设备上完成传统的广告信息发布和说服任务变得更具挑战性，但其优势是消费者在使用智能手机时比上网时更加投入和专注。尽管如此，许多移动商务公司正在清除广告，以使消费者能够通过尽可能少的点击次数完成购买。[43]

活动与体验

通过赞助活动和体验，成为消费者生活中关乎其个人时刻的一部分，可以拓宽并深化公司或品牌与目标市场的关系。此外，每天与品牌接触也会影响消费者对品牌的态度和信念。

管理活动

营销者报告了一系列赞助活动的原因：

- 为了识别特定的目标市场或生活方式。欧仕派会赞助大学体育活动，包括 11 月下旬的欧仕派经典大学篮球赛，以在其 16~24 岁的男性目标受众中强调产品相关性，并提供样品。

- 为了提升公司或产品名称的显著性。活动能够为品牌提供持续的曝光，这是强化品牌显著性的必要条件。世界杯的赞助商阿联酋航空、现代、起亚和索尼的高知名度，都受益于它们在为期一个月的比赛中品牌和广告的反复曝光。

- 为了建立或强化对关键品牌形象联想的感知。活动本身就会使人产生联想，而这个联想能够帮助建立或强化品牌联想。[44] 为了强化其自身形象并吸引美国中部地区的消费者，丰田坦途赞助了 B.A.S.S. 钓鱼锦标赛以及 Brooks & Dunn 乐队乡村音乐巡演。

- 为了提升企业形象。赞助和组织活动可以提升公司受欢迎程度和声誉。尽管维萨卡将其对奥运会的长期赞助视为其提升国际品牌知名度和促进销售的方法，但它也激发了消费者的爱国情怀，并融入奥林匹克精神。麦当劳也通过赞助社区项目来建立声誉，包括庆祝黑人文化的 Black & Positive Golden 活动。

- 为了创造体验并唤起情感。由令人兴奋或有意义的活动所引发的情感会间接地与品牌产生联系。奥迪车在系列大片《钢铁侠》（Iron Man）中惊艳亮相，其中包括主角托尼·斯塔克的个人座驾 R8 Spyder、A8 和 A3，以及 Q5 和 Q7 SUV。

- 为了表达对社区或社会问题的承诺。公益相关活动赞助的是非营利组织和慈善机构。添柏岚、斯托尼菲尔德农场、家得宝、星巴克、美国运通和汤姆小屋（Tom's of Maine）等公司或品牌都已将它们对公益活动的支持作为其营销计划的重要基础。

- 为了取悦重要客户或奖励重要员工。许多活动，如高级酒店招待和其他特殊服务或活动，都只针对赞助商及其客户。这些特权可以带来商誉并建立有价值的商业联系。从员工的角度来看，活动还可以促进参与、增长士气，或者作为一种激励。BB&T 公司是美国南部和东南部主要的银行和金融服务公司，它通过赞助纳斯卡系列赛来取悦商业客户，并通过赞助小型的棒球联盟来取悦员工。

- 为了创造商品销售或促销的机会。许多营销者将竞赛或抽奖、店内销售、直接响应或其他营销活动与某个活动相结合。福特和可口可乐就以这种方式赞助了热门电视节目《美国偶像》（American Idol）。

尽管存在这些潜在优势，但活动赞助的结果仍然是不可预测的，甚至会超出赞助商的控制范围。尽管许多消费者对赞助商的经济援助表示赞赏，但有些人却可能会埋怨它们使得活动更商业化。

创造体验

体验营销不仅可以传达产品或服务的特点和好处，还能将它们与独特而有趣的体验联系起来。体验营销并不专注于销售，而是让客户切身体会到公司的产品有多么适合他们的生活。许多公司正在创造自己的活动和体验，以激发消费者和媒体的兴趣和参与。

体验营销的一种流行形式是活动赞助。要使赞助成功，需要选择合适的活动，设计出最佳的赞助方案，并衡量赞助的效果。由于赞助机会多、成本高，营销者必须做出选择。活动必须符合品牌的营销目标和沟通策略，还必须具有足够的知名度和理想的形象，并能够产生预期的效果。受众必须与目标市场相匹配，并对赞助商的参与持积极态度。一个理想的活动还应该是独一无二的，不仅不会受到赞助商的拖累，还能够辅助营销活动，并且反映或提升赞助商的品牌或企业形象。[45]

公司甚至可以通过邀请潜在客户和现有客户参观其总部和工厂，来建立强有力的形象。[46] 本杰瑞、波音、绘儿乐和好时等公司都举办了出色的公司参访活动，每年能吸引数百万访客。贺曼、科勒和 Beiersdorf（妮维雅的制造商）在它们的总部或附近也建造了公司博物馆，用于展示公司历史以及关于它们产品生产和营销的故事。许多公司也创造了场外产品和品牌体验，包括在亚特兰大和拉斯韦加斯的可口可乐世界（World of Coca-Cola），以及在纽约市时代广场的玛氏天地（M&M's World）。

为了提高顾客忠诚度，一些欧洲汽车制造商为顾客提供选择，让他们飞往工厂，以便从当地经销商处提车，同时参观工厂，并驾驶他们的新车环游欧洲。在旅行结束后，顾客可以将他们的新车进行跨大西洋运输。例如，梅赛德斯－奔驰为在欧洲交付的消费者提供高达 7% 的购买折扣，并免除常规目的地费用。它还提供机票代金券、一晚的酒店住宿以及工厂和博物馆的参观活动。[47]

口碑

消费者每天都会通过口碑谈论数十个品牌，从电影、电视节目和出版物等媒体和娱乐产品，到食品、旅游服务和零售店。公司已经敏锐地意识到口碑的力量。暇步士（Hush Puppies）、Krispy Kreme 甜甜圈以及（近期的）卡骆驰都是通过强大的口碑建立起的品牌，类似的还有红牛、星巴克和亚马逊等公司。

病毒式营销依赖于口碑，鼓励消费者在网络上将公司产品和服务的相关音频、视频或书面信息传递给其他人。[48] 通过 YouTube、脸书和 Instagram 等社交媒体，消费者和广告商可以上传广告和视频，供数百万人分享。[49] 在线视频不但具有成本效益，而且也给了营销者更多的自由度，正如 Blendtec 公司所做的那样。

Blendtec　总部位于犹他州的 Blendtec 公司最初是以其商业破壁机和食品研磨器而闻名的。以前，公司并没有真正被公众熟悉，直到该公司为了宣传某些家用商品而推出了"它能被搅拌吗？"（Will It Blend？）系列滑稽在线视频。在这些视频中，创始人兼首席执行官汤姆·迪克森（Tom Dickson）身穿白色的实验室工作服，看似亲切却又面无表情地搅碎了从高尔夫球和钢笔到啤酒瓶的各种物体。这些视频（www.willitblend.com）的绝妙之处在于它们与时事紧密结合：苹果 iPhone 手机刚在媒体大肆宣传并上市后，Blendtec 就播放了一段视频。视频中迪克森微笑着说："我爱我的 iPhone。它无所不能，但它能被搅碎吗？"当破壁机将苹果手机搅成碎片后，迪克森掀开了破壁机的盖子，轻描淡写地说道："iSmoke（冒烟了）。"该视频在 YouTube 上获得了超过 350 万次的观看。迪克森还出现在了《今日秀》和其他网络电视节目中，甚至在威瑟合唱团（Weezer）的视频中客串出演。为数不多没有被搅碎的物品之一是一把撬棍！[50]

　　　搏出位是一把双刃剑。Blendtec 官网将其搞笑视频明确地放在了"请勿在家尝试"（Don't try this at home）的视频类别中。而在其"不妨在家一试"（Do try this at home）视频类别中，公司开发了另一套视频，例如展示如何研磨蔬菜做菜羹。

　　　另一个从口碑中受益匪浅的产品是 SodaStream。

SodaStream　SodaStream 是一款能够让消费者在家中用普通自来水制成碳酸饮料的设备，以替代商店购买的苏打水。由于口碑的力量，它以极少的媒体花费便建立了品牌。为了促进品牌传播，该公司赠送了大量样品，使用了产品植入，并且与有关联的群体（如环保组织）积极互动；出于环保考虑，这些群体会对自制碳酸水感兴趣。同时，公司也与船只和房车拥有者合作，因为它提供了便利性，不必存放瓶瓶罐罐。前首席执行官丹尼尔·伯恩鲍姆（Daniel Birnbaum）指出："我更愿意在公共关系上投资，而不是广告。因为公共关系并不是我来表述，而是其他人帮我表达。"SodaStream 最成功的营销活动之一是"笼子"（The Cage）。该公司计算出一个家庭在某一特定国家一年内扔掉的瓶和罐的平均数量，再将这些瓶瓶罐罐装进一个巨大的笼状盒子里，并将其放置在机场等交通繁忙的地方以吸引人们的注意。[51]

Source：Retro AdArchives/Alamy Stock Photo

《　SodaStream 通过样品赠送、产品植入，以及与那些最能够欣赏家用气泡水机的便利性和环保性的群体互动，成功赢得了口碑。

　　　还有一个使用口碑的经典案例是：美元剃须俱乐部使用社交媒体开展病毒式营销，帮助建立品牌。

美元剃须俱乐部　电子商务初创公司美元剃须俱乐部根据三种不同的方案，每个月在线销售低价的剃须刀和刀片。该公司成功的关键在于一段线上视频。这段 90 秒的美元剃须俱乐部视频被一些人称为"有史以来最好的创业视频"，获得了多个奖项。不但在 YouTube 上有着数百万次的观看，在此过程中还收获了成千上万个社交媒体关注者。在这段古怪又无厘头的视频中，其首席执行官迈克尔·迪宾（Michael Dubin）一边吹捧公司剃须刀和刀片的质量、便利性和价格，一边和一只毛茸茸的熊一起驾驶叉车、打网球和跳舞。迪宾观察道："我们正在推出一项新业务、一个好创意和一段有趣的视频，并挖掘出了许多消费者的痛点。"该视频使公司获得了数十万客户的同时，还帮助公司筹集到超过 2000 万美元的风险投资，并最终以 10 亿美元的价格出售给联合利华。[52]

积极的口碑既可以不依靠广告、自然而然地发生，也可以通过管理和推动来实现。[53] 毫无疑问，更多的广告商正在通过它们的付费媒体和自有媒体寻求赢得更多媒体的曝光，例如，自发的专业评论、个人博客和社交网络讨论。

产品并不一定需要标新立异或前卫才能产生口碑。有趣的品牌更有可能在网上被讨论，但一个品牌是否被视为新颖的、令人兴奋的或令人惊讶的，与它是否会被面对面口头讨论几乎没有关系。[54] 线下讨论的品牌通常是那些明显的、常见的，且容易想到的品牌。研究表明，消费者倾向于自己创造积极的口碑，并分享有关他们自己的积极消费体验的信息，但是他们又倾向于传播他们听到的有关他人消极消费体验的信息。[55]

宣传与公共关系

宣传旨在推广公司及其产品。与公司为媒体付费的广告不同，宣传使用编辑空间，并且不会产生媒体成本。常见的宣传形式包括新闻故事、文章和社论。宣传的主要目的是吸引人们对公司或其产品的关注。相比之下，公共关系（PR）关注的不仅仅是公众的关注度，其最终目的是管理公司及其产品的整体声誉，同时与社区建立关系。

宣传

许多公司正在转向宣传来支持企业或产品的推广和形象塑造。**宣传**（publicity）使用媒体的编辑空间（而不是付费空间），以推广产品、服务、理念、地点、个人或组织。

随着大众广告的式微，营销管理者正在转向宣传，用于建立新产品和现有产品的认知度和品牌知识。宣传对于覆盖当地社区和接触特定群体也很有效，而且它比广告更具成本效益。宣传越来越多地在线上进行，但它必须与广告和其他营销沟通工具共同策划。

与传统广告相比，宣传具有重要的优势。首先，宣传是免费的。广告商可能不得不向代理商付费以确保媒体报道，但它们不需要支付媒体自身的成本（如电视和广播时间或报纸和杂志版面）。此外，由于信息的来源是第三方而不是公司，因此宣传更加可信，更有可能影响目标受众。宣传的主要缺点是它不能由公司直接控制，因此，它最终可能与公司无关，甚至可能损害公司及其产品。因此，缺乏可预测的结果是宣传的低成本和可信度所伴随的代价。

宣传可以实现多个目标：它可以通过在媒体中植入故事来建立认知度，以引起人们对产品、服务、人员、组织或理念的关注；它可以通过在编辑内容中传达信息，来建立可信度；在新产品推出之前，它可以通过讲述新产品的故事来帮助提升销售队伍和经销商的销售热情；它可以降低促销成本，因为宣传成本低于直邮和媒体广告。

宣传在各种任务中发挥着重要作用：

- 推出新产品。诸如跳跳蛙（LeapFrog）、豆豆娃（Beanie Babies）和彩色橡皮筋 Silly Bandz 等玩具品牌之所以能够一鸣惊人，在很大程度上要归功于强大的宣传。

- 重新定位成熟产品。一个经典案例：20 世纪 70 年代，纽约市形象在新闻界非常糟糕，直到"我爱纽约"（I Love New York）运动的出现，才使得城市形象得以好转。

- 建立对某个产品类别的兴趣。公司和行业协会利用宣传来重新建立消费者对鸡蛋、牛奶、牛肉和土豆等销量下降的商品的兴趣，以及扩大茶叶、猪肉和橙汁等产品的消费。

- 保护面临舆论问题的产品。宣传专业人员必须善于危机管理，例如近年来泰诺、丰田和英国石油公司等知名品牌所经受的危机。

- 建立能够积极反映其产品的企业形象。已故史蒂夫·乔布斯备受期待的在 Macworld 大会上的主题演讲，帮助苹果公司建立了一个创新的、打破陈规的形象。

显然，创造性的宣传可以影响公众认知度，而其成本只是广告的一部分。公司不需要为媒体的空间或时间付费，只需要员工去开发和传播故事，以及管理特定活动。媒体挑选的一个有趣的故事，其价值等同于一个数百万美元的广告。一些专家表示，消费者受到新闻报道影响的可能性比广告大五倍。以下是一个备受赞誉的宣传活动的例子。

Meow Mix　传统品牌 Meow Mix 猫粮决定追根溯源，并重新使用它最具辨识度的品牌元素之一，即不断重复猫叫声的广告歌曲。这首歌曲已经停播了 20 多年。营销者挑选了歌手兼电视真人秀教练席洛·格林和他的波斯猫 Purrfect 来出演广告。格林与 Purrfect 叫声制成的混音版本的视频在各家经销店都获得了关注。这个广告获得了 1200 个媒体广告位和 5.35 亿次媒体曝光，包括美联社和《走进好莱坞》（*Access Hollywood*）的独家报道。该品牌的网络流量增长了 150%，而且有超过 10000 名粉丝下载了这首歌或手机铃声版。每下载一次，Meow Mix 都会向洛杉矶当地的一家宠物慈善机构捐赠一磅自己品牌的猫粮。[56]

公共关系

公司不仅必须与顾客、供应商和经销商建立建设性的关系，还必须与相关的公众建立关系。**公共关系**（public relations，PR）包括旨在利益相关者中提升或保护公司形象的各种计划。

明智的公司会采取具体步骤来管理与其关键公众的良好关系。大多数公司都有一个公关部门，负责监控各种组织中公众的态度，发布信息和进行沟通，以建立良好的声誉。最好的公关部门会建议营销高管采用积极的方案，消除有问题的做法，这样在一开始就不会出现负面宣传。

许多公司的公关部门有三个主要职能：（1）以最积极的方式提供组织的新闻和信息，并以新闻报道的形式传播；（2）通过内部和外部沟通，促进公众对组织的了解，以管理企业沟通；（3）通过与立法者和政府官员打交道来进行游说，以促进或反对相关立法和法规。

公共关系涉及多种媒体形式。最受欢迎的公关媒体形式包括出版物、活动、新闻、演讲、公共服务活动和身份媒介。

- 出版物（publications）。公司广泛地依靠出版的材料来接触并影响其目标市场。这些材料包括年度报告、宣传册、文章、公司新闻简报、杂志以及视听材料。
- 活动（events）。公司可以通过安排和宣传特殊的活动（如新闻发布会、研讨会、户外活动、贸易展会、展览、竞赛和周年庆）来接触目标公众，以吸引他们对新产品或公司其他活动的关注。
- 新闻（news）。公关专业人员的主要任务之一是发现或创造有关公司及其产品和员工的正面新闻，并让媒体接受新闻稿和参加新闻发布会。
- 演讲（speeches）。公司高管越来越有必要在贸易协会或销售会议上回答媒体的提问或发表演讲，这些露面有助于建立公司的形象。
- 公共服务活动（public service activities）。公司可以通过为公益事业捐献金钱和时间来建立声誉。
- 身份媒介（identity media）。公司需要一个公众能够立即识别的可视化身份。可视化身份的媒介可以是公司商标、文具、宣传册、标志、业务形式、业务名片、建筑物、制服以及着装规范。

公共关系帮助公司塑造其公共形象并管理其与社区的关系。此外，公共关系对于在营销危机期间减少对公司形象的损害，并在危机解决后帮助公司重塑形象尤为重要。

包装

由于包装通常在购买者第一次接触产品时就能被感知到，因此它可能是激发购买者兴趣的决定性因素。它还将影响购买者对产品的后续评估和最终的购买决策。由于包装能够影响消费者的感知和选择，许多公司都使用包装来创造独特的顾客价值，并将其产品与竞争对手的产品区分开来。[57]

标签是包装中高度可见且重要的元素。标签包括直接放置在包装上的书面、电子或图形的沟通元素，以及与产品相关和附在产品上的任何内容，例如信息标签。标签的主要功能如下：向消费者、渠道成员和公司传达有助于识别产品的信息；描述产品的关键属性；突出产品的利益；指导购买者正确使用、储存和处置产品；增加产品的美学吸引力；利用和增强与供应品相关的品牌形象。

遵循三个核心包装原则可以帮助开发有效的包装，从而有助于产品在市场上的最终成功。这三个核心原则是可见性、区分度和清晰度。

- 可见性（visibility）。努力推广其产品的公司通常会用源源不断的信息淹没消费者。这种信息过载可能会适得其反，导致客户忽略他们认为与眼前决策不相关的信息。信息过载也会导致购物者忽略可能对他们有用的数据。有效的包装可以减少信息混乱，吸引购物者的注意力，并促使他们对产品产生好感并最终购买。例如，由旧金山初创公司 Method 设计的一款泪滴形瓶子帮助其洗手液变得家喻户晓，这款瓶子在塔吉特、沃尔玛和全食超市（Whole Foods）的货架上均有售。

- 区分度（differentiation）。有效包装的另一个方面是它可以帮助公司将其产品与竞争对手区分开来。当面临多种选择时，时间有限的顾客经常将包装视为他们正在评估的产品信息的关键来源。许多公司都使用独特的包装来推广它们的品牌，这可以使忠诚的消费者更容易一眼就找到他们正在寻找的品牌。

- 清晰度（transparency）。除了吸引消费者的注意力并将公司的产品与竞争对手区分开来，有效的包装还可以清晰地将产品价值传达给目标客户。购物者在购买时通常会与包装进行互动，这意味着包装必须清晰地传达产品的价值主张，通过宣传产品的优点提供给购物者购买的理由。例如，许多可持续产品都采用绿色包装，以直观地传达其环保特性。

包装的许多功能类似于广告。两者都充当沟通手段，告知购买者关于公司产品的关键信息。然而，包装和广告传达的是不同类型的信息，并以不同的方式传递这些信息。一方面，广告通常是为了在潜在购买者的脑海中创造令人难忘的产品印象；另一方面，包装对购买决策的影响要直接和快速得多，因为购买者通常在购买场所对产品包装做出反应。因此，包装通常被设计得在视觉上能对购买者产生更为直接的影响。更重要的是，客户在考虑购买时通常不会花费太多时间或精力来评估熟悉的低成本产品，而倾向于依赖包装和产品本身的视觉特性。

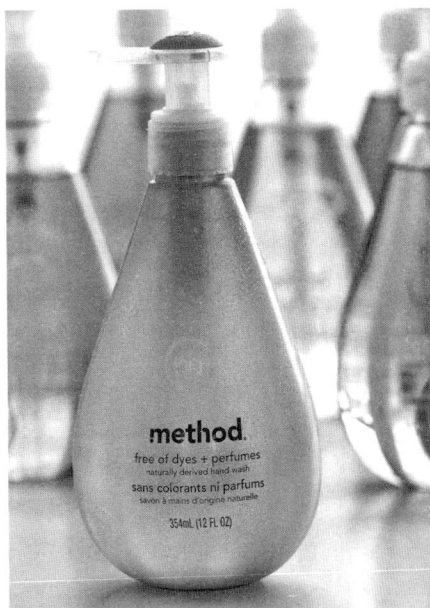

≪ 有吸引力的泪滴形包装使 Method 洗手液能被有效地区分开来，并让消费者立即识别出来。

Source：Jeremy Lips/Alamy Stock Photo

营销
洞察 ｜衡量社交媒体的投资回报率

公司在社交媒体上所花费的时间、精力和金钱是前所未有的。MDG 广告公司对首席营销官们的调查显示，社交媒体现在占营销预算的 12%，预计这一数字将在五年内增加到 20% 以上。当你在社交媒体上花费大量时间和金钱时，了解它对于你的品牌有多大帮助是非常重要的，但这说起来容易做起来难。在接受调查的首席营销官中，44% 的人表示他们无法衡量社交媒体对其业务的整体影响。尽管 36% 的人认为社交媒体活动的影响很大，但只有 20% 的人真正量化了社交媒体对其业务的影响。

数字工具可用于帮助监控公司在社交媒体上的曝光情况。以免费的谷歌快讯（Google Alerts）为例，它将通过电子邮件向你发送你所选的多达 1000 个术语的自动搜索结果，但局限性在于谷歌快讯仅监控谷歌网站。只需要每月不到 100 美元的费用就可以在 BuzzSumo 上设置提醒功能，在你公司或品牌名称以及竞争对手的公司或品牌名称被提及时给你发出提醒。它对内容和重要影响人物的搜索没有限制，使营销者更容易设计出自己的内容，并触达那些有影响力的人。

一个更专业的选择是 Nuvi，其专业化的数据可视化功能使公司能够轻松查看其业务是如何被感知的，以及社交媒体工作的有效性，并使公司能够捕获负面评论。

如今的困境在于衡量来自社交媒体的实际销售额。MDG 广告公司表示，尽管 58% 的品牌表示它们衡量了社交参与度，但只有 21% 的品牌衡量了目标或收入的转化率。当奥迪在 2011 年投放第一个带有推特主题的超级碗广告时，它并不知道其脸书粉丝群的高参与度能够转化为多少汽车销售的增长。一份报告显示，《财富》世界 1000 强公司中有 50% 的公司没有对其顾客关系管理项目的回报设立基准或进行衡量。最初，衡量的社交媒体效果集中于容易观察到的指标，例如，脸书的点赞量和每周发布的推特推文数量。但这些并不总是与营销或商业成功相关，因此研究者开始深入挖掘。

评估社交媒体的价值并非易事。一些营销专家将社交媒体比作电话：你如何评估你所拨打的所有不同电话的投资回报率？ Forrester Research 广受赞誉的数字营销大师乔希·贝诺夫（Josh Bernoff）认为，社交媒体的短期和长期利益可以分为四类：

- 短期财务利益（short-term financial benefits），如增加收入或降低成本。在收入方面，当 NetShops.com 为其网站添加评分和评论功能后，销售额在六个月内增长了 26%。在成本方面，精密技术工程产品的制造商美国国家仪器有限公司（National Instruments）发现，其用户社区的会员们回答了 46% 的其他用户提出的问题，为其省去了以往平均每个电话 10 美元的服务费。类似地，AT&T 改进的在线社区，在一个月内为该公司节省了 16% 的电话客服成本。

- 短期总体数字化利益（short-term overall digital benefits）。当斯旺森保健品公司（Swanson Health Products）改善了其产品评论的可见性后，搜索引擎更容易访问其页面，其产品页面的流量增长了

163%。此外，在线视频、社区、博客和推特同样都可以提高搜索绩效。

- 长期品牌提升（long-term brand lift）。社交媒体可以提高长期的品牌绩效。当宝洁创建了一个脸书页面来支持跳台滑雪运动员琳赛·沃恩（Lindsey Vonn）后，该页面在一份请愿书上征求了 4 万个签名，使跳台滑雪成为一项奥林匹克运动。对参与其中的脸书用户的调查发现，他们对宝洁的品牌偏好和购买意愿增加了 8%~11%。

- 长期风险规避（long-term risk avoidance）。随着时间的推移，处理危机可能会花费公司一大笔钱。因此，最好在危机造成品牌损害之前就避免或防止危机的发生。麦当劳和 AT&T 等公司都有专门的团队监控有关其产品或服务的推文，以便将任何"问题"扼杀在萌芽状态。

- 创建和衡量社交媒体回报的最简单方法是举办竞赛、抽奖或促销活动。硅谷广告公司野火（Wildfire）为坚宝果汁（Jamba Juice）举办了一个促销活动，其中"幸运优惠券"（lucky coupon）的价值只会在商店中显示，于是数以万计的客户进入了商店。尽管促销非常成功，但社交媒体在其中所起到的作用仍然无法预测。[58]

本章小结

1. 管理和协调整个沟通过程需要整合营销沟通。有效的营销沟通能够认识到综合方案的附加价值，以评估不同沟通方式的战略角色，并将这些方式结合起来，通过对离散信息进行无缝整合，从而提供清晰、一致和最大化的影响力。

2. 整合沟通活动的开展要求清晰地了解各种可选媒体形式的具体特点，以创造一致的消费者体验。最流行的沟通形式是广告、在线和社交媒体、移动沟通、活动和体验、口碑、宣传和公共关系，以及包装。

3. 广告是由明确的赞助商对其理念、商品或服务进行非人员展示和推广的任何付费形式。广告商不仅包括商业公司，还包括慈善机构、非营利性组织和政府机构。广告商通常会购买媒体时间或空间，以将公司的信息传达给目标受众。最受欢迎的广告形式是电视广告、平面广告、广播广告、在线广告和场地广告。

4. 在线沟通的一种重要形式是公司的自有媒体。存在两种常见的方法来增加流量：一是搜索引擎优化，旨在提高公司内容相关的链接出现在自然（非付费）搜索结果页面顶端的可能性；二是搜索引擎营销，是指向搜索引擎公司付费，以在特定关键词搜索结果中显示自己的内容。

5. 社交媒体已经成为一种有影响力的营销沟通形式。社交媒体有多种形式：在线社区和论坛、博客、社交网络和客户评论。社交媒体强化了其他的沟通活动，并为营销者提供了在网上展示其品牌并公开发布信息的机会。营销者可以建立或利用在线社区，邀请消费者参与，并在此过程中创建长期营销资产。

6. 移动沟通是一种日益重要的互动营销形式，营销者可以使用短信、应用程序和广告，通过智能手机、平板电脑和可穿戴设备与消费者建立联系。这种互动营销形式的主要吸引力在于，它使营销者能够根据人口统计、地理位置和行为来定制信息。

7. 活动和体验是使品牌成为消费者生活中特殊的和更关乎其个人时刻的一部分的方式。通过将公司的产品或服务与独特且引人入胜的体验相关联，活动可以拓宽和深化赞助者与其顾客间的关系。

8. 口碑营销旨在吸引客户与他人分享他们对产品、服务和品牌的看法和体验。积极的口碑有时可以不依靠广告自然而然地发生，但它也可以被管理和推动。病毒式营销依赖于口碑，鼓励消费者将有关公司开发的产品和服务的音频、视频或书面信息在线传递给其他人。

9. 宣传是为了推销公司及其产品。与付费广告不同，宣传使用编辑空间，并不会产生媒体成本。常见的宣传形式包括新闻故事、文章和社论。宣传的主要目的是吸引人们对公司或其产品的关注。

10. 公共关系旨在管理公司及其供应品的整体声誉，同时与社区建立关系。公关的主要工具是出版物、活动、新闻、演讲、公共服务活动和身份媒介。公关部门履行多项职能：促进对组织的正面新闻报道，管理内部和外部企业沟通，以及游说立法者和政府官员以获得有利的立法和法规。

11. 包装类似于广告，它的目的是告知买家公司产品的好处。与广告不同，广告通常是为了在潜在购买者的脑海中创造令人难忘的产品印象，而包装通常是为了对购买者产生更直接的视觉影响。因为它能够影响消费者在购买场所的感知，许多公司都会战略性地使用包装来创造独特的顾客价值，并将其产品与竞争对手的产品区分开来。

营销
焦点 | 汉堡王

Source：Cum Okolo/Alamy Stock Photo

汉堡王于 1954 年在佛罗里达州迈阿密成立，当时詹姆斯·麦克拉莫尔（James McLamore）和戴维·埃杰顿（David Edgerton）发明了一种火焰烤炉，并推出了最初的皇堡（Whopper）汉堡。随后，汉堡王及其皇堡三明治开始在美国各地传播开来，到 20 世纪 70 年代后期，汉堡王已成为仅次于麦当劳的第二大快餐连锁店。然而，在接下来的 30 年里，汉堡王经历了 13 位首席执行官的人事变动，每一位都将公司带往不同的方向。随着管理层的不断变化，汉堡王面临不同的挑战，随之而来的是营收的下降。其中的问题包括一系列无效的广告活动、过于复杂的菜单以及客户偏好的变化。

汉堡王的营销策略自其成立以来发生了重大变化。在 20 世纪 60 年代初期，汉堡王的口号是"孩子为王的地方"（Where kids are king），这个主题引入了餐厅中常见的著名纸王冠。几年后，该公司的广告发生了变化，专注于更大的尺寸和更好的新鲜度。著名的口号"随心所欲"（Have it your way）于 1974 年推出。在 20 世纪八九十年代，汉堡王发布了一系列广告活动，皆未能引起顾客的共鸣。1986 年发起的"寻找赫布"（Where's Herb）活动聚焦了一个从未品尝过皇堡的男人——赫布。由于赫布在全国各地旅行，汉堡王出价 5000 美元奖励给任何能找到赫布的顾客。该活动模仿了温迪著名的"牛肉在哪里"（Where's the Beef）活动的创意，但未能获得同等程度的全国关注。《广告时代》（Advertising Age）杂志宣布该活动是汉堡王十年来最大的促销败笔。

在 21 世纪初管理层更迭之后，汉堡王改变了其广告风格，变得更具冒险性，还融入了更多的诙谐幽默。2004 年，汉堡王推出了"小鸡侍者"（Subservient Chicken）网站，人们可以在网站上观看一只人类大小的鸡执行他们给出的指令，汉堡王也据此恢复了"随心所欲"的口号。该网站在首次亮相后的一周内获得了超过 2000 万次点击。2007 年，汉堡王发布了"为皇堡狂"（Whopper Freakout）活动，他们秘密拍摄了当顾客被员工告知皇堡已经停产后发怒的视频。该活动迅速传播开来，随后汉堡王的商店销售额增长了 4.5%。

尽管汉堡王的一些活动取得了成功，并帮助建立了公司品牌，但另一些活动却适得其反，损害了公司的形象。2009 年得克萨斯州皇堡三明治广告激怒了墨西哥政府，因为它将一个高大的白人牛仔与一个墨西哥小摔跤手生活在一起的带有偏见的场景画成了漫画。"海绵宝宝的方形屁股"（SpongeBob Square Butt）广告也引起了争议，因为这个极其性感的广告主要针对的是年幼的消费群体。心理健康组织也对"国王疯了"（The King's Gone Crazy）等广告不满，因为它对精神疾病进行了粗暴的描述。2011年，《时代》杂志称国王吉祥物是十大最令人毛骨悚然的产品吉祥物之一。简而言之，虽然一些广告成功地增加了销量，但汉堡王却越来越难以给粉丝留下好印象。

2010年，汉堡王被出售给 3G 资本（3G Capital）。后者希望优化汉堡王的运营并彻底改革公司的广告策略，以提高其盈利能力。在被 3G 资本收购后，汉堡王开始精简其运营流程。公司采用了削减成本和零基预算的战略，其中包括严格审查其费用支出，并将其预算在每个计划期内重置为零。这些新举措还包括重新设计餐厅以改善客户体验，减少菜品以专注于汉堡和薯条，以及将公司拥有的部分餐厅出售给特许经营商。

伴随着 3G 资本收购而来的，还有与营销机构麦利博文（McGarryBowen）达成的新合作关系。后者改进了汉堡王的广告策略，将其带回了最初的诙谐风格。媒体团队发起了一系列创意活动，提供时事政治或文化评论。最成功的活动之一围绕着"皇堡中立"（Whopper Neutrality）的视频展开，该视频是在美国废除网络中立后不久发布的。该视频使用皇堡定价作为类比，解释了网络中立性禁令的影响。这则有争议的广告成为汉堡王有史以来分享次数最多的广告，获得了超过 40 亿次点击，甚至在国会听证会上作为参考。汉堡王还通过发布一系列完全由机器学习算法生成的奇怪广告，来嘲讽人工智能的创造力。

汉堡王发布的其他营销活动还为"粉红税"（女性产品价格高于男性产品价格的事实）、霸凌和聋哑顾客的归属感等主题提供了社会评论。许多广告也更加轻松幽默：汉堡王提供中间挖了个洞的皇堡来庆祝国家甜甜圈日，将皇堡藏在爆米花袋中以规避罗马尼亚的剧院规则，甚至在罗马尼亚用登机牌换取汉堡。这些活动在社交媒体网络上产生了全球影响力。

汉堡王在重新发掘其根源并简化其营销沟通后再次开始增长。汉堡王的连锁店非常注重保持客户心目中的相关性，不断发布紧跟时事和令人印象深刻的广告活动。汉堡王管理整合营销沟通的方法也得到了行业专业人士的认可，并且在 2017 年被评为"戛纳国际创意营销大师"（Cannes Lions Creative Marketer）。[59]

问题：

1. 多年来是什么关键因素破坏了汉堡王的营销效果？

2. 汉堡王应该如何在削减成本与投资整合营销之间取得平衡，以创造和维持高认知度并获得市场份额？

3. 汉堡王应该如何使用传统、在线和移动沟通来建立忠诚的客户群？

营销
焦点 ｜雅高酒店

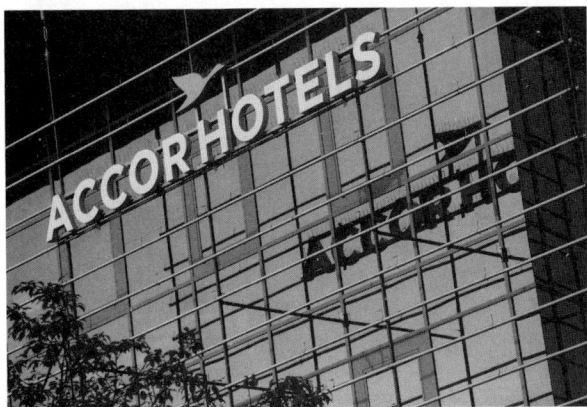

Source：Kristoffer Tripplaar/Alamy Stock Photo

　　雅高酒店成立于 1967 年，创始人保罗·杜布吕（Paul Dubrule）和杰拉德·佩利森（Gerard Pelisson）在法国里尔莱斯坎开设了他们的第一家酒店诺富特（Novotel）。他们很快便成立了酒店投资和经营公司（SIEH），并通过在全球范围内开设和收购新酒店来发展公司。1983 年，这家公司拥有 400 家酒店和 1500 家餐厅，并将公司更名为雅高集团（Accor Group）。

　　从 2010 年开始，雅高将其经营战略从酒店所有权转向特许经营和管理酒店物业。这种被称为"轻资产"的战略使该公司能够专注于投资和扩展其众多品牌，而不是将资金用于购买房地产。雅高有两大业务板块：酒店投资，专注于拥有和租赁酒店业务；以及酒店服务，专注于雅高酒店运营。新战略帮助雅高在 2014 年新开了 2018 家酒店，其中许多都位于新兴市场。到 2019 年，雅高管理着 26 家针对酒店行业不同细分市场的内部品牌。其奢侈品品牌包括莱佛士（Raffles）、费尔蒙（Fairmont）以及索菲特

（Sofitel）；其中端品牌包括瑞士酒店（Swissotel）和美居酒店（Mercure）；而宜必思（ibis）和 F1 酒店（Formula 1）是其两个主要的廉价品牌。

　　数字革命给雅高带来了新的挑战。客户现在可以更大规模地分享他们的旅行体验，即时预订旅店，并与酒店社交媒体账户进行互动。此外，预订旅行安排的方式也有所增加。在数字革命之前，实体旅行社通常处理航班、酒店和旅行预订。后来新的参与者进入了旅行市场，包括在线旅行社（如缤客、亿客行）、评论网站（如猫途鹰）、旅游博客（如孤独星球）、社交媒体网站（如脸书、推特）和替代酒店服务（如爱彼迎）。爱彼迎等竞争对手在私人住宅中提供经济实惠的住宿，成为雅高的严重威胁。在线旅行社使客户能够轻松预订雅高酒店并收取佣金，这也对雅高的利润构成了威胁。

　　为了增加直接预订量，雅高在其网站、移动应用、社交媒体账户和广告上投入了大量资金，以便与客户建立私人联系。2014 年，雅高购买了超过 1200 万个关键词和付费搜索广告。同年，雅高还向潜在客户发送了超过 5.7 亿封有针对性的电子邮件。这使雅高 2014 年的在线销售额达到了总销售额的 5%，但远低于雅高将这一数字提高到 50% 的最终目标。为了推动增长，雅高着手改善客户从预订行程到酒店入住的体验，其尝试包括以消费者为中心和以员工为中心两部分。

　　为了增加移动端的预订量，雅高在 2014 年

收购了法国移动旅行伴侣应用 Wipolo。雅高的收购为其提供了一个动态的移动应用，可以作为客户主要的预订渠道，并增加移动端预订的份额，而当时移动端预订仅占雅高在线销售额的 12%。Wipolo 允许客户浏览不同的酒店、轻松预订房间、使用酒店数字服务、提供反馈以及参与雅高的忠诚计划。雅高还将其顾客关系管理数据库集中到一个名为"宾客之声"（Voice of the Guests）的平台。新的数据库帮助员工为客人提供个性化服务，并配有推荐引擎，可根据客户的个人资料和旅行行为自动生成定制化优惠。此外，雅高还简化了客户体验，包括一键预订、在线办理入住和退房、有针对性的优惠和个性化的迎宾服务。雅高报告称，超过 93% 尝试过迎宾服务的客户希望再次享受这一服务。

尽管雅高经历了新的竞争对手，如在线旅行社和新的酒店公司，但它却通过大力投资现代化数字体验而保持了竞争力。通过简化其网站和移动应用，客户只须点击按钮即可轻松预订、入住和查看酒店房间。雅高升级后的顾客关系管理数据库还允许员工为每位客人提供个性化的体验。2019 年，雅高酒店在全球 100 多个国家经营着 4200 家酒店，是美国以外全球最大的酒店集团。[60]

问题：

1. 雅高在市场上取得成功的关键因素是什么？

2. 雅高的在线战略在获取和保留忠诚客户方面发挥了什么作用？

3. 雅高应该如何平衡其在传统、在线和移动沟通上的资源？

14

人员销售与直接营销

学习目标

1. 界定销售过程中的关键环节。
2. 了解如何设计有效的销售队伍。
3. 了解如何管理销售队伍。
4. 讨论直接营销的作用，并确定关键的直接营销渠道。

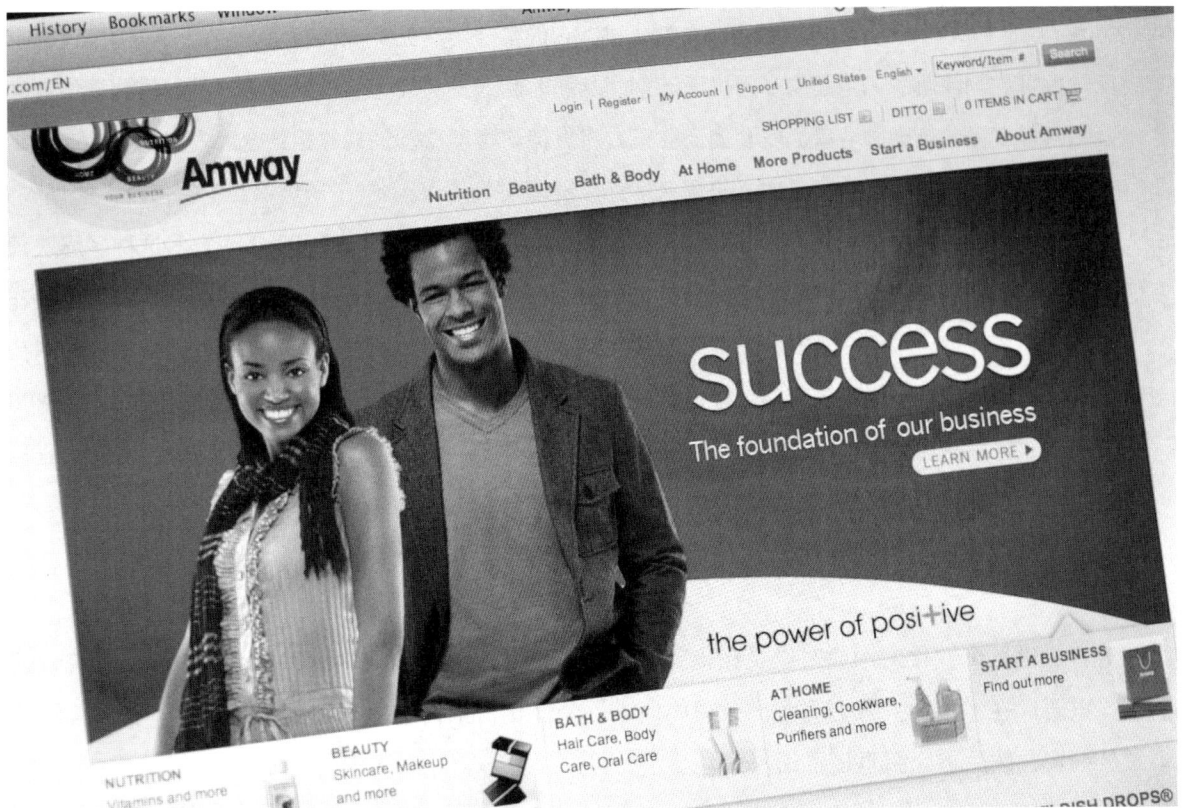

安利公司是世界上最大的直销商，它将直销与多层次的市场策略和金字塔式的分销系统结合起来。
Source: NetPhotos/Alamy Stock Photo

为了扩大利润和销售额，公司必须投入时间和资源来寻找新客户。与客户产生连接的方式包括在能够接触到潜在客户群体的媒体上做广告，向可能的潜在客户寄发信件和电子邮件，向名单经纪人购买顾客名单，以及使用数据挖掘技术来识别潜在客户。虽然大众和数字通信技术为这项工作提供了便利，但为了完成相关的沟通和销售，有时也需要个人沟通。人员销售是许多价值数十亿美元的企业的核心，例如安利公司。

安利（Amway，"美国之路"的缩写）是由理查·狄维士（Rich DeVos）和杰·温安洛（Jay Van Andel）于1959年在密歇根州阿达创立的公司。它的第一个产品是液体有机清洁剂——这是世界上第一批可生物降解的、浓缩的多用途清洁剂。从那时起，安利公司从提供家用产品发展到提供健康及美容类产品的全球领导者。安利的商业模式将直销与多层次营销战略相结合。安利的经销商通常被称为"独立企业主"，他们的收入来源包括直接销售收入，以及他们下游经销商的销售收入的提成。这个金字塔式的分销系统使得某些经销商能够获得可观的收入。早在1979年，安利这种多层次营销模式就受到了审查。当时的联邦贸易委员会在对安利进行调查后，认为该公司的商业模式不是非法的金字塔计划，原因在于安利招募的人员是向真正的消费者销售该公司的产品，而不仅仅是向其他招募人员销售。为了巩固其市场地位，安利公司在研发方面投入了大量资金。安利公司持有800项技术专利，在全球拥有100多个科学实验室，雇用了近1000名科学家、工程师和专业技术人员。作为世界上最大的直销商，安利在全球雇用了17000多名员工。2019年，安利的营收为84亿美元，其中营养和减肥产品占安利总营收的54%，其次是美容和个人护理类产品（25%）。[1]

对客户进行个性化的沟通，以及在正确的时间对正确的人说正确的话和做正确的事，对有效营销至关重要。在本章中，我们将考虑公司如何进行个性化营销沟通以产生更大的影响。我们首先介绍人员销售，然后再介绍直接营销模式。

人员销售

人员销售（personal selling）涉及营销者与一个或多个潜在买家的直接互动，其目的是介绍产品、回答问题以及获得订单（包含销售展演、销售会议、激励计划、派发样品、展览会和贸易展等）。人员销售是在购买决策阶段的后期最有效的工具，尤其体现在其影响购买者的偏好、信念和行动方面。[2]

采用人员销售模式的知名公司有雅芳和伊莱克斯。特百惠和玫琳凯的化妆品销售也是采取一对多的形式：销售人员前往主人家里（可能同时邀请了很多朋友），向主人及其朋友展示产品并获得订单。多层次（网络）营销销售系统招募独立商业人士作为分销商，分销商的报酬包括他们所招募的下线销售额的提成，和他们自己向客户直接销售的额度。

人员销售有三个显著特点：

- 定制化。这意味着可以对任何人设计吸引他们的销售信息。
- 以关系为导向。这意味着人际关系可以从实际的销售关系转化为深厚的个人友谊。
- 以回应为导向。这意味着购买者可以自行选择，并且鼓励他们直接回应。

人员销售是一门古老的艺术。出色的销售人员不能仅靠直觉行动。现在，公司每年都要花费数亿美元对销售人员进行客户分析和管理方法培训，让他们学会从被动接受订单转变为主动获取订单。

人员销售是一个过程

大多数销售培训项目都认可有效销售过程中应当包含以下主要步骤：寻找潜在客户、预先调查、展示和介绍、说服、成交和提供服务。图14-1展示了这些步骤，接下来我们将讨论它们在行业销售中的应用。[3]

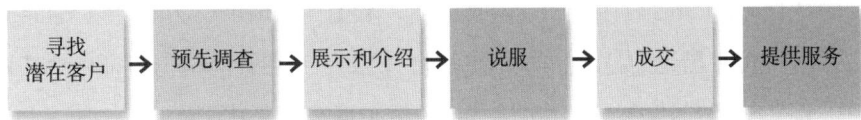

图 14-1
有效销售中的重要步骤

寻找潜在客户 → 预先调查 → 展示和介绍 → 说服 → 成交 → 提供服务

寻找潜在客户

销售的第一步是识别和界定潜在客户。越来越多的公司承担起寻找和界定销售线索的责任，这样，销售人员可以将他们宝贵的时间用于做他们最擅长的事情——销售。[4]包括IBM在内的一些公司将寻找潜在客户的步骤缩写成"BANT"：客户是否有必要的预算（budget）、是否有购买权（authority）、对产品或服务是否有强烈的需要（need），以及公司是否有与之相匹配的交付时间表（timeline）。

如今，许多营销者在界定销售线索时不仅局限于BANT方法，也在使用越来越复杂的方法。通过了解潜在客户的雇佣关系、招聘公告以及来自客户和员工的推文样本等各种信息，公司利用数据分析和人工智能技术对潜在客户进行事先分类，以确定是否值得给潜在客户打电话和提供服务。

营销者必须在营销线索的数量和质量之间找到平衡。太多的线索（即便是高质量的线索）会使销售人员不堪重负，让最有希望的销售机会落空；线索太少或质量不高则可能会使销售人员变得沮丧或士气低落。

为了获取高质量的营销线索，供应商需要了解它们的客户。买方代理人可能会访问符合条件的供应商，他们会检查供应商的生产设施并和员工见面。在对每家公司进行评估后，买方最终会得出一份合格供应商的短名单。许多专业买家迫使供应商对其营销方案做出调整，以增加供应商入选的可能性。

预先调查

销售人员应尽可能多地了解潜在公司（它需要什么，谁参与购买决策）及其采购人员（个人特点及购买习惯），公司的采购过程是如何进行的？采购过程是如何组织的？

公司间的采购流程及公司结构可能各不相同。在许多大公司，销售人员与采购部门共同负责为组织采购货物。对于另一些更大型的公司，其采购部门已经集中化，并被划分到更具专业化的战略供应部门中。集中采购更加重视那些能够满足公司所有需求的大型供应商。同时，一些公司采取分散采购的方式购置一些小物品，如咖啡机、办公用品和其他廉价必需品。销售代表必须全面了解采购过程中的"人物、时间、地点、方法、原因"等因素，从而设定拜访目标：寻找潜在客户，收集相关信息，或立即进行销售。

另一个挑战是如何选择最佳的联络方式，如上门拜访、电话访问、电子邮件或信件。考虑到销售代表越来越难接触到采购代理、医生和其他时间宝贵且能上网的潜在客户，因而采用正确的方法至关重要。最后，销售人员需要针对客户制定一套全面的销售策略。

展示和介绍

销售人员向买家讲述产品"故事"的一种常见方式是FABV方法，这一方法侧重于阐明公司产品的特点（features）、优势（advantages）、利益（benefits）和价值（value）。

- 特点描述的是产品的物理特征。例如，一台计算机的特征包括其处理速度和内存等指标。
- 优势描述的是为什么这些特征会给客户带来优势。
- 利益描述的是公司产品带给客户的经济、技术、服务及社会效益。
- 价值描述的是产品的价值（通常以货币形式来衡量）。

FABV方法帮助销售人员在推广产品的不同方面时有效分配精力，这一点对于销售人员来说至关重要。因为销售人员通常在介绍产品特点上花了太多时间（产品导向），却没有投入足够的时间强调其产品的利益和价值（客户导向），尤其是在竞争激烈的市场上，或在销售个性化以及高价产品时。[5] 为了提高有效性，销售人员对潜在客户的推销必须是中肯、有吸引力且令人信服的——别忘了，市场中总有别的公司在觊觎着这项业务。

说服

销售不是一个单纯由卖家向买家展示信息的单向过程，而是一个互动过程，买家通常会向卖家提出问题和反对意见。买家的大多数反对意见来自两个方面：心理抵触和逻辑抵触。

- **心理抵触**（psychological resistance）包括对打扰的抵触，对既定供应商或品牌的偏爱或冷漠，不愿意舍弃以前的东西，销售代表引起的不愉快的联想，预设的想法，不喜欢做决定，以及对花钱比较在意。
- **逻辑抵触**（logical resistance）可能是对价格、交货时间、产品或公司特性持有的反对意见。

为了处理心理和逻辑上的反对意见，销售人员要保持积极的态度，请买家阐明他们反对的原因，以提问的方式让买家自己来回答他们的反对意见，否认这些反对意见的合理性，并将其转变成购买动机。[6]

虽然价格是买卖双方交涉最多的问题，尤其是在经济紧缩时期，但很多客户也关心其他方面的因素，包括合同完成时间、商品和服务的质量、购买数量、产品安全、财务状况、风险承担、促销和冠名权等。当面对客户的打折要求时，销售人员有时会轻易让步。[7]

有一家公司在销售额增加了 25% 但利润却没有增加的情况下意识到了这个问题。该公司决定重新训练其销售人员"按价销售"，而不是"降价销售"。公司还为销售人员提供了更多关于每个客户的销售历史和行为等信息。销售人员从培训中认识到，在销售中应争取创造附加价值，而不是通过降价完成销售。结果，该公司的销售收入和利润率都得到了提升。[8]

成交

成交是销售过程的一个重要组成部分。没有成交就没有销售。熟练的销售人员知道何时以及如何完成销售，这不仅能保证当期的交易，还有助于与购买者建立长期关系。[9]

为了确定何时成交，卖家要密切关注买家的行为，寻找买家准备购买的迹象。来自买家的成交信号包括其身体动作、声明、评论以及提问。销售代表询问买家是否下单，重申协议要点，提出帮助填写订单，询问买家想要 A 还是 B，让买家做出诸如颜色或尺寸的细化选择，或者示意买家现在不下订单会有什么损失。

销售人员可以提供一些刺激来促成交易，比如附加服务、额外数量的产品或象征性的礼物。如果客户仍不为所动，那也许是因为销售人员没有找对执行者——一个更高级别的人或许才有购买权。销售人员还需要找到其他方法来强调产品价值，以及强调这笔交易如何能够减轻客户面临的财务或其他方面的压力。

提供服务

跟进和维护是确保顾客满意度和重复购买的必要条件。交易结束后，销售人员应及时向客户提供必要的细节，包括交货时间、购买条件和其他重要事项。必要的话，销售人员还可以在交货后安排一次跟进拜访，以确保向客户提供合适的安装方法、指导和服务。此外，销售人员还应尽力发现产品的任何潜在问题，提出解决方案，减轻客户担忧，提升客户购买的积极性。

在为客户提供服务的同时，销售人员应该有一个关于如何维持和发展客户的计划。提供超出实际销售之外的服务可以向客户表明，除了提供产品和服务，公司还致力于与客户建立关系。提供售后服务能够通过改善整体购买体验并在买方和卖方之间创造一种信任感来使双方受益，这有助于与客户建立长期关系。

管理销售

人员销售和谈判的许多原则是交易导向的，因为它们的目的是为了完成一项具体的销售。但在许多情况下，公司寻求的不是单次销售，而是与客户建立长期的供需关系。今天，客户更喜欢那些能够向多地销售并提供一整套产品和服务的供应商——能够迅速解决不同地方的问题，并且能够与客户团队紧密合作，改进产品和流程。[10]

当认为客户可能准备下订单时，与关键客户打交道的销售人员除了发电子邮件或打电话外，需要做的还有很多。他们需要在其他时间与关键客户进行联系，对其业务提出有用的建议并创造价值。他们应该时刻关注关键客户，了解他们的问题，并准备用多种方式为他们服务，以适应和应对不同的客户需要或情况。[11] 一种流行的管理销售过程的方法是SPIN，这个缩写来自销售人员应该向潜在客户提问的问题类型：情景问题（situation questions）、困境问题（problem questions）、影响问题（implication questions）和需求-收益问题（need-payoff questions）。

设计销售队伍

最原始和古老的直接营销方式是亲自拜访目标客户（潜在客户）。为了找到潜在客户并将其发展成客户，实现业务增长，大多数工业企业都十分依赖专业的销售队伍，或雇用制造商代表和代理商。许多消费品企业，如好事达、安利、雅芳、玫琳凯、美林证券和特百惠都使用直销队伍。

>> 特百惠公司发起了在家庭（以及后续在办公室）举行直销聚会的概念，以有效展示其存储容器的优势，并鼓励客户之间进行更多的个人互动。

Source：Anton Starikov/Alamy Stock Photo

特百惠公司 特百惠公司成立于 1946 年，当时发明家厄尔·塔珀（Earl Tupper）参照油漆罐的倒圆环，发明了防止食物变干的气密性密封条。尽管这款产品具有突破性特点，在零售店的销售情况却并不乐观。这是因为与普通存储容器相比，气密性密封条的优势不容易被购买者看到。认识到消费者需要演示以了解产品的工作原理后，特百惠推出了家庭聚会活动，作为消费者接触产品的一种方式。事实证明，家庭聚会是向消费者传播这款突破性密封条好处的特别有效的方式。几年后，特百惠产品均从商店下架，而只通过直销进行销售。家庭聚会除了作为收入来源外，对那些社交圈子围绕家庭的妇女来说，也是一种受欢迎的消遣方式。随着消费者搬家到郊区，后院聚会成为家庭和邻居们最喜欢的社交方式。特百惠产品通过将食物运送到派对上，并保持食物在户外的新鲜度，满足了这种日益流行的消遣方式带来的需求。当微波炉成为家庭中常见的厨房电器时，特百惠推出了专门为微波炉设计的产品，让消费者能够加热剩菜或烹调日益流行的冷冻食品。除了不断通过创新扩展其产品线外，特百惠还推出了课程和演示，让客户了解如何使用微波炉烹饪和备餐，以及如何节省食品开销、优化橱柜空间和管理时间。为了适应时间紧迫的客户的繁忙日程，特百惠还在办公室内进行演示。无论是家庭聚会还是办公室聚会，人员销售一直是特百惠的重要销售渠道。在其 300 多万名销售人员的帮助下，特百惠现在已经在全球近 100 个市场中提供如泡菜保鲜盒、和服保护盒和日本便当盒等具有地域文化特色的产品。[12]

美国的公司每年花在销售队伍及销售物料上的费用超过 1 万亿美元——这比任何其他促销方式的费用都要高。美国有超过 10% 的劳动力从事销售工作，包括非营利性和营利性组织。例如，医院和博物馆需要募捐者联系捐赠者并征收捐赠。销售是每个公司的核心职能，波士顿啤酒（Boston Beer）的创始人吉姆·科赫（Jim Koch）断言："没有销售，就没有可供管理的业务。"[13]

虽然没有人否认销售人员在营销项目中的重要性，但公司对维持销售团队所带来的不断上升的高额成本非常敏感，这些成本包括工资、佣金、奖金、差旅费和其他福利等。不出所料，公司正试图通过更好的人员筛选、培训、监督、激励及补偿措施来提高销售人员的工作效率。[14]

销售人员是公司连接客户的私人纽带。在设计销售队伍时，公司必须制定销售队伍的目标、战略、结构、规模和报酬（见图 14-2）。

图 14-2
设计销售队伍

销售队伍目标 → 销售队伍战略 → 销售队伍结构 → 销售队伍规模 → 销售队伍薪酬

销售队伍目标

销售人员每天只是"销售、销售、再销售"的日子早已一去不复返。销售代表需要知道如何诊断客户面临的问题，并提出能够帮助提高客户盈利能力的解决方案。优秀的销售人员甚至会就客户所陈述的问题多想一步，对客户的商业模式提出新的见解，并发现那些未被客户认识到的需要和未被阐明的问题。[15]

销售人员在执行工作时需要完成一项或多项具体任务：

- 信息收集，包括进行市场研究和搜集情报工作。
- 锁定目标，包括决定如何在潜在客户和已有客户间分配时间。

- 传播，包括传达有关公司产品和服务的信息。
- 销售，包括接触、介绍、回答问题、消除误解和完成销售。
- 服务，包括向客户提供各种服务——咨询问题、提供技术援助、安排融资和加快交货。
- 分配，指的是在产品短缺的情况下，决定哪些客户将得到稀缺产品。

营销与销售人员之间经常会发生冲突。销售人员抱怨市场部没有开发足够的线索，而营销人员则抱怨销售人员没有实现客户转化。改进两者之间的合作和沟通，可以增加企业的收入和利润。[16]

福特公司的执行副总裁吉姆·法利（Jim Farley）曾说："我在福特工作最酷的事情是，我同时负责营销和销售。"他坚持认为营销和销售由不同的人分管是一个错误。他认为福特公司最好的销售人员应该是问题解决者和礼宾员，前者需要帮助解释和定制化客户所需的复杂汽车电子产品，[17] 后者需要在客户购车的复杂过程中提供帮助。为了增进相互了解，一些公司在合适的时机将营销人员调入销售部门（或是将销售人员调入营销部门），并让他们在日常工作中一起参加会议。

销售队伍战略

制定销售战略的一个重要决策是决定使用直接销售队伍还是合同销售队伍。直属（公司）销售队伍由专门为公司工作的全职或兼职带薪雇员组成。内部销售人员在办公室开展业务，并接受潜在购买者的访问；现场销售人员则经常走动并拜访客户。合同销售队伍由制造商代表、销售代理和中间商组成，他们根据销售额赚取佣金。

>> 康宝莱的减肥和健康食品的营销战略完全依靠多层次营销组织，这些组织由超过 50 多万名销售人员组成，并直接向消费者销售。

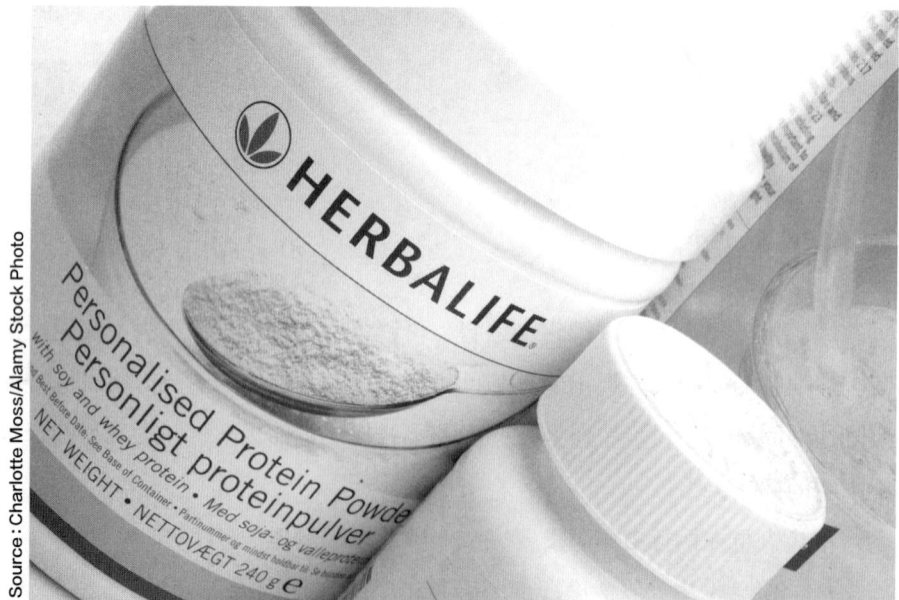

Source：Charlotte Moss/Alamy Stock Photo

康宝莱   马克·休斯（Mark Hughes）在他的母亲因服用过量减肥药早逝后，创立了康宝莱（Herbalife）。休斯发明了一种减肥奶昔，作为更安全的减肥药替代品，并利用自己的汽车后备厢销售这款产品。现在，康宝莱公司除了销售奶昔，还销售蛋白棒、能量饮料、各种维生素、茶叶。多年来，公司飞速发展，全球员工数量超过 8000 人，2019 年的销售收入达到近 49 亿美元。康宝莱的营销策略大部分依靠其多级分销人员，他们从公司批发购买产品，然后直接卖给消费者，或是自己使用产品。康宝莱的产品不在商店销售，消费者只能从其 60 万名销售人员那里购买。销售人员从销售以及雇用新的成员中获得佣金。为了培养客户社区，康宝莱还赞助当地的健康团体。康宝莱在世界各地设有工厂，并与制造商建立了众多合作关系，直接与当地供应商合作，以便在生产制造的每一个环节都保持其低成本并保证产品质量。[18]

考虑以下情况：一家北卡罗来纳州的家具制造商想向西海岸的零售商销售其产品，一种选择是雇用 10 名新的销售代表，在旧金山的销售办公室工作，领取基本工资和佣金，另一个选择是利用旧金山的一家制造商的销售机构，该机构与零售商有广泛的联系，由该销售机构派出 30 名销售代表，这些销售代表根据其销售额获得佣金。

第一步是预估每种选择能够带来的销售额。公司的销售队伍会专注于公司的产品，在销售产品方面受到更好的培训，更积极主动，以及更可能成功，因此许多客户更愿意直接与公司销售人员打交道。然而，销售机构能够提供 30 个销售代表（不仅仅是 10 个），在考虑佣金水平的情况下，他们可能同样积极。同时，客户可能欣赏这些人的独立性，他们也可能有广泛的销售渠道和市场知识。营销者在制定两个不同渠道的需求函数时，需要评估以上所有因素。

下一步是估计通过每个渠道销售不同数量产品的成本，如图 14-3 所示。

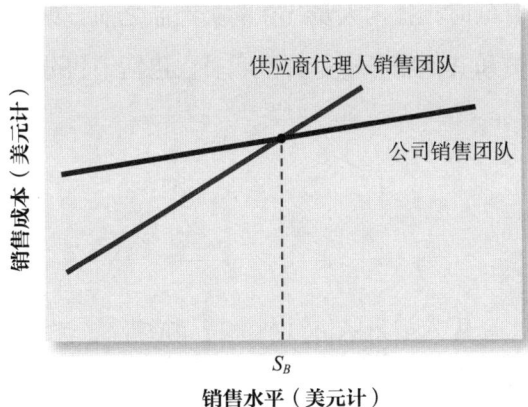

图 14-3
公司销售团队和制造商销售代理之间的盈亏平衡成本图

聘请销售代理一开始比使用公司销售队伍的成本要低，但成本会上升得更快，因为销售代理获得的佣金更高。最后一步是比较销售额和成本。如图 14-3 所示，存在这样一种销售水平（S_B），在该水平上两个渠道的销售成本是一样的。因此，对低于 S_B 的任何销售额，销售代理是更好的渠道；对高于 S_B 的任何销售额，公司的销售团队则更好。考虑到这一情况，小公司或大公司在销量较小的地区理所当然会使用销售代理。

使用销售代理会带来控制问题。销售代理可能聚焦在那些采购大户上，而忽略了其他客户。他们可能对公司产品的技术细节知之甚少，也不能有效地使用公司的促销材料。

销售队伍结构

销售队伍战略对其团队结构也有影响。如果一家公司向某个行业销售特定产品系列，考虑到它的客户分布在许多地方，那么公司将围绕地理区域来组织其销售队伍。在另一种情况下，如果一家公司向具有不同需要的客户销售不同产品，那么它可能会围绕特定的产品、服务或客户需要来组织其销售队伍。

有些公司需要更复杂的结构，可以组合采用四种类型的销售队伍：针对大客户的战略市场销售队伍（见"营销洞察　大客户管理"）、拜访不同地区客户的地理销售队伍、拜访和指导分销商的分销商销售队伍、通过在线及电话进行接单的内部销售队伍。

为了管理成本，公司通常会选择一种杠杆式的销售队伍：让销售代表专注于向大客户销售公司更复杂及定制化的高端产品，同时利用内部销售人员和在线订购销售低端产品。销售人员只需要照顾少量客户，并且基于关键客户增长而获得奖励，销售线索生成、方案撰写、订单执行和售后支持则交由他人负责。通过激励销售人员向每一个可能的客户销售，有助于克服基于地域的销售队伍的一些限制。[19]

公司必须战略性地部署销售队伍，以便他们在恰当的时间以恰当的方式拜访恰当的客户，充当"客户经理"，安排买方和卖方组织之间充分接触。销售工作越来越需要团队合作和多方的支持，例如：公司高管，尤其是当大客户或是大宗交易处于关键时刻时；技术人员，在购买产品之前、期间和之后提供信息和服务；客服代表，提供产品安装、维护和其他服务；办公室职员，包括销售分析员、订单催促员和助理等。[20]

销售队伍规模

销售代表是公司最有生产力，也是最昂贵的资产之一。扩大销售队伍有利于增加销售额，但也增加了销售成本。一旦公司确定了它想接触的客户数量，就可以根据工作量确定其销售队伍的规模。这种方法的精简版包含以下五个步骤：

1. 根据年购买量将客户分为不同的规模等级。

2. 为每位客户类别确定适当的联系频率（如每年拜访客户的次数）。

3. 将每个规模等级的客户数量乘以相应的拜访频率，得出全国的总工作量，即每年的拜访总数。

4. 确定一个销售代表每年和客户互动的平均次数。

5. 用每年所需的拜访总数除以一个销售代表每年与客户互动的平均次数，得出销售代表的数量。

假设公司估计它有 1000 个 A 类客户和 2000 个 B 类客户。A 类客户每年需要拜访 36 次，B 类客户需要拜访 12 次，所以公司需要一支每年能拜访 60000 次（36000+24000）的销售队伍。如果一个全职销售代表平均每年能进行 1000 次拜访，公司就需要 60 个销售代表。

销售队伍薪酬

为了吸引高质量的销售代表，公司必须制订一个有吸引力的薪酬方案。销售代表希望有固定的收入，以及因业绩突出而获得的额外奖励，并根据从业经验和从业时长得到的公平报酬。管理层希望薪酬结构可控、划算和简单，但这些目标往往会发生冲突，因而在不同行业，甚至同一行业内，薪酬计划都会有很大的不同。[21]

公司必须对销售人员报酬的四个组成部分进行量化：固定收入（fixed amount），即工资收入，满足了销售人员收入稳定的需要；可变收入（variable amount）——无论是佣金、配额奖金、提成奖金还是利润分享，都是为了刺激和奖励销售人员付出努力；[22] 费用津贴（expense allowances）使销售代表能够以公司的名义支付差旅费和娱乐费；福利收入（benefits）——如带薪休假、疾病、事故意外赔偿、养老金、健康及生命保险，这些都是为销售人员提供安全保障，并提升其工作满意度。[23]

固定收入报酬常见于非销售任务相较于销售任务占比较高的工作，以及销售任务涉及复杂的技术且需要团队合作的工作。对于销售具有周期性，或取决于个人主动性的工作，可变报酬方案的效果最好。固定报酬和可变报酬产生了三种基本类型的报酬方案——纯薪金制、纯佣金制及薪金和佣金混合制。对于销售代表来说，报酬中有很大一部分是可变收入而不是固定收入的情况很常见。

纯薪金制为销售人员提供了稳定的收入，能够鼓励销售人员完成非销售活动，并减少他们过度积攒客户的行为。对公司来说，这种方案简化了管理，降低了人员流失。当半导体公司微芯科技（Microchip）取消了销售人员的佣金时，销售量反而有所增长。[24] 纯佣金制能吸引业绩更高的员工，可以提供更多的动力，而只需更少的监督，并控制了销售成本，但不足之处在于，这种计划强调的是完成销售而不是建立关系。薪金和佣金混合制能够同时吸取两种计划的优点，并同时减少各自的劣势。

固定收入和可变收入混合计划将可变部分与各种战略目标联系起来。目前的一个趋势是，一些公司不再强调销售量，而是强调毛利率、顾客满意度和客户留存率。另一些公司则根据销售队伍的业绩，甚至是基于全公司的业绩来奖励销售代表，激励销售代表为公司的共同利益工作。

管理销售队伍

公司使用各种政策和程序指导其管理销售队伍的活动。图 14-4 展示了其中的一些关键活动——

招募、培训、监督、激励和评估销售代表。在接下来的章节中将进行详细介绍。

图 14-4
管理销售队伍的活动

招募销售队伍

合理选择销售代表是成功组建销售队伍的核心。雇用不合适的人是一种巨大的浪费。全行业中销售代表的年平均流动率接近 20%。销售人员的流失会导致销量下跌，增加重新招聘和培训成本，也会增加现有销售人员的压力。[25]

研究表明，销售人员的业绩与其背景、工作经验、当前状况、生活方式、态度、人格和技能之间并不必然存在密切关系。综合性测试和评估中心能够有效预测销售业绩，因为这种测试和评估能够模拟工作环境，并对申请人在近似于真实工作的环境中进行评估。[26]

为了保持对市场的关注，销售人员应该知道如何分析销售数据、衡量市场潜力、收集市场情报，并制定市场战略和计划。特别是销售管理的高层，需要掌握营销分析技能。营销高管认为，长远来看，销售队伍如果既能理解和重视营销，又能理解和重视销售，就会变得更加有效。

尽管综合性测试分数只是一系列重要因素（包括个人特征、推荐信、过去的就业经历和面试官反应）之一，但它们在 IBM、保诚和宝洁等公司对销售人员的评价中占有相当高的权重。吉列公司声称，测试减少了人员流动，而且分数与新销售代表的进步有较高的相关性。

培训和监督销售队伍

如今，客户希望销售人员拥有深厚的产品知识，能够提供改善业务的想法，同时还要高效和可靠。这就要求公司在销售培训上增加投入。

新的销售代表可能需要花费几周到几个月的时间用于培训。工业企业培训时长平均为 28 周，服务型企业是 12 周，消费品企业是 4 周。培训时间随销售任务的复杂性和招聘人员的类型而有所不同。新的培训方法不断出现，如程序化学习、远程学习和视频。一些企业使用角色扮演、敏感性或同理心培训等方式帮助销售代表了解客户的情况和动机。[27]

主要靠佣金形式获得报酬的销售代表通常受到的监督较少；而拿固定薪资且必须获得特定数量客户的销售代表则可能会受到大量的监督。在雅芳、莎莉（Sara Lee）、维珍和其他使用多层次销售的公司中，独立分销商需要负责管理自己的销售队伍，他们获得佣金的多少不仅要根据他们的销售情况，同时也根据他们招募和培训的下一级分销商或销售代表的销售情况。

管理销售队伍的生产力

公司每年应该给某个特定客户打多少个电话？一些销售代表经常花太多时间向规模小、利润低的客户进行销售，而忽视了规模大、利润高的客户。

如果放任不管，许多销售代表会把大部分时间花在现有的客户身上，而这些客户的数量是已知的。销售代表可以依靠现有客户完成一部分业务，而潜在客户有可能永远都不会提供任何业务。因此，公司通常会规定销售代表需要花一定的时间去开发新客户。[28] 斯派特货运（Spector Freight）公司希望其销售代表花 25% 的时间用于寻找新客户，而三次拜访失败后即停止拜访该客户。一些公司依靠传教士式的销售队伍来激发客户的兴趣和开发新的客户。

销售代表一天的工作任务包括计划、出行、等待、销售，并完成管理任务（包括写报告，开具账单，参加销售会议，与公司其他人谈论生产、交付、账单和销售业绩等）。最好的销售代表能够有效地管理他们的时间。**时间责任分析**（time-and-duty analysis）以及将活动按小时细分能够帮助他们了解自己如何利用时间，从而提高生产力。

公司不断尝试提高销售人员的生产力。[29] 为了降低成本，减少对外部销售人员的需求，以及充分利用技术创新，许多公司扩大了内部销售人员的规模和职责范畴。

相比于面对面销售，内部销售的成本更低，而且其增长速度更快。内部销售人员每一次接触可能花费公司 25~30 美元，而面对面销售人员的差旅费用为 300~500 美元。在缺乏面对面销售条件的情况下，Webex 等虚拟会议软件、Skype 等通信工具以及领英、脸书和推特等社交媒体网站使内部销售变得更容易。内部销售人员甚至不需要在办公室，越来越多的人可以在家工作。[30]

内部销售人员解放了外部销售代表，使他们有更多的时间专注于大客户，识别和转化新的主要潜在客户，并获得更多的一揽子订单和系统合同。内部销售人员花更多的时间检查库存，跟进订单，并给小客户打电话。他们获得报酬的方式通常是工资或工资加奖金。

如今的销售人员已经真正实现了数字化。不仅有传输速度更快的销售和库存信息，而且还有为销售经理和销售代表创建的基于计算机的决策支持系统。利用平板电脑或笔记本电脑上网，销售人员可以随时查看客户个人背景信息，调用预先写好的推销信，传送订单，解决现场的客户服务需求，还可以向客户发送样品、产品图册、广告手册及其他资料。

公司的线上展演是销售代表最宝贵的数字工具之一。它能帮助销售代表确定公司与客户的关系，并识别那些需要互动的客户。线上展演向自我认同的潜在客户提供公司介绍，以及联系销售人员的方式，甚至可能得到初始订单。

社交媒体是另一种有价值的数字销售工具。社交网络在"前期"寻找和线索鉴定，以及"后期"关系建立和管理中都很有用。虚拟会议公司 PGi 的一名 B2B 销售代表通过监控推特上各种关键词推文，注意到某公司在推特上表达了对"网络会议"的不满。该销售代表立即与该公司的首席执行官取得联系，并说服他相信 PGi 产品的优势，结果在几个小时内双方就达成了交易。[31]

激励销售队伍

大多数销售代表都需要鼓励和特别激励，尤其是那些在外跑业务、每天都会遇到挑战的销售代表。[32]许多营销者认为，销售人员的积极性越高，他们所付出的努力就越多，由此产生的业绩、回报和满意度也就越高，而这一切又会进一步提高销售人员的积极性。[33]

各种类型的货币和非货币奖励能够提高销售代表的积极性。一项研究发现，员工认为各种奖励中价值最高的是薪酬奖励，其次是晋升、个人成长和成就感，[34]价值最低的是喜欢和尊重、安全和认可。换句话说，销售人员会受到薪酬、升职机会以及满足他们的内在需要的更高激励，而较少受到被赞美和安全感的激励。有些公司利用销售竞赛来调动销售人员的积极性。[35]

报酬计划甚至可能需要根据销售人员的类型——是销售明星、销售核心、优秀员工，还是落后者——而有所差异。[36]明星员工受益于不设上限的佣金或超额完成指标的高额佣金，以及允许多位胜者的奖金结构。核心员工受益于多层次目标，这些目标是各类销售竞赛的基础，他们可以从中获得不同性质和价值的奖金。落后者获得固定的季度奖，同时承受较大的社会压力。[37]

许多公司根据年度营销计划设定年度销售指标，包括销售额、单位数量、利润率、销售活动及需要付出的努力，以及产品类型。销售人员的报酬通常与指标的完成度挂钩。公司首先进行销售预测，作为计划生产、劳动力规模和财务要求的基础；然后，管理层为各区域和地区制定指标，这些指标的总和通常超过销售预测，目的是鼓励经理和销售人员发挥其最佳水平。这样即使销售人员没能完成指标，公司也可能实现销售预期。[38]

传统观点认为，销售代表将注意力集中在更重要的和更有利可图的产品上，从而使利润最大化。公司同时推出几种新产品时，现有销售代表不太可能完成这些产品的销售计划，此时，公司需要为新产品的推出扩大销售队伍。

设定销售指标可能会导致新的问题。如果公司低估了销售潜力，销售代表过于容易完成指标，那么公司就多付了他们工资。但如果公司高估了销售潜力，导致销售人员难以完成指标，他们就会感到沮丧，甚至考虑辞职。指标的另一个弊端是促使销售代表获得尽可能多的业务，而忽略了相应的服务。公司虽然获得了短期成果，但牺牲了长期的顾客满意度。考虑到这些因素，一些公司正在放弃设定销售指标的做法。

评估销售队伍

我们一直在描述销售监督的前馈条件（feed-forward）——管理层应该如何传达销售代表应该做什么，并激励他们去执行。但是，良好的前馈也需要良好的反馈（feedback），这意味着管理层需要定期获得有关销售代表的信息，以评估他们的表现。

销售报告是关于销售代表信息的一个重要来源。其他信息来源包括个人观察、销售人员自我报告、客户信件和投诉、客户调查以及与其他销售代表的交谈。

销售报告分为活动计划和活动结果的书面报告。活动计划最好的例子是销售人员的工作计划，销售代表提前一周或一个月提交打算打的电话和行动路线。这份报告迫使销售代表按计划执行他们的活动，并将他们的行踪提前告知管理层。活动计划为比较员工的计划和成果以及员工"计划和执行"的能力提供了依据。

许多公司要求销售代表制订年度地区营销计划，在计划中概述他们开发新客户和增加现有客户业务的方案。销售经理根据计划进行调查，对计划提出建议，并利用它们来制定销售指标。销售代表将完成的活动写成拜访报告，他们还提交费用报告、新业务报告、流失业务报告，以及关于当地商业和经济状况的报告。

这些报告提供了原始数据，销售经理可以从中提取销售业绩的关键指标：每个销售人员每天平均拨打的销售电话数量，每通销售电话的平均时长、平均收入、平均成本、所需要的娱乐成本，每百次销售电话的订单百分比、每期获客数量、每期流失客户数量，以及销售人员成本占总销售额的百分比。

即使销售代表高效地开展销售，他也未必能受到客户好评。销售额高的原因可能是竞争对手的销售人员较差、销售代表挑选的产品比较好，抑或他总能找到新的顾客以替换那些不喜欢他的老客户。销售代表可以分析每次销售电话成功或失败的原因，以及自己该如何在随后的电话中提高命中率。销售代表的表现取决于内部因素（个人努力、能力和策略）和外部因素（任务和运气）。

直接营销

如今，许多营销者都与客户建立长期关系。他们向客户寄送生日卡和信息材料，以及提供免费产品和服务。航空公司、酒店业和其他一些行业采用常客奖励计划和俱乐部计划。[39] **直接营销**（direct marketing）是一种不使用中间商，与消费者进行直接接触并向客户提供商品和服务的营销方式。

直接营销有一些优势：通过消除中间商，直接营销被证明比传统营销更具成本效益；直接与客户联系还可以为公司提供宝贵的信息，了解客户当前和潜在的需求，了解他们使用产品的方式，以及客户眼中公司产品的优点和需要改进的地方。此外，与客户直接互动能让公司提供卓越的服务体验，并建立更强大的品牌形象。

直接营销者可以采用以下渠道接触潜在个人客户和顾客：直接邮寄、目录营销、电话营销、售货亭、网站和移动设备。他们通常用客户订单来衡量直销结果。

Ambit 能源公司 Ambit 能源公司成立于能源市场放松管制后的 2006 年。在 80000 多名独立顾问的帮助下，Ambit 直接向消费者推广其服务。通过提供一年期低费率的固定费率合同，Ambit 获得了庞大的客户群，它押注的是客户更愿意从他们认识的人而不是陌生人那里购买产品。这种以客户为中心的方法使 Ambit 获得了快速增长。2010 年，Ambit 被君迪认定为希望与朋友、家人和同事分享的最佳推荐。像许多直销公司一样，Ambit 存在一些争议。消费者权益倡导者担心，该公司非常努力地把消费者变成销售人员（Ambit 网站的头版敦促访问者"发现成为 Ambit 能源顾问的回报"），同时消费者很难联系该公司讨论费率和转换计划。2015 年，纽约公共服务部门的消费者权益倡导者要求 Ambit 向那些被迫从保证储蓄计划 (guaranteed-savings plan) 转入收费明显更高的可变费率计划 (variable-rate plan) 的客户退款。Ambit 同时也遭到了一项集体诉讼（2018 年已经解决），指控该公司虚报了客户换到 Ambit 后所获节约款项。[40]

直接营销一直被认为是一种快速增长的途径，部分原因是通过销售队伍触达新商业市场不仅现在成本高，而且是越来越高。通过传统的直接营销渠道（直邮、目录和电话营销）带来的销售额一直在快速增长，包括 B2C、B2B 以及慈善机构筹款在内的直邮销售也在快速增长。

直接营销渠道

我们接下来分析几个主要的直销渠道：直邮、目录营销、电话营销和信息性广告。

直邮

直邮营销包括向个人消费者发送合约、公告、提醒或其他内容。通过精心挑选的邮寄名单，直接营销者每年发送数以百万计的邮件——信件、传单、折页和其他营销信息。

直邮是一种非常流行的营销方式，因为它可以对目标市场进行筛选，具有个性化、灵活的特点，并且能够及时检测市场的反应。虽然直邮的每千人成本比大众媒体更高，但通过直邮能接触到更有潜力的消费者。然而，直邮的优势同时也是它的弊端——营销者寄送的大量邮件会塞满信箱，导致一些消费者无视收到的暴风雪式的信件邀请。直邮可以产生潜在线索，加强与客户的关系，通知和教育客户，提醒客户优惠，并强化客户的近期购买决策。

大多数直接营销者应用 RFM 模型，即根据最近一次消费时间（recency）、消费频率（frequency）和消费金额（monetary amount）这三个指标来挑选客户。假设一家公司正在销售皮夹克，它可能会向最有吸引力的客户——那些上次购买发生在 30~60 天前，每年购买 3~6 次，并且在成为客户后至少消费了 100 美元的客户——报价。公司为不同的 RFM 水平计算相应的分数，分数越高，客户的吸引力越大。[41]

公司的最佳潜在客户是过去购买过其产品的客户。直销者也可以从名单经纪人那里购买名单，但这些名单往往有一些问题，包括名字重复、数据不完整、地址过时等。更好的名单会包含用户的人口统计信息和心理统计信息。直接营销者在从同一名单经纪人手上购买更多名字之前，通常会购买并测试一个样本。公司也可以通过宣传促销活动和收集消费者回复的方式来建立自己的名单。[42]

直接营销的一大优势是能够在真实的市场条件下测试产品策略的不同要素，如产品、产品特征、广告文案、邮寄类型、信封、价格、邮寄名单等。The Teaching Company 邮寄 5000 万份目录，并发送 2500 万封电子邮件来销售教育讲座和课程。每个促销元素都经过测试，例如把米开朗琪罗

"上帝之手"的图片换成一幅描述佩特拉古城废墟的图片，使销售额提升了 20% 以上。[43]

回复率通常会低估一项活动的长期影响。假设只有 2% 的收件人在收到宣传新秀丽（Samsonite）行李箱的邮件时下了订单，但更大比例的人开始知晓这个产品（寄送的邮件有很高的阅读率），还有一部分人可能在以后有了购买意向（无论是通过邮件还是在零售店）。另一些人可能会因为收到的邮件向其他人提到新秀丽这个名字。为了更好地评估该促销活动的作用，一些公司开始衡量直销对知名度、购买意向和口碑的影响。

直邮包括寄送普通邮件或电子邮件。电子邮件使营销者能够向客户提供信息并与之沟通，但成本只是普通邮件的一个零头。电子邮件是非常有效的销售工具。据估计，电子邮件促使购买的比率至少是社交媒体广告的三倍。为了提高有效性，电子邮件必须提供及时的、有针对性的和相关的信息。吉尔特集团根据收件人过去的点击率、浏览记录和购买记录，每天为其闪购网站发送 3000 多封不同的电子邮件。[44]

对个人隐私重视程度的提升，使许多消费者拒绝与品牌商分享任何个人资料，即使这样做会给他们带来更有针对性的优惠折扣。一些公司询问消费者是否以及何时愿意接收电子邮件。花卉零售商 FTD 允许客户选择是否接收电子邮件提醒，以便消费者可以在几乎任何节日以及特定的生日和纪念日送花。

目录营销

使用目录营销的公司可以发送全线商品目录、专业消费者目录或商业目录。这些目录通常是以印刷品的形式发送，但也可以在网上发送。数以千计的小企业也会发行专业目录。许多直销者发现将目录和网站结合起来是一种有效的销售方式。例如，固安捷公司每年都会出版一份近 3000 页的大型印刷目录，同时在网上发布该目录的数字可检索版本，以及印刷版目录以外的补充内容。[45]

目录营销是一门庞大的生意。全美的互联网和目录零售业包括 37000 家公司，这些公司的年收入合计 4600 亿美元。[46] 成功的目录营销需要仔细管理客户名单以避免重复或坏账，控制库存，提供高质量的商品以减少退货，并且树立独特的形象。

一些公司在目录营销中增加文字或信息特征，向客户派发样品，在网上或电话中开设专线答疑，向最佳客户寄送礼物，并将一定比例的利润捐给慈善事业。另外，将全部目录列在网上也让企业营销者比过去更好地接触全球消费者，并节省了印刷和邮寄成本。

电话营销

电话营销是利用电话和呼叫中心来吸引潜在客户，向现有客户销售，并通过接受订单和回答问题提供服务。电话营销帮助公司增加收入，降低销售成本，并提高顾客满意度。公司利用呼叫中心进行来电营销（inbound telemarketing）——接收来自客户的电话，以及去电营销（outbound telemarketing）——向潜在客户和客户打电话。

随着时间的推移，电话营销已经失去了它的大部分效力，尽管它仍然大量用于政治活动中。然而，B2B 电话营销正在增加，部分原因是视频会议的使用将越来越多地取代——尽管无法完全取代——昂贵的现场销售电话（field sales calls）。

一种流行的电话营销形式是使用机器人通话，即使用基于计算机的自动拨号器传达预先录制的信息的电话。在美国，只有在提供相关信息时，使用预先录制信息的电话才是合法的，例如医生预约提醒、航班变更通知和信用卡欺诈提醒，或是涉及选举活动。销售产品和服务的机器人通话被视为不合法。[47]

信息性广告

一些公司将电视广告的销售能力与信息和娱乐的吸引力相结合，准备了时长 30 分钟和 60 分钟的信息性广告（infomercials）。专题广告宣传的是复杂的、技术先进的或需要大量解释的产品。一些成功的信息性广告产品包括 Proactiv 祛痘系列、P90X 健身计划和乔治·福尔曼烤架。居家购物频道致力于通过免费电话或依靠互联网来销售商品和服务，并在 48 小时内交货。

>> 利用前重量级拳击冠军代言的电视信息广告已被成功地用于销售乔治·福尔曼（George Foreman）烤架。

Source：HORST OSSINGER/EPA/Newscom

直接营销的未来

直接营销的兴起导致了越来越多利基市场的出现。时间总是不够用、厌倦了交通和停车问题的消费者喜欢上了免费电话、永远开放的网站、次日送达的服务以及直接营销者对客户服务的承诺。另外，许多连锁店放弃上架销售速度较慢的特殊商品，为直接营销者向感兴趣的购买者推广这些商品提供了机会。

卖家也可以从直接营销中获益。直接营销者可以购买名单，里面包含了几乎所有可以想象到的群体类别：左撇子、高个子、百万富翁，或者任何你能说出来名字的群体。直接营销者可以定制个性化信息，与每个客户建立持续的关系。例如随着孩子的成长，新父母会收到新衣服、玩具和其他商品的定期邮件。

直接营销可以在潜在客户需要招揽的时候接触到他们，因此他们会被更多高度感兴趣的潜在客户注意到。它可以让营销者测试其他媒体和信息，找到最具成本效益的方法。直接营销能够有效地帮助公司在竞争对手面前隐藏报价和策略。最后，直销者可以通过衡量消费者对其活动的反应，决定哪些活动是最有价值的。

直接营销必须与其他传播和渠道相结合。艾迪鲍尔（Eddie Bauer）、Lands'End 和富兰克林造币厂（Franklin Mint）在开设零售店之前，通过直邮和电话订购业务建立了自己的品牌。它们通过不同渠道交叉宣传自己的商店、目录和网站——例如，把它们的互联网地址印刷在购物袋上。

成功的直接营销者把与客户的互动视为一个追加销售、交叉销售或是加深关系的机会。他们确保对每个客户都有足够的了解，以定制和个性化其报价和信息。同时，直接营销者还会根据对客户生活事件和生活阶段的了解，为每个有价值的客户制订终身营销计划，并精心安排活动中的每个元素。

营销
洞察　|　大客户管理

营销者通常会把大客户（major account，也称为关键客户、全国性客户、全球性客户或总部客户）挑选出来加以关注。这些重要的客户分散在不同部门的多个区域，且在不同区域使用统一的定价及服务。大客户经理通常向全国销售经理报告，并监督现场销售代表拜访其区域内的客户工厂。每家公司平均有75个大客户，如果一个公司有多个大客户，它可能会组织一个大客户管理部门。在这样的部门中，一名大客户经理平均要管理9个大客户。

大客户通常由一个战略客户管理团队来管理，该团队有跨职能的成员，并整合了新产品开发、技术支持、供应链、营销活动和多渠道沟通，以涵盖大客户关系的方方面面。宝洁公司在阿肯色州本顿维尔的总部有一个由300名员工组成的与沃尔玛合作的战略客户管理团队，还有更多的员工驻扎在沃尔玛位于欧洲、亚洲和拉丁美洲的总部。宝洁公司认为维护这种关系为公司节省了数十亿美元。

大客户管理正在增长。通过公司并购，买家的集中度得到提高，少数几个买家占据了卖方公司大部分的销售额。选择集中采购，买家可以获得更高的议价能力。而且随着产品变得越来越复杂，买方组织中有更多的成员会参与到购买过程中。传统的销售人员可能不具备向大买家有效销售的技能、权力或覆盖范围。

在选择大客户时，公司关注那些购买量大（尤其是购买高利润产品）、集中采购、需要在多地提供高水平服务、可能对价格敏感且希望建立长期伙伴关系的客户。大客户经理作为单一联系点，开发和发展客户业务，了解客户决策过程，识别增值机会，提供竞争情报，进行销售谈判，并协调客户服务。

许多大客户寻求的是附加价值，而不是价格优势。他们喜欢有一个特定的联系人，享受单一账单、特殊保证、电子数据交换（EDI）链接、优先运输、早期信息发布、定制产品、高效的维护修理和升级等服务。他们也懂得商誉的价值。与重视大客户业务并能从中得利的人建立个人关系，是大客户保持忠诚度的一个重要因素。[48]

本章小结

1. 人员销售涉及营销人员与一个或多个潜在买家的直接互动，目的是介绍产品、回答问题和获得订单。人员销售有三个显著的特点：定制化、以关系为导向，以回应为导向。

2. 任何有效的销售过程都包含几个主要步骤：寻找潜在客户、预先调查、展示和介绍、说服、成交和提供服务。出色的销售人员要接受分析方法和客户管理的培训，掌握职业销售的艺术。

3. 销售队伍帮助公司与客户进行联系。销售人员是公司与客户的纽带，将客户的需求信息带回公司。深思熟虑地设计和管理销售队伍，对于最大限度地提高公司销售工作的效率和成本效益至关重要。

4. 设计销售队伍需要确定目标、战略、结构、规模和报酬。目标包括寻找客户、锁定目标、传播、销售、服务、信息收集和分配。战略要求选择最有效的销售方法组合。构建销售队伍需要按地域、产品或市场（或这些因素的某种组合）来划分类型。为了准确计算销售队伍的规模，公司要计算总的工作量和销售时长。给销售代表提供报酬需要确定工资、佣金、奖金、费用支出、福利，以及顾客满意度在总报酬中的比重。

5. 管理销售团队包括五个关键部分：(1) 招募和挑选销售代表；(2) 对销售代表进行销售技巧以及公司产品、政策和顾客满意度方面的培训；(3) 监督销售队伍，帮助销售代表有效利用时间；(4) 激励销售队伍，平衡配额、货币奖励和补充激励措施；(5) 评估个人和团体的销售业绩。

6. 直接营销是不使用营销中间商，而是直接接触客户并向客户提供商品和服务的方式。直接营销者可以使用一些渠道来接触潜在个人客户和顾客：直邮、目录营销、电话营销、售货亭、网站和移动设备。他们通常用客户订单来衡量直销结果。

7. 主要的直接营销渠道包括直邮、目录营销、电话营销和信息性广告。这些渠道为公司提供了几个好处：(1) 不仅可以让目标客户了解产品的优势，还可以产生销售；(2) 相对于其他沟通形式，直接营销不易被竞争对手察觉；(3) 直接营销者能够衡量客户反应，以判断最有利可图的沟通方式。

营销
焦点 | 雅芳

雅芳是世界上最早开始直销的美容公司。1886 年，上门推销图书的大卫·麦可尼（David McConnell）提供免费的香水以吸引女性顾客，雅芳由此起步。当他发现香水更受欢迎时，麦可尼放弃了图书销售，创办了加州香芬公司（California Perfume Company）。后来他的儿子以莎士比亚出生地的一条河流埃文（Avon）河重新命名该公司。麦可尼雇用了 50 岁的阿尔比（P.F.E.Albee）夫人兜售香水，并招募了一支销售团队。雅芳给当时的妇女提供了首批外出工作和赚取收入的机会，这与当时的社会风气格格不入。雅芳的第一份目录是在 1905 年印刷的，第一个印刷广告出现在次年的《好管家》（Good Housekeeping）杂志上，25 年后，《好管家》杂志为雅芳 11 种产品颁发了认可印章，这对一个公司来说是了不起的记录。

随着"叮咚，雅芳召唤"的电视广告在 20 世纪五六十年代出现，意味着那些敲门拜访、主持聚会和征集朋友的雅芳女士们在主流文化中占据了一席之地。雅芳的基本直销模式多年来一直没有大的变化。雅芳代表的入门费用不高，他们可以选择三种入门套件（25 美元、50 美元和 100 美元）中的一种，包含目录、产品样本、订单垫板、送货袋和招募表格。雅芳每两周"活动"期间都会印制一份新的目录。代表们向客户和潜在客户推销这些目录，并从雅芳提供给他们的库存中获取订单。客户现在也可以直接在网上订购。对个人和团队销售额不超过 150 美元的销售代表，佣金为销售额的 20%；销售额超过 500 美元的，佣金比例提高至 40%；销售额超过 10000 美元的，佣金比例为销售额的 50%。根据"活动"销售水平，为 10 个"领导者"提供额外奖金和奖励。

销售代表还招募其他人加入他们的团队，这些人再招募自己的新代表，发展下线，为团队领导增加更多的佣金。但雅芳的团队拓展是有界限的。雅芳退出直销协会时引起了轩然大波，理由是需要对有时被视为庞氏骗局的多级营销提出更严格的道德规范。该公司对销售代表从招募他人中获得的利润额进行了限制。雅芳允许代表从其个人销售组织发展的三级下线中提取佣金，而不是从无限数量的下线中提取佣金。这就使得销售代表将重点放在对客户的销售上，而不是放在团队建设上。

雅芳很早就进入了国际市场，巴西在 2010 年成为雅芳最大的销售市场。但该公司在国际和国内都面临着越来越激烈的竞争。宝洁和联合利华等跨国公司顺利进军发展中国家市场，而百货公司和药妆店则增加了消费者对廉价化妆品的选择；同时，犹他美容（Ulta Beauty）和丝芙兰（Sephora）等零售商也开始出现。2010—2014 年，犹他美容的销售额从 14.5 亿美元上升到 32 亿美元，而雅芳在北美地区的销售额则从 22 亿美元下降到 10 亿美元。

雅芳市场份额下降的原因之一是该公司没有及时采用飞速发展的网络营销和社交网络。直到 2014 年，雅芳才试图修整其十年来没有改造过的网站，并专门为其西班牙裔销售代表制作营销材料，而西班牙裔代表的销量远远超过其非西班牙裔的同行。社交媒体和在线销售正变得越来越重要，因为在美国这样一个女性几乎占劳动力 50% 的世界里，面对面的接触变得越来越困难。此外，千禧一代是一个快速增长的市场，预计其年消费能力将达到 1.4 万亿美元。他们更喜欢在线活动而不是上门活动，他们都非常关注脸书、Instagram 和推特上的意见领袖，这一类的社交媒体营销是雅芳未曾关注的。

2015 年，雅芳进行业务拆分，将其大部分北美业务出售给私人投资公司瑟伯罗斯（Cerberus）资本管理公司，并将总部迁至伦敦。2017 年，雅芳的市值从十多年前的 210 亿美元降至 13 亿美元。其原因在于 21 世纪初，雅芳并没有明确的营销战略，一直在直销和零售之间徘徊，没有可用的软件平台促使公司向在线销售过渡。雅芳参与了一些企业重组，但这些活动更多的是削减成本而不是基于企业的战略愿景，并且在快速增长的中国市场面临着监管挑战。

联合利华欧洲业务部前总裁扬·齐德维尔德（Jan Zijderveld）于 2018 年 2 月成为雅芳的首席执行官。他意识到雅芳已经迷失方向，为了实现增长和繁荣，必须加强利用新兴趋势和机会的能力。他与赛富时合作，宣布投资约 3 亿美元用于雅芳的信息技术、新产品、营销、培训和数字工具。为了将雅芳带入数字时代，曾在帝亚吉欧（Diageo）任职的首席美容和品牌官詹姆斯·汤普森（James Thompson）决心加强对销售代表的持续培训，让他们了解如何有效地使用脸书和 Instagram 平台。此外，雅芳还利用自己的平台将直接在线购买的产品与销售代表联系起来。雅芳还任命了其有史以来第一位首席数字官，负责开发个性化的美容应用程序，通过手机摄像头将客户与销售代表联系起来；同时注重数据分析，以消除消费者在购买化妆品时的疑虑。以直销为根本，同时拥抱新技术以应对消费者社交、信息交流与购物方式的变化，雅芳正在寻求改造其商业模式，并期望重新获得市场地位。

2020 年 1 月，雅芳被巴西跨国化妆品公司大自然（Natura &Co）收购，加入了大自然的品牌组合，该品牌组合包括大自然（Nature）、美体小铺（The Body Shop）和伊索（Aesop）。此次收购使大自然公司在线上线下的关系销售领域获得领先地位，雅芳和大自然品牌的顾问和销售代表人数超过 630 万。[49]

问题：

1. 哪些因素促成了雅芳最初的市场成功？这些因素如何随着时间的推移而演变？

2. 雅芳对其客户、销售人员和利益相关者的价值主张是什么？

3. 在过去几十年里，个人销售的作用是如何变化的？鉴于社交媒体和移动通信无处不在，个人销售能否继续成为一种可行的商业模式？

营销
焦点 ｜前进保险

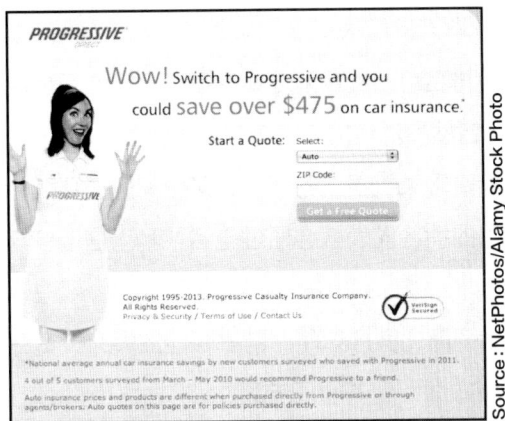

前进保险公司（Progressive Insurance）是美国最大的汽车、摩托车、船舶和房车保险供应商之一。该公司成立于 1937 年，被认为是行业内最具创新性的保险机构之一。从一开始，前进保险公司的理念就是"不像其他公司一样"对待汽车保险。

前进保险通过其独特的产品和服务来吸引新客户。例如，它是第一家提供驾车索赔服务、24 小时索赔服务和为低风险驾驶者降低保险费率的保险公司。1994 年，前进保险公司推出了保险比较服务，鼓励客户拨打 800-AUTO-PRO（现在是 800-PROGRESSIVE）来获得前进公司的报价以及三个竞争对手的比较报价。之后，前进公司通过在互联网上推出比较利率购物（comparison-rate shopping）服务而扩大了这项服务。前进保险率先推出即时反应车（Immediate Response Vehicle, IRV），这种特殊的车辆可以将训练有素的索赔专家带到客户需要的地方，甚至是事故现场。今天，该公司已将其 IRV 服务扩展到全国各地。

近年来，保险业发生了很大变化。因为消费者的受教育程度越来越高，成本意识越来越强，在购买过程中不太可能使用代理人。前进公司的营销战略和创新业务负责人乔纳森·比默（Jonathan Beamer）解释了该公司的媒体战略："作为一家公司，我们一直相信客户能够通过他们选择的渠道与我们互动。过去是通过电话、在线服务或代理人；现在，社交媒体是客户与品牌互动的另一种方式。"该公司有一个由 35000 名独立代理人组成的网络，同时也让客户有机会通过互联网或移动设备与该公司互动。前进公司也为消费者提供了多种选项，以便管理其索赔。保单持有人可以选择将他们的受损车辆送到前进公司的服务中心，也可以打电话给前进公司的路边援助人员解决包括爆胎、开锁在内的各种问题。

近年来，消费者对前进公司的营销活动反应积极，这要归功于该公司的标志性人物弗洛（Flo）。弗洛是一个古怪、机智、有个性的员工，身穿印有公司标志的白色制服和白色围裙。她代表了前进公司的品牌和员工。弗洛的广告通常设定在一个想象中的保险超市里，针对的是正在考虑购买新保险或更换保险公司的消费者。该公司发现，用一个人代表前进保险，有助于消费者把购买和销售保险这种无形行为想象成有形行为。前进公司也经常在其广告中展示一个白蓝色的"保险套餐"。这再次强化了一个概念，即前进公司销售的是具体而不是抽象的东西。在每个广告中，弗洛都不遗余力地帮助客户和他们的企业。她与水管工一起工作，与园艺师一起搬运灌木，并在大雨中找到被困的汽车和司机。弗洛及其保险套餐，以及前进公司想象的保险超市，都有助于前进公司在竞争激烈的行业中脱颖而出。

弗洛已经成为当今市场营销中最有辨识度的广告图标之一，并使得"前进保险"成为家喻户晓的名字。前进公司的营销团队很注意保持她的现代性和相关性。弗洛出现在包括电视、电脑、移动设备、智能手机应用程序、视频游戏（如《模拟人生》)和 YouTube 动画视频等各种屏幕上。她甚至拥有自己的脸书页面（以及数百万的粉丝）。前进保险的营销也赢得过多个奖项，包括《广告周刊》的"品牌天才：年度营销者奖"（Brand Genius: Marketer of the Year Award）和旨在鼓励营销效率的艾菲奖（Effie award）等。

前进公司是利用技术简化保险销售过程的领导者。该公司的技术手段包括如下内容：

- 政策性服务和管理使客户能够更新信息、付款、获得车辆召回信息等众多资讯。
- 在线索赔报告使客户能够使用专有的可视化报告工具，在几分钟内报告汽车事故和索赔信息。它甚至可以安排顾客在附近的维修店预约。
- 费率表同时显示前进汽车的实际保险费率与其他顶级汽车保险公司的费率。
- 代理人定位器使那些喜欢通过代理人购买保险的客户能够搜索到当地的独立保险代理人。
- "联系我"服务提供在线客户服务，让对汽

车保险报价有疑问的购物者通过互联网与代表交谈，或让代表直接打电话给他们。

为了让客户更方便地了解前进保险，该公司还依托脸书即时通（Facebook Messenger）创建了弗洛聊天机器人（Flo Chatbot）体验，从而成为美国排名前十的保险公司中第一个允许用户用熟悉、自然和对话的方式与公司进行互动的公司。如果弗洛聊天机器人不能回答某个问题，那么前进公司的销售代表就会通过电话或私人信息参与谈话。

除了简化客户体验，前进保险还大力投资开发解决方案，为其全国范围内的独立代理赋能。前进公司在 2018 年推出的"仅供代理人使用"投资组合报价平台包含多种功能，旨在提高销售代理人的效力和效率。这些功能包括：

- 整合第三方数据，帮助代理人识别并快速添加用客户地址登记的额外车辆、司机和产品。
- 自动填写跨产品报价的重复信息以减少工作量。
- 简化报价和购买体验，在单一工作流中支持住宅、公寓、租户、汽车及休闲线路等产品的购买。
- 并排展示信息的屏幕可以帮助代理人为客户提供正确的保险建议。
- 在报价培训中，强调折扣机会以及增加客户和代理价值的功能。

前进公司在过去二十年中的增长令人印象深刻，因为它提出了创新和高性价比的保险解决方案及有效的直销活动。1996—2019 年，前进公司的销售额从 34 亿美元增长到 390 亿美元。它现在是美国第三大汽车保险公司，也是摩托车和商

业汽车保险的主要销售商，还是排名前 20 的业主保险商。[50]

问题：

1. 多年来，前进公司在吸引新的保险客户方面有哪些出色的表现？

2. 前进公司的直销活动主要是围绕弗洛这个人物展开的。为什么她能在消费者中产生如此大的共鸣？

3. 前进公司还应该做些什么以确保其在竞争激烈的保险业中保持"领先地位"？

第六部分
渠道价值
Delivering Value

15

设计和管理分销渠道

学习目标	1. 阐明营销渠道的作用。
	2. 解释关键的渠道管理决策。
	3. 讨论企业如何管理渠道合作与冲突。
	4. 探讨企业如何管理市场物流。

里昂比恩 (L.L. Bean) 已经超越其著名的目录营销，还通过网上和自有实体店进行销售。
Source: L.L.Bean

成功的价值创造需要成功的价值传递。整体营销者不仅关注他们的直接供应商、分销商和客户，而且一直把整个供应链作为一个价值网络来探究，上至供应商的上游供应商，下至分销商的下游客户。此外，他们也在关注科技如何改变顾客的购物方式和零售商的销售方式，并寻找与过去不同的新方法来分销和服务他们的市场供应品。分析一下里昂比恩是如何通过渠道战略的完善实施建立起强大顾客关系的就明白了。

里昂比恩的创始人里昂·里昂伍德·比恩 (Leon Leonwood Bean) 于 1911 年从缅因州的一次狩猎旅行中回家，他的双脚又冷又湿，于是他有了一个革命性的想法，将皮革鞋面缝合到工人橡胶靴上，做成舒适、实用的靴子。比恩向某个猎人邮件列表发送了一份三页的广告传单，描述了他的新缅因州狩猎鞋的好处，并提供完全退货保证。但这双鞋一开始并不成功。在最初订购的前 100 双鞋中，有 90 双因顶部和底部裂开而被退货。比恩信守诺言，退还了购鞋款并解决了问题。里昂比恩很快就成为令人信赖的户外用品的可靠供货商，并获得专家推荐。公司 100% 的顾客满意保证仍然是其业务的核心理念，正如其最初的黄金法则："以合理的利润销售出色商品，像对待熟人一样对待你的顾客，他们一定会回来买更多。"慷慨的退货政策，允许买家随时退货或更换全新产品，让里昂比恩吸引了许多顾客。然而，多年后，越来越多的投机者开始利用这一政策，例如，在二手市场购买旧的和坏的里昂比恩产品退回给商家来获得全额退款。作为回应，里昂比恩被迫修改其已有 102年历史的退货政策，理由是因投机者滥用其自由退货政策而致其在 5 年内损失超过 2.5 亿美元。更新后的退货保证只为顾客提供一年的退货时间，同时需要出示购买收据。尽管新政策与其他一些户外零售商差不多，但里昂比恩还是因为取消珍贵的无限退货政策而遭到顾客的强烈反对。[1]

电子商务（网上销售）和移动商务（通过移动设备进行销售）的出现，使得消费者拥有前所未有的购物方式。如今公司必须建立和管理不断发展且日益复杂的渠道系统和价值网络。在本章中，我们将思考整合营销渠道和发展价值网络的战略和战术问题。我们将在第 17 章从零售商的角度来探讨营销渠道问题。

分销渠道的作用

大多数的生产者并不是将其产品直接出售给最终用户，在生产者和最终用户之间有一系列各司其职的营销中间商。这些中间商组成了营销渠道（也称贸易渠道或分销渠道）。**分销渠道**（distribution channels）是指参与使产品或服务可供使用或可被消费的过程的一系列相互依赖的组织。它们是产品或服务在生产后的一系列路径，直至产品或服务由最终用户购买并消费。[2]

有的中间商——如批发商和零售商——购买产品、获得所有权并再售，他们被称为**商业中间商**（merchants）。有的中间商如经纪人、制造商代表和销售代表则寻找顾客，有时也代表生产商进行谈判，但不取得商品所有权，他们被称为**代理中间商**（agents）。此外，还有一些中间商如运输公司、独立仓库、银行和广告公司协助分销活动，但既不取得商品所有权，也不参与买卖谈判，他们被称为**辅助中间商**（facilitators）。

所有类型的渠道对公司的成功都至关重要，并影响公司其他的营销决策。营销者应在产品的生产、分销、销售和服务的整个流程中对其进行判断。营销渠道的主要作用之一是将潜在客户转化为盈利客户。营销渠道不仅要服务于市场，还必须创造市场。

渠道选择会影响其他所有的营销决策。公司的定价取决于它是在线上折扣店还是高档精品店销售。公司的销售队伍和广告决策也取决于经销商需要多少培训和激励。此外，渠道选择还包括对其他公司的长期承诺，以及一系列的政策和程序。当一家汽车制造商授权某独立经销商销售其汽车时，它不太可能在隔天就收回授权，并代之以公司自己的经销门店。但同时，渠道选择本身也取决于公司的营销战略。整体营销者要确保所有这些不同领域的营销决策目标都是整体价值最大化的。

为什么生产者要把部分销售工作委托给中间商，放弃对其产品销售方式和对象的控制？中间商通过它们的关系、经验、专业化和经营规模，使商品全面进入目标市场，可提供比生产企业自身销售时更高的效益和效率。

许多生产者缺乏直接面向其顾客营销的财力、资源和专业知识。对于箭牌公司（William Wrigley Jr. Company）而言，在世界各地建立小型口香糖零售店，或通过在线和邮购渠道销售口香糖都是不现实的。通过由私人分销组织组成的庞大分销网进行销售要容易得多。即使是福特公司也很难取代它在全球的 8000 多个经销商网点来完成销售任务。

分销渠道的功能

分销渠道承担将商品从生产者转移到消费者手中的任务，必须克服产品和服务与需要它们的消费者之间的时间和空间距离。营销渠道成员执行许多重要功能：

- 收集营销环境中有关潜在顾客和现有顾客、竞争者和其他参与者及其力量的信息。
- 开发并推广具有说服力的沟通方式，以刺激购买并培养品牌忠诚度。

- 就价格和其他条款进行谈判并达成协议，以实现所有权或占有权的转移。
- 向制造商下订单。
- 获取向营销渠道中不同层次的存货提供融资服务的基金。
- 承担开展渠道有关工作所涉及的风险。
- 为买方提供融资，并促进付款。
- 协助买方通过银行和其他金融机构支付其账单。
- 监督所有权从一个组织或个人向另一个组织或个人的转移。

所有的渠道功能都有三个特点：它们使用稀缺资源；这些功能通常可以通过专业化来更好地发挥作用；各类功能可以在渠道成员之间相互转换。渠道功能可以用分销渠道上的商品和服务流来说明。图 15-1 展示了五种最常见的渠道流。如果把这些流合并在一张图上，我们就会看到，即使是最简单的营销渠道也极其复杂。

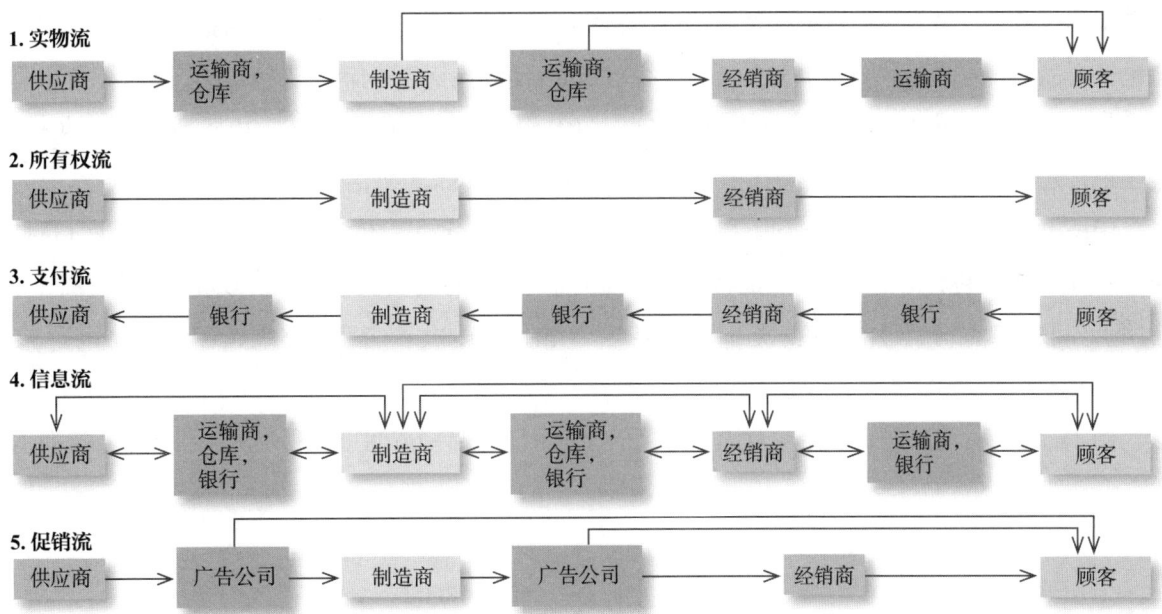

图 15-1
营销渠道中的五种营销流

许多渠道功能涉及商品和服务的双向流动。有些功能（存储和运输、所有权和沟通）构成了从公司到顾客的顺向流程（forward flow）；有些功能（订货和支付）构成了从顾客到公司的逆向流程（backward flow）；还有一些（信息、谈判、融资和风险承担）则是双向流程。

对营销者来说，问题不在于是否需要执行各种渠道功能——因为它们必须执行——而在于由谁来执行。将一些功能转移给中间商可以降低生产商的成本和价格，但中间商则会通过加价来弥补其成本。如果中间商比制造商更有效率，消费者承担的价格应该更低。如果消费者自己执行一些渠道功能，他们应该享受更低的价格。因此，渠道机构的变化在很大程度上是由于发现了更有效的方式来合并或分拆向目标顾客提供各种商品的经济功能。

渠道层次

分销渠道可以用生产商和最终顾客之间中间商的数量来描述。中间商的数量，也被称为渠道层次，界定了分销渠道的长度和广度。图 15-2（a）展示了几种不同长度的消费品营销渠道。

零层渠道（zero-level channel），也叫**直接营销渠道**（direct marketing channel），是由制造者直接销售给最终顾客。直接营销的主要方式有邮购、网上销售、电视直销、电话销售、上门推销、家庭聚会和制造商直营门店。传统上，富兰克林造币公司通过邮寄方式来销售收藏品；红信封（Red Envelope）通过网上渠道销售礼品；时代生活（Time-Life）通过电视广告或更长的知识性广告销售音乐唱片和电视剧；非营利性组织和政治组织及竞选候选人利用电话筹集资金；雅芳的销售代表则上门推销化妆品；特百惠通过家庭聚会销售储物盒；苹果公司通过自己的专卖店销售电脑和其他消费电子产品。现在，这些公司中大多通过在线营销或目录营销直接向消费者销售其产品。甚至一些传统的消费品公司也在考虑将面向消费者的直销（Direct-To-Consumer, DTC）电子商务网站纳入其渠道组合之中。金佰利在英国成立了一个网上商店 Kleenex Shop（舒洁小店）。

单层渠道（single-level channel）指只包含一个中间商的分销渠道，如零售商。**双层渠道**（dual-level channel）则包含两个中间商，通常是一个批发商和一个零售商。在日本，城市人口密度高，零售网点分散，食品分销可能多达六层。随着渠道层次的增加，生产者获取终端顾客信息和实施控制变得越发困难。

图 15-2（b）展示了 B2B 企业营销中常用的渠道。工业品制造商可以利用其销售队伍直接向工

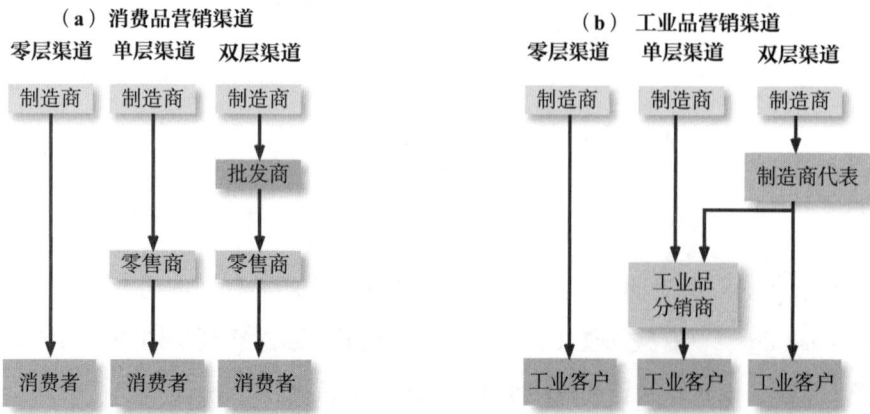

图 15-2
消费品和工业品营销渠道

业客户销售，也可以销售给工业分销商，再由分销商销售给客户，还可以通过制造商代表或自己的销售分支机构直接向工业客户销售，或通过工业分销商间接向工业客户销售。零层、单层和双层营销渠道是颇为常见的。

渠道一般是指产品从源头到用户的正向移动，但**逆向流渠道**（reverse-flow channels）也很重要。逆向流渠道有几个重要的功能，例如重复使用产品或容器（如可反复装化学品的桶），翻新产品（如电路板或计算机）的再次销售，循环使用产品，以及将产品和包装作为废品处理等。

逆向流渠道的中间商包括：制造商的回收中心、社区团体、废品集运专业商、回收利用中心、废品回收经纪商和中央处理仓库。

多渠道分销

如今，成功的公司都会采用多渠道分销，即通过两种或两种以上的营销渠道来触达某市场领域的客户群体。惠普公司利用其销售队伍向大客户销售，利用呼出电话营销向中型客户销售，利用直邮结合呼入电话营销的方式向小型客户销售，也利用零售商向更小的客户销售，还会通过互联网销售专门产品。每种渠道都可以针对不同的顾客群体，或者同一顾客的不同需要状态，以期用最低的成本，通过最恰当的方式，在最佳地点向顾客推荐最合适的产品。[3]

当不同的渠道针对相同的顾客时，就会产生渠道冲突、成本过高或需求不足等情况。Dial-a-Mattress 先是通过电话直销床垫，后来又在网上销售，成功发展了 30 年。然而，它在主要都市区域开设 50 家实体店的大规模扩张计划却惨遭失败。管理层顾虑黄金地段的成本太高而选择了次等地段，而次等地段又无法吸引足够的客流量，最终导致该公司破产。[4]

另一方面，当大型目录营销商与互联网零售商对实体店进行大量投资时，出现了不同的结果。商店附近的顾客通过目录购物的频率降低了，但他们的网上购物却没受影响。这说明，喜欢花时间浏览信息的顾客也乐于使用目录购物或逛商店，这些渠道之间是可以互相转换的。另一方面，喜欢网上购物的顾客更注重交易及效率，所以他们受实体商店信息推荐的影响较小。由于便利性和可及性，在商店退换货的现象增加，但在商店退换货顾客的额外购买量可抵销一部分收入赤字。[5]

研究表明，多渠道顾客对营销者来说可能更有价值。[6] 诺德斯特龙发现，其多渠道顾客的消费额是单一渠道顾客消费额的 4 倍。尽管一些学术研究表明，这一效应对享乐型产品（服装和化妆品）的影响比功能型产品（办公用品和园艺用品）更大。[7]

如今，大多数公司都采用了多渠道营销。迪士尼通过多种渠道销售其视频产品：例如网飞和 Redbox 等电影租赁商，迪士尼商店（由 The Children's Place 所有并经营）、百思买等零售店，迪士尼官方网店和类似亚马逊的网上零售商，迪士尼俱乐部目录和其他目录销售商，还有其订阅流媒体服务的 Disney+。通过多种多样的渠道，迪士尼获得了最大的市场覆盖面，并能够以不同价格销售其视频产品。

有时，由于跟强势渠道之间存在合作困难、成本过高或效果不佳等问题，公司会选择一个全新的或非传统的渠道。当电影租赁商店迅速衰落时，Coinstar 公司成功地推出了 Redbox——一家 DVD 和游戏连锁租赁商。网飞迅速摒弃曾给它带来巨大成功且具有颠覆意义的渠道——直邮，转而利用新渠道。

公司正越来越多地使用数字分销策略，在公司网上直接销售给顾客，或通过拥有自己网站的电商公司销售。在此过程中，这些公司试图确保不同的渠道能够无缝对接，并与每个目标顾客的偏好相匹配，无论顾客是在网上、商店里还是电话的另一端，都能提供正确的产品信息和客户服务。

使用多种分销渠道可以给公司带来三个重要的好处。第一是提升市场覆盖面。如前所述，不仅更多的顾客能够在更多渠道购买到公司的产品，而且多渠道购买的顾客往往比单渠道顾客更有利可图。[8] 第二个好处是降低渠道成本。在网上或通过目录和电话销售触达小客户比用人员销售成本更低。第三是可提供定制化的销售——比如增加技术型销售队伍来销售复杂设备。

使用单一渠道往往效率不高。在只使用直销渠道队伍的情景下，销售人员必须寻找线索发现客户、进行资格审查、预售、完成销售、提供售后服务，并管理客户增长。反过来，使用整合多渠道方法，公司的营销部门可以开展预售营销战役，通过广告、直邮和电子邮件向潜在客户介绍公司产品；通过电话营销、电子邮件和贸易展会发现潜在客户线索，并将线索划分为热情、温和或冷淡三类。销售人员在潜在客户准备好谈生意时介入，并将宝贵时间花在达成销售上。这种多渠道架构在最小化成本和冲突的同时，优化了市场覆盖面、定制化和控制。

然而，这也需要权衡。引入新渠道通常会带来冲突以及控制和合作方面的问题。两条或更多渠道可能会面临争夺同一群客户的情况。[9] 显然，公司需要仔细思考如何构建其渠道结构，并确定哪些渠道应该执行哪些功能。[10]

因此，同时管理网上和网下渠道已成为许多公司的当务之急。[11] 至少有三种策略可以获得中间商的认可。第一，在网上和网下提供不同的品牌或产品；第二，需要向网下合作伙伴支付更高的佣金，以补偿对销量的负面影响；第三，网上下单，但由网下零售商送货并收款。哈雷戴维森公司在这方面就做得非常好。

>> 为了不激怒任何渠道伙伴，哈雷戴维森在拓展网上渠道时会提示客户选择网下哈雷经销商来购买零组件、配件和普通商品。

Source: Kristoffer tripplaar/Alamy Stock Photo

哈雷戴维森 哈雷戴维森向其忠实追随者销售了价值超过 10 亿美元的摩托车零组件——大约占其年收入的 25%，下一步计划则是开展线上业务以扩大客户群体。然而，公司需小心翼翼，以免激怒 850 家经销商，因为它们一直得益于从哈雷的销售中获取高额利润。公司的解决方案是鼓励网上顾客选择一个哈雷经销商来提货，确保经销商仍会专注于客户体验。反过来，经销商则需满足一些标准，如每天检查订单两次并及时发货。店内提货也是顾客的一种选择，并且有些产品只能在店内购买。[12]

公司应该为不同规模的企业客户使用不同的销售渠道——大客户使用直接销售，中型客户使用数字化策略或电话销售，小客户使用分销商——但应警惕在争夺客户归属权上面引起冲突。例如，地区的销售代表可能希望其所在地区内的所有销售额都作为自己的业绩，不论使用何种销售渠道。

多渠道营销者还需要决定在每种渠道中投放多少商品。巴塔哥尼亚认为网络是展示其全线商品的理想渠道，因为其零售店的空间有限，只能展示部分选品，这些选品还不到其目录上商品的 70%。[13] 其他一些营销者则倾向于限制网上展示的商品数量，他们的依据是，顾客希望在网站和目录中直接看到"最佳"产品系列，而不想通过翻阅几十页的商品目录来寻找合适产品。REI 就是一家对多种渠道进行精细管理的公司。

≪ 多渠道购买已被证实可以刺激销售，这也是户外装备供应商 REI 在无缝整合其零售、互联网、目录营销和电话销售活动后得出的经验。

Source: Darryl Brooks/Alamy Stock Photo

REI 户外装备供应商 REI 因其零售店、网站、网络购物小店、邮购商品目录、廉价商店、移动应用和免费订购电话的无缝整合而广受业界分析师称赞。如果某件商品在实体店内缺货，顾客只需在店内网络购物小店点击 REI 网站就可以订购。不太熟悉互联网的顾客可以让店员在收银台为他们下订单。REI 不仅从实体店向网店输送流量，而且还将网上购物者带到实体商店。如果顾客浏览了 REI 的网站，并阅读一篇在 REI "学习和分享"板块关于背包旅行的文章，那么网站可能就会突出显示店内的登山靴促销活动。为了创造跨渠道的共同体验，REI 官网上评级和评论中使用的特定图标和信息也会出现在店内的商品陈列展示上。像许多零售商一样，REI 发现双渠道购物者的消费明显高于单渠道购物者，而三渠道购物者的消费甚至更高。例如，每三个在网上买东西的人中就有一个会在来商店取货时再多花 90 美元。[14]

渠道管理决策

为了设计营销渠道系统，营销者要分析顾客的需要和欲望，设立渠道目标和约束条件，识别和评估主要渠道选择方案。当公司选择了一种渠道系统后，它必须为每一渠道选择、培训、激励和评价中间商。它还要随时修正渠道设计和安排，包括扩张到国际市场的可能性。

设立渠道目标

营销者应该从旨在触达的顾客，想要提供的服务产出水平，及与之相关的成本和支持水平等方面来表明他们的渠道目标。在竞争条件下，渠道成员应该对其职能任务做出安排，以最大限度地控制成本，并提供所需的服务水平。通常情况下，渠道设计者可以根据所需提供的服务水平确定几个细分市场，并为每个细分市场选择最佳渠道。

消费者会根据价格、产品种类和便利性，以及他们自己的购物目标（经济的、社会的或体验性的）来选择他们喜欢的渠道。[15] 然而，同一个消费者也可能因为不同的原因选择不同的渠道。[16] 有些消费者会"升级消费"，到提供高端商品的零售商店购买如泰格豪雅手表（TAG Heuer）或卡拉威（Callaway）高尔夫球杆，同时也会"降级消费"，到折扣零售商店购买自有品牌的纸巾、洗涤剂或维生素。还有一些消费者可能在光顾实体商店之前浏览目录，或者在网上订购之前先到经销商处试驾汽车。

营销渠道会随产品特征的变化而变化。体积大、重量重的产品，如建筑材料，需要采用运输距离和搬运次数最少的渠道。非标准化的产品，如定制机器，则由销售代表直接销售。需要安装或维护服务的产品，如冷热系统，通常由公司或特许经销商来销售和维护。高单价的产品，如发电机和涡轮机，一般通过公司销售队伍而不经由中间商来销售。

营销者必须根据大环境调整他们的渠道目标。当经济不景气时，生产商希望通过较短的渠道将产品推向市场，而不提供会提高最终定价的服务。法律规章和限制也会影响渠道设计。例如，美国法律对那些严重削弱竞争或造成垄断的渠道安排不会袖手旁观。

在进入新市场时，企业往往会密切观察其他企业的一举一动。欧尚（Auchan）是一家在全球拥有超过 3000 家门店的法国零售商，在它决定进入波兰市场时，重点关注了法国本土的竞争对手勒克莱克（Leclerc）和卡西诺（Casino）在波兰市场的状况。[17] 苹果公司的渠道目标是为消费者创造生动的零售体验，但现有的渠道均无法满足这一目标，因此它选择开设自己的实体专卖店。

苹果专卖店　当苹果在 2001 年开设自己的专卖店时，很多人不看好其发展前景。《商业周刊》发表了一篇题为《抱歉！史蒂夫，这就是为什么苹果专卖店不会成功的原因》的文章。而仅仅五年后，壮观的曼哈顿苹果展示店开业。苹果在全球范围内有 500 多家零售店，雇员达 5 万多人。全世界每天有 100 多万顾客光顾苹果商店，是全世界所有迪士尼主题乐园总游客数的两倍以上。[18] 苹果专卖店每平方英尺的年销售额显著高于蒂芙尼、蔻驰和百思买。不管怎么看，苹果专卖店在激发品牌热情方面取得了绝对成功。他们让顾客观察和触摸产品，体

验苹果产品的功能，让他们更有可能成为消费者。他们针对"技术控"在店内举办产品介绍和讲座；提供全套的苹果产品、软件和配件；由苹果专业人士组成"天才吧"，免费提供技术支持。苹果公司细节至上的理念体现在演示设备上预先下载的音乐和照片、创新的触摸设备（如可减少结账等待时间的流动式信用卡刷卡机），以及在雇员培训上投入的时间。雇员无销售佣金或销售配额。他们被告知的使命是"帮助客户解决问题"。尽管这些专卖店开设之初让已有的苹果产品零售商和授权服务供应商感到不快，但公司也在努力修复双方关系，比如向他们解释开设专卖店是在线销售渠道的自然演进。[19]

Source: olaf Schuelke/Alamy Stock Photo

≪ 苹果公司通过开设自己的专卖店创造了一个充满活力的氛围，在其中顾客可体验其全线产品，销售人员的重点是帮助客户解决问题。

更精明的公司会努力与分销商建立长期合作伙伴关系。[20]制造商清楚地告知分销商它在市场覆盖面、存货水平、营销开发、客户招揽、技术咨询和服务以及市场信息等方面的要求，并根据政策引入补偿计划。

选择渠道成员

对顾客来说，渠道就是公司。想想看，如果麦当劳、壳牌石油或梅赛德斯－奔驰的个别门店或经销商总是显得杂乱无章、效率低下或令人不悦，将会给顾客留下什么样的负面印象。

为了更好地选择渠道成员，生产商应该确定哪些特征可以用来识别更好的中间商——经营年限、其他产品线的经营情况、增长和盈利记录、财务实力、合作态度和服务声誉。如果中间商是销售代理，生产商还应评估其所经销代理的其他产品的数量和特点，以及销售队伍的规模和质量。如果中间商是想要做独家经销的百货公司，那么它们的地理区位、未来增长潜力和客户类型都至关重要。

确定主要的渠道选择方案

每种渠道——从销售队伍到代理商、分销商、经销商、直邮、电话营销和传统零售商——都有各自独特的优势和劣势。销售队伍虽然可以处理复杂产品及其交易，但成本很高。网上零售成本低廉，但对复杂产品及其交易来说可能不那么有效。经销商可以创造销售额，但公司失去了与顾客的直接联系。多个客户可共同分担制造商销售代表的费用，但没有公司销售代表那般努力。

基于中间商的数量，有三种最重要的分销策略：独家分销、选择性分销和密集性分销。我们接下来讨论这些策略。

　　独家分销（exclusive distribution）严格限制中间商的数量。当生产商希望中间商掌握更多的产品知识并专注于公司产品的销售时这种方式是非常适合的，它需要双方建立紧密的伙伴关系。独家分销常见于新型汽车、重要电器，以及奢侈品服装和配饰的销售。当古驰发现它的形象因授权折扣店的过度曝光而受损时，它就决定终止与第三方供应商的合作，控制其分销渠道，并开设自己的专卖店以恢复声誉。

　　渠道合作伙伴双方都可从独家分销安排中受益。生产者获得更忠诚和可靠的销售渠道，而零售商则获得稳定的产品供应和更强大的分销商支持。独家分销是合法的，只要它没有对竞争造成实质性的损害或试图造成垄断，而且双方都是自愿的。

　　独家分销通常包括排他性的区域协议。生产商可能同意不向同一地区的其他经销商供货，或者分销商可能同意只在自己专营地区销售。第一种做法提高了分销商的热情和承诺，它也是完全合法的，销售者没有义务通过超出其意愿的更多的销售点进行销售。第二种做法，即生产商试图阻止分销商在其专营地区之外销售，这是一个需要解决的法律问题。

　　选择性分销（selective distribution）是指在市场上选择部分但不是所有愿意经营某种产品的中间商。独家分销中的零售商之间不会直接竞争（它们的销售范围不重叠）。但与其不同，选择性分销中的零售商可能争夺相同的客户。斯蒂尔（STIHL）是选择性分销的成功典范。

>> 斯蒂尔避开了大型批发商，将其分销渠道一半交给6家美国独立经销商，另一半为公司自营的营销与分销中心，由它们向全美独立的零售商供货并出口至80个国家。

Source: dpa picture alliance archive/Alamy Stock Photo

斯蒂尔　斯蒂尔生产手持式户外动力设备。它所有产品都以同一品牌命名，不为其他公司代工。斯蒂尔旗下最著名的产品是链锯，并已经扩展到除草机、吹风机、绿篱修剪机和切割锯。它只销售给美国6家独立的特许经销商和6家公司自营的营销与分销中心，由它们销售给全美超过8000家独立的零售商。同时，斯蒂尔也向80个国家出口产品，是少数不通过大规模批发商、目录营销或互联网销售的户外动力设备公司之一。它甚至发起了一个名为"为什么"的广告活动，以表达对其独立经销商实力的赞许和支持，活动的标题诸如"为什么世界上销量最高的链锯品牌不在劳氏或家得宝销售？"以及"是什么让手提式吹风机威力太大而无法在劳氏或家得宝出售？"[21]

密集性分销（intensive distribution）是指公司将其产品和服务尽可能多地占据销售渠道。这种策略对休闲食品、软饮料、报纸、糖果和口香糖等购买频率高、购买场景丰富的产品非常有效。像 7-Eleven 和 OK 便利店（Circle K）这样的便利店和埃克森美孚的 On the Run 这样的加油站就是通过地点和时间上的便利性而得以存续。

制造商一直试图从独家分销和选择性分销转向更密集的分销，以增加覆盖面和销售额。这种策略在短期内可能有效，但如果实施不当，就会因为鼓励零售商之间的激烈竞争而损害长期业绩。价格战会侵蚀利润，降低零售商的利益，并损害品牌资产。有些公司不希望它们的产品随处销售。在西尔斯收购了凯马特（Kmart）连锁折扣店之后，耐克公司为确保其产品不在凯马特中销售而将其所有产品从西尔斯撤出。

为了发展渠道，成员必须在特定时期内做出对彼此的承诺。但这些承诺无一例外会降低生产商对变化和不确定性的反应能力。生产商需要寻求适应性高的渠道结构和政策。

生产商可以自由选择它们的经销商，但终止与经销商合作的权利则受到一定限制。一般来说，生产商可以"因故"终止合作，但如果经销商拒绝有法律争议的合作（如独家经销或搭售协议），则不能以此为由终止合作。

特许经营

特许经营（franchising）是越来越受欢迎的分销渠道形式。在特许经营体系中，个体受许人之间结合成一个紧密联系的企业群体，其运营方式由其所有者，即特许人规划、指导和控制。麦当劳、汉普顿（Hampton）、捷飞络、赛百味、超级剪刀（Supercuts）、7-Eleven 等特许经营企业是商业领域中不可或缺的组成部分。

特许经营有如下三个主要特点。

- 特许人拥有商品或服务的商标，并将其授予受许人使用，并对后者收取特许使用费。例如，麦当劳公司拥有与麦当劳品牌相关的知识产权以及与特许经营相关的物流服务系统。

- 受许人需付费获得特许经营权利才能加盟特许经营系统。初始成本包括租赁和租用设备和固定物，以及（通常还包括）常规的授权费用。例如，麦当劳特许经营的典型受许人需要的启动成本和授权费用总额在 150 万美元以上。此外，受许人还需向麦当劳支付其销售额的一定比例和每月的租金。

- 特许人为受许人提供一套业务运营系统。例如，麦当劳要求受许人参加位于伊利诺伊州奥克布鲁克的"汉堡大学"举办的为期两周的业务培训。受许人在购买材料时必须遵循特定的程序。[22]

特许经营对双方都有利。特许人获得了工作高度积极和努力的员工，他们是创业家而非传统"帮手"，同时还能因受许人对当地社区和条件的熟悉而获益，因而获得巨大购买力。而受许人获得的利益则是加入了一个知名品牌，同时获得其成熟商业模式，这也使得他们更容易从金融机构贷款，并在营销、广告、选址和人员配备等方面得到支持。

不过受许人必须在保持独立和忠诚于特许人之间找到平衡。一些特许人给他们的加盟商自由经营自己业务的权利，例如个性化的店名，有权调整产品和价格。大丰收面包店（Great Harvest Bread）认为"自由加盟"的方式可以鼓励受许人为门店创造新品，如获成功，还可以与其他受许人分享。[23]

尽管特许经营已经是一种成熟的商业实践，但其形式因特许经营实体的不同而有所不同。制造商主办的零售商特许经营系统是传统系统。例如，为销售汽车，福特公司向那些同意满足特定销售和服务条件的独立商人授予汽车销售许可证。另一个系统是制造商主办的批发商特许经营系统。例如，可口可乐公司向各个市场的装瓶厂（批发商）发放许可，这些批发商可以购买其浓缩原浆，然后进行碳酸化、装瓶，再出售给当地市场的零售商。

特许经营体系的另一种形式是服务公司主办的零售特许经营，即由一个服务公司组织将服务高效地提供给消费者。这种形式常见于汽车租赁（赫兹和安飞士）、快餐（麦当劳和汉堡王）和汽车旅馆业务（豪生和华美达）。在双层分销渠道系统中，企业既使用纵向一体化（特许人实际拥有并经营这些单位）经营方式，也使用市场治理（特许人将这些单位授权给其他受许人经营）经营方式。[24]

激励渠道成员

公司需要以对待最终用户的方式来对待其中间商。它应该明确它们的需要和欲望，并创造个性化的渠道产品或服务，为它们提供卓越的价值。

认真做好培训、市场研究和其他能力建设的规划可以激励与提高中间商的绩效。公司必须不断向中间商传播这样的观念：它们是重要的合作伙伴，双方共同努力才能满足最终用户的需要。微软要求其第三方服务工程师学习一系列的课程并参加认证考试，只有那些通过考试的人才能正式成为微软认证专家，并可以利用这一称号来开展自己的业务。也有一些企业使用客户调研而不是采用考试方式。

渠道权力

生产商在管理分销商的技巧上有很大的不同。**渠道权力**（channel power）是指改变渠道成员行为的能力，从而使它们采取原本不会采取的行动。[25] 制造商可以依赖以下类型的权力来引导合作：[26]

- 强制权。如果中间商不合作，制造商就威胁停止提供某些资源或终止关系。这种权力可能有效，但使用它也会令中间商不满，并导致中间商组织反抗。
- 奖励权。中间商履行特定行为或功能时，制造商给予其额外的利益。奖励权通常比强制权效果更好，但制造商每次想促成某种行为时，中间商可能总是期望得到奖励。
- 合法权。制造商依据合同要求中间商的履约行为。只要中间商将制造商视为合法的领导者，合法权就生效。
- 专长权。制造商拥有中间商认可的专业知识。然而，一旦中间商掌握了这种专业知识，专长权就会削弱。制造商必须不断发展新的专业知识，中间商才会愿意继续合作。

- 参照权。制造商高度受尊敬，以至于中间商因能与之合作而感到自豪。像 IBM、卡特彼勒和惠普这样的公司具有很高的参照权。

这些形式的渠道权力根据其可观察的难易程度而有所不同。强制权和奖励权是可以客观地观察到的；合法权、专长权和参照权则比较主观，取决于各方认可该权力的能力和意愿。

大多数生产商认为得到中间商的合作是一个巨大的挑战。它们经常使用积极的激励措施，如更高的利润率、特殊优惠、溢价、合作广告津贴、陈列展示津贴和销售竞赛等。有时，它们也会采用消极的制裁措施，如威胁降低利润率、暂缓交货或终止关系。这种方法的弱点是，生产商采用的是简单的应激反应思维模式。

在许多情况下，零售商掌握渠道权力。据估计，制造商们每周向全美超市提供 150~250 种新产品，其中 70% 以上不被消费者买账。制造商需要了解顾客、采购委员会和商店经理使用的接受标准。尼尔森的访谈发现，商店经理最容易受到较高的顾客接受度、精心设计的广告与促销计划以及慷慨的财务奖励的影响。

渠道合作伙伴

根据营销渠道成员之间关系的性质，有三种基本的渠道类型：传统营销渠道、纵向营销系统和横向营销系统。

传统营销渠道（conventional marketing channels）由独立生产商、批发商和零售商组成。每个成员都是独立的企业，都在寻求自己的利润最大化，即使这一目标会减少系统的整体利润也在所不惜。没有一个渠道成员对其他成员拥有完整的或实质性的控制权。当渠道成员被聚集在一起实现共同目标，而不是潜在的不相容目标时，就能实现渠道协调。

相反，**纵向营销系统**（vertical marketing systems，又称垂直营销系统）是由生产商、批发商和零售商组成的一个统一系统。其中一个渠道成员，即**渠道领袖**（channel captain），有时被称为渠道管家（channel steward），或是拥有其他成员的产权，或是实行特许经营，或是有足够的权力使其他成员愿意合作。渠道管家完成渠道协调的方式是通过说服渠道成员以整体利益为重，而非发布命令或指令。[27]

渠道管家可能是产品或服务的生产商（如宝洁）、核心组件的制造商（如英特尔）、供应商或装配商（如艾睿电子）、分销商（如固安捷）或零售商（如沃尔玛）。在一家公司内部，渠道管家的职能可能由首席执行官、高层管理者或高级经理团队负责。

渠道管家机制有两个重要的结果。第一，它扩展了顾客价值，扩大了市场或增加了现有客户通过该渠道的购买。第二，它创造了一个更紧密的、适应性更强的渠道，在这个渠道中，有价值的成员会得到奖励，而没有价值的则会被淘汰。

纵向营销系统的产生是由于强大的渠道成员试图控制渠道行为，并消除因独立成员各自逐利产生的冲突。它们依靠巨大规模、议价能力和简化服务来实现经济效益。复杂产品和系统的企业客户很重视它们所能提供的广泛信息交流。[28] 纵向营销系统已经成为美国消费市场上的主导性分销模式，覆盖 70%~80% 的市场。纵向营销系统有三种不同的类型：公司式、管理式和契约式。

- **公司式纵向营销系统**（corporate vertical marketing system）是在单一所有权下组成的一连串生产和分销机构。例如，西尔斯多年来销售商品的半数以上都来自其部分或全部拥有的公司。美国宣威（Sherwin-Williams）不仅生产油漆，还拥有和经营 3500 家零售门店。

- **管理式纵向营销系统**（administered vertical marketing system）由某一规模大、实力强的渠道成员来协调生产和分销各个阶段。主导品牌的制造商可以从经销商那里获得强有力的贸易合作和支持。例如，菲多利、宝洁和金宝汤在商品陈列、货架空间、促销和定价政策方面与经销商形成高度协作。管理式纵向营销系统的最先进的产销合作安排依赖分销计划，即建立一个有计划的、专业化管理的纵向营销系统，以同时满足生产商和分销商的需要。

- **契约式纵向营销系统**（contractual vertical marketing system）由处于不同生产和销售层次的独立公司组成，它们在合同的基础上整合其营销计划，获得比它们单独经营时更大的经济和销售的影响力。[29] 契约式纵向营销系统有时也被认为是"增值伙伴关系"，共有三种类型：（1）批发商主导的自愿连锁组织，即批发商组织独立零售商自愿连锁，以帮助它们标准化其销售活动并实现买方规模经济。（2）零售商合作组织，即零售商主动组织一个新的企业实体来承担批发职能，甚至可能是一些生产职能。（3）特许经营组织，即一个渠道成员（特许经营人）可能将生产—分销过程中的几个连续阶段连接起来。

许多没有加入纵向营销系统的独立零售商开设了为特定细分市场服务的专卖店。结果在零售业形成了大型纵向营销组织和独立专卖店之间的两极分化，这给制造商带来难题。它们与独立的中间商联系紧密，但最终又必须接受没什么吸引力的条件与高速发展的纵向营销系统重新结盟。此外，纵向营销系统不断威胁大制造商要绕过它们建立自己的工厂。零售业的新竞争不再是独立的业务单元之间的竞争，而是集中规划的网络系统（公司式、管理式和契约式）之间为了实现最佳成本－经济效益和客户响应的竞争。

横向营销系统（horizontal marketing systems）由两个或两个以上不相关的公司将资源或项目集中，共同开发一个新兴的营销机会。每家公司都缺乏单独创业所需的资金、技术诀窍、生产或营销资源，或者害怕承担风险。这些公司之间开展临时或长期合作，抑或创建一家合资公司。

例如，许多连锁超市与当地银行联合提供店内银行服务。花旗银行拥有 500 多个超市内的银行网点，在其分支行网络中占比接近一半。与传统的实体银行中的工作人员相比，花旗的工作人员更注重销售，且拥有更多的零售业务背景。[30]

评价渠道成员

生产商必须对照诸如销售配额的完成情况、平均存货水平、向客户交货时间、损坏和丢失货物的处理，以及在促销和培训计划中的合作等标准，定期评价中间商的绩效。生产商有时会发现它对某些中间商支付了过高的费用，超过它们实际完成的工作量。制造商对持有库存的分销商做出补偿，但却发现其货物被存放在一个由它自己承担费用的公共仓库里。生产商应该建立功能性折扣，为渠道成员履行每项约定的绩效支付特定的报酬。对绩效不达标者需要进行劝导、再培训、激励或终止合作。

一家初创企业刚起步时通常只专注于相当有限的市场，利用几个现有的中间商开展本地业务。此时，识别最好的渠道可能不是问题所在，真正的问题常常在于说服潜在的中间商接受公司的产品线。

如果公司获得成功，它可能会通过不同的渠道开辟新市场。在较小的市场上，公司直接向零售商销售；在较大的市场上，公司则通过分销商销售。在农村，公司与当地的杂货商合作；在城市，公司可以与经营品类有限的专业商店合作。公司也可能选择创建自己的网上商店，直接向客户销售。它既可以授予独家特许经营权，也可以通过所有有合作意愿的渠道进行销售。公司可能在某一国家使用国际销售代理商，而在另一国家与当地公司开展合作。

早期的买方可能愿意为高附加值的渠道买单，但后来的买方会转而选择成本较低的渠道。小型办公复印机最初由制造商的直销队伍销售，后来通过办公设备经销商销售，再后来通过大型零售商销售，最近则开始由邮购公司和互联网商家销售。简而言之，渠道系统的演变受制于当地市场机会和条件、潜在的威胁和机会、公司的资源和能力以及技术的进步。

没有一种渠道策略能在整个产品生命周期内有效。在竞争激烈、进入壁垒较低的市场中，最佳的渠道结构将不可避免地随着时间的推移而改变。新技术已经创造多年前无法想象的数字化渠道。这种改变可能意味着需要增加或减少个别市场渠道或渠道成员，或者开发一种全新的产品销售方式。百思买和开市客的竞争迫使徕卡公司在美国的三分之一的经销商关门，因此，这家高端相机制造商决定开设具有自身风格的专卖店来吸引严肃的摄影师。[31]

生产商必须定期检查和改进其渠道设计和安排。[32] 因为分销渠道可能不完全按计划运作，消费者购买模式会改变，市场会扩张，新的竞争会出现，新的分销渠道会兴起，产品会迈入生命周期的下一阶段。[33]

要增加或减少个别渠道成员，公司需要进行增量分析。一个基本问题是："使用或放弃这个中间商对公司的销售和利润会有怎样的影响？"也许最困难的决策是：是否要改变整个渠道战略。随着越来越多的女性离开家庭进入职场，雅芳修正了其上门推销化妆品的方式。

渠道合作与冲突

无论渠道设计和管理有多好，都难免会有冲突，其最根本的原因在于独立的企业主体之间的利益并不经常一致。当一个渠道成员的行为妨碍其他成员实现其目标时，就会发生**渠道冲突**（channel conflict）。通过不同渠道分销产品的公司可能会面临一定程度的渠道冲突。在这种情况下，管理者的目标是通过最小化渠道成员之间的摩擦来减少渠道冲突。

渠道冲突的一个常见原因是制造商希望绕过其传统的渠道伙伴直接向客户销售。通过开设自己的零售专卖店，苹果公司给其授权的许多解决方案供应商和渠道合作伙伴带来了挑战，因为它有效地"偷走"了它们的许多现有客户。同样，在 B2B 领域，苹果已经加强了它在企业客户中的直销队伍，包括与思科和 IBM 等公司形成直接合作关系，有效地限制了许多独立服务供应商的服务范围。[34]

在这里，我们探讨三个问题。渠道中出现了哪些类型的冲突？是什么原因导致了冲突？渠道成员应如何化解这些渠道冲突？

渠道冲突的性质

为了有效地管理渠道冲突，管理者必须了解渠道冲突的主要类型以及经常导致渠道伙伴之间冲突的因素。

渠道冲突的类型

假设一个制造商建立了一个由批发商和零售商构成的纵向渠道，希望通过渠道合作，为每个成员带来丰厚的利润。尽管各方都有合作的愿望，但水平渠道冲突、垂直渠道冲突和多渠道冲突还是会发生。

- 水平渠道冲突（horizontal channel conflict）发生在同一层次的渠道成员之间。例如，特许加盟商可能会提供糟糕的客户服务，损害品牌价值并招致消费者的差评，从而影响所有其他渠道成员的产品销售。例如，一些必胜客的加盟商抱怨其他加盟商偷工减料、服务质量差，损害了整体品牌形象。

- 垂直渠道冲突（vertical channel conflict）发生在同一渠道的不同层次之间。例如，当制造商直接向批发商和零售商销售时，可能会发生垂直渠道冲突。当制造商直接向批发商的最大客户之一销售时，冲突可能会特别激烈。例如，当雅诗兰黛建立了网上商店来销售旗下的倩碧和波比布朗品牌时，一些百货公司就减少了摆放该公司产品的空间。

- 多渠道冲突（multichannel conflict）存在于制造商通过两个或更多的渠道向同一市场销售的情形之中。例如，当某个餐饮连锁店在很近的距离内授权两个特许经营店时，多渠道冲突就很可能发生。当某个渠道的成员获得较低的价格（基于大量购买）或利润率较低时，多渠道冲突就会特别激烈。当固特异开始通过西尔斯、沃尔玛和 Discount Tire 出售其畅销轮胎时，激怒了其独立经销商。为了平息它们的不满，固特异最终通过提供专售商品来安抚它们。[35]

渠道冲突的原因

尽管每个渠道冲突都有独特的前因后果，但不同渠道冲突还是有一些共同原因。渠道冲突产生的最常见原因有：

- **目标不相容。** 渠道冲突可能源于不同渠道成员的目标不一致。例如，制造商想要通过低价策略快速渗透市场。与此相反，经销商则追求高毛利和短期盈利。
- **战略和战术上的差异。** 当渠道成员采取不同的战略和战术来实现它们的目标时，也可能发生渠道冲突。制造商可能对短期经济前景持乐观态度，因此希望经销商提高存货量，而经销商则可能持悲观态度。在饮料行业中，制造商和经销商之间常常针对最佳广告策略发生争议。
- **权力不平衡。** 更多的零售商合并——美国最大的 10 家零售商占制造商平均交易额的 80% 以上——提升了零售商的影响力，而这往往会引发渠道冲突。例如，沃尔玛是许多制造商产品的主要买家，包括迪士尼、宝洁和露华浓，它能从这些制造商和其他供应商那里获得低价或批量折扣。[36] 权力不平衡也可能是由经销商对制造商的依赖造成的。特许经销商（如汽车经销商）的命运与制造商的产品和定价决策息息相关。
- **角色和权利不明晰。** 区域界限和销售信用经常产生冲突。惠普通过自己的销售队伍向大客户出售笔记本电脑，但其特许经销商也可能试图向大客户出售笔记本电脑。[37]

管理渠道冲突

一定的渠道冲突能产生建设性的作用，增强对环境变动的适应能力，但是太多的冲突就会导致功能失调。[38] 公司面临的挑战不是要消除所有的冲突，因为这是不可能的，而是要更好地管理渠道冲突。口头谴责、罚款、扣发奖金和其他补救措施都有助于将渠道冲突降低到最低程度。[39] 有效管理冲突的常见机制包括战略理由、双重补偿、上位目标、雇员交换、会员互认、增选，以及斡旋、调解或仲裁和法律求助。[40]

- **战略理由。** 在某些情况下，一个令人信服的战略性理由，即渠道成员服务于独特的细分市场，并不像它们想象的那样竞争激烈，可以减少潜在的冲突。为不同的渠道成员提供不同的产品——品牌变体——是表明渠道独特性的明确手段。[41]
- **双重补偿。** 双重补偿是指为通过新渠道进行销售而向现有渠道成员进行补偿来缓解渠道冲突。当好事达开始在网上销售保险时，它同意向代理人支付 2% 的佣金，补偿他们为在网上获得报价的客户提供面对面的服务。虽然这一比例低于代理人通常的 10% 的线下交易佣金，但这确实减少了渠道间的紧张关系。[42]
- **上位目标。** 渠道成员可以就它们共同追求的基本目标或上位目标达成一致，无论该目标是生存目标、市场份额目标、高品质目标还是顾户满意目标。当渠道面临外部威胁时，如出现了更有效的竞争渠道，出台了不利的法规，或消费者需求发生转变，这种策略通常奏效。
- **雇员交换。** 在两个或两个以上的渠道层次之间交换员工，可以减少渠道冲突。通用汽车的高管可能会同意在某些经销商处短期工作，而某些经销商老板也可以在通用汽车的经销商政策部门工作一段时间。这样一来，参与交换的人就会逐渐接受对方的观点。

- **会员互认**。营销者可以鼓励不同贸易协会之间会员资格的互认。代表了大部分食品连锁店的美国食品加工工业协会和美国食品营销协会之间的良好合作，推动了美国商品统一条码（UPC）的开发应用。这些协会可以共同考虑食品制造商和零售商之间的问题，并以有序的方式解决它们。

- **增选**。一个组织可以通过将另一个组织的领导者吸纳进咨询委员会、董事会等类似机构来赢得他们的支持。如果发起组织认真对待对方的领导人并听取他们的意见，增选就可以减少冲突，虽然发起方为了赢得对方支持，可能需要对自己的政策和计划做出让步。

- **斡旋、调解或仲裁**。当出现长期的、尖锐的冲突时，冲突各方可能需要诉诸更强有力的手段。斡旋是指双方各派人员或团队与对方面对面地解决冲突。调解依赖于能协调双方利益且经验丰富的中立第三方。仲裁是双方同意把冲突交由一名或多名仲裁员，并接受他们的仲裁决定。

- **法律求助**。除了以上策略，渠道伙伴还可以选择依靠法律手段来解决冲突。[43] 当可口可乐决定向沃尔玛的区域仓库直接分销动乐（Powerade）运动饮料时，60家装瓶厂抱怨说这种做法会损害它们核心的门店直接配送责任并提起诉讼。最终双方达成和解，共同开发新的服务和分销系统，以补充门店直接配送系统。[44]

管理市场物流

市场物流（market logistics）包括规划满足市场需求的基础设施，以及实施和控制原材料和最终产品从生产地点到使用地点以满足客户需求并获得盈利的实体流程。实体配送起源于工厂。管理者选择一系列仓库（库存点）和运输配送商，在规定时间内或者以最低的总成本将货物运送到目的地。

实体配送现在已经扩展成更宽泛的供应链管理概念。**供应链管理**（supply chain management）始于实体配送之前，包括策略地采购正确的投入品（原材料、零组件和重要设备），将其有效地转化为成品，并将其派送到最终目的地。一个更为宽泛的视角甚至关注到公司的供应商如何获得它们的投入品。

供应链的视角可以帮助公司识别卓越的供应商和分销商，然后帮助公司提高生产率并降低成本。拥有顶级供应链的公司包括苹果、麦当劳、亚马逊、联合利华、英特尔、宝洁、丰田、思科和三星电子。[45] 一些公司选择与第三方物流专业商结成合作伙伴，外包给它们负责进行运输规划、分销中心管理和其他除运输和储存以外的增值服务。

研究市场物流可以引导管理者找到最有效率的方式来传递价值。例如，一家软件公司传统上生产和包装软件磁盘及用户手册，将它们运送给批发商，批发商将它们运送给零售商，零售商销售给顾客，顾客买回家将这些软件安装在电脑上。现在，市场物流提供两种卓越的交付系统：第一，让顾客直接将软件下载到他们的电脑上；第二，允许计算机制造商在其出厂电脑上预装这种软件。这两种解决方案都可以避免印刷、包装、运输、储存数百万张磁盘以及制作用户手册，因此迅速成为行业规则。

市场物流目标

许多公司将其市场物流目标定义为"将合适的产品在恰当的时间以最低的成本送到合适的地方"。不幸的是，这个目标无法提供实际操作的指导意见。没有一个系统可以同时满足客户服务最优化和分销成本最低化。最优的客户服务意味着大量的库存、优质的运输和很多仓库，所有这些都提高了市场物流成本。同样，没有哪家公司能在要求物流管理者在最低化其物流成本的同时，实现高效的市场物流。

最低化市场物流成本会影响产品市场的整体成功，并且在某些情况下，甚至会产生反作用。考虑以下这些例子：

- 相比于航空运输，运输部门经理更喜欢铁路运输，因为铁路运输成本较低。然而，由于铁路运输耗时长，不仅长时间占用营运资本，延迟客户付款，并可能将客户送给那些提供更快物流服务的竞争对手。
- 运输部门通常会使用廉价的集装箱以降低运输成本，但廉价的集装箱运输会导致较高的货物损坏率和客户投诉率。
- 库存经理希望将库存降到最低。但这会导致缺货、延迟交货、文书工作增加、计划外生产以及物流成本提高。

鉴于这些利弊关系，管理者必须从整个系统出发做决策。出发点是研究客户的需求和竞争对手能提供的服务。顾客希望供应商能按时交货，满足紧急配送需要，谨慎处理货物，快速退货和更换不合格的商品。

然后，批发商必须研究这些服务产出的相对重要性。例如，服务维修时间对于那些购买复印设备的客户来说非常重要。施乐制定了一个服务交付标准，即"在接到服务请求后的3小时内，必须恢复位于美国任何一个州的瘫痪设备"。然后，它设计了一个由技术人员、零配件和服务地点组成的服务部门来实现这一承诺。

公司还必须考虑竞争者的服务标准。公司自然是想提供与竞争者相同水平或比对手更好的服务，但目标应该是利润最大化，而不是销量最大化。有的公司服务水平低，但价格也低；有的公司服务水平高，但价格也高。

公司最终必须对市场订立一些承诺。一些公司针对不同的服务要素制定了不同的服务标准。某家用电器制造商制定服务标准如下：至少95%的经销商订单在7日内发货；订单准确率必须达到99%；处理有关订单的咨询要控制在3小时以内；运输途中的货物损坏率不超过1%。

市场物流决策

公司必须对其市场物流做出四个主要决策：如何处理订单（订单处理）？在哪里设置库存（仓储）？应该持有多少库存（存货）？应该如何运送货物（运输）？

订单处理

大多数公司都在努力缩短从订单到付款的周期（order-to-payment-cycle），即从订单的接收、交货到付款之间的时间。这个周期有很多步骤，包括销售人员订单报送，订单输入和客户信用调查，库存和生产时间安排，订单和出货清单，以及付款收据或发票。周期越长，客户的满意度和公司的利润就越低。

仓储

因为生产和消费的周期很难同步，所以很多公司在成品售出前都要先将其存储起来。为了提高现有资源利用率和缩短运输时间，一些公司会分散设置它们的库存。例如，为了更好地管理库存，许多百货公司（如诺德斯特龙和梅西）现在都通过各个实体商店向网上订单发货。更多的仓储地点意味着货物可以更快地交付给客户，但仓储和库存成本则会更高。为了降低成本，公司可能将库存集中在一个地方，然后通过快速运输来履行订单。

现在一些仓库承担了许多以前工厂的工作，包括产品组装、包装和搭建促销展台。将这些活动转移到仓库可以节省成本，并使产品更贴近需求。

库存

销售人员当然希望公司库存充足，能立刻满足所有客户的订单需求。然而，这并不符合成本效益原则。当顾客满意度接近100%时，库存成本会加速上升。所以，管理层在做最终决策之前需要清楚，当公司库存增加、承诺履单速度更快时，销售额和利润会增加多少。

随着库存的减少，管理层必须知道在什么库存水平下需要重新订货。这个库存水平被称为订货点（或再订货点），比如20个单位的订货点意味着当库存下降到20个单位时，需要重新订货。订货点决策需要平衡缺货风险（公司某件商品售罄、无法满足客户的需求）和库存积压成本（公司必须承担的长期库存成本）。另一个决策是要重新订购产品。订购量越大，需要下订单的频率就越低。

公司需要平衡订单处理成本和库存持有成本。制造商的订单处理成本包括产品设置成本（设置生产一件商品所需流程的成本）和运行成本（生产运行时的运营成本）。如果设置成本低，制造商可以频繁下达生产计划，每件产品的平均成本是稳定的，与运行成本相等。然而，如果设置成本很高，制造商可以通过长期生产和更多的库存来降低单位产品的平均成本。

公司需要比较订单处理成本与库存持有成本，后者包括仓储费用、资金成本、税收和保险，以及折旧和报废。库存成本可能高达库存价值的30%，而且平均库存越大，库存成本就越高。这意味着如果营销管理者希望执行更高水平的库存，就需要证明增加的毛利将超过增加的库存持有成本。

公司使用不同的策略来管理其库存成本。一种方法是将周转速度慢的产品存放在中央仓库，而将那些周转速度快的产品存放在离客户更近的仓库中。或者，公司可以转向即时库存策略，根据订单组织库存。除了节省仓储成本，这种方法——所谓的**即时库存管理**（just-in-time inventory management）——有助于公司改善现金流。因此，通过要求消费者提前支付所购物品的费用，公司可以用客户的钱来支付供应商运送产品或必要的组件费用。

尽管有明显的成本优势，但即时库存管理方法有一个致命的缺点，即它假设分销物流是不间断的。简单地说，即时库存没有足够的灵活性来应对突然出现的糟糕情况，就像经常发生的那样——无论是加利福尼亚的码头罢工、日本的地震，还是北非和中东的政治动荡。在一个紧密相连的世界里，如果哪个薄弱环节没有及时补救，都可能会导致整个供应链的瘫痪。在新型冠状病毒大流行期间，即时库存管理的局限性凸显出来。采购、制造和运输的中断导致许多品类的产品供不应求，产品短缺现象到达顶点，并需要比以往更长的交货时间。

为了平衡物流效益和成本效率，公司需要定期重新评估其物流网络，以防范极端需求的冲击。因此，许多公司正在增加额外的仓储空间，并使其分销运营现代化。中间商也在将它们的仓库转移到更靠近人口中心的地方，这样它们不仅可以确保必要的库存，而且能够比竞争对手更快地将产品交付给客户。

运输

运输会影响产品定价、准时交货绩效以及产品送达时的状态，所有这些都将影响顾客满意度。

在向其仓库、经销商和客户运送产品时，公司可以选择铁路、航空、公路、水路或管道运输。发货人通常会考虑的标准包括速度、频率、可靠性、能力、可用性、可追踪性和成本。就速度而言，主要的竞争者是航空、铁路和公路运输。如果目标是低成本，则应选择水路或管道运输。

有了集装箱，发货人可以更多地将两种或者多种运输方式结合起来。**集装箱运输**（containerization）是一种将产品放在易于在两种运输方式之间转移的箱子或挂车中。背负式运输（piggyback）是一种铁路和公路混合运输模式；船运挂车（fishyback）是一种水路和公路混合运输模式；火车渡运（trainship）是水路和铁路的混合；运货飞机（airtruck）是航空和公路的混合。每种混合运输模式都有各自的优势。例如，背负式运输比单纯的公路运输更便宜，而且更加灵活方便。

发货人可以选择私人、合同或公共承运商。如果发货人拥有自己的卡车或空运大队，就成为私人承运商（private carrier）。合同承运商（contract carrier）是指专门向签约客户出售运输服务的独立组织。公共承运商（common carrier）在预定的地点之间提供服务，并以标准费率向所有发货人提供服务。一些合同承运商正在大力投资并创新，以创造强大的价值主张。

合同承运商　由于存在诸多运输方式可供选择，因此运输公司一直竞相削减成本，改进服务，为顾客提供更多价值。总部设在哥本哈根的马士基集团是全球最大的运输商，拥有约 550 艘集装箱运输船和 225 艘油轮。为了提高效率，该公司委托建造了 20 艘有史以来最大的船舶，每艘巨轮造价 1.85 亿美元，可以经济有效地运载 18000 个集装箱，而且排放的二氧化碳比原先减少 50%。施耐德公司是美国最大的整车货运公司之一，收入超过 30 亿美元。该公司开发了一个全车队的"战术模拟器"，为公司节省了数千万美元。除了帮助司机规划重要的日常路线安排，模拟器还能帮助做出具体决策。比如，何时为某些客户提价，应该雇用多少名司机（以及在哪里雇用）。小小的变化就能为发货人带来很大不同。全球物流领导者联合包裹曾计算过，通过让其司机使用遥控钥匙而不是传统钥匙来操作卡车，平均每次停车将减少 1.7 秒，即一天节约 6.5 分钟，该过程预计每年可节省 7000 万美元。[46]

为了降低货物到达后的昂贵处理费用，一些企业在发货之前就将产品按上架的要求放置好，这样收货员就不必拆开包装，可直接将货物放在货架上。在欧洲，宝洁使用了一种三级物流系统，以最有效的方式安排快速周转和慢速周转商品、大宗和小件物品的交付。为了减少运输过程中的损坏，物品的大小、重量和易碎程度必须反映在装箱技术和所使用的泡沫缓冲材料的密度上。物流中的每一个小细节都必须反复推敲，以便思考如何改进以提高生产率和盈利能力。

>> 为了提高效率，全球承运商马士基集团委托建造了能够装载数千个集装箱的巨轮，同时大幅减少了二氧化碳排放。

Source: Greg Balfour Evans/Alamy Stock Photo

营销
洞察 ｜理解展厅现象

消费者购物时总会货比三家，以期得到最优惠的交易或扩大他们的选择范围，而现在电子商务和移动电子商务（通过手机和平板电脑进行销售）带来了意想不到的新变化。**展厅现象**（showrooming）让消费者在实体店里亲身体验产品并收集信息，但为了获得更低的价格，消费者随后可能会在网上购买，或干脆在别的零售商那里购买——这是实体店最不愿看到的结果。

智能手机推动了展厅现象的产生。得益于他们的移动设备，商店里的消费者从未拥有像现在这样的装备来决定应该买什么。一项研究表明，超过一半的美国手机用户，尤其是年轻用户，在购物时会用手机向朋友或家人征询购买建议，查看用户评价或寻找更低的价格。

零售商过去一直关心的是如何把消费者带进商店，但专家指出，现在他们反而需要关心如何卖给那些带着别家商店的参考信息进门的顾客。例如，亚马逊的 Price Check 手机应用软件允许消费者在实体店内即时比较价格。移动用户可以使用的在线零售商对传统的实体连锁店造成严重的竞争，因为消费者有了更广泛的选择、更低的价格（通常免税），以及 7×24 不闭店的便捷性。

为了正面应对展厅现象，百思买和塔吉特宣布实体店的价格与网上零售价格将长期保持一致。为了适应这一趋势，其他商店将实体店和网上商店紧密联系在一起。沃尔玛、梅西百货和百思买允许在店内提取和退换网上订单购买的商品。

许多零售商正在将店内体验变得更有信息含量且更有价值。盖尔斯（Guess）、帕克森（PacSun）和 Aéropostale 等服装零售店都为店内销售人员配备了 iPad 或平板电脑，以便收集更深度的产品信息与购物者分享。参与常客奖励计划的顾客也可以快速下载他们的购买历史记录、产品偏好和其他有用的背景信息。

所有这些举措的主要目的是抓住顾客。一项研究表明，在展厅现象下，70% 的展厅受众更有可能从有如下特征的零售店购买产品：精心设计的网站和应用程序，有力的多渠道支持，以及可通过二维码比较价格。对零售商来说，如果将销售从实体店转移到网上能够阻止顾客光顾别处，那么这样做对其更有利。[47]

本章小结

1.　大多数的生产者并不将其产品直接出售给最终用户，在生产者和最终用户之间有一条或更多的营销渠道，它由一系列各司其职的营销中间商组成。分销渠道是一系列相互依赖的组织，它们参与了使产品或服务可供使用或可被消费的过程。

2.　当公司缺乏直销的财力资源，或直销不可行，以及当通过中间商更有利可图时，公司就会利用中间商。有效的渠道管理需要选择中间商并培训、激励它们。这样做的目标是建立长期的合作伙伴关系，并使所有渠道成员从中获利。

3.　营销渠道成员执行着一些关键的功能。有些功能（存储和运输、所有权和传播）构成了从公司到顾客的正向流程；其他功能（订货和付款）构成了从顾客到公司的逆向流程；还有一些（信息、谈判、融资和风险承担）则是双向流程。

4.　制造商触达市场有许多选择。它们可以直接销售或使用一个、两个或多个层次的渠道。要决定使用哪种类型的渠道，就要分析客户需要，建立渠道目标，确定和评估主要的替代方案，包括渠道中涉及的中间商的类型和数量。

5.　越来越多的公司采用多渠道分销，即通过两种或两种以上的营销渠道来触达某一市场区域的客户群体。此外，公司正越来越多地采用数字化分销战略，直接在公司的网店销售，或通过拥有自己网站的电子中间商销售。多渠道分销要求制定一个整合分销战略，即通过一条渠道的销售活动必须与通过一条或多条其他渠道的销售活动保持一致。

6. 为了设计一个营销渠道系统，营销者要分析顾客的需要和欲望，设立渠道目标和约束条件，确定和评估主要渠道设计方案。基于中间商的数量，有三种核心的分销策略：独家分销、选择性分销和密集性分销。在选择渠道中间商之后，公司还必须选择、培训、激励和评估其渠道伙伴。

7. 特许经营是越来越受欢迎的分销渠道的形式。在特许经营系统中，受许人是一个紧密联系的企业群体，其系统运营方式由经营模式创始人，即特许人规划、指导和控制。受许人的好处是加入一项众所周知的业务，并拥有被市场认可的品牌名称，这使得他们更容易从金融机构贷款，并在从营销、广告到选址和人员配置等方面得到支持。

8. 公司需要通过明确渠道伙伴的需要和欲望，并通过个性化的渠道产品或服务为它们提供卓越的价值来激励渠道伙伴。这里的一个重要因素是渠道权力，它是指改变渠道成员行为的能力，从而使它们采取本不会采取的行动。根据营销渠道成员之间关系的性质，有三种基本的渠道协调形式可以激励渠道伙伴：传统营销渠道、纵向营销系统和横向营销系统。

9. 所有的营销渠道都有可能因目标不一致、角色和权利界定不清、认知差异和相互依赖的关系而存在潜在的冲突和竞争。公司可以尝试通过双重补偿、上位目标、雇员交换、增选和其他手段来管理渠道冲突。

10. 实体产品和服务的生产商必须决定市场物流策略，即选择最佳方式存储产品和服务并将其移动到市场目的地，并协调供应商、采购代理商、制造商、营销者、渠道成员和客户之间的关系。物流效率的主要利益来自信息技术的进步。

11. 管理市场物流的供应链方法可以帮助公司识别优秀的供应商和分销商，以及帮助公司提高生产率并且降低成本。企业必须在市场物流方面做出四个主要决策：如何处理订单（订单处理）？在哪里设置库存（仓储）？应该持有多少库存（库存）？应该如何运送货物（运输）？

营销
焦点 ｜飒拉

飒拉（Zara）创立于 1975 年，其创始人阿曼西奥·奥特加（Amancio Ortega）和罗莎莉娅·梅拉（Rosalia Mera）在西班牙加利西亚开设了他们的第一家零售店。最初的门店以合理的价格出售看起来高端、潮流的时尚产品。飒拉的商业模式是提供自己设计、以低价模仿的最新时尚服饰，这吸引了西班牙消费者。在接下来的 8 年里，飒拉在西班牙大型购物中心的门店扩张到了 9 家。在此期间，奥特加创造了一种他称之为"快时尚"的新的服装设计、生产和分销流程，能够以最快的速度响应时尚潮流。在接下来的十年里，飒拉利用这一流程向全球市场扩张，其中包括美国、法国、比利时和瑞典。在一系列相似的扩张成功后，飒拉成为世界上最大的服装零售商。

众所周知，飒拉将服装视为一种"易逝性商品"，某种程度上是应该在几周或几个月内享受的东西。飒拉的服装吸引了那些希望跟上所有最新时尚潮流的消费者。当一种款式变得流行后，飒拉马上就能模仿它，并在不到两周的时间内发布新的系列。而其他时尚公司可能需要长达六个月才能推出新款设计。与那些注重数量而非风格的公司不同，飒拉的做法恰恰相反。飒拉每年发布超过 12000 种款式，这种广泛的多样性使消费者更有可能找到他们喜欢的款式。

大多数款式在飒拉店面的陈列时间只有 3~4 周。商店货架上不断推新的款式也激励着消费者更频繁地访问飒拉门店。这可以从伦敦市中心的消费者行为中反映出来。消费者光顾其他服装店的次数平均每年最多只有 4 次，而飒拉的顾客平均每年光顾其门店高达 17 次。满架的衣服总是给购物者带来新的选择。飒拉每种款式的市场供应量较少，人为导致一种稀缺感，从而使得他们的产品看起来更令人向往并带点奢华感。这种稀缺感的一个额外好处是，如果某一款式不成功，飒拉不必处理大量的库存。

飒拉的服装从设计过程开始，就一直对消费者的意见高度关注。门店员工和经理听取顾客的意见和建议，并观察他们的着装风格。设计团队参观大学、夜总会、购物中心和其他时尚潮流人士经常光顾的场所，观察有可能成功流行的新时尚。趋势团队也会关注时尚博主，并追踪飒拉的顾客，以获得新的洞察。飒拉的研究团队收集的数据跨越了因性别、文化和季节而异的新趋势，这使飒拉能够提供反映全球市场不同需求的产品。飒拉在日本提供尺寸较小的服装，在阿拉伯国家为妇女提供头巾和长裙，在南美国家提供更透气的服装。了解客户的不同需要，使飒拉能够频繁地发布多种成功的款式。

飒拉之所以能够快速推陈出新，源于其快速和纵向整合的供应链。飒拉的内部生产设施使该公司能够控制诸如染色、面料剪切和加工等过程。当新的设计进入工厂时，服装会在 15 天内完成生产、加工，并进入门店。飒拉倾向于只生产销售周期短的时尚和潮流商品。长销商品，如基础款 T 恤和裤子，被外包给亚洲的低成本供应商。如果新品发布后未能达到销售预期，工厂会迅速取消生产。飒拉快速有效的信息流和数据流会导致订单的巨大波动。飒拉可以调整多达40%~50%的订单，避免了潜在的产能过剩。飒拉灵活的生产流程力求随时为消费者提供他们想买的东西。

飒拉将对客户需求的理解与高效的供应链结合起来，赢得了全球性的成功。该公司意识到，消费者是设计时尚服装系列的宝贵资源。飒拉将消费者洞察和管理良好、利润丰厚的库存战略相结合，旨在保持在时尚零售业的领先地位。[48]

问题：

1. 飒拉的模式对其他零售商是否适用？原因是什么？

2. 飒拉如何确保在世界各地的成功发展，并保持同样的速度和快时尚水平？

3. 飒拉最大的竞争对手是谁？飒拉应该怎样做才能建立、加强和保持其竞争优势？

营销
焦点 ｜博派斯

博派斯（Popeyes）于 1972 年在美国新奥尔良的阿拉比郊区由连续创业家艾尔·科普兰（Al Copeland）创立，他想与炸鸡巨头肯德基竞争。第一家博派斯餐厅最初没有引起人们的注意，直到它引入了更辣的卡津人（Cajun）配方，以吸引追求此口味的路易斯安那顾客。新的配方成了利器，博派斯开始将其概念用于特许经营，并于4 年后在新奥尔良开设了第一家授权餐馆。在 10 年内，博派斯在美国各地积极扩张，开设了 500 多家餐馆。博派斯已经成为继肯德基和小骑士（Church's）之后的第三大炸鸡连锁店。

1989 年，当科普兰购买了竞争对手小骑士的大部分股份后，博派斯与该公司合并。尽管博派斯继续在全美扩张，但它却无力偿还巨额债务。由于无法偿还用于并购融资的近 4 亿美元债务，科普兰在两年后申请了破产。此后不久，博派斯作为美国最受欢迎的炸鸡公司重新崛起。为了继续发展公司，AFC 收购了肉桂卷连锁店（Cinnabon）和西雅图贝斯特咖啡（Seattle's Best Coffee），并在 2001 年上市。但公司的增长并没有体现到销售额上，小骑士遂于 2004 年被卖给了阿尔卡皮塔（Arcapita）。多年来销售额的不断下降，迫使 AFC 出售了肉桂卷连锁店和西雅图贝斯特咖啡。2007 年，博派斯最后一个被剥离。

2007 年，博派斯的财务状况创下历史新低，其股票从每股 34 美元跌至 14 美元。博派斯求助于谢丽尔·巴歇尔德（Cheryl Bachelder）来扭转僵局。巴歇尔德曾是肯德基的总裁和首席概念官，对特许经营并不陌生。在了解了博派斯财务业绩不佳的原因后，巴歇尔德将问题归结为特许经营。

多年来，加盟商一直对管理层表达不满。有一次，一个沮丧的群体冲进执行委员会会议要求改革。此前几年，博派斯也缺乏产品创新。由于没开展过全国性的广告活动，消费者对餐厅的认知度很低。这些问题使博派斯与加盟商的关系变得更加紧张。

博派斯高层开始与加盟商领导者会面，起草新的商业计划，明确公司存在的主要问题。关键转折发生在芝加哥的一次会议上，当时管理层和加盟商的领导者同意增加对全国性广告的投入。那时，每家加盟店将其销售额的 3% 用于支付投放于本地的广告费。加盟商同意将这一比例提高到 4%，同时要求博派斯管理层增加 600 万美元的广告投入，并将其广告推向全美。博派斯新的广告活动的特点在于邀请了一位名叫安妮的新代言人。广告以她特有的口音表达出了南方人的热情好客。公司将其发源于路易斯安那州的特征植入广告，使博派斯与竞争对手区别开来。

博派斯 2008 年改名为"博派斯路易斯安那小厨"（Popeyes Louisiana Kitchen）来体现新的形象。为了解决加盟商对博派斯餐厅"萨尔瓦多·达利风格"设计的抱怨，博派斯加大投资为餐厅打造了全新的、充满活力的外观设计。餐厅内部氛围以卡津人香辣和经典南部烹饪为核心元素，装满辣椒的玻璃罐装饰着餐厅的货架，招牌上展示着新奥尔良风格的艺术品，以卡津人烹饪为特色。同时，新产品的推出也反映了博派斯对其路易斯安那州出身的回归。

除了在全美投放广告，博派斯还开始关注餐厅层面的盈利能力，这是加盟商最关心的问题。博派斯投资数据分析软件可以帮助加盟商在更有利可图的地方开设新餐厅。在使用数据分析模型之前，博派斯集中在非裔美国人社区开设分店。数据驱动模型的使用改变了这种情况，通过预测交通模式和博派斯区位的收入潜力，加盟商开始在白人人口分布较为密集的地区开设新的餐厅，这提高了它们餐厅的成功率。

与加盟商的合作给博派斯带来了立竿见影的效果，销售额大幅增长，多年来首次开始盈利。博派斯报告称，加盟商的满意度大幅提高，这反映在新店数量的增加上。在博派斯重塑其特许经营战略后的五年里，新店数量超过了其店面总数的三分之一。博派斯的成功并不局限于美国，公司在转型后陆续在全球范围内开设了数百家分店，总数达到了 2600 多家。这一成功的逆转表明，博派斯和其加盟商之间的关系是公司成功的关键。[49]

问题：

1. 博派斯的特许经营模式有哪些关键方面？
2. 对博派斯及其加盟商来说，特许经营的好处和弊端分别是什么？
3. 在决定菜单、餐厅外观和广告方面，博派斯应该给各个加盟商提供多大的自由空间？博派斯是应该采取集中管理的方式，还是允许加盟商根据当地情况调整策略？

16

管理零售

学习目标

1. 阐释现代零售业的关键变化。

2. 讨论零售商面临的营销决策。

3. 描述公司如何管理全渠道的零售。

4. 阐释建立和管理自有品牌的关键原则。

5. 描述批发的主要方面。

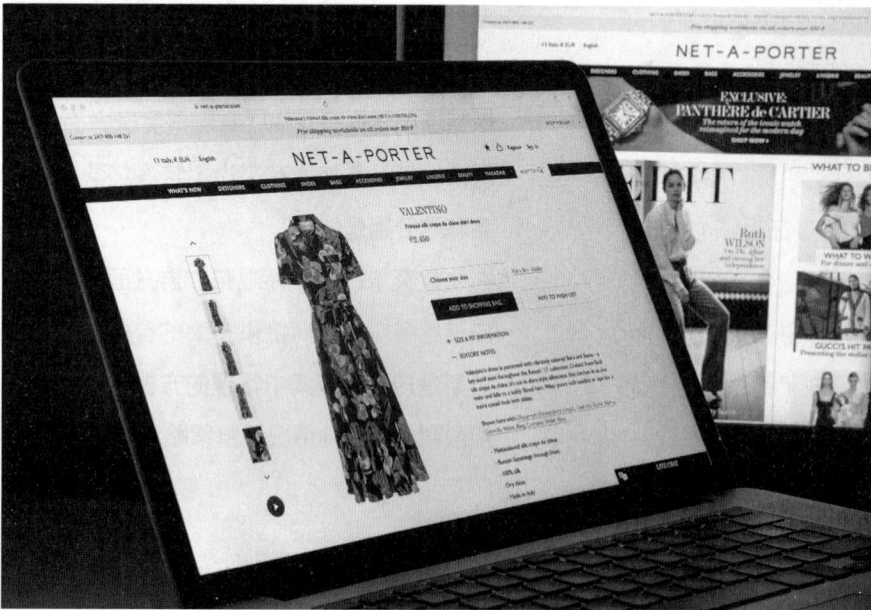

颜特女士 (Net-a-Porter) 通过结合主编精选和高清照片来展示其 800 多个设计师品牌的产品，创造了一种奢华的在线购物体验。

Source: Casimiro/Alamy Stock Photo

上一章我们主要是从想要建立和管理营销渠道的制造商的角度来研究中间商。在本章，我们认为这些中间商——零售商、批发商和物流组织——需要在快速变化的情况下制定营销战略。中间商也在努力追求卓越营销，从而像其他公司一样获得收益。颇特集团的成功就非常值得参考。

颇特集团由时尚记者娜塔莉·马斯内（Natalie Massenet）于 2000 年在伦敦创立。在大多数奢侈品品牌被在线零售商吓退时，颇特集团开创了一种卓越而方便的购物体验，将奢侈品带给高净值购买者。自创立以来，颇特集团确立了自己作为世界上首屈一指的奢侈时尚零售商的地位，提供超过 800 个设计师品牌的产品组合，其中包括古驰、普拉达、杜嘉班纳（Dolce＆Gabbana）、蔻依（Chloe）、亚历山大·麦昆（Alexander McQueen）、巴黎世家（Balenciaga）、华伦天奴（Valentino）和斯特拉·麦卡特尼（Stella McCartney）。该公司成功的关键在于其商业模式，将时尚主编精选内容与零售能力相结合，创建了销售奢侈品品牌的时尚杂志。马斯内分享时提到："人们总是对我说，'你这是在致力于重新定义零售业'，但实际上我想重新定义的是杂志。从一开始，我们就一直想将两者融合在一起，以时尚编辑挑选服装和品牌的方式进行购买。"颇特集团希望展示的产品和在杂志上看到的一样，但希望读者在网上购买。这需要制作高质量的图片和视频来展示品牌，同时对奢侈品进行重新包装来重塑奢侈品的在线购物体验。事实证明，颇特集团的做法是成功的。尽管在互联网泡沫破裂后经济环境恶化，但在上线四年后，颇特集团还是实现了盈利。几年后的 2010 年，总部位于瑞士的奢侈品公司历峰集团（Richemont）收购了颇特集团的多数股权，当时对颇特的估值超过 5 亿美元。2015 年，颇特集团与销售过季奢侈品的在线零售商悠客网（Yoox）合并，创建了世界领先的在线奢侈时尚零售商悠客网颇特（Yoox Net-a-Porter）集团。[1]

零售市场竞争激烈无情。尽管诸如美捷步、H&M、飒拉、Mango 以及 Topshop 等新型零售商近年来蓬勃发展，但其他公司却还在生存线上挣扎，如美国的杰西潘尼（JCPenney）、科尔士百货和凯马特等。成功的公司善于使用战略规划、先进技术、信息系统和复杂的营销工具。它们对市场进行细分，改善自身的市场定位，并通过记忆深刻的体验、相关和及时的信息，提供合适的产品和服务，与顾客建立联系。在本章中，我们将讨论零售业的卓越营销。

现代零售环境

　　零售（retailing）指的是那些直接向最终消费者销售商品或服务以满足其用于个人、非商业目的的所有活动。零售商或零售店是指其销售额主要来自零售的商业公司。任何组织——无论是制造商、批发商还是零售商——只要是向最终消费者销售就是在从事零售业，这与商品或服务的销售方式（面对面、邮寄、电话、自动售货机或在线销售）或销售地点（在商店、街上或是消费者家中）无关。

　　今天的零售营销环境与十年前有很大的不同。零售市场非常活跃，近年来涌现了众多新型的竞争对手和竞争形势。

- 　　**新的零售形式和组合形式。**为了满足顾客对便利的需要，各种新的零售形式开始出现。书店内设咖啡店，加油站内开设食品店，抑或 Loblaws 超市中开起健身俱乐部，或是在像全食超市和克罗格这样的杂货店中开设酒吧。购物中心、公共汽车站和火车站的过道上都有小贩的手推车。零售商也在尝试使用快闪店（pop-up stores），在人流量大的区域对季节性购物者进行为期几周的品牌推广活动。快闪店的设计通常是通过互动体验创造舆论效果。谷歌利用快闪店作为在购物季开设实体店的一种简便方法。除了通过收购全食超市来拓展零售业态外，亚马逊还推出了自己的线下实体店。

- 　　**零售商整合。**沃尔玛等巨型零售商拥有卓越的信息系统、物流系统和议价能力，能够以富有吸引力的价格向消费者提供良好的服务和大量产品。它们正在排挤那些不能提供足够数量的小型制造商，并且经常向强大的制造商发号施令，要求它们生产什么、如何定价和促销、何时以何种方式送货，甚至如何改进生产和管理。如果失去了沃尔玛这样的大客户，制造商可能会失去很大一部分的销售额。综合零售商由于对制造商拥有控制力，往往对新品牌的上市、储存和推广收取各种费用。

- 　　**移动零售的增长。**消费者正在从根本上改变他们的购物方式，在商店购物时，消费者越来越多地使用手机向朋友或亲戚发消息告知产品情况。超过 50% 的谷歌搜索是通过手机完成的。移动电子商务在全球某些区域已经发展得很成熟了。受益于发达的移动基础设施，亚洲的消费者将手机当成电脑使用。移动广告被消费者广泛接受，对企业来说也相对便宜。在韩国，乐购（Tesco）为首尔的地铁乘客创建了虚拟地铁商店，在墙上叠加呈现了交互式的、逼真的商店过道，包含各种产品及品牌形象。消费者只需用手机拍下照片，就可以订购产品送货上门。

- 　　**全渠道零售的增长。**零售业已经从纯粹的实体店形式，发展到实体店和网上商店相结合的形式，以满足喜欢网上购物的消费者的需求。在这种"实体 + 在线"的形式中，实体店和网店发挥着同样的功能，网店甚至部分蚕食了实体店的销售。意识到管理两个独立分销渠道可能带来的低效率局面，许多零售商已经转向全渠道模式，让实体店和网上商店相互补充，而不是相互竞争。例如，包括百思买、塔吉特和诺德斯特龙等在内的众多零售商正在整合它们的线上和线下业务，以对公司有效且具有成本效益的方式，为客户提供无缝衔接的客户体验。例如，家得宝让客户能够在网上搜索其每个商店的可用库存，并能够将缺货商品送到当地商店或客户家中。顾客也可以通过在线退货或到附近的商店退回不想要的产品。

- **快销零售业的增长。** 快销零售业的出现不仅是时尚零售业的一个重要趋势，还有着更广泛的影响。零售商开发截然不同的供应链和分销系统，以便为消费者提供持续变化的产品选择。快销零售业需要在多个维度做出深思熟虑的决定，包括新产品的开发、采购、制造、库存管理和销售实践等。快时尚零售商如飒拉、优衣库、TopShop通过提供兼具新颖性、价值感和有时尚感的产品，吸引了大量消费者，并取得了成功。

- **技术的作用越来越大。** 技术正深刻影响着零售商开展业务的方方面面。如今，几乎所有的零售商都使用技术进行预测，控制库存成本，通过电子订单向供应商订货，从而减少通过打折和销售来处理积压库存的需要。技术也直接影响消费者在店内的购物体验。电子货架标签使零售商能够即时改变产品价格。店内展示程序可以持续进行演示或播放促销信息。零售商正在尝试使用虚拟购物屏幕、音频/视频演示和二维码整合。他们还通过精心设计的网站、电子邮件、搜索策略和社交媒体活动开发了全面整合的数字信息战略。购物者会在节假日在社交媒体上寻求信息和分享成功经验，因而社交媒体对零售商而言尤其重要。亚马逊已经开设无人商店，这些商店利用摄像头和人工智能技术检测顾客在购物车里放了什么物品，并向他们收取相应的费用，消费者无须经历结账过程。

- **中型市场零售商的衰落。** 如今的零售市场是沙漏形的：增长集中在顶部和底部，前者包括提供奢侈品的零售商，如蒂芙尼和内曼·马库斯（Neiman Marcus）精品百货，后者包括提供折扣商品的零售商，如沃尔玛和达乐（Dollar General）等。随着折扣零售商的产品质量和形象的改善，消费者也更愿意到那里消费了。塔吉特提供林能平（Phillip Lim）、吴季刚（Jason Wu）和米索尼（Missoni）等名家的设计款产品；而凯马特超市则销售乔·博克斯（Joe Boxer）的内衣裤和睡衣系列。另一方面，蔻驰将其近300家门店中的40家转换为提供更高价产品和礼宾服务的高档门店。中间地带的机会寥寥无几，曾经成功的零售商，如杰西潘尼、科尔士百货、西尔斯、睿侠（RadioShack）和蒙哥马利·沃德（Montgomery Ward）等，如今都在生存线上挣扎甚至倒闭。类似美国超价商店（SuperValu）和西夫韦这样的连锁超市发现自己陷入了两难困境：夹在全食和韦格曼斯等高端商店与奥乐齐、沃尔玛等折扣商店之间。中产阶级购物者的困境使问题变得更加复杂，由于房价下滑和收入停滞，中产的购买力已然萎缩。

关键的零售决策

以新的零售环境为背景，我们将从以下几个关键领域审视零售商的营销决策：目标市场、产品组合、采购、服务、商店氛围和体验、定价、激励和沟通。我们将在下一部分讨论自有品牌这一主题。

目标市场

在定义和描述目标市场前，零售商无法对其产品组合、店面装饰、广告信息和媒体、价格及服务水平进行决策。通过向对有机和天然食品感兴趣的顾客群体提供独特的购物体验，全食超市获得了成功。

>> 信息量巨大、色彩丰富的陈列和博学多识的员工为全食超市——美国最大的有机和天然食品杂货店的顾客提供宾至如归的环境。

Source: Maurice Savage/Alamy Stock Photo

全食超市　在北美和英国的 480 多家门店中，全食超市（2017 年被亚马逊收购）创造了食品庆典。商店里通道明亮，人员配备齐全，食物五颜六色，丰盛而诱人。全食超市是美国最大的有机和天然食品杂货店。全食超市还会提供很多关于食品的信息。例如，如果你想知道商店里售卖的鸡是否过着快乐的生活，那么你能够得到一本小册子和一份邀请函，让你有机会参观位于宾夕法尼亚州的养鸡场。至于其他帮助，你只要问一个知识渊博且容易找到的员工就行了。一家典型的全食超市有 200 多名员工，几乎是西夫韦超市的两倍。公司致力于创造富有吸引力的商店环境，用粉笔书写价格，随处可见的纸板箱和冰块，以及其他有创意的展示让购物者感到宾至如归。它的方法被证实是有效的，特别是对那些把有机和手工食品看作有点奢侈但可负担的消费者来说。[2]

目标市场选择的失误可能会导致惨重的损失。当历来扎根于大众市场的珠宝商 Zales 决定追逐高端消费者时，将其三分之一的商品进行了更换。它放弃了那些廉价的、低质量的钻石珠宝，转而销售时尚且利润较高的 14K 金银饰品，并在此过程中改变了广告宣传。但事实证明此举是一场灾难，Zales 失去了许多传统顾客，却没有赢得它希望吸引的新顾客。[3]

为了更好地选择目标市场，零售商把市场越分越细，并且引入了一批新的商店，提供相关产品，开发利基市场。例如，近年来儿童服装零售业已被分割成许多利基市场。金宝贝（Gymboree）推出了珍妮和杰克（Janie and Jack）品牌，专营婴幼儿服装礼品；热门话题（Hot Topic）推出了托里德（Torrid）门店，为需要大码服饰的女性提供时装；Limited Brand 旗下的 Tween Brands 通过正义（Justice）商店和兄弟（Brother）商店分别向少男少女销售低价时装。

产品组合及采购

零售商的产品组合必须在广度和深度上符合目标市场的购物期望。[4] 一家餐厅可以提供窄而浅的产品组合（小型午餐柜台）、窄而深的产品组合（熟食店）、宽而浅的产品组合（自助餐厅）或宽而深的产品组合（大型餐厅）。

在科技和时尚这样快速发展的行业中，识别合适的产品组合尤为困难。当平价服饰品牌 Urban Outfitters 偏离其"时髦，但又不太时髦"的理念而过快接受新风格时，它一度陷入困境。同样地，运动和休闲服装零售商 Aéropostale 头脑一时发热，试图将其产品组合与青少年的需求相匹配，希望为公司带来利润。结果该公司 2016 年不得不宣布破产，不得不精简产品供应，并关闭了其 800 家门店中的三分之二以上，以避免公司彻底消亡。

制定产品差异化战略是确定商店产品组合的一项关键挑战。目的地类别（destination category）在制定产品差异化战略中起着非常重要的作用，因为它对家庭选择去哪里购物以及如何看待某个特定的零售商影响最大。一家超市可能因其产品的新鲜度，或因其提供的软饮料和零食的种类多、价格优惠而出名。[5]

在决定产品组合策略后，零售商必须选择商品来源、制定政策和开展行动。在连锁超市的公司总部，采购专员（有时称为采购经理）负责制定品牌组合，并听取供应商销售人员的产品介绍。

零售商正在迅速提高其在需求预测、商品选择、库存控制、库存分配及展览展示方面的技能。它们使用复杂的软件跟踪库存，计算有利可图的订货量，预订商品并分析花在供应商和产品上的支出。连锁超市使用扫描数据来逐店管理其商品组合。

一些商家正在使用射频识别（RFID）系统促进库存控制和产品补贴，射频识别系统由"智能"标签（附着在微小无线电天线上的微芯片）和电子阅读器组成。智能标签可以嵌入产品内或贴在标签上，当标签靠近阅读器时，它会向计算机数据库传输一个独特的识别编码。可口可乐公司和吉列公司已经使用这套系统实时监控库存，并记录货物从工厂到超市再到购物篮的过程。

商家正在使用直接产品利润率（direct product profitability, DPP）指标来衡量一个产品从仓库到被顾客购买的产品处理成本（收货并移动到仓库、跟踪记录、选择、检查、装卸及空间成本）。商店有时发现产品的毛利率与直接利润并无很大关系。相比于体积小的产品，体积大的产品处理成本更高，导致盈利性较差，不适合在货架上的大块区域摆放。除非顾客购买了足够多的其他有利可图的产品来弥补引入大体积产品所带来的损失。

乔氏超市（Trader Joe's）以其创新的产品组合及采购策略使自己从竞争者中脱颖而出。

>> 乔氏超市的大部分产品都是经过精心挑选的自有品牌，为客户提供他们所寻求的利益和产品组合。

Source: Randy Duchaine/Alamy Stock Photo

乔氏超市　总部位于洛杉矶的乔氏超市开辟了一个特殊的利基市场。作为"美食店/折扣仓库的混合体"，乔氏超市在其 474 家店铺中以低于平均价格不断轮换销售高级特制食品和酒品。从比利时华夫饼干到泰式酸辣腰果，该公司 80% 的产品以自有品牌销售（相比之下，绝大多数超市只有 16%）。在采购方面，它采用了"少即是多"的理念。一家传统超市的产品类别高达 55000 种，而乔氏超市每家门店只经营 2000~3000 种产品。而且乔氏超市只经营能以优惠价格买进卖出的产品，即使这意味着每周需要更换库存。乔氏超市的专业买家不与中间商联系，而是直接与数百家供应商联系，这些供应商中约有四分之一在海外。该公司总是考虑客户所需，并让他们参与决策过程，每周推出多达 20 种新品来取代不受欢迎的旧品。由于在世界各地拥有数以千计的供应商，乔氏超市建立了一个难以复制的成功公式。专家们称赞它有能力讲好一个故事，并为顾客创造独特的友好体验。正如一位专家所说，"乔氏超市的成功可归功于对其独特自有品牌产品的小规模处理、精细化分类和价值定价"。[6]

服务

零售商的另一个差异化因素是能否提供准确可靠的客户服务，无论这种服务的形式是面对面沟通、电话或是在线客服。零售商也会面临消费者对服务水平和具体服务项目的差异化偏好。具体来说，零售商提供的服务可分为以下三个层次：

- **自助服务**。自助服务是所有折扣业务的前提。许多顾客为了省钱，愿意自己进行"定位—比较—选择"的过程。
- **有限服务**。这些零售商经营大量商品，并提供诸如信贷和商品退货等特别服务。顾客通常自己寻找商品，尽管他们可以寻求商家的协助。

- 全面服务。销售人员随时准备在"定位—比较—选择"过程的每个阶段提供帮助。喜欢享受服务过程的顾客会偏爱这种类型的商店。高昂的人员成本，服务项目多，以及特殊商品和周转较慢的商品占比较高，共同导致了高昂的零售成本。

零售商还必须决定为顾客提供的服务组合。这些服务包括购前服务，如提供产品信息，以及使顾客能够尝试和体验产品；以及购后服务，如运输、交付和安装、礼品包装、修改和裁剪、调整和退货等。

商店氛围

零售商必须调动所有感官来塑造顾客体验。改变音乐的节奏会影响到顾客在超市中购物时长和花费；平缓的音乐可以带来更高的销售额。布鲁明戴尔百货店在商场的不同区域使用不同的香精：在婴儿用品店使用婴儿爽身粉味香精，在泳衣区使用防晒霜味香精，在内衣店使用丁香花味香精，在假日期间使用肉桂和松树味香精。其他零售商，如维多利亚的秘密和 Juicy Couture 在店内使用并销售自有品牌的独特香水。[7]

≪ 迪克体育用品商店通过互动设施和强调运动成就，与顾客建立了情感联系，推动该公司从一个鱼饵和钓具单店发展为美国最大的全线运动用品零售商。

Source: picturelibrary/Alamy Stock Photo

迪克体育用品 迪克体育用品（DICK'S Sporting Goods）由 18 岁的迪克·斯塔克（Dick Stack）于 1948 年创立，当时的他在纽约州宾汉姆顿的一家军队剩余物资商店工作。作为一名狂热的垂钓爱好者，物资商店的店主让迪克列举一份进军钓具业务所需的产品清单。在店主拒绝迪克的建议后，迪克用祖母给的 300 美元开了自己的鱼饵和钓具店。到 20 世纪 70 年代末，迪克扩展他的产品线，并在不同地区开设商店，成为拥有约 800 家商店的美国最大全线体育用品零售商。该公司的成功可以部分归因于其商店内的互动设施。顾客可以在室内练习场测试高尔夫球杆，在鞋类跑道上试穿鞋子，并在射箭场中射箭。通过"每个季节都从迪克开始"的广告标语，该零售商还强调运动成就和个人提升的基本目标，和顾客建立更强的情感联系。[8]

电子商务的发展迫使传统的实体零售商做出反应。除了先天优势（如顾客可以真切地看到、触摸和测试产品，优质的客户服务，以及大多数购买的无延迟交付等），实体店还提供了购物体验，这也是一个强大的差异点。

商店氛围应与购物者的基本动机相匹配。如果客户是任务导向和功能性思维，那么一个更简单、更克制的店内环境可能会更好。[9] 另一方面，一些体验性产品的零售商通过创造店内娱乐活动，吸引那些希望获得乐趣和刺激的顾客。REI 是一家户外装备和服装销售商，该公司允许消费者在店内 7.6 米甚至 19.8 米高的墙上测试攀岩装备，并允许顾客在模拟降雨中试穿 GORE-TEX 雨衣。巴斯超级店也提供了丰富的客户体验。

>> 被称为兼具景点和零售功能的巴斯户外世界超级店 (Bass Pro Shops' Outdoor World superstores)，为顾客提供产品演示和课程，店内环境模拟户外运动爱好者遇到的真实场景，成功将他们转化为忠实的客户。

Source: dbimages/Alamy Stock Photo

巴斯超级店 巴斯超级店是一家户外运动设备零售商，为猎人、露营者、垂钓者、划船者等各种类型的户外运动爱好者提供服务。它的户外世界超级店占地面积超过 20 万平方英尺，店内布置了大型水族馆、瀑布、鳟鱼鱼塘、射箭和射击场、飞蝇毛钩绑制展示、室内高尔夫练习场和果岭，并提供从冰钓到资源保护的各类免费课程。每个部门都可以复现相应的户外体验，以便更好地进行产品演示和测试。在夏季，父母可以带着孩子参加店内免费的家庭夏令营，体验不同部门举办的各项活动。巴斯超级店在顾客进入商店的那一刻就与他们建立了紧密的联系——通过一扇特意设计的旋转门，强调"他们进入的是一个观光胜地，而不仅是一个零售商店"；顾客一进门首先会看到一条无厘头的迎接标语"渔民、猎人和其他撒谎精们，欢迎你们"(Welcome Fishermen, Hunters, and Other Liars)。巴斯超级店每年吸引超过 1.2 亿的游客，顾客平均到店距离超过 80 千米，在店内停留时间超过 2 小时。它位于密苏里州的巴斯展厅是该州首要的旅游目的地。[10]

定价

定价是定位的一个关键因素，必须结合目标市场、产品服务组合及竞争情况来决定。[11] 不同形式的商店会有不同的竞争和价格变化。例如，在历史上，折扣店之间的竞争比其他形式商店之间的竞争要直接得多，尽管这种情况正在发生变化。[12]

　　所有的零售商都希望是高销售额＋高收入（高销量和高毛利），但两者通常情况下不可兼得。大多数零售商属于高利润＋低销量（高级特色商店）或是低利润＋高销量（量贩店和折扣店）。在这两个大类中又有进一步的等级划分。

　　位于比弗利山庄罗迪欧大道的预约制公司毕坚（Bijan）是价格谱系的一个极端，这家公司被称为世界上最昂贵的商店之一。其古龙香水的标价为每6盎司1500美元，一套西装的价格是25000美元，领带是1200美元，而袜子是100美元。[13] 在价格谱系的另一端，塔吉特超市巧妙地将时髦的形象与折扣结合起来，让顾客觉得物超所值。它首先推出了由迈克尔·格雷夫斯（Michael Graves）、艾萨克·米兹拉希（Isaac Mizrahi）和利兹·兰格（Liz Lange）等著名设计师设计的产品线，并继续邀请名人，如歌手格温·斯蒂芬尼，来销售童装。另一家采取低利润、高销量策略的公司是林木宝公司（Lumber Liquidators）。

≪ 林木宝公司通过直接从木材厂购买多余的木材，压低成本，让利给客户，因而在硬木地板市场上取得了稳步增长。

Source: REUTERS/Alamy Stock Photo

林木宝公司　林木宝公司是美国最大的硬木地板专业零售商。它创立于1993年，当时建筑承包商汤姆·沙利文（Tom Sullivan）开始购买其他公司不需要的多余木材，并在马萨诸塞州斯托顿的一个卡车场的后院转售。林木宝公司于1996年在马萨诸塞州的西罗克斯伯里开设了第一家商店，同年在康涅狄格州的哈特福德开设了第二家商店。在过去的20多年里，林木宝公司稳步发展，在美国和加拿大拥有数百家分店。该公司以折扣直接从木材厂购买多余的木材，并以低于劳氏和家得宝等大型家庭装修零售商的价格转售给客户，确立了硬木地板的利基市场。通过砍掉中间商以及将商店设在便宜的地方来降低经营成本，林木宝公司能够以较低的价格出售产品。林木宝公司也非常了解它的顾客，例如，那些索取产品样品的购物者有30%的可能性会在一个月内购买，而且大多数人倾向于一次装修一个房间，而不是一次装修整个家。[14]

　　在制定价格时零售商会考虑各种因素。一些零售商会对某些产品设定低价，将其作为吸引客流的特价商品（亦称招徕品），或者用来彰显其定价政策。[15] 另一些零售商则对销量不佳的商品降价出售，以释放库存。以鞋店为例，零售商希望将50%的鞋子按照正常价格出售，25%的鞋子按照加价的 40% 出售，剩下 25% 的鞋子保本销售。商店的均价水平和折扣政策会影响它在消费者心中的价格形象，但与价格无关的因素，如商店的气氛和服务水平也非常重要。[16]

除了管理价格，零售商还必须管理自身的价格形象，这反映了消费者对某一零售商的价格水平的总体看法。例如，沃尔玛通常被认为相当便宜，而塔吉特通常被认为价格较高。由于消费者往往不知道他们想要购买的商品在不同零售商处的实际价格，因此需要依靠零售商的价格形象来确定一个特定价格的吸引力。在这种情况下，零售商在制定其价格时，必须考虑到每个产品单独的价格对其价格形象的影响（见"营销洞察　管理零售商的价格形象"）。

激励

为了让产品对顾客更有吸引力，零售商经常使用激励措施，如价格折扣、数量折扣（如"买一送一"）、奖金和优惠券。这些激励措施（也被称为"商品促销"），目的是增加商店客流量，"助推"顾客购买。

零售商使用激励措施的程度有所不同，其中处于两端的激励策略为：**天天低价法**（everyday low pricing, EDLP）和**高－低定价法**（high-low pricing）。使用天天低价法的零售商会设定恒定低价，几乎不会或很少降价促销。恒定价格摒弃了每周价格变动的不确定性，以及促销导向的高-低定价。使用高-低定价法的零售商日常定价较高，但会在频繁的促销活动中给出短期内低于天天低价法水平的价格。[17]

近年来，类似汽车经销商丰田塞恩（Scion）和诺德斯特龙等高档百货公司这些不同行业的企业相继放弃了高－低定价法，转而使用天天低价法。但使用天天低价法最成功的企业肯定是沃尔玛，实际上这个术语就是它定义的。除了少数每月特价商品，沃尔玛向顾客承诺主要品牌采用的是天天低价的定价策略。

像沃尔玛这样的零售商放弃了高－低定价法而选择天天低价法。这种方式能彰显更高的价格稳定性，以及更公平和可靠的企业形象，并带来更高的零售利润。那些实行天天低价策略的连锁超市比那些实行高－低定价法的超市盈利更高，但这必须在特定情况下才能成立，例如市场里存在许多每次购物都要买很多商品的"大篮子"购物者。[18]

零售商采用天天低价法的最重要原因是，持续进行促销活动成本较高，同时会削弱消费者对日常零售价格的信心。一些消费者也不像过去那样有时间和耐心关注超市特价商品和优惠券。但是，促销活动确实能创造兴奋点并吸引消费者。所以天天低价并不能保证成功，也不适合所有企业。[19] 杰西潘尼公司为此付出了惨痛的代价。

杰西潘尼　当杰西潘尼聘请苹果公司的零售大师罗恩·约翰逊（Ron Johnson）担任首席执行官时，人们对他将如何改造这个古老的百货业巨头充满期待。当约翰逊发现该公司在前一年举行了 590 次销售大促，几乎四分之三的销售收入来自打折超过 50% 的商品时，他决定

实施简化的定价策略。优惠券和促销活动被取消了，取而代之的是 40% 的全面降价。然而，事实证明天天低价策略是一场灾难。随着产品销量和股价的暴跌，约翰逊很快就被赶出了公司。天天低价策略失败的原因有很多。例如梅西百货和西尔斯百货等竞争对手持续提供打折促销活动，让消费者感到很划算。杰西潘尼的老顾客怀念优惠券和每周的促销活动。天天低价被认为对功能性产品更有效，但它实际上可能会损害形象导向的产品，如时装。这是杰西潘尼一个重要的销售类别。一位评论家精辟总结道："归根结底，人们并不是想要一个公平的价格，他们想要的是一个划算的交易。"[20]

≪ 杰西潘尼试图从大规模优惠和促销活动转向天天低价，付出了惨痛的代价，因为顾客明确表示他们喜欢每周促销，而竞争对手继续提供促销和折扣。

Source: Sundry Photography/Shutterstock

在实体店购物时，消费者经常使用智能手机来寻找优惠促销活动。手机优惠券的兑换率（10%）远超纸质优惠券的兑换率（1%）。[21] 对零售商来说，研究表明移动端的促销活动可以让消费者在店内移动更长的距离，并产生更多的非计划购买。[22]

为了让顾客对购物体验有更多的选择，零售商在商店引入数字技术，尤其是移动应用程序。以诺德斯特龙为例，尽管公司希望顾客远程使用其应用程序，但许多顾客却喜欢在店里购物时启动应用程序，而不去找销售人员。一位高管指出，"很多顾客喜欢触摸、感受和试穿产品，但他们也希望从网上获得信息"。诺德斯特龙在其几乎所有门店都启用了 Wi-Fi，部分原因是希望其应用程序能够快速启动运行。

地理围栏（geofencing）是实体零售商中越来越流行的工具，指的是商店对处在特定地理空间中，通常是那些在商店附近或已在店中的顾客，开展移动促销。请看以下这些应用：[23]

- 内曼·马库斯在其商店中使用地理围栏技术，这样它的销售人员就能知道高净值顾客何时在店内，并能回溯他们的购买历史，以为其提供更多个性化服务。
- 户外用品供应商北面除了在其商店，还在公园和滑雪场周围使用地理围栏技术。
- 化妆品零售商科颜氏在其独立门店和其他店面售货处附近使用地理围栏技术。它在收银台、社交媒体页面和电子邮件列表中发布信息，并为注册会员的顾客免费提供润唇膏。数以千计的顾客通过这种方式注册成为会员。公司将短信数量限制在每月三条，以免对顾客造成干扰。

沟通

零售商广泛采用各式各样的沟通工具来招揽顾客，刺激消费。它们刊登广告，进行特价销售，发放优惠券，发促销邮件，实施常客奖励计划，提供店内食品试吃，并在货架上或结账处摆放优惠券，等等。它们和制造商合作，设计一些能够反映双方形象的店内销售物品。它们设定电子邮件到达顾客邮箱的时间，并设计醒目的标题、动画效果以及个性化的信息和建议。

零售商还会运用互动式的社交媒体传递信息，围绕自身品牌创建社区。它们研究消费者是如何对待它们的电子邮件的，包括信息被打开的地点和方式，以及哪些文字和图片能够促使消费者点击邮件。

由于一家零售商 15% 最忠诚的客户所贡献的销售额高达 50%，因此奖励计划变得越来越复杂。选择分享个人信息的消费者可以得到折扣、秘密产品或预售产品、特供商品和商店积分。连锁药店 CVS 有超过 9800 个零售点和超过 9000 万忠实的俱乐部会员，他们可以在店内优惠券中心凭借销售单据换取优惠券。[24]

在台北、香港、伦敦和芝加哥的旗舰店，博柏利用 360° 全景影像技术制作了"虚拟雨"，作为展示其雨具的数字化项目——"博柏利世界现场"（Burberry World Live）的一部分。英国的玛莎百货（Marks & Spencer）在它的一些门店里安装虚拟镜子，就像在网站上一样，无须上妆，顾客就能看到眼影或唇膏的效果。[25]

研究表明，大部分的购买决策是在商店里做出的。因此，企业越来越意识到在购买点影响消费者的重要性。这种影响通过购物者营销（shopper marketing）得以实现，整个过程中制造商和零售商会利用库存、展示和促销活动来影响积极购买产品的消费者。

产品展示和销售地点以及方式对销售的影响很大。宝洁公司是购物者营销的有力倡导者，它把消费者在商店与产品的相遇称为"第一真相时刻"（first moment of truth，产品的消费及使用为第二真相时刻）。[26] 宝洁公司在沃尔玛的一个旨在促进帮宝适等高档尿布的销售项目中发现了展示的力量。帮宝适将以往分散在商店各处的婴儿用品集中到一个过道里，打造了第一个婴儿用品中心。新的货架布局鼓励父母在婴儿用品中心逗留更长时间，花更多的钱，增加了帮宝适的销量。另一个成功的促销活动是宝洁公司的化妆品品牌封面女郎（P&G's Cover Girl），通过为沃尔玛开发彩妆套装，并在脸书上通过教育、博客和照片与潜在客户联系起来，迎合了当时"烟熏装"的时尚趋势。

客户购物时，零售商也利用技术影响他们。许多零售商使用手机应用程序或"智能"购物车，帮助顾客在商店里找到商品，了解促销和特价优惠，同时使支付更便捷。亿滋等一些公司使用"智能货架"技术，在靠近结账处的货架上放置传感器，检测消费者的年龄和性别，并通过先进的分析技术，在屏幕上显示可供选择的零食广告及促销活动。

管理全渠道零售

　　基于目标市场分析，零售商必须决定采用何种渠道触达客户。这个答案越来越倾向于：多渠道。例如办公用品连锁商店史泰博通过多种渠道进行销售：传统的零售实体店渠道、网站（staples.com）、虚拟商城及数千个网站链接。

　　对多渠道的依赖程度增加，意味着需要有效整合渠道设计。虽然一些专家预测，在互联网时代，营销目录会越来越多，因为越来越多的公司对营销目录进行改造，将其作为品牌推广工具，使之与在线活动相辅相成。维多利亚的秘密采用零售店、目录营销和互联网等多渠道营销的方式在其品牌发展中发挥了关键作用。

≪　虽然维多利亚的秘密仍然依靠零售点和邮寄目录来销售性感内衣，但数字媒体和电子商务的发展促使它加强了在线业务。

Source: Sorbis/Shutterstock

维多利亚的秘密　　维多利亚的秘密于 1982 年被 Limited Brands 集团收购。通过对女性服装、内衣和美容产品的巧妙营销，维多利亚的秘密成为零售行业极具辨识度的品牌之一。目睹了女性从欧洲的小精品店购买昂贵的内衣，并将其作为时尚品后，Limited Brands 的创始人莱斯利·韦克斯纳（Leslie Wexner）认为，类似的商店模式也可以在美国大范围推广，尽管这样的形式区别于以往消费者在百货公司的购物体验。但他相信，有了柔和的粉色墙纸、舒适的试衣间和细心的工作人员，美国女性会很享受这一欧洲风格的内衣购物体验。他认为："女性需要内衣，但女性想要的是高档的性感内衣。"事实证明韦克斯纳的想法是对的。在他买下这家公司后的十多年里，顾客平均每年在维多利亚的秘密购买 8~10 件内衣，而相比之下，全美的平均水平是 2 件。数字媒体和电子商务的发展使维多利亚的秘密加强了它的在线业务。在过去的 20 年里，该公司已经将邮寄的实体目录的数量从 4.5 亿份减少到 3 亿份，同时将更多的资源分配给了数字沟通媒介。[27]

　　我们可以区分实体零售商、在线零售商（纯粹基于点击形式的），以及同时拥有实体店和在线业务的全渠道（线下和线上）零售商。我们接下来讨论这三种类型的零售商。

实体零售商

　　也许实体零售商中最出名的类型是百货公司。日本的百货公司，如高岛屋（Takashimaya）和三越百货（Mitsukoshi），每年吸引数百万的购物者，商场内设艺术画廊、餐厅、烹饪课程、健身俱乐部和儿童游乐场。最常见的实体零售商类型总结如下：

- 百货公司，如杰西潘尼、梅西百货和布鲁明戴尔百货公司，这一类的实体零售商经营多个产品系列。

- 专卖店，如莉米特德（The Limited）、美体小铺和丝芙兰，这一类的实体零售商经营单一产品系列（或几个相关产品系列）。

- 超市，如克罗格、艾伯森和西夫韦是低成本、低利润率、大体量、自助式的大型商店，旨在满足家庭对食品和家用产品的全部需要。

- 便利店，如7-Eleven、OK便利店和Oxxo，是位于居民区的小型商店，通常24小时营业，售卖周转率高的便利产品。

- 药妆店，如CVS和沃尔格林，这一类实体零售商售卖处方药、健康和美容用品，以及一些个人护理、小型耐用品和其他商品。

- 大宗商品商店，如沃尔玛和家乐福（Carrefour）等，售卖低价、低利润、高销量的产品，销售日常购买的食品和家庭日用品，外加洗衣、修鞋、干洗、支票兑现等服务。

- 品类杀手，如家得宝、史泰博和PetSmart，在一个垂直品类里深耕细作。

- 折扣商店，如奥乐齐、利德、达乐和Family Dollar，以大幅折扣价格提供有限的商品组合。

- 平价零售商，如麦克斯折扣店（TJ Maxx）和工厂直销店，以低于零售价的价格销售剩余商品、超额商品和非常规商品。

- 仓储式会员店，如开市客、山姆会员店和BJ's批发超市，以低价提供较大数量（如超大包装）的商品。

- 自动售货机，提供多种冲动购买类商品，包括软饮料、咖啡、糖果、报纸和杂志等。自动售货机广泛分布在工厂、办公室、大型零售店、加油站、酒店、餐馆等许多地方。日本拥有超过500万台自动售货机，是世界上自动售货机人均覆盖率最高的国家。

　　零售商成功的三个关键因素是"选址、选址还是选址"。零售商可以在以下地点开设商店：

- 中央商务区。城市里历史最古老和交通最拥堵的地段，通常被称为"市中心"。

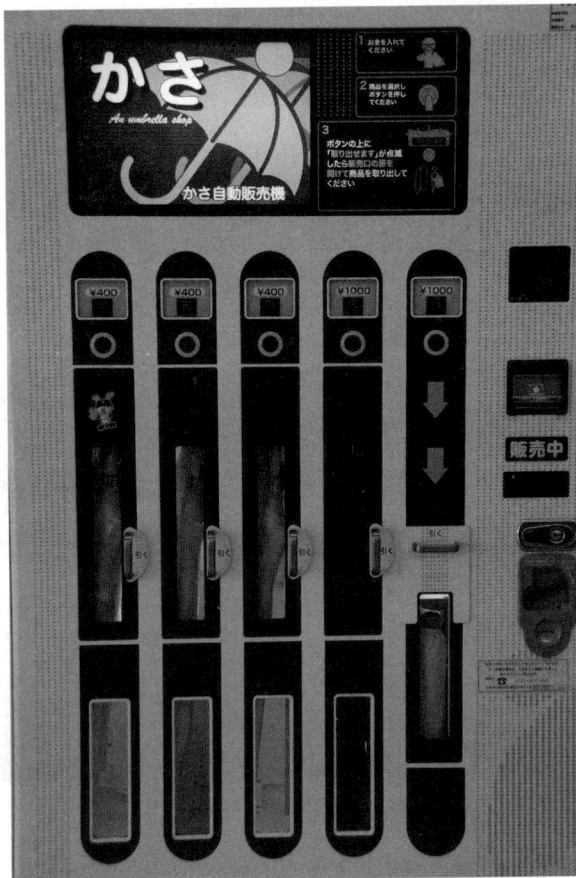

≪自动售货机在日本随处可见，它出售几乎任何种类的商品，包括雨伞。

- 区域购物中心。大型城郊购物中心，通常有 40~200 家商店，典型情况包括：有 1~2 家全国知名的核心商场，如梅西百货或者布鲁明戴尔；大卖场的组合，如佩特科（PETCO）动物耗材公司、设计师鞋库（Designer Shoe Warehouse）；或床上用品商店 Bed Bath & Beyond，以及一些小型商店。

- 社区购物中心。通常是有一家核心商店和 20~40 个小商店的小型购物广场。

- 购物街。通常集中在一个长条状建筑中的商店集群，满足周边居民对杂货五金、洗衣修鞋、干洗等需要。

- 大型商店内部消费区。知名零售商如麦当劳、星巴克、拿丹（Nathan's）和唐恩都乐会在大型商店、机场、学校或百货公司内的"店中店"专卖零售商内开设专柜，如古驰在内曼·马库斯百货商店中开设专柜。

- 独立门店。一些零售商，如科尔士百货公司和杰西潘尼，为了避开大商场和购物中心，转而选择独立店面，这样就不会与其他零售商店直接相连。

连锁百货商店、石油公司和快餐特许经营商在开设分店时非常谨慎，先是选择某个国家的某块区域，后选择特定的城市，再选择特定的地点。鉴于高客流量和高租金之间的关系，零售商必须结合客流量统计、消费者购物习惯以及对竞争地点的分析，来确定最有利的开店地点。

在线零售商

在线零售销量爆炸性增长，原因显而易见。在线零售可以为大量不同类型的消费者和企业提供方便、信息丰富和个性化的体验。通过节省售卖空间、员工成本和库存成本，在线零售能够向利基市场销售少量产品并从中获利。吉尔特就是这方面一个成功的典型案例。

>> 吉尔特，一开始是在网上限时销售打折的设计师服装和其他产品。在竞争加剧时，它调整自己的商业模式，专注于自身在女装上的优势，通过个性化的电子邮件加深了与客户的联系。

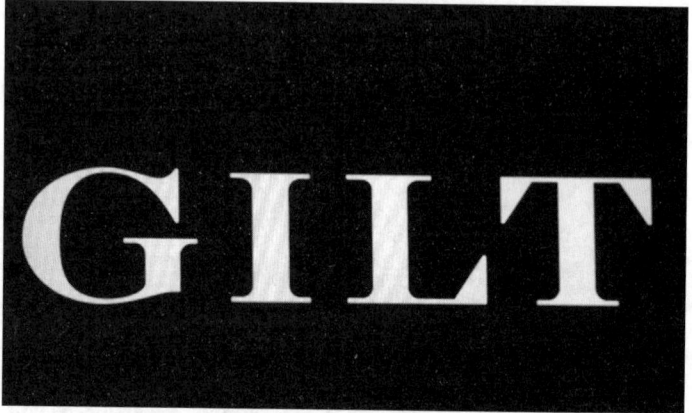

Source: 360b/Alamy Stock Photo

吉尔特　在经济衰退期，许多设计师品牌出现了库存积压的问题，因此迫切需要转移库存。使用第三方闪购网站——只在每天的一小段时间内对奢侈品及其他商品提供超低折扣——可以让设计师品牌以可控的方式处理存货，对品牌伤害较小。吉尔特创立于2007年11月，某种程度上效仿法国闪购先驱 Vente-Privée，吉尔特以高达60%的折扣力度销售顶级设计师品牌的时尚女装，但只在特定的时间抢购，而且只针对在其线上网站注册的客户销售。会员通过电子邮件接收交易时间和截止日期，这些邮件能够让人感受到交易的即时性和紧迫感。在新增了希尔瑞（Theory）和路易威登等奢侈品品牌后，该公司的会员人数增加到800多万。然而，随着经济逐渐复苏，吉尔特发现自身面临诸多挑战，例如，库存逐渐减少、其他网站的竞争日益激烈以及自身声势浩大的扩张战略（包括男装、儿童产品、家居产品、旅游套餐和食品等品类）。公司对此做出的回应是，更加专注于其核心竞争力——销售女性时尚产品，并通过个性化电子邮件向客户推荐商品，和他们建立更紧密的关系。2016年，吉尔特被哈德逊湾百货（Hudson's Bay）公司（旗下拥有哈德逊湾、罗德与泰勒和萨克斯第五大道等豪华百货连锁店）以2.5亿美元收购。[28]

为了给网站带来流量，许多公司采用了联盟营销（affiliate marketing）方式，向在线内容提供商支付费用，以为品牌网站导流。消费者经常去网上寻找低价商品，但在线零售商的竞争维度更多元，包括产品种类、便利性、购物体验、交货速度、退货政策以及问题处理能力等。调查表明，抑制在线消费最显著的因素是缺乏愉快的购物体验、社交互动，以及与公司销售代表的个人咨询。[29]确保在线购物的安全和个人隐私仍是非常重要的。

尽管 B2C 网站引起了媒体的广泛关注，但更多的活动是在 B2B 网站上进行的，这些网站深刻地改变了供应商与客户的关系。过去买家需要花费很多精力收集关于全球供应商的信息，B2B 网站使买方能够轻松地从各种来源获得大量信息，提升市场效率。这些信息包括：（1）供应商网站；（2）信息中介机构——通过汇总各路竞品信息增加价值的第三方；（3）做市商——连接买卖双方的第三方；（4）客户社区，买方在这里可以了解关于供应商的产品和服务。

像阿里巴巴这样的公司——作为最大的 B2B 市场缔造者——正在利用 B2B 拍卖网站、现货交易、在线产品目录、易货网站和其他在线资源来获得更好的价格。这些 B2B 交易机制使价格变得更加透明。无差异化的产品将面临更大的价格压力。对于高度差异化的产品，买家能更好地了解它们的真实价值。优质产品的供应商能够用价值透明度抵消价格透明度；而无差异产品的供应商将需要降低成本进行竞争。

全渠道零售商

尽管许多从事实体零售的公司曾因为担心与渠道伙伴发生冲突，犹豫要不要开设电商渠道。但在看到大量业务都来自线上渠道后，大多数公司都选择了拥抱互联网。即使是多年来完全使用传统实体分销渠道的宝洁公司，也通过电商门店销售一些大品牌，如汰渍、帮宝适和玉兰油，部分原因是能够进一步研究消费者的购物习惯。随着消费者越来越喜欢使用电脑、平板电脑和手机进行网上购物，包括沃尔玛在内的许多传统零售商也迅速开始采用全渠道零售。

Source: Piotr Swat/Alamy Stock Photo

≪ 在网上和移动技术方面失去先发优势后，沃尔玛决定优先发展数字战略，让客户随时随地都能通过移动、在线和门店销售获得产品，包括从仓库到门店的运输和智能手机支付。

沃尔玛 沃尔玛在拥抱在线和移动技术方面进展缓慢，源于其实体店的巨大投入、思想陈旧的高管团队，以及长期以来的既定政策。在公司决定优先发展数字战略，通过整合移动端、在线和实体店资源以让顾客能够随时随地触达沃尔玛之前，沃尔玛的在线业务还不到其全球销售额的 2%。在收购了具有强大搜索和分析能力的社交媒体过滤平台 Kosmix 后，沃尔玛在硅谷建立了沃尔玛实验室小组，促成了公司在智能手机支付技术、移动购物应用、基于推特流行分析的店铺产品选择等方面的创新。沃尔玛发现，其核心客户群是年收入在 3 万~6 万美元、经常在其网站上大量购物、经常使用智能手机而不是电脑进行购物的人。
利用物流优势，沃尔玛采用"从商店发货"的做法，将其 4000 多家美国商店作为仓库，以迅速完成网上订单。沃尔玛以开发智能手机应用程序为首要任务。使用该应用程序的用户比非用户消费得更多，而且到商店购物的频率也是非用户的两倍。当消费者靠近沃尔玛门店时，应用程序立刻切换到"商店模式"，帮助客户定位购物清单上的物品，提出购物建议，推送最新的在线通知，并展示店内新品。尽管沃尔玛为在线零售做出了种种努力，但其线上业务仍落后于亚马逊。为了迎头赶上，2016 年，沃尔玛投资 33 亿美元收购了 Jet.com——一家商业模式与亚马逊类似的迅速成长的在线零售初创企业。沃尔玛希望利用这次收购快速启动其电商业务，但没有成功，不久它就停止了该网站的运营，并在 2020 年逐步将该企业退出市场。[30]

除了将实体零售商和在线零售商相结合，全渠道零售商还包括那些将业务范围扩大到在线零售的非商店零售商（non-store retailers）。这类全渠道零售商的例子包括直邮营销、目录营销（Lands' End, L.L. Bean）、电话营销（1-800-FLOWERS）和信息广告直复营销（HSN, QVC）等。上述大多数公司都增设了电商作为联系客户和产生销售的另一个渠道。

新冠肺炎疫情极大地推动了零售商向全渠道零售商的转变。当时许多仅有实体店的零售商发现销售额迅速蒸发，因为顾客对亲自去线下消费变得越来越谨慎。同时，政府对商店运营的规定进一步限制了消费者光顾线下门店，从而使情况变得更加糟糕。购物行为上的这一巨大变化迫使许多零售商重新审视自身的商业模式，并将电商作为其业务的一个组成部分。一些大公司如亚马逊、沃尔玛和塔吉特加强了内部配送网络；许多规模较小的零售商依靠中介机构来加快物流和配送，如饮食达购物车（Instacart）、生鲜直达（FreshDirect）、订餐枢纽（GrubHub）、门达食品配送（DoorDash）、投递伴侣外卖服务公司（Postmates）和优食（UberEats）。

管理自有品牌

自有品牌（private label，也叫"中间商品牌""商店品牌""商号品牌"）指的是零售商或批发商自己开发的品牌。贝纳通（Benetton）、美体小铺和玛莎百货销售的大部分商品都是自有品牌。在欧洲和加拿大的杂货店里，商店自有品牌占所售商品总量的40%。英国最大的连锁食品店森宝利（Sainsbury's）和乐购出售的商品中大约有一半是自有品牌。德国和西班牙也是自有品牌销售比例较高的欧洲市场。

对生产商而言，零售商既是合作伙伴又是竞争对手。根据自有品牌制造商协会（Private Label Manufacturers' Association）的统计，目前在美国超市、连锁药店和大卖场销售的商品中，零售商自有品牌占据了五分之一。一项调查显示，每10个购物者中有7个认为自有品牌与全国性品牌一样好，甚至品质更好，几乎家家户户都会时不时地购买自有品牌商品。[31] 自有品牌营销的收益很高，据估计，食品和饮料中全国性品牌的比例每向自有品牌转化一个百分点，就能为连锁超市增加55亿美元的收入。[32]

自有品牌迅速占领市场的势头让不少生产商感到恐惧。经济衰退增加了自有品牌的销售，而一旦消费者转向购买自有品牌，他们很可能不会回心转意。[33] 不过一些专家认为，50%的自有品牌销售占比是一个天然上限。因为消费者可能会更偏好某些全国性品牌，况且许多产品类别不适合作为自有品牌，或者作为自有品牌缺乏吸引力。在超市里，自有品牌销量高的产品是牛奶和奶酪、面包和烘烤食品、药品和药方、纸制品、生鲜食品和包装肉类。[34]

为什么零售商要推出自有品牌呢？首先，自有品牌利润更大。零售商可以利用产能过剩的生产商以低成本生产自有品牌商品。而其他成本，如研发、广告、推广和分销也要比全国性品牌低得多，所以自有品牌利润率很高。[35] 其次，零售商开发的独有产品品牌可以很容易与竞争对手区别开来。许多对价格敏感的消费者偏好某些品类的自有品牌商品，这种偏好使零售商的议价能力比全国性品牌销售商更强。[36]

我们应该把自有品牌或零售商品牌与无牌产品（generics）区分开来。无牌产品是没有品牌、包装简陋且价格较低的常见产品，如意大利面、手纸和桃罐头等。与其他商品相比，无牌产品的质量一样或略差一些，但其价格能比全国性品牌低 20%~40%，比自有品牌低 10%~20%。它们之所以便宜，是因为采用低成本的标签和包装以及最小规模的广告投入，有时还会用低质量的原料。

零售商正努力提升自有品牌的质量，并设计富有吸引力的、创新十足的包装。超市零售商正在尝试推出优质的自有品牌产品。克罗格为销售其自有品牌的高档比萨，而改用新的供应商，提供更高品质的奶酪、肉类和蔬菜，使得这一产品的销售量猛增；如今在这家连锁超市的高档比萨饼销售中，自有品牌的占有率达到 60%。[37] 加拿大的劳伯劳斯是最著名的自有品牌超市零售商之一。

≪ 劳伯劳斯包装独特的"总统之选"食品系列表明，自有品牌的产品质量在不断提高，并且能够取得成功。

Source: Helen Sessions/Alamy Stock Photo

劳伯劳斯　自从 1984 年劳伯劳斯（Loblaws）的"总统的选择"（President's Choice）食品系列首次亮相以来，一提起"自有品牌"一词便让人立即联想到劳伯劳斯。这家公司总部位于多伦多，其生产的"脆脆巧克力曲奇"（Decadent Chocolate Chip Cookie）很快成为加拿大市场的领导者，展示了创新性的自有品牌是如何与全国性品牌同台竞技、赶上甚至超过它们的品质的。为优质的"总统的选择"系列和简约黄色包装的"无名"（No Name）系列精心制定的品牌战略，使劳伯劳斯商店脱颖而出，并将其打造成为享誉加拿大和美国的强势品牌。"总统的选择"系列大获成功，劳伯劳斯同时授权给其他国家没有竞争关系的零售商出售。为了完善"好、更好、最好"的品牌组合，劳伯劳斯还推出了"买得起的奢华"系列，采用独特的"黑标"设计，包含了 200 多种"总统的选择"食品，每一种食品——从 8 岁小孩吃的切达奶酪、姜味巧克力酱到培根橘子酱，都有相应的故事，讲述它从哪里来、由谁生产以及被选中的理由。为了利用其自有品牌的整体优势，劳伯劳斯推出了一档食品网络电视真人秀节目《从食谱到财富》（*Recipe to Riches*）。参赛者需要把自制食谱开发成真正的"总统的选择"产品，而这些产品次日便会在劳伯劳斯商店销售。[38]

虽然零售商因为自有品牌的成功而大受好评，但自有品牌力量的不断增强实际上也受益于全国性品牌的衰弱。许多消费者对价格更加敏感，因为持续派发的优惠券和价格促销让一代人养成了看价格购物的习惯。相互竞争的制造商和全国零售商复刻了某一品类中最佳品牌的质量和功能，从而减少了实质上的产品差异。此外，由于削减营销沟通的预算，一些公司更难在品牌形象上创造任何无形的差异。大量的品牌延伸和产品线延伸模糊了品牌身份，导致了令人困惑的产品泛滥。

为了应对这些趋势，许多全国性品牌制造商正在奋力反击。为了战胜自有品牌，领先的品牌营销商正投入大量资金用于研发，以推出新产品，进行产品线延伸，以及功能和质量改进。它们还投入大量资金用于强大的"拉动"广告，以保持较高的品牌认知度和消费者喜爱度，对抗自有品牌享有的店内营销优势。

顶级品牌的营销者也在寻求与主要的大型分销商的合作，以制定物流管理和有竞争力的战略，最终实现双赢。削减所有不必要的成本使全国性品牌获取了价格溢价，尽管价格不能超过消费者对价值的感知。

研究人员为制造商提供了四项能够与自有品牌竞争或合作的战略建议：[39]

- 选择性战斗。当制造商能够战胜自有品牌并为消费者、零售商和股东创造价值的时候，可以采取选择性战斗策略。这通常适用于制造商的品牌在品类中排名数一数二，或者占据优质利基市场时。宝洁公司对其产品组合进行了合理化调整，卖掉了包括阳光之乐（Sunny Delight）果汁饮料、吉福（Jif）花生酱和 Crisco 起酥油在内的多个品牌，部分原因是为了把精力集中在销售额超过 10 亿美元的 20 多个品牌上。

- 有效合作。制造商通过对零售商自有品牌形成补充，寻求与零售商的双赢，从而有效地建立伙伴关系。雅诗兰黛专门为科尔士百货公司创建了四个品牌——美国丽人（American Beauty）、挑逗（Flirt）、好皮肤（Good Skin）和草根（Grassroots），帮助零售商创造销量，借此保护雅诗兰黛的知名品牌。在利德和奥乐齐等折扣商处销售的制造商，找到了之前没有购买过该品牌的新客户，增加了销售额。

- 卓越创新。通过出色的创新开发新产品以战胜自有品牌。渐进式创新的产品能够让消费者保持对制造商品牌的新鲜感，但公司也必须定期推出颠覆性创新的产品，并保护品牌的知识产权。卡夫食品为了确保其创新受到法律保护，将其专利律师人数翻了一番。

- 创造成功的价值主张。通过赋予品牌象征性的形象和能够击败自有品牌的功能与质量，制造商可以创造出成功的价值主张。太多的制造商品牌的产品在功能和质量上与自有品牌差不多，甚至略胜一筹。另外，为了拥有一个成功的价值主张，营销者需要监控定价来确保消费者的感知价值与价格溢价一致。

创造强大的消费者需求至关重要。当沃尔玛决定将 Hefty 和 Glad 品牌的食品袋从货架上撤下，只销售密保诺（Ziploc）和自有品牌 Great Value 时，Hefty 和 Glad 面临损失，因为这个零售巨头占其销售额的三分之一。而当消费者抱怨失去这两个以及其他一些品牌，并转而去其他商店购物时，沃尔玛妥协了，重新将 Hefty 和 Glad 的产品摆上货架。

批发

批发（wholesaling）包括向那些为转售而购买或为商业用途进行大宗采购的人销售商品或服务的所有活动。批发商从不同的生产商或供应商那里购买大量的商品，将它们储存起来并转卖给零售商，零售商再将它们卖给普通消费者。

批发业务

批发商在许多方面不同于零售商。第一，批发商不太关注促销、店铺氛围和店铺选址，因为它们面对的是企业客户而不是终端消费者。第二，批发商的交易额通常比零售商要大，而且交易覆盖的区域也更广。第三，批发商和零售商需要遵守不同的法律规定和税收政策。

根据批发商与买卖双方的交易，可以将其分为两大类：

- 商业批发商（merchant wholesalers）通常直接从制造商那里购买商品，获取商品的所有权，储存后出售给客户。商业批发商提供不同水平的服务。全方位服务批发商（Full-service wholesalers）能够提供大量的附加功能，如维护销售团队进行产品推广、提供信贷、送货，并提供管理协助。相比之下，有限服务批发商（limited-service wholesalers）几乎不提供任何附加服务，而是以提供低价商品为目标。例如，现销批发商（cash and carry wholesalers）在未经装饰的仓库向小型零售商出售有限的周转快的商品，只收取现金，并提供有限的退货政策或无退货政策。

- 经纪人和代理商与商业批发商不同，他们通常不拥有所购买和销售的货物的所有权。他们在商业批发商和零售商之间安排商品销售，并收取佣金。经纪人把买家和卖家联系起来并协助其谈判，通常由雇用的一方支付其报酬。常见的有食品经纪人、房地产经纪人、保险经纪人。代理商则更持久地代表买方或卖方，旨在促进产品的购买和销售，其佣金一般情况下基于产品销售价格。

批发商作为制造商和零售商之间的中间人，发挥着关键作用。批发商在零售点分散的行业中尤其重要，因为它们提供分销及相关服务，帮助提高运营的有效性和成本效率。美国最大的批发商之一美源伯根就是一个典型的案例。

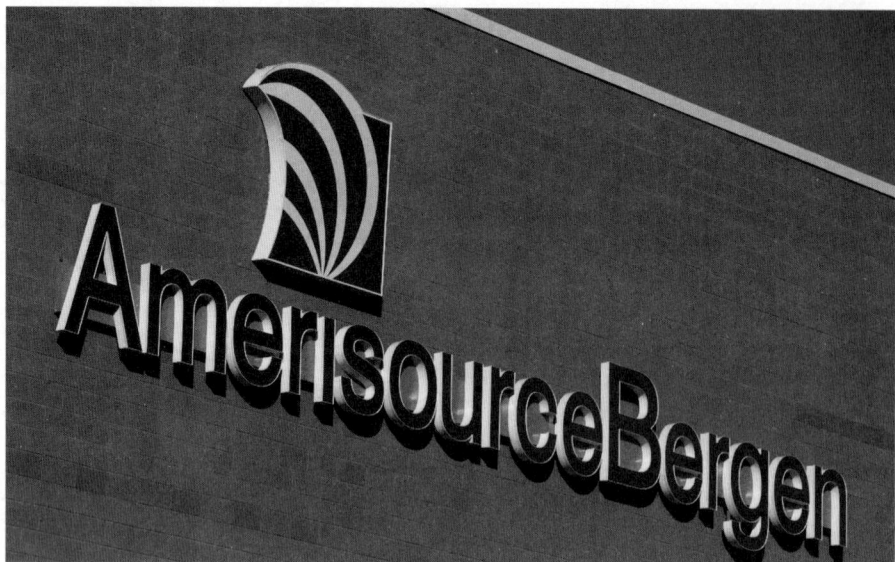

>> 药品批发商美源伯根经营着美国 20% 的药品，同时它也为在世界各地经营着 18000 多家门店的沃尔格林联合博姿供货。

Source: Kristoffer tripplaar/Alamy Stock Photo

美源伯根公司　美源伯根公司（AmerisourceBergen Corporation）是一家美国药品批发商。公司向医院、卫生系统、零售药店、邮购设施、医生、诊所和辅助生活中心等各种健康服务提供商分销品牌药品、仿制药品以及非处方药物和设备。该公司于 2001 年由美国最大的药品批发公司伯根 – 布伦斯维格（Bergen Brunswig）和美源健康公司（Amer iSource Health Corporation）合并而成。2013 年，美源伯根成为沃尔格林联合博姿（Walgreens Boots Alliance）的供应商。沃尔格林联合博姿是世界上最大的药店零售商和药品分销商，在世界各地经营着 18000 多家门店。作为生物制药行业中专业物流的领先供应商，美源伯根在全球拥有 150 多个办事处和 20000 多名员工，每天运送超过 300 万件产品。它是药品分销市场上的领导者，经营美国所有销售药品中的 20%，年收入超过 1530 亿美元。[40]

批发商的主要职能

　　为什么制造商不直接向零售商或终端消费者销售呢？为什么要通过批发商？一般来说，批发商可以更有效地发挥以下一项或多项作用：

- 联系个体零售商。批发商的销售团队可以让制造商以相对较低的成本接触到众多小型零售商和商业客户。批发商与零售商之间有更多的联系，零售商们往往更信任批发商而不是离他们更远的制造商。
- 采买和构建产品组合。批发商能够选择商品并构建客户所需的产品组合，从而节省大量时间、金钱和精力。
- 化整为零。批发商通过购买大批量的货物，并将其分拆成小批量单位，从而为客户节约成本。
- 仓储。批发商持有库存，从而降低客户的库存成本，减少供应商和客户的库存成本风险。
- 运输。批发商离买家更近，它们能够更快地向买家交货。
- 融资。批发商通过发放信贷为客户提供资金，通过提前预订、按时付账为供应商提供资金。
- 承担风险。批发商在获得货物所有权的同时也承担相应的风险，包括货物被盗、损毁、变质和过时等成本。
- 市场调研。批发商向供应商和客户提供与竞争对手活动相关的信息，如新产品和价格变化。

- 管理服务和咨询。批发商经常通过培训销售员、协助设计商店布局和陈列、帮助建立会计和库存控制系统来改善零售商的运营。批发商还通过提供培训和技术服务来帮助工业客户。

近年来，批发/分销商面临着不同来源的巨大的竞争压力，包括阿里巴巴等数字平台、高要求的客户、新技术以及越来越多的大型工厂、机构和零售商的直接采购项目。制造商对批发商的主要抱怨包括：它们更像是订单接收者，而没有积极推广制造商的产品线；它们没有足够的库存，因此不能快速完成客户的订单；它们没有向制造商提供最新的市场、客户和竞争信息；以及它们对自己的服务要价太高。

精明的批发商会直面这些挑战，并通过调整它们的服务以满足供应商和目标客户不断变化的需要。它们认识到必须为渠道增加价值。在这方面，艾睿电子就是一个典型案例。

艾睿电子　　艾睿电子（Arrow Electronics）是一家全球性电子产品和办公产品批发商。通过一个全球网络，艾睿电子为超过 15 万家原厂设备制造、增值分销商、合同制造商和商业客户提供供应渠道，是它们的合作伙伴。艾睿电子公司拥有 300 多个销售机构及 45 个分销和增值中心，为 80 多个国家的客户服务。然而，随着大型合同制造商直接从供应商那里购买更多的零件，像艾睿电子公司这样的分销商的生存空间正在被挤压。为了增强自身的竞争力，该公司拓展了新的服务，包括融资、现场库存管理、零件跟踪软件和芯片编程等。[41]

批发商努力通过更好地管理库存和应收账款提高资产效率。它们还通过投资先进的信息系统、材料处理技术和数字技术来降低运营成本。最后，它们正在不断优化目标市场、产品组合和服务、价格、沟通和分销的战略决策。

批发业容易受到下列长期趋势的影响：对价格上涨的强烈抵制，以及基于成本和质量的供应商筛选。制造商试图控制或拥有中间商的纵向一体化的趋势也越来越强。

营销洞察 ｜管理零售商的价格形象

价格形象（price image）反映了消费者对某一特定零售商价格水平的普遍看法。例如，沃尔玛通常被认为是相当便宜的，而塔吉特通常被认为是价格适中的。价格形象不同于价格，价格是定量表达，而价格形象本质上是定性的。这意味着消费者会用"昂贵"或"低廉"这种分类的词汇看待零售商的定价。价格形象存在于购买者的头脑中，因此，它是基于消费者对不同零售商价格的比较，不一定能准确反映零售商的实际价格水平。

许多管理人员错误地认为，价格形象仅由特定商店的价格决定，因而管理价格形象就像调整店内商品的价格一样简单。这种看法得出了以下结论：零售商可以通过降低产品组合的某一单品价格来降低其价格形象。

然而，这种重新设定价格形象的方法并未被证明是有效的。价格高低是零售商价格形象形成的一个重要因素，但并不是消费者形成价格形象判断时考虑的唯一因素。图 16-1 描述了价格形象的关键驱动因素以及它们对消费者行为的相关影响。

- 平均价格水平。价格形象确实受到零售商所经营商品的实际价格的影响，尽管不完全如此。如果一家商店的价格远远高于其竞争对手的价格，那么无论它采取何种措施来改变其价格形象，都很难让顾客相信它的价格不高。

- 已知价值商品。消费者通常不会查看商店内所有产品的价格。他们倾向于关注那些他们熟知价格的商品，这些商品被称为已知价值或价格标志物。因为购物者知道这些商品在其他商店的价格，因而他们据此判断某个特定价格是否有竞争力。已知价值的商品通常是消费者经常购买的商品，如牛奶、苏打水和零食，这些产品使消费者能够随时比较不同商店的产品价格。

- 价格范围。消费者对价格形象的评估不仅通过零售商的平均价格水平，还包括商店的价格范围。那些除了经营最常购买的已知价值的商品，还经营一些价格极高商品的零售商，它的价格形象可能就比那些既销售最常购买的商品，又经营一些价格极低商品的零售商的价格形象要高。

- 促销活动。消费者的价格形象也可能受到价格随时间变化的影响，尤其会受到促销活动的影响。目前还没有一致的实证证据支持这样一种传统观念，认为天天低价法策略比高-低定价策略能带给消费者更低的价格形象。这是因为高价商品偶尔会有极大的折扣力度。实际上，即使是在平均价格水平相同的情况下，高－低定价策略比天天低价策略往往会导致更低的价格形象。

- 价格沟通。因为购物者不可能考察所有零售商的所有商品的价格，所以向消费者有效地沟通价格，使他们能够形成更准确的价格形象，对零售商而言是很重要的。消费者的价格敏感度往往会受到价格沟通的影响，因为价格沟通会让消费者更关注价格。此外，强调"省钱"（如提供参照价格或列举能省下的钱）会引导消费者形成低价形象。

- 物理属性。零售商的实体特征可以通过传达与商店成本和销售量有关的信息来影响价格形象。一家位于奢侈品零售商云集的黄金地段、以精致装饰和高端设施为特色的商店，很有可能与高额运营成本联系在一起，从而形成更高的价格形象。另一方面，位于拥有广阔停车场的购物中心内的大型商店，有可能释放出高销售量的信号，进而让消费者联想到更低的价格形象。

- 服务水平。另一个对零售商价格形象有很大影响的因素是其所提供的服务水平。一般来说，消费者倾向于将较高的服务水平与较高的价格形象联系起来，不论零售商的实际价格如何。因为他们认为提供更好的服务会增加零售商的成本，进而可能会提高零售商品的价格。

- 商店政策。顾客可能会根据与价格相关的政策形成对零售商的价格形象。因此，如价格匹配保证等政策表现出商店对顾客价值的承诺和对其价格竞争力的信心，更可能导致较低的价格形象。另外，消费者可能会把宽松的退货政策与较高的零售成本联系起来，从而导致较高的价格形象。

有效地管理价格形象需要管理者跳出如下假设：价格形象仅由零售商的商品价格决定，管理（降低）价格形象仅仅是管理（降低）零售价格的问题。将一切影响价格形象的因素与零售商的整体战略及策略整合起来，将有助于建立一个有意义的价格形象，为零售商及其顾客创造价值。[42]

图 16-1

价格形象驱动因素和市场结果

Source: Alexander Chernev, *Strategic Marketing Management: Theory and Practice* (Chicago, IL: Cerebellum Press, 2019).

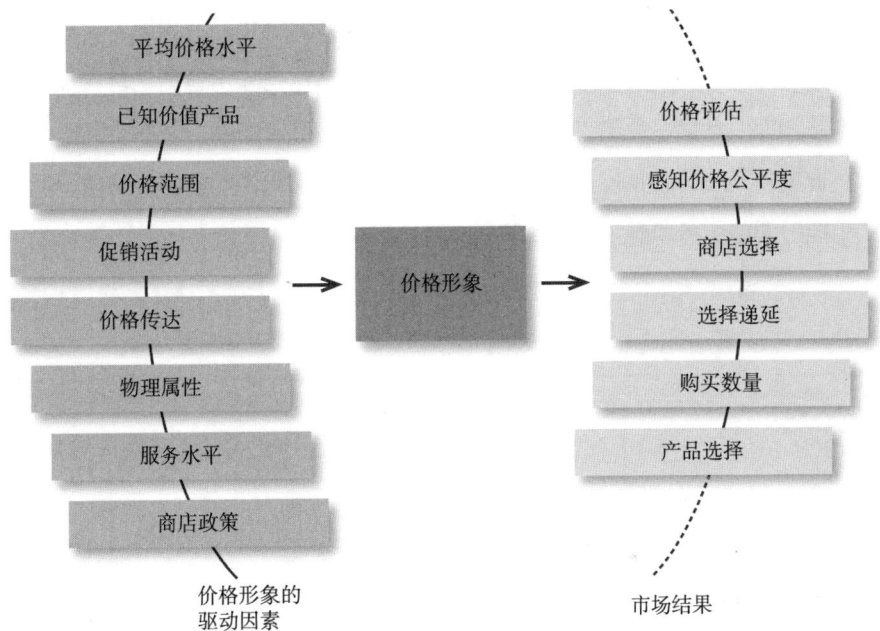

平均价格水平
已知价值产品
价格范围
促销活动
价格传达
物理属性
服务水平
商店政策

价格形象

价格评估
感知价格公平度
商店选择
选择递延
购买数量
产品选择

价格形象的驱动因素   市场结果

本章小结

1. 零售包含直接向终端消费者销售用于个人、非商业用途的商品或服务的所有活动。任何向终端消费者进行销售的组织——无论它是制造商、批发商还是零售商——都在从事零售业，这与怎样以及在哪里销售商品或服务无关。

2. 零售市场是动态变化的，近年来涌现了一些新的竞争者和竞争形态。零售的重要发展包括新的零售形式和零售组合的出现，零售商的整合，移动端、全渠道和快零售的增长，科技在零售中的作用越来越大，以及中间商的衰落。

3. 关键的零售决策包括确定目标市场、选择产品组合、采购、确定提供的服务类型和水平、设计商店氛围和体验、定价、设计激励措施，以及管理沟通。

4. 根据设立实体业务的程度，我们可以将零售业分为：实体零售商、没有实体零售店的在线零售商，以及同时拥有实体店和在线业务的全渠道零售商。管理线上和线下渠道已经成为许多零售商的首要任务。

5. 自有品牌是由零售商和批发商共同开发和管理的品牌。自有品牌的价格通常（但不一定）低于全国性品牌。零售商使用自有品牌，能够将自己与竞争对手区分开来，同时能触达对价格敏感的消费者。由于研发、广告、销售推广和实际分销成本较低，自有品牌可以带来较高的利润率。

6. 批发包括将商品或服务销售给那些用于转卖或以其他商业用途为目的的中间商的所有活动。批发商可以比制造商用更低的成本更好地发挥作用。这些作用包括销售和促销、采买和构建产品组合、化整为零、仓储、运输、融资、承担风险、传递市场信息，以及提供管理服务和咨询。

7. 像零售商一样，批发商必须决定目标市场、产品组合和服务、价格、促销和选址。最成功的批发商能够调整服务以满足供应商和目标客户的需要。

营销
焦点 ｜优衣库

Source: mauritius images GmbH/Alamy Stock Photo

优衣库是一家日本休闲服装的设计者、制造商和零售商。品牌名称（Uniqlo）由"独特"（unique）和"服装"（clothing）两个词组合而成，反映了该公司希望创造简单而时尚的休闲服装的理念。优衣库在全球迅速发展，有 1500 多家商店分布在世界各地，并与飒拉、H&M 竞争全球最大的时装零售商头衔。2017 年，优衣库披露的收入超过 70 亿美元。

创始人柳井正 (Tadashi Yanai) 在 1972 年继承了他父亲在山口县宇部市的连锁裁缝店。受到欧洲和美国大型服装连锁店的启发，柳井正看到了日本休闲服装市场的潜力，并将其家族的商业战略从裁缝改为低价休闲服装销售。1984 年成为公司总裁后，柳井正在广岛市中区开设了第一个"Unique 服装仓库"，后被重新命名为 Uniqlo。优衣库面临的第一个商业挑战是改变顾客的看法。由于优衣库低价出售休闲服装，因此人们认为它的服装质量很差。直到 1998 年，当优衣库在东京最受欢迎的购物场所之一的原宿开设了一家三层楼的商店时，消费者的看法才有所改变。消费者注意到，优衣库以亲民的价格销售高质量羊毛衫。这促成了消费者对品牌看法的彻底转变——从廉价服装到高性价比的休闲服饰。到 1998 年底，优衣库已经在日本各地扩展到 300 多家商店。

与其他流行的服装零售商相比，优衣库奉行的是简单和包容的品牌理念。它的品牌信息为"优衣库是一家鼓舞全世界的人身着休闲服饰的现代日本公司"。与飒拉和 H&M 等服装零售商不同，优衣库并不追求时尚潮流。相反，优衣库设计和销售无障碍的、通用的服装，这是公司成功的一个关键因素，也体现在优衣库"为所有人制造"的品牌宣言中。优衣库设计的服装吸引了各个年龄段、种族或性别的所有消费者。虽然都是些基本款的服装，但消费者仍然可以通过搭配其他服装和配件来表达自己的风格。

优衣库为女性、男性和儿童（包括婴儿）这三个主要群体创造产品。在三个细分市场中，优衣库分别销售五种不同类型的服装：外衣、上衣、下装、内衣和家居服。在外衣类别中，优衣库以其超轻羽绒服闻名，这种羽绒服又轻又薄，但保温效果极好。上衣类别主要包括基本款连衣裙、衬衫、T 恤衫、Polo 衫和毛衣。下装类别包括裤子、短裤、裙子和紧身裤。优衣库为上衣和下装

类别提供设计师系列，提供给那些希望在衣柜里寻求更多时尚亮点的人。大多数优衣库的内衣和家居服是为舒适而设计的，在透气性和保暖性方面有所差异。

优衣库成功的另一方面是其服装设计和创新。柳井正经常提到，优衣库不是一家时装公司，而是一家科技公司。优衣库投入了大量资金用于技术创新以提高其服装性能。热科技（heattech）面料从水分中产生热量，并通过嵌入面料的气囊锁住热量。空气主义（alRism）面料轻盈而富有弹性，能够在不同温度下保持透气性。生活服装（lifewear）作为运动服和休闲服品类被设计成日常服装。通过打造这些创新的面料品牌，并强调其卓越的性能和功能，优衣库将自身的服装与其他低价服装零售商区分开来。

优衣库的成功还在于它能够以低价出售功能性和高质量的服装。在发现许多流行的外国服装连锁店，如盖璞和班尼顿（Benetton），已经实现纵向一体化后，柳井正紧随其后，全面控制了产品设计、生产和零售。快时尚零售商会设计它们的供应链，以便在短短两周内对迅速变化的时尚潮流做出反应，相反，优衣库提前数月规划其必需品和基本款的生产。它将生产与营销活动结合起来，根据消费者的需求调整产量，工作人员还会对生产车间进行检查，以确保新款服饰达到质量标准。

为了建立品牌，优衣库使用了包括电视广告和印刷媒体在内的多种不同的方法，其中一个方法是提升店内体验。明亮的灯光和整齐的陈列以及有效的店内组织，传达出优衣库简单易得的品牌信息。呈现优衣库创新及风格优势的数字屏幕

被战略性地放在店铺内的开放区域。优衣库还致力于提供独特的客户服务。它对店内员工进行为期三个月的培训，这大大超过了行业平均培训时长。柳井正还计划推出优衣库大学，每年有超过 1500 名经理接受培训并被派往全球各地学习。员工培训内容包括不遗余力地与顾客互动，使用六句标准短语帮助顾客找到合适的产品，包括"你找到你要找的东西了吗?"和"如果你需要什么，请告诉我。我的名字是 _____"等。商店入口处的迎宾员向顾客表达热烈欢迎并友好地告别。

优衣库强大的品牌定位和"为所有人而生"的理念反映在其营销、设计、运营和服务中，帮

助该公司成为全球服装零售业的强大组织和世界上最有价值的服装零售商之一。[43]

问题:

1. **优衣库的顾客价值主张体现在哪些关键方面?**

2. **优衣库是应该坚持纵向一体化，还是应该更多地依靠外包来提高灵活性和实现规模经济?**

3. **优衣库的公司文化在提供卓越的顾客体验方面发挥了什么作用?**

营销焦点 | 百思买

Source: JSMimages/Alamy Stock Photo

消费电子零售商百思买的历史可以追溯到 1966 年。百思买的第一家门店是一家名为"音乐之声"（Sound of Music）的音响专卖店，主要销售音响和其他音乐设备。到 1983 年，"音乐之

声"已在 7 个地方开设分店，并更名为"百思买"，以反映其具有竞争力的价格以及越来越多的产品种类，包括家用电器、电脑设备、视频游戏和家庭影院等。

到 21 世纪 10 年代初期，百思买面临着许多商业挑战，尤其是展厅现象成为一种趋势，对电子产品的销售产生了负面影响。客户会走进线下商店查看电子产品和电器，然后从亚马逊等其他零售商处以更低的价格购买产品。百思买曾经吸引那些想要购买 CD 和 DVD 等产品的顾客。然而，随着音乐电影及视频游戏转移到数字平台，这些产品变得过时。像睿侠品牌店、电路城（Circuit

City）和 hhgregg 这样的竞争对手已经关闭或申请破产，百思买正在遭遇着同样的命运。

2012 年中期，在休伯特·乔利（Hubert Joly）加入百思买成为新的首席执行官后，百思买开始对其业务进行大刀阔斧的改革。乔利曾担任美国酒店和旅游集团嘉信力旅游公司（Carlson Wagonlit travel）的首席执行官，他希望将陈列销售从一个危险的问题重塑为一个成功的商业战略。此外，他还大力提升百思买的服务水平，来留住他们的忠实客户。

乔利最重要的变革之一是百思买的价格匹配保证。通过比价应用程序，客户看到像亚马逊这样的公司几乎总是以更低的价格销售同款产品。他们似乎找不到在百思买购买产品的理由，因为在商店里看好产品然后在网上订购显然更划算。尽管这一保证的成本很高，但这种政策给了客户一个在百思买而不是在其竞争对手那里购买产品的理由。

百思买充分利用陈列销售的优势，与许多电子产品公司（如苹果、三星和微软）合作，在店内展示它们的产品。最初，百思买将这些公司的产品与其他不同类型的电子产品摆放在一起，随着新合作关系的建立，百思买现在将这些公司的产品在专柜中进行陈列。例如，苹果公司的陈列区具有和苹果专卖店同款的极简主义设计，亚马逊的展台展示了 Alexa 工具包，消费者可以在微软区域尝试新款游戏机和视频游戏。这些在特定品牌区域内工作的员工都特别熟悉自家公司的产品。由于百思买的竞争对手大多倒闭了，电子产品公司只能求助于百思买展示它们的产品。这些合作关系为百思买带来了丰厚的收入。

百思买还改变了产品的运输方式。之前客户在百思买网站上订购的产品是由中央仓库发货的。如果中央仓库没有库存，客户要么去百思买的门店，要么到其他零售商处购买。管理层意识到百思买的每家门店都可以作为一个小型仓库，产品可以从门店直接发货。经过这一细微的改动，从百思买网站订购产品的客户能够从最近的地点（附近的百思买商店或最近的仓库）取货或选择送货上门。这一变化既大大缩短了运输时间，又能够在仓库缺货时保证网站的有用性。百思买网站成为在线购物者的一个更具吸引力的选择。

百思买的另一项举措是改善客户服务，以与亚马逊等公司竞争。百思买认为，良好的线下客户服务体验将增强公司优势。百思买管理人员在 2012 年对其员工进行了再培训，鼓励他们更好地与消费者接触，同时让他们对虚拟现实头盔和智能家用电器等新型消费电子产品有更多了解。百思买还改进了其内部技术支持服务极客小队，为百思买的客户提供维修和安装服务。改革后，极客小队能够全天候为会员提供服务，学生能以较低的价格加入会员计划。极客小队还启动了一项免费为客户提供上门咨询的项目，告诉他们应该购买什么产品，以及如何安装好这些产品。

百思买利用数据分析技术来了解消费者行为，预测市场需求，并增加店内利润。此外，它还追踪消费者在店内的行为，利用移动应用数据和地理标记来记录顾客去了哪些展位，在每个展位上花了多少时间，以及是否购买。百思买利用这些数据优化商店布局，向顾客发送有针对性的广告以提高销售额。

百思买的战略巩固了其作为世界上最大的消

费电子产品零售商之一的地位。百思买在美国拥有超过 1000 家实体店，已经成为一个庞大的电子产品和家用电器市场。客户选择百思买的原因包括其店内咨询、客户服务，以及在购买前可以进行产品试用的服务。百思买的例子说明，即便电子商务发展迅猛，线下零售仍然可以取得成功。[44]

问题：

1. 百思买成功的关键是什么？在如今的零售环境中，它面临的挑战是什么？

2. 在与沃尔玛、开市客等零售业竞争对手以及亚马逊等线上竞争对手的竞争中，百思买还能采取哪些措施？

3. 百思买是否应该专注于成为那些没有实体零售店的公司的陈列室？这种做法的利弊有哪些？

第七部分

管理增长

Managing Growth

17

驱动公司在竞争性市场的增长

学习目标

1. 概述公司如何评估其增长机会。

2. 解释公司如何获得市场地位。

3. 总结公司可以用来捍卫其市场地位的策略。

4. 讨论关键的产品周期营销策略。

通用汽车公司自成立以来推出了许多汽车领域的"第一"，但其创新在 20 世纪 90 年代开始滞后。2009 年全球金融危机之后，该公司再次寻求创新以振兴低迷的销售。

Source: Jonathan Weiss/Alamy Stock Photo

增长对任何企业的成功都至关重要。成为长期市场领导者也是所有营销者的目标。然而，当今具有挑战性的营销环境，往往要求公司经常性地重新规划其营销战略及其产品或服务。经济状况在改变，竞争者发起新的攻击，购买者的兴趣和需求也在不断变化。多年来，通用汽车公司一直在寻求使其车辆与众不同的战略，以确保在汽车制造商之间有趣的竞争较量中获得持续增长。

成立于1908年的通用汽车公司（GM）一直在追求将创新技术整合到汽车中。它是第一个将自动点火技术引入汽车的公司，使手动摇柄成为过去时。安全气囊和全轮制动也是由通用汽车公司首次推出的。20世纪50年代，通用汽车公司通过聚焦汽车安全性和便利性，成功占据了美国汽车市场份额的50%。20世纪末，由于创新落后，通用汽车公司的发展开始停滞不前，公司遂将重点转移到销售推广上，以期提高销售额。2009年全球金融危机后，公司摆脱破产的困境，重新致力于产品创新。2019年，通用汽车公司宣布"零碰撞、零排放和零拥堵"计划，反映出公司将重心转移至自动驾驶电动汽车上。为了实现这一目标，通用汽车公司正与谷歌和微软的人工智能专家团队合作开发一系列自动驾驶汽车和车载辅助驾驶系统。作为新核心计划的一部分，通用汽车公司停产了雪佛兰Volt，以支持公司将绿色技术融入其豪华品牌凯迪拉克。通过对汽车行业未来技术的大量投资，通用汽车公司旨在重塑自己的创新领导力并强化其市场地位。[1]

本章探讨了增长、竞争的作用，以及营销者如何根据其市场地位和产品生命周期阶段来最好地管理品牌。竞争日趋激烈，全球竞争者都渴望进入新市场，线上竞争者寻求以低成本高效率的方式来扩大分销，自有品牌和商店品牌提供低价替代品，而大品牌则通过品牌延伸进入新产品品类。出于各种各样的原因，产品和品牌的命运随着时间的推移而改变，营销者必须做出相应的反应。

评估增长机会

评估增长机会包括规划新业务、缩减现有业务规模和终止老业务。如果预期销售收入和计划销售收入之间存在差距，公司管理层就需要开发或收购新业务来填补这一差距。

评估增长机会时主要考虑以下两个方面：一是公司应该关注的产品类型和应当聚焦的市场，二是涉及公司长期管理其产品-市场增长战略的各类方式。我们在以下章节中来讨论这些选择。

产品-市场增长战略

公司管理层应不断审视发展现有业务的机会。一个流行的分析框架是**产品-市场增长框架**（product-market growth framework），也被称为安索夫矩阵。它概述了四个关键的销售增长战略，将公司的顾客细分市场与产品开发机会联系起来。[2] 该框架用现有产品和新产品、现有市场和新市场的组合分析，评估了企业的战略增长机会。

公司首先考虑使用市场渗透战略，即在现有市场的现有产品是否可以获得更多的市场份额。其次考虑使用市场开发战略，即是否为其现有产品开发新市场。再次考虑使用产品开发战略，即是否能为现有市场开发新产品。最后，企业还可以使用多元化战略来审查在新市场中开发新产品的机会。构成产品-市场增长框架的四个战略如图 17-1 所示。

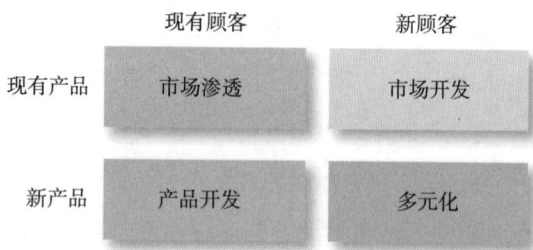

	现有顾客	新顾客
现有产品	市场渗透	市场开发
新产品	产品开发	多元化

图 17-1
产品-市场增长框架

让我们看一下 ESPN（美国娱乐与体育电视网）是如何追求各种增长机会的。

市场渗透战略（market-penetration strategy），即增加公司现有产品对现有客户的销售，往往是最容易实施的。为了实施这一战略，公司可以通过尽力展示其产品的利益来鼓励客户购买更多的产品，或者，也可以为现有产品设计新的用途，并指导客户使用这些产品来满足他们不同的需要。

公司如何使用**市场开发战略**（market-development strategy）？第一，公司可以尝试在当前的销售领域识别出潜在的用户群。如果一直只向消费者市场销售，那么公司可能会去争取办公用品和工业品市场。第二，公司可以通过增加大规模销售商或线上渠道来寻求额外的分销渠道。第三，公司

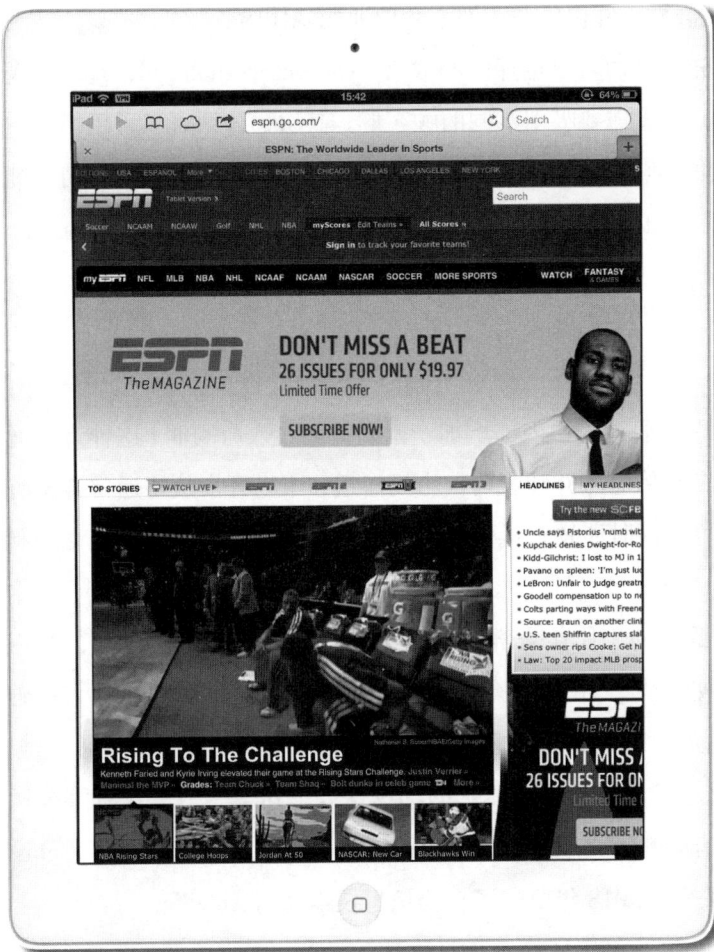

≪ 誓言在体育迷观看、阅读和讨论体育的任何地方扩大其品牌影响力，使ESPN从一个区域广播公司成长为体育节目中最响亮的名字，在近 200 个国家和地区经营各种媒体和其他业务。

ESPN 凭借对体育节目和新闻的独到聚焦，ESPN 从一个小的区域广播公司成长为体育节目中最响亮的名字。在 20 世纪 90 年代初，该公司精心制订了一个计划：无论体育迷在哪里观看、阅读和讨论体育，ESPN 都会出现在那里。通过不断扩大品牌影响力，ESPN 现在已经拥有 10 个有线电视频道、一本杂志、多家餐馆（ESPN 地带）、600 多个地方电台附属机构、原创电影和电视剧、图书出版、体育商品目录和网店、音乐和视频游戏以及移动服务业务。ESPN 国际公司在美国以外的国家和地区部分或全部拥有多个电视网络和各种附加业务，这些业务覆盖七大洲 200 多个国家和地区的体育迷。现在 ESPN 由华特迪士尼公司和赫斯特通信公司（Hearst Communications）拥有，ESPN 在迪士尼的有线电视网络总收入中贡献了很大一部分。[3]

可以在本国或国外的全新地区开展销售。

管理层还应该考虑**产品开发战略**（product-development strategy）。因此，公司可以开发现有产品的新功能，或者在不同的价格层次上提供不同的利益，或者研究替代技术，为其现有产品开发可行的替代品。

最后，当在现有业务之外存在好的机会时，通过**多元化战略**（diversification strategy）实现增长也是有意义的。也就是说，某一行业非常具有吸引力，而且公司恰好具备了成功的业务组合优势。华特迪士尼公司就从最初的动画电影制片商，发展到将电影角色授权为商业化产品，以海伯利安（Hyperion）出版公司名义出版大众小说，通过自己的迪士尼频道以及美国广播公司（ABC）和

ESPN 进入传播行业，开发主题公园和度假村，并提供花车巡游和商业剧院体验。

几种类型的多元化都是可能的。首先，公司可以选择同心战略（concentric strategy），开发与现有产品线有技术或营销协同性的新产品，尽管需要吸引不同的顾客群。其次，公司可以采用横向一体化战略（horizontal strategy），生产互补性产品，尽管需要掌握不同的制造工艺。最后，公司可能会采用混合式多元经营战略（conglomerate strategy），寻求与现有技术、产品或市场毫无关联的新业务。

通过兼并和收购实现增长

公司可以通过两种方式实现增长：一是通过公司内部增加产出和提高收入与利润［这种方式通常被称为**有机增长**（organic growth）］，二是依靠兼并和收购。市场渗透和市场开发战略通常遵循有机增长的路径，而产品开发和多元化则可能同时涉及有机增长和并购增长。在此，我们重点讨论利用并购来提高公司的市场地位。

公司可以通过产业内的后向、前向或横向一体化来增加销售收入和利润。早在 1989 年，默克公司就与强生公司成立合资企业销售非处方药，在 1991 年又与杜邦公司成立合资企业，扩大基础研究。1997 年，默克公司和罗纳-普朗克公司（Rhône-Poulenc S.A.，即现在的赛诺菲公司）一起将它们的动物保健和兽药业务合并，成立了一家完全一体化的动物保健公司——梅里亚有限公司（Merial Limited）。默克公司随后于 2009 年收购了先灵葆雅（Schering-Plough），2014 年收购了 Cubist 制药公司，2016 年收购了 Afferent 制药公司，2018 年收购了动物信息技术公司 Antelliq。[4]

横向兼并和联盟并不总是成功的。西尔斯和凯马特的合并并没有解决二者中任何一家的问题。2005 年，耐克斯通信公司与斯普林特通信公司的合并被认为是十年来最糟糕的合并之一，部分原因在于它们的网络不兼容。[5] 同样，美国联合航空公司与大陆航空公司的合并在战略上和财务上都有着重大意义，但因为这两家航空公司从值机手续到飞机停靠机位的所有经营业务都是按照截然不同的方式运作的，因此后勤协调问题层出不穷。

一家公司如何利用兼并和收购来发展其业务？首先，该公司可以通过收购它的一个或多个供应商，来进行后向一体化（backward integration）以获得更多的控制权或利润。其次，它也可以收购一些批发商或零售商来进行前向一体化（forward integration），尤其是当这些渠道伙伴有较高利润的时候。最后，在政府不禁止横向一体化的情况下，该公司可以收购一个或多个竞争对手。[6] 然而，当上述这些方法仍然无法达到预期销量的时候，公司就必须考虑多元化发展。

除了考虑新的市场机会，公司还必须谨慎考虑精简、收割或剥离自身发展乏力的传统业务，以释放必要的资源用于投资其他更需要的业务并降低成本。为了专注于旅行和信用卡业务，美国运通公司剥离了旗下的财务顾问事业部。这一部门向客户提供保险、共同基金、投资咨询、经纪和资产管理服务（该部门现已更名为阿默普莱斯金融公司）。作为长期发展战略的一部分，为了处置多余资产并专注于核心业务，美国国际集团（AIG）将其两个子公司美国通用赔偿公司（American General Indemnity Co.）和美国通用财产保险公司（American General Property Insurance Co.）出售给白山保险集团（White Mountains Insurance Group）。

一家公司的业务组合越是多元化，就越有可能在某个时候需要缩减业务运营规模和／或剥离业务部门。因此，为了精简业务并履行其当前的财务义务，通用电气自己剥离了多个部门，包括将其运输金融部门出售给加拿大蒙特利尔银行，将其家用电器部门出售给中国家电公司海尔集团，以及将其工业解决方案业务出售给瑞士和瑞典的跨国企业集团 ABB。通用电气还同意将其分布式电源部门出售给私募股权公司安宏资本（Advent），并将其运输业务（包括其机车制造经营业务）与机车制造商西屋制动公司（Wabtec）合并。

通过创新和模仿实现增长

西奥多·莱维特认为，产品模仿（product imitation）战略可能和产品创新（product innovation）战略一样有利可图。[7] 在他所谓的"创新性模仿"中，创新者承担了开发新产品，使其进入分销渠道，以及向市场提供信息和教育功能的成本。所有这些工作和风险带来的回报通常是市场的领导地位。然而，另一家公司可紧随其后复制或改良新产品。虽然它不太可能会超越领导者，但追随者也可以获得高额利润，因为它没有承担任何创新成本。

许多公司宁愿跟随也不愿挑战市场领导者。"有意识的平行行为"模式在钢铁、化肥和化工等资本密集型、同质产品行业中很常见。在这些行业中，产品差异化和形象差异化的机会很少，服务质量相差不大，价格敏感性很高。这些行业的氛围是反对短期争夺市场份额的行为，因为这只会引起报复。相反，大多数公司通常会模仿市场领导者的做法，为购买者提供相似的产品，市场份额显示出高度的稳定性。

这并不是说市场追随者缺乏战略。市场追随者必须清楚如何保留现有客户，并赢得一定份额的新客户。每个追随者都试图在选址、服务、财务等方面为其目标市场创造独特的优势。同时作为防御性策略，追随者还需要保持低廉的制造成本、优质的产品和服务。此外，它们还必须准备随时进入新市场。

追随者必须明确增长路径，但不是招致竞争性报复的路径。我们区分了三种宽泛的追随者战略。

- 克隆者（cloner）。克隆者效仿领导者的产品、名称和略有不同的包装。科技企业常被指控为克隆者：总部设在柏林的 Rocket Internet 公司开发了发音相似、仿冒复制移动通信应用程序制作商 WhatsApp（网络信使）的产品，复制了竞争对手的商业模式并试图超越它。[8] 现在属于康尼格拉公司（ConAgra）旗下的 Ralston Foods 销售与某名牌谷类食品包装相似的产品，并将之作为其"价值＋品牌"平台的一部分。它旗下的苹果肉桂即食谷物麦片 Tasteeos（对标 Cheerios 燕麦圈）、可可松脆饼干（对标可可泡芙）和玉米饼干（对标玉米方块脆麦片），瞄准成功的通用磨坊品牌加以复制，但价格要低得多。[9]

- 模仿者（imitator）。模仿者复制了领导者的一些东西，但在包装、广告、定价或地点方面会有所区别。只要模仿者攻击不太激进，领导者就不会太介意。成长于佛罗里达州劳德代尔堡市的费尔南德斯·普哈尔斯（Fernandez Pujals）把达美乐比萨送货上门的理念带到了西班牙。在马德里，他借了8万美元开了第一家店。如今，他的Telepizza连锁店在23个国家有1600多家分店，包括直营店和加盟店。[10]

- 改良者（adapter）。改良者对领导者的产品进行调整或改进。改良者可能会选择在不同的市场销售，但往往会成长为未来的挑战者，正如许多日本公司在改进外国开发的产品后所做的那样。

我们应该注意，不能将这三种追随者战略与非法和不道德的追随者战略相混淆：造假者仿制领导者的产品和包装，并在黑市上或通过非正规经销商出售。像苹果这样的高科技公司和劳力士这样的奢侈品品牌多年来一直被造假者困扰，特别是在亚洲市场。药品造假也已经成为一个巨大的、潜在致命的价值达750亿美元的业务。由于不受监管，假冒药品被发现含有白垩、砖灰、油漆，甚至杀虫剂等成分。[11]

追随通常是一种获利途径，一些行业的追随者已经取得了成功。Limited Brands集团（内衣品牌维多利亚的秘密的母公司）创始人莱斯利·韦克斯纳充分接受了模仿策略。每年他都会花一个月的时间环游世界，从各类公司（从航空公司到消费品制造商）借鉴灵感。[12]

获得市场地位

营销的一个重要作用就是驱动公司销售额和收入的增长，好的市场营销可以吸引消费者尝试产品，并促进口碑传播和扩散。

一家公司的**市场地位**（market position）可以从以下三个维度来定义。

- 市场份额（share of market）。市场份额是由公司的销售收入或公司销售的单位数量相对于特定市场的总收入或总销售的单位数量来衡量的。
- 心智份额（share of mind）。这是指在特定行业中，将公司视为心目中首选的客户百分比。
- 情感份额（share of heart）。这是将公司视为他们更愿意购买特定产品的公司的客户百分比。

市场份额通常反映着心智份额和情感份额。我们可以得出如下结论：那些能稳定获得心智份额和情感份额的公司必将赢得更高的市场份额和利润率。诸如苹果、网飞、优步、爱彼迎和瓦尔比派克等公司，都在通过提供情感价值、体验价值、社会价值和财务价值来满足客户和所有成员的利益。[13]

市场领导者（market leader）占有最大的市场份额，通常在价格调整、新产品导入、分销覆盖和促销强度方面都处于领导地位。历史上出现的市场领导者包括微软（计算机软件）、佳得乐（运动饮料）、百思买（零售电子产品）、麦当劳（快餐）、蓝十字蓝盾（Blue Cross Blue Shield，医疗保险）和维萨（信用卡）。

尽管营销人员认为知名品牌在消费者心目中是独一无二的，但除非主导企业享有合法的垄断地位，否则它必须时刻保持警惕。强有力的产品创新可能会随之而来，竞争者也可能会发现全新的营销视角或进行重大的营销投资，而市场领导者的成本结构可能也会螺旋式上升。施乐公司就是一个努力保持领先地位的知名品牌和市场领导者。

≫ 蓝筹公司施乐多年来一直避免自满，从一家复印机公司转型为广泛的成像和打印产品以及与商业相关服务的供应商，以帮助公司客户降低成本。

Source: Boris Fedorenko/Alamy Stock Photo

施乐公司　施乐已不仅仅是一家复印机公司，现在，施乐带有蓝筹股标识的名字已经成为一个动词，代表了世界上最广泛的成像系列产品。施乐在高端打印系统市场占据主导地位，同时还提供一系列新的打印和商业相关服务。它已经实现了从旧的光学透镜技术到数字系统的产品线转型，并且正在寻找方法降低彩色复印成本，甚至可以进行 3D 打印。施乐提供广泛的文档打印和管理服务，并通过取消桌面打印机、减少纸张使用，以及安装高效率、低故障率、耗材更便宜的多功能多用户设备来帮助公司降低成本。施乐也正在成为一个更多地提供账单处理、业务处理和信息技术外包的服务公司。它收购联盟计算机服务公司（Affiliated Computer Services，ACS），使自己能够将技术整合到后台运行中。施乐员工可以帮助呼叫航空公司客服，递交纸质或电子版的医疗保险索赔单，以及解决智能手机问题。2017 年年初，施乐将其商业服务部门分拆为一个独立的公司，即 Conduent，从而使施乐公司能够专注于文档技术和文档外包业务。[14]

为了获得和捍卫市场领先地位，公司可能会采取如下策略：第一，想办法提高对现有客户的销售额；第二，通过创造新市场来扩大市场的总需求；第三，通过有效的防御性和进攻性行动来保持现有市场份额。下面我们分别详述这三个策略。

提高对现有客户的销售额

营销人员可以尝试提高消费的数量、水平或频率。他们有时可以通过包装或重新设计产品来提高产品销量。较大的包装尺寸能够增加消费者单次使用的产品数量。[15] 当产品更容易获得时，冲动型产品的销量就会增加，如软饮料和零食。

具有讽刺意味的是，好时等一些食品企业已经开发了更加小巧的包装，但实际上却通过消费者更高的使用频率而增加了销售量。[16] 一般来说，提高消费频率既要识别更多的使用公司产品的消费场合，也要发现全新的和不同的使用产品的方式。

>> 蒙诺（Monroe）利用广告提醒消费者不要忘记更换减震器。

识别新的使用场合

营销方案可以传播使用品牌的适当性和优势。40% 的美国家庭都有胃药 Pepto-Bismol，但只有7% 的人声称在过去 12 个月中使用过。为了扩大使用范围并使品牌更加深入人心，公司通过一个假日广告活动将品牌与聚会和庆典活动联系起来，广告词写的是"尽情吃喝，完美呵护"（Eat, Drink, and Be Covered）。与此类似的是，Orbit 口香糖包装的前盖内侧写了这样一句广告语——"吃，喝，嚼，一种舒适干净的感觉"（Eat. Drink. Chew. A Good Clean Feeling），以强化该品牌可以替代刷牙的功能。[17]

另一个增加使用量的机会出现在消费者对产品使用的感知与实际情况不符时。如消费者可能会忘记更换一种应该更换的短期产品，因为他们高估了该产品的保鲜期或有效期。[18] 企业的策略是将更换产品的行为与节日、活动或一年中的某个时间挂钩。家用产品（如烟雾报警器的电池，吸尘器、火炉和空调的过滤器）营销人员使用夏令时的开始和结束时间作为节点，来提醒消费者更换电池。

其他的方法还包括：（1）为消费者提供更多信息，告诉他们首次使用时间或者需要更换产品的时间；（2）加入衡量产品当前性能状况的标准。吉列剃须刀的刀头上有彩色条纹，反复使用后会慢慢褪色，以提醒使用者更换新的刀头。蒙诺减震器和支柱的营销人员推出了一项巧妙的整合营销传播活动，名为"一切皆会变老，哪怕减震器"（Everything Gets Old. Even Your Shocks）。这一活动将磨损的减震器和支柱与消费者更熟悉的那些最终会磨损并需要更换的消费品，如鞋子、袜子、轮胎，甚至香蕉都进行了对比。[19]

识别新用途

提高消费频率的第二个方法是识别全新的、不同的应用。食品公司长期以来一直通过广告宣扬以与众不同的方式使用其品牌产品的烹饪方法。在发现一些消费者将艾禾美（Arm & Hammer）小苏打粉用作冰箱除臭剂后，该公司发起了一场以宣扬这种用途为主的大规模促销活动，成功地让美国一半的家庭采用了这种做法。随后，该公司向各种新产品类别进行品牌延伸，如牙膏、止汗剂和洗衣液。

创造新市场

公司计划推出新产品时，必须决定何时进入市场。率先进入市场可以带来回报，但也可能有风险和付出代价。如果公司能够提供更好的技术、质量和 / 或品牌实力来创造市场优势，那么后来居上是明智的选择。

获得先发优势

研究表明，市场先行者可以获得巨大的优势。金宝汤、可口可乐、贺曼和亚马逊都一直保持着市场主导地位。1923 年的 25 个市场领导者中，有 19 个在 60 年后仍然是市场领导者。[20] 在一个工业品企业的样本中，66% 的先行者至少存活了 10 年，比较而言，早期的追随者这一比例只有48%。[21]

先行者的优势来源又是什么呢？如果产品能让早期用户满意，他们就会记住先行者的品牌名称。先行者的品牌也确立了该产品类别应具备的属性。[22] 先行者品牌通常以市场的中间部分为目标，因此能抓住更多的用户。客户的惯性也会起作用，他们往往不愿意更换已有的选择。同时还存在生产者优势：规模经济、技术领先、专利、稀缺资产的所有权以及建立其他进入壁垒的能力。

研究者指出了巩固长期市场领导地位的五个因素：服务大众市场的愿景、坚持不懈、持续创新、财务投入和战略资产。[23] 其他研究则进一步强调了颠覆性创新的重要性。[24] 当先行者以真正全新的产品打开市场，如赛格威双轮电动平衡车，那它们接下来的生存是一个很大的挑战。相反，渐进式创新者的生存概率要高得多。

在产品生命周期日益缩短的时代，加速创新至关重要。早进入市场已被证明是有利可图的。然而，行动太快也可能会适得其反。公司不应以牺牲精心设计和实施产品的上市营销为代价来求得快速发展。通用汽车公司急于推出其新设计的迈锐宝，以便在与本田、日产和福特的中型车竞争中占得先机，但是，由于所有迈锐宝车型在发布时并没有准备好量产，该品牌的领先势头就停滞了。[25]

先发优势也并非是必然的。[26] Bowmar（便携式计算器）、Apple's Newton（个人数字助手）、Netscape（网络浏览器）、Reynolds（圆珠笔）和 Osborne（便携式电脑）都是被后来者超越的市场先驱。先行者也要看到作为先行者的缺点。

营销人员已经发现失败的先行者存在的一些缺点，包括新产品过于粗糙，市场定位不准，在市场产生强烈需求前就过早出现，产品开发成本耗尽了创新者的资源，缺乏与进入市场的大公司竞争的资源，以及管理不善或不健康的自满情绪。成功模仿者的崛起在于能提供更低的价格，不断改进产品，或利用蛮横的市场力量来超越先行者。

也有研究人员对先行者的优势进一步提出了质疑。[27] 他们对先行者进行了区分：技术先驱（inventor，发明者），即最早在新产品品类中开发专利者；产品先驱（product pioneer），即最早开发出工作模型者；市场先驱（market pioneer），即最早进行新产品品类销售者。他们的样本还包括了没有幸存下来的先行者，他们的结论是：尽管先行者可能仍有优势，但更多的市场先行者失败了，而大量的早期市场领导者（他们并不是先行者）则成功了。后来者在过去这些年超越市场先行者的案例包括：在录像机市场，松下超越了索尼；在 CAT 扫描设备市场，通用电气超越了 EMI；在搜索引擎市场，谷歌超越了雅虎。

一项对 125 个产品品类的 625 个品牌领导者的追踪研究发现，领导品牌在经济衰退和通胀高企的时期更容易存续，而在经济扩张和通胀水平低的时期反而不易存续。[28] 此外，在样本中，有一半的领导品牌在经历了 12~39 年的领导期后失去了领导地位。数据还显示，近几十年品牌领导地位的持久率大大低于早先的时代（例如 30 多年前），且一旦失去品牌领导地位就很难恢复。有趣的是，该研究发现食品和家庭用品品类的品牌领导者保持的时间高于平均水平，而耐用消费品和服装品类则低于平均水平。

≪ 利基产品：是拉差（Sriracha）香甜辣椒酱让总部位于加州的汇丰成为美国成长最快的食品公司之一，甚至被美国国家航空航天局用于让航天员在太空轨道活跃味蕾的食品。

Source: difenbahia/Shutterstock

是拉差香甜辣椒酱　陈德（David Tran）于 1980 年在洛杉矶唐人街创办了汇丰食品公司，公司是以当年将他从越南带到美国成为难民的中国台湾货轮的名字命名的。是拉差香甜辣椒酱部分基于泰国是拉差制造的调味品。是拉差香甜辣椒酱的绿色瓶盖上有一只独特的公鸡（陈德的属相），因此被人们称为"公鸡酱"。是拉差香甜辣椒酱是由当地特色原料如墨西哥辣椒、醋、糖、盐和大蒜混合而成的，包装供应商认为这种味道过于辛辣。但陈德拒绝改变配方，他表示："辣酱必须是辣的。如果你不喜欢辣味，就少用一些，我们这里不做沙拉酱。"幸运的是，很多消费者接受了。汇丰的是拉差香甜辣椒酱可以在沃尔玛买到，也可以在 Applebee 餐厅和主要城市的街头小吃中享用。美国国家航空航天局还将其提供给太空中的航天员以避免他们味蕾钝化。得益于是拉差香甜辣椒酱的流行，汇丰已成为美国增长最快的食品公司之一。虽然成功吸引了模仿者，但该公司的收入仍然持续增长，这使其成为亚洲辣酱市场的领导者之一。[29]

识别利基市场

除了在大市场中做追随者，另一个选择就是在小市场或利基市场中成为领导者。小企业通常通过瞄准大企业很少或没有兴趣的小市场来避免与大企业竞争。随着时间的推移，这些市场有时也可以凭借其实力做大规模，正如汇丰食品公司（Huy Fong Food）所经历的那样。

在总体市场中份额较低的公司可以通过聪明的利基营销来获取高利润。这些公司非常了解自己的目标客户，它们可以通过提供高价值产品，也可以通过制定高溢价，还可以通过降低制造成本并塑造强大的企业文化和愿景，来比竞争对手更好地满足客户需要。**利基营销者**（niche marketer）实现了高利润，而大众营销者则实现了高销量。

利基市场成功的指导原则是专业化。以下为两种常见的专业化类型。

- **客户专家**（customer specialist）。公司专门为某一类终端客户服务。例如，一个增值再售商（VAR）为特定客户细分市场定制计算机硬件和软件，并在此过程中获取溢价。该公司只向当地以及世界上特定地域或地区的客户销售。

- **产品或服务专家**（product or service specialist）。公司只经营或生产一种产品或只有一条产品线。如某铜制品公司可能专注于生产粗铜、铜组件或铜制成品，某生产商可能只生产显微镜的镜头，某零售商可能只经营领带。公司提供一种或多种其他企业无法提供的服务，如某家银行可能接受电话贷款并能为客户送现金上门。

为了与占有较大市场份额的对手芬达乐器公司（Fender）和吉普森（Gibson）竞争，保罗·里德·史密斯创立了 PRS 吉他，并提供"吉他中的斯特拉迪瓦里"。PRS 吉他由精选的桃花心木和花纹枫木打造而成，在窑炉内烘干打磨五次，然后再涂上八层薄漆。PRS 吉他的成本从 3000 美元到 60000 美元不等，顶级音乐家如卡洛斯·桑塔纳的代言和声誉卓著的零售商店如曼哈顿的 Rudy's Music Shop 的分销，帮助该品牌在市场中站稳了脚跟。[30]

与服务更大客户群的公司基本一样，利基营销者有三项任务：创造新市场，扩大现有市场，以及保护其市场地位。风险则在于，利基市场很可能会枯竭或遭遇攻击，然后公司可能会陷入困境，因为它所拥有的高度专业化资源很难有高价值的替代用途。Zippo 已经成功地解决了利基市场快速收缩的问题。

≪ 当发现香烟打火机的市场正在萎缩时，Zippo 推出了用于蜡烛、烤架和壁炉的多用途打火机，并且推出了包括暖手器和点火器的户外系列，还收购了一家刀具制造公司。

Source: urbanbuzz/Alamy Stock Photo

Zippo　随着吸烟人数的不断减少，总部设在宾夕法尼亚州的 Zippo 打火机制造公司发现其标志性的黄铜和铬制"防风"打火机市场正在萎缩，销量从 1998 年的 1800 万支缩减到 2011 年的 1200 万支。在这种低迷前景下，该公司决定将其业务拓宽，围绕销售"火种"进行产品多样化，并在 2010 年之前将对烟草相关产品的利润依赖降低到 50%。尽管该公司在 20 世纪六七十年代有过多元化的尝试，比如经营卷尺、钥匙扣和皮带扣业务，但在 20 世纪 90 年代这些业务均受到抑制，最终在 2007 年停产。但 Zippo 几乎还是实现了新目标。它推出了一种细长型的可用于蜡烛、烤架和壁炉的多用途打火机，依靠迪克体育用品（DICk'S Sporting Goods）、户外用品零售商 REI 以及家居和花园用品提供商（True Value）推出了包括暖手器和点火器在内的户外系列并收购了多功能刀具制造公司 W.R.Case & Sons。Zippo 甚至还推出了服装系列和男女香水，以塑造更像是生活方式品牌的品牌形象。此外，公司还通过推广新的设计以及像带有猫王形象打火机这样常年热销的产品，来销售其相当份额的打火机。[31]

利基市场可能会逐渐减弱，所以公司必须不断创造新的利基市场。公司应该"坚持自己的市场利基战略"，但不必坚守某个利基市场。这就是多个利基市场比单一利基市场更可取的原因。如果在两个或更多的利基市场都有实力，公司就会提高存活概率。

扩大现有市场

当总体市场扩大时，市场主导企业通常获利最多。如果亨氏能说服更多的消费者使用番茄酱，或在更多的食物或各种场合都增加番茄酱的用量，该公司的收益将是巨大的，因为它的销售量已经占到全美番茄酱市场的近三分之二。总而言之，市场领导者应该寻找更多的新顾客或者使现有顾客加大产品使用量。

公司可以在以下两个群体中寻找新用户：一是那些从未使用过产品或服务的人（新市场细分战略），二是那些生活在其他地方的人（地理扩张战略）。

>> 安德玛的构想是创造一种既能够吸汗又能通过保持运动员身体干爽而提高成绩的 T 恤衫。当增加男性运动服装和鞋子时，它发现自己正与耐克和阿迪达斯等公司竞争，于是它通过专门为女性开发的产品和广告活动来寻找新的目标人群。

Source: Heorshe/Alamy Stock Photo

安德玛（Under Armour）　凯文·普兰克（Kevin Plank）曾是马里兰大学的橄榄球运动员，他对穿棉质 T 恤衫感到不满，因为这种 T 恤会吸汗从而在训练时变重。于是，普兰克与当地的一位裁缝合作，靠着 500 美元和几个码数的多套衬衣，研发了七款既舒适贴身，又可以吸汗，并能保持运动员身体干爽的 T 恤衫样衣，安德玛品牌也由此诞生。安德玛品牌注重性能和原真性，并通过密集的广告宣传迅速成为中学、高等专科院校和综合性大学中同学们的最爱，后来它又推出了一系列运动服装以及足球鞋、篮球鞋和跑步鞋。到 2009 年，该品牌开始与耐克和阿迪达斯这样强大的对手展开竞争。作为一个传统上以男性为导向的品牌，安德玛很快发现一个新目标人群——女性市场的价值。该公司不想再采用"尺码改小，颜色变粉"的方法，即将男性产品改款为女性产品，而是联合营销、产品设计和消费者洞察部门，为女性提供有针对性的解决方案。完美整合的"什么是美"（What's Beautiful）媒体活动——敦促女性"无论如何，每天都要出汗"——以及鞋类产品的成功，使得女性市场成为安德玛增长最快的业务领域。[32]

在寻找新客户时，企业不应忽视现有客户。梅赛德斯－奔驰制造商戴姆勒公司在欧盟、美国和日本等成熟市场的现有需求与快速发展的新兴市场所提供的巨大潜在需求之间找到了平衡开发的方法。正如公司董事长迪特尔·蔡澈所说："你不能二选一。你必须保持传统市场的优势，甚至扩大传统优势。"[33]

捍卫市场地位

在努力扩大市场总规模的同时，市场主导企业必须积极捍卫其现有的业务，比如波音对空客，沃尔玛对亚马逊，苹果对三星。市场领导者如何实现这一目标？最有建设性的对策是持续创新。市场领导者应该引领行业不断开发新产品、提供新的客户服务、提高分销效率和削减成本。综合性解决方案可以提高竞争优势和客户价值，使客户心存感激，甚至深感荣幸，而不是感到被欺骗或被利用。

在满足客户需要时，我们应该区分响应性营销（responsive marketing）、预期性营销（anticipative marketing）和创造性营销（creative marketing）。响应性营销者发现客户已表明的需要并加以满足，预期性营销者会预估客户在不久的将来可能会有的需要，而创造性营销者会发现客户没有提出但能使他们产生热烈回应的解决方案。创造性营销者一般都是主动的市场驱动型企业，而不是被动地以市场为驱动。[34] 许多公司假定它们的工作只是简单地适应客户的需要。它们的被动主要是因为它们过分忠实于客户导向的范式，并成为"所服务市场专制主义"的受害者。相反，最成功的公司会积极主动地为自己的产品塑造市场。它们致力于改变游戏规则而非简单地成为最好的玩家。[35]

主动型公司创造新的产品来服务未被满足的，甚至是未知的客户需要。20 世纪 70 年代末，索尼公司创始人盛田昭夫一直忙着他钟爱的项目，即能彻底改变人们听音乐方式的便携式磁带播放器——他称之为"随身听"（Walkman）。公司的工程师坚持认为这种产品没有什么需求，但盛田坚信自己的眼光。随身听诞生 20 周年时，索尼已经售出了近百种型号的 2.5 亿多台产品。[36]

即使不发动进攻，公司也不能失去其已经显露的市场地位。防御性营销战略的目标在于减少被攻击的概率，将受攻击的目标转移到威胁较小的领域，并设法减弱被攻击的强度。市场领导者会在法律上和道德上采取一切行动，以削弱竞争对手推出新产品的能力，确保销售安全，并获得消费者知晓、试用和重复购买。[37] 在任何战略中，防御者的反应速度都会对利润产生重要影响。

市场主导企业可以采用六种主要的防御战略。[38] 具体采取哪种战略部分取决于公司的资源、目标以及对竞争对手反应的预判。

- 阵地防御（position defense）。阵地防御意味着品牌占领了消费者心智中最理想的地位，并拥有坚不可摧的品牌形象。宝洁公司在许多品类都拥有最主要的功能利益——用于清洁的汰渍洗衣粉，用于预防龋齿的佳洁士牙膏，保证健康干爽的帮宝适纸尿裤。

- 侧翼防御（flank defense）。市场领导者应该建立一些前哨基地以保护薄弱的前沿阵地或者支持可能的战略反击。宝洁公司的品牌，如 Gain 和 Cheer 洗衣粉以及 Luvs 纸尿裤，在支持汰渍和帮宝适品牌方面分别发挥了战略性的进攻和防御作用。

- 先发防御（preemptive defense）。一种更积极的策略是先发制人，它也许可以跨越市场开展游击战——在这里打击一个竞争者，在那里打击另一个竞争者——让整个市场失去平衡。另一种做法是实现大范围市场包围，向竞争对手发出不要进攻的信号。[39] 然而，先发防御还可以通过推出一系列新产品并事先预告，向竞争对手传递信号，警示它们需要更加努力才能赢得市场份额。如果微软宣布了新产品开发计划，小企业可能就会将其开发力量集中到其他方向，以避免正面竞争。一些高科技企业被起诉进行了"烟幕弹"销售炒作，即预告的产品错过了交付时期或从未上市。[40]

- 反攻防御（counteroffensive defense）。在反攻防御中，市场领导者可以正面迎击或向进攻者侧翼包抄甚至发起钳形攻势，这样进攻者就不得不后撤自卫。反攻防御的另一种形式是在经济或政治上进行打压。市场领导者可以对易受攻击的产品采用低价策略来打压竞争对手，并将高利润产品的收益作为补偿；或者提早宣布产品升级，以防止客户购买竞争对手的产品；或者游说立法者采取政治行动来抑制竞争。比如苹果、英特尔、微软、高通和三星这样的科技领导企业都积极地在法庭上捍卫自己的品牌。

- 重新定位防御（repositioning defense）。在重新定位防御中，市场领导者通过扩大市场和市场多元化将其支配地位扩展到新的领域。市场扩大化（market broadening）是将公司的重点从现有产品转移到满足一般需要。因此，像英国石油公司（BP）这样的"石油"公司都在试图重塑其"能源"公司的形象（例如，"超越石油"）。这种转变要求它们研究石油、煤炭、核能、水电和化工行业。市场多元化（market diversification）则意味着将公司重心转移到不相关的行业。

- 收缩防御（contraction defense）。大公司有时候不再能够捍卫其所有的领域。在战略撤退（strategic withdrawal）中，它们放弃弱势市场，将资源重新分配给较强的市场。美国莎莉集团（Sara Lee）卖掉了占其收入很大比例的产品，包括其强大的恒适（Hanes）针织品品牌，以及全球身体护理和欧洲洗涤剂业务。之后它将剩余的产品拆分成了两大业务，并将新公司命名为 Hillshire Brands，专注于其在北美核心的 Hillshire Farms 包装肉类业务，咖啡零售公司 D.E. Master Blenders 1753 则是其成功拆分的欧洲咖啡和茶叶业务公司。[41]

当宝洁决定剥离食品业务，专注于其核心的家用和消费产品时，它将薯片品牌品客（Pringles）

卖给了家乐氏。另一家重组业务以提高竞争力的公司是卡夫。

≪ 为了提高绩效并继续吸引投资者，卡夫食品将其庞大的品牌组合一分为二。亿滋国际被定位为一个快速发展的全球零食和糖果业务，而增长较慢的北美市场分部则保留了卡夫食品的名字，用于其众多品类主导型食品杂货品牌。

卡夫 经过多年的收购之后，卡夫决定将业务一分为二：一个是快速增长的全球零食和糖果业务，包括奥利奥饼干和吉百利糖果；另一个是增长较慢的北美食品杂货业务，包括长期的中坚产品，如麦斯威尔咖啡、品客坚果、卡夫奶酪和 Jell-O 果冻。这样做的理由是为了提高绩效，给予投资者两种截然不同的选择。零食和糖果业务被冠以"亿滋国际"（Mondelēz International）的品牌名称，并被定位为在中国和印度等新兴市场具备很多机会的高增长型公司。Mondelēz 这个名字是由两名员工创造的，由拉丁语和几种罗曼语族中表达"世界"和"美味"的两个词混合而成。食品杂货业务保留了"卡夫食品"（Kraft Foods）的名称，由于它包含了许多市场主导品类的肉类和奶酪品牌，所以被钟爱持续红利的投资者视为现金牛品牌。亿滋加足马力快速增长，而卡夫食品（现在的卡夫亨氏）则专注于削减成本和对旗下品牌进行选择性投资。[42]

产品生命周期营销策略

产品生命周期的概念是管理增长方面最具影响力的理论之一。其核心思想是：产品随着时间的推移会经历不同的阶段，在每个阶段都会面临不同的挑战和机遇，需要不同的营销战术和战略。在以下章节中，我们将讨论产品生命周期概念的主要原则，每个生命周期阶段的具体内容，以及可供选择的产品生命周期模式。

产品生命周期的概念

公司的定位和差异化战略应该在**产品生命周期**（product life cycle）中随产品、市场和竞争者的变化而变化。产品生命周期的概念基于四个关键假设。

- 产品的生命是有限的。
- 产品销售要经历不同的阶段，每个阶段都会给销售者带来不同的挑战、机遇和问题。
- 利润在产品生命周期的不同阶段有起有落。
- 在每个生命周期阶段，产品需要不同的营销、财务、制造、采购和人力资源战略。

大部分产品的生命周期都可以被描绘成销售额和利润的钟形曲线，通常分为四个阶段：导入期、成长期、成熟期和衰退期（见图 17-2）。[43] 我们可以使用产品生命周期概念来分析一种产品品类（酒精饮料）、一种产品（伏特加）或一个品牌（绝对伏特加）。并非所有的产品都会经历生命周期的所有阶段，每个阶段的长度也会因产品的不同而不同。例如，一个产品可能永远不会离开导入期（因为它失败了）或永远不会进入成熟阶段（因为它一直没有足够的利润或成长到足够的规模，成为一个真正的成熟产品）。在这种情景下，产品生命周期的概念应该被用来帮助管理者思考不同阶段的挑战，而不一定是表达对某一特定产品未来的期待。

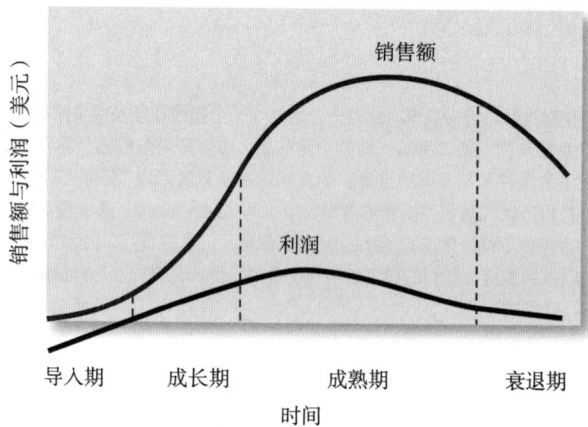

图 17-2
销售额与利润的生命周期

- 导入期（introduction）。这一阶段产品刚被导入市场，销售增长缓慢。由于产品导入的花费巨大，因此毫无利润可言。
- 成长期（growth）。这一阶段产品被市场接受，销量大幅增长，并有持续的利润提升。
- 成熟期（maturity）。这一阶段销售增长放缓，因为大部分潜在购买者已经接受了产品。由于竞争加剧，利润趋于平稳或下降。
- 衰退期（decline）。这一阶段销售额呈下降趋势，利润减少。

表 17-1 总结了与产品生命周期四个阶段相关的特征、营销目标和营销策略。

表 17-1　产品生命周期各阶段的特征、营销目标和营销策略

	导入期	成长期	成熟期	衰退期
特征				
销售额	低	迅速增长	达到顶峰	下降
单位成本/客户	成本高	成本一般	成本低	成本低
利润	利润为负	利润增长	利润最高	利润下降
客户	创新者	早期采用者	主流客户	落伍者
竞争者	几乎没有	数量增加	数量较大	数量下降
营销目标				
	获得产品认知度和客户试用	市场份额最大化	利润最大化，同时捍卫市场份额	减少支出，收割市场
营销策略				
产品	提供基本产品	改进产品和开发产品线，延伸产品	产品供应多元化	逐步淘汰弱势产品
定价	成本加成定价	市场渗透定价	匹配或击败竞争者定价	降价
沟通	在早期采用者和经销商中获取产品认知度和客户试用（试销）	在大众市场中建立认知度和兴趣	强调品牌差异及其利益，并鼓励品牌转换	减少到保留客户的最低水平
分销	采用选择性分销	采用密集性分销	采用更加密集的分销	逐步淘汰不盈利的分销网点

Sources: Theodore Levitt, "Exploit the Product Life Cycle," *Harvard Business Review* 43 (November‐December 1965), pp. 81-94; John A. Weber, "Planning Corporate Growth with Inverted Product Life Cycles," *Long Range Planning* (October 1976), pp. 12-29; Peter Doyle, "The Realities of the Product Life Cycle," *Quarterly Review of Marketing* (Summer 1976).

我们在下面章节中讨论产品生命周期的四个阶段。

导入阶段

由于推出新产品、解决技术问题、建起分销商渠道，以及获得消费者的认可都需要时间，所以在导入阶段销售增长往往是缓慢的。利润通常为负或很低，促销费用占销售额的比例是最高的，这是因为需要：（1）告知潜在的消费者；（2）诱导产品试用；（3）确保在零售网点的分销。[44] 由于成本高，价格往往较高，而且公司聚焦于那些准备要购买的客户。思考一下 Zipcar 试图在汽车分时租赁市场谋求立足时所面临的挑战。

Zipcar　共享汽车兴起于欧洲，它服务于那些经常使用公共交通但每月仍会有几次用车需求的人。在美国，Zipcar 是共享汽车行业的市场领导者和先驱，它的吸引力在于环保兼经济。只需要 50 美元的会员费和每天不到 100 美元的用车开销——包括汽油、保险和停车，一个典型的美国家庭通过使用 Zipcar 取代购买私家车，每年可以节省 3000~4000 美元。该公司估计，每增加一辆租车车，公路上就能减少 20 辆私家车。该公司以主要城市和大学校园为目标市场，提供各种各样的车辆，而且几乎没有竞争对手，连续多年年增长率高达 30%。然而，2012 年汽车租赁市场领导者赫兹（Hevtz）决定进入分时租赁汽车市场，并为其全美 375000 辆汽车配备了可以让消费者通过电脑或智能手机预订和解锁租赁车的装置。与 Zipcar 不同的是，赫兹提供单程租赁，不收会员费或年费。随着本土公司进入市场，

Zipcar 将目光投向了海外市场，最初主要专注于英国和西班牙市场。由于需要利用资源投资全球市场机会，它于 2013 年被第二大汽车租赁公司安飞士·巴吉（Avis Budget）收购。[45]

成长阶段

成长阶段的特点是销售额迅速攀升。早期采用者喜欢该产品，进而有更多的消费者开始购买。新的竞争对手被市场机会吸引而进入。它们推出新的产品特点并扩大分销。产品价格趋于稳定或略有下降，这取决于需求增长的速度。

公司保持营销支出水平不变或略微提高，以满足竞争之需并继续培育市场。销售额增长速度远超营销支出，从而导致营销费用与销售额的比率出现可喜的下降。由于营销成本被分摊到更大数量的产品上，且由于生产者的学习效应导致单位产品制造成本比价格下降得更快，所以这个阶段的利润得到了增长。在此阶段，企业必须小心盯着增速的变化，以便准备新的战略。

为了保持现在市场份额的快速增长，企业可以采取多种策略：它可以提高产品质量，增加新功能和改进样式；可以增加新的型号和侧翼产品（如不同的尺寸和口味），以保护主要产品；可以进入新的细分市场；可以提高渠道覆盖面，进入新的分销渠道；可以从知晓度和试用传播转向产品偏好和忠诚度传播；也可以降低价格以吸引价格敏感的下一层次客户。

通过投资于产品改进、促销和分销，公司可以占据主导地位。在这种情况下，公司需要在用当前利润最大化换取高市场份额与下一阶段获得更大利润的期望间进行权衡。在这个阶段，公司将多少收入再投资于未来的增长，取决于其战略目标和资源水平。

面对变幻莫测的市场，保持竞争优势是一种挑战，但也并非不可能，前面提到的一些长期市场领导者就是证明。寻找新的方法来不断提高顾客满意度，可以在很大程度上保持竞争优势。澳大利亚领先的物流供应商布兰博公司（Brambles）为杂货店客户设计了一款塑料箱，这个塑料箱可以被用于农田，也可以直接放在商店货架上，大大节省了这一过程中杂货店的劳动力成本。[46]

成熟阶段

在某些时候，销售增速会放缓，产品会进入一个相对成熟的阶段。大多数产品都处于生命周期的成熟阶段，该阶段通常比前几个阶段持续时间更长。

成熟阶段可分为三个时期：增长期、稳定期和成熟度衰减期。第一个时期，销售增长开始放缓，没有新的分销渠道来填补，市场出现新的竞争力量。第二个时期，由于市场饱和，人均销售额趋于平稳。大多数潜在消费者已经尝试过该产品，未来的销售量取决于人口增长和替代需求。第三个时期，成熟度衰减，绝对销售额水平开始下降，同时客户开始转向其他产品。

第三阶段带来的挑战最大。销售额下降导致行业产能过剩，从而又加剧了竞争。实力弱小的竞争者退出，少数巨头占据主导地位——可能是质量领先者、服务领先者和成本领先者，它们主要通过高销量和低成本获利。围绕它们的是大量的利基营销者，包括市场专家、产品专家和定制化公司。

问题是，是要努力成为三巨头之一，通过高销量和低成本来获利，还是要追求利基战略，通过低销量和高毛利来获利？有时，市场会被分成低端和高端两大细分市场，而处于中间位置的企业的市场份额会不断被侵蚀。下面是瑞典家电制造商伊莱克斯应对这种情况的例子。

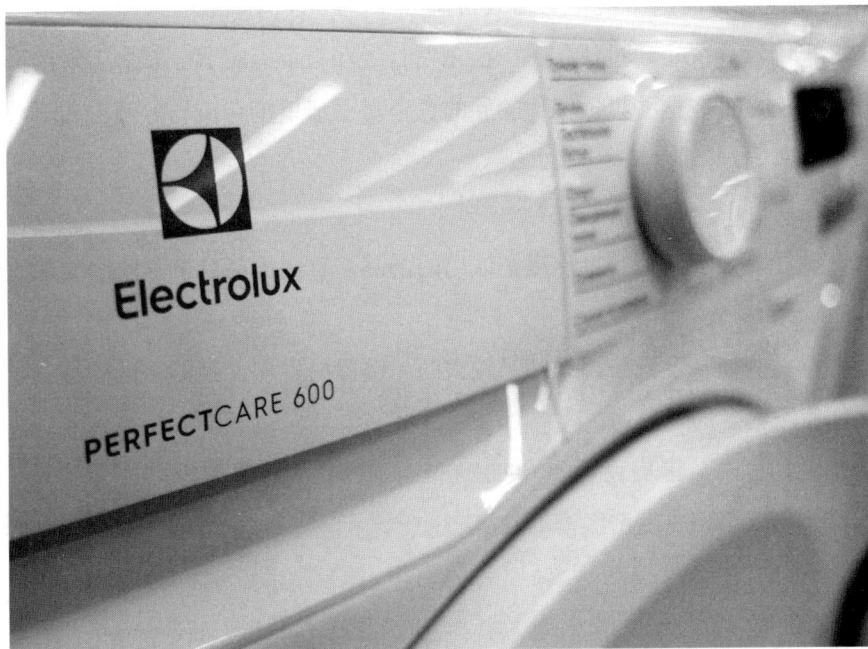

≪ 由于受到来自低成本和高端竞争者的压力，伊莱克斯摆脱中端定位，将其家电产品定位于约 20 种不同类型消费者的生活方式和购买方式上。

Source：IgorGolovniov/Shutterstock

伊莱克斯公司 在 21 世纪初，瑞典制造商伊莱克斯面临一个急速极化的家电市场。海尔、LG 和三星等低成本亚洲公司施加价格压力，而博世、Sub-Zero 和维京（Viking）等高端竞争对手正在以牺牲中端品牌为代价持续成长。时任伊莱克斯首席执行官的汉斯·斯特伯格（Hans Stråberg）决定通过重新思考顾客的欲望和需要来摆脱中端定位。他根据约 20 种不同类型消费者的生活方式和购买方式来细分市场，帮助公司宽泛的品牌组合（包括伊莱克斯以及 Frigidaire 冰箱、AEG 烤箱和 Zanussi 咖啡机）锁定目标市场并进行定位。例如，现在伊莱克斯成功地将蒸汽烤箱销售给以健康为导向的消费者，并将其原本为小型厨房设计的紧凑型洗碗机推销给市场更大的频繁洗碗的消费群体。对于那些被困在成熟市场中的公司，斯特伯格给出了这样的建议："从消费者出发，了解他们的潜在需要以及他们遇到的问题……然后集中这些困惑来发现消费者真正想要什么……你需要弄清楚消费者真正想要什么，尽管他们无法表达出来。"伊莱克斯现在正专注于高端电器市场，销售专业级产品给高端消费群体。凭借在 150 多个国家的分销和对当地市场的覆盖，伊莱克斯将自己定位为全球市场成长型企业，尤其是在新兴市场。[47]

一些公司放弃了弱势产品，专注于开发更新的和更有利可图的产品。然而，它们可能忽视了许多成熟市场和老产品仍有的巨大潜力。一些被广泛认为是成熟的行业，如汽车、酒店、出租车、手表、照相机等，已经被那些颠覆了传统商业模式并找到为顾客提供全新价值路径的初创企业和老牌公司证明并非如此。

对一个公司来说，扭转衰退方向的两个关键方法是市场增长和产品改进。我们接下来具体讨论这两种方法。

市场增长

公司可以尝试通过最大化构成销售量的两个因素，为其成熟品牌扩展市场，这两个因素就是用户数量和用户使用率。

公司可以通过以下任何一两个策略来扩展用户数量。

- 转化非用户。这种方法也被称为刺激初级需求。航空运输服务增长的关键在于不断寻找新的用户，航空承运人可以向他们表达使用航空运输而非地面运输的好处。

- 吸引竞争对手的顾客。这种方法通常被称为窃取份额战略。Puffs 面巾纸的营销者总是试图拉拢舒洁的用户。当固特异决定通过沃尔玛、西尔斯百货和 Discount Tire 零售店来销售轮胎时，意味着它开始从一直在这些渠道销售轮胎的竞争对手那里抢夺市场份额，从而马上提高了自己的市场份额。

公司可以通过以下策略提高现有用户的使用率。

- 增加产品使用场合。例如，金宝汤开始推广夏季饮用的汤品，亨氏可能会推荐使用醋来清洁窗户。

- 增加每个场合的消费量。例如，亨氏公司设计了较大的、倒置的番茄酱容器，这样用户能更容易挤出并每次能使用更多的番茄酱。

- 创造新的使用场合。例如，葛兰素史克可能将 Tums 抗胃酸药作为钙片来推广，艾禾美可能会推广使用小苏打作为冰箱和厨房洗涤槽的除臭剂。

产品改进

生产者也试图通过改善产品质量、特色或风格来刺激销售。质量改进（quality improvement）通过推出"新改良"产品来提高功能表现。特性改进（feature improvement）通过增加尺寸、重量、材质、添加物和配件等，以扩展产品的性能、多功能性、安全性或便利性。风格改进（style improvement）提高了产品的美学吸引力。

这些改进中的任何一项都能吸引消费者的注意。在竞争激烈的数字摄影领域，Shutterfly 通过将客户的数字图像转化为有形产品，如相册、日历、贺卡、婚礼请柬和墙纸等，使年收入增长到 10 亿美元以上。

造纸业同样在应对数码时代的挑战。该行业认识到，只要有消费者喜欢阅读、存储或分享硬拷贝文档，就必须尽可能提供环保的解决方案。供应商努力开发环境友好的供应链，从树苗到植树造林，采用更环保的纸浆和纸张生产，回收并减少碳排放。这种努力对成功甚至生存都是至关重要的。由于电子邮件、在线支付和其他数字化发展的兴起，信封制造领导者 National Envelope 由于销售额持续萎缩而倒闭，而邮政设备供应商的领导者必能宝（Pitney Bowes）则扩展了其数字运营业务。

衰退阶段

销量下降的原因有很多，包括技术进步、消费者口味的转变，以及国内外竞争的加剧。所有这些都可能导致产能过剩、价格持续下跌以及利润萎缩。衰退可能是缓慢的，就像缝纫机和报纸那样，也可能是快速的，就像软盘和八声道磁带那样。销售额可能骤降至零或者在低水平上徘徊。这些结构性改变与由于某种营销危机导致的短期衰退不同。

随着销售额和利润的下降，一些公司退出市场，那些留下来的公司可能会减少产量，可能从较小的细分市场和较弱的分销渠道中撤出，削减营销预算，并进一步降低价格。除非存在非常充分的理由，否则保留衰弱产品的代价往往是巨大的。《不列颠百科全书》（*Encyclopaedia Britannica*）停止了其标志性的精装合订本百科全书的出版，因为消费者认为他们可以在其他地方以更低的成本甚至免费获得同样的内容。该公司通过聚焦在线教育市场实现了反弹。该公司的长期愿景是为普通大众带来专业知识，超过一半的美国学生和教师都能访问《不列颠百科全书》的内容。[48]

面对衰退的市场，许多公司专注于收割或剥离自己的强势产品，并淘汰弱势产品。

收割和剥离

收割和剥离的战略完全不同。**收割**（harvesting）要求在维持销售额的同时逐步降低产品或业务的成本。第一步是要削减研发成本以及工厂和设备投资。公司也可能降低产品质量、缩减销售团队规模、减少附加服务和广告支出。理想的情况是不要让消费者、竞争对手和员工知道正在发生什么。收割是很难实施的，但许多成熟产品有必要采用这种战略，而且它可以大幅提高公司当前的现金流。[49]

当公司决定**剥离**（divesting）一个具有强大分销能力和残留商誉的产品时，它很可能将其卖给另一家公司。有些公司专注于收购和重新激活那些大公司想要出售或已经遭遇破产的"孤儿"或"幽灵"品牌，如 Linens'n Things 家居、福爵咖啡、Brim 咖啡机、Nuprin 止痛片和 Salon Selectives 洗发水。这些品牌的拥有者试图在市场上重新投资残留的品牌声誉，来实施品牌复兴战略。Reserve Brands 收购鹰牌小食（Eagle Snacks）的部分原因是，研究表明 10 个成年人中有 6 个人还记得该品牌，这使得 Reserve Brands 的首席执行官看到："现在只要花费 3 亿~5 亿美元就可以再创这个品牌的知名度。"[50]

公司如果找不到买家，就必须决定是快速还是暂缓清算该品牌，还要决定为过去的客户保留多少库存和服务。例如，当哈雷戴维森停产其布尔（Buell）运动型摩托车时，它会继续向目前的布尔车主提供支持。

淘汰弱势产品

除了无利可图，弱势产品还耗费了管理层大量的时间，需要频繁地调整价格和库存，并且承担小批量生产的昂贵运行费用，分散广告和销售人员的注意力——这些注意力原本可以更好地让健康的产品获得更多的利润——并且给公司形象造成负面影响。保留这些弱势产品意味着会推迟对替代产品的积极探求，进而产生不平衡的产品组合，即过时的产品线太长而面向未来的产品线过短。

正是认识到这些缺陷，通用汽车决定放弃陷入困境的土星（Saturn）、奥兹莫比尔（Oldsmobile）、庞蒂亚克（Pontiac）和悍马（Hummer）品牌线。停用著名品牌总是一个艰难的决定，因为公司基本上是在放弃多年甚至几十年的品牌建设努力。因此，淘汰表现不佳产品的决策绝不能掉以轻心，它涉及对公司短期和长期的影响。

　　不幸的是，大多数公司还没有为那些老化的产品制定政策。它们的首要任务就是建立一个系统来识别弱势产品。许多公司会从营销、研发、制造和财务部门选出代表来任命组建一个产品审查委员会，根据所获取的信息，对每一种产品提出建议：是保留、改进营销策略还是放弃。[51]

　　一些公司比其他公司更早地放弃衰退市场。这主要取决于行业退出壁垒的高度。壁垒越低，公司越容易退出行业，这对留下的公司吸引撤退公司的客户也越有利。宝洁公司保留着不断衰退的液体肥皂业务，随着其他公司的退出，其利润反而提高了。

　　合适的战略还有赖于行业的相对吸引力和公司的竞争实力。在失去吸引力的行业中，拥有竞争实力的公司应该考虑有选择地收缩；在具有吸引力的行业中，拥有竞争实力的公司应该考虑加大投资。公司常常通过为成熟产品增加价值而成功地重新上市或恢复活力。

其他的产品生命周期模式

　　产品生命周期理论也有批评者，他们声称生命周期模式在形状和持续时间上变数太大，不能一概而论，而且营销者很难说出他们的产品究竟处于哪个阶段。当产品实际上已经到达另一个高潮之前的平稳阶段，该产品会显得很成熟。批评者还指责说，产品生命周期模式与其说是一个必然的过程，不如说是营销战略自我实现的结果，熟练的营销事实上能够带来持续的增长。[52]

　　并非所有产品都会呈现钟形曲线状的生命周期曲线模式。[53] 图 17-3 中显示了另外三种常见的替代模式。图 17-3（a）显示了成长-下降-成熟模式（growth-slump-maturity pattern），这通常是小型厨房电器如面包机和烤箱的特征。产品刚推出时，销售量迅速增长，然后进入一个"僵化"水平并维持，这是后期用户出现首次购买及早期用户更换产品的缘故。图 17-3（b）中的循环-再循环模式（cycle-recycle pattern）经常用于描述新药的销售。制药公司积极推广其新药，这就导致了第一个循环周期。随后销售额开始下降，公司又发起另一轮推广活动，产生了第二个循环周期（通常规模和持续性都比第一个循环周期小）。另一种常见的产品生命周期模式是图 17-3（c）中所示的扇形模式（scalloped pattern）。在这里，销售经历了一连串反映新产品特征、用途和用户发现的生命周期。尼龙的销售呈现出典型的扇形模式，因为随着时间的推移，人们发现了它的许多新用途，比如降落伞、袜子、衬衫、地毯、船帆和汽车轮胎。[54]

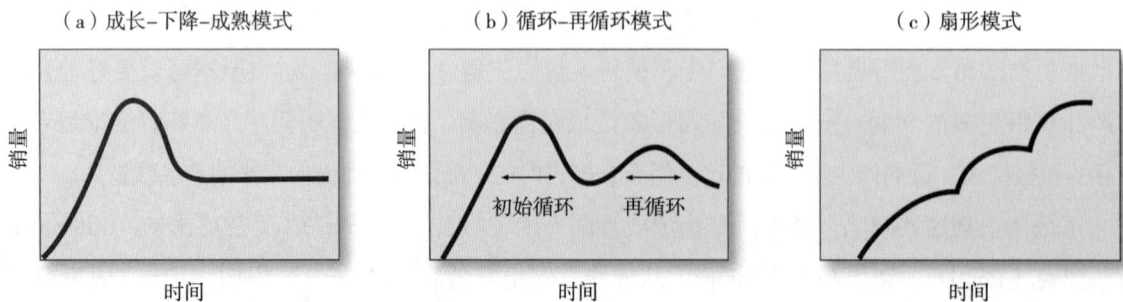

图 17-3　常见的产品生命周期模式

产品生命周期有两个特殊类别：时髦型和趋势型。

- **时髦型**（fad）是"不可预测的，短暂的，没有社会、经济和政治意义的"。公司可以利用时髦赚钱，如卡骆驰（Crocs）拖鞋、瘙痒娃娃（Elmo TMX）玩偶、口袋妖怪礼品和玩具，但这需要运气和好时机。时髦产品能很快进入公众视野，被人们狂热追捧后急速到达顶峰，旋即衰退。它们的接受周期很短，倾向于吸引少数寻求刺激或想要凸显自己与众不同的有限追随者。值得注意的是，有时很难判断一个产品是不是时髦产品。例如，GoPro 相机经常被称为一种时髦产品，但它却坚持了下来。

- **趋势型**（trend）是一个方向或一系列具有发展势头和持久性的事件。趋势型产品比时髦型产品更具可预测性，也更持久。它们揭示了未来的形态并能提供战略方向。例如，健康和营养意识的发展趋势带来了更多对兜售不健康食品的公司的政府监管和负面的公开报道。在《今日秀》称其洋蓟鸡肉三明治"热量相当于 16 个 Fudgesicles 雪糕"和《男士健康》杂志宣称其 1630 卡路里的甜点意大利小方饺是"全美最糟糕的甜点"之后，Macaroni Grill 意大利连锁餐厅修改了菜单，增加了低热量和低脂肪的产品。[55]

由于受到新需求、竞争、技术、渠道和其他发展的影响，公司需要具体了解市场演进的路径，并改变其产品和品牌定位以跟上市场发展的步伐。[56] 就像产品一样，市场演进也经历了四个阶段：兴起、成长、成熟和衰退。思考一下纸巾市场的演进。起初，家庭主妇在厨房里使用棉质和亚麻质的洗碗布和毛巾。之后，一家寻找新市场的纸业公司开发了擦手纸，使一个潜在市场得以固化，随后有其他制造商进入这个市场。随着品牌数量的增加，市场开始碎片化。行业产能过剩导致制造商开发新的产品功能。一家制造商听到消费者抱怨纸巾不吸水，于是推出了"吸水"纸巾，并提高了其市场份额。竞争对手相继推出各自的吸水纸巾，市场再次分裂。接着，又一制造商推出了一种"超强度"纸巾，马上又遭模仿。另一家公司推出了"不起毛"纸巾，随后也被模仿。最近的创新是含有清洁剂的湿巾（如高乐士消毒湿巾），可用于特定表面（针对木材、金属或石头）。这样，在创新和竞争的驱动下，纸巾从单一的产品演变为具有不同吸水性、强度和用途的多样化产品。

Source: The Photo Works/Alamy Stock Photo

≫ 高乐士（Clorox）消毒湿巾是纸巾市场演变后期的创新之一。

营销
洞察 ｜市场挑战者的增长战略

　　许多市场挑战者能够逼近甚至超越领导者。挑战者设定了很高的期望，而市场领导者却可能陷入业务经营平庸化的困境。然而，并不是所有的挑战者都能在争取市场地位时取得成功。

　　为了提高成功机会，市场挑战者首先必须明确其战略目标，这一目标通常是扩大市场份额。然后，它必须决定攻击谁。一种选择是攻击市场领导者。这是一个高风险但具有潜在高回报的战略，当领导者在该市场做得不好的时候，这种战略就非常明智。此外，挑战者可以攻击与自己规模相当、绩效不佳或资金短缺的公司。这些公司的产品老化，价格高昂，或者在其他方面不能满足顾客需求。挑战者也可以攻击小的地方性或区域性企业。例如，许多大银行是通过吞并较小的区域性银行才成长到现在的规模。最后，挑战者可能不会以特定的某个公司为攻击对象，而是颠覆未能充分满足消费者需求的行业。像亚马逊、优步和爱彼迎这样的企业都是通过颠覆整个行业而取得成功的。

　　针对明确的对手和目标，挑战者可能会采取不同的策略来实现其目标。以下概述了五种进攻策略：正面进攻、侧翼进攻、围堵进攻、迂回进攻和游击进攻。

- **正面进攻**（frontal attack）。在纯粹的正面进攻中，挑战者在产品、服务、价格、促销、激励和分销方面与对手进行正面比拼。这种力量比拼原则上意味着拥有更多资源的一方会取得最终胜利。如果市场领导者不反击，或者挑战者能让市场相信其产品可媲美领导者的产品，改良的正面进攻，如降价，就能奏效。Helene Curtis 就擅长让顾客相信其护发品牌——如丝华芙（Suave）和菲奈诗（Finesse），质量堪比高价品牌，却物超所值。

- **侧翼进攻**（flank attack）。侧翼进攻指的是识别那些正在导致市场出现缺口的转移，然后快速填补缺口的行动。对资源较少的挑战者来说，侧翼进攻尤其有吸引力，其胜算比正面进攻更大。当 Boost Mobile、Virgin Mobile 和 MetroPCS 这样的小型运营商提供更低价格和更多选择时，威瑞森和 AT&T 这样的顶级通信公司发现自己在专业化但快速增长的预付费智能手机市场上的销售额正在下降。另一种侧翼进攻策略是去满足未被覆盖的市场需要。挑战者也可以采用地域进攻策略，专挑竞争对手表现不佳的地区重点进攻。

- **围堵进攻**（encirclement attack）。围堵进攻试图通过在多条战线上发起浩大的攻势来获取敌人的广阔领土。当挑战者掌握了更优越的资源时，这种攻击是明智的。为了对抗劲敌微软，太阳微系统公司（Sun Microsystems）授权了数百家公司和成千上万的软件开发商，准许它们将 Java 软件用于各种消费端设备。随着消费电子产品逐渐数字化，Java 也开始出现在更大范围的小配件中。

- **迂回进攻**（bypass attack）。迂回进攻策略为绕过所有的对手来攻击更易夺取的市场提供了三条途径：多元化发展不相关的产品、多元化发展新的地域市场，以及跳跃式发展新技术。在"可乐大战"

中，百事可乐采用了迂回进攻策略来对抗可口可乐，在可口可乐上市瓶装水品牌 Dasani 之前，百事可乐在全美范围内推出了瓶装水品牌 Aquafina，收购了橙汁巨头 Tropicana，以及市场领导者佳得乐运动饮料的所有者桂格燕麦公司。

- **游击进攻**（guerrilla attack）。游击进攻策略由发动小规模的、间歇式的、常规的和非常规的攻击组成，包括选择性的降价、密集的广告促销闪电战和偶尔的法律行动来骚扰对手，从而最终赢得永久的根据地。游击战成本不菲，尽管花费比正面进攻、围堵进攻或侧翼进攻要少，但它通常必须以一次更强大的攻击作为后手才能击败对手。

营销方案的任何方面都可以作为进攻的基础，包括低价或打折的产品、新的或改良的产品和服务、更多样化的市场供应以及创新的分销战略。挑战者的成功取决于随着时间的流逝，如何结合各项具体战略来逐渐提升自身的市场地位。市场挑战者一旦成功，即使已经成为市场领导者也必须保持挑战者的心态，始终强调做事方式的与众不同。[57]

本章小结

1. 评估增长机会涉及两个主要考虑因素：确定公司应关注的产品和市场类型，以及管理长期的产品 – 市场增长战略。

2. 市场增长可以通过四大核心战略来实现，这些战略在现有产品和新产品以及市场方面为公司指明了市场机会。公司可以追求四个产品 – 市场增长战略中的一个或多个：市场渗透、市场开发、产品开发和多元化。

3. 公司可以通过两种方式增长：一是通过内部增加产出和提高销售收入和利润，这种方式通常被称为有机增长；二是依靠兼并和收购。市场渗透和市场开发战略通常遵循有机增长的路径，而产品开发和多元化则可能同时涉及有机增长和并购增长。

4. 在整个市场中，份额较低的小公司可以通过瞄准大公司很少或没有兴趣的小市场而获得高额利润。聚焦利基市场使公司能够了解它们的目标客户，并通过提供卓越的价值，比其他公司更好地满足客户需要。

5. 在努力扩大市场总规模的同时，企业还必须主动捍卫其现有的市场地位，其所选择的特定防御战略取决于公司目标客户的需要、公司的资源和目标，以及公司对竞争者反应的预判。

6. 产品随着时间的推移会经历不同的阶段，在每个阶段都会面临不同的挑战和机遇，需要不同的营销战术和战略。产品生命周期的四个不同阶段是：导入期、成长期、成熟期和衰退期。当前大多数产品都处于成熟期。

7. 导入阶段的特点是增长缓慢，利润最低。如果成功，产品就会进入成长阶段，其特点是销售快速增长，利润不断增加。在成熟阶段，销售增长放缓，利润趋于稳定。最后，产品进入衰退阶段。这时，公司的任务是识别真正衰弱的产品，并在对公司利润、员工和客户影响最小的情况下将其逐步淘汰。

8. 并非所有产品都呈现出钟形曲线状的产品生命周期模型。为了获得和捍卫自己的市场地位，公司需要具体了解市场演进的路径以及它可能受到新的客户需求、竞争者、技术、渠道和其他发展的影响的方式。

营销焦点 | 爱彼迎

Source: M4OS Photos/Alamy Stock Photo

2007 年，罗得岛设计学院的毕业生布赖恩·切斯基和乔·杰比亚在为房租而苦恼时，大脑碰撞想到了一个赚钱的点子——出租他们公寓里的三张气垫床，并给租客提供早餐。当时，由于他们公寓附近即将举行一个大型设计会议，因此附近的酒店都爆满。于是，切斯基和杰比亚创建了一个名为 airbedandbreakfast.com 的网站来宣传他们临时起意的床和早餐计划。不久之后，三位客人以 80 美元的价格预订了他们的公寓。这次的成功激发他们与老室友内森·布莱沙奇克联合起来，将创意变成生意。

第一年，爱彼迎将目标锁定在参会人数高于附近酒店房间数量的会议上。2008 年，得克萨斯州奥斯汀举行西南会议，切斯基利用这次会议来测试和改进他们的产品，并尝试通过在线博客引起租客的兴趣。最初，爱彼迎把网页设计成一个类似于克雷格列表（Craigslist）那样的分类广告列表网站，而不是一个在线市场。有的房东向房客提供接机和晚餐服务后，尴尬地问切斯基何时支付住宿费用，切斯基意识到之前的模式并不理想。之后，爱彼迎网站开通了租客支付方式并收取少量的佣金。顾客告诉爱彼迎，即使没有会议他们也会对空房感兴趣。因此，爱彼迎允许房东随时展示他们的房源。

在初创企业孵化器 Y Combinator 的指导下，爱彼迎于 2009 年将这一模式推广到纽约。纽约由于酒店价格很高，因而成为公司起步的理想之地。爱彼迎从一小群常租房客和房东开始运行。公司创始人经常前往当地进行调研并通过系统获取反馈信息。利用这些反馈信息，爱彼迎将其资源投资于提高其产品的知名度上。例如，看到许多房东用手机简单拍摄房源照片就上传网站之后，爱彼迎租了一台专业相机，为房源拍摄高清照片，并以光线来美化照片。爱彼迎也发现，有专业照片展示的房源被预订的概率会增加 3 倍以上。爱彼迎还鼓励房东和租客在社交媒体上发布他们的住宿体验，进而在越来越多的房东和租客之间建立起网络联结。不久之后，爱彼迎在纽约的租客和房东的数量急剧增加，并且开始扩展到全球其他主要城市。

爱彼迎的迅速成功帮助它吸引了风险投资者。2009 年，公司从 Y Combinator 获得 2 万美元的初始投资，当年晚些时候又从红杉资本筹集了 60 万美元，以继续扩大在美国国内和全球其他地区的业务。一年后，爱彼迎又从格雷洛克合伙公司（Greylock Partners）筹集了 720 万美元的风险资金。第二年，爱彼迎从风投公司安德森·霍洛维茨（Andreesen Horowitz）筹集了 1.12 亿美元，估值达到 10 亿美元。在风险资本的推动下，爱彼迎在全球 89 个国家提供服务，公司预订量在创业后不到三年的时间里已经超过 100 万。

随着爱彼迎的迅猛发展，公司发现自己面临着急速加剧的竞争。具体来说，它主要面临三种类型的竞争对手。首先是模仿网站。在爱彼迎最初成功之后，冒出超过 500 个模仿网站，如 Wimdu 和爱日租（Airizu），它们试图模仿爱彼迎的服务模式并把网站兜售给投资者。其次是度假租赁网站，美国公司如 HomeAway、VRBO（业主度假公寓）和 FlipKey 都提供付费度假屋，它们以家庭为目标市场，为租客提供更高档的住宿。最后是酒店预订网站，如旅游城（Travelocity）、Hotels.com 和缤客网（Booking.com），它们为客户提供小型快捷酒店和大型酒店的折扣房源。

尽管竞争日益激烈，但爱彼迎仍设法继续快速增长。爱彼迎的成功可以归功于以下几个关键因素。该公司在全球范围内提供多样化的房源选择，其价格与酒店不同，不受可变成本影响。房客能够轻松地浏览网站上列出的房源。爱彼迎网站提供简化的预订流程，信誉良好的房客在成功入住一次后即可使用即时预订功能。爱彼迎还实施了一项"房东担保"计划，以确保房东在其房产被租客损坏时能够得到补偿，这是房东和房客都很关心的问题。爱彼迎还为客人和房东提供 7×24 小时的客户支持，以快速解决租住过程中出现的任何问题。此外，爱彼迎还从网络效应中获益。爱彼迎的用户越多，房东就越倾向于挂出房源以供出租，有良好入住体验的租客也更倾向于发布自己的房源来出租。这就形成了良性循环，帮助爱彼迎增加租客、房东和交易的数量。

爱彼迎独特的短租服务已经完全颠覆了传统的酒店业。具有竞争力的价格和广泛分布的房源，在网络效应的支持下，使爱彼迎成为传统酒店客房和度假租赁的一个有吸引力的替代品。2019 年，公司年收入已超过 37 亿美元。爱彼迎也开始提供多元化的服务，公司宣布推出爱彼迎 Plus 优选系列，好评率高、关注细节的房东可以在上面发布高质量、设备齐全的房屋；此外，它还推出了 Beyond by Airbnb，提供最高端的房屋和旅游规划服务，将定制体验与豪华房源相匹配。[58]

问题:

1. 促成爱彼迎市场成功的关键因素是什么?

2. 爱彼迎是如何创造并保持竞争优势的? 爱彼迎的品牌相同点和差异点分别是什么?

3. 未来, 爱彼迎应该怎样做才能保持竞争优势? 如何才能获得并捍卫其市场地位?

营销焦点 | 美国运通

美国运通是世界上最受尊敬的品牌之一, 以提供信用卡、旅行服务和金融服务而闻名全球。美国运通在 19 世纪以快递公司起家, 随后发展成为一家旅游服务公司, 并最终发展成为一家全球性的支付公司, 并树立了强大的品牌形象, 诸如声望、信任、安全、客户服务、国际接受度和诚信等。

1891 年, 美国运通开创了第一张国际公认的"旅行支票", 该支票使用签名安全系统和汇率保证并将该做法沿用至今。1958 年, 美国运通发行了第一张签账卡。它是一种要求持卡人必须付清未偿金额的卡, 与信用卡可能产生循环债务的情况不同。但与竞争对手相比, 美国运通收取的年费更高, 以彰显其声望和会员身份。到 1967 年, 公司总利润的三分之一来自其签账卡业务, 美国运通卡超过了旅行支票, 成为公司最引人注目的标签。

20 世纪六七十年代, 美国运通加大了营销力度, 以应对来自 Master Charge(现在的万事达卡)和 Bank-Americard(后来变成维萨卡)的强大竞争压力。奥美广告公司(Ogilvy & Mather)在 20 世纪 70 年代初为美国运通设计了著名的"没有

Source: imageBROKER/Alamy Stock Photo

它, 别离家"(Don't Leave Home Without It)的统一广告语。1974 年, 大家现在已熟悉的蓝色方块标志首次出现, 上面印有白色的"American Express"字样。

很多人把运通卡看作代表了成功和成就的身份象征。公司把持卡人称为"持卡会员", 在他们的卡上印上他们成为会员的年份, 表明他们的俱乐部会员身份。该公司还通过广告、完美的客户服务以及精英促销和事件营销来维持它的专有形象。

20 世纪 80 年代, 美国运通收购了许多公司, 如雷曼兄弟和库恩·洛布公司以及 E.F.Hutton&co. 公司, 这使得美国运通能够将其业务扩展到各种金融类别, 包括经纪人服务、银行和保险。然而,

该公司在业务整合时遇到了困难，并在 20 世纪 90 年代初剥离了其持有的许多金融业务。新的、更精简的美国运通聚焦于其核心能力：签账卡和信用卡、旅行支票、旅行服务，以及精选的银行和金融服务。此外，美国运通扩大了接受其卡类服务的商家数量（沃尔玛就是其中之一），还推出了包括联名卡在内的各种新的卡种。为了向公众宣传其在 20 世纪 90 年代发生的转型，公司还发起了一场名为"做得更多"的企业广告活动。

这些努力帮助了美国运通公司与维萨卡和万事达卡的竞争。此外，该公司将其小企业服务部门重新命名为"开放：小企业网络"（OPEN: The Small Business Network），并为小企业主提供附加权益，如灵活的支付方式，以及特别优惠、合作伙伴关系和特别资源等。美国运通的首席营销官约翰·海斯（John Hayes）这样解释开发一个独立的小企业品牌的理由："小企业主与在大公司工作的人有本质区别。他们有共同的心态：与其所从事的业务同呼吸、共命运。我们认为，这一领域拥有自己的身份象征很重要。"

在世纪之交，美国运通公司推出了两种革命性的新信用卡：蓝卡（Blue）和百夫长黑卡（Centurion Black）。蓝卡内嵌可以增强网络安全性的微型芯片，它的主要目标群体是精通科技、形象时髦的年轻消费者，而且不收年费。而黑卡的目标群体则是精英客户，他们每年消费 15 万美元以上，公司为他们提供 24 小时个人礼宾服务和独家活动邀请。该公司还扩大了会员奖励计划，是当时世界上最大的银行卡奖励计划。持卡人可以用积分换取各种优惠，如旅游、娱乐、礼品券以及其他事先预订的服务。

维萨卡和万事达卡给美国运通带来了竞争压力。维萨卡把握最新消费趋势推出了支票卡，这是一种借记卡，它可以直接从持卡人的银行账户中扣除购物所花费金额。万事达卡也因推出了"万事皆可达，唯有情无价"的广告活动而大受欢迎，成为大众流行文化的参照点。但是，在 2004 年，美国运通在对维萨卡和万事达卡的法律诉讼中取得了巨大胜利，当时最高法院规定，美国运通可以与任何一家银行签署协议，而此前由于技术问题无法做到。在接下来的三年里，美国运通与多家银行建立了伙伴关系，包括美信银行（MBNA）、花旗集团（Citigroup）、瑞银集团（UBS）和联合服务汽车协会（USAA）等。在 21 世纪初，美国运通还发起了新的市场营销活动和品牌口号来增加会员。公司推出"我的生活，我的卡"（My Life. My Card）的广告活动，聘请罗伯特·德尼罗、艾伦·德杰尼勒斯和泰格·伍兹等明星代言，而名为"你是信用卡会员吗?"（Are you a Cardmember?）的广告活动则重在呼吁人们加入美国运通的大家庭。

2008 年全球金融危机对美国运通的财务业绩产生了重大影响，这也使公司的情况变得更糟。为了促进增长，美国运通偏离了其聚焦富有、低风险消费者的核心战略，而是专注于增加会员，却忽略了其资质。这些新的持卡人被允许结转余额且只支付利息，这一政策最终导致了违约金的增加、账单减少和更高的信贷损失。随着世界从经济危机中慢慢复苏，美国运通比大多数信用卡和金融服务公司更快反弹。公司恢复关注富裕的客户群，并关闭了很多不良账户。公司还推出了更多的年费卡，扩大其营销重点，以获取新的富裕客户，并通过提高奖励和技术创新争取小企业客户。

随着新一代消费者进入市场，美国运通面临着保持关联性的挑战。从历史上看，美国运通的成功主要是由于它的客户服务。客户代表可以帮助客户预订旅行，推荐最好的餐厅，以及预订演出和体育赛事的门票。然而，随着技术的进步和专业应用程序的日益丰富，要求这些服务的客户越来越少。此外，大多数千禧一代——他们是潜在的信用卡客户——对旅行援助和专属服务不感兴趣。他们喜欢使用旅游搜索引擎 kayak、爱彼迎、猫途鹰和在线订餐平台 OpenTable。此外，相互竞争的金融公司，特别是大通银行和花旗银行，已经为迅速增长的千禧一代提供了定制的信用卡。为了应对这些挑战，美国运通已经增加了注册奖金，提高了消费奖励，并提供了诸如优步信用等完全针对千禧一代的福利。它还重新设计了许多卡，使其看起来更时尚，旨在吸引千禧一代表达自己的个性而不是财富和地位的愿望。

在抵御快速增长的竞争中，美国运通有一个重要的优势——公司多年来发展和培育出的强势品牌。彭博《商业周刊》和品牌咨询公司 Interbrand 连年将美国运通列入"全球最具价值品牌"前 25 名，《财富》杂志还将其列为"最受尊敬的公司"之一，君迪经常将美国运通列为美国顶级信用卡公司。这样的成果不仅是对公司持续的产品开发和营销创新的证明，也是对其承诺为世界各地消费者随时随地提供卓越服务的认可。[59]

问题：

1. 从竞争对手的角度来评价美国运通。它的定位随着时间的推移有什么变化？美国运通在哪些方面面临最激烈的竞争？

2. 评价美国运通对其各种业务的整合情况。为了使其所有业务单位的权益贡献最大化，你有什么好的建议？

3. 美国运通应该如何定位其产品以吸引和保留新客户？它在定位其品牌时应该强调的关键利益是什么？

18

开发新的市场供应品

学习目标

1. 解释公司如何开发新供应品。

2. 解释公司如何产生新的创意。

3. 描述公司如何创建并验证产品原型。

4. 总结设计新供应品商业模式的主要方面。

5. 解释公司如何实施新供应品策略。

6. 讨论部署新供应品商业化的关键步骤。

通过将审美与技术创新以及重新定义真空吸尘器、风扇、吹风机工作方式的严谨研究结合在一起，詹姆斯·戴森（James Dyson）的同名公司获得了巨大的成功。

Source: Michael Nagle/Bloomberg via Getty Images

新市场供应品（产品及服务）的开发塑造了公司的未来。如果不投资开发新供应品，公司注定要依靠收购其他公司开发的新供应品来确保持续增长。新供应品的开发是推动公司成功的引擎，使其能够挑战行业规则并应用富有想象力的解决方案来吸引和取悦客户。有一家公司肯定懂得如何为自己以及客户塑造未来，它就是戴森公司。

戴森公司成立于 1991 年。在那之前，公司创始人詹姆斯·戴森对他的吸尘器没多久便失去吸力而备感沮丧。他马上就发现了问题所在——吸尘器的袋子很快就被灰尘堵住了，气流受阻，吸力下降。戴森意识到这不仅仅是他那台真空吸尘器的问题，也是所有真空吸尘器在设计上的缺陷。戴森决心解决这个问题，并设计一种"永远不会失去吸力"的机器（这后来也成为他的真空吸尘器的广告语）。最终他设计了一种不使用袋子，而是依赖离心力将污物与空气分离的真空吸尘器。他的吸尘器比传统吸尘器的吸尘效果更好，而且设计精美，具有独特的美感。在真空吸尘器取得巨大成功的基础上，近 20 年后，戴森又彻底改变了另一个多年来几乎没有变化的产品品类——电风扇。使用空气倍增器技术，戴森推出了一种无叶片风扇，它没有可见的移动组件或旋转叶片。此外，戴森的最新发明将空气倍增器技术提升到一个新的水平：设计时尚的戴森超音速吹风机比普通吹风机更小巧、更静音，附带的智能热控制功能可最大限度地减少对头发的伤害。这样的创新来得并不快，也不便宜。研发这款吹风机总共耗时 4 年多的时间，制作了大约 600 个产品原型，对共计 1600 多千米长的人类头发进行了研究，并耗费了 7100 万美元的开发成本。[1]

本章概述了新市场供应品的开发过程。鉴于"新产品"（new products）一词通常用于指代新的市场供应品，我们可以互换使用这些术语。因此，以下讨论不仅关系到新产品和新服务，而且与企业商业模式的发展有关。

新供应品的开发过程

创新是开发有商业生命力的新供应品的关键。创新并不局限于新产品或服务的开发，还涉及新的技术、新的品牌建设方法、新的定价机制、新的激励管理方式、新的沟通渠道或新的分销方法。在技术不确定性高、市场不确定性高、竞争激烈、投资成本高和产品生命周期短的行业，创新尤为重要。创新的供应品会打破现有的商业模式，并通过设计新的方法来创造市场价值，从而使那些无法适应不断变化的市场条件的公司变得多余。

创新势在必行

在一个以快速变化为主要特征的经济环境中，持续的创新必不可少。面临不断变化的客户需要和口味、缩短的产品生命周期、不断加剧的国内外竞争，以及对于由新技术开辟的潜在市场机会缺乏认知，那些不能成功开发新产品的公司将变得岌岌可危。

高度创新的公司能够反复识别并迅速抓住新的市场机会。创新型公司往往对创新和冒险持积极态度，使创新过程变得"常规化"，以团队开展工作，允许员工去试验，并容忍失败。戈尔（W. L. Gore）就是这样一家公司。

戈尔公司 戈尔公司以其开发的戈尔特斯（GORE-TEX）高性能面料而闻名。该公司在吉他弦线、牙线、医疗设备和燃料电池等不同领域都有突破性创新。同时，该公司还对聚四氟乙烯（PTFE）聚合物的用途进行持续创新。戈尔采用了一些原则来指导新产品的开发。第一，公司与潜在客户进行密切合作。该公司设计用于治疗心脏疾病的胸部移植器械，就是在与医生的密切合作中开发出来的。第二，公司有着明显的平等文化，让员工自由选择项目，公司几乎不太指定产品负

YOU STAY DRY, PROTECTED AND FOCUSED OUTSIDE

WITH GORE-TEX ® PRO SHELL INSIDE.

The question isn't if you're going to climb in unpredictable weather, it's how. Whether enduring gusty winds, rain, sleet or snow, GORE-TEX products improve performance by providing durably waterproof, windproof and breathable protection and comfort—guaranteed. That's why the best outdoor brands choose GORE-TEX product technology.

The North Face Point Five Jacket

GORE-TEX
Experience more

gore-tex.com

≪ 戈尔的产品开发需要与顾客密切合作，让员工选择他们的项目，为激情投入的员工提供领导职位，让研究人员有空间去酝酿自己的创意，并知道何时叫停风险项目。

责人和团队。戈尔积极培育"激情大使"（passionate champions）——他们会说服别人某个项目值得付出时间和精力，项目负责人也因为有追随者而拥有了权威的地位。第三，所有研究人员都可以将 10% 的工作时间用作"涉猎时间"(dabble time)，用于开发自己的创意。对于其中有前景的创意会依据"真实，成功，盈利"（real, win, worth）的原则来加以评判：机会是不是真实的？我们能成功吗？我们可以盈利吗？第四，戈尔知道何时放手。在某个领域被宣判"死刑"的创意或技术，很可能在另一个领域中会激发出创新的火花：Elixir 木吉他弦就是在自行车刹车线领域失败的投资衍生而来的。实际上，即使是成功的投资项目，戈尔公司也会继续加以推进。戈尔把耐磨损的 Glide 牙线卖给了宝洁，因为戈尔知道零售商愿意与一家经营整套保健产品的公司合作。目前，戈尔在全球数十个国家雇用了近 1 万名员工，销售收入超过 35 亿美元。[2]

　　从现有产品的细微改进或修改，到足以创造一个全新市场的全新产品，都属于创新的范畴。在所有新产品中，只有不到 10% 的产品可以被认为是真正具有创新性且新问世的。大多数新产品活动都集中在改进现有产品上。这种形式的持续创新可以拓宽品牌的内涵，并迫使竞争对手不得不奋力追赶。过去十年推出的许多超市产品都是品牌的延伸，例如汰渍洗衣球、吉列锋隐致护系列剃须刀、Downy Unstopables 清香型衣物柔顺剂、高露洁全效牙膏和奥利奥薄片系列（Oreo Thins）。在索尼公司，对现有产品的改良已占新产品活动的 80% 以上。事实上，大多数老牌公司都专注于**渐进式创新**（incremental innovation），通过稍加改进现有产品进入新市场，利用核心产品的不同变化在市场上领先一步，同时，对行业中普遍存在的问题提供过渡性解决方案。

　　如今，那种能彻底改变市场格局的畅销产品越来越难以识别，这在一定程度上使人们聚焦于现有产品的微小变化上。尽管如此，许多公司仍在继续追求真正的创新。这些创新通常伴随着巨大的风险和巨额的成本，但一旦成功，它们就可以改善企业形象，为公司创造更大的可持续竞争优势，并产生可观的财务回报。[3]

　　克里格首创了一次一杯的胶囊咖啡冲泡系统，这种系统已经席卷了家庭和办公室。为了获得迅速、方便和多种口味的利益，使用者愿意支付约为传统冲泡咖啡 10 倍的费用。客户的这种要求帮助克里格咖啡机获得了超过 110 亿美元的销售收入，其在单杯冲泡咖啡市场的份额达到 30%。[4]

　　新产品的成功推出更多的是例外，而不是普遍规律。据估计，新产品失败率高达 95%，最常见的原因包括忽视或曲解市场研究的结果，高估市场规模，开发成本过高，产品性能差，定价不当，沟通不畅，分销支持不足，竞争者先发制人，新供应品缺乏组织支持，以及投资回报率太低，等等。失败的不同原因可以用一句话来概括：新供应品未能在使公司及其合作者充分获益的前提下，为其目标客户创造卓越价值。

管理创新

　　创新不是在真空中发生的。创新产品是由个人创造的，其中许多人同时为小型和大型企业工作。因此，创造一个促进创新和鼓励新产品开发的环境至关重要。[5] 公司以不同的方式处理创新的各个组织方面。管理创新的一些流行方法概述如下：

- 负责当前产品的部门。促进和管理创新的一种常见方法是将开发新产品和服务的责任分配给负责特定产品品类、品牌或市场的管理者。这种方法的优势在于，这些经理对客户需要、竞争环境以及设计、沟通和向当前客户交付公司产品所涉及的流程有深入的了解。劣势在于，负责现有产品的管理者通常只专注于这些产品，可能缺乏开发成功新产品的技能、知识和动力。

- **新产品部门。** 大公司通常设置专门的新产品部，该部门的主管往往拥有实质性的权力，并与高层管理人员保持密切联系。该部门负责产生和筛选新的创意，与研发部门通力合作，以及执行现场测试和实现商业化。药品制造商礼来公司（Eli Lilly）把参与分子到药物转化过程的每个部门——从研发人员到寻求 FDA 批准的团队——都归入一个部门工作，目的就是提高效率和缩短研发时间。

- **创新中心。** 一些公司在新的地理位置设立研发中心，以便更好地为这些地区设计新产品。例如，微软在全球拥有 100 多个创新中心，与当地政府、大学和行业合作者建立合作伙伴关系。同样，网络巨头思科在世界各地建立了一个创新中心网络，每个创新中心都是一个枢纽，与合作伙伴和初创企业构建解决方案、参与快速原型设计，以及对初创企业、加速器和大学开展投资与合作。

- **创业团队。** 另外一种驱动创新的方式是把新产品的开发工作分派给创业团队来完成。这种团队由跨职能的员工组成，负责开发特定的产品或业务。这些**内部创业者**（intrapreneur）不受其他责任约束。公司会拨给他们单独的预算和相对更长一些的期限。他们也经常被组织在"臭鼬工场"环境下工作——那是一种非正式的工作场所，有时就是车库，有创业精神的团队一起合作开发新产品。例如，在从一家个人计算机公司向网络安全、数据中心设计和业务管理解决方案供应商的转型过程中，戴尔为其新业务设立了独立的总部，要求其以创业精神思考行动命令。[6]

- **实践社区。** 新产品开发的另一种组织安排包括创建论坛，鼓励来自不同部门的员工分享他们的知识和技能。日本制药厂商卫材（Esai）已形成 400 多个创新社区，其中一个创新中心帮助开发了一种针对阿尔茨海默病患者的易于吞咽的果冻状药物；杂货与食品零售商 Supervalu 与 29 个创新实践社区项目签约，其中 22 个项目最终被公司正式实施。[7]

- **跨职能团队。** 创建结合不同技能的项目特定团队是另一种促进创新的流行方法。这种方法的一个主要优点是它为新产品开发过程带来了不同类型的专业技能，这反过来又加快了创新，并增加了创造突破性新产品的机会。由工程师和营销人员组成的跨职能团队，有助于确保公司的研发工作不会被驱动去创造一个潜在客户不需要或不想要的"更好的捕鼠器"。

开发新供应品的门径管理方法

新产品开发通常体现为一系列行动（径），由新供应品必须克服的障碍（门）来分隔开。[8]门径管理方法把创新过程划分为几个阶段，在每个阶段结束时都设置一道"门"或者一个检查点。使用门径管理方法进行新产品开发的最终目标是以最小化风险和优化公司资源配置的方式确保市场成功。

多年来，用户提升了门径管理方法的灵活性、适应性和延展性，使其具有更好的内置治理、集成的投资组合管理，统一并持续改进的问责制，以及来自公司内外广泛的持续投入。通过使用逐步制定、测试、重新调整和修改的方法，公司的目的是"将麦粒从麦秸中分离出来"，剔除不良想法并投资于最有可能产生预期结果的创意。例如，在塔塔钢铁公司，每一个付诸实践的创意基本上是在 50~100 个创意基础上逐步筛选出来的。在任何时候，都有 50~70 个产品开发项目正处于开发过程中，其中一些已经通过了最终的障碍门。[9]

门径管理方法的形式并不单一，公司在定义不同产品开发阶段的方式以及新供应品必须克服的障碍方面各不相同。同时，这些方法之间有一些相似之处，可以提炼成一个全局性的**门径管理框架**（stage-gate framework），用于管理开发新供应品的过程。该框架提供了门径管理方法的简化版本，其中包括五个关键阶段——创意产生（idea generation）、概念开发（concept development）、商业模式设计（business-model design）、供应品开发（offering development）和商业部署（commercial deployment），这五个阶段由旨在验证前一步行动的障碍分隔开来。图 18-1 描述了这个用于开发新供应品的门径管理框架。

图 18-1
新供应品开发的门
径管理框架

创意产生	→	概念开发	→	商业模式设计	→	供应品开发	→	商业部署
创意验证		概念验证		商业模式验证		供应品验证		

新供应品开发的门径管理方法的五个阶段概述如下：

- **创意产生。** 开发新供应品的起点是发现未被满足的客户需要，并提出如何比现有方案更好地满足这一需要的想法。最初的创意粗略地描述了公司可以解决焦点客户需要的方式，并不详细介绍市场供应品的细节。创意产生之后要对其合理性进行评估，并对其关键假设进行验证。

- **概念开发。** 在创意验证完成后，下一步是开发具有该供应品核心功能的供应品初始版本（原型）。通过对其技术可行性以及满足未被发现的客户需要的潜力进行评估，从而验证所开发的概念。

- **商业模式设计。** 经过验证的概念就会成为商业模式的核心，它定义了供应品目标市场、供应品在该市场创造的价值以及供应品的关键属性。商业模式的验证，基于它能够以充分有利于公司及其合作者的方式满足已确定的客户需要。

- **供应品开发。** 经过验证的商业模式仍然只是一个计划，公司尚未开发出该供应品的上市版本。为了满足其目标客户的需要并为其利益相关者和合作者创造价值，公司必须提供创建供应品所需的资源，然后开发出适合市场的版本。

- **商业部署。** 该供应品的上市版本随后被商业部署，这意味着它被传达并提供给目标客户。商业部署通常从在选定市场推出供应品开始，然后再将供应品提供给整个目标市场。商业部署伴随着持续的市场测试和产品优化，以更好地满足目标客户的需要，响应市场环境的变化，并充分利用底层技术、专有技术和业务流程中可能发生的任何变化。

门径管理方法包括三个目标：开发目标客户认为有吸引力并希望得到的供应品，开发公司认为在技术上可行并有可操作性的供应品，以及开发在商业上能生存并为公司及其合作者创造价值的供应品。客户吸引力、技术可行性和商业生命力在开发供应品的过程中均不可或缺，尽管这些因素扮演着不同的角色。在供应品开发的创意产生阶段，供应品的吸引力通常是最重要的。吸引力和技术可行性都是概念开发过程中的重点。商业模式的设计旨在确保供应品的最终版本在被付诸实施并推向市场之前，所有这三个目标都要被满足。

与新产品开发相关的高度不确定性和风险意味着，每一次成功的创新都伴随着许多没有成功的创新尝试。新产品开发项目的高失败率表明，为了最终提供有商业生命力的市场供应品，公司必须从一些新创意开始，通过一系列筛选、转向和调整，才能创造一个成功的产品。在这种情况下，设置障碍（门）对于资源分配的管理、高成功率项目的投资，以及在新产品开发过程的不同阶段筛选出无法通过验证的项目，均非常重要。

因此，在流程开始时，公司可能会以相对较低的成本考察大量创意。其中许多都会被筛去，只有少数进入概念开发阶段，这需要在原型设计和测试方面进行相对较大的投资。随着项目进入开发过程的不同阶段，可行的替代方案减少到几个选项（通常是一个选项），以实现商业化。与此同时，每个项目的投资也在增加，最后两个阶段——供应品开发和商业部署——通常需要公司的大部分资源。

上述门径管理方法是一种开发新供应品过程的简化版本。在许多情况下，新供应品的开发可能不会遵循预先定义的一系列有序、清晰的步骤，而是需要采取不遵循门径管理框架的线性方式的行动。一个新供应品开发项目很可能通过了创意产生阶段却未能克服随后的一些障碍，这种情况并不少见。在这种情况下，公司必须重新制订计划，甚至重新评估整个项目背后的想法或概念。这里请注意，尽管新产品开发过程可能涉及多次迭代，而不是每个阶段自然过渡到下一个阶段的线性过程，但是上述框架依然提供了一组可操作的指导方针，可以简化开发新供应品的流程。

用门径管理方法开发新供应品：一个例证

商业模式开发的门径管理方法可以用下述例子来说明。一家食品加工公司试图推出一种新产品，以强化其市场形象并推动营收增长。开发新供应品的五个阶段可以描述如下。

创意产生和验证

在探索了许多替代想法后，该公司决定专注于创造一种添加到牛奶中的粉末，以增加其营养价值和口感。接下来，公司必须回答几个问题：谁会使用这个产品——婴儿、儿童、青少年、青年或中年人还是老年人？该产品应该提供什么主要益处——味道、营养、提神还是能量？人们会在什么情况下或什么时间饮用这种饮料——早餐、上午、午餐、下午、晚餐还是深夜？

在回答了这些问题后，该公司提出了几个创意：（1）为想要快速获得营养早餐的成年人提供的速溶饮料，无须准备；（2）为儿童提供的可口小吃，作为午间茶点；（3）适合老年人在深夜睡前饮用的保健品。请注意，这些创意不仅会影响产品的配方，还会影响其竞争的市场。速溶早餐饮料将与培根和鸡蛋、早餐麦片、咖啡和糕点以及其他早餐替代品竞争。零食饮料将与软饮料、果汁、运动饮料和其他解渴饮料竞争。

在评估了不同选择的利弊之后，该公司决定继续第一个想法并开发一种速溶早餐饮料。接下来，要把产品创意充实起来，转化为具体的产品概念。

概念开发和验证

要将创意转化为产品概念，公司必须阐明该供应品的具体属性：特定的产品配方是什么？它含有哪些成分以及如何将它们混合？什么样的品牌名称及其联想可以识别该产品？此次供应品发售的价位是多少？该产品将与哪些激励措施相关联？公司将如何就该供应品与其目标客户沟通？该产品将如何交付给目标客户？

为了回答这些问题，公司可能会进行市场调查，以审视其产品与其他早餐选择的关系。在这一类别中，它最接近的竞争者是冷麦片和早餐棒，最遥远的竞争者是培根和鸡蛋。该公司还可能会审视现有的市场供应品——它自己的早餐产品以及竞争者提供的产品。最后，公司可能会考虑其产品可能的市场规模：客户需要是否旺盛以及该公司是否可以比竞争者更好地满足其需要？

基于对客户市场、竞争供应品以及自身目标和资源的评估，公司可能会决定开发一款强调营养和便利性的中等价位产品。在这个阶段，产品概念被定义为"一种添加到牛奶中的粉末状混合物，可制成美味的速溶早餐，满足所有日常营养需求，有三种口味（巧克力、香草和草莓），独立包装，每盒 6 包，2.99 美元一盒"。产品概念可以被认为是公司将向其目标客户提供的价值主张。

商业模式设计和验证

在完成产品概念的开发和验证之后，公司必须说明为什么客户会购买公司的供应品以及公司与其合作者将如何通过推出供应品而受益。为此，公司必须阐明：（1）目标市场的具体情况（市场规模、核心竞争者和主要合作者）；（2）供应品为目标客户、公司及其合作者创造的价值；（3）供应品的关键属性（产品、品牌、价格、激励、沟通和分销）。

该产品的目标市场（target market）主要是那些时间有限且寻求方便、营养、价格适中的早餐的成年人。对客户需求的评估表明，这是一个足够大的市场，可以使公司实现收入和利润目标。竞争分析进一步表明，尽管该领域有几个大型竞争对手，但它们中的大多数都在高端或低端市场竞争，因此提供中等价位的早餐产品是有机会的。

公司的供应品在这个市场上创造的价值可以从三个关键维度来定义：客户价值、合作者价值和公司价值。

- 对于目标客户（target customers）——有小孩且时间紧张的中产家庭来说，该产品将通过提供方便、营养且价格适中的早餐来创造价值。
- 对于合作者（collaborators）——供应商和分销商来说，该产品将通过以具有竞争力的价格产生额外的销售来创造价值。
- 对于公司利益相关者（company stakeholders）来说，该产品将通过提供新的收入和利润流来创造价值。它还将使公司能够获得市场地位并建立一个强势品牌，可以用作额外产品的平台。具体来说，该公司最初计划销售 50 万箱，占市场 2.5% 的份额，第一年亏损不超过 130 万美元。5 年内，该公司打算获得 12% 的市场份额并实现 12% 的税后投资回报率。

在定义了目标市场和供应品的价值主张之后，公司必须在市场供应品的初始概念之上，更详细地定义新供应品的属性。在这种情况下，公司供应品的关键属性可以被定义为：

该产品将提供巧克力、香草和草莓口味，每盒 6 个独立包装，零售价为每盒 2.99 美元。每箱有 48 盒，给经销商的每箱价格为 78 美元。作为交易支持，公司将在前两个月给零售商提供每购买四箱则免费赠送一箱的福利，外加合作广告津贴。免费样品将在商店分发。50 美分的优惠券将通过报纸和网络的形式提供。总的促销预算为 1500 万美元。在 600 万美元的广告预算中，三分之一将用于电视，三分之二用于线上，对外传播和对内传播各占一半。广告文案将强调营养和便利的好处。在第一年，将投入 10 万美元进行市场研究，购买门店审计和消费者固定样本信息，以监测市场反应。

供应品开发和市场测试

在设计出可行的商业模式之后，公司着手开发供应品，即创造将在市场上提供的实际产品。为此，公司必须首先确保拥有将产品从概念变为现实所需的资源。例如，公司必须采购生产设备，并确保能获得相应的原料，用于生产由公司研发部门的食品工程师开发的早餐。

一旦获得了必要的资源，公司就可以继续开发该供应品——将其早餐的新产品概念转变为市场就绪产品。为此，公司必须生产实际的早餐，设计包装，创建品牌标识，设定零售和批发价格，为零售商和消费者设计促销活动，确保沟通渠道能够让目标客户了解公司的产品，并组建将产品交付给目标客户的分销渠道。

在供应品开发之后，该公司进行**市场测试**（market test）以验证其供应品。具体来说，该公司选择了俄亥俄州哥伦布市作为测试地点，这是一个测试新快餐产品的热门地点，因为它在人口统计学上合理地代表了美国其他地区，并且是一个媒体价格合理的可控市场。根据市场测试的结果，该公司通过调整产品配方、简化产品包装和更新其品牌标识来修改其产品。

商业部署

随着供应品的开发，该公司已准备好进行商业部署。为了最大限度地降低推出供应品所涉及的风险和资源的初始支出，并确保其能够根据市场反应进一步改进产品，公司选择在选定的市场部署其产品。为了确保供应品及早成功并产生收入流，公司选择专注于最有可能采用其产品的目标客户，以及公司可以触达的目标客户，以有效和具有成本效益的方式传播和交付产品。此外，该公司决定先推出最受欢迎的巧克力口味，再推出其他口味，而不是同时推出所有三种口味的早餐。

一旦产品在初始市场成功推出，受到消费者的欢迎，并创造了收入流来抵销开发新产品的部分成本，公司就会扩大初始市场以涵盖所有可能从新的早餐中受益的客户。接下来，公司扩大生产规模，开始在主要市场之外推广其产品，并确保供应品在整个目标市场上都有供应。随着目标市场的扩大，该公司还扩大了可用的产品种类，并推出了其他口味的早餐。此外，它还考虑推出批量包装，为已采用其供应品并定期消费的客户提供更大的价值。

门径管理模型的五个关键组成部分——创意产生、概念开发、商业模式设计、供应品开发和商业部署，将在以下章节中更详细地讨论。

创意产生

寻找有商业生命力的创意是新产品开发的起点。公司通过发现并更好地完成未被满足的客户需要，可以为新产品找到最大的机遇和影响力。

产生有商业生命力的创意

成功的创新源于找到一种新的方法来解决未被满足的市场需要。创新将客户需要与满足这一需要的创意结合在一起。根据创新的推动力，产生创意的方法有两种：一是市场驱动（或自上而下），二是发明驱动（或自下而上）。

自上而下的创意产生（top-down idea generation）始于识别市场机会，然后开发专门用于应对这一机会的供应品。市场机会必须解决潜在客户所面临的一个重要问题，且它可以比现有的替代品更好地解决这个问题。因此，自上而下的创意产生始于市场分析，旨在确定公司能够以优于竞争对手的方式满足重要且未被满足的需要。

许多成功的产品都源于自上而下的创意。硬件制造商 Motiv 意识到，许多消费者发现健身追踪手环和其他可穿戴设备过于笨重和不舒服，更不用说缺乏风格了。因此，它将计步器、心率监测器和睡眠追踪器整合在一个小巧时尚的戒指中。这枚戒指不仅外观漂亮，能防水，还可经受住各种恶劣天气的考验。办公家具制造商 Varidesk 允许用户在使用电脑和执行其他办公任务时既可以坐着，也可以站着。长期坐着会对健康造成影响，对这一问题的担忧和广泛关注直接催生了这些产品。Nest 智能恒温器满足了无须持续编程的温度控制需求，同时节省了能源和支出，并保持了舒适的家庭氛围。Nest 智能家居安全设备针对的是厌恶安装户外家庭监控系统带来的麻烦和随之而来的持续费用，但又想采取安全措施的目标客户。

自下而上的创意产生（bottom-up idea generation）与自上而下的产生相反：它从一项发明开始，然后寻求未被满足的市场需要。在自下而上的创意产生中，发明是由技术创新驱动的，而不是由确定的市场需要驱动的。因为植根于技术，自下而上的方法更有可能被负责研究的科学家采用，而不是营销管理者。而且，技术创新的市场应用往往是偶然发现的。

通过自下而上的创意产生方式发明的技术创新产品包括 Evista。它作为避孕药失败了，但后来变成了价值数十亿美元的治疗骨质疏松症的药物。Strattera 最初是一种不成功的抗抑郁药，后来成为最畅销的治疗注意缺陷多动障碍（ADHD）的药物。标志性的玩具 Slinky 是一个意外结果：一位海军工程师试图设计一个仪表来监控战舰上的电力，拉力弹簧落到地板上之后不断弹跳起来。一位电气工程师在使用射频来抵消体温过低的研究中发现，冷却的心脏可以通过刺激重新启动，这最终导致了心脏起搏器的发明。

为了开发出最终能在市场上取得成功的产品，自下而上的创意产生必须抓住可行的市场机会。创新技术本身并不是开发新供应品的好理由。当然，新技术可以为市场成功做出贡献，但公司将这项技术转化为有效满足未被满足的市场需要的产品的能力，才是驱动成功的关键因素。例如，iPod 并不是第一款可以存储大量歌曲的硬盘式的 MP3 播放器。此类设备在 iPod 之前就已在市场上销售，其中许多售价更低。然而，只有当苹果公司推出 iPod 时，整个基于硬盘的便携式音乐播放器类别才爆发。

要将技术发明转变为可行的商业创意，公司必须确定该发明可以比竞争对手更好地满足未被满足的客户需要。因此，尽管成功的产品也可以源于技术发明，但自上而下的创新才是产生创意的更可取的方法。供应品的最终成功取决于其提供价值的能力，因此，公司可以通过一开始就识别市场中的价值创造机会，从而提高其生产注定会成功的产品的概率。

创意验证

创意验证通过检查创意的关键假设以确定其合理性。这个过程涉及评估供应品的吸引力（desirability）和商业生命力（viability），其依据是供应品是否有可能成功地解决重要的未被满足的客户需要（创意的吸引力），同时使公司受益（创意的商业生命力）。

公司在评估新供应品的创意时容易出现两种类型的错误。第一个错误是未能拒绝一个没有或近似没有价值的想法，这很可能导致一个失败的市场供应品。第二个错误是基于一个正好相反的错误估计——拒绝了一个好创意。新产品的高失败率可能会导致这样的结论：拒绝糟糕的创意比拒绝有前景的创意更普遍。但实际情况未必如此。许多新产品的失败无疑可以归咎于糟糕的创意，但这种失败率的急剧上升也可能是由于拒绝好创意这一错误的高发生率（见图 18-2），以及新产品开发中许多固有的技术和市场风险。一个执行不力的好创意也有失败的风险。

许多公司的增长预测受制于一个错误的理念，即教育客户去欣赏那些并没有解决他们面临的问题（痛点）的供应品的益处是一件容易的事。TiVo 就是一个典型的例子。该公司在世纪之交推出了第一台数字录像机,并确信它将彻底改变电视行业,且客户将很快采用它。后来,电视革命确实实现了,但速度明显低于公司的预期。竞争开始后,TiVo 只剩下了数字视频录制市场的一小部分。TiVo 的错误计算导致其没有认识到其实消费者对看电视的方式相当满意,他们没有看到 TiVo 供应品的价值,也没有强烈的购买欲望。对消费者来说,有这个产品固然好,但也没觉得必须拥有它。

创意产生与验证的市场研究工具

探索性研究是创意产生与验证的支柱。[10] 这种形式的研究有助于识别未被满足的客户需要、制定研究问题(假设)和产生创意。探索性研究通常用于新产品开发的初始阶段,旨在对现有市场机会进行总体了解,而不是对所获得的见解进行量化或建立因果关系。用于创意产生和验证的常见市场研究工具包括观察和采访消费者、采访员工和专家、分析竞争情况和众包。

"我有个好创意!"

"我们以前试过。"

"时机还不成熟。"

"这不是我们的风格。"

"我们没有它,也做得很好。"

"我们下次开会再讨论吧。"

图 18-2
为什么好创意会失败:创意杀手
Source: With permission of Jerold Panas, Young & Partners Inc.

- **观察消费者。** 观察人们在自然环境中的行为可能是深入了解客户需要并确定如何最好地满足这些需要的有效方法。这可以包括观察线下和线上行为,例如客户评估、购买和消费他们使用的产品和服务的方式、他们访问的网站、他们最关注的内容以及他们线上共享的信息。

- **采访消费者。** 通过询问客户来发现他们未被满足的需要,并收集关于满足这些需要的新方法的见解,这是开始寻找新创意的一个合乎逻辑的方式。毕竟,消费者接受度是新供应品成功的关键因素。然而,尽管消费者是产生新创意的重要来源,他们并不总是能够清楚地表达他们的需要并提出可行的新产品。正如亨利·福特的名言:"如果我问人们他们想要什么,他们会说想要一匹更快的马。"过度关注那些可能不知道自己想要什么或什么有可能实现的消费者,可能会导致短视的产品开发,并错过潜在的突破。这就是包括苹果和宜家在内的一些公司倾向于对消费者的意见持保留态度的原因之一,因为它们相信,关注客户当前的需要只能带来渐进式而非突破性的创新。[11]

- **采访员工。** 员工可以成为开发新产品和服务的灵感来源。例如,丰田公司报告称其员工每年提交 200 万个创意(每名员工约 35 条建议),其中 85% 以上得到实施。领英推出了一个内部孵化器,允许任何员工组织团队并向一群高管推销项目。该公司还创建了"黑客日"——每月的一个星期五,允许员工从事其创意项目。

- **采访专家。** 在开放式创新运动的鼓舞下,许多公司突破了自己的边界,从外部挖掘新想法的来源，包括科学家、工程师、专利代理律师、大学和商业实验室、行业顾问和出版物、渠道成员、营销和广告机构，甚至竞争对手。

- **分析竞争情况。**公司可以通过研究其他公司的产品和服务，发现客户喜欢和不喜欢这些产品的原因，从而找到好的创意。此外，它们可以收购竞争对手的产品，对其进行逆向工程，并设计出更好的产品。了解竞争对手的优势和劣势可以帮助公司为新产品确定最佳的品牌定位以及准确的相同点和差异点。[12]

- **众包。**传统的公司驱动的产品创新方法正在逐步转化为公司众包以产生新创意，并与消费者共同创造产品。**众包**（crowdsourcing）让公司能够以丰富而有意义的方式让外部人员参与新产品的开发过程，并获得独特的专业知识或原本可能会被忽视的对问题的不同看法。[13]例如，芭斯罗缤（Baskin-Robbins）曾举办线上竞赛以挑选其下一个口味，当时有4万名消费者参与其中。最终获奖作品结合了巧克力、坚果和焦糖，并以太妃山核桃脆饼的形式推出。[14]

由于不同的方法各有优缺点，公司经常使用组合方法来产生新的创意。例如，宝洁公司曾寻求创造一种"足够智能"的洗洁精，它可以显示添加到装满脏盘子的水槽中的洗洁精是否已够量。宝洁向囊括了众多专业人士、退休科学家和学生的全球小发明志愿者网络发起了求助。碰巧的是，一位在家庭实验室工作的意大利化学家开发了一种新型染料，当添加一定量的洗洁精时，这种染料会将洗碗水变成蓝色。最终，宝洁公司用3万美元的奖金获得了一个解决方案。[15]

概念开发

概念开发通过创建公司供应品的初始版本或原型来体现有潜在商业生命力的想法。**原型**（prototype）是供应品的工作模型，旨在充实原始想法，并在创建实际供应品之前消除潜在问题。概念开发通过评估消费者对供应品核心利益的反应来提高市场成功的机会，从而创造出具有最大市场潜力的产品。

原型制作

概念开发通常从对产品核心功能的描述演变为按比例缩小的原型，将供应品的核心概念介绍给目标消费者。原型不一定是功能性的，相反，它们可能只是粗糙的模型，用于初步了解设想中的供应品将如何满足已确定的市场需求，公司将它们放在一起，只是用来衡量潜在客户的反应。因此，原型仅体现可能具有商业生命力的产品或服务的最重要方面。

不同原型的复杂性可以有很大的不同。原型可以是供应品基本概念的简单表示，例如，说明供应品如何运作的图表，概述供应品整体外观和观感的绘图，或者是一个只包含了可上市模型中一些核心功能的模型。其他原型可能更先进，有时甚至可能接近供应品的最终版本。

原型的复杂程度通常与新产品开发过程的各个阶段相匹配。在供应品的创意产生和概念开发阶段，更加简单和基本的原型通常就足够了。而产品开发的更高级阶段通常需要更精细的原型。当经过验证的产品概念几乎已经可以转化为可上市的供应品时，情况尤为如此。[16]

公司对原型进行严格测试，以了解它们在不同应用中的表现，并确保最终产品在市场上广受欢迎。原型测试有两种类型：一是**阿尔法测试**（alpha testing），是在公司内部对产品进行评估；二是**贝塔测试**（beta testing），是指与客户一起测试产品。

例如，Vibram 公司为不同类型的运动（包括滑板、自行车和攀岩）所需的运动鞋生产鞋底，它聘请了一个专家团队对其产品进行阿尔法测试。公司会在极端条件下测试产品，并采取直接的实地测试以及一系列程序测试。一位 Vibram 高管描述了他们测试产品的方式：

> 假设我们的化学家发明了一种针对公路赛跑的新的合成物，我们首先会通过一系列的实验测试来了解该合成物的物理性质。接下来，我们会在实验室里模拟自然环境和路面，计算相关信息。最后鞋子会被分配到测试组，由测试组测量不同条件下的数据，如天气 / 温度、距离、位置、跑步路面等。同时，他们也会就鞋底的抓力差异发表意见。在这之后，我们将汇集测试结果并做出验证结果的决定。[17]

贝塔测试可将客户带到实验室，或提供给客户样品供他们在家中使用。宝洁公司有一些现场实验室，如尿布测试中心，数十名父母受邀带着他们的孩子来到这里测试。为了研发封面女郎全天恒效唇彩，宝洁公司邀请了 500 名女性每天早上来实验室使用唇彩，记录她们的活动，然后让她们在 8 小时后返回实验室，测量唇部剩余的唇彩。最终，宝洁研发出一款附带一支光泽感强的保湿润唇膏的唇彩产品，客户可以不用照镜子，仅通过产品表面的光泽来使用产品。微软有一个"内幕计划"，可以提前几个月向对 Windows 操作系统迭代感兴趣的客户和开发人员推出新产品版本。

商业产品也可以从市场测试中受益。昂贵的工业产品和新技术通常会进行阿尔法和贝塔测试。在贝塔测试中，公司的技术人员会观察客户如何使用产品，而这种做法经常会暴露出意想不到的安全和服务问题，以提醒公司注意客户培训和服务要求。公司还可以观察设备为客户的运营增加了多少价值，以此作为后续定价的参考。

概念验证

概念验证（concept validation）通常通过解决供应品的技术可行性和目标客户对其吸引力的看法来评估所提议供应品的核心概念的合理性。因此，为了验证某个概念，管理者应该回答两个关键问题：是否可以构建功能原型以及随后的完整功能版本的供应品？它是否能比其他选择更好地满足已确定的客户需要?

　　公司为测试其生产的原型而开展实验性研究,并以此为概念开发和验证提供指导。为此,一项研究可能涉及改变原型的一个或多个方面,并观察这些变化对客户反应的影响,这一过程也称为 A/B 测试。根据实验结果,公司要么继续为供应品开发商业模式,要么回到绘图板上制定新的创意和概念,并将从测试中获得的知识融入其中。另一种常用的方法是**联合分析**(conjoint analysis),它要求受访者评估供应品属性的一系列不同组合,以确定消费者对该供应品特定属性的价值评估。

商业模式设计

　　到目前为止,产品仅以描述、图纸或原型的形式存在。下一步代表着投资的飞跃,使迄今为止产生的成本相形见绌,它要求公司确定产品创意是否可以转化为有商业生命力的供应品。概念开发聚焦于供应品的技术可行性和吸引力,除此之外,**商业模式设计**(business-model design)还要考虑供应品的商业生命力,即它的价值创造能力。如果商业模式得到验证,这个概念就可以进入开发阶段。如果商业模式分析表明,供应品不可能为公司及其客户创造市场价值,那么供应品概念(有时是基本创意)就必须进行修改和重新评估。

设计商业模式

　　设计商业模式涉及三个关键组成部分(在第 2 章中已详细讨论):识别目标市场、阐明供应品在该市场中的价值主张以及描述市场供应品的关键属性(见图 18-3):

- **目标市场**(target market)是指公司选择通过其供应品创造价值的市场。目标市场包括公司已确定为供应品潜在购买者的目标客户、争夺目标客户的竞争者、帮助公司分销供应品并为目标客户服务的合作者、公司本身,以及公司经营所在的市场环境。

- **价值主张**(value proposition)详细说明了公司计划为其目标客户和市场合作者创造的价值类型,以及公司计划为自己获取部分价值的方式。

- **市场供应品**(market offering)描述了公司将如何为其目标客户、合作者和公司利益相关者创造、沟通和交付价值。这涉及公司的产品、服务、品牌、价格、激励、沟通和分销方面。

　　创造市场价值是商业模式的终极目标。相应地,供应品的成功与否取决于它为目标客户、合作者和公司创造价值的程度。因此,新供应品的商业模式设计以三个关键问题为指导:供应品是否为目标客户创造价值? 供应品是否为公司合作者创造价值? 供应品是否为公司创造价值?

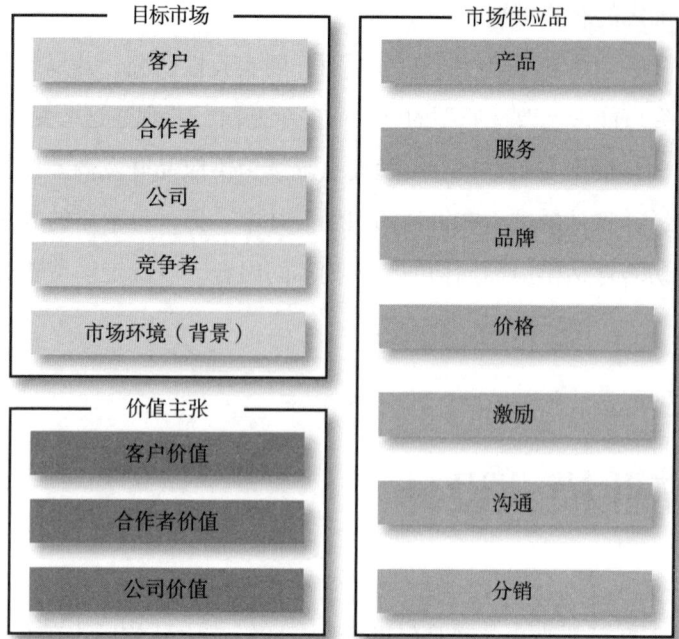

図 18-3
新供应品商业模式的关键组成部分
Source: Alexander Chernev, *Strategic Marketing Management: Theory and Practice* (Chicago, IL: Cerebellum Press, 2019)

第 2 章详细讨论了制定价值主张和创造客户、公司和合作者价值的过程所涉及的关键原则。

商业模式验证

商业模式验证旨在评估供应品在三个关键方面创造市场价值的能力：吸引力、技术可行性和商业生命力。

- 吸引力（desirability）指目标客户认为供应品吸引自己的程度。供应品的吸引力取决于其以合理的金钱、时间和精力支出提供客户所寻求的利益的能力。无法实现收益和成本的最佳平衡可能会阻碍供应品的吸引力。例如水晶百事可乐（Crystal Pepsi），它是普通可乐的一种不含咖啡因的透明替代品。尽管进行了大规模的促销活动，但该供应品未能在市场上获得吸引力，因为消费者并不觉得透明可乐的概念吸引自己。

- 技术可行性（feasibility）指公司可以在多大程度上创建提供客户所需功能的供应品。可行性取决于当前技术以及公司在使用这些技术方面的专业知识。例如，一台在没有能源的情况下无限运行的永动机就不是一个可行的概念。

- 商业生命力（viability）指供应品可以为公司创造价值的程度。对大多数公司来说，有商业生命力的供应品是指能够产生利润的供应品。因此，供应品的生存能力通常是一个预期收入和供应品成本结构的函数，无法平衡收入和成本往往预示着市场即将失灵。宠物网（Pets.com）的大部分销售都亏本，因此尽管其知名度很高，宣传活动也备受瞩目，最终还是无法继续经营下去。

由于公司的成功取决于其供应品的吸引力、技术可行性和商业生命力，所以要创建可持续的商业模式，管理者必须回答以下三个问题：目标客户是否认为供应品有吸引力，且供应品是否为这些客户创造了价值？按计划构建供应品是否在技术上可行？供应品是否具有商业生命力，也就是说，能否为公司及其合作者创造价值？

供应品的吸引力、技术可行性和商业生命力是相互关联的。客户不喜欢的供应品可能也不具备商业生命力，因为它不会创造足够的客户需求来为公司创造价值。技术上不可行的供应品可能会被证明是不具备吸引力的，因为它无法满足客户的需要。

总的来说，验证公司商业模式，特别是供应品的商业生命力的一个重要方面，是确保产品满足客户的重要需要，并足以为公司创造价值。在这种情况下，需求预测（包括确定公司供应品潜在市场规模的过程）是开发新供应品的一个不可或缺的方面。[18]

需求预测（demand forecast）建立在以下三个信息基础中的一个之上：人们说什么，人们做什么，人们曾经做过什么。想要利用人们所说的信息，就要调查客户的意图、销售人员的意见和专家的意见。根据人们做什么进行预测，意味着将产品投入测试市场以衡量客户的反应。为了运用最终的信息基础——人们曾经做过什么，公司分析客户过去购买行为的记录或使用时间序列分析和统计需求分析。本章稍后将详细讨论需求预测的不同方法。

供应品实施

供应品实施将概念变为现实。它涉及两个关键方面：开发必要的资源，将商业模式付诸实践；开发市场供应品。

开发核心资源

为了取得成功，公司必须获得必要的资源来实施其商业模式。通常，在开发供应品概念并设计其商业模式时，公司并没有创建和推出市场供应品所需的所有资源。因此，在设计了商业模式之后，合乎逻辑的下一步是通过构建、外包或收购来开发必要的资源。

推出新供应品所需的资源涉及全方位因素，包括商业设施，例如采购和准备生产设备，创建呼叫中心以服务客户，以及开发信息技术基础设施；获得创造供应品所需材料的供应渠道；将供应品交付目标客户的分销渠道；能够贡献所需技术、运营和业务专业知识的熟练员工；能够获得资金以确保商业模式顺利实施所需的金融资源。

为了获得成功推出新供应品所需的资源，公司可能会采用两种不同的策略。其一，公司可以通过内部开发其资产和能力或从第三方获取必要的资源来建立自己的资源。其二，公司可能会选择与拥有帮助开发、制造、分销和推广供应品所需资源的其他实体合作，利用这些资源而不获得这些资源的所有权。

开发市场供应品

开发市场供应品涉及将原型转变为可上市的商品。这不仅包括创造最终产品和服务，还包括建立品牌、设定零售和批发价格、确定要使用的促销方式，以及制订计划以有效地沟通供应品的优点，并将其提供给目标客户。

市场供应品的开发通常涉及先进的原型设计和市场测试，以确保供应品能够成功创造市场价值。所需的原型设计和测试数量受多种因素的影响，例如产品的新颖性、产品的复杂性以及在供应品推出后修改供应品所需的投资。与只涉及微改的现有产品相比，新产品需要更多的市场测试。更复杂的产品比简单的产品更有可能从市场测试中受益。与推出后相对容易修改的产品相比，那些在产品推出后需要大量投资进行修改的产品（例如，更换生产车间的工具以修改汽车的设计）更需要先进的原型设计和市场测试。

测试营销中涉及的一个重要决策是确定供应品应该在哪些市场和哪些客户中进行测试。做出这个决策涉及许多考虑因素。欧莱雅、飞利浦和尼康等许多大型的全球消费品制造商都喜欢在韩国进行测试，因为韩国的消费者要求很高但态度公正，而且其完善的营销基础设施有助于确保产品在进入全球其他市场时有足够好的状态。古驰在中国测试了许多奢侈品，因为这里的消费者偏好预示着奢侈品市场的发展方向。

尽管测试营销有好处，但许多公司都跳过了测试营销，而是依赖更快、更经济的测试方法。星巴克经常在产品被认为"完美"之前就推出产品，这是基于首席数字官亚当·布罗特曼（Adam Brotman）的理念："我们并不认为事物不完美是可以接受的，但我们愿意创新，而且我们拥有很快的产品上市速度，以保证产品在未来会变得百分之百完美。"该公司的移动支付应用程序在推出后的前六个月存在许多需要纠正的缺陷，但它现在每周产生 300 万次移动交易。[19] 通用磨坊更愿意在全国 25% 的地区推出新产品，这个范围很大，以至竞争对手很难对其进行破坏。经理们会查看零售监测数据，这些数据会在数天之内告诉他们产品的运行情况以及需要进行哪些纠正性的微调。

在开发新供应品时，公司可以在产品投放市场之前创造一个功能齐全的完整版本。或者，公司也可能会开发一个简化版本，该版本仅包含满足客户需要所必需的功能。供应品的简化版本（又称最小可行性供应品）的开发使公司能够在继续全面开发供应品之前测试供应品的市场表现。

商业部署

商业化（commercialization）将公司的供应品告知目标客户，并将供应品提供给这些客户。由于大规模推出会带来更大的不确定性和更高的成本，公司通常会选择在几个特定的市场推出该供应品，然后再将其提供给所有目标客户。此处概述了商业化的关键方面——选择性市场部署和随后的市场扩张。

选择性市场部署

商业化过程中的一个关键决策，是公司应该面向其商业模式中描述的所有目标客户推出新供应品，还是仅在最初选定的市场部署其供应品，然后逐步扩大市场直到供应品充分发挥其市场潜力。[20] 许多公司已经采用了**选择性市场部署**（selective market deployment）方法，使得它们能够在自然环境中进行测试并观察目标客户、竞争对手和公司合作者对供应品的反应。[21]

选择性市场部署的规模较小，这为公司提供了更大的灵活性来调整产品的各种特性，以最大限度地扩大其在市场上的影响。除了提高灵活性，选择性市场部署需要更少的公司资源来推出供应品，并有潜力带来收入，以帮助支付后续市场扩张的成本。

最初提供产品的目标客户的子集被称为**初级目标**（primary target）。初级目标通常涉及最有可能购买公司产品的客户，以及那些将帮助公司改进产品并产生初始收入流的客户。

有些产品能迅速走红（如旱冰鞋），而有些产品则需要经过很长时间才会被接受（如柴油发动机汽车）。有一个快速站稳脚跟的新产品概念便是 StubHub，它提供在线票务转售服务。

≪ StubHub 是在线票务销售领导者，它正考虑开发更多电子商务项目，并同时向其核心项目增添更多感性因素。

StubHub　当 StubHub 的联合创始人杰夫·弗吕尔 (Jeff Fluhr) 和埃里克·巴克 (Eric Barker) 提出这一想法时，他们还只是斯坦福大学的 MBA 学生。他们意识到有太多的体育赛事、剧场演出、演唱会门票因为各种原因没卖出去就白白浪费了，所以，他们决定成立一个"专营票务的亿贝"平台，供卖方按需将票务以高价或低价售出，而 StubHub 在每笔交易中可从买方和卖方分别获得 10% 和 15% 的提成。StubHub 不得不就州法律限制门票转售的条款和有关部门进行谈判，但在 2006 年，StubHub 取得了 1 亿美元的收入，这些收入分别来自体育门票 (75%)、音乐会门票 (20%)、剧院门票 (5%)，这些门票在美国的总价值约为 40 亿美元。StubHub 于 2007 年以 3.1 亿美元的价格被亿贝收购（2020 年，亿贝将 StubHub 出售给瑞士在线票务市场 Viagogo）。从一开始就打击 StubHub 的原票出售平台 Ticketmaster 与其母公司 Live Nation，威胁其要采取法律行动，推出无纸化门票来限制转售，并推出了票务交易服务（Ticket Exchange）来与 StubHub 进行竞争。然而，StubHub 并不仅仅满足于票务销售，而是要成立多平台的电子商务网站。鉴于各种演出、活动门票有 40% 没有被售出的情况，StubHub 还强调要帮助人们发现和参与更多活动。[22]

市场扩张

将市场扩大到所有客户，并为其创造价值，是公司供应品在其主要目标市场成功推出后的下一个合乎逻辑的步骤。

市场扩张（market expansion）通常涉及三项关键活动：增加供应品生产所需的设施，向所有目标客户推广供应品，以及确保供应品可用于整个目标市场。在市场扩张期间，公司通常会沿着阻力最小的路径和资源最少的路径向上游移动，以吸引更难触达且不太可能认识到公司供应品价值的客户。因此，与初始市场部署相比，公司在市场扩张期间可能会花费更多的时间、精力和资源。

更广泛的市场通常涉及更广泛的客户，这往往需要引入供应品的变体来适应所有目标客户的不同需求和偏好。因此，一家公司在进入市场时，可能会以单一供应品吸引其最有可能的采用者，然后在扩张的目标市场中引入变体，以迎合更广泛的客户需要。与市场扩张相关的公司供应品种类的增加反过来又需要额外的资源，以确保这些供应品在市场上取得成功。

营销
洞察　│理解创新的采用

要想设计出有可能在市场上取得成功的有效产品，需要彻底了解客户评估产品的过程，了解他们做出决策所依据的因素，以及了解他们采用产品的速度。创新扩散（diffusion of innovation）一词是指产品、服务或创意的知识传播到市场的方式以及被购买或被使用的速度。以下是研究客户对新产品反应的两个流行框架。

创新采用的罗杰斯模型

罗杰斯模型（Rogers' model）以美国社会学家埃弗雷特·罗杰斯（Everett Rogers）的名字命名，它根据客户采用新供应品的速度对他们进行分类。该模型根据个人是否比其他消费者更早或更晚地采用新想法来定义创新水平。罗杰斯模型是基于"一些客户比其他客户更愿意接受创新产品"这一观念而提出的。根据采用新产品的时间，罗杰斯模型将客户分为五类（见图 18-4）：

* 创新者（innovators）是技术爱好者，他们具有冒险精神，喜欢摆弄新产品，并精通其复杂之处。作为对较低价格的回报，他们乐于进行阿尔法和贝塔测试，并报告早期产品的不足之处。创新者被定义为前 2.5% 的采用者。

* 早期采用者（early adopters）是意见领袖，他们仔细寻找可能给他们带来巨大竞争优势的新技术。他们对价格不那么敏感，如果给予他们个性化的解决方案和好的服务支持，他们会比较乐意接受新产品。早期采用者被定义为创新者之后的 13.5% 的采用者。

* 早期采用人群（early majority）是深思熟虑的实用主义者，当他们发现新技术被大量采用，并且事实证明这种创新会带来某种利益，就会采用这种产品。他们构成了市场的主流，包含早期采用者之后的 34% 的采用者。

* 后期采用人群（late majority）是持怀疑态度的保守派，他们厌恶风险，抵制新技术，并且对价格敏感。后期采用人群包括早期采用人群后面的 34% 的采用者。

* 落伍者（laggards）是受传统束缚、拒绝一切创新的人，直到发现无法维持现状了，他们才会使用新产品。落伍者指的是采用者中剩下的 16% 的人群。

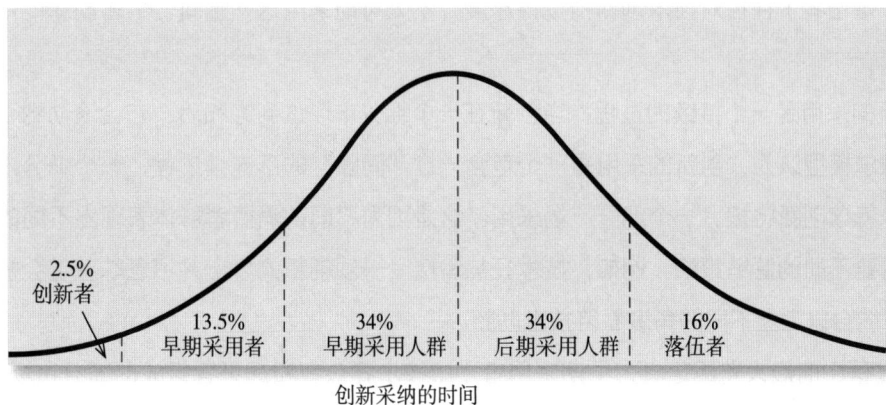

图 18-4
基于创新采用的相对时间的采用者分类
Source: E. Rogers, *Diffusion of Innovations* (London: Free Press, 1962).

如果公司想在整个产品生命周期中推动其创新，针对每个群体都需要不同类型的营销。除了针对意见领袖，一些专家还主张以新产品为目标针对收入领袖（revenue leaders）——那些具有更高客户生命周期价值的客户——来加速盈利之路。

罗杰斯模型是一个分类模型。尽管它根据个人采用新供应品的速度将个人分为五个不同的类别，但它并没有提供可用于确定特定个人可能属于哪个类别的决策规则。此外，由于个人根据相对稳定的人格特征被分配到五个类别之一，该模型没有考虑这样一个事实，即在一个领域是创新者的客户可能在另一个领域就是一个落伍者。由于这些限制，罗杰斯模型的适用性有限，仅限于描述五种类型的创新采用者。

新技术采用的摩尔模型

以组织理论家杰弗里·摩尔（Geoffrey Moore）的名字命名，**摩尔模型**（Moore's model）改进了罗杰斯模型并专门用于技术产品。它将技术采用者分为五个类别，这些类别或多或少反映了罗杰斯模型中的五个类别，其具体取决于他们对采用技术创新的开放程度。以下是摩尔模型中的五类创新采用者：

- 技术狂热者（technology enthusiasts）是致力于技术创新的创新者，通常是第一批想要体验新技术的群体。
- 远见者（visionaries，早期采用者）也是最先采用新技术来解决问题、满足需求并利用新兴市场机会的人。
- 实用主义者（pragmatists，早期采用人群）依靠创新作为生产力工具。他们与技术狂热者的不同之处在于，他们不会为了自己的利益而采用技术创新。他们与远见者的不同之处在于，他们应用技术来增强现有的商业模式，而不是改变它们。
- 保守主义者（conservatives，后期采用人群）对从新兴技术创新中获得显著收益持悲观态度，因此采用它们的速度很慢。
- 怀疑论者（skeptics，落伍者）往往对技术创新持批评态度，不太可能采用这些创新，尽管创新能带来好处。

罗杰斯模型假设创新的采用是一个持续的过程，当创新在一个细分市场达到饱和后，它会滚动到下一个细分市场。然而，摩尔模型认为，创新的采用是一个包含一定"间隙"的不连续过程，一个细分市场采用创新并不一定意味着该创新将被另一个细分市场采用。这是因为不同的消费者群体表现出不同的采用模式，每种模式都需要不同的营销策略。例如，技术狂热者接受一项创新的事实并不意味着它会被远见者广泛采用，他们可能会以完全不同的角度看待技术创新。

摩尔将创新的采用过程中的最大差距定义为早期采用者（由技术狂热者和远见者组成的细分市场）与技术实用主义者、保守主义者和怀疑论者的主流市场之间的差距。他将此定义为"鸿沟"（chasm），并将其视为开发技术创新的最重要挑战，也是技术先驱要想成功让其供应品被广泛接受必须克服的关键障碍。[23]

本章小结

1. 创新是开发有商业生命力的新供应品的关键。创新可能涉及新的技术、新的品牌建设方法、新的定价机制、新的激励管理方式、新的沟通渠道或新的分销方式。创新的供应品会打破现有的商业模式，并通过设计新的方法来创造市场价值，从而使那些无法适应不断变化的市场条件的公司变得多余。

2. 成功的新产品开发要求公司建立一个有效的组织来管理新产品开发的过程。公司可以设置产品经理（新产品或现有产品经理）、新产品委员会，也可以成立新产品部门或风险投资团队等。随着时代的发展，有越来越多的公司采用跨职能团队，并通过众包等其他方式联系公司外部的个人或组织，进行多种产品的概念开发。

3. 新产品开发是一个发现新创意并将其转化为有商业生命力的、成功的市场供应品的迭代过程。新产品开发通常体现为一系列行动（径），这些行动（径）被新供应品必须克服的障碍（门）隔开。门径管理方法把创新过程分为五个关键阶段——创意产生、概念开发、商业模式设计、供应品开发和商业部署——这些阶段由旨在验证前一步行动的"门"分隔开来。

4. 创新源于找到一种新的方法来解决未能满足的市场需要，并提出一种满足这一需要的新方法。创意的产生有两种基本方法：自上而下的创意产生，从识别市场机会开始；自下而上的创意产生，从一项发明开始，然后寻求未被满足的市场需要。自上而下的创意产生是开发新供应品的首选方法。

5. 概念开发通过创建公司供应品的初始版本或原型来体现有潜在商业生命力的想法。概念开发旨在通过以快速和资源高效的方式设计供应品来降低市场和实施风险。概念开发通常从对供应品核心功能的描述演变为具有供应品核心功能的缩小原型。

6. 商业模式的设计包括三个关键组成部分：识别目标市场、阐明供应品在该市场中的价值主张以及描述市场供应品的关键属性。目标市场描绘了公司供应品能够创造价值的市场。价值主张描述了公司计划为目标客户、合作者及其利益相关者创造的价值。市场供应品关键属性定义了公司创造、传播和交付市场价值的方式，这些方式涉及产品、服务、品牌、价格、激励、沟通和分销。

7. 供应品开发将概念化供应品转变为准备上市的实际供应品，具体包括开发必要的资源，将商业模式付诸实践以及开发市场供应品。

8. 商业化将公司的供应品告知目标客户，并将供应品提供给这些客户。为了最大限度地降低风险和减少所需资源，公司最初在选定的（主要）市场部署供应品，并在成功后将供应品的投放扩展到整个目标市场。市场扩张增加了供应品生产所需的设施，且同时向所有目标客户推广供应品，确保供应品可用于整个目标市场。

9. 目前我们有两个流行框架来检验客户对新供应品的反应。罗杰斯模型描述了新供应品在特定时间点新采用的数量，而不是采用的总量，并根据对新供应品的采用时间将客户分为五类——创新者、早期采用者、早期采用人群、后期采用人群和落伍者。在罗杰斯模型的基础上，摩尔模型认为，针对技术产品，创新的采用是一个不连续的过程，不同市场之间有明显的采用间隙，其中差距最大的是早期采用者（技术狂热者和远见者）与主流市场。

营销
焦点 | 诚实茶

诚实茶（Honest Tea）的想法诞生于 1997 年，当时耶鲁大学管理学院毕业生塞思·戈德曼（Seth Goldman）在当地一家便利店停下来，打算买点运动后喝的饮料。戈德曼发现当时的软饮料和茶含糖量都很高，因此受到启发，为注重健康的客户创造了一种新饮料。诚实茶公司寻求提供一种天然、几乎不加糖的瓶装茶，其卡路里含量仅为其他茶的一小部分。诚实茶首先通过 Fresh Fields 分销其产品。短短一个夏天，诚实茶成为 Fresh Fields 门店内最畅销的茶饮料。后来扩展到其他超市和杂货店，也取得了类似的成功。

诚实茶公司判断出了四种市场趋势，这些趋势在饮料市场上创造了对新型茶供应品的需求。第一，在公司成立之前的几年里，市场对瓶装茶的需求急剧增长。碳酸软饮料主导了饮料行业，但瓶装茶作为一种更健康的替代品越来越受欢迎。从 1992 年到 1996 年，瓶装茶的市场价值增长了 60%。第二，美国消费者已经开始形成一种"茶文化"。在诚实茶推出之前的十年里，散装茶的销量翻了一番还多，市场上开设了数千家茶馆，茶成为图书和杂志上的热门话题。第三，健康意识和环保意识的增强，推动了人们对天然食品和饮料产品的需求增加。从 1990 年到 1996 年，天然产品行业的规模增长了两倍。第四，在被称为"文化创意者"的消费者中逐渐形成了一种心态，他们讲究在健康饮茶中追寻自然、道德和异国情调，并乐于接受诚实茶这样的新产品。

出于这样的认知，诚实茶公司使用来自世界各地的精选茶叶、用于冲泡的泉水以及蔗糖或蜂蜜等天然甜味剂设计了瓶装茶。公司承诺使用有机且是公平贸易认证（FTC）的成分，并以实惠的价格为其饮料定价：16 盎司的瓶装饮料售价约为 1.5 美元。此外，每瓶诚实茶仅含热量 17 卡路里，

仅占苏打水和冰咖啡等饮料热量的一小部分。诚实茶的广告主要针对三个受众类别：认为斯纳普等竞争对手产品太甜的饮茶者，渴望新鲜口味和品种的瓶装水饮用者，以及想要不含人工甜味剂饮料的无糖汽水饮用者。诚实茶在这个市场上取得了成功，公司的年收入在 2008 年飙升至 3800 万美元。

可口可乐在 2008 年以 4300 万美元收购了该公司 40% 的股份后，经营诚实茶的商店数量急剧增加，10 年后已从 1.5 万家增加到超过 14 万家。诚实茶开始在克罗格、沃尔玛和开市客等超市、亚马逊等零售电商以及麦当劳和赛百味等餐厅里销售。可口可乐还为诚实茶提供了所需资源，以扩展和推出与公司品牌相适配的新供应品。

出于对健康、保健主题的延续，诚实茶公司后续推出了 Honest Kids，这是一种含糖量较低的饮料替代品，每瓶所含热量比其他儿童果汁少 45 卡路里。这款有机饮料如此成功，以至取代了茶饮料，成为公司最畅销的产品。Honest Kids 也在赛百味和福乐鸡等餐厅内提供，并于 2017 年成为麦当劳的主要儿童果汁选择。诚实茶公司还推出了其他产品，包括有机运动饮料 Honest Sport 和碳酸饮料 Honest Fizz（一种苏打水的替代品）。

诚实茶公司的发展也使其能够进一步实现其公平贸易和可持续发展的目标。在被可口可乐收购后的 10 年内，诚实茶的年度公平贸易溢价增加了 17 倍，提高了农民和劳工的生活质量。此外，诚实茶还提高了在其饮料瓶中使用的回收材料的含量以及在每种饮料中使用的有机成分的含量。

诚实茶成功的关键因素是它清楚地发现了甜味饮料市场中尚未开发的细分市场。通过领先于市场主流的健康意识趋势，诚实茶已成为可口可乐最有价值的品牌之一。此次收购使公司能够为不同类型的消费者提供健康的新产品，同时仍按照 1998 年设定的公司使命运营：以诚实、正直和可持续发展的眼光创造美味、健康、有机的饮料。[24]

问题：

1. 在诚实茶的开发过程中，市场研究和客户洞察力发挥了什么作用？
2. 诚实茶成功的关键因素是什么？
3. 可口可乐应该如何继续发展诚实茶品牌？诚实茶应该保持相对独立，还是应该更紧密地融入可口可乐公司，并借鉴可口可乐的企业文化和业务专长？

营销
焦点 | 微信

微信是由专注于技术、游戏和社交媒体的中国企业集团腾讯开发的一款兼具社交媒体、消息传递和移动支付功能的应用程序。微信主要用于信息通信，类似于脸书和 WhatsApp，并结合了

Source: Piotr Swat/Alamy Stock Photo

推特、贝宝（PayPal）、红迪和优步等应用程序的功能。用户还可以用其玩视频游戏、转账、语音聊天、阅读新闻、分享帖子、叫出租车等。微信的日活跃用户超过 10 亿，其中包括使用该应用程序作为宣传平台的公司、名人甚至医院。许多中国人无法想象没有这个无处不在的应用程序的生活。

2010 年，微信作为智能手机的一款社交媒体和即时通信应用程序被正式推出。首席执行官马化腾认识到，未来社交媒体和消息传递的主导平台将是手机，而不是个人计算机。他委托一个不到 10 人的工程团队开发了微信的第一个版本。原型版本只能发送短信和图片。由于具有这些功能的即时通信和短信应用程序已经存在，消费者最初并没有看到该应用程序的价值。2011 年 5 月，团队升级了该应用程序以支持语音消息，自此微信的接收方式发生了变化，这也吸引了不习惯在智能手机上打字的成年人。中国的商人也发现这一新增加的功能很有用。

微信的用户群在 2012 年飙升至超过 1 亿。这有两个主要原因：第一，中国智能手机整体销量呈指数增长。2010 年，智能手机销量超过3500 万部，2012 年，智能手机销量增长了 5 倍

多，超过 2.1 亿部，这意味着更多的用户能够下载和使用该应用程序。第二，微信的增长得益于多项创新和功能。与竞争对手的应用程序相比，这些创新和功能提供了更好的用户体验。微信引入了一些独特的功能，比如摇一摇，它可以随机连接同时摇动手机的用户；再比如漂流瓶，它允许用户向随机收件人发送消息。微信扩展平台还允许用户在公众号上阅读和分享博客文章，并在游戏平台上玩游戏。而再看微信的竞争对手，例如飞信不能向不使用中国移动的用户提供应用程序，而米聊也未能提供稳定的用户体验，因此微信在整个信息和社交媒体市场上遥遥领先。

微信在 2013 年添加了支付功能。最初，微信支付仅限于游戏、虚拟角色道具和手机订阅的微交易。腾讯后来扩展了支付平台并创建了微信钱包，让用户可以在经过认证的商家处购买商品和服务，并将钱转给其他用户。推出 4 年后，微信支付拥有了超过 6 亿用户。

微信支付改善了中国用户互相赠送红包（装满钱的红色信封，是农历新年的流行传统）的方式。微信红包的用户可以通过有趣和令人上瘾的方式向他们的朋友和亲人发送红包。例如，用户可以将他们的微信钱包中的 5 美元放入一个虚拟红包，然后平均分配给 5 个朋友。用户还可以让点击屏幕的前两个收件人按等比例或随机的方式分配钱。微信红包在 2014 年农历新年取得了巨大的成功，800 万人收到了超过 4000 万个红包。微信红包本身已经发展成为一种消息媒介。中国用户经常互相发送具有特殊含义的人民币金额，例如，数字"520"是汉语"我爱你"的谐音。

微信最大的卖点之一是在应用程序中引入了小程序。小程序于 2017 年推出，我们可将其描

述为微信应用程序中的应用程序。小程序通常小于 10 兆字节,可在微信上即时运行,无须从应用商店下载。小程序加载速度非常快,并平稳地集成在微信平台中。许多公司都为微信开发了小程序。中国第二大 B2C 电子商务公司京东开发了购物平台小程序。特斯拉也有一个小程序,用户可以在其中定位充电站、安排试驾并分享他们驾驶特斯拉的体验。其他小程序包括热门游戏、共享单车定位器和加油站支付工具。

微信提供的各种功能使其成为世界上最大的移动应用程序之一。虽然微信主要是在中国广泛流行,但腾讯已经开始拓展国际空间,向美国、马来西亚、新加坡和南非的潜在用户宣传该应用程序的好处。[25]

问题:

1.   什么因素促成了微信在中国的巨大成功?

2.   微信的先发优势在获得和维持其市场主导地位方面有多重要?

3.   微信能否在中国以外的市场复制其成功?为什么?

19

建立顾客忠诚

学习目标　　　1. 解释公司为何应该平衡好顾客获取和顾客留存工作。

2. 讨论公司如何管理顾客满意度和忠诚度。

3. 描述公司怎样管理顾客关系。

4. 讨论公司应当如何管理顾客终身价值。

创建社区并与顾客建立情感联结，推动了 SoulCycle 的扩张。

Source: Noam Galai/Getty Images

产生销售不是市场营销过程的最终目标，它是建立和管理顾客关系的开始，其最终目的是建立一个忠诚的顾客基础。那些寻求和捍卫市场地位的市场驱动型公司的首要任务就是培养忠诚的顾客。事实上，如果没有建立顾客忠诚，公司将不得不持续投资获取新顾客，以取代那些为了寻求更好的交易而转向竞品的不忠诚的顾客。

顾客忠诚源于公司持续提供积极的产品、服务和品牌体验。尽管公司强化了的能力可以帮助自己赢得很高的顾客忠诚度，但消费者不断提高的能力也带来了挑战。无论如何，营销者必须和顾客联结起来，并在联结过程中交换信息、相互融入甚至交互赋能。以顾客为中心的公司不仅擅长销售产品，也擅长建立顾客关系。它们同时精通产品工程和市场工程。创建用户社区在许多公司和行业中扮演着越来越重要的角色，它们寻求新的方法来满足顾客需要并建立忠诚度。SoulCycle 就是一个通过建立忠诚的顾客基础而获得市场成功的生动案例。

SoulCycle 由伊丽莎白·卡特勒（Elizabeth Cutler）和朱莉·赖斯（Julie Rice）在 2006 年共同创立，其愿景是创造一种新的健身方式来替代像工作一样缺乏激情的传统健身方式。卡特勒和赖斯一起开发了一个 45 分钟的室内单车课程，以高强度的有氧运动、肌肉塑形力量训练和动感舞蹈为特色。SoulCycle 设计的不仅是一种健身方式，而且旨在为骑车者创造一种共享的体验，并建立一个能够激励会员、充分激发他们潜能的社区。SoulCycle 的第一个工作室位于曼哈顿西街 72 号，在一个黑暗的房间里放了 33 辆自行车，充满活力的教练会按照定制的流程单的节奏来引导骑行课程。SoulCycle 的理念引起骑行者的共鸣，在接下来的几年里，卡特勒和赖斯在纽约又开了几家工作室。尽管 SoulCycle 已经扩张到多个地方，但它不忘初心——围绕独特的"灵与肉"健身理念创建一个骑行者社区。2011 年，受到精品骑行理念及其忠诚顾客基础的吸引，高档健身俱乐部的运营商 Equinox 收购了 SoulCycle 75% 的股份。被 Equinox 收购后，SoulCycle 继续快速扩张，到 2018 年，它在美国和加拿大已经有了 88 家工作室。SoulCycle 最初很不起眼，但它始终专注于创造一种独特的健身方式来与顾客建立情感纽带，从而令其商业模式不断壮大。[1]

成功的营销者是那些精心培育顾客满意度和忠诚度的人。在本章中，我们阐述了公司赢得顾客和击败竞争对手的一些方法。

管理顾客获取和顾客保留

有效获取新顾客和留住现有顾客的能力直接影响公司的利润。为了成功地获取和保留顾客，公司必须清楚了解获客漏斗，并有效平衡顾客获取和顾客保留的工作。

获客漏斗

吸引顾客的主要步骤形如漏斗，该漏斗描述了顾客获取过程的各个阶段，从最初知晓产品或服务到成为忠诚的拥护者。**获客漏斗**（customer acquisition funnel）可以用相对不同的五个阶段来表示：知晓（awareness）、诉求（appeal）、询问（ask）、行动（action）和拥护（advocate）。[2] 图 19-1 描述了这五个阶段（或称为 5A），浓缩了顾客获取评估过程的方法。

图 19-1
5A 获客漏斗

| 知晓 | → | 诉求 | → | 询问 | → | 行动 | → | 拥护 |

知晓阶段是顾客与公司产品或服务互动的初始阶段，正是在这个阶段，目标顾客偶然了解到公司的产品或服务。这样的初步接触可能是由公司的营销传播驱动的，或是发生在销售点，或者是来自其他顾客和合作者的推荐。

知晓通常不限于单一产品或服务。顾客一开始往往会了解到可以满足其需要的多种产品或服务，这可能发生在顾客通过多种手段搜寻信息来满足其需要的时候，也可能发生在顾客接触公司或竞争者的营销传播活动的时候，当然，还有可能发生在没有任何外部影响，而是消费者根据以往的经验，回想起一系列可供选择的产品或服务的时候。

诉求阶段反映了这样一个事实：尽管顾客可能知晓多种产品或服务，但他们并不会主动考虑所有这些产品或服务。相反，他们倾向于选出最具吸引力的产品或服务来形成一个最可能满足他们需要的产品或服务的考虑集。因此，决策过程的诉求阶段可以看作一个选择性淘汰的过程，缩减最初出现在顾客脑海中的一系列产品或服务的数量。

在询问阶段，顾客会就考虑集内的产品或服务搜寻更多额外信息，这些信息可能来源于外部，比如朋友和家人、媒体、公司及合作者等。例如，顾客可能会打电话给朋友寻求建议，联系公司索要更多信息，浏览线上评论，或者使用比价应用软件，甚至去实体店体验产品。

行动阶段标志着从信息收集和评估到针对特定产品或服务的行动的转变。顾客行为不限于购买，它反映了总体上的产品拥有和使用体验，其中也包括产品或服务的实际消费以及消费后的体验。

拥护阶段反映了顾客在消费体验后的反应。理想情况下，顾客的反应包含对公司及其产品或服务在一定程度上的忠诚度水平。这些反应可以涵盖从单纯复购产品到最终向他人宣传产品。积极的拥护者会在没人问询的情况下主动地推荐产品、服务和他们喜爱的品牌，他们会积极地与他人分享经验，并经常成为传道者。

决策漏斗的不同步骤并不总是像图 19-1 那样的线性流程。它们可能涉及多次迭代、重新考虑和重新评估可用信息以及收集新信息。顾客并不一定要通过所有的 5 个 A，他们也可能会跳过五个阶段中的一个或多个。例如，顾客可能会在没有形成考虑集并收集有关替代品的额外信息的情况下做出冲动的购买行为。同样，忠诚的拥护者可能并不是公司产品的实际购买者，例如，iPhone、iPad 和 Apple Watch 等苹果产品经常受到非购买者的推崇。

平衡顾客获取和顾客保留

顾客获取和顾客保留的有效管理涉及对顾客转化率和保留率的清晰理解和准确估计。通过计算**转化率**（conversion rate）——处于不同阶段的顾客进入下一阶段的百分比——管理者可以发现建立忠诚顾客基础的瓶颈阶段或障碍在哪里。例如，如果最近用户的百分比明显低于试用者的百分比，则可能是产品或服务出现了问题，阻止了用户的重复购买。

获客漏斗还强调不仅要吸引新顾客，还要留住和培养现有顾客。对顾客保留的研究表明，获得新顾客的成本是满足与保留现有顾客的成本的数倍。数据进一步表明，根据行业的不同，顾客流失率降低 5% 可以将利润提高 25%~85%。这更进一步说明，由于购买、推荐、溢价水平的提高以及运营成本与服务成本比率的降低，利润率在留存顾客的整个生命周期内会趋于提升。[3]

满意的顾客是公司的顾客关系资本。如果公司被出售，收购公司不仅要支付厂房、设备和品牌费用，还要为交付的顾客基础（customer base），即继续与新公司开展业务的顾客数量及其价值支付费用。

一些电信服务供应商被"逐利者"困扰。"逐利者"是指每年至少更换三次运营商以寻求最划算交易的顾客。许多移动运营商和有线电视运营商每年都会减少 25% 的用户，损失高达数十亿美元。"叛逃"的顾客列举了其未被满足的需要和期望，包括产品或服务质量差、过于复杂或者计费错误等问题。不同的获客办法会带来不同忠诚度水平的顾客。一项研究表明，通过提供 35% 的折扣获得的顾客长期价值是未提供任何折扣而获得的顾客的一半。[4] 这些顾客中的许多人对优惠比对产品本身更有兴趣。

为了降低流失率，公司必须定义和衡量**保留率**（retention rate）。对一本杂志来说，衡量保留率的一个很好的指标是续订率。接下来，公司必须确认顾客流失的原因。比如，糟糕的服务、劣质的产品和过高的价格等问题都可由公司来解决，但顾客离开公司所服务的地理区域等问题则不好解决。最终，公司必须将失去的顾客的终身价值与降低流失率的成本进行比较，只要阻止顾客流失的成本低于潜在的利润损失，公司就应该花钱设法留住顾客。

服务结果与顾客忠诚度受到许多变量的影响。一项研究确定了 800 多个导致顾客转换服务的关键因素。[5] 这些因素包括，定价问题（价格过高、价格上涨、不公平定价、欺骗性定价）、便利性问题（地点／时间、预约和服务的等候时间）、核心服务失败（服务失误、账单错误、服务灾难）、服务接触失败（冷漠、不礼貌、没反应、一无所知）、服务响应失败（负面响应、无响应、不情愿响应）、竞争（发现了更好的服务）、伦理问题（欺骗、强行推销、安全隐患、利益冲突）、非自愿转换（顾客搬迁、供应商关闭）。

无论公司如何努力，一些顾客总会变得不活跃或退出服务。真正的挑战是如何通过赢回策略来重新激活他们。[6] 相比寻找新顾客，公司重新吸引曾经的顾客会更容易些，因为公司知道他们的名字和消费历史。退出者访谈和流失顾客调查可以帮助公司发现顾客不满意的原因，进而可以赢回那些具备强大盈利潜力的顾客。[7]

管理顾客满意度和忠诚度

忠诚被定义为"一种对偏好的产品或服务未来复购或再次惠顾的坚定承诺，尽管环境影响和营销努力会潜在引发他们的转换行为"。[8] 顾客忠诚度是一个表示不同强度水平的连续体。忠诚度的范围分布从满意公司的产品或服务到作为顾客拥护和宣传公司的产品或服务，这部分顾客认为产品或服务是他们身份的一部分，并觉得自己对产品或服务的成功也负有责任。

韦格曼斯　马萨诸塞州诺斯伯勒阿尔贡金地区高中的戏剧老师毛拉·莫里森（Maura Morrison）和她的学生们表演音乐剧 *The Musical*，向韦格曼斯致敬。剧中有当地商店捐赠的制服和该连锁店中各种各样的装饰品，比如每小时会打鸣的电子公鸡 Casanova。没有任何一家美国连锁超市能像韦格曼斯粉丝那样狂热，他们自称是"韦格曼斯人"。莫里森回忆说，当她的邻居得知镇上要开一家韦格曼斯时，她哭了。"我发现她之所以不愿意搬到这里，是因为这里没有韦格曼斯……人们和韦格曼斯精神相连。"近 2.5 万人参加了 2011 年在诺斯伯勒举办的韦格曼斯开幕式，而当时诺斯伯勒的人口刚刚超过 1.4 万人。这种开放日狂热也是意料之中的事。仅仅在 2015 年，就有超过 4000 人要求韦格曼斯在他们附近开店。韦格曼斯成功地将一项无聊的任务转变为一项社交活动。每个店面的布局都让人感觉像是身处一个欧洲的露天市场，而不是杂货店，它们是由专家和被称之为"心灵感应者"的客服组成的小商店。商店定期举办音乐活动、烹饪表演活动，并与当地农民一起品尝。顾客喜欢在每家商店制作嗡嗡作响的火车模型。随着公司的发展，韦格曼斯还投资了数百万美元，在所有店面建造厨房，并聘请专业厨师，使得店内招徕顾客的自助餐厅能够与其他餐厅竞争。韦格曼斯的战略目标是针对从学生到家庭的广泛顾客群，并建立终其一生的顾客忠诚度。正是这样的顾客忠诚度帮助韦格曼斯从一家由约翰·韦格曼和沃尔特·韦格曼（John and Walter Wegman）兄弟创办于 1921 年生产手推车的小公司发展成为一家营收 79 亿美元的企业。[9]

顾客满意度是建立顾客忠诚度的关键。公司发现如果不能满足顾客的需要，那么创建忠诚的顾客基础是很有挑战性的。接下来的部分会重点探讨顾客满意度的本质、产品和服务质量作为顾客满意度驱动因素的作用，以及评估顾客满意度的不同方法。

理解顾客满意度

满意是一个人通过对产品或服务的感知结果与期望进行比较而产生的愉悦或失望的感觉。[10] 如果结果或体验没有达到预期，顾客就会感到不满意；如果符合预期，顾客就会满意；如果超出预期，顾客就会高度满意或非常愉悦。

顾客对产品或服务的评价取决于多种因素，包括顾客与品牌之间的忠诚关系类型。[11] 消费者通常会对自己看好的品牌的产品有更好的感知。研究还表明，产品表现和预期对满意度的影响是不对称的，低于预期对顾客满意度的负面影响比超出预期的正面影响要大得多。[12]

尽管以顾客为中心的公司试图创造高水平的顾客满意度，但那常常不是终极目标。通过降低价格或增加服务来获得更高的顾客满意度可能会导致利润下降。或者，公司可以通过比提高满意度更好的方法（如提高制造过程的效率）来提高盈利能力。此外，公司通常有许多利益相关者，包括员工、经销商、供应商和股东，花更多的钱来提高顾客满意度可能会挪用原本用于提高这些利益相关者满意度的资金。最终，公司需要在既定的资源总量下，既能向顾客传递高水平的满意度，又能让其利益相关者保持可接受的满意度。

顾客的期望是如何形成的？期望一般来自过去的购买经验、朋友和同事的建议、公开信息和讲话，以及营销者和竞争者的信息与承诺等。公司把产品期望值设置得过高，购买者就越可能失望。但如果期望值设置得过低，就不能吸引足够多的购买者（尽管会让购买者很满意）。

如今市场上大多数成功的公司都是尽可能建立与产品表现匹配的顾客期望值。韩国汽车制造商起亚通过推出低成本、高质量的汽车在美国市场获得成功，因为起亚愿意提供10年或16万千米的保修服务。亚马逊在订单履行和准时交付方面的一致性提高了顾客对其未来服务的期望。

对以顾客为中心的公司来说，顾客满意度既是一个目标，也是一种营销工具。今天，公司需要特别关注它们顾客的满意度水平，因为互联网时代令顾客口碑传播速度更快、范围更广。有些顾客甚至建立了自己的网站来表达不满并激起抗议，矛头直指美国联合航空公司、沃尔玛、家得宝和梅赛德斯－奔驰等知名品牌。[13]

产品和服务质量是顾客满意度的驱动因素

顾客满意度取决于产品和服务的质量。**质量**（quality）通常被描述为"适用""符合要求""表现稳定"。质量的通俗定义是产品或服务为满足已经表明的或隐含的顾客需要所具备的功能和特征的总和。[14] 显然，这是一个以顾客为中心的定义。我们可以说，只要卖方的产品或服务达到或超过顾客期望，卖方就已经交付了质量。

　　能在大部分时间里满足顾客大部分需要的公司就能被称为一家高质量公司。但我们也有必要区分性能（performance）和一致性（consistency）。性能反映了公司产品和服务的所有功能，而一致性则代表公司性能能否在一段时间内保持同样水准。雷克萨斯汽车比现代汽车拥有更高的性能，行驶更平稳，加速更快，无故障运行时间也更长。然而，如果雷克萨斯和现代都提供了它们承诺的质量水平，那么两家公司就都保持了一致性。

　　产品和服务质量、顾客满意度和公司盈利能力息息相关。更高的质量水平创造更高的顾客满意度水平，而顾客满意度也会支持更高的价格水平。研究表明，相对产品质量和公司盈利能力之间存在强相关关系。[15] 为了激励公司生产世界先进产品，一些国家认可或奖励最佳质量典范公司，如日本的戴明奖（Deming Prize）、美国的马尔科姆·鲍德里奇国家质量奖（Malcolm Baldrige National Quality Award）和欧洲质量奖（European Quality Award）。

　　有的公司试图通过降低成本和偷工减料来增加短期利润，这也许会让短期利润暴增，但这些措施的结果是质量下降，从而严重影响顾客体验和长期利润。家得宝在过度关注成本削减后就陷入了困境。

>> 家得宝通过专注提升全网门店不断下滑的客户服务评级，重新夺回了市场领导地位。

Source: REuTERS/Alamy Stock Photo

家得宝　当家得宝决定扩张进军包商供应业务的同时，也对其位于美国的 1800 多个门店实行成本削减和运营简化措施，它用兼职员工取代全职员工，并很快将兼职员工的比例提高至 40%。这家连锁店的顾客满意度在美国主要零售商中跌到了垫底水平（比顾客友好型竞争对手劳氏低了 11 分），同时股价在美国历史上最大家装潮中下跌了 24%。为了扭转这一局面，公司新管理层设置了三个所有员工都应该努力实现的主要目标——更清洁的仓库、充足的货架和一流的顾客服务。在强有力的措施下，员工在工作日上午 10 点到下午 2 点以及周六、周日全天，只需要服务顾客，其余什么都不需要做。为了确保新策略得以实施，员工绩效评估也进行了改进，基本上只考察顾客服务的情况。在这些措施和其他顾客服务计划的推动下，店内员工与顾客互动的时间从 40% 增加到 53%。顾客服务的提升，伴随着新的产品分类的实行，以及集中配送中心，帮助家得宝重新确立了市场领导地位，并拉开了和劳氏的距离。[16]

全面质量管理是每个人的职责，正如营销是每个人的职责一样。然而，市场营销在帮助公司识别和提供高质量的产品和服务给目标顾客方面扮演着特别重要的角色。营销者是如何帮助的呢？他们正确地识别顾客的需要和要求，并将顾客的期望准确传达给产品设计师。他们确保顾客订单正确并准时完成，以及检查顾客在使用产品时是否接受了适当的指导、培训和技术援助。他们在售后与顾客保持联系，以确保顾客满意并一直满意。他们收集顾客对产品和服务的改进意见，并传达给相应的部门。当营销者做了所有这些工作，他们就对全面质量管理和顾客满意度做出了贡献，进而对公司盈利做出了实质性的贡献。

评估顾客满意度

许多公司都会系统地评估它们对待顾客的方式，识别影响顾客满意度的因素，并因此改进运营和市场营销。[17]

有战略眼光的公司会定期评估顾客满意度，这是实现顾客留存的关键。高度满意的顾客通常会长时间地忠诚于公司，也会在公司推出新产品或者产品升级时购买更多，喜欢与他人讨论公司及其产品，不太关注竞争品牌，具有更低的价格敏感性，能向公司提供改进产品和服务的想法。与新顾客相比，服务这类顾客成本更低，因为购买公司产品对他们来说已成为习惯。

然而，公司需要意识到，顾客对什么是好的绩效的定义各不相同。好的交付可能意味着提前交付、准时交付或订单完整。两个顾客认为"高度满意"的原因可能完全不同。一个顾客可能在大多数情况下都比较容易满足，而另外一个可能很难满意，只是在这种情况下很满意。评估竞争对手的顾客满意度也很重要，这有助于公司估算"钱包份额"或顾客在公司品牌上的花费：消费者对公司品牌的满意度和忠诚度排名越高，他们就越有可能在该品牌上花钱。[18]

定期调查可以追踪顾客的整体满意度，同时可以询问其他问题来衡量顾客的再购买意愿，以及向他人推荐公司产品和品牌的意图、可能性或愿望，并了解可能与顾客满意度相关的特定属性或利益感知。

获得高顾客满意度评级的公司会确保它们的目标市场知晓这一点。通用汽车、现代汽车、美国运通公司和阿拉斯加航空公司（以及其他公司）一旦在君迪的顾客满意度评分中获得同类公司第一名，就会立刻告知顾客。

公司也需要监测竞争对手的表现。它们可以监测顾客流失率（customer loss rate），并联系那些停止购买或转向其他供应商的顾客来了解原因。公司还可以雇用神秘购物者假扮成潜在购买者，通过他们了解公司和竞争对手产品的优劣势。

管理者自己也可以进入公司或者竞争对手（他们不知道）的销售场地来亲身体验被服务接待的状况，他们也可以打咨询或投诉电话到公司看自己的员工如何处理这些电话。例如，宜家创始人英格瓦·坎普拉德（Ingvar Kamprad）经常匿名走访自己的门店，以确保门店提供一致且优质的服务。

密歇根大学开发了美国消费者满意度指数（ACSI）来评估消费者对不同公司、行业、经济部门和国民经济的感知满意度。[19] 研究显示，根据 ACSI 的评估，顾客满意度与公司的财务绩效，如投资回报率、销售额、公司长期价值和其他指标之间存在很强的相关性。[20] "营销洞察：净推荐值和顾客满意度"解释了为什么有的公司相信用一个精心设计的问题就足以评估顾客满意度。[21]

建立顾客忠诚

只是吸引新顾客是不够的，公司必须想办法留住他们并增加他们的购买。太多公司都遇到顾客流失率高的问题，然而相比于想办法留住现有顾客，它们依然将大部分投入集中在获取新顾客上面，尽管用于抵消顾客流失的成本很高。与试图获取那些一旦发现更划算的交易就离开公司的顾客相比，通过建立顾客忠诚来优先留住顾客是迄今为止获得长期盈利更有效的办法。

建立顾客忠诚的三个最有效的策略包括与顾客密切互动、开发忠诚计划和建设品牌社区。下面将讨论这些策略。

与顾客密切互动

对公司员工来说，与顾客、病人和其他人直接接触不仅能让他们了解一手信息，更能有效激励他们。终端用户能提供公司产品和服务所产生积极影响的有形证据，并对员工的贡献表达感谢，引发共情。一个获得奖学金的学生的短暂拜访，可以使大学奖学金筹款人每周的工作效率提高 400%；一位病人的照片鼓舞着放射科医生将诊断结果的准确性提高了 46%。[22]

除了为公司员工提供信息和激励员工，与顾客经常互动并保持密切关系往往也有益于顾客。与公司的互动有助于顾客参与公司产品、服务和品牌建设，这反过来又有助于创造对公司忠诚的顾客。那些相信公司在倾听他们意见的顾客会在尝试满足自己需要的时候，更有可能保持忠诚，而不太可能转向提供更好交易的竞争对手。

倾听顾客的意见是顾客关系管理的关键，一些公司已经建立了相应的机制，使得营销者能够持续深入一线了解顾客的反馈。

约翰迪尔拖拉机制造商迪尔公司（Deere & Company）拥有卓越的顾客忠诚度记录——在某些产品领域，年度顾客忠诚度接近 98%——它曾雇用退休员工采访流失顾客和现有顾客。[23]

美国知名水产加工企业 Chicken of the Sea 的美人鱼俱乐部拥有 8 万名会员组成的核心顾客群体，他们会收到特别优惠、健康提示和阅读文章、新产品升级，以及内容丰富的电子通信。作为回报，俱乐部成员对公司正在做和打算做的事情提供有价值的反馈。他们帮助公司设计了该品牌的网站，开发了电视广告并设计了包装。

熊熊梦工厂（Build-A-Bear Workshop）有一个为决策提供反馈和参考意见的"小熊咨询委员会"，该委员会由 20 名 5~16 岁的儿童组成。他们审查新产品的创意，并进行"举爪表决"。商店里的很多产品都是顾客的创意。[24]

倾听只是顾客互动的一部分，成为顾客的拥护者也同样重要。尽可能地站在顾客的立场上，理解他们的观点，并在适当的时候改进公司的产品，为顾客创造更大的价值。

开发忠诚计划

忠诚计划是公司设计的一种促销激励，它鼓励顾客继续照顾它们的生意，并在某些情况下，提高他们在公司购买产品和服务的频率和数量。忠诚计划旨在奖励那些经常购买和大量购买的顾客。它可以帮助高价值顾客建立长期的顾客忠诚，并在这一过程中创造交叉销售的机会。航空公司、酒店和信用卡公司率先推出了忠诚计划，现在许多其他行业也都采用了。大多数连锁超市和药店提供特价俱乐部会员卡，允许他们用优惠价格购买某些特定商品。

在一个行业中，通常最先引入忠诚计划的公司受益最大，尤其是竞争对手反应缓慢的时候。在对手做出反应后，忠诚计划可能会成为所有提供这一计划的公司的财务负担。不过也有些公司能够有效且有创意地管理顾客忠诚计划。忠诚计划提供的奖励在某种程度上锁定了顾客，并显著提高了转换成本。忠诚计划还有一种心理激励的作用，让顾客觉得自己与众不同、出类拔萃，而这恰恰是顾客看重的。[25]鞋业零售商 DSW（Designer Shoe Warehouse）是一家意识到有必要让顾客参与忠诚奖励计划的公司。

≪ 为了保持客户对长期忠诚计划的新鲜感，DSW 发起了一项个性化的电子邮件活动，告知客户当下的优惠信息，并激励客户争取未来的奖励。

Source: JHVEPhoto/Shutterstock

DSW　尽管 DSW 的长期忠诚计划运行得极好，但这家鞋业零售商意识到了自满的内在危险。该项目在网上为顾客每笔消费提供积分，并随着顾客消费额的增加而开放奖励等级。然而，自动奖励的问题在于，顾客很容易忘记这个计划，也就没有了激励顾客消费更多、赚取更多积分的动力。为了保持顾客的参与度和积极性，DSW 发起了一项电子邮件激活活动，定期向顾客发送关于其忠诚奖励计划的提醒。电子邮件是为每个顾客量身定制的，告知他们当前的优惠活动，需要多少积分才能获得未来购买 10 美元折扣的资格，并告知他们加入忠诚计划的时间、已获得的积分和过去两年中节省的金额。DSW 利用掌握的顾客信息创建深度个性化的电子邮件，提高持续沟通的关联性，并提升 DSW 及其忠诚计划在顾客心中的新鲜感。[26]

俱乐部会员制是一种流行的忠诚计划形式，旨在吸引并留住那些对公司占比最大业务有贡献的顾客。俱乐部可以向所有购买产品或服务的人开放，也可以仅限于某一个有亲和力的小团体或愿意支付少量费用的人。尽管开放的俱乐部有助于建立一个数据库或从竞争对手那里抢到顾客，但有限制条件的俱乐部往往更能强有力地建立顾客长期忠诚。会员费和入会条件会使那些对产品兴趣短暂的人望而却步。例如，为了建立忠诚度，美国运通为其全球白金卡会员提供免费进入世界各地主要机场百夫长贵宾室网络的机会。

建设品牌社区

品牌社区（brand community）是由消费者和雇员组成的专门的社区，他们的身份认同和活动围绕品牌展开。[27] 品牌社区有三个特征：第一，他们共享和品牌、公司、产品或其他社区成员关联的感觉；第二，他们共享有助于传达社区意义的仪式、故事和传统；第三，他们共同承担对整个社区和对个别社区成员的道德责任或义务。

品牌社区有许多不同的形式。有些是由品牌用户自发形成的，比如乐高和保时捷 Rennlist 在线讨论组。还有一些是由公司赞助和推动建立的，如思爱普社区网络、星巴克的 My Starbucks Idea 论坛、丝芙兰的 Beauty Talk 社区、微软的 Xbox 大使和哈雷车主会（H.O.G）。

哈雷戴维森　哈雷戴维森于 1903 年在美国威斯康星州的密尔沃基成立，曾两度险些破产，但最终成为世界上最受认可的摩托车品牌之一。哈雷通过发展强大的品牌社区来保持与顾客的联系，它拥有一个包容的车主俱乐部，被称为哈雷车主会。该组织赞助摩托车大赛、慈善骑行以及其他摩托车活动，目前有超过 100 万名会员，有大约 1400 个分会。哈雷车主会的福利包括一本名为《哈雷故事》（Hog Tales）的杂志、一本旅行手册、道路应急服务、特别设计的保险计划、被盗悬赏金服务、酒店折扣，以及一个让会员在度假时租用哈雷摩托车的"飞与乘"（Fly & Ride）计划。该公司专门为哈雷车主会开辟了网站，并提供俱乐部的分会和活动，以及会员专区相关信息。哈雷在社交媒体上也很活跃，在脸书上有 780 万粉丝。一位哈雷车迷做了一场名为"合众为一"（Out of Many, One）的视频及推特传播活动，视频中来自各行各业的哈雷车迷骑着哈雷摩托车，展示着他们的多样性，表达着他们的自豪感。[28]

公司无论规模大小都可以建立品牌社区。纽约著名的 Signature Theatre 公司新建了一个 7 万平方英尺的场地供演出使用，同时确保这是一个演员、工作人员、剧作家和观众能在这里交流和互动的枢纽。[29] 在线上，营销者可以利用社交媒体网络，如脸书、推特、Instagram、YouTube 和微信创建自己的在线社区。会员可以推荐产品、分享评论、创建推荐或最爱清单，或者在网上一起社交。

品牌社区可以为产品改进或创新提供源源不断的灵感和反馈，品牌社区成员发起的活动或者倡议也可以在某种程度上替代公司本来必须参与的活动，从而产生效果更好、效率更高的营销结果。[30]

建立一个积极的、富有成效的品牌社区需要深思熟虑并认真实践。一组研究者提出了如下关于如何让线上品牌社区更有效的建议：[31]

- 加强交流信息的及时性。设定专题讨论时间，对及时、有益的回应给予奖励，增加社区接入点。

- 增强发布信息的相关性。把注意力集中在主题上，论坛要分类，鼓励用户预先选择兴趣话题。

- 扩展对话内容。让用户更方便表达，不要限制回应的长度，允许用户对所发信息的相关性进行评估。

- 提高信息交流的频率。推出竞赛，使用大家熟悉的社交网络工具，为访问者创造特殊的机会，感谢提供帮助的会员。

管理顾客关系

公司一直利用顾客信息来建立长期关系。[32] **顾客关系管理**（customer relationship management, CRM）是通过认真管理个人顾客和所有顾客接触点的详细信息来达到顾客忠诚度最大化的过程。管理顾客关系很重要，因为顾客基础的总价值是公司盈利的主要驱动力。还有一个相关的概念是顾客价值管理，它描述的是公司对其顾客基础的价值优化。**顾客价值管理**（customer value management）侧重于分析有关潜在顾客和顾客的个人数据，制定营销策略以获取和留住顾客，并驱动顾客行为。[33]以邓韩贝（Dunnhumby）的经历为例。

邓韩贝　由埃德温娜·邓恩（Edwina Dunn）和克莱夫·翰比（Clive Humby）夫妇组建的英国顾客数据科学公司邓韩贝，通过收集忠诚计划数据和信用卡交易信息，帮助零售商和其他公司提高盈利能力。该公司曾经帮助英国超市巨头乐购管理不同业务：创建新的商店业态，设计门店布局，开发自有品牌产品，为购买忠诚卡的顾客定制优惠券和特别折扣。邓韩贝分析显示，有一种面包是忠诚粉丝的"目标产品"，如果这种面包没有了，他们就会去别处购买。基于此，乐购决定不放弃这款销售不畅的面包。坐拥全球 3.5 亿人的数据信息，邓韩贝的洞察为产品范围、可及性、空间规划和新产品创新决策做出了贡献。在为欧洲一家大型目录营销公司所做的分析过程中，邓韩贝发现不同体形的消费者不仅喜欢的服装风格不同，而且在一年中的购物时间也不同：身材较瘦的消费者往往在新一季产品上市初期购买，而偏胖的消费者则比较保守，会等到季末看看哪些款式流行才下手。[34]

顾客关系管理使公司能够通过有效利用个人账户信息来提供优质的实时顾客服务。它们可以在了解每个有价值的顾客的基础上，来定制市场产品、服务、活动计划、信息和媒体等。

强化顾客关系管理的通用策略包括定制化、顾客授权、管理顾客口碑和处理顾客投诉。我们在下面的章节中讨论这些策略。

定制化

定制化包含调节实体产品和改进服务体验。定制化涉及使公司的产品或服务尽可能满足顾客的个性化需求。这是一个挑战，因为没有两个顾客是完全相同的。定制化要求营销者放弃 20 世纪建立强大品牌公司的大规模市场实践，转而采取新的方法，回归一个世纪前的营销做法。当时商人对他们的顾客了如指掌，并为每个人设计独特的产品。

>> 将所有来源的飞行常客信息集中到一个单独的数据库中，并将 iPad 分发给机组人员和地面工作人员，使英国航空公司能够将个性化服务推向新的高度。

英国航空　英国航空公司（British Airways）借助其"了解我"项目将个性化服务提升到了一个更高的水平。该项目的目的之一是将公司所有服务渠道——网站、呼叫中心、电子邮件、机上服务和机场服务的飞行常客信息集中到一个单独的数据库中。对于任何一个预订了航班的乘客，英国航空公司都知道其目前的座位、以前乘坐过的航班和用餐选择，甚至了解以前的投诉历史。该公司向机组人员和地勤人员分发 iPad，允许他们针对任何一个航班都能使用该数据库并接收与乘客相关的个人识别信息。英国航空公司使用从谷歌图像搜索下载的乘客照片来帮助识别 VIP 乘客的身份。该公司的一名代表将该项目描述为"重建那种你一进入某家喜欢的餐厅就被认可且受到欢迎的感觉，只不过在我们这里，数千名员工将把这种认可传递给数百万的顾客"。尽管一些观察人士提出此举有个人隐私的顾虑，甚至称之为"令人恐怖"，但英国航空公司指出，乘客信息他们本来就有，公司最有价值的乘客甚至认为该做法十分有益。[35]

　　为了定制化消费者体验，公司一直使用呼叫中心，以及通过在线、数字化和移动工具，并在人工智能和数据分析的辅助下促进与顾客之间的持续联系。虽然技术可以帮助管理顾客关系，但企业也必须谨慎，不要推出过多的自动应答电话系统或社交网络工具作为满足顾客服务要求的手段。许多顾客仍然倾向于和真人客服代表交谈来获得更多的个人服务，这是建立持久顾客关系的优先选择。

　　公司逐渐认识到个人因素在顾客关系管理中的重要性，以及在顾客与公司实际接触后的影响。员工可以通过个性化和私人化的顾客关系来紧密绑定顾客。下面来看看英国航空公司为满足尊贵顾客需求所做的努力。

　　当英国航空公司对其服务体验实施个性化策略时，宝马公司也想方设法使其产品个性化。该公司提供 500 种外后视镜组合选项、1300 种前保险杠组合选项和 9000 种中央控制台组合选项，并给新顾客提供一个视频链接，这样他们可以在等待交付的过程中看到他们购买的车是如何"降生"的。宝马公司精细化的制造和采购系统使生产流程变得轻松，降低了库存成本，且规避了成为滞销品带来的价值折损。忠诚的顾客有了更多的选择，就给宝马及经销商带来了更高的盈利能力。甚至可口可乐也加入了定制化的行动。可口可乐的自动售卖机提供125种起泡和不起泡饮料品牌，消费者可以通过触摸屏进行混合，调制适合自己的特定口味。

为了开发一个有效的顾客关系管理计划，营销者必须了解自己的顾客。[36]顾客关系管理计划的基础是顾客数据库。这个数据库是一个有组织的关于单一顾客或潜在顾客的综合信息的集合，这些信息是即时的、可访问的，并且对于潜在顾客开发、潜在顾客资质、供应品销售或顾客关系的维护都是可操作的。在这个情形下，顾客关系管理可以被看作一个建立、维护和使用与顾客相关数据来联系顾客、与顾客进行交易和建立长期顾客关系的过程。

线上零售商通常会向消费者推荐选择或者购买："如果你喜欢这个黑色的手提包，那么你也会喜欢这件红色的上衣。"据消息来源估计，推荐系统贡献了线上零售商10%~30%的销售额。专门的软件工具有助于促进顾客"发现"或实现计划外购买。与此同时，线上零售商需要确保它们与顾客建立关系的努力不会适得其反，就像当顾客被计算机生成的推荐信息狂轰滥炸，而这些推荐信息总是不尽如人意一样。在亚马逊上购买过一些婴幼儿礼物之后，你会发现你的个性化推荐突然不那么个性化了。线上零售商在寻找真正有效的技术和流程时，需要认识到线上个性化的局限性。

为了适应顾客日益增长的个性化需求，同时考虑到并非所有的顾客都希望与公司建立关系，许多人会有个人隐私的顾虑，那么营销者可以尝试许可营销。**许可营销**（permission marketing）是在获得消费者明确许可之后才对其进行营销活动的做法，前提是营销者不能再通过大众媒体活动进行干扰营销（interruption marketing）。也许最常见的许可营销方式是向选择订阅、允许出版商给他们发送相关信息的读者发信息。

许可营销意味着营销者只有通过尊重消费者愿望来建立更牢固的顾客关系，并且只有当消费者表达了更深度参与品牌活动的意愿后才能向他们发送信息。这种方式也使得公司与顾客之间的互动更有意义。[37]

像其他个性化方法一样，许可营销假设消费者知道他们想要什么，即使他们通常有不是很明确的、模糊的甚至是互相矛盾的偏好。参与营销（engagement marketing）可能是一个比许可营销更合适的概念，因为营销者和消费者应该共同努力，找出企业如何才能更好地满足消费者需求的方法。

顾客赋权

近年来，消费者有越来越多的机会来掌握他们与公司的互动方式。在过去，顾客作为消费者往往被动地接收营销信息，但现在他们能够选择是否以及如何参与公司的营销活动。这种现象被称为**顾客赋权**（customer empowerment），意味着公司必须加强与顾客的关系，并用新的方式和他们互动。由于公司赋权与顾客赋权相匹配，公司不得不适应顾客关系性质的变化。为了强化顾客关系，营销者正在帮助顾客转变为品牌的传道者，为他们提供资源和机会来展现他们的热情。多力多滋（Doritos）公司举办了一场让消费者为下一款口味命名的比赛。匡威（Converse）要求业余电影制片人提交 30 秒的微电影来展示这个标志性的运动鞋品牌是如何鼓舞他们的。所提交的优秀作品被收录在"匡威画廊"的网站上展示，最佳作品则成为电视广告。[38]

尽管新技术可以帮助顾客协助或参与品牌营销，但它也可以让顾客规避一些营销活动。例如，许多网页浏览器都有广告拦截和弹出窗口拦截软件，电子邮件服务器提供垃圾邮件过滤器，移动电话提供呼叫拦截选项，等等。

虽然已经为新赋权的消费者做了很多工作，比如参与设定品牌方向，并在品牌市场营销中发挥更大的作用，但仍然只有在某些时候，某些消费者才愿意参与他们使用过的某些品牌的营销。消费者有自己的生活、工作、家庭、爱好、目标和义务，很多事情对他们来说比他们购买和消费的品牌更重要。鉴于顾客兴趣的多样性，理解如何最好地营销一个品牌是很重要的。[39]

消费者什么时候会选择与品牌互动？这其中可能包含许多推动因素，但一项研究透露了以下这些与顾客实用主义相关的问题："……大多数人不会只是为了感觉有联系而通过社交媒体与公司互动。为了成功地利用社交媒体的潜力，公司需要设计能够传递有形价值的体验，以换取顾客的时间、注意力、背书和数据。"[40] 这些"有形价值"包括折扣、优惠券和促进购买的信息。许多公司忽视了社交媒体在捕捉顾客洞察、监测品牌、进行调研和征求新产品意见等方面传递顾客价值的能力。

管理顾客口碑

虽然对消费者选择影响最大的仍然是朋友和亲戚的推荐，但来自其他消费者的推荐也越来越成为一个重要的决策因素。人们在对一些公司及其广告的信任度越来越低的情况下，在线顾客评分和评价在购买过程中发挥的作用越来越大。[41]

例如，弗雷斯特市场咨询公司的一项研究发现，约有一半的消费者不会预订没有在线评论的酒店，因此无疑会有越来越多的酒店推出自己的顾客评论计划（喜达屋在个别酒店网站上发布独立的、经过认证的评论）或使用旅游评论网站（温德姆酒店在其网站上发布来自猫途鹰的 5 条最新评论使得订单量增长了 30%）。[42] 猫途鹰已经快速成为旅行者宝贵的在线资源。

猫途鹰 斯蒂芬·考费尔想去墨西哥度假，但是令他感觉沮丧的是，网上遍寻不到详细、可靠和及时的信息可以帮助他决定到底去哪儿更好。于是，2001 年他创建了猫途鹰。作为在线消费者旅游评论的先驱，该公司发展迅速，目前已成为世界上最大的旅游网站。它允许用户收集和分享信息，并通过网站合作的酒店和航空公司预订酒店、度假租赁、机票、餐厅和其他与旅游相关的场所或业务。用户可以发表评论、晒照片、发表意见或者参与不同主题的讨论。为了提高内容的质量和准确性，猫途鹰通过人工和先进的计算机算法结合的方式来审查内容，其中包括一个验证和欺诈监测系统——通过审查 IP 和电子邮件地址（以及其他评论相关属性）监控可疑的发帖和不恰当言论。猫途鹰每月有超过 4.9 亿的访问和超过 7 亿条的评论。每个月还有数亿人在 Hotels.com、Expedia 和 Thomas Cook 等数百个其他网站上浏览猫途鹰的评论。猫途鹰通过创新来提高其服务的个性化和社交性。事实上，它是脸书推出的"即时个性化"项目的初始合作伙伴之一，该项目允许用户根据其他好友隐私设置是否允许查看所发布的猫途鹰内容，使他们的猫途鹰体验更加个性化。Local Picks 是脸书的一款应用软件，用户可以通过它对猫途鹰上的餐厅进行本地化评论，并在脸书上自动分享用户评论。[43]

百思买、史泰博和巴斯超级店等实体零售店见识到了消费者评论的影响力，也开始在它们的店内展示这些评论。尽管消费者接受这些评论，但它们的质量和完整性仍有问题。[44] 举个著名的例子，全食超市的联合创始人兼首席执行官在 7 年的时间里，在雅虎财经在线公告板上托名发表了 1100 多篇文章，赞美自己的公司，批评竞争对手。有的公司利用计算机识别技术来监测欺诈行为。用户点评及社交商务平台供应商 Bazaarvoice 为沃尔玛和百思买等公司提供一种名为"设备指纹"的程序来管理和监测线上评论。它们发现有的公司发布了数百条自己公司某一产品的正面评论，以及竞争对手产品的负面评论。[45]

在线评论和博客网站一直在努力监管评论。消费者点评网站 Angie's List 只允许付费和注册用户访问其网站，以避免出现匿名或有偏见的评论。用户使用成绩报告单式的 A 到 F 评级对供应商的价格、质量、响应能力、准时性和专业性进行评价。也有其他网站提供专业的第三方评论摘要。评分网站 Metacritic 汇总来自多个出版物对音乐、游戏、电视和电影的权威评论，并将它们综合成一个 1~100 的分数。在游戏行业，一些游戏公司将开发者的奖金与热门网站上的评分挂钩。如果一款主打的新游戏的用户评分达不到 85 分这一临界值，那么该发行商的股价可能会下跌。[46]

营销者可以通过跟踪社交媒体的流量来识别有影响力的博客。有的博主有成千上万的粉丝，因此他们对产品和服务的评论很有影响力。在某些品牌或产品品类的线上搜索结果中，博客经常出现在最热门的链接中。公司会给主要博客作者提供免费样品或预告信息来讨好他们。许多博主在他们的文章中披露了公司所给予的特殊待遇。

对媒体预算有限的小品牌来说，网络口碑非常重要。有机食品制造商 Amy's Kitchen 为了给一款新麦片产品造势，在产品推出之前就向该公司追踪的约 50 位素食、无麸质或素食食品博主邮寄了产品样品。在这些博主发布了麦片的好评以后，该公司收到了大量邮件询问在哪里可以买到这种麦片。[47]

事实证明，即使是负面评论也会有惊人的影响力。一方面，尽管它们可能会损害一个知名品牌，但也会让一个不知名或被忽视的品牌产生知名度。另一方面，它们也可以提供有价值的信息。弗雷斯特市场咨询公司在一项研究中对一万名亚马逊消费者进行了关于电器、家居和园艺产品的调研，结果发现 50% 的人认为负面评论是有用的。当消费者可以通过负面评论更好地了解产品的优缺点时，可能会减少产品退货，从而为零售商和生产商省钱。[48]

处理顾客投诉

一些公司认为它们可以通过统计顾客的投诉来了解顾客满意度。但是研究表明，虽然大约 25% 的顾客对他们的购买行为感到不满意，但只有 5% 的顾客会投诉。另外 95% 的人要么觉得投诉不值得，要么不知道该向谁或如何投诉。他们只是停止购买。[49]

在投诉的顾客中，如果他们的投诉得到解决，50%~70% 的人可能会再次购买。如果顾客觉得投诉得到了迅速解决，这个数字会上升到惊人的 95%。那些投诉得到妥善解决的顾客平均向 5 个人讲述他们得到的良好待遇。然而，不满意的顾客平均向 11 个人抱怨他们的遭遇。每个听到抱怨负面经历的人再转告其他人，传播负面口碑的人数可能会呈指数级增长。

无论营销计划的设计多么完美，实施多么完善，错误总是会发生的。一个公司能做的最好的事情，首先不是把发生错误的机会降到最低，而是让顾客投诉更方便。公司应该为顾客提供建议表格、免费热线电话、网站、应用程序和电子邮件地址，以便开展迅捷、双向的沟通。让顾客提供反馈意见不仅有助于解决他们的投诉问题，还可以帮助公司改进其产品和服务。3M 公司声称公司超过三分之二的产品改进创意来自倾听顾客的投诉。

考虑到许多顾客可能选择不投诉，公司应该主动监测社交媒体和其他顾客可能会公开发表投诉和反馈的地方。捷蓝航空的客服团队除了提供顾客服务，还负责监测公司的推特账户和脸书页面上的评价。当一位顾客抱怨将折叠自行车带上飞机需要收费时，此事在网上流传开来，捷蓝航空迅速做出了回应并确认这项服务无须收费。[50]

考虑到拥有一个不满意的顾客带来的潜在不利因素，营销者必须正确且迅速地处理顾客的负面体验问题就显得至关重要。以下实践尽管具有挑战性，但可以帮助恢复公司商誉：[51]

- 设立一个 7×24 小时的免费热线（可以通过电子邮件、在线聊天、电话或传真），方便顾客进行投诉登记，公司也更容易采取行动。
- 尽快联系投诉顾客。公司反应越慢，就会产生越来越多的不满，从而导致负面口碑。
- 在寻求解决方案之前，找出顾客不满意的真正原因。有的顾客发起投诉与其说是在寻求赔偿，不如说是在寻求公司的关心。
- 对顾客的失望承担责任，不要把责任推到顾客身上。
- 快速解决顾客投诉，使顾客满意，同时要考虑解决投诉的成本和顾客的终身价值。

然而，并不是所有的抱怨都能反映公司产品或服务存在的缺陷或问题。[52] 有些投机者试图利用公司很小的违规行为或慷慨的补偿政策，尤其是针对大公司。一些公司如果觉得批评或投诉不合理，就会反击，甚至采取咄咄逼人的姿态。另一些公司则设法在顾客的抱怨中找到一线希望，并利用这些改善公司的形象和业绩。

在塔可贝尔的负面新闻在网上发酵，谣言和消费者诉讼声称其墨西哥玉米卷饼的混合物填充得比肉还多之后，该公司立即采取行动，在报纸上刊登整版广告，标题是"谢谢你起诉我们"。在这些广告、脸书的帖子和 YouTube 上的视频中，该公司澄清道，它的墨西哥玉米卷饼中 88% 是牛肉，添加水、燕麦、香料和可可粉等原料，这些只是为了改善口味、口感和水分。为了更好地传播该信息，公司的营销者购买了"塔可"（taco）、"贝尔"（bell）和"诉讼"（lawsuit）等关键词，这样该公司的官方回应便能出现在谷歌和其他搜索引擎的第一个链接上。[53]

当然，很少有公司能做到零投诉，总有一些顾客的期望高于公司所提供的利益。相反，公司的目标可能需要平衡顾客满意度与公司的战略和盈利目标，这样公司才可能既为顾客创造价值，也为利益相关者创造价值。

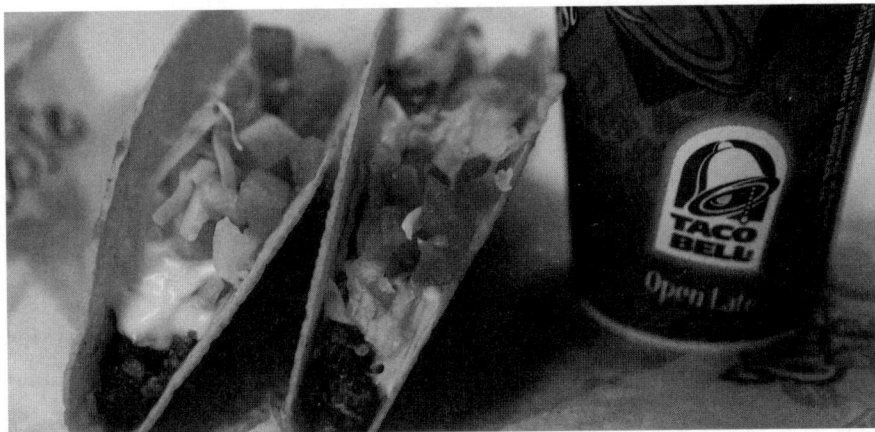

≪　塔可贝尔通过社交媒体积极捍卫其产品质量。

　　许多高管担心公司使用社交媒体，以及暴躁的顾客在网上传播引发的潜在的负面效应。然而，营销者认为，使用社交媒体利大于弊，可以想办法将这种损害的可能性降至最低。一些积极履行企业社会责任的公司可以采取的策略是：在平静时期积极塑造自己的公众形象，然后在困难时期利用这种商誉在付费媒体或其他媒体上宣传公司。耐克曾经饱受互联网批评者的诟病，它巧妙地利用搜索引擎优化来扭转公司的不良形象。现在，在网上搜索"耐克"，出现的一些网站链接描述的是耐克的许多环保措施和社区倡议（比如回收鞋子）。

管理顾客终身价值

　　市场营销通常被视为吸引和留住盈利顾客的艺术。然而，一方面，每家公司都在一些顾客身上亏钱。著名的"80/20 法则"认为，公司 80% 或更多的利润来自前 20% 的顾客。有些情况可能更极端：最有利可图的 20% 的顾客（按人均计算）可能占公司利润的 100% 以上。另一方面，10%~20% 最没有价值的顾客实际上会使公司产生亏损，中间的 60%~70% 的顾客则不赚不亏。[54] 这意味着，公司可以通过"解雇"最差的顾客来提高利润。

　　公司需要关注如何有效地从顾客和可能的潜在顾客身上创造价值。公司销售额最大的顾客希望得到周到的服务和超低的折扣，但这些顾客并非总能为公司带来最多利润；销售额最小的顾客支付全价，得到最少的服务，但与他们交易产生的过高成本可能会减少公司盈利；接受良好服务并支付几乎全价的中型顾客通常是最有利可图的。

顾客终身价值的概念

股东价值的一个关键驱动因素是顾客基础的总价值。顾客关系管理的目标是创造高顾客终身价值。[55] **顾客终身价值**（customer lifetime value，CLV）反映了顾客成为公司顾客期间为公司创造的货币等价价值。CLV 可以指单个顾客所创造的价值，也可以指公司所有顾客所创造的累计价值，即"所有顾客终身价值之和"。[56] 顾客终身价值也被称为**顾客资产**（customer equity）。

顾客终身价值受到收入和获取、保留顾客以及交叉销售的成本的影响。盈利顾客是指一个人、一个家庭或一个公司，随着时间的推移所产生的收入流超过了公司吸引、销售和服务该顾客的成本流的可接受数额。请注意这里的重点在于生命周期的收入流和成本流。事实上，从公司的角度来看，重要的是它在所有与顾客互动的过程中所获得的价值，而不是特定交易所获得的价值。营销者可以通过细分市场或渠道来评估单一顾客的终身价值。

为了有效地管理顾客关系，公司必须能够测量每个顾客与公司交易期间可能给公司带来的价值。然而，尽管许多公司评估顾客满意度，却很少测量单个顾客的盈利能力。银行声称这是一项艰巨的任务，因为每个顾客使用的银行服务不同，交易记录也发生在不同的部门。然而，有一些成功将顾客交易连接起来的银行发现，它们的顾客数据库中无利可图的顾客数量令人震惊。一些公司报告说，它们在超过 45% 的零售顾客身上是亏本的。

顾客盈利性分析（customer profitability analysis）通常用一种叫作作业成本法的会计技术工具来进行。**作业成本法**（activity-based costing）旨在确定与服务每个顾客相关的实际成本，其中产品和服务的成本基于公司消耗的资源。公司估计来自顾客的所有收入，减去所有成本。B2B 情形下的作业成本法，成本应该不仅包括制造和分销的产品和服务的成本，还包括给顾客打电话、旅行拜访顾客、支付娱乐和小礼品的费用，即服务顾客涉及的全部公司资源。作业成本法还将间接成本，如文书费用、办公费用和用品等，分配给涉及使用这些成本支出的活动，而不是作为直接成本的一部分。可变成本和间接成本都会被分摊到每个顾客身上。

不能正确计量成本的公司也就不能正确计量利润，因此很可能错误地分配它们的营销投入。有效地运用作业成本法的关键是正确地定义和判断"作业"。一个基于时间的解决方案是计算每分钟的成本，然后再决定每个活动使用的成本总合。[57]

顾客终身价值和品牌资产

顾客终身价值（顾客资产）的视角和品牌资产的视角的确有许多共同点。两者都强调顾客忠诚度的重要性，以及通过尽可能多的顾客支付、尽可能高的价格来创造价值的理念。

但在实践中，两种视角的侧重点有所不同。一方面，顾客资产的视角侧重关注财务价值的底线，它的好处在于产生了可量化的财务业绩指标，但同时它没有充分说明创建强势品牌的重要优势，例如吸引高素质员工的能力，从渠道和供应链合作伙伴获得更强有力的支持，以及通过产品线、品类扩张和授权创造增长机会。顾客资产法的好处在于更明确地考虑品牌的"期权价值"，及其对未来收入和成本的潜在影响。

另一方面，品牌资产视角则强调品牌管理过程中的战略问题，以及创造和利用针对顾客的品牌意识和品牌形象。它可以在实践中指导具体的市场营销活动。然而，关注品牌的管理者并不总会从他们实现的品牌资产或他们创造的长期盈利结果的角度来做详细的顾客分析。品牌资产法的好处在于顾客层面分析所提供的更敏锐的市场细分方法，以及对如何开发个性化的、定制化的营销方案的更多考虑——无论是个人消费者还是如零售商一样的组织。与顾客资产视角相比，品牌资产视角通常较少考虑财务因素。

研究者认为，不管是关注品牌资产，还是顾客资产，都取决于公司创造市场价值的方式。一般来说，以产品为中心的公司（如宝洁、可口可乐和百事可乐）倾向于把品牌资产作为主要的价值来源和未来增长的关键资产。相比之下，以服务为中心的公司（如银行、航空公司、信用卡公司，以及有线电视和互联网提供商）倾向于将顾客资产作为关键资产和绩效衡量标准。具体来说，关注品牌资产和顾客资产之间的区别归纳如下：

- 采用订阅模式的企业，如健身俱乐部、移动运营商和电影流媒体公司，更有可能在顾客资产中发现价值；不使用合同服务的公司则倾向于关注品牌资产。
- 能够独特地识别顾客并评估其盈利能力的公司往往关注顾客资产，无法在顾客行为和绩效结果之间建立直接联系的公司往往更关注品牌资产。
- 公司生产如汽车、服装和时尚配饰等表现自我的产品往往更关注品牌资产。
- 无法轻易获得顾客层面数据或与顾客没有直接接触的公司更倾向于关注品牌资产。
- 服务导向型公司比产品导向型公司更关注顾客资产。

尽管有些公司要么倾向于关注顾客资产，要么倾向于关注品牌资产，但这两种类型的资产都很重要。没有无顾客基础的品牌，也没有无品牌偏好的顾客。品牌是零售商和其他渠道中间商用来吸引顾客的"诱饵"，进而从顾客中获取价值。顾客是品牌的有形利润引擎，使得品牌价值货币化。[58]

建立顾客终身价值

顾客盈利分析和获客漏斗帮助营销者决定如何管理在忠诚度、盈利能力、风险和其他因素上存在差异的顾客群体。[59]成功的公司擅长运用以下策略来提高价值：

- **改进顾客服务**。通过选拔和培训员工，让他们用知识武装起来，同时通过友善地回答顾客选购产品的问题来提高顾客满意度的可能性。全食超市通过承诺提供新鲜、高质量的食品，以及提供卓越的服务体验来吸引顾客。
- **吸引顾客参与**。顾客对公司的参与度越高，就越拥护公司。在购买本田新车的人群中，有很大一部分是用新车置换旧车。司机表示，本田创造的车辆安全性声誉带来的转售价值较高。向顾客寻求建议是让顾客参与品牌和公司的有效途径。

- **提高每个顾客的增长潜力。**公司可以用新产品或新机会来提高现有顾客的销售额。哈雷戴维森不仅销售摩托车，也售卖手套、皮夹克、头盔和太阳镜等周边配饰。它的经销商销售 3000 多种类型的服装，有些甚至提供试衣间。其他授权销售的商品范围从可以想象的物品（小酒杯、母球和 Zippo 打火机）到更令人惊讶的物品（古龙香水、洋娃娃和手机）。如果目标顾客购买的每种商品都需要提供大量服务，产生大量退货，喜欢在促销时挑三拣四或限制所有产品的总花费，那么交叉销售就无利可图。[60]

- **管理无利不图的顾客。**营销者可以鼓励无利不图的顾客购买更多或大量采购，放弃某些功能或服务，或支付更高的金额、费用。银行、电话公司和旅行社现在都对曾经免费的服务收费，以确保在这些顾客身上的最低收益。公司也可以放弃那些盈利性可疑的潜在顾客。前进保险公司会筛选顾客，并将潜在无利可图的顾客留给竞争对手。然而，那些只支付很少费用或不支付任何费用、由付费顾客来补贴的"免费"顾客，如印刷和网络媒体、就业和婚恋服务以及购物中心，有一个重要功能，就是能够带来有用的直接和间接网络效应。[61]

- **奖励最有利可图的顾客。**最有利可图的顾客可以享受特殊待遇。用心准备的礼遇，比如生日问候、小礼物或者体育与艺术活动的邀请函，可以向顾客发送强烈的积极信号。酒店、航空公司、信用卡公司和租车代理公司通常为它们最好的顾客提供优质的服务，以确保他们的忠诚度，同时最大化自己的利润。

公司应该致力于在所有顾客接触点上创造顾客价值。**顾客接触点**（customer touch points）指的是顾客遇见品牌和产品的任何场合——从实际体验到个人或大众传播，再到不经意的观察。对一家酒店来说，接触点包括预订、入住和退房、常客优惠计划、客房服务、商务服务、健身设施、洗衣服务、餐厅和酒吧。四季酒店依靠的是私人化的接触，比如员工总是亲切地称呼客人的名字，能力强的员工可以了解见多识广的商务旅行者的需要，以及至少一种设施是酒店所在地区最好的，比如高级餐厅或水疗中心。

通过建立信任来创造顾客忠诚

信任一个公司或品牌意味着什么？过去 30 年的研究表明，信任是通过三个重要的支柱来建立和维持的。第一个支柱是能力。当公司和品牌的管理者具备有效工作的技能，并且达到或超过了人们对这些技能的期望时，公司和品牌就建立了能力信任（competence trust）。第二个支柱是诚实。公司通过不断地说真话和信守承诺来建立诚实信任（honesty trust）。第三个支柱是善意。当公司及其品牌表示真正关心顾客和员工的利益与目标时，就会建立善意信任（benevolence trust）。[62]

当顾客被问及一个特定的公司或品牌在这三个支柱上表现如何时，大多数公司都知道，它们在某些方面比其他方面更强。比如，脸书可能会被认为是"更有能力"，而不是诚实善意的公司。相比之下，一家本地银行可能会被认为更诚实、更具善意，而不是"更有能力"。因此，说一个公司或品牌是"受信任"或"不受信任"的往往过于简单，因为公司在某些方面可能比其他方面更受信任。公司和品牌需要更具体地诊断它们的信任支柱哪方面强、哪方面弱，这样它们才能更具体地制定战略和战术，以便在信任支柱薄弱的地方加强信任。

凯洛格商学院的信任研究专家肯特·格雷森（Kent Grayson）的研究表明，各种各样的公司活动会从三个方面影响顾客对公司或品牌的信任程度：能力、诚实和善意。[63]

- 顾客倾向于通过思考他们关于公司或品牌的消费体验与同类型公司体验情形的相似或不同之处来判断公司**能力**（competence）。例如，在一家三星级酒店预订客房服务的顾客可能会将他们的餐食与其他三星级酒店或餐馆的餐食进行比较。如果顾客点的是第戎芥茉酱，而客房服务却只提供普通的芥末酱，那么如果是在五星级酒店，顾客对酒店能力的信任会比在三星级酒店受到更大的负面影响。

- 消费者倾向于通过比较公司的声明和行动的一致性来评价品牌或公司是否**诚实**（honesty）。声称"没有隐藏费用"的航空公司如果被顾客发现机票里包含令人吃惊的费用，那么它就不会被顾客信任。

- 顾客评估品牌或公司的**善意**（benevolence），取决于他们是否认为自己的交易公平，以及那些为公司工作的人是否清楚地了解顾客的需要和期望。例如，许多顾客认为对同一种产品为不同顾客制定不同的价格是不公平的，所以他们不信任那些根据邮政编码向顾客收取不同价格的公司。

公司或品牌在最影响信任三个支柱的感知方面的活动有所不同，具体取决于公司的经营文化、针对的细分市场以及顾客对公司品牌的感知等因素。因此，希望有效管理信任的公司必须在决定投资哪些活动之前参与顾客研究。

研究表明，构筑信任的三个支柱都会受到公司正面或者负面信息的影响。正面信息对能力的影响比负面信息更大。如果一个品牌或公司未能交付产品，而原因恰恰与能力相关，那么顾客通常愿意原谅这种行为，特别是如果该品牌过去一直是有能力的。相反，诚实和善意受到负面信息的影响比正面信息大得多。如果一个品牌的行为在某种程度上缺乏诚实或善意，消费者就不太可能原谅，即使公司管理者或品牌在过去一直都是诚实或善意的。

信任在关系建立的初期更加重要，在关系成功建立并有效经营之后就不那么重要了。信任一旦建立起来，公司和品牌就可以从员工及顾客的信任中受益。只要公司或品牌的行为没有让现有顾客质疑其信任，那么信任的考虑就被他们放到考虑的背景中。有时，这种情况会鼓励公司不怎么用心经营与顾客的长期关系，甚至开始以顾客或员工不太注意的方式偷工减料。尽管在小范围内这可能是一种有效的策略，但品牌和公司不能在员工和顾客的长期信任方面漫不经心。长期顾客的终身价值往往较高，在长期关系中的感知信任背叛有时会比在短期关系中的感知信任背叛产生更显著的负面效应。[64]

测量顾客终身价值

顾客终身价值通常是根据某个顾客终身购买某产品或服务的预期总利润的净现值来计算的。[65] 具体计算是将公司预期收入减去吸引、销售和服务顾客的预期成本，再用相应的贴现率（例如10%~20%，大小取决于资金成本和对风险的态度）计算净现值。一个产品或服务的终身价值总计能达到数万美元甚至数十万美元。

顾客终身价值为顾客投资计划提供了一个正式的量化分析框架，有助于营销者采用长期视角。研究者和实践者已经使用了许多不同的方法来建模和估计顾客终身价值[66]，这些模型中常见的因子包括某个顾客产生的收入、获取和服务该顾客的成本、顾客在未来重复购买的概率、顾客作为公司顾客的可能期限，以及贴现率（公司的资金成本）。使用顾客终身价值概念的营销者还必须考虑有助于提高顾客忠诚度的短期品牌建设营销活动。

在测量顾客终身价值时，不仅要考虑每个顾客可能直接为公司创造的货币价值，还要考虑该顾客通过背书公司及产品而创造的战略价值。事实上，顾客对公司的价值部分取决于他们是否有能力和可能进行推荐，并参与正面的口碑传播。与从消费者那里获得正面口碑一样有用的是，可以让消费者直接融入公司，并提供反馈和建议，进一步引导顾客忠诚度及提升销售额。

营销
洞察 ｜净推荐值和顾客满意度

很多公司都将评估顾客满意度作为头等大事，但是它们应该怎样评估呢？贝恩公司（Bain）的弗雷德里克·赖克尔（Frederick Reichheld）建议，在这个过程中只有一个问题确实重要，即："你有多大可能把这个产品或服务推荐给你的朋友或同事？"

赖克尔的灵感部分源自企业租车公司的经历。1998 年，该公司将顾客满意度调查问卷的问题从 18 个精简到 2 个，一个是关于顾客租车的体验质量，另一个是在多大程度上顾客愿意再次从该公司租车。该公司发现对租车体验评价最高的顾客再次租车的可能性是对其评价次高的顾客的 3 倍。该公司还发现，信息诊断经理手中的不满意顾客提供的信息有助于微调公司的运营。这一洞察最后导致净推荐值这一工具的开发。

在根据赖克尔思想设计的一项典型的净推荐值调查中，顾客被要求用 1~10 分的量表来对他们推荐某品牌的可能性进行打分。然后，营销者从"推荐者"（打出 9~10 分的）中减去"诋毁者"（打出 0~6 分），得到净推荐值。给品牌打 7 分或者 8 分的顾客被视为被动满意者，其打分不计入最终评分。典型的净推荐值分数在 10%~30% 之间，但世界级的公司这个分数可能超过 50%。

这些年来赖克尔吸引了很多信徒。美国运通、戴尔和微软都采用了净推荐值测量工具，一些公司甚至将经理人的奖金和净推荐值分数挂钩。飞利浦专注于吸引推荐者融入，并解决诋毁者的问题，他们开发了一个"推荐者参照"计划，让那些愿意推荐该品牌的顾客通过录制感谢信来实际推荐。

赖克尔说，他开发净推荐值是为了应对因过于复杂而无效的顾客问卷调查。因此，顾客公司称赞净推荐值的简明性并与财务绩效密切相关也就不足为奇了。当财捷公司将净推荐值项目应用于其税务软件 TurboTax 时，顾客反馈显示对该软件的现金返还程序不满意。在财捷取消购买证明要求后，该产品的销售额提升了 6%。

尽管净推荐值很受欢迎，但它只是衡量顾客满意度的众多维度之一。由于简便性，净推荐值无法捕捉到顾客满意度的细微差别，因此可能会产生不准确的结果。常见的批评是许多不同的回复模式可能导致完全相同的净推荐值。例如，当推荐者占比 20%，被动推荐者占比 80%，而诋毁者等于 0 时，净推荐值等于 20%。而当推荐者占比为 60% 时，被动推荐者占比为 0，诋毁者占 40% 时，净推荐值也等于 20%。但这两种回复模式反映出来的管理含义是截然不同的。另一个常见的批评是，净推荐值并不是预测未来销售或增长的有效指标，因为它没有考虑到成本和收入这两个重要指标。

还有人质疑净推荐值的实际研究支持。一项针对挪威 21 家公司和 15000 多名消费者的综合性学术研究发现，没有任何证据支持净推荐值优于其他指标，比如 ACSI。一些人批评净推荐值和 ACSI 都没有考虑流失的顾客或那些从未成为顾客的人的观点。人们对衡量顾客满意度的任何单一事项或指标的看法，部分取决于他们如何权衡复杂度和便捷度。[67]

本章小结

1. 顾客忠诚度反映了一种根深蒂固的承诺，即在未来的购买和消费场合会经常光顾某一特定产品、服务或品牌。忠诚是一个连续统一体，不同程度的忠诚在其强度和范围上有所变化，从对公司提供产品或服务感到满意到宣传倡导以至成为传道者。

2. 顾客满意度是建立顾客忠诚度的关键。满意是一个人对产品或服务的感知与期望进行比较后产生的一种愉悦或失望的感觉。认识到高满意度带来高顾客忠诚度之后，公司必须确保自己要满足或超越顾客期望。

3. 顾客满意度、产品和服务质量与公司盈利能力密切相关。高水平的产品质量产生高水平的顾客满意度，这将支持更高的价格和（通常）更低的成本。

4. 为了确保持续增长，公司不仅要吸引新顾客，还必须留住他们，增加他们的购买。失去有利可图的顾客会极大地影响公司的利润。建立顾客忠诚的三个最有效的策略是：与顾客密切互动、开发忠诚计划和建设品牌社区。

5. 顾客关系管理是通过认真管理个人顾客和所有顾客接触点的详细信息来达到顾客忠诚最大化的过程。顾客关系管理的最终目标是开发吸引和保留合适的顾客，并满足有价值顾客的独特需要。强化顾客关系管理的普遍做法包括定制化、顾客赋权、管理顾客口碑和处理顾客投诉。

6. 顾客终身价值反映了顾客成为公司顾客期间为公司创造的货币等价价值。CLV 可以指单个顾客所创造的价值，也可以指公司所有顾客创造的累计价值，即"所有顾客终身价值之和"。顾客关系管理的目标是创造高顾客终身价值。

7. 公司应该致力于在所有顾客接触点上创造顾客价值。这些场合指的是顾客遇见产品、服务或品牌的任何场合——从实际体验到个人或大众传播，再到不经意的观察。那些未能持续提供卓越顾客价值的公司，很可能会看到它们的顾客基础随着时间的推移而逐渐消失。

8. 营销管理者必须通过计算其顾客基础的终身价值来理解利润的含义。顾客盈利分析帮助营销者识别他们最有价值的顾客，并制定策略以培养长期顾客忠诚度的方式为这些顾客创造价值。在测量顾客终身价值时，不仅要考虑每个顾客可能直接为公司创造的货币价值，还要考虑该顾客通过背书公司及产品而创造的战略价值。

营销
焦点 | Stitch Fix

Stitch Fix 是一家提供线上服装订购和个人造型服务的公司。顾客收到的服装是由设计师根据调查、社交媒体习惯、个人记录和其他消费者数据量身定制的。这一概念是哈佛大学 MBA 学生卡特里娜·莱克（Katrina Lake）了解到一项研究结果研发出来的。该结果显示许多消费者不喜欢去商店买衣服。她还了解到，相当数量的消费者觉得整理和试穿衣服是一个冗长乏味的过程，即使在网上购物也如此。莱克把这看成进入个人购物服务领域的重要机会，以满足服装市场的巨大需求。

2011 年，莱克在邀请波士顿地区周围的朋友填写穿衣风格调查问卷时，提出了她的概念原型。起初，调查得到的偏好数据被保存在基础电子表格之中，然后她根据这些偏好去商店挑选衣服，并将衣服寄到朋友家中。他们会买下他们想要保留的衣服，然后退还剩余的。风险投资家史蒂夫·安德森（Steve Anderson）投资支持莱克的概念。一年后，Stitch Fix 在旧金山租了一间小办公室。员工每周都出去买衣服，再从办公室寄出去。顾客对这些被称为"fixes"（时尚盒子）的需求越来越大，超出了办公室的处理能力。有一段时间，该公司的需求等待名单达到两年之久，这促使 Stitch Fix 扩大规模，他们开设仓库来管理库存，并招聘高管来精简业务运营。

随着 Stitch Fix 的发展，公司遇到了一个重大挑战：为每个顾客配备个性化的造型师。时尚行业的高度特异性使得公司很难预测顾客想要什么样的服装。公司意识到不仅时尚趋势变化难以预

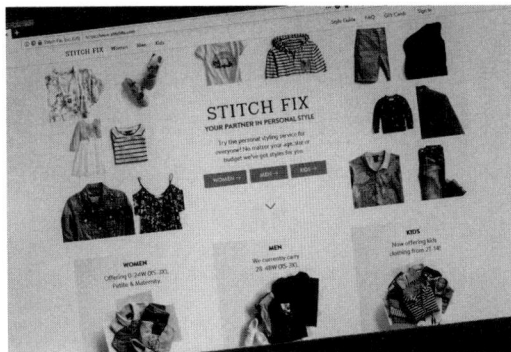

Source: sjscreens/Alamy Stock Photo

测，而且合身、款式和材质等方面的品质都是顾客决定是否保留衣服时需要考虑的。如果这三个方面有任何一个不符合顾客的喜好，Stitch Fix 就会被退货。2012 年夏天，Stitch Fix 对其顾客当季想要的服装种类做出了错误的估计，因此不得不报废大量库存。从这个错误中吸取教训，Stitch Fix 开始在数据收集和款式算法上加大投资。

Stitch Fix 为此求助曾经在网飞担任数据科学和工程的副总裁、算法专家埃里克·科尔森（Eric Colson）。科尔森担任首席算法官的新职位后，带领他的团队收集了 Stitch Fix 顾客的大批量数据。收集来的数据范围很广，包括身材尺寸、式样偏好和以前保留的衣服等，随后 Stitch Fix 将机器学习支持的算法与人类造型师判断的信息（如时尚趋势或顾客提出的个性化要求）相结合。

Stitch Fix 开发的算法显著提高了个性化造型的成功率，这有助于管理库存并确保顾客满意。随着顾客与公司分享的信息越来越多，Stitch Fix 的服装推荐越来越精准，而且许多预测技术也保持了顾客能长期预订。销售数据显示，25% 的

Stitch Fix 顾客至少与公司有长达 9 个月的预订期。此外，Stitch Fix 的分析更加复杂化，使得它可以预测出顾客处于购买周期的哪个阶段。数据显示，大多数顾客在他们衣橱需要大换血的时候开始向 Stitch Fix 预订服装，他们会在短时间内下多个订单。随着他们的衣橱被塞满，顾客的偏好也会越来越具体。这两个因素的结合帮助 Stitch Fix 调整不同类型服装需求的库存水平，确保退回仓库的货品更少。

Stitch Fix 的算法不局限于优化服装个性化，还被用来改善公司运营的各个方面。公司鼓励数据科学团队探索 Stitch Fix 管理面临的各种问题，并编写算法来改进物流、库存采购和需求估计。这些算法帮助公司降低资金成本，提高库存周转率，并加快产品交付速度。其中有一种算法是通过跟踪公司仓库员工的移动来创建的，以帮助优化他们的路线，节省时间和精力。

Stitch Fix 采用的机器学习还帮助该公司推出了自己的服装系列 Hybrid Design。数据科学家发现，服装市场上的许多产品空白可以通过组合成功的"特质"来填补。例如，Stitch Fix 将三种不同服装的领口、式样和袖子组合在一起，制成了一件新衬衫。Hybrid Design 第一年就针对女性市场未被满足的风格、尺寸和设计需要，推出了超过 25 款女性服装。

Stitch Fix 的成功大部分归功于其根深蒂固的数据驱动文化，这种文化也影响了公司主要的运营活动。这些数据和算法帮助公司管理库存，预测未来产品需求，设计新产品，并交付给顾客他们不知道他们需要的衣服。Stitch Fix 甚至在其网站上展示了"算法之旅"，介绍公司如何利用收集到的数据。通过在经营中有效地使用数据分析，Stitch Fix 在 2019 年之前将零售额增长到 16 亿美元以上。[68]

问题：

1. Stitch Fix 是如何从使用市场数据来收集顾客洞察中受益的？

2. 定制化在 Stitch Fix 商业模式中扮演什么角色？这种商业模式能否被竞争对手轻易复制？

3. Stitch Fix 在设计市场供应品时使用人工智能和机器学习的优缺点是什么？

营销
焦点 | 凯撒娱乐

凯撒娱乐的历史可以追溯到 1937 年，在内华达州将赌场赌博合法化后，创始人比尔·哈拉（Bill Harrah）在里诺开设了他的第一家俱乐部。哈拉斯娱乐（Harrah's Entertainment）迅速成为当时最大的赌场公司之一，并于 1973 年成为第一家在纽约证券交易所上市的赌场公司。20 世纪 80 年代末，随着越来越多的司法管辖区将赌场赌博合法化，哈拉斯娱乐在美国各地进一步扩张，最终成为最知名的美国赌场公司之一。2005 年收购凯撒娱乐之后，哈拉斯娱乐于 2010 年更名为凯撒娱乐。

哈拉斯娱乐长期关注顾客忠诚度，这是由比尔·哈拉发起的，他以试图了解顾客并通过征求顾客对赌场的反馈意见来提高顾客满意度而闻名。1984 年成为哈拉斯娱乐首席执行官的菲尔·萨特也抱有同样的想法，他向赢得老虎机大奖的顾客发送反馈表。这些表格的分析结果显示，哈拉斯娱乐的许多顾客到访过不止一家旗下的赌场，而此前，管理层假设顾客通常只光顾一家赌场。此外，萨特还了解到，频繁光顾公司多家赌场的顾客在哈拉斯娱乐收入中占比越来越高。为了瞄准这一消费群体，哈拉斯娱乐于 1997 年将其现有的忠诚计划扩展到美国所有分店，并将新计划称为"Total Gold"。当会员将会员卡插入游戏机时，数据库会记录他们玩过的游戏数量和记录。在他们玩过游戏后，会员获得的积分可以兑换成餐饮、酒店房间和机票等。

尽管哈拉斯的奖励计划很受欢迎，但该公司在 20 世纪 90 年代中期增长依然缓慢。哈拉斯娱乐聘请了哈佛商学院教授加里·洛夫曼（Gary Loveman）担任新的首席运营官，并让他负责哈拉斯的运营战略转型并提高公司绩效。通过查看公司多年来收集的数据，洛夫曼注意到许多顾客光顾了多家不同的赌场公司。洛夫曼认为，通过减少顾客的"不忠诚"行为，哈拉斯娱乐可以在不开设新赌场的前提下大幅增加销售额；他还注意到 26% 的赌客创造了公司 82% 的收入。

通过仔细查看哈拉斯顾客的统计数据，洛夫曼发现，他们中的大部分是中年或老年人，他们在兑换奖励积分时会优先考虑免费的赌场筹码，而不是到酒店消费。洛夫曼得出结论，根据顾客的光顾频率和游戏行为给予不同的奖励，哈拉斯可以提高顾客忠诚度并增加销售额。

洛夫曼根据新发现的信息彻底改革了"Total

Gold"计划，并将名称改为"Total Rewards"。新计划根据顾客的分类等级奖励顾客，顾客被分级为黄金顾客、白金顾客和钻石顾客。这些类别反映了顾客对公司的预期终身价值，由估计的光顾频率和每次光顾花费的金额计算得出。每一等级都为顾客提供不同的福利，例如白金卡和钻石卡持卡人在餐厅和前台免排队。钻石卡持卡人还可以获得包括哈拉斯餐厅厨师亲自拜访以及酒店员工提供的个性化服务在内的福利。这一系统由哈拉斯娱乐庞大的数据库和数据分析提供支持，该计划允许公司收集有关顾客个人信息及他们在光顾赌场期间的行为信息，顾客数据从他们预订访问开始到他们离开时不间断被收集，这有利于他们为常客提供高度个性化的服务。

同时，哈拉斯娱乐开始优先考虑通过直邮和电话的方式鼓励忠诚顾客继续光顾，经过培训的电话营销员向三个月内未到访过哈拉斯俱乐部的顾客提供激励。洛夫曼上任 5 年后，公司的直邮支出翻了一番。该公司从直邮和电话服务中获得的高回复率使其能够减少传统广告的支出。

除了重新设计忠诚计划，该公司还彻底改善了顾客服务以提升全面顾客体验。洛夫曼认为，杰出的服务对于赢得顾客忠诚度至关重要。哈拉斯娱乐开始向管理层提供更多工具和信息以有效

雇用和培训新员工，因此大幅降低了人员流失率，并收获了一支优秀的顾客服务团队。公司还实施了新员工激励措施，以鼓励他们优先考虑顾客服务：顾客满意度得分高的赌场将获得员工奖金。2002 年，哈拉斯娱乐在新的员工薪酬制度下支付了 1420 万美元的奖金。

凯撒娱乐专注于建立长期顾客忠诚的做法使该公司成为美国最大的博彩公司之一。2018年，凯撒娱乐在全球拥有 40 多家分店，收入近50 亿美元。其"Total Rewards"计划还获得了"最佳玩家俱乐部"奖——2018 年《今日美国》"十佳读者选择奖"的一部分。当年该计划有超过5500 万名会员获得各种赌场、酒店、餐饮和其他奖励。[69]

问题：

1. 顾客关系管理在娱乐行业的作用是什么？顾客满意度、顾客忠诚度和公司盈利能力之间的关系是什么？
2. 哈拉斯娱乐顾客忠诚计划的关键方面是什么？其成功的关键驱动因素是什么？
3. 哈拉斯娱乐应该如何利用数据分析、机器学习和人工智能的最新发展来强化顾客忠诚度并创造股东价值？

20

进军全球市场

学习目标

1. 解释公司如何决定是否走出国门。

2. 讨论公司在决定进入全球哪些市场时考虑的因素。

3. 总结公司进入全球市场的战略。

4. 阐明公司如何调整营销战略以适应全球市场。

通过开创性的售后服务保障重新聚焦质量而非销量和市场份额，现代汽车改变了自己的公司形象。

Source: VDWI Automotive/Alamy Stock Photo

各国文化日益多元化，在一个国家开发的产品和服务在其他国家也被广泛接受。考虑一下汽车行业的全球化状况。按照君迪的一项研究，2018 年在全球销售的汽车共来自 25 个汽车生产国，而其中 11 个国家 5 年前并没有出现在这项研究中。这 11 个新汽车制造国家是巴西、中国、芬兰、印度、意大利、荷兰、波兰、塞尔维亚、西班牙、泰国和土耳其。[1] 以现代汽车的快速崛起为例。

韩国现代汽车曾经是廉价和不可靠汽车的同义词，但如今它已经历了巨大的全球化转型。1999 年，郑梦九出任现代集团董事长，宣布专注于提高现代汽车的产品质量，而不再一味地追求数量和扩大市场份额。现代汽车将全球汽车产业领袖日本丰田公司视为标杆，引进六西格玛质量管理标准，组织跨职能的产品开发，与供应商建立密切的关系，并新增了质量监督会议。根据君迪对美国新车质量的研究，2001 年现代汽车在所有 37 个品牌的车系中排名第 32，接近底部。而到 2018 年，现代的豪车品牌捷尼赛思（Genesis）跃居第一。现代汽车还实现了营销转型，其开创性的 10 年保修期传递出可靠性和质量的强烈信号，吸引更多消费者开始欣赏其新潮汽车所提供的价值。美国市场并不是唯一一个受到现代以及更年轻、更便宜的兄弟品牌起亚（现代汽车是其少数股东）关注的市场。现代汽车行销全球 200 多个国家和地区，公司在全球拥有超过 11 万名员工，并在包括美国、加拿大、中国、巴西、德国、捷克、俄罗斯和埃及等全球各地拥有制造和研究基地。现代汽车的新座右铭"探索可能性"（Explore the Possibilities），体现了现代汽车在全球范围内进行创新的雄心。[2]

尽管国际市场的竞争机会很多，但高收益伴随着高风险。在全球市场销售的公司除了将经营业务国际化，别无选择。在本章中，我们将分析全球市场扩张中所涉及的主要决策。

决定是否走出国门

美国零售商如 The Limited 和 GAP 等已成为全球著名品牌。荷兰零售商阿霍德（Ahold）和比利时零售商德尔海兹（Delhaize）分别有近三分之二和四分之三的销售额来自国外市场。在美国的外资全球零售商包括意大利的贝纳通、瑞典的宜家家居用品店和日本的休闲服装零售商优衣库。

有几个因素吸引着公司进入国际竞技场。第一，特定国际市场可能比国内市场提供更好的盈利机会。第二，公司可能需要更大的顾客基础来实现规模经济。第三，一家公司也可能为减少对单一市场的依赖而走出国门。第四，也可能是公司希望到竞争对手的母国市场反击对手。第五，一家公司决定走出国门还可能源于它希望为那些需要国际服务的全球顾客提供服务。

随着各国文化的融合，全球扩张的另一个好处是，公司可以将想法、产品或服务从一个市场转移到另一个市场。肉桂卷连锁店 Cinnabon 发现，由于美国西班牙裔比例很高，因此它为中美洲和南美洲开发的产品在美国也同样取得了成功。[3]

尽管全球市场对公司来说具有潜在的吸引力，但如果国内市场足够大，许多公司宁愿留在国内。管理者不需要学习其他语言和法律，不需要应对汇率的波动，不需要面对政治和法律的不确定性，也不用根据当地顾客需要和期望重新设计它们的产品。这种不情愿通常是因为涉足国际市场所带来的真正挑战。

国际市场带来了明显的挑战，包括顾客购物习惯的变化、获得社会认可的需要以及通信和分销基础设施的缺乏。[4] 走出国门涉及两大类风险：

- **进入新市场（国内或国外）的一般风险。**这些风险包括：公司无法理解顾客的需要，无法开发出满足这些需要的产品，无法正确识别竞争威胁，无法建立有效的供应和分销网络，或无法以经济有效的方式来推广产品。
- **在别国开展业务的具体风险。**这些风险包括：不了解外国商业文化的细微差别和外国法规的复杂性，缺乏熟悉国际管理经验的管理人员，商业和政治变化的干扰（如关税、汇率波动，甚至是政府更迭导致外国财产被没收）。

全球三大零售商分别是总部位于美国的沃尔玛、总部位于英国的乐购和总部位于法国的家乐福，它们都费尽心思地进入某些海外市场。下面来看一下乐购的困境。

乐购在英国遇到的问题是企业在过于激进的全球扩张过程中常见的问题。在许多情况下，这种扩张是以牺牲对国内市场的充分支持为代价的。世界第二大零售商家乐福销售的商品包罗万象，既有食品又有电视机，同样也面临来自国内小型超市和类似宜家等专业零售商的激烈竞争。尽管在欧洲、亚洲的某些地区拥有很强的市场地位，家乐福已被迫在日本、韩国、墨西哥、捷克共和国、斯洛伐克、保加利亚、瑞士和葡萄牙停止了经营业务。

>> 向美国和全球其他市场扩张的尝试失败威胁着其英国店面，乐购收回了其全球市场的雄心并专注于翻新英国门店。

乐购 在完成与美国家庭共处并拍摄了他们冰箱里的存货这样的许多研究之后，乐购将 Fresh & Easy 美食小超市引入了加利福尼亚。该超市致力于提供新鲜食品，共有 200 多家门店，占地约 1 万平方英尺，规模只有美国一家标准超市的五分之一，但比一家便利店要大得多。尽管进行了大量的投资，但在经历了五年的不盈利和超过 16 亿美元的亏损后，乐购不得不在 2013 年退出美国市场。这家零售商面临着一系列的问题，如美国的顾客不习惯英式即食餐、自助收银机和非传统的店面布置。还有的人抱怨产品种类太少，没有面包房，只有乏善可陈的花卉区，并且店里温度太低了。乐购不只在美国碰壁，它在前一年也撤出了日本市场，在中东欧的经营也举步维艰。尽管乐购重视地域扩张，却忽视了自己在英国本土的核心业务。超市里人手不足，新鲜食物储存不当，没有引入新的自有品牌产品。事实证明，在经济萧条期间，新增服装和电子产品这样的非食品类商品困难重重，而进军银行业和电话业等新领域则会让公司分散注意力。在经历了国内市场连续六个季度的同店销售额下滑后，乐购宣布斥资 17 亿美元更新英国店面，并撤销其在全球市场野心勃勃的扩张计划。[5]

　　决定是否走出国门是公司在制定全球战略时必须做出的几项决定中的第一项。如果公司认为走出国门确实是最好的方案，那么它就必须做出一系列更具体的决策，包括进入哪些市场，如何进入这些市场，针对每个市场使用哪种具体的营销方案，以及如何在每个国家构建营销组织。这些决策如图 20-1 所示，并在以下各节中讨论。

图 20-1
国际营销中的
主要决策

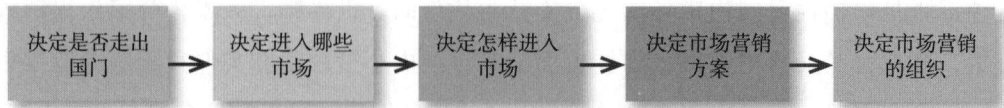

| 决定是否走出国门 | → | 决定进入哪些市场 | → | 决定怎样进入市场 | → | 决定市场营销方案 | → | 决定市场营销的组织 |

决定进入哪些市场

决定实施国际化战略时，公司需要决定营销目标和政策。国际销售额占总销售额的比例多少为宜？大部分公司的国际经营都是从小规模开始的。一些公司始终保持小规模国际化，而另一些公司则有更具雄心的计划。

进入多少个市场

公司需要决定进入多少个国家，以及以多快速度进入。典型的进入策略有瀑布式（waterfall approach），即逐渐有序地进入不同国家的市场，还有洒水式（sprinkler approach），即同时进入多个国家市场。越来越多的公司，尤其是技术密集型公司或网络公司，都是天生的全球化公司，它们一开始就以全球为市场。

松下、宝马、通用电气、贝纳通、美体小铺都是采用瀑布式策略进入国际市场的。这一策略下，公司可以仔细做好扩张计划，不太容易给人力和财务资源造成压力。但是如果先发者优势十分明显且竞争激励程度很大，那么洒水式策略更适合。苹果、吉列和联合利华对它们的某些产品采取了洒水式策略。这一策略的主要风险是公司需要大量资源，并且规划进入不同市场的难度很大。

公司需要根据地理区域、居民收入、人口数量和政治气候等因素，决定进入哪些国家的市场。竞争的激烈程度也需要被考虑进去。进入竞争者已经进入的市场可能是有意义的，这样会引起对方为保护已有的市场份额而采取防御性反应，不过新进入者也可以从中学习成熟竞争者怎样在当地环境下进行营销。

毫无疑问，市场增长也是一个必须考虑的关键问题。在增长快速的市场取得立足点是很有吸引力的选择，即使这个市场在不久的将来可能会因为拥入大量竞争者导致竞争加剧。肯德基依靠特许经营的零售概念和与当地文化相联系的市场营销，已经率先进入了多个国家。

评估潜在市场

公司如何选择想进入的潜在市场？一个很关键的因素是实体邻近性（physical proximity）。许多公司倾向于向邻国市场出售，因为它们更了解这些国家，可以更有效地控制进入成本。正因如此，美国最大的两个出口市场是加拿大和墨西哥，而瑞典公司首先将产品卖给了斯堪的纳维亚半岛的国家。

在其他时候，国家之间的文化近似性（cultural proximity）也会影响公司选择。鉴于更熟悉的语言、法律和文化，许多美国公司更愿意在加拿大、英国和澳大利亚销售，而不是选择市场更广阔的法国和德国。但是公司根据文化近似性选择市场时需要十分小心。除了可能忽略更好的潜在市场，它们可能只会从表面上分析使它们处于劣势地位的真正差异。

>> 肯德基通过定制符合具体门店物流和文化要求的菜单及广告,成功克服全球扩张中的挑战。

肯德基 肯德基是世界上最知名的快餐品牌之一,在全球拥有超过 21000 家门店。吮指原味鸡是肯德基的招牌产品,由 11 种香草和辛香料混合的独家秘方制作而成,该秘方是由陆军上校哈兰·山德士(Harland Sanders)于半个多世纪前改良的。在中国,肯德基是规模最大、历史最悠久、最受欢迎且发展最快的连锁快餐店,目前已有 5000 家门店,许多门店的平均利润率可以达到 20%。肯德基根据中国人的口味设计了专门的菜单,比如老北京鸡肉卷里面塞满了鸡肉条、北京烤鸭酱汁、黄瓜和大葱。肯德基甚至还有中国吉祥物——一个深受儿童欢迎的角色,名字叫"奇奇",被称为"中国的麦当劳叔叔"。同任何新兴市场一样,中国市场确实给肯德基带来了挑战。2013 年,中国官方媒体指责肯德基使用本地供应商提供的激素催生的速生鸡为原料,随后引发了各路媒体的跟踪报道,最终肯德基为没有严格控制产品而道歉。非洲是肯德基的下一个目标市场,但是在这里,肯德基面临着供应链的问题。由于本地无法提供足够的鸡,大量鸡肉需要进口,但这在肯尼亚和尼日利亚是非法的。为了解决尼日利亚的食材供应问题,肯德基在菜单中增加了鱼肉。随着非洲市场逐渐打开,肯德基也进一步针对非洲人的口味设计菜单,比如在肯尼亚销售一种名为"Ugali"的粥,在尼日利亚销售一种名为"jollof"的饭食。此外,肯德基在广告宣传和餐厅墙壁涂鸦上,也都融入了本地化的元素。[6]

　　只进入少数国家开展经营,同时在每一个国家进行更多投入和渗透,也是一种有意义的选择。一般来说,公司倾向于进入市场吸引力大、风险低,在这个市场里公司具有竞争优势的国家。

　　在评估潜在市场时,公司有必要考虑让服务不足的人群参与其中的好处。

　　来看看以下公司如何通过开创性地服务"隐形"消费者的方式进入发展中国家市场。[7]孟加拉国电信运营商 Grameenphone 通过雇用村里的妇女作为代理向其他村民出租手机电话时间,一次一个电话,成功向孟加拉国 3.5 万个村庄推销了手机。高露洁棕榄(Colgate-Palmolive)带着展示刷牙好处的视频车进入印度村庄。Corporación GEO 在墨西哥建造了低收入住房,以模块化和可扩展的两居室住宅为特色。

　　在评估市场时,公司可能还需要考虑与合作者的成功关系所带来的积极影响。联合利华在巴西推出炫诗品牌(TRESemmé)时获得了 40 家大型零售商的支持,吸引了时尚博主,并分发了 1000 万份免费样品,启动了公司有史以来最大的单日在线广告闪电战,最终为该品牌巴西脸书页面吸引了 100 万的粉丝。在不到一年的时间里,炫诗洗发水在大型超市和药店的销售额就超过了宝洁洗发水的中坚品牌潘婷，这让联合利华有信心将目光投向印度和印度尼西亚。[8]

营销者正在了解向新兴市场更广泛的人群营销时的细微差别，尤其是当公司已建立的供应链、生产方法和分销策略难以实现成本削减，以及由于消费者对价格敏感而难以实现价格溢价时。然而，在发展中国家市场中，正确的营销方式可以带来巨大的收益：

> 当收入和空间有限时，可以通过更小的包装和更低的价格来解决。联合利华 4 美分一包的洗涤剂和洗发水在拥有印度 70% 人口的农村地区大受欢迎。[9]
> 新兴市场的绝大多数消费者在小酒馆、小货摊、售货亭和比壁橱大不了多少的小零售商铺购买产品，宝洁公司称之为"高频商店"。在印度，人们主要从 1200 万家名为吉拉纳商店（Kirana Store）的社区小型便利商店购买食物。尽管现代零售业也开始进入当地市场，但这些社区便利店通过提供便利、赊购，甚至送货上门等服务而获得蓬勃发展。[10]

成功进入发展中国家市场需要制订一套独特的技能和计划，以及具备以不同的方式做好一些事情的能力。[11] 在发展中地区销售不能"原样复制"发达国家经验。经济和文化差异无处不在，这些地区几乎没有营销基础设施，而且当地竞争可能异常激烈。[12]

≪ 约翰迪尔拖拉机 8R 系列适应全球发达市场和发展中市场农民的需要。

Source: Jorge_Adriano/Shutterstock

约翰迪尔 约翰迪尔是一家农业、建筑和林业机械制造商。时光回溯到 1937 年，约翰·迪尔在伊利诺伊州成立了同名公司。公司最初专注服务美国市场，现在是世界上最大的农业机械公司，在全球拥有超过 6 万名员工，其最受欢迎的产品包括各种类型的拖拉机、玉米采摘机、甘蔗和棉花收割机、割草机和高尔夫球设备，以及相关配件和服务。约翰迪尔的 8R 系列是第一条旨在满足全球 130 个国家不同农民需要的拖拉机产品线。8R 功能强大，但灵活又省油，最适合大型农场。同时，它还具有高度可定制性，可满足巴西和俄罗斯等发展中市场以及美国和德国等发达市场种植者的需要。为了服务于其多元化的全球顾客基础，约翰迪尔在美国以外的发达和发展中市场设有多家工厂，包括德国、印度、中国、墨西哥和巴西。[13]

许多来自发达市场的公司正在利用从发展中市场收集的经验来更好地在本国或现有市场竞争。产品创新已经成为发展中国家和发达国家市场之间的双向通道。挑战在于创造性地思考市场营销如何能实现世界上大多数人提高生活水平的梦想。许多公司都认为自己能够做到这一点。分析人士估计，到 2050 年，为了养活预计 90 亿的世界人口，全球粮食产量必须增加 60%，这是约翰迪尔公司正在克服的一个挑战。

决定怎样进入市场

一旦公司选择了特定的国家作为目标市场，就需要根据自身品牌特点，选择最佳的进入模式。进入模式通常包括间接出口、直接出口、授权经营、合营和直接投资。如图 20-2 所示，这五种进入模式依次要求更高的投入、风险、控制力和盈利潜力。

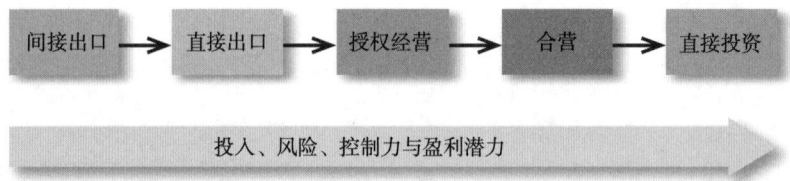

图 20-2
五种进入外国市场的模式

间接出口 → 直接出口 → 授权经营 → 合营 → 直接投资

投入、风险、控制力与盈利潜力

在走向全球的过程中，公司通常从与独立代理商合作开始，进入附近或相似的国家。之后，公司会建立一个出口部门来管理代理关系。再之后，它在更大的出口市场用销售子公司取代代理商，这增加了投入和风险，但同时也带来了更大的盈利潜力。接下来，为了管理子公司，公司会将出口部门替换成国际部门或分支机构。如果市场庞大而稳定，或者如果东道国要求公司在当地生产，公司将在那里建厂生产。到这时，该公司开始成为一家跨国运营公司，并作为一个全球组织来优化其采购、融资、制造和营销。

我们将在下面的章节中讨论进入国外市场的不同选择。

间接和直接出口

公司走出国门通常从出口开始，特别是**间接出口**（indirect exporting），即通过独立的中间商运作。公司和国际市场之间的中介有三种类型：国内出口代理、合作组织和出口管理公司。国内出口商购买制造商的产品，然后把它们卖到国外。包括贸易公司在内的国内出口代理商通过寻求和洽谈国外采购来赚取佣金。合作组织也会为几个生产商组织出口活动——一般是水果或坚果之类的初级产品，但这些活动部分会处于管理控制之下。出口管理公司通过收费来管理公司的出口活动。

间接出口有两个优点：第一是投资金额少，公司不需要设置出口部门，也不需要安排国外销售队伍和进行系列的国际联系；第二是风险小，国际营销中介机构提供专业技能和服务，减少了出口企业犯错的概率。

最终，公司可能还是会自行管理出口活动。虽然投资和风险都会增加，但潜在利润回报也会增加，这样就促成了直接出口。**直接出口**（direct exporting）有几种方式。首先，它可能包括一个以国内为基础的出口部门或分支机构——一个纯粹的职能服务部门，也可能会逐步发展成为一个独立运作、自负盈亏的出口部门。其次，出口可能还包括建立海外销售分公司或子公司，处理销售和分销事宜，或者像仓储、促销和顾客服务一类的活动。最后，出口可能还需要在本国公司配备能出差到海外的销售代表。

很多公司决定在海外建立生产工厂制造产品之前，会通过直接或间接出口来"试水"。公司不一定要参与国际贸易，只要它能有效地利用互联网来吸引海外新顾客，支持现有的海外顾客，采购国际供应商的原材料，以及建立品牌的全球知名度。

成功的公司采用其网站向最具潜力的国际市场提供针对特定国家的内容和服务，最好使用当地语言。寻找贸易和出口的免费信息从来不会那么容易。美国很多州的出口推广办公室也有官方网站，并且允许企业链接到它们的网站上。

授权经营

授权经营（licensing）是国际营销的一种简单方式。授权方将许可证颁发给国外公司，允许使用自己的制造工艺、商标、专利、商业秘密以及其他有价值的项目，并收取费用或特许权使用费。授权方以很小的风险进入市场，被授权方获得生产专业知识或知名产品或品牌名称。

然而，授权方对被授权方的控制力不如对其自己的生产和销售设施的控制力。如果被授权方非常成功，那么就意味着授权企业已经放弃了利润，授权期结束后，授权方会发现自己扶持了一个竞争对手。为了防止这种情况发生，授权方通常提供一些专利产品的成分或原料（比如可口可乐的糖浆）。也许最好的策略是在创新中领先，这样被授权方就会继续依赖授权方。

授权协议各不相同，像凯悦和万豪等酒店是将管理合同出售给国外酒店，帮助它们管理酒店并从中收取一定的费用。管理公司也可以选择在授权期内购买被管理公司的部分股权。

在**合同制造**（contract manufacturing）模式下，公司雇用当地的制造商生产产品。大众汽车与俄罗斯 GAZ 汽车集团签订了合同，GAZ 汽车集团在下诺夫哥罗德市为俄罗斯市场生产大众捷达、斯柯达明锐、斯柯达 Yeti 等车型。东芝、日立和其他日本电视机制造商利用合同制造模式服务东欧市场。合同制造模式降低了公司对生产过程的控制，并有损失潜在利润的风险。然而，它提供了一个更快起步的机会，随后也有机会与当地制造商合作或收购后者。

最后，公司也可以通过**特许经营**（franchising）的方式进入国外市场。这是一种更全面的授权形式。特许方提供完整的品牌概念和运营体系。作为回报，被特许方支付给特许方一定的费用。快餐店如麦当劳、赛百味和汉堡王在世界各地都有特许经营，7-11 便利店、赫兹和贝斯特韦斯特酒店（Best Western Hotel）等也都在全球采取这种方式。

合资企业

只要是在另一个国家开展业务，就可能会要求企业获得产品授权，与当地企业组建**合资企业**（joint venture），或者从当地供应商那里购买产品以满足"国产化率"的要求。许多公司已经开发了全球战略网络，谁建设得更好，谁就能赢得胜利。星空联盟汇集了包括汉莎航空、联合航空、新加坡航空、北欧航空（SAS）和阿维安卡（Avianca）在内的 28 家航空公司，形成了一个巨大的全球合作伙伴关系网，使全球各地的旅客几乎可以无缝地连接到数百个目的地。

从历史上看，外国投资者通常以合资企业的形式与当地投资者合作，分享所有权和控制权。由于经济或政治原因，合资企业是必要的且可取的。外国公司可能缺乏独自承担风险的财力、物力或管理资源，或者外国政府可能会要求以成立合资企业作为公司入境的条件。

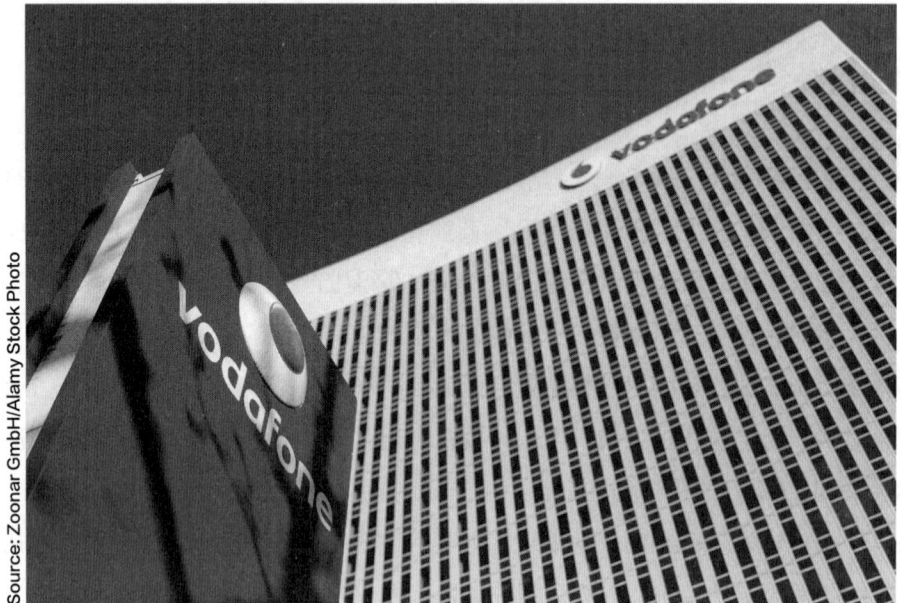

》 沃达丰门户网站方便业余和专业软件开发人员在任何网络上创建移动应用程序，使沃达丰能第一时间获得最新的创新信息。

Source: Zoonar GmbH/Alamy Stock Photo

沃达丰　为了刺激更多的创新和增长，总部位于伦敦的沃达丰采用了开源软件和开放平台，使其能够利用他人的创造力和技能。在它的门户网站 Betavine 上，业余或专业软件开发人员都可以在任何网络上创建并测试他们最新的移动应用，而不只是沃达丰的网络。虽然这些开发人员保留了自己的知识产权，但是沃达丰提前预知了技术的最新发展趋势，并确保这些创新与其网络是兼容的。一些新的应用程序包括实时的火车到站及离站信息、电影放映时间和带有个性化细节的亚马逊窗口小组件。凭借着分布在 30 个国家的 4.04 亿客户和 460 亿英镑的资产，沃达丰公司一直很容易就能从有兴趣的企业合作伙伴那里获得帮助。戴尔之前与沃达丰合作设计的笔记本电脑和低价上网本就内置了沃达丰网络的无线宽带接入。[14]

伙伴关系的价值可以远远超出增加销售或获取分销渠道的范围。好的合作伙伴共享"品牌价值",这有助于跨市场保持品牌的一致性。例如,全球的麦当劳连锁店具有高度相似性,其中一个原因就是麦当劳承诺在全球使用标准化的产品和服务。麦当劳会逐一挑选全球合作伙伴,找出那些愿意付出努力的"强迫型成就者"。

全球最大的无线电信运营商沃达丰(Vodafone)通过收购20多家公司的股权,实现了连续多年的增长。如今,该公司已开始寻找外部合作伙伴,以帮助其利用现有资产。

合资企业也有缺点。合作伙伴之间可能会在投资、营销或其他政策上产生分歧。一方可能想要将收益再投资以实现增长,而另一方则想要发放更多的红利。共同所有权还可能阻止跨国公司在全球范围内执行特定的生产和营销政策。

直接投资

直接投资(direct investment)是企业进入国外市场的终极模式。外国公司可以购买当地公司的部分或全部股权,或在当地建设自己的生产和服务设施。

如果市场足够大,直接投资就会具有明显的优势。第一,公司通过利用更廉价的劳动力或原材料、政府的激励措施以及节省运费来降低生产成本。第二,公司通过为东道国创造就业机会提升了自己的形象。第三,公司通过深化与政府、客户、当地供应商和分销商的关系,让产品能够更好地适应当地环境。第四,公司保持了对投资的完全控制权,并能制定为其长期国际目标服务的生产和营销策略。第五,如果东道国坚持在当地购买的商品必须有一定的国产化率,企业也可以确保实现这一点。

直接投资的主要劣势是,公司将大量投资暴露在货币冻结或贬值、市场萎缩或政府征用等风险之下。如果东道国要求向当地员工支付高额遣散费,那么缩小规模或退出业务的成本可能会很高。公司也可能在调整其产品以适应当地顾客的需要和偏好过程中遭遇挫折。接下来看看星巴克在进入澳大利亚市场时所面临的挑战。

星巴克 尽管星巴克在美国和世界其他许多国家都取得了巨大的成功,但它在澳大利亚却没有得到蓬勃发展。2000年,澳大利亚第一家星巴克开业,并迅速发展到近90家分店。尽管澳大利亚人热爱咖啡,也有饮用浓缩咖啡的传统,但消费者并没有涌向星巴克,一方面因为星巴克的咖啡饮品价格较高,另一方面因为它的口味对当地人来说有点太甜了。在亏损了1.05亿美元后,星巴克于2008年被迫关闭了三分之二的门店,只在主要的大都市和游客经常光顾的度假区开设了门店。[15]

许多公司选择收购当地品牌作为自己的品牌组合,而不是将自己的品牌带入某些国家。强势的本土品牌可以以国际品牌可能难以理解的方式利用消费者情绪。南非米勒公司就是一个收集"本土明珠"的好例子。

南非米勒   南非米勒最初是南非的主要啤酒厂。通过一系列收购，包括收购美国的米勒酿酒公司（Miller Brewing），它将业务拓展到全球75 个国家。该公司生产葛兰斯啤酒（Grolsch）、米勒清啤、佩罗尼啤酒（Peroni）、皮尔森之源（Pilsner Urquell）、南非城堡拉格啤酒（Castle lager）、澳大利亚的维多利亚苦啤（Victoria Bitter）等知名品牌。但是，相比同业竞争者，南非米勒的全球战略可谓是独树一帜：百威英博（Anheuser-Busch InBev's）的战略是在全球范围内销售其品牌，定位为"瓶子中的美国梦"，而南非米勒则自称"最本土化的全球酿酒商"，并认为全球成功的关键是推动反映本国习俗、态度和传统的当地品牌。该公司雇用社会学家、人类学家和历史学家来寻找创造"本地亲密关系"的正确方式，还雇用了 10 名分析师，专门进行细分市场的研究。秘鲁啤酒品牌 Cusqueña "向印加精湛的工匠精神致敬"。罗马尼亚啤酒品牌 Timisoreana 则源于 18 世纪。在非洲的加纳和其他地区，浑浊的 Chibuku 啤酒价格每升仅为 58 美分，可与当地的家酿啤酒竞争。当研究人员发现，波兰的许多啤酒爱好者觉得"没有人把我们当回事"时，南非米勒为其 Tyskie（波兰最大的啤酒品牌）发起了一场营销活动，成功赢得了外国人对这种啤酒和波兰人民的称赞。南非米勒的全球收购战略使其成为全球第二大啤酒制造商，直到 2016 年被市场领导者巴西—比利时公司百威英博收购。[16]

》 南非米勒通过收购反映当地习俗和传统的酿酒商品牌，在世界各国拓展业务。

收购可以将本地化的利益与获取的先进技术、专有技术诀窍和最先进的制造工艺相结合。以捷克汽车制造商斯柯达为例。曾经有个笑话说："你为什么需要在斯柯达上安装后窗除霜器？装了以后，当你推它时可以让双手暖和起来。"斯柯达后来被大众汽车收购，大众投资升级了汽车的质量和形象，并确定了让全球消费者支付得起的价格。[17] 大众的投资也得到了回报：2017 年，斯柯达向全球交付了超过 120 万辆汽车，行销中国、德国、英国、意大利、印度、以色列和澳大利亚。[18]

一家公司可能会选择收购另一家公司，而不是建立合作伙伴关系。卡夫在 2010 年收购了吉百利，部分原因是吉百利在印度等新兴市场品牌形象根深蒂固，而卡夫在这些市场的影响力则较弱。此次收购后卡夫进行了重组，将其业务分为两家公司：一家专注于杂货产品，另一家专注于休闲食品。尽管收购具有多重优势，但也可能存在重要的缺点。也许最明显的缺点是直接收购另一家公司需要投资。另一个缺点是两家企业的文化之间可能存在冲突——这种情况在全球收购（跨国并购）中经常发生。收购还代表着在被收购公司所在国家长期经营的承诺。因此，在决定收购另一家公司时，要仔细考虑与其他形式的全球市场进入战略相比，收购的利与弊。

决定全球市场营销方案

跨国公司需要根据当地情况来决定它们原先的营销战略应该在多大程度上进行改变。一个极端是全球性的**标准化营销方案**（standardized marketing program），它承诺在各个国家和地区实现最大的一致性。另一个极端是**本地化营销方案**（localized marketing program），在该计划中，公司与营销理念具有一致性，但认为消费者的需求会有所不同，需要针对每个目标群体量身定制营销策略。奥利奥饼干是后一种极端情况的典型代表。

≪ 奥利奥已经成为一个真正的全球品牌，在世界各地市场上创造性地传播它的"团结友爱"和"牛奶最喜欢的饼干"等信息。

Source: Keith Homan/Alamy Stock Photo

奥利奥   卡夫推出奥利奥品牌曲奇饼干时，选择采用全球一致的产品定位，即"牛奶最喜欢的饼干"。虽然这个口号可能不一定在所有国家都那么贴切，但它确实加强了消费者把奥利奥与养育、关怀和健康等概念的关联。为了帮助品牌的全球理解，卡夫在奥利奥形状的盒子里装了一本品牌手册，简单介绍了奥利奥品牌管理的基本原则，即哪些需要是各国一致的，哪些东西是可以改变的，哪些是不可以改变的。起初卡夫试图把美国的奥利奥卖向世界各地，但研究显示，各国文化差异体现在口味偏好上，比如中国人觉得美国版太甜，而印度人觉得美国版太苦，这促使卡夫针对不同市场调整生产配方。在中国降低曲奇的甜度，并采用了不同的夹心，如绿茶冰激凌、葡萄桃子、杧果橙子和覆盆子草莓等复合夹心口味；印度尼西亚有巧克力和花生口味；阿根廷有香蕉和牛奶焦糖口味。在一个逆向创新的例子中，卡夫还成功地将其中一些新口味引进了其他国家。公司还通过调整营销努力，加强与当地消费者的联系。比如，它在中国打出一个广告，其中有一个孩子向中国最著名的 NBA 球星姚明展示如何品尝奥利奥饼干。[19]

拥有一个标准化的营销方案可以提供多种优势。这些优势包括生产和分销的规模经济，降低营销成本；保持品牌形象的一致性；将好创意运用到市场的能力；以及确保营销实践的统一性。

与此同时，标准化的营销方案也存在一些缺陷。它忽略了顾客需要、欲望和产品使用方式等方面的差异，顾客对营销方案和活动的反应，不同的竞争环境，以及具体的法律、文化和政治背景。

全球产品策略

企业在制定全球产品策略时，需要了解哪些产品或服务容易标准化，也需要知道哪些策略应该进行适当的调整。有三种基本的全球产品策略：直接延伸、产品适应和产品创新。

直接延伸

直接延伸意味着公司不对产品进行任何更改就推向国外市场。这种策略备受公司青睐，因为它不需要额外的研发费用、重新调整制造设备或更改促销方案。在相机、消费电子产品和许多机械领域，直接延伸往往能取得成功。

许多高端品牌和奢侈品品牌也依赖产品标准化，因为质量和声望往往可以在不同国家以相似的方式营销。文化和财富因素会影响新产品的上市和发展速度，尽管随着时间的推移，各个国家的采用率和扩散率会变得越来越相似。当然，鉴于口味和文化习惯的千差万别，食品和饮料的营销者发现，要找到统一的国际化标准实在是太难了。[20]

如果消费者关于产品的知识、偏好和使用行为存在差异，那么标准化很可能会适得其反。金宝汤公司在英国推出浓缩汤时损失了约 3000 万美元，消费者只看到了昂贵的金属罐，却没有注意到需要加水才能食用。以下是一些经典的全球营销失败案例：

- 贺曼公司的贺卡业务在法国失败，是因为法国消费者喜欢自己写卡片，不喜欢贺曼蜜糖一样的煽情。
- 飞利浦公司做了以下改进，才在日本开始盈利：它缩小了咖啡机的型号以适应日本人较小的厨房，缩小了剃须刀的型号来适应日本人较小的手掌。
- 可口可乐公司发现西班牙人的冰箱放不下两升瓶装的可乐后便撤回了该产品。
- 通用食品的果珍最初在法国销售惨淡，因为产品定位是早餐橙汁的替代品，但法国人平时就很少喝橙汁，早餐更是几乎不喝。
- 家乐氏的果酱馅饼在英国也没能取得成功，因为相比美国，厨房里有烤箱的英国家庭很少，并且产品口味对英国人来说太甜了。
- 宝洁的佳洁士牙膏最初在墨西哥运用了美国的广告策略，但效果不佳。墨西哥人不那么注重牙膏的防蛀效果，科学导向的广告对他们也没有吸引力。
- 通用食品为了向日本消费者推广包装好的蛋糕馅料浪费了数百万美元，因为它没有注意到只有 3% 的日本家庭有烤箱。
- 庄臣公司在日本推出地板蜡时失败了，因为这种蜡让地板变得太滑，而日本人在家不习惯穿鞋。

一家公司可能会在不同市场上对其市场供应品进行不同的定位，而不是将产品完全定制化。在医疗设备业务中，飞利浦在发达国家市场按传统保持了其高端、优质的定位，同时在发展中国家市场主打基本功能和价格合理的产品。不过，越来越多的公司正在中国和印度等新兴市场进行本地化产品设计、工程建造和产品制造。

随着新兴市场上中产阶层的不断壮大，很多公司调整产品组合以触达不同收入阶层的细分市场。法国食品公司达能不仅有许多高端健康类产品，如达能酸奶、依云矿泉水和贝乐蒂（Bledina）婴儿食品，而且为"每天一美元"食品预算的目标消费者提供价格相当低廉的产品。

产品适应

消费者行为差异以及历史性市场因素促使营销者在不同市场选择不同的产品定位。因为所有这些差异的存在，大多数产品至少需要做一些调整来适应市场。[21] 在某些国家，甚至连可口可乐的口感也会改变，或者更甜，或者碳酸含量更少。公司与其假设可以"按原样"在另一个国家推出其国内产品，不如评估以下要素的变化，并确定采用了以下哪些变化，就会让收入的增加超过成本：产品特性、标签、颜色、成分、包装、品牌名称、促销、价格和广告信息、媒体和创意执行。请看以下例子：

- 喜力啤酒在美国是一种高端的超级优质产品，但在其荷兰本土市场中却是一种较为中庸的啤酒。
- 本田汽车在日本意味着速度、年轻和能量，而在美国则意味着质量和可靠性。
- 丰田凯美瑞在美国是典型的中产阶级汽车，但在中国却属于高端汽车，尽管这两个市场的汽车只是外观不同。

产品适应性通过改进产品来满足当地条件或偏好。根据不同市场顾客偏好的相似性，产品适应可以在多个层面上发生。

公司产品可以增加特殊地区版本。唐恩都乐一直在推出更多的地区化产品，比如迈阿密的 Coco Leche 甜甜圈和达拉斯的香肠哥拉奇（kolaches）。在拉丁美洲、墨西哥和中东的发展中市场大受欢迎的粉末状饮料 Tang（果珍）添加了柠檬胡椒、杧果和刺果番荔枝等当地风味。公司还可以生产不同国家版本的产品。卡夫为英国人（喝牛奶咖啡）、法国人（喝黑咖啡）和拉丁美洲人（想要菊苣味）调配了不同的咖啡。在某些情况下，公司可以生产城市版本，例如，满足慕尼黑或东京口味的啤酒。公司还可以生产多种零售商版本的产品，比如为米格罗斯（Migros）连锁店提供一种口味的咖啡粉，为 Cooperative 连锁店提供另外一种口味的咖啡粉，而这两家连锁店都在瑞士。

一些公司经历了艰难的适应过程。1992 年欧洲迪士尼主题公园在巴黎郊外开业，遭到了严厉的批评，被认为忽略了法国价值观和风俗，比如在用餐时要配酒，是美国文化扩张的表现。正如一位欧洲迪士尼高管所说："一开始我们相信复制美国的迪士尼乐园就能取得成功，现在我们意识到需要根据当地消费者的文化和旅行习惯才行。"他们将公园重新命名为巴黎迪士尼乐园，并通过融入一些本地元素，最终使该乐园成为欧洲最大的旅游景点之一，甚至比埃菲尔铁塔更受欢迎。[22]

产品创新

公司可能会选择为全球市场开发新产品，而不是使用或调整其现有产品。例如，为了解决发展中国家对低成本、高蛋白食品的需求，桂格燕麦、斯威夫特和孟山都等公司通过研究这些国家的营养需求，配制了新食品，并开发了相应的广告以期让产品得到试用和被接受。

麦当劳允许不同国家和地区的门店定制自己的基本布局和菜单。麦当劳的粉丝在瑞士可以吃到炸虾，在中国香港可以吃到香肠蛋卷意大利面，在英国可以吃到马苏里拉奶酪棒，在新西兰可以吃到经典的乔治派。葡萄牙的麦当劳提供了一种可以替代汉堡的汤，包括豆子和菠菜汤。其他产品创新包括日本的鸡肉蔬菜汉堡，由鸡肉、大豆和蔬菜制成；印度有很多素食食品，从 McVeggie 到全素比萨派，里面有番茄酱、马苏里拉奶酪和一系列蔬菜；墨西哥的早餐三明治 McMollette，有豆子、奶酪和酱汁；德国的全麦吐司煎饼 McToast，涂上巧克力，可以像三明治一样叠起来；荷兰的 McKroket 是一种肉饼，里面有炖牛肉，上面抹着芥末酱。对那些寻求更多异国情调的人来说，马来西亚的麦当劳还提供"麦妈粥"，这是一种鸡肉粥，配有洋葱、生姜、青葱和辣椒。[23]

处理假冒产品

随着公司建立全球供应链网络并将生产转移到离本土更远的地方，发生腐败、欺诈和质量问题的可能性也在增加。经验丰富的海外工厂似乎能够仿冒任何东西。你能说出的任何一个流行品牌，在全球各地可能都存在假冒版本。

据估计，每年因为假货所产生的损失超过一万亿美元。2017 年，全球仅网络造假造成的损失就高达 3230 亿美元。假冒产品导致爱马仕、路威酩轩（LVMH）和蒂芙尼等奢侈品品牌的利润大幅减少，奢侈品品牌因网络销售假货而蒙受的损失超过 300 亿美元。[24]

几乎所有产品都可以被仿制。微软公司估计，中国的很多 Windows 软件是盗版的。[25]在调查了数千件商品后，路威酩轩集团认定，亿贝上超过 90% 的路易威登和迪奥是假货，这促使公司决定用法律手段维护自己的权益。

制造商正通过在线软件对假货进行反击，该软件可以在无须任何人工干预的前提下检测欺诈行为，并自动警告明显的违规者。通过检测类似于正牌品牌的广告以及未经授权在主页上粘贴品牌商标和标识的网站，人工智能软件的使用有助于识别假冒的店面和在线交易行为。它还会检查"便宜""折扣""正品""工厂原单"等关键字，以及产品从未使用过的颜色或过低的价格。

全球品牌战略

进入全球市场时，公司必须决定品牌定位，以及是否且在多大程度上适应每个特定市场。它还必须考虑潜在的原产国效应，这些效应可能会影响全球不同市场对该品牌的感知方式。

品牌适应

在全球范围内推出产品和服务时，营销者可能需要对品牌元素做一些改变，即使是品牌名称，也可能需要再三斟酌音译和意译。当美国护肤品品牌伊卡璐（Clairol）在德国推出一种叫"Mist Stick"的卷发棒时，人们发现 Mist 是德语俚语"粪肥"的意思。在中国，可口可乐和耐克都找到了适合品牌名称的中文，听起来和它们的英文名字也很相似，并且还能传达出相关的含义（分别是"美味，快乐"和"耐力征服"）。[26]

数字和颜色在某些国家和地区可以有不同含义。在亚洲大部分地区，数字 4 被认为是不吉利的，因为这个数字的日文和中文词语听起来像"死"字。因此一些东亚建筑不仅跳过4楼，而且楼层中带"4"的也通常不被标出（如14层、24层、40~49层）。诺基亚基于对这一传统的了解，在亚洲推出的手机型号都会避开"4"。在缅甸和一些拉美国家，紫色与死亡有关；白色在印度意味着哀悼；绿色在马来西亚意味着疾病；红色在中国则象征着好运和繁荣。[27]

品牌标语或广告标语有时也需要做出改变：啤酒公司酷尔斯（Coors）将其品牌标语"Turn it loose"翻译成西班牙语时，有些人将其解读为"患痢疾"。一则洗衣皂广告声称可以清洗"非常脏的部分"，在说法语的魁北克地区则被翻译成了"清洗私处的肥皂"。美国鸡肉生产商 Perdue 的宣传语是"It takes a tough man to make a tender chicken"（硬汉也能做出鲜嫩鸡肉），但翻译为西班牙语后意思就变成了"欲火中烧的男人才能让鸡充满深情"。[28]

原产国效应

原产国感知是一个国家激发出来的心理联想和信念。政府官员往往希望提升本国形象，以帮助国内营销者出口产品，并吸引国外企业和投资者。营销者也希望利用积极的原产国感知来推销他们的产品和服务。

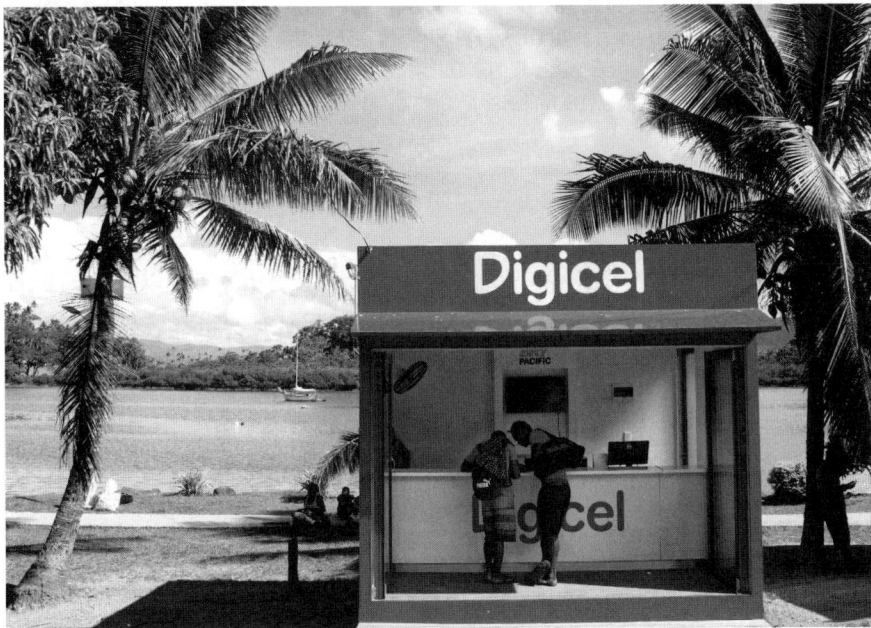

≪ 致力于当地化运营使 Digicel 能够将其移动通信产品和服务带给政治不稳定国家中服务不足的顾客。

Source: Rafael Ben-Ari/Alamy Stock Photo

Digicel　总部位于牙买加的 Digicel 成立于 2001 年，它通过为贫困且通常被忽视的底层消费者提供移动电信产品和服务，征服了巴布亚新几内亚、海地和汤加等政治不稳定的发展中国家市场。该公司致力于通过其网络实现 100% 的人口覆盖率，为以前从未有机会获得覆盖的当地和农村居民提供他们负担得起的移动服务。它在加勒比、中美洲和亚太地区的 31 个市场开展业务。为了融入当地，Digicel 赞助当地的板球、橄榄球和其他知名度高的运动队。著名奥运会短跑冠军尤塞恩·博尔特（Usain Bolt）是 Digicel 在当地品牌和广告活动的首席形象大使。该公司还通过其基金会的教育、文化和社会发展项目，在各个市场举行了很多社区活动。公司在斐济的营销策略十分具有启发意义。进入斐济市场两年后，Digicel 就在当地与原先的头号通信服务商沃达丰公司进行了激烈的竞争。Digicel 甚至借鉴了斐济国旗的淡蓝底色，将其加入公司自有的红色图标中，以表达公司为改善斐济民生、发展当地体育运动所做贡献的骄傲。正如其广告语宣传的那样："斐济对我们很重要。"[29]

全球化市场营销者通常都知道，消费者对来自不同国家的产品或品牌有着截然不同的态度和信念。这些看法可能源于多种因素，包括产品的属性、品牌的含义和原产国（"法国产品一定都很时尚"）。可口可乐在中国战胜本土可乐品牌健力宝，部分归功于它的品牌形象与美国的现代化和富裕程度相联系。让我们来看看 Digicel 的经验。

一个品牌，如果在全球舞台上被认为是成功的，无论它是传递了质量信号，挖掘了某种文化神话，还是强化了社会责任感，都会为品牌带来信任和尊敬。[30] 研究发现，一些特定国家因为生产特定产品而赢得很高的国际声誉，比如日本的汽车和消费电子产品，美国的高科技产品、软饮料、玩具、香烟和牛仔裤，法国的葡萄酒、香水和奢侈品。

当消费者不知道产品和品牌来自哪个国家的时候，他们通常会推断其来源。在一项调查中，很多消费者猜测喜力啤酒是德国产品，而诺基亚是日本的，咖啡烘焙连锁店 Au Bon Pain 是法国品牌，但实际上它们分别来自荷兰、芬兰和美国。大多数消费者并不知道波波夫（Popov）伏特加、金厨刀具（Ginsu Knives）、雅诗兰黛和哈根达斯都起源于美国。

哈根达斯　在向布朗克斯区的小糖果店和社区餐厅兜售马特斯家族自制冰激凌 30 多年后，鲁本·马特斯（Reuben Mattus）判断纽约的冰激凌爱好者愿意为他们认为与众不同、回味无穷的东西支付更高的费用。为了创造这个形象，他想出了哈根达斯这个听起来冰冷、清脆、奢华和像丹麦语的虚构名字。然而这个名字不是来自丹麦语（事实上，丹麦语中不存在元音变音），而且这个名字在丹麦语中和在英语中一样毫无意义。但这个醒目的名字，连带出该产品的纸盒上出现的斯堪的纳维亚地图，将哈根达斯冰激凌与竞争对手区分开来，并立即让人联想到纯净、寒冷的斯堪的纳维亚气候。这个有点古怪的名字帮助建立了哈根达斯的声誉，消费者认为它是一种口感丰富的奢侈品，并且认为这是最好的冰激凌。[31]

营销者需要从国内和国外两个角度看待原产国感知。在国内市场，原产国感知可以激发消费者的爱国主义情怀，或者让他们回想起自己的过去。随着国际贸易的增长，消费者可能会认为某些品牌对他们的文化身份具有更重要的象征意义，或者更能促进就业。超过四分之三的美国人认为，如果要在相似的国内产品和国外产品之间选择，他们会选择国内产品。[32]

许多品牌都竭力融入国外的文化结构。可口可乐公司的一位高管说，一位随父母到美国的日本小孩看到可口可乐自动售卖机后说："看，他们也有可口可乐！"在他看来，可口可乐是一个日本品牌。海尔也是一个努力在其他国家扎根的全球品牌。

海尔　作为中国领先的冰箱、洗衣机和空调制造商，海尔在国内市场以其精心设计的产品享有盛誉并受到推崇。针对农村客户，海尔出售既能洗菜又能洗衣服的超耐用洗衣机；针对城市客户，它制造了更小的洗衣机以适应狭小的居住空间。21 世纪之交，海尔公司制定了更宏伟的发展目标：打造真正的全球化品牌。大多数亚洲公司会首选进入亚洲市场而不是优先考虑西方市场，但海尔不同，它决定首先瞄准美国和西欧市场。公司认为，只要在这两个地方取得成功，那么就能够在世界其他地方取得更大的成功。在美国，海尔通过开拓一个被忽视的市场——用于家庭、办公室、宿舍和酒店的迷你冰箱，并通过沃尔玛、塔吉特、家得宝和其他顶级零售商的分销渠道，建立了根据地。在取得初步成功后，该公司开始销售高端冰箱和其他电器，比如空调、洗衣机和洗碗机。它的目标是成为"本地化的美国品牌"，而不是"进口的中国品牌"。为此，海尔在南卡罗来纳州投资了一家制造厂，并成为 NBA 的营销合作伙伴。到 2018 年，公司海外市场收入占海尔总收入的 40%，海尔已成为全球销量第一的家电品牌。[33]

全球定价策略

同样的古驰手袋在意大利可能卖到 200 美元，在美国卖 300 美元，而在中国能卖到 400 美元。为什么？古驰需要在出厂价基础上加上运输成本、关税、进口商利润、批发商利润和零售商利润。这些额外成本和汇率波动的风险导致价格上涨。要使制造商在海外获得国内同样的利润，必须把价格提高 2~5 倍才行。此外，价格反映了顾客对公司所提供的产品利益的支付意愿。

公司在不同国家销售产品时，有两种基本的定价方案可以选择：

- **设定一个全球统一的价格。**以百事可乐为例，如果在全球统一百事可乐每瓶售价 1 美元，那么会在不同的国家获得完全不同的利润率。同时，对贫穷国家来说，这个价格过高；对发达国家来说，这个价格则偏低。
- **设定每个国家的市场基准价。**百事可乐可以根据不同国家的购买力来定价，但是这种定价策略忽视了产品在不同国家的成本差异。这种政策还可能导致低定价国家的中间商将可乐再卖到高定价国家。

市场基准定价可能导致一个业务单元就其运往国外子公司的货物向同一公司的另一个业务单元即子公司收取转让费的情况。如果公司向其子公司要价太高，可能最终要支付高关税，尽管在外国支付的所得税可能因此而降低。如果公司向子公司要价太低，则可能被指控为倾销，即以低于成本或者低于母公司所在国的价格销售产品来占领市场。各国政府都在关注定价滥用的问题，并强制公司设定与竞争者相同或相似产品类似的价格。

产能过剩、货币廉价和需要积极出口的国家压低了它们产品的价格，并使本国货币贬值。在这些市场上，由于需求疲软，消费者不愿支付更高的价格，导致产品销售困难。例如，当瑞典家居巨头宜家 2002 年在北京开设第一家门店的时候，本地商店纷纷模仿宜家产品，但出售价格只是宜家的零头。在中国这样定价充满挑战的市场上竞争唯一的办法是大幅降价。通过在中国的店面摆放中国制造的产品，宜家能够将销售价格降低至比其他国家低 70% 的水平。虽然宜家产品的仿制品不断出现，但宜家仍然在中国开了 24 家规模较大的门店，并且仍在继续开新店。[34]

全球沟通战略

各公司针对每个当地市场营销沟通的调整程度各不相同。公司可以选择不改变宣传语，只需要使用不同的语言和名称即可。通用磨坊在全球范围内将其哈根达斯品牌定位为"放纵""买得起的奢侈品""强烈的感官享受"。公司也可以在全球范围内使用相同的信息和创意主题，但在具体执行上因国家而有所调整。通用电气在全球使用"绿色创想"广告语，但在亚洲和中东宣传时，根据当地的文化兴趣使用了其他创意的内容代替了这一广告语。即使在高科技领域，也可能需要根据市场情况做些调整。[35]公司还可以开发一个全球广告库，每个国家都可以从中选择最合适的广告，可口可乐和固特异轮胎采用的就是这种方法。最后，有些公司允许所在国子公司在指导范围内自行设计广告。

公司调整沟通方式时面临许多挑战，它们首先必须确保营销沟通在法律和文化上是可接受的。美国玩具制造商惊讶地得知，在许多国家（例如挪威和瑞典），电视广告不得针对 12 岁以下儿童。为了强调性别平等的文化，瑞典还禁止播出性别歧视广告，比如提到"男孩的汽车，女孩的洋娃娃"的广告会受到政府广告监管机构的批评。[36]

许多国家正在采取措施，不允许特别瘦削的模特和修饰过度的模特出现在广告中。以色列已禁止在平面广告、电视广告和时装秀中出现体重过轻的模特，模特的体重指数（BMI，基于身高和体重的计算方法）必须大于 18.5。根据 BMI 标准，身高 5 英尺 8 英寸（约 1.72 米）的女性模特体重不应低于 119 磅（约 54 千克）。[37]

接下来，公司还需要检查它们广告的创意策略和沟通方式是否恰当。比较性广告虽然在美国和加拿大可以接受，甚至很常见，但在英国不太常见，在日本则无法被接受，在印度和巴西甚至是非法的。欧盟似乎对比较性广告的容忍度很低，并禁止在广告中抨击竞争对手。

公司还应该准备改变它们的信息诉求。在做护发产品的广告时，护发品牌 Helene Curtis 公司发现，英国中产阶级女性经常洗头，而西班牙女性则较少，日本女性则担心过度清洗会把头发保护油冲掉。在这些国家和地区进行有效的信息传播就必须认识到这些差异。语言也要有所变化，可以是当地语言、其他语言（如英语），或某种组合。个人销售策略也可能需要改变。美国青睐的直接、严肃的方式（比如，"让我们开始谈正事。""这对我有什么好处？"）在欧洲或亚洲可能不好使，那里的人们更喜欢间接、委婉的方式。[38]

全球分销战略

当跨国公司首次进入一个国家时，它们更愿意与非常了解当地情况的分销商合作，但摩擦往往随之而来。[39] 跨国公司经常抱怨当地分销商不为业务增长投资，不遵守公司政策，不分享足够的市场信息。当地分销商则多抱怨跨国公司对其支持不足，设置目标过高，以及政策混乱。因此，跨国公司必须选择合适的分销商，并对分销商进行投资，设置双方都可以接受的销售目标。

不同国家的分销渠道差异很大。要把产品卖给日本的消费者，企业需要通过世界上最复杂的分销系统之一来工作。首先将所有产品销售给总批发商，总批发商销售给产品批发商，产品批发商销售给产品专类批发商，产品专类批发商再销售给区域批发商，区域批发商再销售给某地的批发商，最后卖给零售商。由于存在较多的分销层级，所以实际卖给消费者的价格往往是进口价格的 2~3 倍。如果在热带非洲销售同样的消费产品，公司只需要把产品销售给进口批发商，进口批发商把产品销售给几个当地批发商，当地批发商把产品卖给零售商，零售商再把产品销售给在各地市场工作的小商贩。

国外零售商的规模和特征也存在差异。大型零售连锁店在美国主导产品销售，但是很多其他国家的零售活动是通过独立的、小型的零售商完成的。在印度就有数以百万的个体零售商在小商店和露天市场中销售，他们一般把产品标价很高，但讨价还价后，实际售价往往可以降低不少。消费者收入低，很多家庭缺少储物柜和电冰箱，人们日常购买骑自行车或走路就能带回家的物品。印度有很多人每次只买一根香烟。整批拆售仍然是中间商的一项重要职能，有助于维持长链分销渠道，这是大规模零售业在发展中国家扩张的主要障碍。

然而，越来越多的零售商正进入全新的市场，这为公司提供了向更多国家销售的机会，同时对当地分销商和零售商造成了挑战。[40] 法国的家乐福、德国的奥乐齐和麦德龙，以及英国的乐购都已经在全球零售业中确定了各自的地位。但即使是最成功的零售商，在海外业务经营过程中也是成败参半。沃尔玛在中国和拉丁美洲取得了成功，但由于亏损严重，不得不退出德国和韩国市场。[41]

许多跨国公司都深受**灰色市场**（gray market）的困扰，这是一种从国内或跨国的授权分销渠道中转移品牌产品的分销渠道。公司经常会发现一些激进的分销商购买超过本国销售量的产品，然后产品被转移到另外一个国家来赚取差价。

灰色市场会导致"搭便车"问题，使合法分销商支持制造商产品的投资变得不那么有价值，而选择性分销系统会更加密集，从而减少了灰色市场的可能性。灰色市场伤害制造商与经销商的关系，损害制造商的品牌资产，并且侵蚀分销渠道的诚信。如果产品损坏、重贴标签、过期、没有保修和支持服务，甚至是假冒产品，更是会对消费者带来安全隐患。由于价格高，处方药往往会成为灰色市场的目标，在罗氏制药生产的瓶装抗癌药阿瓦斯汀（Avastin）被换瓶运至美国后，美国政府监管部门一直在更密切地关注该行业。[42]

跨国公司试图通过管控分销商，提高面向低成本分销商的产品价格，改变不同国家的产品特征或服务保证来阻止灰色市场的蔓延。一项研究发现，当提高处罚力度，当制造商能够及时发现违规行为并进行及时处罚时，灰色市场活动就会被最有效地遏制。[43]

营销
洞察 | 全球文化异同点

全球互联互通、在线编程、移动通信和社交媒体的巨大渗透，引发了生活方式的趋同。人们（尤其是年轻的中产阶层）不断增加的共同需要和欲望创造了标准化产品的全球市场。

但与此同时，全球消费者在很多方面仍然存在明显差异。消费者行为差异反映了不同国家之间的文化差别。[44] 学术研究确定了区分不同国家的六个文化维度，这些维度代表了个人对一种事态相对于另一种事态的独立偏好，将国家而不是个人区分开来。[45]

- **权力距离指数**。这个维度反映了社会中权力较小的成员对权力分配不均程度的接受度和期望度。换句话说，权力距离指数反映了一个社会如何处理人与人之间不平等的现象。以高权力距离为特征的国家接受分层的社会等级，而低权力距离的国家则努力实现权力分配均等化，并要求为权力不平等提供正当理由。

- **个人主义与集体主义**。在集体主义社会（例如日本）中，个人的自我价值更多地根植于社会制度而不是个人成就。相比之下，在个人主义社会（例如美国）中，人们只照顾自己和直系亲属。一个社会在该维度的位置体现是人们在自我形象描述时是用"我"还是"我们"。

- **阳刚气质与阴柔气质**。这个维度衡量的是一国文化归因在多大程度上反映了常见于男性的独断自信型特质和常见于女性的关怀照顾型特质。阳刚气质代表了社会对成就、英雄主义、自信和对成功物质奖励的偏好。它的对立面，阴柔气质则反映了对合作、谦虚、关怀弱者和生活质量的偏好。

- **不确定性回避指数**。不确定性回避反映了社会成员对不确定性和模糊性感到不适的程度。高度不确定性回避的国家保持僵化的信仰和行为准则，不能容忍非传统行为和想法。相比之下，不确定性回避指数较低的国家则保持更宽松的态度。在这种态度下，实践比原则更重要。

- **规范导向与实用导向**。这个维度反映了一个社会在应对现在和未来挑战时与其过去的关联程度。具有规范导向的国家更愿意保持历史悠久的传统和规范，并对社会变革持怀疑态度。相比之下，实用导向的社会则更愿意采取实际办法，他们鼓励现代教育，把节俭和努力当作为未来做准备的一种方式。

- **放纵与克制**。这种文化维度代表了社会规范指导个人行为的严格程度。在这里，放纵的社会特征代表一个社会允许相对自由地满足人类基本享乐行为，克制的社会特征则是抑制享乐需求的满足，并通过严格的社会规范对其进行调节。

优秀的全球化品牌往往保持主题一致，但在不同市场上却可以反映出消费者行为、品牌发展、竞争力量、法律或政治环境所存在的显著差异。[46] 对全球化品牌营销者的忠告是："全球化思维，本土化实践。"本着这种精神，汇丰银行多来年被人们明确定位为"环球金融，地方智慧"的全球银行。

本章小结

1. 走出国门涉及两大类风险：与进入新市场相关的一般风险和与在不同国家开展业务相关的具体风险。在决定走出国门时，公司必须仔细评估其考虑进入的每个全球市场的风险回报率。

2. 决定是否走出国门是公司在制定全球战略时必须做出的几项决定中的第一项。如果公司认为走出国门确实是最好的方案，那么它就必须做出一系列更具体的决策，包括进入哪些市场，如何最好地进入这些市场，针对每个市场使用哪种具体的营销方案，以及如何在每个国家构建营销组织。

3. 一旦公司选择了特定的国家作为目标市场，就需要根据自身品牌特点，选择最佳的进入模式。进入模式通常包括间接出口、直接出口、授权经营、合营和直接投资。这五种进入模式依次要求更多的投入、风险、控制力和盈利潜力。

4. 跨国公司需要决定在多大程度上调整其营销策略以适应当地条件。全球性的标准化营销方案承诺在各个国家和地区实现最大的一致性。与之形成对比的是，本地化营销方案会根据每个国家和地区的具体情况调整营销方案。

5. 企业在制定全球产品策略时，需要了解哪些产品或服务容易标准化，也需要知道哪些策略应该进行适当的调整。有三种基本的全球产品策略：直接延伸、产品适应和产品创新。

6. 进入全球市场时，公司必须决定品牌定位，以及是否且在多大程度上适应每个特定市场。它还必须考虑潜在的原产国效应，这些效应可能会影响全球不同市场对该品牌的感知方式。

7. 公司可以调整其价格和沟通战略来适应当地市场。适应程度可以从营销计划的微小变化到针对每个目标国家采取完全不同的价格和沟通方式。

8. 在分销层面，企业需要从全渠道视角统筹将产品分销给最终用户。公司必须始终关注其他国家面临的文化、社会、政治、技术、环境和法律限制。

营销
焦点 | 宜家

宜家是一家以家具、家居用品和电器而闻名的瑞典零售公司，自 2008 年以来一直是世界上最大的家具零售商。宜家因价格实惠和设计新颖而享誉全球。在 75 年的经营历史中，宜家已在全球 25 个国家和地区开设了 300 多家门店，并根据每个地方不同的消费者偏好调整其门店和产品。

宜家由企业家英格瓦·坎普拉德（Ingvar Kamprad）于 1943 年创立。宜家（IKEA）这个名字来自坎普拉德名字的缩写 IK，以及坎普拉德长大的农场 Elmtaryd 以及瑞典的家乡 Agunnaryd 的首字母缩写。坎普拉德最初是挨家挨户销售钢笔、钱包和手表。后来，他把家具添加到他的销售组合中，并大多通过邮购方式销售。由于价格低廉，宜家在销售家具方面取得了初步成功。1953 年，宜家在瑞典的艾尔姆胡尔特开设了第一家移动陈列室。陈列室展示了其低成本家具的质量和功能。宜家第一个陈列室的受欢迎程度激发了该公司在 5 年后在同一个城市开设了第一家零售店。宜家艾尔姆胡尔特陈列室的盈利能力刺激了宜家在欧洲的扩张，并于 1963 年首先在挪威开店。在欧洲国家取得成功后，公司在全球范围内扩张，到 21 世纪初，宜家已进入美国、亚洲和澳大利亚。

宜家的商业模式是基于同类型产品的大批量生产，这一商业模式使宜家从巨大的规模经济中受益。通过确保供应商的低成本，宜家能够向消费者提供低价。产品设计时尚、实用且简约，因

Source: Alexander Blinov/Alamy Stock Photo

此它们能够吸引大量的精打细算型购物者。此外，宜家通过顾客自行组装家具来保持低价。宜家家具被整齐而紧密地包在纸箱中。宜家试图从这种"扁平包装"中去除尽可能多的空气，以使家具能够装入运输集装箱内，而不会浪费任何空间，从而降低运输成本。

尽管在欧洲取得了成功，宜家在全球复制商业模式时仍面临问题。为了解决这些问题，宜家通过识别每个市场的战略挑战来进行相应的调整。例如，宜家在欧洲和北美的主要价值主张之一是低成本家具。然而，宜家中国的家具价格要略高于平均水平。宜家意识到同样的低成本价值主张在中国并不成立，所以它开始瞄准年轻的中产阶层客户，这部分人相对而言更富有，同时受过更好的教育，也更了解西方风格。宜家在当地采购材料并制造家具，以确保在价格上保持竞争力。此外，宜家在中国还强调了优质西式品牌的定位。

宜家采用大量的市场研究，通过定制产品设计和提供服务等提高在不同市场的销售额。例如，

宜家的研究表明，世界人口正在迁入居住空间较小的公寓和住宅，因此，宜家设计了内置无线充电功能的灯具和桌子等产品，以节省电线杂乱的空间。当研究表明宜家的 DIY 家装产品在中国不受欢迎，公司开始提供送货和组装费用。因为许多人没有私家车，宜家还在中国城市靠近交通线的热门地区（而不是郊区）开设了门店。宜家的展厅提供样板房、餐厅和家庭房，并给消费者提供布置建议，这样做的原因是中国的房屋拥有率已经从 25 年前的较低水平增加到今天的 70% 以上，而年轻夫妇特别喜欢宜家时尚、实用的现代风格。

通过了解每个国家不同的消费者和文化差异，宜家还能够提供通用型的解决方案，而不是针对不同的市场供应不同的产品。许多顾客在宜家的全尺寸样板间中消磨时光。因为每个房间的美感会极大地影响顾客的购买意愿，宜家展示了相同的产品如何吸引不同地区的顾客。例如，日本和阿姆斯特丹样板间的床、橱柜和书架可能完全相同。然而，日本的展示可能会将床和橱柜与榻榻米配对，荷兰则用斜顶的天花板来反映当地的建筑，而美国房间里的床铺则满是枕头和床单。

宜家的成功很大程度上归功于其商业模式对各国市场的适应能力。宜家在不同地区的市场研究加速了公司的全球扩张，并帮助宜家在每个国家都成为家居行业的竞争者。决定宜家未来是否成功的因素是公司能否继续了解每个细分市场并对其门店进行适当微调。[47]

问题：

1. 宜家是怎样在不同的市场正确地贴近消费者的？它还可以怎么做？

2. 宜家从根本上改变了人们购买家具的方式。请在公司继续全球扩张的情形下，讨论宜家战略的利与弊。

3. 宜家应在多大程度上通过定制产品和零售环境来适应全球各地的品位？过度定制化会损害其品牌身份吗？

营销
焦点 ｜文华东方

文华东方酒店集团（Mandarin Oriental）是一家专门经营亚洲豪华酒店的国际酒店管理集团。该集团在 20 多个国家经营着超过 31 家酒店和 8 家度假村。文华东方酒店以提供卓越的客房、高品质的餐厅、酒吧、员工和住宿而闻名。

1963 年，文华酒店始建于中国香港中环。

1974 年，文华国际酒店有限公司成立，并收购了曼谷东方酒店 49% 的所有权。

1985 年，这两家大型豪华酒店和该地区的其他酒店合并为文华东方酒店集团。

文华东方酒店集团基于以下指导原则来打造品牌：

- 取悦客人。文华东方完全致力于通过预测和满足客人的愿望来超越客人的期望。

- 取悦同事。文华东方致力于通过有效的培训和个人发展为员工创造一个支持、激励和回报的环境。

- 成为最好。该集团旨在通过不断改进其服务、产品和设施，成为豪华酒店行业的创新领导者。

- 团队合作。文华东方的员工致力于团队合作，并以最大的信任和尊重来对待彼此。

- 负责任地行事。集团在其内部和外部环境中保持正直、公平和诚实。

文华东方成功的关键因素之一是酒店在宾客参与度、社交媒体和整体东方气韵等方面的本地化实践。酒店遍布全球的文华东方面临的一个挑战是确保每家酒店都尽可能地有自己的区域特点

Source: Greg Vaughn/Alamy Stock Photo

和地方特色。例如，为了庆祝日本著名的樱花季，文华东方推出了樱花版的"完全东京五行之旅"水疗护理。此外，该集团的酒吧和餐厅还提供樱花主题的菜肴。

该集团聘请来自世界各地的建筑师来设计酒店，以确保每家酒店都独具风格，并符合当地社区的偏好。文华东方对员工进行培训，使他们深入了解酒店周围的环境。员工熟悉当地文化和所在城市的热点地区。当客人访问社交媒体页面或咨询酒店前台时，文华东方能够为他们提供富有地域特色的服务。

文华东方对国际知名代言人的使用，例如亚当·斯科特（Adam Scott）、刘玉玲、摩根·弗里曼（Morgan Freeman），极大地促成了其全球广告宣传的成功。文华东方从全球范围内挑选对观众特别有吸引力的名人品牌代言人，想办法让潜在客户记住这些广告。选择名人的标准包括外表

吸引力、运动技能、智慧和信誉。名人必须拥有良好的声誉和可信度，才能为品牌背书。名人在身份、个性和生活方式方面也必须与文华东方品牌兼容。

知名代言人经常参与粉丝活动，这是一项全球性的广告活动，该活动会在杂志上刊登名人入住文华东方酒店的照片。不仅如此，一些名人还参与了公司的更多活动。纽约市的时装设计师谭燕玉为纽约和香港地区设计了水疗中心员工制服。陈美和埃德娜女爵士（Dame Edna）等表演艺术家曾在酒店开业典礼上表演过。文华东方拥有超过 25 位国际名人为其品牌代言。

文华东方酒店因其纯正的东方魅力以及竭诚为客人、员工和当地社区服务而享誉国际。多个酒店荣获胡润"热门酒店"奖，这是中国最负盛名的酒店奖项之一。该集团以卓越的烹饪艺术引领豪华酒店行业，其 14 家餐厅共获得 21 颗米其林星，彰显了其致力于为客人提供顶级体验的承诺。该集团也是全球唯一拥有 10 个《福布斯》"五星级"水疗中心的豪华酒店集团。凭借其杰出的品牌传递，文华东方致力于提供全球最好的豪华酒店服务。[48]

问题：

1. 文华东方在全球取得成功的关键影响因素是什么？

2. 文华东方被定位为全球奢侈品品牌的优势和劣势是什么？它能否对世界各地的旅行者形成统一的品牌诉求？

3. 文华东方在既能提高知名度又不损害品牌形象的前提下，应该如何构建其全球数字媒体战略？

21

社会责任营销

学习目标

1. 讨论企业社会责任在营销管理中的作用。

2. 解释公司如何在工作场所管理企业社会责任。

3. 确定公司用于促进可持续发展的战略。

4. 描述公司如何平衡社会责任和公司盈利。

联合劝募协会通过与企业合作提供有意义的服务来满足特定社区的需求，以此对其筹款活动进行补充。

Source: Courtesy of United Way

一个品牌的长期健康发展需要营销者参与大量的营销活动，满足一系列广泛的组成要素及目标。同时，营销者还必须考虑他们行为的社会影响。企业社会责任已经成为许多组织的优先事项，并根深蒂固地存在于它们的商业模式中。一些组织，如联合劝募协会，完全采纳了这种社会责任的愿景。成功的营销需要有效的关系营销、整合营销、内部营销和绩效营销。在本章中，我们将考虑一家公司营销活动的社会影响，并研究企业社会责任的关键维度。

联合劝募协会是美国收到捐款最多的慈善机构，是一个由地方管理和资助的分支机构组成的网络，遍布 40 多个国家和地区的近 1800 个社区。联合劝募协会于 1887 年在科罗拉多州的丹佛市成立，协会最初的目标是为当地的慈善机构筹集资金。如今，联合劝募协会已经扩展了它的业务，与其他有共同愿景的组织合作，以做出持久的改变并实现有意义的影响。联合劝募协会的工作重点是提供可衡量的成果，使特定社区受益，而不仅仅是筹集资金支持各种活动。为了实现它的使命，联合劝募协会将人、组织和社区聚集在共同的事业、共同的愿景和共同的前进道路上。例如，联合劝募协会与税务服务提供商 H&R Block、沃尔玛基金会、慈善旧货店 Goodwill Industries 和国家残疾人协会（National Disability Institute）联合发起了一项运动，将低收入家庭与免费报税服务联系起来，帮助更多的人免费报税，它们服务的人群比其他任何组织都要多。联合劝募协会还成功地向联邦通信委员会提出申请，将 211 指定为健康和人类服务信息热线，以帮助人们在危机时期找到当地的支持和服务。随着时间的推移，211 已经成为一种重要的资源，为遭受飓风、洪水、泥石流、龙卷风和其他灾害的受害者提供紧急援助，并为美国社区提供紧急援助和救济。通过与软件巨头赛富时合作，联合劝募协会已经能够吸引新的捐赠者，并加强与现有捐赠者的关系，同时降低营销成本。此外，通过合作，两家公司能够基于赛富时的人工智能功能创建一个平台，用于不同的非营利性组织。该平台根据潜在捐赠者、他们的雇主（大部分资金是通过工资扣除方式筹集的）和联合劝募协会的需求定制内容。更重要的是，它允许捐赠者选择一个特定的组织来捐款，而不是让联合劝募协会来决定如何分配资金。2019 年，在 290 万名志愿者的帮助下，联合劝募协会为大批慈善机构筹集了 37 亿美元，为 6000 多万人提供了服务。[1]

社会责任在营销管理中的作用

　　有效的营销必须与强烈的道德感、价值观和社会责任感相匹配。根据 2016 年普华永道全球 CEO 调查，64% 的 CEO 认为，"企业社会责任是他们业务的核心，而不仅仅是一个附加的独立项目"。[2] 在企业社会责任中扮演更积极、更具战略性的角色，被认为不仅有利于客户、员工、社区和环境，也有利于股东。

　　公司参与亲社会活动并在企业社会责任行为上进行投资的原因有很多。有些公司这样做是因为创造社会效益是企业文化和公司价值体系的关键因素。有些公司是为了吸引那些青睐具有公民道德的公司的消费者，从而使自己与众不同。有些公司是在合作者的坚持下这样做的，它们更喜欢与那些关心为社会创造价值的公司打交道。有些公司是为了建立一个公共商誉银行，以抵消潜在的批评和应对最终的营销危机。还有一些公司则是为了通过承担企业社会责任来提高员工的忠诚度，创造投资者的商誉。

　　世界上最受尊敬且最成功的公司都遵守高标准的商业和营销行为，在满足自身利益的同时也满足消费者的利益。宝洁公司已将"品牌目标"作为公司营销战略的关键组成部分。该公司为其品牌支持的公益事业推出了许多获奖项目，如当妮（Downy）织物柔顺剂的"Touch of Comfort"，汰渍洗衣粉的"Loads of Hope"，以及秘密（Secret）除臭剂的 "Mean Stinks"。[3] 宝洁公司并非个例。许多其他公司也将社会责任营销放在所有工作的中心，石原农场（Stonyfield Farm）就是其一。

石原农场　石原农场于 1983 年创立，长期担任该公司首席执行官的加里·赫什伯格（Gary Hirshberg）是其联合创立者。他相信在销售纯天然有机奶制品的同时"恢复环境"，是一个商机。该公司的供应商避免了农业综合企业的生产力实践，如使用抗生素、生长激素、杀虫剂和化肥。在计算了工厂运行所需的能源总量后，石原农场决定在重新造林、风力发电厂和公司自己的厌氧废水消化器等环保项目上进行同等投资。石原农场对酸奶的塑料盖进行了改进，每年可节省大约 100 万磅的塑料，并在包装上增加了关于全球变暖、激素危害和转基因食品的信息。农场还将 10% 的利润捐赠给"帮助保护和恢复地球的活动"。虽然采取了高价策略，该品牌仍不具备进行大众市场广告活动所需的规模，而是依赖于抽样（如波士顿马拉松比赛）、公共宣传和消费者口碑等营销活动。其稳步推进的商业实践并未损害其财务绩效。石原农场是美国排名第三的酸奶品牌，销售冰沙、牛奶、冷冻酸奶和冰激凌。赫什伯格还成立了非营利性组织"气候计数"（Climate Counts）基金，该基金会每年对企业扭转气候变化的自愿行动进行评分并告知消费者，以激励企业承担责任。[4]

≫　除了只使用具有有机意识的供应商生产其有机奶制品外，石原农场还投资于其他各项可持续发展的实践，并将 10% 的利润捐赠给环保事业。

Source: Keith Homan/Shutterstock

　　提高社会责任营销的水平需要采取三管齐下的方法，即关注社区、环境和市场。在这种背景下，社会公正的倡导者和环保主义者通过将社会和环境利益作为公司底线的关键组成部分，将底线的更广泛定义引入公众意识。因此，许多公司关注所谓的**三重底线**（triple bottom line）——人（社会部分）、地球（可持续发展部分）和利润（货币部分）。

三重底线的概念意味着公司的责任有赖于利益相关者，即所有直接或间接受到公司行为影响的实体，而不仅仅是实际拥有公司的股东。这些利益相关者除了股东、公司员工和顾客，还包括整个社会。我们将在以下几个部分中研究公司如何在社区、可持续发展和市场利润这三个领域履行企业社会责任。

基于社区的企业社会责任

维持健康的、长期的增长需要营销者满足一系列广泛的要素和目标。在此前提下，一个重要的目标是为公司所在的社区创造价值。基于社区的企业社会责任通常发生在几个领域：改善工作场所，参与企业慈善事业，支持低收入社区，促进善因营销，以及参与社会营销。我们将在以下部分中讨论不同类型的基于社区的企业社会责任。

工作场所的企业社会责任

企业社会责任的一个重要方面是创造一个环境，确保员工得到符合社会规范的公平且合乎道德的待遇。具体来说，要在工作场所履行企业社会责任，公司通常会关注以下方面：

- 公平的薪酬：提供符合行业标准并足以满足基本生活需求的工资。
- 工作与生活的平衡：确保员工可以有时间分配到他们生活的其他方面，比如家庭、个人兴趣、社交和休闲活动。
- 多样性：通过避免基于种族、民族、宗教和文化等因素的人为障碍或区分来促进多样性。
- 安全和健康的工作环境：保护员工免受工作场所暴力和与工作有关的疾病。
- 员工发展：通过投入资源来培训和提升员工以促进其发展。

投资于企业社会责任可以获得回报。绿山咖啡（Green Mountain Coffee Roasters，2014年更名为克里格绿山，2018年更名为克里格胡椒博士）的创始人鲍勃·斯蒂勒（Bob Stiller）说过："如果公司有更高水平的善行，人们会更有动力且愿意为公司的成功付出更多。"[5] 的确，如果员工认为公司把企业社会责任的原则放在心上，他们自己就更可能这样做。相应地，这也可能会促进员工之间形成更紧密的关系，使员工对公司产生更大的认同感。对社会责任事业的承诺也可能使公司更有能力招聘、激励和留住关键员工。对许多人来说，社会责任可能和经济报酬一样重要。

工作场所实施的企业社会责任项目不能仅靠公司管理层来完成。它必须反映员工的需求和偏好，并确保员工能够参与到公司改善工作环境的努力中。创建一种反映社会价值观的优秀企业文化，可以让那些支持企业社会责任倡议的公司获得回报。

友爱的企业　"友爱的企业"（Firms of Endearment）这个术语是由拉杰·西索迪亚（Raj Sisodia）、戴维·沃尔夫（David Wolfe）和贾格·谢思（Jag Sheth）创造的，指的是那些通过行善而获得成功的公司。这些公司有一种关怀文化，为其利益相关者的利益服务，这些利益相关者可定义为首字母缩写 SPICE：社会（society）、合作伙伴（partners）、投资者（investors）、顾客（customers）和员工（employees）。通过这种方式，这些公司与利益相关者建立了一种友爱的关系。它们的高级管理人员奉行开放的政策，对顾客充满热情，并获得适度的报酬。它们向员工支付更高的薪水，与一小部分优秀的供应商建立更紧密的联系，并回馈它们所在的社区。实际上，它们在营销上的花费占销售额的百分比较低，但能获得更多的利润，因为那些热爱公司的顾客做了大部分的营销工作。通过成为受人喜欢的组织，这些公司为所有利益相关者创造了价值。[6]

　　公平和有道德地对待员工，对那些跨国企业来说尤为重要，因为各国的劳动法与美国不尽相同。对其全球子公司和商业伙伴适用与国内业务相同的原则，是一个真正拥抱企业社会责任原则的组织的标志。公平贸易基金会（Fairtrade Foundation）帮助公司在发展中国家找到有社会责任感的商业伙伴，并确保它们遵循可持续的商业实践。

>> 公平贸易基金会专注于推广来自小生产者的商品，以提高发展中国家的收入、社会公平和环境标准。

Source: Realimage/Alamy Stock Photo

公平贸易基金会　公平贸易基金会旨在为发展中国家的生产商赋能，促进社会公平，提高环境标准。它通过倡导为发展中国家的小生产者和工人提供更好的贸易条件来促进可持续发展。公平贸易基金会主要关注经常出口到发达国家的商品，如咖啡、可可、葡萄酒、糖、水果、巧克力、鲜花、黄金和家居用品等商品。公平贸易运动的一个重要方面是，公平贸易商品的买家向生产者支付社会溢价，用于可持续发展和社会经济发展。公平贸易的核心原则包括：（1）收入可持续性，即无论市场价格如何波动，收入都应满足家庭的基本需求；（2）授权，即生产者有能力根据自己的利益做出决定；（3）个人和社区福利，这意味着生产者可以根据自己和社区的需要决定如何将公平贸易带来的溢价进行投资；（4）环境管理，即采取可持续的做法来保护自然资源。[7]

企业慈善事业

企业慈善事业总体上正在兴起，因为越来越多的公司开始相信，以善因营销和员工志愿服务项目的形式出现的企业社会责任不仅是"正确的事情"，而且是"明智的事情"。[8]

美体小铺、Working Assets 和 Smith & Hawken 等公司正在赋予社会责任更突出的角色，Newman's Own 也是如此。已故演员保罗·纽曼（Paul Newman）的自制沙拉酱生意已经发展成为一项庞大的业务，其中有意大利面酱、萨尔萨辣酱、爆米花和柠檬水，目前在 15 个海外市场销售。该公司将其所有的税后利润和特许权使用费——迄今已超过 4 亿美元——捐赠给世界各地的数千个教育和慈善项目，包括纽曼为患有严重疾病的儿童创建的"墙洞帮"（Hole in the Wall Gang）营地。[9]

麦当劳通过四大项目关注儿童和家庭的健康及福利。[10]

遍布 35 个国家和地区的麦当劳叔叔之家（Ronald McDonald Houses）每晚为那些在孩子住院期间需要支持的家庭提供 8000 多个房间，每年为他们节省共计 6.57 亿美元的酒店费用。在 23 个国家，麦当劳叔叔之家每天为 4000 个家庭提供可以在他们生病的孩子旁边休息的地方。在 9 个国家，52 辆麦当劳叔叔流动关爱车为儿童提供就近的现场医疗护理。麦当劳叔叔之家慈善机构通过其全球补助金计划向非营利性组织提供了超过 1 亿美元的资金，以扩大其覆盖面，并对全球儿童的健康和福利产生影响。

企业捐赠的增长引发了一个问题：企业慈善事业对公司市场表现的最终影响是什么？研究人员认为，企业捐赠至少可以在三个领域产生积极影响：提升公司形象，提高顾客忠诚度，提高产品性能的实际感知。

研究表明，在消费者看来，参与企业慈善事业的公司更温暖、更有同情心、更有道德感、更讨人喜欢、更值得信赖，而且在企业危机中更不应该受到指责。[11]进一步的研究表明，公司在企业社会责任方面的声誉往往会提高消费者的忠诚度，增加顾客的满意度，降低消费者对价格的敏感性，并提升他们的品牌承诺。[12]还有人认为，一个公司的社会责任行为可能会增加产品的销售，因为它激励消费者奖励公司的亲社会行为，并让消费者有机会从"给予的温暖光芒"中获得道德上的满足。[13]

除了记录社会商誉对公司形象和消费者忠诚度的积极影响，最近的研究表明，企业社会责任的积极影响可以延伸到对其产品性能的感知。这样，参与慈善捐赠的公司的产品可能会被认为具有更高的性能水平。[14]因此，做善事确实可以帮助公司发展得更好。

企业慈善事业也会带来困境。默克公司、杜邦公司、沃尔玛和美国银行每年都向慈善机构捐赠 1 亿美元甚至更多。然而，如果公司被认为具有剥削性或者辜负了"好人"形象，其善举就会被忽视，甚至造成反感。一些评论家担心，善因营销或"消费慈善"可能会导致消费者用不那么深思熟虑的购买行为取代真正的善行，减少对真正的解决方案的重视，或者转移人们对市场本身可能会产生许多社会问题这一事实的关注。

服务低收入社区

金字塔底层（bottom of pyramid，BOP）是一个社会经济概念，用于形容世界上人口最多但最贫穷的群体，他们每天的人均生活费不足 2.5 美元。满足世界上最贫困公民的需要非常重要，商业作家 C.K. 普拉哈拉德（C. K. Prahalad）最为突出地强调了这一点。他认为，很多创新来自中国和印度等新兴市场[15]，在这些市场上经营的公司被迫进行创新，以便能够用更少的钱做更多的事。

满足金字塔底层的需要也需要精心计划和执行。尽管这些低收入消费者的收入总和可能价值数万亿美元，但每个个体可能没有多少钱可以花。传统观点认为，"低价格、低利润、高产量"的商业模式是成功吸引发展中市场低收入消费者的关键。尽管这种战略有一些很好的例证，比如印度斯坦联合利华（Hindustan Unilever）在印度推出了 Wheel 洗涤剂，但其他实施相同战略的公司仍举步维艰。宝洁公司在印度推出了 Pur 净水产品。虽然这种产品的价格一袋只有 10 美分，但其利润率却高达 50%。不过最后的总体业绩令人失望，宝洁随即将该品牌转型为慈善事业。[16]

尽管如此，这种方法仍然有效，甚至是在高度复杂的领域，如医疗保健。在印度的班加罗尔，纳拉亚纳·赫如达亚拉亚医院（Narayana Hrudayalaya）对心脏搭桥手术的收费为 1500 美元，而这一费用在美国是其 50 倍之多。这家医院的劳动力成本和运营费用都很低，而且采用流水线式的护理方式。这种方法已经产生了效果：这家医院的死亡率是美国医院的一半。纳拉亚纳医院还为数百名婴儿免费进行手术，以每月 11 美分的价格为 250 万印度穷人提供重大疾病险，并能从中盈利。

为低收入社区服务也有利于在高收入市场开展营销。将创新从发展中市场转移到发达市场，通常被称为逆向创新。**逆向创新**（reverse innovation）是满足发展中市场的需要并解决其限制的一种成功的方案，它生产廉价的产品作为发达市场中的平价替代品。逆向创新还可以涉及公共政策利益，通过成功开发超低价运输、可再生能源、洁净水资源、小额信贷、可负担的医疗保健和低成本住房来改变行业。

在成功的逆向创新者中，雀巢将其美极（Maggi）低脂泡面在澳大利亚和新西兰重新定位为一种经济实惠的健康食品，它在巴基斯坦和印度的农村地区是很受欢迎的廉价食物。总部位于美国的哈曼国际公司（Harman International）以德国工程师设计的高端车载音响系统而闻名。该公司为中国、印度和其他新兴市场研制了一种大为简化和低成本的产品开发方法，并将这种方法在其西方的产品研发中心加以应用。现在，该公司可以销售一系列价格从低到高的产品，并正在研究为摩托车配备信息娱乐系统——摩托车是新兴市场和世界各地流行的一种交通方式。

为了服务于新兴市场中日益壮大的中产阶级，一些公司正在创建不同的产品组合，以打入不同收入的细分人群。法国食品公司达能有许多高端健康产品，比如达能酸奶、依云矿泉水和贝乐蒂婴儿食品，但它也向食品预算为"每天一美元"的消费者销售低价产品。在印尼人均日收入约为 10 美元的地方，该公司销售一种酸碱值为中性的牛奶饮料 Milkuat，保质期为 6 个月。达能目前的大部分销售额来自成长型市场。[17]

然而，低价并不一定意味着质量低劣、功能有限和信誉不佳。尽管预算有限，但低收入消费者并不总是寻找最便宜的选择。事实上，许多人也希望购买优质的产品和品牌。塔塔 Nano 汽车的困境说明了在开发市场产品时透彻了解低收入消费者需要的重要性。

Source: inodia Photos/Alamy Stock Photo

≪ 针对首次购车的消费者，塔塔 Nano 让那些不想买"廉价"汽车的人望而却步，也让那些被塔塔集团豪华展厅吓住的人望而却步。

塔塔 Nano 印度最大的企业集团和最大的商用车制造商塔塔集团在 2009 年推出了被称为"人民车"的塔塔 Nano 汽车，引起了轰动。尽管按照西方标准，Nano 的价格低得不可思议，但 10 万印度卢比（当时折合为 2500 美元）的价格是印度人均年收入的三倍。Nano 看起来有点像一个架在轮子上的鸡蛋，它可以舒适地容纳 5 个人，33 马力的引擎使得每加仑汽油能跑近 80 千米。为了达成年销售 25 万辆车的目标，塔塔集团将目标顾客群体锁定为每年购买踏板车和摩托车的 700 万印度人，部分原因是他们买不起汽车。塔塔集团还瞄准了其他"金字塔底层"市场，尤其是非洲和东南亚地区。尽管 Nano 具有优势，但它在印度的起步并不顺利，部分原因是购买"廉价"汽车所带来的羞耻感。在一个近年来收入大幅增长的国家，一些人把它看作嘟嘟车（Tuk-Tuk）的美化版本，这种三轮机动车经常出现在发展中国家的街头。许多低收入消费者选择增加预算，购买配备 800cc 引擎的马鲁蒂铃木奥拓（Maruti-Suzuki Alto）。同时，一些从未拥有过汽车的目标顾客对塔塔集团华丽的展厅心生畏惧。因此，Nano 上市 8 年后的年销量不到 1 万辆，在 2017 年停产前，Nano 在印度的销量只有 80 万辆左右。[18]

在发展中市场找到正确的营销方法可以带来丰厚的回报：诺基亚派出入门级手机部门的营销、销售和工程人员，花一周时间到中国、泰国和肯尼亚的农村地区居民家中，观察他们如何使用手机。尽管在发达国家的部分地区诺基亚被其他品牌超越，但通过开发售价最低、功能恰到好处的手机，诺基亚在非洲和亚洲的一些地区保持了市场份额的领先地位。[19]

善因营销

许多公司将企业社会责任与营销活动相结合。**善因营销**（cause marketing）将公司对指定公益事业的贡献与客户直接或间接参与公司的创收交易联系在一起。例如，一家公司可能会将每笔销售收入的一定比例捐赠给特定的慈善机构。来看看宝洁公司为其 Dawn 洗洁精进行善因营销的例子。

Source: Keith Homan/Alamy Stock Photo

Dawn　宝洁公司的 Dawn 是美国最好的洗洁精品牌，它有一个不同寻常的用途：它可以清洁被泄漏的石油困住的鸟类。美国鱼类和野生动物管理局的一份报告称，Dawn 洗洁精是"唯一被推荐的鸟类清洁剂，因为它能去除羽毛上的油污，无毒，并且不会留下残留物"。2010 年，英国石油公司发生灾难性的石油泄漏事故后，宝洁公司捐赠了数千瓶有编码的 Dawn 洗洁精，并为每位激活编码的顾客向海湾野生动物基金会捐赠 1 美元，最终捐赠总额达 50 万美元。到目前为止，该公司已经捐赠了 5 万多瓶 Dawn 洗洁精，帮助拯救和释放了 7.5 万只受石油污染伤害的动物。为了纪念公司开展野生动物保护运动 40 周年，2018 年，Dawn 品牌与演员兼野生动物活动家凯特·马拉（Kate Mara）合作，向消费者宣传 Dawn 洗洁精如何帮助各类组织拯救大量的鸟类和海洋动物。Dawn 品牌还发起了金鸭子大赛（Golden Duck Contest），让购买了 40 周年纪念瓶装 Dawn 洗碗液的消费者有机会了解拯救野生动物的幕后工作。[20]

>> 宝洁公司捐赠了数千瓶最畅销的 Dawn 洗洁精，以帮助拯救受石油污染伤害的鸟类和其他野生动物。

一个成功的善因营销计划可以改善社会福利，创造差异化的品牌定位，建立强大的消费者纽带，加强公司的公众形象，蓄积商誉，提高内部士气，激励员工，推动销售，提升公司的市场价值。[21] 消费者可能会与公司建立一种超越正常市场交易的牢固而独特的联系。一项研究表明，90% 的美国消费者对支持公益事业的公司有更正面的印象，并对其更忠诚、更信任；54% 的消费者曾因它与某项公益事业有关而购买过其产品。[22]

将公司的品牌与相关的公益事业联系起来可以在几个方面给公司带来好处。它可以帮助公司建立品牌意识，提升品牌形象，增强品牌可信度，唤起对品牌的情感反应，创造品牌社区意识，并引起品牌参与。[23] 它有一群特别感兴趣的受众，那就是具有社会意识的消费者，他们经常使用社会媒体来了解公益活动，并与支持这些活动的公司进行互动。

然而，如果消费者质疑产品和公益事业之间的联系，或者认为公司是自私自利和剥削他人的，善因营销就会适得其反。为了避免反作用，一些公司在善因营销中采取了软推销的方法。[24] 如果消费者认为一家公司的所有行为中存在任何不一致或不够负责的地方，也会出现问题。想想肯德基的遭遇吧。

肯德基　肯德基的"防癌爱心桶"（Buckets for the Cure）项目是指一个月内每售出一份 5 美元"粉红色"炸鸡桶，该项目就向苏珊·科曼（Susan G. Komen）治疗基金会捐赠 50 美分。这被认为是有史以来资助乳腺癌研究的最大一笔企业捐款——金额超过850 万美元。一个问题是：几乎与此同时，肯德基还推出了含有两块炸鸡、培根和奶酪的超大双层三明治。评论家立即指出，肯德基出售的是一种热量、脂肪和钠含量过高的食品，会导致肥胖。在苏珊·科曼治疗基金会的网站上，超重被标记为会使绝经后的女性患乳腺癌的风险增加 30%~60%，这也使该基金会在合作中受到批评。[25]

　　公司在设计和实施善因营销项目时必须做出许多决定，例如选择多少个、选择哪些公益项目，以及如何为公益项目打造品牌。一些专家相信，如果公司只是偶尔参与几项公益事业，善因营销的正面影响就会被稀释。许多公司专注于一项或几项主要公益事业来简化执行工作，并使影响最大化。

　　然而，只支持一项公益事业，可能并不总能将消费者对公司从事公益事业的积极情感转移到公司本身。许多受欢迎的公益事业已经有许多公司赞助，包括美国航空、戴尔、福特、佐治亚太平洋（Georgia Pacific）、默克、三星和沃尔格林在内的 130 多家公司已经成为苏珊·科曼治疗基金会的企业合作伙伴。因此，品牌可能会发现自己在一片象征性的粉红丝带的海洋中被忽视。（PRODUCT）RED 是一个善因营销项目，它将公益事业的象征意义直接融入产品本身，从而避免了多个赞助商带来的潜在弊端。

（PRODUCT）RED　2006 年，在 U2 乐队主唱博诺（Bono）和债务、艾滋病、贸易组织（Debt, AIDS, Trade in Africa, 非洲的债务、艾滋病和贸易）的联合创始人兼社会活动家博比·施赖弗（Bobby Shriver）的倡导下，（PRODUCT）RED 的推出受到了高度关注。通过与一些世界知名品牌——美国运通卡、匡威运动鞋、盖璞 T 恤、苹果手机和阿玛尼太阳镜——合作生产（PRODUCT）RED 品牌的产品，提高了人们对"抗击艾滋病、结核病和疟疾全球基金"（以下简称"全球基金"）的认识，并为其募集了资金。这些产品销售利润的 50% 将捐给全球基金，以帮助非洲受艾滋病影响的妇女和儿童。每一家加入（PRODUCT）RED 的公司都将其品牌标识放在括号所代表的"怀抱"中，并被"提升为红色的力量"。此后，美国银行、亚马逊、可口可乐、万宝龙、微软、星巴克等众多知名品牌都加入了这项公益事业。迄今为止，（PRODUCT）RED 已经为全球基金募集了 5 亿多美元，用于支持加纳、肯尼亚、莱索托、卢旺达、南非、斯威士兰、坦桑尼亚和赞比亚的艾滋病的治疗补助。这些钱百分之百地被用于当地的工作中，没有任何运营费用。[26]

　　大多数公司选择符合公司或品牌形象、员工和股东关心的公益事业。[27] 眼镜零售连锁品牌亮视点的"光明赠礼"（Give the Gift of Sight）公益项目——在公司被意大利公司陆逊梯卡收购后，该项目更名为"OneSight"——一个公益性的视力保护项目，为北美和世界各地发展中国家的数百万贫困人口提供免费的视力筛查、眼睛检查和眼镜。陆逊梯卡支付了大部分的运营费用，所以 90% 以上的捐款直接用于资助项目。[28] 纳贝斯克公司的巴纳姆（Barnum）的动物饼干发起了一项活动来提高人们对濒危物种的认识，并帮助保护亚洲虎。纳贝斯克通过发行特别版包装的饼干并与世界自然基金会合作，见证了"销售的健康提升"。[29] 汤姆布鞋则是一个利用善因营销来帮助公司成功建立新业务的例子。

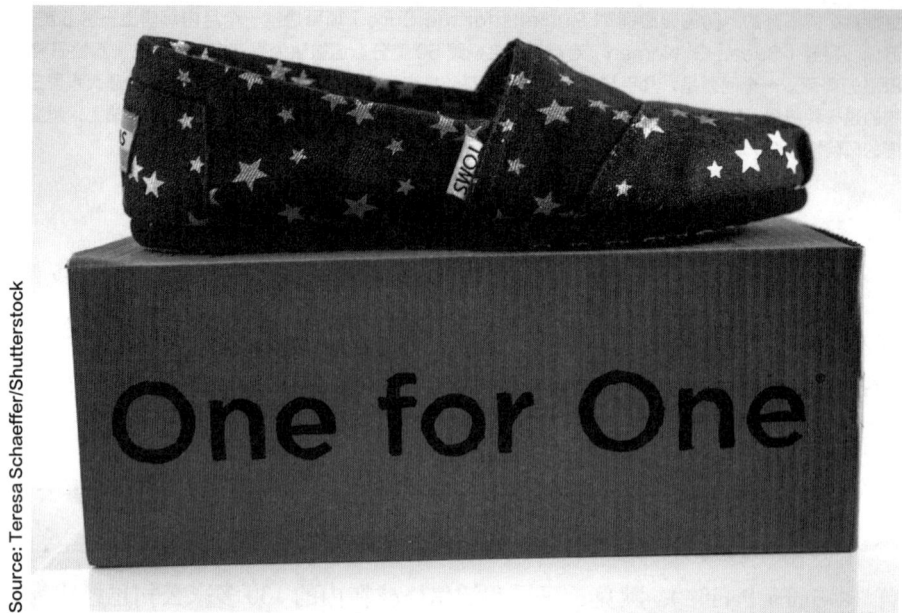

>> 以买一双鞋捐一双鞋而闻名的汤姆布鞋现已转向一个扩大的、更多样化的项目，即将净利润的三分之一投入公司的捐赠基金。

汤姆布鞋　虽然布雷克·麦考斯基（Blake Mycoskie）在参加真人秀《极速前进》（*The Amazing Race*）时没有获胜，但他在 2006 年返回阿根廷时激发了创业的愿望，目的是帮助他看到的那些因一个简单原因而受苦的孩子：他们缺少鞋子。没有鞋子穿的孩子会面临健康风险，而且还因为经常被禁止去上学而身处弱势。因此，汤姆布鞋诞生了，这个名字暗示着"更美好的明天"，它承诺每卖出一双鞋，就向有需要的孩子捐赠一双鞋。汤姆布鞋在全食超市、诺德斯特龙和内曼·马库斯等商店销售，也在网上销售。汤姆布鞋主要是阿根廷的一种带绳底、帆布面的轻便帆布鞋，现在发展中国家有超过 100 万名儿童脚上穿上了汤姆布鞋。捐赠同时也是很好的营销手段。汤姆布鞋获得了大量的宣传，AT&T 和美国运通甚至在一则广告中介绍了麦考斯基。汤姆布鞋还赞助了"赤脚一日"的推广活动，帮助人们想象不穿鞋的生活会是什么样子的。利用同样的商业模式，该公司现已进入眼镜领域，并计划在继续赠送数百万双鞋的同时捐赠眼镜。[30]

社会营销

　　社会营销作为一门单独的营销学科是由菲利普·科特勒和杰拉尔德·萨尔特曼（Gerald Zaltman）在 20 世纪 70 年代初提出的。[31] **社会营销**（social marketing）与善因营销相似，两者的目标都是让公司所在的社区受益。但与善因营销将商业活动与公益事业结合起来的目的不同，社会营销是为了推动一项公益事业，比如"对毒品说不"或"多运动，好饮食"。[32] 此外，与通常由营利性组织进行的善因营销不同，社会营销通常由非营利性组织或政府组织开展，与特定的商业活动没有直接关系。

　　社会营销是针对定义明确的受众群体，通过使用一个系统化的营销规划流程来影响行为改变，以实现社会公益。社会营销者最初关注的是烟草、计划生育和艾滋病等问题，现在，社会营销包括努力改善公共卫生、预防伤害、保护环境、为社区做出贡献和提高经济福利。目前，全世界有超过 2000 名从业者主要在非营利性组织中工作，以推进社会公益事业。不要把社会营销与社交媒体营销相混淆，后者是描述如何在营销活动中使用社交媒体。[33]

　　在美国，不同类型的组织都在进行社会营销。参与社会营销的政府机构包括美国疾病控制与预防中心、卫生与公众服务部、交通部以及国家环境保护局。从事社会营销的数百个非营利性组织包括美国红十字会、联合劝募协会和美国癌症协会。

　　为社会营销项目选择正确的目标至关重要。计划生育运动应该以禁欲还是节育为重点？治理空气污染的运动应该侧重于共享交通还是公共交通？虽然社会营销使用了许多不同的策略来实现其目标，但其规划过程遵循了许多与传统产品和服务相同的步骤。世界自然基金会就是一个通过应用现代营销手段实现其目标的组织。

世界自然基金会　　世界自然基金会（World Wildlife Fund，WWF）是世界领先的保护组织，在 100 个国家开展工作，并得到美国 100 多万会员和全球近 500 万会员的支持。基金会的年度预算不允许其进行奢侈的营销，所以它主要依靠直接的营销手段募集善款。基金会每年在美国发出约 3600 万封环保邮件，通过这种方式获得了其会员收入的 65%。它在脸书、Instagram 和推特上很活跃，并通过与雅芳、迪士尼、盖璞和皇家加勒比等众多公司合作获得收入。合作有时包括联合营销计划；可口可乐公司为帮助加拿大和其他北极地区的北极熊建立安全区域捐赠了 200 万美元。世界自然基金会正面处理重要的野生动物问题，例如它使用多媒体渠道宣传反偷猎活动，包括广告牌、印刷广告、公共服务公告和在线海报等，宣传口号为"停止伤害野生动物——罪大恶极"。世界自然基金会还为营利性公司提供善因营销的机会，例如与美国银行联合推出世界自然基金会维萨信用卡。[34]

Source: Oqbas/Shutterstock

≪ 可口可乐公司推出了一款名为"北极熊"的限量版 250 毫升铝瓶装饮料，以传递有关环保意识的信息。

　　社会营销项目是复杂的；它们需要时间，也可能需要分阶段的计划或行动。例如，降低吸烟率涉及多种活动：发布癌症报告，给香烟贴上有害标签，禁止香烟广告，开展有关二手烟影响的教育，禁止在餐馆和飞机上吸烟，提高香烟税以资助反吸烟运动，以及各州对烟草公司提起诉讼。

　　考虑到开发和实施一个成功的社会营销活动的复杂性，各类组织应该以一种系统和规范的方式来开展这些活动。它们应该有明确的目标和清晰的战略，可以将这个战略转化为现实的有意义的战术，可行的实施计划，以及评估项目成功的过程。尽管社会营销项目通常是由非营利性组织实施的，但它们可以从营利性公司使用的相同的战略营销方法中受益。营利性和非营利性公司的最终目标都是创造市场价值，但营利性公司以金钱来定义价值，而非营利性公司以造福社会来定义价值。

　　社会营销的概念与品牌行动主义的概念相关。[35] **品牌行动主义**（brand activism）需要公司在重要的，通常是有争议的社会、经济、环境或政治问题上采取立场。作为社会营销的一种形式，品牌行动主义关注顾客和员工关心的社会问题，而不是关注与公司底线有关的问题。让品牌行动主义从其他形式的社会营销中脱颖而出的是，它涉及公司在一个具有重要社会影响的、有争议的问题上尽早地表达旗帜鲜明的立场。

品牌行动主义的一个例子是，耐克公司决定在其庆祝口号"Just Do It"诞生 30 周年的广告活动中，突出展示前旧金山 49 人队的四分卫科林·卡佩尼克（Colin Kaepernick）。他是 NFL 球员运动的领军人物，带头在演奏美国国歌时下跪以抗议警察杀害黑人。耐克公司的宣传口号是："要有信仰，哪怕牺牲一切。"这一口号明确支持卡佩尼克行为所代表的价值观。这一决定最终导致一些顾客拥护该品牌的行动，而另一些顾客则抵制耐克的产品。

以可持续发展为中心的企业社会责任

可持续性（sustainability）是指在不伤害子孙后代的前提下满足人类需求的能力，也是许多企业当下的首要议程。各大公司详细地概述了它们如何努力改善其行动对社区和环境的长期影响。可口可乐、AT&T 和杜邦甚至都设立了首席可持续发展官（CSO）。

消费者已经将他们真正关心的可持续发展付诸语言和行动，他们主要聚焦在绿色产品、承认各种各样的环境问题等方面。消费者对绿色产品的兴趣已经扩展到汽车、能源和技术领域，此外还有个人护理用品、食品和家居产品。越来越多的消费者表示，他们倾向于购买对环境负责的公司的产品。

随着消费者越来越多地通过数字设备来了解环境并分享他们的绿色经验，"绿色"文化的许多方面——从购买有机产品到循环使用——已经成为主流。[36] 有趣的是，尽管一些营销者认为年轻人比其他人更关注环境，但一些研究表明，老年消费者实际上更重视他们的生态责任。

环境问题在产品设计和制造中也扮演着越来越重要的角色。许多公司正在探究减少经营活动对环境造成负面影响的方法，有些公司正在改变它们生产产品或产品成分的方式。在接下来这个引人入胜的案例中，李维斯公司找到了一个极具创造性的方法来解决塑料瓶激增的问题。

李维斯 如果有人说你的牛仔裤是用"垃圾做的"，你可能会觉得受到了侮辱，但如果它们是李维斯制造的，你就不会这么觉得了。李维斯新推出的 Waste<Less 系列牛仔裤和夹克中，20% 的牛仔面料来自市政场所回收的塑料瓶和黑色食品托盘，即每条牛仔裤中大约包含 8 个 12~20 盎司的瓶子。在创造该系列的过程中，李维斯进行了大量的研究和开发，塑料被清洗、分类、粉碎成薄片，然后被制成一种聚酯纤维，再与棉花进行混合。最终制成的面料除了底色是随着塑料色调的变化而变化，看起来和摸起来都像传统的牛仔布。这款牛仔裤的零售价从 69 美元到 128 美元不等。李维斯并不是环境友好型产品市场的新成员，可持续发展是这家公司的优先事项。公司投入生产的 Water<Less 系列牛仔裤帮助农民用更少的水种植棉花，从而实现用更少的水创造出流行的做旧款式，并教育消费者如何用更少的水清洗和处理衣物。这两条生产线都带来了切实的变化：Water<Less 系列在推出后的第一年里节约了超过 3.6 亿公升的水，而 Waste<Less 系列则在推出后的一整年中回收了 350 万个瓶子和托盘。[37]

越来越多的消费者希望了解公司在社会和环境责任方面的行为记录，以帮助他们决定从哪家公司购买产品、对哪家公司进行投资以及为哪家公司工作。沟通企业社会责任可能是一个挑战。一旦某家企业吹嘘自己的环保举措，它就会成为批评的对象。通常情况下，一家公司越是致力于可持续发展和环境保护，就会遇到越多的两难问题，正如绿山咖啡所发现的那样。

绿山咖啡　位于佛蒙特州的绿山咖啡为自己在可持续发展方面所做的努力而自豪，这些努力也帮助它成为全球最畅销的咖啡品牌之一。百分之百抵消自身温室气体排放，投资可持续种植咖啡，将至少 5% 的税前利润用于社会和环保项目，该公司通过以上这些举措来支持当地和全球社区。通过"员工社区行动"（Community Action for Employees，CAFE）项目，每位全职员工每年有 52 小时的带薪志愿者服务时间以支持社区项目。这些活动都帮助绿山咖啡实现了其宗旨："为我们接触的每一个生命创造终极咖啡体验，从咖啡树到每杯咖啡，改变世界看待商业的方式。"然而，该公司 2006 年收购的克里格及其广受欢迎的单杯冲泡系统，却让公司陷入了困境：与克里格冲泡系统一起使用的 K-Cups 是由完全不可回收的塑料和铝箔制成的。虽然 K-Cup 的垃圾处理只占绿山公司产生的总环境影响的5%——更显著的影响来自冲煮器的使用、咖啡种植和产品包装——但公司已经进行了大量的研发并考察了众多合作企业，以找到一个更环保的解决方案，使 K-Cup 包装可回收利用，同时也以不同的方式解决公司的其他环境影响。[38]

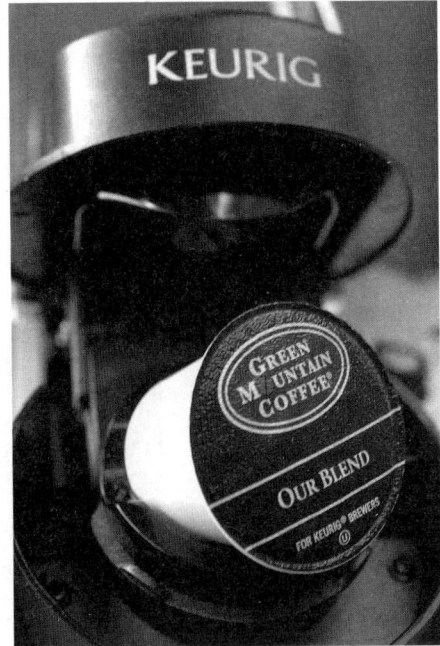

Source: AP Photo/Toby Talbot

≪　作为一家以为可持续发展而努力为荣的公司，绿山咖啡致力于减少流行的 K-Cups 咖啡对环境的任何不利影响。

企业为实现可持续发展采取了各种形式的行动。例如，全食超市、韦格曼斯、塔吉特百货和沃尔玛不再销售在过度捕捞地区或者以可能损害其他海洋生物或栖息地的方式捕捞的鱼。一些公司除了节约资源，还致力于为保护环境做出直接贡献。来看看 FAGUO 的案例。

FAGUO　时尚品牌 FAGUO 是法国企业家弗雷德里克（Frédéric）和尼古拉斯（Nicolas）的创意，他们在巴黎读书时相识，并在中国留学期间决定推出自己的鞋子品牌。这两个人开始为顾客设计并搭配鞋子、服装和配饰，从最初的一个学生项目做成一家法国的创业公司，最终成为一个充满活力的时尚品牌，在法国拥有 300 多家店铺，在海外有 220 家店铺。这家总部位于巴黎的公司成立于 2009 年，名字的中文发音是"法国"。除了致力于时尚，这两位设计师还感到自己肩负减少公司碳排放的责任。因此，每卖出一件 FAGUO 产品，他们就会在法国种植一棵树，这一举措将闲置和废弃的土地变成了人人都能享受的林地。FAGUO 在这个可持续发展项目中的合作伙伴是 Naudet，这是一家在法国专门维护和重建林区的法国苗圃公司。自 FAGUO 于 2009 年成立以来，已在 110 个新林区种植了 60 多万棵树。FAGUO 所有的产品上都有一个椰子纽扣，象征着公司对保护环境的持久承诺。[39]

令人遗憾的是，对可持续发展的高度关注也导致了**洗绿**（greenwashing）行为，即提供误导性的信息或给人一种错误印象，以为其产品或做法是环保的，而实际并未兑现承诺。一项研究显示，一半的所谓绿色产品的标签都聚焦于环保的益处（如可回收成分），而忽略了有关环保方面重大弊端的信息（如生产强度或运输成本）。[40]石原农场的联合创始人加里·赫什伯格引领的"贴上标签吧！"（Just

Label It!）活动，倡导在标签上提供更多有关使用转基因原料的有用信息。

对于那些追赶绿色潮流而并不真诚的企业，消费者对其环保主张持合理的怀疑态度。此外，许多消费者不愿意牺牲产品的性能和质量，也并不一定愿意为真正的绿色产品支付溢价。[41] 不过，绿色产品可能会更贵，因为其原料昂贵、运输成本高而运量却更低。

即便如此，像汤姆小屋、小蜜蜂（Burt's Bees）、石原农场和七世代（Seventh Generation）这样的公司已经设法创造出符合顾客需要和偏好的绿色产品。同样，高乐氏公司的家用清洁产品最初取得成功的部分原因，是由于公司找到了目标市场的甜蜜点（sweet spot），即希望通过草根营销项目销售价格适中的产品，以向更环保的生活方式迈出一小步。另一家以可持续发展为中心开展活动的公司是巴塔哥尼亚。

>> 巴塔哥尼亚积极寻求更多的更可持续的方式来生产户外服装和设备，并将部分收益用于环保事业。

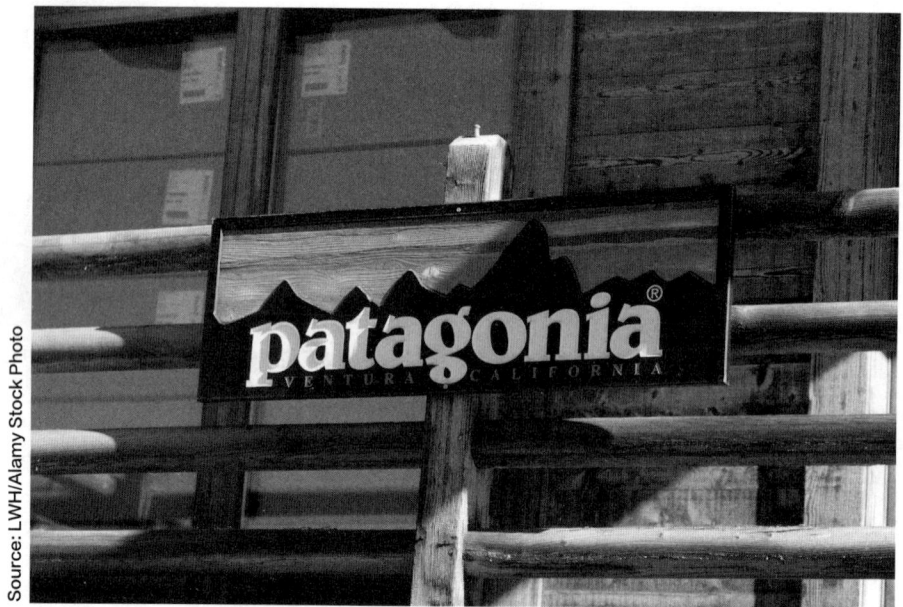

Source: LWH/Alamy Stock Photo

巴塔哥尼亚　高端户外服装和设备制造商巴塔哥尼亚一直把环境问题放在其业务的核心位置。该公司创始人、《负责任的企业》一书的作者之一伊冯·乔伊纳德（Yvon Chouinard）积极推动后消费主义经济。在这种经济中，商品是"高质量、可回收和可修复的"。在乔伊纳德的领导下，巴塔哥尼亚甚至在《纽约时报》上刊登了一整版标题为"别买这件夹克"（Don't Buy This Jacket）的广告。在其零售的 R2 夹克衫的照片下面有一段文字解释说，尽管它有许多优点——"60% 的可回收聚酯纤维，按照高标准编织和缝制，非常耐用"——但这件夹克衫仍然带来了许多环境成本（制造每件夹克消耗了 135 升水，并排放了 20 磅的二氧化碳）。广告的最后推广了"化纤再生项目"（Common Threads Initiative），要求消费者参与五种行为：减少（你买的东西），修复（你可以修复的东西），重复使用（你所拥有的东西），回收（其他所有东西），重新设想（一个可持续发展的世界）。年销售额 8 亿美元的企业巴塔哥尼亚，一直在努力为其所做的一切和制造的一切寻找更好的环境解决方案。例如，它提供了第一件由植物材料替代氯丁橡胶制成的潜水衣。巴塔哥尼亚还将其总销售额的 1% 或利润的 10%（取金额较大者）用于环保事业。[42]

社会责任营销认为环境问题需要被纳入公司的战略计划。营销者需要注意的趋势包括：原材料的短缺，特别是水；能源成本的增加；污染的加剧；以及政府角色的变化。[43] 钢铁公司和公用事业部门已经在污染控制设备和环保燃料上投入了数十亿美元，使混合动力汽车、节水厕所和淋浴、有机食品和绿色办公成为现实。最近，亚马逊推出了一个 20 亿美元的内部风险投资基金，专注于对包括交通运输、能源生产、电池存储、制造业、食品和农业在内的多个行业的公司进行技术投资，以减少气候变化的影响。其目的是帮助亚马逊和其他公司通过减少使用化石燃料和投资植树造林等项目，减少其运营对气候的影响，并最终在 2040 年实现零排放的目标。[44]

机遇留给了那些能够协调自我发展与保护环境的公司。以承担社会责任的方式对解决方案和价值观进行创新的公司才最有可能获得成功。[45]总部位于都柏林的安粹公司（Airtricity）在美国和英国经营风力发电场，提供更便宜、更环保的电力。总部位于温哥华的西港创新公司（Westport Innovations）开发了一种转换技术——高压直喷技术，可以让柴油发动机燃烧更清洁的液态天然气，从而将温室气体的排放量减少四分之一。总部位于伊利诺伊州的太阳烤箱国际公司（Sun Ovens International）生产家用和机构使用的太阳能烤箱，利用镜子将太阳光重定向到一个隔热的盒子里。这种烤箱行销 130 个国家和地区，既省钱又能减少温室气体的排放。另一家成功运用环保技术的公司是添柏岚。

≪ 添柏岚努力为户外运动爱好者提供对环境影响尽可能小的产品，并实施了一项重大的植树造林计划。

Source: ronny bolliger/Alamy Stock Photo

添柏岚 添柏岚是一家生产耐用的靴子、鞋子、服装和装备的公司，其目标顾客是那些在户外生活、工作和玩耍的人。正因如此，公司采取一切措施保护环境是有道理的。该公司的行动为世界各地的绿色公司开辟了道路。它的革命性举措包括在鞋盒上贴上"营养标签"，以衡量品牌的环保指数——从工厂使用的可再生能源到产品中的可回收、有机和可再生材料，再到全球种植的树木。添柏岚还推出了一个"保护地球"（Earthkeepers）系列新鞋，该系列采用了有机棉、可回收 PET 材料和可回收橡胶（用于鞋底），这些材料后来被扩展应用到添柏岚的多个产品类别。除了产品，该品牌还对植树造林做出了重大承诺，在全球种植了近 500 万棵树。添柏岚的销售额超过 10 亿美元，其商业成就证明对社会和环境负责的公司可以获得成功。[46]

平衡社会责任和公司盈利

　　商业实践通常会遭遇道德困境。当然，某些商业实践显然是不道德或非法的，这些实践包括贿赂、窃取商业机密、虚假和欺骗性广告宣传、独家交易和搭售协议、质量或安全缺陷、虚假保障、不准确的标识内容、价格垄断或价格歧视，以及进入壁垒和掠夺性竞争。然而，在某些情况下，要在正常的营销实践和不道德行为之间划清界限并不容易。

发展合乎道德的营销沟通

　　营销沟通是一个充斥着道德困境的领域。为了打破消费者面临的信息混乱的局面，一些广告商认为它们必须突破道德边界，有时甚至是法律边界。

　　美国有大量的法律和法规来管理广告。即使没有人被真正欺骗，广告商也不得做出虚假声明，使用虚假示范，或者制作具有欺骗性的广告。[47] 一个地蜡广告商不能说这种产品能提供六个月的保护，除非它在典型常规条件下能做到这一点；一个减肥面包的烘焙师也不能仅仅因为面包片更薄就说自己的产品热量更少。挑战在于如何区分欺骗和"吹嘘"——简单的夸大不应被轻信，但法律允许。

POM Wonderful　美国联邦贸易委员会对 POM Wonderful 发布了一份"勒令停业"的命令，称该公司在印刷出版物、广告牌和网上散布虚假声明，称其石榴汁可以治疗或预防勃起功能障碍、前列腺癌和心脏疾病。这项裁决是经过两年的法律争论后做出的。然而，奇怪的是，POM 在《纽约时报》上刊登了一整版的广告，似乎在宣告胜利，庆祝这一裁决没有迫使它向 FDA 寻求重新批准（而制药公司则必须这样做）。此后，美国联邦贸易委员会仍然裁定 POM 公司"可免一死"之类措辞的广告无效，但没有更有力的证据，所以上诉被驳回了。POM 并不是唯一一家在石榴汁上遇到麻烦的公司。Welch's 公司以 3000 万美元的价格解决了两起集体诉讼，因为其 100% 白葡萄石榴味混合果汁的标签上标明的石榴含量比实际含量高——在 64 盎司的瓶子里实际含量只有 1 盎司。[48]

Source: Denis Michaliov/Alamy Stock Photo

>> 美国联邦贸易委员会要求 POM Wonderful 公司停止关于其石榴汁可以预防或治疗特定症状和疾病的虚假宣传。

　　在美国，卖家在法律上有义务避免以虚假理由吸引买家的诱转广告。假设一个卖家以 149 美元的价格推销一部手机。当消费者试图购买广告中的手机时，卖家不能通过拒绝出售、贬低其产品功能、展示有缺陷的样机或承诺不合理的交货日期等方式，让买家转而购买更昂贵的手机。

　　类似的规定也适用于商业市场的沟通。例如，销售人员向消费者提供错误信息或误导他们购买产品的好处是非法的。他们不得向采购代理或其他影响 B2B 销售的人行贿。他们的陈述必须与广告声明相符，并且不得通过贿赂或商业间谍活动获取或使用竞争对手的技术或商业机密。他们不得通过暗示不真实的信息来贬低竞争对手或其产品。

当营销者不公平地利用脆弱人群（如儿童）或弱势群体（如低收入、少数族裔居民），或推销潜在有害的产品时，营销沟通会引发公众争议。多年来，麦片行业一直因其针对儿童的营销而受到批评。评论者担心，可爱的动画角色所呈现的强大吸引力会压倒孩子们的心理防线，导致他们想吃含糖麦片或营养不均衡的早餐。玩具营销者也受到了类似的批评。许多消费者权益保护的倡导者关注的一个主要领域是数百万上网的儿童。

随着手机、平板电脑、应用软件和社交网站的爆炸性增长，在日益复杂的技术世界里，保护不知情或无戒备心的儿童是一个重要问题。如今，8~12 岁的青少年市场具有高流动性，他们乐于通过应用程序分享位置信息，并通过电话与他人交流，这使得一位趋势观察专家将他们描述为 "SoLoMo"（Social Local Mobile，社交本地移动）。然而，只有五分之一的父母会在智能手机、平板电脑和游戏机上使用基本的内容控制功能。因此，在面向儿童的线上线下营销中建立道德和法律的边界，仍然是一个热门话题。[49]

电视对儿童具有特别强大的吸引力，营销者正利用电视将几乎所有的产品捆绑在一起——《迪士尼公主》睡衣、复古的《特种部队》玩具和动作玩偶、《探险家朵拉》背包和《玩具总动员》玩具套装——以瞄准年龄更小的儿童群体。

对于这种面向儿童的日益猛烈的营销攻势，老师和家长对其道德性的看法存在分歧。一些人支持诸如 "无广告童年运动" 这样的群体，其成员认为，孩子非常容易受到广告的影响，学校对产品宣传的认可使孩子相信产品对他们有好处，无论是什么好处。然而，许多预算紧张的学校和日托中心欢迎营销者提供的免费资源和宣传物资，如爱心熊工作表（Care Bear worksheets）、必胜客阅读计划（Pizza Hut reading programs）和尼克国际儿童频道（Nickelodeon）的杂志。

然而，也并非所有针对儿童、少数族裔或其他特殊群体的尝试都会招致批评。高露洁棕榄公司的高露洁青少年牙膏有特殊的功能，旨在让孩子刷牙时间更长、次数更多。因此，问题不在于针对谁进行营销，而在于如何以及出于何种目的进行营销。社会责任营销要求不仅要服务于公司的利益，也要服务于目标群体的利益。

管理顾客隐私

几乎每次消费者通过邮件或电话订购产品、申请信用卡或订阅杂志时，他们的姓名、住址、地点和购买行为都会被记录下来，这些信息随后被公司用来向这些消费者推销它们的产品。这自然引起了人们的担忧，即营销者可能太过了解消费者的生活，进而利用这些信息来获取不公平的利益。[50]

许多消费者通常都知道缓存文件、个人档案和其他在线工具，这些工具可以让电商公司知道他们是谁，他们何时以及如何购物，但他们还是对公司收集到他们信息的程度感到担忧。一个值得关注的领域是，公司通过地理定位技术来确定一个人的行踪的能力，使得营销者能够跟踪消费者的日常生活、经常光顾的场所，甚至他们在零售店内的活动。当诺德斯特龙告知顾客正在测试一项新技术，可通过追踪顾客的智能手机发出的信号来监测他们的移动时，一些消费者表示反对，这导致诺德斯特龙放弃了这项实验。

个体在网上创造的大量数据几乎都可以被广告商、营销者、广告网络、数据代理、网站出版商、社交网络以及在线跟踪和定位公司收集、购买和出售。公司知道或可以找到消费者的年龄、种族、性别、身高、体重、婚姻状况、教育水平、政治面貌、购买习惯、爱好、健康状况、财务问题、度假梦想等信息。

一想到这种普遍的隐私透明，消费者就会感到担忧。研究表明，越来越多的人，尤其是老年消费者，拒绝在网上透露个人信息。与此同时，也许是因为消费者并没有意识到他们所提供的信息是什么，或者觉得他们没有选择，又或者认为这真的不重要，他们每天都在遭受更多的隐私侵犯。例如，许多人没有意识到，在购买新的智能手机的协议细则中，可能隐藏着一种允许第三方服务跟踪他们一举一动的授权。Carrier IQ 就是这样一家公司。它从所有购买 EVO 3D HTC 智能手机的用户那里获得许可，允许它查看每一次通话、短信发送的时间和地点以及访问过的网站。不幸的是，一旦数据被在线收集，它们可能会出现在意想不到的地方，带来垃圾邮件或导致更糟的情况。

消费者越来越想知道他们在哪里、何时、如何以及为什么被在线监视。另一家数据追踪公司是安客诚（Acxiom），该公司维护着一个涉及约 1.9 亿美国人和 1.26 亿美国家庭信息的数据库。它的23000 台服务器每年处理 50 万亿次数据交易，试图从线下、线上和移动渠道拼凑消费者的"360 度全景视图"。安客诚的顾客包括许多顶级保险公司、零售商、电信和媒体公司、零售银行、汽车制造商、信用卡发卡商、酒店公司、航空公司、技术公司和经纪公司。

线上数据分析会不会走得太远了？新生儿父母是非常有利可图的顾客，但随着出生记录的公开，许多公司都同时发现了他们。为了抢占先机，塔吉特研究了在商店注册新生儿登记的女性的购买历史，发现许多人在妊娠前三个月购买了大量的维生素补充剂，在妊娠中期开始购买无香味的润肤露。塔吉特随后利用这些购买标记来识别可能怀孕的育龄妇女，并根据怀孕阶段和以后的婴儿需求向她们推送婴儿产品的优惠信息和优惠券。然而，当这种做法为人所知时，一些人批评该公司的策略，因为家庭成员有时会通过这种方式知道家里有人怀孕了。作为应对，塔吉特百货公司将这些优惠信息和其他与怀孕无关的优惠放在一起，使得被宣传的与怀孕有关的品类销售量猛增。

这类事件生动地说明了互联网时代数据库管理的力量，以及它在消费者中可能引发的担忧。政治家和政府官员正在讨论为消费者在网上设置"禁止追踪"选项（就像对未经请求的电话设置"禁止拨打"选项）。消费者隐私权益的倡导者很早以前就表达了他们的担忧，即数据代理商必须向公众披露它们收集了什么数据，如何收集这些数据，与谁分享这些数据，以及如何使用这些数据。虽然还不清楚该项立法能多快被通过，但加强消费者权利的网络隐私法案似乎是不可避免的。为了让消费者能够掌控他们的个人数据，欧盟出台了《通用数据保护条例》（General Data Protection Regulation，GDPR），要求数据处理者明确披露任何数据收集相关的信息，包括数据收集的目的、数据保留的时长，以及这些数据是否与任何第三方或欧盟以外的国家共享。

营销
洞察 ｜水行业中的环境问题

瓶装水的大受欢迎对许多公司来说是一个福音，但这是以高昂的环境成本为代价的。据估计，每年一次性瓶子的塑料用量为 270 万吨，这需要大约 4700 万加仑的石油来制造。不幸的是，在美国，只有不到 20% 的瓶子被认为获得了回收。这些高昂的环境成本对营销者有很大影响。

美国各地的大学——从西华盛顿大学到布朗大学、佛蒙特大学和加州大学伯克利分校——都已禁止销售普通瓶装水，这通常是作为学生主导的校园可持续发展运动的一部分。明尼苏达州的圣本尼迪克学院为 31 个喷泉配备了额外的水龙头，使其成为 "补水站"。其他许多禁止瓶装水的学校也采用了这种做法。除了学校，许多公共机构，从动物园到国家公园，都在安装类似的补水站，并禁止出售瓶装水。

随着越来越多的消费者寻求减少个人对环境的影响，可重复使用水瓶的销量出现了爆炸性增长。瑞士希格公司（Sigg Switzerland）每年从 3000 种不同的设计中挑选 100 种新产品，以 25~30 美元的价格出售设计精巧的轻质铝制水瓶。在其他品牌中流行的功能还包括内置微过滤系统的瓶盖。

玻璃瓶得到推广是因为它们比塑料更环保，并让那些担心化学物质会从塑料渗入食品和饮料的消费者放心。现在，它们在水瓶销售中所占的比例越来越大。玻璃也正朝着即使破碎也更具安全性的方向开发，例如，Pure 玻璃瓶使用透明的保护性安全壳涂层。

软饮料制造商也面临着类似的来自有环保意识的消费者的压力。Soda Stream 公司销售的设备允许人们使用可重复使用的玻璃瓶对普通自来水进行碳酸化和调味。该公司宣传了三个主要好处：使用自来水更便宜、更健康，而且没有浪费。可口可乐公司报告称，它在北美回收了超过三分之一的玻璃瓶和易拉罐，每年从垃圾填埋场回收 2.5 亿磅的废物。当百事公司纯水乐（Aquafina）品牌推出减少 50% 的塑料用量的 Eco-Fina 包装时，它估计每年将节省超过 7500 万磅的塑料。

也许这里最重要的启示是，环境问题对消费者很重要，他们希望公司做出改变来解决他们的担忧。此外，随着公司想方设法更好地满足消费者未被满足的需求，即使只是为了小小一口水，竞争也将无处不在。[51]

Source: SIGG Switzerland AG. Creators of "The Original Bottle" made in Switzerland.

≪ 随着可重复使用的饮水瓶销售的爆炸性增长，瑞士制造的、强调产品设计和多样性的希格也开始受到关注。

本章小结

1. 世界上最令人钦佩的公司都遵守高标准的商业和营销准则，它们要求公司服务于全人类的利益，而不仅仅是自己的利益。要提高社会责任营销的水平，需要追求三重底线，除了企业利润，还要关注社区和环境。

2. 要实现对社会负责的增长，营销者需要投入资源，为公司所在的社区创造价值。基于社区的企业社会责任通常发生在几个领域：改善工作场所，参与企业慈善事业，支持低收入社区，促进善因营销，以及参与社会营销。

3. 越来越多的公司关注世界上人口最多但最贫穷的群体——通常被称为金字塔底层——相信他们可以在为这些顾客提供服务、获得利润的同时促进社会变革。

4. 随着消费者越来越多地通过数字设备来了解环境并分享他们的绿色经验，"绿色"文化的许多方面——从购买有机产品或原料到循环使用——已经成为主流。可持续性——在不伤害子孙后代的情况下满足当下人类需求的能力——现在是许多企业的首要议程。各大公司详细地概述了它们如何努力改善其行动对社区和环境的长期影响。

5. 追求三重底线通常会给以营利为目的的公司带来挑战，因为它们的一些利益相关者可能不会认可以牺牲公司利润为代价的企业社会责任。为了确保对企业社会责任做出有意义的承诺，公司必须在盈利和社会利益之间找到适当的平衡，并确保所选择的促进社会责任的努力反映在公司的文化和价值体系中，并得到公司利益相关者的认同。

营销
焦点 | 星巴克

1971 年，星巴克开设了第一家门店，当时美国的咖啡消费已衰退了将近 10 年，竞争品牌都使用廉价的咖啡豆进行价格战。星巴克的创始人决定尝试一个新概念：做一家只出售世界上最好的进口咖啡豆和咖啡冲煮器具的商店。星巴克位于西雅图历史悠久的派克市场（Pike Place Market）的最早门店并不销售杯装咖啡，只销售咖啡豆。星巴克名字的灵感来自麦尔维尔（Melville）的《白鲸》一书中的一个角色，它唤起了公海的浪漫和早期咖啡商人的航海传统。

1982 年，霍华德·舒尔茨（Howard Schultz）加入了星巴克。在米兰出差时，他走进一家意大利咖啡馆，顿悟道："在美国根本没有这样的咖啡馆，感觉就像是自家门廊的延伸一样。那是一次令人感慨的经历。"他希望将意大利咖啡馆的传统带回美国，并说服了星巴克的创始人在西雅图市中心测试咖啡馆的概念。1984 年，第一款星巴克拿铁咖啡在咖啡馆推出。咖啡馆试验取得成功后，舒尔茨暂时离开了星巴克，创办了自己的 II Giornale 咖啡馆，提供用星巴克咖啡豆制作的冲煮咖啡和浓缩咖啡饮品。1987 年，舒尔茨在当地投资者的帮助下收购了星巴克，目的是创建一家将意大利的优雅与美国的不拘小节融合在一起的公司。他设想星巴克是为顾客提供一种"私人款待"、一个连接工作场所和家庭的、舒适的社交聚会场所。

星巴克在美国各地的扩张是经过精心策划的。所有门店均由公司拥有和运营，确保对产品

Source: monticello/Shutterstock

及其无与伦比的高质量形象的完全控制。星巴克采用了一种"枢纽"战略：咖啡馆以集群的方式进入一个新市场。尽管这种刻意饱和的扩张方式经常使得单店 30% 的销售额被附近新引进的门店抢走，然而下降的收益可由营销和分销费用的高效利用和品牌便利形象的增强所弥补。通常一名典型的顾客每月光顾星巴克 18 次。没有一家美国零售商的顾客光顾率比它高。如今，星巴克每天在其 70 个国家的 24000 多家零售店里与数以百万计的顾客打交道。

星巴克的成功通常被归功于其高质量的产品和服务，以及为消费者提供尽可能丰富的感官体验的不懈承诺。星巴克提供了一系列的产品，顾客可以在门店、家中或外出时享用。这些产品包括 30 多种混合咖啡和单一产地的优质咖啡；手工制作的饮料，如现煮咖啡、热的和冰的浓缩咖啡饮料、沁爽饮料、冰沙和茶；还有新鲜食物，如烘焙糕点、三明治、沙拉和谷物碗、燕麦粥、酸奶冻糕和水果杯。

星巴克不断创新咖啡馆的概念。星巴克旗舰店臻选烘焙工坊于 2014 年推出，遍布全球各大

城市。根据星巴克的说法，烘焙工坊将咖啡馆和主题公园式的体验结合在一起，"顾客可以沉浸在星巴克展示的咖啡世界中"。星巴克将 2018 年推出的臻选门店设计成烘焙工坊的缩小版，但比普通的星巴克咖啡馆更高档。为夜生活而建的臻选门店重新推出了星巴克的"夜晚"计划（最初于 2010 年推出，于 2017 年停止），将优质啤酒、葡萄酒和烈酒列入菜单。

星巴克成功的一个关键因素是它对社会责任的承诺。从一开始，星巴克就打算成为一家与众不同的公司——它不仅赞美咖啡及其丰富的传统，而且还传达了一种联系和社群意识。星巴克做出的决定不仅对股东有积极影响，而且对社区和环境也有正面作用。星巴克为自己是一家负责任和有道德的公司而自豪，并确保顾客意识到它在社会责任方面的高度参与。从在咖啡杯上印刷实例到专门的年度社会责任报告，星巴克把企业社会责任作为公司的优先事项。

星巴克以多种方式回馈社区，首先是员工，星巴克称之为合作伙伴。舒尔茨认为，要超越顾客的期望，首先要超越员工的期望。星巴克是第一批向符合条件的全职和兼职员工提供全面健康福利的公司之一，其中包括为家庭伴侣提供保险。现在公司每年花在健康保险上的钱比咖啡还多。同时星巴克也是美国第一家提供股票期权计划（被称为 Bean Stock，豆股）的私营公司，该计划包括兼职员工，使他们能够分享公司的财务成功。星巴克还承诺在未来 5 年内雇用 1 万名退伍军人和军人配偶。最近，星巴克开始为通过线上课程首次获得学士学位的学生提供全额学费，比如亚利桑那州立大学提供的线上学位计划。星巴克在 1997 年设立了星巴克基金会，旨在"为

社区带来希望、发现和机遇"，主要支持那些为美国的儿童和家庭所开设的扫盲活动，以及支持全世界的慈善机构和社区。

星巴克与非政府组织"保护国际"（Conservation International）合作，并遵循"与咖啡豆农民平等贸易"（Coffee and Farmer Equity practices）的做法，开展综合性咖啡采购项目，以期从符合一定社会、经济和环境标准的农民手中购买高质量的咖啡豆。2001 年，星巴克推出了与国际保护组织合作制定的符合道德标准的咖啡豆采购准则。该公司还不断与农民合作，改进负责任的耕作方法，如沿河植树和使用树荫种植技术，以帮助保护森林。多年来，星巴克已经在农民合作项目和活动中投资超过 1 亿美元。

在绿色倡议方面，星巴克被认为是领先组织之一。从建造新的 IEED（国际生态环境设计联盟）认证的绿色建筑，到减少浪费和改善节水，星巴克坚信一点小小的改变也可以对环境产生很大的影响。星巴克花了 10 年时间开发了世界上第一个含 10% 的消费后再生纤维的可循环利用饮料杯。随后，该公司又推出了一款新的耗材更少的热杯纸套。这些创新每年保护了大约 10 万棵树。星巴克的目标是确保所有的杯子都被回收或重复使用。该公司对企业社会责任的投入反映了其观点，即星巴克必须保持对咖啡的热情和人文意识，并继续证明该公司"代表的不仅仅是盈利能力"。[52]

问题：

1. 星巴克的战略和战术有哪些关键方面？
2. 像星巴克这样的公司在支持社会责任项目上

的边界在哪里？它的年度预算中应该有多少用于这些项目？员工应该投入多少时间在这些项目上？星巴克应该支持哪些项目？

3. 星巴克一直在努力做出既符合道德又负责任的商业决策。星巴克的社会责任项目的结果是如何衡量的？

营销焦点 | 本杰瑞公司

本杰瑞公司创立于 1978 年，创始人本·科恩（Ben Cohen）和杰瑞·格林菲尔德（Jerry Greenfield）在佛蒙特州伯灵顿市开了他们的第一家冰激凌店。这两个人想在他们的职业生涯中"做些更有趣的事情"：科恩是一名陶艺老师，而格林菲尔德是一名实验室技术员。两个人在宾夕法尼亚州立大学上了一门 5 美元的冰激凌制作课程后，设法筹集了 1.2 万美元并改造了伯灵顿市中心的一个加油站。

由于其独特的口味和对高质量原料的使用，本杰瑞公司很快就赢得了当地大学生的忠实追随。他们认为通过当地的杂货店和便利店来销售他们的产品是有利可图的，并且租用了工厂，开始用小纸盒包装他们的冰激凌。尽管本杰瑞公司将其业务保持在伯灵顿地区，但他们的冰激凌在 1981 年受到了全美的关注，当时《时代》杂志称赞其为"世界上最好的冰激凌"。该报道发表后不久，本杰瑞公司的受欢迎程度和销量就急剧上升。该公司开始在佛蒙特州以外的地区开设分店，并将商品分销到全美各地。

公司的持续扩张和高销售额远远超出了创始人的预期。本杰瑞公司最初是通过向佛蒙特州居

Source: Gareth Davies/Getty Images

民出售股票来筹集发展所需的资金，目的是在本地营造责任意识，并在社区内分配财富。随着公司的扩张，两个人面临着一个颇具挑战性的两难处境。本·科恩和杰瑞·格林菲尔德不确定是否要继续经营下去，因为他们"担心公司会剥削工人和社区"。最终两个人决定继续保留公司，并制定了一份使命宣言，以表明企业如何能够成为社区积极变化的驱动力。本杰瑞公司的社会使命是"让世界变得更美好"。

使命宣言确立后，本杰瑞公司采取了许多措施来履行其企业社会责任。公司成立了本杰瑞基金会，通过每年捐赠公司税前利润的 7.5% 来资助社会和环境工作的基层活动。公司也推出了支持各种公益事业的产品。"和平棒"（Peace Pop，

一种固定在细棍上的冰激凌）的利润被用于支持各种倡导世界和平的组织。公司为其"雨林脆"（Rainforest Crunch）冰激凌采购了热带雨林坚果，这满足了在不砍伐森林的情况下可以种植和收获热带雨林产品的需求。此外，这种口味产品的利润又被用于雨林保护。

本杰瑞公司通过设计环保产品实现了自己的使命。公司用他们所谓的"环保品脱纸盒"出售其冰激凌，这是一种不使用被氯化物漂白纸张的环保包装。公司只从当地的奶牛场采购牛奶，而且只使用经过认证的不含激素的牛奶。对于其他成分，他们优先考虑的是来源是否符合公平贸易且有机。本杰瑞公司还找到了许多减少垃圾产出的方法，包括用自己的冰激凌废料喂养社区农场的动物。

甚至公司的广告和产品促销也显示了本杰瑞公司对社会正义和社区团结的重视。公司没有购买大量的广播、电视和印刷品广告，而是主要通过赞助具有社区价值的活动来推广其产品。过去，本杰瑞公司赞助过全国各地的和平、音乐和艺术节。公司还创建了自己的"世界一心"（One World and One Heart）系列节日，每个节日都致力于提高人们对许多社会公益事业的认识。

当联合利华在 2000 年提出要收购该公司时，本和杰瑞都对要不要出售公司犹豫不决。他们担心这个企业集团会破坏他们多年来在社会和环境方面取得的进步，并把本杰瑞公司当作一个纯粹的逐利企业来经营。然而，本和杰瑞收到了一个他们无法拒绝的报价：公司以超过 3 亿美元的价格被收购，并按规定建立一个执行委员会，继续执行其社会和环境使命。遗憾的是，这笔交易很快导致了一些退步。为了优化供应链管理，联合利华关闭了一家生产工厂和一家分销工厂，裁掉了厂里所有的工人，本杰瑞公司总部的一些销售代表也被解雇了。

尽管早期遭遇了挫折，但执行委员会最终通过谈判争取到了自主权。此后，本杰瑞公司加倍履行其社会使命，投入更多的利润用于支持当地农民，减少对环境的影响，并倡导社会和政治正义。公司开始在其产品中只使用散养鸡蛋。近年来，本杰瑞公司的最低工资明显高于全国平均水平，到 2020 年达到每小时 18 美元左右。因其保持较高的经济和社会标准，本杰瑞公司还获得了一个非营利性组织 B 型企业（共益企业）的认证。本杰瑞公司每次推出一种新口味的冰激凌，都会继续结合其产品推进它的社会使命。[53]

问题：

1. 在本杰瑞公司的商业模式中，企业社会责任扮演了怎样的角色？

2. 本和杰瑞是否应该继续将本杰瑞公司作为一家独立的公司经营，而不是把它出售给联合利华？出售的利与弊分别是什么？

3. 本杰瑞公司如何向股东证明其遵循三重底线，即利润、人类和地球的概念？

营销
焦点 ｜蒂芙尼公司

蒂芙尼公司的历史可以追溯到 1837 年，当时创始人查尔斯·刘易斯·蒂芙尼（Charles Lewis Tiffany）在纽约市开了一家"文具和高档商品"商店。蒂芙尼的第一家店很快就成为时尚女士寻找高品质珠宝和钟表的首选之地。到 1848 年，蒂芙尼已经把店铺的重心放在了高级珠宝上。当时大多数珠宝商只是零售商，而蒂芙尼雇了几十名工匠在位于店面上方的车间里制作珠宝。蒂芙尼试图表达他自己的美国珠宝风格，展示自然之美和简约气质。到 19 世纪末，蒂芙尼公司购置了钻石切割和抛光设备，从而使这些宝石获得了稳定的、高质量的表面处理。

钻石和贵金属在 20 世纪爆炸性地流行起来。由于对高级珠宝的需求增加，蒂芙尼公司获得了大规模增长，并开始向国外扩张。公司进行了进一步的纵向一体化，控制全球各地的采购、设计和制造等方面。这使得公司能够保持其设计理念，并只采购符合其标准的钻石。随着蒂芙尼公司的发展，在各种非政府组织和贸易组织曝光之下，顾客越来越意识到贵金属开采过程中的环境问题以及钻石行业中普遍存在的社会不公现象。氰化物和汞等有毒的化学物质被用来从地下提取黄金。此外，许多钻石产自发生政治冲突和矿工人权受到严重侵犯的国家。2006 年，由爱德华·兹威克导演、莱昂纳多·迪卡普里奥（Leonardo DiCaprio）主演的电影《血钻》（*Blood Diamond*）上映后，人们对所谓的"冲突钻石"（conflict diamonds）的认识进一步提高。

蒂芙尼公司迈向纵向一体化的早期举措，为打造一家可持续发展的、对社会负责的公司铺平了道路。供应链的纵向一体化使蒂芙尼公司能够直接追踪其钻石和金属的来源，并确保采矿地点负责任地运营。该公司对购买"冲突钻石"采取零容忍政策，并在 2006 年帮助建立了"负责任采矿保证倡议"（Initiative for Responsible Mining Assurance，IRMA），该倡议成为世界上第一个负责任采矿地点认证体系。此外，该公司始终直言不讳地反对威胁当地生态系统的矿场。例如，蒂芙尼游说反对开发位于阿拉斯加布里斯托尔湾的卵石矿，因为大众普遍认为这将破坏当地的渔业。

该公司通过投资矿区的环境和经济发展，为 IRMA 的使命做出贡献。例如，蒂芙尼公司对其在博茨瓦纳的工人进行切割和抛光钻石的培训——现在蒂芙尼 98% 的抛光工都在那边，这为当地人提供了就业机会，并为博茨瓦纳的经济增加了 5000 万美元的财富。公司还做了大量的努力，为员工提供符合道德的生活标准。蒂芙尼公司聘请了一位经济学家计算柬埔寨工人合理的最低生活工资，并将家庭规模、住房和交通等因素考虑在内。此外，蒂芙尼公司还为员工提供产假、免费午餐、取消深夜和周末轮班等福利。

蒂芙尼公司已将可持续发展使命纳入公司治理，并于 2015 年任命了第一位首席可持续发展官，这在奢侈品公司是一个创举。首席可持续发展官负责监督蒂芙尼公司的社会和环保举措。此后，公司承诺到 2050 年实现气体零排放，并将气候变化作为其可持续发展议程的另一个方面。蒂芙尼公司已经将可持续发展的使命融入其零售场所和产品包装中，在门店使用 LED 灯照明，并在其标志性的蓝色包装中使用可回收材料。其他举措还包括保护珊瑚礁和发展城市公园。

蒂芙尼公司的社会和环境使命已成为其品牌形象的一个重要方面，而其严格使用来源合乎道德规范的钻石和贵金属的做法是其品牌承诺的一个不可或缺的部分。近年来，管理层培训销售人员对顾客进行教育，让他们了解蒂芙尼公司与其竞争对手在采购方式上的不同之处。公司推出了支持各类环保举措的产品系列，如拯救野生动物系列珠宝，其利润全部被捐献给非洲大象危机基金。

在奢侈品珠宝行业中，蒂芙尼公司因以合乎道德的方式采购贵重宝石和金属并支持各种社会和环保倡议行动而闻名。蒂芙尼公司确保企业社会责任的能力源于该公司的纵向一体化，这使其能够掌控钻石和贵金属的采购。蒂芙尼供应链的这一方面给了它竞争优势，并成为其品牌形象的一个重要组成部分。[54]

问题：

1. 奢侈品公司是否应该积极承担企业社会责任？这一决定的利与弊分别是什么？

2. 蒂芙尼公司是否应该宣传它正在支持各种社会和环保举措的事实？请为你的回答说明原因。

3. 对蒂芙尼公司来说，拥有一位首席可持续发展官有多重要？由一个人最终负责设计和实施企业社会责任项目的优势和劣势分别是什么？

术语表

A

activity-based cost 作业成本法：通过识别各个不同活动的实际成本，来确定不同活动的真实利润贡献的成本核算方法。

administered vertical marketing system 管理式纵向营销系统：一种营销结构，由一名成员协调生产和分销的各个阶段。

advertising 广告：使用付费媒体围绕某种思想、商品、服务和品牌而进行展示和推销。

agents 代理中间商：指寻找顾客的经纪人、制造商代表和销售代理等，代理中间商可以代表生产商进行谈判，但不购买或转售货物。

alpha testing 阿尔法测试：在公司内部进行的产品或服务评估。

anticipatory pricing 预期性定价：在预期进一步通货膨胀或政府价格控制的情况下，将价格提高到超过成本的水平。

areas of dominant influence 主导性影响区域：沟通预算集中投放的地理或市场区域。

attitude 态度：指个人针对某一事物或思想所长期持有的评价、情绪感觉和行动倾向。

auction pricing 拍卖定价：通过竞标确定价格。

average cost 平均成本：既定生产水平下单位产品的成本。

B

behavioral research 行为研究：一种为了更好地了解顾客的购买、消费和决策过程的数据获取方法。

behavioral segmentation 行为细分：根据目标顾客的行为将其划分为不同的群体。

belief 信念：人们对某一事物可信度或真实性的坚定看法，无论它实际上是真还是假。

beta testing 贝塔测试：由顾客对产品或服务进行评估。

bottom of the pyramid（BOP） 金字塔底层：一个社会经济学概念，指的是世界人口中最贫穷的群体。

bottom-up idea generation 自下而上的创意产生：一个从发明到识别尚未满足的市场需要的过程。

brand 品牌：一个名称或设计元素，旨在识别出某一公司产品或服务，并把它们与竞争对手的商品或服务区分开来。

brand activism　品牌行动主义：一家公司对具有争议的社会、经济、环境或政治问题的立场。

brand associations　品牌联想：所有与品牌相关的思想、情感、感知、形象、体验、信念和态度等。

brand audit　品牌审计：是一种针对特定品牌的健康状况及其市场地位的评估方式。

brand character　品牌形象代表：一个具有人类特征的品牌符号，能够提高品牌的喜爱度和相关性。

brand dilution　品牌稀释：品牌权力的弱化。

brand equity　品牌资产：反映了一家公司因拥有某品牌而获得的货币价值的估值溢价。

brand extension　品牌延伸：公司利用现有品牌在不同的产品品类或价格水平上提供产品。

brand hierarchy　品牌层级：公司品牌与其产品和服务，以及公司其他品牌之间相互关系的一种方式的反映。

brand mantra　品牌箴言：品牌精髓的简洁表达。

brand personality　品牌个性：属于特定品牌的人格特征。

brand personification　品牌人格化：一种让消费者将品牌等同于人、动物或物体，来确定品牌联想的手段。

brand portfolio　品牌组合：一家公司拥有的所有品牌的集合。

brand power　品牌力：品牌对产品或服务贡献的辅助性价值。

brand-tracking　品牌追踪：使用定量数据来提供有关品牌和营销计划表现的一致性信息。

brand value chain　品牌价值链：对营销活动创造品牌价值方式进行评估的一种方法。

branded variants　品牌变体：提供给特定的零售商或分销渠道的特定品牌系列。

branding　品牌化：赋予产品或服务以品牌力的过程。

business markets　企业市场：所有获取商品和服务来生产其他商品和服务以供销售、租赁或供应给其他组织的组织。

business-model design　商业模式设计：一项确定产品或服务决定如何创造市场价值的过程。

C

cause marketing　善因营销：公司将对指定事业的贡献和其顾客创造收益的交易联系起来。

channel captain　渠道领袖：负责管理分销渠道中的上下游合作关系的实体。

channel conflict　渠道冲突：某个渠道成员的行动对另一个渠道成员实现目标造成的障碍。

channel power　渠道权力：指改变渠道成员的行为，以促使其采取某些他们原本不会采取的行动的能力。

cobranding　联合品牌：指两个或多个品牌共同营销。

commercialization　商业化：向目标顾客告知公司产品并向他们提供该产品的过程。

communication objective　沟通目标：指在特定时间内针对特定受众群体需要完成的特定任务。

company demand　公司需求：在给定的时期内公司估计的市场需求份额。

company sales forecast　公司销售预测：根据市场趋势和公司的营销努力，在给定时间内的公司销售预期水平。

company sales potential　公司销售潜量：一家公司在给定时期内，在特定市场上能够实现的销售量上限。

competitive advantage　竞争优势：公司以竞争者无法匹敌的方式创造市场价值的能力。

competitive-parity budgeting　竞争对等预算法：一种基于竞争者支出的沟通预算制定方法。

competitive pricing　竞争性定价：根据竞争者的价格制定价格。

concept validation　概念验证：对拟提供产品的核心概念的可行性和吸引力进行评估。

conformance quality　一致性质量：所有生产单位都相同且符合承诺规格的程度。

conjoint analysis　联合分析：测量消费者对产品特定属性价值的方法。

consumer incentives　消费者激励：向顾客提供鼓励购买的奖励。

containerization　集装箱运输：把货物放在集装箱中，以便于货物在不同运输方式之间进行转移。

contextual placement　情景投放：在与被宣传产品相关的网站上购买广告。

contract manufacturing　合同制造：在特定市场使用当地制造商生产公司产品。

contractual vertical marketing system　契约式纵向营销系统：一群处于不同生产和分销水平的独立公司，通过合同整合营销方案，以获得更大的经济和销售影响。

conventional marketing channels　传统营销渠道：由独立的制造商、批发商和零售商组成的渠道系统。

conversion rate　转化率：指在顾客获取过程中，成功进入下一阶段的顾客的百分比。

core competency　核心能力：在某一领域的专长使公司具有竞争优势。

corporate culture　企业文化：能使组织独具特色的共同经验、故事、信念和规范。

corporate vertical marketing system　公司式纵向营销系统：一种将生产和分销的连续阶段结合在一个实体中的战略。

cost inflation　成本膨胀：在生产力收益无法跟上成本上升的情况下，利润空间被挤压，导致公司定期提价。

creative brief　创意简报：一份概述在创意任务中使用特定沟通方法的简短文件。

crowdsourcing　众包：在公众中收集数据和意见来丰富营销过程。

customer acquisition funnel　获客漏斗：关于吸引新顾客过程的各个阶段的描述。

customer base　顾客基础：忠诚于公司及其产品的顾客。

customer-centricity　以顾客为中心：将关注顾客作为公司所有产品和活动的基础。

customer empowerment　顾客赋权：顾客选择想要如何与公司互动的能力。

customer equity　顾客资产：公司所有顾客的终身价值的总和。

customer lifetime value　顾客终身价值：顾客作为公司客户的整个时期预期花费的总和。

customer profile　顾客概貌：可观察到的人口、地理、行为和心理方面的顾客描述。

customer profitability analysis　顾客盈利性分析：评估和排序顾客盈利能力的一种方法。

customer relationship management   顾客关系管理：管理单个顾客和所有顾客"接触点"的详细信息的过程，从而最大限度地提高其忠诚度。

customer touch points   顾客接触点：指顾客接触品牌、产品或服务的场合。

customer value analysis   顾客价值分析：评估消费者如何看待公司相对于竞争者的优势和劣势。

customer value management   顾客价值管理：分析顾客对产品价值的感知，以制定营销策略，获取与保留顾客，驱动他们的购买行为。

customer value proposition   顾客价值主张：公司旨在为其目标顾客创造的价值。

D

demand forecast   需求预测：指对公司供应品潜在市场规模的评估。

design   设计：影响产品外观、感觉和功能的特征总和。

design thinking   设计思维：一个开发设计概念的过程。

direct exporting   直接出口：指由公司自己在其他国家销售本公司供应品。

direct investment   直接投资：指一家外国公司可以购买一家当地公司的部分或全部权益，或者是在当地建立自己的制造或服务设施的过程。

direct marketing   直接营销：指制造商直接向最终顾客销售。

distribution channels   分销渠道：参与公司向目标市场提供产品或服务过程的一系列相互依存的组织。

diversification strategy   多元化战略：指通过公司的新产品进入新市场的举措。

diversified portfolio   多元化组合：指含有多个产品线的覆盖面较宽的产品组合。

divesting   剥离：指出售公司的一项资产或出售公司本身的过程。

dual-level channel   双层渠道：包含两个中间商的分销渠道，通常包含一个批发商和一个零售商。

E

economic-value-to-customer pricing   顾客感知经济价值定价法：根据消费者对产品价值的认知，确定其愿意支付的价格。

elaboration likelihood model   精细加工可能性模型：是对消费者在低参与度和高参与度情况下进行评价的过程的描述。

ethnographic research   民族志研究：一种特殊的观察研究方法，它使用人类学和其他社会科学中的概念和工具以从文化上更深入地理解人们的生活和工作方式。

everyday low pricing（EDLP）   天天低价法：零售商只提供很少几种商品的促销或者根本不提供价格促销和特价，来维持长期的低价。

exclusive distribution   独家分销：指使用数量非常有限的中间商。

expectancy-value model 期望-价值模型：人们对产品和服务进行评估，并将评估结果进行加权合并的过程。

experience-curve pricing 经验曲线定价：考虑到在未来有依靠经验降低生产成本的能力，因而设定一个较低的价格。

external marketing 外部营销：设计、沟通和向顾客提供产品或服务的过程。

F

facilitators 辅助中间商：指运输公司、独立仓库、银行和广告公司等协助分销活动的中间商，但它们既不拥有商品所有权，也不参与买卖谈判。

fad 时髦型：一种短暂的行为模式，不具有社会、经济及政治意义。

fixed costs 固定成本：不随生产水平的变化而变化的成本。

flagship product 旗舰产品：一个最能代表或体现品牌的供应品。

flank attack 侧翼进攻：对竞争对手的弱点进行攻击以窃取市场份额。

focus group 焦点小组：根据特定的人口统计、心理统计或其他方面的考虑而选出的一小群人，一起讨论各种感兴趣的话题。

forward buying 超前购买：指以优惠的价格向零售商购买超过其现货数量的商品。

frame of reference 参照系：顾客用以评估一家公司供应品之益处的参考标准。

franchising 特许经营：允许使用一家公司的专有技术、程序、知识产权、商业模式和品牌来销售其品牌产品和服务。

frontal attack 正面进攻：根据竞争对手的营销战略和战术而采取的行动。

G

geofencing 地理围栏：一种针对特定地理空间内的顾客采用的移动推广策略，通常是在商店附近或在商店里。

geographic segmentation 地理细分：将市场划分为国家、州、地区、县、城市或社区等地理单位。

goodwill 商誉：一个会计术语，包括品牌资产和象征着一家公司所有无形资产的货币价值。

gray market 灰色市场：从授权分销渠道转移品牌产品的行为。

greenwashing 洗绿：向市场提供误导性信息，使产品或做法给人的印象比实际情况更环保。

guarantee 担保：如果产品未能如公司所承诺的或顾客所期望的那样发挥作用，公司将向购买者提供某种形式的补偿。

guerrilla attack 游击进攻：一系列对竞争对手小规模、间歇性的攻击。

H

harvesting　收割： 减少对产品的投入，以获得尽可能大的利润的行为。

heuristics　启发式： 助力人们决策过程的一些经验法则。

high-low pricing　高 - 低定价法： 零售商在平时收取较高价，但常常会举办促销或特价。

horizontal channel conflict　水平渠道冲突： 处于分销网络同一层次的渠道成员之间的争端。

horizontal marketing systems　横向营销系统： 在两个或多个没有关联的公司间共享资源或项目，以利用新的市场机会。

I

image pricing　形象定价： 将价格定得更高，使供应品在消费者眼中更受欢迎的行为。

incentives　激励措施： 通常指用于刺激购买产品或服务的短期促销工具。

incremental innovation　渐进式创新： 对现有产品或流程的微小改进。

indirect exporting　间接出口： 一家公司利用独立的中介机构在其他国家销售该公司的产品。

influencer marketing　网红营销： 利用流行人物在其社交媒体范围内推广产品、服务或品牌。

informational appeal　信息型诉求： 是通过对产品或服务属性或利益的阐述，来影响消费者的购买决定。

institutional market　机构市场： 包括学校、医院、护理中心、监狱，以及其他向人们提供产品与服务的实体。

integrated marketing　整合营销： 通过将各种营销活动和计划相互混合和搭配，旨在设计、沟通和向消费者提供一致的价值。

integrated marketing communications（IMC）　整合营销沟通： 通过协调使用不同的沟通工具来管理沟通活动的一种方法。

intensive distribution　密集性分销： 制造商在尽可能多的渠道中投放商品或服务。

interactive marketing　互动营销： 公司对消费者关于产品或品牌的观点和行为进行鼓励和回应。

internal marketing　内部营销： 雇用、培训和激励员工，以反映公司目标的方式为顾客服务。

intrapreneur　内部创业者： 主要职责是促进公司内部的产品、服务和流程创新的公司员工。

J

joint venture　合资企业： 一个由两个或更多原本独立的实体所组建的商业企业。

just-in-time inventory management　即时库存管理： 根据需要订购生产组件，以节省仓储成本和改善现金流状况。

L

laddering　阶梯法：一系列越来越具体的问题，可以揭示出消费者的动机和更深层次的目标。

licensing　授权经营：授予在特定市场上生产和销售公司产品的许可。

line extension　产品线延伸：在公司现有产品系列中增加新产品。

line filling　产品线填充：一家公司通过在现有的产品系列中增加更多的产品来延长其产品线。

line stretching　产品线扩展：公司扩展产品线且超出其现有范围。

localized marketing program　本地化营销方案：一种针对个别目标市场的营销活动的方法。

long-term memory　长期记忆：能无限期甚至永久地记忆和储存信息的能力。

loss-leader pricing　招徕性定价：为产品设定一个低价以吸引更多的消费者。

M

macromodel of marketing communication　营销沟通的宏观模型：描述信息沟通的发送者（公司）和接收者（消费者）之间的互动。

macroscheduling decision　宏观排期决策：指季节性的以及与商业周期有关的沟通支出的分配。

market demand　市场需求：在一项明确的营销方案实施后，在确定的区域、时间、市场环境中，顾客群体的估计总购买量。

market-development strategy　市场开发战略：侧重于将产品或服务的销售扩展到新的目标市场。

market expansion　市场扩张：指将产品提供给整个目标市场的行动。

market forecast　市场预测：未来一段时间的市场需求预测。

market leader　市场领导者：在其竞争的市场中拥有最大份额的公司。

market logistics　市场物流：关于从制造商到顾客之间材料和货物流动的基础设施设计和控制。

market offering　市场供应品：公司为满足特定的顾客需求而部署的实际产品。

market-penetration strategy　市场渗透战略：专注于增加公司现有供应品在现有顾客中销售的策略。

market position　市场地位：一家公司在其所竞争的市场中的份额。

market potential　市场潜量：在一个特定的时间段内，一个特定的市场上所能达到的最大销售额。

market segmentation　市场细分：将一个消费者群体划分为具有类似需求或特征的若干个子集。

market skimming　市场撇脂：设定一个相对较高的，只有支付意愿最高的顾客能够承受的价格。

market test　市场测试：在部分市场或整个市场中验证产品的一种手段。

marketing　市场营销：以与组织目标相协调的方式识别并满足个人和社会需求。

marketing communication　营销沟通：企业向消费者告知、劝说和提醒它们所销售的产品和品牌的手段。

marketing dashboards　营销仪表板：一种用于传播从营销指标和营销组织模型中收集见解的结构

化的方式。

marketing management　营销管理：选择目标市场并通过提供卓越的价值来获得、保留和发展顾客的科学与艺术。

marketing mix　营销组合：定义公司供应品的属性（如产品、服务、品牌、价格、激励、沟通和分销）。

marketing network　营销网络：公司以及为它提供支持的利益相关者，它们之间存在互惠互利的商业关系。

marketing-mix modeling　营销组合模型：一种通过分析多来源数据了解特定营销活动效果的方法。

markup pricing　成本加成定价法：通过在产品的成本上增加一个标价的定价方法。

mass customization　大规模定制：使用大规模生产技术来生产可定制的供应品来满足个别顾客的需求。

mass marketing　大众营销：以单一产品应对整个市场。

merchant wholesalers　商业批发商：直接从制造商那里购买产品的中间商，储存产品，然后将其出售给客户。

merchants　商业中间商：购买并向消费者转售产品的批发商和零售商。

micromodel of marketing communication　营销沟通的微观模型：描述消费者对沟通的具体反应。

microscheduling decision　微观排期决策：在短时间内分配营销沟通的支出以获得最大的影响力。

mission　使命：关于组织因何而存在的一个清晰、简明和持久的声明。

Moore's model　摩尔模型：罗杰斯模型在技术产品上的一个改进。

multichannel conflict　多渠道冲突：两个或更多的渠道向同一市场销售时发生的纠纷。

N

native advertising　原生广告：一种类似于媒体的编辑内容的广告形式，旨在推广广告商的产品。

net price analysis　净价格分析：扣除折扣、广告和促销费用后的产品"实际价格"。

niche marketer　利基营销者：为了满足顾客需要，专门为其提供量身定做产品的公司。

O

objective-and-task budgeting　目标 - 任务预算法：根据要实现的具体任务来确定沟通预算的方法。

observational research　观察研究：通过对顾客的购物或消费习惯进行不露声色的观察来获取数据的一种手段。

opinion leader　意见领柚：就如何最好地使用某一特定产品或产品类别提供非正式建议或信息的人，也被称为影响者。

optimal value proposition　最优价值主张：指市场供应品为顾客、合作者和公司创造的价值。

order-to-payment cycle　订单到付款的周期：指从收到订单、交付产品或服务到付款之间的时间。

organic growth　有机增长：公司通过使用自身资源增加收入、利润或提升市场地位。

P

penetration pricing　渗透定价法：设定一个低价，以最大限度地提高市场份额。

perception　知觉：大脑为了创建一个有意义的世界图景而对信息进行选择、组织和解释的过程。

perceptual maps　知觉地图：消费者知觉和偏好的视觉表现。

performance marketing　绩效营销：企业和社会从营销活动和项目中获得的财务以及非财务回报。

permission marketing　许可营销：只有在获得消费者的明确许可后向其进行营销的做法。

personality　个性：人类的一系列显著心理特质，这些特质对环境刺激会产生前后一致的反应，包括购买行为。

personal selling　人员销售：销售人员与购买者之间面对面的互动。

personas　消费者画像：一个或多个目标消费者的详细资料，描述了目标市场中的典型消费者。

points of difference（PODs）差异点：那些能够把公司的供应品和竞争者的供应品区分开的属性或者利益。

points of parity（POPs）共同点：那些并非公司独有，和其他品牌共有的属性或者利益。

positioning statement　定位声明：一个产品或品牌用于指导公司行动战略的概括。

positioning　定位：设计公司产品和形象，使其在目标市场（消费者）头脑中占据一个独特位置。

price discrimination　价格歧视：公司以不同的价格向不同的顾客出售相同的产品。

price elasticity of demand　需求的价格弹性：价格的变化导致销售数量变化的程度。

price image　价格形象：消费者对某一特定零售商价格水平的普遍看法。

price indifference band　无差异价格区间：在这个范围内，价格变化对消费者购买影响很小或没有影响。

pricing cues　定价线索：促使消费者依靠价格来推断产品价值的一种手段。

primary data　原始数据：为某一特定目的或项目收集的信息数据。

primary target　初级目标：公司最初提供服务的目标顾客的子集。

principle of congruity　一致性原则：描述这样一种心理机制：通过这种机制，消费者认为看似相关的事物也具有极尽相似的好感度。

private label　自有品牌：一个由零售商和批发商开发和销售的专有品牌。

product-development strategy　产品开发战略：在目标市场上创造新产品或对现有产品进行修改。

product life cycle　产品生命周期：从产品进入市场到退出市场的时间。

product line　产品线：由同一家公司销售的一系列相关产品。

product-market growth framework　产品－市场增长框架：一个概述不同增长战略的矩阵，也称为安索夫矩阵。

product-mix pricing　产品组合定价法： 以使公司产品的组合获得最大利润的方式进行定价。

product portfolio　产品组合： 一家公司提供的各种产品品类和产品线的产品总数。

product value analysis　产品价值分析： 通过研究如何在不影响产品性能的情况下修改组件或流程以降低成本，来评估产品的价值。

projective technique　投射技术： 一种向消费者提供不完整或不明确刺激的程序，如词语联想或选择排序，以便更好地了解他们的思维过程。

prototype　原型： 一种在实际产品产生之前剔除潜在问题的产品模型。

psychographic segmentation　心理细分： 根据心理特征、生活方式或价值观，将目标顾客划分为不同的群体。

psychological resistance　心理抵触： 消费者不愿意改变那些阻碍购买的既定偏好或想法。

public relations　公共关系： 旨在促进公司在相关利益方中的形象的各种方案。

publicity　宣传： 编辑内容，以推销一个产品、想法、组织或形象。

pull strategy　拉动策略： 利用广告、促销和沟通来说服消费者向中间商索取产品。

push strategy　推进策略： 通过合作者向终端用户销售产品。

Q

quality　质量： 一个产品或服务满足顾客价值期望的程度。

questionnaire　调查问卷： 需要受访者回答的一组问题，用于收集主要数据。

R

reference groups　参考群体： 对个人信念、决定与行为有直接或间接影响的群体。

reference prices　参考价格： 消费者保留在记忆中的定价信息，用于解释和评估新价格。

relationship marketing　关系营销： 为了赢得和保留关键顾客的业务，与其发展令人满意的长期关系。

retailing　零售： 将非商业用途的商品或服务直接卖给最终消费者的活动。

retention rate　保留率： 在一定时间段内，与公司有持续性商务往来的消费者数量。

revenue leaders　收入领袖： 对公司而言，有最高顾客终身价值的顾客群体。

reverse-flow channel　逆向流渠道： 货物从用户到生产者的逆向流动，通常用于回收、转售或处理商品。

reverse innovation　逆向创新： 将成功的产品作为基础，为开发市场创造廉价的替代品。

Rogers' model　罗杰斯模型： 根据消费者采用新产品的速度对消费者进行分类的模型。

S

sales force incentives　销售人员激励措施：用于激励销售人员的手段，如奖金和旅行等。

sample size　抽样规模：为了提供能够推断出整个目标人群的可信结果，所需要接受调查的人数。

sampling procedure　抽样程序：使样本更能代表整个目标人群的一种选择调查对象的手段。

sampling unit　抽样单位：为收集有关特定市场、产品或行为的信息而接受调查的受访者。

search engine marketing（SEM）　搜索引擎营销：为自己的产品、服务、品牌或组织在特定关键词搜索结果中出现而向搜索引擎公司付费的做法。

search engine optimization（SEO）　搜索引擎优化：在不付费的情况下，旨在增加公司或品牌的链接在网上搜索时排名尽可能靠前的活动。

secondary data　二手数据：为其他目的收集的现成的信息。

selective attention　选择性注意：专注于特定环境的精神刺激而忽略其他刺激的过程。

selective distortion　选择性扭曲：解释信息以适应我们的成见的倾向。

selective distribution　选择性分销：精心选择一些愿意经销的中间商经销某种特定产品。

selective market deployment　选择性市场部署：一种为了测试市场反应，只在目标市场的特定区域部署公司产品的方法。

service　服务：一方能够向另一方提供的各种基本上是无形的活动或作业，其结果不导致任何所有权的产生。

service blueprint　服务蓝图：从顾客的角度对公司提供的服务进行规划。

short-term memory（STM）　短期记忆：短暂储存的信息。

showrooming　展厅现象：消费者在实体店进行考察，之后再从不同的零售商处完成实际购买的现象，通常是为了获得更低的价格。

single-level channel　单层渠道：只包含一个销售中介的分销渠道，如零售商。

social marketing　社会营销：非营利性组织或政府为推进一项事业（例如"拒绝毒品"）而进行的营销。

specialized portfolio　专业化组合：一个或几个产品系列的较为集中的产品组合。

stage-gate framework　门径管理框架：一个用于管理新产品开发过程的多阶段模型。

standardized marketing program　标准化营销方案：在不同市场和国家使用相同的营销战略和营销战术的策略。

strategic brand management　战略品牌管理：设计和执行营销活动和计划，用以建立、管理和评估品牌。

strategic business unit　战略业务单元：一项独立业务或相关业务的集合体，在计划工作时能与公司其他业务分开而单独作业，它有自己的竞争者，并且有一位管理者，负责战略计划、利润业绩。

strategic targeting　战略目标市场选择：专注于公司能够比竞争对手更好地满足其需求的顾客。

strategy 战略： 公司为达成目标制订的计划。

subliminal perception 阈下知觉： 消费者没有意识到却会影响其行为的信息。

supply chain management 供应链管理： 采购投入品并把它们转化为制成品，然后发往最终目的地。

sustainability 可持续性： 通过减少人类活动对环境的影响，避免对自然资源的损耗。

systems buying 系统采购： 向一家公司购买解决商业问题或需求的整体解决方案。

systems selling 系统销售： 吸引那些喜欢从一家公司购买整个系统的买家的营销方法。

T

tactical targeting 战术目标市场选择： 为了沟通和提供公司的产品，接触战略上可行的顾客的手段。

tactics 战术： 一种使公司战略变得生动的营销组合，同时，战术定义了那些为了在给定市场创造价值而开发的供应品的关键方面。

target attractiveness 目标吸引力： 一个细分市场为公司创造价值的能力。

target compatibility 目标兼容性： 反映了公司满足目标顾客需求的能力。

target market 目标市场： 公司旨在创造和获取价值的市场。

target-rate-of-return pricing 目标收益率定价法： 根据能产生的预期收益率进行定价。

targeting 目标市场选择： 明确公司将为哪些顾客优化其产品的过程。

time-and-duty analysis 时间责任分析： 按小时划分的活动，来帮助员工了解如何提高他们的生产率。

top-down idea generation 自上而下的创意产生： 从确定市场机会开始的产品开发过程。

total costs 总成本： 在任何特定的生产水平下，固定成本和可变成本的总和。

total customer benefit 顾客总收益： 顾客从市场产品中获得的感知的功能、心理和货币价值。

total customer cost 顾客总成本： 顾客在评估、获取、使用和处置该市场供应品时产生的可感知的功能性、心理性和货币性成本。

trade incentives 交易激励： 提供给分销渠道成员的奖励。

trend 趋势型： 有一定持续性和势头的行为或事件序列的变化。

triple bottom line 三重底线： 公司对利益相关者（包括雇员、顾客和整个社会）负责任的概念。

V

value proposition 价值主张： 公司计划为目标顾客创造的价值类型。

variable costs 可变成本： 直接随产出水平的变化而变化的成本。

vertical channel conflict 垂直渠道冲突： 指分销网络中不同层次的成员之间的纠纷。

vertical marketing systems 纵向营销系统： 生产商、批发商和零售商组成的一个联合体的营销系统。

visualization 视觉化： 营销人员通过要求人们创作拼贴画或绘图来深入了解人们看法的一种方式。

W

warranty　保修：制造商对产品预期表现的正式声明。

wholesaling　批发：将商品或服务出售给以转售或以商业用途进行大宗采购为目的的中间商的所有活动。

word association　词语联想：一种包括询问受访者在听到品牌名称时想到了什么词语的研究方法。

Y

yield pricing　收益定价：基于消费者行为预测和影响因素的定价策略。

Z

zero-level channel　零层渠道：一种由制造商直接向最终顾客销售的分销渠道，也被称为直销渠道。

zone of tolerance　容忍区域：客户认为公司服务令人满意的范围。

注 释

1

1. Kate Clark, "Bird CEO on Scooter Startup Copycats, Unit Economics, Safety, and Seasonality," *Tech Crunch*, February 3, 2019. https://www.bird.co/press, accessed 11/23/2020.

2. Dominique M. Hanssens and Koen H. Pauwels, "Demonstrating the Value of Marketing," *Journal of Marketing* 80, no. 6 (2016), pp. 173–90.

3. *American Marketing Association*, "Definition of Marketing," https://www.ama.org/AboutAMA/Pages/Definition-of-Marketing.aspx, accessed 11/23/2020.

4. Robert F. Lusch and Frederick E. Webster Jr., "A Stakeholder-Unifying, Cocreation Philosophy for Marketing," *Journal of Macromarketing* 31, no. 2 (2011), 129–34. See also Robert F. Lusch and Frederick E. Webster Jr., "Elevating Marketing: Marketing Is Dead! Long Live Marketing!" *Journal of Academy of Marketing Science* 41 (January 2013), pp. 389–99.

5. Peter Drucker, *Management: Tasks, Responsibilities, Practices* (New York: Harper and Row, 1973), pp. 64–65.

6. Irving J. Rein, Philip Kotler, Michael Hamlin, and Martin Stoller, *High Visibility*, 3rd ed. (New York: McGraw-Hill, 2006).

7. Philip Kotler, Christer Asplund, Irving Rein, and Donald H. Haider, *Marketing Places in Europe: Attracting Investments, Industries, Residents, and Visitors to European Cities, Communities, Regions, and Nations* (London: Financial Times Prentice Hall, 1999); Philip Kotler, Irving J. Rein, and Donald Haider, *Marketing Places: Attracting Investment, Industry, and Tourism to Cities, States, and Nations* (New York: Free Press, 1993).

8. Philip Kotler, "Marketing: The Underappreciated Workhorse," *Market Leader*, Quarter 2 (2009), pp. 8–10.

9. V. Kumar, "Transformative Marketing: The Next 20 Years," *Journal of Marketing* 82, no. 4 (2018), pp. 1–12.

10. Thomas Friedman, *The World Is Flat: A Brief History of the Twenty-First Century* (New York: Farrar, Straus & Giroux, 2005).

11. Homi Kharas, *The Unprecedented Expansion of the Global Middle Class*, (Washington, DC: The Brookings Institution, 2017).

12. Vijay Govindarajan and Chris Trimble, *Reverse Innovation: Create Far from Home, Win Everywhere* (Boston: Harvard Business School Publishing, 2012).

13. Rajendra Sisodia, David Wolfe, and Jagdish Sheth, *Firms of Endearment: How World-Class Companies Profit from Passion* (Upper Saddle River, NJ: Wharton School Publishing, 2007).

14. Jeffrey Hollender and Stephen Fenichell, *What Matters Most* (New York: Basic Books, 2004), p. 168; Alexander Chernev and Sean Blair, "Doing Well by Doing Good: The Benevolent Halo of Corporate Social Responsibility," *Journal of Consumer Research* 41, no. 6 (2015), pp. 1412–25. But corporate social responsibility efforts may not work well for some types of brands, such as luxury brands; see Carlos J. Torelli, Alokparna Basu Monga, and Andrew M. Kaikati, "Doing Poorly by Doing Good: Corporate Social Responsibility and Brand Concepts," *Journal of Consumer Research* 38 (February 2012), pp. 948–63.

15. Karey Wutkowski, "Car Makers Try to Copy Green Halo of Prius," *Reuters*, April 8, 2008; https://www.prnewswire.com/news-releases/the-car-that-changed-an-industry-toyota-marks-20th-anniversary-of-prius-with-special-anniversary-edition-301055995.html, accessed 1/30/2021.

16. For some thoughtful academic perspectives on marketing strategy and tactics, see Alice M. Tybout and Bobby J. Calder, eds., *Kellogg on Marketing*, 2nd ed. (New York: Wiley, 2010) and Alice M. Tybout and Tim Calkins, eds., *Kellogg on Branding* (New York: Wiley, 2005).

17. Tomio Geron, "The Share Economy," *Forbes*, February 11, 2013; Georgios Zervas, Davide Proserpio, and John W. Byers, "The Rise of the Sharing Economy: Estimating the Impact of Airbnb on the Hotel Industry," *Journal of Marketing Research* 54, no. 5 (2017), pp. 687–705.

18. "New Directions: Consumer Goods Companies Hone a Cross-Channel Approach to Consumer Marketing," *The Economist Intelligence Unit Special Report*, February 2012.

19. Mark Schaefer, "The 10 Best Corporate Blogs in the World," www.businessesgrow.com, January 5, 2011; Roger Yu, "More Companies Quit Blogging, Go with Facebook Instead," *USA Today*, April 20, 2012.

20. Natasha Singer, "Amazon Is Pushing Technology That a Study Says Could Be Biased," *New York Times*, January 24, 2019; Spencer Ante, "As Economy Cools, IBM Furthers Focus on Marketers," *Wall Street Journal*, July 17, 2012.

21. "Case Study: Promote Iceland," www.warc.com, 2012; "How to Use a Volcanic Eruption to Your Advantage in Marketing," ICCA Best Marketing Award Entry 2010; Marc Springate and George Bryant, "Promote Iceland: Inspired by Iceland," www.warc.com, 2012; https://www.islandsstofa.is/en, accessed 11/23/2020.

22. Diane Cardwell, "At Patagonia, the Bottom Line Includes the Earth," *New York Times*, July 30, 2014.

23. For a discussion of the conditions when consumers are most likely to prefer fair-trade products, see Katherine White, Rhiannon MacDonnell, and John H. Ellard, "Belief in a Just World: Consumer Intentions and Behaviors toward Ethical Products," *Journal of Marketing* 76 (January 2012), pp. 103–18.

24. https://www.warc.com/NewsAndOpinion/News/30084, accessed 11/23/2020.

25. Alexander Edeling and Marc Fischer, "Marketing's Impact on Firm Value: Generalizations from a Meta-Analysis," *Journal of Marketing Research* 53, no. 4 (2016), pp. 515–34.

26. Constantine S. Katsikeas, Neil A. Morgan, Leonidas C. Leonidou, and G. Tomas M. Hult, "Assessing Performance Outcomes in Marketing." *Journal of Marketing* 80, no. 2 (2016), pp. 1–20.

27. V. Kumar, "Integrating Theory and Practice in Marketing." *Journal of Marketing* 81, no. 2 (2017), pp. 1–7.

28. Theodore Levitt, "Marketing Myopia," *Harvard Business Review*, July–August 1960, p. 50.

29. For a broad historical treatment of marketing thought, see D. G. Brian Jones and Eric H. Shaw, "A History of Marketing Thought," in Barton A. Weitz and Robin Wensley, eds., *Handbook of Marketing* (London: Sage, 2002), pp. 39–65. For more specific issues related to the interface between marketing and sales, see Christian Homburg, Ove Jensen, and Harley Krohmer, "Configurations of Marketing and Sales: A Taxonomy," *Journal of Marketing* 72 (March 2008), pp. 133–54.

30. For some further historical reading on the origins of brand and category management, see George S. Low and Ronald A. Fullerton, "Brands, Brand Management, and the Brand Manager System: A Critical Historical Evaluation," *Journal of Marketing Research* 31 (May 1994), pp. 173–90.

31. D. Gail Fleenor, "The Next Space Optimizer," *Progressive Grocer*, March 2009.

32. Larry Selden and Geoffrey Colvin, *Angel Customers & Demon Customers* (New York: Portfolio [Penguin], 2003).

33. For an in-depth discussion of issues around implementing a customer-based organization on which much of this paragraph is based, see George S. Day, "Aligning the Organization with the Market," *MIT Sloan Management Review* 48 (Fall 2006), pp. 41–49.

34. Frederick E. Webster Jr., "The Role of Marketing and the Firm," in Barton A. Weitz and Robin Wensley, eds., *Handbook of Marketing* (London: Sage, 2002), pp. 39–65; Colleen M. Harmeling, Robert W. Palmatier, Eric Fang, and Dianwen Wang, "Group Marketing: Theory, Mechanisms, and Dynamics," *Journal of Marketing* 81, no. 4 (2017), pp. 1–24.

35. Ibid.; Jon R. Katzenbach and Douglas K. Smith, *The Wisdom of Teams: Creating the High-Performance Organization* (Boston: Harvard Business School Press, 1993); Matias G. Enz and Douglas M. Lambert, "Using Cross-Functional, Cross-Firm Teams to Co-Create Value: The Role of Financial Measures," *Industrial Marketing Management*, 41 (April 2012), pp. 495–507.

36. Agneta Larsson, Mats Johansson, Fredrik Bååth, and Sanna Neselius, "Reducing Throughput Time in a Service Organization by Introducing Cross-Functional Teams," *Production Planning & Control* 23 (July 2012), pp. 571–80.

37. Peter C. Verhoef and Peter S. H. Leeflang, "Understanding the Marketing Department's Influence within the Firm," *Journal of Marketing* 73 (March 2009), pp. 14–37; Pravin Nath and Vijay Mahajan, "Marketing in the C-Suite: A Study of Chief Marketing Officer Power in Firm's Top Management Teams," *Journal of Marketing*, 75 (January 2012), pp. 60–77; Christian Schulze, Bernd Skiera, and Thorsten Weisel, "Linking Customer and Financial Metrics to Shareholder Value: The Leverage Effect in Customer-Based Valuation," *Journal of Marketing*, 76 (March 2012), pp. 17–32.

38. Nirmalya Kumar, *Marketing as Strategy: Understanding the CEO's Agenda for Driving Growth and Innovation* (Boston: Harvard Business School Press, 2004).

39. George S. Day and Robert Malcolm, "The CMO and the Future of Marketing," *Marketing Management*, Spring 2012, pp. 34–43.

40. Natalie Zmuda, "Global Experience Rises as Prerequisite to Getting Ahead," *Advertising Age*, June 10, 2012.

41. For research on the prevalence of CMOs, see Pravin Nath and Vijay Mahajan, "Chief Marketing Officers: A Study of Their Presence in Firms' Top Management Teams," *Journal of Marketing* 72 (January 2008), pp. 65–81. For more discussion on the importance of CMOs, see David A. Aaker, *Spanning Silos: The New CMO Imperative* (Boston: Harvard Business School Press, 2008).

42. Rui Wang, Aditya Gupta, and Rajdeep Grewal, "Mobility of Top Marketing and Sales Executives in Business-to-Business Markets: A Social Network Perspective," *Journal of Marketing Research* 54, no. 4 (2017), pp. 650–70.

43. V. Kumarand Werner Reinartz. "Creating Enduring Customer Value." *Journal of Marketing* 80, no. 6 (2016), pp. 36–68.

44. Johanna Frösén, Jukka Luoma, Matti Jaakkola, Henrikki Tikkanen, and Jaakko Aspara. "What Counts versus What Can Be Counted: The Complex Interplay of Market Orientation and Marketing Performance Measurement," *Journal of Marketing* 80, no. 3 (2016), pp. 60–78.

45. For discussion of some of the issues involved, see Glen Urban, *Don't Just Relate—Advocate* (Upper Saddle River, NJ: Pearson Education, Wharton School Publishing, 2005).

46. For a broad historical treatment of marketing thought, see D. G. Brian Jones and Eric H. Shaw, "A History of Marketing Thought," Barton A. Weitz and Robin Wensley, eds., *Handbook of Marketing* (London: Sage, 2002), pp. 39–65. For more specific issues related to the interface between marketing and sales, see Christian Homburg, Ove Jensen, and Harley Krohmer, "Configurations of Marketing and Sales: A Taxonomy," *Journal of Marketing* 72 (March 2008), pp. 133–54.

47. Frederick E. Webster Jr., "Expanding Your Network," *Marketing Management* (Fall 2010), pp. 16–23; Frederick E. Webster Jr., Alan J. Malter, and Shankar Ganesan, "Can Marketing Regain Its Seat at the Table?" *Marketing Science Institute Report No. 03-113* (Cambridge, MA: Marketing Science Institute, 2003); Frederick E. Webster Jr., "The Role of Marketing and the Firm," in Barton A. Weitz and Robin Wensley, eds., *Handbook of Marketing* (London: Sage, 2002), pp. 39–65.

48. Jeff S. Johnson and Joseph M. Matthes. "Sales-to-Marketing Job Transitions," *Journal of Marketing* 82, no. 4 (2018), pp. 32–48.

49. For more on creativity, see Pat Fallon and Fred Senn, *Juicing the Orange: How to Turn Creativity into a Powerful Business Advantage* (Boston: Harvard Business School Press, 2006); Bob Schmetterer, *Leap: A Revolution in Creative Business Strategy* (Hoboken, NJ: Wiley, 2003); Jean-Marie Dru, *Beyond Disruption: Changing the Rules in the Marketplace* (Hoboken, NJ: Wiley, 2002); and all the books by Edward DeBono.

50. Gary Hamel, *Leading the Revolution* (Boston: Harvard Business School Press, 2000).

51. Jagdish N. Sheth, *The Self-Destructive Habits of Good Companies . . . and How to Break Them* (Upper Saddle River, NJ: Wharton School Publishing, 2007).

52. This section is largely derived from Philip Kotler, *Ten Deadly Marketing Sins: Signs and Solutions* (Hoboken, NJ: Wiley, 2004). © Philip Kotler.

53. Marketing Spotlight sources: Barbara Lippert, "Game Changers: Inside the Three Greatest Ad Campaigns of the Past Three Decades," *Adweek*, November 17, 2008; Chris Zook and James Allen, "Growth outside the Core," *Harvard Business Review*, December 2003, pp. 66–75; Adam Lashinsky, "Nike's Master Craftsman," *Fortune*, November 12, 2015; Laura Stevens and Sara Germano, "Retail Shift Pushed Nike to Amazon—Sneaker Giant Resisted for Years but Got Outflanked by e-Commerce," *Wall Street Journal*, June 29, 2017; https://about.nike.com, accessed 11/22/2020.

54. Marketing Spotlight sources: Richard Siklosc, "The Iger Difference," *Fortune*, April 11, 2008; Dorothy Pomerantz, "Five Lessons in Success from Disney's $40 Million CEO," *Forbes*, January 23, 2013; Carmine Gallo, "Customer Service the Disney Way," *Forbes*, April 14, 2011; Hugo Martin, "Disney's 2011 Marketing Campaign Centers on Family Memories," *LA Times*, September 23, 2010; Erich Schwartzel, "Disney Lays Out Its Plan to Fight Back against Streaming Giants," *Wall Street Journal*, August 8, 2018; Brooks Barnes, "Mickey Turns 90, and the Disney Marketing Machine Celebrates," *New York Times*, November 2, 2018; https://www.thewaltdisneycompany.com/about; accessed 11/22/2020.

2

1. Maureen Farrell, "Slack Files to Go Public with Direct Listing," *Wall Street Journal*, February 4, 2019; Molly Fischer, "What Happens When Work Becomes a Nonstop Chat Room," *Intelligencer*, May 1, 2017; Jeff Bercovici, "Slack Is Our Company of the Year. Here's Why Everybody's Talking about It," *Inc.*, December 2015/January 2016; Amanda Hess, "Slack Off," *Slate*, April 19, 2015.; https://slack.com/about, accessed 11/23/2020.

2. Alexander Chernev, *Strategic Marketing Management: Theory and Practice* (Chicago, IL: Cerebellum Press, 2019).

3. Peter Drucker, *Management: Tasks, Responsibilities and Practices* (New York: Harper and Row, 1973), chapter 7.

4. https://www.google.com/about, accessed 11/23/2020.

5. https://www.ikea.com/ms/en_SG/about_ikea/our_business_idea/index.html, accessed 11/23/2020.

6. https://investor.fb.com/resources/default.aspx, accessed 11/23/2020.

7. https://www.tesla.com/about, accessed 11/23/2020.

8. https://www.starbucks.com/about-us/company-information/mission-statement, accessed 11/23/2020.

9. https://www.microsoft.com/en-us/about, accessed 11/23/2020.

10. Emmie Martin, "A Major Airline Says There's Something It Values More Than Its Customers, and There's a Good Reason Why," *Business Insider*, July 29, 2015; Jeff Tomson, "Company Culture Soars at Southwest Airlines," *Forbes*, December 18, 2018; https://www.swamedia.com/pages/corporate-fact-sheet, accessed 11/23/2020.

11. Beth Snyder Bulik, "Customer Service Playing Bigger Role as Marketing Tool," *Advertising Age*, November 7, 2011.

12. Robert M. Grant, *Contemporary Strategy Analysis*, 8th ed. (New York: *John Wiley & Sons*, 2013), chapter 5.

13. E. J. Schultz, "Kraft's New Grocery Company Plans Marketing Boost in Search of 'Renaissance,'" *Advertising Age*, September 7, 2012; Paul Ziobro, "Kraft Defends Split," *Wall Street Journal*, September 8, 2011; http://www.kraftheinzcompany.com, accessed 11/23/2020.

14. This section is largely based on Alexander Chernev, *Strategic Marketing Management: Theory and Practice* (Chicago, IL: Cerebellum Press, 2019).

15. Allan D. Shocker, "Determining the Structure of Product-Markets: Practices, Issues, and Suggestions," in Barton A. Weitz and Robin Wensley, eds., *Handbook of Marketing* (London: Sage, 2002), pp. 106–25. See also Bruce H. Clark and David B. Montgomery, "Managerial Identification of Competitors," *Journal of Marketing* 63 (July 1999), pp. 67–83.

16. "What Business Are You In? Classic Advice from Theodore Levitt," *Harvard Business Review* (October 2006), pp. 127–37. See also Theodore Levitt's seminal article "Marketing Myopia," *Harvard Business Review*,(July–August 1960, pp. 45–56.

17. For discussion of some of the long-term implications of marketing activities, see Koen Pauwels, "How Dynamic Consumer Response, Competitor Response, Company Support, and Company Inertia Shape Long-Term Marketing Effectiveness," *Marketing Science* 23 (Fall 2004), pp. 596–610; Marnik Dekimpe and Dominique Hanssens, "Sustained Spending and Persistent Response: A New Look at Long-term Marketing Profitability," *Journal of Marketing Research* 36 (November 1999), pp. 397–412.

18. Michael Porter, "How Competitive Forces Shape Strategy," *Harvard Business Review* 57 (March–April 1979), pp. 137–45; Michael E. Porter, *Competitive Strategy: Techniques for Analyzing Industries and Competitors* (New York: Free Press, 1980).

19. Alexander Chernev, *Strategic Marketing Management: Theory and Practice* (Chicago, IL: Cerebellum Press, 2019).

20. The view of customer value creation as a process of managing attractiveness, awareness, and availability is a streamlined version of the 4-A framework that delineates acceptability, affordability, accessibility, and awareness as the key sources of customer value. See Jagdish Sheth and Rajendra Sisodia, *The 4 A's of Marketing: Creating Value for Customer, Company and Society* (New York: Routledge, 1012).

21. This section is largely based on Alexander Chernev, *Strategic Marketing Management: Theory and Practice* (Chicago, IL: Cerebellum Press, 2019).

22. John Elkington, "Partnerships from Cannibals with Forks: The Triple Bottom Line of 21st-Century Business," *Environmental Quality Management* 8, no. 1 (1998): pp. 37–51; John Elkington, "25 Years Ago I Coined the Phrase 'Triple Bottom Line.' Here's Why It's Time to Rethink It," *Harvard Business Review*, June 25, 2018.

23. https://www.unilever.com/sustainable-living/our-approach-to-reporting/our-metrics, accessed 11/23/2020.

24. For other examples, see Neil Bendle, Paul Farris, Phillip Pfeifer,
David Reibstein, *Marketing Metrics* 4th edition (Upper Saddle River, NJ: Pearson FT Press, 2020).

25. This section is largely based on Alexander Chernev, *Strategic Marketing Management: Theory and Practice* (Chicago, IL: Cerebellum Press, 2019).

26. This section is largely based on Alexander Chernev, *Strategic Marketing Management: Theory and Practice* (Chicago, IL: Cerebellum Press, 2019).

27. This section is largely based on Alexander Chernev, *The Marketing Plan Handbook*, 6th ed. (Chicago, IL: Cerebellum Press, 2020).

28. This marketing spotlight is largely derived from the following sources: John Gapper, "Google's Android Tactics Are Microsoft Light," *FT.com*, April 20, 2016; Jack Nicas and Jay Greene, "Google, a Cloud-Computing Upstart, Seeks Credibility" *Wall Street Journal*, March 8, 2017; Miguel Helft, "Google Introduces Impressive Array of New Hardware: Phones, Speakers, Earbuds, Cameras, and More," *Forbes*, October 4, 2017; Jack Nicas, "Google's New Products Reflect Push into Machine Learning," *Wall Street Journal*, May 19, 2016; Jack Nicas, "Google Sees Ad Growth But Earns Less for Each Click," *Wall Street Journal*, July 25, 2017; https://www.google.com/about, accessed 11/23/2020.

29. This marketing spotlight is largely derived from the following sources: Tony Hsieh, *Delivering Happiness: A Path to Profits, Passion, and Purpose* (New York: Grand Central Publishing, 2010); Sujan Patel, "10 Examples of Companies with Fantastic Cultures," *Entrepreneur*, August 06, 2015; Susan Heathfield, "Find Out the Ways That Zappos Reinforces Its Company Culture," *The Balance*, May 7, 2018; Tony Hsieh, "How I Did It: Zappos's CEO on Going to Extremes for Customers," *Harvard Business Review*, August 01, 2014; https://www.zappos.com/about, accessed 11/23/2020.

3

1. Ben Crair, "This Multibillion-Dollar Corporation Is Controlled by a Penniless Yoga Superstar," *Bloomberg Businessweek*, March 15, 2018. Robert Worth, "The Billionaire Yogi Behind Modi's Rise," *New York Times*, July 26, 2018; Omair Ahmad, "Interview: The Many, Many Things We Don't Know about Baba Ramdev," *The Wire*, October 3, 2018.

2. Michael R. Solomon, *Consumer Behavior: Buying, Having, and Being*, 10th ed. (Upper Saddle River, NJ: Prentice Hall, 2013).

3. Katherine N. Lemon and Peter C. Verhoef, "Understanding Customer Experience throughout the Customer Journey," *Journal of Marketing* 80, no. 6 (2016), pp. 69–96.

4. G. Hofstede, *Cultures and Organizations: Software of the Mind* (New York: McGraw-Hill, 1997).

5. Leon G. Schiffman and Leslie Lazar Kanuk, *Consumer Behavior*, 10th ed. (Upper Saddle River, NJ: Prentice Hall, 2010).

6. V. Kumar and Anita Pansari, "National Culture, Economy, and Customer Lifetime Value: Assessing the Relative Impact of the Drivers of Customer Lifetime Value for a Global Retailer," *Journal of International Marketing* 24, no. 1 (March 2016) pp. 1–21; Daniel G. Goldstein, Hal E. Hershfield, and Shlomo Benartzi, "The Illusion of Wealth and Its Reversal," *Journal of Marketing Research* 53, no. 5 (2016), pp. 804–813.

7. Delphine Dion and Stéphane Borraz, "Managing Status: How Luxury Brands Shape Class Subjectivities in the Service Encounter," *Journal of Marketing* 81, no. 5 (2017), pp. 67–85.

8. Andrea Novais, "Social Classes in Brazil," *The Brazil Business*, October 7, 2011; Edison Bertoncelo, "Social Classes in Brazil: Time, Trajectory and Immaterial Inheritance," *The Sociological Review*, May 1, 2015.

9. Leon G. Schiffman and Leslie Lazar Kanuk, *Consumer Behavior*, 10th ed. (Upper Saddle River, NJ: Prentice Hall, 2010).

10. Michael Trusov, Anand Bodapati, and Randolph E. Bucklin, "Determining Influential Users in Internet Social Networks," *Journal of Marketing Research* 47 (August 2010), pp. 643–58.

11. Elizabeth S. Moore, William L. Wilkie, and Richard J. Lutz, "Passing the Torch: Intergenerational Influences as a Source of Brand Equity," *Journal of Marketing* 66 (April 2002), pp. 17–37.

12. Kay M. Palan and Robert E. Wilkes, "Adolescent-Parent Interaction in Family Decision Making," *Journal of Consumer Research* 24 (March 1997), pp. 159–69; Sharon E. Beatty and Salil Talpade, "Adolescent Influence in Family Decision Making: A Replication with Extension," *Journal of Consumer Research* 21 (September 1994), pp. 332–41.

13. Scott I. Rick, Deborah A. Small, and Eli J. Finkel, "Fatal (Fiscal) Attraction: Spendthrifts and Tightwads in Marriage," *Journal of Marketing Research* 48 (April 2011), pp. 228–37.

14. Valentyna Melnyk, Stijn M. J. van Osselaer, and Tammo H. A. Bijmolt, "Are Women More Loyal Customers Than Men? Gender Differences in Loyalty to Firms and Individual Service Providers," *Journal of Marketing* 73 (July 2009), pp. 82–96.

15. ypulse.com/post/view/5-stats-on-millenials-teens-social-media1, accessed 1/27/2021.

16. Rex Y. Du and Wagner A. Kamakura, "Household Life Cycles and Lifestyles in the United States," *Journal of Marketing Research* 48 (February 2006), pp. 121–32.

17. Brooks Barnes, "Disney Looking into Cradle for Customers," *New York Times*, February 6, 2011; Lisa Yorgey Lester, "Expectant Parents: Tap into the Baby Boom," *Target Marketing* (September 2008); Melanie Linder and Lisa LaMotta, "How to Market to the Modern Mom," *Forbes*, January 8, 2009.

18. Zack Burgess, "An Overall Success: After 125 years, Carhartt Rolls Up Its Sleeves for the Future," *Crain's Detroit*, June 22, 2014.

19. Harold H. Kassarjian and Mary Jane Sheffet, "Personality and Consumer Behavior: An Update," Harold H. Kassarjian and Thomas S. Robertson, eds., *Perspectives in Consumer Behavior* (Glenview, IL: Scott Foresman, 1981), pp. 160–80.

20. Lucia Malär, Harley Krohmer, Wayne D. Hoyer, and Bettina Nyffenegger, "Emotional Brand Attachment and Brand Personality: The Relative Importance of the Actual and the Ideal Self," *Journal of Marketing* 75 (July 2011), pp. 35–52; Eugina Leung, Gabriele Paolacci, and Stefano Puntoni, "Man versus Machine: Resisting Automation in Identity-Based Consumer Behavior," *Journal of Marketing Research* 55, no. 6 (2018), pp. 818–831.

21. Timothy R. Graeff, "Image Congruence Effects on Product Evaluations: The Role of Self-Monitoring and Public/Private Consumption," *Psychology & Marketing* 13 (August 1996), pp. 481–99.

22. Jennifer L. Aaker, "The Malleable Self: The Role

of Self-Expression in Persuasion," *Journal of Marketing Research* 36 (February 1999), pp. 45–57; Monika Lisjak, Andrea Bonezzi, Soo Kim, and Derek D. Rucker, "Perils of Compensatory Consumption: Within-Domain Compensation Undermines Subsequent Self-Regulation," *Journal of Consumer Research* 41, no. 5 (2015), pp. 1186–1203.

23. www.smartertravel.com/best-boutique-hotel-chains-2017/; www.jdvhotels.com/awards-and-accolades, accessed 1/27/2021.

24. Alexander Chernev, Ryan Hamilton, and David Gal, "Competing for Consumer Identity: Limits to Self-Expression and the Perils of Lifestyle Branding," *Journal of Marketing* 75, no. 3 (2011): pp. 66–82.

25. Kavita Daswani, "Multitasking BB Skin Creams Becoming Popular in U.S.," *Los Angeles Times*, July 15, 2012.

26. Anne D'Innocenzio, "Frugal Times: Hamburger Helper, Kool-Aid in Advertising Limelight," Associated Press, *Seattle Times*, April 29, 2009; Julie Jargon, "Velveeta Shows Its Sizzle against Hamburger Helper," *Wall Street Journal*, December 29, 2011; www.marketplace.org/2013/07/15/business/hamburger-helper-gets-new-name.

27. Abraham Maslow, *Motivation and Personality* (New York: Harper & Row, 1954), pp. 80–106. For an interesting business application, see Chip Conley, *Peak: How Great Companies Get Their Mojo from Maslow* (San Francisco: Jossey Bass 2007).

28. Nikolaus Franke, Peter Keinz, and Christoph J. Steger, "Testing the Value of Customization: When Do Customers Really Prefer Products Tailored to Their Preferences?" *Journal of Marketing* 73 (September 2009), pp. 103–21; Aner Sela, Jonah Berger, and Joshua Kim, "How Self-Control Shapes the Meaning of Choice," *Journal of Consumer Research* 44, no. 4 (2017), pp. 724–37.

29. Margaret C. Campbell and Caleb Warren, "The Progress Bias in Goal Pursuit: When One Step Forward Seems Larger than One Step Back," *Journal of Consumer Research* 41, no. 5 (2015), pp. 1316–31.

30. Neil Stevenson, "Need Feedback? Here's 5 Ways to Reinvent the Focus Group," *Ideo*, June 6, 2016.

31. Clotaire Rapaille, "Marketing to the Reptilian Brain," *Forbes,* July 3, 2006; Clotaire Rapaille, *The Culture Code* (New York: Broadway Books, 2007); Douglas Gantebein, "How Boeing Put the Dream in Dreamliner," *Air and Space* (September 2007); Tom Otley, "The Boeing Dreamliner: A Sneak Preview," *Business Traveller*, June 3, 2009.

32. www.nbcnews.com/id/38164372/ns/business-autos/t/chryslers-pt-cruiser-hits-end-road/#.W-x7Q-JMEt, accessed 12/17/2020; www.quirks.com/articles/chrysler-dug-deep-with-archetype-research-to-shape-its-pt-cruiser.

33. Bernard Berelson and Gary A. Steiner, *Human Behavior: An Inventory of Scientific Findings* (New York: Harcourt Brace Jovanovich, 1964), p. 88.

34. University of Florida's Chris Janiszewski has conducted fascinating research looking at preconscious processing effects. See Chris Janiszewski, "Preattentive Mere Exposure Effects," *Journal of Consumer Research* 20 (December 1993), pp. 376–92, as well as some of his earlier and subsequent research. For more foundational perspectives, see also John A. Bargh and Tanya L. Chartrand, "The Unbearable Automaticity of Being," *American Psychologist* 54 (1999), pp. 462–79; and Gráinne M. Fitzsimons, Tanya L. Chartrand, and Gavan J. Fitzsimons, "Automatic Effects of Brand Exposure on Motivated Behavior: How Apple Makes You 'Think Different,'" *Journal of Consumer Research* 35 (June 2008), pp. 21–35, as well as the research programs of both authors.

35. See Timothy E. Moore, "Subliminal Advertising: What You See Is What You Get," *Journal of Marketing* 46 (Spring 1982), pp. 38–47 for an early classic discussion; and Andrew B. Aylesworth, Ronald C. Goodstein, and Ajay Kalra, "Effect of Archetypal Embeds on Feelings: An Indirect Route to Affecting Attitudes?" *Journal of Advertising* 28 (Fall 1999), pp. 73–81 for additional discussion.

36. Ross Pomeroy, "The Legendary Study That Embarrassed Wine Experts across the Globe," *RealClear*, August 18, 2014.

37. Jack Neff, "Creativity Marks This Spot: K-C Thrives in Tiny Neenah," *Advertising Age*, June 6, 2011; "U by Kotex Creates a Social Movement," *Adweek*, November 22, 2011.

38. Jonah Berger and Katherine L. Milkman, "What Makes Online Content Viral?" *Journal of Marketing Research* 49 (April 2012), pp. 192–205.

39. Scott Berinato, "The Demographics of Cool," *Harvard Business Review* (December 2011), pp. 136–37; Steve Stoute, *The Tanning of America: How Hip-Hop Created a Culture That Rewrote the Rules of the New Economy* (New York: Gotham, 2012).

40. Katherine Halek, "Retro Marketing Tactics That Work Better Than Ever," *Relevance* (May 2014).

41. Vladas Griskevicius, Noah Goldstein, Chad Mortensen, Jill Sundie, Robert Cialdini, and Douglas Kenrick, "Fear and Loving in Las Vegas: Evolution, Emotion, and Persuasion," *Journal of Marketing Research* 46, no. 3 (2009), pp. 384–95.

42. Deborah Small and Nicole M. Verrochi, "The Face of Need: Facial Emotion Expression on Charity Advertisements," *Journal of Marketing Research* 46, no. 6 (2009), pp. 777–87.

43. For additional discussion, see John G. Lynch Jr. and Thomas K. Srull, "Memory and Attentional Factors in Consumer Choice: Concepts and Research Methods," *Journal of Consumer Research* 9 (June 1982), pp. 18–36; and Joseph W. Alba, J. Wesley Hutchinson, and John G. Lynch Jr., "Memory and Decision Making," in Harold H. Kassarjian and Thomas S. Robertson, eds., *Handbook of Consumer Theory and Research* (Englewood Cliffs, NJ: Prentice Hall, 1992), pp. 1–49.

44. Jonah Berger and Eric M. Schwartz, "What Drives Immediate and Ongoing Word of Mouth?" *Journal of Marketing Research* 48 (October 2011), pp. 869–80.

45. Based in part on Figure 1.7 from George Belch and Michael Belch, *Advertising and Promotion: An Integrated Marketing Communications Perspective*, 8th ed. (Homewood, IL: Irwin, 2009).

46. Marketing scholars have developed several models of the consumer buying process through the years. See Mary Frances Luce, James R. Bettman, and John W. Payne, *Emotional Decisions: Tradeoff Difficulty and Coping in Consumer Choice* (Chicago: University of Chicago Press, 2001); James F. Engel, Roger D. Blackwell, and Paul W. Miniard, *Consumer Behavior,* 8th ed. (Fort Worth, TX: Dryden, 1994); and John A. Howard and Jagdish N. Sheth, *The Theory of Buyer Behavior* (New York: John Wiley & Sons, 1969).

47. David Court, Dave Elzinga, Susan Mulder, and Ole Jorgen Vetvik, "The Consumer Decision Journey," *McKinsey Quarterly* 3, no. 3 (2009), pp. 96–107.

48. Geoffrey Precourt, "How Unilever Uses Online Data to Map the Path to Purchase," www.warc.com (April 2012).

49. Janet Schwartz, Mary Frances Luce, and Dan Ariely, "Are Consumers Too Trusting? The Effects of Relationships with Expert Advisers," *Journal of Marketing Research* 48 (Special Issue 2011), pp. S163–S174.

50. Min Ding, John R. Hauser, Songting Dong, Daria Dzyabura, Zhilin Yang, Chenting Su, and Steven Gaskin, "Unstructured Direct Elicitation of Decision Rules," *Journal of Marketing Research* 48 (February 2011), pp. 116–27; Michaela Draganska and Daniel Klapper, "Choice Set Heterogeneity and the Role of Advertising: An Analysis with Micro and Macro Data," *Journal of Marketing Research* 48 (August 2011), pp. 653–69; John R. Hauser, Olivier Toubia, Theodoros Evgeniou, Rene Befurt, and Daria Dzyabura, "Disjunctions of Conjunctions, Cognitive Simplicity and Consideration Sets," *Journal of Marketing Research* 47 (June 2010), pp. 485–96; Erjen Van Nierop, Bart Bronnenberg, Richard Paap, Michel Wedel, and Philip Hans Franses, "Retrieving Unobserved Consideration Sets from Household Panel Data," *Journal of Marketing Research* 47 (February 2010), pp. 63–74. For some behavioral perspectives, see Jeffrey R. Parker and Rom Y. Schrift, "Rejectable Choice Sets: How Seemingly Irrelevant No-Choice Options Affect Consumer Decision Processes," *Journal of Marketing Research* 48 (October 2011), pp. 840–54.

51. Benedict G. C. Dellaert and Gerald Häubl, "Searching in Choice Mode: Consumer Decision Processes in Product Search with Recommendations," *Journal of Marketing Research* 49 (April 2012), pp. 277–88. See also Jun B. Kim, Paulo Albuquerque, and Bart J. Bronnenberg, "Mapping Online Consumer Search," *Journal of Marketing Research* 48 (February 2011), pp. 13–27.

52. Robert E. Smith and William R. Swinyard, "Attitude-Behavior Consistency: The Impact of Product Trial versus Advertising," *Journal of Marketing Research* (1983), pp. 257–67.

53. Paul E. Green and Yoram Wind, *Multiattribute Decisions in Marketing: A Measurement Approach* (Hinsdale, IL: Dryden, 1973), chapter 2; Richard J. Lutz, "The Role of Attitude Theory in Marketing," in H. Kassarjian and T. Robertson, eds., *Perspectives in Consumer Behavior* (Lebanon, IN: Scott Foresman, 1981), pp. 317–39.

54. This expectancy-value model was originally developed by Martin Fishbein, "Attitudes and Prediction of Behavior," in Martin Fishbein, ed., *Readings in Attitude Theory and Measurement* (New York: John Wiley & Sons, 1967), pp. 477–92; for a critical review, see Paul W. Miniard and Joel B. Cohen, "An Examination of the Fishbein-Ajzen Behavioral-Intentions Model's Concepts and Measures," *Journal of Experimental Social Psychology* (May 1981), pp. 309–39.

55. Michael R. Solomon, *Consumer Behavior: Buying, Having, and Being,* 10th ed. (Upper Saddle River, NJ: *Prentice Hall*, 2013).

56. Daniel Kahneman, *Thinking, Fast and Slow* (New York: Farrar, Straus and Giroux, 2011); Meng Zhu, Yang Yang, and Christopher K Hsee, "The Mere Urgency Effect," *Journal of Consumer Research* 45, no. 3 (2018), pp. 673–90; Bart De Langhe and Stefano Puntoni, "Productivity Metrics and Consumers' Misunderstanding of Time Savings," *Journal of Marketing Research* 53, no. 3 (2016), pp. 396–406; Aaron M. Garvey, Margaret G. Meloy, and Baba Shiv, "The Jilting Effect: Antecedents, Mechanisms, and Consequences for Preference," *Journal of Marketing Research* 54, no. 5 (2017), pp. 785–98.

57. Richard H. Thaler and Cass R. Sunstein, *Nudge: Improving Decisions about Health, Wealth, and Happiness* (New York: Penguin, 2009); Michael Krauss, "A Nudge in the Right Direction," *Marketing News*, March 30, 2009, p. 20.

58. Richard E. Petty, *Communication and Persuasion: Central and Peripheral Routes to Attitude Change* (New York: Springer-Verlag, 1986); Richard E. Petty and John T. Cacioppo, *Attitudes and Persuasion: Classic and Contemporary Approaches* (New York: McGraw-Hill, 1981).

59. Martin Fishbein, "Attitudes and Prediction of Behavior," in M. Fishbein, ed., *Readings in Attitude Theory and Measurement* (New York: John Wiley & Sons, 1967), pp. 477–92.

60. For an examination of the use of *Consumer Reports*, see Uri Simonsohn, "Lessons from an 'Oops' at *Consumer Reports*: Consumers Follow Experts and Ignore Invalid Information," *Journal of Marketing Research* 48 (February 2011), pp. 1–12.

61. Margaret C. Campbell and Ronald C. Goodstein, "The Moderating Effect of Perceived Risk on Consumers' Evaluations of Product Incongruity: Preference for the Norm," *Journal of Consumer Research* 28 (December 2001), pp. 439–49; James R. Bettman, "Perceived Risk and Its Components: A Model and Empirical Test," *Journal of Marketing Research* 10 (May 1973); Bowen Ruan, Christopher K. Hsee, and Zoe Y. Lu, "The Teasing Effect: An Underappreciated Benefit of Creating and Resolving an Uncertainty," *Journal of Marketing Research* 55, no. 4 (2018), pp. 556–70.

62. Yangjie Gu, Simona Botti, and David Faro, "Seeking and Avoiding Choice Closure to Enhance Outcome Satisfaction," *Journal of Consumer Research* 45, no. 4 (2018), pp. 792–809.

63. Richard L. Oliver, "Customer Satisfaction Research," in Rajiv Grover and Marco Vriens, eds., *Handbook of Marketing Research* (Thousand Oaks, CA: Sage Publications, 2006), pp. 569–87.

64. Albert O. Hirschman, *Exit, Voice, and Loyalty* (Cambridge, MA: Harvard University Press, 1970).

65. John D. Cripps, "Heuristics and Biases in Timing the Replacement of Durable Products," *Journal of Consumer Research* 21 (September 1994), pp. 304–18.

66. Marketing Insight sources: Daniel Kahneman, *Thinking, Fast and Slow* (Farrar, Straus and Giroux, 2011); James Bettman, Mary Frances Luce, and John Payne, "Constructive Consumer Choice Processes," *Journal of Consumer Research* 25 (December 1998), pp. 187–217; Itamar Simonson, "Getting Closer to Your Customers by Understanding How They Make Choices," *California Management Review* 35 (Summer 1993), pp. 68–84; Richard Thaler, "Mental Accounting and Consumer Choice," *Marketing Science* 4 (Summer 1985), pp. 199–214; Richard Thaler and Cass Sunstein, *Nudge: Improving Decisions about Health, Wealth, and Happiness* (Yale University Press, 2008); Dan Ariely, *Predictably Irrational* (New York, NY: HarperCollins Publishers, 2008).

67. Marketing Spotlight sources: Leonard L. Berry and Kent D. Seltman, *Management Lessons from Mayo Clinic* (New York: McGraw-Hill, 2008); Leonard L. Berry, "Leadership Lessons from Mayo Clinic," *Organizational Dynamics* 33 (August 2004), pp. 228–42; Leonard L. Berry and

Neeli Bendapudi, "Clueing in Customers," *Harvard Business Review* (February 2003), pp. 100–106; Max Nissen, "Mayo Clinic CEO: Here's Why We've Been the Leading Brand in Medicine for 100 Years," *Business Insider*, February 23, 2013; Jack Nicas, "Mayo Clinic's Upmarket Move," *Wall Street Journal*, April 22, 2013; Ron Winslow, "Mayo Clinic's Unusual Challenge: Overhaul a Business That's Working," *Wall Street Journal*, June 2, 2017; www.mayoclinic.org, accessed 1/26/2021.

68. Marketing Spotlight sources: Mark Johnson and Joe Sinfield, "Focusing on Consumer Needs Is Not Enough," *Advertising Age*, April 28, 2008; Sarah Needleman, "How I Built It: For Intuit Co-Founder, the Numbers Add Up," *Wall Street Journal*, August 18, 2011, p. B.4; Rachel Emma Silverman, "Companies Change Their Way of Thinking," *Wall Street Journal*, June 7, 2012; Geoff Colvin, "How Intuit Reinvents Itself," *Fortune*, October 20, 2017; Brad Smith, "Intuit's CEO on Building a Design-Driven Company," *Harvard Business Review*, January–February 2015; www.intuit.com/company, accessed 1/26/2021.

4

1. www.caterpillar.com/en/company.html, accessed 10/23/2020.
2. For a comprehensive review of the topic, see James C. Anderson and James A. Narus, *Business Market Management: Understanding, Creating, and Delivering Value*, 3rd ed. (Upper Saddle River, NJ: Prentice Hall, 2009); and Gary L. Lilien and Rajdeep Grewal, eds., *Handbook of Business-to-Business Marketing* (Northampton, MA: Edward Elgar Publishing, 2012).
3. Frederick E. Webster Jr. and Yoram Wind, *Organizational Buying Behavior* (Upper Saddle River, NJ: Prentice Hall, 1972), p. 2. For a review of some academic literature on the topic, see Håkan Håkansson and Ivan Snehota, "Marketing in Business Markets," in Bart Weitz and Robin Wensley, eds., *Handbook of Marketing* (London: Sage Publications, 2002), pp. 513–26; Mark Glynn and Arch Woodside, eds., *Business-to-Business Brand Management: Theory, Research, and Executive Case Study Exercises in Advances in Business Marketing & Purchasing* series, volume 15 (Bingley, UK: Emerald Group Publishing, 2009).
4. www.shoeguide.org/Shoe_Anatomy, accessed 1/27/2021.
5. Philip Kotler and Waldemar Pfoertsch, *B2B Brand Management* (Berlin, Germany: Springer, 2006).
6. Fred Wiersema, "The B2B Agenda: The Current State of B2B Marketing and a Look Ahead," *Institute for the Study of Business Markets*; http://isbm.smeal.psu.edu, accessed February 20, 2014.
7. Susan Avery, "PPG Honors Seven Excellent Suppliers," *Purchasing* 135 (November 2, 2006), p. 36; www.ppg.com, July 11, 2012.
8. Patrick J. Robinson, Charles W. Faris, and Yoram Wind, *Industrial Buying and Creative Marketing* (Boston: Allyn & Bacon, 1967).
9. Michele D. Bunn, "Taxonomy of Buying Decision Approaches," *Journal of Marketing* 57 (January 1993), pp. 38–56.
10. Jeffrey E. Lewin and Naveen Donthu, "The Influence of Purchase Situation on Buying Center Structure and Involvement: A Select Meta-Analysis of Organizational Buying Behavior Research," *Journal of Business Research* 58 (October 2005), pp. 1381–90; R. Venkatesh and Ajay K. Kohli, "Influence Strategies in Buying Centers," *Journal of Marketing* 59 (October 1995), pp. 71–82.
11. Frederic E. Webster and Yoram Wind, *Organizational Buying Behavior* (Upper Saddle River, NJ: Prentice Hall, 1972), p. 6.
12. James C. Anderson and James A. Narus, *Business Market Management: Understanding, Creating, and Delivering Value*, 3rd ed. (Upper Saddle River, NJ: Prentice Hall, 2009); Frederick E. Webster Jr. and Yoram Wind, "A General Model for Understanding Organizational Buying Behavior," *Journal of Marketing* 36 (April 1972), pp. 12–19.
13. "Case Studies: Rio Tinto," *Quadrem*, www.quadrem.com, February 6, 2010, https://www.riotinto.com/about, accessed 10/23/2020.
14. https://docplayer.net/11658050-Sap-executive-insight-best-practices-of-the-best-run-sales-organizations-sales-opportunity-blueprinting.html; https://www.medline.com/pages/about-us/, https://www.riotinto.com/about, accessed 10/23/2020.
15. Frederick E. Webster Jr. and Kevin Lane Keller, "A Roadmap for Branding in Industrial Markets," *Journal of Brand Management* 11 (May 2004), pp. 388–402.
16. Scott Ward and Frederick E. Webster Jr., "Organizational Buying Behavior," in Tom Robertson and Hal Kassarjian, eds., *Handbook of Consumer Behavior* (Upper Saddle River, NJ: Prentice Hall, 1991), chapter 12, pp. 419–58.
17. Bob Donath, "Emotions Play Key Role in Biz Brand Appeal," *Marketing News*, June 1, 2006, p. 7.
18. Frederic E. Webster and Yoram Wind, *Organizational Buying Behavior* (Saddle River, NJ: Prentice Hall, 1972), p. 6.
19. James C. Anderson and Marc Wouters, "What You Can Learn from Your Customer's Customer," *MIT Sloan Management Review*, Winter 2013, pp. 75–82, https://www.xsens.com/about-us, accessed 10/23/2020.
20. Patrick J. Robinson, Charles W. Faris, and Yoram Wind, *Industrial Buying and Creative Marketing* (Boston, MA: Allyn & Bacon, 1967).
21. Nicole Skibola, "CEMEX Blazes the Social Innovation Trail," *Forbes*, November 12, 2010.
22. Ritchie Bros Auctioneers, www.rbauction.com, accessed 10/23/2020.
23. James C. Anderson, James A. Narus, and Wouter van Rossum, "Customer Value Proposition in Business Markets," *Harvard Business Review* (March 2006), pp. 2–10; James C. Anderson, "From Understanding to Managing Customer Value in Business Markets," in H. Håkansson, D. Harrison, and A. Waluszewski, eds., *Rethinking Marketing: New Marketing Tools* (London: John Wiley & Sons, 2004), pp. 137–59.
24. Daniel J. Flint, Robert B. Woodruff, and Sarah Fisher Gardial, "Exploring the Phenomenon of Customers' Desired Value Change in a Business-to-Business Context," *Journal of Marketing* 66 (October 2002), pp. 102–17.
25. "Case Study: Automotive Vendor Managed Inventory, *Plexco* (Australia)," www.marciajedd.com, accessed 1/27/2021.
26. Emma K. Macdonald, Michael Kleinaltenkamp, and Hugh N. Wilson, "How Business Customers Judge Solutions: Solution Quality and Value in Use." *Journal of Marketing* 80, no. 3 (2016), pp. 96–120.
27. "Per Ardua," *The Economist*, February 5, 2011; "Rolls-Royce Celebrates 50th Anniversary of Power by the Hour," October 30, 2012, www.rolls-royce.com, accessed 1/27/2021.
28. https://new.abb.com, accessed 11/23/2020.
29. www.emerson.com/en-us/about-us/company-history, accessed 1/27/2021.
30. www.sas.com, accessed 11/23/2020.
31. Ruth N. Bolton and Matthew B. Myers, "Price-Based Global Market Segmentation for Services," *Journal of Marketing* 67 (July 2003), pp. 108–28.
32. Wolfgang Ulaga and Werner Reinartz, "Hybrid Offerings: How Manufacturing Firms Combine Goods and Services Successfully," *Journal of Marketing* 75 (November 2011), pp. 5–23.
33. Wolfgang Ulaga and Andreas Eggert, "Value-Based Differentiation in Business Relationships: Gaining and Sustaining Key Supplier Status," *Journal of Marketing* 70 (January 2006), pp. 119–36.
34. Nirmalya Kumar, *Marketing as Strategy: Understanding the CEO's Agenda for Driving Growth and Innovation* (Boston: Harvard Business School Press, 2004).
35. See www.lincolnelectric.com/en-us, accessed February 6, 2019; William Atkinson, "Now That's Value Added," *Purchasing*, December 11, 2003, p. 26; James A. Narus and James C. Anderson, "Turn Your Industrial Distributors into Partners," *Harvard Business Review* (March–April 1986), pp. 66–71.
36. Irwin P. Levin and Richard D. Johnson, "Estimating Price–Quality Tradeoffs Using Comparative Judgments," *Journal of Consumer Research* 11 (June 1984), pp. 593–600. Customer-perceived value can be measured as a difference or as a ratio. If total customer value is $20,000 and total customer cost is $16,000, then the customer-perceived value is $4,000 (measured as a difference) or 1.25 (measured as a ratio). Ratios that are used to compare offers are often called *value–price ratios*.
37. Kihyun Hannah Kim and V. Kumar, "The Relative Influence of Economic and Relational Direct Marketing Communications on Buying Behavior in Business-to-Business Markets," *Journal of Marketing Research* 55, no. 1 (2018), pp. 48–68.
38. Elisabeth Sullivan, "A Worthwhile Investment," *Marketing News*, December 30, 2009, p. 10.
39. Elisabeth Sullivan, "One to One," *Marketing News*, May 15, 2009, pp. 10–12.
40. Christine Birkner, "10 Minutes with Kirsten Watson," *Marketing News*, January 2013, pp. 52–58.
41. Manpreet Gill, Shrihari Sridhar, and Rajdeep Grewal, "Return on Engagement Initiatives: A Study of a Business-to-Business Mobile App," *Journal of Marketing* 81, no. 4 (2017), pp. 45–66.
42. Christine Birkner, "Success by Association," *Marketing News*, April 30, 2012, pp. 14–18; Geoffrey Precourt, "How Xerox Tapped Unlikely B2B Emotions," *Advertising Week* (September 2009).
43. For foundational material, see Lloyd M. Rinehart, James A. Eckert, Robert B. Handfield, Thomas J. Page Jr., and Thomas Atkin, "An Assessment of Buyer–Seller Relationships," *Journal of Business Logistics* 25 (2004), pp. 25–62; F. Robert Dwyer, Paul Schurr, and Sejo Oh, "Developing Buyer–Supplier Relationships," *Journal of Marketing* 51 (April 1987), pp. 11–28. For an important caveat, see Christopher P. Blocker, Mark B. Houston, and Daniel J. Flint, "Unpacking What a 'Relationship' Means to Commercial Buyers: How the Relationship Metaphor Creates Tension and Obscures Experience," *Journal of Consumer Research* 38 (February 2012), pp. 886–908.
44. Arnt Buvik and George John, "When Does Vertical Coordination Improve Industrial Purchasing Relationships?" *Journal of Marketing* 64 (October 2000), pp. 52–64.
45. Das Narayandas, "Building Loyalty in Business Markets," *Harvard Business Review* (September 2005), pp. 131–39; V. Kumar, S. Sriram, Anita Luo, and Pradeep K. Chintagunta, "Assessing the Effect of Marketing Investments in a Business Marketing Context," *Marketing Science* 30 (September–October 2011), pp. 924–40; Anita Luo and V. Kumar, "Recovering Hidden Buyer–Seller Relationship States to Measure the Return on Marketing Investment in Business-to-Business Markets," *Journal of Marketing Research* 50 (February 2013), pp. 143–60.
46. Das Narayandas and V. Kasturi Rangan, "Building and Sustaining Buyer–Seller Relationships in Mature Industrial Markets," *Journal of Marketing* 68 (July 2004), pp. 63–77; D. Eric Boyd and P. K. Kannan. "(When) Does Third-Party Recognition for Design Excellence Affect Financial Performance in Business-to-Business Markets?" *Journal of Marketing* 82, no. 3 (2018), pp. 108–23.
47. Joseph P. Cannon and William D. Perreault Jr., "Buyer–Seller Relationships in Business Markets," *Journal of Marketing Research* 36 (November 1999), pp. 439–60; Doug J. Chung and Das Narayandas, "Incentives versus Reciprocity: Insights from a Field Experiment," *Journal of Marketing Research* 54, no. 4 (2017), pp. 511–524.
48. Jan B. Heide and Kenneth H. Wahne, "Friends, Businesspeople, and Relationship Roles: A Conceptual Framework and Research Agenda," *Journal of Marketing* 70 (July 2006), pp. 90–103.
49. Joseph P. Cannon and William D. Perreault Jr., "Buyer–Seller Relationships in Business Markets," *Journal of Marketing Research* 36 (November 1999), pp. 439–60.
50. Thomas G. Noordewier, George John, and John R. Nevin, "Performance Outcomes of Purchasing Arrangements in Industrial Buyer–Vendor Arrangements," *Journal of Marketing* 54 (October 1990), pp. 80–93; Arnt Buvik and George John, "When Does Vertical Coordination Improve Industrial Purchasing Relationships?" *Journal of Marketing* 64, no. 4 (October 2000), pp. 52–64.
51. Robert W. Palmatier, Rajiv P. Dant, Dhruv Grewal, and Kenneth R. Evans, "Factors Influencing the Effectiveness of Relationship Marketing: A Meta-Analysis," *Journal of Marketing* 70 (October 2006), pp. 136–53; Jean L. Johnson, Ravipreet S. Sohli, and Rajdeep Grewal, "The Role of Relational Knowledge Stores in Interfirm Partnering," *Journal of Marketing* 68 (July 2004), pp. 21–36; Fred Selnes and James Sallis, "Promoting Relationship Learning," *Journal of Marketing* 67 (July 2003), pp. 80–95.
52. Kevin Lane Keller and David A. Aaker, "Corporate-Level Marketing: The Impact of Credibility on a Company's Brand Extensions," *Corporate Reputation Review* 1 (August 1998), pp. 356–78; Robert M. Morgan and Shelby D. Hunt, "The Commitment–Trust Theory of Relationship Marketing," *Journal of Marketing* 58, no. 3 (July 1994), pp. 20–38; Christine Moorman, Rohit Deshpande, and Gerald Zaltman, "Factors Affecting Trust in Market Research Relationships," *Journal of Marketing* 57 (January 1993), pp. 81–101; Glen Urban, "Where Are You Positioned on the Trust Dimensions?" in *Don't Just Relate—Advocate: A Blueprint for Profit in the Era of Customer Power* (Upper Saddle River, NJ: Pearson

Education/Wharton School Publishers, 2005).

53. Corine S. Noordhoff, Kyriakos Kyriakopoulos, Christine Moorman, Pieter Pauwels, and Benedict G. C. Dellaert, "The Bright Side and Dark Side of Embedded Ties in Business-to-Business Innovation," *Journal of Marketing* 75 (September 2011), pp. 34–52.

54. Akesel I. Rokkan, Jan B. Heide, and Kenneth H. Wathne, "Specific Investment in Marketing Relationships: Expropriation and Bonding Effects," *Journal of Marketing Research* 40 (May 2003), pp. 210–24.

55. Kenneth H. Wathne and Jan B. Heide, "Relationship Governance in a Supply Chain Network," *Journal of Marketing* 68 (January 2004), pp. 73–89; Douglas Bowman and Das Narayandas, "Linking Customer Management Effort to Customer Profitability in Business Markets," *Journal of Marketing Research* 61 (November 2004), pp. 433–47; Mrinal Ghosh and George John, "Governance Value Analysis and Marketing Strategy," *Journal of Marketing* 63 (Special Issue, 1999), pp. 131–45.

56. Kenneth H. Wathne and Jan B. Heide, "Opportunism in Interfirm Relationships: Forms, Outcomes, and Solutions," *Journal of Marketing* 64 (October 2000), pp. 36–51.

57. Mark Vandenbosch and Stephen Sapp, "Opportunism Knocks," *MIT Sloan Management Review*, 52 (Fall, 2010), pp. 17–19.

58. Mark B. Houston and Shane A. Johnson, "Buyer–Supplier Contracts versus Joint Ventures: Determinants and Consequences of Transaction Structure," *Journal of Marketing Research* 37 (February 2000), pp. 1–15.

59. Aksel I. Rokkan, Jan B. Heide, and Kenneth H. Wathne, "Specific Investment in Marketing Relationships: Expropriation and Bonding Effects," *Journal of Marketing Research* 40 (May 2003), pp. 210–24.

60. Paul King, "Purchasing: Keener Competition Requires Thinking outside the Box," *Nation's Restaurant News*, August 18, 2003, p. 87; www.aramark.com/about-us, accessed 1/25/2021.

61. Marketing Spotlight sources: "The World's Greatest Bazaar," *The Economist*, March 23, 2013; Leanna Kelly, "What Is Alibaba? What You Need to Know about the World's Largest B2B Ecommerce Marketplace," *CPC Strategy*, October 9, 2017; Hendrik Laubscher, "Alibaba's A100 Showcases It as a Platform Company," *Forbes*, January 11, 2019; www.alibaba.com, accessed 11/23/2020.

62. Marketing Spotlight sources: Mi Ji, Jee Eun Lee, W. Chan Kim, and Renee Mauborgne, "Salesforce.com: Creating a Blue Ocean in the B2B Space," *Blue Ocean Strategy Institute* No. 313-019-1, Fontainebleau, France: ECCH, 2013; Gallagher, Dan, "Salesforce Grows the Old-Fashioned Way," *Wall Street Journal*, May 29, 2018; David Gelles, "Marc Benioff of Salesforce: 'Are We Not All Connected?'" *New York Times*, June 15, 2018; www.salesforce.com/company/about-us, accessed 11/23/2020.

5

1. George Foster and Sandy Plunkett, "Executive Cases: Interviews with Senior Executives of Early-Stage Companies," *World Economic Forum*; Ron Miller, "Analysts Weighing in on $8B SAP-Qualtrics Deal Don't See a Game Changer," *Tech Crunch* (November 2018); Stephanie Nicola and Joyce Koh, "Germany's SAP to Buy Qualtrics for $8 Billion in Cash," *Bloomberg Businessweek*, November 11, 2018; Jay Greene and Rolf Winkler, "SAP to Buy Market-Analytics Startup Qualtrics for $8 Billion," *Wall Street Journal*, November 11, 2018; Matt Weinberger, "Qualtrics Is Going Public Less than 2 Years after SAP Bought the Utah-Based Cloud Software Company for $8 Billion," *Business Insider*, July 26, 2020; https://www.qualtrics.com/about, accessed 11/24/2020.

2. Jessica Shambora, "Wanted: Fearless Marketing Execs," *Fortune*, August 15, 2011, p. 27.

3. Ellen Byron, "Wash Away Bad Hair Days," *Wall Street Journal*, June 30, 2010.

4. Natalie Zmuda, "Tropicana Line's Sales Plunge 20% Post-Rebranding," *Advertising Age*, April 2, 2009.

5. Adapted from Arthur Shapiro, "Let's Redefine Market Research," *Brandweek*, June 21, 2004, p. 20; Kevin Ohannessian, "Star Wars: Thirty Years of Success," *Fast Company*, May 29, 2007.

6. www.pgcareers.com/career-areas, accessed 1/27/2021.

7. Stephanie L. Gruner, "Spies Like Us," *Inc.*, August 1, 1998; Darren Dahl, "10 Tips on How to

Research Your Competition," *Inc.*, May 11, 2011.

8. Brad Smith, "Figure Out the Customer," *Bloomberg BusinessWeek*, April 12, 2012.

9. Ned Levi, "What's the Future for U.S. Airline Inflight Entertainment?" www.consumertraveler.com, April 9, 2012.

10. Fiona Blades, "Real-Time Experience Tracking Gets Closer to the Truth," *International Journal of Market Research* 54, no. 2 (2012), pp. 283–85; Emma K. Macdonald, Hugh N. Wilson, and Umut Konus, "Better Consumer Insight—in Real Time," *Harvard Business Review* (September 2012), pp. 102–08.

11. Ashley Lutz and Matt Townsend, "Big Brother Has Arrived at a Store Near You, *Bloomberg Businessweek*, December 19, 2011.

12. For a detailed review of some relevant academic work, see Eric J. Arnould and Amber Epp, "Deep Engagement with Consumer Experience," in Rajiv Grover and Marco Vriens, eds., *Handbook of Marketing Research* (Thousand Oaks, CA: Sage Publications, 2006). For a range of academic discussion, see the following special issue: "Can Ethnography Uncover Richer Consumer Insights?" *Journal of Advertising Research* 46 (September 2006). For some practical tips, see Richard Durante and Michael Feehan, "Leverage Ethnography to Improve Strategic Decision Making," *Marketing Research* (Winter 2005).

13. Eric J. Arnould and Linda L. Price, "Market-Oriented Ethnography Revisited," *Journal of Advertising Research* 46 (September 2006), pp. 251–62; Eric J. Arnould and Melanie Wallendorf, "Market-Oriented Ethnography: Interpretation Building and Marketing Strategy Formulation," *Journal of Marketing Research* 31 (November 1994), pp. 484–504.

14. Michael V. Copeland, "Intel's Cultural Anthropologist," *Fortune*, September 27, 2010.

15. "Smith & Nephew Launches ALLEVYN Life," www.smith-nephew.com, July 20, 2012.

16. Richard J. Harrington and Anthony K. Tjan, "Transforming Strategy One Customer at a Time," *Harvard Business Review* (March 2008), pp. 62–72; Stanley Reed, "The Rise of a Financial Data Powerhouse," *Bloomberg BusinessWeek*, May 15, 2007; www.thomsonreuters.com/en/about-us/company-history.html, accessed 1/27/2021.

17. Julie Weed, "Checking In after Checkout," *New York Times*, May 27, 2013.

18. See Ayelet Gneezy, "Field Experimentation in Marketing Research," *Journal of Marketing Research* 54, no. 1 (2017), pp. 140–43 for a comprehensive, in-depth discussion of how to generate customer insights using field experiments.

19. Eleanor Putnam-Farr and Jason Riis, "'Yes/No/Not Right Now': Yes/No Response Formats Can Increase Response Rates Even in Non-Forced-Choice Settings," *Journal of Marketing Research* 53, no. 3 (2016), pp. 424–32; Hans Baumgartner, Bert Weijters, and Rik Pieters, "Misresponse to Survey Questions: A Conceptual Framework and Empirical Test of the Effects of Reversals, Negations, and Polar Opposite Core Concepts," *Journal of Marketing Research* 55, no. 6 (2018), pp. 869–83; Sterling A. Bone, Katherine N. Lemon, Clay M. Voorhees, Katie A. Liljenquist, Paul W. Fombelle, Kristen Bell Detienne, and R. Bruce Money, "'Mere Measurement Plus': How Solicitation of Open-Ended Positive Feedback Influences Customer Purchase Behavior," *Journal of Marketing Research* 54, no. 1 (2017), pp. 156–70.

20. Catherine Marshall and Gretchen B. Rossman, *Designing Qualitative Research*, 4th ed. (Thousand Oaks, CA: Sage Publications, 2006); Bruce L. Berg, *Qualitative Research Methods for the Social Sciences*, 6th ed. (Boston: Allyn & Bacon, 2006); Norman K. Denzin and Yvonna S. Lincoln, eds., *The Sage Handbook of Qualitative Research*, 3rd ed. (Thousand Oaks, CA: Sage Publications, 2005); Linda Tischler, "Every Move You Make," *Fast Company*, April 2004, pp. 73–75.

21. For an academic application of some of these techniques, see Thales Teixeira, Michel Wedel, and Rik Pieters, "Emotion-Induced Engagement in Internet Video Advertisements," *Journal of Marketing Research* 49 (April 2012), pp. 144–59.

22. Evan Ramstead, "Big Brother, Now at the Mall," *Wall Street Journal*, October 8, 2012; Natasha Singer, "Face Recognition Makes the Leap from Sci-Fi," *New York Times*, November 13, 2011; Emily Glazer, "The Eyes Have It: Marketers Now Track Shoppers' Retinas," *Wall Street Journal*, July 12, 2012; Lessley Anderson, "A Night on the

Town with SceneTap," *The Verve*, May 29, 2012; Kashmir Hill, "SceneTap Wants to One Day Tell You the Weights, Heights, Races and Income Levels of the Crowd at Every Bar," *Forbes*, September 25, 2012.

23. Carolyn Yoon, Angela H. Gutchess, Fred Feinberg, and Thad A. Polk, "A Functional Magnetic Resonance Imaging Study of Neural Dissociations between Brand and Person Judgments," *Journal of Consumer Research* 33 (June 2006), pp. 31–40; Kevin Randall, "Neuromarketing Hope and Hype: 5 Brands Conducting Brain Research," *Fast Company*, September 15, 2009; Carmen Nobel, "Neuromarketing: Tapping into the 'Pleasure Center' of Consumers," *Forbes*, February 1, 2013.

24. Ashlee Humphreys and Rebecca Jen-Hui Wang, "Automated Text Analysis for Consumer Research," *Journal of Consumer Research* 44, no. 6 (2018) pp. 1274–1306; Michel Wedel and P. K. Kannan. "Marketing Analytics for Data-Rich Environments," *Journal of Marketing* 80, no. 6 (2016), pp. 97–121.

25. For further discussion, see Gary L. Lilien, Philip Kotler, and K. Sridhar Moorthy, *Marketing Models* (Upper Saddle River, NJ: Prentice Hall, 1992); Gary L. Lilien, "Bridging the Academic-Practitioner Divide in Marketing Decision Models," *Journal of Marketing* 75 (July 2011), pp. 196–210.

26. Anocha Aribarg, Katherine A. Burson, and Richard P. Larrick, "Tipping the Scale: The Role of Discriminability in Conjoint Analysis," *Journal of Marketing Research* 54, no. 2 (2017), pp. 279–92; Martin Meißner, Andres Musalem, and Joel Huber, "Eye Tracking Reveals Processes That Enable Conjoint Choices to Become Increasingly Efficient with Practice," *Journal of Marketing Research* 53, no. 1 (2016), pp. 1–17.

27. For an excellent overview of market forecasting, see Scott Armstrong, ed., *Principles of Forecasting: A Handbook for Researchers and Practitioners* (Norwell, MA: Kluwer Academic Publishers, 2001) and his website: www.forecastingprinciples.com; also see Roger J. Best, "An Experiment in Delphi Estimation in Marketing Decision Making," *Journal of Marketing Research* 11 (November 1974), pp. 447–52; Norman Dalkey and Olaf Helmer, "An Experimental Application of the Delphi Method to the Use of Experts," *Management Science* (April 1963), pp. 458–67.

28. Karen V. Beaman, Gregory R. Guy, and Donald E. Sexton, "Managing and Measuring Return on Marketing Investment," The Conference Board Research Report R-1435-08-RR (2008).

29. Neil Bendle, Paul Farris, Phillip Pfeifer, David Reibstein, *Marketing Metrics* 4th edition (Upper Saddle River, NJ: Pearson FT Press, 2020); John Davis, *Magic Numbers for Consumer Marketing: Key Measures to Evaluate Marketing Success* (Singapore: John Wiley & Sons, 2005).

30. Elisabeth Sullivan, "Measure Up," *Marketing News*, May 30, 2009, pp. 8–11.

31. Tim Ambler, *Marketing and the Bottom Line: The New Methods of Corporate Wealth*, 2nd ed. (London: Pearson Education, 2003).

32. Kusum L. Ailawadi, Donald R. Lehmann, and Scott A. Neslin, "Revenue Premium as an Outcome Measure of Brand Equity," *Journal of Marketing* 67 (October 2003), pp. 1–17.

33. Gerard J. Tellis, "Modeling Marketing Mix," in Rajiv Grover and Marco Vriens, eds., *Handbook of Marketing Research* (Thousand Oaks, CA: Sage Publications, 2006).

34. David J. Reibstein, "Connect the Dots," *CMO Magazine* (May 2005).

35. For insightful discussion of the design and implementation of marketing dashboards, see Koen Pauwels, *It's Not the Size of the Data, It's How You Use It: Smarter Marketing with Analytics and Dashboards* (New York: AMACOM, 2014) and consult the resources at www.marketdashboards.com.

36. Adapted from Pat LaPointe, *Marketing by the Dashboard Light*, Association of National Advertisers (2005), www.MarketingNPV.com.

37. Marketing Insight source: Philip Kotler, "Drawing New Ideas from Your Customers" (unpublished paper, 2013).

38. Marketing Spotlight sources: Linda Tischler, "Ideo's David Kelley on 'Design Thinking,'" *Fast Company* (February 2009); Teresa Amabile, Colin M. Fisher, and Julianna Pillemer, "IDEO's Culture of Helping, *Harvard Business Review* (January–February 2014); Ryan Buell and Andrew Otazo, "IDEO: Human-Centered Service Design," Harvard Business School Case 615-022 (October 2014; revised January 2016); Tim Brown, "Design Thinking," *Harvard Business Review*, August 28, 2015);

Kathrarine Schwab, "Ideo Breaks Its Silence on Design Thinking's Critics," *Fast Company*, October 29, 2018; https://www.ideo.com/case-study/a-leading-food-companys-human-centered-transformation-spurs-rapid-growth, accessed 11/25/2020; www.ideo.com/case-study/nurturing-a-creative-culture, accessed 11/25/2020.

39. Marketing Spotlight sources: Richard Feloni, "How Lego Came Back from the Brink of Bankruptcy," *Business Insider*, February 10, 2014; Jonathan Ringen, "How Lego Became the Apple of Toys," *Fast Company*, July 8, 2017; Jennifer Rosenberg, "The History of LEGO—Everyone's Favorite Building Blocks," *ThoughtCo*, October 9, 2017; Stanley Reed, "Lego Wants to Completely Remake Its Toy Bricks (without Anyone Noticing)," *New York Times*, August 31, 2018; www.lego.com/en-us/aboutus, accessed 2/6/2021.

6

1. David Welch, "Campbell Looks Way beyond the Tomato," *Bloomberg BusinessWeek*, August 13, 2012; Jenna Goudreau, "Kicking the Can," *Forbes*, December 24, 2012, pp. 46–51; https://money.cnn.com/2018/02/16/news/companies/campbell-soup/index.html, https://www.campbells.com/campbell-soup, accessed 1/25/2021; https://www.statista.com/topics/3165/campbell-soup-company, accessed 1/31/2021.

2. For a review of many of the methodological issues in developing segmentation schemes, see William R. Dillon and Soumen Mukherjee, "A Guide to the Design and Execution of Segmentation Studies," in Rajiv Grover and Marco Vriens, eds., *Handbook of Marketing Research* (Thousand Oaks, CA: Sage, 2006).

3. https://www.elcompanies.com/our-brands, accessed 1/27/2021.

4. Jerry Wind and Arvind Rangaswamy, "Customerization: The Next Revolution in Mass Customization," *Journal of Interactive Marketing* 15 (Winter 2001), pp. 13–32; Itamar Simonson, "Determinants of Customers' Responses to Customized Offers: Conceptual Framework and Research Propositions," *Journal of Marketing* 69 (January 2005), pp. 32–45.

5. Christopher Steiner, "The Perfect Ski," *Forbes*, February 28, 2011.

6. James H. Gilmore and B. Joseph Pine II, *Markets of One: Creating Customer-Unique Value through Mass Customization* (Boston: Harvard Business School Press, 2000); B. Joseph Pine II, "Beyond Mass Customization," *Harvard Business Review*, May 2, 2011; Don Peppers and Martha Rogers, *The One-to-One Manager: Real-World Lessons in Customer Relationship Management* (New York: Doubleday, 1999).

7. This section is largely based on Alexander Chernev, *Strategic Marketing Management: Theory and Practice* (Chicago, IL: Cerebellum Press, 2019).

8. George S. Day, "Closing the Marketing Capabilities Gap," *Journal of Marketing* 75 (July 2011), pp. 183–95.

9. C.K. Prahalad and Gary Hamel. "The Core Competence of the Corporation." *Harvard Business Review* (May–June, 1990); Gary Hamel and C.K. Prahalad, "Competing for the Future," *Harvard Business Press*, 1996.

10. George S. Day and Paul J. H. Schoemaker, *Peripheral Vision: Detecting the Weak Signals That Will Make or Break Your Company* (Cambridge, MA: Harvard Business School Press, 2006); Paul J. H. Schoemaker and George S. Day, "How to Make Sense of Weak Signals," *MIT Sloan Management Review* (Spring 2009), pp. 81–89.

11. Eva Ascarza, "Retention Futility: Targeting High-Risk Customers Might Be Ineffective," *Journal of Marketing Research* 55, no. 1 (2018), pp. 80–98; Sebastian Tillmanns, Frenkel Ter Hofstede, Manfred Krafft, and Oliver Goetz, "How to Separate the Wheat from the Chaff: Improved Variable Selection for New Customer Acquisition," *Journal of Marketing* 81, no. 2 (2017), pp. 99–113.

12. Todd Wasserman, "Unilever, Whirlpool Get Personal with Personas," *Brandweek*, September 18, 2006, p. 13; Daniel B. Honigman, "Persona-fication," *Marketing News*, April 1, 2008, p. 8; Lisa Sanders, "Major Marketers Get Wise to the Power of Assigning Personas," *Advertising Age*, April 9, 2007.

13. Jack Nicas, "Allegiant Air: The Tardy, Gas-Guzzling, Most Profitable Airline in America," *Wall Street Journal*, June 4, 2013; "Heard of Allegiant Air? Why It's the Nation's Most Profitable Airline," *Fast Company* (September 2009); https://www.allegiantair.com/about-allegiant, accessed 1/26/2021.

14. Barry Silverstein, "Hallmark—Calling Card," www.brandchannel.com, June 15, 2009; Brad van Auken, "Leveraging the Brand: Hallmark Case Study," www.brandstrategyinsider.com, January 11, 2008; https://corporate.hallmark.com/news-article/hallmark-launches-four-new-multicultural-card-lines/ accessed 11/25/2020.

15. https://www.wedinsights.com/report/the-knot-real-weddings, accessed 11/25/2020.

16. Eric Klinenberg, "The Solo Economy," *Fortune*, February 6, 2012.

17. Zhong, Raymond, "Alibaba's Singles Day Sales Top $30 Billion. The Party May Not Last," *New York Times*, November 11, 2018; https://www.cnbc.com/2020/11/12/singles-day-2020-alibaba-and-jd-rack-up-record-115-billion-of-sales.html, accessed 11/25/2020.

18. For some consumer behavior findings on gender, see Kristina M. Durante, Vladas Griskevicius, Sarah E. Hill, Carin Perilloux, and Norman P. Li, "Ovulation, Female Competition, and Product Choice: Hormonal Influences on Consumer Behavior," *Journal of Consumer Research* 37 (April 2011), pp. 921–34; Valentyna Melnyk, Stijn M. J. van Osselaer, and Tammo H. A. Bijmolt, "Are Women More Loyal Customers Than Men? Gender Differences in Loyalty to Firms and Individual Service Providers," *Journal of Marketing* 73 (July 2009), pp. 82–96; Robert J. Fisher and Laurette Dube, "Gender Differences in Responses to Emotional Advertising: A Social Desirability Perspective," *Journal of Consumer Research* 31 (March 2005), pp. 850–58.

19. Molly Soat, "Tide Equips Mr. Mom," *Marketing News Exclusives*, January 17, 2013; Jack Neff, "Ogilvyism for New Era? Consumer Is Not a Moron. He Is Your Husband," *Advertising Age*, October 17, 2011; Heather Chaet, "The Manscape," *Adweek*, September 24, 2012.

20. Ellen Byron, "Does Your Razor Need a Gender?" *Wall Street Journal*, February 1, 2020.

21. "Gillette, Olay Co-Brand Razor," *Chain Drug Review*, February 27, 2012; Jenn Abelson, "Gillette Sharpens Its Focus on Women," *Boston Globe*, January 4, 2009, accessed 11/21/2020.

22. https://www.statista.com/statistics/670921/mcdonalds-most-frequent-diners-by-ethnicity-us/, accessed 11/21/2020.

23. Jim Farley, "Lessons from the Leader: Ford," *Advertising Age's In Plain Sight: The Black Consumer Opportunity*, April 23, 2012, p. 21.

24. Max Chafkin, "Star Power," *Fast Company*, December 2012/January 2013, pp. 91–96, 126; Rolfe Winkler, "Is It Time Local Site Called for Yelp?" *Wall Street Journal*, January 17, 2013; "How Yelp's Business Works," *Business Insider*, March 2012.

25. Scarlett Lindeman, "Jell-O Love: A Guide to Mormon Cuisine," *The Atlantic*, March 24, 2010; Julie Zeveloff, "These Cities Love Ice Cream the Most," *Business Insider*, July 20, 2012; Jim Farber, "New York Is the King of Country," *Daily News*, August 9, 2012.

26. https://claritas360.claritas.com/mybestsegments, accessed 11/21/2020.

27. Jenni Romaniuk, "Are You Blinded by the Heavy (Buyer)…Or Are You Seeing the Light?" *Journal of Advertising Research*, 51 (December 2011), pp. 561–63.

28. Gina Chon, "Car Makers Talk 'Bout G-G-Generations," *Wall Street Journal*, May 9, 2006.

29. www.strategicbusinessinsights.com/vals/presurvey.shtml, accessed 1/25/2021.

30. Daniel Yankelovich and David Meer, "Rediscovering Market Segmentation," *Harvard Business Review* (February 2006), pp. 1–11; Sharon E. Beatty, Pamela M. Homer, and Lynn R. Kahle, "Problems with VALS in International Marketing Research: An Example from an Application of the Empirical Mirror Technique," Michael J. Houston, ed., *Advances in Consumer Research*, volume 15 (Provo, UT: Association for Consumer Research, 1988), pp. 375–80.

31. Justin Nelson and Chance Mitchell, "The LGBT Economy Is America's Future," *Advocate*, January 2, 2018; Jeff Green, "LGBT Purchasing Power Near $1 Trillion Rivals Other Minorities," *Bloomberg*, July 20, 2016, accessed 11/21/2020.

32. Adapted from Thomas V. Bonoma and Benson P. Shapiro, *Segmenting the Industrial Market* (Lexington, MA: Lexington Books, 1983).

33. Piet Levy, "Reeling in the Hungry Fish," *Marketing News*, May 30, 2009, p. 6; Stephen Baker, "Timken Plots a Rust Belt Resurgence," *Bloomberg BusinessWeek*, October 15, 2009; Matt McClellan, "Rolling Along," *Smart Business Akron/Canton* (October 2008); "Strong Energy Market to Propel Timken," *Metal Bulletin Daily*, January 27, 2012, p. 64; https://www.timken.com/about, accessed 1/27/2021.

34. Marketing Insight sources: Chris Anderson, *The Long Tail* (New York: Hyperion, 2006); Erik Brynjolfsson, Yu "Jeffrey" Hu, and Michael D. Smith, "From Niches to Riches: Anatomy of a Long Tail," *MIT Sloan Management Review* (Summer 2006), p. 67; Anita Elberse, "Should You Invest in the Long Tail?" *Harvard Business Review* (July–August 2008), pp. 88–96; "Rethinking the Long Tail Theory: How to Define 'Hits' and 'Niches,'" *Knowledge@Wharton*, September 16, 2009.

35. Marketing Spotlight sources: Andrew Roberts, "L'Oréal Quarterly Sales Rise Most since 2007 on Luxury Perfume," *Bloomberg BusinessWeek*, April 22, 2010; "Primping for the Cameras in the Name of Research," *New York Times*, February 7, 2006; Richard C. Morais, "The Color of Beauty," *Forbes*, November 27, 2000; Jack Neff, "How L'Oréal Zen Master Menesguen Shares Best Practices around the Globe," *Advertising Age*, June 11, 2012; Victoria Gomelsky, "L'Oréal's Technology Incubator: Creating the Future of Beauty," *New York Times*, March 30, 2017; https://www.loreal.com, accessed 11/25/2020.

36. Marketing Spotlight sources: Charles Duhigg, "Amex, Challenged by Chase, Is Losing the Snob War," *New York Times*, April 14, 2017; Sam Grobart, "How Chase Made the Perfect High for Credit Card Junkies," *Bloomberg*, September 22, 2016; Jennifer Surane, "The Mastermind behind Chase's Industry-Changing Sapphire Reserve Card Sets Her Sights on Banking," *Bloomberg*, January 2, 2018; Shelle Santana, Jill Avery, and Christine Snively, *Chase Sapphire: Creating a Millennial Cult Brand* (Harvard Business School Publishing, 2018, case 9-518-024); https://www.chase.com/digital/resources/about-chase, accessed 11/25/2020.

7

1. John Legere, "T-Mobile's CEO on Winning Market Share by Trash-Talking Rivals," *Harvard Business Review* (January–February 2017); Richard Feloni, "The T-Mobile CEO Who Calls His Competition 'Dumb and Dumber' Explains How He Doubled Customers in 4 Years, and How a Group of Employees Made Him Cry," *Business Insider*, October 7, 2016; www.t-mobile.com/our-story/un-carrier-history, accessed 11/25/2020; https://investor.t-mobile.com/financial-performance/quarterly-results/default.aspx, accessed 11/25/2020.

2. The following discussion of the three types of customer value is reprinted from Alexander Chernev, *Strategic Marketing Management: Theory and Practice* (Chicago, IL: Cerebellum Press, 2019).

3. For an interesting approach to assess customer product perceptions and market structure online, see Thomas Y. Lee and Eric T. Bradlow, "Automated Marketing Research Using Online Customer Reviews," *Journal of Marketing Research* 48 (October 2011), pp. 881–94.

4. Al Ries and Jack Trout, *Positioning: The Battle for Your Mind, 20th Anniversary Edition* (New York: McGraw-Hill, 2000).

5. Brian Sheehan, *Loveworks: How the World's Top Marketers Make Emotional Connections to Win in the Marketplace* (Brooklyn, NY: PowerHouse, 2013).

6. Piet Levy, "Express Yourself," *Marketing News*, June 15, 2009, p. 6.

7. Walter Loeb, "Kate Spade Is a Brand Ready to Boom around the World," *Forbes*, March 22, 2013; Jon Caramanica, "At Jack Spade, Carefully Appearing Not to Care," *New York Times*, September 1, 2010; Meredith Galante, "How Kate Spade New York Uses Social Media to Sell Handbags," *Business Insider*, April 17, 2012; https://www.katespade.com/about-us/, accessed 11/25/2020.

8. David A. Aaker, *Brand Portfolio Strategy: Creating Relevance, Differentiation, Energy, Leverage, and Clarity* (New York: Free Press, 2004); Rebecca Wright, "The Next Frontier for Nutrition Bars," *Nutraceuticals World* (January/February 2011).

9. Robert Klara, "The Tough Sell," *Adweek*, July 9, 2012, p. 40.

10. Kevin Lane Keller, Brian Sternthal, and Alice Tybout, "Three Questions You Need to Ask about Your Brand," *Harvard Business Review* (September 2002), pp. 80–89.

11. Patrick Barwise, *Simply Better: Winning and Keeping Customers by Delivering What Matters Most* (Cambridge, MA: Harvard Business School

Press, 2004); Gregory S. Carpenter, Rashi Glazer, and Kent Nakamoto, "Meaningful Brands from Meaningless Differentiation: The Dependence on Irrelevant Attributes," *Journal of Marketing Research* 31 (August 1994), pp. 339–50; Elizabeth M. S. Friedman, Jennifer Savary, and Ravi Dhar, "Apples, Oranges, and Erasers: The Effect of Considering Similar versus Dissimilar Alternatives on Purchase Decisions," *Journal of Consumer Research* 45, no. 4 (2018), pp. 725–42.

12. Hamish Pringle and Peter Field, "Why Emotional Messages Beat Rational Ones," *Advertising Age*, March 2, 2009, p. 13; Hamish Pringle and Peter Field, *Brand Immortality: How Brands Can Live Long and Prosper* (Philadelphia: Kogan Page, 2009).

13. James H. Gilmore and B. Joseph Pine II, *Authenticity: What Consumers Really Want* (Cambridge, MA: Harvard Business School Press, 2007); Felicitas Morhart, Lucia Malär, Amélie Guèvremont, Florent Girardin, and Bianca Grohmann, "Brand Authenticity: An Integrative Framework and Measurement Scale," *Journal of Consumer Psychology* (2014).

14. Jack Neff, "Welch's Local-Sourcing Story Core to Outreach," *Advertising Age*, January 24, 2011.

15. Elaine Wong, "Method Co-Founder Offers Spin on Viral Video," *Adweek*, January 11, 2010; "Champions of Design: Method," *Marketing*, June 15, 2011, p. 18; https://methodhome.com, accessed 1/27/2021.

16. Jennifer Cirillo, "Energy's MVP," *Beverage World* (August 2012), pp. 35–42; www.redbull.com/us-en, accessed 1/27/2021.

17. Thomas A. Brunner and Michaela Wänke, "The Reduced and Enhanced Impact of Shared Features on Individual Brand Evaluations," *Journal of Consumer Psychology* 16 (April 2006), pp. 101–11; Ioannis Evangelidis and Stijn M. J. Van Osselaer, "Points of (Dis)parity: Expectation Disconfirmation from Common Attributes in Consumer Choice," *Journal of Marketing Research* 55, no. 1 (2018), pp. 1–13; Jannine D. Lasaleta and Joseph P. Redden, "When Promoting Similarity Slows Satiation: The Relationship of Variety, Categorization, Similarity, and Satiation," *Journal of Marketing Research* 55, no. 3 (2018), pp. 446–57.

18. E. J. Schultz, "New Miller Time Spots Unveiled: MillerCoors Explains the Return," *Advertising Age*, March 22, 2012.

19. "Credit Cards: Loyalty and Retention—US— November 2007," *Mintel Reports* (November 2007).

20. L. Joshua Sosland, "Dunkin' Donuts' Strategy," *Food Business News*, May 18, 2011; Chris Barth, "Can Dunkin's New Deal Brew Enough Growth to Catch Starbucks?" *Forbes*, January 4, 2012.

21. Amna Kirmani, Rebecca W. Hamilton, Debora V. Thompson, and Shannon Lantzy, "Doing Well versus Doing Good: The Differential Effect of Underdog Positioning on Moral and Competent Service Providers," *Journal of Marketing* 81, no. 1 (2017), pp. 103–17.

22. Jim Henry, "BMW Still the Ultimate Driving Machine, Not That It Ever Wasn't," *Forbes*, May 31, 2012; "No Joy Here from BMW Ad Switch," *Automotive News*, April 12, 2010.

23. For a classic analysis of perceptual maps, see John R. Hauser and Frank S. Koppelman, "Alternative Perceptual Mapping Techniques: Relative Accuracy and Usefulness," *Journal of Marketing Research* 16 (November 1979), pp. 495–506. For some contemporary perspectives on measurement techniques for positioning, see Sanjay K. Rao, "Data-Based Differentiation," *Marketing Insights* (Spring 2013), pp. 26–32.

24. Michael E. Porter, *Competitive Strategy: Techniques for Analyzing Industries and Competitors* (New York: Free Press, 1980).

25. Makiko Kitamura and David Wainer, "Similar but Not the Same," *Bloomberg Businessweek*, March 25, 2013, pp. 19–20.

26. E. J. Schultz, "Muscling Past Mayhem: Geico Rides Giant Ad Budget Past Allstate," *Advertising Age*, July 8, 2013; Tim Nudd, "You Know the 'Fifteen Minutes' Line by Heart, But Did You Also Know...," *Adweek*, July 1, 2013; www.geico.com, accessed, 1/27/2021.

27. The following discussion of the strategies for creating a sustainable competitive advantage is derived from Alexander Chernev, *Strategic Marketing Management: Theory and Practice* (Chicago, IL: Cerebellum Press, 2019).

28. 27 CFR 5.22—"The Standards of Identity," Alcohol and Tobacco Tax and Trade Bureau; U.S. Department of Treasury.

29. Stuart Elliott, "Bank Leaves Child's Play Behind," *New York Times*, September 17, 2010; "Ally Bank Launches New 'Stages' Ad Campaign," *PR Newswire*, September 4, 2012; Andrew R. Johnson, "Ally Ads Take Aim at Enemies," *Wall Street Journal*, September 4, 2012; www.ally.com/about/company-structure, accessed 11/25/2020.

30. David Dubois, Derek D. Rucker, and Adam D. Galinsky, "Dynamics of Communicator and Audience Power: The Persuasiveness of Competence versus Warmth," *Journal of Consumer Research* 43, no. 1 (2016), pp. 68–85; Daniella Kupor and Zakary Tormala, "When Moderation Fosters Persuasion: The Persuasive Power of Deviatory Reviews," *Journal of Consumer Research* 45, no. 3 (2018), pp. 490–510.

31. Melissa Korn, "Wanted: Gurus with Actual Experience," *Wall Street Journal*, July 2, 2013.

32. Randall Ringer and Michael Thibodeau, "A Breakthrough Approach to Brand Creation," *Verse, The Narrative Branding Company*, www.versegroup.com, accessed 3/7/2014.

33. Patrick Hanlon, *Primal Branding: Create Zealots for Your Brand, Your Company, and Your Future* (New York: Free Press, 2006).

34. Ashlee Vance, "It's a Doc in a Box," *Bloomberg Businessweek*, May 7, 2012, pp. 45–47.

35. Daniel Roberts, "The Secrets of See's Candies," *Fortune*, September 3, 2012, pp. 67–72.

36. Jason Ankeny, "Building a Brand on a Budget," *Entrepreneur* (May 2010), pp. 48–51.

37. Rob Walker, "The Cult of Evernote," *Bloomberg Businessweek*, February 28, 2013; https://evernote.com, accessed 1/26/2021.

38. Marketing Insight sources: Andrew Ross Sorkin and Andrew Martin, "Coca-Cola Agrees to Buy Vitaminwater," *New York Times*, May 26, 2007; www.vitaminwater.com, accessed 1/27/2021.

39. Marketing Spotlight sources: Robert Berner, "How Unilever Scored with Young Guys," *Bloomberg Businessweek*, May 23, 2005; Randall Rothenberg, "Dove Effort Gives Packaged-Goods Marketers Lessons for the Future," *Advertising Age*, March 5, 2007; Jack Neff, "In Dove Ads, Normal Is the New Beautiful," *Advertising Age*, September 27, 2004; Kim Bhasin, "How Axe Became the Top-Selling Deodorant by Targeting Nerdy Losers," *Business Insider*, October 10, 2011; Jonathan Salem Baskin, "The Opportunity for Dove to Get Real with Its Branding," *Forbes*, March 7, 2013; Jack Neff, "Campaign Has Won Lots of Awards, Sold Heap of Product. But Has It Changed Perceptions?" *Ad Age*, January 22, 2014; Tim Nudd, "Axe Tackles 'Toxic Masculinity' by Revealing How Deeply Young Men Struggle with It," *AdWeek*, May 17, 2017; *Unilever 2017 Annual Report*; www.dove.com/us/en/stories/campaigns.html, accessed 2/5/2021; www.unilever.com/brands/personal-care/axe.html, accessed 2/5/2021.

40. Marketing Spotlight sources: Adam Ludwig, "How Warby Parker Doubles Down on Disruption and Social Change," *Forbes*, June 23, 2014; Christopher Marquis and Laura Villa, *Warby Parker: Vision of a "Good" Fashion Brand*, HBS No. 9-413-051 (Boston, MA: Harvard Business School Publishing); Max Chafkin, "Warby Parker Sees the Future of Retail," *Fast Company*, February 17, 2015; Graham Winfrey, "The Mistake That Turned Warby Parker into an Overnight Legend," *Inc.* (May 2015); www.warbyparker.com/history, accessed 12/20/2020.

8

1. Jordan Golson, "Tesla Model 3 Announced: Release Set for 2017, Price Starts at $35,000," *The Verge*, March 31, 2016; Charles Duhigg, "Dr. Elon & Mr. Musk: Life inside Tesla's Production Hell," *Wired*, December 13, 2018; Niall McCarthy, "The Tesla Model 3 Was the Best-Selling Luxury Car in America Last Year [Infographic]," *Forbes*, February 8, 2019; Peter Valdes-Dapena, "Against the Odds, Tesla's Model 3 Became the Best-selling Luxury Car in America," *CNN*, February 7, 2019; Tim Higgins and Heather Somerville, "Tesla 'Battery Day' Spotlights Elon Musk Plan for $25,000 Electric Car," *The Wall Street Journal*, September 23, 2020.

2. Some of these bases are discussed in David A. Garvin, "Competing on the Eight Dimensions of Quality," *Harvard Business Review* (November–December 1987), pp. 101–9.

3. Joshua Brustein, "Even Finns Don't Want Nokia Phones Anymore," *Business Week*, May 29, 2013; Juhana Rossi, "Nokia CEO Sticks to Company's Strategy," *Wall Street Journal*, May 7, 2013; Anton Troianovski and Sven Grundberg, "Nokia's

Bad Call on Smartphones," *Wall Street Journal*, July 18, 2012; www.nokia.com/about-us/who-we-are/our-history, accessed 1/28//2021.

4. Marco Bertini, Elie Ofek, and Dan Ariely, "The Impact of Add-On Features on Product Evaluations," *Journal of Consumer Research* 36 (June 2009), pp. 17–28; Tripat Gill, "Convergent Products: What Functionalities Add More Value to the Base?" *Journal of Marketing* 72 (March 2008), pp. 46–62; Robert J. Meyer, Sheghui Zhao, and Jin K. Han, "Biases in Valuation vs. Usage of Innovative Product Features," *Marketing Science* 27 (November–December 2008), pp. 1083–96.

5. Debora Viana Thompson, Rebecca W. Hamilton, and Roland Rust, "Feature Fatigue: When Product Capabilities Become Too Much of a Good Thing," *Journal of Marketing Research* 42 (November 2005), pp. 431–42.

6. David Kesmodel, "No Glass Ceiling for the Best Job in the Universe," *Wall Street Journal*, June 29, 2010.

7. Cheryl Jensen, "Honda Repeats, Ford Surges and Mercedes Tumbles in 2011 Consumer Reports Study," www.wheels.blogs.nytimes.com; Gail Edmondson, "Mercedes Gets Back Up to Speed," *Bloomberg BusinessWeek*, November 13, 2006, pp. 46–47; www.mercedes-benz.com/en/mercedes-benz/classic/history, accessed 1/28/2021.

8. Bernd Schmitt and Alex Simonson, *Marketing Aesthetics: The Strategic Management of Brand, Identity, and Image* (New York: Free Press, 1997).

9. Subramanian Balachander, Esther Gal-Or, Tansev Geylani, and Alex Jiyoung Kim. "Provision of Optional versus Standard Product Features in Competition," *Journal of Marketing* 81, no. 3 (2017), pp. 80–95; Ulrike Kaiser, Martin Schreier, and Chris Janiszewski, "The Self-Expressive Customization of a Product Can Improve Performance," *Journal of Marketing Research* 54, no. 5 (2017), pp. 816–31.

10. Rupal Parekh, "Personalized Products Please but Can They Create Profit?" *Advertising Age*, May 20, 2012; www.us.burberry.com/store/bespoke; Paul Sonne, "Mink or Fox? The Trench Gets Complicated," *Wall Street Journal*, November 3, 2011.

11. Ravindra Chitturi, Rajagopal Raghunathan, and Vijay Mahajan, "Delight by Design: The Role of Hedonic versus Utilitarian Benefits," *Journal of Marketing* 72 (May 2008), pp. 48–63.

12. Virginia Postrel, *The Substance of Style: How the Rise of Aesthetic Value Is Remaking Commerce, Culture, and Consciousness* (New York: HarperCollins, 2003).

13. Ulrich R. Orth and Keven Malkewitz, "Holistic Package Design and Consumer Brand Impressions," *Journal of Marketing* 72 (May 2008), pp. 64–81; Freeman Wu, Adriana Samper, Andrea C. Morales, and Gavan J. Fitzsimons, "It's Too Pretty to Use! When and How Enhanced Product Aesthetics Discourage Usage and Lower Consumption Enjoyment," *Journal of Consumer Research* 44, no. 3 (2017), pp. 651–72.

14. Rachel Lamb, "How Will Bang & Olufsen's Lower-End Product Line Affect the Brand?" *Luxury Daily*, January 12, 2012; Jay Green, "Where Designers Rule," *Bloomberg BusinessWeek*, November 5, 2007, pp. 46–51; www.bang-olufsen.com/en, accessed 1/28/2021.

15. Drake Baer, "How a Top Houseware Brand Reinvents Perfectly Designed Kitchen Gadgets," *Business Insider*, March 4, 2016.

16. Haydn Shaughnessy, "How Samsung Competes with Apple in Design," *Forbes*, April 19, 2013; Melissa J. Perneson, "An Inside Look at Samsung's Approach to Product Design," *Tech Hive*, January 9, 2013; http://design.samsung.com/global/index.html, accessed 1/28/2021.

17. In reality, Tide's product line is actually deeper and more complex. For current product offerings, see https://tide.com.

18. A. Yesim Orhun, "Optimal Product Line Design When Consumers Exhibit Choice-Set-Dependent Preferences," *Marketing Science* 28 (September–October 2009), pp. 868–86; Robert Bordley, "Determining the Appropriate Depth and Breadth of a Firm's Product Portfolio," *Journal of Marketing Research* 40 (February 2003), pp. 39–53; Peter Boatwright and Joseph C. Nunes, "Reducing Assortment: An Attribute-Based Approach," *Journal of Marketing* 65 (July 2001), pp. 50–63. For branding advantages of a product system, see Ryan Rahinel and Joseph P. Redden, "Brands as Product Coordinators: Matching Brands Make Joint Consumption Experiences More Enjoyable,"

Journal of Consumer Research 39 (April 2013), pp. 1290–99.

19. Ryan Hamilton and Alexander Chernev, "The Impact of Product Line Extensions and Consumer Goals on the Formation of Price Image," *Journal of Marketing Research* 47 (February 2010), pp. 51–62.

20. This illustration is found in Benson P. Shapiro, *Industrial Product Policy: Managing the Existing Product Line* (Cambridge, MA: Marketing Science Institute, 1977), pp. 3–5, 98–101.

21. Joann Muller, "How Volkswagen Will Rule the World," *Forbes*, April 17, 2013; Travis Okulski, "Is Skoda Secretly Volkswagen's Best Brand?" *Jalopnik*, January 15, 2014.

22. www.haagendazs.us/about, accessed 10/12/2020.

23. Brett R. Gordon, "A Dynamic Model of Consumer Replacement Cycles in the PC Processor Industry," *Marketing Science* 28 (September–October 2009), pp. 846–67; Raghunath Singh Rao, Om Narasimhan, and George John, "Understanding the Role of Trade-Ins in Durable Goods Markets: Theory and Evidence," *Marketing Science* 28 (September–October 2009), pp. 950–67.

24. Tim Higgins, "Mercedes Adds Coupe to U.S. C-Class Line in Bid to Top BMW: Cars," *Bloomberg Businessweek*, September 26, 2011; Aner Sela and Robyn A. LeBoeuf, "Comparison Neglect in Upgrade Decisions," *Journal of Marketing Research* 54, no. 4 (2017), pp. 556–71.

25. John Gourville and Dilip Soman, "Overchoice and Assortment Type: When and Why Variety Backfires," *Marketing Science* 24 (Summer 2005), pp. 382–95; Alexander Chernev, "When More Is Less and Less Is More: The Psychology of Managing Product Assortments," *GfK Marketing Intelligence Review* 3, no. 1 (2011); Sungtak Hong, Kanishka Misra, and Naufel J. Vilcassim. "The Perils of Category Management: The Effect of Product Assortment on Multicategory Purchase Incidence," *Journal of Marketing* 80, no. 5 (2016), pp. 34–52.

26. Nirmalya Kumar, "Kill a Brand, Keep a Customer," *Harvard Business Review* (December 2003), pp. 86–95.

27. David Englander, "Crocs Strides toward a Comeback," *Barron's*, January 19, 2013; Jennifer Overstreet, "How Crocs Is Building a Brand Bigger than the Clog," *National Retail Federation*, August 29, 2012; Edward Teach, "How Crocs Regained Its Footing," *CFO Magazine*, May 15, 2012; https://careers.crocs.com/about-us/default.aspx, accessed 1/28/2020.

28. Ellen Byron, "Tide Turns 'Basic' for P&G in Slump," *Wall Street Journal*, August 6, 2009; Dan Sewell, "P&G Ends 'Tide Basic' Test, No Word on Plans," *Bloomberg Businessweek*, June 23, 2010.

29. Timothy B. Heath, Devon DelVecchio, and Michael S. McCarthy, "The Asymmetric Effects of Extending Brands to Lower and Higher Quality," *Journal of Marketing* 75 (July 2011), pp. 3–20.

30. Julio Sevilla, Jiao Zhang, and Barbara E. Kahn, "Anticipation of Future Variety Reduces Satiation from Current Experiences," *Journal of Marketing Research* 53, no. 6 (2016), pp. 954–98; Jordan Etkin and Aner Sela, "How Experience Variety Shapes Postpurchase Product Evaluation," *Journal of Marketing Research* 53, no. 1 (2016), pp. 77–90.

31. www.bmw.com, accessed 10/28/2020.

32. Katherine White, Lily Lin, Darren W. Dahl, and Robin J. B. Ritchie, "When Do Consumers Avoid Imperfections? Superficial Packaging Damage as a Contamination Cue," *Journal of Marketing Research* 53, no. 1 (2016), pp. 110–23; Veronika Ilyuk and Lauren Block, "The Effects of Single-Serve Packaging on Consumption Closure and Judgments of Product Efficacy," *Journal of Consumer Research* 42, no. 6 (2016), pp. 858–78.

33. Eva C. Buechel and Claudia Townsend, "Buying Beauty for the Long Run: (Mis)predicting Liking of Product Aesthetics," *Journal of Consumer Research* 45, no. 2, (2018), pp. 275–97.

34. Howard Fox, "The Secret Language of Colour," *Brands & Branding*, October 2010, pp. 48–50. See also Lauren Labrecque and George Milne, "Exciting Red and Competent Blue: The Importance of Color in Marketing," *Journal of the Academy of Marketing Science* 40 (September 2012), pp. 711–27; and Niki Hynes, "Colour and Meaning in Corporate Logos: An Empirical Study," *Journal of Brand Management* 16 (July–August 2009), pp. 545–55.

35. Melissa Stanger, "How Brands Use the Psychology of Color to Manipulate You," *Business Insider*, December 29, 2012; Lauren Labrecque and George R. Milne, "Exciting Red and Competent Blue: The Importance of Color in Marketing," *Journal of Academy of Marketing Science* 40 (September 2012), pp. 711–27.

36. Stuart Elliott, "Tropicana Discovers Some Buyers Are Passionate about Packaging," *New York Times*, February 23, 2009; Linda Tischler, "Never Mind! Pepsi Pulls Much-Loathed Tropicana Packaging," *Fast Company*, February 23, 2009; Natalie Zmuda, "Tropicana Line's Sales Plunge 20% Post-Rebranding," *Advertising Age*, April 2, 2009.

37. Daniel Milroy-Maher, "Japan Has a Dangerous Fetish for Packaging," *Vice*, September 25, 2014.

38. John Pflueger, "How Dell Turned Bamboo and Mushrooms into Environmental-Friendly Packaging," *MIT Sloan Management Review*, July 17, 2012; Caroline Lennon, "5 Companies Producing Products with Eco-Friendly Packaging," *One Green Planet*, April 2, 2013.

39. Sarah Skidmore, "SunChips Biodegradable Bag Made Quieter for Critics," *Huffington Post*, February 24, 2011; Suzanne Vranica, "Snack Attack: Chip Eaters Make Noise about a Crunchy Bag," *Wall Street Journal*, August 18, 2010.

40. Sean Poulter, "How Food Labels Can Mislead Shoppers about Fat Content," *Daily Mail*, September 1, 2010.

41. Alexander Chernev, *Strategic Marketing Management: Theory and Practice* (Chicago, IL: Cerebellum Press, 2019).

42. Ibid.

43. Tao Chen, Ajay Kalra, and Baohung Sun, "Why Do Consumers Buy Extended Service Contracts?" *Journal of Consumer Research* 36 (December 2009), pp. 611–23.

44. For an empirical study, see Junhong Chu and Pradeep K. Chintagunta, "Quantifying the Economic Value of Warranties in the U.S. Server Market," *Marketing Science* 28 (January–February 2009), pp. 99–121.

45. Alexander Chernev, *Strategic Marketing Management: Theory and Practice* (Chicago, IL: Cerebellum Press, 2019).

46. Marketing Insight sources: Alexander Chernev, "When More Is Less and Less Is More: The Role of Ideal Point Availability and Assortment in Consumer Choice," *Journal of Consumer Research* 30 (September 2003), pp. 170–83; Alexander Chernev, Alexander, "Decision Focus and Consumer Choice among Assortments," *Journal of Consumer Research*, 33 (June 2006), pp. 50–59; Alexander Chernev, Ulf Böckenholt, and Joseph Goodman, "Choice Overload: A Conceptual Review and Meta-Analysis," *Journal of Consumer Psychology* 25, no. 2 (2015), pp. 333–58; Alexander Chernev and Ryan Hamilton, "Assortment Size and Option Attractiveness in Consumer Choice among Retailers," *Journal of Marketing Research* 46 (June 2009), pp. 410–20; Kristin Diehl and Cait Poynor, "Great Expectations?! Assortment Size, Expectations, and Satisfaction," *Journal of Marketing Research* 46 (April 2009), pp. 312–22; Sheena Iyengar and Mark Lepper, "When Choice Is Demotivating: Can One Desire Too Much of a Good Thing?" *Journal of Personality and Social Psychology* 79, no. 6 (2000), pp. 995–1006; Joseph P. Redden and Stephen J. Hoch, "The Presence of Variety Reduces Perceived Quantity," *Journal of Consumer Research* 36 (October 2009), pp. 406–17.

47. Marketing Spotlight sources: Peter Burrows, "Rock On, iPod," *Bloomberg BusinessWeek*, June 7, 2004, pp. 130–31; Ellen Terrell, "Apple Computer, Inc.," *Business Reference Services* (April 2008); Catherine Clifford, "Former Apple CEO John Sculley: What I Learned from Steve Jobs," *CNBC*, May 29, 2018; Mikey Campbell, "Apple R&D Spending Continues to Grow in Lockstep with iPhone, AR Projects," *Appleinsider*, May 2, 2018; *Apple Annual Report* 2018; www.apple.com; accessed 11/26/2020.

48. Marketing Spotlight sources: Tanya Dua, "How $300 Million Mattress Startup Casper Is Shaking Up Advertising," *Business Insider*, July 11, 2017; Robert J. Dolan, "Casper Sleep Inc.: Marketing the 'One Perfect Mattress for Everyone,'" *HBS* No. 9-517-042 (Boston: Harvard Business School Publishing, 2017); Khadeeja Safdar, "Casper, a Web Pioneer, to Open 200 Stores," *Wall Street Journal*, August 8, 2018; Nathaniel Meyersohn, "How Casper Drove Mattress Firm into Bankruptcy," *CNN*, October 6, 2018; Sandra Upson, "How Casper Wants to Sell You Sleep," *Wired*, June 21, 2016; https://casper.com/about, accessed 11/26/2020.

49. Marketing Spotlight sources: Charles Fishman, "No Satisfaction at Toyota," *Fast Company*, December 2006–January 2007, pp. 82–90; Brian Bemner and Chester Dawson, "Can Anything Stop Toyota?" *Bloomberg BusinessWeek*, November 17, 2003, pp. 114–22; Mike Ramsey, "Toyota Calls Hybrids 'Sturdy Bridge' to Automotive Future," *Wall Street Journal*, September 30, 2013; www.toyota-global.com/company/history_of_toyota, accessed 11/26/2020.

9

1. Leonard L. Berry, *On Great Service: A Framework for Action* (New York: Free Press, 2006), as well as others of his texts.

2. Juliana Rose Pignataro, "The Top 10 Consumer Service Companies: Cracker Barrel, Avon, Disney Cruise Lines and Other American Favorites," *Newsweek*, November 20, 2018; "Publix to Debut Small-Format Store: Report," *Progressive Grocer*, January 30, 2018; Marcia Layton Turner, "Publix and Wegmans Named America's Favorite Grocery Stores," *Forbes*, January 18, 2018; http://corporate.publix.com/about-publix, accessed 2/9/2021.

3. Annie Gasparro, "A New Test for Panera's Pay-What-You-Can," *Wall Street Journal*, June 4, 2013; Stuart Elliott, "Selling Products by Selling Shared Values," *New York Times*, February 13, 2013; Beth Kowitt, "A Founder's Bold Gamble on Panera," *Fortune*, August 13, 2012; David Gelles, "Panera's Mission to Be Anything but Artificial," *New York Times*, July, 2 2015; Stephanie Strom, "Panera Bread Plans to Drop a Long List of Ingredients," *New York Times*, May 4, 2015; www.panerabread.com/en-us/company/about-panera.html, accessed 1/28/2021.

4. Phillip Nelson, "Information and Consumer Behavior," *Journal of Political Economy* 78 (March–April, 1970), pp. 311–329.

5. Allan Adamson and Chekitan Dev, "Can Carnival Recover from the Damage to Its Brand?" *Marketing Daily*, April 12, 2013; Lateef Mungin and Steve Almasy, "Crippled Cruise Ship Returns; Passengers Happy to Be Back," *CNN*, February 15, 2013; www.carnival.com/about-carnival/about-us.aspx, accessed 1/28/2021; Hannah Sampson, "A Carnival Corp. ship had the biggest coronavirus outbreak in the industry. Now Congress is probing the company." *Washington Post*, May 1, 2020.

6. For discussion of how the blurring of the line distinguishing products and services changes the meaning of this taxonomy, see Christopher Lovelock and Evert Gummesson, "Whither Services Marketing? In Search of a New Paradigm and Fresh Perspectives," *Journal of Service Research* 7 (August 2004), pp. 20–41; and Stephen L. Vargo and Robert F. Lusch, "Evolving to a New Dominant Logic for Marketing," *Journal of Marketing* 68 (January 2004), pp. 1–17.

7. Theodore Levitt, "Marketing Intangible Products and Product Intangibles," *Harvard Business Review* (May–June 1981), pp. 94–102; Leonard L. Berry, "Services Marketing Is Different," *Business* (May–June 1980), pp. 24–29.

8. Bernd H. Schmitt, *Customer Experience Management* (New York: John Wiley & Sons, 2003); Bernd H. Schmitt, David L. Rogers, and Karen Vrotsos (2003), *There's No Business That's Not Show Business: Marketing in an Experience Culture* (Upper Saddle River, NJ: Prentice Hall Financial Times, 2004).

9. www.sportsbusinessdaily.com/Journal/Issues/2018/04/30/Marketing-and-Sponsorship/Naming-rights-deals.aspx; accessed 12/28/2020.

10. For some emerging research results on the effects of creating time and place service separation, see Hean Tat Keh and Jun Pang, "Customer Reaction to Service Separation," *Journal of Marketing* 74 (March 2010), pp. 55–70.

11. "The Client: Larry Traxler and Dave Horton, Hilton," *Hospitality Style*, November 15, 2012; "Hilton Brand Unveils New Lobby Look," *National Real Estate Investor*, April 19, 2011.

12. Rebecca J. Slotegraaf and J. Jeffrey Inman, "Longitudinal Shifts in the Drivers of Satisfaction with Product Quality: The Role of Attribute Resolvability," *Journal of Marketing Research* 41 (August 2004), pp. 269–80; Rebecca W. Hamilton, Roland T. Rust, Michel Wedel, and Chekitan S. Dev, "Return on Service Amenities," *Journal of Marketing Research* 54, no. 1 (2017), pp. 96–110.

13. The material in this paragraph is based in part on Valarie Zeithaml, Mary Jo Bitner, and Dwayne D. Gremler, "Service Innovation and Design," *Services Marketing: Integrating Customer Focus across the Firm*, 7th ed. (New York: McGraw-Hill, 2017), chapter 8.

14. John DeVine, Shyam Lal, and Michael Zea, "The

Human Factor in Service Design," *McKinsey Quarterly*, January 2012; G. Lynn Shostack, "Service Positioning through Structural Change," *Journal of Marketing* 51 (January 1987), pp. 34–43.

15. Vikas Mittal, Wagner A. Kamakura, and Rahul Govind, "Geographical Patterns in Customer Service and Satisfaction: An Empirical Investigation," *Journal of Marketing* 68 (July 2004), pp. 48–62.

16. Jeffrey F. Rayport, Bernard J. Jaworski, and Ellie J. Kyung, "Best Face Forward: Improving Companies' Service Interface with Customers," *Journal of Interactive Marketing* 19 (Autumn 2005), pp. 67–80; Asim Ansari and Carl F. Mela, "E-Customization," *Journal of Marketing Research* 40 (May 2003), pp. 131–45.

17. W. Earl Sasser, "Match Supply and Demand in Service Industries," *Harvard Business Review*, November–December 1976, pp. 133–40.

18. Steven M. Shugan and Jinhong Xie, "Advance Selling for Services," *California Management Review* 46 (Spring 2004), pp. 37–54; Eyal Biyalogorsky and Eitan Gerstner, "Contingent Pricing to Reduce Price Risks," *Marketing Science* 23 (Winter 2004), pp. 146–55.

19. Nicas, Jack, "Now Prices Can Change from Minute to Minute," *Wall Street Journal*, December 14, 2015.

20. Karl Taro Greenfeld, "Fast and Furious," *Bloomberg Businessweek*, May 9, 2011.

21. Roland T. Rust and Ming-Hui Huang, "Optimizing Service Productivity," *Journal of Marketing* 76 (March 2012), pp. 47–66.

22. "Two Top Stock Picks for 2019: Innovative Industrial Properties and Twilio," *Forbes*, January 24, 2019; www.twilio.com/company, accessed 2/4/2021.

23. Matthew Dixon, Karen Freeman, and Nicholas Toman, "Stop Trying to Delight Your Customers," *Harvard Business Review* (July–August 2010), pp. 116–22.

24. Chi Kin (Bennett) Yim, Kimmy Wa Chan, and Simon S. K. Lam, "Do Customers and Employees Enjoy Service Participation? Synergistic Effects of Self- and Other-Efficacy," *Journal of Marketing* 76 (November 2012), pp. 121–40; Zhenfeng Ma and Laurette Dubé, "Process and Outcome Interdependency in Frontline Service Encounters," *Journal of Marketing* 75 (May 2011), pp. 83–98; Detelina Marinova, Sunil K. Singh, and Jagdip Singh, "Frontline Problem-Solving Effectiveness: A Dynamic Analysis of Verbal and Nonverbal Cues," *Journal of Marketing Research* 55, no. 2 (2018), pp. 178–92.

25. Kimmy Wa Chan, Chi Kin (Bennett) Yim, and Simon S. K. Lam, "Is Customer Participation in Value Creation a Double-Edged Sword? Evidence from Professional Financial Services across Cultures," *Journal of Marketing* 74 (May 2010), pp. 48–64.

26. Valarie Zeithaml, Mary Jo Bitner, and Dwayne D. Gremler, *Services Marketing: Integrating Customer Focus across the Firm*, 7th ed. (New York: McGraw-Hill, 2017).

27. Rachel R. Chen, Eitan Gerstner, and Yinghui (Catherine) Yang, "Customer Bill of Rights under No-Fault Service Failure: Confinement and Compensation," *Marketing Science* 31 (January/February 2012), pp. 157–71; Michael Sanserino and Cari Tuna, "Companies Strive Harder to Please Customers," *Wall Street Journal*, July 27, 2009, p. B4.

28. James L. Heskett, W, Earl Sasser Jr., and Joe Wheeler, *Ownership Quotient: Putting the Service Profit Chain to Work for Unbeatable Competitive Advantage* (Boston, MA: Harvard Business School Press, 2008).

29. D. Todd Donovan, Tom J. Brown, and John C. Mowen, "Internal Benefits of Service Worker Customer Orientation: Job Satisfaction, Commitment, and Organizational Citizenship Behaviors," *Journal of Marketing* 68 (January 2004), pp. 128–46.

30. Jeffrey Hollender, "Lessons We Can All Learn from Zappos CEO Tony Hsieh," *The Guardian*, March 14, 2013; Tricia Morris, "Using Metrics to Create a Zappos-Like Customer Service Culture," *Parature*, November 13, 2012; Mig Pascual, "Zappos: 5 Out-of-the-Box Ideas for Keeping Employees Engaged," *U.S. News*, October 30, 2012; Helen Coster, "A Step Ahead," *Forbes*, June 2, 2008, pp. 78–80; Paula Andruss, "Delivering Wow through Service," *Marketing News*, October 15, 2008, p. 10; Jeffrey M. O'Brien, "Zappos Knows How to Kick It," *Fortune*, February 2, 2009, pp. 55–60; Brian Morrissey, "Amazon to Buy Zappos," *Adweek*,

July 22, 2009; Christopher Palmeri, "Now for Sale, the Zappos Culture," *Bloomberg BusinessWeek*, January 11, 2010, p. 57.

31. Frances X. Frei, "The Four Things a Service Business Must Get Right," *Harvard Business Review* (April 2008), pp. 70–80.

32. Christian Gronroos, "A Service-Quality Model and Its Marketing Implications," *European Journal of Marketing* 18 (1984), pp. 36–44.

33. Detelina Marinova, Jun Ye, and Jagdip Singh, "Do Frontline Mechanisms Matter? Impact of Quality and Productivity Orientations on Unit Revenue, Efficiency, and Customer Satisfaction," *Journal of Marketing* 72 (March 2008), pp. 28–45.

34. Ad de Jong, Ko de Ruyter, and Jos Lemmink, "Antecedents and Consequences of the Service Climate in Boundary-Spanning Self-Managing Service Teams," *Journal of Marketing* 68 (April 2004), pp. 18–35; Michael D. Hartline and O. C. Ferrell, "The Management of Customer-Contact Service Employees: An Empirical Investigation," *Journal of Marketing* 60 (October 1996), pp. 52–70; Christian Homburg, Jan Wieseke, and Torsten Bornemann, "Implementing the Marketing Concept at the Employee-Customer Interface: The Role of Customer Need Knowledge," *Journal of Marketing* 73 (July 2009), pp. 64–81; Chi Kin (Bennett) Yim, David K. Tse, and Kimmy Wa Chan, "Strengthening Customer Loyalty through Intimacy and Passion: Roles of Customer–Firm Affection and Customer–Staff Relationships," *Journal of Marketing Research* 45 (December 2008), pp. 741–56.

35. Gregory Jones, "Jim Weddle Is Positioning Edward Jones to Be the Top of Mind Choice," *Smart Business*, May 31, 2013; https://www.edwardjones.com/financial-advisor-value/index.html, accessed 1/28/2021.

36. Loizos Heracleous and Jochen Wirtz, "Singapore Airlines' Balancing Act," *Harvard Business Review* (July–August, 2010); James Wallace, "Singapore Airlines Raises the Bar for Luxury Flying," *Seattle Post Intelligencer*, January 18, 2007; Elaine Glusac, "Can 18 Hours in the Air Be Bearable? Airlines Bet on Ultra-Long-Haul Flights," *New York Times*, October 15, 2018.

37. Paul Hagen, "The Rise of the Chief Customer Officer," *Forbes*, February 16, 2011.

38. "Butterball, LLC," *Hoover's Company Record*s, October 15, 2012; Stephanie Warren, "Turkey 911! Butterball's Hotline Saves Your Thanksgiving," *Popular Mechanics*, November 23, 2011; www.butterball.com/about-us/turkey-talk-line; accessed 12/7/2020.

39. Jena McGregor, "When Service Means Survival," *Bloomberg BusinessWeek*, March 2, 2009, pp. 26–30.

40. Matt Apuzzo, "High Rollers Enjoy the High Life at Casinos," *Pittsburgh Post-Gazette*, October 16, 2006; Kate Taylor, "Inside the Dark, Fantasy World of Millionaire 'Whales' at Casinos, Who Receive Ridiculous Perks and Are Under Harsh Scrutiny Since the Las Vegas Shooting," *Business Insider*, October 19, 2017.

41. Mark Bowden, "The Man Who Broke Atlantic City," *The Atlantic* (April 2012).

42. Dave Dougherty and Ajay Murthy, "What Service Customers Really Want," *Harvard Business Review*, September 2009, p. 22; for a contrarian point of view, see Edward Kasabov, "The Compliant Customer," *MIT Sloan Management Review* (Spring 2010), pp. 18–19.

43. Jeffrey G. Blodgett and Ronald D. Anderson, "A Bayesian Network Model of the Customer Complaint Process," *Journal of Service Research* 2 (May 2000), pp. 321–38.

44. Jeroen Schepers, Tomas Falk, Ko de Ruyter, Ad de Jong, and Maik Hammerschmidt, "Principles and Principals: Do Customer Stewardship and Agency Control Compete or Complement When Shaping Frontline Employee Behavior?" *Journal of Marketing* 76 (November 2012), pp. 1–20; James G. Maxham III and Richard G. Netemeyer, "Firms Reap What They Sow: The Effects of Shared Values and Perceived Organizational Justice on Customers' Evaluations of Complaint Handling," *Journal of Marketing* 67 (January 2003), pp. 46–62; Nita Umashankar, Morgan K. Ward, and Darren W. Dahl. "The Benefit of Becoming Friends: Complaining after Service Failures Leads Customers with Strong Ties to Increase Loyalty," *Journal of Marketing* 81, no. 6 (2017), pp. 79–98.

45. Stephen S. Tax, Stephen W. Brown, and Murali Chandrashekaran, "Customer Evaluations of Service Complaint Experiences: Implications for Relationship Marketing," *Journal of Marketing* 62 (April 1998), pp. 60–76.

46. www.aligntech.com; accessed 12/29/20;

Alexander Chernev, *The Marketing Plan Handbook*, 6th edition (Chicago, IL: Cerebellum Press, 2020).

47. Mohanbir Sawhney, Robert C. Wolcott, and Inigo Arroniz, "The 12 Different Ways for Companies to Innovate," *MIT Sloan Management Review*, April 1, 2006.

48. Paul McDougall, "Movado Builds Customer Ties with Repair Process," *Informationweek*, September 17, 2012.

49. Karen Talley, "The Holiday-Gift Return Free-for-All," *Wall Street Journal*, December 23, 2012.

50. J. Andrew Petersen and V. Kumar, "Can Product Returns Make You Money?" *MIT Sloan Management Review* 51 (Spring 2010), pp. 85–89.

51. This section is based on a comprehensive treatment of product returns: James Stock, Thomas Speh, and Herbert Shear, "Managing Product Returns for Competitive Advantage," *MIT Sloan Management Review* (Fall 2006), pp. 57–62. See also J. Andrew Petersen and V. Kumar, "Can Product Returns Make You Money?" *MIT Sloan Management Review* (Spring 2010), pp. 85–89.

52. Dave Blanchard, "Moving Forward in Reverse," *Logistics Today*, July 12, 2005; Kelly Shermach, "Taming CRM in the Retail Sector," *CRM Buyer*, October 12, 2006.

53. Thomas Dotzel, Venkatesh Shankar, and Leonard L. Berry, "Service Innovativeness and Firm Value," *Journal of Marketing Research* 50 (April 2013), pp. 259–76.

54. Geoff Colvin, "Kayak Takes on the Big Dogs," *Fortune*, September 27, 2012; https://www.bookingholdings.com/brands/kayak, accessed 11/26/2020.

55. "MinuteClinic Opens Its First Walk-in Medical Clinics inside CVS/Pharmacy Stores in Cincinnati and Dayton," *PRNewswire*, October 4, 2012; Ellen McGirt, "Fast Food Medicine," *Fast Company* (September 2007), pp. 37–38.

56. Joe Sharkey, "Clearing Skies for Private Jets," *New York Times*, August 20, 2012.

57. Eric Savitz, "Can Ticketmaster CEO Nathan Hubbard Fix the Ticket Market?" *Forbes*, February 18, 2011.

58. Leonard Berry, Venkatesh Shankar, Janet Turner Parish, Susan Cadwallader, and Thomas Dotzel, "Creating New Markets through Service Innovation," *Sloan Management Review* 47 (Winter 2006), pp. 56–63.

59. Dinah Eng, "The Rise of Cirque du Soleil," *Fortune*, November 7, 2011, pp. 39–42; Matt Krantz, "Tinseltown Gets Glitzy New Star," *USA Today*, August 24, 2009; Linda Tischler, "Join the Circus," *Fast Company* (July 2005), pp. 53–58; "Cirque du Soleil," *America's Greatest Brands* 3 (2004); Geoff Keighley, "The Factory," *Business 2.0* (February 2004), p. 102; Robin D. Rusch, "Cirque du Soleil Phantasmagoria Contorts," Brandchannel.com, December 1, 2003; www.cirquedusoleil.com/about-us/history, accessed 1/28/2021.

60. Roland T. Rust and Richard L. Oliver, "Should We Delight the Customer?" *Journal of the Academy of Marketing Science* 28 (December 2000), pp. 86–94.

61. Blake Ellis, "America's Favorite Credit Card," *Fortune*, August 22, 2013; Geoff Colvin, "How Can American Express Help You?" *Fortune*, April 30, 2012; https://about.americanexpress.com, accessed 1/29/2021.

62. A. Parasuraman, Valarie A. Zeithaml, and Leonard L. Berry, "A Conceptual Model of Service Quality and Its Implications for Future Research," *Journal of Marketing* 49 (Fall 1985), pp. 41–50. See also Michael K. Brady and J. Joseph Cronin Jr., "Some New Thoughts on Conceptualizing Perceived Service Quality," *Journal of Marketing* 65 (July 2001), pp. 34–49.

63. Roland T. Rust and Tuck Siong Chung, "Marketing Models of Service and Relationships," *Marketing Science* 25 (November–December 2006), pp. 560–80; Katherine N. Lemon, Tiffany Barnett White, and Russell S. Winer, "Dynamic Customer Relationship Management: Incorporating Future Considerations into the Service Retention Decision," *Journal of Marketing* 66 (January 2002), pp. 1–14.

64. Kent Grayson and Tim Ambler, "The Dark Side of Long-Term Relationships in Marketing Services," *Journal of Marketing Research* 36 (February 1999), pp. 132–41.

65. Leonard L. Berry and A. Parasuraman, *Marketing Services: Competing through Quality* (New York: Free Press, 1991), p. 16.

66. A. Parasuraman, Valarie A. Zeithaml, and Leonard L. Berry, "A Conceptual Model of Service Quality

and Its Implications for Future Research," *Journal of Marketing* (Fall 1985), pp. 41–50.

67. William Boulding, Ajay Kalra, Richard Staelin, and Valarie A. Zeithaml, "A Dynamic Model of Service Quality: From Expectations to Behavioral Intentions," *Journal of Marketing Research* 30 (February 1993), pp. 7–27.

68. Leonard L. Berry, Kathleen Seiders, and Dhruv Grewal, "Understanding Service Convenience," *Journal of Marketing* 66 (July 2002), pp. 1–17.

69. J. J. Colao, "Last Man Sitting," *Forbes*, November 18, 2013; Richard McGill Murphy, "Your Table Is Waiting at OpenTable," *Fortune*, October 3, 2012; Stephanie Strom, "OpenTable Began a Revolution. Now It's a Power under Siege," *New York Times*, August 29, 2017.

70. "Comcast Gets By without Providing Customer Service," *SBWire*, August 12, 2013; Dominic Basulto, "Can Silicon Valley Re-Invent Customer Service?" *Washington Post*, April 19, 2013.

71. Jeffrey F. Rayport and Bernard J. Jaworski, *Best Face Forward* (Boston: Harvard Business School Press, 2005); Jeffrey F. Rayport, Bernard J. Jaworski, and Ellie J. Kyung, "Best Face Forward," *Journal of Interactive Marketing* 19 (Autumn 2005), pp. 67–80; Jeffrey F. Rayport and Bernard J. Jaworski, "Best Face Forward," *Harvard Business Review* (December 2004), pp. 47–58.

72. Matthew L. Meuter, Mary Jo Bitner, Amy L. Ostrom, and Stephen W. Brown, "Choosing among Alternative Service Delivery Modes: An Investigation of Customer Trial of Self-Service Technologies," *Journal of Marketing* 69 (April 2005), pp. 61–83.

73. Venkatesh Shankar, Leonard L. Berry and Thomas Dotzel, "A Practical Guide to Combining Products and Services," *Harvard Business Review* (November 2009), pp. 94–99; Jens Hogreve, Anja Iseke, Klaus Derfuss, and Tönnjes Eller, "The Service–Profit Chain: A Meta-Analytic Test of a Comprehensive Theoretical Framework," *Journal of Marketing* 81, no. 3 (2017), pp. 41–61.

74. Eric Fang, Robert W. Palmatier, and Jan-Benedict E. M. Steenkamp, "Effect of Service Transition Strategies on Firm Value," *Journal of Marketing* 72 (September 2008), pp. 1–14; Rafael Becerril-Arreola, Chen Zhou, Raji Srinivasan, and Daniel Seldin. "Service Satisfaction–Market Share Relationships in Partnered Hybrid Offerings," *Journal of Marketing* 81, no. 5 (2017), pp. 86–103.

75. Goutam Challagalla, R. Venkatesh, and Ajay K. Kohli, "Proactive Postsales Service: When and Why Does It Pay Off?" *Journal of Marketing* 73 (March 2009), pp. 70–87.

76. https://www.bbc.com/worklife/article/20160317-inside-the-secret-world-of-accent-training, accessed 11/25/2020.

77. Marketing Insight sources: Claudia Jasmand, Vera Blazevic, and Ko de Ruyter, "Generating Sales While Providing Service: A Study of Customer Service Representatives' Ambidextrous Behavior," *Journal of Marketing* 76 (January 2012), pp. 20–37; Joseph Walker, "Meet the New Boss: Big Data," *Wall Street Journal*, September 20, 2012; Vikas Bajaj, "A New Capital of Call Centers," *New York Times*, November 25, 2011; Michael Shroeck, "Why the Customer Call Center Isn't Dead," *Forbes*, March 15, 2011.

78. Marketing Spotlight sources: Solomon Micah, "Your Customer Service Is Your Branding: The Ritz-Carlton Case Study," *Forbes*, September 25, 2015; Jennifer Robison, "How The Ritz-Carlton Manages the Mystique," *Gallup*, December 11, 2008; http://ritzcarltonleadershipcenter.com/tag/guest-story and www.ritzcarlton.com/en/about/history, accessed 11/26/2020.

79. Marketing Spotlight sources: Chantal Todé, "Nordstrom Loyalty Program Experience," *DMNews*, May 4, 2007; Robert Spector and Patrick D. McCarthy, *The Nordstrom Way: The Inside Story of America's #1 Customer Service Company* (New York: John Wiley, 1995); Nordstrom Annual Report 2017; Rina Raphael, "Nordstrom Local Expands Its Innovative, Inventory-Free Retail Hubs," *Fast Company*, July 9, 2018; Michael Corkery, "Nordstrom Opening a New York Store as Other Retailers Close Theirs," April 8, 2018; https://shop.nordstrom.com/content/about-us, accessed 11/26/2020.

10

1. Jennifer Haderspeck, "Sports and Protein Drinks Share the Glory," *Beverage Industry*, May 2013; Jason Feifer, "How Gatorade Redefined Its Audience and a Flagging Brand," *Fast Company*,

June 2012); Duane Stanford, "Gatorade Goes Back to the Lab," *Bloomberg Businessweek*, November 28, 2010; www.gatorade.com/gx, accessed 1/30/2021.

2. Kevin Lane Keller, *Strategic Brand Management*, 4th ed. (Upper Saddle River, NJ: Pearson, 2013). For other foundational work on branding, see Jean-Noel Kapferer, *The New Strategic Brand Management*, 5th ed. (London, UK: Kogan Page, 2012); Leslie de Chernatony, *From Brand Vision to Brand Evaluation: The Strategic Process of Growing and Strengthening Brands*, 3rd ed. (Oxford, UK: Butterworth-Heinemann, 2010); and David A. Aaker and Erich Joachimsthaler, *Brand Leadership* (New York: Free Press, 2000).

3. Steven Shepherd, Tanya L. Chartrand, and Gavan J. Fitzsimons, "When Brands Reflect Our Ideal World: The Values and Brand Preferences of Consumers Who Support versus Reject Society's Dominant Ideology," *Journal of Consumer Research* 42, no. 1 (2015), pp. 76–92; Mathew S. Isaac and Kent Grayson, "Beyond Skepticism: Can Accessing Persuasion Knowledge Bolster Credibility?" *Journal of Consumer Research* 43, no. 6 (2017), pp. 895–912.

4. Lara O'Reilly, "Real Madrid Beat Man U to World's Richest Football Team Spot," *Marketing Week*, April 18, 2013; Steven G. Mandis, *The Real Madrid Way: How Values Created the Most Successful Sports Team on the Planet* (Dallas, TX: BenBella Books, 2016); www.realmadrid.com/en, accessed 1/30/2021.

5. Rajneesh Suri and Kent B. Monroe, "The Effects of Time Pressure on Consumers' Judgments of Prices and Products," *Journal of Consumer Research* 30 (June 2003), pp. 92–104; Aaron M. Garvey, Frank Germann, and Lisa E. Bolton, "Performance Brand Placebos: How Brands Improve Performance and Consumers Take the Credit," *Journal of Consumer Research* 42, no. 6 (2016), pp. 931–51.

6. Rosellina Ferraro, Amna Kirmani, and Ted Matherly, "Look at Me! Look at Me! Conspicuous Brand Usage, Self-Brand Connection, and Dilution," *Journal of Marketing Research* 50 (August 2013), pp. 477–88; Alexander Chernev, Ryan Hamilton, and David Gal, "Competing for Consumer Identity: Limits to Self-Expression and the Perils of Lifestyle Branding," *Journal of Marketing* 75 (May 2011).

7. Pankaj Aggarwal and Ann L. McGill, "When Brands Seem Human, Do Humans Act Like Brands? Automatic Behavioral Priming Effects of Brand Anthropomorphism," *Journal of Consumer Research* 39 (August 2012), pp. 307–23. For some related research, see Nicolas Kervyn, Susan T. Fiske, and Chris Malone, "Brands as Intentional Agents Framework: How Perceived Intentions and Ability Can Map Brand Perception," *Journal of Consumer Psychology* 22 (2012), pp. 166–76, as well as commentaries on the article published in that issue.

8. Matthew Thomson, Jodie Whelan, and Allison R. Johnson, "Why Brands Should Fear Fearful Consumers: How Attachment Style Predicts Retaliation," *Journal of Consumer Psychology* 22 (2012), pp. 289–98; Shirley Y. Y. Cheng, Tiffany Barnett White, and Lan Nguyen Chaplin, "The Effects of Self-Brand Connections on Responses to Brand Failure: A New Look at the Consumer-Brand Relationship," *Journal of Consumer Psychology* 22 (2012), pp. 280–88.

9. Katie Kelly Bell, "94 Point Brunello for Peanuts? How Wine Negociant Cameron Hughes Finds the Deals," *Forbes*, November 27, 2012; Lettie Teague, "Taking Advantage of the Wine Glut," *Wall Street Journal*, May 7, 2010; https://chwine.com/about, accessed 1/30/2021.

10. Tilde Heding, Charlotte F. Knudtzen, and Mogens Bjerre, *Brand Management: Research, Theory & Practice* (New York: Routledge, 2009); Rita Clifton and John Simmons, eds., *The Economist on Branding* (New York: Bloomberg Press, 2004); Rik Riezebos, *Brand Management: A Theoretical and Practical Approach* (Essex, UK: Pearson Education, 2003).

11. Joffre Swait and Tulin Erdem, "Brand Effects on Choice and Choice Set Formation under Uncertainty," *Marketing Science* 26 (September–October 2007), pp. 679–97; Tulin Erdem, Joffre Swait, and Ana Valenzuela, "Brands as Signals: A Cross-Country Validation Study," *Journal of Marketing* 70 (January 2006), pp. 34–49; Leslie K. John, Oliver Emrich, Sunil Gupta, and Michael I. Norton, "Does 'Liking' Lead to Loving? The Impact of Joining a Brand's Social Network on Marketing Outcomes," *Journal of Marketing Research* 54, no. 1 (2017), pp. 144–55; Danielle J.

Brick, Gràinne M. Fitzsimons, Tanya L. Chartrand, and Gavan J. Fitzsimons, "Coke vs. Pepsi: Brand Compatibility, Relationship Power, and Life Satisfaction," *Journal of Consumer Research* 44, no. 5 (2018), pp. 991–1014.

12. Scott Davis, *Brand Asset Management: Driving Profitable Growth through Your Brands* (San Francisco: Jossey-Bass, 2000); Mary W. Sullivan, "How Brand Names Affect the Demand for Twin Automobiles," *Journal of Marketing Research* 35 (May 1998), pp. 154–65.

13. Brian Braiker, "New Coke Pops . . . 34 Years Later," *Advertising Age*, May 25, 2019.

14. Xueming Luo, Sascha Raithel, and Michael A. Wiles, "The Impact of Brand Rating Dispersion on Firm Value," *Journal of Marketing Research* 50 (June 2013), pp. 399–415.

15. Michael A. Wiles, Neil A. Morgan, and Lopo L. Rego, "The Effect of Brand Acquisition and Disposal on Stock Returns," *Journal of Marketing* 76 (January 2012), pp. 38–58.

16. Natalie Mizik and Robert Jacobson, "Talk about Brand Strategy," *Harvard Business Review* (October 2005), p. 1; Baruch Lev, *Intangibles: Management, Measurement, and Reporting* (Washington, DC: Brookings Institution, 2001). For a detailed examination, see Nigel Hollis, *The Meaningful Brand: How Strong Brands Make More Money* (New York: Palgrave Macmillan, 2013).

17. Other approaches are based on economic principles of signaling (e.g., Tulin Erdem, "Brand Equity as a Signaling Phenomenon," *Journal of Consumer Psychology* 7 [1998], pp. 131–57) or on more of a sociological, anthropological, or biological perspective (e.g., Grant McCracken, *Culture and Consumption II: Markets, Meaning, and Brand Management* [Bloomington: Indiana University Press, 2005]). For a broad view of consumer psychology perspectives on branding, see Bernd Schmitt, "The Consumer Psychology of Brands," *Journal of Consumer Psychology* 22 (2012), pp. 7–17.

18. For an overview of academic research on branding, see Kevin Lane Keller, "Branding and Brand Equity," in Bart Weitz and Robin Wensley, eds., *Handbook of Marketing* (London: Sage Publications, 2002), pp. 151–78; Kevin Lane Keller and Don Lehmann, "Brands and Branding: Research Findings and Future Priorities," *Marketing Science* 25 (November–December 2006), pp. 740–59.

19. Kevin Lane Keller, *Strategic Brand Management*, 5th ed. (Upper Saddle River, NJ: Pearson, 2019).

20. Kusum Ailawadi, Donald R. Lehmann, and Scott Neslin, "Revenue Premium as an Outcome Measure of Brand Equity," *Journal of Marketing* 67 (October 2003), pp. 1–17.

21. Deborah Roedder John, Barbara Loken, Kyeong-Heui Kim, and Alokparna Basu Monga, "Brand Concept Maps: A Methodology for Identifying Brand Association Networks," *Journal of Marketing Research* 43 (November 2006), pp. 549–63.

22. Jennifer Rooney, "Kellogg's Completes Major Brand Overhaul," *Forbes*, May 10, 2012; Mark J. Miller, "Kellogg's Aims to Make Today Great with Refreshed Verbal and Visual Identity," *Brand Channel*, May 14, 2012; "Refreshing an Icon: Kellogg's Updates Brand to Keep Pace with Today's Consumers," www.newsroom.kelloggcompany.com, May 14, 2012.

23. M. Berk Ataman, Carl F. Mela, and Harald J. van Heerde, "Building Brands," *Marketing Science* 27 (November–December 2008), pp. 1036–54.

24. Marina Puzakova and Pankaj Aggarwal, "Brands as Rivals: Consumer Pursuit of Distinctiveness and the Role of Brand Anthropomorphism," *Journal of Consumer Research* 45, no. 4 (2018), pp. 869–88.

25. "No Matter How You 'Like' It, 42BELOW Vodka Encourages Everyone to Celebrate National Coming Out Day," *PR Newswire*, October 7, 2011.

26. Alina Wheeler, *Designing Brand Identity*, 5th ed. (Hoboken, NJ: John Wiley, 2017).

27. Eric A. Yorkston and Geeta Menon, "A Sound Idea: Phonetic Effects of Brand Names on Consumer Judgments," *Journal of Consumer Research* 31 (June 2004), pp. 43–51; Tina M. Lowery and L. J. Shrum, "Phonetic Symbolism and Brand Name Preference," *Journal of Consumer Research* 34 (October 2007), pp. 406–14.

28. John R. Doyle and Paul A. Bottomly, "Dressed for the Occasion: Font–Product Congruity in the Perception of Logotype," *Journal of Consumer Psychology* 16 (2006), pp. 112–23; Kevin Lane Keller, Susan Heckler, and Michael J. Houston, "The Effects of Brand Name Suggestiveness on Advertising Recall," *Journal of Marketing*

62 (January 1998), pp. 48–57; for an in-depth examination of how brand names are developed, see Alex Frankel, *Wordcraft: The Art of Turning Little Words into Big Business* (New York: Crown Publishers, 2004).

29. For some interesting theoretical perspectives, see Claudiu V. Dimofte and Richard F. Yalch, "Consumer Response to Polysemous Brand Slogans," *Journal of Consumer Research* 33 (March 2007), pp. 515–22.

30. For a marketing academic point of view of some important legal issues, see Judith Zaichkowsky, *The Psychology behind Trademark Infringement and Counterfeiting* (Mahwah, NJ: LEA Publishing, 2006) and Maureen Morrin, Jonathan Lee, and Greg M. Allenby, "Determinants of Trademark Dilution," *Journal of Consumer Research* 33 (September 2006), pp. 248–57; Larisa Ertekin, Alina Sorescu, and Mark B. Houston, "Hands Off My Brand! The Financial Consequences of Protecting Brands through Trademark Infringement Lawsuits," *Journal of Marketing* 82, no. 5 (2018), pp. 45–65.

31. Rupal Parekh, "Meet the Woman behind the Michelin Man," *Advertising Age*, June 11, 2012.

32. Judith Anne Garretson Folse, Richard G. Netemeyer, and Scot Burton, "Spokescharacters: How the Personality Traits of Sincerity, Excitement, and Competence Help to Build Equity," *Journal of Advertising* 41 (Spring 2012), pp. 17–32.

33. Eddie Pells, "Despite Numbers, Burton Still Bullish on Boarding," *Bloomberg Businessweek*, February 12, 2013.

34. Jennifer Aaker, "Dimensions of Brand Personality," *Journal of Marketing Research* 34 (August 1997), pp. 347–56. See also Aparna Sundar and Theodore J. Noseworthy, "Too Exciting to Fail, Too Sincere to Succeed: The Effects of Brand Personality on Sensory Disconfirmation," *Journal of Consumer Research* 43, no. 1 (2016), pp. 44–67.

35. Jennifer L. Aaker, Veronica Benet-Martinez, and Jordi Garolera, "Consumption Symbols as Carriers of Culture: A Study of Japanese and Spanish Brand Personality Constructs," *Journal of Personality and Social Psychology* 81 (March 2001), pp. 492–508.

36. Yongjun Sung and Spencer F. Tinkham, "Brand Personality Structures in the United States and Korea: Common and Culture-Specific Factors," *Journal of Consumer Psychology* 15 (December 2005), pp. 334–50.

37. David A. Aaker, *Brand Portfolio Strategy: Creating Relevance, Differentiation, Energy, Leverage, and Clarity* (New York: Free Press, 2004).

38. Michael Krauss, "The Glamour of B-to-B," *Marketing News*, February 2013, pp. 22–23.

39. Stuart Elliott, "Lipton Goes Back to Basics with a Tea Bag," *New York Times*, January 9, 2013; Heather Landi, "High Tea," *Beverage World*, July 2011, pp. 18–22; https://www.bloomberg.com/news/articles/2020-01-30/unilever-reviews-tea-business-after-slowest-growth-in-a-decade, accessed 11/26/2020.

40. Nirmalya Kumar, "Kill a Brand, Keep a Customer," *Harvard Business Review*, December 2003, pp. 87–95.

41. Jing Lei, Niraj Dawar, and Jos Lemmink, "Negative Spillover in Brand Portfolios: Exploring the Antecedents of Asymmetric Effects," *Journal of Marketing* 72 (May 2008), pp. 111–23.

42. For comprehensive corporate branding guidelines, see James R. Gregory, *The Best of Branding: Best Practices in Corporate Branding* (New York: McGraw-Hill, 2004). For some B-to-B applications, see Atlee Valentine Pope and Ralph Oliva, "Building Blocks: Ten Key Roles of B-to-B Corporate Marketing," *Marketing Management*, Winter 2012, pp. 23–28.

43. Guido Berens, Cees B. M. van Riel, and Gerrit H. van Bruggen, "Corporate Associations and Consumer Product Responses: The Moderating Role of Corporate Brand Dominance," *Journal of Marketing* 69 (July 2005), pp. 35–48; Zeynep Gürhan-Canli and Rajeev Batra, "When Corporate Image Affects Product Evaluations: The Moderating Role of Perceived Risk," *Journal of Marketing Research* 41 (May 2004), pp. 197–205.

44. Vithala R. Rao, Manoj K. Agarwal, and Denise Dalhoff, "How Is Manifest Branding Strategy Related to the Intangible Value of a Corporation?" *Journal of Marketing* 68 (October 2004), pp. 126–41. For an examination of the financial impact of brand portfolio decisions, see Neil A. Morgan and Lopo L. Rego, "Brand Portfolio Strategy and Firm Performance," *Journal of Marketing* 73 (January 2009), pp. 59–74; and S. Cem Bahadir, Sundar G. Bharadwaj, and Rajendra K. Srivastava, "Financial Value of Brands in Mergers and Acquisitions: Is Value in the Eye of the Beholder?" *Journal of Marketing* 72 (November 2008), pp. 49–64.

45. Chuck Carnevale, "United Technologies Has Transitioned Itself for Accelerated Growth," *Forbes*, March 22, 2013; William J. Holstein, "The Incalculable Value of Building Brands," *Chief Executive*, April–May 2006, pp. 52–56; www.utc.com/Who-We-Are/Pages/Key-Facts.aspx, accessed 1/30/2021.

46. Deborah Roedder John, Barbara Loken, and Christopher Joiner, "The Negative Impact of Extensions: Can Flagship Products Be Diluted?" *Journal of Marketing* 62 (January 1998), pp. 19–32.

47. Vanessa Fuhrmans, "Mercedes Pins Hopes on Sleek S-Class," *Wall Street Journal*, May 16, 2013.

48. Yuxin Chen and Tony Haitao Cui, "The Benefit of Uniform Price for Branded Variant," *Marketing Science* 32 (January–February 2013), pp. 36–50.

49. Marcus Cunha Jr., Mark R. Forehand, and Justin W. Angle, "Riding Coattails: When Co-Branding Helps versus Hurts Less-Known Brands," *Journal of Consumer Research* 41, no. 5 (2015), pp. 1284–1300; Ann-Kristin Kupfer, Nora Pähler vor der Holte, Raoul V. Kübler, and Thorsten Hennig-Thurau. "The Role of the Partner Brand's Social Media Power in Brand Alliances," *Journal of Marketing* 82, no. 3 (2018), pp. 25–44.

50. Tansev Geylani, J. Jeffrey Inman, and Frenkel Ter Hofstede, "Image Reinforcement or Impairment: The Effects of Co-Branding on Attribute Uncertainty," *Marketing Science* 27 (July–August 2008), pp. 730–44; Ed Lebar, Phil Buehler, Kevin Lane Keller, Monika Sawicka, Zeynep Aksehirli, and Keith Richey, "Brand Equity Implications of Joint Branding Programs," *Journal of Advertising Research* 45 (December 2005); Abhishek Borah and Gerard J. Tellis, "Halo (Spillover) Effects in Social Media: Do Product Recalls of One Brand Hurt or Help Rival Brands?" *Journal of Marketing Research* 53, no. 2 (2016), pp. 143–160.

51. Hannes Datta, Kusum L. Ailawadi, and Harald J. van Heerde. "How Well Does Consumer-Based Brand Equity Align with Sales-Based Brand Equity and Marketing-Mix Response?" *Journal of Marketing* 81, no. 3 (2017), pp. 1–20.

52. Philip Kotler and Waldermar Pfoertsch, *Ingredient Branding: Making the Invisible Visible* (Heidelberg, Germany: Springer-Verlag, 2011).

53. Kalpesh Kaushik Desai and Kevin Lane Keller, "The Effects of Brand Expansions and Ingredient Branding Strategies on Host Brand Extendibility," *Journal of Marketing* 66 (January 2002), pp. 73–93.

54. Martin Bishop, "Finding Your Nemo: How to Survive the Dangerous Waters of Ingredient Branding," *Chief Executive*, March 15, 2010.

55. Kevin Lane Keller, *Strategic Brand Management*, 4th ed. (Upper Saddle River, NJ: Prentice Hall, 2013). See also Philip Kotler and Waldemar Pfoertsch, *B2B Brand Management* (New York: Springer, 2006).

56. Tatiana M. Fajardo, Jiao Zhang, and Michael Tsiros, "The Contingent Nature of the Symbolic Associations of Visual Design Elements: The Case of Brand Logo Frames," *Journal of Consumer Research* 43, no. 4 (2016), pp. 549–66; Yuwei Jiang, Gerald J. Gorn, Maria Galli, and Amitava Chattopadhyay, "Does Your Company Have the Right Logo? How and Why Circular- and Angular-Logo Shapes Influence Brand Attribute Judgments," *Journal of Consumer Research* 42, no. 5 (2016), pp. 709–26; Ryan Rahinel and Noelle M. Nelson, "When Brand Logos Describe the Environment: Design Instability and the Utility of Safety-Oriented Products," *Journal of Consumer Research* 43, no. 3 (2016), pp. 478–96.

57. Kevin Lane Keller and Don Lehmann, "How Do Brands Create Value?" *Marketing Management*, May–June 2003, pp. 27–31. See also Rajendra K. Srivastava, Tasadduq A. Shervani, and Liam Fahey, "Market-Based Assets and Shareholder Value," *Journal of Marketing* 62 (January 1998), pp. 2–18; Shuba Srinivasan, Marc Vanheule, and Koen Pauwels, "Mindset Metrics in Market Response Models: An Integrative Approach," *Journal of Marketing Research* 47 (August 2010), pp. 672–84.

58. Larry Light and Joan Kiddon, *Six Rules for Brand Revitalization: Learn How Companies Like McDonald's Can Re-Energize Their Brands* (Upper Saddle River, NJ: Wharton School Publishing, 2009).

59. Jonathan R. Copulsky, *Brand Resilience: Managing Risk and Recovery in a High-Speed World* (New York: Palgrave Macmillan, 2011).

60. Rebecca J. Slotegraaf and Koen Pauwels, "The Impact of Brand Equity and Innovation on the Long-Term Effectiveness of Promotions," *Journal of Marketing Research* 45 (June 2008), pp. 293–306.

61. John Kotter, "Burberry's Secrets to Successful Brand Reinvention," *Forbes*, February 26, 2013; Angela Ahrendts, "Burberry's CEO on Turning an Aging British Icon into a Global Luxury Brand," *Harvard Business Review*, February 2013; www.statista.com/topics/3458/burberry, accessed 11/26/2020.

62. See also Eric A. Yorkston, Joseph C. Nunes, and Shashi Matta, "The Malleable Brand: The Role of Implicit Theories in Evaluating Brand Extensions," *Journal of Marketing* 74 (January 2010), pp. 80–93; Tom Meyvis, Kelly Goldsmith, and Ravi Dhar, "The Importance of the Context in Brand Extension: How Pictures and Comparisons Shift Consumers' Focus from Fit to Quality," *Journal of Marketing Research* 49 (April 2012), pp. 206–17; Susan Spiggle, Hang T. Nguyen, and Mary Caravella, "More than Fit: Brand Extension Authenticity," *Journal of Marketing Research* 49 (December 2012), pp. 967–83; Keisha M. Cutright, James R. Bettman, and Gavan J. Fitzsimons, "Putting Brands in Their Place: How a Lack of Control Keeps Brand Contained," *Journal of Marketing Research* 50 (June 2013), pp. 365–77.

63. Kevin Lane Keller, *Strategic Brand Management*, 4th ed. (Upper Saddle River, NJ: Pearson, 2013). See also Alokparna Basu Monga and Deborah Roedder John, "Cultural Differences in Brand Extension Evaluation: The Influence of Analytical versus Holistic Thinking," *Journal of Marketing Research* 33 (March 2007), pp. 529–36; Rohini Ahluwalia, "How Far Can a Brand Stretch? Understanding the Role of Self-Construal," *Journal of Marketing Research* 45 (June 2008), pp. 337–50.

64. Pierre Berthon, Morris B. Holbrook, James M. Hulbert, and Leyland F. Pitt, "Viewing Brands in Multiple Dimensions," *MIT Sloan Management Review*, Winter 2007, pp. 37–43.

65. Andrea Rothman, "France's Bic Bets U.S. Consumers Will Go for Perfume on the Cheap," *Wall Street Journal*, January 12, 1989.

66. Valarie A. Taylor and William O. Bearden, "Ad Spending on Brand Extensions: Does Similarity Matter?" *Journal of Brand Management* 11 (September 2003), pp. 63–74; Sheri Bridges, Kevin Lane Keller, and Sanjay Sood, "Communication Strategies for Brand Extensions: Enhancing Perceived Fit by Establishing Explanatory Links," *Journal of Advertising* 29 (Winter 2000), pp. 1–11.

67. Ralf van der Lans, Rik Pieters, and Michel Wedel, "Competitive Brand Salience," *Marketing Science* 27 (September–October 2008), pp. 922–31.

68. Beth Newhart, "Monster Fights with Coca-Cola over Competing Energy Drinks," *BeverageDaily*, November 12, 2018.

69. Al Ries and Jack Trout, *Positioning: The Battle for Your Mind*, 20th Anniversary Edition (New York: McGraw-Hill, 2000).

70. David A. Aaker, *Brand Portfolio Strategy: Creating Relevance, Differentiation, Energy, Leverage, and Clarity* (New York: Free Press, 2004).

71. https://www.nytimes.com/interactive/2018/10/23/us/metoo-replacements.html, accessed 11/25/2020.

72. Alice M. Tybout and Michelle Roehm, "Let the Response Fit the Scandal," *Harvard Business Review*, December 2009, pp. 82–88; Kathleen Cleeren, Harald J. van Heerde, and Marnik G. Dekimpe, "Rising from the Ashes: How Brands and Categories Can Overcome Product-Harm Crises," *Journal of Marketing* 77 (March 2013), pp. 58–77.

73. Norman Klein and Stephen A. Greyser, "The Perrier Recall: A Source of Trouble," Harvard Business School Case #9-590-104 and "The Perrier Relaunch," Harvard Business School Case #9-590-130.

74. Christine Moorman, "Covid Drives Digital as Marketers Pivot into Stronger and Leaner Roles," *The CMO Survey*, June 18, 2020.

75. Rob Walker, "Nike's Secret for Surviving the Retail Apocalypse, *Medium*, April 6, 2020.

76. Melissa Pasanen, "How the Pandemic Propelled King Arthur Flour into the National Spotlight," *Seven Days*, June 23, 2020.

77. www.bain.com/about/media-center/press-releases/2017/press-release-2017-global-fall-luxury-market-study/

78. Stellene Volande, "The Secret to Hermès's Success," *Departures*, November–December 2009, pp. 110–12.

79. www.subzero-wolf.com/sub-zero, accessed 1/30/2021.

80. Martinne Geller and Uday Sampath Kumar,

"Bacardi to Buy Out Patrón Tequila in $5.1 Billion Deal," *Reuters*, January 22, 2018; www.patrontequila.com/our-story.html, accessed 1/30/2021.

81. Ariel Adams, "Montblanc on How to Be a Luxury Brand for Many," *Forbes*, March 14, 2013; www.montblanc.com/en-us/discover/about-montblanc/about-us.html, accessed 1/30/2021.

82. Delphine Dion and Stéphane Borraz, "Managing Status: How Luxury Brands Shape Class Subjectivities in the Service Encounter," *Journal of Marketing* 81, no. 5 (2017), pp. 67–85.

83. Kevin Lane Keller, "Managing the Growth Tradeoff: Challenges and Opportunities in Luxury Branding," *Journal of Brand Management* 16 (March–May 2009), pp. 290–301.

84. Marketing Spotlight sources: Brenden Gallagher, "The Greatest Travel Brand on Earth: A History of Louis Vuitton, Luggage and the LV Monogram—Louis Vuitton Monogram History," *Grailed*, February 21, 2018; Derek Thompson. "Branding Louis Vuitton: Behind the World's Most Famous Luxury Label," *The Atlantic*, May 13, 2011; Robert Johnston, "King Louis," *GQ*, September 11, 2017; https://us.louisvuitton.com, accessed 1/30/2021.

85. Marketing Spotlight sources: Diana Budds, "How Muji, Japan's Most Famous Anti-Brand, Plans to Win America," *Fast Company*, July 9, 2018; Carren Jao, "How Muji Created a Cult Following of Design Enthusiasts," *Entrepreneur*, July 23, 2015; Masaaki Kanai, "The Chairman of Ryohin Keikaku on Charting Muji's Global Expansion," *Harvard Business Review*, January 4, 2018; Molly Young, "At Muji, Design Intelligence Meets Dried Squid," *New York Times*, January 19, 2018; https://www.statista.com/statistics/870917/muji-overseas-store-numbers, accessed 11/26/2020.

11

1. Edmund Lee, "Netflix Is Raising Prices. Here's Why," *New York Times*, January 15, 2019; Julia Alexander, "Netflix Raises Prices on All Streaming Plans in US," *The Verge*, January 15, 2019; Mike Snider, "Netflix Price Increases Could Cause Some Subscribers to Downgrade, Cancel Streaming Service," *USA Today*, January 17, 2019.

2. Cassie Lancellotti-Young, "Groupon Case," Glassmeyer/McNamee Center for Digital Strategies, Dartmouth College, 2011; https://press.groupon.com, accessed 1/30/2021. For relevant academic research, see Xueming Luo, Michelle Andrews, Yiping Song, and Jaakko Aspara, "Group-Buying Deal Popularity," *Journal of Marketing* 78 (March 2014), pp. 20–33.

3. Christian Homburg, Ove Jensen, and Alexander Hahn, "How to Organize Pricing? Vertical Delegation and Horizontal Dispersion of Pricing Authority," *Journal of Marketing* 76 (September 2012), pp. 49–69.

4. For a thorough review of pricing research, see Chezy Ofir and Russell S. Winer, "Pricing: Economic and Behavioral Models," in Bart Weitz and Robin Wensley, eds., *Handbook of Marketing* (London: Sage Publications, 2002). See also Ray Weaver and Shane Frederick, "A Reference Price Theory of the Endowment Effect," *Journal of Marketing Research* 49 (October 2012), pp. 696–707; Kwanho Suk, Jiheon Lee, and Donald R. Lichtenstein, "The Influence of Price Presentation Order on Consumer Choice," *Journal of Marketing Research* 49 (October 2012), pp. 708–17; Stephen A. Atlas and Daniel M. Bartels, "Periodic Pricing and Perceived Contract Benefits," *Journal of Consumer Research* 45, no. 2 (2018), pp. 350–64.

5. Eric Wilson, "Why Does This Pair of Pants Cost $550?" *New York Times*, April 26, 2010; Denise Crosby, "Abercrombie & Fitch Is Cool Again. But Does the Formerly Oversexed and Overpriced Brand Deserve a Second Chance?" *The Beacon-News*, September 3, 2018.

6. For a comprehensive review, see Tridib Mazumdar, S. P. Raj, and Indrajit Sinha, "Reference Price Research: Review and Propositions," *Journal of Marketing* 69 (October 2005), pp. 84–102. For a different point of view, see Chris Janiszewski and Donald R. Lichtenstein, "A Range Theory Account of Price Perception," *Journal of Consumer Research* 25 (March 1999), pp. 353–68. For business-to-business applications, see Hernan A. Bruno, Hai Che, and Shantanu Dutta, "Role of Reference Price on Price and Quantity: Insights from Business-to-Business Markets," *Journal of Marketing Research* 49 (October 2012), pp. 640–54.

7. Adapted from Russell S. Winer, *Pricing*, MSI Relevant Knowledge Series (Cambridge, MA: Marketing Science Institute, 2006); Ellie J. Kyung

and Manoj Thomas, "When Remembering Disrupts Knowing: Blocking Implicit Price Memory," *Journal of Marketing Research* 53, no. 6 (2016), pp. 937–53; Meghan R. Busse, Ayelet Israeli, and Florian Zettelmeyer, "Repairing the Damage: The Effect of Price Knowledge and Gender on Auto Repair Price Quotes," *Journal of Marketing Research* 54, no. 1 (2017), pp. 75–95.

8. For a discussion of how "incidental" prices outside the category can serve as contextual reference prices, see Joseph C. Nunes and Peter Boatwright, "Incidental Prices and Their Effect on Willingness to Pay," *Journal of Marketing Research* 41 (November 2004), pp. 457–66; Thomas Allard and Dale Griffin. "Comparative Price and the Design of Effective Product Communications," *Journal of Marketing* 81, no. 5 (2017), pp. 16–29.

9. Glenn E. Mayhew and Russell S. Winer, "An Empirical Analysis of Internal and External Reference-Price Effects Using Scanner Data," *Journal of Consumer Research* 19 (June 1992), pp. 62–70.

10. Robert Ziethammer, "Forward-Looking Buying in Online Auctions," *Journal of Marketing Research* 43 (August 2006), pp. 462–76. See also Caroline Ducarroz, Sha Yang, and Eric A. Greenleaf, "Understanding the Impact of In-Process Promotional Messages: An Application to Online Auctions." *Journal of Marketing* 80, no. 2 (2016), pp. 80–100.

11. John T. Gourville, "Pennies-a-Day: The Effect of Temporal Reframing on Transaction Evaluation," *Journal of Consumer Research* 24 (March 1998), pp. 395–408. See also Anja Lambrecht and Catherine Tucker, "Paying with Money or Effort: Pricing When Customers Anticipate Hassle," *Journal of Marketing Research* 49 (February 2012), pp. 66–82; Ajay T. Abraham and Rebecca W. Hamilton, "When Does Partitioned Pricing Lead to More Favorable Consumer Preferences? Meta-Analytic Evidence," *Journal of Marketing Research* 55, no. 5 (2018), pp. 686–703.

12. Wilfred Amaldoss and Sanjay Jain, "Pricing of Conspicuous Goods: A Competitive Analysis of Social Effects," *Journal of Marketing Research* 42 (February 2005).

13. "Ferrari Focuses on Exclusivity," www.warc.com, May 10, 2013; Roger Bennett, "Gained in Translation," *Bloomberg Businessweek*, April 2, 2012.

14. Eric T. Anderson and Duncan Simester, "Effects of $9 Price Endings on Retail Sales: Evidence from Field Experiments," *Quantitative Marketing and Economics* 1 (March 2003), pp. 93–110.

15. Anderson and Simester, "Mind Your Pricing Cues," *Harvard Business Review*, September 2003, pp. 96–103; Monica Wadhwa and Kuangjie Zhang, "This Number Just Feels Right: The Impact of Roundedness of Price Numbers on Product Evaluations," *Journal of Consumer Research* 41, no. 5 (2015), pp. 1172–185.

16. Anderson and Simester, "Mind Your Pricing Cues," *Harvard Business Review*, September 2003, pp. 96–103.

17. Daniel J. Howard and Roger A. Kerin, "Broadening the Scope of Reference-Price Advertising Research: A Field Study of Consumer Shopping Involvement," *Journal of Marketing* 70 (October 2006), pp. 185–204.

18. Thomas T. Nagle, John E. Hogan, and Joseph Zale, *The Strategy and Tactics of Pricing*, 5th ed. (Upper Saddle River, NJ: Pearson, 2011).

19. Katherine N. Lemon and Stephen M. Nowlis, "Developing Synergies between Promotions and Brands in Different Price–Quality Tiers," *Journal of Marketing Research* 39 (May 2002), pp. 171–85.

20. Alexander Chernev, *Strategic Marketing Management: Theory and Practice* (Chicago, IL: Cerebellum Press; 2019).

21. Based on information from Thomas T. Nagle, John E. Hogan, and Joseph Zale, *The Strategy and Tactics of Pricing*, 5th ed. (Upper Saddle River, NJ: Pearson, 2011).

22. Brett R. Gordon, Avi Goldfarb, and Yang Li, "Does Price Elasticity Vary with Economic Growth? A Cross-Category Analysis," *Journal of Marketing Research* 50 (February 2013), pp. 4–23; Harald J. Van Heerde, Maarten J. Gijsenberg, Marnik G. Dekimpe, and Jan-Benedict E. M. Steenkamp, "Price and Advertising Effectiveness over the Business Cycle," *Journal of Marketing Research* 50 (April 2013), pp. 177–93; Huachao Gao, Yinlong Zhang, and Vikas Mittal. "How Does Local–Global Identity Affect Price Sensitivity?" *Journal of Marketing* 81, no. 3 (2017), pp. 62–79.

23. Marco Bertini, Luc Wathieu, and Sheena S. Iyengar, "The Discriminating Consumer: Product

Proliferation and Willingness to Pay for Quality," *Journal of Marketing Research* 49 (February 2012), pp. 39–49.

24. Nirmalya Kumar, "Strategies to Fight Low-Cost Rivals," *Harvard Business Review*, December 2006, pp. 104–12; Jan-Benedict E. M. Steenkamp and Nirmalya Kumar, "Don't Be Undersold," *Harvard Business Review*, December 2009, pp. 90–95.

25. Nirmalya Kumar, "Strategies to Fight Low-Cost Rivals," *Harvard Business Review*, December 2006, pp. 104–12.

26. Angel Gonzales, "Paccar's Fuel-Saving Hybrid Truck Aimed at Nation's Distribution," *Seattle Times*, July 29, 2008; Michael Arndt, "PACCAR: Built for the Long-Haul," *Bloomberg BusinessWeek*, January 30, 2006; www.paccar.com/about-us/history, accessed 1/30/2021.

27. Anupam Mukerj, "Monsoon Marketing," *Fast Company*, April 2007, p. 22.

28. Marco Bertini and Luc Wathieu, "How to Stop Customers from Fixating on Price," *Harvard Business Review* (May 2010), pp. 85–91.

29. For a discussion of some theoretical issues with auctions, see Amar Cheema, Dipankar Chakravarti, and Atanu R. Sinha, "Bidding Behavior in Descending and Ascending Auctions," *Marketing Science* 31 (September–October 2012), pp. 779–800; and Jason Shachat and Lijia Wei, "Procuring Commodities: First-Price Sealed-Bid or English Auctions?" *Marketing Science* 31 (March–April 2012), pp. 317–33.

30. Nick Brown, "Kodak Patent Sale Plan Gets Bankruptcy Court Approval," *Reuters*, January 11, 2013.

31. Eric Savitz, "SAP to Buy Ariba for $4.3B," *Forbes*, May 22, 2012; Ashlee Vance, "For an Online Marketplace, It's Better Late than Never," *New York Times*, November 20, 2010.

32. Using expected profit for setting price makes sense for the seller that makes many bids. The seller that bids only occasionally or needs a particular contract badly will not find it advantageous to use expected profit. This criterion does not distinguish between a $1,000 profit with a 0.10 probability and a $125 profit with an 0.80 probability. Yet the firm that wants to keep production going would prefer the second contract to the first.

33. Sandy D. Jap, "The Impact of Online Reverse Auction Design on Buyer–Supplier Relationships," *Journal of Marketing* 71 (January 2007), pp. 146–59; Sandy D. Jap, "An Exploratory Study of the Introduction of Online Reverse Auctions," *Journal of Marketing* 67 (July 2003), pp. 96–107.

34. For an illustrative academic application, see Adib Bagh and Hemant K. Bhargava, "How to Price Discriminate When Tariff Size Matters," *Marketing Science* 32 (January–February 2013), pp. 111–26.

35. Dana Mattioli, "On Orbitz, Mac Users Steered to Pricier Hotels," *Wall Street Journal*, August 23, 2012; Christopher Elliott, "Do Travel Companies Raise Prices Based on Who You Are?" *Huffington Post*, September 1, 2013.

36. Ricard Gil and Wesley R. Hartmann, "Empirical Analysis of Metering Price Discrimination: Evidence from Concession Sales at Movie Theaters," *Marketing Science* 28 (November–December 2009), pp. 1046–62.

37. R. Venkatesh and Vijay Mahajan, "The Design and Pricing of Bundles: A Review of Normative Guidelines and Practical Approaches," in Vithala R. Rao, ed., *Handbook of Pricing Research in Marketing* (Northampton, MA: Edward Elgar Publishing Company, 2009), pp. 232–57.

38. Dilip Soman and John T. Gourville, "Transaction Decoupling: How Price Bundling Affects the Decision to Consume," *Journal of Marketing Research* 38 (February 2001), pp. 30–44; Ramanathan Subramaniam and R. Venkatesh, "Optimal Bundling Strategies in Multiobject Auctions of Complements or Substitutes," *Marketing Science* 28 (March–April 2009), pp. 264–73.

39. Anita Elberse, "Bye-Bye Bundles: The Unbundling of Music in Digital Channels," *Journal of Marketing* 74 (May 2010), pp. 107–23.

40. Bob Donath, "Dispel Major Myths about Pricing," *Marketing News*, February 3, 2003, p. 10. For an interesting historical account, see Meghan R. Busse, Duncan I. Simester, and Florian Zettelmeyer, "'The Best Price You'll Ever Get': The 2005 Employee Discount Pricing Promotions in the U.S. Automobile Industry," *Marketing Science* 29 (March–April 2010), pp. 268–90.

41. For a classic review, see Kent B. Monroe, "Buyers' Subjective Perceptions of Price," *Journal of Marketing Research* 10 (February 1973), pp. 70–80.

See also Z. John Zhang, Fred Feinberg, and Aradhna Krishna, "Do We Care What Others Get? A Behaviorist Approach to Targeted Promotions," *Journal of Marketing Research* 39 (August 2002), pp. 277–91.

42. Margaret C. Campbell, "Perceptions of Pricing Unfairness: Antecedents and Consequences," *Journal of Marketing Research* 36 (May 1999), pp. 187–99; Lan Xia, Kent B. Monroe, and Jennifer L. Cox, "The Price Is Unfair! A Conceptual Framework of Price Fairness Perceptions," *Journal of Marketing* 68 (October 2004), pp. 1–15; Eric T. Anderson and Duncan Simester, "Does Demand Fall When Customers Perceive That Prices Are Unfair? The Case of Premium Pricing for Larger Sizes," *Marketing Science* 27 (May–June 2008), pp. 492–500; Xiaomeng Guo and Baojun Jiang, "Signaling through Price and Quality to Consumers with Fairness Concerns," *Journal of Marketing Research* 53, no. 6 (2016), pp. 988–1000.

43. Kusum L. Ailawadi, Donald R. Lehmann, and Scott A. Neslin, "Market Response to a Major Policy Change in the Marketing Mix: Learning from Procter & Gamble's Value Pricing Strategy," *Journal of Marketing* 65 (January 2001), pp. 44–61.

44. Laura Heller, "Publix the Walmart Slayer Wins Another Round with Low Prices," *Forbes*, July 30, 2013.

45. Nirmalya Kumar, "Strategies to Fight Low-Cost Rivals," *Harvard Business Review* (December 2006), pp. 104–12. See also Adrian Ryans, *Beating Low Cost Competition: How Premium Brands Can Respond to Cut-Price Rivals* (West Sussex, England: John Wiley & Sons, 2008); Jack Neff, "How the Discounters Hurt Themselves," *Advertising Age*, December 10, 2007, p. 12.

46. Scott Neslin, "Sales Promotion," in Bart Weitz and Robin Wensley, eds., *Handbook of Marketing* (London: Sage, 2002), pp. 310–38.

47. Rajkumar Venkatesan and Paul W. Farris, "Measuring and Managing Returns from Retailer-Customized Coupon Campaigns," *Journal of Marketing* 76 (January 2012), pp. 76–94.

48. For a summary of the research on whether promotion erodes the consumer franchise of leading brands, see Robert C. Blattberg and Scott A. Neslin, "Sales Promotion: The Long and Short of It," *Marketing Letters* 1 (December 2004). For a related topic, see Michael J. Barone and Tirthankar Roy, "Does Exclusivity Pay Off? Exclusive Price Promotions and Consumer Response," *Journal of Marketing* 74 (March 2010), pp. 121–32.

49. Harald J. Van Heerde, Sachin Gupta, and Dick Wittink, "Is 75% of the Sales Promotion Bump Due to Brand Switching? No, Only 33% Is," *Journal of Marketing Research* 40 (November 2003), pp. 481–91.

50. Kusum L. Ailawadi, Karen Gedenk, Christian Lutzky, and Scott A. Neslin, "Decomposition of the Sales Impact of Promotion-Induced Stockpiling," *Journal of Marketing Research* 44 (August 2007); Eric T. Anderson and Duncan Simester, "The Long-Run Effects of Promotion Depth on New versus Established Customers: Three Field Studies," *Marketing Science* 23 (Winter 2004), pp. 4–20; Luc Wathieu, A. V. Muthukrishnan, and Bart J. Bronnenberg, "The Asymmetric Effect of Discount Retraction on Subsequent Choice," *Journal of Consumer Research* 31 (December 2004), pp. 652–65.

51. Rebecca J. Slotegraaf and Koen Pauwels, "The Impact of Brand Equity Innovation on the Long-Term Effectiveness of Promotions," *Journal of Marketing Research* 45 (June 2008), pp. 293–306.

52. Kusum L. Ailawadi, Bari A. Harlam, Jacques Cesar, and David Trounce, "Promotion Profitability for a Retailer: The Role of Promotion, Brand, Category, and Store Characteristics," *Journal of Marketing Research* 43 (November 2006), pp. 518–36.

53. Abhijit Guha, Abhijit Biswas, Dhruv Grewal, Swati Verma, Somak Banerjee, and Jens Nordfält, "Reframing the Discount as a Comparison against the Sale Price: Does It Make the Discount More Attractive?" *Journal of Marketing Research* 55, no. 3 (2018), pp. 339–51; Andong Cheng and Cynthia Cryder, "Double Mental Discounting: When a Single Price Promotion Feels Twice as Nice," *Journal of Marketing Research* 55, no. 2 (2018), pp. 226–38; Fengyan Cai, Rajesh Bagchi, and Dinesh K. Gauri, "Boomerang Effects of Low Price Discounts: How Low Price Discounts Affect Purchase Propensity," *Journal of Consumer Research* 42, no. 5 (2016), pp. 804–16.

54. He Jia, Sha Yang, Xianghua Lu, and C. Whan Park, "Do Consumers Always Spend More When Coupon Face Value Is Larger? The Inverted U-Shaped Effect of Coupon Face Value on Consumer Spending Level," *Journal of Marketing* 82, no. 4 (2018), pp. 70–85.

55. Prasad Vana, Anja Lambrecht, and Marco Bertini, "Cashback Is Cash Forward: Delaying a Discount to Entice Future Spending," *Journal of Marketing Research* 55, no. 6 (2018), pp. 852–68.

56. Franklin Shadd and Ayelet Fishbach, "Seller Beware: How Bundling Affects Valuation," *Journal of Marketing Research* 54, no. 5 (2017), pp. 737–51.

57. Steven K. Dallas and Vicki G. Morwitz, "'There Ain't No Such Thing as a Free Lunch': Consumers' Reactions to Pseudo-Free Offers," *Journal of Marketing Research* 55, no. 6 (2018), pp. 900–15.

58. Miguel Gomez, Vithala Rao, and Edward McLaughlin, "Empirical Analysis of Budget and Allocation of Trade Promotions in the U.S. Supermarket Industry," *Journal of Marketing Research* 44 (August 2007). Norris Bruce, Preyas S. Desai, and Richard Staelin, "The Better They Are, the More They Give: Trade Promotions of Consumer Durables," *Journal of Marketing Research* 42 (February 2005), pp. 54–66.

59. Kusum L. Ailawadi, "The Retail Power-Performance Conundrum: What Have We Learned?" *Journal of Retailing* 77 (Fall 2001), pp. 299–318; Koen Pauwels, "How Retailer and Competitor Decisions Drive the Long-Term Effectiveness of Manufacturer Promotions," *Journal of Retailing* 83 (2007), pp. 364–90.

60. Alexander Chernev, *Strategic Marketing Management: Theory and Practice* (Chicago, IL: Cerebellum Press, 2019).

61. Robert Klitzman, "Huge Price Hikes by Drug Companies Are Immoral," CNN, September 18, 2018.; Wayne Drash, "Report: Pharma Exec Says He Had 'Moral Requirement' to Raise Drug Price 400%," CNN, September 12, 2018; Daniel Kozarich, "Mylan's EpiPen Pricing Crossed Ethical Boundaries," *Fortune*, September 27, 2016; Cynthia Koons and Robert Langreth, "How Marketing Turned the EpiPen Into a Billion-Dollar Business," *Bloomberg Businessweek*, September 23, 2015; Sara Berg, "How Are Prescription Drug Prices Determined?" *AMA*, September 14, 2018.

62. Marketing Spotlight sources: Keith Loria, "The Real Deal: Inside Priceline.com's Digital Strategy," *CMO*, August 21, 2017; Stella Yifan Xie, "After a Comeback and a Name Change, Priceline Bets Big on China," *Wall Street Journal*, December 28, 2018; Leonard A. Schlesinger and Anish Pathipati, *The Priceline Group: Booking a Place for the Future* (Harvard Business School Publishing, 2016, case 9-316-177); Robert J. Dolan, *Priceline.com: Name Your Own Price* (Harvard Business School Publishing, 2000, case 9-500-070); Darren Huston, *Priceline's CEO on Creating an In-House Multilingual Customer Service Operation* (Harvard Business Review, 2016, case R1604A).

63. Marketing Spotlight sources: Avery Hartmans and Nathan McAlone, "The Story of How Travis Kalanick Built Uber into the Most Feared and Valuable Startup in the World," *Business Insider*, August 1, 2016; Youngme Moon, *Uber: Changing the Way the World Moves* (Harvard Business School Publishing, 2017, case 9-316-101); Thales Teixeira and Morgan Brown, *Airbnb, Etsy, Uber: Acquiring the First Thousand Customers* (Harvard Business School Publishing, 2018, case 9-516-094); Thales Teixeira and Morgan Brown, *Airbnb, Etsy, Uber: Growing from One Thousand to One Million Customers* (Harvard Business School Publishing, 2018, case 9-516-108); Virginia Weiler, Gerry Yemen, and Kusum Ailawadi, *Uber Pricing Strategies and Marketing Communications* (Darden Business Publishing, 2016, case UV6878; Feng Zhu and Angela Acocella, *Fasten: Challenging Uber and Lyft with a New Business Model* (Harvard Business School Publishing, 2018, case 9-616-962).

12

1. Malika Toure, "Unilever's 'Dove Real Beauty Sketches' Is the Viral Campaign of the Year," *AdAge*, December 10, 2013; Nina Bahadur, "Dove 'Real Beauty' Campaign Turns 10: How a Brand Tried to Change the Conversation about Female Beauty," *Huffington Post*, January 21, 2014; https://adage.com/lp/top15/#realbeauty, accessed 11/26/2020.

2. Norris I. Bruce, Kay Peters, and Prasad A. Naik, "Discovering How Advertising Grows Sales and Builds Brands," *Journal of Marketing Research* 49 (December 2012), pp. 793–806.

3. E. K. Strong, *The Psychology of Selling* (New York: McGraw-Hill, 1925), p. 9; Robert J. Lavidge and Gary A. Steiner, "A Model for Predictive Measurements of Advertising Effectiveness," *Journal of Marketing* (October 1961), p. 61; Everett M. Rogers, *Diffusion of Innovation* (New York: Free Press, 1962), pp. 79–86.

4. John R. Rossiter and Larry Percy, *Advertising and Promotion Management*, 2nd ed. (New York: McGraw-Hill, 1997). See also Russell H. Colley, *Defining Advertising Goals for Measured Advertising Results* (New York: Association of National Advertisers, 1961).

5. Stephen Williams, "Rivals Gang Up on Ford Trucks as Dodge Ram Joins Battering," *Advertising Age*, February 20, 2012.

6. Debora Viana Thompson and Rebecca W. Hamilton, "The Effects of Information Processing Mode on Consumers' Responses to Comparative Advertising," *Journal of Consumer Research* 32 (March 2006), pp. 530–40.

7. Leigh McAlister, Raji Srinivasan, Niket Jindal, and Albert A. Cannella, "Advertising Effectiveness: The Moderating Effect of Firm Strategy," *Journal of Marketing Research* 53, no. 2 (2016), pp. 207–24.

8. Rajesh Chandy, Gerard J. Tellis, Debbie MacInnis, and Pattana Thaivanich, "What to Say When: Advertising Appeals in Evolving Markets," *Journal of Marketing Research* 38 (November 2001); Gerard J. Tellis, Rajesh Chandy, and Pattana Thaivanich, "Decomposing the Effects of Direct Advertising: Which Brand Works, When, Where, and How Long?" *Journal of Marketing Research* 37 (February 2000), pp. 32–46; Peter J. Danaher, André Bonfrer, and Sanjay Dhar, "The Effect of Competitive Advertising," *Journal of Marketing Research* 45 (April 2008), pp. 211–25.

9. Dan Horsky, Sharon Horsky, and Robert Zeithammer, "The Modern Advertising Agency Selection Contest: A Case for Stipends to New Participants," *Journal of Marketing Research* 53, no. 5 (2016), pp. 773–89.

10. Anat Keinan, Francis Farrelly, and Michael Beverland, "Introducing iSnack 2.0: The New Vegemite," Harvard Business School Case, April 2012; Ruth Lamperd, "Vegemite Product Renamed Vegemite Cheesybite after iSnack 2.0 Was Dumped," *Herald Sun*, October 7, 2009.

11. Diana T. Kurylko, "Goofy Ads, Variants Help Mini Rule Its Own Little World," *Automotive News*, May 20, 2013; Micheline Maynard, "BMW's Bold Plan to Build Lots More Minis," *Forbes*, July 9, 2012; Douglas B. Holt and John A. Quelch, "Launching the New Mini," HBS Case# 9-505-020, 2004; www.mini.com/en_MS/home.html, accessed 1/30/2021.

12. Some of these definitions are adapted from the American Marketing Association.

13. Amna Kirmani and Akshay R. Rao, "No Pain, No Gain: A Critical Review of the Literature on Signaling Unobservable Product Quality," *Journal of Marketing* 64 (April 2000), pp. 66–79.

14. Sean Corcoran, "Defining Earned, Owned and Paid Media," *Forrester Blogs*, December 16, 2009. For an empirical examination, see Andrew T. Stephen and Jeff Galak, "The Effects of Traditional and Social Earned Media on Sales: A Study of a Microlending Marketplace," *Journal of Marketing Research* 49 (October 2012), pp. 624–39.

15. Andrew T. Stephen and Jeff Galak, "The Effects of Traditional and Social Earned Media on Sales: A Study of a Microlending Marketplace," *Journal of Marketing Research* 49 (October 2012), pp. 624–39; Ezgi Akpinar and Jonah Berger, "Valuable Virality," *Journal of Marketing Research* 54, no. 2 (2017), pp. 318–30; Peter J. Danaher and Harald J. van Heerde, "Delusion in Attribution: Caveats in Using Attribution for Multimedia Budget Allocation," *Journal of Marketing Research* 55, no. 5 (2018), pp. 667–85; Anatoli Colicev, Ashwin Malshe, Koen Pauwels, and Peter O'Connor, "Improving Consumer Mindset Metrics and Shareholder Value through Social Media: The Different Roles of Owned and Earned Media," *Journal of Marketing* 82, no. 1 (2018), pp. 37–56.

16. Steve McClellan, "Costs for TV Spots Rocket 7%," *Media Daily News*, January 29, 2013; "4As Television Production Cost Survey," 4As, January 21, 2013.

17. Chen Lin, Sriram Venkataraman, and Sandy Jap, "Media Multiplexing Behavior: Implications," *Marketing Science*, 32 (March–April 2013), pp. 310–24; Courtney Paulson, Lan Luo, and Gareth M. James, "Efficient Large-Scale Internet Media Selection Optimization for Online Display Advertising," *Journal of Marketing Research* 55, no. 4 (2018), pp. 489–506.

18. Alexander Konrad, "Bigger Than Craisins," *Forbes*, December 2, 2013; "Ocean Spray's Pop-Up

Restaurant Emerges from 2,000 lbs. of Cranberries inside a Cranberry Bog in Rockefeller Center," *Business Wire*, September 29, 2011; www.oceanspray.com/Our-Story, accessed 2/23/2021.

19. www.statista.com/statistics/217134/total-advertisement-revenue-of-super-bowls/, accessed 10/24/2020.
20. Jeffrey Dorfman, "Super Bowl Ads Are a Bargain at $5 Million," *Forbes*, February 4, 2017.
21. Prashant Malaviya, "The Moderating Influence of Advertising Context on Ad Repetition Effects: The Role of Amount and Type of Elaboration," *Journal of Consumer Research* 34 (June 2007), pp. 32–40; Christine Köhler, Murali K. Mantrala, Sönke Albers, and Vamsi K. Kanuri, "A Meta-Analysis of Marketing Communication Carryover Effects," *Journal of Marketing Research* 54, no. 6 (2017), pp. 990–1008.
22. Marshall Freimer and Dan Horsky, "Periodic Advertising Pulsing in a Competitive Market," *Marketing Science* 31 (July–August 2012), pp. 637–48.
23. Werner Reinartz and Peter Saffert, "Creativity in Advertising: When It Works and When It Doesn't," *Harvard Business Review*, June 2013, pp. 107–12; Norris I. Bruce, B.P.S. Murthi, and Ram C. Rao, "A Dynamic Model for Digital Advertising: The Effects of Creative Format, Message Content, and Targeting on Engagement," *Journal of Marketing Research* 54, no. 2 (2017), pp. 202–18.
24. John R. Rossiter and Larry Percy, *Advertising and Promotion Management*, 2nd ed. (New York: McGraw-Hill, 1997).
25. Ayn E. Crowley and Wayne D. Hoyer, "An Integrative Framework for Understanding Two-Sided Persuasion," *Journal of Consumer Research* 20 (March 1994), pp. 561–74. Roger D. Blackwell, Paul W. Miniard, and James F. Engel, *Consumer Behavior*, 10th ed. (Mason, OH: South-Western Publishing, 2006).
26. C. I. Hovland, A. A. Lumsdaine, and F. D. Sheffield, *Experiments on Mass Communication*, vol. 3 (Princeton, NJ: Princeton University Press, 1949).
27. H. Rao Unnava, Robert E. Burnkrant, and Sunil Erevelles, "Effects of Presentation Order and Communication Modality on Recall and Attitude," *Journal of Consumer Research* 21 (December 1994), pp. 481–90.
28. Gillian Naylor, Susan Bardi Kleiser, Julie Baker, and Eric Yorkston, "Using Transformational Appeals to Enhance the Retail Experience," *Journal of Retailing* 84 (April 2008), pp. 49–57.
29. Michael R. Solomon, *Consumer Behavior*, 12th ed. (Upper Saddle River, NJ: Pearson Prentice Hall, 2016).
30. Rik Pieters and Michel Wedel, "Attention Capture and Transfer in Advertising: Brand, Pictorial, and Text-Size Effects," *Journal of Marketing* 68 (April 2004), pp. 36–50.
31. Herbert C. Kelman and Carl I. Hovland, "Reinstatement of the Communication in Delayed Measurement of Opinion Change," *Journal of Abnormal and Social Psychology* 48 (July 1953), pp. 327–35.
32. Timothy P. Derdenger, Hui Li, and Kannan Srinivasan, "Firms' Strategic Leverage of Unplanned Exposure and Planned Advertising: An Analysis in the Context of Celebrity Endorsements," *Journal of Marketing Research* 55, no. 1 (2018), pp. 14–34.
33. Lucia Moses, "What Do These Real People Think of Ads Starring Real People?" *Adweek*, May 1, 2012.
34. C. E. Osgood and P. H. Tannenbaum, "The Principles of Congruity in the Prediction of Attitude Change," *Psychological Review* 62 (January 1955), pp. 42–55.
35. Derek D. Rucker, *Advertising Strategy*, 5th ed. (Acton, MA: Copley Custom Textbooks, 2018).
36. The material in this section has been developed by Derek D. Rucker, Kellogg School of Management, Northwestern University.
37. Shrihari Sridhar, Frank Germann, Charles Kang, and Rajdeep Grewal. "Relating Online, Regional, and National Advertising to Firm Value," *Journal of Marketing* 80, no. 4 (2016), pp. 39–55; Peter Pal Zubcsek, Zsolt Katona, and Miklos Sarvary, "Predicting Mobile Advertising Response Using Consumer Colocation Networks," *Journal of Marketing* 81, no. 4 (2017), pp. 109–26.
38. Millie Elsen, Rik Pieters, and Michel Wedel, "Thin Slice Impressions: How Advertising Evaluation Depends on Exposure Duration," *Journal of Marketing Research* 53, no. 4 (2016), pp. 563–79.
39. Oliver J. Rutz, Garrett P. Sonnier, and Michael Trusov, "A New Method to Aid Copy Testing of Paid Search Text Advertisements," *Journal of Marketing Research* 54, no. 6 (2017), pp. 885–900.
40. Peter J. Danaher and Tracey S. Dagger, "Comparing the Relative Effectiveness of Advertising Channels: A Case Study of a Multimedia Blitz Campaign," *Journal of Marketing Research* 50 (August 2013), pp. 517–34; Garrett A. Johnson, Randall A. Lewis, and Elmar I. Nubbemeyer, "Ghost Ads: Improving the Economics of Measuring Online Ad Effectiveness," *Journal of Marketing Research* 54, no. 6 (2017), pp. 867–84.
41. Marketing Insight sources: Natalie Zmuda and Rupal Parekh, "More Than a Pitchman: Why Stars Are Getting Marketing Titles," *Advertising Age*, February 10, 2013; Tim Nudd, "Dos Equis Invites You to Call the Most Interesting Voicemail in the World," *Adweek*, November 9, 2012; Lucia Moses, "Get Real," *Adweek*, April 30, 2012; Irving Rein, Philip Kotler, and Martin Scoller, *The Making and Marketing of Professionals into Celebrities* (Chicago: NTC Business Books, 1997); https://variety.com/2018/biz/news/older-celebrities-make-better-brand-endorsements-survey-finds-1202960720, accessed 11/26/2020.
42. Marketing Spotlight sources: "Red Bull and Auto Racing: Sponsor or Own a Formula One Team?" Case Study, *Stanford Graduate School of Business*, June 04, 2007; Daniel Engber, "Who Made That Energy Drink?" *New York Times*, December 6, 2013; Robert Katai, "10 Lessons Red Bull Can Teach You about Marketing," May 23, 2018; Nitin Pangarkar and Mohit Agarwal, "The Wind Behind Red Bull's Wings," *Forbes*, June 24, 2013; Brad Spurgeon, "Meet the Red Bull Tribe," *New York Times*, May 24, 2013; James Ayles, "From Cliff Diving To Formula One and Football: How Red Bull Built A World-Class Sporting Empire," *Forbes*, January 14, 2020; www.redbull.com, accessed 11/26/2020.
43. Marketing Spotlight sources: Dawn Emery, "The Truth about the 'Best Job in the World,' According to the Man Who First Won It," *The Independent*, April 01, 2017; Anthony Hayes, "'The Best Job in the World' & Beyond in a Brave New Marketing World," *Campaign*, September 7, 2011; Dylan Kissane, "Case Study: The Best Job in the World," *DOZ*, January 12, 2015; Mark Sweney, "'Best Job in the World' Campaign Storms Cannes Lions Advertising Awards," *The Guardian*, June 23, 2009; www.tourism.australia.com, accessed 2/6/2021.

13

1. Lydia Dishman, "How Dr. Dre's Burgeoning Headphones Company Stays True to Its Bass-Thumping Roots," *Fast Company*, September 13, 2012; Andrew J. Martin, "Headphones with Swagger (and Lots of Bass)," *New York Times*, November 19, 2011; Burt Helm, "How Dr. Dre's Headphones Company Became a Billion-Dollar Business," *Inc.* (May 2014); Colin Finkle, "Beats by Dre: A Lifestyle Brand Case Study," brandmarketingbolog.com, October 12, 2018; www.drdre.com, accessed 11/26/2020.
2. Rajeev Batraand and Kevin Lane Keller, "Integrating Marketing Communications: New Findings, New Lessons, and New Ideas," *Journal of Marketing* 80, no. 6 (2016), pp. 122–45.
3. Adapted from Kevin Lane Keller, *Strategic Brand Management*, 4th ed. (Upper Saddle River, NJ: Pearson, 2013).
4. Don E. Schultz and Heidi Schultz, *IMC, The Next Generation: Five Steps for Delivering Value and Measuring Financial Returns* (New York: McGraw-Hill, 2003).
5. "Ouch! Advertising Icon Can't Duck Injury of His Own," *PR Newswire*, January 8, 2012; Daniel P. Amos, "How I Did It: Aflac's CEO Explains How He Fell for the Duck," *Harvard Business Review* (January–February 2010); Stuart Elliott, "Not Daffy or Donald, but Still Aflac's Rising Star," *New York Times*, April 22, 2009; www.aflac.com/about-aflac/default.aspx, accessed 11/26/2020.
6. Song Yao, Wenbo Wang, and Yuxin Chen, "TV Channel Search and Commercial Breaks," *Journal of Marketing Research* 54, no. 5 (2017), pp. 671–86.
7. Jeffrey Dorfman, "Super Bowl Ads Are a Bargain at $5 Million," *Forbes*, February 4, 2017.
8. www.pewresearch.org/topics/state-of-the-news-media, accessed 1/11/2021.
9. Glen Urban, Guilherme (Gui) Liberali, Erin Macdonald, Robert Bordley, and John Hauser, "Morphing Banner Advertising," *Marketing Science* 33 (January–February 2014), pp. 27–46; Michael Braun and Wendy Moe, "Online Display Advertising: Modeling the Effects of Multiple Creatives and Individual Impression Histories," *Marketing Science* 32 (September/October 2013), pp. 753–67; Lara Lobschat, Ernst C. Osinga, and Werner J. Reinartz, "What Happens Online Stays Online? Segment-Specific Online and Offline Effects of Banner Advertisements," *Journal of Marketing Research* 54, no. 6 (2017), pp. 901–13.
10. Anja Lambrecht and Catherine Tucker, "When Does Retargeting Work? Information Specificity in Online Advertising," *Journal of Marketing Research* 50 (October 2013), pp. 561–76.
11. Peter J. Danaher, Janghyuk Lee, and Laoucine Kerbache, "Optimal Internet Media Selection," *Marketing Science* 29 (March–April 2010), pp. 336–47; Puneet Manchanda, Jean-Pierre Dubé, Khim Yong Goh, and Pradeep K. Chintagunta, "The Effects of Banner Advertising on Internet Purchasing," *Journal of Marketing Research* 43 (February 2006), pp. 98–108.
12. Max Chafkin, "Ads and Atmospherics," *Inc.* (February 2007).
13. Abbey Klaassen and Andrew Hampp, "Inside Outdoor's Digital Makeover," *Advertising Age: Creativity*, June 14, 2010, p. 5.
14. Michael A. Wiles and Anna Danielova, "The Worth of Product Placement in Successful Films: An Event Study Analysis," *Journal of Marketing* 73 (July 2009), pp. 44–63.
15. "Grow the Heineken Brand," *Heineken Annual Report 2012*; Guy Lodge, "The Skyfall's the Limit on James Bond Marketing," *The Guardian*, October 23, 2012; Marc Graser, "'Skyfall' a Windfall for Product Placement," *Variety*, November 9, 2012.
16. Ram Bezawada, S. Balachander, P. K. Kannan, and Venkatesh Shankar, "Cross-Category Effects of Aisle and Display Placements: A Spatial Modeling Approach and Insights," *Journal of Marketing* 73 (May 2009), pp. 99–117; Pierre Chandon, J. Wesley Hutchinson, Eric T. Bradlow, and Scott H. Young, "Does In-Store Marketing Work? Effects of the Number and Position of Shelf Facings on Brand Attention and Evaluation at the Point of Purchase," *Journal of Marketing* 73 (November 2009), pp. 1–17.
17. John R. Hauser, Glen L. Urban, Guilherme Liberali, and Michael Braun, "Website Morphing," *Marketing Science* 28 (March–April 2009), pp. 202–23; Peter J. Danaher, Guy W. Mullarkey, and Skander Essegaier, "Factors Affecting Web Site Visit Duration: A Cross-Domain Analysis," *Journal of Marketing Research* 43 (May 2006), pp. 182–94; Philip Kotler, *According to Kotler* (New York: American Management Association, 2005).
18. "Automotive Brand Websites Drive Trials," www.warc.com, January 31, 2013.
19. Avi Goldfarb and Catherine Tucker, "Why Managing Consumer Privacy Can Be an Opportunity," *MIT Sloan Management Review* (Spring 2013), pp. 10–12.
20. Ron Berman and Zsolt Katona, "The Role of Search Engine Optimization in Search Marketing," *Marketing Science* 32 (July–August 2013), pp. 644–51; Oliver J. Rutz, Randolph E. Bucklin, and Garrett P. Sonnier, "A Latent Instrumental Variables Approach to Modeling Keyword Conversion in Paid Search Advertising," *Journal of Marketing Research* 49 (June 2012), pp. 306–19; Oliver J. Rutz and Randolph E. Bucklin, "From Generic to Branded: A Model of Spill-over in Paid Search Advertising," *Journal of Marketing Research* 48 (February 2011), pp. 87–102.
21. Christian Schulze, Lisa Schöler, and Bernd Skiera, "Not All Fun and Games: Viral Marketing for Utilitarian Products," *Journal of Marketing* 78 (January 2014), pp. 1–19.
22. Ashish Kumar, Ram Bezawada, Rishika Rishika, Ramkumar Janakiraman, and P. K. Kannan. "From Social to Sale: The Effects of Firm-Generated Content in Social Media on Customer Behavior," *Journal of Marketing* 80, no. 1 (2016), pp. 7–25; Yuchi Zhang, Michael Trusov, Andrew T. Stephen, and Zainab Jamal, "Online Shopping and Social Media: Friends or Foes?" *Journal of Marketing* 81, no. 6 (2017), pp. 24–41.
23. "Lay's 'Do Us a Flavor' Contest Is Back: Fans Invited to Submit Next Great Potato Chip Flavor Idea for the Chance to Win $1 Million," *PR Newswire*, January 14, 2014.
24. Andrew Yoo, "Logo Ideas: Crowdsourcing the Next Big Hit," *Digital Initiative*, March 20, 2017.
25. For an academic discussion of chat rooms, recommendation sites, and customer review

sections online, see Dina Mayzlin, "Promotional Chat on the Internet," *Marketing Science* 25 (March–April 2006), pp. 155–63; and Judith Chevalier and Dina Mayzlin, "The Effect of Word of Mouth on Sales: Online Book Reviews," *Journal of Marketing Research* 43 (August 2006), pp. 345–54.

26. Rebecca Walker Naylor, Cait Poynor Lamberton, and Patricia M. West, "Beyond the 'Like' Button: The Impact of Mere Virtual Presence on Brand Evaluations and Purchase Intentions in Social Media Settings," *Journal of Marketing* 76 (November 2012), pp. 105–20.

27. Jae Young Lee and David R. Bell, "Neighborhood Social Capital and Social Learning for Experience Attributes of Products," *Marketing Science* 32 (November–December 2013), pp. 960–76.

28. Olivier Toubia and Andrew T. Stephen, "Intrinsic vs. Image-Related Utility in Social Media: Why Do People Contribute Content to Twitter?" *Marketing Science* 32 (May–June 2013), pp. 368–92.

29. Thales Teixeira, "The New Science of Viral Ads," *Harvard Business Review*, March 2012, pp. 25–27; Thales Teixeira, Michel Wedel, and Rik Pieters, "Emotion-Induced Engagement in Internet Video Advertisements," *Journal of Marketing Research* 49 (April 2012), pp. 144–59. See also Jonah Berger and Katherine L. Milkman, "What Makes Online Content Viral?" *Journal of Marketing Research* 49 (April 2012), pp. 192–205.

30. Matthew Creamer and Rupal Parekh, "Ideas of the Decade," *Advertising Age*, December 14, 2009.

31. Simon Owens, "Is It Time to Regulate Social Media Influencers?" *Intelligencer*, January 17, 2019.

32. Nicholas Confessore, Gabriel Dance, Richard Harris, and Mark Hansen, "The Follower Factory," *New York Times*, January 27, 2018.

33. Yi Zhao, Sha Yang, Vishal Narayan, and Ying Zhao, "Modeling Consumer Learning from Online Product Reviews," *Marketing Science* 32 (January–February 2013), pp. 153–69; Rebecca Walker Naylor, Cait Poynor Lamberton, and David A. Norton, "Seeing Ourselves in Others: Reviewer Ambiguity, Egocentric Anchoring, and Persuasion," *Journal of Marketing Research* 48 (June 2011), pp. 617–31; Yang Wang and Alexander Chaudhry, "When and How Managers' Responses to Online Reviews Affect Subsequent Reviews," *Journal of Marketing Research* 55, no. 2 (2018), pp. 163–77. See also Itamar Simonson and Emanuel Rosen, *Added Value* (New York: HarperCollins, 2014).

34. "Nielsen: Global Consumers' Trust in 'Earned' Advertising Grows in Importance," April 10, 2012.

35. Sinan Aral, "The Problem with Online Ratings," *MIT Sloan Management Review* (Winter 2014), pp. 47–52. See also Shrihari Sridhar and Raji Srinivasan, "Social Influence Effects in Online Product Ratings," *Journal of Marketing* 76 (September 2012), pp. 70–88; Wendy W. Moe and Michael Trusov, "The Value of Social Dynamics in Online Product Ratings Forums," *Journal of Marketing Research* 48 (June 2011), pp. 444–56.

36. Zoey Chen and Nicholas Lurie, "Temporal Contiguity and Negativity Bias in the Impact of Online Word of Mouth," *Journal of Marketing Research* 50 (August 2013), pp. 463–76; Yubo Chen, Qi Wang, and Jinhong Xie, "Online Social Interactions: A Natural Experiment on Word of Mouth versus Observational Learning," *Journal of Marketing Research* 48 (April 2011), pp. 238–54.

37. Jacob Goldenberg, Gal Oestreicher-Singer, and Shachar Reichman, "The Quest for Content: How User-Generated Links Can Facilitate Online Exploration," *Journal of Marketing Research* 49 (August 2012), pp. 452–68.

38. Zsolt Katona, "Competing for Influencers in a Social Network," working paper, Haas School of Business, University of California at Berkeley (2014); Michael Trusov, Anand V. Bodapati, and Randolph E. Bucklin, "Determining Influential Users in Internet Social Networks," *Journal of Marketing Research* 47 (August 2010), pp. 643–58; Bart de Langhe, Philip M. Fernbach, and Donald R. Lichtenstein, "Navigating by the Stars: Investigating the Actual and Perceived Validity of Online User Ratings," *Journal of Consumer Research* 42, no. 6 (2016), pp. 817–33.

39. "Mobile Continues to Steal Share of US Adults' Daily Time Spent with Media," *eMarketer*, April 22, 2014.

40. Preethi Chamikuttyl, "Wharton Professor David Bell, on Brand Building in the Offline and Online World," *Your Story*, September 3, 2013.

41. Sunil Gupta, "For Mobile Devices, Think Apps, Not Ads," *Harvard Business Review* (March 2013), pp. 71–75.

42. Diana Ransom, "When the Customer Is in the Neighborhood," *Wall Street Journal*, May 17, 2010.

43. Farhan Thawar, "2013: The Breakout Year for Mobile Commerce," *Wired*, March 15, 2013.

44. Bettina Cornwell, Michael S. Humphreys, Angela M. Maguire, Clinton S. Weeks, and Cassandra Tellegen, "Sponsorship-Linked Marketing: The Role of Articulation in Memory," *Journal of Consumer Research* 33 (December 2006), pp. 312–21.

45. T. Bettina Cornwell, Clinton S. Weeks, and Donald P. Roy, "Sponsorship-Linked Marketing: Opening the Black Box," *Journal of Advertising* 34 (Summer 2005).

46. www.factorytour.com, accessed 1/9/2021.

47. Noah Joseph, "Buy a Car, Get a Trip: How European Delivery Works," *Car and Driver*, December 8, 2017.

48. Barak Libai, Eitan Muller, and Renana Peres, "Decomposing the Value of Word-of-Mouth Seeding Programs: Acceleration versus Expansion," *Journal of Marketing Research* 50 (April 2013), pp. 161–76, Oliver Hinz, Bernd Skiera, Christian Barrot, and Jan U. Becker, "Seeding Strategies for Viral Marketing: An Empirical Comparison," *Journal of Marketing* 75 (November 2011), pp. 55–71; Angela Xia Liu, Jan-Benedict Steenkamp, and Jurui Zhang, "Agglomeration as a Driver of the Volume of Electronic Word of Mouth in the Restaurant Industry," *Journal of Marketing Research* 55, no. 4 (2018), pp. 507–23; David Dubois, Andrea Bonezzi, and Matteo De Angelis, "Sharing with Friends versus Strangers: How Interpersonal Closeness Influences Word-of-Mouth Valence," *Journal of Marketing Research* 53, no. 5 (2016), pp. 712–27.

49. Thales Teixeira, "How to Profit from 'Lean' Advertising," *Harvard Business Review* (June 2013), pp. 23–25; Jing Peng, Ashish Agarwal, Kartik Hosanagar, and Raghuram Iyengar, "Network Overlap and Content Sharing on Social Media Platforms," *Journal of Marketing Research* 55, no. 4 (2018), pp. 571–85; Daniel Mochon, Karen Johnson, Janet Schwartz, and Dan Ariely, "What Are Likes Worth? A Facebook Page Field Experiment," *Journal of Marketing Research* 54, no. 2 (2017), pp. 306–17; Andrew M. Baker, Naveen Donthu, and V. Kumar, "Investigating How Word-of-Mouth Conversations about Brands Influence Purchase and Retransmission Intentions," *Journal of Marketing Research* 53, no. 2 (2016), pp. 225–39.

50. Rob Walker, "Mixing It Up," *New York Times*, August 24, 2008; www.blendtec.com/pages/about, accessed 11/26/2020.

51. Daniel Birnbaum, "SodaStream's CEO on Turning a Banned Super Bowl Ad into Marketing Gold," *Harvard Business Review* (January–February 2014); Kyle Stock, "The Secret of SodaStream's Success," *Bloomberg Businessweek*, July 31, 2013; https://sodastream.com/blogs/explore/about-us, accessed 11/26/2020.

52. Jessica Naziri, "Dollar Shave Club Co-founder Michael Dubin Had a Smooth Transition," *Los Angeles Times*, August 16, 2013; Emily Glazer, "A David and Gillette Story," *Wall Street Journal*, April 12, 2012; https://www.cnbc.com/2019/03/23/dollar-shaves-dubin-admits-a-business-built-on-simplicity-can-get-complicated.html, accessed 11/26/2020.

53. David Godes and Dina Mayzlin, "Firm-Created Word-of-Mouth Communication: Evidence from a Field Test," *Marketing Science* 28 (July–August 2009), pp. 721–39; Sarah Gelper, Renana Peres, and Jehoshua Eliashberg, "Talk Bursts: The Role of Spikes in Prerelease Word-of-Mouth Dynamics," *Journal of Marketing Research* 55, no. 6 (2018), pp. 801–17; Zoey Chen and Jonah Berger, "How Content Acquisition Method Affects Word of Mouth," *Journal of Consumer Research* 43, no. 1 (2016), pp. 86–102; Grant Packard and Jonah Berger, "How Language Shapes Word of Mouth's Impact," *Journal of Marketing Research* 54, no. 4 (2017), pp. 572–88.

54. Jonah Berger and Raghuram Iyengar, "Communication Channels and Word of Mouth: How the Medium Shapes the Message," *Journal of Consumer Research* 40 (October 2013), pp. 567–79. See also Mitch Lovett, Renana Peres, and Roni Shachar, "On Brands and Word of Mouth," *Journal of Marketing Research* 50 (August 2013), pp. 427–44; Jonah Berger and Eric M. Schwartz, "What Drives Immediate and Ongoing Word of Mouth?" *Journal of Marketing Research* 48 (October 2011), pp. 869–80.

55. Matteo De Angelis, Andrea Bonezzi, Alessandro M. Peluso, Derek D. Rucker, and Michele Costabile, "On Braggarts and Gossips: A Self-Enhancement Account of Word-of-Mouth Generation and Transmission," *Journal of Marketing Research* 49 (August 2012), pp. 551–63. See also Yinlong Zhang, Lawrence Feick, and Vikas Mittal, "How Males and Females Differ in Their Likelihood of Transmitting Negative Word of Mouth," *Journal of Consumer Research* 40 (April 2014), pp. 1097–1108; Ana Babić Rosario, Francesca Sotgiu, Kristine De Valck, and Tammo H. A. Bijmolt, "The Effect of Electronic Word of Mouth on Sales: A Meta-Analytic Review of Platform, Product, and Metric Factors," *Journal of Marketing Research* 53, no. 3 (2016), pp. 297–318.

56. "A Purr-fect Fit: CeeLo Green and Purrfect Remix the Meow Mix Cat Food Jingle," PRWeek Awards 2014; Rebecca Cullers, "CeeLo Green Creates a Purrfect Meow Mix Remix with His Cat," *Adweek*, May 10, 2012.

57. This section is largely based on Alexander Chernev, *Strategic Marketing Management: Theory and Practice* (Chicago IL, Cerebellum Press, 2019).

58. Marketing Insight sources: Marketing Insight sources: Rose Leadem, "The ROI of Social Media," *Entrepreneur*, July 7, 2018; Josh Bernoff, "A Balanced Perspective on Social ROI," *Marketing News*, February 28, 2011; Frahad Manjoo, "Does Social Media Have a Return on Investment?," *Fast Company*, July/August 2011; David A. Schweidel, Wendy W. Moe, and Chris Boudreaux, "Social Media Intelligence: Measuring Brand Sentiment from Online Conversation," *MSI Report 12-100* (Cambridge, MA: Marketing Science Institute, 2012).

59. Marketing Spotlight sources: Julie Jargon, "Burger King Returns to Its Roots," *Wall Street Journal*, March 9, 2016; Julie Jargon and Tess Stynes, "Burger King Profit Rises on Lower Costs," *Wall Street Journal*, February 13, 2014; Chris Kelly, "Disruptor of the Year: Burger King," *Marketing Dive*, December 3, 2018; Mallory Russell, "How Burger King Went from McDonald's Greatest Rival to Total Train Wreck," *Business Insider*, April 15, 2012; www.statista.com/statistics/266462/burger-king-revenue, accessed 3/6/2021; Chantal Tode, "Burger King's 5-Step Plan for Hacking Pop Culture," *Marketing Dive*, June 18, 2018; Laura Healy, *Can 3G Capital Make Burger King Cool Again?* (INSEAD, 2018, case 6402).

60. Marketing Spotlight sources: Terence Baker, "6 Ways AccorHotels Is Transforming Its Digital Strategy," *Hotel News Now*, September 5, 2018; Brad Howarth, "How AccorHotels Is Building Emotional Connections with Customers," *CMO Australia*, March 8, 2017; David Dubois, Inyoung Chae, Joerg Niessing, and Jean Wee, *AccorHotels and the Digital Transformation: Enriching Experiences through Content Strategies along the Customer Journey* (INSEAD, 2016, case 08-2016-6241); Jill Avery, Chekitan S. Dev, and Peter O'Connor, *Accor: Strengthening the Brand with Digital Marketing* (Harvard Business School Publishing, 2017, case 9-315-138).

14

1. Joe Nocera, "The Pyramid Scheme," *New York Times*, September 15, 2015; www.amway.com/about-amway/our-company/heritage, accessed November 26, 2020; https://www.amwayglobal.com/newsroom/direct-selling-leader-amway-announces-2019-sales-of-8-4-billion-usd, accessed 11/26/2020.

2. Nathaniel N. Hartmann, Heiko Wieland, and Stephen L. Vargo. "Converging on a New Theoretical Foundation for Selling." *Journal of Marketing* 82, no. 2 (2018), pp. 1–18.

3. Some of the following discussion is based on a classic analysis in W. J. E. Crissy, William H. Cunningham, and Isabella C. M. Cunningham, *Selling: The Personal Force in Marketing* (New York: Wiley, 1977), pp. 119–29.

4. Simon J. Blanchard, Mahima Hada, and Kurt A. Carlson, "Specialist Competitor Referrals: How Salespeople Can Use Competitor Referrals for Nonfocal Products to Increase Focal Product Sales," *Journal of Marketing* 82, no. 4 (2018), pp. 127–45.

5. Christian Homburg, Michael Müller, and Martin Klarmann, "When Should the Customer Really Be King? On the Optimum Level of Salesperson Customer Orientation in Sales Encounters," *Journal of Marketing* 75 (March 2011), pp. 55–74.

6. Raghu Bommaraju and Sebastian Hohenberg, "Self-Selected Sales Incentives: Evidence of Their Effectiveness, Persistence, Durability, and Underlying Mechanisms," *Journal of Marketing* 82, no. 5 (2018), pp. 106–24.

7. Pranav Jindal and Peter Newberry, "To Bargain or Not to Bargain: The Role of Fixed Costs in Price

Negotiations," *Journal of Marketing Research* 55, no. 6 (2018), pp. 832–51.

8. Joel E. Urbany, "Justifying Profitable Pricing," *Journal of Product & Brand Management* 10 (2001), pp. 141–59.

9. Rajesh Bagchi, Nevena T. Koukova, Haresh Gurnani, Mahesh Nagarajan, and Shweta S. Oza, "Walking in My Shoes: How Expectations of Role Reversal in Future Negotiations Affect Present Behaviors," *Journal of Marketing Research* 53, no. 3 (2016), pp. 381–95.

10. Brent Adamson, Matthew Dixon, and Nicholas Toman, "Dismantling the Sales Machine," *Harvard Business Review* (November 2013), pp. 103–9.

11. V. Kumar, Rajkumar Venkatesan, and Werner Reinartz, "Performance Implications of Adopting a Customer-Focused Sales Campaign," *Journal of Marketing* 72 (September 2008), pp. 50–68; George R. Franke and Jeong-Eun Park, "Salesperson Adaptive Selling Behavior and Customer Orientation: A Meta-Analysis," *Journal of Marketing Research* 43 (November 2006), pp. 693–702.

12. www.tupperwarebrands.com/company/heritage, accessed 11/26/2020.

13. "The View from the Field," *Harvard Business Review* (July–August 2012), pp. 101–9.

14. Shrihari Sridhar, Murali K. Mantrala, and Sönke Albers, "Personal Selling Elasticities: A Meta-Analysis," *Journal of Marketing Research* 47 (October 2010); Raghu Bommaraju, Michael Ahearne, Zachary R. Hall, Seshadri Tirunillai, and Son K. Lam, "The Impact of Mergers and Acquisitions on the Sales Force," *Journal of Marketing Research* 55, no. 2 (2018), pp. 254–64.

15. Brent Adamson, Matthew Dixon, and Nicholas Toman, "The End of Solution Sales," *Harvard Business Review* (July–August 2012), pp. 60–68.

16. Ashwin W. Joshi, "Salesperson Influence on Product Development: Insights from a Study of Small Manufacturing Organizations," *Journal of Marketing* 74 (January 2010), pp. 94–107; Philip Kotler, Neil Rackham, and Suj Krishnaswamy, "Ending the War between Sales & Marketing," *Harvard Business Review* (July–August 2006), pp. 68–78.

17. "The View from the Field," *Harvard Business Review* (July–August 2012), pp. 101–9.

18. Andrew Ross Sorkin, "The Activist and Herbalife: Just Maybe Ackman's Right," *New York Times*, August 1, 2013; Michael Schmidt, Eric Lipton, Alexandra Stevenson "After Big Bet, Hedge Fund Pulls the Levers of Power," *New York Times*, March 9, 2014; Jim Puzzanghera, "Herbalife Chief Richard Resigns over Comments He Made before Taking the Job," *Los Angeles Times*, January 9, 2019; https://www.statista.com/statistics/917669/herbalife-net-sales-worldwide, accessed 11/26/2020; https://company.herbalife.com, accessed 11/26/2020.

19. Nikolaos G. Panagopoulos, Adam A. Rapp, and Jessica L. Ogilvie, "Salesperson Solution Involvement and Sales Performance: The Contingent Role of Supplier Firm and Customer–Supplier Relationship Characteristics," *Journal of Marketing* 81, no. 4 (2017), pp. 144–64.

20. Michael Ahearne, Scott B. MacKenzie, Philip M. Podsakoff, John E. Mathieu, and Son K. Lam, "The Role of Consensus in Sales Team Performance," *Journal of Marketing Research* 47 (June 2010), pp. 458–69; Huanhuan Shi, Shrihari Sridhar, Rajdeep Grewal, and Gary Lilien, "Sales Representative Departures and Customer Reassignment Strategies in Business-to-Business Markets," *Journal of Marketing* 81, no. 2 (2017), pp. 25–44.

21. Øystein Daljord, Sanjog Misra, and Harikesh S. Nair, "Homogeneous Contracts for Heterogeneous Agents: Aligning Sales Force Composition and Compensation," *Journal of Marketing Research* 53, no. 2 (2016), pp. 161–182.

22. For distinctions between bonuses and commissions, see Sunil Kishore, Raghunath Singh Rao, Om Narasimhan, and George John, "Bonuses versus Commissions: A Field Study," *Journal of Marketing Research* 50 (June 2013), pp. 317–33.

23. Madhu Viswanathan, Xiaolin Li, George John, and Om Narasimhan, "Is Cash King for Sales Compensation Plans? Evidence from a Large-Scale Field Intervention," *Journal of Marketing Research* 55, no. 3 (2018), pp. 368–81.

24. Daniel H. Pink, "A Radical Prescription for Sales," *Harvard Business Review* (July–August 2012), pp. 76–77.

25. Tony Ritigliano and Benson Smith, *Discover Your Sales Strengths* (New York: Random House Business Books, 2004).

26. Sonke Albers, "Sales-Force Management—Compensation, Motivation, Selection, and Training," in Bart Weitz and Robin Wensley, eds., *Handbook of Marketing* (London: Sage, 2002), pp. 248–66.

27. Yashar Atefi, Michael Ahearne, James G. Maxham III, D. Todd Donavan, and Brad D. Carlson, "Does Selective Sales Force Training Work?" *Journal of Marketing Research* 55, no. 5 (2018), pp. 722–37.

28. Gaurav Sabnis, Sharmila C. Chatterjee, Rajdeep Grewal, and Gary L. Lilien, "The Sales Lead Black Hole: On Sales Reps' Follow-up of Marketing Leads," *Journal of Marketing* 77 (January 2013), pp. 52–67.

29. Michael Ahearne, Son K. Lam, John E. Mathieu, and Willy Bolander, "Why Are Some Salespeople Better at Adapting to Organizational Change?" *Journal of Marketing* 74 (May 2010), pp. 65–79; Constantine S. Katsikeas, Seigyoung Auh, Stavroula Spyropoulou, and Bulent Menguc, "Unpacking the Relationship between Sales Control and Salesperson Performance: A Regulatory Fit Perspective," *Journal of Marketing* 82, no. 3 (2018), pp. 45–69.

30. Jeff Green, "The New Willy Loman Survives by Staying Home," *Bloomberg Businessweek*, January 14, 2013, pp. 16–17.

31. Barbara Giamanco and Kent Gregoire, "Tweet Me, Friend Me, Make Me Buy," *Harvard Business Review* (July–August 2012), pp. 88–93.

32. Willem Verbeke and Richard P. Bagozzi, "Sales-Call Anxiety: Exploring What It Means When Fear Rules a Sales Encounter," *Journal of Marketing* 64 (July 2000), pp. 88–101. See also Douglas E. Hughes and Michael Ahearne, "Energizing the Reseller's Sales Force: The Power of Brand Identification," *Journal of Marketing* 74 (July 2010), pp. 81–96; Jeffrey P. Boichuk, Willy Bolander, Zachary R. Hall, Michael Ahearne, William J. Zahn, and Melissa Nieves, "Learned Helplessness among Newly Hired Salespeople and the Influence of Leadership," *Journal of Marketing* 78 (January 2014), pp. 95–111.

33. Sebastian Hohenberg and Christian Homburg. "Motivating Sales Reps for Innovation Selling in Different Cultures." *Journal of Marketing* 80, no. 2 (2016), pp. 101–20.

34. Mark W. Johnston and Greg W. Marshall, *Sales-Force Management*, 12th ed. (New York: Routledge, 2016). See also Eric G. Harris, John C. Mowen, and Tom J. Brown, "Reexamining Salesperson Goal Orientations: Personality Influencers, Customer Orientation, and Work Satisfaction," *Journal of the Academy of Marketing Science* 33 (Winter 2005), pp. 19–35.

35. Ashutosh Patil and Niladri Syam, "How Do Specialized Personal Incentives Enhance Sales Performance? The Benefits of Steady Sales Growth," *Journal of Marketing* 82, no. 1 (2018), pp. 57–73.

36. Thomas Steenburgh and Michael Ahearne, "Motivating Salespeople: What Really Works," *Harvard Business Review* (July–August 2012), pp. 70–75.

37. Ibid.

38. Sarang Sunder, V. Kumar, Ashley Goreczny, and Todd Maurer, "Why Do Salespeople Quit? An Empirical Examination of Own and Peer Effects on Salesperson Turnover Behavior," *Journal of Marketing Research* 54, no. 3 (2017), pp. 381–97.

39. Ran Kivetz and Itamar Simonson, "The Idiosyncratic Fit Heuristic: Effort Advantage as a Determinant of Consumer Response to Loyalty Programs," *Journal of Marketing Research* 40 (November 2003), pp. 454–67.

40. Ken Belson, "An Alternative to Con Ed Revs Up Its Sales Force," *New York Times*, August 31, 2008; "Governor Cuomo Announces Energy Bill Refunds for More than 1,500 New Yorkers," *New York State*, December 28, 2015; Jennifer Abel, "Deregulated Energy Providers: Are They a Good Deal?" *Consumer Affairs*, n.d.; www.ambitenergy.com/about-ambit-energy, accessed 2/1/2021; www.directsellingnews.com/company-profiles/ambit-energy, accessed 2/1/2021.

41. Bob Stone and Ron Jacobs, *Successful Direct Marketing Methods*, 8th ed. (New York: McGraw-Hill, 2007). See also David A. Schweidel and George Knox, "Incorporating Direct Marketing Activity into Latent Attrition Models," *Marketing Science* 32 (May–June 2013), pp. 471–87.

42. Xi (Alan) Zhang, V. Kumar, and Koray Cosguner, "Dynamically Managing a Profitable Email Marketing Program," *Journal of Marketing Research* 54, no. 6 (2017), pp. 851–66.

43. Matt Schifrin, "Master Class," *Forbes*, January 17, 2011, pp. 54–55.

44. Nora Aufreiter, Julien Boudet, and Vivien Weng, "Why Marketers Keep Sending You E-mails," *McKinsey Quarterly* (January 2014).

45. www.grainger.com/content/cat_print, accessed 2/15/2021.

46. "Internet & Mail-Order Retail Industry Profile," www.firstresearch.com, January 10, 2018.

47. Barbara Feder Ostrov, "Annoying Robo-Calls Are At 'Epidemic Levels' This Health Open-Enrollment Season," *Washington Post*, November 11, 2018; Jake Swearingin, "The Beginning of the End of Robocalls," *Intelligencer*, February 14, 2019.

48. Marketing Insight sources: Noel Capon, Dave Potter, and Fred Schindler, *Managing Global Accounts: Nine Critical Factors for a World-Class Program*, 2nd ed. (Bronxville, NY: Wessex Press, 2008); Peter Cheverton, *Global Account Management: A Complete Action Kit of Tools and Techniques for Managing Key Global Customers* (London, UK: Kogan Page, 2008); Malcolm McDonald and Diana Woodburn, *Key Account Management: The Definitive Guide*, 2nd ed. (Oxford, UK: Butterworth-Heinemann, 2007).

49. Marketing Spotlight sources: Rebecca Stuart, "Avon's Global Marketing Boss on How It's Rebranding for the Instagram Generation," *The Drum*, November 27, 2018; Hakki Ozmorali, "Will Avon's Turnaround Be Real This Time?" October 8, 2018; Phil Wahba, "Here Are 5 Reasons Avon Fell Apart in the U.S.," *Fortune*, December 17, 2015; Phil Wahba, "How Avon's CEO Failed to Fix the Company," *Fortune*, August 3, 2017; Polly Mosendz, "The Avon Lady's Makeover, *Bloomberg Businessweek*, March 7, 2017; https://www.prnewswire.com/news-releases/natura-co-to-close-acquisition-of-avon-creating-the-worlds-fourth-largest-pure-play-beauty-group-300980823.html, accessed 11/26/2020.

50. Marketing Spotlight sources: Avi Dan, "How Progressive's CMO Jeff Charney Made 'Flo' More Loveable than Ducks and Geckos," *Forbes*, May 3, 2012; Giselle Abramovich, "How Progressive Got Its Social Flow," CMO.com, December 11, 2013; E. J. Schultz, "Progressive Goes Flo-less in Corporate Image Campaign," *Ad Age*, September 23, 2013; E. J. Schultz, "Flo Gets More Company as Progressive Rolls out 'The Box,'" *Ad Age*, December 5, 2012; Andrew Bary, "How Progressive Is Driving Growth in Auto Insurance," *Barron's*, December 1, 2018; https://www.statista.com/statistics/737860/progressive-revenue, accessed 11/26/2020; www.progressive.com/about, accessed 11/26/2020.

15

1. Tiffany Hsu, "L.L. Bean, Citing Abuse, Tightens Its Generous Policy on Returns," *New York Times*, February 9, 2018; Amita Kelly and Merrit Kennedy, "L.L. Bean Scraps Legendary Lifetime Return Policy," *NPR*, February 9, 2018; Warren Shoulberg, "As Brands Go Direct-to-Consumer, L.L. Bean Moves the Other Way," Forbes, July 19, 2020; www.llbean.com, accessed 11/26/2020.

2. Robert Palmatier, Louis W. Stern, and Adel I. El-Ansary, *Marketing Channel Strategy*, 8th ed. (New York, NY: Routledge, 2017).

3. Andreas Fürst, Martin Leimbach, and Jana-Kristin Prigge, "Organizational Multichannel Differentiation: An Analysis of Its Impact on Channel Relationships and Company Sales Success," *Journal of Marketing* 81, no. 1 (2017), pp. 59–82.

4. Sarah E. Needleman, "Dial-a-Mattress Retailer Blames Troubles on Stores, Executive Team," *Wall Street Journal*, July 14, 2009, p. B1.

5. For an academic treatment of related issues, see Elie Ofek, Zsolt Katona, and Miklos Sarvary, "'Bricks and Clicks': The Impact of Product Returns on the Strategies of Multichannel Retailers," *Marketing Science* 30 (January–February 2011), pp. 42–60.

6. V. Kumar and Rajkumar Venkatesan, "Who Are Multichannel Shoppers and How Do They Perform? Correlates of Multichannel Shopping Behavior," *Journal of Interactive Marketing* 19 (Spring 2005), pp. 44–61.

7. Tarun Kushwaha and Venkatesh Shankar, "Are Multichannel Customers Really More Valuable? The Moderating Role of Product Category Characteristics," *Journal of Marketing* 77 (July 2013), pp. 67–85.

8. Rajkumar Venkatesan, V. Kumar, and Nalini Ravishanker, "Multichannel Shopping: Causes and Consequences," *Journal of Marketing* 71

(April 2007), pp. 114–32.

9. For a detailed conceptual model, see Jill Avery, Thomas J. Steenburgh, John Deighton, and Mary Caravella, "Adding Bricks to Clicks: Predicting the Patterns of Cross-Channel Elasticities over Time," *Journal of Marketing* 76 (May 2012), pp. 96–111.

10. Peter C. Verhoef, Scott A. Neslin, and Björn Vroomen, "Multichannel Customer Management: Understanding the Research-Shopper Phenomenon," *International Journal of Research in Marketing* 24, no. 2 (2007), pp. 129–48.

11. Xubing Zhang, "Retailer's Multichannel and Price Advertising Strategies," *Marketing Science* 28 (November–December 2009), pp. 1080–94; Kitty Wang and Avi Goldfarb, "Can Offline Stores Drive Online Sales?" *Journal of Marketing Research* 54, no. 5 (2017), pp. 706–719; Dmitri Kuksov and Chenxi Liao, "When Showrooming Increases Retailer Profit," *Journal of Marketing Research* 55, no. 4 (2018), pp. 459–473; Dhruv Grewal, Carl-Philip Ahlbom, Lauren Beitelspacher, Stephanie M. Noble, and Jens Nordfält. "In-Store Mobile Phone Use and Customer Shopping Behavior: Evidence from the Field," *Journal of Marketing* 82, no. 4 (2018), pp. 102–26.

12. Susan Fournier and Lara Lee, "Getting Brand Communities Right," *Harvard Business Review*, April 2009, pp. 105–11; "New Harley-Davidson Accessory and Clothing Store," *PRLog*, July 21, 2009; www.harley-davidson.com/us/en/about-us/company.html, accessed 11/26/2020.

13. Hugo Martin, "Outdoor Retailer Patagonia Puts Environment Ahead of Sales Growth," *Los Angeles Times*, May 24, 2012.

14. Mary Wagner, "IRCE 2011 Report: Learn It on the Web, Use It Cross-Channel," www.internetretailer.com, June 20, 2011; Monte Burke, "A Conversation with REI Chief Executive, Sally Jewell," *Forbes*, May 19, 2011; https://www.rei.com/about-rei, accessed 11/26/2020.

15. Asim Ansari, Carl F. Mela, and Scott A. Neslin, "Customer Channel Migration," *Journal of Marketing Research* 45 (February 2008), pp. 60–76; Edward J. Fox, Alan L. Montgomery, and Leonard M. Lodish, "Consumer Shopping and Spending across Retail Formats," *Journal of Business* 77 (April 2004), pp. S25–S60.

16. Sara Valentini, Elisa Montaguti, and Scott A. Neslin, "Decision Process Evolution in Customer Channel Choice," *Journal of Marketing* 75 (November 2011), pp. 72–86.

17. Katrijn Gielens and Marnik G. Dekimpe, "The Entry Strategy of Retail Firms into Transition Economies," *Journal of Marketing* 71 (April 2007), pp. 196–212.

18. www.thebalancesmb.com/apple-retail-stores-global-locations-2892925, accessed 3/3/2021.

19. David Segal, "Apple's Retail Army, Long on Loyalty but Short on Pay," *New York Times*, June 23, 2012; Gardiner Morse and Ron Johnson, "Retail Isn't Broken. Stores Are," *Harvard Business Review* (December 2011), pp. 78–82; www.macrumors.com/roundup/apple-retail-stores; accessed 12/18/18.

20. Joydeep Srivastava and Dipankar Chakravarti, "Channel Negotiations with Information Asymmetries: Contingent Influences of Communication and Trustworthiness Reputations," *Journal of Marketing Research* 46 (August 2009), pp. 557–72.

21. "Why STIHL Chooses Independent Dealers," www.stihlusa.com, accessed November 2, 2013; Ken Waldron, "How Stihl Fulfilled Brand Promise of Superior Product, Customer Service," *Advertising Age*, December 10, 2009; Timothy Appel, "Too Good for Lowe's and Home Depot?" *Wall Street Journal*, July 24, 2006.

22. Vivian Giang, "McDonald's Hamburger University: Step inside the Most Exclusive School in the World," *Business Insider*, April 12, 2012.

23. www.greatharvest.com/company/franchise-business-philosophy, accessed 2/9/2021.

24. Raji Srinivasan, "Dual Distribution and Intangible Firm Value: Franchising in Restaurant Chains," *Journal of Marketing* 70 (July 2006), pp. 120–35.

25. Anne Coughlan and Louis Stern, "Marketing Channel Design and Management," in Dawn Iacobucci, ed., *Kellogg on Marketing* (New York: John Wiley & Sons, 2001), pp. 247–69; Michaela Draganska, Daniel Klapper, and Sofia B. Villa-Boas, "A Larger Slice or a Larger Pie? An Empirical Investigation of Bargaining Power in the Distribution Channel," *Marketing Science* 29 (January–February 2010), pp. 57–74.

26. These bases of power were identified in John R. P. French and Bertram Raven, "The Bases of Social Power," in Dorwin Cartwright, ed., *Studies in Social Power* (Ann Arbor: University of Michigan Press, 1959), pp. 150–67.

27. V. Kasturi Rangan, *Transforming Your Go-to-Market Strategy: The Three Disciplines of Channel Management* (Boston: Harvard Business School Press, 2006).

28. Stefan Wuyts, Stefan Stremersch, Christophe Van Den Bulte, and Philip Hans Franses, "Vertical Marketing Systems for Complex Products: A Triadic Perspective," *Journal of Marketing Research* 41 (November 2004), pp. 479–87.

29. Arnt Bovik and George John, "When Does Vertical Coordination Improve Industrial Purchasing Relationships?" *Journal of Marketing* 64 (October 2000), pp. 52–64; Elizabeth Aguirre, Dominik Mahr, Ko de Ruyter, Dhruv Grewal, Jan Pelser, and Martin Wetzels, "The Effect of Review Writing on Learning Engagement in Channel Partner Relationship Management," *Journal of Marketing* 82, no. 2 (2018), pp. 64–84.

30. www.citizensbank.com, accessed 2/9/2021.

31. Cotton Timberlake, "In the iPhone Era, Leica Tries Its Own Stores," *Bloomberg Businessweek*, June 18, 2012.

32. For a detailed case study example, see Jennifer Shang, Tuba Pinar Yildrim, Pandu Tadikamalla, Vikas Mittal, and Lawrence Brown, "Distribution Network Redesign for Marketing Competitiveness," *Journal of Marketing* 73 (March 2009), pp. 146–63.

33. Xinlei Chen, George John, and Om Narasimhan, "Assessing the Consequences of a Channel Switch," *Marketing Science* 27 (May–June 2008), pp. 398–416.

34. Edward Moltzen, "Apple Grows, But So Does Channel Conflict," *CRN*, July 27, 2007; Steven Burke, "Apple Partners Speak Out on Channel Conflict," *CRN*, October 12, 2015.

35. Moeen Naseer Butt, Kersi D. Antia, Brian R. Murtha, and Vishal Kashyap, "Clustering, Knowledge Sharing, and Intrabrand Competition: A Multiyear Analysis of an Evolving Franchise System," *Journal of Marketing* 82, no. 1 (2018), pp. 74–92.

36. For a more thorough academic examination that shows the benefits to suppliers from Walmart expanding its market, see Qingyi Huang, Vincent R. Nijs, Karsten Hansen, and Eric T. Anderson, "Wal-Mart's Impact on Supplier Profits," *Journal of Marketing Research* 49 (April 2012), pp. 131–43.

37. Tony Haitao Cui and Paola Mallucci, "Fairness Ideals in Distribution Channels," *Journal of Marketing Research* 53, no. 6 (2016), pp. 969–87.

38. For some examples of when conflict can be viewed as helpful, see Anil Arya and Brian Mittendorf, "Benefits of Channel Discord in the Sale of Durable Goods," *Marketing Science* 25 (January–February 2006), pp. 91–96.

39. Danny T. Wang, Flora F. Gu, and Maggie Chuoyan Dong, "Observer Effects of Punishment in a Distribution Network," *Journal of Marketing Research* 50 (October 2013), pp. 627–43; Sara Van der Maelen, Els Breugelmans, and Kathleen Cleeren, "The Clash of the Titans: On Retailer and Manufacturer Vulnerability in Conflict Delistings," *Journal of Marketing* 81, no. 1 (2017), pp. 118–35.

40. This section draws on Robert Palmatier, Louis W. Stern, and Adel I. El-Ansary, *Marketing Channel Strategy*, 8th ed. (New York, NY: Routledge, 2017). See also Jonathan D. Hibbard, Nirmalya Kumar, and Louis W. Stern, "Examining the Impact of Destructive Acts in Marketing Channel Relationships," *Journal of Marketing Research* 38 (February 2001), pp. 45–61; Alberto Sa Vinhas and Erin Anderson, "How Potential Conflict Drives Channel Structure: Concurrent (Direct and Indirect) Channels," *Journal of Marketing Research* 42 (November 2005), pp. 507–15.

41. Niraj Dawar and Jason Stornelli, "Rebuilding the Relationship between Manufacturers and Retailers," *MIT Sloan Management Review* (Winter 2013), pp. 83–90.

42. Nirmalya Kumar, "Living with Channel Conflict," *CMO Magazine* (October 2004).

43. Kersi D. Antia, Xu (Vivian) Zheng, and Gary L. Frazier, "Conflict Management and Outcomes in Franchise Relationships: The Role of Regulation," *Journal of Marketing Research* 50 (October 2013), pp. 577–89. Kersi D. Antia, Sudha Mani, and Kenneth H. Wathne, "Franchisor–Franchisee Bankruptcy and the Efficacy of Franchisee Governance," *Journal of Marketing Research* 54, no. 6 (2017), pp. 952–67.

44. Andrew Kaplan, "All Together Now?" *Beverage World* (March 2007), pp. 14–16.

45. Debra Hoffman, "Gartner Supply Chain Top 25," www.gartner.com, May 30, 2013.

46. "The Total Package," *Bloomberg Businessweek*, Special Advertising Section, November 28, 2011; Geoff Colvin, "The Trade Tracker," *Fortune*, November 7, 2011; Helen Coster, "Calculus for Truckers," *Forbes*, September 12, 2011; "All the Right Moves," *Fortune*, Special Advertising Section, May 2, 2011.

47. Marketing Insight sources: "Showrooming Threat Hits Major Chains," www.warc.com, March 1, 2013; "'Showrooming' Grows in U.S.," www.warc.com, February 4, 2013; Miriam Gottfried, "How to Fight Amazon.com, Best Buy–Style," *Wall Street Journal*, November 20, 2016; Ruth Bolton, "Can E-Commerce Save Retail?," *Entrepreneur*, October 19, 2020.

48. Marketing Spotlight sources: Kasra Ferdows, Michael A. Lewis, and Jose Machuca, "Rapid-fire Fulfillment," *Harvard Business Review* 82, no. 11 (2004), pp. 104–17; Thompson, Derek, "Zara's Big Idea: What the World's Top Fashion Retailer Tells Us about Innovation," *The Atlantic*, November 13, 2012; Martin Roll, "The Secret of Zara's Success: A Culture of Customer Co-creation," MartinRoll.com, August 11, 2018; Stephen Wilmot, "Zara's Blues: What's Keeping World's Most Valuable Fashion Retailer Down," *Wall Street Journal* (March 12, 2018); Rodrigo Orihuela, "Zara Owner's Lean Business Model Helps It Cope With Pandemic," *Bloomberg*, September 16, 2020; www.zara.com, accessed 11/26/2020.

49. Marketing Spotlight sources: Cheryl A. Bachelder, "The CEO of Popeyes on Treating Franchisees as the Most Important Customers," *Harvard Business Review*, September 06, 2016; Lydia DePillis, "How Popeyes Went Upscale," *Washington Post*, September 27, 2013; Daniela Galarza, "How Popeyes Turned Spicy Chicken into a $1.8 Billion Payday," *Eater*, February 24, 2017; https://popeyes.com/our-story, accessed 11/26/2020.

16

1. Chad Bray and Vanessa Friedman, "Yoox to Merge with Net-a-Porter in All-Share Deal" *New York Times*, March 31, 2015; Lucy Yeomans, "The Net Set: Meet the Team Who Persuade You to Spend £500 Every Time You Log on to Net-A-Porter," *Evening Standard*, February 13, 2013; Lucy England, "The Spectacular Life of Net-a-Porter Founder Natalie Massenet," *Business Insider*, September 3, 2015; www.net-a-porter.com/en-us/content/about-us, accessed 11/26/2020.

2. https://www.wholefoodsmarket.com/company-info, accessed 11/26/2020.

3. Ann Zimmerman and Kris Hudson, "Chasing Upscale Customers Tarnishes Mass-Market Jeweler," *Wall Street Journal*, June 26, 2006.

4. Robert P. Rooderkerk, Harald J. van Heerde, and Tammo H. A. Bijmolt, "Optimizing Retail Assortment," *Marketing Science* 32 (September–October 2013), pp. 699–715; Xiaoyan Deng, Barbara E. Kahn, H. Rao Unnava, and Hyojin Lee, "A 'Wide' Variety: Effects of Horizontal versus Vertical Display on Assortment Processing, Perceived Variety, and Choice," *Journal of Marketing Research* 53, no. 5 (2016), pp. 682–98.

5. Richard A. Briesch, William R. Dillon, and Edward J. Fox, "Category Positioning and Store Choice: The Role of Destination Categories," *Marketing Science* 32 (May–June 2013), pp. 488–509.

6. George Anderson, "Why Are Trader Joe's Customers the Most Satisfied In America?" *Forbes*, July 30, 2013; Beth Kowitt, "Inside the Secret World of Trader Joe's," *Fortune*, August 23, 2010; Christopher Palmeri, "Trader Joe's Recipe for Success," *Bloomberg BusinessWeek*, February 21, 2008; www.traderjoes.com/our-story, accessed 11/26/2020.

7. Robert Klara, "Something in the Air," *Adweek*, March 5, 2012, pp. 25–27.

8. www.dickssportinggoods.com/s/about-us, accessed 11/26/2020.

9. Velitchka D. Kaltcheva and Barton Weitz, "When Should a Retailer Create an Exciting Store Environment?" *Journal of Marketing* 70 (January 2006), pp. 107–18; Jennifer J. Argo and Darren W. Dahl, "Standards of Beauty: The Impact of Mannequins in the Retail Context," *Journal of Consumer Research* 44, no. 5 (2018), pp. 974–90.

10. Dave Hodges, "Fans Welcome Bass Pro Shops to Town," Tallahassee.com, September 5, 2013; Seth Lubove, "Bass Pro Billionaire Building Megastore with Boats, Guns," *Bloomberg Businessweek*, June 3, 2013; Brian Hauswirth, "Missouri-Based

Bass Pro and Cabela's Officially Join Forces," Missourinet, September 25, 2017; https://about.basspro.com, accessed 11/26/2020.

11. Venkatesh Shankar and Ruth N. Bolton, "An Empirical Analysis of Determinants of Retailer Pricing Strategy," *Marketing Science* 23 (Winter 2004), pp. 28–49.
12. Karsten Hansen and Vishal Singh, "Market Structure across Retail Formats," *Marketing Science* 28 (July–August 2009), pp. 656–73.
13. Samuel Hine, "High Times at the House of Bijan," *GQ*, August 27, 2018.
14. www.lumberliquidators.com, accessed 11/26/2020.
15. Paul W. Miniard, Shazad Mustapha Mohammed, Michael J. Barone, and Cecilia M. O. Alvarez, "Retailers' Use of Partially Comparative Pricing: From Across-Category to Within-Category Effects," *Journal of Marketing* 77 (July 2013), pp. 33–48; Jiwoong Shin, "The Role of Selling Costs in Signaling Price Image," *Journal of Marketing Research* 42 (August 2005), pp. 305–12.
16. For a comprehensive framework of the key image drivers of price image formation for retailers, see Ryan Hamilton and Alexander Chernev, "Low Prices Are Just the Beginning: Price Image in Retail Management," *Journal of Marketing* 77 (November 2013), pp. 1–20.
17. Michael Tsiros and David M. Hardesty, "Ending a Price Promotion: Retracting It in One Step or Phasing It Out Gradually," *Journal of Marketing* 74 (January 2010), pp. 49–64; Kusum L. Ailawadi, Yu Ma, and Dhruv Grewal, "The Club Store Effect: Impact of Shopping in Warehouse Club Stores on Consumers' Packaged Food Purchases," *Journal of Marketing Research* 55, no. 2 (2018), pp. 193–207.
18. David R. Bell and James M. Lattin, "Shopping Behavior and Consumer Preference for Retail Price Format: Why 'Large Basket' Shoppers Prefer EDLP," *Marketing Science* 17 (Spring 1998), pp. 66–68.
19. Paul B. Ellickson, Sanjog Misra, and Harikesh S. Nair, "Repositioning Dynamics and Pricing Strategy," *Journal of Marketing Research* 49 (December 2012), pp. 750–72.
20. Stephanie Clifford and Catherine Rampell, "Sometimes, We Want Price to Fool Us, *New York Times*, April 13, 2013; "Why Walmart Can Pull Off 'Everyday Low Prices' but Everyone Else Keeps Failing," *Business Insider*, September 3, 2012; Alexander Chernev, "Why Everyday Low Pricing Might Not Fit J.C. Penney," www.bloomberg.com, May 17, 2012.
21. "How Mobile Coupons Are Driving an Explosion in Mobile Commerce," *Business Insider*, August 12, 2013.
22. Sam K. Hui, J. Jeffrey Inman, Yanliu Huang, and Jacob Suher, "The Effect of In-Store Travel Distance on Unplanned Spending: Applications to Mobile Promotion Strategies," *Journal of Marketing* 77 (March 2013), pp. 1–16.
23. Lauren Brousel, "5 Things You Need to Know about Geofencing," *CIO*, August 28, 2013; Dana Mattioli and Miguel Bustillo, "Can Texting Save Stores?" *Wall Street Journal*, May 8, 2012.
24. https://cvshealth.com/about/facts-and-company-information, accessed 3/11/2021.
25. K. C. Ifeanyi, "Burberry Makes It Rain in Taipei," *Fast Company*, April 27, 2012; Barry Silverstein, "The Future of Retail: Reinventing and Preserving the In-Store Experience," www.brandchannel.com, March 22, 2013.
26. Anthony Dukes and Yunchuan Liu, "In-Store Media and Distribution Channel Coordination," *Marketing Science* 29 (January–February 2010), pp. 94–107; Pierre Chandon, J. Wesley Hutchinson, Eric Bradlow, and Scott Young, "Does In-Store Marketing Work? Effects of the Number and Position of Shelf Facings on Brand Attention and Evaluation at the Point of Purchase," *Journal of Marketing Research* 73 (November 2009), pp. 1–17.
27. Ashley Lutz, "Why the Lingerie Industry Can't Compete with Victoria's Secret," *Business Insider*, September 2, 2013; Sapna Maheshwari, "Victoria's Secret Channels Mad Men into Hottest Limited," *Bloomberg Businessweek*, November 12, 2012; Kristina Monllos, "Why Victoria's Secret Won't Be Mailing Out Any More Catalogs," *Adweek*, May 24, 2016; https://www.lb.com/our-brands/victorias-secret, accessed 11/26/2020.
28. Sarah Frier, "Gilt Groupe CEO Seeks to Prove Flash Sales Are No Fad," *Bloomberg Businessweek*, August 1, 2013; Shelley Dubois, "What's Gilt Groupe's Secret Weapon?" *Fortune*, March 5, 2012; Claire Cain Miller, "Flash-Sale Site Shifts Its Model," *New York Times*, August 14, 2011.
29. Alexis K. J. Barlow, Noreen Q. Siddiqui, and Mike Mannion, "Development in Information and Communication Technologies for Retail Marketing Channels," *International Journal of Retail and Distribution Management* 32 (March 2004), pp. 157–63.
30. Chantal Tode, "Walmart Boosts Scan & Go Self-Checkout with Mobile Coupons," *Mobile Commerce Daily*, August 2, 2013; "Walmart Takes on Amazon," www.warc.com, March 29, 2013; Farhad Manjoo, "Dot Convert," *Fast Company* (December 2012/January 2013); Shelly Banjo, "Wal-Mart Is Testing Mobile Checkout," *Wall Street Journal*, September 1, 2012; Dennis Green, "How Walmart Turned Its $3.3 Billion Acquisition of Jet.com into its Greatest Weapon against Amazon," *Business Insider*, September 29, 2017.
31. E. J. Schultz, "Grocery Shoppers Continue to Spend Less, Embrace Private Label," *Advertising Age*, June 10, 2011.
32. Matthew Boyle, "Even Better than the Real Thing," *Bloomberg Businessweek*, November 28, 2011.
33. Lien Lamey, Barbara Deleersnyder, Jan-Benedict E. M. Steenkamp, and Marnik G. Dekimpe, "The Effect of Business-Cycle Fluctuations on Private-Label Share: What Has Marketing Conduct Got to Do with It?" *Journal of Marketing* 76 (January 2012), pp. 1–19.
34. Kusum Ailawadi and Bari Harlam, "An Empirical Analysis of the Determinants of Retail Margins: The Role of Store-Brand Share," *Journal of Marketing* 68 (January 2004), pp. 147–65.
35. Anne ter Braak, Marnik G. Dekimpe, and Inge Geyskens, "Retailer Private-Label Margins: The Role of Supplier and Quality-Tier Differentiation," *Journal of Marketing* 77 (July 2013), pp. 86–103.
36. For a detailed analysis of contemporary research on private labels, see Michael R. Hyman, Dennis A. Kopf, and Dongdae Lee, "Private Label Brands: Benefits, Success Factors, and Future Research, *Journal of Brand Management* 17 (March 2010), pp. 368–89. See also Kusum Ailawadi, Koen Pauwels, and Jan-Benedict E. M. Steenkamp, "Private Label Use and Store Loyalty," *Journal of Marketing* 72 (November 2008), pp. 19–30; Kristopher O. Keller, Marnik G. Dekimpe, and Inge Geyskens, "Let Your Banner Wave? Antecedents and Performance Implications of Retailers' Private-Label Branding Strategies," *Journal of Marketing* 80, no. 4 (2016), pp. 1–19.
37. Matthew Boyle, "Even Better Than the Real Thing," *Bloomberg Businessweek*, November 28, 2011.
38. Grant Surridge, "Brands of the Year: Rediscovering the Loblaw Story," *Strategy*, September 28, 2012; Jim Chrizan, "Loblaws Reverses Private Label Trend," *Packaging World*, January 22, 2010; "Loblaw Launches a New Line of Discount Store Brands," *Store Brand Decisions*, February 16, 2010; www.loblaw.ca/en/about-us.html, accessed 11/26/2020.
39. Jan-Benedict E. M. Steenkamp and Nirmalya Kumar, "Don't Be Undersold," *Harvard Business Review* (December 2009), p. 91; Nirmalya Kumar and Jan-Benedict E. M. Steenkamp, *Private Label Strategy: How to Meet the Store-Brand Challenge* (Boston: Harvard Business School Press, 2007).
40. www.amerisourcebergen.com/abcnew/about-our-history, accessed 11/26/2020.
41. www.arrow.com/en/about-arrow/overview and http://fortune.com/fortune500/arrow-electronics/ accessed 11/26/2020.
42. Marketing Insight sources: Alexander Chernev, *Strategic Marketing Management: Theory and Practice* (Chicago, IL: Cerebellum Press, 2019); Alexander Chernev and Ryan Hamilton, "Price Image in Retail Management," Katrijn Gielens and Els Gijsbrechts, eds., *Handbook of Research on Retailing* (Northampton: Edward-Elgar Publishing, 2018), pp.132–52; Ryan Hamilton and Alexander Chernev, "Low Prices Are Just the Beginning: Price Image in Retail Management," *Journal of Marketing* 77, no. 6 (2013), pp. 1–20.
43. Marketing Spotlight sources: David Aaker, "6 Reasons Why Uniqlo Is Winning," *Prophet* (June 19, 2018); Jeff Chu, "Cheap, Chic, and Made for All: How Uniqlo Plans to Take Over Casual Fashion," *Fast Company*, June 18, 2012; Stuart Emmrich, "What's Smoother Than a Federer Backhand? His $300 Million Uniqlo Deal," *New York Times*, September 8, 2018; Martin Roll, "Uniqlo—The Strategy behind the Japanese Fast Fashion Retail Brand," MartinRoll.com, August 9, 2018; Jack Houston, "Sneaky Ways Stores Like H&M, Zara, and Uniqlo Get You to Spend More Money on Clothes," *Business Insider*, January 15, 2019; www.uniqlo.com, accessed 11/26/2020.
44. Marketing Spotlight sources: Kevin Roose, "Best Buy's Secrets for Thriving in the Amazon Age," *New York Times*, September 18, 2017; Susan Berfield and Matthew Boyle, "Best Buy Should Be Dead, But It's Thriving in the Age of Amazon," *Bloomberg Businessweek*, July 19, 2018; Walter Loeb. "Best Buy Focuses on Shop-In-Shop Sales and Makes Changes for Growth," *Forbes*, August 08, 2016; www.statista.com/statistics/249573/global-revenue-of-best-buy, accessed 9/24/2020; www.bestbuy.com, accessed 11/26/2020.

17

1. "General Motors Strengthens Core Business and Future Mobility," General Motors press release, January 11, 2019; Jack Stewart, "With a Cadillac SUV, GM Shows a New Way to An Electric World," *Wired*, January 15, 2019; www.gm.com/our-company/about-gm.html, accessed 11/26/2020.
2. Igor Ansoff, *Strategic Management* (New York, NY: *John Wiley & Sons*, 1979).
3. Diane Mermigas, "ESPN Could Be Digital Sports Nirvana," www.mediapost.com, January 14, 2011; www.worldofespn.com, accessed 11/26/2020.
4. "Merck: Acquisitions & Divestments," www.merckgroup.com, October 23, 2010; www.crunchbase.com/organization/merck-co-inc/acquisitions/acquisitions_list#section-acquisitions, 11/26/2020.
5. Peter Svensson, "Sprint's Nextel to Be Shut Off as Early as June 2013," *Huffington Post*, May 29, 2012.
6. Alok R. Saboo, Amalesh Sharma, Anindita Chakravarty, and V. Kumar, "Influencing Acquisition Performance in High-Technology Industries: The Role of Innovation and Relational Overlap," *Journal of Marketing Research* 54, no. 2 (2017), pp. 219–238.
7. Theodore Levitt, "Innovative Imitation," *Harvard Business Review* (September–October 1966), p. 63. Also see Steven P. Schnaars, *Managing Imitation Strategies: How Later Entrants Seize Markets from Pioneers* (New York: Free Press, 1994).
8. Amir Efrati, "Clone Wars Roil App World," *Wall Street Journal*, March 4, 2013; Ben Rooney, "Rise of a Cloner Draws VC Fans and Critics," *Wall Street Journal*, May 17, 2012; Brian Caulfield, "The Predator," *Forbes*, March 12, 2012.
9. www.ralstonfoodservice.com/ralstonbrands.html, accessed 3/11/2021.
10. Claire Ruckin, "RLPC-Distressed Debt Investors Eye Spain's Telepizza–Bankers," *Reuters*, March 8, 2013; https://www.globalconveniencestorefocus.co.uk/features/happiness-delivered-by-spains-telepizza, accessed 11/26/2020.
11. Felix Gillette, "Inside Big Pharma's Fight against the $75 Billion Counterfeit Drug Business," *Bloomberg Businessweek*, January 17, 2013.
12. "Pretty Profitable Parrots," *The Economist*, May 12, 2012.
13. Rajendra S. Sisodia, David B. Wolfe, and Jagdish N. Sheth, *Firms of Endearment: How World-Class Companies Profit from Passion & Purpose* (Upper Saddle River, NJ: Wharton School Publishing, 2007); Ashlee Humphreys and Gregory S. Carpenter. "Status Games: Market Driving through Social Influence in the U.S. Wine Industry," *Journal of Marketing* 82, no. 5 (2018), pp. 141–59; Alexander Edeling and Alexander Himme, "When Does Market Share Matter? New Empirical Generalizations from a Meta-Analysis of the Market Share–Performance Relationship," *Journal of Marketing* 82, no. 3 (2018), pp. 1–24.
14. William M. Bulkeley, "Xerox Tries to Go beyond Copiers," *Wall Street Journal*, February 24, 2009, p. B5; Ellen McGirt, "Fresh Copy," *Fast Company* (December 2011–January 2012), pp. 130–38; Christa Carone "Xerox's Brand Repositioning Challenge," *Advertising Age*, March 12, 2013; www.xerox.com/en-us/about, accessed 11/26/2020.
15. Priya Raghubir and Eric A. Greenleaf, "Ratios in Proportion: What Should the Shape of the Package Be?" *Journal of Marketing* 70 (April 2006), pp. 95–107; Valerie Folkes and Shashi Matta, "The Effect of Package Shape on Consumers' Judgments of Product Volume: Attention as a Mental Contaminant," *Journal of Consumer Research* 31 (September 2004), pp. 390–401.
16. Sarah Nassaur, "The Psychology of Small Packages," *Wall Street Journal*, April 15, 2013.

17. Andrew Adam Newman, "Too Much Holiday Food? This Campaign's for You," *New York Times*, November 29, 2011.

18. John D. Cripps, "Heuristics and Biases in Timing the Replacement of Durable Products," *Journal of Consumer Research* 21 (September 1994), pp. 304–18.

19. "Creative New Monroe Marketing Campaign Reminds Consumers to Replace Worn Shocks and Struts," www.monroe.com, March 18, 2013.

20. Gregory S. Carpenter and Kent Nakamoto, "Consumer Preference Formation and Pioneering Advantage," *Journal of Marketing Research* 26 (August 1989), pp. 285–98.

21. William T. Robinson and Sungwook Min, "Is the First to Market the First to Fail? Empirical Evidence for Industrial Goods Businesses," *Journal of Marketing Research* 39 (February 2002), pp. 120–28.

22. Kurt A. Carlson, Margaret G. Meloy, and J. Edward Russo, "Leader-Driven Primacy: Using Attribute Order to Affect Consumer Choice," *Journal of Consumer Research* 32 (March 2006), pp. 513–18.

23. Gerald Tellis and Peter Golder, *Will and Vision: How Latecomers Can Grow to Dominate Markets* (New York: McGraw-Hill, 2001); Rajesh K. Chandy and Gerald J. Tellis, "The Incumbent's Curse? Incumbency, Size, and Radical Product Innovation," *Journal of Marketing Research* 64 (July 2000), pp. 1–17. See also Dave Ulrich and Norm Smallwood, "Building a Leadership Brand," *Harvard Business Review* (July–August 2007), pp. 93–100; V. Kumar and Anita Pansari, "Competitive Advantage through Engagement," *Journal of Marketing Research* 53, no. 4 (2016), pp. 497–514.

24. Sungwook Min, Manohar U. Kalwani, and William T. Robinson, "Market Pioneer and Early Follower Survival Risks: A Contingency Analysis of Really New versus Incrementally New Product–Markets," *Journal of Marketing* 70 (January 2006), pp. 15–35. See also Raji Srinivasan, Gary L. Lilien, and Arvind Rangaswamy, "First In, First Out? The Effects of Network Externalities on Pioneer Survival," *Journal of Marketing* 68 (January 2004), pp. 41–58.

25. Tim Higgins, "GM's First Mover Disadvantage," *Bloomberg Businessweek*, October 1, 2012.

26. Venkatesh Shankar, Gregory S. Carpenter, and Lakshman Krishnamurthi, "Late Mover Advantage: How Innovative Late Entrants Outsell Pioneers," *Journal of Marketing Research* 35 (February 1998), pp. 54–70; Elena Reutskaja and Barbara Fasolo, "It's Not Necessarily Best to Be First," *Harvard Business Review* (January–February 2013), pp. 28–29.

27. Peter N. Golder, "Historical Method in Marketing Research with New Evidence on Long-term Market Share Stability," *Journal of Marketing Research* 37 (May 2000), pp. 156–72; Peter N. Golder and Gerald J. Tellis, "Pioneer Advantage: Marketing Logic or Marketing Legend?" *Journal of Marketing Research* 30 (May 1993), pp. 34–46.

28. Peter N. Golder, Julie R. Irwin, and Debanjan Mitra, "Long-term Market Leadership Persistence: Baselines, Economic Conditions, and Category Types," MSI Report 13-110, Marketing Science Institute (2013).

29. Frank Shyong, "Sriracha Hot Sauce Purveyor Turns Up the Heat," *Los Angeles Times*, April 12, 2103; Caleb Hannan, "Burning Sensation," *Bloomberg Businessweek*, February 21, 2013, pp. 66–69.

30. Karsten Strauss, "Sound Judgment," *Forbes*, April 15, 2013, pp. 68–69.

31. Robert Klara, "Burning for You," *Adweek*, May 21, 2012; James R. Hagerty, "Zippo Preps for a Post-Smoker World," *Wall Street Journal*, March 8, 2011; Michael Learmonth, "Zippo Reignites Brand with Social Media, New Products," *Advertising Age*, August 10, 2009, p. 12; Thomas A. Fogarty, "Keeping Zippo's Flame Eternal," *USA Today*, June 24, 2003; www.zippo.com/pages/about-us, accessed 11/26/2020.

32. Matt Townsend, "Under Armour Finds Feminine Side to Go beyond $2 Billion," *Bloomberg Businessweek*, February 15, 2013; John Kell, "Under Armour Arrives on Global Stage," *Wall Street Journal*, June 3, 2012, p. B2; Jeremy Mullman, "Protecting This Brand While Running Ahead," *Advertising Age*, January 12, 2009, p. 16; Stephanie N. Mehta, "Under Armour Reboots," *Fortune*, February 2, 2009, pp. 29–33. https://about.underarmour.com/about, accessed 11/26/2020.

33. "Daimler Takes Balanced Approach," www.warc.com, November 28, 2012.

34. Nirmalya Kumar, Lisa Sheer, and Philip Kotler, "From Market Driven to Market Driving," *European Management Journal* 18 (April 2000), pp. 129–42;

Sudhir Voleti, Manish Gangwar, and Praveen K. Kopalle. "Why the Dynamics of Competition Matter for Category Profitability," *Journal of Marketing* 81, no. 1 (2017), pp. 1–16.

35. Much of the remaining section on proactive marketing is based on an insightful book by Leonardo Araujo and Rogerio Gava, *The Proactive Enterprise: How to Anticipate Market Changes* (Hampshire, UK: Palgrave Macmillan, 2012). See also Eelco Kappe, Sriram Venkataraman, and Stefan Stremersch, "Predicting the Consequences of Marketing Policy Changes: A New Data Enrichment Method with Competitive Reactions," *Journal of Marketing Research* 54, no. 5 (2017), pp. 720–36.

36. Jonathan Glancey, "The Private World of the Walkman," *Guardian,* October 11, 1999.

37. For some contemporary perspectives on defense strategies, see Timothy Calkins, *Defending Your Brand: How Smart Companies Use Defense Strategy to Deal with Competitive Attacks* (New York: Palgrave Macmillan, 2012).

38. These six defense strategies, as well as the five attack strategies, are taken from some classic work by Philip Kotler and Ravi Singh, "Marketing Warfare in the 1980s," *Journal of Business Strategy* (Winter 1981), pp. 30–41.

39. Jaideep Prabhu and David W. Stewart, "Signaling Strategies in Competitive Interaction: Building Reputations and Hiding the Truth," *Journal of Marketing Research* 38 (February 2001), pp. 62–72.

40. Yuhong Wu, Sridhar Balasubramanian, and Vijay Mahajan, "When Is a Preannounced New Product Likely to Be Delayed?" *Journal of Marketing* 68 (April 2004), pp. 101–13; Barry L. Bayus, Sanjay Jain, and Ambar G. Rao, "Truth or Consequences: An Analysis of Vaporware and New-Product Announcements," *Journal of Marketing Research* 38 (February 2001), pp. 3–13.

41. Marshall Eckblad, "Sara Lee No More: A Hillshire Is Born," *Wall Street Journal,* June 6, 2012; Emily Bryson York, "Sara Lee to Split into Two Businesses," *Los Angeles Times,* January 28, 2011.

42. E.J. Schultz, "Kraft's New Grocery Company Plans Marketing Boost in Search of 'Renaissance,'" *Advertising Age,* September 7, 2012; Paul Ziobro, "Kraft Defends Split," *Wall Street Journal,* September 8, 2011; www.kraftheinzcompany.com/company.html, accessed 11/26/2020.

43. Theodore Levitt, "Exploit the Product Life Cycle," *Harvard Business Review* 43 (November–December 1965).

44. Rajesh J. Chandy, Gerard J. Tellis, Deborah J. MacInnis, and Pattana Thaivanich, "What to Say When: Advertising Appeals in Evolving Markets," *Journal of Marketing Research* 38 (November 2001), pp. 399–414.

45. Dennis K. Berman, "Zipcar: Entrepreneurial Genius, Public-Company Failure," *Wall Street Journal,* January 2, 2013; Mark Clothier, "Can Hertz Outrun Zipcar in Hourly Car Rentals?" *Bloomberg Businessweek,* March 29, 2012; Paul Keegan, "The Best New Idea in Business," *Fortune,* September 14, 2009, pp. 42–52; www.zipcar.com/about, accessed 11/26/2020.

46. Rita Gunther McGrath, "Transient Advantage," *Harvard Business Review* (June 2013), pp. 62–70.

47. Simon Zekaria, "Electrolux Moves to Add Sizzle to Its Brand," *Wall Street Journal,* September 30, 2012; Ola Kinnander and Kim McLaughlin, "Electrolux Wants to Rule the Appliance World," *Bloomberg Businessweek,* March 28, 2011; Trond Riiber Knudsen, "Escaping the Middle-Market Trap: An Interview with CEO of Electrolux," *McKinsey Quarterly* (December 2006), pp. 72–79; www.electroluxappliances.com/About-Electrolux/About-US/, accessed 11/26/2020.

48. Jorge Cauz, "Encyclopædia Britannica's President on Killing Off a 244-Year-Old Product," *Harvard Business Review* (March 2013), pp. 39–42.

49. Laurence P. Feldman and Albert L. Page, "Harvesting: The Misunderstood Market Exit Strategy," *Journal of Business Strategy* (Spring 1985), pp. 79–85; Philip Kotler, "Harvesting Strategies for Weak Products," *Business Horizons* (August 1978), pp. 15–22.

50. Stuart Elliott, "Those Shelved Brands Start to Look Tempting," *New York Times,* August 21, 2008.

51. Rajan Varadarajan, Mark P. DeFanti, and Paul S. Busch, "Brand Portfolio, Corporate Image, and Reputation: Managing Brand Deletions," *Journal of the Academy of Marketing Science* 34 (Spring 2006), pp. 195–205; Nirmalya Kumar, "Kill a Brand, Keep a Customer," *Harvard Business Review* (December 2003), pp. 86–95.

52. Youngme Moon, "Break Free from the Product Life Cycle," *Harvard Business Review* (May 2005), pp. 87–94.

53. John E. Swan and David R. Rink, "Fitting Market Strategy to Varying Product Life Cycles," *Business Horizons* (January–February 1982), pp. 72–76; Gerald J. Tellis and C. Merle Crawford, "An Evolutionary Approach to Product Growth Theory," *Journal of Marketing* 45 (Fall 1981), pp. 125–34.

54. Theodore Levitt, "Exploit the Product Life Cycle," *Harvard Business Review* (November–December 1965), pp. 81–94.

55. Katy McLaughlin, "Macaroni Grill's Order: Cut Calories, Keep Customers," *Wall Street Journal,* September 16, 2009, p. B6.

56. Hubert Gatignon and David Soberman, "Competitive Response and Market Evolution," in Barton A. Weitz and Robin Wensley, eds., *Handbook of Marketing* (London, UK: Sage Publications, 2002), pp. 126–47; Robert D. Buzzell, "Market Functions and Market Evolution," *Journal of Marketing* 63 (Special Issue 1999), pp. 61–63.

57. Marketing Insight sources: Venkatesh Shankar, Gregory Carpenter, and Lakshman Krishnamurthi, "Late-Mover Advantage: How Innovative Late Entrants Outsell Pioneers," *Journal of Marketing Research* 35 (February 1998), pp. 54–70; Gregory S. Carpenter and Kent Nakamoto, "The Impact of Consumer Preference Formation on Marketing Objectives and Competitive Second-Mover Strategies," *Journal of Consumer Psychology* 5 (1996), pp. 325–58.

58. Marketing Spotlight sources: Sayan Chatterjee, *Airbnb: Business Model Development and Future Challenges* (Case Western Reserve University, 2016, case W16782); Biz Carson, "Airbnb Targets More than Travelers: Company Courts Businesses for Relocation, Team-Building," *Forbes,* September 06, 2018; Christine Birkne, "Here's How Airbnb Disrupted the Travel Industry," *Adweek,* May 26, 2016; Derek Thompson, "Airbnb and the Unintended Consequences of 'Disruption,'" *The Atlantic,* February 17, 2018; Aly Yale, "10 Years after Airbnb, Real Estate Developers See the Money in Home-sharing," *Forbes,* October 17, 2018; Thales Teixeira and Morgan Brown, *Airbnb, Etsy, Uber: Acquiring the First Thousand Customers* (Harvard Business School Publishing, 2018, case 9-516-094); Thales Teixeira and Morgan Brown, *Airbnb, Etsy, Uber: Growing from One Thousand to One Million Customers* (Harvard Business School Publishing, 2018, case 9-516-108); Erin Griffith, "Airbnb Reveals Falling Revenue, With Travel Hit by Pandemic," *The New York Times,* November 16, 2020.

59. Marketing Spotlight sources: American Express, "Membership Rewards Program from American Express Adds Practical Rewards for Tough Economic Times," February 19, 2009; "American Express Company," *Encyclopaedia Britannica*; Charles Duhigg, "Amex, Challenged by Chase, Is Losing the Snob War," *New York Times,* April 14, 2017; https://about.americanexpress.com, accessed 11/26/2020.

18

1. John Seabrook, "How to Make It," *The New Yorker*, September 20, 2010. Rheana Murray, "We Tried Dyson's New Hair Dryer and Here's What Happened," *Today*, April 27, 2016; www.dyson.com, accessed 11/26/2020.

2. Robert Safian, "Terry Kelly, the 'Un-CEO' of W. L. Gore, on How to Deal with Chaos: Grow Up," *Fast Company*, October 2012; "Gary Hamel, "W. L. Gore: Lessons from a Management Revolutionary," *Wall Street Journal*, March 18, 2010; www.gore.com/about, accessed 11/26/2020.

3. Saim Kashmiri and Vijay Mahajan, "Values That Shape Marketing Decisions: Influence of Chief Executive Officers' Political Ideologies on Innovation Propensity, Shareholder Value, and Risk," *Journal of Marketing Research* 54, no. 2 (2017), pp. 260–78.

4. Eddie Yoon and Linda Deeken, "Why It Pays to Be a Category Creator," *Harvard Business Review* (March 2013), pp. 21–23.

5. Eric (Er) Fang, Jongkuk Lee, Robert Palmatier, and Shunping Han, "If It Takes a Village to Foster Innovation, Success Depends on the Neighbors: The Effects of Global and Ego Networks on New Product Launches," *Journal of Marketing Research* 53, no. 3 (2016), pp. 319–37; Tereza Dean, David A. Griffith, and Roger J. Calantone, "New Product Creativity: Understanding Contract Specificity in New Product Introductions," *Journal of Marketing* 80, no. 2 (2016), pp. 39–58.

6. Anne VanderMey, "Dell Gets in Touch with Its Inner Entrepreneur," *Fortune*, December 12, 2011.
7. John Bessant, Kathrin Moslein, and Bettina Von Stamm, "In Search of Innovation," *Wall Street Journal*, March 22, 2009; JC Spender and Bruce Strong, "Who Has Innovative Ideas? Employees," *Wall Street Journal*, June 14, 2012.
8. The section on the stage-gate approach to developing new offerings is adapted from Alexander Chernev, *Strategic Marketing Management: Theory and Practice* (Chicago, IL: Cerebellum Press, 2019).
9. Richard Barrett, "Tata Steel's Cutting Edge," *Metal Bulletin Weekly*, August 13, 2012.
10. Andrew T. Stephen, Peter Pal Zubcsek, and Jacob Goldenberg, "Lower Connectivity Is Better: The Effects of Network Structure on Redundancy of Ideas and Customer Innovativeness in Interdependent Ideation Tasks," *Journal of Marketing Research* 53, no. 2 (2016), pp. 263–29.
11. Jens Martin Skibsted and Rasmus Bech Hansen, "User-Led Innovation Can't Create Breakthroughs; Just Ask Apple and Ikea," *Fast Company*, February 15, 2011.
12. Baojun Jiang and Hongyan Shi, "Intercompetitor Licensing and Product Innovation," *Journal of Marketing Research* 55, no. 5 (2018), pp. 738–51.
13. Hidehiko Nishikawa, Martin Schreier, Christoph Fuchs, and Susumu Ogawa, "The Value of Marketing Crowdsourced New Products as Such: Evidence from Two Randomized Field Experiments," *Journal of Marketing Research* 54, no. 4 (2017), pp. 525–39; Woojung Chang and Steven A. Taylor. "The Effectiveness of Customer Participation in New Product Development: A Meta-Analysis," *Journal of Marketing* 80, no. 1 (2016), pp. 47–64; B. J. Allen, Deepa Chandrasekaran, and Suman Basuroy, "Design Crowdsourcing: The Impact on New Product Performance of Sourcing Design Solutions from the 'Crowd,'" *Journal of Marketing* 82, no. 2 (2018), pp. 106–23.
14. Bruce Horovitz, "Savvy Marketers Let Consumers Call the Shots," *USA Today*, March 24, 2011; www.baskinrobbins.com/content/baskinrobbins/en/aboutus.html, accessed 11/26/2020.
15. Barrett Sheridan, "It's Getting Crowded in Here," *Newsweek*, September 11, 2008.
16. Rupinder P. Jindal, Kumar R. Sarangee, Raj Echambadi, and Sangwon Lee. "Designed to Succeed: Dimensions of Product Design and Their Impact on Market Share," *Journal of Marketing* 80, no. 4 (2016), pp. 72–89.
17. Cindy Atoji Keene, "Shoe Tester Puts His Sole into the Job," *Boston Globe*, November 4, 2012.
18. Ashish Sood and V. Kumar, "Analyzing Client Profitability across Diffusion Segments for a Continuous Innovation," *Journal of Marketing Research* 54, no. 6 (2017), pp. 932–51.
19. Austin Carr, "Starbucks's Leap of Faith," *Fast Company*, June 2013, pp. 46–48; www.starbucks.com/about-us/company-information, accessed 11/26/2020.
20. Amalesh Sharma, Alok R. Saboo, and V. Kumar, "Investigating the Influence of Characteristics of the New Product Introduction Process on Firm Value: The Case of the Pharmaceutical Industry," *Journal of Marketing* 82, no. 5 (2018), pp. 66–85.
21. Jessica Müller-Stewens, Tobias Schlager, Gerald Häubl, and Andreas Herrmann, "Gamified Information Presentation and Consumer Adoption of Product Innovations," *Journal of Marketing* 81, no. 2 (2017), pp. 8–24; Nooshin L. Warren and Alina Sorescu, "Interpreting the Stock Returns to New Product Announcements: How the Past Shapes Investors' Expectations of the Future," *Journal of Marketing Research* 54, no. 5 (2017), pp. 799–815; Nooshin L. Warren and Alina Sorescu. "When 1 + 1 > 2: How Investors React to New Product Releases Announced Concurrently with Other Corporate News," *Journal of Marketing* 81, no. 2 (2017), pp. 64–82; Taewan Kim and Tridib Mazumdar, "Product Concept Demonstrations in Trade Shows and Firm Value," *Journal of Marketing* 80, no. 4 (2016), pp. 90–108.
22. Ted Marzilli, "Fresh Ticket Oak Campaign a Boost for StubHub Perception," *Forbes*, May 23, 2013; Mallory Russell, "Five Questions with StubHub's CMO," *Ad Age*, October 23, 2012; Dinah Eng, "StubHub: Anatomy of a Game-Changing Idea," *Fortune*, July 23, 2012; https://chainstoreage.com/ebay-completes-multi-billion-dollar-sale-stubhub, accessed 11/26/2020; www.stubhub.com/about-us, accessed 11/26/2020.
23. Marketing Insight sources: Everett M. Rogers, *Diffusion of Innovations* (New York: Free Press, 1962); Geoffrey Moore, *Crossing the Chasm: Marketing and Selling High-Tech Products to Mainstream Customers* (New York: HarperBusiness, 1991); Alexander Chernev, *Strategic Marketing Management: Theory and Practice* (Chicago, IL: Cerebellum Press, 2019).
24. Marketing Spotlight sources: Elizabeth MacBride, "How Honest Tea Conquered the US Beverage Market," CNBC, November 12, 2015; "Honest Tea Founders Tell Their Story of Not-Too-Sweet Success," NPR, August 30, 2013; Eric T. Wagner, "Honest Tea: A $100 Million Brand 15 Years in the Making," *Forbes*, January 8, 2014; www.honesttea.com, accessed 11/26/2020.
25. Marketing Spotlight sources: Alex Pasternack, "How WeChat Became China's App for Everything," *Fast Company*, June 29, 2017; Shannon Liao, "How WeChat Came to Rule China," *The Verge*, February 1, 2018; Thomas Graziani. "What Are WeChat Mini-Programs? A Simple Introduction," *WalktheChat*, November 14, 2017; Arjun Kharpal, "Everything You Need to Know about WeChat-China's Billion-User Messaging App," CNBC, February 3, 2019.

19

1. Melanie Whelan, "SoulCycle's CEO on Sustaining Growth in a Faddish Industry," *Harvard Business Review* (July–August 2017); Nicole Hong, "How I Built It: Cycling Chain SoulCycle Spins into Fast Lane," *Wall Street Journal*, Sept. 18, 2013; www.soul-cycle.com/our-story, accessed 11/26/2020.
2. Philip Kotler, Hermawan Kartajaya, and Iwan Setiawan, *Marketing 4.0: Moving from Traditional to Digital* (John Wiley & Sons, 2016). See also David Court, Dave Elzinga, Susan Mulder, and Ole Jørgen Vetvik, "The Consumer Decision Journey," *McKinsey Quarterly* (June 1, 2009).
3. Frederick F. Reichheld, *Loyalty Rules* (Boston: Harvard Business School Press, 2001); Frederick F. Reichheld, *The Loyalty Effect* (Boston: Harvard Business School Press, 1996). See also Sungwook Min, Xubing Zhang, Namwoon Kim, and Rajendra K. Srivastava, "Customer Acquisition and Retention Spending: An Analytical Model and Empirical Investigation in Wireless Telecommunications Markets," *Journal of Marketing Research* 53, no. 5 (2016), pp. 728–44; V. Kumar, Agata Leszkiewicz, and Angeliki Herbst, "Are You Back for Good or Still Shopping Around? Investigating Customers' Repeat Churn Behavior," *Journal of Marketing Research* 55, no. 2 (2018), pp. 208–25; Christophe Van Den Bulte, Emanuel Bayer, Bernd Skiera, and Philipp Schmitt, "How Customer Referral Programs Turn Social Capital into Economic Capital," *Journal of Marketing Research* 55, no. 1 (2018), pp. 132–46.
4. Michael Lewis, "Customer Acquisition Promotions and Customer Asset Value," *Journal of Marketing Research* 63 (May 2006), pp. 195–203; see also Romana Khan, Michael Lewis, and Vishal Singh, "Dynamic Customer Management and the Value of One-to-One Marketing," *Marketing Science* 28 (November–December 2009), pp. 1063–79.
5. Susan M. Keaveney, "Customer Switching Behavior in Service Industries: An Exploratory Study," *Journal of Marketing* 59 (April 1995), pp. 71–82.
6. Jacquelyn S. Thomas, Robert C. Blattberg, and Edward J. Fox, "Recapturing Lost Customers," *Journal of Marketing Research* 61 (February 2004), pp. 31–45.
7. Werner Reinartz and V. Kumar, "The Impact of Customer Relationship Characteristics on Profitable Lifetime Duration," *Journal of Marketing* 67 (January 2003), pp. 77–99; Werner Reinartz and V. Kumar, "The Mismanagement of Customer Loyalty," *Harvard Business Review* (July 2002), pp. 86–97.
8. Gary Hamel, "Strategy as Revolution," *Harvard Business Review*, July–August 1996, pp. 69–82; Leonard L. Berry and A. Parasuraman, *Marketing Services: Computing through Quality* (New York: Free Press, 1991), pp. 136–42.
9. Priya Krishna, "How Wegmans Inspired the Most Rabid Fanbase in the Grocery World," *Thrillist*, February 15/2017; https://www.wegmans.com/about-us, accessed 11/26/2020.
10. Michael Tsiros, Vikas Mittal, and William T. Ross Jr., "The Role of Attributions in Customer Satisfaction: A Reexamination," *Journal of Consumer Research* 31 (September 2004), pp. 476–83. For a succinct review, see Richard L. Oliver, "Customer Satisfaction Research," in Rajiv Grover and Marco Vriens, eds., *Handbook of Marketing Research* (Thousand Oaks, CA: Sage Publications, 2006), pp. 569–87; for an in-depth discussion, see Richard L. Oliver, *Satisfaction: A Behavioral Perspective on the Consumer* (Armonk, NY: M. E. Sharpe, 2010).
11. Jennifer Aaker, Susan Fournier, and S. Adam Brasel, "When Good Brands Do Bad," *Journal of Consumer Research* 31 (June 2004), pp. 1–16; Pankaj Aggrawal, "The Effects of Brand Relationship Norms on Consumer Attitudes and Behavior," *Journal of Consumer Research* 31 (June 2004), pp. 87–101; Florian Stahl, Mark Heitmann, Donald R. Lehmann, and Scott A. Neslin, "The Impact of Brand Equity on Customer Acquisition, Retention, and Profit Margin," *Journal of Marketing* 76 (July 2012), pp. 44–63.
12. Vikas Mittal, William T. Ross, and Patrick M. Baldasare, "The Asymmetric Impact of Negative and Positive Attribute-Level Performance on Overall Satisfaction and Repurchase Intentions," *Journal of Marketing* 62 (January 1998), pp. 333–47.
13. James C. Ward and Amy L. Ostrom, "Complaining to the Masses: The Role of Protest Framing in Customer-Created Complaint Sites," *Journal of Consumer Research* 33 (September 2006), pp. 220–30.
14. For a thorough conceptual discussion, see Peter N. Golder, Debanjan Mitra, and Christine Moorman, "What Is Quality? An Integrative Framework of Processes and States," *Journal of Marketing* 76 (July 2012), pp. 1–23.
15. For influential, classic research, see Robert D. Buzzell and Bradley T. Gale, "Quality Is King," *The PIMS Principles: Linking Strategy to Performance* (New York: Free Press, 1987), pp. 103–34. (PIMS stands for Profit Impact of Market Strategy.)
16. Jena McGregor, "Putting Home Depot's House in Order," *Bloomberg BusinessWeek*, May 14, 2009; Katie Benner, "The Other Side of Home Improvement," *Fortune*, October 29, 2012; https://corporate.homedepot.com/about/history, accessed 11/26/2020.
17. Neil A. Morgan, Eugene W. Anderson, and Vikas Mittal, "Understanding Firms' Customer Satisfaction Information Usage," *Journal of Marketing* 69 (July 2005), pp. 131–51.
18. Timothy L. Keiningham, Lerzan Aksoy, Alexander Buoye, and Bruce Cooil, "Customer Loyalty Isn't Enough. Grow Your Share of Wallet," *Harvard Business Review*, October 2011, pp. 29–31.
19. Eugene W. Anderson and Claes Fornell, "Foundations of the American Customer Satisfaction Index," *Total Quality Management* 11 (September 2000), pp. S869–82; Eugene W. Anderson, Claes Fornell, and Sanal K. Mazvancheryl, "Customer Satisfaction and Shareholder Value," *Journal of Marketing* 68 (October 2004), pp. 172–85.
20. For a thorough and insightful review, see Vikas Mittal and Carly Frenna, "Customer Satisfaction: A Strategic Review and Guidelines for Managers," *Fast Forward Series*, (Cambridge, MA: Marketing Science Institute, 2010). See also Claes Fornell, Sunil Mithas, Forrest V. Morgeson III, and M. S. Krishnan, "Customer Satisfaction and Stock Prices: High Returns, Low Risk," *Journal of Marketing* 70 (January 2006), pp. 3–14.
21. For an empirical comparison of different methods to measure customer satisfaction, see Neil A. Morgan and Lopo Leotto Rego, "The Value of Different Customer Satisfaction and Loyalty Metrics in Predicting Business Performance," *Marketing Science* 25 (September–October 2006), pp. 426–39.
22. Adam M. Grant, "How Customers Can Rally Troops," *Harvard Business Review*, June 2011, pp. 96–103.
23. Frederick F. Reichheld, "Learning from Customer Defections," *Harvard Business Review*, March 3, 2009, pp. 56–69.
24. Dinah Eng "How Maxine Clark Built Build-A-Bear," *Fortune*, March 19, 2012.
25. Joseph C. Nunes and Xavier Drèze, "Feeling Superior: The Impact of Loyalty Program Structure on Consumers' Perception of Status," *Journal of Consumer Research* 35 (April 2009), pp. 890–905; Joseph C. Nunes and Xavier Drèze, "Your Loyalty Program Is Betraying You," *Harvard Business Review* (April 2006), pp. 124–31.
26. Lindsey Peacock, "10 Examples of Innovative Customer Loyalty Programs," *Shopify*, September 4, 2018; https://www.designerbrands.com/our-brands/designer-shoe-warehouse, accessed 11/26/2020.
27. James H. McAlexander, John W. Schouten, and Harold F. Koenig, "Building Brand Community," *Journal of Marketing* 66 (January 2002),

pp. 38–54; Albert M. Muniz Jr. and Thomas C. O'Guinn, "Brand Community," *Journal of Consumer Research* 27 (March 2001), pp. 412–32; Susan Fournier and Lara Lee, "Getting Brand Communities Right," *Harvard Business Review* (April 2009), pp. 105–11.

28. Joseph Weber, "Harley Just Keeps on Cruisin'," *Bloomberg BusinessWeek*, November 6, 2006, pp. 71–72; Robert Klara, "A Whole Different Hog," *Adweek*, July 23, 2012, p. 40; www.harley-davidson.com, accessed 11/26/2020.

29. Christina Chaey, "How to Create Community," *Fast Company* (February 2012), p. 16.

30. Scott A. Thompson and Rajiv K. Sinha, "Brand Communities and New Product Adoption: The Influence and Limits of Oppositional Loyalty," *Journal of Marketing* 72 (November 2008), pp. 65–80.

31. Mavis T. Adjei, Charles H. Noble, and Stephanie M. Noble, "Enhancing Relationships with Customers through Online Brand Communities," *MIT Sloan Management Review* (Summer 2012), pp. 22–24.

32. For a comprehensive set of articles from a variety of perspectives on brand relationships, see Deborah J. MacInnis, C. Whan Park, and Joseph R. Preister, eds., *Handbook of Brand Relationships* (Armonk, NY: M. E. Sharpe, 2009).

33. Peter C. Verhoef and Katherine N. Lemon, "Customer Value Management: Optimizing the Value of the Customer's Base," *Fast Forward Series* (Cambridge, MA: Marketing Science Institute, 2011); Eva Ascarza, Peter Ebbes, Oded Netzer, and Matthew Danielson, "Beyond the Target Customer: Social Effects of Customer Relationship Management Campaigns," *Journal of Marketing Research* 54, no. 3 (2017), pp. 347–63.

34. www.dunnhumby.com/about-us, accessed 11/26/2020.

35. Tim Hume, "BA Googles Passengers: Friendlier Flights or Invasion of Privacy?" CNN, August 22, 2012; https://www.britishairways.com/en-us/information/about-ba, accessed 11/26/2020.

36. V. Kumar, Rajkumar Venkatesan, and Werner Reinartz, "Knowing What to Sell, When, and to Whom," *Harvard Business Review* (March 2006), pp. 131–37.

37. Mike Isaac, "The New Social Network That Isn't New at All," *New York Times*, March 19, 2019.

38. Rob Walker, "Amateur Hour, Web Style," *Fast Company* (October 2007), p. 87.

39. Martin Mende, Ruth N. Bolton, and Mary Jo Bitner, "Decoding Customer–Firm Relationships: How Attachment Styles Help Explain Customers' Preferences for Closeness, Repurchase Intentions, and Changes in Relationship Breadth," *Journal of Marketing Research* 50 (February 2013), pp. 125–42.

40. Carolyn Heller Baird and Gautam Parasnis, *From Social Media to Social CRM* (Somers, NY: IBM Corporation, 2011).

41. For some behavioral perspectives on recommendations and reviews, see Rebecca Walker Naylor, Cait Poynor Lamberton, and David A. Norton, "Seeing Ourselves in Others: Reviewer Ambiguity, Egocentric Anchoring, and Persuasion," *Journal of Marketing Research* 48 (May 2011), pp. 617–31.

42. Amy Farley, "Hotel Handbook," *Travel + Leisure* (June 2012), p. 168.

43. Josh Constine, "TripAdvisor Aims to Beat Yelp with Social, Revives Restaurant 'Local Picks' Facebook App," www.techcrunch.com, June 20, 2012; https://tripadvisor.mediaroom.com, accessed 11/26/2020.

44. Shrihari Sridhar and Raj Srinivasan, "Social Influence Effect in Online Product Ratings," *Journal of Marketing* 76 (September 2012), pp. 70–88; Joanna Stern, "Is It Really Five Stars? How to Spot Fake Amazon Reviews," *Wall Street Journal*, December 20, 2018.

45. Shelley Banjo, "Firms Take Online Reviews to Heart," *Wall Street Journal*, July 29, 2012.

46. Nick Wingfield, "High Scores Matter to Game Makers, Too," *Wall Street Journal*, September 20, 2007, p. B1; see also Yubo Chen, Yong Liu, and Jurui Zhang, "When Do Third-Party Product Reviews Affect Firm Value and What Can Firms Do? The Case of Media Critics and Professional Movie Reviews," *Journal of Marketing* 75 (September 2011), pp. 116–34.

47. Candice Choi, "Bloggers Serve Up Opinions," *Associated Press*, March 23, 2008; Maura Smith, "What Agencies Need to Know about the FTC's Influencer Guidelines," *Forbes*, December 13, 2018.

48. Jonah Berger, Alan T. Sorensen, and Scott J. Rasmussen, "Positive Effects of Negative Publicity: When Negative Reviews Increase Sales," *Marketing Science* 29, no. 5 (2010), pp. 815–27; Elizabeth Holms, "When Shopping Online, Can You Trust the Reviews?" *Wall Street Journal*, November 29, 2016.

49. Piyush Sharma, Roger Marshall, Peter Alan Reday, and WoonBong Na, "Complainers vs. Non-Complainers: A Multi-National Investigation of Individual and Situational Influences on Customer Complaint Behaviour," *Journal of Marketing Management* 26 (February 2010), pp. 163–80.

50. Andrew McMains, "Airline Lost Your Luggage? Tell It to Twitter," *Adweek*, February 20, 2012, p. 12.

51. Philip Kotler, *Kotler on Marketing* (New York: Free Press, 1999), pp. 21–22; Jochen Wirtz, "How to Deal with Customer Shakedowns," *Harvard Business Review* (April 2011), p. 24.

52. Lea Dunn and Darren W. Dahl, "Self-threat and Product Failure: How Internal Attributions of Blame Impact Consumer Complaining Behavior," *Journal of Marketing Research* 49 (October 2012), pp. 670–81.

53. Julie Jargon, Emily Steel, and Joann S. Lublin, "Taco Bell Makes Spicy Retort to Suit," *Wall Street Journal*, January 31, 2011.

54. Timothy L. Keiningham, Terry G. Vavra, Lerzan Aksoy, and Henri Wallard, *Loyalty Myths* (Hoboken, NJ: John Wiley & Sons, 2005).

55. Roland T. Rust, Valerie A. Zeithaml, and Katherine A. Lemon, "Measuring Customer Equity and Calculating Marketing ROI," in Rajiv Grover and Marco Vriens, eds., *Handbook of Marketing Research* (Thousand Oaks, CA: Sage Publications, 2006), pp. 588–601.

56. Robert C. Blattberg and John Deighton, "Manage Marketing by the Customer Equity Test," *Harvard Business Review* (July–August 1996), pp. 136–44.

57. "Easier Than ABC," *The Economist*, October 25, 2003, p. 56; Robert S. Kaplan and Steven R. Anderson, *Time-Driven Activity-Based Costing* (Boston MA: Harvard Business School Press, 2007); "Activity-Based Accounting," *The Economist*, June 29, 2009. See also Morten Holm, V. Kumar, and Carsten Rohde, "Measuring Customer Profitability in Complex Environments: An Interdisciplinary Contingency Framework," *Journal of the Academy of Marketing Science* 40 (May 2012) pp. 387–401.

58. Robert Leone, Vithala Rao, Kevin Lane Keller, Man Luo, Leigh McAlister, and Rajendra Srivatstava, "Linking Brand Equity to Customer Equity," *Journal of Service Research* 9 (November 2006), pp. 125–38; Niraj Dawar, "What Are Brands Good For?" *MIT Sloan Management Review* 46 (Fall 2004), pp. 31–37. For an insightful analysis of the relationship between brand equity and CLV, see Florian Stahl, Mark Heitmann, Donald R. Lehmann, and Scott A. Neslin, "The Impact of Brand Equity on Customer Acquisition, Retention, and Profit Margin," *Journal of Marketing* 76 (July 2012), pp. 44–63. For an in-depth analysis of customer equity, see Peter Fader, *Customer Centricity: Focus on the Right Customers for Strategic Advantage*, 2nd ed. (Wharton Executive Essentials).

59. Michael D. Johnson and Fred Selnes, "Diversifying Your Customer Portfolio," *MIT Sloan Management Review* 46 (Spring 2005), pp. 11–14; Crina O. Tarasi, Ruth N. Bolton, Michael D. Hutt, and Beth A. Walker, "Balancing Risk and Return in a Customer Portfolio," *Journal of Marketing* 75 (May 2011), pp. 1–17.

60. Denish Shah and V. Kumar, "The Dark Side of Cross-Selling," *Harvard Business Review* (December 2012), pp. 21–23; Denish Shah, V. Kumar, Yingge Qu, and Sylia Chen, "Unprofitable Cross-buying: Evidence from Consumer and Business Markets," *Journal of Marketing* 76 (May 2012), pp. 78–95.

61. Sunil Gupta and Carl F. Mela, "What Is a Free Customer Worth?" *Harvard Business Review* (November 2008), pp. 102–9.

62. Shankar Ganesan (1994), "Determinants of Long-Term Orientation in Buyer-Seller Relationships," *Journal of Marketing* 58 (April), pp. 1–19; Peter Kim, Donald Ferrin, Cecily Cooper, and Kurt Dirks (2004), "Removing the Shadow of Suspicion: The Effects of Apology versus Denial for Repairing Competence- versus Integrity-Based Trust Violations," *Journal of Applied Psychology* 89, no. 1, pp. 104–18; Roger Mayer, James Davis, and F. David Schoorman, "An Integrative Model of Organizational Trust," *Academy of Management Review* 20, no. 3 (1995), pp. 709–34.

63. Kent Grayson and Tim Ambler, "The Dark Side of Long-Term Relationships in Marketing Services," *Journal of Marketing Research* 36, no. 1 (1999),

pp. 132–41; Susan Fiske, Amy Cuddy, and Peter Glick, "Universal Dimensions of Social Cognition: Warmth and Competence," *Trends in Cognitive Science* 11, no. 2 (2007), pp. 77–83.

64. The material in this section was developed by Professor Kent Grayson at the Kellogg School of Management, Northwestern University.

65. V. Kumar, "Customer Lifetime Value," in Rajiv Grover and Marco Vriens, eds., *Handbook of Marketing Research* (Thousand Oaks, CA: Sage Publications, 2006), pp. 602–27; Sunil Gupta, Donald R. Lehmann, and Jennifer Ames Stuart, "Valuing Customers," *Journal of Marketing Research* 61 (February 2004), pp. 7–18; V. Kumar, "Profitable Relationships," *Marketing Research* 18 (Fall 2006), pp. 41–46. Daniel M. McCarthy, Peter S. Fader, and Bruce G. S. Hardie, "Valuing Subscription-Based Businesses Using Publicly Disclosed Customer Data," *Journal of Marketing* 81, no. 1 (2017), pp. 17–35; Sarang Sunder, V. Kumar, and Yi Zhao, "Measuring the Lifetime Value of a Customer in the Consumer Packaged Goods Industry," *Journal of Marketing Research* 53, no. 6 (2016), pp. 901–21.

66. For analysis and discussion, see V. Kumar, "A Theory of Customer Valuation: Concepts, Metrics, Strategy, and Implementation," *Journal of Marketing* 82, no. 1 (2018), pp. 1–19; Teck-Hua Ho, Young-Hoon Park, and Yong-Pin Zhou, "Incorporating Satisfaction into Customer Value Analysis: Optimal Investment in Lifetime Value," *Marketing Science* 25 (May–June 2006), pp. 260–77; Peter S. Fader, Bruce G. S. Hardie, and Ka Lok Lee, "RFM and CLV: Using Iso-Value Curves for Customer Base Analysis," *Journal of Marketing Research* 62 (November 2005), pp. 415–30; Daniel M. McCarthy and Peter S. Fader, "Customer-Based Corporate Valuation for Publicly Traded Noncontractual Firms," *Journal of Marketing Research* 55, no. 5 (2018), pp. 617–35.

67. Marketing Insight sources: Fred Reichheld, *Ultimate Question: For Driving Good Profits and True Growth* (Boston, MA: Harvard Business School Press, 2006); Fred Reichheld, "The One Number You Need to Grow," *Harvard Business Review* 81 (December 2003), pp. 46–55; Randy Hanson, "Life after NPS," *Marketing Research* (Summer 2011), pp. 8–11; Jenny van Doorn, Peter S. H. Leeflang, and Marleen Tijs, "Satisfaction as a Predictor of Future Performance: A Replication," *International Journal of Research in Marketing* 30 (September 2013), pp. 314–18.

68. Marketing Spotlight sources: Simone Ahuja, "What Stitch Fix Figured Out about Mass Customization," *Harvard Business Review* 26, May 27, 2015; Tracey Lien, "Stitch Fix Founder Katrina Lake Built One of the Few Successful E-commerce Subscription Services," *Los Angeles Times*, June 9, 2017; Veronika Sonsev, "Can Algorithms Replace Humans at Stitch Fix?" *Forbes*, March 16, 2018; Katrina Lake, "Stitch Fix's CEO on Selling Personal Style to the Mass Market" *Harvard Business Review* (May–June 2018), pp. 35–40; https://www.stitchfix.com/about, accessed 11/26/2020.

69. Marketing Spotlight sources: Michael Bush, "Why Harrah's Loyalty Effort Is Industry's Gold Standard," *Ad Age*, October 5, 2009; "Caesars Entertainment's Total Rewards® Loyalty Program Wins," *MarketWatch*, October 9, 2018; Bernard Marr, "Big Data at Caesars Entertainment—A One Billion Dollar Asset?" *Forbes*, July 1, 2015; Kamram Ahsan, Earl Gordon, Amir Faragalla, Asha Jain, Abid Mohsin, and Guangyu Shi, *Harrah's Entertainment Inc.*, Stanford Graduate School of Business (2006), Case GS-50; Victoria Chang and Jeffrey Pfeffer, *Gary Loveman and Harrah's Entertainment*, Stanford Graduate School of Business (2003), Case OB-45; https://www.prnewswire.com/news-releases/caesars-entertainment-to-acquire-william-hill-for-2-9-billion-301141623.html, accessed 11/26/2020.

20

1. www.jdpower.com/business/press-releases/2018-us-initial-quality-study-iqs, accessed 11/27/2020.

2. Alex Taylor III, "Hyundai Smokes the Competition," *Fortune*, January 18, 2010, pp. 62–71; www.hyundai.com/worldwide/en, accessed 11/27/2020.

3. Leslie Kwoh, "Cinnabon Finds Sweet Success in Russia, Mideast," *Wall Street Journal*, December 25, 2012.

4. Rajdeep Grewal, Alok Kumar, Girish Mallapragada, and Amit Saini, "Marketing Channels in Foreign Markets: Control Mechanisms and the Moderating Role of Multinational Corporation Headquarters–Subsidiary Relationship," *Journal of Marketing Research* 50 (June 2013), pp. 378–98.

5. Paul Sonne and Peter Evans, "The $1.6 Billion Grocery Flop: Tesco Poised to Quit U.S.," *Wall*

Street Journal, December 5, 2012; Paul Sonne, "At Tesco Expansion Takes a Back Seat," *Wall Street Journal*, November 7, 2012; www.tescoplc.com/about-us/history/, accessed 11/27/2020.

6. Karen Cho, "KFC China's Recipe for Success," *Forbes India*, October 28, 2009; *Staying the Course: Yum! Annual Report 2012*; Diane Brady, "KFC's Big Game of Chicken," *Bloomberg Businessweek*, March 29, 2012; Drew Hinshaw, "As KFC Goes to Africa It Lacks Only One Thing: Chickens," *Wall Street Journal*, February 8, 2013; www.statista.com/statistics/256793/kfc-restaurants-worldwide-by-geographic-region, accessed 11/27/2020.
7. Adapted from Vijay Mahajan, Marcos V. Pratini De Moraes, and Jerry Wind, "The Invisible Global Market," *Marketing Management* (Winter 2000), pp. 31–35. See also Joseph Johnson and Gerard J. Tellis, "Drivers of Success for Market Entry into China and India," *Journal of Marketing* 72 (May 2008), pp. 1–13; Tarun Khanna and Krishna G. Palepu, "Emerging Giants: Building World-Class Companies in Developing Countries," *Harvard Business Review,* October 2006, pp. 60–69.
8. Matthew Boyle, "In Emerging Markets, Unilever Finds a Passport to Profit," *Bloomberg Businessweek*, January 3, 2013.
9. Manjeet Kripalani, "Battling for Pennies in India's Villages," *Bloomberg BusinessWeek*, June 10, 2002, p. 22.
10. Carlos Niezen and Julio Rodriguez, "Distribution Lessons from Mom and Pop," *Harvard Business Review* (April 2008); Sagar Malviya and Maulik Vyas, "Modern Retailing Outgrowing Kirana Stores in India," *The Economic Times*, June 16, 2011.
11. Jagdish N. Sheth, "Impact of Emerging Markets on Marketing: Rethinking Existing Perspectives and Practices," *Journal of Marketing* 75 (July 2011), pp. 166–82.
12. Bart J. Bronnenberg, Jean-Pierre Dubé, and Sanjay Dhar, "Consumer Packaged Goods in the United States: National Brands, Local Branding," *Journal of Marketing Research* 44 (February 2007), pp. 4–13; Bart J. Bronnenberg, Jean-Pierre Dubé, and Sanjay Dhar, "National Brands, Local Branding: Conclusions and Future Research Opportunities," *Journal of Marketing Research* 44 (February 2007), pp. 26–28; Bart J. Bronnenberg, Sanjay K. Dhar, and Jean-Pierre Dubé, "Brand History, Geography, and the Persistence of CPG Brand Shares," *Journal of Political Economy* 117 (February 2009), pp. 87–115.
13. Bryan Gruley and Shruit Daté Singh, "Big Green Profit Machine," *Bloomberg Businessweek*, July 5, 2012; www.statista.com/topics/2724/john-deere, accessed 11/27/2020.
14. Kerry Capell, "Vodafone: Embracing Open Source with Open Arms," *Bloomberg BusinessWeek*, April 20, 2009, pp. 52–53; "Call the Carabiniere," *The Economist*, May 16, 2009, p. 75; *Vodafone Annual Report*, www.vodfone.com, March 31, 2012; www.vodafone.com/content/index/investors/about_us.html, accessed 11/27/2020.
15. Ashley Turner, "Why There Are Almost No Starbucks in Australia," *CNBC*, July 25, 2018.
16. E. J. Schultz, "SABMiller Thinks Globally, But Gets 'Intimate' Locally," *Advertising Age*, October 4, 2010; Clementine Fletcher, "SABMiller Tries Selling African Home-Brew," *Bloomberg Businessweek*, March 19, 2012; www.ab-inbev.com/who-we-are/heritage.html, accessed 11/27/2020.
17. Gail Edmondson, "Skoda Means Quality. Really," *Bloomberg BusinessWeek*, October 1, 2007, p. 46; www.skoda-auto.com/company/about, accessed 11/27/2020.
18. Gail Edmondson, "Skoda Means Quality. Really," *Bloomberg BusinessWeek*, October 1, 2007, p. 46. http://www.skoda-auto.com/company/about and www.skoda-auto.com/news/news-detail/sales-2018, accessed 11/27/2020.
19. Patti Waldmeir, "Oreo Takes the Biscuit for Its China Reinvention," *Financial Times*, March 7, 2012; https://www.prnewswire.com/news-releases/oreos-six-flavors-a-new-star-on-social-media-300855804.html, accessed 11/27/2020.
20. Deepa Chandrasekaran and Gerard J. Tellis, "Global Takeoff of New Products: Culture, Wealth, or Vanishing Differences?" *Marketing Science* 27 (September–October 2008), pp. 844–60.
21. For some organizational issues in adaptation, see Julien Cayla and Lisa Peñaloza, "Mapping the Play of Organizational Identity in Foreign Market Adaptation," *Journal of Marketing* 76 (November 2012), pp. 38–54.
22. Paulo Prada and Bruce Orwall, "A Certain 'Je Ne Sais Quoi' at Disney's New Park," *Wall Street Journal*, March 12, 2003.
23. Mallory Schlossberg, "26 Crazy McDonald's Items You Can't Get in America," *Business Insider*, July 1, 2015.
24. Global Brand Counterfeiting Report, 2018.
25. David Meyer, "Yes, Chinese Piracy Has Lost Microsoft a Lot of Windows Revenue. But the Story Isn't So Simple," *Fortune*, November 2, 2018.
26. Marc Fetscherin, Ilan Alon, Romie Littrell, and Allan Chan, "In China? Pick Your Brand Name Carefully," *Harvard Business Review* (September 2012), p. 706. See also Valentyna Melnyk, Kristina Klein, and Franziska Völckner, "The Double-Edged Sword of Foreign Brand Names for Companies from Emerging Countries," *Journal of Marketing* 76 (November 2012), pp. 21–37; Rajeev Batra, Y. Charles Zhang, Nilüfer Z. Aydinoğlu, and Fred M. Feinberg, "Positioning Multicountry Brands: The Impact of Variation in Cultural Values and Competitive Set," *Journal of Marketing Research* 54, no. 6 (2017), pp. 914–31.
27. Zeynep Gürhan-Canli and Durairaj Maheswaran, "Cultural Variations in Country-of-Origin Effects," *Journal of Marketing Research* 37 (August 2000), pp. 309–17.
28. Mark Lasswell, "Lost in Translation," *Business 2.0,* (August 2004), pp. 68–70; Richard P. Carpenter and the *Globe* Staff, "What They Meant to Say Was . . .," *Boston Globe*, August 2, 1998.
29. Bernard Condon, "Babble Rouser," *Forbes*, August 11, 2008, pp. 72–77; Elenoa Baselala, "Digicel's New Look," *Fiji Times*, November 4, 2010; www.digicelgroup.com/en/about/history.html, accessed 11/27/2020.
30. Douglas B. Holt, John A. Quelch, and Earl L. Taylor, "How Global Brands Compete," *Harvard Business Review* 82 (September 2004), pp. 68–75; Jan-Benedict E. M. Steenkamp, Rajeev Batra, and Dana L. Alden, "How Perceived Brand Globalness Creates Brand Value," *Journal of International Business Studies* 34 (January 2003), pp. 53–65.
31. Richard D. Lyons, "Reuben Mattus, 81, the Founder of Häagen-Dazs." *New York Times*, January 29, 1994.
32. Consumer Reports, "How to Decipher 'Made in the USA' Claims," *Boston Globe*, April 7, 2013.
33. Joel Backaler, "Haier: A Chinese Company That Innovates," *China Tracker*, www.forbes.com, June 17, 2010; Patti Waldmeir, "Haier Seeks to Boost European Sales," *Financial Times*, June 18, 2012; Fan Feifei, "Haier Benefiting from Localization," *China Daily*, August 31, 2018.
34. Mei Fong, "IKEA Hits Home in China: The Swedish Design Giant, Unlike Other Retailers, Slashes Prices for the Chinese," *Wall Street Journal,* March 3, 2006, p. B1; Helen H. Wang, "Why Home Depot Struggles and IKEA Thrives in China," *Forbes*, February 10, 2011.
35. Geoffrey Fowler, Brian Steinberg, and Aaron O. Patrick, "Globalizing Apple's Ads," *Wall Street Journal*, March 1, 2007.
36. Matthew Day, "Swedish Toy Catalogue Goes Gender Neutral," *The Telegraph*, November 26, 2012.
37. Ray A. Smith and Christina Binkley, ""Israel's New Year's Resolution: No Overly Thin Models," *Wall Street Journal*, January 1, 2013.
38. John L. Graham, Alma T. Mintu, and Waymond Rogers, "Explorations of Negotiation Behaviors in Ten Foreign Cultures Using a Model Developed in the United States," *Management Science* 40 (January 1994), pp. 72–95.
39. Rajdeep Grewal, Alok Kumar, Girish Mallapragada, and Amit Saini, "Marketing Channels in Foreign Markets: Control Mechanisms and the Moderating Role of Multinational Corporation Headquarters–Subsidiary Relationship," *Journal of Marketing Research* 50 (June 2013), pp. 378–98; Rajdeep Grewal, Amit Saini, Alok Kumar, F. Robert Dwyer, and Robert Dahlstrom, "Marketing Channel Management by Multinational Corporations in Foreign Markets," *Journal of Marketing* 82, no. 4 (2018), pp. 49–69.
40. Katrijn Gielens, Linda M. Van De Gucht, Jan-Benedict E. M. Steenkamp, and Marnik G. Dekimpe, "Dancing with a Giant: The Effect of Wal-Mart's Entry into the United Kingdom on the Performance of European Retailers," *Journal of Marketing Research* 45 (October 2008), pp. 519–34.
41. Miguel Bustillo, "After Early Errors, Wal-Mart Thinks Locally to Act Globally," *Wall Street Journal*, August 14, 2009; Holman W. Jenkins Jr., "Wal-Mart Innocents Abroad," *Wall Street Journal*, April 25, 2012.
42. Christopher Weaver, Jeanne Whalen, and Benoît Faucon, "Drug Distributor Is Tied to Imports of Fake Avastin," *Wall Street Journal*, March 7, 2012.
43. Kersi D. Antia, Mark E. Bergen, Shantanu Dutta, and Robert J. Fisher, "How Does Enforcement Deter Gray Market Incidence?" *Journal of Marketing* 70 (January 2006), pp. 92–106.
44. For examples, see Ana Valenzuela, Barbara Mellers, and Judi Stebel, "Pleasurable Surprises: A Cross-Cultural Study of Consumer Responses to Unexpected Incentives," *Journal of Consumer Research* 36 (February 2010), pp. 792–805; Praveen K. Kopalle, Donald R. Lehmann, and John U. Farley, "Consumer Expectations and Culture: The Effect of Belief in Karma in India," *Journal of Consumer Research* 37 (August 2010), pp. 251–63; Carlos J. Torelli, Ayseğül Özsomer, Sergio W. Carvalho, Hean Tat Keh, and Natalia Maehle, "Brand Concepts as Representations of Human Values: Do Cultural Congruity and Compatibility between Values Matter?" *Journal of Marketing* 76 (July 2012), pp. 92–108.
45. Geert Hofstede, *Culture's Consequences* (Beverley Hills, CA: Sage, 1980); www.hofstede-insights.com/models/national-culture, accessed 11/27/2020.
46. For some in-depth treatments of branding in Asia in particular, see S. Ramesh Kumar, *Marketing & Branding: The Indian Scenario* (Delhi: Pearson Education, 2007) and Martin Roll, *Asian Brand Strategy: How Asia Builds Strong Brands* (New York: Palgrave Macmillan, 2006).
47. Marketing Spotlight sources: Jemma Goudreau, "How IKEA Leveraged the Art of Listening to Global Dominance," *Forbes,* March 8, 2013; "How IKEA Adapted Its Strategies to Expand and Become Profitable in China," *Business Today*, December 6, 2013; Beth Kowitt, "It's IKEA's World, We Just Live in It," *Fortune*. March 10, 2015; www.ikea.com/ms/en_US/this-is-ikea/the-ikea-concept/index.html, accessed 11/27/2020.
48. Marketing Spotlight sources: Lin, Humphrey, "Mandarin Oriental Hotel Group: Regionalizing Social for a Luxury Audience," *Huffington Post*, December 7, 2017; Martin Roll, "Mandarin Oriental—An Iconic Asian Luxury Hotel Brand," MartinRoll.com, March 27, 2018; Peter Jon Lindberg, "Story of a Classic: The Mandarin Oriental, Hong Kong," *Travel+Leisure*, May 5, 2009; www.mandarinoriental.com/our-company/overview, accessed 11/27/2020.

21

1. William Barrett, "America's Top Charities 2018," *Forbes*, December 11, 2018; Stephen Voss, "United Way's CEO on Shifting a Century-Old Business Model," *Harvard Business Review* (September–October 2018), pp. 38–44; https://www.forbes.com/companies/united-way-worldwide, accessed 11/27/2020; www.unitedway.org/about, accessed 11/27/2020.
2. 19th Annual Global CEO Survey (January 2016), www.pwc.com/ceosurvey, accessed 11/27/2020.
3. David Hessekiel, "Cause Marketing Leaders of the Pack," *Forbes*, January 31, 2012.
4. "Growth on Principle: The Unconventional Leadership of Stonyfield Farm," *Center for Customer Insights*, February 12, 2014; Gary Hirshberg, *Stirring It Up: How to Make Money and Save the World* (New York: Hyperion, 2008); Melanie D. G. Kaplan, "Stonyfield Farm CEO: How an Organic Yogurt Business Can Scale," *SmartPlanet*, May 17, 2010; www.stonyfield.com/our-story/history, accessed 11/27/2020.
5. https://consciouscompanymedia.com/workplace-culture/hr-innovations/6-ways-corporate-social-responsibility-benefits-employees, accessed 11/27/2020.
6. Raj Sisodia, David B. Wolfe, and Jag Sheth, *Firms of Endearment: How World-Class Companies Profit from Passion and Purpose* (Upper Saddle River, NJ: Wharton School Publishing, 2007).
7. www.fairtradecertified.org/why-fair-trade, accessed 11/27/2020.
8. Daniel Korschun, C. B. Bhattacharya, and Scott D. Swain, "Corporate Social Responsibility, Customer Orientation, and the Job Performance of Frontline Employees," *Journal of Marketing* 78 (May 2014), pp. 20–37; Saurabh Mishra and Sachin B. Modi. "Corporate Social Responsibility and Shareholder Wealth: The Role of Marketing Capability," *Journal of Marketing* 80, no. 1 (2016), pp. 26–46; Charles Kang, Frank Germann, and Rajdeep Grewal, "Washing Away Your Sins? Corporate Social Responsibility, Corporate Social Irresponsibility, and Firm Performance," *Journal of Marketing* 80, no. 2 (2016), pp. 59–79; Alexis M. Allen, Meike Eilert, and John Peloza, "How Deviations from

Performance Norms Impact Charitable Donations," *Journal of Marketing Research* 55, no. 2 (2018), pp. 277–90.

9. Paul Newman and A. E. Hotchner, *Shameless Exploitation in Pursuit of the Common Good: The Madcap Business Adventure by the Truly Oddest Couple* (Waterville, ME: Thorndike Press, 2003); www.newmansownfoundation.org, accessed 11/27/2020.

10. Ronald McDonald House Charities, www.rmhc.org, accessed 11/27/2020.

11. Jennifer Aaker, Kathleen D. Vohs, and Cassie Mogilner (2010), "Nonprofits Are Seen as Warm and For-Profits as Competent: Firm Stereotypes Matter," *Journal of Consumer Research* 37 (August), 224–37; Steve Hoeffler and Kevin Lane Keller (2002), "Building Brand Equity through Corporate Societal Marketing," *Journal of Public Policy & Marketing* 21 (Spring), pp. 78–89; Kevin Lane Keller and David A. Aaker, "The Impact of Corporate Marketing on a Company's Brand Extensions," *Corporate Reputation Review* 1 (July 1998), 356–78; Sankar Sen, C. B. Bhattacharya, and Daniel Korschun (2006), "The Role of Corporate Social Responsibility in Strengthening Multiple Stakeholder Relationships: A Field Experiment"" *Journal of the Academy of Marketing Science* 34 (Spring), 158–66.

12. Isabelle Maignan, O. C. Ferrell, and G. Tomas M. Hult (1999), "Corporate Citizenship: Cultural Antecedents and Business Benefits," *Journal of the Academy of Marketing Science*, 27 (October), pp. 455–69; Xueming Luo and C. B. Bhattacharya (2006), "Corporate Social Responsibility, Customer Satisfaction, and Market Value," *Journal of Marketing* 70 (October), pp. 1–18; John Peloza and Jingzhi Shang (2011), "How Can Corporate Social Responsibility Activities Create Value for Stakeholders? A Systematic Review," *Journal of the Academy of Marketing Science* 39 (1), pp. 117–35.

13. Lois A. Mohr, Deborah J. Webb, and Katherine E. Harris (2001), "Do Consumers Expect Companies to Be Socially Responsible? The Impact of Corporate Social Responsibility on Buying Behavior," *Journal of Consumer Affairs*, 35 (Summer), pp. 45–72; Daniel Kahneman and Jack L. Knetsch (1992), "Valuing Public Goods: The Purchase of Moral Satisfaction," *Journal of Environmental Economics and Management* 22 (January), pp. 5–70; Diogo Hildebrand, Yoshiko DeMotta, Sankar Sen, and Ana Valenzuela, "Consumer Responses to Corporate Social Responsibility (CSR) Contribution Type," *Journal of Consumer Research* 44, no. 4 (2017), pp. 738–58.

14. Alexander Chernev and Sean Blair, "Doing Well by Doing Good: The Benevolent Halo of Social Goodwill," *Journal of Consumer Research*, 41 (April 2015), 1412–25; Tom J. Brown and Peter A Dacin, "The Company and the Product: Corporate Associations and Consumer Product Responses," *Journal of Marketing*, 61, (January 1997), pp. 68–84.

15. C. K. Prahalad, *The Fortune at the Bottom of the Pyramid* (Upper Saddle River, NJ: Wharton School Publishing, 2010); Vijay Govindarajan and Chris Trimble, *Reverse Innovation: Create Far from Home, Win Everywhere* (Boston, MA: Harvard Business School Publishing, 2012).

16. Erik Simanis, "Reality Check at the Bottom of the Pyramid," *Harvard Business Review* (June 2012), pp. 120–25.

17. www.danone.com/about-danone/at-a-glance.html, accessed 11/27/2020.

18. Matthew Eyring, "Learning from Tata Motors' Nano Mistakes," *Harvard Business Review Blog*, January 11, 2011; http://time.com/5345687/worlds-cheapest-car-nano-tata-india/, accessed 11/27/2020.

19. Clayton M. Christensen, Stephen Wunker, and Hari Nair, "Innovation vs. Poverty," *Forbes*, October 13, 2008; Nomaswazi Nkosi, "Nokia Still Top SA Choice," *Sowetan Live*, August 15, 2012.

20. "How Dawn Saves Wildlife," www.dawnsaveswildlife.com, accessed 11/27/2020; www.marketwatch.com/press-release/dawn-commemorates-40-years-of-helping-save-wildlife-2018-07-20; accessed 11/27/2020.

21. Christian Homburg, Marcel Stierl, and Torsten Bornemann, "Corporate Social Responsibility in Business-to-Business Markets: How Organizational Customers Account for Supplier Corporate Social Responsibility Engagement," *Journal of Marketing* 77 (November 2013), pp. 54–72; Alexander Chernev and Sean Blair, "Doing Well by Doing Good: The Benevolent Halo of Social Goodwill," *Journal of Consumer Research* 41 (April 2015), pp. 1412–25; C. B. Bhattacharya and Sankar Sen, "Consumer-Company

Identification: A Framework for Understanding Consumers' Relationships with Companies," *Journal of Marketing* 67 (April 2003), pp. 76–88; Sankar Sen and C. B. Bhattacharya, "Does Doing Good Always Lead to Doing Better? Consumer Reactions to Corporate Social Responsibility," *Journal of Marketing Research* 38 (May 2001), pp. 225–44.

22. "2013 Cone Communications Social Impact Study: The Next Cause Evolution," www.conecomm.com.

23. Paul N. Bloom, Steve Hoeffler, Kevin Lane Keller, and Carlos E. Basurto, "How Social-Cause Marketing Affects Consumer Perceptions," *MIT Sloan Management Review* (Winter 2006), pp. 49–55; Stephen Hoeffler and Kevin Lane Keller, "Building Brand Equity through Corporate Societal Marketing," *Journal of Public Policy and Marketing* 21 (Spring 2002), pp. 78–89; Jenny G. Olson, Brent McFerran, Andrea C. Morales, and Darren W. Dahl, "Wealth and Welfare: Divergent Moral Reactions to Ethical Consumer Choices," *Journal of Consumer Research* 42, no. 6 (2016), pp. 879–96.

24. For some related research, see Ann Kronrod, Amir Grinstein, and Luc Wathieu, "Go Green! Should Environmental Messages Be So Assertive?" *Journal of Marketing* 76 (January 2012), pp. 95–102; Katherine White, Rhiannon MacDonnell, and John H. Ellard, "Belief in a Just World: Consumer Intentions and Behaviors toward Ethical Products," *Journal of Marketing* 76 (January 2012), pp. 103–18; Michael Giebelhausen, HaeEun Helen Chun, J. Joseph Cronin Jr., and G. Tomas M. Hult, "Adjusting the Warm-Glow Thermostat: How Incentivizing Participation in Voluntary Green Programs Moderates Their Impact on Service Satisfaction," *Journal of Marketing* 80, no. 4 (2016), pp. 56–71.

25. Kat Kinsman, "Activists Call Foul on KFC Bucket Campaign," *CNN*, April 28, 2010; https://www.prweek.com/article/1498405/crisis-comms-lesson-behind-kfcs-fck-bucket, accessed 11/27/2020.

26. Kevin Lane Keller and Lowey Bundy Sichol, "Product(Red): Building a Social Marketing Brand," *Best Practice Cases in Brand Management* (Upper Saddle River, NJ: Pearson Prentice Hall, 2015); www.red.org, accessed 11/27/2020.

27. Stefanie Rosen Robinson, Caglar Irmak, and Satish Jayachandran, "Choice of Cause in Cause-Related Marketing," *Journal of Marketing* 76 (July 2012), pp. 126–39.

28. One Sight, www.onesight.org, accessed 11/27/2020.

29. www.worldwildlife.org/partnerships, accessed 11/27/2020.

30. Jeff Chu, "The Cobbler's Conundrum," *Fast Company* (July/August 2013); Christina Binkley, "Charity Gives Shoe Brand Extra Shine," *Wall Street Journal*, April 1, 2010; Dan Heath and Chip Heath, "An Arms Race of Goodness," *Fast Company* (October 2009), pp. 82–83; www.toms.com/movement-one-for-one, accessed 11/27/2020.

31. Philip Kotler and Gerald Zaltman "Social Marketing: An Approach to Planned Social Change, *Journal of Marketing*, 35 (July 1971), pp. 3–12.

32. Philip Kotler, David Hessekiel, and Nancy Lee, *Good Works: Marketing and Corporate Initiatives That Build a Better World . . . and the Bottom Line* (Hoboken, NJ: John Wiley & Sons, 2012); Alan Andreasen, *Social Marketing in the 21st Century* (Thousand Oaks, CA: Sage, 2006).

33. Nancy R. Lee and Philip Kotler, *Social Marketing: Behavior Change for Social Good,* 6th ed. (Thousand Oaks, CA., 2020).

34. Andrew Adam Newman, "Avoiding Violent Images for an Anti-Poaching Campaign," *New York Times*, February 19, 2013; www.wwf.org, accessed 11/27/2020.

35. Christian Sarkar and Philip Kotler, *Brand Activism: From Purpose to Action* (Houston, TX, Idea Bite Press, 2018).

36. Monic Sun and Remi Trudel, "The Effect of Recycling versus Trashing on Consumption: Theory and Experimental Evidence," *Journal of Marketing Research* 54, no. 2 (2017), pp. 293–305.

37. "Levi's Introduces New Waste<Less Jean Using Recycled Materials," *Daily News*, August 21, 2013; Susan Berfield, "Levi's Has a New Color for Blue Jeans: Green," *Bloomberg Businessweek*, October 18, 2012; https://www.levistrauss.com/how-we-do-business/use-and-reuse, accessed 11/27/2020.

38. Scott Kirsner, "An Environmental Quandary Percolates at Green Mountain Coffee Roasters,"

Boston Globe, January 3, 2010; Natalie Zmuda, "Green Mountain Takes on Coffee Giants Cup by Cup," *Advertising Age*, June 1, 2009, p. 38; www.gmcr.com/coffee, accessed 11/27/2020.

39. www.faguo-store.com/en/faguo-universe/introduction, accessed 11/27/2020.

40. David Roberts, "Another Inconvenient Truth," *Fast Company*, March 2008, p. 70; Melanie Warner, "P&G's Chemistry Test," *Fast Company* (July/August 2008), pp. 71–74.

41. For related consumer research, see Alexander Chernev and Sean Blair. "When Sustainability Is Not a Liability: The Halo Effect of Marketplace Morality." *Journal of Consumer Psychology* (September 2020); Julie R. Irwin and Rebecca Walker Naylor, "Ethical Decisions and Response Mode Compatibility: Weighting of Ethical Attributes in Consideration Sets Formed by Excluding versus Including Product Alternatives," *Journal of Marketing Research* 46 (April 2009), pp. 234–46; Johannes Habel, Laura Marie Schons, Sascha Alavi, and Jan Wieseke, "Warm Glow or Extra Charge? The Ambivalent Effect of Corporate Social Responsibility Activities on Customers' Perceived Price Fairness," *Journal of Marketing* 80, no. 1 (2016), pp. 84–105.

42. Mat McDermott, "Patagonia's New Wetsuits Will Be Made from Plants," TreeHugger.com, November 19, 2012; Tim Nudd, "Ad of the Day: Patagonia," *Adweek*, November 28, 2011; www.patagonia.com/company-info.html, accessed 11/27/2020.

43. Philip Kotler, "Reinventing Marketing to Manage the Environmental Imperative," *Journal of Marketing* 75 (July 2011), pp. 132–35; Subhabrata Bobby Banerjee, Easwar S. Iyer, and Rajiv K Kashyap, "Corporate Enviromentalism: Antecedents and Influence of Industry Type," *Journal of Marketing* 67 (April 2003), pp. 106–22; Wenbo Wang, Aradhna Krishna, and Brent McFerran, "Turning Off the Lights: Consumers' Environmental Efforts Depend on Visible Efforts of Firms," *Journal of Marketing Research* 54, no. 3 (2017), pp. 478–94.

44. Dana Mattioli, "Amazon to Launch $2 Billion Venture Capital Fund to Invest in Clean Energy," *Wall Street Journal*, June 23, 2020.

45. John A. Quelch and Nathalie Laidler-Kylander, *The New Global Brands: Managing Non-Government Organizations in the 21st Century* (Mason, OH: South-Western, 2006); Philip Kotler and Nancy Lee, *Corporate Social Responsibility: Doing the Most Good for Your Company and Your Cause* (New York: Wiley, 2005).

46. Mark Borden and Anya Kamentz, "The Prophet CEO," *Fast Company* (September 2008), pp. 126–29; Tara Weiss, "Special Report: Going Green," Forbes.com, July 3, 2007; Matthew Grimm, "Progressive Business," *Brandweek*, November 28, 2005, pp. 16–26; www.timberland.com/en/about-timberland, accessed 11/27/2020.

47. Anita Rao and Emily Wang, "Demand for "Healthy" Products: False Claims and FTC Regulation," *Journal of Marketing Research* 54, no. 6 (2017), pp. 968–89.

48. "In Lawsuit Brought by POM Wonderful, a Federal Jury Finds Juice Maker Welch's Intentionally Misled Consumers," *Reuters*, September 15, 2010; Alicia Mundy, "FTC Bars Pom Juice's Health Claims," *Wall Street Journal*, January 16, 2013. For a discussion of the possible role of corrective advertising, see Peter Darke, Laurence Ashworth, and Robin J. B. Ritchie, "Damage from Corrective Advertising: Causes and Cures," *Journal of Marketing* 72 (November 2008), pp. 81–97.

49. Bruce Levinson, "Does Technology Change the Ethics of Marketing to Children?" *Fast Company*, April 11, 2013; Heather Chaet, "The Tween Machine," *Adweek*, June 25, 2012.

50. Avi Goldfarb and Catherine Tucker, "Shifts in Privacy Concerns," *American Economic Review: Papers & Proceedings* 102, no. 3 (2012), pp. 349–53; Avi Goldfarb and Catherine Tucker, "Online Display Advertising: Targeting and Obtrusiveness," *Marketing Science* 30 (May–June 2011), pp. 389–404; Alessandro Acquisti, Leslie John, and George Loewenstein, "The Impact of Relative Judgments on Concern about Privacy," *Journal of Marketing Research* 49 (April 2012), pp. 160–74; Charles Duhigg, "How Companies Learn Your Secrets," *New York Times*, February 16, 2012.

51. Marketing Insight sources: Stephanie Strom, "Wary of Plastic, and Waste, Some Consumers Turn to Glass," *New York Times*, June 20, 2012; "Bottled Water and the Damage Done: Coping With Plastic Pollution," *Bloomberg Law*, May 21, 2018; https://www.nationalgeographic.com/environment/2019/08/plastic-bottles, accessed 11/27/2020.

52. Marketing Spotlight sources: Howard Schultz and Dori Jones Yang, *Pour Your Heart into It: How Starbucks Built a Company One Cup at a Time* (New York: Hyperion, 1997); Francesca Landini, "Coffee Rivals Square Off in Italy Ahead of Starbucks Invasion," *Reuters,* September 18, 2017; Adam Campbell-Schmitt, "Starbucks Opened Its First Reserve Store (and It Serves Booze)," *Meredith Corporation Allrecipes Food Group,* February 27, 2018; Adam Campbell-Schmitt, "Roastery, Reserve Bar, Regular Starbucks: What's the Difference?" *Meredith Corporation Allrecipes Food Group,* December 20, 2018; Kevin Johnson, "Starbucks New Sustainability Commitment," *Starbucks Stories and News,* January 21, 2020; www.starbucks.com/about-us/company-information, accessed 11/27/2020.

53. Marketing Spotlight sources: Paula Kepos, ""Ben & Jerry's Homemade, Inc.," *International Directory of Company Histories,* Vol. 10 (Detroit, MI: St. James Press, 1995); David Gelles, "How the Social Mission of Ben & Jerry's Survived Being Gobbled Up," *New York Times,* August 21, 2015; O. C. Ferrell, John Fraedrich, and Terry Gable "Managing Social Responsibility and Growth at Ben & Jerry's," Daniels Fund Ethics Initiative, University of New Mexico (2011); Genevieve Roberts, "Ben & Jerry's Builds on Its Social-Values Approach," *New York Times,* November 16, 2010; www.benjerry.com/about-us, accessed 11/27/2020; https://www.benjerry.com/values/issues-we-care-about/climate-justice, accessed 11/27/2020.

54. Marketing Spotlight sources: A. J. Agrawal, "How Tiffany & Co. Built a Marketing Empire," *Forbes,* August 09, 2016; Frederic Cumenal, "Tiffany's CEO on Creating a Sustainable Supply Chain," *Harvard Business Review,* February 21, 2017: *Tiffany Sets Ambitious Commitments for the Future Across the Pillars of Product, People, and Planet,* http://press.tiffany.com/News/NewsItem.aspx?id=389; www.tiffany.com/worldoftiffany, accessed 11/27/2020.

Pearson

尊敬的老师：

您好！

为了确保您及时有效地申请培生整体教学资源，请您务必完整填写如下表格，加盖学院的公章后邮件发给我们，我们将会在 5 个工作日内为您处理。

请填写所需教辅的开课信息：

采用教材				□中文版 □英文版 □双语版
作　者			出版社	
版　次			ISBN	
课程时间	始于　　年　月　日		学生人数	
	止于　　年　月　日		学生年级	□专科　　□本科 1/2 年级 □研究生　□本科 3/4 年级

请填写您的个人信息：

学　校	
院系 / 专业	
姓　名	
通信地址 / 邮编	
手　机	
传　真	
official email(必填) (eg:XXX@ruc.edu.cn)	
是否愿意接受我们定期的新书信息通知： □是　□否	

（职称：□助教 □讲师 □副教授 □教授；电话栏及 email (eg:XXX@163.com) 栏合并于上表右侧）

系 / 院主任：＿＿＿＿＿＿＿＿＿（签字）

（系 / 院办公室章）

＿＿＿＿年＿＿月＿＿日

资源介绍：

教材、常规教辅（PPT、教师手册、题库等）

100013　北京市东城区北三环东路 36 号环球贸易中心 D 座 1208 室

电话：(8610)5735 5000

www.pearson.com

Please send this form to : copub.hed@pearson.com